LA DESCRIPTION DU FRANÇAIS
ENTRE LA TRADITION GRAMMATICALE
ET LA MODERNITÉ LINGUISTIQUE

ORBIS / SUPPLEMENTA

MONOGRAPHIES PUBLIÉES PAR LE CENTRE INTERNATIONAL DE
DIALECTOLOGIE GÉNÉRALE (LOUVAIN)

MONOGRAPHS PUBLISHED BY THE INTERNATIONAL CENTER OF
GENERAL DIALECTOLOGY (LOUVAIN)

TOME 24

La description du français entre la tradition grammaticale et la modernité linguistique

Étude historiographique et épistémologique de la grammaire française entre 1907 et 1948

par

Peter LAUWERS

*De publicatie van dit boek kwam tot stand
met de steun van de Universitaire Stichting*

PEETERS
LEUVEN - PARIS - DUDLEY, MA
2004

Library of Congress Cataloging-in-Publication Data

Lauwers, Peter
  La description du français entre la tradition grammaticale et la modernité linguistique ; étude historiographique et épistémologique de la grammaire française entre 1907 et 1948 / par Peter Lauwers.
     p. cm. -- (Orbis/Supplementa; t. 24)
  Includes bibliographical references and indices.
  ISBN 90-429-1472-6 (Peeters Leuven) – ISBN 2-87723-797-4 (Peeters Paris)
  1. French language--Grammar--History. 2. French language--20th century--History. I. Title. II. Orbis (Louvain, Belgium). Supplementa; t. 24.

PC2052.L38 2004
445'.09--dc22   2004044565

*De publicatie van dit boek kwam tot stand
met de steun van de Universitaire Stichting*

© Peeters, Bondgenotenlaan 153, B - 3000 Leuven, 2004
ISBN 90-429-1472-6 (Peeters Leuven)
ISBN 2-87723-797-4 (Peeters France)
D. 2004/0602/77

TABLE DES MATIÈRES

AVANT-PROPOS XIX

ABRÉVIATIONS ET CONVENTIONS TYPOGRAPHIQUES XXI

CHAPITRE I: QUESTIONS DE MÉTHODE 1-50

0. INTRODUCTION: OBJET ET OBJECTIFS DE L'ÉTUDE 1-11

1. DÉLIMITATION DE L'OBJET ET SÉLECTION DES OUVRAGES DU CORPUS 11-31
   1.1. *Définition de l'objet* 12-18
      1.1.1. La grammaire (comme format descriptif) 12-15
      1.1.2. *Grammaire* (discipline) et *grammaires* (format descriptif) . . 15-16
      1.1.3. La nomenclature: *grammaire* (discipline) vs *linguistique* 16-18
   1.2. *Délimitation chronologique* 18-21
      1.2.1. Terminus *a quo* 19-20
      1.2.2. Terminus *ad quem* 20-21
   1.3. *Critères externes: le rôle des bibliographies savantes* 21-26
      1.3.1. Présentation: 7 bibliographies savantes 21-24
      1.3.2. L'exploitation des bibliographies 24-26
         1.3.2.1. Dans l'établissement de l'inventaire initial 24-25
         1.3.2.2. Dans la sélection des ouvrages 25-26
   1.4. *Sélection concrète des grammaires du corpus* 26-28
   1.5. *La limitation à la morphosyntaxe et les restrictions supplémentaires* . . . 29-31
      1.5.1. La morphosyntaxe 29-30
      1.5.2. Restrictions supplémentaires 30-31

2. MÉTHODE 31-49
   2.1. *Vers la construction d'un modèle métahistoriographique* 32-46
      2.1.1. Introduction: la "métahistoriographie constructive" 32-33
      2.1.2. De l'observation des données au discours historiographique: fondements épistémologiques de notre démarche 33-42
         2.1.2.1. Introduction: objectivisme et constructivisme 33-34
         2.1.2.2. L'observation des faits 34-37
         2.1.2.3. Le regroupement des grammaires d'après les faits observés . . 37
         2.1.2.4. L'explication: le travail herméneutique et épistémologique . . 37-41
            2.1.2.4.1. L'établissement de rapports abstraits entre les faits . . 38-39
            2.1.2.4.2. L'explication 39-41
         2.1.2.5. Objectivisme et constructivisme: un compromis . . . 41-42
      2.1.3. Les 'optiques' métahistoriographiques 42-46
         2.1.3.1. Une histoire interne transversale (intégrant des aspects externes) 43-44
         2.1.3.2. Portée et profondeur de l'analyse, schème intellectuel et format d'exposition 44-46
   2.2. *Le métalangage et la nomenclature standardisée* 46-47
   2.3. *Le modèle d'analyse* 47-49

2.3.1. L'importance méthodologique d'un modèle d'analyse bien équilibré	48
2.3.2. L'architecture et l'exploitation du modèle d'analyse	48-49
3. PLAN	49-50

CHAPITRE II: LES GRAMMAIRES, LES GRAMMAIRIENS ET LE MARCHÉ 'GRAMMATICAL' ... 51-108

0. POUR UNE HISTOIRE SOCIALE DE LA LINGUISTIQUE FRANÇAISE	51-53
1. LES GRAMMAIRES	54-70
1.1. *Jalons chronologiques: trois vagues de grammaires*	54-57
1.2. *L'identité de la grammaire, sa généalogie, son élaboration et les publications connexes*	57-63
1.2.1. La valse des titres et les lois du commerce	58
1.2.2. Les publications connexes de la grammaire analysée	59-60
1.2.3. La généalogie de la grammaire: les ancêtres et la postérité (refontes)	60-61
1.2.4. Rééditions et réimpressions	61-63
1.3. *Le plan et les dimensions des grammaires du corpus*	63-67
1.3.1. L'ampleur des grammaires	63-64
1.3.2. Les subdivisions	64-67
1.3.2.1. Phonétique (et orthographe)	65
1.3.2.2. Lexicologie	65-66
1.3.2.3. Tableau synoptique	66-67
1.4. *Le public-cible*	68-70
1.4.1. Le public et le niveau	68-70
1.4.2. La langue du public-cible: FLE *vs* FLM	70
2. LES GRAMMAIRIENS	71-85
2.1. *L'âge des grammairiens*	71-72
2.2. *Les Français*	72-80
2.2.1. Aperçu	72-73
2.2.2. Présentation des groupes d'auteurs	73-80
2.3. *Les étrangers*	80-82
2.3.1. Aperçu	80-81
2.3.2. Présentation des groupes d'auteurs	81-82
2.4. *La constitution d'équipes*	82-85
3. L'INVISIBILITÉ DE L'ÉTUDE DU FRANÇAIS (MODERNE) DANS LE PAYSAGE UNIVERSITAIRE FRANÇAIS	85-108
3.1. *Le profil des grammairiens du corpus*	86-88
3.2. *Les revues*	88-96
3.2.1. Les revues de linguistique française en France	89-93
3.2.2. Les revues de linguistique française à l'étranger	93-96
3.3. *La licence de lettres et l'agrégation de grammaire*	96-100
3.4. *Les thèses de doctorat*	100-104
3.4.1. Littérature, langues classiques, linguistique (études de langue)	101-102
3.4.2. La linguistique: structuration interne du champ	102-104
3.5. *Bilan et causes profondes*	104-108
3.5.1. L'invisibilité académique de l'étude du français contemporain	104-105

3.5.2. Signes d'un début d'institutionnalisation académique 105
3.5.3. Causes profondes 106-108

CHAPITRE III: L'ARTICULATION GLOBALE DE LA THÉORIE SYNTAXIQUE 109-264

1. L'ARCHITECTURE DE LA PHRASE DANS LA TRADITION GRAMMATICALE FRANÇAISE D'AVANT 1900 110-121
   1.1. *La double analyse: de Du Marsais à Noël et Chapsal* 110-118
      1.1.1. Les *Encyclopédistes* (Du Marsais et Beauzée) 111-114
      1.1.2. Noël et Chapsal et la 'première grammaire scolaire' 114-116
      1.1.3. La 'nouvelle analyse logique' 116-118
   1.2. *La 'deuxième grammaire scolaire' et la grammaticalisation de l'approche descendante* 118-121
      1.2.1. La critique à l'égard de la 'première grammaire scolaire' 118-119
      1.2.2. La théorie des fonctions dans la 'deuxième grammaire scolaire': délogicisation et diversification 119-121

2. L'APPROCHE TRADITIONNELLE DE LA SYNTAXE AU 20ᵉ SIÈCLE: UNE ANALYSE BIDIRECTIONNELLE CONFLICTUELLE 121-171
   2.0. *Le passage du 19ᵉ au 20ᵉ siècle* 121-127
      2.0.1. Articulation et problèmes théoriques de l'exercice appelé *double analyse* (version étendue) 121-125
      2.0.2. La bidirectionnalité de la grammaire traditionnelle: définition du concept 125-127
   2.1. *L'approche ascendante et catégorielle* 127-136
      2.1.1. L'indice approche ascendante (IA): paramètres 127-128
      2.1.2. Détail du premier paramètre: le plan des grammaires . . . 129-136
         2.1.2.1. Critères qualitatifs et quantitatifs 129-130
         2.1.2.2. Résultats de l'analyse 130-136
   2.2. *L'approche descendante et sémantico-logique* 136-149
      2.2.1. L'indice approche descendante (ID): paramètres 136-137
      2.2.2. Le *verbe substantif* et la décomposition du *verbe attributif* 137-142
      2.2.3. La bipartition logique de la phrase 142
      2.2.4. *Sujet logique* (vs *sujet grammatical*) dans les constructions impersonnelles 142
      2.2.5. Extensions de l'opposition *logique (réel)/grammatical (apparent)* . 143-146
      2.2.6. Définitions purement logico-sémantiques des fonctions 146
      2.2.7. Tableau synoptique et conclusions: l'indice approche descendante (ID) 147-149
   2.3. *Deux approches de la syntaxe: problèmes d'articulation* 149-165
      2.3.1. Conflits 'frontaliers' 149-156
         2.3.1.1. *Fonction* vs *terme* de la proposition 150
         2.3.1.2. La double conception du complément 150-153
         2.3.1.3. Les deux classements des compléments 153-155
         2.3.1.4. Deux paradigmes de fonctions nominales 155-156
      2.3.2. Discontinuités 156-165
         2.3.2.1. L'absence de toute 'interface' entre le plan des mots et le plan des fonctions 157-159
         2.3.2.2. L'absence du syntagme 159
         2.3.2.3. L'absence de la notion de récursivité (focalisation 'locale' des faits syntaxiques) 159-163

2.3.3. Tableau synoptique et conclusions	163-165
2.4. *Conclusions: la bidirectionnalité conflictuelle de la syntaxe traditionnelle*	165-171
2.4.1. Synthèse	165-166
2.4.2. La tradition grammaticale française et les autres traditions nationales	166-169
2.4.3. Témoignages concordants dans la littérature secondaire	169-171
3. DU MOT À LA PROPOSITION: TENTATIVES DE RAPPROCHEMENT	172-263
3.1. *L'émergence du syntagme*	172-207
3.1.0. Préambule: définition du concept	172-173
3.1.1. Le syntagme dans le corpus	173-189
3.1.1.1. Inventaire	173-174
3.1.1.2. Terminologie	174-175
3.1.1.3. Nature et genèse du concept	175-183
3.1.1.4. Intégration du concept à la description	183-184
3.1.1.5. Conclusions	184-189
3.1.1.5.1. Tableau synoptique: nature du concept	184-185
3.1.1.5.2. Nature du syntagme et directionnalité de l'analyse	185-186
3.1.1.5.3. Le passage du mot à la fonction reste problématique	186-189
3.1.2. Le syntagme dans la linguistique de l'époque	189-202
3.1.2.1. La tradition allemande: les *Wortgruppenlehren*	190-197
3.1.2.1.1. La démarche de John Ries	190-192
3.1.2.1.2. Caractérisation globale des *Wortgruppenlehren*	192-197
3.1.2.2. La tradition genevoise: la *syntagmatique*	197-200
3.1.2.3. Tesnière: une syntaxe catégorielle et dépendancielle	200-202
3.1.3. Les grammaires du corpus, la linguistique générale (et *en général*) et la didactique du français	202-207
3.1.3.1. Une 'genèse spontanée'?	202-205
3.1.3.2. Les syntagmes du type I à l'aune de la tradition des *Wortgruppenlehren*	205-206
3.1.3.3. Les syntagmes du type II, la grammaticalisation de l'analyse descendante et les racines de l'analyse en constituants immédiats	206-207
3.2. *La perspective fonctionnelle transversale (= PFT)*	207-256
3.2.0. Préambule: que faut-il entendre par PFT?	207-209
3.2.1. La PFT dans les grammaires du corpus	209-230
3.2.1.1. Les nouvelles catégories fonctionnelles: nature et nomenclature	209-214
3.2.1.2. Domaines d'application	215-223
3.2.1.2.1. Le parallélisme subordonnée/partie du discours	215-216
3.2.1.2.2. Une approche transversale 'globale'	216-222
3.2.1.2.3. Tableau synoptique: la perspective fonctionnelle transversale	222-223
3.2.1.3. Petit historique de la PFT	223-226
3.2.1.4. Bilan et problèmes	226-230
3.2.1.4.1. Le passage du mot à la fonction syntaxique reste problématique	226-229
3.2.1.4.2. L'interaction avec les syntagmes	229-230
3.2.2. La PFT dans la linguistique de l'époque: les théories transpositionnelles	230-245
3.2.2.1. Historique des théories 'transpositionnelles'	231-232

    3.2.2.2. De Sechehaye à Tesnière: l'ouverture vers la syntaxe . . . 232-245
      3.2.2.2.1. La *transposition* lexico-sémantique: Sechehaye . 232-236
      3.2.2.2.2. Vers la *transposition* syntaxique: de Bally à Tesnière 236-242
      3.2.2.2.3. L'élaboration de la *transposition* par Frei . . . 242-244
      3.2.2.2.4. Conclusions: le cheminement vers une *translation* syntactico-fonctionnelle 244-245
  3.2.3. Les grammaires du corpus et la linguistique générale 245-256
    3.2.3.1. L'approche lexicale traditionnelle des transferts intercatégoriels (= TI) 245-249
    3.2.3.2. L'irruption de la modernité linguistique: la *transposition* . 249-254
      3.2.3.2.1. *Transpositions* lexicales 249-250
      3.2.3.2.2. Vers une conception plus syntaxique des *transpositions* 250-252
      3.2.3.2.3. *Transposition* syntaxique + PFT globale . . . 252-254
    3.2.3.3. Tableau synoptique et conclusions 255-256
 3.3. *Syntagme et PFT: enfin une syntaxe continue?* 256-263
  3.3.1. La grammaire traditionnelle: vers une continuité bidirectionnelle . 257-259
    3.3.1.1. L'idéal 257-258
    3.3.1.2. La réalité: les problèmes 259
  3.3.2. Une continuité unidirectionnelle et homogène 259-263
    3.3.2.1. Une analyse fonctionnelle continue 259-260
    3.3.2.2. Une analyse catégorielle (dépendancielle) continue . . . 260-262
    3.3.2.3. Une analyse continue en constituants immédiats 262-263

4. BILAN 263-264

CHAPITRE IV: LES FONCTIONS SYNTAXIQUES 265-412

1. LA PROPOSITION ET LA PHRASE: DÉCOUPAGE CONCEPTUEL DU CHAMP 265-272
 1.1. *Terminologie et découpage conceptuel* 265-271
  1.1.1. Phrase/proposition 265-266
  1.1.2. La proposition isolée 266-269
  1.1.3. Principale *vs* intégrante 269-270
  1.1.4. Phrase complexe 270-271
 1.2. *La proposition (phrase): définition* 271-272

2. LA CONFIGURATION FONCTIONNELLE DE LA PROPOSITION VERBALE CANONIQUE . . 272-284
 2.1. *Définition des concepts d'analyse* 273
 2.2. *L'analyse logique (du type binaire)* 273-276
 2.3. *Les analyses grammaticalisées* 276-282
  2.3.1. L'analyse binaire grammaticalisée 276-277
  2.3.2. L'analyse ternaire différenciée: Attribut ≠ Complément du verbe . 278-280
  2.3.3. Vers une analyse ternaire homogène (attribut ~ compléments du verbe)? 280-281
  2.3.4. L'analyse ternaire unilatérale 281-282
 2.4. *Coexistence de modèles et modèles hybrides* 282-283
 2.5. *Tableau synoptique et conclusions* 283-284

3. Les fonctions primaires 284-363
  3.1. *La fonction verbe-prédicat* 285-290
    3.1.1. Observations préliminaires: Verbe-prédicat *vs* Verbe-mot 285-286
    3.1.2. Terminologie et découpage conceptuel 286-290
  3.2. *Le sujet* 290-293
  3.3. *La séquence* 293-304
    3.3.1. L'analyse traditionnelle 293-297
      3.3.1.1. Sujet grammatical *vs* sujet logique 293-295
      3.3.1.2. Vers une approche communicative de la question? 295-297
    3.3.2. Critiques de l'analyse syntaxique 297-298
    3.3.3. Hypothèses syntaxiques alternatives 298-303
      3.3.3.1. La solution de Brunot 298-300
      3.3.3.2. Autres solutions 300-302
      3.3.3.3. Un nouveau dédoublement du sujet: D&P 302-303
    3.3.4. Conclusions 303-304
  3.4. *L'attribut* 304-317
    3.4.1. Terminologie 304-308
      3.4.1.1. La tradition française 305-306
      3.4.1.2. La tradition allemande 306-308
    3.4.2. Le statut de l'attribut du sujet 308-311
      3.4.2.1. La définition de l'attribut du sujet (= AS) 308-309
      3.4.2.2. Les rapports copule/attribut 309-311
    3.4.3. L'attribut du COD (ACOD) 311-317
      3.4.3.1. Attribut du sujet *vs* attribut du COD 311-312
      3.4.3.2. Le statut syntaxique de l'attribut du COD 313-317
  3.5. *Les compléments du verbe: généralités* 317-335
    3.5.1. Les 'théories' de la complémentation 318-325
      3.5.1.1. Inhérence *vs* relation 318-322
      3.5.1.2. Détermination intérieure *vs* extérieure 322-325
    3.5.2. Les compléments essentiels *vs* accessoires 325-333
      3.5.2.1. Aperçu des domaines d'application 325-326
      3.5.2.2. La complémentation verbale 327-332
        3.5.2.2.1. La dichotomie respectueuse des découpages fonctionnels 327-329
        3.5.2.2.2. L'irruption de la syntaxe: le complément circonstanciel n'est pas toujours accessoire 329-330
        3.5.2.2.3. Interférences 330-332
      3.5.2.3. Conclusions 333
    3.5.3. Les fonctions primaires affectées aux compléments secondaires . . 333-335
  3.6. *Le complément d'objet (CO)* 335-339
    3.6.1. Complément d'objet *vs* Complément circonstanciel 335-336
    3.6.2. COD et COI 336-339
      3.6.2.1. Découpage conceptuel 336-337
      3.6.2.2. Le COD 337-338
      3.6.2.3. Le COI 338-339
  3.7. *Les COI et les compléments d'attribution (CA)* 339-349
    3.7.0. La diversification des compléments du verbe: COI, cc, CA et complément d'agent 339-340
    3.7.1. Découpage conceptuel 340-347
    3.7.2. Couverture de la classe 347-348
    3.7.3. Conclusions 348-349

3.8. *Le complément d'agent* 349-351
3.9. *Le champ des compléments circonstanciels (CC)* 351-362
    3.9.0. La *doxa* 351-352
    3.9.1. Voix dissidentes 352-356
    3.9.2. La conception nominale des compléments circonstanciels 356-358
        3.9.2.1. Indices de la conception nominale 356-357
        3.9.2.2. Conception nominale *vs* adverbiale des compléments circonstanciels 357-358
    3.9.3. Les compléments extra-prédicatifs 358-362
        3.9.3.1. Vers la reconnaissance du complément de phrase ('Satzbestimmung') 359-360
        3.9.3.2. L'adverbe de proposition 361
        3.9.3.3. Conclusion: le problème de la portée et l'unité de la classe 361-362
3.10. *Vers l'éclatement de la classe des compléments circonstanciels?* 362-363

4. LES FONCTIONS SECONDAIRES PRISES ENTRE DEUX SYNTAXES 363-381
    4.1. *Épithètes (fr.) et Attribute (all.)* 364-371
        4.1.1. L'interprétation 'sémantico-logique' maximale: adjoint du nom .. 365-367
        4.1.2. Les adjoints directs (= non prépositionnels) 367-368
        4.1.3. L'épithète au sens catégoriel: la tradition française 369
        4.1.4. Tableau synoptique 370-371
    4.2. *Le complément du nom et le paradigme* déterm- 371-374
        4.2.1. Le nom complément du nom (de l'adjectif, de l'adverbe) ... 371-372
        4.2.2. Le paradigme des *déterm-* en ébullition: *déterminatifs, déterminants, compléments de détermination,* 372-374
    4.3. *L'apposition* 374-379
        4.3.1. L'interprétation catégorielle (ascendante) *vs* sémantico-logique (descendante) 374-376
        4.3.2. Apposition, détachement et prédication 376-378
        4.3.3. Extensions d'emploi du terme *apposition* 378-379
    4.4. *Conclusions* 379-381

5. LES MOTS 'HORS PHRASE' 381-385
    5.1. *La classe des mots 'hors phrase': inventaire* 381-383
    5.2. *L'apostrophe* 383-384
    5.3. *Conclusion* 384-385

6. LE FRANÇAIS, UNE LANGUE À CAS? 385-402
    6.0. *Introduction* 385
    6.1. *Domaine d'application* 385-388
        6.1.1. Quelles parties du discours? Pronoms, noms et articles 385-387
        6.1.2. Quels cas? 387-388
    6.2. *Impact sur la description* 388-390
        6.2.1. Mise en rapport avec la morphologie (du nom/de l'article) .. 388-389
        6.2.2. L'élaboration d'un chapitre (syntaxique) consacré à la description de chacun des cas 389
        6.2.3. L'apparition des concepts de datif et de génitif dans le chapitre sur les prépositions 389
        6.2.4. Conclusion: un vernis superficiel 389-390
    6.3. *Le statut des cas* 390-394
        6.3.1. Statut théorique 390-393

6.3.2. Motivation	393-394
6.4. *Les champions de la théorie des cas: Sonnenschein et de Boer*	394-401
6.4.1. Sonnenschein	395-398
6.4.2. De Boer	399-401
6.4.3. Sonnenschein et de Boer: confrontation	401
6.5. *Conclusion*	401-402
7. CONCLUSION	402-412
7.1. *Bidirectionnalité et 'grammaticalisation' de l'analyse descendante*	403-408
7.1.1. Bidirectionnalité	403
7.1.2. 'Grammaticalisation' de la perspective descendante	404-408
7.1.2.1. Le stade final du processus de 'grammaticalisation'	404-405
7.1.2.2. Le poids de la sémantique	405-408
7.2. *Bidirectionnalité, 'grammaticalisation' et tradition grammaticale nationale*	408-410
7.2.1. Le syntagme verbal	409
7.2.2. Les fonctions secondaires dans le syntagme nominal	409-410
7.3. *Innovations terminologiques en France*	410-412

CHAPITRE V: LES PARTIES DU DISCOURS 413-462

1. L'ARCHITECTURE GLOBALE DE LA TAXINOMIE	413-421
1.1. *L'inventaire traditionnel*	413-415
1.2. *L'ordre des parties du discours*	415-417
1.3. *Les systèmes bipolaires à hiérarchisation combinatoire*	417-419
1.4. *Le système croisé de D&P: 4 x 3 = 12*	419-421
2. LES PARTIES DU DISCOURS ENTRE LE LEXIQUE ET LA GRAMMAIRE	421-437
2.1. *Les mots-outils*	421-429
2.1.1. Terminologie	421-424
2.1.2. Portée de la classe	424-426
2.1.3. Mise en perspective	426-429
2.2. *Morphèmes* vs *sémantèmes*	429-432
2.2.1. Vendryes (1921)	429
2.2.2. Les grammaires du corpus	429-432
2.2.2.1. Terminologie	429-431
2.2.2.2. Portée des termes	431-432
2.3. *Les moyens grammaticaux*	432-433
2.3.1. Introduction	432
2.3.2. Les grammaires du corpus	432-433
2.4. *Mots-outils, morphèmes grammaticaux et 'moyens grammaticaux'*	434-437
2.4.1. Tableau synoptique	434-435
2.4.2. Une brèche dans la cuirasse de la syntaxe des parties du discours?	435-437
2.4.3. Les mots-outils et l'approche catégorielle sélective des fonctions: retour au Chapitre III	437
3. LA DÉLIMITATION DES PARTIES DU DISCOURS: QUELQUES POINTS CHAUDS	437-462
3.1. *Le statut des déterminants*	438-442
3.1.1. Esquisse de la problématique	438
3.1.2. Les solutions apportées par les auteurs du corpus	438-442

3.2. *L'article*	442-448
3.2.1. Statut de l'article	442-443
3.2.2. Trois, deux ou un seul article?	443-448
3.3. *Les pronoms*	448-453
3.3.1. La scission de la classe des pronoms: les *représentants* et les *nominaux*	448-451
3.3.2. Le pronom personnel (sujet)	451-452
3.3.3. Conclusions	453
3.4. *Nom, substantif, adjectif*	453-455
3.5. *L'interjection*	455-461
3.5.1. L'interjection comme partie du discours	455-457
3.5.2. Les autres solutions	457-458
3.5.3. Phrases atypiques: mots-phrases et phrases nominales	458-461
3.5.3.1. Les mots-phrases	458-459
3.5.3.2. Les phrases nominales	459-461
3.6. *Problèmes de sous-catégorisation*	461-462
4. CONCLUSIONS FINALES	462

CHAPITRE VI: ASPECTS MÉTHODOLOGIQUES DE LA DESCRIPTION GRAMMATICALE   463-560

1. LA MÉTHODE DESCRIPTIVE	463-509
1.1. *La définition des catégories grammaticales: critériologie*	464-481
1.1.1. Observations préliminaires: le traitement quantitatif des données	464-465
1.1.2. Le souci d'exhaustivité dans la définition des concepts	465-470
1.1.2.1. Nombre absolu de termes/concepts techniques	466-467
1.1.2.2. Nombre de concepts définis par unité	467
1.1.2.3. Nombre de concepts définis par grammaire	467-468
1.1.2.4. Nombre de concepts définis par unité/grammaire	469-470
1.1.3. Nature des critères	470-480
1.1.3.1. Forme *vs* contenu	470-478
1.1.3.1.1. Par unité	471-472
1.1.3.1.2. Par unité et par quart de siècle	472-473
1.1.3.1.3. Par grammaire	473-477
1.1.3.1.4. Par unité et par grammaire	477-478
1.1.3.2. La structure interne des critères 'contenu' (= C)	478-480
1.1.3.3. La structure interne des critères formels (= F)	479-480
1.1.3.4. Tableau synoptique	480
1.1.4. Conclusions	480-481
1.2. *Procédures de découverte*	481-496
1.2.1. Les 'tests' syntaxiques	481-492
1.2.1.1. Définition et historique	482-483
1.2.1.2. Le 'test' dans la définition des concepts	483-484
1.2.1.3. La méthode des questions convenables	484-485
1.2.1.4. La substitution	485-488
1.2.1.5. L'effacement	488
1.2.1.6. L'addition	488-489
1.2.1.7. Autres transformations	489-490

	1.2.1.8. Conclusion: la perception de la notion de 'test' chez les grammairiens	490-492
	1.2.2. Le rôle de la paraphrase	492-495
	1.2.3. Conclusions	495-496
1.3.	*Formalisation, visualisation et quantification (fréquence)*	496-499
	1.3.1. Un début de formalisation?	496-497
	1.3.2. Visualisation	497-498
	1.3.3. Le traitement quantitatif des données	498-499
	1.3.4. Tableau synoptique	499
1.4.	*Les autres langues*	499-503
	1.4.1. Les grammaires FLE à vocation didactique	500-501
	1.4.2. Les grammaires à vocation comparative	501-502
	1.4.3. Tableau synoptique	502-503
1.5.	*L'appareil scientifique de la grammaire*	503-509
	1.5.1. Critères	503-504
	1.5.2. Préface, sources et scientificité	504-507
	1.5.3. Résultats et conclusion	507-509

2. LA MÉTHODE FACE À L'IRRÉDUCTIBLE 510-560
   2.1. *Le grammairien et les faits rétifs à l'analyse* 510-512
   2.2. *Les stratégies de marginalisation: les échappatoires rhétorique, stylistique et affective* 512-530
       2.2.1. Préambule historique 513-518
           2.2.1.1. Grammaire et rhétorique (les figures) 513-516
               2.2.1.1.1. Les figures de construction: inventaire 513-514
               2.2.1.1.2. Le fonctionnement des figures au 19e siècle . . 514-516
           2.2.1.2. La grammaire et la stylistique en France 516-518
           2.2.1.3. La grammaire et l'affectivité 518
       2.2.2. La stylistique et la dimension affective dans les grammaires du corpus 518-530
           2.2.2.1. La délimitation grammaire/stylistique 519-524
               2.2.2.1.1. Les chapitres 'littéraires' 519-520
               2.2.2.1.2. Le statut de la stylistique dans les grammaires . 520-524
           2.2.2.2. L'affectivité en grammaire 524-527
           2.2.2.3. Tableau synoptique et conclusions. L'influence de Bally . 528-529
           2.2.2.4. Les échappatoires stylistique et affective: problèmes épistémologiques 529-530
   2.3. *Les stratégies d'adaptation: les figures* 531-559
       2.3.1. Les figures 'en ordre groupé' 531-532
       2.3.2. La *syllepse* 532-534
       2.3.3. L'*inversion* 534-535
       2.3.4. L'*anacoluthe* 535-536
       2.3.5. Le *pléonasme* et les *mots explétifs* 536-543
           2.3.5.1. Portée des concepts 537-540
           2.3.5.2. Bilan: le sort du *pléonasme* et des *mots explétifs* dans les grammaires 540-542
           2.3.5.3. L'hétérogénéité interne des deux concepts (*pléonasme* et *explétif*) 542-543
       2.3.6. L'*ellipse* 543-552
           2.3.6.1. Nature de l'*ellipse* et problèmes de méthode 543-546

	2.3.6.1.1. Nature de l'*ellipse*	543-544
	2.3.6.1.2. Stratégie d'analyse	544-546
2.3.6.2.	Le traitement de l'*ellipse* dans les grammaires du corpus	546-551
	2.3.6.2.1. Résultats de l'analyse	546-548
	2.3.6.2.2. La théorisation autour de l'*ellipse*	548-551
2.3.6.3.	Conclusion: le rôle de l'*ellipse* dans les grammaires	551-552
2.3.7. Tableau synoptique: les 5 figures de grammaire		552-554
2.3.8. La doctrine linguistique sous-tendant les figures		554-559
2.3.8.1.	Les figures (l'*ellipse*) et le changement du langage	554-555
2.3.8.2.	Les figures et la doctrine de l'analyticité de la langue française	555-559
2.4. *Conclusion: le centre et la marge*		559-560

CHAPITRE VII: ORIENTATION THÉORIQUE ... 561-663

1. INTRODUCTION: GRAMMAIRES DESCRIPTIVES ET GRAMMAIRES EXPLICATIVES ... 562-566
   1.0. *La base empirique de ce chapitre* ... 562-563
   1.1. *Décrire* vs *expliquer* ... 563-565
   1.2. *Explications corrélatives* vs *autonomisantes* ... 565-566

2. APPROCHES CORRÉLATIVES ... 566-625
   2.1. *La langue et l'esprit humain: la psychologie* ... 566-606
      2.1.1. Introduction: les *explications* psychologiques ... 567
      2.1.2. De quelles grammaires s'agit-il? Comment peut-on les classer? ... 567-570
         2.1.2.1. Délimitation de la classe des grammaires psychologisantes ... 567-570
         2.1.2.2. Deux groupes de grammaires psychologisantes ... 570
      2.1.3. Groupe I: lois psychiques et interprétations psychologisantes ... 570-584
         2.1.3.1. Tobler (1835-1910), le maître des explications psychologiques et diachroniques locales ... 570-571
         2.1.3.2. Strohmeyer: une grammaire explicative à dominante psychologique ... 571-573
         2.1.3.3. Le Bidois ... 573-580
            2.1.3.3.1. L'alliance de la psychologie et de l'histoire face à la logique ... 573-574
            2.1.3.3.2. En quoi consiste la composante psychologique de cette syntaxe? ... 574-578
            2.1.3.3.3. Les Le Bidois et leurs contemporains ... 578-580
         2.1.3.4. Le psychologisme de de Boer ... 580-584
            2.1.3.4.1. Les sources de de Boer ... 580-581
            2.1.3.4.2. Automatismes, interventions et dépendances ... 581-583
            2.1.3.4.3. De Boer et ses contemporains ... 583-584
      2.1.4. Groupe II: la psychologie et les catégories grammaticales ... 584-605
         2.1.4.1. Haas et la psychologie représentationniste ... 585-587
         2.1.4.2. Vers une psychologie fonctionnaliste: Engwer et Regula ... 587-591
         2.1.4.3. La psychologie et la structure de la langue: Galichet et D&P ... 592-602
            2.1.4.3.1. La structure linguistique de la pensée française de France: D&P ... 592-593
            2.1.4.3.2. La structure linguistique de la pensée: Galichet ... 593-602
         2.1.4.4. Langue et réalité: de la psycholinguistique à la métaphysique ... 602-605

        2.1.5. Conclusions 605-606
  2.2. *La langue comme expression du sens* 606-608
  2.3. *La langue comme instrument de communication (vers la 'pragmatique')* . 608-625
        2.3.1. Mise en garde préliminaire 609
        2.3.2. De quelles grammaires s'agit-il? 609-610
        2.3.3. Thème/rhème 610-621
               2.3.3.1. Historique 610-612
               2.3.3.2. Les grammaires publiées en dehors de la France 612-618
               2.3.3.3. Les grammaires de facture française 618-620
               2.3.3.4. Conclusions 620-621
        2.3.4. Autres aspects 'pragmatiques' 621-625
               2.3.4.1. L'aspect discursif et textuel (= l'au-delà de la phrase) . . . 621-622
               2.3.4.2. La situation et la référence 622-623
               2.3.4.3. Le locuteur, l'interlocuteur et la communication 623-625
3. EXPLICATIONS IMMANENTES À LA LANGUE 625-659
  3.1. *Les explications diachroniques* 625-636
        3.1.1. Synchronie *vs* diachronie 625-628
               3.1.1.1. L'impératif de la synchronie 626-627
               3.1.1.2. Un compromis entre l'impératif de la synchronie et l'explication diachronique 627-628
        3.1.2. Les grammaires diachronisantes 628-636
               3.1.2.1. Les formes anciennes 628
               3.1.2.2. Le rôle de la diachronie 629-631
               3.1.2.3. Les tendances générales de la langue 632-634
               3.1.2.4. Tableau synoptique 634-636
  3.2. *Les structuralismes dans la (morpho)syntaxe du français* 636-659
        3.2.1. Psychologie et syntaxe chez Saussure 636-643
               3.2.1.1. Saussure et la psychologie 636-639
               3.2.1.2. Saussure et la syntaxe 'structurale' 639-643
                         3.2.1.2.1. Saussure et la syntaxe 639
                         3.2.1.2.2. La syntaxe structurale: quelques remarques . . . 639-643
        3.2.2. Saussure et le saussurianisme dans le corpus 643-645
        3.2.3. Grammaire psychologisante et structuralisme: D&P, Galichet, de Boer 645-654
               3.2.3.1. D&P et Saussure 646-647
               3.2.3.2. Galichet et la lecture psychologisante du *CLG* 647-652
                         3.2.3.2.1. Galichet et Saussure 648-649
                         3.2.3.2.2. Galichet et le structuralisme psychologisant . . . 649-651
                         3.2.3.2.3. Conclusions 651-652
               3.2.3.3. Le structuralisme de de Boer 652-654
        3.2.4. La grammaire structurale et fonctionnelle: le *Système grammatical* (morpho-sémantique) de Gougenheim 654-659
               3.2.4.1. Système, fonction, autonomie 654-656
               3.2.4.2. Les oppositions 656-657
               3.2.4.3. Limites et problèmes de l'approche 657-659

4. CONCLUSIONS 659-663

CHAPITRE VIII: SYNTHÈSE 665-691

1. Aperçu des principaux résultats 665-675
   1.1. *Les catégories de la description grammaticale* 666-670
   1.2. *La méthode de la description grammaticale* 670-673
   1.3. *L'orientation théorique globale des grammaires* 673-675

2. LA GRAMMAIRE TRADITIONNELLE ENTRE TRADITION ET MODERNITÉ 675-688
   2.1. *Tradition grammaticale vs innovation (modernité)* 675-685
      2.1.0. Entre *tradition* et *modernité* 675-676
      2.1.1. La part de la tradition 676-680
      2.1.2. Les innovations 680-683
      2.1.3. Le rôle de la linguistique générale 683-684
      2.1.4. Conclusion: innovation et temporalité interne 684-685
   2.2. *Tradition grammaticale nationale* 685-688

3. LES RAPPORTS ENTRE L'HISTOIRE "INTERNE" ET "EXTERNE": QUELQUES HYPOTHÈSES   688-691

ANNEXES 693-734

ANNEXE 1: NOMENCLATURE STANDARD (SÉLECTION) 693-696
ANNEXE 2: MODÈLE D'ANALYSE 697-700
ANNEXE 3: FICHES (BIO-)BIBLIOGRAPHIQUES 701-714
ANNEXE 4: SYNTAGME: TERMINOLOGIE 715-717
ANNEXE 5: PERSPECTIVE FONCTIONNELLE TRANSVERSALE 718-720
ANNEXE 6: SUJET *APPARENT* ET SUJET *RÉEL*: TERMINOLOGIE 721-722
ANNEXE 7: L'ORDRE DES PARTIES DU DISCOURS 723
ANNEXE 8: DÉTAIL CALCULS TOUTES UNITÉS CONFONDUES 724-725
ANNEXE 9: GRILLE INTERPRÉTATIVE DES DÉFINITIONS: CRITÉRIOLOGIE . . . 726-728
ANNEXE 10: LE *PLÉONASME* + LES *MOTS EXPLÉTIFS* 729-731
ANNEXE 11: L'*ELLIPSE* 732-734

RÉFÉRENCES BIBLIOGRAPHIQUES 735-760

1. SOURCES PRIMAIRES 735-745
2. SOURCES SECONDAIRES 745-760

INDEX 761-777
   I. INDEX DES AUTEURS CITÉS 761-766
   II. INDEX DES CONCEPTS ET DES TERMES ANALYSÉS 767-777

AVANT-PROPOS

Avant que le *je* se déguise en *nous* "de modestie", je voudrais préciser que ce *nous* n'est pas qu'une soumission aux contraintes du genre; il cache une certaine pluralité. Que tous ceux ayant contribué d'une façon ou d'une autre à la réalisation de ce travail, remaniement d'une thèse de doctorat soutenue à la Katholieke Universiteit Leuven, puissent s'y reconnaître.

Je tiens tout d'abord à remercier très sincèrement les professeurs Pierre Swiggers et Ludo Melis, mes directeurs de thèse. C'est à Pierre Swiggers que je dois ma vocation d'historiographe de la linguistique. Ce travail a profité de sa relecture précise et de son savoir encyclopédique, qui m'a gardé plus d'une fois de faux parallèles et de conclusions hâtives. Ludo Melis a éveillé mon intérêt pour la syntaxe grâce à son enseignement original. Sa perspicacité et son goût de la synthèse et de la structure ont souvent apporté de la clarté. Ma gratitude va également au professeur Piet Desmet. Je lui suis reconnaissant pour son enthousiasme et pour la franchise avec laquelle il m'a fait part de ses remarques pendant l'élaboration de ce travail. Je tiens à remercier aussi les professeurs M. Wilmet (Université Libre de Bruxelles) et A.-M. Frýba-Reber (Université de Berne), les deux autres membres du mon jury de thèse, pour leur lecture attentive, leurs commentaires et suggestions.

Ce travail n'aurait pas été possible sans le support du Fonds voor Wetenschappelijk Onderzoek - Vlaanderen (FWO), qui m'a octroyé une bourse doctorale de quatre ans (1997-2001). En 1999, l'Ambassade de France a financé un séjour à l'Université Marc Bloch à Strasbourg, où le professeur M. Riegel a bien voulu m'accueillir. Je voudrais remercier aussi le Centre Cerfaux-Lefort qui m'a fait don d'une collection importante de grammaires scolaires, ainsi que tous ceux qui ont voulu m'envoyer des informations sur les auteurs du corpus. Le mandat postdoctoral que le Conseil de la Recherche scientifique de la K.U. Leuven m'a accordé, m'a permis de poursuivre mes recherches et de préparer la publication de ce travail, qui a bénéficié d'une subvention généreuse de la *Fondation Universitaire*.

Si la recherche est avant tout une activité solitaire, ce travail a pu mûrir dans l'atmosphère de travail sympathique et stimulante qui règne au département de Linguistique de la K.U. Leuven. Le sentiment d'être soutenu par mes parents, mes beaux-parents et mes amis m'a permis d'avoir en tout moment la conscience tranquille.

Mes remerciements les plus sincères s'adressent à ma femme, qui, "pour le meilleur et pour le pire", a assisté — parfois dans les deux sens du mot — à la genèse de ce travail. Je lui suis d'autant plus reconnaissant pour sa patience et ses encouragements, mais avant tout pour m'avoir rappelé de temps en temps, à l'unisson avec notre petite Sarah, que la recherche scientifique n'est pas la seule voie vers le bonheur.

ABRÉVIATIONS ET CONVENTIONS TYPOGRAPHIQUES

(1) les grammaires
Les grammaires du corpus sont citées d'après le *premier* auteur (et la date de la *première édition*). Donc: Engwer (1926: 35) pour Engwer – Lerch (1926: 35)
   Exceptions: Académie, Larousse, D&P (= Damourette – Pichon)

(2) les références
Les références sont composées de l'année suivie des pages
   Exceptions: les ouvrages comportant deux volumes
   – Le Bidois (tome 1 ou 2, puis les pages): p. ex. Le Bidois (T2, 454)
   – D&P (volume, de 1 à 7, puis les pages): p. ex. D&P (V3, 233).

(3) la terminologie (système également appliqué dans l'*index rerum*)
   – en italiques ou entre guillemets: termes utilisés par l'auteur
      p. ex. *épanathète* ou "épanathète"
   – en caractères espacés: terminologie standardisée[1]
      p. ex. a d j e c t i f é p i t h è t e p o s t p o s é

(4) renvois internes
   – à l'intérieur d'un paragraphe: cf. *infra/supra*, ci-dessous/ci-dessus
   – à l'intérieur d'un chapitre: numérotation des paragraphes (p. ex. Cf. 1.2.3.)
   – à des paragraphes figurant dans d'autres chapitres:
      chapitre (chiffres romains) + paragraphe (p. ex. Cf. Ch. II, 1.2.3.)

(5) bibliographie
   – la bibliographie à la fin ne contient que les ouvrages mentionnés dans le texte
   – les fiches bibliographiques sur les grammaires du corpus contiennent:
      – les grammaires du corpus même (+ rééditions, refontes, etc.)
      – la bibliographie secondaire de chacun des auteurs du corpus

(6) abréviations
BSL (*Bulletin de la Société de Linguistique de Paris*); CLG (*Cours de linguistique générale*); D&P (Damourette et Pichon); FM (*Le français moderne* [revue]); pdd (partie du discours[2]); PFT (perspective fonctionnelle transversale); TI (*transfert intercatégoriel*: changement occasionnel de partie du discours)

---

[1] Pour ne pas trop surcharger le texte, nous avons abandonné cette typographie dans les contextes où toute ambiguïté était exclue. En revanche, elle était de mise chaque fois qu'il fallait nettement dissocier la terminologie standard de celle des grammaires, notamment dans les cas suivants:
   (a) dans les *comparaisons* de termes et de concepts (p. ex. en parlant de l'attribut) où le terme standardisé sert de *tertium comparationis*;
   (b) en dehors de la perspective comparative: pour éviter qu'on attribue un terme à un auteur qui reconnaît seulement le concept.
Quelquefois, nous avons utilisé le même procédé typographique pour introduire ou rappeler un terme (ou un emploi) technique: p. ex. *perspective fonctionnelle transversale, syntagme, pilarisé*, etc.

[2] Au Ch. III, 2.1.2., on trouve aussi *pdd'* (= parties du discours étendues: éléments adjectivaux, adverbiaux, etc.).

CHAPITRE I

QUESTIONS DE MÉTHODE

0. Introduction: objet et objectifs de l'étude

Pourquoi s'intéresser encore à un sujet que les 'linguistes' (et les didacticiens) modernes qualifient de «grammaire traditionnelle», terme connoté idéologiquement, pour ne pas dire tendancieux[1]? Manque de scientificité, règne de l'implicite, grisaille et austérité (cf. l'idée de grammaires-catéchismes), bref, un passé qu'on préférerait oublier à l'aube du nouveau millénaire, qui sera, décidément, 'linguistique'. Ils n'ont pas tort, même si l'on pouvait rétorquer qu'on attend toujours avec impatience la première grammaire générative 'complète' du français (cf. aussi Chevalier 2000: 8). On ne leur demandera pas non plus d'expliquer ce qu'ils entendent par 'grammaire traditionnelle'[2], concept essentiellement négatif, opposé à *linguistique structurale* et né au sein de celle-ci (Cherubim 1976: 8)[3].

Cette étude[4] n'est cependant nullement une apologie passéiste de la 'bonne vieille grammaire'. Nous croyons même pouvoir compter sur la sympathie des linguistes, car c'est à la fois en historien et en linguiste que nous aborderons les grammaires 'les plus scientifiques[5]' publiées à une époque relativement récente (la première moitié du 20e siècle). Cette sympathie ne manquera pas de tourner à l'amitié quand les linguistes sauront que nous avons confronté les grammaires, rédigées en partie par des 'linguistes' (ou philologues) professionnels (Brunot, Gougenheim, Wartburg, etc.), aux développements de la *linguistique* de l'époque, que le travail est axé sur les catégories et les méthodes de la description grammaticale, et que nous avons mis le doigt sur certains problèmes épistémologiques sous-jacents à la description grammaticale

---

[1] Sur le caractère idéologique de l'opposition entre la linguistique moderne (c'est-à-dire structuraliste et générativiste) et la grammaire traditionnelle, voir Cherubim (1976: 1-11). Si le dédain des linguistes (Chevalier 1985: 289) y est pour beaucoup, on ne saurait pas non plus sous-estimer les malentendus que la linguistique a provoqués dès le début dans le camp des traditionalistes, ce qui a entraîné un phénomène de rejet (Gleason 1965: 22-26).

[2] Citons à ce sujet le jugement de Leška: «die Aufgabe zu zeigen, was eigentlich die traditionelle (vorstrukturelle) Linguistik ist, immer noch unerfüllt» (1964, *apud* Cherubim 1976: 8). Cf. aussi Chevalier (1985: 289). À ce propos, il est intéressant de signaler que l'expression *traditional grammar* a non seulement été appliquée à la grammaire scolaire, mais aussi aux études de grammaire menées par des professeurs d'université européens (Jespersen, Poutsma, Kruisinga), c'est-à-dire à la «scholarly traditional grammar», qui ne peut cependant pas être confondue avec la première (Gleason 1965: 27). Ceci montre que *grammaire traditionnelle* équivaut à 'grammaire synchronique pré-structuraliste'.

[3] Nous reviendrons sur l'opposition grammaire/linguistique (1.1.3.).

[4] Cf. notre résumé dans *L'information grammaticale* (Lauwers 2003b).

[5] Cette formulation sera précisée par la suite.

traditionnelle, ainsi que sur des différences entre les traditions française et allemande. C'est donc à la fois la grammaire traditionnelle et ce que Jean-Claude Chevalier (1994: 111) a nommé «l'irruption de la linguistique» que nous examinerons.

Bien que l'historiographie de la linguistique — en l'occurrence de la grammaire — n'ait plus à se justifier[6], ce travail présente donc aussi un certain intérêt pour la linguistique moderne. Il a d'abord une valeur documentaire en ce qu'il permettra d'approfondir 'historiquement' les états de la question des études descriptives modernes[7]. De ce fait, il revêt également une valeur heuristique. Certains problèmes traités sont en effet toujours d'actualité[8] et l'analyse historiographique et épistémologique pourra stimuler la réflexion — ne fût-ce que par contraste — ou au moins en rappeler l'existence. Cette étude contribuera aussi à définir de façon plus positive l'étiquette de 'grammaire traditionnelle', qui est demeurée un raccourci commode dans les études de linguistique descriptive moderne. Mais aussi intéressants que soient tous ces aspects, ils ne constituent pas le véritable enjeu de cette étude. Les sujets abordés ne sont pas inspirés par les centres d'intérêt de la linguistique actuelle; c'est du moins le piège que nous avons essayé d'éviter. C'est pourquoi nous n'avons pas adopté un point de vue rétrospectif comme l'a fait Seuren (1998), par exemple.

Il reste à montrer l'intérêt *intrinsèque* de cette étude, c'est-à-dire sa valeur pour l'historiographie de la linguistique (française). Elle a pour objet la grammaire, ou mieux, les grammaires (cf. 1.2.) du français de la première moitié du 20e siècle (1907-1948). Nous nous sommes intéressé plus particulièrement à la couche supérieure du 'marché', représentant les grammaires les plus 'scientifiques'[9]. Concrètement, l'étude porte sur un corpus de 25 grammaires (et syntaxes globales)[10], dont 15 ont été publiées en France par des Français. Notre objectif principal est d'en fournir une analyse exhaustive et comparative[11] (à partir d'un modèle d'analyse longuement mûri). Par *exhaustive* nous n'entendons nullement que nous avons abordé tous les aspects possibles des grammaires du corpus. L'examen est exhaustif dans la mesure où il sature les paramètres de l'examen pour l'ensemble des 25 grammaires du corpus. Il nous permettra d'aboutir à une étude *transversale* du corpus (par *concept* et non pas par *grammaire*). Ce corpus s'inscrit toutefois dans un contexte intellectuel (*climate of opinion*) et social qu'on ne saurait négliger. Dans ce contexte intellectuel, la linguistique a reçu une attention toute particulière, notamment les travaux en

---

[6] Sur l'intérêt de l'historiographie de la linguistique, voir e.a. Koerner (1999: 209-230) et Hassler et al. (1987).

[7] Citons à témoin l'étude de Neveu (1998) sur l'apposition.

[8] Pensons au problème de la bidirectionnalité, qui continue à poser problème dans les versions les plus récentes de la grammaire générative transformationnelle, ou à la problématique de l'ellipse (et des éléments vides), qu'on pourrait considérer comme la rançon de l'abstraction.

[9] Voir les réflexions critiques de Chevalier (2000: 7-12) à propos de l'épithète «scientifique».

[10] Il s'ensuit que les études 'ponctuelles' (en volume ou parues en périodique) n'ont pas été étudiées.

[11] La présence d'un nombre considérable de grammaires rédigées par des étrangers, notamment par des germanophones, permet aussi une espèce d'*historiographie contrastive*.

linguistique générale/théorique et les traités consacrés à la théorie et à la méthode de la description grammaticale ou syntaxique. La confrontation des grammaires du corpus aux acquis de la 'linguistique', qui se présente comme un corpus *périphérique*[12], est dès lors notre deuxième objectif principal[13]. D'autres facettes de ce *climate of opinion*, telles que les réformes de la terminologie grammaticale, certaines tendances en psychologie ou en didactique des langues[14] (par exemple la mode de l'approfondissement historique et/ou psychologique et l'appel à l'analyse de la phrase en «groupes fonctionnels») ont également été envisagées. Il est clair qu'on ne peut aspirer à l'exhaustivité ici, notamment pour ce qui est du contexte intellectuel et idéologique plus large, étant donné que le 'contexte' est infini. La littérature secondaire jouera ici un rôle accru.

Le modèle d'analyse, c'est-à-dire 'le questionnaire' à l'aide duquel le corpus a été examiné, est axé sur le contenu des textes (*content-oriented*) et moins sur le contexte social et institutionnel (*context-oriented*)[15], même si celui-ci n'a pas été négligé. Aussi trouvera-t-on dans le chapitre II une présentation du contexte social et institutionnel des grammaires et des grammairiens, ainsi qu'une esquisse du 'marché' des études sur le français contemporain (revues, thèses de doctorat, etc.).

La période examinée est une période de transition «entre comparatisme et structuralisme». Ces deux concepts, *comparatisme* et *structuralisme*, qui figurent dans le

---

[12] Ce corpus est en principe ouvert; il comprend
— des manuels ou traités de linguistique générale et/ou théorique: Bloch – Trager (1942), Bloomfield (1983[1914]), 1926, 1933), Dauzat (1906, 1912), Delacroix (1933), Gardiner (1932), Hjelmslev (1928; 1968-1971 trad. fr.), Jespersen (1924, 1933), *Journal de psychologie et de pathologie* 1933 (numéro thématique), Marouzeau (1921), Martinet (1960), Meillet (1906, 1921), Noreen (trad. par Pollak 1923), Otto (1919), Paul (1880), Sapir (1921), Saussure (1916), Serrus (1933, 1941), Vendryes (1921, 1933), Wartburg (1946), Wundt (1900).
— des traités de syntaxe générale ou de théorie de la syntaxe/grammaire (ou études de syntaxe française ayant une portée théorique plus générale): Bally (1909, 1922, 1932), Benveniste (1966), Blümel (1914), Brøndal (1930, 1937, 1943; 1928, trad. fr. 1943), Brugmann (1918), Couturat (1911), Damourette et Pichon (1935), Ettmayer (1910, 1932), Frei (1929, 1948), Glässer (1931), Guillaume (1919, 1929), Haas (1912), Jespersen (1933, 1925-1926), Kalepky (1928), Karcevsky (1937), Kuryłowicz (1936), Lerch (1915-1919, 1922, 1938, 1939), Lenz (1925[2]), Lombard (1929), Mathesius (1929, 1936), Meyer (1933), Pichon (1937), Pike (1943), Regula (1935, 1942, 1951), Ries (1894, 1928, 1931), Sechehaye (1916, 1926), Sonnenschein (1927), Svedelius (1897), Tesnière (1934, 1953, 1959 [1969[2]]), Togeby (1951), Vergote (1951), Vossler (1910-1911, 1913), Wartburg (1934), Whorf (1945), Winkler (1935). Il faut y ajouter un certain nombre d'études *portant sur le français* qui n'ont pas été retenues dans le corpus central (cf. *infra*), mais qui présentent certainement un intérêt 'linguistique': Bauche (1920), Bergmann (1908), Meder (1897), Sandfeld (1928-1943), etc. Le volet 'linguistique' de ce corpus périphérique peut encore être complété par les discussions autour de la terminologie: la réforme de 1910, les rapports Maquet (1907) et Maquet – Brunot (1909), la communication de Sudre (1906), la terminologie anglaise (1911), etc.
[13] Il s'agira de déterminer les influences de la 'linguistique' sur les grammaires du corpus. La question de savoir si la grammaire française a contribué à la linguistique (générale et théorique) n'a pas été posée.
[14] Notons que nous avons essayé de limiter l'impact de la didactisation dans la sélection du corpus central.
[15] Sur cette opposition, voir Swiggers (1990b: 21).

titre du recueil dirigé par Huot (*La grammaire française entre comparatisme et structuralisme, 1870-1960*), y sont conçus plutôt comme deux *approches* et non pas comme deux *domaines* de recherche, même s'ils ont eu une influence cruciale sur les centres d'intérêt des sciences du langage. Par contre, la troisième composante du titre indique un domaine de recherche, *la grammaire française*, et, plus particulièrement, la morphosyntaxe du français moderne[16]. En clair, le recueil édité par Huot réunit une série de grammairiens-linguistes francophones qui se sont illustrés dans le domaine de la grammaire synchronique du français (cf. avant-propos) à une époque de transition entre l'hégémonie du comparatisme et la percée du structuralisme. Si l'intervalle couvert par cet ouvrage collectif est analogue à l'intervalle que nous avons choisi (1907-1948)[17], la définition de notre objet est plus complexe. La sélection du corpus n'est pas basée sur l'intérêt des auteurs pour la langue française moderne comme objet de recherche (comme c'est le cas chez Huot), indépendamment de l'expression qu'ils ont donnée à cet intérêt (création de revues, publication de grammaires complètes, d'articles, etc.). Pour faire partie du corpus, il fallait avoir rédigé une grammaire ou une syntaxe 'complète'. Le corpus n'embrasse donc pas un domaine de recherche, mais se limite à un *genre* ou *format descriptif* particulier[18], qui se situe à l'intérieur de ce domaine. Il s'ensuit que, pour bien situer le sujet, un deuxième axe chronologique doit être envisagé, à savoir l'histoire, séculaire, du *genre* appelé 'grammaire' (= les grammaires).

De nos jours, les grammaires et syntaxes de référence (p. ex. Riegel *et al.* 1994[1], Le Goffic 1993, Wilmet 1997[1] [2003[3]] etc.) font partie intégrante de la science, c'est-à-dire de la linguistique, de la même manière que les études de grammaire ponctuelles. Il n'en fut pas ainsi au début du siècle, lorsque les études ponctuelles, du moins en France, étaient quasi inexistantes, tout comme les grammaires de référence, d'ailleurs. De façon générale, les grammaires appartenaient encore au champ de la non-science[19] (cf. la définition classique selon laquelle «la grammaire est *l'art* de …»)[20]. Au cours du 20e siècle, la grammaire (les grammaires) du français contemporain a accédé au

---

[16] Et non pas tellement sur la lexicologie, par exemple, même si Gougenheim figure parmi les auteurs étudiés.

[17] La période examinée dans ce volume collectif est d'ailleurs moins longue que ne le laisse supposer le titre, étant donné que les premières études de Clédat sur le français moderne datent seulement du début des années 1890.

[18] Avec des réalisations moins prototypiques, comme Brunot (1922) et Gougenheim (1938), il est vrai.

[19] Au 19e siècle l'opposition fut donc linguistique historico-comparative *vs* grammaires (scolaires), soit *science* vs *art*. Assez tôt, elle présenta les symptômes d'une hybridisation. D'une part, certains auteurs cherchèrent à intégrer des explications historiques à leur grammaire synchronique, gage de scientificité (Clédat, Brachet, Chassang, etc.). D'autre part, l'introduction de la grammaire historique dans l'enseignement secondaire (et universitaire) aboutit inévitablement à une «manuélisation» du savoir diachronique (cf. Chevalier 1985).

[20] Il en fut autrement au 18e siècle. Les grammaires générales peuvent être considérées comme les représentants de la grammaire scientifique, par opposition aux travaux des *grammatistes* (Swiggers 1990a: 850). Le mot *grammatiste* était d'ailleurs encore utilisé au 19e siècle, selon Littré (*apud* Flaux 1993: 24).

statut scientifique. Elle fait désormais partie intégrante des sciences du langage ou de la linguistique dont elle constitue une sous-discipline. Voilà le résultat d'un processus d'institutionnalisation et de professionnalisation. Bien que cette évolution ait eu des répercussions importantes sur la scientificité de la production grammaticale, il est plus facile (et prudent) d'approcher le phénomène de la 'scientifisation'[21] du domaine de l'extérieur, c'est-à-dire par le repositionnement institutionnel des producteurs du savoir grammatical et du marché auquel ceux-ci s'adressent. Nous verrons dans le chapitre II comment, institutionnellement parlant, les grammaires du corpus, représentant la couche supérieure du marché (donc les ouvrages les plus 'scientifiques'), se trouvaient encore à cheval sur la science et la non-science[22]. Ce n'est qu'à partir (de la fin) des années 1960 que les études sur le français moderne entrent définitivement dans la sphère de la science et que le *grammairien* du français moderne devient aussi un *linguiste* (Bergounioux 1998b: 35). Avec un peu de bonne volonté, on peut représenter le processus de 'scientifisation' de la grammaire française comme suit:

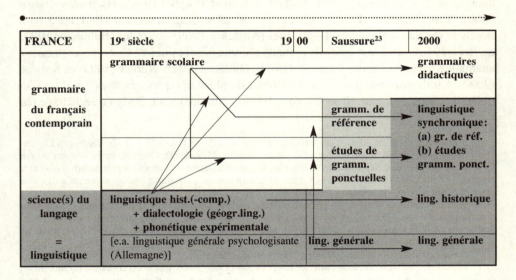

Ce tableau permet de visualiser le contenu du titre de la présente étude: les *descriptions (globales) du français* (ou grammaires), l'objet central de l'étude, passent au cours du 20e siècle du segment supérieur (*non-science*) au segment inférieur

---

[21] Le problème de la 'scientificité' de la grammaire française au 20e siècle est discuté dans Chevalier (2000).

[22] C'est un problème typique de la grammaire dû à la finalité souvent didactique de celle-ci. Une telle situation existe aussi dans le domaine de la dialectologie (cf. l'appel de G. Paris en 1888), champ partagé par des professionnels et des amateurs (cf. Desmet – Lauwers – Swiggers 1999: 183). En phonétique, une telle coexistence est presque exclue à cause de la technicité de la discipline.

[23] On considère communément le *Cours de linguistique générale* comme le début de «la linguistique moderne» (de nature synchronique) (p. ex. Soutet 1998; Touratier 1998).

(*science*). Au regard de ce tableau forcément schématique, il est clair que, sur le plan des contenus, il faudra clarifier les rapports entre l'objet central (le corpus de grammaires) et le contexte 'linguistique', qui y fait irruption.

Ce travail, qui comble une lacune, reprend le fil là où Chervel (1977)[24] l'a laissé. En effet, on attendait toujours une analyse *transversale* de *concepts* grammaticaux couvrant un ensemble considérable d'auteurs (du genre Chervel 1977[25] ou Forsgren 1992) pour la première moitié du 20e siècle. La scène historiographique était en effet dominée par des études d'auteurs isolés[26]. Il en résultait une certaine fragmentarisation. Ainsi, certains auteurs du corpus[27] avaient déjà fait l'objet de plusieurs travaux historiographiques: Brunot (Chevalier, Melis, Swiggers, Boutan), Damourette et Pichon[28], Grevisse[29], et, dans une moindre mesure, Clédat (Bourquin)[30]. Les études sur Wartburg ne concernent jamais la syntaxe qu'il a rédigée avec Zumthor. Pour ce qui est des francisants francophones s'occupant de morphosyntaxe qui ne font pas partie du corpus central de cette étude, on peut signaler d'importantes études[31] sur Bréal[32], Sechehaye (Frýba-Reber 1994), Bally[33], Sandfeld (Skytte 1994), Hjelmslev (Badir 2000), Van Ginneken (Foolen – Noordegraaf 1996 éds), Jespersen (Juul 1995 éd.), Brachet (Desmet – Swiggers 1992), Frei (Amacker 1969) et Tobler (Baldinger 1994; de Boer 1946), ainsi que les trois recueils consacrés à Tesnière[34] (issus de colloques), auxquels s'ajoutent encore Baum (1976), Bechraoui (1992), Werner (1993) et Kabano (2000). Guillaume, quant à lui, a fait l'objet de plusieurs monographies[35] et d'un dictionnaire terminologique (Boone – Joly 1996). L'originalité de Bally et Sechehaye par

---

[24] Signalons, pour le 19e siècle, l'étude récente de Berré (2003) sur l'enseignement du français en Flandre.
[25] Ce rapprochement n'est qu'imparfait, bien entendu. L'étude de Chervel, basée sur un corpus ouvert, couvre une période presque trois fois plus longue. La nature de l'objet (la grammaire scolaire) le conduit à s'intéresser davantage au lien entre la grammaire et le contexte pédagogique qu'au rapport entre la grammaire et «la science» linguistique.
[26] Pour un état de la question de l'historiographie de la grammaire et de la linguistique — dont nous nous inspirons ici en partie —, on se reportera à la *chronique de linguistique générale et française* (VIII) établie par Desmet – Melis – Swiggers (1996), plus particulièrement aux pages 158-162, qui portent sur la grammaire française aux 19e et 20e siècles.
[27] On se reportera aux fiches bibliographiques en annexe (n° 3).
[28] Un numéro thématique de *Travaux de Linguistique* (1982-1983), issu d'un colloque, et deux thèses de doctorat, à savoir celles de Rohrbach et de Bechraoui. Quant à ce dernier, deux articles ont paru (Bechraoui 1992, 1994), mais la thèse même — dirigée par Chevalier — n'a pas (encore) été publiée.
[29] Un numéro thématique de *Travaux de Linguistique* (1985-1986), également issu d'un colloque, et la thèse de Lieber (1986).
[30] Entre temps cette lacune a été comblée, puisque cet auteur a fait l'objet d'un colloque (Leuven, décembre 2002). Les actes paraîtront en 2004 (Lauwers – Swiggers éds 2004 à par.).
[31] On se reportera à ces ouvrages pour des renseignements bibliographiques supplémentaires.
[32] Boutan (1998), Clavères (1995), les actes d'un colloque (Bergounioux 2000 éd.); sur la sémantique, voir Desmet – Swiggers (1995) et Christy (2000).
[33] Chiss (1986), Hellmann (1988a et 1988b), Amacker (1992), Favre-Richard (1992), Durrer (1998).
[34] *Linguistica* 34 (1994); Madray-Lesigne – Richard-Zappella (éds 1995); Greciano – Schumacher (éds 1996).
[35] Jacob (1970), Wilmet (1972), Wunderli (1974), Tollis (1991), Valin (1985), etc. Pour les publications datant d'après 1980, voir le site du *Fonds Gustave Guillaume* (http://www.fl.ulaval.ca/fgg/z_biblio/index.htm).

rapport à Saussure a été mise en évidence par Amacker (2000). Ce relevé devrait encore être complété par les nombreux travaux sur Saussure.

Plus proche de notre sujet, on trouve encore une série de «recueils de portraits», c'est-à-dire des présentations en série d'auteurs et d'ouvrages, le plus souvent intégrées dans un cadre qui en fournit le contexte ou qui établit des liens entre les auteurs traités[36]. On en trouve une dizaine dans le manuel-anthologie de Arrivé – Chevalier (1970)[37] et autant dans les contributions de Martin (1980a; 1980b) aux deux volumes collectifs édités par Pottier (1980 éd.; 1992[2] revue et augmentée). La première partie du manuel de Fuchs et Le Goffic (1985) aborde entre autres Tesnière, Guillaume, Pottier et Martinet. Les trois volumes collectifs publiés dans le prolongement de l'*Histoire de la langue française* de Brunot consacrent chaque fois un chapitre au développement de la réflexion grammaticale. On dispose ainsi de trois bilans: de 1880 à 1914 (Chevalier 1985a), de 1914 à 1945 (Wilmet 1995) et de 1945 à 2000 (Wilmet 2000). L'ouvrage de Drăganu (1970), quoique daté, est à notre connaissance la seule encyclopédie de l'histoire de la syntaxe. Le corpus de Colombat – Lazcano (éds 1998) offre, pour la première fois, une vue globale sur une trentaine de *grammaires* françaises (historiques et synchroniques confondues) publiées entre 1900 et 1948[38], parmi lesquelles on trouve plusieurs ouvrages de second rang (voire scolaires). Les grammaires contemporaines du *Bon Usage* ont été présentées rapidement par Lieber (1986: 32-56).

Deux ouvrages collectifs peuvent passer pour la réalisation la plus complète du genre: le recueil édité par Huot (1991)[39] et, très récemment, les deux numéros de *Modèles Linguistiques* édités par Rousseau[40]. En réalité, ces deux ouvrages impliquent déjà un dépassement du genre, car ils fournissent des analyses historiographiques plus pointues.

À ces études portant sur des auteurs ou des ouvrages isolés s'ajoutent encore les ouvrages encyclopédiques[41], les témoignages autobiographiques[42], et, bien sûr, les inventaires bibliographiques spécialisés (en partie commentés)[43].

---

[36] Sur l'histoire de la romanistique en Allemagne, voir les contributions dans Baum – Böckle *et al.* (1994).

[37] Cette partie avait déjà été publiée dans *Langages* 7 (1967).

[38] Une grande partie des notices concernant les grammaires du 20ᵉ siècle ont été rédigées par Karabétian, auteur d'une histoire de la stylistique (Karabétian 2000).

[39] Dans lequel sont traités Clédat, Brunot, Bally, Guillaume, Damourette et Pichon, Gougenheim et Tesnière; les articles sont pourvus de bibliographies.

[40] Ces deux volumes portent sur l'histoire de la syntaxe entre 1870 et 1940 et ne se limitent pas à la seule France.

[41] Limitons-nous ici aux ouvrages les plus récents et les plus ambitieux: Koerner – Asher (1995 éds) — reprenant des articles de Asher – Simpson (1994) — et Stammerjohann (1996 éd.). Mentionnons aussi les contributions de Swiggers (1990a, 2001a) pour le *Lexikon der Romanistischen Linguistik* (Holtus, Metzeltin – Schmitt éds 1988-) et les dictionnaires biographiques de Charle (1985, 1986, 1988).

[42] Encrevé et Chevalier (1984), les *Mémoires* de Martinet (1993), la *Festschrift* Wandruszka éditée par Gauger et Pöckl (1995). Swiggers (1995, 1992) a lancé une série de portraits de linguistes (p. ex. Chevalier, Larochette).

[43] Les bibliographies rétrospectives: Dauzat (éd. 1935), Wagner (1947), Chervel (1981), Horluc – Marinet (1908), etc. Les bilans de témoins-chroniqueurs: Thurau (1907-1908 [1911]), Bally (1907-1908

Dans le domaine des études de *concepts* ou de *problèmes*, en revanche, les historiographes de la linguistique française ont été nettement moins actifs. Les catégories grammaticales suivantes ont déjà fait l'objet d'une (première) description: l'apposition (Neveu 1998[44]), l'adjectif (Julien 1992), le sujet (Stéfanini 1984, Benedini 1988), la phrase (Marchello-Nizia 1979, Zawadowski 1980), le complément circonstanciel (Chervel 1979), l'attribut (de Gaulmyn 1991, Goes 2001) et le groupe nominal (Riegel 2000). On notera aussi l'existence de quelques études de concepts linguistiques plus abstraits: l'ellipse (*HEL* 5, 1983, numéro thématique) et l'énonciation (Delesalle 1986, Durand 2000, Arrivé 1999). Les Actes du colloque de Grenoble[45], colloque consacré à la terminologie grammaticale, contiennent également quelques contributions qui ont trait au sujet qui nous occupe (2001)[46].

Comme il a été dit au début, cette étude offre une analyse *transversale* (comparative) de concepts, basée sur un corpus (fermé) de 25 grammaires de référence du français, publiées au cours de la première moitié du 20ᵉ siècle. Depuis les thèses de Chervel (1977 [1982²], 1981 [2000²] et de Niederländer (1981) — et l'article de Vergnaud (1980) qui porte sur une quinzaine de grammaires en usage entre 1890 et 1905 — la grammaire française des deux derniers siècles n'a plus guère été examinée dans son ensemble. L'approche du nouveau millénaire a cependant stimulé l'activité historiographique dans ce domaine. La revue *Modèles linguistiques* a accueilli non seulement les actes d'un colloque sur l'histoire de la syntaxe (2002; 23,1 et 2; cf. *supra*), mais aussi les contributions présentées à une série de colloques intitulés *Un siècle de linguistique en France*[47] (voir Swiggers 2000, Chevalier 2000 et surtout Melis – Desmet 2000). La SIHFLES a organisé une journée d'étude à Lyon (ENS; décembre 2000) à propos de la phrase complexe dans les manuels scolaires de 1830 à 1930, alors que la revue *Langue française* a consacré un numéro à la *Linguistique comme discipline en France* (Chiss – Puech éds 1998). Dans le prolongement de ses articles rédigés pour le corpus de Colombat – Lazcano (éds 1998; cf. *supra*), Karabétian a publié un article sur la persistance de modèles anciens (17ᵉ/18ᵉ s.) dans la grammaire scolaire entre 1850 et 1948 (Karabétian 1998a)[48]. Ce même auteur a

---

[1911]), Plattner (1891-1894), Togeby (1952), Edgren (1952), etc. On ne saurait pas non plus oublier la base de données (*Emmanuelle*) gérée par Alain Choppin de l'INRP, projet autour duquel une association internationale a été créée (IARTEM) en 1995.

[44] Il s'agit d'une étude descriptive, mais précédée d'une importante étude historiographique du traitement de l'apposition. On ne peut pas oublier, en effet, toutes les études de syntaxe qui approfondissent historiquement les concepts étudiés, comme Melis (1990) et Goes (1999), par exemple.

[45] Walmsley, Boutan, Archimbault, Chevalier, Fuchs, Pellat, Wilmet, Karabétian et Goes (2001).

[46] Il faut signaler aussi quelques auteurs qui ont contribué indirectement à la vulgarisation de certaines données relatives à l'histoire de la grammaire traditionnelle. Nous songeons à la discussion de traitements traditionnels dans la *Grammaire critique* de Wilmet (1997¹ [2003³]) et les quelque 200 articles de «grammaire et linguistique» rédigés par Bonnard pour *Le Grand Larousse de la Langue française* (1971-1978).

[47] 19,2; 20,1; 21,1; 21,2; 1998-2000.

[48] Sur l'héritage de l'antiquité dans la terminologie grammaticale moderne, voir Charpin (1980).

publié une histoire *des stylistiques* (Karabétian 2000) qui fait la place belle à la stylistique 'linguistique'[49]. Le traitement des fonctions dans la linguistique française a été examiné par Kiss – Skutta (1987)[50] dans une étude centrée sur la période 1950-1965 mais remontant en réalité jusqu'en 1920. Nique (1983) a esquissé l'appareil syntaxique de la grammaire historique en France (1836-1882).

De façon plus générale, notre étude contribue à l'histoire de la syntaxe. Parmi les *histoires de la syntaxe* (cf. aussi Drăganu 1970 *supra*) qui adoptent une perspective transversale et dont la portée dépasse la syntaxe française, on peut signaler le manuel de théorie et de méthode de la syntaxe de Stati (1972² [1967¹]), l'histoire de la syntaxe structurale et poststructurale de Paillet – Dugas *et al.* (1983)[51], et surtout, la somme magistrale de Graffi (1991, trad. et élab. 2001). Restent à signaler deux ouvrages qui offrent une vue cavalière sur l'histoire de la syntaxe à la fin du 19ᵉ et au 20ᵉ siècle: le dernier chapitre de l'*Histoire de la grammaire française*[52] de Chevalier[53] et le quatrième volume de la série coordonnée par Lepschy (Morpurgo-Davies, 1998; notamment pp. 304-311)[54]. Sur la syntaxe américaine depuis Bloomfield, on consultera entre autres Matthews (1993, 1996 réimpr.), McCawley (1999) et Fought (1999)[55].

Pour terminer, il convient de signaler encore les manuels et histoires de la linguistique qui s'intéressent en partie à l'histoire de la syntaxe des deux derniers siècles. Ainsi, le second manuel du tandem Chiss – Puech (1997²), qui est plus axé sur les (grammairiens-) linguistes que le premier, comporte une section intitulée le «structuralisme introuvable» où sont traités Bally, Guillaume et Gougenheim. L'on n'oubliera pas non plus Seuren (1998), le dernier tome de la monumentale *Histoire des sciences du langage* (Auroux – Koerner – Niederehe – Versteegh éds 2000-) qui porte sur le 20ᵉ siècle[56] et dont on attend avec impatience la parution (prévue en 2004), et les manuels datés, mais toujours utiles, de Iordan – Bahner (1962; 1932¹ par Iordan)[57] et de Kukenheim[58].

---

[49] Voir à ce propos notre compte rendu (Lauwers 2002b).

[50] Sur la syntaxe fonctionnelle française, voir le numéro thématique de *Langue française* (François éd. 1977), notamment les contributions de Faita (1977) et de François (1977).

[51] Les 17 chapitres abordent autant de courants différents (entre autres la syntaxe de Martinet et de Tesnière).

[52] Voir le c.r. de Swiggers (2002).

[53] Voir aussi le dernier chapitre de Chevalier – Delesalle (1986).

[54] Signalons aussi l'ouvrage collectif consacré à la linguistique au 19ᵉ siècle édité par Desmet – Swiggers – Verleyen (2004 à par.).

[55] Nous ne prenons plus en considération les travaux sur l'histoire de la grammaire générative, comme ceux de Newmeyer.

[56] Le troisième tome de *L'histoire des idées linguistiques* (Auroux 2000 éd.) porte surtout sur le 19ᵉ siècle (*L'hégémonie du comparatisme*).

[57] On dispose aussi d'une série de manuels consacrés aux théories linguistiques du 20ᵉ siècle: Mounin (1972), Szemerényi (1971), et, notamment pour la linguistique psychologisante, Bronckart (1977). Sur l'histoire des structuralismes européens, voir le manuel très utile d'Albrecht (1988). Pour une présentation des autres manuels (et leurs défauts), on se reportera à l'état de la question dressé par Desmet – Melis – Swiggers (1996).

[58] Plus particulièrement, les aperçus sur la *grammaire française* (1962: 49-51; 63-64; 79-80; 103-105; 169-172), rubrique qui se confond en partie avec celle de *linguistique française*, notamment dans le domaine de la syntaxe (Kukenheim 1962: 133-136; 143-147).

Cette étude vient donc à point nommé, tant par son objet (grammaire du 20e siècle)[59] — comme le montre la vague de publications récentes portant sur l'histoire de la grammaire/linguistique française au 20e siècle — que par la perspective adoptée (étude de *concepts*[60]; perspective transversale; durée: presque un demi-siècle).

Si une telle étude se faisait attendre jusqu'ici, cela tient essentiellement au fait que les recherches historiographiques sur la grammaire (française) du 20e siècle sont toutes récentes, ce qui s'explique à son tour par le nécessaire recul historiographique et par l'institutionnalisation[61] relativement récente de l'histoire de la linguistique. En outre, elles ont privilégié l'étude d'auteurs, tendance renforcée par les publications de circonstance et par le fait que les études transversales de concepts/théories demandent un travail d'encodage soutenu qui n'est guère réalisable que dans le cadre d'une thèse de doctorat. De façon plus générale, le retard de l'historiographie de la syntaxe pour la période 1850-1930[62] est dû en partie à la doxa selon laquelle avant Bloomfield il n'y avait pas de syntaxe (scientifique), l'aura de scientificité étant réservée au seul modèle historico-comparatif (axé sur la phonétique et la morphologie). La morphosyntaxe était l'apanage de la grammaire scolaire et/ou traditionnelle (dans le sens de 'préstructuraliste') et il fallait donc l'étudier à l'intérieur des limites des traditions scolaires nationales. Ces études axées sur les traditions grammaticales nationales[63] ne vont presque jamais plus loin que l'année 1920. D'autre part, l'historiographie de la linguistique européenne post-saussurienne focalise surtout les caractéristiques globales des écoles linguistiques (structuralistes) et les doctrines des individus, ce qui vaut aussi pour les *grammairiens-linguistes* français (francisants ou non) de la première moitié du 20e siècle, qui, d'après Sanders (2000: 281), sont traités en parents pauvres dans les aperçus de l'histoire de la linguistique. Sanders en

---

[59] «Pour ce qui concerne le XXe siècle, aucune étude historique n'a été entreprise. Seuls existent quelques bilans théoriques» (Nevue 1998: 19; cf. aussi Desmet – Melis – Swiggers 1996: 158).
Le travail de Chervel (1977, 1981; 1982²) qui porte sur le 19e siècle n'a donc pas eu de suite. Quant à la grammaire scolaire, cette situation ne changera pas de sitôt, étant donné que l'inventaire des manuels de français n'est pas une priorité pour l'équipe de Choppin.

[60] Cf. l'appel lancé par Gerda Hassler au colloque de Potsdam (novembre 2001). Voir aussi les *desiderata* de Kaltz (1996: 345).

[61] Sur l'institutionnalisation de l'histoire de la linguistique, voir entre autres Desmet – Melis – Swiggers (1996), Swiggers (1983) et Auroux (1980). Les indices les plus visibles de cette institutionnalisation sont la création de sociétés internationales (la *Société d'Histoire et d'Épistémologie des Sciences du Langage*, la *Henry Sweet Society for the History of Linguistic Ideas*, la *Studienkreis Geschichte der Sprachwissenschaft*, la *Sociedad Española de Historiografía Lingüística*, le *Werkverband Geschiedenis van de Taalkunde*, etc.), la fondation de revues internationales [*Historiographia linguistica* (°1973), *Histoire Épistémologie Langage* (°1979), *Beiträge zur Geschichte der Sprachwissenschaft* (°1991)] et l'organisation règulière de colloques, dont le grand congrès triannuel (*ICHoLS: International Conference(s) on the History of the Language Sciences*»; depuis 1978).

[62] L'aperçu de Kaltz (1996), pourtant censé examiner l'émergence de la syntaxe comme sous-discipline, s'arrête à la fin du 19e siècle. Ce cas illustre de façon éclatante l'état de la question de l'histoire de la syntaxe après 1880.

[63] Voir à ce propos Erlinger (1969), Chervel (1977), Elmenthaler (1996), Forsgren (1992), Naumann (1986), Niederländer (1981), Vesper (1980), Leitner (1991 éd.), Berré (2003) et déjà Jellinek (1913-1914).

conclut que: «there remains much to be done, particularly in the area of twentieth-century French linguistics» (2000: 287)[64]. Aussi espérons-nous pouvoir contribuer à combler cette lacune par une étude transversale qui a pour objet les grammaires de référence du français et leurs rapports avec la théorisation linguistique de l'époque, considérées dans leur contexte social et institutionnel[65].

Il n'en reste pas moins que notre objectif est ambitieux, trop ambitieux si nous ne nous étions pas imposé d'importantes *restrictions* (voir 1.5.), dont la principale est la limitation à la morphosyntaxe. Au fur et à mesure de l'exploitation des données encodées, nous nous sommes résolu, en outre, à laisser de côté l'aspect 'langue-objet' (par exemple la problématique de la norme et des registres, l'intégration du code oral, etc.)[66].

Ce premier chapitre, qui est axé sur la méthode historiographique, comporte trois volets. Dans un premier temps, nous allons préciser les contours de l'objet à l'étude (1). Une fois que l'objet sera délimité et les grammaires sélectionnées, nous pourrons passer à l'explicitation de la méthode adoptée (choix métahistoriographiques, élaboration d'un modèle d'analyse, rôle du métalangage historiographique) et des fondements épistémologiques de notre démarche (2), ce qui nous conduira à la présentation du plan adopté dans l'exposition des résultats (3).

1. Délimitation de l'objet et sélection des ouvrages du corpus

Dans l'introduction, il a déjà été amplement question de l'objet de cette étude: un corpus de 25 grammaires (et syntaxes globales) du français contemporain, publiées entre 1907 et 1948. La grammaire y est conçue comme un *genre* ou *format descriptif* particulier qui au cours du 20e siècle a conquis sa place dans le domaine des sciences du langage.

---

[64] Le raisonnement de l'auteur porte cependant un peu à faux. Elle confond l'attention qu'ont reçue les linguistes français (francophones) chez les historiographes avec la sélection qu'impose tout ouvrage synthétique. L'existence de travaux historiographiques sur tel ou tel personnage n'est pas nécessairement le résultat d'un choix en fonction de la pertinence de l'auteur pour l'histoire de la linguistique. D'ailleurs, peut-on s'attendre à ce que toute nation ait sa représentation garantie dans les aperçus de l'histoire de la linguistique? Ce questionnement (cf. aussi Chevalier – Delesalle 1986: 18) nous mènerait trop loin.

[65] Pour un état de la question des études sur l'histoire institutionnelle et sociale de la linguistique, on se reportera au début du Chapitre II (0.).

[66] Cet aspect faisait partie du modèle d'analyse mais n'a pas pu être exploité, même si une partie des données a été récupérée dans d'autres chapitres (p. ex. la présence d'états de langue anciens et d'autres langues que le français). L'élaboration de la problématique aurait exigé un nouveau chapitre qui aurait rompu l'unité du travail, qui est axé plutôt sur la *description* de la langue-objet (catégories descriptives, orientation théorique, méthode). En outre, l'analyse de la langue-objet, qui est beaucoup plus sensible au contexte social et idéologique des auteurs, mais aussi, de la langue même, aurait donné pleinement dans l'histoire externe de la langue française. La question de la norme, par exemple, ne peut pas être examinée en dehors de toute référence à la «crise» de la langue française, à l'action des puristes et, bien entendu, à l'histoire (interne) récente de la langue française. On a là un véritable débat de société dans lequel les convictions idéologiques (gauche, droite, etc.) des auteurs jouent un rôle clé.

Il convient maintenant de définir cet objet de façon plus précise en vue de la sélection du corpus à partir d'une série de critères et de clarifier la confusion terminologique qui entoure l'opposition entre *grammaire* et *linguistique*, en explicitant la charge dénotative et connotative des termes (1.1.). Nous tiendrons également à justifier l'intervalle chronologique (1907-1948) que nous avons choisi (1.2.). Ces critères *internes* n'ont cependant pas suffi pour délimiter le corpus. Afin d'opérationnaliser le critère (interne) relatif au niveau des grammaires, il a fallu confronter les bibliographies (= critère *externe*) qui, dans un premier temps, avaient servi à la constitution d'un inventaire initial de grammaires (1.3.). Une fois l'outillage défini, nous pourrons passer à la description de la procédure de sélection (1.4.). Il restera à préciser encore quelques restrictions supplémentaires que l'étendue du sujet nous a imposées (1.5.).

1.1. *Définition de l'objet*

Dans un premier temps, il convient de définir l'objet central de la présente étude, la *grammaire*, prise au sens de *genre* ou *format descriptif* (1.1.1.), et de justifier pourquoi nous avons préféré le genre (*les grammaires*) à la discipline (*la grammaire*) (1.1.2.) pour la confrontation avec la *linguistique*. Nous verrons ensuite que les changements intervenus dans les rapports de force entre *grammaire* et *linguistique* se reflètent aussi dans la nomenclature appliquée aux deux disciplines (1.1.3.).

1.1.1. La grammaire (comme format descriptif)

Pour être retenues, les grammaires devaient répondre à la définition suivante:

 «une description structurée et agencée — de la structure (morphosyntaxique) — d'une langue particulière, en l'occurrence le français contemporain, qui se veut complète ou du moins globale, et qui, en tant que telle, peut servir d'ouvrage de référence».

Nous définissons la grammaire (en tant que nom comptable) comme une entité *sui generis*, un genre ou format descriptif en soi. Ce genre, qui semble quelque peu rebelle à l'étiquette «linguistique» (cf. 1.1.2.) force le grammairien/linguiste à des prises de position nettes et vise l'exhaustivité[67] «horizontale». Ce que nous appellerons l'*agencement* de la matière, c'est-à-dire le plan, un aspect d'importance secondaire dans les études ponctuelles, passe pour un élément crucial dans l'élaboration d'une grammaire (cf. aussi Wilmet 2003[3]: 635). L'*agencement* — 'phénomène de surface' — reflète la *structuration* de la description grammaticale (les catégories, les rapports etc.).

Dans la définition qui précède, il convient de faire une distinction entre les traits qui concernent le *statut* de la description grammaticale et le trait «ouvrage

---

[67] Qu'on se rappelle les problèmes rencontrés par la linguistique moderne dans l'application de ses théories à la description complète d'une langue donnée.

de référence» qui, lui, a trait à l'*usage* qu'on peut en faire, à sa fonctionnalité[68]. La fonctionnalité de la grammaire est moins importante et peut facilement être dégagée de la définition. Si cet aspect y figure, c'est que nous nous sommes concentré sur le segment supérieur du marché, c'est-à-dire les grammaires 'de haut niveau'. En outre, il opère une restriction qui permet de mieux étudier la description grammaticale en elle-même (et pour elle-même), ce qui est notre objectif principal, fidèle au concept de *content-oriented historiography*. Le trait «ouvrage de référence» a en effet un sens essentiellement négatif, à savoir 'non scolaire'. Il permet d'exclure les ouvrages par trop 'didactisés'[69]. Comme on peut s'attendre à ce que les grammaires du segment «supérieur» du marché soient non seulement les ouvrages les moins exposés aux interférences des méthodes didactiques, mais aussi les premiers à s'ouvrir à la linguistique, la confrontation[70] — notre deuxième objectif (1.1.) — avec les acquis de la linguistique de l'époque devient pertinente.

Certes, on ne pourra jamais éliminer tout à fait l'aspect utilitaire (en premier lieu «didactique») des grammaires du corpus, d'abord parce que toute étude sert à quelque chose, mais aussi et surtout parce que la grammaire est toujours une synthèse, et, dans le meilleur des cas, une espèce de somme des recherches en grammaire/linguistique, ce qui implique toujours une forme de simplification, bref une dimension 'pédagogique'. C'est pourquoi la grille d'analyse comporte aussi une rubrique 'influence de la didactique'.

La définition de l'objet, à savoir la *grammaire*, comporte sept traits définitoires dont l'application conduit à l'exclusion de certains types de publications. Voici les traits définitoires et les catégories d'ouvrages qui n'y répondent pas (ainsi que quelques exemples):

---

[68] Comme Melis – Desmet (2000) l'ont remarqué, la croissance exponentielle de descriptions s'explique en partie par une différenciation des objectifs assignés à la grammaire: grammaires de consultation et de vérification (type *le Bon Usage*), grammaires de compréhension (des structures de la langue), grammaires d'apprentissage et grammaires de production.

[69] Contrairement à Niederländer (dans son étude sur la grammaire scolaire en Allemagne), notre questionnement ne porte pas sur la *praxis* grammaticale, c'est-à-dire le fonctionnement de la grammaire dans le processus d'apprentissage. Dans notre optique, la grammaire n'est pas tellement un «Lehrmittel» destiné à l'enseignement en classe, tel que Niederländer (1981: 15) l'entend, mais est plutôt *Selbstzweck* (but en soi), comme il l'affirme à propos de la «wissenschaftliche Grammatik» (1981: 15).
Le refus du point de vue de Niederländer — qui examine, rappelons-le, un corpus de manuels scolaires — n'implique nullement que la linguistique n'ait pas eu ou ne puisse pas avoir une influence sur les pratiques grammaticales en classe. Outre l'influence sur la description en tant que telle — aspect que nous ne négligerons pas de prendre en considération —, la linguistique a proposé, par exemple, des procédures formelles d'analyse, des exercices appelés structuraux, des exercices de transformation, etc. Plus tard, la linguistique fonctionnelle a donné lieu à une grammaire sémantico-fonctionnelle — dont Bally et Brunot avaient déjà tracé les contours — axée sur la communication des idées et la réalisation d'actes de langage dans une perspective onomasiologique.

[70] Il s'agira de trouver des correspondances entre les ouvrages du corpus et la production linguistique de l'époque, et, si possible, d'indiquer l'influence de la 'linguistique' sur la grammaire française.

trait définitoire	catégories exclues
(1) description	études plus *théoriques* sur la langue française, offrant une image «en raccourci» ou un «Gesamtbild» (= tradition stylistique) [Strohmeyer (1910), Bally (1932), Wartburg (1934), etc.]

(2) structurée et agencée	(a) *dictionnaires* grammaticaux [Soulice – Sardou (avant 1904), Hanse (1949)] ou dictionnaires de difficultés grammaticales [Bottequin (1937), Georgin (1951)], inventaires de «fautes»
	(b) manuels caractérisés par un *agencement didactisé*:
	  (1) ouvrages *mixtes* dans lesquels alternent leçons/descriptions grammaticales et exercices (éventuellement complétés par des textes et des dictées) (type: *Lehrbuch, Sprachlehre, Cours, Leçons,* ...)
	  (2) grammaires ou manuels sous forme de *cours gradués* dans lesquels la matière est répartie sur plusieurs volumes complémentaires [Sudre (1904-1907), Larousse (1865)]
	(c) manuels et exercices d'*analyse grammaticale*
	(d) ouvrages s'inscrivant dans le courant '*anti-grammatical*' de la méthode dite directe
	(e) manuels de *composition* et d'*analyse littéraire*
	(f) manuels de *stylistique*

(3) «complète», globale	(a) études *ponctuelles* (b) *mélanges, remarques* (c) morphosyntaxe *partielle* [Sandfeld (1928-1943)] (d) grammaires/syntaxes '*minimalistes*' (moins de 100 pages) [Cohen (1948), Sechehaye (1926b), de Félice (1950), Banner (1895)] (e) autres (types d') ouvrages '*incomplets*' [Bauche (1920), Clédat (1894)]
(4) langue particulière, le français	(a) traités de *linguistique générale* (ou du moins qui dépassent le français en tant qu'objet) [Bally (1932)] (b) études sur la *méthode de la description grammaticale* [Ries (1894), Sechehaye (1916), Karl von Ettmayer (1910)]
(5) structure morphosyntaxique	(a) *phonétique* (traités de prononciation), *orthographe, morphologie* [de Félice (1950)] (b) manuels de *conversation*, de *composition*, d'*analyse littéraire* (cf. 2 supra)
(6) moderne	grammaires *historiques* [von Ettmayer (1930-1936), Herzog (1913)] ou grammaires de *synchronies 'anciennes'* [Foulet (1919)]
(7) «ouvrage de référence»	manuels et grammaires *scolaires*, notamment ceux qui ont été conçus pour le primaire (y compris le primaire supérieur), qui présentent souvent aussi un autre type d'agencement (cf. critère 2)

Nous nous sommes donc proposé d'étudier le segment supérieur du 'marché' des grammaires, c'est-à-dire les 'meilleures' grammaires. Cette démarche d'écrémage, qui devait se faire en fonction du niveau et de la fonctionnalité de la grammaire, a cependant posé plusieurs problèmes pratiques. D'abord, le critère du 'niveau' (à savoir le niveau 'le plus élevé') est difficilement opérationnalisable, d'autant plus que très souvent les grammaires ne pouvaient pas être consultées, étant donné qu'elles étaient difficilement repérables, voire introuvables. Les grammaires se jettent en effet, du moins celles de la période qui nous intéresse, période qui n'intéresse pas encore les antiquaires[71]... On pourrait se tourner vers la 'fonctionnalité' de la grammaire (et le public-cible) et se limiter aux «ouvrages de référence»: tout ouvrage grammatical qui ne soit pas trop didactisé et, par conséquent, susceptible d'être utilisé par un public autre que scolaire, le plus souvent un public cultivé, mais pas nécessairement spécialiste. Or, le public-cible (et le niveau), si, du moins, il est indiqué, n'est pas toujours le public qu'on a atteint effectivement[72] et le 'niveau' de la grammaire dans l'esprit de son auteur ne correspond pas toujours à la perception des usagers. De plus, que faire des grammaires destinées aux classes (supérieures) du secondaire (classes de 4e et de 3e, appelées *classes de grammaire*)? Ces ouvrages, qui font le point sur les connaissances grammaticales acquises sur l'ensemble de la scolarité[73], n'ont-ils pas pu servir *de facto* comme grammaire de référence?

Voilà les problèmes qui nous ont forcé à mettre au point une autre procédure de sélection pour isoler le segment supérieur du marché des grammaires. Nous y reviendrons en détail sous 1.3 et 1.4.

1.1.2. *Grammaire* (discipline) et *grammaires* (format descriptif)

On pourrait arguer que l'étude des rapports complexes entre linguistique et grammaire dans la première moitié du 20e siècle [= le deuxième objectif de la présente étude; cf. 0.] aurait gagné en clarté si nous avions envisagé toute la production grammaticale française (donc la discipline en tant que telle), au lieu de nous être borné à un genre particulier, à savoir les grammaires (en tant que nom comptable).

Une telle étude se serait heurtée à l'impossibilité 'matérielle' et 'intellectuelle' de mener une étude globale sur une période aussi longue que celle que nous venons de définir et de constituer un corpus complet de toutes les études grammaticales parues dans toutes les revues. Limiter le corpus au genre des grammaires (et syntaxes) 'complètes' offrait en outre l'avantage méthodologique non négligeable de pouvoir travailler sur un corpus de textes relativement bien circonscrit et homogène, donc comparable, ce qui ouvre des perspectives intéressantes en vue d'un traitement quantitatif. Les contraintes du genre (ouvrage

---

[71] Placé devant une telle situation, on aurait pu — comme l'a fait Niederländer (1981) — s'en remettre au temps qui opère une espèce de sélection naturelle: seules les grammaires à tirage élevé (ou maintes fois rééditées) et les grammaires «scientifiques» ont dû nous parvenir. Même si cette solution a tout d'une solution de facilité, elle ne manque pas de fondement, comme nous avons pu en faire l'expérience dans les bibliothèques universitaires, du moins pour ce qui est de la deuxième catégorie («scientifiques»). N'empêche qu'il nous paraît dangereux de faire fonctionner ce critère *a priori* comme critère unique. D'ailleurs, si nous avions appliqué ce critère, notre corpus aurait contenu un nombre infini de grammaires très hétérogènes quant au niveau, en (grande) partie scolaires et publiées en Belgique. Nous avons préféré dresser d'abord une liste des grammaires (voir 1.3.2.) qui répondaient à la définition de notre objet. Au cas où l'un des ouvrages se serait avéré introuvable, nous aurions dû renoncer, après coup. Mais ce scénario ne s'est pas produit.

[72] Nombre de grammaires scolaires ont été qualifiées de «grammaire de référence», de «trop difficiles» ou «d'ouvrage digne d'être remarqué par la science» par les critiques, pour la simple raison qu'elles n'étaient pas adaptées au public pour lequel elles avaient été conçues (p. ex. les premières grammaires de Plattner, Engwer – Lerch 1926, Regula 1931 et sans doute aussi Ulrix 1909).

[73] D'autant plus que les dernières années du deuxième degré (le secondaire) ne sont plus des «classes de grammaire». Pour une critique de ce système, voir la préface de Bruneau – Heulluy (1937).

de synthèse) forcent en plus les auteurs à des prises de position nettes, mises en évidence par le plan de l'ouvrage. Inversement, les études grammaticales ponctuelles (articles, publications en volume), un genre plus récent (notamment en France), passent à côté de la question fondamentale de l'architecture de la théorie syntaxique, le plan n'y jouant aucun rôle. Finalement, notre parti pris permettait une séparation — artificielle, mais méthodologiquement intéressante — entre un corpus central, facilement identifiable, et le contexte 'linguistique', et inscrit l'objet de cette étude dans une tradition séculaire, pour ne pas dire millénaire, à savoir celle de la grammaire occidentale «traditionnelle».

1.1.3. La nomenclature: *grammaire* (discipline) vs *linguistique*

Nous avons vu que les rapports mutuels entre *grammaire* (française) et *linguistique* changent profondément au cours du vingtième siècle. Ces changements affectent aussi la nomenclature des disciplines, qui constitue un réseau complexe dont nous allons essayer de dénouer les fils.

Grammaire et linguistique

Avec Flaux (1993: 27-43), on peut dire qu'au 20e siècle la *linguistique* est avant tout associée à une perspective générale et théorique, alors que la *grammaire* concerne essentiellement la grammaire des langues particulières, avec ou sans finalité pratique. Dans le domaine des études diachroniques, les deux dénominations, *linguistique* et *grammaire*, coexistent (*grammaire/linguistique historique*; *grammaire/linguistique historico-comparative*), sans différence notable[74]. Appliqué à l'étude synchronique des langues particulières, le terme de *linguistique* prendrait une connotation scientifique, souvent liée à l'une ou l'autre chapelle linguistique. Que *grammaire* et *linguistique* ne se vaillent pas, ressort du caractère non tautologique des titres *Grammaire linguistique*[75] *de l'anglais* (Adamczewski 1982) et *Grammaire linguistique* (Cotte 1997). Wilmet (2003³: 24) articule l'opposition linguistique/grammaire sur le trait [± scientifique], tout en admettant que le terme *grammaire* est ambigu sur ce point, étant donné l'existence de variantes 'scientifiques' (la *grammaire historique/comparée*, la *grammaire générative* et la *grammaire générale*[76] (18e siècle)[77].

Si nous nous limitons à la synchronie, l'opposition se présente comme suit:

---

[74] Parallèlement, l'épithète de *linguiste* s'applique depuis les années '60 également aux francisants (Bergounioux 1998b: 35).

[75] Sans doute le mot *linguistique* tend-il à devenir un adjectif qualificatif ici (*c'est une grammaire très linguistique*; cf. d'ailleurs aussi *une étude très grammaticale du roman*), alors qu'il est adjectif relationnel dans *étude linguistique*.

[76] L'expression *grammaire générale* est devenue quelquefois synonyme de *linguistique générale* (restreinte à la morphosyntaxe?) dans certains courants théoriques. Pensons aux 4 volumes des *Leçons de linguistique* de Guillaume, intitulés *Grammaire particulière du français et grammaire générale* (1945-1949, série C, publication posthume). Pottier (1948), qui suivait d'ailleurs l'enseignement de Guillaume (cf. son témoignage dans Gauger – Oesterreicher éds 1991: 192-195), qualifie la grammaire de Galichet (1947) de «grammaire générale».

[77] Le trait [± scientifique] n'est plus une simple connotation ici, mais une propriété dénotative.

LINGUISTIQUE	GRAMMAIRE
général (plusieurs langues)	particulier (une seule langue)
théorique	pratique[78] (p. ex. en contexte didactique)[79]
scientifique	impressionniste et puriste [arbitre de l'usage + dilettantisme]

Toutefois, depuis l'avènement de la grammaire générative on assiste à un retour en force du terme *grammaire*. En même temps, le paradigme *linguistique/linguiste*, victime de son succès, perd de son aura scientifique. Comme le signale Wilmet (2003[3]: 24), les traducteurs-interprètes[80] de la Communauté européenne sont couramment appelés *linguistes*, tout comme les correcteurs-commentateurs de la dictée de Pivot.

Il convient de revenir maintenant sur le domaine des études consacrées au français contemporain où les désignations *grammaire* et *linguistique* sont devenues plus ou moins synonymes, à une différence connotative près. Une étude sur la construction *une chaise de libre*, publiée dans *Le français moderne*, par exemple, sera qualifiée indifféremment de *linguistique* ou de *grammaticale*. Il y a cependant un secteur qui résiste quelque peu à la pénétration du qualificatif *linguistique*[81]. La bonne vieille grammaire ('complète'), fût-elle inspirée par la «linguistique», n'est pas souvent qualifiée d'*ouvrage/étude linguistique*[82]. Pourrait-on en déduire que le métalangage suggère que le genre appelé *grammaire* n'est pas encore entré définitivement dans le domaine de la linguistique, comme le sont les études ponctuelles? C'est un aspect qui mériterait une étude — proprement linguistique — plus poussée.

---

[78] Wunderli (1985-1986: 76-77) y associe respectivement le *système de la langue* (méta-niveau critique; systématisation) et la *concrétisation* en vue de la particularisation qu'est la *parole*, bref *la norme*. En d'autres mots, la linguistique cherche à dégager le système abstrait (la théorie) derrière son extériorisation, la norme. Grevisse, par contre, «s'occupe du subjonctif non en tant que linguiste, mais en tant que grammairien: son but [...] n'est pas de développer une théorie adéquate, non-contradictoire et exhaustive, mais tout simplement de fournir des règles praticables et sûres aux utilisateurs» (1985-1986: 76-77).

[79] Kukenheim (1962: 3): «Une langue donnée» et «pratique» (*vs* «plutôt théorique»).

[80] Sur ce point, *nihil novi sub sole*: dès les années 1880-1890, l'étiquette de *linguiste* fut appliquée aussi au professeur de langue étrangère, même si celui-ci s'intéressait essentiellement à la littérature et à la civilisation (Bergounioux 1998d: 22).

[81] Le fait qu'on puisse dire *Je viens de m'acheter une bonne grammaire* et non **Je viens de m'acheter une bonne linguistique* ne constitue pas vraiment un argument. L'inacceptabilité de la deuxième phrase tient en fait à un phénomène linguistique plus général: certaines disciplines ont donné leur nom au manuel qu'elles produisent (cf. *l'histoire/une histoire de la Troisième République*), d'autres non (*la physique/*une physique*). Le mot *linguistique* ne permet pas ce double emploi.

[82] Dans le cas d'*étude* linguistique, le problème se situe plutôt au niveau du sémantisme du nom *étude*. Ce concept est trop lié à l'idée d'une recherche originale et ponctuelle (cf. d'ailleurs aussi *une grammaire* =? *étude grammaticale*).

La polysémie du terme grammaire

Considérons maintenant le mot *grammaire*. Pris au sens large du terme, la *grammaire* porte sur l'ensemble des domaines de la description linguistique (phonique, lexical, morphosyntaxique, etc.). Au sens strict, *grammaire* équivaut à morphosyntaxe. Par ailleurs, le terme de *grammaire* connaît encore d'autres emplois (Riegel *et al.* 1994: 13), les uns techniques:

- la grammaire immanente à la langue, le système[83] (dans le sens saussurien du terme, *langue*; *competence*)
- la grammaire intériorisée du locuteur (*Je ne connais plus ma grammaire*),

les autres plus communs:

- la grammaire-description, le livre[84] de grammaire
- la discipline scolaire (*être nul en grammaire, interro de grammaire*, etc.).

1.2. *Délimitation chronologique*[85]

Les grammaires que nous étudions s'échelonnent sur la période 1907-1948. Le *terminus a quo* et le *terminus ad quem* n'ont pas été choisis au hasard, *même si cela n'était pas nécessaire*[86]. Les critères mis en œuvre sont d'ailleurs pour la plupart externes à l'objet étudié: des événements marquants de l'histoire de la linguistique et de l'histoire sociale (guerres, commissions sur la réforme de la terminologie).

---

[83] Saussure (1921²: 185) la compare à la *grammaire du jeu d'échecs* et à la *grammaire de la Bourse*. C'est pourquoi il ne peut pas admettre la désignation *grammaire* historique.
Il n'est pas sans intérêt de signaler que le mot *syntaxe* subit à l'heure actuelle des extensions d'emploi analogues: *la syntaxe d'un code*, *la syntaxe d'un outil de recherche* (Internet), *syntaxe (et sémantique) d'une théorie/d'un modèle* (cf. déjà la *logische Syntax* de Carnap).
[84] On pourrait encore aller plus loin et opposer, par exemple, le *livre* à la version *Internet* de la grammaire (truffée de liens hypertextes), ou encore, envisager les systèmes d'analyse et de synthèse de la parole.
[85] Si l'objet de notre étude était délimité dans le temps, nous ne croyions pas nécessaire d'imposer, *a priori*, des restrictions «géographiques». Au cas où, au cours de la procédure de sélection, nous aurions rencontré des problèmes d'ordre matériel (disponibilité des ouvrages; langue de rédaction), nous aurions pu imposer des restrictions géographiques supplémentaires. Or, de tels problèmes ne se sont pas posés. Seuls quelques titres en caractères cyrilliques, repérés dans la *Bibliographie analytique* de Choptrayanov (1978), n'ont pas été pris en considération, sans la moindre conséquence d'ailleurs pour la sélection des titres, puisqu'ils ne figurent dans aucune des autres bibliographies.
[86] La problématique de la périodisation joue un rôle plus important dans les aperçus généraux de l'histoire de la linguistique/grammaire où la délimitation de périodes fait partie de l'interprétation qu'on donne à l'histoire (cf. la problématique des ruptures etc.). C'est la conception *maximaliste* de la périodisation (Swiggers 1983: 69-70). Il en existe cependant aussi une variante *minimaliste* (ou pragmatique) qui accorde une valeur purement méthodologique à la périodisation. Ainsi, le segment de l'axe du temps que nous avons choisi ne correspond pas nécessairement à une période (délimitée par une rupture épistémologique) qui se distinguerait de la période antérieure ou postérieure. Si nous parlons de la grammaire du 19ᵉ siècle, ce sera toujours en termes d'un 'avant' (chronologique). Méthodologiquement parlant, une délimitation intrinsèque était même exclue, étant donné que la délimitation de l'objet doit être effectuée *avant* l'étude même. Si nous avons cependant essayé de justifier les bornes de l'intervalle, c'est que la périodisation minimaliste reflète une *hypothèse de travail*, en l'occurrence le rôle du *CLG* dans l'avènement de la linguistique synchronique (structuraliste). Cf. Chapitre VIII, 2.1.4.

1.2.1. Terminus *a quo*

L'année 1907 — ou les années 1906-1907 — est marquée par deux événements-clés. Le 16 janvier 1907, Ferdinand de Saussure donne son premier *Cours*[87] *de linguistique générale*[88]. Le *CLG* est traditionnellement considéré comme le début de la linguistique moderne[89], synchronique et scientifique. Huot (1991: 9) fait remarquer que l'impact de Saussure est sensible chez la plupart des grammairiens-linguistes traités dans le volume qu'elle a édité, à l'exception de Clédat et de Brunot.

L'année 1906 marque aussi le début des débats[90] en vue de la réforme de la terminologie grammaticale, réforme qui prendrait une ampleur internationale. Dans le prolongement d'un discours prononcé par[91] Léopold Sudre au *Musée pédagogique* (le premier mars 1906) — dans le cadre d'une série de conférences[92] consacrées à l'enseignement de la grammaire —, une commission (1907) est chargée de l'unification et de la simplification de la nomenclature grammaticale. Le travail de cette commission débouche sur la publication de deux rapports provisoires (le premier par Maquet en février 1907, le second par Maquet et Brunot en mars 1909). Le texte final est adopté par le Conseil supérieur (le 9 juillet 1910), après la création d'une nouvelle commission composée de non-spécialistes. Ce texte fut une première dans l'histoire de l'enseignement de la grammaire. Jamais le Ministère de l'Instruction publique s'était immiscé dans la doctrine grammaticale même. Ce texte-clé marque la fin officielle de la 'première grammaire scolaire' (Chervel 1977).

Cette période coïncide plus ou moins avec le début de l'engagement pédagogique de Ferdinand Brunot. La publication par Brunot et Bony d'une nouvelle méthode pour l'enseignement de la grammaire (1905-1911), dont les principes avaient été professés à la Sorbonne en 1907-1908 par Brunot et publiés par les soins de Bony (1909), marque, avec l'exposé sur le rôle de la grammaire historique dans l'enseignement du français (1906) et la collaboration à la réforme de la terminologie, un

---

[87] Appelé à succéder à Joseph Wertheimer, Ferdinand de Saussure avait été nommé peu avant (le 8 décembre 1906) dans la chaire de linguistique générale. Le premier cours de linguistique générale se termina le 3 juillet 1907. Voici les dates du deuxième et du troisième cours: novembre 1908 - le 24 juin 1909; le 28 octobre 1910 - 4 juillet 1911 (Koerner 1973: 214-215). Le premier cours, moins étendu que les deux suivants (Godel 1957²: 29), n'a commencé qu'en janvier. Comme ce cours relève de l'année universitaire 1906-1907, il s'en est suivi une certaine confusion entre l'année universitaire et l'année civile. Il est par exemple significatif que le corps du texte de Godel (*1906-1907*) contredit la table des matières (*1907*) (1957: 53 et table des matières).

[88] La leçon d'ouverture de Bally (27 octobre 1913), intitulée «Ferdinand de Saussure et l'état actuel des études linguistiques», témoigne de l'impact qu'ont eu les idées de Saussure sur les conceptions linguistiques de Bally.

[89] Voir par exemple Soutet (1998), Touratier (1998), Sanders (2000: 287) et Malmberg (1991).

[90] En gros, la période 1900-1910 est marquée par les débats autour du renouvellement de la grammaire (de la terminologie aussi) et de l'orthographe (la réforme de 1902). La guerre va freiner l'enthousiasme et entraîner les esprits dans une pédagogie nationaliste, censée remédier à la crise du français (Chervel 1977: 255-256).

[91] Qui mène à l'expression d'un vœu au Conseil supérieur (de l'Instruction publique).

[92] Les conférences abordaient chaque année un autre thème.

premier moment fort dans l'engagement 'grammatical' de Brunot et une étape importante dans la réforme de la grammaire et de son enseignement[93]. Dauzat (1912: 99) parlera même d'une «révolution», dont Brunot aurait été «le champion».

1.2.2. Terminus *ad quem*

À l'autre extrémité de l'axe du temps, le *terminus ad quem* a été fixé à 1948. L'après-guerre est une période extrêmement féconde[94] en matière de publications grammaticales[95]. La densité remarquable des publications, surtout dans les années 1947 et 1948, s'explique par le rattrapage du retard encouru pendant la Guerre '40-'45[96]. Dans le supplément de sa bibliographie commentée, Wagner (1955: 5) résume ce qu'ont pu être les conséquences de la Guerre pour la recherche:

> «Quand le livre [= la bibliographie de Wagner] parut, en 1947, on sortait à peine d'une époque durant laquelle les échanges culturels avaient été à peu près interrompus. Dans les Universités, les bibliothèques n'étaient plus à jour et la collection de bon nombre de périodiques s'arrêtait à 1940».

Pour en donner un exemple plus concret, l'*Archiv für das Studium der Neueren Sprachen und Literaturen* formule en 1948 le vœu de se mettre au courant des publications parues à l'étranger depuis 1939.

Il s'y ajoute une motivation méthodologique importante. Les deux bibliographies sélectives/rétrospectives contemporaines des ouvrages du corpus, celles de Wagner et de Dauzat, s'arrêtent respectivement en 1947 (avec cependant un supplément pour les années 1947-1953) et en 1948 (cf. 1.3.1.). Le choix de 1948 comme *terminus ad quem* offre donc un avantage méthodologique indéniable. Étendre la période jusqu'à 1953 et au-delà aurait posé des problèmes méthodologiques graves à la procédure de sélection (cf. 1.3.1.).

On pourrait encore avancer d'autres[97] arguments, comme la création d'une licence moderne axée sur le français, le déroulement à Paris (en 1948; pour la première fois en France) du Congrès International des Linguistes et la parution de deux applications

---

[93] D'autres historiographes ont proposé des dates phares qui, quoique peu pertinentes pour l'histoire de la syntaxe, vont dans le même sens. Pensons à Engler (1980) qui considère la date 1908 comme une date charnière. Hillen, de son côté, a avancé l'année 1905 comme un «entscheidende[s] Wendepunkt» (1973: 9) à cause de la confrontation de plusieurs courants antagonistes: la grammaire historique traditionnelle (du *Grundriss*²), la réaction des géolinguistes (Gilliéron *vs* Thomas), Vossler (1904: *Positivismus und Idealismus*; 1905: *Sprache als Schöpfung*), Sainéan (1905), et, bien entendu, avec un peu de bonne volonté, le *CLG*.

[94] Avant la relative accalmie des années '50.

[95] On discerne d'ailleurs plusieurs «vagues» de grammaires dans le corpus (voir Ch. II, 1.1.).

[96] Sur le plan humain, en revanche, «les pertes dans le corps enseignant ont été limitées et, malgré des conditions difficiles, la croissance des effectifs étudiants s'est poursuivie» (Bergounioux 1998: 87).

[97] En Belgique, l'année 1949 fut marquée par la réforme de la terminologie grammaticale. En France, une commission ministérielle modifia sensiblement la nomenclature de la syntaxe à l'école primaire: *La grammaire à l'école primaire*, brochure du C.N.D.P., 1949 [reproduite en 1959 par l'I.P.N.] (*apud* Vergnaud 1980: 73).

de la linguistique structurale au français (Hall 1948, *French: a structural sketch*; Togeby 1951, *Structure immanente de la langue française*)[98].

L'intervalle choisi (1907-1948)[99] appelle cependant une remarque. Une fois que nous avions constitué l'inventaire initial des grammaires, nous nous sommes rendu compte que celui-ci comportait un nombre important d'ouvrages datant du 19e siècle, mais qui continuaient à être réédités (le plus souvent réimprimés) au-delà de 1900, voire même au-delà de 1907[100]. Pour ne pas inclure trop de grammaires appartenant à un autre âge, nous avons écarté celles[101] dont l'édition originale remontait à la période avant 1890[102].

1.3. *Critères externes: le rôle des bibliographies savantes*

Les bibliographies savantes (1.3.1.) ont joué un rôle crucial dans la délimitation du corpus. Elles ont d'abord permis l'établissement d'un inventaire de titres (1.3.2.1.) et ont contribué ensuite à *la sélection* des ouvrages (1.3.2.2.).

1.3.1. Présentation: 7 bibliographies savantes

Nous avons fait appel à cinq bibliographies *sélectives* contemporaines des grammaires à l'étude:

— trois *courantes* (en partie *rétrospectives*):

---

[98] On ne peut que constater que Karabétian (1998) s'arrête également à 1948.
[99] On notera que le *terminus a quo* et le *terminus ad quem* n'ont pas été fixés dès le début. Pour la constitution d'un premier inventaire d'ouvrages, nous avions opté provisoirement pour les années 1900 et 1957 (année de la publication des *Syntactic Structures* de Chomsky). C'est ainsi que nous avons pu nous rendre compte de la vague de publications vers 1947-1948.
[100] En 1907, les grammaires de Sudre (le *Cours supérieur* paraît en 1907, les années inférieures avaient déjà paru en 1904) et de Plattner (1899-1908) étaient encore en voie de publication. Ce n'est qu'après coup, pendant l'encodage du corpus, que nous nous sommes décidé à n'examiner que le premier volume de la grammaire de Plattner (1899). Pour une motivation de cette décision, voir 1.5.2.
[101] Ont été exclues sur base de ce critère (liste non exhaustive): la *Grammaire complète* de Larousse (1880-1924[24]); la *Französische Schulgrammatik* de Lücking (1883, refonte de Lücking 1880, rééditée encore en 1907[3]); le *Cours supérieur* de Brachet – Dussouchet (1888[1]-1915[18]) et la *Grammaire française complète* de Brachet – Dussouchet (1889-1913[15])
[102] Une autre solution aurait été de nous limiter aux ouvrages dont la *première édition* date d'après 1907. Ce parti pris aurait exclu Clédat, professeur d'université et fondateur de la *Revue de philologie française et de littérature*, et sans doute, le premier franciste 'professionnel' (universitaire) en France, et, dès lors, digne *terminus a quo* du volumé édité par Huot (1991). D'autre part, l'inclusion pure et simple de Clédat (1894/1896) aurait porté notre *terminus a quo* à l'année 1894 (ou 1896), année de la publication de sa *Grammaire raisonnée* (ou de sa *Grammaire classique*). Du coup, il aurait fallu inclure aussi toutes les grammaires dont la première édition datait de la période 1894-1906, ce qui risquait de gonfler le nombre de titres.
Les critères pour lesquels nous avons opté permettent à la fois de maintenir 1907 comme *terminus a quo* et d'inclure Clédat (1908[4] [1896[1]]), ainsi que les grammaires qui présentent un profil 'chronologique' similaire.

- les *Supplementhefte* de la *Zeitschrift für romanische Philologie*[103] [= *ZRP*] par G. Gröber: 1900-1912/1913 et 1924-1960 (inclus).
- la *Bibliographie linguistique* [= *BL*]: 1939-1957 (inclus)
- la section 3 intitulée *Sprachgeschichte, Grammatik, Lexicographie* des *Novitätenverzeichnisse* de la *Zeitschrift für [neu]französische Sprache und Literatur* [= *ZFSL*][104]: 1900-1917 (inclus)

— deux *rétrospectives*[105]:
- Dauzat, A. éd. 1935. *Où en sont les études de français? Manuel général de linguistique française moderne.* Paris: D'Artrey.
    + *Supplément* 1935-1948 [publié en 1949], avec le concours de Ch. Bruneau (32 pages)
- Wagner. R.-L. 1947. *Introduction à la linguistique française.* Lille/Genève: Giard/Droz.
    + *Supplément bibliographique* 1947-1953 [publié en 1955]

On peut représenter graphiquement la couverture des bibliographies:

1900																								1950
ZRP (1900 – 1913)				ZRP (1924 – 1960)																				
ZFSL (1900 – 1919)																								
Wagner (1900 – 1953)																								
Dauzat (1900 – 1948)																								
																		BL 1939 – 1957						

Le travail collectif *Où en sont les études de français* (1935) réunit un certain nombre d'états de la question de plusieurs domaines de la linguistique française sous la forme d'une bibliographie commentée. Dauzat, fondateur et directeur de la revue *Le français moderne*, où les contributions avaient d'abord été publiées séparément, a dirigé cette entreprise à laquelle ont collaboré Fouché, Gougenheim (la partie grammaticale), Bloch, Esnault, Guerlin de Guer et Dauzat même[106]. Le volume fut complété d'un *Supplément* portant sur la période 1935-1948 (publié en 1949).

L'*Introduction* de Wagner est un manuel bibliographique à l'usage des étudiants de lettres, complété par une longue introduction (d'une cinquantaine de pages) traduisant

---

[103] Halle: Niemeyer; à partir de l'année 1875-1876 [1878]. Cette partie bibliographique a eu de nombreux rédacteurs.

[104] La revue a été créée par Körting et Koschwitz et continuée par Behrens. Elle se concentre sur la langue et la littérature française d'après 1500. Le premier volume porte comme sous-titre: «mit besonderer Berücksichtigung des Unterrichts im Französischen auf den deutschen Schulen». En dehors de comptes rendus des ouvrages scientifiques les plus importants, la revue s'attache dès lors à signaler les «besseren Schulbücher» (1879: VIII).
Maisons d'édition: Oppeln/Leipzig: Eugen Franck's Buchhandlung/Georg Maske; plus tard Chemnitz/Leipzig: Gronau (à partir de 1923, Jena/Leipzig).

[105] Il existe encore d'autres manuels bibliographiques rétrospectifs, bien sûr, mais ceux-ci sont trop sommaires ou trop axés sur les travaux publiés après 1960.

[106] Les contributions de Dauzat (introduction sur les ouvrages généraux) et de Gougenheim (morphologie et syntaxe) sont les plus importantes de notre point de vue.

une vue assez partisane[107] (et partielle) sur la linguistique française et générale. C'est la partie bibliographique (commentée et sélective) qui nous intéresse ici (pp. 59-139), ainsi que le *Supplément bibliographique* (portant sur la période 1947-1953).

L'exploitation de ces bibliographies pose certains problèmes.

La bibliographie de la *ZRP* a deux fois cessé d'être publiée. Entre les années 1912/1913 (n° 37-38) et 1924-1926 (n° 44-46) aucun tome n'a paru, malgré la numérotation qui continue. De même, entre 1927 et 1938 aucun numéro n'a vu le jour, mais le numéro 47 (publié en 1938), nettement «rétrospectif», couvre l'intervalle 1927-1935. La publication de ce numéro rétrospectif est allée de pair avec un changement de perspective. Désormais[108] tout un pan — et quel pan! — de la production grammaticale n'allait plus être repris dans la bibliographie: «Beschreibende Grammatiken und Lehrbücher wurden nur in geringer Zahl aufgenommen» (1938: III). À partir de 1927, la bibliographie de la *ZRP* est donc devenue beaucoup plus sélective[109], et en partie, rétrospective:

1927-1935; 1936-1937; 1938-1939; 1940-1950; 1951-1955; 1956-1960.

Il s'ensuit un déséquilibre entre le nombre de grammaires répertoriées pour la période avant 1914 et le nombre de grammaires signalées après 1927 [1938]. Les deux bibliographies rétrospectives (Dauzat et Wagner), qui privilégient justement la période après 1918, remédient à ce problème.

Les bibliographies établies par la *Zeitschrift für [neu]französische Sprache und Literatur*, qui n'ont plus paru à partir du numéro 45 (1919; le numéro 44, qui porte la date 1917, contient aussi des études publiées auparavant), comportent deux sections qui fournissent des listes de grammaires. Seule la troisième section nous intéresse, la neuvième (*Lehrmittel für den französischen Unterricht*) étant réservée aux publications didactiques.

La *BL*, de son côté, pose un autre problème de couverture dans la mesure où le premier numéro date seulement de 1939. Elle ne pourra dès lors intervenir que dans la sélection des ouvrages parus pendant la période 1939-1957. On pourrait dire que la *ZFSL* et la *BL* se tiennent en équilibre des deux côtés de l'axe du temps.

---

[107] Ainsi, Wagner ne mentionne pas *La Pensée et la Langue* dans la partie bibliographique de son introduction, mais la signale dans la partie théorique sous la rubrique «éléments de structure du français» (1947: 48) où la démarche de Brunot est qualifiée d'*illusoire*. C'est que Wagner choisit résolument la voie inverse, celle de D&P et de Guillaume, qui va de la langue à la pensée. Le traitement de *La Pensée et la Langue* (qui contraste avec le traitement réservé aux autres ouvrages de Brunot) témoigne de ce que Gougenheim a appelé la «prise de position doctrinale», qui n'est pas à sa place dans un ouvrage d'initiation (Gougenheim, *FM*, 1947-1948).

[108] On notera aussi que pour la première fois — du moins au niveau de l'organisation globale de la bibliographie — on fait la distinction entre grammaire descriptive et historique.

[109] La préface du premier *Supplementheft* montre bien que la *ZRP* ne s'est jamais voulue exhaustive en ce qui concerne les manuels scolaires: «alle romanistischen Publikationen und mit romanischer Philologie in Beziehung stehenden Werke aus den genannten Jahren, soweit sie dem Herausg. bekannt geworden sind und nicht der Tageslitteratur angehören oder *lediglich Schulzwecken dienen*» (1878: sans pagination; nous soulignons).

En plus des problèmes de couverture, il faut faire remarquer que les cinq bibliographies utilisées sont sélectives, mais pas toutes au même degré:

titre	années	nombre de grammaires retenues
ZRP	1900-1913; 1924-1960 [1924-1926; 1927-1935; 1936-1939; 1940-1950; 1950-1955; etc.]	133[110] dont 75 proviennent des années 1900-1912/13; 58 de la période 1924-1960
BL	1939-1957	31
ZFSL	1900-1919	3
Wagner	1900-1953	30
Dauzat (éd.)	1914-1948 (abstraction faite de D&P qui porte la date 1911)	15

Étant donné ces problèmes de couverture, il nous a semblé judicieux d'y ajouter deux bibliographies rétrospectives de date plus récente, à titre de garde-fous:

- Martin, R. – Martin, É. 1973. *Guide bibliographique de linguistique française.* Paris: Klincksieck. [= GB]
- Choptrayanov[111], G. 1978. *Bibliographie analytique de la linguistique française.* Genève: Slatkine. [= BA]

Ces deux ouvrages mentionnent respectivement 18 (GB) et 57 (BA) grammaires.

Au total, les sept bibliographies que nous venons de présenter ont fourni 185 titres[112] différents. Si l'on fait abstraction de la BA et du GB, le nombre de titres s'élève à 168.

1.3.2. L'exploitation des bibliographies

Les 7 bibliographies mentionnées ci-dessus ont une double fonction. Elles ont à la fois servi de source (permettant de dresser un inventaire initial de titres) (1.3.2.1.) et de filtre (permettant une sélection) (1.3.2.2.).

1.3.2.1. Dans l'établissement de l'inventaire initial

Les 185 titres fournis par les 7 bibliographies ont été complétés par des titres provenant d'autres catalogues et bibliographies. Il faut, en premier lieu, mentionner

---

[110] Dans ce chiffre sont inclus les ouvrages dont l'année de l'édition originale n'a pas pu être repérée. Il se peut qu'il figure parmi ces titres quelques ouvrages dont l'originale date d'avant 1890.

[111] L'auteur fut professeur à l'Université de Skopje, d'où la présence de nombreux ouvrages d'origine slave dans la bibliographie, parfois rédigés en langue slave. Le manuel contient beaucoup d'informations, mais malheureusement peu précises et parfois même incorrectes (p. ex. les rééditions). Nous n'avons pas repris les titres en caractères cyrilliques.

[112] Cette liste a encore été complétée par des grammaires provenant d'autres sources (cf. ci-dessous, 1.3.2.1.).

l'incontournable bibliographie de Chervel[113] (1981) qui recense les grammaires (scolaires) publiées au 19ᵉ siècle (jusqu'en 1914)[114]. Le premier tome du corpus de Colombat – Lazcano (éds 1998) y apporte un complément utile pour le vingtième siècle. Pour la syntaxe du 19ᵉ siècle, on dispose de l'excellente bibliographie de Horluc – Marinet (1840-1905)[115], ouvrage qui doit être complété par la bibliographie commentée de Thurau dans le *Jahresbericht für die Fortschritte der romanischen Philologie*[116] (Band 11, 1907-1908, en partie jusqu'à 1909 et 1910 [1911]; p. 343-406), intitulée «Historische französische Syntax. 1896-1910». Nous avons également dépouillé les fichiers thématiques de la Bibliothèque royale de Belgique (à Bruxelles) et de la Bibliothèque nationale universitaire de Strasbourg (BNUS). Les magasins du Centre de documentation d'histoire de la pédagogie de l'Université de Leuven (*Archief- en Documentatiecentrum voor Historische Pedagogiek*, ADHP) et du Centre national de documentation pédagogique (CNDP) à Paris n'ont pas non plus échappé à notre attention. La liste de titres a été complétée par les grammaires de notre propre collection (provenant en grande partie du Centre Cerfaux-Lefort[117] à Louvain-la-Neuve et des innombrables librairies d'occasion que nous avons visitées)[118] et par les titres glanés par ci par là au cours de nos lectures.

1.3.2.2. Dans la sélection des ouvrages

Comme il a été dit (1.1.1), l'application des sept *critères internes* pose d'insurmontables problèmes matériels. Le problème majeur réside en effet dans la non-disponibilité des ouvrages, ce qui empêche notamment l'application du septième critère («ouvrage de référence»). Pour pallier ce problème, il a fallu mettre au point un deuxième filtre, basé sur un critère externe, à savoir la mention dans les bibliographies linguistiques (sélectives) réputées 'savantes'.

L'implication des bibliographies savantes repose sur le principe suivant: figurent dans ces bibliographies seules les grammaires qui ont été remarquées — pour quelque raison que ce soit — par la «science» (contemporaine des grammaires en question). Ces bibliographies permettent donc d'isoler les grammaires connues dans le circuit scientifique, c'est-à-dire le segment supérieur du marché.

Ce procédé n'est cependant pas qu'un pis-aller. Il souligne en outre l'objectivité de notre démarche, étant donné qu'il met l'historiographe hors jeu. Pour le jugement

---

[113] Malheureusement, il n'y a pas encore eu de suite à ce travail énorme.
[114] Comme cette bibliographie s'arrête à 1914, elle a surtout été mise à profit en tant que correctif, notamment pour la datation de l'édition originale des grammaires.
[115] Il s'agirait de deux professeurs de lycée lyonnais; l'ouvrage est dédié à Clédat.
[116] Les aperçus critiques — qui portent surtout sur des grammaires à vocation didactique — nous ont permis de compléter certaines données bibliographiques.
[117] Ce magasin recueille la fraction refusée des dons faits à l'Université catholique de Louvain (Louvain-la-Neuve).
[118] À Lyon, à Paris et à Strasbourg. La moisson fut particulièrement abondante à Redu (Belgique) et à Hay-on-Wey (Grande-Bretagne), deux villages qui se sont baptisés «villages du livre».

du niveau des grammaires, nous nous en remettons en effet à l'appréciation de linguistes contemporains des grammaires à l'étude.

1.4. *Sélection concrète des grammaires du corpus*

Une fois déblayé le terrain 'méthodologique', il nous reste encore à faire la part du feu sur le marché des grammaires.

La sélection des grammaires du corpus central s'est donc effectuée par la combinaison de deux sortes de critères: les traits définitoires contenus dans la définition de l'objet présentée plus haut (= critères internes; cf. 1.1.) et la mention dans les 7 bibliographies «savantes» sélectives (= critère externe; 1.3.). Parcourons, dans l'ordre, les différentes étapes de la procédure de sélection.

Dans un premier temps, nous avons constitué un inventaire virtuel: entraient en ligne de compte tous[119] les ouvrages mentionnés dans l'une des sept bibliographies susmentionnées, ainsi que les titres tirés des autres sources (1.3.2.1.). L'application des critères internes aux titres répertoriés dans ces sources a permis de dresser un premier inventaire que nous appellerons l'*inventaire initial*. Cet inventaire comptait 218 titres. Ensuite, cet inventaire initial a été réduit par la confrontation des 5 bibliographies contemporaines du corpus; c'était la deuxième phase. Nous avons imposé la restriction suivante: pour faire partie du corpus, l'ouvrage devait figurer dans au moins deux des cinq bibliographies contemporaines (2/5). Une limitation plus sévère (par exemple 3/5 ou 4/5)[120] était exclue à cause des problèmes de couverture signalés plus haut (1.3.1.)[121].

Une fois effectué le deuxième tri, l'inventaire était suffisamment maniable (41 titres) pour y appliquer les critères internes (y compris la délimitation chronologique), après consultation des ouvrages concernés. Ainsi, le critère 'chronologique' a conduit à l'élimination de 8 titres[122]:

> Hanse (1949), Sauro (1950), de Félice (1950), Byrne – Churchill (1950), Dauzat (1951), Georgin (1951, 1952), Regula (1957).

Les autres critères internes ont permis d'exclure 10 titres:

> Strohmeyer (1910) [en vertu du critère n° 2: stylistique], Bally (1905, 1909) [2: stylistique], Soulice – Sardou (vers 1900) [2: dictionnaire de difficultés grammaticales], Frei (1929) [1 + 4], Sandfeld (1928-1943) [3], Boillot (1930) [3], von Ettmayer (1930-1936)

---

[119] En réalité, seule une partie des titres figurant dans cet inventaire virtuel ont été repris dans la base de données (= l'*inventaire initial*). Plusieurs types de publications, tels que les études lexicologiques, stylistiques, phonétiques, ou encore, les études de grammaire ponctuelles, qui ne répondaient aucunement à nos critères internes, ont été éliminés «à la source», pour ainsi dire. Nous avons donc opéré un premier tri grossier sur la seule base du titre (à partir de *critères internes*). Dès le moindre doute le titre a été inclus dans la base de données.

[120] Les ouvrages publiés dans la période 1927-1938 ne peuvent apparaître que dans 3 bibliographies au maximum. Pour la période 1914-1923, le score maximal est même de 2/5.

[121] À titre informatif: 19 ouvrages sont attestés dans 3 bibliographies (3/5).

[122] À titre informatif: seul l'ouvrage de Sauro répond aux autres critères internes.

[6: plutôt grammaire historique[123]], Cohen (1948) [3] et Ewert (1933) [6: grammaire historique/histoire de la langue[124]].

L'application des critères internes a abouti ainsi à une liste de 23 ouvrages.

Dans la phase finale, les titres retenus ont été comparés avec les titres figurant dans les deux bibliographies rétrospectives (plus) récentes, qui fonctionnaient comme garde-fous. Ce test nous a fourni un seul titre, qui tombe cependant en dehors de la période examinée: Bonnard (1950)[125]. On est en droit de conclure que la sélection est suffisamment 'robuste'.

Pour des raisons diverses, nous nous sommes permis de 'coopter'[126] deux ouvrages qui n'avaient pas été sélectionnés: Sonnenschein (1912) et Haas (1909). La *New French Grammar based on the Recommendations of the Joint Committee on Grammatical Terminology* de l'Anglais Sonnenschein (1912) — qui figure dans la bibliographie de la ZRP et qui répond par ailleurs à tous les critères internes — est intéressante dans la mesure où l'auteur est l'artisan de la réforme de la nomenclature grammaticale anglaise, qui a pris une dimension européenne aux alentours de 1910 (Walmsley 1991, 2001).

La *Neufranzösische Syntax* (1909) de Joseph Haas — qui manque dans la ZRP, ce qui surprend — inaugure une série de syntaxes à base psychologique (inspirées par des recherches en psychopathologie), intéressantes à plus d'un titre (Haas 1916, 1922). Haas, qui, peu après, est devenu professeur de faculté, a des ambitions purement scientifiques et mérite certainement sa place dans le corpus. Son traité théorique (Haas 1912) figure d'ailleurs dans le recueil dirigé par Dauzat.

La cooptation de ces deux ouvrages porte le total à 25:

Clédat (1896; 1908[4])[127], Plattner (1899-1908), Ulrix (1909), Haas (1909), Damourette – Pichon (1911-1952; = D&P), Sonnenschein (1912), Lanusse – Yvon (1921), Strohmeyer (1921), Radouant (1922), Brunot (1922), Engwer – Lerch (1926), Regula (1931), *Grammaire de l'Académie française* (1932), Michaut – Schricke (1934), Le Bidois – Le Bidois (1935-1938), *Grammaire Larousse du 20ᵉ siècle* (1936), Grevisse (1936), Bloch – Georgin (1937), Bruneau – Heulluy (1937), Gougenheim (1938), Galichet (1947), Dauzat (1947), von Wartburg – Zumthor (1947), de Boer (1947), Cayrou – Laurent – Lods (1948).

---

[123] Il suffit de consulter l'avant-propos (von Ettmayer 1930: II) pour s'en convaincre.

[124] «an attempt to combine a history of the language with an historical grammar in the proportions required by the general reader» (Ewert 1933 [1956]: IX).

[125] La *Grammaire française des lycées et collèges* de Bonnard, qui a les apparences d'un ouvrage scolaire, n'est pas reprise par la bibliographie de la ZRP — qui était devenue beaucoup plus sélective — et ne pourrait pas encore figurer dans le volume coordonné par Dauzat (publié en 1949). Le fait que la grammaire de Bonnard soit citée dans deux bibliographies des années '70 mais non dans Wagner ni dans la BL, montre qu'elle a été appréciée seulement plus tard.

[126] D'après la procédure à travers laquelle certains politiciens non élus directement peuvent rejoindre *in extremis* le Sénat (belge) grâce à l'appui de la direction de leur parti.

[127] Bourquin (1991) mentionne une 4ᵉ édition publiée en 1908. Le catalogue BCC (*Catalogue des bibliothèques universitaires et spéciales belges*; disponible sur CD-rom) signale une 4ᵉ édition sans date. Nous n'avons pas vu cette 4ᵉ édition.

Comme la *Grammaire classique* (1896) est une version amplifiée[128] (mais dégrossie de polémique) de la *Grammaire raisonnée* de Clédat (1894), nous avons remplacé cette dernière par la première.

On pourrait objecter que quelques ouvrages du corpus ne répondent pas tout à fait à la réalisation prototypique d'une grammaire (cf. la définition sous 1.1.1.). Ainsi, Gougenheim et Galichet (et même de Boer) n'ont pas l'ambition de donner une grammaire *complète*, ce qui constituerait une transgression du critère [+ 'complet' ou 'global']. Il n'empêche que ces deux auteurs ont tenté, chacun à sa façon, de parvenir à un *système grammatical*[129], c'est-à-dire une description sinon complète du moins globale du français. Si certains aspects sont moins élaborés que d'autres (p. ex. les types de phrases chez Gougenheim ou les propositions subordonnées chez Galichet), on pourrait dire autant des autres grammaires/syntaxes du corpus. Pour n'en donner qu'un exemple: le nom et l'adjectif ne sont pas traités dans la grosse syntaxe des Le Bidois.

La Pensée et la Langue n'est pas une grammaire au sens strict du terme[130]. Brunot lui-même s'en défend d'ailleurs (1922: VII). L'ouvrage pèche contre le critère *structuration/agencement*. La matière grammaticale est agencée différemment (ce qui vaut en partie aussi pour Gougenheim au niveau microstructurel). Fallait-il exclure cet ouvrage monumental? Pouvait-on faire abstraction du franciste le plus éminent du premier tiers du siècle dont les premiers travaux en grammaire descriptive avaient même servi de *terminus a quo* à cette étude? Bien sûr que non. On pourrait invoquer que la structure de l'ouvrage cache mal les parties du discours traditionnelles (Chevalier 1991) et, surtout, qu'on y retrouve toute la matière (et beaucoup plus!) qu'on trouve habituellement dans une grammaire, comme Brunot l'affirme d'ailleurs lui-même (1922: VII). D'ailleurs, *de nos jours*, une grammaire onomasiologique, telle *La Grammaire du sens et de l'expression* de Charaudeau (1992) ne serait-elle pas une grammaire?

---

[128] Au niveau macrostructurel, on notera l'insertion d'une partie sur le vocabulaire (dérivation des sens et des mots; pp. 63-116) et l'ajout de «notions préliminaires» qui offrent une définition de la grammaire et de ses sous-disciplines. Par rapport à la *Grammaire raisonnée*, l'introduction, consacrée à la phonétique, a été augmentée (de 2 à 8 pages). Or, en dehors de ces piètres efforts «pédagogiques» auxquels s'ajoutent encore de rares simplifications (omissions plutôt qu'explicitations) introduites çà et là, on retrouve, du moins dans les parties communes, le texte de la *Grammaire raisonnée*. Seuls les passages polémiques en ont été retranchés. Si pour les classes de mots autres que le verbe la comparaison des deux grammaires révèle peu de divergences (cf. aussi le nombre de pages), le chapitre sur le verbe a été refondu. Les mots invariables sont désormais traités dans un chapitre à part entière. Les explications historiques sont reprises textuellement, comme le montre la comparaison des paragraphes identiques.
[129] C'est d'ailleurs le titre de l'ouvrage de Gougenheim (1938). Rappelons aussi l'importance que Galichet accorde au plan (1947: XII).
[130] L'absence de Brunot (1922) dans la partie bibliographique de Wagner (1947), tout comme son absence parmi les «Grammaires descriptives du français actuel» dans la rubrique des «principaux ouvrages sur l'ensemble de la langue française» dans le recueil dirigé par Dauzat, est symptomatique à cet égard (d'autant plus que Dauzat y mentionne la *Méthode de langue française* de Brunot et Bony).

1.5. *La limitation à la morphosyntaxe et les restrictions supplémentaires*

Ce paragraphe consacré à la délimitation de l'objet serait incomplet si nous ne revenions pas sur les restrictions effleurées à la fin de l'introduction (0.). Il s'agit essentiellement de la focalisation de la (morpho-)syntaxe (1.5.1.), et, dans une moindre mesure, de quelques raccourcis que nous nous sommes permis dans l'encodage du corpus (1.5.2.).

1.5.1. La morphosyntaxe

Dans la définition de l'objet, nous avons mis l'accent sur le fait que la *grammaire*, en tant que description globale de la langue, englobant phonétique/phonologie, orthographe, lexicologie, etc., est organisée autour d'un noyau dur de nature morphosyntaxique, comme il ressort aussi de la définition fournie par Colombat – Lazcano[131] (éds 1998)[132]. En privilégiant la morphosyntaxe, on se rapproche en outre d'une conception plus restreinte de la grammaire (en tant que discipline), selon laquelle la grammaire n'embrasse que la morphologie (grammaticale, cf. *infra*) et la syntaxe (avec sa contrepartie sémantique).

C'est pourquoi il nous a semblé légitime de nous concentrer surtout sur le développement de la morphosyntaxe et cela au détriment des composantes phonétique, orthographique et, dans une moindre mesure, lexicologique[133]. La période qui nous intéresse est caractérisée d'ailleurs par ce qu'on pourrait appeler l'émergence de l'étude scientifique de la syntaxe (synchronique) (cf. Morpurgo-Davies 1998; Graffi 1991), discipline jusqu'alors cantonnée essentiellement dans le circuit scolaire et dans les hautes sphères de la philosophie (du langage) et de la psychologie, ce qui constitue un intérêt supplémentaire. Il s'y ajoute que la phonétique et la lexicologie dans les grammaires demandent plutôt un traitement séparé, d'autant plus qu'elles

---

[131] Colombat – Lazcano (éds 1998: 5) définissent la grammaire comme «des ouvrages visant à rendre compte des éléments morpho-syntaxiques constitutifs d'une langue donnée». Il est à remarquer que cette définition est assez atomiste et «traditionnelle» dans la mesure où seuls les éléments constitutifs sont pris en compte et non pas l'économie interne de l'ensemble des éléments, bref de la «structure». Cette définition vague se justifie bien entendu pour peu qu'on voie combien large ratisse le corpus de Colombat-Lazcano, tant dans le temps que dans l'espace. Comme il ressort de la définition, la morphosyntaxe a toujours été le noyau dur de la grammaire traditionnelle.

[132] Chervel (1982: XVII) va encore plus loin: «une grammaire, c'est d'abord une théorie syntaxique».

[133] La focalisation de la (morpho)syntaxique a permis d'alléger quelque peu l'encodage des autres sections de la grammaire (phonétique [orthographe], lexicologie [et stylistique]). L'encodage s'est limité à l'identification des unités (son, phonème, lettre, ...), aux prises de positions globales concernant le statut des sous-disciplines (par rapport à la syntaxe), et surtout, à l'observation d'éléments qui avaient une certaine pertinence syntaxique (p. ex. le groupe rythmique et les transferts intercatégoriels). De même, nous avons parcouru à tire-d'aile la morphologie (et la morpho-sémantique) verbale et nominale, nous attardant seulement sur le poids du code oral dans la description. À ces aspects s'ajoutent encore les paramètres que nous avons vu examiner de manière exhaustive, tels que les *sources* et certaines remarques ayant trait à l'*objet* de la description (registres, rôle de la diachronie, mention d'autres langues, etc.; cf. modèle d'analyse, 2.3.3.).

doivent être mesurées à l'aune de deux disciplines qui sont devenues des disciplines à part entière[134].

Étant donné l'importance que nous accordons à l'aspect (morpho)syntaxique, nous avions cru opportun d'inclure aussi ce qu'on pourrait appeler des «syntaxes globales».

1.5.2. Restrictions supplémentaires

Restent à signaler encore quelques restrictions supplémentaires qui concernent les rééditions (1) et les grammaires en plusieurs volumes (2).

(1) Pour ce qui est des rééditions/réimpressions, seule l'édition originale a été examinée. Quand celle-ci n'était pas disponible, nous avons utilisé une édition ultérieure, à condition qu'elle comporte un nombre égal de pages: Radouant (1922^1[1929]), Lanusse (1921^1[1943]), Cayrou (1948^1[1949]). Pour ne pas brouiller la chronologie relative des grammaires du corpus, nous avons toujours mentionné la date de l'édition originale dans les citations.

(2) Quelques grammaires ont mis la grille d'analyse à rude épreuve, notamment à cause de leur ampleur considérable (D&P, Le Bidois et Plattner). Quant à l'*Ausführliche Grammatik der französischen Sprache* de Plattner, nous en avons seulement examiné le premier volume. Ce parti pris se défend, car les autres volumes ne sont que des annexes[135] à ce premier volume, qui, comme l'indique le titre (*Grammatik der französischen Sprache für den Unterricht*), constitue une grammaire à part entière. L'on nous pardonnera aussi de ne pas avoir incorporé la longue étude sur le subjonctif que de Boer (1947) a voulu publier en même temps que sa syntaxe.

Les dimensions de la syntaxe des Le Bidois (1326 pages) et, surtout, de la grammaire de D&P (4740 pages) nous ont contraint à des concessions plus substantielles. En gros, la syntaxe des Le Bidois s'avère être une entreprise mal planifiée. L'étendue qu'ont prise certaines parties semble avoir forcé les auteurs à abandonner la rédaction de plusieurs parties pourtant annoncées dans le premier tome. Parmi les parties qui ont pris une ampleur excessive, il convient de citer en premier lieu la typologie des subordonnées. Le livre 7 du tome 1 («Conjonctifs et interrogatifs»; pp. 273-369) et surtout le livre 12 du tome 2 («Les propositions subordonnées»;

---

[134] Il s'ensuit que les indications «courantes» relatives aux parties phonétique et lexicologique de la grammaire, par exemple les observations qui concernent le rôle de la grammaire historique et les registres, n'ont pas été systématiquement prises en considération pendant l'encodage. En revanche, notre lecture rapide a toujours relevé le rôle de l'intonation et de l'accent (dans la formation de groupes rythmiques), l'importance accordée au code oral, l'utilisation d'une écriture phonétique, et, bien entendu, les sources citées.

[135] Concrètement, ces annexes — dont la plupart s'intitulent d'ailleurs *Ergänzungen* — sont liées aux paragraphes du premier volume par des renvois. Abstraction faite du deuxième volume qui est un dictionnaire de prononciation et d'orthographe, il s'agit de listes interminables de formes et de remarques supplémentaires.

301-577) nous ont paru trop détaillés pour répondre encore aux objectifs[136] que nous nous étions posés. Nous en avons fait abstraction, tout comme de la description de la sémantique des temps verbaux (Tome 1, livre 8, chap. IV à VII; p. 419-466).

La monumentale grammaire de D&P, qui à elle seule aurait pu faire l'objet d'une thèse — cf. d'ailleurs les thèses de Rohrbach et de Bechraoui (en partie) —, mais qui répondait parfaitement à notre critériologie (cf. 1.1.1.), nous a contraint à un traitement sélectif[137]. Or, le traitement éclectique que nous lui avons réservé se défend non seulement par les objectifs que nous nous étions posés[138], mais aussi, en partie, par certaines caractéristiques de l'*Essai* même. Ainsi, la longue introduction — qui couvre les deux premiers livres du tome I (pp. 9-156) — et les sommaires et introductions insérées au début des chapitres, fournissent les clés de l'édifice. Il s'y ajoute deux index et un glossaire[139] qui ne laissent rien passer de leur vaste appareil conceptuel. Qui plus est, si l'on tient compte des nombreux renvois, des redites et de l'exemplification abondante qu'on trouve dans les parties que nous avons moins explorées, on comprend que la «perte» n'est pas si grande qu'elle ne paraît à première vue, pourvu qu'on parvienne à capter 'l'ossature' de la description. Seul le relevé des sources citées a vraiment pâti de notre approche éclectique. Malgré tout, il convient d'insister sur le fait que les conclusions que nous tirerons de l'analyse *ne seront valables que pour les parties examinées*.

2. MÉTHODE

Dans l'introduction, nous avons déjà effleuré quelques choix méthodologiques qu'il convient d'approfondir maintenant. Il s'agira en premier lieu d'expliciter les

---

[136] Cette partie n'aurait fourni aucun élément nouveau à l'encodage de l'*ossature* de la description syntaxique, les différents types de subordonnées étant seulement des *sous-catégories* du concept de *subordonnée*.
[137] Ainsi, nous n'avons pas lu en détail les développements consacrés aux catégories morphosémantiques du nom (genre, nombre, assiette, noms propres). Quant à l'adjectif et l'adverbe, nous avons laissé de côté les degrés de comparaison. Les chapitres consacrés à l'infinitif, aux participes, à la morphosémantique (temps, mode, ...) et à l'auxiliarité — les deux derniers aspects font l'objet de tout un tome, le tome 5 — n'ont pas non plus été pris en considération.
Nous avons parcouru la typologie des subordonnées à pas de géant (voir à ce propos la thèse de Rohrbach et l'article de Huot 1999), pour nous limiter à l'articulation globale de la théorie. Des deux derniers volumes, consacrés aux *struments*, nous avons lu, outre la section *généralités*, seules les sections portant sur la préposition, la conjonction de subordination (*oncinatif*), la conjonction de coordination et les *struments factivaux*, *adjectivaux* (= déterminants) et *nominaux* (= pronoms). En d'autres mots, le tome 6 et la moitié du tome 7 n'ont pas été pris en considération
[138] Il importe de signaler que cette grammaire a été encodée la dernière, ce qui implique un encodage plus ciblé. Une fois l'encodage terminé, les retours à l'ouvrage même ont été beaucoup plus nombreux que chez les autres auteurs du corpus, ce qui a permis de compléter çà et là les notes prises pendant la lecture de l'ouvrage.
[139] S'y ajoute encore une littérature secondaire assez vaste: Bechraoui (1990, thèse non publiée; 1994), Rohrbach (thèse, 1989a, 1989b, 1990), un numéro thématique de *Travaux de linguistique* (1982-1983) et de *Langages* (1996), Huot (1991, 1998), Arrivé (1967, 1994).

options *métahistoriographiques* qui ont été prises et les fondements *épistémologiques* de notre discours historiographique (2.1.). Ce discours s'appuie nécessairement sur un métalangage (notamment pour la comparaison de concepts) qu'il faudra également présenter (2.2.). Le travail historiographique repose non seulement sur un *modèle métahistoriographique*, mais met en œuvre aussi une *grille d'analyse*, c'est-à-dire une espèce de questionnaire qui sera soumis à l'ensemble des grammaires du corpus (2.3).

2.1. *Vers la construction d'un modèle métahistoriographique*

L'objectif de ce paragraphe est de montrer comment nous sommes parvenu à nos résultats et ce qu'ils valent, épistémologiquement parlant. Vu la présence de nombreux exemples tirés de l'analyse même, ce paragraphe gagnerait à être lu après les autres chapitres.

2.1.1. Introduction: la «métahistoriographie constructive»

Depuis le début des années 1970 (Knobloch 1988: 36), l'historiographie de la linguistique n'a cessé de s'interroger sur ses méthodes, ses choix et présupposés théoriques, ses objectifs et sa place dans le dispositif des disciplines scientifiques. Cette réflexion métahistoriographique (*métahistoriographie théorique*) s'appuie sur l'évaluation de travaux existants (*métahistoriographie critique*) et se nourrit de recherches concrètes pour lesquelles l'historiographe cherche un modèle métahistoriographique adéquat (*métahistoriographie constructive*)[140].

Comme la réflexion métahistoriographique autorise plusieurs points de vue sur certaines questions fondamentales, il importe à chaque fois de faire un choix en rapport avec l'objet étudié. La grille métahistoriographique élaborée par Swiggers – Desmet – Jooken (1996a) constitue un excellent point de départ. Cette grille présente un certain nombre d'aspects méthodologiques du travail historiographique pour lesquels elle fournit chaque fois une série d'options.

Qu'il soit clair que nous n'entendons fournir ni une grille métahistoriographique globale (avec des options), ni un modèle métahistoriographique qui serait meilleur ou préférable à un autre. Nous préférons laisser ces hautes ambitions aux historiographes ayant fait l'expérience de recherches historiographiques dans une multitude de domaines différents[141]. Il s'agira ici d'expliciter les choix métahistoriographiques que nous avons faits et qui nous ont paru *les meilleurs par rapport à l'objet à l'étude*, bref d'une *historiographie constructive sur mesure*.

Afin de donner une impression de vécu à ce paragraphe, nous allons examiner le problème des fondements épistémologiques de notre discours historiographique à

---

[140] Nous empruntons cette tripartition à Swiggers (2004b à par.).
[141] Quand nous avons entamé cette étude, notre expérience historiographique se limitait à l'histoire de la dialectologie gallo-romane (1875-1925). Voir Lauwers (1998), Desmet – Lauwers – Swiggers (1999; 2002), Lauwers – Simoni-Aurembou – Swiggers (2002) et Lauwers – Swiggers (2002a, 2002b).

partir d'une reconstruction des démarches cognitives qui ont été les nôtres tout au long de cette étude (2.1.2.). Une attention toute particulière sera accordée aux rapports entre réalisme et constructivisme. Là encore, nous ne prétendons nullement que la démarche soit applicable telle quelle[142] à d'autres domaines de l'historiographie de la linguistique. Au cours de cette reconstruction, nous effleurerons certaines options métahistoriographiques fondamentales qui seront commentées plus en détail dans le point suivant (2.1.3.).

2.1.2. De l'observation des données au discours historiographique: fondements épistémologiques de notre démarche

2.1.2.1. Introduction: objectivisme et constructivisme

L'un des débats métahistoriographiques cruciaux (Mackert 1993, Schmitter 1999, Sanders 2000: 276, 280) de ces dernières années concerne la polarisation entre une conception réaliste (Auroux 1980: 14-15) ou objectiviste de l'objet historiographique et une conception constructiviste (et plutôt herméneutique) de l'historiographie de la linguistique.

Bien sûr, aucun historiographe ne va jusqu'à considérer l'histoire de la linguistique comme une construction pure et simple de l'esprit (ce qui ouvrirait la porte au dilettantisme, et, finalement, à l'auto-destruction[143] de la discipline), ou, inversement, une reproduction (presque «cinématographique») de la réalité vécue, mue par une causalité exacte. On peut néanmoins discerner une polarisation en deux camps, selon qu'on dénonce le mythe du réalisme (Auroux 1980: 14; Arens 1987) ou qu'on met en garde contre les dangers du relativisme (Knobloch 1988: 38; Swiggers – Desmet – Jooken 1996b). Seul Koerner semble croire à une historiographie d'obédience positiviste (1973/4: 6; surtout 1995: 21; *apud* Schmitter 1999: 195). Schmitter (1999)[144], qui se dit adepte d'une historiographie interprétative et narrative, a essayé de montrer que le *narrativisme* (c'est-à-dire l'approche constructiviste)[145] se trouve même à la base de l'historiographie positiviste et qu'il n'aboutit aucunement à l'arbitrarité des reconstructions historiographiques. On le voit, l'enjeu est de taille, puisqu'il y va de la crédibilité (épistémologique) du travail historiographique.

---

[142] Songeons à l'homogénéité relative du corpus qui permet un traitement quantitatif.
[143] Comme le font remarquer Swiggers – Desmet – Jooken (1996b: 83-84).
[144] Récemment, l'auteur a publié une synthèse de ses vues en la matière (Schmitter 2003).
[145] En clair, le narrativisme n'est pas seulement une option qui concerne la mise en texte, mais aussi une visée épistémologique qui dérive de l'attitude anthropologique fondamentale qui pousse l'homme à chercher à comprendre la réalité (1999: 197-198). Comme le *narrativisme* s'applique mal à l'historiographie thématique (*topical history*) qui n'emprunte pas un modèle narratif, nous y préférons le terme de *constructivisme* et réserverons le terme de *narration* à un mode d'exposition particulier des résultats de l'analyse historiographique (et épistémologique). On constate d'ailleurs que Schmitter (1999: 199-200) lui-même applique le terme *narrative Verknüpfungen* seulement aux événements 'externes' (l'histoire sociale, institutionnelle, etc.). Les explications d'ordre interne sont des «analog-narrative Verknüpfungen», ce qui suggère que l'application des rapports narratifs à l'histoire 'interne' de la linguistique ne se fait que par analogie.

Avant d'entrer dans le débat, il faut clarifier deux choses. D'abord, on ne peut pas confondre[146] le regard objectiviste (ou réaliste), la croyance dans la 'véracité' des faits — dont Leopold von Ranke (1795-1886) passe pour le représentant type («blos zeigen [will], wie es eigentlich gewesen [ist]») —, avec le travail de mise en inventaire (p. ex. la constitution d'une bibliographie de la production grammaticale entre 1800 et 1914), activité fastidieuse et, de surcroît, ingrate, mais fondamentale[147] pour toute recherche originale. C'est en quelque sorte la recherche fondamentale, analogue à la reconstitution philologique de (la généalogie de) textes, des sciences historiques. S'il est vrai que l'historiographie «suprême» transcende les faits pour «comprendre» (cf. Schmitter 1999: 205), quitte à extrapoler à outrance, il ne saurait dédaigner le travail généreux de ceux qui rendent accessibles et 'gérables' (p. ex. les textes officiels relatifs à l'enseignement des langues) le contenu d'archives, des documents inédits, etc., pour que d'autres puissent les «interpréter»... La deuxième mise en garde concerne le statut de la notion d'objectivité. À l'instar de Schmitter (1999: 201), nous y attribuerons non pas un statut *ontologique*, mais un statut purement *méthodologique*. Un résultat est objectif

> «wenn sie sich durch einen *überprüfbaren Sachbezug* auszeichnen, der sie *intersubjektiv gültig* und zugleich durch weitere Forschung *potentiell überholbar* macht».

Dans ce qui suit, nous allons essayer de mettre en rapport les deux pôles, objectiviste et constructiviste, en explicitant les opérations cognitives qui se sont succédé tout au long de notre travail historiographique: l'observation des faits (2.1.2.2.), le regroupement des grammaires du corpus (2.1.2.3), l'établissement de rapports abstraits et l'explication (travail herméneutique) (2.1.2.4.). À chaque niveau nous essaierons de discerner la part objective de la démarche et la part qui incombe à l'interprétation (au *Narrativismus* dirait Schmitter). Ce n'est qu'après coup que nous avons constaté qu'une tentative analogue avait déjà été entreprise par Schmitter (1999). Convaincu de la nature foncièrement constructiviste (narrativiste) de l'historiographie, il part à la recherche des démarches objectivables (vérifiables) dans la reconstruction historiographique (conçue comme activité). Nous partons plutôt du pôle objectiviste pour mesurer l'impact de l'interprétation.

2.1.2.2. L'observation des faits

Sur le plan des faits, il convient de distinguer trois démarches qui représentent autant de sources de subjectivité: la sélection des *données* (1), l'interprétation des *données* en vue de l'établissement des *faits*[148] (2) et les différentes opérations cognitives intervenant dans l'établissement de *faits globaux* ou complexes (3).

---

[146] Schmitter (1999: 204-205) confond ces deux aspects dans les conclusions de son article.
[147] Cf. la communication de Schreyer au colloque de la *Studienkreis Geschichte der Sprachwissenschaft* à Leuven (*apud* Lauwers – Lioce 1998).
[148] Les *faits* sont les *données* que le descripteur a retenues et interprétées dans son analyse.

(1) Les faits retenus dans la reconstruction historiographique ne se présentent pas d'eux-mêmes à l'observateur. Il faut un acte intentionnel, un objectif de recherche. Comme dans toute science, le point de vue détermine (en partie) les faits recueillis (cf. *Perspektivierung*, Schmitter 1999). Comme cette démarche est accessible à la vérification intersubjective (l'adéquation des faits recueillis en vue de l'objet étudié et des objectifs qu'on s'est posés), elle peut être qualifiée d'objective. C'est ce que Schmitter (1999: 203-204) a appelé l'objectivité restrictive (*restriktive Objektivität*). Ce type d'objectivité intervient non seulement dans la constitution d'un corpus de textes, mais aussi dans la sélection des données. En effet, on n'épuise jamais toutes les *données* d'un corpus dans la reconstruction (et l'explication) des faits. Si le contrôle intersubjectif (Schmitter) est certes un garde-fou important, on a également avantage à élaborer un modèle d'analyse aussi complet que possible (cf. *infra* 2.3.), afin de ne pas courir le risque d'aboutir à une reconstruction partielle et partiale.

(2) La subjectivité intervient aussi au niveau de l'*interprétation* des textes du corpus. L'historiographe reconstruit les contenus véhiculés par les sources en y appliquant des *catégories interprétatives* qui doivent être définies chaque fois qu'elles peuvent prêter à confusion (et hypothétiquer ainsi la vérification intersubjective par le lecteur).

(3) Si l'opération de (re)catégorisation (qui relève en partie de l'interprétation purement linguistique) s'observe pour n'importe quel fait, il y a des faits, plus complexes, qui supposent encore d'autres opérations. Ce sont des *faits globaux*, qui sont à distinguer des *faits discrets*. La plupart des *faits* sont le résultat d'*observations simples*: une définition sémantique de l'*attribut*, l'établissement de l'extension de la classe des adjectifs (p. ex. q u a l i f i c a t i f s + d é t e r m i n a n t s), une analyse par 'ellipse' du morphème discontinu *ne ... que*, l'apparition des concepts t h è m e / r h è m e. Ces faits se trouvent noir sur blanc dans les grammaires et peuvent être cités, localisés (par une référence) ou déduits de l'agencement de la matière.

D'autres faits ne peuvent pas être saisis directement. Ils sont le résultat d'une série d'*observations simples* (*concordantes*). Celles-ci peuvent faire l'objet d'un traitement quantitatif ou qualitatif.

Le traitement *quantitatif* peut être *sélectif* ou *exhaustif* (p. ex. le nombre de critères psychologiques mis en œuvre dans la définition des fonctions syntaxiques; le nombre de thèses de doctorat ayant pour objet le français). L'approche sélective repose sur un certain nombre d'observations convergentes, attestant toutes le même fait. Pour examiner l'ellipse, par exemple, nous avons choisi 6 phénomènes linguistiques qui étaient souvent analysés par un recours à l'ellipse. Le 'fait' résultant de cette observation (complexe) des données est donc un score sur 6. Si le traitement quantitatif *exhaustif* — éventuellement réduit à une quantification *grossière*, p. ex. dans le traitement du nombre de sources (entre 10 et 20, 20 et 30 etc.) — autorise une conception réaliste[149] de la chose, la *sélection* des exemples-types dans le second

---

[149] Abstraction faite de la sélection des données et de l'application de catégories interprétatives, bien sûr.

cas suppose un choix du descripteur. Cependant, ce choix n'a jamais été fait a priori, c'est-à-dire nous avons toujours opéré la sélection après l'encodage du corpus, à partir des cas relevés au cours de notre lecture (p. ex. les occurrences de la notion d'*ellipse* ou de *pléonasme*). Si, après coup, il s'avérait que pour une grammaire donnée telle observation (p. ex. le traitement de *ne ... que* dans l'examen du traitement de l'ellipse) n'avait pas été faite, un retour à la grammaire s'imposait (pour constater le plus souvent que le *ne ... que* n'était pas analysé par ellipse). Là encore, le biais 'subjectif' est limité à l'extrême.

Par contre, dans les observations complexes de nature *qualitative*, la dose d'interprétation (et donc de subjectivité) augmente. L'interprétation réside dans une généralisation *par abstraction* basée sur un nombre limité d'occurrences ou d'indices glanés au cours de la lecture. L'apparition fréquente d'effets stylistiques, par exemple, a conduit à l'observation complexe [+ stylistique], qui repose sur une forte généralisation. Afin de montrer le bien-fondé de ces généralisations (et de permettre la vérification intersubjective), nous avons toujours essayé de fournir quelques attestations en note, afin de permettre la vérification (p. ex. dans l'examen des langues représentées dans les grammaires). Le risque de biais subjectif est directement proportionnel au degré de généralisation (et d'abstraction) et indirectement proportionnel au nombre d'indices recueillis (et au poids de ceux-ci). Les généralisations les plus importantes se trouvent au chapitre VII, où les grammaires ont été classées d'après leur orientation théorique globale[150]. Par rapport aux observations simples et aux observations complexes d'ordre quantitatif, les observations qualitatives complexes semblent beaucoup moins vérifiables que les autres. Ce constat ne devrait cependant pas trop effrayer, puisque ce genre de généralisations domine dans l'historiographie de la linguistique: tel grammairien «se rapproche» de telle ou telle école, «la recherche en syntaxe au 19ᵉ siècle est quasi inexistante»[151], ... Il nous semble que l'historiographie de la linguistique aurait avantage à mieux exploiter les ressources de la quantification et de la statistique.

Tous ces faits *globaux*, qu'ils soient de nature quantitative (exhaustifs ou sélectifs) ou qualitative, reposent sur des observations simples. Ces observations simples peuvent être mises en rapport selon le mode additif (O1 + O2 + O3 + O4 = O5^{complexe}) ou de façon hiérarchisée (= chaînes d'observations à paliers):

(O1 + O2) = O3^{complexe}
O3^{complexe} + O4 + O5 = O6$^{complexe\ au\ second\ degré}$

---

[150] Nous avons signalé les indices qui ont guidé l'interprétation (Ch. VII, 1.2.). Les contre-exemples ne sont pas exclus, comme le montrent, par exemple, les quelques passages psychologisants relevés chez Clédat.

[151] À notre connaissance, aucun historien de la linguistique n'a essayé d'évaluer quantitativement le «poids» de la recherche en sémantique, en syntaxe et en phonétique. Tant qu'on ne disposera pas de tels relevés, la discussion sur la dominance de telle discipline à telle époque restera vaine (p. ex. sur l'importance de la syntaxe; Graffi 2001).

Pour déterminer l'orientation théorique globale des grammaires, par exemple, nous fondons nos généralisations sur trois types de constats: des calculs effectués sur les définitions (pourcentage de termes définis par des critères psychologiques = observation complexe), des prises de position explicites (= observation simple ou complexe) et la présence de renvois à des sources (= observation complexe).

En somme, l'*objectivité* dans l'enregistrement de faits réside dans la possibilité de vérification intersubjective à travers les liens établis entre le discours de l'historiographe et le(s) passage(s) de la grammaire en question. Or, comme nous l'avons vu, l'*interprétation* n'est cependant pas entièrement mise hors jeu. C'est ce que Schmitter (1999) appelle l'objectivité interprétative (*interpretative Objektivität*). Nous avons vu que l'interprétation se cache derrière les opérations les plus diverses (généralisation, choix de paramètres pertinents, arbitrage d'observations simples contradictoires, etc.) et que le 'degré d'interprétation' varie sensiblement selon les types de faits. On a donc avantage à distinguer les observations simples (*faits discrets*) des observations complexes (*faits globaux*), le traitement quantitatif du traitement qualitatif.

2.1.2.3. Le regroupement des grammaires d'après les faits observés

Si le même fait (résultant d'une observation simple ou complexe) s'observe dans plusieurs grammaires, ces grammaires peuvent être regroupées. Ainsi peut-on classer les grammaires selon le traitement de l'*attribut de l'objet*. Ces regroupements sont en général à l'abri du subjectivisme. Un autre chercheur aboutirait aux mêmes regroupements (étant donnés les mêmes faits). Cependant, les regroupements effectués sur des faits résultant d'observations complexes d'ordre qualitatif (ou mixte) supposent un degré d'abstraction plus élevé. Il en est de même des regroupements qui ne tiennent pas compte de certaines différences secondaires.

Ces regroupements constituent le cadre de l'exposé. La rédaction se situe donc à ce niveau d'abstraction. À l'intérieur de ce cadre viennent alors s'inscrire les faits (ancrés empiriquement par des citations ou des renvois précis) et, s'il y a lieu, les problèmes d'interprétation posés par ceux-ci (contradictions internes, nuances).

Ces regroupements ont déjà une valeur documentaire et historiographique considérable, mais le travail de l'historiographe ne s'arrête pas là.

2.1.2.4. L'explication: le travail herméneutique et épistémologique

Le propre des sciences humaines est que l'explication s'y fait selon le mode de l'interprétation ou de la compréhension. *Expliquer* y signifie *interpréter* et *comprendre* — *verstehen* et non pas *erklären*, selon l'opposition classique de Dilthey (1833-1911) —, en l'occurrence, les rapports *chronologiques* et *achroniques* établis entre les faits observés. Les explications avancées sont soit de type *interne* (*content-oriented*), soit de type *externe* (*context-oriented*). C'est dans ce sens qu'il faut interpréter le mot *expliquer*, c'est-à-dire comme un synonyme d'«éclairer», de «faire comprendre» ou de «jeter de la lumière sur». Comme ce travail *herméneutique* porte sur des contenus de doctrine grammaticale visant la connaissance de la langue-objet (que l'on considère la grammaire comme une science ou non), il est en même temps *épistémologique*.

Toute explication implique la mise en relation d'un *explicans* et d'un *explicandum* (ou d'*explicanda*). À cet effet, les faits répertoriés doivent être mis en rapport. L'établissement de rapports et l'élaboration d'une explication (dans le sens précisé ci-dessus) suppose bien entendu l'intervention du sujet connaissant. Si les rapports émanent des faits, ils n'acquièrent du sens qu'à la lumière d'une explication et l'explication fait entrevoir d'autres rapports pertinents. Cette dialectique hypothético-inductive de la découverte relève entièrement de la construction. Cette construction est une hypothèse, qui, contrairement aux hypothèses en sciences exactes, ne peut pas facilement être «falsifiée».

Dans ce qui suit, nous allons d'abord présenter les différents types de rapports qu'on peut établir entre les faits recueillis (2.1.2.4.1.). Ensuite, il sera question de la façon dont ces rapports abstraits mènent à une explication (2.1.2.4.2.).

2.1.2.4.1. L'établissement de rapports abstraits entre les faits

Une fois les faits répertoriés (et les grammaires regroupées), on peut essayer de *mettre en rapport* les faits isolés. Il convient de faire le départ entre les rapports chronologiques (temporels) (visée diachronique) et les rapports achroniques (visée achronique). Les rapports chronologiques (1) concernent la succession de théories ou d'événements sur l'axe du temps, alors que les rapports achroniques (2) sont considérés en dehors de toute référence au temps.

(1) *Les rapports chronologiques*
La visée dia-chronique concerne d'abord les faits relatifs aux grammaires du corpus. C'est ce que nous appellerons la *temporalité interne*[152]. Ainsi, on peut suivre l'émergence de la classe des *mots-outils* après 1920 (Ch. V, 2.1.), la lente progression des critères formels par rapport aux critères sémantiques (Ch. VI, 1.1.3.) et le déclin de l'analyse en *sujet logique/grammatical* (Ch. IV, 3.3.). Mais très souvent, aucune tendance (dominante) n'a pu être relevée dans l'intervalle marqué par le *terminus a quo* et le *terminus ad quem*. Dans ce cas, il y a coexistence d'analyses et non pas succession.

Chaque fois que la littérature secondaire le permettait, les faits observés dans le corpus ont été rattachés à l'histoire antérieure, notamment à la grammaire du 19e siècle; c'est la *temporalité externe*. La *temporalité externe* de l'objet est orientée vers le passé, qui est l'espace de la *tradition grammaticale*. Elle prend donc essentiellement

---

[152] Auroux (1980: 8) utilise ce terme dans un autre sens. Nous y attribuons un sens purement chronologique.

la forme d'un *horizon de rétrospection* (Auroux 1980: 10). Si le point de vue *prospectif* est, certes, intéressant, il expose l'historiographe au risque de l'interprétation téléologique. S'il nous arrive de relever des concepts ou des problématiques actuels, ce n'est pas notre but premier.

(2) *Les rapports achroniques ou corrélatifs*
Les faits observés peuvent également être mis en rapport en dehors de toute référence à l'axe du temps. Ces rapports achroniques se distinguent des rapports 'de regroupement' ou des rapports établis dans le cadre d'observations complexes (cf. *supra*). Ils sont plus hétérogènes, essentiellement qualitatifs, relèvent d'un niveau d'abstraction supérieur et ne sont pas nécessairement convergents[153]. Qui plus est, ils se situent en général au niveau des regroupements des grammaires, voire au niveau de l'ensemble du corpus. Contrairement aux rapports chronologiques (*chronicling*; Koerner 1978: 59), les rapports achroniques ne peuvent être envisagés qu'à la lumière de l'explication. C'est pourquoi nous en donnerons des exemples en parlant de l'*explication* (cf. ci-dessous).

2.1.2.4.2. L'explication

Passons aux modalités de l'explication. Deux questions semblent fondamentales: Quelle est la portée de l'explication? (1) D'où vient l'*explicans*? (2)

(1) Il convient de distinguer tout d'abord l'explication *locale* de l'explication *globale*. Une explication *locale* éclaire un fait isolé. Ainsi, la présence d'un génitif dans les grammaires d'expression allemande s'explique par des motifs didactiques dans un contexte FLE, ou encore, par une perspective sémantico-fonctionnelle (Ch. IV, 6.).

Les explications *globales* sont plus intéressantes dans la mesure où elles 'expliquent' plusieurs faits (au moins deux) qui ont été mis en rapport. Pensons à l'isomorphisme langue-pensée (cf. *infra*, 2) et la thèse de la bidirectionnalité de l'analyse grammaticale traditionnelle qui «expliquent» respectivement la survie des figures grammaticales et certains 'conflits frontaliers' dans le domaine de l'analyse des *compléments*.

(2) Quant à la nature de l'*explicans*, il faut distinguer les explications dans lesquelles un fait relevé dans le corpus sert de base à l'explication d'un autre fait et les explications à *explicans* non thématisé. Entre ces deux extrêmes, tous les cas intermédiaires sont envisageables (fait thématisé dans toutes les grammaires, dans quelques grammaires, dans une seule grammaire ou nullement thématisé et donc *implicite*).

---

[153] Pensons aux phénomènes analysés par ellipse ou aux effets stylistiques qui convergent respectivement vers les observations complexes [+ ellipse] et [+ stylistique] (cf. Ch. VI, 2.). Les rapports abstraits doivent leur existence à un soubassement interprétatif commun qui constitue en quelque sorte le trait d'union entre les faits relevés.

Dans le premier cas de figure, un fait *f1*, mis en rapport avec d'autres faits (*f2*, *f3*, etc.), constitue la base d'une espèce de lien «causal» qui «explique». Schmitter (1999: 199) souligne à juste titre que les termes *causal* et *explication* sont trop liés aux sciences exactes et qu'il vaut mieux parler de *cohérence résultative* (*resultative Koherenz*). Le descripteur entrevoit ici une espèce de hiérarchie ou de chronologie épistémologique: *f1* est épistémologiquement 'antérieur' aux autres faits qu'il explique. Voici un exemple. Dans le corpus, l'expression le «français est une langue analytique» est légion. C'est un fait dûment attesté. Ce fait peut être mis en relation avec la survie de(s) (certaines) figures comme l'ellipse, le pléonasme et l'inversion (au sens large du terme). L'analyticité du français nous conduit à l'isomorphisme langue/pensée qui sert d'explication à la survie des figures: les figures sont des mécanismes qui permettent de ramener les structures déviantes à la structure maximalement isomorphique (cf. Ch. VI, 2.3.8.).

Il est clair, cependant, que l'*explicans* n'est pas toujours (directement) thématisé dans le corpus. Ainsi, le sort du *complément d'agent* et du *complément d'attribution* semble lié (ni l'un sans l'autre). On peut en déduire une espèce de dilemme chez les auteurs (Faut-il affiner ou non la théorie de la complémentation verbale?), même si aucun grammairien du corpus n'a explicité ce dilemme (Ch. IV, 3.7. et 3.8.). De même, la bidirectionnalité explique toute une série de faits qui pointent dans la même direction. Mais là encore, aucun grammairien du corpus n'a thématisé ce problème épistémologique.

À ces options se superposent encore deux autres axes: l'axe achronique/chronologique (3) et l'opposition interne/externe (4).

(3) Dans les exemples qui précèdent, l'explication consiste à discerner une certaine logique derrière les corrélations établies, c'est-à-dire un soubassement épistémologique (commun). Ces explications peuvent avoir une portée *locale* ou *globale* et l'*explicans* peut être plus ou moins thématisé par les grammairiens mêmes. Jusqu'ici il n'a été question que d'explications 'achroniques' auxquelles la notion de temps reste étrangère. Si l'on projette ces interprétations sur l'axe du temps, on aboutit à une *dynamique interne* — pas forcément linéaire — qui mène, par exemple, à la résolution (partielle) du problème de la bidirectionnalité et de la discontinuité (cf. *Problemgeschichte*; Knobloch 1988). Dans le même sens, le processus de 'délogicisation' de l'analyse logique descendante «explique» toute une série de 'faits' relevés dans les grammaires d'expression française: les schémas de phrase ternaires, la confusion du verbe-mot et du verbe-prédicat, la mise en évidence du pouvoir constructeur du verbe (une espèce de théorie verbo-centrale au sens large du terme), …

Ces rapports — internes au corpus ou inscrivant le corpus dans une évolution plus vaste — se distinguent des rapports purement chronologiques (*chronicling*) par le fait qu'ils sont 'expliqués': on essaye d'en dégager la 'logique'.

(4) Dans les exemples commentés ci-dessus, la *caractérisation* de l'évolution de l'objet (perspective chronologique) et de l'objet même (perspective achronique) était axée sur l'examen de contenus de doctrine (*content-oriented*). La composante interprétative du modèle historiographique conduit ainsi à une reconstruction de l'histoire de la grammaire comme un processus rationnel (*rationales Prozess*), mû par une *wissenschaftsinterner Logik* (Schmitter 1999: 199). Il nous semble cependant que ce genre d'historiographie doit être complété par une évaluation de l'impact des facteurs relevant de l'histoire «externe».

Ces *explications externes* accordent toujours un statut causal au pôle *externe* d'une corrélation établie entre deux (ou plusieurs) faits, l'un de nature interne, l'autre (ou les autres) de nature externe. Ainsi, la *double analyse*, cet humble exercice scolaire, semble avoir pesé sur le développement de la grammaire française au cours de la première moitié du 20e siècle (Ch. III, 1.). De même, le poids de la littérature dans l'enseignement, l'engouement pour la méthode des sciences exactes, la mode de l'approfondissement psychologique de l'enseignement des langues en Allemagne et «l'invisibilité académique» de la grammaire du français moderne (en tant que discipline) ont influencé (indirectement) la physionomie de la grammaire française de la première moitié du 20e siècle.

L'établissement de rapports et l'élaboration d'une explication (dans le sens précisé ci-dessus) supposent bien entendu l'intervention de l'analyste. Si d'une part les rapports émanent des faits, d'autre part, les explications des rapports font entrevoir de nouveaux rapports pertinents. Cette dialectique hypothético-inductive de la découverte relève entièrement de la (re)construction, mais se fonde sur une ample base empirique qui doit garantir la possibilité de vérification intersubjective.

2.1.2.5. Objectivisme et constructivisme: un compromis

Concluons. L'historiographie telle que nous l'avons pratiquée ne peut pas être taxée de réalisme naïf (Schmitter). Elle n'est pas aveuglée par l'illusion de fournir une copie conforme de la réalité «wie es gewesen war». Elle tente cependant de recréer la réalité en la simplifiant et en extrayant l'essentiel (comme une œuvre d'art classique). La réalité vécue — la réalité «für mich» et non pas la réalité ontologique «an sich» — qu'elle représente est toujours le résultat d'une reconstruction. Le gage de la scientificité (l'objectivité[154] méthodologique) réside dans l'explicitation de la démarche (c'est la raison d'être de ce chapitre), la poursuite de l'idéal de l'exhaustivité (qui est cependant hors de portée et en partie contraire à la sélection et à l'abstraction qu'impose toute reconstruction historiographique) et dans la possibilité de vérification (falsification) intersubjective. Ce principe explique l'importance accordée au fondement empirique de notre discours historiographique. Que

---

[154] Schmitter (1999: 204) conclut que ces formes d'objectivité ne sont pas autant d'objectivités différentes, mais constituent des facettes (facteurs) d'une seule et même objectivité (intersubjective).

cette démarche pose des problèmes rédactionnels, nous en sommes conscient. C'est la raison pour laquelle une partie des données ont été insérées en annexe[155]. Nous avons également prévu de nombreux tableaux synoptiques et passages synthétiques.

Nous avons toujours essayé de suivre ce parcours idéal, qui mène des données à l'intérprétation[156]:

niveau épistémol.	types	'sources de subjectivité'	
données		'perspectivation' (sélection)	
faits (par grammaire)	faits discrets / faits globaux → Quantitatif → exhaustif / sélectif / Qualitatif / regroupement de grammaires à partir des faits (discrets/globaux)	sélection / généralisation par abstraction (abstraction)	catégories de l'interprétation des faits
rapports	chronologiques / achroniques		
explications	– locales/globales – à base thématisée ---> non thématisée – chronologiques/achroniques – internes/externes	interprétation de la 'causalité'	

Comme certains phénomènes n'apparaissent que de façon sporadique (p. ex. les tests syntaxiques; Ch. VI, 1.2.1.), une description exhaustive et comparative pour l'ensemble du corpus n'était pas toujours possible. Dans ce cas, nous nous sommes limité à une analyse des faits relevés, sans que nous nous sentions obligé de juger toutes les grammaires du corpus sur cet aspect particulier.

2.1.3. Les 'optiques' métahistoriographiques

Dans la présentation des fondements épistémologiques de notre démarche, nous avons effleuré plusieurs options métahistoriographiques, qui, pour des raisons de rédaction, n'ont pas pu être développées ci-dessus.

---

[155] Dans notre thèse de doctorat (Lauwers 2001b), ces annexes étaient beaucoup plus étoffées et faisaient même l'objet d'un volume séparé intitulé *Matériaux*.
[156] Sans que nous prétendions extrapoler les résultats vers l'ensemble de la production grammaticale de l'époque.

2.1.3.1. Une histoire interne transversale (intégrant des aspects externes)

Une des options fondamentales dans l'historiographie de la linguistique est le choix entre une histoire interne ou *content-oriented history* et une histoire externe ou *context-oriented history* (Swiggers 1990b: 21). La première examine l'histoire des conceptions grammaticales, la seconde l'histoire de la grammaticographie en tant que discipline pratiquée par un grammairien, qui s'adresse à un public et qui s'insère dans un contexte social et institutionnel changeant[157]. Nous sommes non seulement convaincu de la légitimité des deux perspectives, mais aussi de leur complémentarité (cf. aussi Swiggers 1990b: 21-22; Desmet 1996: 6-8).

La perspective que nous avons adoptée est celle d'une histoire interne de la production grammaticographique entre 1907 et 1948, axée sur l'étude d'un corpus de textes, mais complétée par des données externes. Ces données contextuelles ont une double fonction. Primo, elles donnent un visage humain (les auteurs) et social (le public, le 'marché', la 'famille' de la grammaire, etc.) à une histoire des concepts grammaticaux qui, sans elles, se réduirait à une analyse sèche de contenus abstraits. La composante 'sociale' de notre travail est d'autant plus nécessaire que l'approche transversale (cf. *infra*) met l'identité (ou «la personnalité») des grammaires (et des grammairiens) à l'arrière-plan[158]. Secundo, — et c'est là son intérêt principal — la perspective contextuelle fournit des faits d'un autre ordre, qui peuvent non seulement être mis en relation avec d'autres faits externes ou contextuels (Ch. II[159]), mais aussi avec des faits relevant de l'histoire interne de la théorie grammaticale. Ainsi, les faits d'ordre externe éclairent certains faits d'ordre interne (cf. *supra* 2.1.2.4.). Dans ce sens, le *contexte* «explique» («fait comprendre la raison d'être») le *contenu* des grammaires. Si les deux perspectives, histoire interne et histoire externe sont complémentaires, il nous semble préférable, du point de vue interprétatif/explicatif, que l'une des deux, qui pourrait servir d'*explicans*, soit subordonnée à l'autre, *l'explicandum*[160].

---

[157] Arens (1987: 17) parle de *person-* vs *theoriegerichtet*, ou encore, de *Forschungsgeschichte* vs *Ideengeschichte*. Cette opposition terminologique ne recouvre qu'imparfaitement celle que nous élaborons ici (l'approche contextuelle peut également impliquer les idées philosophiques ou les développements en psychologie, par exemple).

[158] La *Problemgeschichte* de Knobloch pose le même problème (1988: 50-51). Knobloch signale l'histoire de la grammaire allemande de Jellinek (1913-1914) qui offre deux exposés, l'un organisé selon les problèmes, l'autre selon les personnes.

[159] On trouve une illustration de ce genre de rapports dans le chapitre II.

[160] La deuxième option (externe: *explicandum*; interne: *explicans*) est moins intéressante pour notre sujet. Certes, un contenu grammatical — notamment quand il s'agit d'une publication de nature programmatique, p. ex. une réforme de la nomenclature grammaticale — peut entraîner un changement dans la sphère sociale/institutionnelle. On peut supposer, par exemple, que Haas obtint un poste à Tubingue grâce à la qualité de ses travaux syntaxiques publiés peu avant sa nomination (cf. la nécrologie de Rohlfs). Les idées politiques ou philosophiques, en revanche, ont un impact plus grand sur la société, étant donné l'importance des intérêts en jeu. Quant au domaine proprement linguistique, seule la question de l'orthographe et la problématique des anglicismes semblent en mesure de mobiliser les masses (cultivées).

L'historiographie axée sur les *contenus grammaticaux* permet encore plusieurs perspectives. Nous aurions pu opter pour une perspective *verticale* et passer en revue chacune des grammaires. Cette analyse devrait être complétée par un chapitre comparatif et synthétique, comme chez Niederländer (1981), qui a étudié un corpus de 17 grammaires scolaires. Étant donné les dimensions de notre corpus (25 grammaires; 40 auteurs)[161] et l'importance que nous accordons à l'aspect comparatif, nous avons opté pour une étude *transversale* des conceptions grammaticales, organisée d'après les concepts/thématiques abordés.

Knobloch (1988) oppose à l'intérieur de cette orientation deux perspectives différentes, selon qu'on fait une *Begriffsgeschichte* ou une *Problemgeschichte*[162]. Notre travail fait justice à ces deux perspectives. L'histoire des concepts (les fonctions, les parties du discours, la phrase, les figures, etc.) s'inscrit dans un cadre thématique (= histoire des problèmes[163]) qui les ordonne. On pourrait dire que ce travail comporte une série de monographies de concepts — cet aspect est plus important que chez Knobloch — mais rattachées à un cadre thématique comportant trois volets: les catégories de la description grammaticale (dont l'unité est assurée par la problématique de la double directionnalité), la méthode descriptive et l'orientation théorique des grammaires (cf. *infra* 3.).

2.1.3.2. Portée et profondeur de l'analyse, schème intellectuel et format d'exposition

Quant à la *profondeur de l'analyse*, nous avons réconcilié deux perspectives que Koerner et Robins appellent *data-orientation* vs *theory-orientation* (Robins 1973/4: 11-26; Koerner 1973/4: 6), en décrivant en détail les étapes de la reconstruction historiographique. Nous avons voulu dépasser la simple histoire factuelle («chronicling»; Koerner 1978a: 59), même si les faits recueillis ont déjà en eux-mêmes une valeur documentaire. Ils peuvent être exploités par d'autres chercheurs.

Outre la dimension *factuelle*, le modèle intègre aussi les trois autres options dégagées par Swiggers – Desmet – Jooken (1996a). Pour la présentation de nuances (et de problèmes dans l'interprétation des faits) à l'intérieur des regroupements effectués, le discours historiographique prend un ton *descriptif-analytique*. Au niveau des regroupements mêmes et dans l'établissement de rapports, l'analyse adopte un style *descriptif-synthétique*, qui devient *explicatif* dans les interprétations des rapports (chronologiques ou atemporels) établis.

---

[161] Chez Niederländer (1981), la présentation des 17 grammaires occupe les deux tiers de l'ouvrage et entraîne inévitablement des redites. Nous avons voulu éviter ce danger et passer d'emblée à la confrontation des grammaires.

[162] Il opte pour une *Problemgeschichte*, mais corrigée par une *Begriffsgeschichte* qui fonctionne comme garde-fou (1988: 51, 53). La dimension conceptuelle (étude de termes) évite les interprétations hâtives et la 'déformation' du regard de l'historiographe sous l'influence de son propre contexte intellectuel.

[163] La notion de *problème* prend un sens très fort dans les chapitres III et VI (2e partie) qui traitent respectivement du problème de l'analyse globale de la proposition et des stratégies mises en œuvre dans l'analyse de faits grammaticaux irréductibles.

Quant à la temporalité — ce que Swiggers – Desmet – Jooken (1996a) appellent la «portée» (*scope*) — la structure de notre travail est complexe. Il combine une visée *dia*chronique double à une visée *a*chronique:

- visée diachronique
- temporalité interne au corpus (l'intervalle 1907 --> 1948)
- temporalité externe (= l'histoire antérieure)
- visée achronique

Dans la visée achronique, la notion de temps n'est pas impliquée. C'est notamment le cas quand la temporalité interne ne permet pas d'aboutir à une succession chronologique. C'est dans ce cadre qu'est menée l'analyse épistémologique, c'est-à-dire la comparaison métathéorique de concepts et de théories. L'historiographie de la grammaire devient ici une véritable *épistémologie descriptive* de la grammaire entre 1907 et 1948 (Auroux 1980: 8).

Un autre aspect de la portée de la description est sa dimension géographique. Nous adoptons une perspective *nationale* (la tradition grammaticale de la France), avec toutefois une importante correction[164] *internationale*, qui met en évidence, notamment, l'altérité profonde de la tradition grammaticale allemande. Les grammaires d'expression allemande (et anglaise) servent de pierre de touche et permettent de mieux cerner l'originalité de la tradition grammaticale française[165]. L'intérêt de cet aspect comparatif s'est accru au fur et à mesure que l'analyse avançait. À l'origine, l'inclusion d'ouvrages rédigés par des allophones nous semblait justifiée pour des motivations plutôt extrinsèques. C'étaient essentiellement l'internationalisation grandissante de la linguistique au 20e siècle, l'importance de l'Allemagne dans l'élaboration et la diffusion du modèle historico-comparatif et dans le développement de théories psychologiques du langage, et le rayonnement international de l'École de Genève, qui nous avaient poussé à inclure aussi des grammaires faites par des grammairiens étrangers, d'autant plus que la production grammaticographique dans le domaine du français, notamment en Allemagne, s'avérait considérable.

En plus de la *portée*, il convient de s'interroger sur le *schème intellectuel* à adopter. Le travail que nous avons fait se rattache à la fois à l'historiographie *structurale* et à l'historiographie *axiomatique*, mais non à l'historiographie *atomiste*[166] (Swiggers – Desmet – Jooken 1996a: 32). L'approche est évidemment structurale, car

---

[164] L'élargissement de la perspective introduit en même temps un élément d'hétérogénéité dans le corpus. Ainsi les grammaires conçues pour un public non francophone (FLE) — le plus souvent publiées par des non francophones — risquent d'opérer soit une sélection des données (1981: 185), soit une mise en évidence de certaines parties, dans l'un et l'autre cas pour des motifs didactiques et contrastifs. Or, ces désavantages qui n'affectent d'ailleurs pas l'architecture de la théorie syntaxique — ne font pas le poids face à l'intérêt que présente la prise en considération de ces grammaires.

[165] Il était également intéressant de voir comment des concepts propres à la grammaire allemande ont été projetés sur la description grammaticale du français (p. ex. les cas).

[166] Qui apporte, par exemple, des corrections ponctuelles à l'histoire de tel terme ou à la biographie de tel grammairien.

nous examinons l'appareil conceptuel et théorique de toute une période, nous cherchons à dégager les ressemblances et les différences, toujours en rapport avec l'architecture *globale* de la théorie grammaticale. Elle est aussi en partie axiomatique dans ce sens qu'elle cherche à expliciter les présupposés (implicites) des descriptions et des théories grammaticales (p. ex. la bidirectionnalité, la grammaire comme description statique, etc.).

Reste le *format d'exposition*. Le format narratif (suite événementielle commentée et interprétée) semble moins indiqué. La perspective (*content-oriented* et, surtout, transversale), les options métahistoriographiques (des données empiriques à l'interprétation), ainsi que certaines propriétés de l'objet (fréquente absence de successivité au niveau de la temporalité interne), font que le *format thématique* (*topical expository format*) nous semblait préférable.

2.2. *Le métalangage et la nomenclature standardisée*

Toute grammaire se sert d'une terminologie. Le terme *nomenclature* pour référer au méta*langage* grammatical est en fait doublement réducteur. D'abord, la terminologie grammaticale est en général un ensemble conceptuel organisé, ce qui la distinguerait d'une simple *nomenclature*. En plus, toute grammaire apparaît comme un discours articulé, un texte, dont les éléments peuvent être analysés du point de vue lexical, grammatical (catégories grammaticales) et sémantico-pragmatique (cf. Swiggers 1998: 26-33). Le métalangage grammatical, en tant que sous-langage particulier, comprend un lexique et un ensemble de règles de formation lexicale[167], voire même de construction syntaxique (cf. Swiggers 1998: 26).

Passons maintenant au texte produit par l'historiographe de la grammaire (et du métahistoriographe). Là encore, il s'agit d'une réalisation concrète d'un sous-langage particulier, en grande partie coextensif avec le français 'commun'. L'historiographie de la grammaire a donc besoin, elle aussi, d'un lexique univoque, non seulement pour se faire comprendre, mais aussi et surtout pour développer un outillage qui permette de comparer l'appareil conceptuel et la nomenclature d'un grand nombre de grammaires. En d'autres mots, il lui faut un *tertium comparationis* stable.

Cette terminologie 'standardisée' ne résout cependant pas toutes les difficultés. Il faut signaler d'abord le problème de la comparabilité et de la traductibilité des terminologies grammaticales (et linguistiques), bref le problème de «la correspondance extra-théorique[168] (ou supra-théorique) des termes» (Swiggers 1998: 32). Il s'ensuit un certain «calibrage» (Swiggers 1998: 32) des termes, qui va souvent de pair avec

---

[167] Le corpus contient un exemple éclatant d'un système de règles de formation lexicale. D&P ont élaboré tout un système de dérivations à partir de racines et de suffixes grecs agglutinés (p. ex. *épi-ana-thète --> épanathète*).

[168] Ce constat vaut aussi pour les comparaisons supra-nationales de grammaires. Dans chaque tradition nationale (p. ex. la tradition allemande et française), les termes font partie d'un réseau conceptuel qui est sous-tendu par des principes différents (cf. Ch. III et IV).

une réduction de la différence sémantique (dénotative et connotative) des termes comparés, puisque peu de termes se recouvrent tout à fait, que ce soit du point de vue intensionnel (critères définitoires) ou extensionnel (ensemble de faits qui répondent à la définition). Deux exemples devraient suffire pour illustrer ce problème. Dans l'encodage des données, nous avons dû appliquer indifféremment le terme de *complément circonstanciel* aux compléments circonstanciels essentiels et non essentiels, la distinction n'étant pas pertinente pour les auteurs du corpus. De même, le terme de fonction est utilisé dans le sens moderne du terme, alors que la tradition grammaticale française ne confondait pas *fonction* et *terme de la proposition* (Cf. Ch. III). Là encore, il faudra préciser si besoin en est. Les effets du calibrage deviennent encore plus sensibles quand on va effectuer des opérations logiques sur les termes retenus (addition, soustraction): p. ex. *déterminatif* = déterminant − article. Tant le terme déterminant que le terme article (un, deux ou trois articles?) peuvent couvrir une réalité différente d'une grammaire à l'autre.

Afin de ne pas couler la terminologie des grammaires du corpus dans un moule qui n'est pas le leur, la nomenclature 'standard' est un compromis entre la tradition grammaticale et la modernité linguistique, d'où la présence, par exemple, de termes comme partie du discours[169]. Elle pourra être comprise sans trop de difficultés, voire même sans consultation du glossaire (cf. *Annexe* n° 1). Ce compromis a entraîné des concessions quant à la systématicité de la terminologie[170], qui n'a, dès lors, aucune prétention scientifique. La somme des termes ne constitue nullement une terminologie idéale, même pas la meilleure terminologie pour notre propos, puisqu'elle a été fixée avant (et en partie pendant) l'examen du corpus. Son principal mérite est de faciliter l'analyse (*tertium comparationis*). Elle nous a permis de formuler des requêtes dans *Access* du type «Donne-moi toutes les grammaires qui reconnaissent la catégorie du complément d'agent». Au niveau rédactionnel, elle fonctionne comme un raccourci utile et augmente la lisibilité du texte. Elle offrait aussi un cadre pour la confection de l'*index rerum*. Dans les chapitres où cela s'imposait[171], nous avons opté pour un marquage typographique permanent de la terminologie standardisée. Il s'ensuit un certain encombrement typographique, inconvénient qui ne fait pas le poids face à l'importance méthodologique du procédé.

2.3. *Le modèle d'analyse*

L'examen du corpus de grammaires s'est fait à partir d'une grille d'analyse stable (cf. *Annexe* 2), qui, du point de vue méthodologique, a une importance capitale

---

[169] Ce choix est aussi motivé par le fait que nous utilisons souvent les termes *classe* et *catégorie* avec un sens plus large: 'catégorie de la description grammaticale'.
[170] Elle ne se conforme donc pas aux exigences formelles de la terminologie linguistique idéale relevées par Swiggers (1998: 31).
[171] Voir les *conventions typographiques* insérées au début.

(2.3.1.) et dont il convient de présenter l'architecture et la façon dont elle a été exploitée (2.3.2.).

2.3.1. L'importance méthodologique d'un modèle d'analyse bien équilibré

Sous 2.1.2., il a été question du statut épistémologique des *faits*. Nous avons dit que les faits ne se présentent pas d'eux-mêmes à l'observateur. Il faut un acte intentionnel, un objectif de recherche. Comme dans toute science, le point de vue détermine (en partie) les faits recueillis. C'est ce que Schmitter (1999: 203-204) a appelé l'objectivité restrictive (*restriktive Objektivität*), qui, elle aussi, est accessible à la vérification intersubjective. Tout ce qu'on peut faire, c'est tenter de réduire l'impact du «point de vue», de la *Perspektivierung*.

Dans notre cas, l'objectivité restrictive comporte deux aspects qu'il importe de dissocier: la délimitation du corpus (sélection) et, une fois le corpus délimité, la sélection de données 'pertinentes'. C'est dans la sélection de données pertinentes qu'intervient de façon cruciale le modèle d'analyse. Aussi exhaustive que soit la lecture des textes du corpus, seules certaines *données* ont pu être reconnues comme *faits* (pertinents) (en vertu de la grille d'analyse) et le nombre de faits pertinents s'est réduit encore pendant la phase de reconstruction historiographique. Pour n'en donner qu'un exemple, nous n'avons pas enregistré la description du subjonctif derrière *après que*. Cet aspect n'était pas prévu dans *le modèle d'analyse*. L'explicitation de ce modèle d'analyse est dès lors, méthodologiquement parlant, une démarche cruciale.

Nous nous sommes efforcé de limiter au minimum l'impact de ce problème propre à toute démarche scientifique, en ratissant aussi large que possible, quitte à lâcher du lest au fur et à mesure que la recherche avançait. Grâce aux rubriques *observations d'ordre général* et *glanures* qui recueillaient ce qui n'entrait pas dans les autres rubriques, le modèle d'analyse (le 'questionnaire' donc) était même entièrement ouvert. Sous ce rapport, il convient aussi d'attirer l'attention sur le fait que toutes les grammaires ont été *lues* du début à la fin (abstraction faite de D&P et de Le Bidois[172]), mais pas toujours de façon linéaire.

2.3.2. L'architecture et l'exploitation du modèle d'analyse

Étant donné le caractère relativement stable du *genre* étudié, le noyau du modèle d'analyse (voir *Annexe 2*) a pu être construit à partir des caractéristiques générales du genre (sources, préface, nombre d'éditions, l'origine des exemples cités, etc.) et des éléments constitutifs de l'architecture globale (sous-disciplines, unités ou niveaux de description et classification des unités). Certains aspects du questionnaire sont axés sur les caractéristiques de la grammaire du 19e siècle (cf. Chervel 1977) — les figures, l'influence de la grammaire latine, etc. —, d'autres questions correspondaient plutôt à des aspects qui sont devenus particulièrement pertinents

---

[172] Voir à ce propos 1.5.2.

dans la linguistique du 20e siècle: les dichotomies saussuriennes, la place réservée à la langue orale, la visualisation/formalisation, la question de la normativité et de la variation linguistique, etc.

Une fois que le modèle était mis au point[173], il a été testé sur trois grammaires (Ulrix, Gougenheim et Strohmeyer), ce qui a entraîné quelques retouches. Au cours de la procédure d'encodage, les mailles du filet ont çà et là été affinées. Il a également été procédé à l'élagage de certaines rubriques qui s'étaient révélées de peu d'intérêt. L'utilisation d'une base de données (*Access* 97) suppose des conventions, voire des partis pris qui ont été soigneusement notés et justifiés, afin de garantir la cohérence tout au long de l'encodage (qui s'est étendu sur une période de deux ans et demi). Grâce à ces conventions, l'encodage a atteint un degré maximal de stabilité et de fiabilité[174].

3. PLAN

Ayant opté pour une analyse interne et transversale du corpus (histoire des concepts), nous avons construit cette étude autour de trois thèmes (ou problèmes), qui correspondent à autant d'aspects fondamentaux de la grammaire:

(1) la méthode descriptive [Ch. VI]
(2) le résultat de la description (= la description) [Ch. III, IV et V]
(3) l'orientation théorique globale qui sous-tend la méthode et la description [Ch. VII]

Il s'y ajoute un quatrième aspect, à savoir *l'objet de la description*, qui n'a pas été traité pour les raisons que nous avons indiquées dans l'introduction (cf. 0.).

Comme le chapitre III, qui fournit le cadre global des chapitres IV et, dans une moindre mesure, V, permet d'inscrire le corpus dans la tradition grammaticale antérieure, il nous a semblé utile de traiter de la méthode descriptive [Chapitre VI] seulement après la description grammaticale [Chapitres III, IV et V].

Parcourons maintenant les 7 chapitres dans l'ordre. Le premier chapitre, qui traite des aspects méthodologiques de notre travail, est suivi d'un chapitre consacré à l'imbrication institutionnelle et sociale des grammaires, des grammairiens et des études

---

[173] Le modèle d'analyse a été implémenté sous trois formes différentes. Les rubriques relativement 'fermées' ont été implémentées sous *Access* 97, ce qui a permis des requêtes ciblées (angl. *queries*), et, dans le prolongement, une exploitation quantitative. Les rubriques plus ouvertes ont été coulées dans un gabarit *Word* (angl. *template*). Pour les données relatives aux états de langue anciens et aux différents registres, nous nous en sommes remis à des notes manuscrites (pour éviter les fréquents changements d'écran).

[174] Idéalement, il aurait fallu reproduire ici toutes ces conventions (très souvent anodines) comme nous l'avons fait pour notre thèse de doctorat (voir Lauwers 2001b). Elles concernent trois aspects: des règles concernant l'identification de concepts, des principes pour l'examen des définitions (Jusqu'à quel point peut-on parler de «définition»?) et certains arbitrages dans l'application de la grille interprétative pour l'examen des critères définitoires (voir à ce propos *Annexe 9*).

grammaticales du français en général. Par là nous entendons faire justice à l'histoire 'externe'. Dans le chapitre III, nous examinerons l'articulation globale de la théorie syntaxique, qui est caractérisée par une bidirectionnalité fondamentale. Les conséquences de ce problème épistémologique pour l'analyse des fonctions seront examinées dans le chapitre IV. Nous y passerons en revue les configurations de la proposition canonique, les fonctions primaires et les fonctions secondaires. Cette démarche 'descendante' se poursuivra dans le Chapitre V où seront abordées les parties du discours. Dans le chapitre VI, nous passerons aux aspects méthodologiques de la description grammaticale. Ce chapitre est divisé en deux parties: une partie générale et une partie consacrée aux stratégies mises en œuvre dans l'analyse de faits grammaticaux ressentis comme irréguliers (les *figures* de grammaire, etc.). Le septième et dernier chapitre scrutera l'orientation théorique globale des grammaires du corpus, et plus particulièrement la façon dont elles s'inscrivent dans les courants linguistiques de l'époque.

CHAPITRE II

LES GRAMMAIRES, LES GRAMMAIRIENS ET LE MARCHÉ 'GRAMMATICAL'

0. Pour une histoire sociale de la linguistique française

Avant de procéder à l'étude historiographique et épistémologique des grammaires du corpus, étude axée sur des textes et des 'contenus', il convient de présenter les grammaires et les auteurs, qui en constituent en quelque sorte le substrat matériel et humain, ainsi que le 'marché grammatical', c'est-à-dire le contexte institutionnel et social.

Ce faisant, nous poursuivons un triple objectif. Nous espérons d'abord donner un visage humain et plus 'matériel' à notre sujet. Pour ne pas tomber dans le piège de la simple juxtaposition de faits biographiques, nous adoptons, comme d'ordinaire, une perspective comparative (et transversale), ce qui revient à privilégier la méthode prosopographique à la perspective purement biographique.

Le deuxième objectif est plus ambitieux et ne pourra être réalisé qu'en partie, étant donné l'état actuel des recherches. Partant des données prosopographiques, on peut non seulement essayer de situer les grammairiens français en tant que corps social dans la société de la première moitié du 20e siècle, mais aussi localiser institutionnellement la pratique grammaticographique. De cette façon, il sera possible d'approfondir la problématique des rapports (institutionnels) entre linguistique et grammaire qui a été effleurée au Ch. I, 1.1.

Sous Ch. I, 2.1.3.1., nous avons signalé la complémentarité entre l'histoire contextuelle et l'histoire interne. Conformément à ce qui a été dit à ce propos, il faudrait essayer de formuler quelques hypothèses d'ordre général sur l'impact qu'a pu avoir la configuration sociale/institutionnelle sur la grammaticographie française; c'est notre troisième objectif. Cet exercice est d'autant plus difficile que nous nous sommes intéressé à la *théorie* grammaticale[1] — moins sensible aux évolutions sociales que l'histoire de la perception de la norme, par exemple — et que nous avons essayé de réduire l'hétérogénéité au sein du corpus, notamment en excluant les ouvrages didactiques (cf. sélection, Ch. I). De plus, pour être vraiment significatifs, les résultats auraient dû être confrontés avec les résultats d'une étude parallèle sur les rapports entre le contexte allemand et la production grammaticale allemande (en grammaire française et en grammaire allemande), par exemple. Comme

---

[1] Pour l'imbrication socio-culturelle de l'évolution de la pensée linguistique, voir par exemple Swiggers (1997).

ce troisième objectif s'appuie à la fois sur les faits 'internes' et les faits 'externes', il sera réalisé seulement au chapitre VIII. Le lecteur disposera alors de tous éléments nécessaires.

Comme nous l'avons dit, l'histoire 'externe' — i.e. sociale et institutionnelle — de la linguistique française est une entreprise relativement récente. Quelques historiographes-linguistes ont été particulièrement actifs dans ce domaine[2]. Les références en la matière sont Gabriel Bergounioux et Jean-Claude Chevalier[3]. Spécialiste du 19e siècle[4], Bergounioux (1984, 1990, 1991, 1997) s'est tourné ces dernières années vers l'histoire institutionnelle de la linguistique du 20e (cf. Bergounioux 1998a, 1998b, 1998c, 1998d, 2000). Chevalier a suivi un parcours similaire. Auteur d'une thèse (1968) sur l'histoire de la syntaxe entre 1530 et 1750, il s'est intéressé de plus en plus à l'histoire récente de la linguistique et notamment à son inscription sociale (1988, 1998a, 1998b; 1984 avec Encrevé). À André Chervel (1993) on doit un important répertoire des agrégés (1810-1950), qui est désormais aussi disponible sur internet[5], une histoire de l'agrégation (1993) et trois volumes de textes officiels relatifs à l'enseignement des langues à l'école primaire (1992, 1994, 1995) couvrant la période 1791-1995. Les aléas de la réforme de la *nomenclature grammaticale* (entre 1906 et le début de la Première Guerre mondiale) ont déjà fait l'objet de plusieurs études[6].

Toutes ces contributions fournissent une analyse qui vient «de l'intérieur» du champ[7]. Elles doivent être complétées par les travaux plus généraux des historiens sociaux et des historiens de l'éducation nationale (INRP). Le *personnel enseignant* a surtout été étudié par Karady (1972, 1976) et Charle. Ce dernier a publié une série de dictionnaires[8] biographiques des professeurs de faculté (Charle 1985, 1986, 1988) et une intéressante étude comparative sur les carrières (e.a. les échelles de rémunération) du corps professoral des facultés parisiennes et berlinoises (Charle 1994b). Françoise Mayeur (1985) offre un aperçu très utile de

---

[2] Un nombre important d'études a été consacré à la *praxis grammaticale* dans le contexte *scolaire* (Chervel 1977; Bourquin 1977, 2004 à par.; Savatovsky 1998). Delesalle – Chevalier (1986) offrent un aperçu des rapports entre la linguistique/grammaire et l'école entre 1750 et 1914. Boutan (1995, 1996, 1998, 2004 à par.), de son côté, a surtout travaillé sur la politique de la langue et la question des patois à l'école. L'histoire de l'orthographe a été traitée dans les travaux de Catach. Sur l'histoire de la didactique des langues (modernes) entre 1880 et 1914 (perspective internationale) on lira avec profit Christ – Coste (1993). Ces questions, pour intéressantes qu'elles soient, ne seront pas abordées dans la présente étude (cf. Ch. I, 1.1.1.).

[3] Pour l'histoire institutionnelle de la linguistique suisse, signalons les travaux récents de Frýba-Reber (e.a. Frýba-Reber 1998), et pour l'Allemagne, Storost (2001).

[4] Voir aussi Desmet (1996) pour les aspects institutionnels de l'histoire de la linguistique naturaliste en France (l'école autour d'Abel Hovelacque).

[5] Voir http://www.inrp.fr/she/chervel_laureats.htm.

[6] Vergnaud (1980), Walmsley (1991; 2001) et Boutan (1997, 2001).

[7] Signalons encore, pour la philologie classique, les études de Hummel (1995, 2003).

[8] Karady aurait constitué une base de données comportant les enseignants des facultés littéraires, les docteurs ès lettres, les agrégés et les normaliens de la rue d'Ulm (Karady 1986: 364).

l'émergence des nouveaux statuts universitaires (maîtres de conférences, professeurs sans chaires, etc.) pendant la période 1877-1968[9]. L'équipe autour de Philippe Savoie travaille sur l'histoire économique et financière de l'enseignement (traitements, recrutement, carrières, réglementations). Ce travail a abouti à la réalisation d'un volume de textes officiels (Savoie 2000) portant sur la période 1802-1914, qui sera complété ultérieurement par un deuxième tome. L'équipe de Guy Caplat, de son côté, qui s'occupe de l'histoire de l'Inspection générale, a déjà publié deux dictionnaires biographiques (1802-1914, 1914-1939; publiés respectivement en 1986 et en 1997)[10]. Les études consacrées à *l'enseignement secondaire* public et aux *Grandes Écoles*[11] et leurs classes préparatoires — l'histoire des *khâgnes* (période 1880-1940) est traitée dans Sirinelli (1994, 1988[1]) — contiennent également des données intéressantes au sujet des carrières des enseignants[12]. L'histoire de l'édition scolaire[13] et scientifique, enfin, est le domaine d'Alain Choppin (1986, 1997, 1998)[14].

Ces ouvrages ont été mis à profit dans les trois volets que comporte ce chapitre. Les deux premiers pans sont purement descriptifs, l'un portant sur les grammaires (1.), l'autre sur les grammairiens du corpus (2.). Nous reprendrons ensuite les principaux résultats de l'analyse proposopgraphique des auteurs (= 2.), pour les compléter par des données institutionnelles et sociales d'un ordre plus général (les revues, les thèses, etc.). Tous ces éléments permettront de mesurer l'institutionnalisation académique, ou disons-le d'emblée, l'*invisibilité institutionnelle* de la grammaire française en France (3). Comme il a été dit, les *conséquences* de cette configuration institutionnelle et sociale pour la physionomie des études grammaticales du français seront traitées dans le dernier chapitre de cette étude (Ch. VIII).

Le lecteur qui ne s'intéresse pas à l'histoire externe des grammaires pourra passer d'emblée au chapitre III sans risquer de se trouver trop désemparé. Les données pertinentes de l'étude externe seront reprises en temps utile, c'est-à-dire quand elles peuvent avoir eu une incidence sur la description grammaticale.

---

[9] Cet aperçu a été publié dans les actes du colloque consacré au personnel de l'enseignement supérieur aux 19e et 20e siècles (Charle – Ferré 1985).

[10] Voir aussi Caplat (1999).

[11] Voir Karady (1986: 365) pour des références précises.

[12] Sur l'université en général et les facultés de lettres en particulier, on lira les contributions de Karady dans le recueil dirigé par Verger (1986) sur l'université sous la Troisième république (entre autres les facultés de Lettres, p. 323-334; 354-365) et la bibliographie qui y est jointe (1986: 363-365). Pour un aperçu du fonctionnement (y compris de la composition du corps enseignant) des universités allemandes, voir Arnold (1960-1962). La synthèse de Prost (1968), quoique datée, peut toujours servir. Sur l'histoire de la thèse, voir Jolly – Neveu (1993 dir.).

[13] On lira aussi avec profit le livre décapant de Huot sur *La jungle des grammaires scolaires* (1989).

[14] Chervel, Choppin, Savoie et Caplat font partie du *Service d'histoire de l'éducation* (créé en 1970 et implanté à l'INRP en 1977; unité de recherche associée au CNRS depuis 1989) de l'INRP.

1. Les grammaires

Ce paragraphe essentiellement descriptif s'ouvre sur un aperçu global de la chronologie interne du corpus, complété par des données relatives à l'élaboration concrète des ouvrages (1.1.). Ensuite, il sera question de la problématique de l'identité de la grammaire (les titres, les ancêtres, l'intégration à des ensembles plus vastes) (1.2.). Comme nous n'examinerons (en principe) que l'édition originale des grammaires, le lecteur pourra facilement sauter ce paragraphe, qui a pour seul but de rappeler que certaines grammaires du corpus s'inscrivent dans une «famille», tant sur l'axe vertical (ancêtres, refontes) que sur l'axe horizontal (publications connexes: livres appartenant au même manuel mais à l'usage d'élèves plus jeunes, les livrets d'exercices qui accompagnent le manuel). Le point 1.3. traitera de l'ampleur des grammaires (nombre de pages) et de leurs subdivisions (phonétique, lexicologie, etc.). Pour terminer, nous chercherons à identifier le public auquel s'adressent les grammairiens (1.4.).

1.1. *Jalons chronologiques: trois vagues de grammaires*

Quand on considère le corpus dans son ensemble, on discerne trois «vagues» de grammaires. Deux des trois font suite à une période de guerre[15], ce qui n'a rien d'étonnant (publications retardées):

- début des années '20: Lanusse – Yvon (terminée en 1914; publiée en 1921)[16], Brunot (1922), Radouant (1922)
- 1947-1948: Dauzat (1947), de Boer[17] (1947), Galichet (1947; thèse en 1945), Wartburg – Zumthor (1947), Cayrou – Laurent – Lods (1948)

Il s'agit d'un phénomène plus général:

- début des années '20: Bauche (1920); en linguistique générale: Vendryes (1921, achevé en 1914), Otto (1919, achevé en 1913), Sapir (1921), Marouzeau (1921)
- 1946-1950: Rat (1946), Hall (1948), Cohen (1948), Hanse (1949); Bonnard (1950), Byrne – Churchill (1950), Sauro (1950).

Comme la production grammaticale après la Deuxième Guerre mondiale prend les dimensions d'un raz-de-marée, il nous a paru indiqué de fixer le *terminus ad quem* de cette étude en 1948 (Ch. I, 1.2.3.).

---

[15] Ce constat ressort aussi de l'inventaire que nous avons dressé en vue de la sélection du corpus: presque aucune grammaire nouvelle ne fut publiée dans les années de guerre. La documentation bibliographique lacunaire (Ch. I) pour la période 1914-1923 ne fausse pas vraiment la perspective, car l'inventaire initial contient plusieurs ouvrages publiés entre 1920 et 1923 (au point qu'on peut faire état d'une (petite) vague de publications nouvelles).

[16] «les premières feuilles étaient imprimées en juillet 1914» (1921: I).

[17] La syntaxe de de Boer a été rédigée pendant l'occupation de la Hollande, dans des circonstances peu favorables à la circulation de nouvelles publications. L'étude du subjonctif qu'il publie conjointement avec sa syntaxe était achevée à la veille de la Guerre.

La troisième vague de grammaires se situe au milieu des années '30, plus précisément entre 1934 et 1938. Vers la même période sont également publiés les 5 premiers tomes de la monumentale grammaire de D&P (1930-1936). Comment expliquer ce coup d'accélération dans la production grammaticale française (d'expression française)? Plusieurs facteurs semblent avoir joué un rôle.

Le début des années '30 a été marqué par la création de la revue *Le français moderne* et par l'élaboration d'un état de la question des recherches sur la langue française (*Où en sont les études de français?*), coordonné par Dauzat et publié d'abord dans le *FM*, puis en volume (1935). Ce n'est pas un hasard si on retrouve les noms de ceux qui ont participé à cette entreprise collective sur la couverture des grammaires publiées à cette époque (Bruneau, Bloch, Gougenheim et plus tard aussi Dauzat). Même Damourette fait partie de ce petit cercle, puisqu'il est secrétaire général du *français moderne*. En 1932, ce petit monde de linguistes francisants — mais pas exclusivement — avait été scandalisé par la publication de la *Grammaire de l'Académie* (annoncée dès 1928)[18]. Cet ouvrage fut un éclatant succès de librairie. Puisque l'honneur du grammairien-linguiste était en jeu, la réaction a dû fortifier le sentiment corporatiste des linguistes, emmenés par Brunot, leur principal porte-parole (cf. ses célèbres *Observations*, 1932). Comme l'écrivit Max Frey dans la *Neue Zürcher Zeitung* du 5 février 1938: «En cette occasion, Brunot a sauvé l'honneur de la science française».

Un troisième facteur fut sans doute ce qu'on pourrait appeler «l'esprit du premier congrès international de linguistes». Dans le domaine de la syntaxe, cet esprit prit forme dans la *Grammaire des fautes* (1929) de Frei et surtout dans la *Linguistique générale et linguistique française* de Bally (1932), qui eut une influence non négligeable sur le développement de la grammaire française en France (cf. Ch. VII). C'est ici qu'il faut situer aussi le structuralisme (pragois) de Gougenheim, d'abord en phonologie (1935), puis en morphosyntaxe (1938). N'oublions pas non plus l'article que Tesnière publia en 1934 où il explicite les fondements théoriques de sa grammaire russe (1935). Cette publication annonce déjà ses *Éléments de syntaxe structurale* (1959).

Parmi les grammaires du corpus publiées pendant ces *anni mirabiles* on trouve quelques entreprises dont l'idée remonte aux années '20, ce qui fausse un peu la perspective [Le Bidois, Michaut, Larousse; de même Regula[19] (1931, 1936)]. Regardons de plus près la genèse de ces ouvrages.

En 1924 parut la dernière édition de l'ancienne grammaire Larousse (cf. Chervel 1981), ouvrage vieux de 60 ans. On peut supposer que vers la fin des années '20 la maison Larousse était à la recherche d'un successeur pour sa *Grammaire*

---

[18] Le projet d'une grammaire de l'Académie fut annoncé dès 1928 par René Doumic (séance du 20 décembre) (voir là-dessus les *Anticipations* de Clédat 1928).

[19] Il s'agirait d'un projet qui a mûri 10 ans (1921-1931). L'idée remonte donc à 1921, année de la publication de la grammaire de Strohmeyer.

supérieure[20]. Elle confia la tâche à Félix Gaiffe. Que la nouvelle grammaire Larousse ait été une entreprise de longue haleine, cela ressort du fait que Gaiffe, le préfaceur, décéda en septembre 1934, deux ans avant la publication de l'ouvrage, lorsque, à en croire la préface, le travail était déjà fort avancé pour ne pas dire terminé. La grammaire de Michaut, qui, à l'origine, ne fut «non pas une «Grammaire», mais une «Description de la langue française»« (1934: VI), était achevée quand parut la Grammaire de l'Académie (début 1932). Mais

> «pour des raisons d'ordre pratique [entendez: commerciales], on lui a proposé de donner à cette «Description» la forme habituelle d'une «grammaire», avec son cadre traditionnel» (1934: VI).

Michaut se chercha alors un «collaborateur du métier et ayant l'habitude de l'enseignement grammatical» (1934: VI) avec qui «il a mis la dernière main à cet ouvrage» (1934: VI). Ce fut Paul Schricke, ancien élève de Michaut. Michaut s'était toujours intéressé aux questions du langage (orthographe, les livres de Brunot), comme il l'affirme dans la préface. L'idée de rédiger une grammaire remonte à son séjour au Caire (de 1926 à 1929), où il fit l'expérience de l'enseignement (grammatical) dans un contexte FLE. L'un de ses objectifs fut justement d'expliciter ce que les apprenants en FLE ne trouvaient pas dans les grammaires à l'usage des Français (1934: VI). La conversion à la syntaxe de Georges Le Bidois remonte à 1922, l'année où parut *La Pensée et la Langue* (1922). Son fils Robert l'assista à partir de 1930[21]. Les travaux préparatoires de la grammaire de D&P commencèrent dès 1911 (V1, 9), 19 ans avant la publication du premier tome (1930), qui porte la date 1927. Les auteurs y prennent le contrepied de Brunot (*Des mots à la pensée*). Cette grammaire alimentera à son tour les débats, notamment à cause de sa terminologie ésotérique (Meillet, Tesnière, etc.) et des convictions idéologiques qu'elle reflète[22]. Les 5 premiers tomes ont été publiés entre 1930 et 1936[23].

Dans ces entreprises de longue haleine, *La Pensée et la Langue* a souvent joué un rôle clé (Le Bidois, Michaut), même si son approche onomasiologique n'était pas à l'abri de la critique (D&P; même chez Larousse 1936: 8). Le refus de cette approche résonne encore dans la préface de Bloch – Georgin (1937: V). Brunot fut sans aucun doute la figure centrale de la grammaire française du premier tiers du siècle, comme en témoignent aussi les éloges dans les préfaces (Ulrix, Radouant et

---

[20] Cet ouvrage est signalé dans la préface (Larousse 1936: 7).
[21] D'après la préface du tome I.
[22] Sur la réception de la grammaire de D&P, voir Huot (1991: 171-175).
[23] Le texte des tomes 6 et 7 fut encore rédigé par les deux auteurs (rédaction terminée en juillet 1939). Après la mort de Pichon, Damourette put encore corriger les épreuves du tome 6 (publié en 1943, mais portant la date de 1940) et rédiger la table analytique (publiée par les soins d'Yvon en 1952) et les définitions des termes spéciaux utilisés (glossaire publié en 1950). Henri Yvon a veillé à l'impression du tome 7 (en 1950; il porte la date de 1940) et a fait la partie de la table analytique correspondant au tome 7. On comprend que les auteurs aient dû rectifier parfois le tir ou ajouter des distinctions apparues en cours de route (p. ex. V3, 185-6, 424; V6, 12-18).

Larousse[24]). On se reportera aux chapitres VII, 2.2. et VIII, 1.3. pour une appréciation du rôle de Brunot.

Aux facteurs relevés ci-dessus s'ajoutent encore quelques changements d'ordre institutionnel. Au début des années 1930, on assiste à l'explosion du nombre d'étudiants en lettres (cf. les tableaux dans Prost 1968: 242)[25], ce qui rendit plus urgent le besoin d'ouvrages de référence à l'usage des étudiants (même si le français moderne était mal représenté à la faculté). Paradoxalement, le monde universitaire entra en crise (cf. les témoignages d'Yvon, de Dauzat et de Brunot) au milieu des années 1930, avec des suppressions de chaires en linguistique française à la clé (cf. *infra*, 3.1.)[26].

L'élaboration du *Bon Usage* de Grevisse — ouvrage né d'un projet de refonte (cf. 1.2.3.) — se déroula loin des foyers de réflexion grammaticale français. Malgré les éloges de Brunot, qui envoya une lettre à Grevisse peu après la publication de la première édition du *Bon Usage* (Desonay 1966: 9), il faut dire que la «percée» de Grevisse en France ne fut pas immédiate.

La grammaire de Cayrou – Laurent – Lods (1948) semble également devoir être rattachée à la vague des années 1930. Comme Pierre Laurent était décédé quelques années avant la publication de la grammaire (cf. le témoignage de Dauzat dans son c.r.), on peut supposer que l'idée remonte à la fin des années '30. La maison Colin, où Cayrou dirigeait la collection *Méthode moderne d'humanités latines*, voulut sans doute publier un pendant français à la grammaire latine de Cayrou – Prévot – Prévot (1937). On constate d'ailleurs que les autres maisons d'édition parisiennes qui étaient actives dans le même secteur avaient déjà publié une grammaire française: Hachette (Radouant, Bloch; auparavant aussi Brachet et Maquet – Flot – Roy), Delagrave (Bruneau; auparavant Sudre), Hatier (Michaut; avant Croisad – Dubois), Larousse, Belin (Lanusse – Yvon, encore rééditée dans les années 1940), Picard (Le Bidois) et Firmin-Didot (Académie). La maison Garnier (auparavant la grammaire de Chassang) sortit vers la même époque la grammaire de Rat (1946).

1.2. *L'identité de la grammaire, sa généalogie, son élaboration et les publications connexes*

La grammaire en tant que publication pose plusieurs problèmes d'identification. Elle change facilement de titre (1.2.1.), se perpétue à travers des refontes (1.2.3.) et des rééditions/réimpressions (1.2.4.) et s'entoure des publications les plus diverses (1.2.2.).

---

[24] Brunot a d'ailleurs lu aussi le manuscrit du *Système grammatical* de Gougenheim (cf. préface).
[25] Les effectifs des facultés de lettres montent de 8957 (période 1925-1929) à 18958 (période 1930-1934), ce qui se reflète aussi dans le nombre de diplômes de licence délivrés (de 719 à 1423). Bergounioux (1998b: 95) fournit des chiffres pour les années 1949, 1959 et 1969.
[26] Un autre facteur pourrait être l'introduction de nouveaux programmes pour l'enseignement secondaire. Les sous-titres des manuels de Bruneau – Heulluy (*Nouveau cours de grammaire* [d'après les Programmes du 7 mai 1931]) renvoient à de nouveaux programmes qui prolongent l'enseignement du français jusqu'en troisième. On constate d'ailleurs que les grammaires publiées dans les années '30 comportent souvent des annexes 'littéraires' (rhétorique, versification, stylistique), ce qui devrait les rendre utilisables dans les classes dites de lettres (c'est-à-dire les classes supérieures).

1.2.1. La valse des titres et les lois du commerce

Les lois du commerce aboutissent parfois à des travestissements bizarres. Les éditeurs parisiens n'éprouvent pas de scrupules à publier une grammaire destinée aux classes supérieures une deuxième fois comme ouvrage de référence. Toute la différence est dans le titre …

Ainsi, la *Grammaire pratique de la langue française à l'usage des honnêtes gens* (1937 [1943]) que nous avons analysée n'est pas publiée par des gens honnêtes. Il s'agit de la réimpression, sous un autre titre, commerce oblige, de la *Grammaire française à l'usage des classes de 4ᵉ A et B et des classes de lettres* (1937). La hâte est cependant mauvaise conseillère. Ainsi les éditeurs ont-ils oublié d'adapter les titres courants en bas de page: «Bruneau-Heulluy. - Grammaire française (Cl. de 4ᵉ)» (p. ex. pp. 65, 481). L'éditeur aurait également pu se donner la peine de supprimer dans la préface la phrase «les exercices qui l'accompagnent» (1943: 7)[27], puisque les exercices, publiés séparément, n'ont que faire dans un ouvrage de référence et se rattachent seulement à la grammaire scolaire. Ce genre de pratiques est également monnaie courante chez Hachette, semble-t-il. La *Grammaire française* de Bloch et de Georgin (4ᵉ + classes supérieures) est tirée en même temps avec et sans sous-titre indiquant le niveau. L'histoire de la publication de la grammaire de Michaut – Schricke chez Hatier est encore plus complexe. Dans la préface, Michaut dit avoir renoncé à son projet initial de publier une *Description*. Il a dû la couler, sans doute sous la pression de l'éditeur, dans un format plus traditionnel: *Grammaire française. Cours complet*. Cependant, l'ouvrage (qui a le même nombre de pages) a fini par être publié, la même année encore, sous le titre *Description de la Langue française*. Sans doute l'éditeur estimait-il que ce titre était en mesure d'intéresser le public cultivé[28]. La maison Colin se permet les mêmes pratiques. Ainsi paraissent en 1948 à la fois la *Grammaire française à l'usage des classes de 4ᵉ, 3ᵉ, 2ᵉ et 1ʳᵉ, suivie des éléments de versification* et *Le français d'aujourd'hui. Grammaire du bon usage* (Cayrou – Laurent – Lods). Ce sont les lois de la jungle des grammaires scolaires (cf. Huot 1989).

La publication de la grammaire de Strohmeyer (1921) semble également dictée par des motifs commerciaux (cf. Lerch *ZFSL* 46: 1923, p. 449-450). L'éditeur voulut sans doute publier une grammaire plus autonome que la *Schulgrammatik* (qui se rattachait à un manuel), mais aussi plus chère, parce qu'augmentée (Lerch 1923: 450)[29].

---

[27] L'impression a été retardée à cause de la guerre, semble-t-il, puisqu'on trouve la date 1939 en fin de volume, à moins que ce soit la date de la version scolaire …

[28] La Bibliothèque nationale possède dès lors les deux titres: FRBNF31330440 Tolbiac - Rez-de-jardin - magasin (*Description* …); FRBNF31330443 Tolbiac - Rez-de-jardin - magasin (*Grammaire* …). Aussi les linguistes renvoient-ils parfois à la *Description* (p. ex. Glatigny 1985-1986: 144).

[29] Une autre stratégie commerciale fut de multiplier artificiellement le nombre de rééditions comme ce fut le cas de la *Grammaire raisonnée* de Clédat (chez Le Soudier). Cette pratique fut âprement critiquée par le grammairien belge Lapaille (1896).

1.2.2. Les publications connexes de la grammaire analysée

Plusieurs grammaires du corpus s'insèrent dans un ensemble de publications dont elles constituent la partie centrale. Parmi les publications connexes, que nous n'avons pas examinées, on peut distinguer plusieurs types: les niveaux inférieurs d'une grammaire divisée en niveaux, les abrégés, les manuels et les livrets d'exercices (+ corrigés).

Grammaires divisées en niveaux (et pourvues d'exercices)

Chez Lanusse, Bloch, Bruneau, Michaut et Cayrou, la grammaire examinée fait partie d'un ensemble de grammaires graduées. Nous venons de voir (1.2.1.) que les quatre derniers ont publié leurs cours supérieur également comme grammaire de référence. La grammaire d'Ulrix (1909) ne porte aucune indication de niveau, mais sur l'étiquette collée sur la couverture on lit «enseignement moyen» (ce qui correspond aux lycées français). Deux ans plus tard, l'auteur en tira une *Grammaire élémentaire* (1911). Entre-temps un livret d'exercices était sorti.

Si Bloch, Bruneau, Ulrix et Lanusse publièrent d'abord des grammaires à l'usage des classes inférieures, Michaut et Cayrou commencèrent par publier leur grammaire 'complète'. On peut supposer que les ouvrages du premier groupe ont demandé un temps de préparation plus important, puisqu'on a de la peine à s'imaginer qu'on publie d'abord un abrégé sans qu'on ait la moindre idée du contenu de la version 'maximale'. Tous[30] ces ouvrages sont pourvus de livrets d'*exercices* publiés séparément[31].

Intégration à une 'méthode' (manuel)

Les grammaires de Regula et d'Engwer – Lerch se rattachent à une méthode d'apprentissage, respectivement l'*Unterrichtswerk* de Stanger et Stern et le *Französisches Unterrichtswerk* d'Engwer, Jahnke et Lerch, mais peuvent être utilisées de façon indépendante, comme l'affirme explicitement Regula (1931: V), qui ne fait d'ailleurs pas partie de l'équipe du manuel. En effet, tout ce qui lie la grammaire de Regula au manuel, ce sont les exemples.

Ici, on peut mentionner aussi la grammaire de Sonnenschein[32] qui ne s'insère pas dans un manuel ou une méthode, mais dans une série de grammaires parallèles, basées sur le même appareil conceptuel. L'auteur, un philologue classique, a même rédigé *pari passu* (cf. préface 1912) une grammaire latine.

---

[30] Dans le cas de Michaut, les exercices sont rattachés à un manuel destiné à des élèves de la 6ᵉ à la 3ᵉ.
[31] Chez Bruneau, les exercices pour les années inférieures sont intégrées à la grammaire.
[32] Entre 1885 et 1903 avait déjà paru la *Parallel Grammar Series*, dirigée par Sonnenschein et comportant plus de 25 volumes consacrés à autant de langues différentes.

Abrégés et livrets d'exercices (publiés séparément)

Haas (*Kurzgefasste Grammatik*, 1924), Grevisse (*Précis*, 1939, accompagné d'exercices) et Regula (*Précis* en français, 1936) ont tiré de leur grammaire des abrégés, sans que ceux-ci se rattachent à un ensemble de manuels gradués, pas plus que les exercices publiés par Strohmeyer et Radouant (respectivement en 1921 et 1924).

1.2.3. La généalogie de la grammaire: les ancêtres et la postérité (refontes)

Si la réimpression est une pratique plus courante que la réédition (au sens propre du terme), la réédition devient parfois une véritable refonte, avec un changement de titre[33] à la clé. Grâce à ce clonage, la grammaire peut survivre et s'adapter aux exigences changeantes de la didactique et de la linguistique. Les refontes sont assez souvent le résultat d'une stratégie d'abrègement (*Abriss, Précis*) ou d'extension. Pour les détails bibliographiques, on se reportera aux *Annexes* (n° 3).

Commençons par les ancêtres. La *Grammaire classique* de Clédat est une version augmentée de la *Grammaire raisonnée*, grammaire pamphlétaire et très incomplète (voir Ch. I, 1.4. pour plus de détails). La *Syntaxe du français moderne* de de Boer, de son côté, couronne 25 ans de recherches dans le domaine de la syntaxe romane.

Du côté des successeurs, il faut signaler la *Grammaire expliquée de la langue française avec commentaires à l'usage des maîtres et futurs maîtres* de Galichet (1956, 1969[8]), qui est censée remplacer son *Essai de grammaire psychologique* (que nous avons examiné). Plus tard, l'auteur publia encore (aux Éditions Charles-Lavauzelle) un cycle de grammaires scolaires (avec exercices) intitulé *Grammaire française expliquée* (*4ᵉ et 3ᵉ*, 1962[2], 1967[6]; *6ᵉ et 5ᵉ*, 1962[3]; 1967[9]). En 1967 paraîtra encore, chez Hatier, la *Grammaire structurale du français* (1970[3]). Plus proche de nous, on connaît la refonte par Goosse (1986) de la 11ᵉ édition du *Bon Usage*. Pour l'histoire de la grammaire française en Belgique, il n'est pas sans intérêt de signaler que le *Bon Usage* était lui-même né d'un projet de refonte de la grammaire de van Hollebeke et Merten (publiée pour la première fois en 1870; 14ᵉ éd. en 1923, révisée par Fleuriaux).

La maison Larousse a instauré un autre type de généalogie. La *Grammaire Larousse du XXᵉ siècle* fut le continuateur des manuels publiés par Pierre Larousse dans les années 1860 et réimprimés jusqu'en 1924. La *Grammaire du XXᵉ siècle* fut à son tour relayée par la *Grammaire Larousse du français contemporain*, publiée en 1964 par Arrivé, Chevalier, Blanche-Benveniste et Peytard[34]. Dans les deux cas, il s'agit d'ouvrages tout à fait neufs (cf. Arrivé et al. 1964: 4)[35].

---

[33] Le cas inverse est également attesté. Pour la deuxième édition, Galichet complète le titre *Essai de grammaire psychologique* par *du français moderne*. Bon gré, mal gré, comme il ressort aussi du fait qu'il conserve l'ancien titre sur la couverture.

[34] Dans les remerciements figurent entre autres les noms de Gougenheim, de R. Le Bidois et de Wagner (qui ont relu une partie du manuscrit).

[35] Plus tard, la maison Larousse a encore publié *La nouvelle grammaire du français* de Dubois et Lagane (1973).

Le parcours des grammaires allemandes est parfois difficile à retracer, étant donné le foisonnement des refontes et abrégés. Le premier volume de l'*Ausführliche Grammatik* de Plattner, la *Grammatik der französischen Sprache* (= la grammaire que nous avons étudiée), est une version augmentée de la *Französische Schulgrammatik* (1883, 1887[2]). Plattner en garde le plan, à quelques rares retouches près (*Vorwort* 1899), et cite même des extraits de la préface de 1883. Entre-temps un abrégé avait été publié (*Kurzgefasste Schulgrammatik*, 1894). 74 ans après son premier avatar, le premier tome de l'*Ausführliche Grammatik* a été remanié («völlig umgearbeitete und erweiterte Auflage»): *Der Neue Plattner: Französische Grammatik*, par J. Weber et J. Longerich (216 p., toujours chez Bielefeld, à Freiburg; 1957). Il en fut de même d'un autre manuel, le *Lehrgang der französischen Sprache* (1888!), réédité en 1946 par Metzger – Weber (*Lehrbuch der französischen Sprache*). La production grammaticographique de Strohmeyer est encore plus impressionnante. Sans que sa *Französische Grammatik auf sprachhistorisch-psychologischer Grundlage* (1921) soit rattachée explicitement à sa collection de grammaires scolaires, elles reposent toutes sur un tronc commun. La grammaire historique et psychologique de Strohmeyer est en effet une version augmentée de sa *Französische Schulgrammatik* (cf. aussi le c.r. de Lerch 1923). Plus tard, Strohmeyer publia encore une *Französische Sprachlehre*. Cet ouvrage fut refondu par H.-W. Klein, avec la collaboration de Strohmeyer, et publiée de façon posthume en 1958 (Strohmeyer †1957). L'héritage de Strohmeyer ne sera pas oublié de sitôt, puisque Klein et Kleineidam en ont tiré un nouvel avatar (*Grammatik des heutigen Französisch*; 1983). L'histoire éditoriale de la grammaire biogénétique de Regula (= celle que nous avons étudiée) est plus rectiligne. Cinq ans après sa parution, l'auteur en tira un *Précis* en français (1936), suivi plus tard d'une véritable refonte intitulée *Grammaire explicative* (1957). Signalons encore que la grammaire d'Engwer – Lerch fut remaniée de fond en comble à la suite des critiques formulées à l'occasion de la première édition (notamment par Arthur Franz), mais le titre resta inchangé. La syntaxe de Haas fut republiée en 1924, sous une forme fortement réduite (de 493 pages à 111 pages): *Kurzgefasste neufranzösische Syntax*.

1.2.4. Rééditions et réimpressions

De façon globale, les rééditions et réimpressions se laissent difficilement identifier: souvent les réimpressions ne portent pas de date (sauf l'achevé d'imprimer, ce qui suppose que nous ayons pu en repérer un exemplaire) ou ne sont pas numérotées. En outre, la différence entre une réimpression et une véritable réédition au sens propre du terme n'est pas toujours évidente. La pagination peut servir d'indice. Qui plus est, certaines rééditions sont parfois de véritables refontes, censées assurer la survie de la grammaire. Les ouvrages identiques mais publiés sous un autre titre (cf. 1.2.1.) n'ont pas été pris en considération.

	nombre d'éditions	intervalle	refontes (ultérieures)
Clédat	4	1896 – 1908[4]	
Plattner (Vol. 1)	4 (ou 6)	1899 – 1920[4]	6e éd. (1957)
Ulrix	5 (2e éd. sensiblement augmentée)	1909 – 1937	
Haas	1	0	abrégé (1924)
Sonnenschein	2	1912 – 1932	
Lanusse	15	1921 – 1947	
Strohmeyer	3	1921 – 1949	2 refontes: 1958 (encore une éd. en 1992) et 1983
Brunot	3 [+ 2[e] tirage]	1922 – 1953	
Radouant	? (1929 = 8[e] éd.)	1922 – 1951	
Engwer	6	1926 – 1942 (2e éd. = refonte complète; abrégée)	
D&P	3 (réimpressions)	1927 – 1968/71 – 1983	
Regula	1	0	*Précis* (= trad. française, 1936)
Académie	2	1932 – 1933	
Michaut	1	0[+36]	
Le Bidois	2	1935/38 – 1968 (© 1967)	
Larousse	2 (mais nombreux tirages, sans date)	1936 – 1950	
Grevisse	11 (→ 13)	1936 – 1980 – 1993	refonte par Goosse (1986[12])
Bloch	? (9e éd. en 1951)	1937 – 1960 (4e + sup.)	
Bruneau	?	1937 – 1950 (4e + 3[e] + lett.)	
Gougenheim	nouveaux tirages	1938 – 1969	
Dauzat	5	1947 – 1958	
Galichet	2	1947 – 1950	autres publications de Galichet[37]
de Boer	2	1947 – 1954 (2e éd. = refonte complète)	
Wartburg	4	1947 – 1989 (2e éd. = refonte complète)	
Cayrou	14	1948 – 1962	

Ce tableau permet les regroupements suivants: grammaires rééditées/réimprimées pendant …

---

[36] Comme la version abrégée à l'usage des classes inférieures, publiée pour la première fois en 1935, figure sur la couverture de notre exemplaire (qui porte la date 1934), on peut supposer que le *Cours complet* a été réimprimé encore après 1934.

[37] Le rapport entre la grammaire de 1947 et les autres publications de Galichet, notamment la *Grammaire expliquée* (1956, 1969[8]), devrait être examiné de plus près. Tous ces ouvrages reprennent les mêmes idées de base.

plus de 30 ans:	
D&P (63 ans), Grevisse (57), Wartburg (42), Le Bidois (33), Brunot (31), Gougenheim (31), à travers des refontes: Plattner (58), Strohmeyer (80)	
20 à 30 ans:	
Radouant (29 ans), Ulrix (28), Strohmeyer (28; + refonte), Lanusse (26), Bloch (23), Plattner (21; + refonte), Sonnenschein (20)	
À travers des refontes: Regula (26)	
échecs (?):	
Haas (abrégé en 1924), Académie, Michaut (?)	

On constate que les grammaires disparaissent avec leurs auteurs, même si on trouve des rééditions posthumes, publiées dans les trois ans après le décès de l'auteur (Sonnenschein, Dauzat, Ulrix). Seules quelques exceptions sont à relever: Brunot, D&P, ainsi que les refontes publiées par des auteurs ou équipes (Strohmeyer, Plattner, Grevisse) appartenant à une nouvelle génération.

1.3. *Le plan et les dimensions des grammaires du corpus*

Le plan des grammaires cache une certaine conception de la grammaire. La composante morphosyntaxique des ouvrages sera traitée *in extenso* au chapitre III, 2.1.2. On se reportera au chapitre VI, 1.5. pour l'examen de l'appareil scientifique des grammaires (préfaces, indexes, bibliographie etc.). Ici nous nous bornerons à quelques observations d'ordre général concernant les subdivisions (sous-disciplines) et les dimensions des ouvrages.

1.3.1. L'ampleur des grammaires

Le corpus compte 15126 pages au total[38] (abstraction faite des tomes de la grammaire de Plattner qui n'ont pas été examinés[39]). Quatre ouvrages sont nettement plus «gros» que les autres: D&P, Le Bidois, Brunot et Grevisse[40]. À elles seules, ces grammaires constituent 50,9% du nombre total de pages du corpus. Quatre ouvrages dépassent à peine les 200 pages: Ulrix, Sonnenschein, Galichet, Engwer[41].

En vue des calculs ultérieurs (1.3.2.), il semble indiqué de faire une distinction entre le *nombre total* de pages et le nombre de pages du *'noyau dur'*. Ce noyau dur est constitué de subdivisions correspondant aux différentes sous-disciplines dont nous essaierons de déterminer le poids relatif: la phonétique/orthographe, la morphologie, la syntaxe et la lexicologie (morphologie lexicale, sémantique lexicale).

---

[38] Certaines parties de D&P et de Le Bidois n'ont pas été examinées de façon exhaustive (cf. Ch. I, 1.5.2.).
[39] Ils portent le total à 16918 pages.
[40] Nous faisons ici abstraction des suppléments de la grammaire de Plattner.
[41] Le nombre de pages est quelque peu trompeur étant donné que la typographie et le format des ouvrages diffèrent parfois sensiblement.

Ne sont donc pas pris en considération dans ce chiffre: les préfaces, les introductions historiques (histoire externe de la langue), les annexes stylistiques/littéraires, les index et les tables des matières. Voici les rapports entre le noyau dur et le nombre total de pages:

nom auteur	n total	n noyau dur	%	romains	remarques
Clédat	377	368	97,6	6	
Plattner	464	426	91,8	15	total: 2257 (tous les volumes)
Haas	493	471	95,5	7	
Ulrix	208	203	97,6	8	
Sonnenschein	211	192	91,0	0	
Lanusse	336	309	92,0	6	
Strohmeyer	298	271	90,9	6	
Radouant	295	275	93,2	8	
Brunot	955	879	92,0	36	(y compris errata 1 p. non numér.)
Engwer	227	206	90,7	8	
D&P	4740	4352	91,8		y compris tables, index, etc. réunis T.8
Regula	249	248,8	99,9	32	12 (Geleitwort) + 20 (arrêté 1901 + index)
Académie	252	236	93,7	10	
Michaut	596	528	88,6	10	
Le Bidois	1324	1277	96,5	27	16 + 11 (préfaces des 2 vols); 546 + 778
Larousse	468	396,2	84,7	0	
Grevisse	704	646	91,8	0	
Bruneau	506	392	77,5	0	
Bloch	290	257	88,6	6	
Gougenheim	373	332	89,0	0	
Galichet	224	152	67,9	16	
de Boer	267	227	85,0	0	sans pp. 243-327: étude sur le subjonctif [328-352: index, etc.]
Wartburg	356	337	94,7	8	
Dauzat	465	412	88,6	0	
Cayrou	455	396	87,0	0	
moyenne:	605	552			
sans D&P:	433	393,2			

1.3.2. Les subdivisions

La grammaire se divise en général en plusieurs sections qui se rattachent à autant de sous-disciplines. La plupart de ces sections seront examinées dans d'autres chapitres de la présente étude. Ici nous traiterons seulement les chapitres consacrés à la phonétique/l'orthographe (1.3.2.1.) et à la lexicologie (1.3.2.2.). Les données chiffrées seront présentées sous 1.3.2.3.

On se reportera au chapitre III (2.1.2.) pour les données relatives à la morphosyntaxe. Les chapitres VI (2.2.2.1.) et VII (3.1.2.) fournissent des informations sur la présence de sections stylistiques/semi-littéraires (versification, etc.) et historiques (histoire externe de la langue)[42].

1.3.2.1. Phonétique (et orthographe)

Abstraction faite des «syntaxes», la presque totalité des grammaires consacrent au moins quelques pages à la p h o n é t i q u e française. Seuls Galichet et Brunot font exception. Chez Sonnenschein, il faut chercher les rudiments de la phonétique dans la petite section intitulée *Introduction* (1912: 11-14), au seuil de la partie morphologique. Les notions de p h o n é t i q u e sont presque toujours complétées par des remarques sur l ' o r t h o g r a p h e et sur les rapports entre l'oral et la graphie. Si dans un certain nombre de grammaires (p. ex. Plattner, Radouant, Dauzat et Cayrou), la section portant sur l'orthographe est plus nettement délimitée par rapport à la phonétique, elle ne s'en trouve jamais séparée par d'autres sections.

L'importance accordée à la p h o n é t i q u e / l ' o r t h o g r a p h e varie sensiblement d'une grammaire à l'autre. Clédat (15,76%) sort nettement du lot, suivi de Plattner, Engwer, Regula et Gougenheim, qui tous franchissent ou frôlent le cap de 10 %.

1.3.2.2. Lexicologie

Par l e x i c o l o g i e nous entendons la/les discipline(s) qui s'occupe(nt) de la m o r p h o l o g i e et de la s é m a n t i q u e   l e x i c a l e s. Parmi les ouvrages qui ne prévoient pas de section lexicologique particulière, on relève, abstraction faite des syntaxes, Plattner, Sonnenschein, Gougenheim et Galichet. Les autres auteurs se laissent diviser en deux groupes:

> (1) ceux qui considèrent la l e x i c o l o g i e comme une *partie*[43] *autonome de la grammaire*, au même rang que la m o r p h o l o g i e   g r a m m a t i c a l e et/ou la s y n t a x e: Clédat, Engwer, Regula, Académie, Michaut, Larousse, Bruneau, Bloch, Dauzat et Cayrou.

| lexicologie | morphologie | syntaxe |

Radouant, Grevisse et D&P insèrent la matière lexicologique, avec d'autres éléments (p. ex. la phonétique), dans une section préliminaire.

> (2) ceux qui subordonnent la l e x i c o l o g i e à la m o r p h o l o g i e (et s é m a n t i q u e) g r a m m a t i c a l e(s), pour aboutir ainsi à une *morphologie unifiée*:

---

[42] Comme il a été dit, ces sections n'ont pas été prises en considération pour le calcul du nombre de pages du noyau dur.
[43] Comportant deux volets, si l'on dissocie morphologie et sémantique lexicales.

(a) en opérant une bipartition de la m o r p h o l o g i e : Ulrix, Lanusse et Strohmeyer. Ce choix aboutit chez Ulrix à l'intégration d'une section «changements de signification» à la partie «morphologie».

morpho-logie:	morphologie lexicale	syntaxe
	morphologie gramm. (= pdd)	

(b) en rattachant la matière lexicologique (= ML) à l'étude morphologique de chacune des parties du discours: Brunot, Dauzat, Strohmeyer.

morphologie: parties du discours ML1 ML2 ML3 ML4 etc.	syntaxe

Strohmeyer combine les options a et b: outre une section générale intitulée *Wortbildung*, qui vient après l'inventaire des parties du discours, il insère des remarques sur la formation des mots dans les rubriques consacrées aux parties du discours.

Quant à la place accordée à la l e x i c o l o g i e , on constate à nouveau une variation considérable (voir tableau sous 1.3.2.3.):

Lanusse (17.47% en 2 parties)[44]; Clédat (14.67%); Ulrix, Radouant, Michaut, Bloch, Cayrou (tous ± 9 %).

Deux grammaires séparent sémantique et morphologie lexicales: Lanusse et Larousse («Le vocabulaire français» *vs* «Sémantique [et] stylistique»).

Quant à la terminologie utilisée, la tradition française opte plutôt pour la désignation *Vocabulaire* (Clédat, Lanusse, D&P, Michaut, Larousse, Dauzat, Cayrou), alors que les Allemands préfèrent le terme de *Wortlehre/Wortbildung* (Engwer, Regula, Strohmeyer). L'Académie, Bruneau et Grevisse se réfèrent au *mot* dans le titre. Le titre de la section chez Bruneau [*Les mots français (aujourd'hui, autrefois)*] montre que l'étude du vocabulaire est parfois associée avec l'histoire externe de la langue, comme chez Bloch («Origines et formation de la langue»), par exemple. Ce n'est que chez Michaut que le terme de *lexicologie* apparaît dans le titre, quoique seulement entre parenthèses.

1.3.2.3. Tableau synoptique

Il reste à fournir le détail des chiffres (les ouvrages marqués en gris sont des syntaxes):

---

[44] Les 5.50% (cf. tableau ci-dessous) de 'sémantique lexicale' ici sont en réalité dus à d'importants développements onomasiologiques qui se situent plutôt du côté de la sémantique grammaticale.

	phonétique + orthographe	% du total (du noyau dur)	lexicologie	% du total (du noyau dur)
Clédat	+	15.76	+	14.67
Plattner	+	11.74	–	0
Ulrix	+	5.42	+	8.87
Haas				
Sonnenschein	(+)[45]	2.08	–	0
Lanusse[46]	+	3.56	+ (avec morph. + sous «sens»)	11.97 + 5.50 = 17.47
Strohmeyer	+	5.53	+ (in: morph. gramm[47] + sous pdd)	3.58 + passim
Radouant	(+)[48] in	5.09	+ (in: notes préliminaires)	8.73
Brunot	–	0	(+) (sous ± pdd)[49]	passim
Engwer	+	9.22	+	5.34
D&P	+	2.63	+ (in: esquisse générale)	0.23*[50]
Regula	+	9.24	+	6.35
Académie	+	2.71	+[51]	2.38
Michaut	+	4.73	+	9.09
Le Bidois				
Larousse	+	5.3	+[52]	4.67[53]
Grevisse	+	5.76 [54]	+[55]	6.16 [56]
Bruneau	+	5.1	+	4.85[57]
Bloch	+	3.11	+	8.95
Gougenheim	+	9.64	–	0
Galichet	–	0	–	0
Dauzat	+	4.12	+ (+ sous pdd)	1.7 + passim
Wartburg				
de Boer				
Cayrou	+	3.28	+	9.09

---

[45] La partie «Accidence» (85 pages; 44,27 % du total) contient (1912: 11-14) une «Introduction», consacrée entièrement à la phonétique (définition de termes). Le statut de cette introduction est incertain, car la table de matières (l'introduction n'est pas isolée par rapport aux autres «sections» de la partie *Accidence*) contredit le corps du texte (introduction séparée de «Forms and their chief meanings»). Ces 4 pages constituent 2.08 % du total.

[46] Deux parties dans le 3ᵉ livre: «étude de la syntaxe» (= syntaxe des pdd) et «étude de la proposition» (= syntaxe proposition + phrase complexe).

[47] *Wortbildung* (Strohmeyer 1921: 195-204) = une annexe à la section «Das Wort und seine Verwendung» (16-204), mais on trouve aussi de la morphologie lexicale dans les chapitres consacrés aux pdd particulières.

[48] Sous «éléments de la langue»: les sons, les signes, les mots (Radouant 1922: 1-38).

[49] Traitée sous chacune des catégories sémantiques (qui entretiennent encore un lien privilégié avec les pdd).

[50] Cette partie n'a pas été incluse dans le nombre total de pages du noyau dur.

[51] Le statut de la «formation des mots», donc de la lexicologie, n'est pas clair. La table des matières contredit l'agencement dans le corps du texte.

[52] Précède la partie phonétique qui sépare la morphologie lexicale de la grammaire.

[53] Représentée par une section sur «le vocabulaire» et une section portant sur la sémantique historique à l'intérieur du chapitre «sémantique et stylistique», soit 15 + 3.5 p. = 18.5p. (3.79 + 0.88 = 4.67%).

[54] Le chapitre 7 sur «Les mots» de la première partie intitulée «Éléments de la langue» contient un paragraphe sur «L'orthographe» (86,5-92), espèce de complément au deuxième chapitre (30,7 p., soit

1.4. *Le public-cible*

1.4.1. Le public et le niveau

L'examen des préfaces et des pages de titre permet d'identifier le public visé[58]:

0 ↓

Enseignement secondaire (classes supérieures)

Sonnenschein, Engwer (↓), Regula (↓), Ulrix (↓), Clédat (↓)

Lanusse Plattner	Bruneau Grevisse (maîtres) Dauzat (étudiant)	Radouant Cayrou*
Strohmeyer* Haas Brunot	Michaut (maîtres) Galichet (maîtres)	Académie, Bloch, Larousse, Wartburg

les professionnels: étudiants / maîtres

les amateurs cultivés («l'honnête homme»)

de Boer   Le Bidois
   Gougenheim
D&P

Ouvrages scientifiques

Ω

4.75% du total), qui traite de l'orthographe. Le nombre de pages consacrées à l'orthographe s'élève donc à 37,2 p., soit 5.76 % du total.

[55] «science des mots» (14). À la lexicologie «se rapportent»: la *sémantique* [«les changements de sens des mots» (14) + «tous les faits linguistiques et tous les phénomènes du langage étudiés à la lumière de la psychologique individuelle ou sociale» (82)], la *morphologie* [«science des diverses formes dont les mots sont susceptibles (préfixes, suffixes, flexions)» + «l'art de la *prononciation*» (= orthoépie, orthophonie)], l'*orthographe* et l'*étymologie*.
L'*orthographe* et la *prononciation* (orthoépie, orthophonie) sont rattachées à la science du *mot*, tout comme la *morphologie*, qui se restreint presque à la seule morphologie grammaticale, la morphologie lexicale tendant plutôt vers l'étymologie. Grevisse (1936: 31) distingue «l'orthographe» de la présentation des «signes de la langue écrite», qui relèvent de la «phonétique».

[56] Le chapitre 7 de la première partie porte sur les *mots*. Si l'on fait abstraction du §7 intitulé «L'orthographe» (cf. note *supra*), il reste 39,8 pages, soit 6,16%.

[57] Les listes, qui concernent en partie la morphologie lexicale, n'ont pas été prises en considération ici (ni dans le décompte du nombre total de pages, d'ailleurs).

[58] L'astérisque (*) indique que le niveau/public n'est pas explicité. Dans ce cas, la position de la grammaire dans le tableau a pu être inférée de certains indices. Le tableau contient 4 champs centraux entre lesquels il existe des zones d'intersection. Les grammaires qui n'ont pas vraiment atteint le public pour lequel elles avaient été conçues, ont été marquées d'une flèche (↓).

Ce tableau présente la perception du public-cible et du 'niveau' de la grammaire par le grammairien. Or, à la lecture on se rend compte que certains ouvrages scolaires ne sont pas à la portée des élèves, ce que les critiques n'ont pas manqué de signaler. C'est pourquoi les grammaires de Regula et d'Engwer – Lerch[59] n'ont pas répondu aux attentes:

> «die grossen Hoffnungen, die man in Kreisen der Schulmänner berechtigterweise auf diese beiden Werke gesetzt hatte, dürften sich in der Praxis kaum erfüllt haben» (Rohlfs 1935: 116).

Elles ont le tort d'offrir trop de matière et de manquer de clarté («zuwenig übersichtlich»). Il s'agit plutôt de

> «ausgezeichnete Hilfsbücher für den neuphilologischen Studenten und für den Lehrer, aber es sind keine Schulgrammatiken in dem eigentlichen und gewollten Sinne» (Rohlfs 1935: 116).

Regula reconnaît d'ailleurs dans la préface de son *Précis* (1936), publié cinq après sa grammaire biogénétique, que les critiques, notamment les professeurs en Tchécoslovaquie, ont déploré l'ampleur de la description et son caractère par trop scientifique. Tel fut également le problème[60] de Plattner[61] (cf. *supra*), du *Bon Usage* (cf. Chervel 1987, c.r. de Lieber 1986)[62] et peut-être aussi d'Ulrix (1909)[63]. Pour y remédier, tous ces auteurs ont dû proposer des abrégés ou précis[64]. Le cas d'Ulrix est moins clair, mais on a l'impression que le livre *élémentaire* n'était pas prévu initialement. Il en est de même de Haas (qui fait d'ailleurs l'économie d'une bibliographie pour des raisons d'espace).

On peut donc dire que les grammaires d'Engwer et de Regula (et peut-être aussi celle d'Ulrix) appartiennent plutôt à la catégorie des manuels à l'usage des étudiants (cf. Strohmeyer et Haas) ou à la catégorie des ouvrages de référence. Quant à Clédat, nous avons vu que la *Grammaire classique* (1896) est une version amplifiée, mais textuellement identique, de la *Grammaire raisonnée* (1894), qui fut tout sauf un

---

[59] Dans un compte rendu de la grammaire de Grund – Rothweiler – Muser, *Französische Schulgrammatik* (1933), paru en 1935 dans l'*Archiv für das Studium der neueren Sprachen und Literaturen*.

[60] La situation inverse est également attestée, on le sait. La grammaire de l'Académie ne fut pas digne de son nom (on s'attendrait à un ouvrage de référence au sens fort du terme).

[61] En réalité le problème se situe en amont de l'histoire de sa grammaire (la version de 1883). Après en avoir publié un abrégé, Plattner a fini par choisir résolument la voie de la science. L'*Ausführliche Grammatik* (dont nous avons analysé le premier volume) en est le fruit.

[62] On peut dire que le *Bon Usage* n'a pas atteint le public scolaire avancé auquel l'auteur l'avait destiné (cf. Chervel 1987). Le mot *Cours* ne disparaîtra d'ailleurs qu'en 1955 du sous-titre de l'ouvrage (Lieber 1986: 196-197).

[63] L'étiquette collée sur la couverture de l'exemplaire conservé à la Bibliothèque de linguistique de l'Université de Leuven signale que l'ouvrage est autorisé officiellement «dans les établissements d'enseignement moyen des 2 degrés». Alphonse Bayot (1913: 308) voit dans la grammaire d'Eugène Ulrix aussi un ouvrage de référence.

[64] La deuxième édition de la grammaire de Engwer – Lerch est une refonte abrégée.

ouvrage scolaire (voir Ch. I, 1.4.). Seule la grammaire de Sonnenschein[65] est une grammaire scolaire à proprement parler.

1.4.2. La langue du public-cible : FLE vs FLM

Le niveau et le public visés ont partie liée avec un deuxième paramètre (qui n'est pas vraiment pertinent dans le cas où l'ouvrage vise un public scientifique), à savoir la langue (française ou autre) du public-cible. Engwer (allemand), Regula (allemand), Sonnenschein (anglais), Plattner (allemand), Strohmeyer (allemand) et Haas (allemand) s'adressent tous à un public non francophone, même si cela n'est pas affirmé explicitement chez Strohmeyer et Haas.

La langue de rédaction est en général le français, sauf pour les grammaires conçues spécialement pour des apprenants allophones (élèves ou étudiants) et rédigées par des auteurs allophones (Haas est bilingue). Seuls Ulrix et de Boer — qui ne visent pas un public scolaire — font exception. Ceci n'empêche pas que les auteurs allophones fournissent parfois la terminologie française correspondante[66]. À l'exception de Strohmeyer et de Haas, les grammaires allemandes utilisent encore l'écriture gothique[67] (proscrite brusquement par Hitler en 1941), ce qui a dû décourager le public étranger, notamment les Français.

Parmi les grammaires de facture française, il y en a trois qui s'adressent à la fois à des lecteurs francophones et allophones : Michaut (sa grammaire est d'ailleurs née d'une expérience dans un contexte FLE au Caire), Bloch et Bruneau. Une fois de plus (cf. 1.2.1.), il s'agit d'une stratégie commerciale, car toute idée de comparaison ou de mise en contraste leur est étrangère (cf. Ch. VI, 1.4.). On ne s'étonnera pas que la syntaxe de Wartburg (un germanophone) et Zumthor (un francophone), rédigée par des Suisses en Suisse — pays multilingue s'il en est —, vise également les deux publics. Le contexte dans lequel la grammaire d'Ulrix[68] fut conçue était également un contexte bilingue, mais la francisation de l'enseignement secondaire[69] et universitaire effaçait la différence entre FLE et FLM en Flandre. Le *Bon Usage*, en revanche, qui date d'après le début de la flamandisation des écoles secondaires et des universités flamandes, vise nettement un public de locuteurs francophones, même s'il renvoie quelquefois au néerlandais (perspective contrastive et chasse aux flandricismes).

---

[65] Ce n'est pas un hasard si cet ouvrage est entré par la petite porte (par 'cooptation') dans le corpus (cf. Ch. I., 1.4.). Il n'empêche qu'il répond à tous les critères internes.

[66] Plattner, Strohmeyer (+ nomenclature de 1910 en annexe), Sonnenschein (dans une liste en annexe) et Regula (+ nomenclature de 1910 en annexe). Regula juxtapose une triple terminologie [latine, allemande (avec des variantes parfois) et française], ce qui surcharge encore plus les pages (rédigées en écriture gothique).

[67] Si les grammaires d'Engwer et de Regula offrent un aspect encombré c'est en partie à cause de ce type d'écriture.

[68] Ulrix, issu d'une famille bourgeoise, avait d'ailleurs fait ses études secondaires et universitaires en Wallonie, ce qui ne l'empêchait pas d'être un défenseur de la cause flamande.

[69] On constate, d'ailleurs, que de nos jours la majorité des manuels scolaires flamands ont maintenu le français comme langue de rédaction.

2. LES GRAMMAIRIENS

Pour la présentation des grammairiens nous nous inspirerons de la méthode prosopographique. Bulst (1996: 467-483) la définit comme «l'analyse de l'individu en fonction de la totalité dont il fait partie». Dans le même sens, Stone (1971): «the investigation of the common background of a group of actors in history by means of a collective study of their lives». Il s'agit donc d'une espèce de biographie collective. La collectivité, en l'occurrence, est basée sur une activité commune (la grammaticographie). La prosopographie

> «est un hybride de la démographie historique et de la biographie; elle nécessite moins de détails que la biographie, elle fournit plus d'éléments vécus que les fiches de famille. Dans sa synthèse des notices biographiques, elle s'intéresse aux traits communs» (Morin: 1998).

On ne devrait toutefois s'attendre ici à une prosopographie complète des grammairiens du corpus. Nous nous n'intéresserons pas à l'histoire des familles (comme le fait Chanet dans les *Actes* du colloque Dauzat, 2000), ni aux conceptions politiques et religieuses. Même la question des rapports interpersonnels et des réseaux sociaux ('networks') est d'une moindre importance, même si cet aspect intervient par moments, par exemple dans la constitution de couples ou d'équipes de grammairiens.

Comme le paysage institutionnel français diffère sensiblement de la situation dans les autres pays de l'Europe, nous divisons les auteurs en deux groupes, les Français (28 auteurs) (2.2.) et les non-Français (12 auteurs) (2.3.). Au-delà des différences, certaines ressemblances pourront être dégagées. Les données prosopographiques que nous avons réunies pourraient encore être affinées par des recherches plus pointues dans les archives des lycées et des grandes écoles. L'examen des deux groupes d'auteurs est précédé d'une classification des auteurs par génération et par tranche d'âge (2.1.).

2.1. *L'âge des grammairiens*

Les auteurs sont nés entre 1847 (Plattner) et 1915 (Zumthor). Dans l'ordre chronologique:

Formation avant 1900	
– né avant 1853 (= formation avant 1875):	Plattner, Clédat, Sonnenschein, Lanusse
– né entre 1860-1863 (= formation avant 1885):	Brunot, Engwer, Radouant, Hermant, G. Le Bidois, Haas
– 1869-1877 (= formation avant 1900):	Strohmeyer, Michaut, Breuil, Yvon, Damourette, Gaiffe, Ulrix, Dauzat, Bloch

Formation après 1900	
– 1880-:	de Boer, Cayrou, Laurent, Bruneau, Lerch, Georgin, Wartburg
– 1890-1900:	Pichon, Maille, Schricke, Heulluy, Grevisse, Regula, R. Le Bidois
– 1900-1910:	Marijon, Gougenheim, Jahan, Galichet, Wagner, Lods
– 1915:	Zumthor

Trois des auteurs adoptent régulièrement un pseudonyme: Abel Hermant se déguise en Lancelot dans ses luttes contre la dégradation des mœurs linguistiques, alors que A. Christian incarne le chrétien en Georges Galichet. Dans le cas de Félix Guillaume, le pseudonyme Gaiffe s'est même substitué au nom de famille initial. Deux auteurs sont morts avant même la publication de leur grammaire: Félix Gaiffe et Pierre Laurent. Leurs grammaires n'y font pourtant pas écho.

• les jeunes: < 40 ans (11 auteurs)	
± 30:	Jahan
30-35:	Wagner, Zumthor, Marijon, Ulrix, Regula
36-39:	Lerch, Pichon, R. Le Bidois, Gougenheim, Lods
• les grammairiens à l'âge mûr (14 auteurs)	
40-49:	Schricke, Grevisse, Galichet, Bruneau, Clédat, Haas, Heulluy, Maille, Yvon, Georgin
50-59:	Strohmeyer, Plattner, Damourette, Wartburg
• auteurs en fin de carrière (15 auteurs)	
60-69:	Bloch, Radouant, Gaiffe (†), Sonnenschein, Brunot, Laurent (†), Michaut, Engwer, Breuil, de Boer, Lanusse, Cayrou
70+:	Hermant, Dauzat, G. Le Bidois

2.2. *Les Français*

2.2.1. Aperçu

On peut répartir les auteurs en trois groupes: les docteurs ès lettres affiliés à une université (à temps plein), les professeurs (agrégés) de lycée (parisien) et les acteurs hors système. Les auteurs du deuxième groupe peuvent encore être divisés en deux groupes, selon qu'ils sont chargés en plus d'un enseignement dans le supérieur ou non (faculté, ENS)[70]:

---

[70] *Légende*: agrégé de grammaire (soulignement), agrégé de lettres (double soulignement), docteur ès lettres (italiques), ancien élève de l'ENS (*), ancien élève de l'ENS de Saint-Cloud/Fontenay (**).

1.	les professeurs d'université Clédat, *<u>Brunot</u>, G. Le Bidois, *<u>Michaut</u>, <u>Gaiffe</u>, Dauzat (ÉPHÉ), <u>Bloch</u> (Lycée + ÉPHÉ + Fac.), <u>Bruneau</u>, *<u>Gougenheim</u>, <u>Wagner</u>, *<u>Lods</u> (ENS Sèvres; doctorat après)
2.	les professeurs agrégés des lycées parisiens

	2a. lycée + enseignement supérieur (*partim*; cf. précisions entre parenthèses)
	    – <u>Laurent</u> (+ ENS Saint-Cloud), <u>Maille</u> (+ ENS Sèvres), <u>Radouant</u> (+ ENS Fontenay), *<u>Yvon</u> (+ ENS Saint-Cloud + Fontenay), <u>Cayrou</u> (lycée + ENS/Faculté + inspecteur général),
	    – <u>Heulluy</u> (lycée de Nancy + Fac.)

	2b. lycée Breuil[71], *<u>Jahan</u>, <u>Lanusse</u> (en partie faculté, puis lycée parisien), <u>Schricke</u>, <u>Georgin</u>

3.	les acteurs hors système
	    – *Hermant[72] (fonctionnaire, écrivain), Damourette (architecte, rentier), Pichon (médecin, psychanalyste),
	    – R. Le Bidois (enseignement supérieur américain; puis haut fonctionnaire), Marijon (enseignement supérieur américain; plus tard fonctionnaire), **Galichet* (directeur d'École normale; inspecteur),

Voici la liste de sujets des thèses de doctorat (thèses principales):

littérature	Gaiffe, Radouant, G. Le Bidois, Radouant, Clédat, Lods
linguistique	Brunot (doctrine de Malherbe), Lanusse (gasconismes), Bloch (dialectologie), Bruneau (dialectologie), Dauzat (méthode), Galichet (méthode), Gougenheim (syntaxe), R. Le Bidois (syntaxe), Wagner (syntaxe)

2.2.2. Présentation des groupes d'auteurs

Les deux premiers groupes occupent les échelons supérieurs de la hiérarchie institutionnelle de l'éducation nationale: les professeurs de faculté (notamment ceux nommés à Paris) et les professeurs agrégés des lycées parisiens. Le troisième groupe se trouve hors système. Regardons de plus près la composition de ces trois catégories.

• *Les professeurs d'université* (11 sur 28)

De nos jours, les «meilleures» grammaires, les grammaires de référence, sont toutes l'œuvre d'universitaires (*universitaire* étant employé ici au sens qu'on y attribue en France, à savoir 'enseignant à la faculté')[73]. Ceci n'a rien d'étonnant, étant

---

[71] Ancien élève de l'École normale supérieure de Saint-Cloud?
[72] On attribue en général la grammaire de l'Académie à Abel Hermant. Antoine (1986: 43) signale une autre hypothèse selon laquelle un agrégé de grammaire, élève de Brunot, avait été chargé de rédiger la fameuse grammaire. Lorsque le rédacteur se renseigna auprès de son ancien maître, celui-ci aurait fourni de mauvais renseignements.
[73] Goosse (1986), Charaudeau (1992), Le Goffic (1993), Denis – Sancier-Chateau (1994), Riegel – Pellat – Rioul (1994[1]; le dernier est professeur de lycée), Judge – Haley (1994), Wilmet (1997[1]), etc. Pour un aperçu des «grammaires universitaires» publiées entre 1988 et 1998, voir Touratier (1998). Voir aussi Melis – Swiggers – Desmet (1997).

donné la professionnalisation de la linguistique synchronique. Il n'en fut pas de même dans la première moitié du siècle: on compte seulement 11 universitaires sur 28 auteurs. Certes, la constitution d'équipes réduit le nombre de grammaires fabriquées par des non-universitaires.

Ce tableau est toutefois trompeur. Des 11 universitaires, 4 peuvent être considérés comme des littéraires, comme le montrent leurs thèses et publications, ainsi que les chaires qu'ils occupent: G. Le Bidois, G. Michaut, F. Gaiffe (pourtant agrégé de grammaire) et J. Lods (qui n'avait pas encore son doctorat en 1948).

Restent 7 linguistes qui peuvent être considérés, institutionnellement parlant, comme les figures de proue de la linguistique française (= du français). Deux d'entre eux sont nommés à l'ÉPHÉ: Bloch (directeur d'études de la dialectologie galloromane) et Dauzat[74] (*le développement moderne de la langue française*, poste créé pour lui). Encore est-il que, du point de vue financier, les postes à l'ÉPHÉ n'étaient pas intéressants. N'oublions pas que Bloch continuait à enseigner au Lycée Buffon jusqu'à sa mort (survenue à l'âge de 60 ans). Les cinq noms qui restent — Brunot et son homonyme Bruneau (Sorbonne), Gougenheim (Strasbourg), Clédat (Lyon) et le tout jeune Wagner (Caen, maître de conférences, sans doctorat) — sont les seuls qui appartiennent à des institutions universitaires; plus tard, Gougenheim et Wagner passeront même à la Sorbonne. Par ailleurs, l'intérêt des francisants professionnels (dans le sens de 'universitaires') pour la langue contemporaine n'était jamais exclusif. Ils étaient soit dialectologues (discipline qui était à la recherche de ses marques suite à la disparition de Gilliéron), soit historiens de la langue, soit stylisticiens. L'engagement de littéraires comme Le Bidois et Michaut doit également être replacé dans cette perspective. L'intérêt de ces personnages est très souvent lié à une espèce d'activisme social (l'expression est de J.-Cl. Chevalier), qu'ils se battent contre une grammaire sclérosée ou qu'ils s'offusquent de la 'crise' de la langue française. Ce sont en effet en partie les mêmes professeurs qui montent au créneau pour dénoncer le piètre état des études de français dans les écoles secondaires, dans les facultés ou à l'agrégation (Brunot, Dauzat, Bruneau, Wagner)[75], ou pour revendiquer une réforme de l'orthographe (p. ex. Clédat, Brunot, Dauzat). Chercheurs, ils ne dédaignent pas la vulgarisation. Pensons à la méthode Brunot – Bony, aux manuels (de linguistique et de grammaire) de Wagner et de Clédat, et aux nombreuses publications de Dauzat. Gougenheim, quant à lui, s'intéressera plus tard à la problématique du français fondamental. Ces auteurs sont aussi les principaux animateurs des revues

---

[74] Sur la carrière de Dauzat, voir Bergounioux (2000).

[75] Brunot plaida pour une maîtrise de conférences de philologie française à l'École normale supérieure. Dans l'attente, il s'engagea à enseigner deux heures supplémentaires (*Maîtres & Elèves, Célébrités & Savants*, p. 141). Plus tard, Dauzat lança l'idée d'une agrégation de français (1944: 241-242; 1945: 230) et rompit une lance pour la grammaire dans les classes supérieures du secondaire (Dauzat 1945: 230; 1946: 1), tout comme Bruneau (1946: 2-3) et Wagner (1955: 8), d'ailleurs. Bruneau (1947: 81) accueille favorablement la licence moderne créée en 1947. Wagner (1955: 5) plaide pour une véritable leçon de grammaire à l'agrégation en lieu et place du petit exposé faisant suite à l'explication de textes.

des études françaises (Clédat, Dauzat, Gougenheim). L'ouvrage collectif *Où en sont les études de français* (1935), qui fut dirigé par Dauzat, le directeur et fondateur du *français moderne*, réunit les protagonistes de l'époque: Dauzat (français populaire et langues spéciales, français régional, onomastique), Gougenheim (morphologie et syntaxe), Bloch (étymologie et dialectologie), Fouché (phonétique), Guerlin de Guer (langue des écrivains; professeur à Lille) et Esnault (sémantique; professeur au Lycée Janson de Sailly). Pour le *supplément* (1948), Dauzat remplacera Bloch et Bruneau Guerlin de Guer.

• *Les professeurs agrégés des lycées parisiens: objectif 'capital(e)'*

Le deuxième[76] groupe est constitué de professeurs agrégés (à l'exception de Breuil, professeur de lycée et pédagogue) exerçant dans le secondaire. Parmi eux on ne compte aucun agrégé qui enseigne en province, sauf Heulluy (Nancy), qui est également chargé de conférences de latin à l'Université de Nancy. Les autres ont déjà pris un poste à Paris quand ils publient leur grammaire.

En fait, les carrières des agrégés ayant des ambitions scientifiques ou éditoriales présentent toutes la même orientation. Débutant dans un petit lycée de province, les agrégés montent les échelons jusqu'aux portes des lycées de Paris. Très souvent le lycée parisien était la consécration ultime de la carrière d'agrégé. Certains préféraient même un poste dans un lycée parisien à une maîtrise de conférences dans une Faculté de province, poste «mal payé et mal considéré» (Charle 1994a: 83)[77]. Bon nombre de maîtres de conférences en province gagnaient d'ailleurs moins que les professeurs des lycées parisiens (Charle 1994b: 65)[78]. Dans la période 1870-1939, les trois quarts des professeurs de la faculté de lettres de la Sorbonne étaient passés par le secondaire, notamment par les lycées parisiens (Charle 1994a: 82-84)[79]. L'attraction de la capitale joue aussi au niveau des postes en faculté: les maîtres de conférence à la Sorbonne gagnaient parfois plus (6000 à 10000 francs) que les professeurs titulaires en province (6000-12000) (Charle 1994b: 69). Ces distinctions de traitement furent abolies en 1961 (Bergounioux 1998b: 97).

---

[76] On ne peut pas non plus oublier que la plupart des professeurs de faculté sont agrégés et anciens professeurs de lycée.

[77] On peut supposer que le phénomène de la centralisation a amorti quelque peu l'effet de la création de 'postes d'attente' (maîtrises de conférence) en 1878 (sur le modèle des *Privat-Dozenten* allemands).

[78] Charle fournit des chiffres pour les années 1898 et 1908. L'auteur compare ces chiffres aux traitements en Allemagne (années 1890 et 1910) où la situation est différente: le fossé qui sépare Berlin des facultés régionales n'est pas si profond qu'en France. Qui plus est, les honoraires des étudiants et la négociation qui précède la nomination en Allemagne font que certains professeurs en chaire provinciaux gagnent autant que leurs collègues berlinois (à Göttingen, Bonn et Halle, par exemple). À cela s'ajoute le moindre coût de la vie dans les villes provinciales. On comprend que les professeurs nommés dans la périphérie s'en accommodent très bien (Charle 1994b: 68). Le recouvrement des traitements des différentes classes d'enseignants au supérieur ne s'observe pas en Allemagne.

[79] Il en était tout autrement dans les facultés scientifiques, qui avaient déjà atteint un degré de professionnalisation plus élevé.

Outre l'argument financier, les lycées parisiens furent des établissements prestigieux, en partie parce qu'on pouvait y préparer, avec plus de bonheur qu'en province[80], les concours d'entrée de l'ENS. Les khâgnes (et hypokhâgnes)[81] les plus prestigieuses furent celles de Louis-le-Grand, Henri IV et Lakanal. La khâgne de Louis-le-Grand est

> «le plus souvent, un poste de fin de carrière qui constitue une manière de consécration pour un enseignant du second degré. Seule l'inspection générale peut être considérée comme plus honorifique, et les classes préparatoires ludoviciennes en sont d'ailleurs parfois l'anti-chambre[82]. [...] un poste à Louis-le-Grand n'[est] pas un lieu de passage mais une fonction où — mis à part une promotion vers l'inspection générale ou une chaire dans l'enseignement supérieur — l'on s'ancre jusqu'à la retraite» (Sirinelli 1994: 73).

À ces facteurs — dont la portée ne se limite pas à la seule caste des grammairiens — s'ajoutent encore les autres attraits de la capitale, comme la proximité des bibliothèques et des centres d'érudition.

Cela étant dit, on comprend que plusieurs auteurs du corpus furent collègues dans les établissements parisiens, au moins pendant quelque temps. Vers 1910, Yvon (à partir de 1907), Lanusse (1909-1917) et Radouant (déjà vers la fin des années 1890-1908-?) enseignaient au Lycée Lakanal, que certains considéraient comme «l'antichambre des grands lycée [sic] parisiens» (Sirinelli 1994: 99), en partie à cause de sa position un peu excentrée (dans la banlieue). Quelques années plus tard, en 1922, on retrouve Radouant et Yvon (qui y restera jusqu'à la fin de sa carrière; 1935) à Henri IV, tous les deux en quatrième (*Annuaire de l'instruction publique, 1922*). En cinquième, on note la présence de Pierre Laurent à partir de 1920.

Lanusse est entre temps passé à Louis-le-Grand (1917-1919), où l'on trouvera plus tard Cayrou[83] (qui vient de Janson-de-Sailly où il était collègue de Gaiffe (1918-1926)). Paul Schricke (reçu à l'agrégation en 1921) perpétue la forte tradition grammaticale à Lakanal (-1934-).

La collaboration entre Bloch (au moins depuis 1926) et Georgin (qui vient du Lycée Montaigne) est née au Lycée Buffon. Au Lycée Montaigne, Maille semble avoir succédé à Georgin. Le Lycée Carnot peut avoir réuni Félix Gaiffe (1910-1918) et Ernest Breuil (qui y enseignait au moins depuis 1922, jusqu'à la fin de sa carrière).

---

[80] Les khâgnes (= classes préparatoires de lettres) de certains lycées parisiens attiraient même nombre de 'premiers de classe' provinciaux.

[81] Les khâgnes sont nées au début des années 1880. Pour l'année 1914, Sirinelli recense 15 khâgnes. Seules celles de Louis-Le-Grand et d'Henri IV comportent deux années d'étude (hypokhâgne + khâgne). Ces établissements attirent aussi le plus de candidats. En 1922, par exemple, le nombre de candidats effectifs (le nombre de khâgneux étant encore plus élevé, puisque tous n'osaient pas se présenter au concours) à Louis-le-Grand fut de 56 et de 27 à Henri IV. Dans les lycées de province, le nombre de candidats fut inférieur à 10. Quant au taux de réussite, seule la khâgne de Lyon pouvait rivaliser avec celles de Louis-le-Grand et d'Henri IV (Sirinelli 1994: 67-71).

[82] Ceci vaut par exemple pour Gaston Cayrou, professeur de thème latin et grec en khâgne à Louis-le-Grand à partir de l'année 1927-28 (au moins jusqu'en 1929-30) (Sirinelli 1994: 73).

[83] Il y était professeur de thème latin et grec en khâgne à partir de l'année 1927-1928 (au moins jusqu'en 1929-30) (Sirinelli 1994: 73).

De pareilles rencontres se sont également produites en province: Bruneau (1910-1913) et Georgin (1911-?) ont dû se connaître au Lycée de Reims[84].

Quelques-uns de ces agrégés en poste à Paris (Yvon, Radouant, Laurent, Cayrou) sont en même temps chargés d'un enseignement à l'École normale supérieure de Fontenay (filles)/Saint-Cloud (garçons), ou encore à l'École normale supérieure de jeunes filles à Sèvres (Maille). Il ne s'agit jamais d'un poste à temps plein. Ils y enseignent quelques heures (au maximum deux cours d'une heure et demie chacun) par semaine (*La grande Encyclopédie Larousse*, s.v. *École*, p. 377; publiée vers 1890). Des débuts à la veille de la Deuxième Guerre mondiale[85], le personnel à Fontenay/Saint-Cloud était en effet constitué de professeurs de lycée agrégés. Les élèves-maîtres (comme un Galichet, par exemple), qui y entraient par concours, avaient déjà suivi un enseignement de trois ans dans une École normale régionale. Ils se destinaient à une carrière dans l'inspection primaire ou dans les écoles normales (comme directeur ou comme professeur). À Sèvres, la situation est différente. Instituée en 1881, cette école eut pour but de former le personnel de l'enseignement secondaire de jeunes filles. Elle était donc, du moins en théorie (voir Mayeur 1977: 410-438), le pendant féminin de la rue d'Ulm. Le personnel (maîtres de conférences) fut recruté, depuis le rattachement de l'ENS à la Sorbonne (1903), parmi les professeurs de la Sorbonne (Hummel 1995: 135). En général, les élèves n'avaient pas de formation en latin — jusqu'en 1920 (Mayeur 1977: 414) — et le niveau — problème renforcé par des économies budgétaires — n'était pas toujours convaincant, même pas pour la directrice de l'École en fonction dans les années 1920. Elle déplore entre autres que «peu à peu, les professeurs d'enseignement supérieur aient été remplacés par des professeurs d'enseignement secondaire» (Mayeur 1977: 418).

Jusqu'en 1958, les Écoles normales supérieures (y compris Sèvres) n'avaient droit à aucune maîtrise de conférences[86] (préface Mélanges Lods 1978). Ainsi, Jeanne Lods, ancienne «Sèvrienne», qui enseignait à l'ENS à temps plein depuis 1941, docteur ès lettres en 1949 — une des premières normaliennes à obtenir ce grade — dut attendre jusqu'en 1958 avant d'être nommée maître de conférences. Quand Jeanne Lods devint professeur sans chaire (1971), elle était le premier enseignant de l'ENS à dépasser le rang de maître de conférences (1978: X). Jusqu'en 1972, l'ENS ne pouvait pas avoir de professeurs titulaires.

Quelques-uns des professeurs agrégés furent même appelés à la Sorbonne (Guige 1935). Dans les années 1930, Pierre Laurent fut «chargé d'un enseignement

---

[84] Lanusse (1892-93; peut-être encore plus tard) et Gaiffe (année 1902), par contre, ont tous les deux enseigné au Lycée de Grenoble, mais à des époques différentes.
[85] Après la Deuxième Guerre mondiale, ces deux écoles se sont alignées sur celles de la rue d'Ulm et de Sèvres.
[86] Cette discrimination de l'ENS par rapport aux Facultés fut d'autant plus forte à Sèvres. Les autres ENS étaient dotées d'enseignants permanents et hautement titrés, détachés des Facultés (préface *Mélanges Lods*, 1978).

auxiliaire» (statut créé en 1927[87]) en français à la Sorbonne, lié sans doute à la chaire de Brunot, son ancien maître. Il en fut de même de Gaston Cayrou, agrégé de lettres et professeur de première et de khâgne (à partir de 1927-1928) à Louis-le-Grand, poste qu'il combinait depuis 1921 avec un enseignement de littérature et de composition française à l'ENS de Fontenay. Devenu maître de conférences de grec à l'ENS de Sèvres en 1929, il fut lui aussi appelé à renforcer temporairement l'enseignement de grec à la Sorbonne dans les années 1930. En 1936, il fut nommé inspecteur général de l'Instruction publique (enseignement secondaire, lettres), poste qu'il occuperait jusqu'à sa retraite en 1948. René Georgin, de son côté, dispensa des cours de français pour étrangers à la Sorbonne. Toutes ces figures entretenaient des liens parfois étroits avec le supérieur, mais n'ont jamais rejoint définitivement le corps professoral des universités et fait l'objet des procédures d'avancement (maître de conférence, professeur adjoint, etc.) propres à ces institutions.

Les professeurs de lycée, qu'ils soient liés au supérieur ou non, ont publié beaucoup (à l'exception de Jahan et de Maille, collaborateurs à la Grammaire Larousse, dont nous n'avons repéré aucune publication) et certains d'entre eux sont docteurs ès lettres (Radouant, Lanusse). D'autres, comme Yvon, auraient pu l'être s'ils avaient voulu pousser leurs recherches jusqu'au bout (cf. nécrologie par Wagner 1964). Pierre Laurent, collaborateur de Sudre et du grand historien de la langue Nyrop — Laurent a révisé la partie phonétique de la *Grammaire historique de la langue française* (6 volumes) en vue d'une nouvelle édition —, proche de Brunot et jouissant d'une excellente réputation auprès de Dauzat[88], marche également aux premiers rangs de la légion des agrégés. Lanusse, agrégé, docteur à 38 ans, entre aussitôt à la Faculté de Lettres de Grenoble (maître de conférences de langue et littérature), pour la quitter pour un poste à Paris. Outre ses publications grammaticales (conjointement avec Yvon le plus souvent), il a publié plusieurs éditions critiques (16e et 17e siècles). Radouant, dont la thèse (soutenue à l'âge de 45 ans) a encore été réimprimée en 1970, a plusieurs éditions critiques et plusieurs articles sur l'éloquence au 16e siècle à son actif. Il était sans doute trop âgé (60 ans) pour entrer en lice pour la chaire d'éloquence à la Sorbonne, assignée en 1922 à Michaut, qui était déjà là depuis 1904. Henri Yvon, depuis 1901 collaborateur (puis co-directeur, en 1928, et, en 1930, après la disparition de Clédat, directeur) à la *Revue de philologie française*, puis au *français moderne* (cf. Bergounioux 2000), est l'auteur de nombreux articles sur la grammaire et co-auteur de plusieurs grammaires et même d'un dictionnaire d'antonymes. Malgré sa position institutionnelle un peu en retrait, ce travailleur modeste fut l'une des chevilles ouvrières de la scène grammaticale française de la première moitié du siècle (cf. aussi son rôle dans la réception de la grammaire de D&P, pour laquelle il fit un glossaire).

Cayrou, de son côté, a dirigé de nombreuses grammaires de français et de latin et a publié plusieurs éditions critiques (p. ex. La Bruyère). Son dictionnaire du français

---

[87] Guige (1935).
[88] C.r. de la grammaire de Cayrou – Laurent – Lods (1949: 309-312).

classique (qui date de 1923) est toujours réédité et disponible en librairie. Schricke s'est signalé par des éditions scolaires d'auteurs grecs (Aristophane) et des manuels de version latine et grecque, de nombreuses fois rééditées ou réimprimées. Georgin a écrit une bonne dizaine d'ouvrages normatifs et/ou stylistiques et fera partie, avec Robert Le Bidois, de «L'Association Défense de la langue française» (créée en 1958), dont il deviendra vice-président. Il aurait même été chef de cabinet du ministre de l'Éducation, Abel Bonnard (sous le régime de Vichy) et directeur de l'ENS de Saint-Cloud, déléguant son mandat à René Lanson (Luc-Barbé 1982: 155).

Voilà au moins quelques personnages dont le profil aurait pu intéresser les Facultés. Mais les horizons sont bouchés et rares sont les vocations scientifiques. Nous y reviendrons.

• *Les francs-tireurs*

Le troisième groupe d'auteurs se trouvent plutôt hors système et cela pour plusieurs raisons. Ils ont en commun de ne pas être agrégés.

Pour Damourette (rentier), Pichon (médecin et psychanalyste) et Hermant (écrivain moralisateur), l'étude du langage n'est pas vraiment un instrument de promotion sociale du point de vue institutionnel.

Robert Le Bidois et Madeleine Marijon, qui ne sont ni agrégés, ni docteurs, enseignent tous les deux le français dans l'enseignement supérieur américain. Robert Le Bidois quittera plus tard l'enseignement supérieur (après la publication de la *Syntaxe du français moderne*) pour un poste de haut fonctionnaire (à l'Ambassade de France, puis à l'ONU, fondée en 1945). Ce n'est qu'en 1952, à l'âge de 55 ans, qu'il défend ses thèses, travail de longue haleine, puisqu'il les avait déjà entamées quand il était professeur à New York (dans les années 1930). Une fois promu docteur, il passe à la division linguistique de l'ONU. Madeleine Marijon est sans doute[89] la fille du mathématicien Abel Marijon et sœur de Jacqueline Marijon, agrégée d'italien (reçue en 1931). Elle est chargée de mission au service du livre du ministère des Affaires étrangères. La couverture de la *Grammaire* Larousse signale qu'elle enseignait vers 1936 à l'université de Delaware (États-Unis).

Le parcours de Galichet est tout aussi original. Il a été élève de l'ENS de Saint-Cloud — où il a dû avoir Laurent et Yvon comme maîtres — à une époque (1882-1945) où celle-ci préparait encore les cadres de l'enseignement *primaire* (inspecteurs primaires, professeurs et directeurs des écoles normales et des écoles primaires supérieures) (cf. Luc-Barbé 1982: 11). En principe, les élèves-maîtres suivaient un parcours en dehors de l'enseignement secondaire classique (collège, lycée) — et ne pouvaient donc pas entrer à l'Université —, qui passait par l'enseignement primaire supérieur (3 ans) et l'École normale (3 ans). La couverture de son *Essai de grammaire psychologique* mentionne qu'il était directeur d'école normale en 1947. Plus tard, il deviendra inspecteur de l'enseigne-

---

[89] Vu la rareté du nom et le rapport entre Delaware (États-Unis) et le ministère des Affaires étrangères.

ment primaire. Ce parcours exemplaire, mais pas exceptionnel, prend toutefois un tournant moins attendu: à l'âge de 41 ans, Galichet défend une thèse d'université à une faculté de province (Poitiers, 1945). Il s'y profile comme un grammairien-psychologue — la psychologie faisait partie de la formation à Saint-Cloud — et théoricien du langage, sans pour autant négliger le côté pédagogique. On trouve la même orientation dans les trois ouvrages qu'il publie chez les PUF entre 1947 et 1953. Ses travaux ne rencontrent qu'un accueil tiède auprès des linguistes qui lui reprochent de nombreuses faiblesses méthodologiques, notamment linguistiques (Antoine, Gougenheim, Imbs) et une ambition démesurée. Comme l'affirme Maillard (1998: 272), Galichet a été «longtemps boudé par les linguistes français, notamment les structuralistes», mais présente néanmoins un certain intérêt pour linguistes contemporains inspirés du cognitivisme.

Ces personnages, qui tous, à l'exception de Marijon, ont animé la scène linguistique française, ne fût-ce que de façon négative (Hermant, Galichet), confirment l'hypothèse selon laquelle la linguistique française a été marquée en (grande) partie par des personnages qui se trouvaient en marge du paysage universitaire. Il suffit de rappeler les cas de Guillaume, de Haudricourt, de Gilliéron (ÉPHÉ, savant un peu isolé et sans doctorat)[90], voire de Martinet, contraint à l'exil et plus tard «bête noire» (Chevalier 1991: 53) de ses collègues à la Sorbonne.

2.3. *Les étrangers*

Le monde universitaire allemand diffère sensiblement de la scène universitaire française, ce qui complique la comparaison entre les auteurs du corpus. Il faut noter notamment l'absence d'un concours national comme l'agrégation, le moindre poids des thèses de doctorat (et, parallèlement, le rôle de l'habilitation), la place éminente du romanisme dans les cursus universitaires allemands, et, bien sûr, le *Ruf* (= invitation à occuper une chaire devenue vacante[91]).

2.3.1. Aperçu

1.	professeurs d'université – *Lerch, de Boer* (doctorat d'université à Paris), *Wartburg, Sonnenschein* – plus tard: (*Haas* déjà *partim* en 1909), (*Zumthor*, en 1947 déjà assistant de Wartburg), (*Ulrix*)
2.	professeurs et directeurs de gymnase (~ lycée)
	2a. lycée + enseignement supérieur (*partim*) *Strohmeyer* (dir.), *Regula*
	2b. lycée Plattner (directeur), *Grevisse*
3.	autres *Engwer* (directeur de lycée; à partir de 1910 haut fonctionnaire à un ministère)

---

[90] Voir Lauwers – Simoni-Aurembou – Swiggers (éds 2002).
[91] La faculté établit une liste de candidats (trois en règle générale). Le Ministère en retient un seul et 'appelle' ce candidat. Des pourparlers s'engagent au terme desquels l'élu peut accepter ou refuser la chaire (Arnold 1960-1962).

Pays où la formation a été accomplie

- Allemagne: Plattner, Strohmeyer, Lerch, Haas [bilingue, né en France, à Moulins (Allier)]
- Belgique: Ulrix, Grevisse
- Pays-Bas: de Boer (doctorat d'université à Paris)
- Autriche: Regula
- Grande-Bretagne: Sonnenschein
- Suisse: Wartburg (Berne, Zurich, Florence, Paris; doctorat à Berne), Zumthor [Paris, puis Genève (doctorat)]

Sujets de thèse:

– philologie/littérature	de Boer, Zumthor
– linguistique	Engwer (syntaxe), Strohmeyer (syntaxe), Lerch (syntaxe), Grevisse (grammaire/lexicologie latines: Horace), Haas (phonétique), Ulrix (lexicologie), Wartburg (sur un champ sémantique roman; dir. Gauchat; habilitation: étude onomasiologique sur la différenciation lexicale dans la Romania)

2.3.2. Présentation des groupes d'auteurs

Les trois groupes que nous venons de distinguer, correspondent *mutatis mutandis* à la tripartition que nous avons relevée pour les auteurs français.

• *Les professeurs (et directeurs) de lycée*

Les auteurs germanophones sont souvent professeurs de «lycée»[92]. La plupart sont déjà passés directeurs (Plattner, Strohmeyer, Engwer; sur Engwer, voir *infra*)[93] au moment de la publication de leur grammaire.

Tous, sauf Plattner, ont soutenu une thèse de doctorat, qui, rappelons-le, ne ressemble guère à la thèse d'État française. Certaines ressemblances avec les agrégés parisiens peuvent être dégagées. Le profil de Strohmeyer correspond plus au moins à celui de Laurent, qui, lui aussi, a un pied dans le supérieur et un autre dans le secondaire.

Grevisse prépare son *Bon Usage* à l'École des Cadets à Namur (école d'enseignement secondaire préparant aux examens d'entrée à l'École Royale Militaire). Plus tard il passera à Bruxelles. Fils d'un maréchal-ferrant, Grevisse est parvenu à décrocher le grade de docteur grâce à un parcours exceptionnel. Devenu instituteur à 20 ans, il eut le courage de parfaire sa formation, parallèlement à son travail comme instituteur, et de se faire régent, puis, à l'âge de 30 ans, docteur en philosophie et lettres (classiques).

---

[92] Avec une nomenclature variable selon le type d'école où l'on enseigne: *Oberlehrer, Gymnasiallehrer*, etc.
[93] Les directeurs de lycée semblent être une caste privilégiée, ce qui tient sans doute à l'intérêt qu'ils présentent pour les maisons d'édition: Reinhardt, Dubislav, Boek, Gruber, Röttgers (les 4 derniers figurent sur la couverture du *Methodischer Lehrgang der französischen Sprache*, 1918), Otto, etc.

Le cas de Regula mérite une étude plus approfondie. Après ses études à Graz (Autriche), il vivait à Brünn (actuellement Brno) où il enseignait dans un gymnase allemand. Dès 1925, il publie dans la *Zeitschrift für romanische Philologie* un très long article (68 pages) sur la valeur des modes en français. Malgré son étonnante activité scientifique — ses innombrables publications dans les revues les plus prestigieuses de l'époque (e.a. dans la *ZRP* et *ZFSL*) et sa présence aux premiers congrès internationaux des linguistes en témoignent — et son penchant pour la théorisation en syntaxe, il n'a jamais été nommé à une université. Sans doute sa carrière fut-elle interrompue par les événements de 1945. Expulsé de la Tchécoslovaquie, il s'établit à Graz, où il poursuivit sa carrière dans le secondaire (*Mittelschule*), au moins jusqu'en 1954, bon gré mal gré, paraît-il: «durch die drückende Fron an der Mittelschule beschränkten Arbeitszeit» (préface 1954). Au lendemain de la guerre, il fut cependant chargé de cours et d'exercices de syntaxe générale (*allgemeine Syntax*) à l'université de Graz (*Lehrbeauftragter*) jusqu'en 1957.

- *Les professeurs de faculté*

Si Wartburg, Lerch, Sonnenschein et de Boer étaient déjà professeurs de faculté au moment où ils publièrent leur grammaire/syntaxe, Haas, Ulrix (nommé en 1923) et Zumthor (assistant de Wartburg à Bâle, nommé à Amsterdam en 1948) n'accéderaient à ce statut qu'après la publication. Haas était déjà chargé d'un enseignement à l'université de Fribourg, mais ne fut appelé à Tubingue qu'en 1910.

- *Autres*

Quoiqu'appartenant au premier groupe, Engwer abandonna, à l'âge de 50 ans, la direction de son lycée pour un poste-clé au ministère de l'éducation et de la recherche. Il fut co-auteur des plans d'étude de 1925.

2.4. *La constitution d'équipes*

Chose remarquable, non moins de 40 % des ouvrages du corpus ne sont pas l'œuvre d'un individu. On recense 8 couples, un trio (Cayrou, Laurent et Lods) et une équipe de 6 personnes. En outre, plusieurs auteurs tiennent à remercier des 'relecteurs', dont certains jouissent d'une estime considérable, ce qui est toujours utile: Clédat (Radouant), Brunot (Gougenheim), Michel Lejeune (Larousse), Desonay (Grevisse), Frey et Bony (Brunot 1922: XXIV), M. le chanoine Soudain (Le Bidois), A. Bonnerot (Wartburg). Certains auteurs remercient toute une équipe[94]:

---

[94] Quand on regarde les livrets d'exercices et les abrégés, on constate que le nombre de collaborateurs monte encore (p. ex. les manuels d'Yvon, de Cayrou, de Galichet).

- Regula: Stanger, Stern, Dr. Hélène Haluschka-Grilliet (Graz), Edgar Glässer (élève; registre et réalisation matérielle)
- Engwer – Lerch: Pariselle, Jahncke, l'épouse de Lerch[95]
- Sonnenschein (qui est latiniste!): son ami prof. W. Mangold (Berlin), R.L. Graeme Ritchie (Edinburgh; gramm. hist. fr.), A. Le Dû (agrégé[96]) et les collègues prof. Chatelain, P. Demey et dr. A.S. Hedgcock de Birmingham
- Michaut: M. le Commandant Chardon, M. Janelle (ancien proviseur du Lycée Pasteur), M. Orgeolet (inspecteur de l'enseignement primaire de la Seine)
- D&P: Jean Weber (agrégé[97]; dédicace tome 1) et Meillet (dédicace tome 2; lettre de recommandation); Yvon est intervenu dans la rédaction du glossaire et de l'index, ainsi qu'au moment de l'impression du volume 7
- Galichet (2ᵉ édition, 1950): «à la mémoire d'Albert Sechehaye qui, le premier[98], lut et encouragea ce travail»

Ce genre de collaboration n'a rien d'étonnant, bien entendu, vu l'immensité de la tâche. À y regarder de plus près, certaines régularités se laissent dégager. Il y a d'une part les professeurs de faculté qui confèrent l'exploitation didactique et l'élaboration matérielle à un 'praticien' (inspecteur ou professeur de lycée). C'est là une mode qui remonte à la fin du 19ᵉ siècle: Brunot – Bony (1905-1911), Darmesteter – Sudre, Brachet – Dussouchet. Dans le corpus elle est perpétuée par Bruneau – Heulluy, Bloch – Georgin et Michaut – Schricke. Dans le cas d'Engwer et Lerch, même la conception globale de l'ouvrage est due à Engwer, le praticien, alors que Lerch s'est surtout occupé des parties historiques.

Les rapports sont plus symétriques chez Lanusse et Yvon (des collègues) et Cayrou, Laurent et Lods. Dans le cas des Le Bidois (père et fils) et de Damourette et Pichon, ce sont des rapports de parenté qui jouent (Damourette est l'oncle maternel de Pichon). Ce type de collaboration est déjà attesté bien avant dans la tradition scolaire française et allemande[99].

C'est une complémentarité d'un autre type qui se trouve à la base de la collaboration entre Michaut et Schricke, le père et le fils Le Bidois, et Cayrou/Lods et Laurent. Les premiers étant chaque fois des littéraires, ils associent un grammairien 'professionnel' à leurs travaux. La même chose vaut pour Gaiffe (pourtant un agrégé de grammaire). L'équipe de la grammaire Larousse est très hétérogène et reflète en quelque sorte le public-cible:

«des professeurs d'âges différents, de formations diverses, qui, tous, à quelque moment de leur carrière, ont eu l'occasion d'enseigner notre langue à des Français ou à des étrangers, depuis l'enfant des classes primaires jusqu'à l'étudiant des facultés» (1936: 8).

---

[95] «[…] der Gemahlin meines Mitarbeiters, der gelehrten Fachgenossin, die nicht nur die zahlreichen Korrekturen treulich mitgelesen, sondern auch oft genug bei dem zuweilen lebhaften Meinungsaustausch über Einzelheiten zwischen den beiden Verfassern ihr Wort mit in die Wagschale geworfen hat» (Engwer 1926: VI).

[96] Anatole Le Dû, agrégé de grammaire (1910).

[97] Agrégé de lettres (1896).

[98] La mise en évidence du mot *premier* semble suggérer que Sechehaye a lu le tapuscrit.

[99] Noël – Chapsal, Larive – Fleury, Maquet – Flot – Roy, Crouset – Berthet – Galliot; Gall – Stehling – Vogel, Dubislav – Boek *et al*.

En effet, l'équipe comprend deux universitaires (Gaiffe, Wagner), trois professeurs de lycée (Breuil, Maille, Jahan) et un professeur de français à l'étranger (Marijon). Le tandem Wartburg – Zumthor est également asymétrique (professeur et assistant; linguiste et littéraire; germanophone et francophone, locuteur natif).

Chose remarquable, dans 8 cas sur 9 — nous faisons abstraction de la grammaire Larousse — la différence d'âge s'élève à 17 ans ou plus (exception: Bloch et Bruneau).

Jusqu'ici, il a seulement été question des rapports de complémentarité entre les membres des équipes. Mais comment celles-ci se sont-elles constituées sur le terrain? La plupart des rencontres peuvent être reconstruites à partir des données biographiques.

Il y a tout d'abord les collègues, professeurs de lycée (Lanusse et Yvon, Bloch et Georgin) ou de faculté (Bruneau et Heulluy). À la demande de son éditeur, Michaut dut donner à sa *Description* de la langue française un format plus classique. Pour cela il fit appel à son ancien élève Paul Schricke. La collaboration de Wartburg et Zumthor remonte à la soutenance de thèse de Zumthor (1943). Wartburg, qui faisait partie du jury, engagea Zumthor comme assistant attaché au bureau du *FEW* à Bâle (1943-1948). Il le connaissait déjà de son séjour à Halle comme lecteur de français (Heger 1994: 619). Nous avons déjà signalé les rapports familiaux, du père au fils (Le Bidois) et de l'oncle au neveu (Damourette et Pichon). Engwer et Lerch (né à Berlin, où enseigne Engwer), étaient tous les deux disciples d'Adolf Tobler (Berlin), mais, institutionnellement parlant, leurs chemins ne se sont pas croisés. Quant à l'équipe Cayrou, Laurent et Lods, les liens sont moins nets. Cayrou et Laurent enseignèrent pendant quelque temps à la Sorbonne au début des années 1930. La façon dont s'est constituée (autour de Gaiffe) l'équipe très hétérogène de la *Grammaire Larousse* n'a pas non plus pu être retracée[100].

Quant à la répartition exacte du travail, seuls quelques ouvrages fournissent des indications explicites. Chez Engwer – Lerch[101], Michaut – Schricke (cf. *supra*) et G. Le Bidois – R. Le Bidois[102], le premier auteur a nettement plus de poids que

---

[100] Maille doit avoir connu Jahan à Sèvres (vers 1926-1929). Breuil était lié dès 1910 à la maison Larousse (1910, *Méthode Larousse illustrée*).

[101] Le livre a été rédigé par Engwer, à l'exception du chapitre sur l'histoire de la langue et de celui sur le changement sémantique pour lesquels Lerch a fourni le soubassement socio-culturel (Sprache als Kulturerzeugnis, i.e. comme produit de la culture). Le plan a été conçu de concert avec Lerch, qui a influencé aussi les paragraphes sur les temps et les modes. Il a en outre révisé le travail (Engwer 1926: V-VI).

[102] Voici les détails:

Tome I:
– Georges: idée première, conception générale, organisation d'ensemble; rédaction de la plus grande partie; vues présentées sous Généralités/dans la partie «nouvelle»: Verbe théorie générale (§658-709), temps du passé, subjonctif
– Robert: révision, disposition et rédaction définitive des §; l'unité de l'ensemble, a comblé des lacunes; des développements sur les articles, les pronoms, les temps, la proposition hypothétique, etc.

Tome II:
– Georges: propositions, l'accord, les mots-outils

le second. Pour les Le Bidois, les rapports changent entre le premier et le second tome. Chez les autres, les efforts semblent être à égalité. Seuls Lanusse et Yvon, qui ne livrent «pas sans émotion» leur travail au public, mettent cet aspect en évidence: c'est le «fruit d'une longue et affectueuse collaboration» (1921: VI). Étant donné l'inactivité professionnelle de Damourette, on peut supposer que c'est lui qui s'est chargé de la rédaction de l'*Essai*. Il faut remarquer aussi qu'un grand nombre d'exemples oraux proviennent de la pratique médicale de Pichon. C'est sans doute Zumthor, assistant de Wartburg et locuteur natif, qui s'est chargé de la rédaction du *Précis*[103]. Quant à la *Grammaire* Larousse, Gaiffe précise dans la préface (posthume!) que «chacun de nous a revu le travail effectué par les autres» (1936: 8).

3. L'INVISIBILITÉ DE L'ÉTUDE DU FRANÇAIS (MODERNE) DANS LE PAYSAGE UNIVERSITAIRE FRANÇAIS

Des trois objectifs posés au début de ce chapitre, seul le premier (= la présentation des grammaires et des grammairiens) a été réalisé jusqu'ici. Pour atteindre le deuxième objectif, il faudra replacer les principaux constats dégagés de l'analyse prosopographique des auteurs du corpus (= 2.) dans un contexte social et institutionnel plus large, à savoir le paysage universitaire français de la première moitié du 20e siècle. Le troisième objectif, qui vise les *conséquences* de cette configuration sociale et institutionnelle pour la description grammaticale même, c'est-à-dire l'impact des faits 'externes' (c'est-à-dire contextuels) sur les faits 'internes', ne pourra être traité convenablement qu'après l'étude interne. Le lecteur se reportera au chapitre VIII, 3.

Afin de réaliser le deuxième objectif, nous fournirons quelques repères qui permettront de mieux cerner le statut et la place des études sur le français contemporain (de 3.1. à 3.4.). À l'heure du bilan (3.5.), nous pourrons formuler quelques hypothèses à propos de ce qu'on pourrait appeler l'invisibilité académique de la discipline. Cette invisibilité s'accompagne d'une perception très négative de la grammaire française (qui l'explique en partie), tant chez les acteurs scientifiques (les linguistes) que chez le grand public.

Nous sommes conscient du fait que nous pénétrons ici dans un autre secteur de l'histoire de la linguistique, à savoir son histoire 'externe', domaine à peine exploré quant à la période qui nous occupe. Ce domaine donne, qui plus est, dans l'histoire

---

– Robert: chapitre sur l'ordre des mots [cf. le sujet de sa thèse de doctorat], des chapitres des livres sur les propositions, les subordonnées et les mots-outils; la plupart des exemples tirés de la langue contemporaine; index analytique; bref: [sa part] «combien ne s'est-elle pas accrue dans ce second tome!» (T2, XI, note du père).

[103] Zumthor aurait fait le gros du travail (J.-Cl. Chevalier, communication personnelle).

sociale et institutionnelle de la France[104], notamment l'histoire de l'éducation. Notre apport personnel, forcément limité, sera double. Il consiste d'abord dans la récolte de quelques données nouvelles, qui sont, du reste, facilement accessibles (données prosopographiques du corpus, inventaires de thèses, témoignages de protagonistes). Ces données complètent la littérature secondaire. Comme il reste beaucoup à faire, nous nous sommes fait le devoir de *réunir* et de *mettre en rapport* les informations disponibles et de les axer sur l'histoire externe de la grammaire du français moderne, ce qui, notamment pour les études réalisées par des non-linguistes (cf. 0.), représente déjà tout un programme. Le tout aura un aspect un peu schématique, mais pourra être complété ou corrigé au fur et à mesure que les recherches dans ce domaine avancent.

3.1. *Le profil des grammairiens du corpus*

Si de nos jours la professionnalisation de la grammaire française est acquise, force est de constater qu'entre 1907 et 1948 la couche supérieure du marché grammatical fut encore en grande partie aux mains de praticiens, de 'francs-tireurs' et de littéraires.

Il faut relever plus particulièrement l'importance des agrégés, qui publiaient régulièrement et dont certains étaient liés à l'enseignement supérieur, mais non de manière permanente. Ce constat concorde aussi avec les conclusions de Huot (1993) à propos des collaborateurs de la revue *Le français moderne* (Schöne, Arveiller, Esnault, etc.), dans les vingt premières années de son existence (cf. 3.2.). Les professeurs agrégés furent aussi fortement impliqués dans les discussions autour de la réforme de la nomenclature (1906-1910). La commission nommée à cet effet était composée de deux professeurs de faculté (Goelzer et Brunot), de trois représentants du primaire (dont 2 inspecteurs) et de 10 professeurs des lycées[105] (dont seulement deux professeurs de langues vivantes: Beaujeu et Girot).

Parmi les 11 professeurs de faculté du corpus, on compte 4 «littéraires» — pour qui la rédaction d'une grammaire était une excellente activité de fin de carrière — et deux chercheurs de l'École pratique des Hautes Études. Si les professeurs d'université

---

[104] Nous ferons abstraction du contexte institutionnel des autres pays. Là où l'état de la question nous l'a permis, nous ne manquerons pas de renvoyer au contexte allemand. Pour des comparaisons plus poussées, il faudra attendre la publication d'études comparatives. L'étude menée par Charle (1994b) pourrait servir de modèle.

[105] Clairin (agr. de gr. en 1869, anc. él. ENS), Flot, Gosselin (1894, agr. de gr.; anc. él. ENS), Lanusse, Maquet (agr. de gr. 1887), Mongin (le collaborateur de Gilliéron), Poullin et Sudre (agr. de gr. 1880). Prennent également part aux discussions qui précèdent l'installation de la commission: H. Brelet (agr. de gramm. en 1880, anc. él. ENS), J. Dussouchet (agr. de gr. en 1874), A. Lafargue, D. Brizemur et A. Hamel. Sur cet épisode de l'histoire de la grammaire française, voir Vergnaud (1980).

en grammaire française se comptent sur les doigts de la main, c'est que le nombre de postes à pourvoir dans cette spécialité était réduit (Dauzat 1912: 74-75)[106]:

> «Dans nos Facultés des lettres, on enseigne les langues latine et grecque, allemande, anglaise, italienne, espagnole ... On n'a oublié que le français. Ce n'est pas un paradoxe: dans nos quatorze Universités de province, il y a vingt chaires ou conférences de littérature française, et pas une seule qui soit consacrée exclusivement à l'étude et à l'enseignement de notre langue. Pardon! il y en avait une, à Caen, mais elle a été supprimée en 1910 pour être transformée en chaire d'histoire».

Les relevés du répertoire Minerva montrent que l'enseignement du français était souvent rattaché à la grammaire des langues classiques (cf. les intitulés ambigus *grammaire* ou *grammaire et philologie*), ou encore, à la littérature[107]. Après 1925, la situation des chaires[108] provinciales qui portent dans leur nom un renvoi à l'étude linguistique de la langue française — abstraction faite de *langue et litt. fr. (mod.)* — reste précaire (Grenoble, Dijon, Lille). Souvent elles sont supprimées à la mise à la retraite du titulaire. La Sorbonne[109], quant à elle, traverse une période d'instabilité (due à une série de successions) et de crise vers le milieu des années 1930:

> «Les décrets-lois[110] ont durement frappé l'enseignement du français et des langues romanes, comme les autres branches de l'enseignement supérieur. Le romanisme est décapité à la Sorbonne, où il perd deux chaires sur quatre. M. Alfred Jeanroy, atteint par la limite d'âge, ne sera remplacé ni à l'Université de Paris, ni à l'ÉPHÉ. M. Ferdinand Brunot, mis à la retraite avant l'âge prévu par la législation antérieure ne sera pas remplacé non plus à l'Université de Paris, pas plus qu'à Nancy[111] M. Ch. Bruneau (nommé à Paris l'an dernier). Il est profondément regrettable qu'un enseignement capital comme l'histoire de la langue française soit supprimé: à qui fera-t-on croire que la France n'a plus les moyens de conserver la chaire d'histoire de la langue française à la Sorbonne et l'enseignement du français et des langues romanes à Nancy? M. F. Brunot a demandé et obtenu de continuer son cours public sous forme de cours libre, c'est-à-dire sans rétribution (il traitera de la langue française sous le Consulat et l'Empire): bel exemple de dévouement à la science et de désintéressement, qui, espérons-le, fera réfléchir» (Dauzat 1934: 383).

---

[106] Les données fournies par *Minerva* pour l'année 1913-1914 semblent nuancer quelque peu le jugement sévère de Dauzat: on pouvait suivre des cours libres/complémentaires de *philologie française* à Besançon (depuis 1902: Gaiffe, puis Bloch et Brochet), des conférences de *français et latin* à Aix, et un cours de *langue française et explication de textes anciens* (Morillot) à Grenoble. Il est même question d'une chaire de *philologie du français moderne et du latin* à Grenoble (T. Rosset). Dauzat ne parle pas de l'Université catholique de Lyon où l'on trouve depuis 1908 une chaire d'*ancien français* (A. Rochette). Quant à la faculté de lettres de Caen dont il est question dans le passage cité, la *philologie française* (depuis 1909; prof. adjoint Huguet, puis Villey) figure toujours dans le relevé de 1913.

[107] On ne peut pas non plus oublier qu'au 19e siècle une faculté de lettres ne comprenait en général que quatre chaires: «littérature française», «littérature ancienne», «histoire» et «philosophie» (ou «littérature étrangère») (Bergounioux 1990).

[108] Le répertoire *Minerva* ne mentionne plus que les *chaires* à proprement parler pour cette période.

[109] Sources: Minerva et Bergounioux (2000).

[110] Il s'agit d'une réduction du nombre de fonctionnaires de 10 %. Dans le même temps, les effectifs en lettres ont monté de façon spectaculaire — notamment en grammaire – et la collation de toutes sortes de diplômes et de certificats nouveaux (licences libres, doctorats d'université, certificats d'études supérieures, etc.) pèse lourdement sur le travail scientifique (Charle 1994a: 402-406).

[111] Minerva (1936) mentionne une chaire vacante: «Langue et littérature françaises».

En 1936, l'enseignement de la philologie française y est rétabli grâce à la nomination de Millardet, alors que Bruneau est titularisé dans la chaire de Brunot pour y faire de la stylistique (Bergounioux 2000). Au Collège de France, les chaires de Bédier et de Lefranc sont remplacées par une toute nouvelle chaire d'histoire du vocabulaire (M. Roques)[112]. À l'ÉPHÉ, cependant, la chaire de dialectologie galloromane est supprimée après la mort d'Oscar Bloch (survenue en 1937).

Le fait que deux auteurs (Brunot, et, plus tard, Dauzat lui-même) se voient obligés de poursuivre gratuitement leur enseignement après la retraite est également révélateur de l'état de la grammaire française, tout comme la présence parmi les grammairiens de quelques figures qui se trouvent hors système pour des raisons diverses. En définitive, l'analyse prosopographique des auteurs du corpus montre que le sommet du 'marché grammatical' français ne s'étend guère jusqu'à la faculté. Ce phénomène est renforcé, semble-t-il, par l'inégalité entre la capitale et la province, qui pèse sur le développement de la recherche (et de la production de thèses, comme le montre le monopole de la Sorbonne sur ce point) en province.

On pourrait arguer que le statut mi-figue mi-raisin du grammairien tient en partie au *genre* qu'il pratique. La grammaire (en tant que nom comptable) reste toujours quelque part un ouvrage de vulgarisation (ouvrage de référence) ou d'initiation à la science (manuel pour étudiants/maîtres). Nous avons vu (1.4.1.) que seuls quelques auteurs tentent d'échapper à cet impératif: de Boer, D&P, Gougenheim, et dans une moindre mesure, Le Bidois. Or, il n'empêche qu'un ouvrage de vulgarisation peut avoir des bases scientifiques solides. Pour cela il est recommandable qu'il soit l'œuvre d'un 'professionnel'.

Le caractère — institutionnellement parlant — non académique (c'est-à-dire non universitaire) de la grammaticographie française et surtout la sous-représentation des francisants dans les facultés de Lettres sont d'ailleurs corroborés par d'autres paramètres, qui prouvent qu'il ne s'agit pas d'un phénomène spécifique au *genre*. Dans ce qui suit, nous passerons ces paramètres[113] en revue: les revues savantes (3.2.), le programme de la licence ès lettres et de l'agrégation de grammaire (3.3.) et les thèses de doctorat (3.4.).

3.2. *Les revues*[114]

La comparaison du nombre de revues consacrées au français contemporain publiées en France (3.2.1.) avec le nombre de revues publiées à l'étranger (3.2.2.) révèle une disparité énorme.

---

[112] Après le départ de Roques, le Collège de France ne conservera qu'une seule chaire consacrée à la langue française.

[113] Quant aux *postes*, il faudra se limiter aux quelques constats généraux que nous venons de faire, étant donné que nos sources (essentiellement le répertoire *Minerva*) ne nous semblent pas suffisamment sûres. Il faudrait mener une étude à partir d'affiches de cours, comme Bergounioux (1990) l'a fait pour la période 1845-1897.

[114] Pour une grille d'interprétation du fonctionnement des revues, voir Chevalier (1998a: 68-71).

3.2.1. Les revues de linguistique française en France

Avant les années 1960, le paysage français des revues consacrées à la linguistique française est clairsemé. Seules deux revues sont à signaler, qui, en plus, se sont succédé dans le temps: la *Revue de philologie française et de littérature* et *Le français moderne*. Qui plus est, la première n'en est venue au français moderne que par des voies détournées.

— La *Revue de philologie française et de littérature*

Destinée à promouvoir l'étude des «patois et anciens dialectes romans de la France et des régions limitrophes», à la fois «littéraire» et «philologique» (1887: 1), diachronique et synchronique (récolte de matériaux dialectaux bruts, chansons, contes etc.), la *Revue des Patois* modifie sa course dès sa troisième année[115] d'existence et cela en faveur du français, entrebâillant la porte à l'introduction de l'étude synchronique du français moderne:

> «Nous nous proposons de poursuivre *jusqu'à nos jours* l'étude *du français proprement dit* aussi bien que celle des autres dialectes, et d'accueillir les travaux et notes scientifiques *sur le français moderne*» (1889: 1).

L'intérêt pour les patois semble un peu amoindri: les «études minutieuses» sur les patois exigeant une écriture phonétique spécifique sont écartées. Voilà les patois et l'ancien français victimes de la politique de «vulgarisation» (1889: 1) de la revue. En effet, la revue qui s'intitule désormais *Revue de philologie française et provençale* (1889), pour devenir en 1896[116] *Revue de philologie française (et de littérature)*, s'adresse aussi à ceux qui ne maîtrisent que les rudiments contenus dans les grammaires historiques et

> «à tous ceux qui sont chargés d'enseigner ou qui doivent apprendre, d'après les nouveaux programmes, le développement historique du français» (1889: 1).

On ne peut que constater et on le constatera encore à propos du *français moderne*, que l'intérêt pour le français contemporain ne se réalise qu'au prix d'un glissement vers la vulgarisation.

Ce glissement se reflète aussi dans le contenu des contributions. Outre les études diachroniques sur le français (et les dialectes), on relève de nombreuses études «synchroniques» du français contemporain[117], qui comportent, toutefois, des digressions

---

[115] Le sous-titre change lui aussi: «consacré à l'étude des langues, dialectes et patois de France».
[116] Si la revue change à nouveau de nom, c'est que le titre fut jugé trop long (1896: 306). L'abréger jusqu'à *Revue de Philologie* aurait entraîné une confusion avec la *Revue de philologie classique*. Comme «français» inclut aussi les parlers méridionaux et que l'histoire de la littérature avait de tout temps été incorporée (1896: 306), Clédat en fit *Revue de philologie française et de littérature*, citée comme *Revue de philologie française*.
[117] Voici les principaux auteurs concernés: Clédat (syntaxe, morphologie, phonétique et orthographe), Bastin (morphosyntaxique et morphosémantique), Yvon (questions de terminologie grammaticale, réponse à Bréal 1903, notes concernant Corneille), Baldensperger (de nombreuses notes lexicologiques),

historiques. Il s'y ajoute les enquêtes et les discussions sur la réforme de l'orthographe pour lesquelles Clédat sollicite à plusieurs reprises l'opinion d'autres spécialistes (J. Fleury, F. Hément, M. Bréal, G. Paris, A. Delboulle, L. Havet, F. Brunot, L. Crouslé, Ch. Marty-Laveaux, A. Thomas, C. Chabaneau et J. Bastin). À la récolte de matériaux dialectaux — parfois l'unique objectif — s'ajoutent plus tard les études et discussions sur l'argot (Dauzat, Sainéan, Esnault).

Pour ce qui est des contributions strictement «grammaticales», c'est-à-dire morphosyntaxiques, force est de constater qu'on ne relève presque[118] aucune étude sur la syntaxe interne de la phrase (simple et complexe), ni sur les types de phrases. Clédat et Bastin se sont occupés uniquement de la morphosémantique (sens et emploi des catégories) et de la morphologie du verbe, et, dans une moindre mesure, des constructions verbales. Il en est de même d'Yvon, qui s'intéresse avant tout aux problèmes de terminologie grammaticale. Les sujets abordés dans la revue confirment nettement l'orientation a s c e n d a n t e   e t   c a t é g o r i e l l e (cf. Ch. III) de la grammaire française.

À la fin des années '20, il s'opère un recentrement[119] sur le «français commun» — à l'exclusion des patois et du provençal littéraire (cf. aussi Bourquin 1991: 26-29) —, plus particulièrement sur «le français moderne dans ses différentes manifestations depuis l'année 1500» (1928: 73). Ce recentrement serait dû — il importe de le signaler — à une suggestion d'Antoine Meillet et avait pour but de sauver la revue d'une disparition menaçante dans les années d'après-guerre (*FM* 1935: 97, sans doute Dauzat; *apud* Huot 1993: 18, n. 4). N'empêche que l'approche demeure diachronique:

> «l'histoire de la langue française moderne, écrite ou parlée, envisagée dans toutes ses formes et sous tous ses aspects: vocabulaire, sons, morfologie, sintaxe, stile, recherches artistiques des écrivains» (1928: 73).

Clédat s'associe[120] Henri Yvon (en 1928), qui publie dans la *Revue* depuis 1901. Après la mort de Clédat, survenue en 1930, Yvon ne peut éviter que la revue disparaisse en 1934.

— *Le français moderne*[121]

Entre-temps, Dauzat avait fondé la première revue française consacrée à l'étude du français, *Le français moderne*. Éditée chez d'Artrey, elle vise le même objectif que la

---

Horluc («La répétition de *si* dans les Propositions conditionnelles coordonnées», 1903), A. François («De quelques cas de sillepse», 1913), Pelen («De la prononciation de X en français», 1901), Martinon («La prononciation de l'E muet», 1912) et Lerch (1914).

[118] À l'exception des «Remarques sur les compléments» (1924: 1-10) et de deux études sur l'ellipse dans la proposition participe (1901: 132-136) et dans les interrogatives (1923: 29-30; 1926: 121-126).

[119] Le changement de programme n'est pas dû à Yvon, mais émane de Clédat même, comme l'affirme Yvon dans une notice nécrologique (1930).

[120] Jules Gilliéron devint co-directeur de la revue en 1920 (tome 32), jusqu'au moment où il décida de ne plus écrire pour les revues (en 1922).

[121] Les objectifs, les collaborateurs et l'orientation de la revue ont été analysés par Huot (1993) à l'occasion du soixantenaire de la revue. Bergounioux (2000) reprend un certain nombre d'aspects de la problématique dans sa contribution sur Dauzat.

revue de Clédat: «l'étude du français moderne (de 1500 à nos jours) sous tous ses aspects» (1933: 1). On ne sait pas trop pourquoi Dauzat a préféré lancer une nouvelle revue plutôt que de tenter de sauver la revue moribonde de Clédat. Yvon, qui rejoignit le comité de rédaction (cf. Dauzat *FM* 1935: 97) après la disparition de la *Revue de philologie française*, nous assure que l'initiative de Dauzat

> «n'a pas été inspirée par un esprit de concurrence mesquine ou malveillante, mais bien par le désir de rendre service à tous les travailleurs qu'intéresse l'étude de la langue française» (Yvon, *FM* 1936: 81).

Cette page de l'histoire des études françaises demeure pourtant obscure, puisqu'Yvon signale qu'à l'origine l'idée fut de collaborer:

> «Si les circonstances l'avaient permis, ils n'auraient pas créé de revue nouvelle: ils l'ont fait seulement après avoir constaté que leurs projets primitifs d'entente et de collaboration étaient irréalisables» (Yvon, *FM* 1936: 81).

Il doit y avoir eu un différend[122] entre Yvon et Dauzat, à moins que les circonstances matérielles (la maison d'édition) n'aient joué[123].

Tant l'orientation de la nouvelle revue que le profil des collaborateurs sont des indices de la position institutionnelle des études sur la langue française (contemporaine). Le sous-titre *Revue de synthèse et de vulgarisation linguistique*[124] fait entendre que la revue ne s'adresse pas seulement aux spécialistes affiliés à l'une ou l'autre université:

> «Instrument de travail, organe d'information qui n'existait pas encore, indispensable à tous ceux qui enseignent la langue française ou qui s'intéressent à elle, LE FRANÇAIS MODERNE a pour but d'exposer, sous une forme accessible à tous, les résultats les plus récents et les plus sûrs de la linguistique française [...] et d'apporter aux chercheurs des données nouvelles et des points de vue nouveaux [...]. Tout en s'efforçant d'être utile aux maîtres des Universités, la revue *s'adresse particulièrement aux membres de*

---

[122] Bergouniioux (2000) suggère que Dauzat a été «écarté de la direction de la *Revue*» à la mort de Clédat, mais n'en fournit aucune preuve. L'historiographe insinue que quelqu'un a «empêché Dauzat de reprendre la *Revue de Philologie française*». Roques, le concurrent de Dauzat pour la chaire au Collège de France, aurait persuadé Meillet, alors très malade et aveugle (il mourrait en 1936), de signer un compte rendu trahissant, selon Dauzat (*FM*, 1937: 187), une «malveillance voulue et tendancieuse».

[123] Jacques Chaurand, le directeur actuel du *français moderne*, estime que Dauzat voulut donner un nouvel élan aux études de linguistique française en leur offrant une revue toute neuve, plus spécialisée (cf. communication orale, *apud* Huot 1993: 19, note 4). Cette motivation n'est pas forcément incompatible avec le mobile, plus subtil, avancé par Bergouniioux (2000). Selon Bergouniioux, Dauzat aurait utilisé la revue pour se profiler en tant que spécialiste d'un domaine en passe d'être reconnu à la Sorbonne et pour se signaler auprès des responsables de recrutement. En vain, puisqu'il n'obtiendra pas de chaire à la Sorbonne, ni au Collège de France, où Roques sera désigné comme patron de la linguistique française (Bergouniioux 2000). Quoi qu'il en soit, la création d'une nouvelle revue peut avoir accéléré la disparition de la revue de Clédat, désormais aux mains d'un professeur de lycée, réputé certes, mais n'ayant pas suffisamment de poids pour assurer la survie de la revue.

[124] Wagner regrette que le caractère vulgarisateur de la revue l'ait empêché de répondre pleinement aux attentes, même si, sous l'impulsion d'Édouard Pichon, elle a tendu un moment à devenir «un centre d'études et de recherches proprement grammaticales et syntaxiques» (Wagner 1947: 68).

> *l'enseignement secondaire et primaire, aux étudiants, aux professeurs de français à l'étranger, aux érudits enfin et aux curieux* désireux de connaître le mécanisme du français, son évolution, sa diffusion dans le monde» (1933: 1; nous soulignons).

Cette orientation se reflète aussi dans la liste des collaborateurs, parmi lesquels figurent quelques professeurs de lycée, comme H. Yvon, G. Esnault et M. Schöne (Huot 1993: 19). De même, le dépouillement de revues liées à l'enseignement comme la *Revue universitaire, L'enseignement public, L'éducation, Les Humanités* et *L'école libératrice* (Huot 1993: 21), souligne le caractère peu spécialisé de la revue. Cependant, dès 1936, la revue change de sous-titre, mettant la vulgarisation et la synthèse entre parenthèses:

> «Cette publication [= *Où en sont les Etudes de français?*] terminée [...], la revue pourra consacrer plus de place aux discussions grammaticales et à l'explication des auteurs, aux recherches étymologiques, aux questions phonétiques, comme à la pénétration du français en France et à sa diffusion à l'étranger. Tout en restant une revue utile aux membres de l'enseignement, *Le Français Moderne* élargira son cadre en suppléant aux défaillances que la crise a provoquées» (Dauzat 1934: 193; *apud* Bergounioux 2000).

Si la vulgarisation — sur fond d'une 'crise' de la langue française — était certainement l'un des objectifs de Dauzat, on peut néanmoins se demander si une revue consacrée au français contemporain et portée par des Français aurait pu survivre en ne visant que des professionnels. On peut dire que le marché français n'était pas mûr pour un tel produit. La linguistique synchronique s'est institutionnalisée et professionnalisée depuis, comme le montre aussi la présence de plusieurs futurs professeurs d'Université parmi les contributeurs de la première heure, qui étaient encore professeurs de lycée à l'époque: Arveiller, Bonnard, Camproux, Pignon, Pohl (un Belge), Pottier et Saulnier (Huot 1993: 21, n. 8). Il nous semble que le caractère hybride de la revue reflète le statut ambigu d'une discipline en voie d'institutionnalisation. Vu le contexte, la linguistique actuelle devrait se garder d'adopter un air trop condescendant à l'égard de cette revue animée par un petit cercle de francisants.

Le monde académique des francisants fut en effet très restreint. Entre 1933 et 1955 les contributions scientifiques furent principalement l'œuvre d'une «équipe très réduite rassemblée autour de Dauzat» qui lui-même en signa environ 40 % (dans l'ordre décroissant): Gougenheim (plus de 200 contributions), Damourette, Spitzer, Pichon, Fouché et Grammont. Dans le comité de rédaction on repère, outre Dauzat, Damourette (secrétaire général jusqu'à sa mort), Bloch, Gougenheim, Fouché et Guerlin de Guer. Cette équipe fut très vite renforcée par Yvon, Bruneau et Pichon (Huot 1993: 20)[125].

Huot (1993: 24) signale aussi le caractère franco-français de la revue pendant les vingt premières années de son existence. Les auteurs étrangers ne représentent qu'une infime minorité des 250 noms d'auteurs recensés pour la période avant 1960.

---

[125] Pour la période 1933-1945, Dauzat (23 %), Damourette, Guerlin de Guer, Pichon, Spitzer et le Courrier de Ménage (= Guerlin de Guer), fournissent 49 % des articles. Quant aux comptes rendus, on notera la quote-part considérable de Dauzat (57%!) et de Gougenheim (11%) (Cassimon 1986).

Huot (1993: 24) mentionne Spitzer, Lerch, Ullmann, Orr, Migliorini et Høybye comme les principaux contributeurs. Si, occasionnellement, une revue allemande est dépouillée dans la rubrique *revue des revues*, les comptes rendus d'ouvrages faits par des étrangers portent de préférence sur des publications rédigées en français. En syntaxe, par exemple, pour la période 1933-1945, seuls 6 ouvrages (dont deux de Lerch) rédigés en allemand sont analysés contre 11 dus à des Scandinaves (qui publient en français).

La création du *FM* ne remédie pas à l'état lamentable dans lequel se trouve le marché français des revues de linguistique française: en dehors du *FM*, une seule revue vit le jour entre 1920 et 1945[126], à savoir la *Revue de linguistique romane* (1925)[127], dirigée par Terracher depuis Strasbourg et Dijon (*Société de linguistique romane*), qui se concentrait surtout sur la géographie linguistique. N'empêche que, dès le début, la revue accueille de temps en temps des contributions portant sur le français (moderne). On y trouve des études de de Boer (7 contributions ou interventions avant 1950), Lerch, Wagner (1936) et Regula (1936). Grâce à son orientation dialectologique, la revue publie dès 1939 une longue étude phonologique (pp. 1-86) de Martinet (*Description phonologique du parler franco-provençal d'Hauteville, Savoie*)[128].

Après la Deuxième Guerre mondiale, l'École de l'Alliance Française crée la revue *L'enseignement du français aux étrangers* (1948), qui est nettement un «bulletin pédagogique» comme l'indique son sous-titre, tout comme *La Classe de français* (Paris 1950; signalée par Kukenheim en 1962). À vrai dire, il faut attendre la décennie 1959-1969 pour voir exploser le marché des revues de linguistique en France. Chevalier (1998a: 73) en a recensé une dizaine, sans compter les revues pédagogiques et autres (*La linguistique*, *Langages*, *Langue française*, etc.).

3.2.2. Les revues de linguistique française à l'étranger

Si en France il faut attendre la fin des années '20 (la *Revue de Philologie française*), voire 1933 (*Le français moderne*) pour voir apparaître enfin une revue qui se charge des études sur le français moderne (au sens très large du terme), la situation à l'étranger est nettement plus favorable.

Vers la fin des années 1870 fut fondée la *Zeitschrift für (neu)französische Sprache und Literatur* (dirigée par Körting et Behrens), dont le programme a dû choquer un

---

[126] Tandis que les philologues classiques virent apparaître deux nouvelles revues (dont la seconde est une bibliographie): *Revue des Études Latines* et *L'Année philologique* (Bergounioux 1998b: 89).

[127] Sur l'histoire de cette revue, voir Roques (2000) et Swiggers (2004 à par.).

[128] Ce tableau doit bien entendu être complété par les revues s'occupant des langues romanes dans une perspective exclusivement ou essentiellement historique et comparative: la *Revue des Langues romanes* (1870), la *Romania* (1872) [privilégiant le domaine gallo-roman] et la *Revue de linguistique et de philologie comparée* (1867-1916). Il faudrait citer aussi la *Revue des patois gallo-romans* (1887-1893), la *Revue de phonétique* (1911, Paris) et le *Bulletin de la Société de Linguistique de Paris* (1869, Paris), principal organe de diffusion de la linguistique indo-européenne.

certain nombre de personnes (Blumenthal 1993: 49), puisque, comme l'indique le titre, la *ZFSL* se permettait de se limiter au «français moderne» (langue et littérature), à l'exclusion des autres langues romanes. Quoique les études littéraires y dominent nettement et que la revue suive de très près tout ce qui se passait dans le domaine de l'enseignement des langues, elle réservait une place importante à des études linguistiques synchroniques. Le registre des 50 premiers volumes (1879-1927), dont la rubrique 6, intitulée *Sprachgeschichte. Grammatik. Lexikographie*, est divisée en plusieurs sections, permet de se faire rapidement une idée de l'orientation de la revue:

contenu de la section (qui ne porte jamais de titre)	nombre d'entrées	nombre d'études à proprement parler
ouvrages généraux et grammaires (historiques)	12	1
mélanges	10	2
ancien français (et prov.): grammaires, ouvrages généraux	8	1
dialectes en ancien français	16	5
les époques les plus récentes de l'histoire de la langue française, français moderne (17e-18e-19e)	16[129]	2
histoire externe de la langue française	9	2
langue d'un auteur particulier	25	4
phonétique historique	39	13
prosodie stylistique	5	0
morphologie (± tout à fait historique)	24	4[130]
syntaxe	117	36[131]
syntaxe d'auteurs	43	3
morphologie lexicale	17	5
sémantique lexicale	15	4
stylistique (figures) d'auteurs	5	0
lexicographie (et géolinguistique)	33	12
emprunts	25	3
étymologies	81	70
toponymie	5	2
noms de personnes	6	3
lexicographie: dictionnaires	58	17
sociolinguistique: langue parlée, argots	14	3
phonétique synchronique, prononciation	55	9
orthographe	8	1
histoire de la grammaire	12	0
histoire de la grammaire (plus) récente	5	1

---

[129] Dans les numéros suivants: 3, 3, 7, 12, 26, 47 (11 x).
[130] Une des 4 contributions, celle de Plattner, porte sur le français moderne.
[131] Les fournisseurs d'articles les plus importants sont Kalepky (6 mentions: n° 37 → n° 50); Spitzer (7 mentions: n° 38 → n° 50); Schulze (2 mentions: n° 2 et 49, mais 49 = anc.fr.); Uhleman (3 mentions); Plattner [2 mentions: n° 3 (2x)]; Meyer (2 mentions: n° 6, 9, 10) et Herforth [2 mentions: n° 10 (2x)].

Quant aux études de syntaxe, l'auteur du registre ne distingue pas la syntaxe historique de la syntaxe synchronique, mais la majorité des études — souvent des notes ou des ajouts — portent sur le français contemporain, quoique les digressions historiques (ou comparatives) ne disparaissent pas tout à fait. Ces études ne se limitent d'ailleurs pas toujours au français moderne, mais englobent souvent le français classique — ou le français du 16e siècle —, éventuellement dans une perspective historique. Ce constat confirme la portée du terme «neufranzösisch», qui fait pendant à *altfranzösisch*.

En plus de la *ZFSL*, les Allemands disposaient d'une deuxième revue consacrée entièrement au français, mais assez éphémère: *Französische Studien* (Heilbronn, 1881-1889; nouvelle série jusqu'en 1893; dirigée par Körting et Koschwitz). Plus tard, d'autres revues spécialisées dans les études sur le français ont vu le jour: *French Review* (New York, 1927) et *French Studies* (Oxford, 1947).

De manière plus générale, il faut noter aussi l'apparition précoce de revues consacrées aux langues vivantes[132]. Une grande partie de ces revues présentent un profil similaire: elles s'intéressent à plusieurs langues vivantes, tant du point de vue linguistique que du point de vue littéraire, elles sont axées sur l'enseignement (comme le montrent les comptes rendus d'ouvrages didactiques) et cherchent à stimuler les contacts internationaux (d'où les nombreux «rapports»). D'autres sont plutôt axées sur la linguistique diachronique. En voici les principales[133]:

> *Archiv für das Studium der neueren Sprachen und Literaturen* (= *Herrig's Archiv*, 1845); *Literaturblatt für germanische und romanische Philologie* (1880, Heilbronn); *Transactions* (à partir de 1888 «Publications») *of the Modern Language Association of America* (1884, Baltimore); *Modern Language Notes* (1886, USA); *die Neueren Sprachen* (1894); *Studier i modern Språkvetenskap* (1898, Upsal)[134], *Neuphilologische Mitteilungen* (1899, Helsingfors); *Zeitschrift für französischen und englischen Unterricht* [1902, Berlin[135]]; *Modern Language Review* (littérature et philologie médiévales et modernes) (1906, Cambridge); *Moderna Språk* (1907, Suède); *Germanisch-romanische Monatsschrift* (1909, Heidelberg); *Modern Language Journal* (1916, USA Madison, Wis.); *Neophilologus* (1916, Groningue); *Studia neophilologica* (1928, Upsal); *Neuphilologische Monatsschrift* (1930, Leipzig); *Modern Language Quarterly* (1940, USA Seattle, Wash.); *Symposium, a Journal Devoted to Modern Foreign Languages and Literature* (1946, Syracuse, NY)[136].

---

[132] On compte aussi plusieurs revues consacrées à l'anglais ou à l'allemand en particulier. L'espagnol et l'italien ont un retard notable.

[133] Sources: listes de périodiques publiées dans Kukenheim (1962), Wagner (1947) et dans la *Bibliographie linguistique* (BL). Les périodiques consacrés exclusivement aux langues germaniques n'ont pas été inclus (p. ex. *Journal of English and Germanic Philology*; 1897, Urbana, Ill.).

[134] Contient de très nombreux articles en linguistique française (en français).

[135] Devient en 1935 *Zeitschrift für Neusprachlichen Unterricht*; après la fusion avec die *Neueren Sprachen* (1943) et le *Neuphilologische Monatsschrift*, le titre devient *Zeitschrift für neueren Sprachen*.

[136] Avant la Deuxième Guerre mondiale apparaissent aussi les premiers périodiques d'obédience structuraliste: *Language* (1925, Baltimore); *Acta Linguistica* (1939, Copenhague); *Cahiers Ferdinand de Saussure* (1941, Genève); *Travaux du Cercle linguistique de Prague*; *Word* (1945, New York).

Langues romanes: *Romanische Studien* (1871-1886, Strasbourg; 1897- au moins jusqu'en 1941, Berlin); *Zeitschrift für romanische Philologie* (1877, Halle), *Romanische Forschungen* (1883, Erlangen); *Kritischer Jahresbericht über die Fortschritte der romanischen Philologie* (1890, Munich); *Romanic Review* (1910, New York); *Romanistische Arbeiten* (1913, Halle); *Vox romanica* (1936, Suisse); *Romance Philology* (1945, Berkeley).

En France, par contre, la moisson est une fois de plus très maigre. Outre la *Revue de Linguistique romane*, la *Revue des Langues romanes* et la *Romania*, revues à orientation diachronique (cf. *supra*), on recense seulement *Les Langues modernes* (1903-, Paris)[137]. Il s'agit sans doute du successeur de la *Revue de l'enseignement des langues vivantes* (1884-1902). S'il faut, certes, encore compléter la liste par les revues consacrées à une seule langue étrangère — mais cela vaut aussi pour les autres pays représentés ici —, il faut dire que la France, ici encore, accuse un retard considérable, notamment par rapport à l'Allemagne.

3.3. *La licence de lettres*[138] *et l'agrégation*[139] *de grammaire*

Pendant toute la première moitié du 20e siècle, la grammaire française était fortement concurrencée au niveau de la licence et de l'agrégation par les langues classiques et la littérature. Or, même à l'intérieur du champ des études linguistiques ayant pour objet la langue française, la grammaire du français moderne se trouvait encore dans l'ombre de la grammaire historique.

Entre 1876-77 et 1896, l'enseignement supérieur français subit une mutation profonde, au point qu'on peut parler de «la naissance d'un nouveau système d'enseignement supérieur[140]». Cette réforme entraîna une différenciation des cursus, tant au niveau de la licence qu'au niveau de l'agrégation. Ainsi, entre 1880 et 1907 la licence de lettres unitaire se scinda progressivement[141] en quatre licences autonomes[142]: philosophie, histoire, langues vivantes et lettres (au sens strict).

Malgré ce début de spécialisation, la licence ès lettres (au sens strict) comportait toujours l'étude de la langue et de la littérature latines, grecques et françaises.

---

[137] Association des professeurs des langues vivantes.

[138] Sur la situation de la linguistique à Paris vers 1910, voir le témoignage de Brunot (1911: 305-310).

[139] L'ouvrage de Chervel consacré à l'histoire de l'agrégation est axé sur le 19e siècle. La documentation sur le 20e siècle est lacunaire (Chervel 1993: 257-258).

[140] Pour un aperçu du contenu des réformes, voir Prost (1968: 226-240) et Karady (1986: 323-334).

[141] Le décret du 25 décembre 1880 divisa la licence en lettres, jusqu'alors unitaire, en une épreuve commune (compositions française et latine à l'écrit; explications française, latine et grecque à l'oral) et trois épreuves particulières: la philosophie, l'histoire et les lettres au sens strict (Karady 1986: 357; Bergounioux 1998d: 22). En 1886 fut créée une quatrième épreuve particulière: l'épreuve de langues vivantes (28 juillet 1886). Après une réforme timide en 1894, les 4 branches acquirent le statut de licences à part entière en 1907.

[142] Il s'agissait toujours d'un examen unique. Le système des certificats, bien que préconisé à plusieurs reprises, ne pouvait pas encore compter sur le suffrage de tous (Prost 1968: 232). Ce n'est en effet que par le décret du 20 septembre 1920 que la licence ès lettres fut dotée de 4 certificats. Un cinquième certificat fut demandé pour la licence en langues vivantes.

Chose curieuse, le français était considéré comme une langue *classique*[143], à côté des langues mortes, par opposition aux «langues vivantes», qui, elles, faisaient l'objet d'une licence à part entière. La nomenclature des diplômes utilisée dans le *Bulletin administratif de l'Instruction publique* en témoigne: *diplôme*[144] *d'études supérieures des langues classiques* (1904: 803) et *(licence) Langues et littératures classiques* (1907: 43). Au lieu d'être un tremplin, ce statut empêcha la grammaire française d'être prise au sérieux, étouffée comme elle était par le latin et le grec[145].

Les épreuves de l'*agrégation de grammaire* souffraient du même mal. La position du français[146], qui y était entré par la petite porte[147] (dans les années 1840, pour remédier aux fautes de français dans les traductions), demeura précaire, comme le montre, par exemple, l'arrêté du 18 juin 1904 (modifiant celui du 29 juillet 1885)[148]:

- épreuves écrites: [poids du français: 1,33 sur 5 épreuves au total]
  - étude grammaticale d'un texte français (les candidats disposaient de 7 heures pour les 3 textes, français, latin et grec)
  - composition française sur un auteur du programme (7 heures)
- épreuves orales: [poids du français: 1 des 3 épreuves]
  explication d'un texte français (suivie d'un exposé sur des questions de grammaire)

En réalité, le poids de la grammaire française était encore plus insignifiant, car la composition, exercice de rédaction, est tout au plus une application de la grammaire et n'a rien à voir avec la grammaire en tant que discipline scientifique. Il s'ensuit que la grammaire française n'était représentée que dans 0,33 des 5 épreuves à l'écrit, soit dans 1,33 des 8 épreuves au total. Aux épreuves de 1913 et de 1930, on retrouve toujours la même division à l'écrit, à ceci près que l'étude grammaticale de textes français avait été dédoublée (ancien français et français moderne). Les oraux n'avaient pas changé.

---

[143] Cf. la critique de Brunot, président du *Congrès international des Langues vivantes* tenu à Paris du 13 au 17 avril 1909 (*apud* Schoen 1909: 233-241).

[144] Le *diplôme* est l'ancêtre de la *maîtrise* actuelle.

[145] Sur la situation de la linguistique à Paris vers 1910, voir le témoignage de Brunot (1911: 305-310).

[146] Sur le rôle de la grammaire historico-comparative dans les épreuves d'agrégation, voir Savatovsky (1998).

[147] L'explication littérale française, limitée d'abord aux auteurs classiques, fut étendue à l'ancien français en 1871 (grâce à Egger), ce qui nécessita une préparation plus poussée en grammaire historique (Chervel 1993). Cette initiative, qui allait de pair avec l'introduction de la grammaire historique et comparée dans les lycées (Bergounioux 1991), légitima du coup la présence de la grammaire historique dans les cursus universitaires. C'est un exemple de la «domination de l'enseignement secondaire» sur l'enseignement supérieur à travers l'agrégation (Reynaud – Thibaud 1990: 64; *apud* Chervel 1993: 254).

[148] Ces chiffres pourraient cependant cacher des réalités fort différentes. La composition française, par exemple, ne portait pas toujours sur un auteur français, comme il ressort du rapport de l'agrégation de grammaire de 1913 (*Revue universitaire* 1913: 370), quand, à la surprise générale, ce fut Horace qui figurait au programme.

Vers le milieu des années '40, Dauzat rompit une lance pour une agrégation de français dans *Le français moderne* (1944: 241-242), revue dont il était directeur. Cette revendication se rattachait à un autre vœu, également adopté sans opposition au Congres du *Front National Universitaire* (Sorbonne, fin décembre 1944): le rétablissement de l'enseignement systématique et suivi de la grammaire française dans le secondaire, et cela de la sixième jusqu'à la première[149], avec comme toile de fond, la fameuse *crise* de la langue française, qui sévissait «depuis de longues années et plus encore depuis les deux dernières guerres» (Dauzat 1946: 1-7). Mais cette agrégation n'a jamais abouti et l'on a dû se contenter de deux accessits: une licence moderne (1947) — dans laquelle la grammaire française fait l'objet d'un seul certificat — et une agrégation de lettres modernes (1959).

La création d'une *licence moderne* (par opposition à la licence classique) signifia cependant un pas important dans l'émancipation du français. Elle fut dotée de 4 certificats (Bruneau 1947: 81, note 1): un certificat de littérature française, un certificat de grammaire et philologie françaises, un certificat de langue vivante et un certificat optionnel (littérature comparée, phonétique ou histoire moderne et contemporaine)[150]. Ce nouveau certificat de *grammaire et philologie françaises* marque un progrès notable par rapport à l'ancien certificat de grammaire et de philologie (Bruneau 1946: 4), dans lequel la grammaire française[151] — trop axée, par ailleurs, sur la phonétique historique et ignorant «la grammaire française proprement dite» (Bruneau 1945: 15) — n'était représentée que par une des trois composantes (à côté de la grammaire latine et grecque). Toutefois, aux dires de Charles Bruneau (1947: 86-87), titulaire de la chaire de philologie française en Sorbonne, la nouvelle licence était taxée de «licence au rabais» par les adversaires.

Si la grammaire du français semble enfin se libérer de l'emprise[152] de la grammaire des langues grecque et latine, force est de constater qu'elle reste toujours d'essence diachronique et prisonnière d'une conception unitariste de la philologie. Depuis la fin du 19e siècle, le peu de grammaire qu'il y avait était entièrement centré sur la grammaire historique, comme à la Sorbonne:

> «Vers 1900, en Sorbonne, l'enseignement de la langue française était consacré uniquement à la grammaire historique[153]; il n'était pas question de ce qu'on appelait alors du terme quelque peu méprisant de *grammaire normative*[154]» (Bruneau 1945: 4).

---

[149] Cf. Galichet (1947: 183, n.1) vers la même époque.

[150] Les trois autres certificats étant consacrés à la littérature française, au latin et au grec (cf. Bruneau 1947: 81).

[151] Il existait aussi un certificat de *philologie française*, qui était en réalité un certificat «d'histoire de la langue française» (Bruneau 1945: 15), à l'intention des instituteurs. Aux yeux de Bruneau, ce certificat devait être davantage centré sur la «grammaire normative» et le français moderne, vu son public.

[152] Il faut noter aussi la suppression de la version latine en 1920 dans les épreuves de la licence de langues et littératures étrangères vivantes, dernière trace de l'ancienne épreuve commune, ce qui facilita l'accès des jeunes filles issues de l'ENS aux épreuves de la licence de langues vivantes.

[153] Bruneau suggère que Brunot n'a jamais dévoilé nettement sa pensée au sujet de la grammaire normative. À son avis, Brunot voulait remplacer la grammaire normative par la grammaire historique (Bruneau 1945: 4).

Citons encore un autre témoignage, très connu, mais révélateur de la dominance de la linguistique historique (Bréal 1903: 801-804):

> «Avez-vous remarqué une chose, me dit un jour G. Paris: on ne fait plus de grammaire française. C'est un genre perdu. L'observation était vraie: ce qu'il ne disait pas — mais il le savait comme moi — c'est que de cette disparition les études dont nous étions les patrons étaient en grande partie la cause[155]».

Bréal y voyait une conséquence fâcheuse de l'engouement pour la linguistique historique et historico-comparative[156]. La *grammaire* historique était, qui plus est, dominée par la *phonétique* et la *morphologie* et négligeait l'étude de la syntaxe (Bruneau 1945: 15-16). Un petit demi-siècle plus tard, l'orientation diachronique de la linguistique, «l'âme des humanités modernes», était restée intacte:

> «Partant du français actuel, nous remontons, par l'intermédiaire de l'ancien français, jusqu'au latin «vulgaire» ou roman commun: nos étudiants d'italien et d'espagnol prennent alors conscience de la parenté des langues romanes. Du latin «vulgaire», nous passons au latin classique et à l'indo-européen: les étudiants d'anglais, d'allemand, de russe peuvent se rendre compte de l'unité de cette famille de langues qui a conquis la plus grande partie du monde civilisé» (Bruneau 1947: 86-87).

Bien que la linguistique soit restée diachronique, Bruneau chercha à l'orienter davantage vers les époques les plus récentes, car le français classique, qui «est encore le nôtre» (malgré les «réelles difficultés»), constitue un remède efficace contre le «désarroi linguistique dans lequel nous vivons et contre lequel l'Université doit réagir» (Bruneau 1945: 9). De plus, ce n'est que «dans la langue contemporaine que nous saisissons la signification d'un mot avec toutes ses nuances, que nous apprécions pleinement la valeur expressive d'un tour» (Bruneau 1945: 12).

Après la Deuxième Guerre mondiale, (histoire de la) langue et littérature étaient encore étroitement liées. Étant donné l'existence d'un certain nombre de «domaines «neutres»«, comme la versification et la stylistique (Bruneau 1945: 10), le travail de «l'historien de la langue»[157] continuait à être marqué d'une forte coloration littéraire:

> «Il examinerait les problèmes de phonétique (rime *tous/vous*) et d'orthographe (je *voi*), les problèmes de morphologie (il *orra*), les problèmes de syntaxe et de vocabulaire. Il étudierait les procédés de style, les définirait, les classerait, chercherait l'origine des métaphores et des comparaisons classiques, la date de leur introduction dans la poésie française et, à l'occasion, la date de leur disparition. Il s'ingénierait à déceler les images mortes, les images clichées, les images expressives et les images neuves. Il ferait les mêmes recherches sur les types de phrase [...]. Enfin tout ce qui concerne la technique poétique serait de son domaine» (Bruneau 1945: 11).

---

[154] À cette époque-là, les bacheliers savaient encore leur français. Vers 1945 ce n'est plus le cas, tellement l'enseignement du français est relégué à l'arrière-plan sous la pression des langues vivantes et des sciences. Ceci a des conséquences pour l'enseignement du français à l'Université (Bruneau 1945: 5).

[155] De la véritable grammaire (normative) telle que l'entend Bréal, on n'en aurait trouvé plus que «des traces» en Belgique, à Genève, à Saint-Pétersbourg et en Allemagne, mais guère à Paris.

[156] Hypothèse contestée par Yvon (1905: 284-299).

[157] Rappelons que Bruneau fut le continuateur de l'*Histoire de la Langue française* de Brunot.

On mesure toute la distance qui sépare cet enseignement de la linguistique d'obédience structuraliste. Comme l'affirme Chevalier (1998a: 71), «à la fin de la 2ᵉ guerre mondiale, l'enseignement de la langue à la Sorbonne continue la tradition philologique de la première moitié du siècle».

Il faut conclure que, avant 1947, l'année de la création de la licence moderne, la grammaire française fut quasi absente du programme de la licence de lettres[158]. Seule l'agrégation de grammaire permettait une préparation grammaticale plus poussée, mais là encore la grammaire française était subordonnée à la grammaire du latin et du grec. La création d'une licence moderne, dans laquelle le certificat de grammaire et de philologie sera remplacé par des unités de linguistique dans les années '60, marqua cependant un pas en avant. À l'agrégation, par contre, les langues classiques tenaient toujours le haut du pavé en 1947. Si les lettres modernes ont pu obtenir leur agrégation (en 1959), on attend toujours la création d'une agrégation de grammaire (ou de linguistique) française (non classique).

3.4. *Les thèses de doctorat*

La production de thèses[159] de doctorat (doctorat d'État et doctorat d'université) est un baromètre utile du poids des disciplines.

Le *Catalogue* (annuel) *des thèses et écrits académiques* recense toutes les thèses soutenues en France. Nous avons relevé seulement les thèses appartenant aux disciplines littéraires au sens strict[160] du terme:

- littérature française (et générale)
- langue et littérature classiques[161]
- littératures étrangères (et littérature comparée)
- dialectologie (galloromane)[162]
- étude de langues étrangères (historico-comparative et synchronique[163])
- le français (y compris le français parlé) et les études de linguistique aspécifiques

La période examinée s'étend de 1903-1904 (année de la suppression de l'obligation de rédiger la thèse complémentaire en latin)[164] à 1948. Seuls les noms ont été

---

[158] Ce tableau de l'enseignement du français est bien entendu incomplet. Il faudrait y ajouter encore les cours de langue pour les étrangers, les diplômes de spécialité conférés par les facultés de lettres (entre autres en phonétique) et les diplômes en FLE. Le rayonnement international du français fut stimulé aussi par la création d'un certain nombre d'organes pour la diffusion du français. Sur toutes ces nouveautés, qui datent de la première moitié du 20ᵉ siècle, voir Karady (1986: 356), Bergounioux (1998b: 88) et Marin (1946: 8-10).

[159] Les mémoires (liés à l'année du diplôme, c'est-à-dire la maîtrise actuelle) ne seront pas examinés. Signalons cependant que selon Brunot (1911: 309), en 1910 aucun mémoire de philologie française n'avait été rédigé.

[160] Dans quelques rares cas, une étude a été attribuée à deux domaines.

[161] À l'exclusion des thèses portant sur l'histoire ou l'histoire de la philosophie de l'Antiquité.

[162] Les études de Durand (1937) sur le français parlé de Paris ont été rangées sous la rubrique «français».

[163] Nous ne faisons pas la distinction, étant donné qu'il est très difficile de juger d'après le titre de quelle perspective il s'agit.

[164] L'enseignement supérieur sort alors d'une période de réformes (1876-1903).

comptés et non pas les études, étant donné que le nombre de personnes intéressées — et donc plus ou moins spécialisées — est plus important que le nombre d'études[165].

Les pourcentages du tableau permettent de mesurer les rapports de force entre les sous-disciplines examinées et ne les rapportent pas à la production globale de thèses. Deux aspects ont été étudiés:

- le rapport entre le nombre de thèses ayant trait à la *linguistique* des langues modernes (y compris le français) et le nombre de thèses produites en *littérature française* et en *langues et littératures classiques* (3.4.1.)
- la structuration interne du champ des études linguistiques des langues modernes, y compris le français (c'est-à-dire les rapports synchronie/diachronie, etc.) (3.4.2.)

3.4.1. Littérature, langues classiques, linguistique (études de langue)

Voici les résultats du dénombrement des thèses:

	litt. fr.	%	litt. l.étr.	%	class.	%	dial.	%	ling. l.étr.	%	ling. fr.	%	100%
1903-1913	87	35,37	92	37,40	37	15,04	10	4,07	10	4,07	10	4,07	246
1914-1919	19	35,85	17	32,08	11	20,75	2	3,77	4	7,55	0	0,00	53
1920-1929	116	39,73	94	32,19	38	13,01	7	2,40	22	7,53	15	5,14	292
1930-1939	190	45,35	142	33,89	40	9,55	6	1,43	25	5,97	16	3,82	419
1940-1948	88	39,29	66	29,46	31	13,84	8	3,57	15	6,70	16	7,14	224
total	500	40,52	411	33,31	157	12,72	33	2,67	76	6,16	57	4,62	1234
par an	10,87		8,93		3,41		0,72		1,65		1,24		
1949-1958							*11*		*29*		*35*		

Le premier constat qui saute aux yeux est le nombre insignifiant de chercheurs intéressés par les langues vivantes et par le français (à peine 13 %), soit 3 à 4 par an. Pour le français et les dialectes (gallo-romans), le nombre de thèses se réduit à 7 % du total. Seulement 4,62 % des thésards s'intéressent à la langue française (cf. *infra*), ce qui revient à une thèse par an (1,24). Le marché est dominé de la tête et des épaules par la littérature des langues modernes (française et étrangère) qui est responsable des trois quarts des thèses produites. Pour rappel, les rubriques examinées ne concernent que les branches littéraires au sens strict du terme (c'est-à-dire langues et littératures) et non pas l'ensemble des disciplines «littéraires». Les thèses en histoire (y compris l'histoire antique), en philosophie (et théologie) et en géographie n'ont pas été incluses, par exemple.

---

[165] Ce parti pris résout du même coup le problème du déséquilibre entre *thèse d'état* (2 thèses) et *thèse d'université* (une seule thèse).

Deuxièmement, il convient de se demander si la situation change au cours de la première moitié du siècle. De façon globale, le marché des thèses est en expansion, abstraction faite des années de guerre. À comparer la première tranche de 10 ans (1904-1913) à la troisième (1930-1939), on constate que le nombre de thèses passe de 246 à 419, ce qui correspond à la croissance des effectifs en lettres au cours des années 1930 (cf. Prost 1968: 242). Face à la croissance globale, le nombre absolu de thèses en langues et littératures classiques stagne, ce qui signifie un recul très net, exception faite de la moisson exceptionnelle de l'année 1948 (13 thèses!). Quand on compare la première à la troisième tranche, on se rend compte que les littératures étrangères ne parviennent pas à suivre la montée spectaculaire de la littérature française (le rapport passe de 35/37 à 45/33).

3.4.2. La linguistique: structuration interne du champ

À partir de 1914, la dialectologie, qui, au début du siècle, se situait encore au niveau des études sur le français — avec 11 thèses en huit ans (1906-1914) —, ne cesse de perdre du terrain, même en chiffres absolus. Cette régression coïncide avec une période creuse en dialectologie, avant le coup de fouet donné par Dauzat en 1939 (Tuaillon 1976: 17-18), qui porte le nombre de thèses à nouveau à une (et plus) par an. En revanche, le nombre de thèses consacrées à l'étude des langues modernes double par rapport à la période avant 1914, alors que l'évolution du nombre de thèses portant sur la langue française suit plus ou moins la croissance moyenne.

Regardons maintenant la structure interne du champ des études de linguistique française. Le peu de progrès (en chiffres absolus) réalisé doit être entièrement attribué à l'essor *des études synchroniques du français contemporain* (= 19e et 20e siècles)[166]:

	historique	synchronie ancienne	synchronie moderne	non spécifié
1903-1926	4[167] noms	12[168] noms (dont 9 sur un auteur)	7 noms (dont 3 sur un auteur)	3 noms[169]
1927-1948	4 noms	10 noms (dont 9 sur un auteur)	14 noms (dont 4 sur un auteur)	5 noms

La grammaire diachronique stagne, de même que les descriptions de *synchronies anciennes*. Le progrès réalisé par le français contemporain doit toutefois être relativisé, car dans 4 cas il s'agit d'une étude (stylistique) de la langue d'un auteur ou d'une œuvre littéraire du 19e siècle. Les études de la langue d'auteurs dominent d'ailleurs aussi la production scientifique dans le domaine des synchronies anciennes

---

[166] Certains auteurs ont été comptés deux fois (deux thèses appartenant à deux branches différentes).
[167] Y compris l'étude de Farrer sur Claude de Sainliens (Holyband).
[168] Y compris le doctorat d'université du Suisse Alexis François sur la grammaire puriste et l'Académie française au 18e siècle (1905).

(9 sur 10)[170] pendant la période 1926-1948. Force est de constater que même au sein de la 'linguistique' (grammaire) française, la littérature fait valoir ses droits.

La moisson de thèses consacrées à la *morphosyntaxe du français contemporain* est dès lors très maigre pour la période 1900-1948:

> Grillet[171], C. *Contribution à l'étude des propositions complétives et relatives.* 1910. 73 p. [... *chez Hugo*, sans doute; thèse complémentaire, soutenue à Grenoble]
> Durand, M[172]. 1936. *Le genre grammatical en français parlé à Paris et dans la région parisienne*. Paris: d'Artrey. [thèse soutenue en 1937 à Paris]
> Tanase, E. 1943. *Essai sur la valeur et les emplois du subjonctif en français*. Montpellier: Rouvière. 335 p. [thèse soutenue à Montpellier]
> Galichet, G. 1945. *Les mécanismes de la langue française. Essai de méthodologie grammaticale*. [doctorat d'université de Poitiers, dactylographié]

Dans le domaine de la phonétique expérimentale (appliquée au français), trois noms sont à citer: Rosset[173] (1910-11), Poirot (1912-13) et Durand (1937, thèse complémentaire).

Dans la décennie suivante (1949-1958), le français contemporain renforce encore sa position chez les francisants, qui, de façon globale, deviennent plus nombreux. D'une moyenne de 1,6 thèses par an (1930-1948), on est passé à une moyenne de 3,5 par an (français moderne: 1,8 par an):

	dialect.	langues étrangères	français + non spécifique			
1949-1958	11	29	35			
			historique	synchronie ancienne	synchronie moderne (19e/20e)	non spécifié
			8 (dont 1: diachronie récente)	7	18	3[174]

En Allemagne, toutes proportions gardées, le nombre de thèses produites en linguistique romane a toujours été beaucoup plus élevé. La discussion entre Lot (1892) et Clédat y fait écho:

---

[169] Dauzat (1906), Rosset (1909, thèse complémentaire) et Vaucher (1924).
[170] Ce qui donne un total de 13 sur 25. Pour le premier quart du siècle, on relève 12 études portant sur des auteurs, et cela sur un total de 19 publications de nature synchronique (= synchronies anciennes et modernes).
[171] L'auteur semble être un littéraire (cf. sa thèse principale). Il est aussi co-auteur d'une grammaire scolaire: Baconnet, G. – Grillet, C. 1921⁵. *Grammaire française pour toutes les classes: enseignement secondaire et primaire supérieur*. Lyon: Vitte. Il occupera la chaire d'«Ancien français» à la Faculté libre de Lyon (déjà en 1925; encore en 1938).
[172] Marguerite Durand, l'assistante de Fouché, se chargera d'une conférence de «Phonétique» à la Sorbonne (déjà en 1938). Elle n'est plus là en 1952.
[173] Théodore Rosset deviendra titulaire de la chaire de «Philologie française moderne et latine» à Grenoble (déjà en 1913).
[174] Entre autres la thèse de Pottier (1955).

> «il est injuste de dire que la France ne produit même pas une thèse de philologie romane par an, tandis que l'Allemagne en produit une cinquantaine; car, ainsi que l'auteur le reconnaît lui-même ailleurs, on ne saurait comparer les thèses allemandes, qui sont des exercices d'élèves, aux thèses françaises qui sont déjà des œuvres de maîtres. Comme M. Lot et comme M. Bourciez (Voyez notre Revue, V, p. 159), nous croyons qu'il est indispensable de créer en France un grade spécial pour la philologie romane» (Clédat 1892: 156).

3.5. *Bilan et causes profondes*

3.5.1. L'invisibilité académique de l'étude du français contemporain

Bien que plusieurs des aspects traités ci-dessus, tels que la création et la suppression de chaires, les contenus (effectifs) des enseignements dispensés dans les facultés et l'orientation des périodiques spécialisés méritent une étude plus approfondie, on peut d'ores et déjà conclure à l'*invisibilité académique* de l'étude du français contemporain.

La précarité des postes consacrés entièrement à la linguistique française ne fait que refléter la situation de la grammaire française dans les programmes de la licence et de l'agrégation, étouffée comme elle était par les langues classiques (dans la licence et à l'agrégation) et par la littérature (dans la licence). La primauté de la littérature et des langues classiques ressort aussi de l'examen des thèses. Qui plus est, si grammaire il y avait en licence, c'était de la grammaire historique, notamment de la phonétique, la seule branche réputée scientifique (cf. 3.5.3. ci-dessous).

On compte donc peu de francisants parmi les professeurs de Faculté. D'ailleurs, l'intérêt des francisants professionnels (donc des 'universitaires') pour la langue contemporaine ne fut jamais exclusif. Ils étaient soit dialectologues (discipline qui était à la recherche de ses marques suite à la disparition de Gilliéron), soit historiens de la langue, soit stylisticiens. L'engagement de littéraires comme Le Bidois et Michaut doit également être vu dans cette perspective. L'intérêt de ces personnages est assez souvent lié à une espèce d'activisme social (le terme est de J.-Cl. Chevalier), qu'ils se battent contre une grammaire scolaire sclérosée ou qu'ils s'offusquent de la 'crise' de la langue française.

Que la grammaire française n'ait pas vraiment pignon sur rue dans le monde universitaire français, cela ressort aussi de l'étude des revues scientifiques. La *Revue de philologie française et de littérature*, qui avait dû se réorienter d'abord, fut relayée par *Le français moderne*, revue hybride animée par un petit cercle de francisants universitaires et non universitaires. Tout comme les grammaires du corpus, *Le français moderne* se trouve, institutionnellement parlant, à cheval sur l'université et l'enseignement/la vulgarisation scientifique. Plus ou moins repliée sur elle-même et peu ouverte aux publications étrangères, cette revue cache mal le retard que la France accusait par rapport au monde germanophone et anglophone en matière de revues spécialisées dans les domaines de la linguistique française et des langues vivantes.

Cette situation explique pourquoi les auteurs français du corpus ne publient guère des études grammaticales en revue (abstraction faite du *français moderne* et de la *Revue de philologie française*).

On peut conclure que le caractère — institutionnellement parlant — non académique de la grammaticographie française et surtout la sous-représentation des francisants dans les facultés de Lettres sont corroborés par les paramètres que nous venons d'examiner. Il ne s'agit donc pas d'un phénomène spécifique au format descriptif appelé «grammaire».

3.5.2. Signes d'un début d'institutionnalisation académique

Tant l'étude du marché des revues que l'étude des postes (cf. Bergounioux 1998b), montre que l'institutionnalisation de la linguistique (française) ne date que des années 1960, période qui coïncide avec la percée du structuralisme en France. Il s'y ajoute la création d'une agrégation de lettres modernes (1959), qui de nos jours, à voir le nombre de candidats qui y concourent[175], a éclipsé l'agrégation de grammaire.

Est-ce dire qu'aucun progrès n'a été fait pendant la periode 1900-1948? Les paramètres que nous venons d'examiner montrent qu'un certain progrès à été accompli. Ce progrès, parfois imperceptible, n'est pas scandé de ruptures. Ce constat ressort de façon éclatante de l'étude des thèses. À l'intérieur du champ de la linguistique française, l'étude du français moderne (au sens de 'français des 19ᵉ/20ᵉ siècles'), encore fortement colorée par la stylistique (littéraire), semble acquérir, petit à petit, droit de cité dans les catalogues de thèses, au détriment de la perspective diachronique. Avec la revue *Le français moderne*, le petit monde des francisants professionnels (et 'amateurs') se dota, enfin, d'un forum. Peu après, un état de la question fut dressé (*Où en sont les études de ...*), qui fut suivi d'une vague de grammaires rédigées pour la plupart par des auteurs appartenant au cercle du *français moderne*. Ce fut également l'époque des premières descriptions syntaxiques détaillées. Outre Sandfeld (1928-1936-1943) — et Grevisse (1936), dont la percée ne fut pas immédiate —, on note la parution de deux ouvrages monumentaux réalisés par des Français: Le Bidois (1935-1938) et D&P (1927[1930 -]). Le déclin des études classiques, marqué[176] entre autres par l'abolition de la thèse latine (1903) et par une baisse du nombre de thèses, ouvrit le champ au français. La création de la licence moderne (1947) fut la première conquête[177].

---

[175] Agrégation de lettres modernes (1998): 2469 inscrits (concours externe). Agrégation de grammaire (1997): 85 inscrits (source: *Rapports de jurys de concours*).

[176] Nous nous bornons ici à l'enseignement supérieur.

[177] Notons aussi la création du CNRS vers la fin des années '30 (Chevalier 1998b) qui a stimulé la lexicographie française (inventoriage entamé par Roques et poursuivie par l'*INALF*) et la dialectologie gallo-romane (Dauzat) (Bergounioux 1998c: 8).

3.5.3. Causes profondes

L'*invisibilité* académique dont il a été question est, bien entendu, une notion toute relative. Elle est en même temps une *sous-représentation*[178] par rapport à d'autres disciplines académiques qui concurrencent la grammaire française, comme le montrent certains paramètres (thèses, agrégation, licence): la littérature (par rapport à laquelle la grammaire avait trop souvent un rôle ancillaire), la grammaire des langues classiques et, dans une moindre mesure, la grammaire historico-comparative. Par rapport à celles-ci, l'étude linguistique de la langue maternelle avait le désavantage de souffrir d'une image très négative, et cela à la fois chez le grand public **(1)** et chez les *linguistes* **(2)**.

(1) La grammaire française avait le tort d'être une matière dont on jugeait la connaissance acquise (et évidente) à l'entrée de l'Université, malgré la difficulté de l'orthographe et la forte tradition puriste. Ce constat vaut même pour les classes supérieures de l'enseignement secondaire où la grammaire n'était plus enseignée de façon systématique (classes littéraires). C'est surtout la position peu enviable de l'enseignement de la grammaire dans les lycées qui semble avoir perpétué le sentiment d'infériorité qui régnait à son égard:

> «L'antique division de «classes de grammaire» et «classes de lettres» pèse encore lourdement sur l'enseignement secondaire. La grammaire, étude inférieure (ou du moins jugée telle) était reléguée dans les petites classes; à partir de la quatrième, il n'en était plus question: on s'élançait vers les hautes spéculations littéraires sur les ailes de la rhétorique[179]» (Dauzat 1912: 73).

La position inférieure de la grammaire déteignait sur les enseignants chargés de son enseignement. Le clivage était tel qu'un professeur de classe supérieure était censé ne pas publier de grammaire (Dauzat 1912: 74)[180]. Comme l'agrégation de grammaire était conçue en vue de la formation et du recrutement des enseignants pour les classes de grammaire[181], l'agrégation de grammaire souffrait, elle aussi, d'un manque de crédibilité[182]. La grammaire a été longtemps considérée comme une

---

[178] Il est difficile de savoir si les rapports de force entre les disciplines diffèrent d'un pays à l'autre, les données étant incomparables. En Allemagne, par exemple, il n'existe pas d'agrégation, les thèses de doctorat n'avaient pas la même ampleur qu'en France (Clédat 1892: 156) et le statut du français, une langue étrangère (FLE), y est différent (il faudrait aussi étudier le statut institutionnel des études sur l'allemand, la langue maternelle).

[179] Antoine (1991: 21) le rappelle encore: «en France, par une aberration persistante, on s'évertue à enseigner «la grammaire» aux élèves à l'âge où les concepts abstraits sont hors de leur portée et qu'on ne leur en souffle plus mot à partir du moment où ils seraient capables de s'y intéresser».

[180] Aussi la conversion tardive à la grammaire de professeurs de littérature comme Gustave Michaut et Georges Le Bidois impose-t-elle une espèce de *confiteor* qu'il serait faux d'interpréter comme une simple marque d'estime à l'égard des grammairiens spécialistes.

[181] Les professeurs étaient d'ailleurs nommés dans une classe (c'est-à-dire une année), avec des barèmes spécifiques (Chervel, communication personnelle).

[182] Il n'est pas sans importance de signaler qu'avant 1861 la licence n'était pas requise pour l'agrégation de grammaire (cf. aussi celle des langues vivantes), contrairement aux autres «ordres» de l'agrégation.

matière facile, parente pauvre de l'agrégation[183]. Les meilleurs éléments[184] optaient en général pour des matières plus prestigieuses, comme la littérature ou la philosophie, qui étaient enseignées dans les classes supérieures des lycées. Ce n'est que vers 1880 — c'est-à-dire au moment où les premiers auteurs de notre corpus «se frottent» à l'agrégation de grammaire — que le niveau monte, grâce surtout aux connaissances en grammaire historique qui étaient désormais requises (Chervel 1993). Il n'empêche qu'après la Deuxième Guerre mondiale l'agrégation de grammaire était toujours considérée comme «le plus facile des concours» (Chevalier 1991: 52), comme le montrent aussi certaines chansons normaliennes (Sirinelli 1994: 141, n. 11). Seul le statut de l'agrégation des langues vivantes[185] était encore moins enviable[186].

(2) Or, la mauvaise réputation de la grammaire descriptive du français émane aussi des rangs des linguistes mêmes, qui considéraient la grammaire «normative» (cf. le témoignage de Bruneau 1945: 4) non pas comme une *science*, mais plutôt comme un *art*.

Dès le début des années 1870, quelques figures de proue de la linguistique historico-comparative s'étaient intéressées à la grammaire du français moderne. Force est de constater que cet intérêt entrait dans les cadres d'un clivage déjà ancien, à savoir celui qui oppose l'*art* (c'est-à-dire une technique qu'on peut apprendre) à la *science*[187]. Tel était le cas chez Paris (1868, 1894), Bréal (1903), Clédat, Brunot

---

[183] À témoin certains rapports des premières années de l'agrégation selon lesquels les meilleurs recalés à l'agrégation des lettres furent «repêchés» en qualité d'«agrégés de grammaire» (Chervel 1993: 98, note 33), souvent dans l'attente d'une nouvelle tentative plus fructueuse.
[184] Ce fut le cas à l'E.N.S. Assez souvent les candidats à l'agrégation de grammaire étaient des candidats recalés (Chervel 1993).
[185] Les candidats aux agrégations des langues vivantes (allemand et anglais) n'étaient pas nécessairement titulaires d'une licence. Même le bac n'était pas requis dans la mesure où un titre équivalent obtenu à l'étranger suffisait. C'est que le concours s'ouvrait aussi aux étrangers et aux Français ayant vécu longtemps à l'étranger. L'École nationale supérieure ne prévoyait même pas de préparation spécifique à l'agrégation des langues vivantes, interdisant même à ses élèves d'y concourir, jusque dans les années 1880. L'on conçoit quel a pu être le prestige associé à cette agrégation (Chervel 1993: 213). Il s'y ajoute que les langues vivantes étaient surtout enseignées dans l'enseignement spécial (à partir de 1865) et dans l'enseignement des jeunes filles (à partir de 1880), filières jugées inférieures et entièrement séparées de l'enseignement classique, jusqu'à l'agrégation. La convergence progressive de ces trois piliers de l'enseignement au début du 20ᵉ siècle a pallié ce déséquilibre.
[186] Voir le compte rendu du *Congrès international des langues modernes* publié dans la *ZFSL* (Schoen 1909). Selon Brunot (discours d'ouverture), la France accusait un retard de 15 ans sur l'Allemagne quant à l'émancipation des langues modernes. La fondation en 1901 de la *Société des Professeurs de Langues vivantes de l'Enseignement public* signifia un grand pas en avant.
[187] Ce couple s'appliquait autrefois à l'opposition grammaire «pratique»/grammaire «philosophique» et «générale». Avec l'avènement de la méthode historico-comparative, la grammaire philosophique perdit son statut privilégié. Désormais les linguistes «positivistes» la considéraient comme une occupation stérile parce que spéculative (aprioriste), au point de lui mettre sur le dos tous les maux de la grammaire scolaire. Pour des prises de positions explicites, voir entre autres Meillet (1906, repris dans 1921: 15) et Brunot – Bony (1909).

(1886) et le tout jeune Meillet (1889). Nous verrons que cette opposition n'avait pas encore disparu (voir Ch. VI, 1.5.2.), même chez des auteurs qui ne s'adressaient plus vraiment à un public scolaire. Les linguistes étaient donc en partie responsables du sentiment d'infériorité qui entourait la grammaire du français moderne.

Un aspect primordial de cet *art* consiste dans l'établissement de la norme et l'évaluation de l'usage. On constate d'ailleurs que les grammairiens français s'appliquaient surtout à la *description* (éventuellement normative) des faits grammaticaux (voir Ch. VII, 1.1.), au détriment de la théorisation. Ce travail de catalogage allait souvent de pair avec des interventions normatives ou des 'remarques d'usage'[188]. La grammaire synchronique faisait encore trop souvent l'objet de *débats de société*. Pensons à la réforme de 1902, à la réforme de la terminologie grammaticale de 1910, à la crise et à la défense de la langue française, à la chasse aux néologismes, etc. Elle n'avait pas encore atteint le degré d'ésotérisme (ni le métalangage) propre aux cénacles scientifiques et ses promoteurs étaient encore trop souvent mus par des considérations idéologiques, progressistes (p. ex. Bréal, Clédat, Brunot), conservatrices (Hermant, Georgin et R. Le Bidois, par exemple), voire nationalistes (D&P). Une hypothèse analogue a été avancée par Huot à propos du caractère athéorique de la revue *Le français moderne*. Dauzat se vantait qu'une grande partie des chroniques grammaticales dans les journaux soient tenues par des collaborateurs du *français moderne* (Huot 1993: 25). La présence de discussions grammaticales dans les colonnes de «huit ou dix de nos grands journaux» est également relevée dans la préface de Bruneau – Heulluy (1937).

Les facteurs que nous venons d'indiquer relèvent de ce qu'on pourrait appeler l'histoire des mentalités. Ils constituent en quelque sorte la toile de fond sur laquelle s'inscrivent les événements et les prises de décisions. En réalité, l'histoire des mentalités et l'histoire des institutions sont interdépendantes et se renforcent dans un mouvement dialectique.

On aura compris que cette page de l'histoire est encore «en construction» et que nous n'avons pas pu pousser plus loin nos propres recherches, d'autant plus que nous avons privilégié l'étude des aspects 'internes' des grammaires du corpus. Il n'empêche que l'étude des aspects 'externes' permet de formuler quelques hypothèses générales sur le rôle qu'a pu jouer le contexte social et institutionnel français dans le développement de la grammaticographie française pendant la première moitié du 20e siècle. Nous reprendrons donc le fil après l'étude 'interne' du corpus, c'est-à-dire dans le dernier chapitre (VIII, 3.).

---

[188] Rappelons que la question de la norme n'est pas traitée dans cette étude.

CHAPITRE III

L'ARTICULATION GLOBALE DE LA THÉORIE SYNTAXIQUE

Avant de nous pencher sur les catégories descriptives, plus particulièrement les fonctions syntaxiques (Ch. IV) et les parties du discours (Ch. V), il convient d'esquisser d'abord le dispositif épistémologique global dans lequel s'inscrivent ces catégories. Ce cadre théorique s'articule autour de la thèse centrale de la présente étude, à savoir le problème de la *bidirectionnalité 'conflictuelle'* qui caractérise la grammaire traditionnelle (française[1]).

La syntaxe traditionnelle est *foncièrement bidirectionnelle* en ce qu'elle allie une approche *catégorielle ascendante* (qui consiste dans la description de l'emploi des parties du discours) à une approche *descendante* — à l'origine purement *logique* — qui divise la phrase en segments *sémantico-logiques*. Il s'ensuit une analyse discontinue et plusieurs 'conflits' dans l'analyse[2] (2.).

La thèse de la bidirectionnalité permet non seulement de comprendre le fonctionnement des grammaires de la première moitié du 20e siècle, elle implique aussi une dynamique interne qui consiste dans la volonté de résoudre les problèmes[3] épistémologiques qu'elle engendre (3.). Aussi les auteurs du corpus tentent-ils, presque inconsciemment, de combler le fossé qui sépare l'analyse de la proposition en fonctions (directionnalité descendante) de la description de l'emploi et de la fonction des mots (directionnalité ascendante), grâce notamment à l'introduction de la notion de s y n - t a g m e (groupe de mots) (3.1.) et au développement d'une perspective fonctionnelle transversale basée sur les fonctions prototypiques des parties du discours (3.2.).

Du point de vue de la *temporalité externe* (cf. Ch. I, 2.1.3.2.), ce cadre s'éclaire à la lumière de la *double analyse*, cet humble exercice scolaire qui a marqué de son empreinte la grammaire (scolaire) au 19e siècle (cf. Chervel 1977) et qui illustre de façon éclatante le problème de la double directionnalité. De l'autre côté de l'axe du temps, la dynamique interne que nous venons de signaler a conduit à l'émergence de modèles syntaxiques qu'on pourrait qualifier d'*unidirectionnels continus*[4]: d'une part l'analyse en constituants immédiats (analyse descendante continue et formelle), d'autre part les syntaxes de type catégoriel (basées sur les catégories lexicales), notamment en France. Le cadre interprétatif se révèle donc particulièrement puissant, puisqu'il jette à la fois de la lumière sur le développement *antérieur* et sur le

---

[1] Pour une ouverture vers d'autres traditions grammaticales, voir 2.4.
[2] Les termes utilisés (*ascendant/descendant*) seront expliqués plus en détail sous 2.0.2.
[3] Dans ce sens, il s'agit d'une véritable *Problemgeschichte* (cf. Knobloch 1988).
[4] Voir 3.3.

développement *ultérieur* de la syntaxe. Comme nous nous abstiendrons d'un regard prospectif (cf. Ch. I, 1.1.), seule la visée rétrospective est vraiment pertinente. Un retour au 19e siècle, voire au 18e, s'impose donc (1.).

1. L'ARCHITECTURE DE LA PHRASE DANS LA TRADITION GRAMMATICALE FRANÇAISE D'AVANT 1900

Celui qui se propose d'esquisser un état des lieux de l'analyse de la phrase telle qu'elle était pratiquée en France vers 1900 se voit bien obligé de se tourner vers la grammaire scolaire, le seul circuit où s'est développée la grammaire synchronique au 19e siècle (Chervel 1977). Or, on ne saurait présenter les notions-clés de la grammaire scolaire du 19e sans poser d'abord quelques jalons de l'histoire de la grammaire antérieure à ce siècle. C'est que la grammaire scolaire reste tributaire des acquis de la grammaire générale qu'elle a taillée à sa guise en l'abaissant au rang d'une matière de catéchisme (cf. les travaux de Chervel). L'analyse scolaire se sert d'un outillage conceptuel (entre autres de la double analyse) qui remonte en effet en partie à la grammaire générale et dont on trouve encore des relents dans les grammaires du corpus. Ces quelques repères — détachés, il est vrai, de leur contexte épistémologique et socio-historique — permettront non seulement de mieux cerner certains termes par un regard en amont, en les captant à leur source même, mais inscriront en outre les grammaires traditionnelles de la première moitié du 20e siècle dans une perspective historique de longue durée: la tradition grammaticale française.

Étant donné que le problème de la bidirectionnalité se trouve au centre de la présente étude, il convient de s'appesantir d'abord sur les avatars successifs de la double analyse et cela depuis le 18e siècle (1.1.). Les concepts d'analyse qui se dégageront de ce survol historique seront soumis à une analyse critique au début de la deuxième section de ce chapitre (2.0.), ce qui permettra d'opérer la jonction avec la problématique de la bidirectionnalité dans les grammaires du corpus. Comme celles-ci se rattachent chronologiquement à ce que Chervel (1977) a appelé la *deuxième grammaire scolaire*, il faudra aussi rappeler les principales mutations qui caractérisent cet épisode de l'histoire de la grammaire (1.2.)[5].

1.1. *La double analyse: de Du Marsais à Noël et Chapsal*

L'analyse de la proposition dans la grammaire scolaire du 19e siècle était dominée par un exercice qu'on appelait la *double analyse*. Le concept remonte aux Encyclo-

---

[5] Pour des raisons de rédaction, les antécédents historiques des concepts étudiés dans cette étude n'ont pas tous été regroupés ici. Des développements historiques plus ou moins importants ont été incorporés dans d'autres chapitres (p. ex. les figures de grammaire, Ch. VI) où ils précèdent l'analyse des termes et concepts attestés dans les grammaires du corpus. Nous nous limitons ici au cadre théorique global.

pédistes (1.1.1.) et fut intronisé — sous une forme modifiée — dans la grammaire scolaire par les manuels de Noël et Chapsal (1.1.2.), avant de se transformer, au cours du 19e siècle, pour aboutir, d'après la terminologie de Chervel, à la *nouvelle analyse logique* (1.1.3.).

1.1.1. Les Encyclopédistes (Du Marsais et Beauzée)

Du Marsais distingue nettement l'analyse grammaticale de l'analyse logique (Swiggers 1984: 113-114; Chevalier 1968: 693-694; 1985b: 118):

> «On peut considérer une proposition ou grammaticalement ou logiquement: quand on considère une proposition grammaticalement, on n'a égard qu'aux *rapports réciproques qui sont entre les mots*; au lieu que dans la proposition logique, on n'a égard qu'au *sens total* qui résulte de l'assemblage des mots: en sorte que l'on pourroit dire que la proposition considérée grammaticalement est la proposition de l'élocution; au lieu que la proposition considérée logiquement est celle de l'entendement, qui n'a égard qu'aux différentes parties, je veux dire, aux différents points de vûe de sa pensée: il en considère une partie comme sujet, l'autre comme attribut, sans avoir égard aux mots; ou bien il en regarde une comme cause, l'autre comme effet» («Construction», in: *Encyclopédie méthodique*, t. 1, p. 494; Brekle, t. 1: 57).

Le premier exemple analysé (l'analyse procède de haut en bas):

celui qui me suit, dit Jésus-Christ, ne marche point dans les ténèbres

peut être représenté comme suit:

- «grammaticalement»: 3 propositions
  - *celui ne marche point dans les ténèbres*: proposition principale
     celui: sujet, nominatif du verbe
     ne marche point dans les ténèbres: attribut
       marche: verbe
       ne point: négation
       dans les ténèbres: modification de l'action
         dans (= modification ou manière incomplète) + complément de la préposition

  - *qui me suit*: proposition incidente déterminant *celui*
     qui: sujet
     me suit: attribut
       suit: verbe
       me: déterminant ou terme de l'action de *suit*

  - *dit Jesus-Christ*: etc.

- «à la manière des logiciens»
  - *celui qui me suit*
     celui qui me suit: sujet logique ou de l'entendement
     ne marche pas dans les tenèbres: attribut («de ce sujet que l'on pense & que l'on dit [...]»)

  - *dit Jésus-Christ*: incise

De même[6]:

Alexandre, qui étoit roi de Macédoine: sujet complexe
vainquit Darius: attribut

Beauzée[7], de son côté, intègre les mêmes composantes dans *une seule analyse* (une analyse dite *grammaticale*)[8], qui a une *double fonction*: examiner la *matière* et la *forme* de la proposition (Swiggers 1984: 114). Dans l'analyse de la *matière*, on retrouve les deux points de vue de Du Marsais: la matière de la proposition

«est la totalité des parties qui entrent dans sa composition; & ces parties sont de deux espèces, *logiques & grammaticales*» («Grammaire», in: *Encyclopédie méthodique*, t. II, p. 193; *apud* Swiggers 1984: 114).

Plus particulièrement:

(a) les *parties logiques*: sujet, attribut, copule[9]
(b) les *parties grammaticales*: «les mots que les besoins de l'énonciation & de la langue que l'on parle y font entrer, pour constituer la totalité des parties logiques».

Ici on retrouve les parties du discours et la technique du *parsing* (explication grammaticale mot à mot).

La *forme*, quant à elle, diffère d'une langue à l'autre. Elle comprend les *inflexions* et l'*arrangement des parties* constitutives. Schématiquement[10] (Swiggers 1984: 116-118):

proposition = EFS_1 (*sujet*) + EFS_2 (*attribut*, y compris la c o p u l e)

avec: $EFS_1 = EFM_1 (+ EFM_2 + ...)$

$EFS_2 = EFM_a (+ EFM_b + ...)$[11]

La description des *sujets* et *attributs complexes*[12] permet de se former une idée de la nature de ces EFM. Le sujet est *complexe* s'il est «accompagné de quelque addition

---

[6] L'analyse grammaticale se présente comme suit: *Alexandre vainquit Darius*: proposition principale, *Alexandre* sujet, *vainquit Darius*, attribut; *qui étoit roi de M.*: prop. incidente, *qui* sujet, *étoit roi de M.*, attribut.

[7] Tout comme Silvestre de Sacy plus tard (cf. Lauwers – Swiggers 2004 [sous presse]).

[8] Qui s'oppose à une analyse dite *rationnelle* qui s'intéresse uniquement aux idées pour en donner un résumé fidèle («Analyse», *Encyclopédie méthodique*, t. 1, p. 183; *apud* Chervel 1977: 78). Comme les parties logiques sont traitées dans une analyse qualifiée de *grammaticale*, Domergue reproche à Beauzée d'avoir confondu analyse logique et analyse grammaticale.

[9] Dans l'article *Attribut*, la copule semble être subsumée sous l'attribut (Swiggers 1984: 116).

[10] EFS: élément formatif sémantique; EFM: élément formatif morphologique.

[11] Entre ces EFM_1 et EFM_2 etc. on peut postuler des rapports de détermination/d'identité (Swiggers 1984: 129); le rapport entre EFS_1 et EFS_2 est toujours un rapport d'identité dans l'optique de ces grammaires (où la proposition de base est de type *X est Y*).

[12] Le couple *complexe/incomplexe* (*sujet complexe/incomplexe*; *attribut complexe/incomplexe*), qui concerne le nombre de mots (abstraction faite de l'article), ne peut pas être confondu avec le couple *simple/composé* (*sujet simple/composé*; *attribut simple/composé*), qui, lui, a trait au nombre d'idées exprimées (unicité de l'idée *vs* pluralité de l'idée). Le premier couple décrit la structure formelle interne des EFS, le second la structure sémantique (Swiggers 1989: 393).

qui en est un complément explicatif ou déterminatif» (Beauzée 1764 [1974]: t. 1, 14), exception faite de l'article défini (*ib.* 15). Parmi les exemples, on trouve l'*adjectif*, le *complément déterminatif* (*de la morale*), la *proposition incidente explicative* et le *complément objectif* (*craindre Dieu*). De même, l'attribut est *complexe* si au mot principal s'ajoutent «d'autres mots qui en modifient la signification» (*ib.* 16). L'élément responsable de la complexité des termes — il change ou complète la signification — est identifié deux pages plus loin: le *complément*. Un renvoi est établi à la typologie des compléments (*ib.* 44-84)[13].

Dans le chapitre *complément*, Beauzée poursuit en effet l'analyse de la proposition entamée dans le chapitre sur la proposition. Après avoir précisé le domaine de la complémentation, il passe à la typologie des compléments, d'abord en fonction de «la forme de son expression» (54-57), puis selon «l'effet de leur signification» (57-64). Quant à la *forme*, le complément peut à son tour être *complexe* ou *incomplexe* (nom, pronom, adjectif, infinitif, adverbe). La complexité conduit à l'idée de l'emboîtement des compléments, c'est-à-dire à l'application r é c u r s i v e de la complémentation (Beauzée 1767: II, 54-55):

> «Un mot qui sert de Complément à un autre, peut lui-même en exiger un second, qui, par la même raison, peut encore être suivi d'un troisième, auquel un quatrième sera pareillement subordonné, & ainsi de suite: de sorte que, chaque Complément étant nécessaire à la plénitude du sens du mot qu'il modifie, & ne pouvant remplir cette destination qu'il n'ait lui-même un sens complet; les deux derniers constituent le Complément entier de celui qui précède l'antépénultième, & ainsi de suite en remontant jusqu'au premier Complément, qui ne remplit sa destination qu'autant qu'il est accompagné de tous ceux qui doivent lui être subordonnés»[14].

En d'autres mots, le sens du mot *relatif* est saturé par l'adjonction d'un complément, qui pour être complément doit lui-même être un mot *général* ou un mot *relatif* déjà complété, etc. L'application du couple grammatical/logique — dédoublé encore par le couple *initial/total* — permet ensuite de distinguer le m o t - t ê t e et l'ensemble du complément l o g i q u e. Quant à la *signification*, la description suit la grille — empruntée à la rhétorique — des *topoi*, c'est-à-dire la méthode des questions, et aboutit à 6 types de compléments.

Ce qu'il faut retenir de Beauzée, c'est que les *parties grammaticales* se situent *à l'intérieur* de chacune des *parties logiques*. L'analyse suit un parcours de haut en bas. Après avoir identifié les différentes propositions, elle dégage chaque fois le *sujet* et l'*attribut*, qui sont analysés à leur tour. Si besoin en est, les parties grammaticales des parties logiques peuvent encore être découpées — ce qui constitue un troisième niveau d'analyse (cf. aussi l'exemple Du Marsais cité ci-dessus: *dans* + *ténèbres*) —, jusqu'à ce qu'on en arrive aux mots. Les p a r t i e s d u d i s c o u r s

---

[13] Sur la théorie de la complémentation chez Beauzée, voir Swiggers (1989).
[14] La présentation de Beauzée semble suggérer une séquence linéaire et ininterrompue de compléments. Le problème des adjectifs antéposés ne se pose pas, étant donné que l'adjectif relève de la relation d'identité (et non de la relation de détermination).

sont donc analysées à l'intérieur des constituants auxquels elles se rattachent (même si cela n'est pas exemplifié chez Beauzée). Un emboîtement analogue mais moins systématique s'observe dans l'analyse *grammaticale* de Du Marsais. Cela tient au fait que l'analyse grammaticale intègre encore des aspects propres à l'analyse logique, notamment des constituants complexes qui peuvent être analysés. Lui aussi dépasse donc le relevé linéaire de mots. Ce ne sera plus le cas chez Noël – Chapsal (1833, 1841, 1842) où l'analyse descendante (= *analyse logique*), qui s'arrête au deuxième niveau, est relayée par le relevé *linéaire* de chacune des parties du discours (= *analyse grammaticale*). Nous y reviendrons sous 1.1.2.

La double analyse fut reprise par les Idéologues (fin 18ᵉ siècle). Selon Chervel (1977: 78), elle a été formulée avec netteté par Domergue (1778) et de façon encore plus précise par l'abbé Sicard. L'*analyse grammaticale* détaille les mots de la proposition (les *parties grammaticales* chez Sicard), alors que l'*analyse logique* identifie les *parties logiques* (Sicard), c'est-à-dire le *sujet*, la *copule* et l'*attribut*. Mais, comme le dit Chervel (1977: 78), «il faudra attendre la grammaire scolaire des années 1810 pour voir pratiquer sans hésitation[15] la double analyse de la proposition»[16].

1.1.2. Noël et Chapsal et la 'première grammaire scolaire'

C'est la grammaire de Noël et Chapsal (1824[1], citée d'après l'édition de 1833) qui consacra l'exercice de la double analyse. Cette grammaire fut un énorme succès commercial, au point qu'on en trouve encore des rééditions au début des années 1930[17]. Elle est accompagnée de deux livrets d'analyse: une *analyse grammaticale* (1841) et une *analyse logique* (1842). Dans la grammaire même, l'opposition *grammatical/logique* est présente dès le début de la partie syntaxique:

> «La proposition, considérée grammaticalement, a autant de parties qu'elle a de mots. Considérée logiquement, elle n'en contient que trois: le *sujet*, le *verbe*, et l'*attribut*» (Noël – Chapsal 1833: 84).

En dehors des «trois parties logiques, essentielles» (1833: 86), *sujet*, *être* et *attribut* (1833: 84-85), qui conduisent à la décomposition du contenu prédicatif (*il dort = il est dormant*), les auteurs relèvent encore une quatrième partie, «purement grammaticale,

---

[15] Voir, par exemple, l'analyse 'fusionnelle' de Silvestre de Sacy (1799; 1803²) dans Lauwers – Swiggers (2004 [sous presse]).

[16] Voir aussi Chevalier (1985b: 291-294). Avant Noël et Chapsal, la délimitation et l'interaction des deux analyses semblent avoir été sujettes à variation. L'intégration progressive de l'analyse logique dans les refontes de la grammaire de Lhomond (1780[1]; 1805; 1811[12]), qui avait voulu bannir toute référence à la métaphysique, conduit à la juxtaposition de deux analyses, l'une logique, l'autre grammaticale (Chevalier 1979). Chez Noël et Chapsal, les deux analyses font déjà l'objet de deux livrets séparés. Les textes à analyser sont cependant le plus souvent les mêmes pour «rendre plus sensible la différence qui caractérise ces deux sortes d'analyses» (Noël – Chapsal 1842: 1).

[17] Comme cette édition publiée à Paris (Delagrave) en 1932 (que nous avons pu dénicher en Belgique).

et qui ne sert qu'à faciliter l'émission complète de la pensée» (1833: 86): le *complément*. Dans le paragraphe qui suit, ils introduisent le terme de *complément logique* qui alterne avec *complément* (1833: 86), c'est-à-dire «tout ce qui sert à l'achèvement du sujet ou de l'attribut» (1833: 86)[18]. Tout comme chez Beauzée, les compléments sont donc conçus comme un moyen (formellement indifférencié[19]) pour obtenir une *signification complète* (1833: 88)[20].

À un niveau d'analyse inférieur, le complément de ce complément du sujet/de l'attribut fait partie du complément: «mots qui se rapportent au complément font partie de ce complément» (1833: 87),

p. ex. L'homme constant dans ses principes, jouit de l'estime des honnêtes gens

complément logique du sujet: *constant dans ses principes*
complément logique de l'attribut: *de l'estime des honnêtes gens*

Les compléments des compléments ne doivent pas être identifiés dans l'analyse logique. Ce qui est du ressort de l'analyse logique, c'est le *complément total* (1842: 7). Apparemment, les auteurs ne s'intéressent pas à la structure interne du complément, qu'ils auraient pu appeler *complexe*, par analogie avec le sujet et l'attribut (1833: 88). De là aussi l'absence du terme complément *grammatical*, l'opposition *complément grammatical/logique* n'étant pas conceptualisée. Quand il fallait relever deux compléments de l'attribut de nature différente, par exemple un circonstanciel et un régime direct, l'analyse logique les dissociait (1842: 33, 35, etc.).

Comment l'exercice de l'*analyse logique* se présente-t-il chez Noël et Chapsal? La détermination du nombre et de la nature des propositions — *principales (absolues, relatives)* et *incidentes (déterminatives, explicatives)* — précède l'identification des parties logiques à l'intérieur de la proposition (simple). L'analyse logique fait l'économie de la distinction *syntaxe/construction*; les 4 figures (1842: 14) suffisent pour rendre compte des phrases, logiquement parlant, non canoniques. L'*analyse grammaticale*, de son côté, comporte deux volets: la *classification* des mots (la *nature*, l'*espèce* et les *accidents*) et la *fonction* des mots (1841: 6)[21].

---

[18] *Être* «ne peut avoir aucune espèce de complément, parce qu'il a par lui-même une signification complète» (Noël – Chapsal 1833: 87-88).

[19] Les auteurs reconnaissent pourtant trois réalisations formelles différentes, mais cette tripartition n'est pas exploitée dans les exemples analysés (1833: 92-100): 1° un *modificatif* (adjectif, participe ou adverbe); 2° un *régime* (direct ou indirect); 3° une *proposition incidente* (= r e l a t i v e) (1833: 87).
Les *Leçons d'analyse logique* fournissent quatre *sortes* de compléments: le *complément modificatif* (= adj., participe), le *complément direct* (= régime direct), le *complément indirect* (= régime indirect, entre autres les c o m p l é m e n t s   d u   n o m) et le *complément circonstanciel* (exprimé par un *adverbe* ou un *régime indirect*) (1842: 5-6). Ces quatre compléments sont identifiés dans les exercices.
Les *Leçons d'analyse grammaticale*, en revanche, se bornent aux *régimes direct* et *indirect*. Les *compléments modificatifs* de l'analyse logique y sont remplacés par les expressions 'qualifier', 'modifier' etc.

[20] On relève aussi des q u e s t i o n s - t e s t s (1833: 86-87): *la culture de quoi? de l'esprit*; de même pour le C O D, etc.

[21] Ils ont prévu encore une troisième section dans la partie introductive: *de la construction*. Il y est question de la *construction grammaticale/figurée*, bref de l'étude des *figures*.

Quand on compare ce dispositif avec les analyses de Du Marsais et de Beauzée, on constate que l'opposition entre les deux analyses est renforcée (notamment par rapport à la théorie de Beauzée). Corollairement, l'analyse est moins 'continue' (moins de constituants emboîtés les uns dans les autres): très tôt l'analyse descendante est relayée par le relevé linéaire des parties du discours. Les niveaux hiérarchiques intermédiaires sont donc moins 'visibles' chez Noël et Chapsal; l'analyse a donc perdu en qualité. À cela s'ajoute que la présentation grouille de contradictions internes. Si la définition susmentionnée suggère que toute proposition se divise en trois blocs, les exemples commentés dans la grammaire ne retiennent que les têtes des syntagmes (sujet, etc.), démarche propre à l'*analyse grammaticale* (1833: 85-88). Ce n'est que quand l'épithète *logique* (1833: 89) ou *complexe* est ajoutée que l'ensemble du syntagme est relevé, comme dans les *modèles d'analyse* (1833: 92-100), encore que l'article disparaisse quelquefois. Si ces préceptes théoriques manquent de clarté, il faut reconnaître que les auteurs ajoutent encore à la confusion en optant dans le manuel d'analyse logique pour un traitement sélectif des parties 'logiques' de la proposition qui ne relève que les têtes et cela en dépit de la présence des termes *complexe/incomplexe*. Qui plus est, dans les *Leçons d'analyse grammaticale*, *votre ami* est identifié à deux reprises comme *sujet* (1841: 7), alors qu'on s'attendrait à *ami*. Voilà les manuels qui feront école aux quatre coins de la France ...

1.1.3. La 'nouvelle analyse logique'

Dans sa thèse monumentale, Chervel décrit l'émergence d'une nouvelle analyse logique (après 1870, Chervel 1977: 206) dans le cadre de la 'deuxième grammaire scolaire'. Dans cette nouvelle analyse logique, le point de gravité se déplace vers l'analyse logique de la phrase complexe. À peine explorées par l'outillage rudimentaire du chapsalisme, les propositions à l'intérieur de la phrase complexe se verront dotées d'une analyse calquée sur celle qu'on pratiquait dans le domaine de la proposition simple. Comme l'affirme Chervel,

> «Au terme de cette évolution [...] l'analyse logique du XXe siècle se préoccupe exclusivement du découpage de la phrase en propositions» (1977: 207).

Le tableau que brosse Chervel laisse deux questions en suspens, questions qui sont, à l'évidence, liées:

> (1) Si la *nouvelle analyse logique* se débarrasse de l'analyse fonctionnelle de la proposition simple, que devient alors l'*analyse* dite *grammaticale*? Aurait-elle disparu?

> (2) Serait-ce que l'analyse fonctionnelle de la proposition simple passe entièrement à la nouvelle *analyse grammaticale*, ce qui résoudrait en partie la première question? Nous allons voir que cela semble avoir été le cas.

Pour étayer sa thèse, Chervel s'appuie sur un passage de la *Grammaire supérieure* de Larousse (1868) — qu'on retrouve encore dans l'édition de 1905 et dans la 24^e

éd. de la *Grammaire complète* (2ᵉ année) — qui témoigne du renversement des valeurs qui commence à se dessiner. Il y ajoute un témoignage de Peine (1898), mais «naturellement, la doctrine définitive ne sera pas mise en place du premier coup» (il est question de 1850). Cette prudence nous semble de mise, car, comme le montrent les exemples ci-dessous, l'ancien découpage conceptuel est encore attesté vers le milieu du 20ᵉ siècle, quoique sous une forme modifiée.

Il nous semble que l'analyse logique de la première grammaire scolaire était suffisamment élastique pour absorber une analyse de la phrase complexe plus étoffée. Cette *analyse logique étendue*, qui semble avoir coexisté avec ce que Chervel a appelé la *nouvelle analyse logique*, aurait continué à faire pendant à l'*analyse grammaticale*. Nous croyons donc que l'ancienne double analyse a continué à vivre bien au-delà de l'année 1920, mais sous une forme étendue (cf. 2.0.1.), aidée en cela par la réédition d'ouvrages anciens. Concrètement, les manuels qui la pratiquent encore réunissent l'analyse de la p h r a s e   c o m p l e x e et celle de la p r o p o s i t i o n   s i m p l e [22]. Cette analyse enrichie s'oppose (toujours) à l'analyse grammaticale, analyse restée plus ou moins intacte, qui examine la nature, la flexion et la fonction des mots. Ce nouveau découpage n'est pas seulement attesté dans les rééditions d'ouvrages anciens, telles que Larive et Fleury (1913[62]), Chassang (1882), Larousse (1905[21]; l'analyse future est annoncée dans une note), Collard[23] (1913[14]; 1873[1]) et Croisad – Dubois[24] (1935[20]), mais aussi dans les manuels plus récents, comme Behen (1932)[25] et Grevisse (1961[6]).

Dans son *Cours d'analyse grammaticale*, Grevisse n'utilise plus les termes *logique*/*grammatical*, mais le découpage (cf. plan du manuel) et les démarches de l'analyse sont traditionnels:

1ʳᵉ partie:
«La proposition»: «Notions fondamentales» (= p h r a s e   c o m p l e x e)
«Les Termes essentiels de la proposition dans la phrase simple»

2ᵉ partie: «Analyse des mots»
p. ex. nom: nature/espèce + genre/nombre + fonction

Faudrait-il corriger ou compléter la reconstruction historiographique de Chervel? Notre collection de grammaires scolaires du 20ᵉ siècle — en grande partie publiées en Belgique — constitue une base insuffisante pour trancher. Ce qu'il faut retenir ici,

---

[22] Pourquoi, d'ailleurs, les séparer si leurs contenus se modèlent de plus en plus sur la notion centrale de fonction?

[23] Analyse *grammaticale* ou *lexicographique*; analyse *logique* ou *syntaxique*.

[24] Ce manuel ne figure pas dans l'inventaire de Chervel. La 7ᵉ édition a dû paraître vers 1910. Les auteurs y proposent deux conceptions différentes de l'analyse sur l'espace d'une page (1935: 397). Qu'il s'agisse d'une modification introduite ultérieurement qui n'a pas été poussée jusqu'au bout ou non, on est là en présence d'un signe du temps, d'un cas de transition, ce qui montre bien l'instabilité qui régnait dans ce domaine.

[25] La grammaire exploite encore la double série de f o n c t i o n s (1932a: 108). Dans les *Exercices grammaticaux* (1932b: 107-9), on trouve en effet le modèle traditionnel étendu.

c'est l'importance de l'ancienne double analyse pour la grammaire (scolaire), ainsi que la possibilité d'une certaine survie, qui permettrait de mieux comprendre la juxtaposition de deux séries de fonctions dans certaines grammaires du corpus[26].

Quoi qu'il en soit, au terme de cette évolution, la *nouvelle analyse logique* ne s'occupe plus que de la décomposition de la p h r a s e   c o m p l e x e, l'analyse de la p r o p o s i t i o n   (s i m p l e)   en f o n c t i o n s étant rattachée désormais à l'analyse *grammaticale*. Citons à titre d'exemple la grammaire de Bonnard (1950[1], [1970]):

> I. *Analyse grammaticale*:
> «L'analyse grammaticale prend pour unité le **mot**; elle indique pour chaque mot sa forme (nature, genre, nombre, etc. selon les mots) et sa fonction (sujet, épithète, etc.)» (1970: 266).
>
> II. *Analyse logique*:
> «L'analyse logique prend pour unité la **proposition**; elle indique pour chaque proposition sa forme (nature, mot introducteur s'il y a lieu) et sa fonction (pour les subordonnées)» (1970: 269).

L'auteur y ajoute un troisième volet d'analyse par lequel il innove: *Analyse par groupes*. L'analyse *grammaticale*, qui «a pour unité le mot», «attribue donc toute fonction à un mot». En revanche, «*L'analyse globale n'est tenue par aucune unité*, elle attribue les fonctions soit à des mots, soit à des groupes de mots, qu'elle appelle «**groupes fonctionnels**» (Bonnard 1970: 270). Ce constat anticipe sur 3.1.

1.2. La 'deuxième grammaire scolaire' et la grammaticalisation de l'approche descendante

La 'nouvelle analyse logique' dont il a été question ci-dessus s'inscrit dans ce que Chervel (1977) a appelé la *deuxième grammaire scolaire*. Celle-ci s'est progressivement substituée à la *première grammaire scolaire* (en gros celle de Noël et Chapsal) à partir des années 1850. La parution de la nomenclature grammaticale officielle de 1910 marque le terme de cette évolution. Chronologiquement parlant, on peut s'attendre à ce que les grammaires du corpus appartiennent à la deuxième grammaire scolaire. Les principes qui la sous-tendent sont donc indispensables pour une bonne compréhension du fonctionnement de la grammaire de la première moitié du 20e siècle, d'autant plus que le passage de la première grammaire scolaire à la deuxième est allé de pair avec la délogicisation ou 'grammaticalisation' de l'analyse logique (ou analyse descendante).

1.2.1. La critique à l'égard de la 'première grammaire scolaire'

C'est dans son application, c'est-à-dire dans les exercices d'analyse (*analyse grammaticale* et *logique*), que la grammaire chapsalienne s'est attiré les foudres des

---

[26] Voir 2.0.1. pour un exemple.

praticiens. Si le départ entre les deux analyses n'était pas toujours facile à faire (Chervel 1977: 158; cf. nos propres remarques *supra*) — ce qui donnait lieu à des analyses mixtes —, c'est surtout dans le secteur des gallicismes que l'analyse logique prêtait le flanc aux critiques. La décomposition obligeait les élèves à prononcer un charabia qui risquait de miner l'apprentissage de la langue. La réaction des pédagogues fut encore renforcée par la critique positiviste des thèses de la grammaire générale (Vergnaud 1980: 69).

La proposition simple calquée sur la structure du jugement, qui était au centre de l'analyse logique chapsalienne, va se 'délogiciser' ou se 'grammaticaliser' au cours de la seconde moitié du 19e siècle. Dans un climat de plus en plus hostile à la logique, l'éternelle tripartition logique (avec décomposition) en *sujet + verbe substantif + attribut* fait place à une structure propositionnelle plus riche et plus proche de la réalité grammaticale.

Le résultat de cette mutation interne est une analyse centrée sur la notion de *fonction syntaxique* — le *terme de la proposition*, mais grammaticalisé — qui allait à son tour exercer une pression constante sur la typologie des propositions subordonnées (Chervel 1977). Comme le dit si clairement Chervel:

> «La grammaire chapsalienne ordonne donc sur deux axes, celui des figures et celui des quatre fonctions, toute la réflexion syntaxique [...]. On verra que la deuxième grammaire scolaire, au contraire, regroupe tout sur l'axe des fonctions[27]» (Chervel 1977: 156).

1.2.2. La théorie des fonctions dans la 'deuxième grammaire scolaire': délogicisation et diversification

Le cadre hérité du chapsalisme s'avéra trop étriqué pour abriter des nouvelles fonctions, tel le *complément circonstanciel*. Si la première grammaire scolaire en parle (par exemple, dans quelques rares manuels d'analyse logique), c'est uniquement en termes d'un *complément indirect* exprimant telle ou telle notion[28].

Chervel (1977) décrit comment l'émergence du complément circonstanciel (par le biais des questions-tests), sorti du *complément indirect,* entraîna la frag-

---

[27] Au niveau de la typologie des phrases, la volonté de réduire toute proposition à la proposition canonique (jugement) se voit contrecarrée par la reconnaissance d'autres types de phrases (essentiellement les interrogatives et les impératives).

[28] Les *Leçons d'analyse logique* (1842: 6) de Noël et Chapsal le mentionnent également (contrairement à leur grammaire). Il est considéré comme un complément exprimé par un adverbe ou par «un régime indirect faisant l'office d'un adverbe» (cf. Chervel 1977: 172), commutation qui en exclut, par exemple, (*arriver*) *de Rome* et (*mourir*) *pour sa patrie.* Vers 1850, l'attention se déplace vers les circonstanciels directs, qui à la suite du recul de l'ellipse (p. ex. (*à*) *la veille*), se prêtaient à une confusion avec le COD, clé de voûte des règles de l'accord du participe passé. La solution du problème réside dans l'élargissement de la batterie des questions-tests, utilisées depuis belle lurette pour reconnaître le sujet et le COD. Ce tournant vers la sémantique (mais formalisée quelque peu par les questions) bouleversa l'opposition formelle entre les *compléments direct* et *indirect* de la grammaire chapsalienne.

mentation progressive de celui-ci. La grammaire scolaire tentera de définir positivement le COI, soit par un critère formel (préposition), soit par l'opposition essentiel/accessoire [cf. Du Marsais, Boniface (1825), Beaumarchey (1847) et Peine (1898)], soit par des critères vaguement sémantiques, mais assez délicats. C'est la dernière option qui l'emportera et la grammaire de la fin du 19e siècle réunira le COD et le COI dans la catégorie unique de l'*objet* (cf. notre corpus). Ce regroupement était assez souvent motivé par le rapprochement avec un équivalent transitif direct: *nuire à qqn = gêner qqn*. Voilà comment est né le COI tel que les grammaires le connaissent encore de nos jours. Le problème des compléments inclassables sera résolu par la création de termes nouveaux, comme le *complément d'attribution* (vers 1920) ou le *complément du verbe passif* (Delbœuf 1889; Chervel 1977: 181). La diversification des compléments du verbe, notamment du *complément indirect*, encore freinée artificiellement par le texte définitif[29] de la nomenclature de 1910, entraîne donc toute une série de fonctions nouvelles qui se substituent aux *figures* dans l'explication de certains problèmes d'accord (p. ex. verbe/sujet).

D'autres fonctions recevront un contenu en partie nouveau: le *sujet grammatical (apparent)/logique (réel)*, l'*apposition* (affectée à la dislocation et à la reprise des sujets par *tout*), et, bien entendu, l'*attribut* (du sujet/du COD), qui devient une simple fonction grammaticale auprès du verbe copule. L'adjectif, quant à lui, se voit également attribuer des fonctions: *épithète* et *attribut*. En effet, l'appareil fonctionnel s'ouvre à d'autres parties du discours susceptibles de réaliser telle ou telle fonction. Après le nom et le pronom, non seulement l'adjectif mais aussi les mots invariables recevront une fonction, du moins, pour quelque temps (Chervel 1977: 193-194).

La 'grammaticalisation' (ou délogicisation) de la proposition a plusieurs corollaires:

- la promotion de la classe lexicale du verbe, qui se confond désormais avec le pivot syntaxique de la phrase (autrefois le privilège du seul verbe *être*), à tel point que le verbe sera le grand absent de la majorité des analyses de la proposition (cf. Ch. IV, 3.1.1.).
- Cette évolution devait créer aussi une atmosphère plus propice à la naissance d'une conception verbo-centrale (au sens large du terme), dans laquelle n'importe quel verbe (donc non seulement le verbe substantif) constitue le noyau de la phrase (cf. Lauwers 2003a).
- l'élévation des compléments du verbe: les compléments du verbe qui se diversifient montent d'un cran dans la hiérarchie syntaxique. De simples *compléments* de l'*attribut* (logique), position un peu en retrait, ils passent au statut de *termes de la proposition*, équivalents en cela au *sujet*, au *verbe* et à l'*attribut*.

---

[29] Elle figure dans la nomenclature du rapport Brunot – Maquet (1909) et est admise dans la circulaire explicative (Vergnaud 1980: 73).

- La 'promotion' des **compléments du verbe** opère sinon une scission, du moins une hiérarchie au sein de l'ancienne catégorie unitaire des *compléments*. La classe des *fonctions* dites *primaires* en est le résultat.
- l'éclatement de la structure phrastique (sans ellipse): les différents **types de phrases** ne sont plus réduits à des phrases **affirmatives** à coups d'ellipses; l'ouverture vers les **phrases nominales, averbales**, etc.

Les notions-clés de ce paragraphe, *délogicisation* (*grammaticalisation*) et *diversification de l'appareil fonctionnel*, seront élaborées sous 2.2. et dans le chapitre IV, qui est consacré à la théorie des fonctions syntaxiques.

2. L'APPROCHE TRADITIONNELLE DE LA SYNTAXE AU 20e SIÈCLE: UNE ANALYSE BIDIRECTIONNELLE CONFLICTUELLE

2.0. *Le passage du 19e au 20e siècle*

L'exercice de la double analyse s'inscrit dans ce qu'Auroux appelle l'*horizon de rétrospection* des grammaires du corpus. Il convient maintenant de passer cette analyse au crible, car les problèmes épistémologiques qu'elle pose (2.0.1.) permettront de mieux cerner les concepts analytiques que nous utiliserons au long de ce chapitre (2.0.2.).

2.0.1. Articulation et problèmes théoriques de l'exercice appelé *double analyse* (version étendue)

Dans la partie introductive, nous avons brossé un portrait rapide des avatars de la double analyse. Il reste à regarder de plus près l'articulation globale de cet exercice. Nous le ferons à l'aide du *Cours de Langue Française* de Croisad et Dubois (1935[20]; Paris: Hatier) qu'on peut considérer comme un représentant de ce que nous avons appelé *la double analyse étendue* (cf. 1.1.3.). L'architecture globale de la double analyse s'y présente comme suit:

[1] Analyse logique
   A. Analyse de la phrase (complexe)
      «reconnaître dans la phrase les propositions et leurs rapports»: propositions indépendantes, principales ou subordonnées (Croisad – Dubois 1935: 397)
   B. Analyse de la proposition: termes de la proposition

[2] Analyse grammaticale
   A. Identification de «l'espèce» (= **partie du discours**)
   B. Identification de la forme (modifications)
   C. Rôle, fonction, rapports avec les autres mots

Dans le cas de la phrase complexe, on ne fait qu'aligner les mots, sans même séparer les différentes propositions.

Prenons un exemple des auteurs. Soit la phrase

> *La Néva coule à pleins bords au sein d'une cité magnifique; ses eaux limpides touchent le gazon des îles qu'elle embrasse et*, [...].

qui aboutit à l'analyse suivante:

[1] analyse logique (Croisad – Dubois 1935: 399)

«Cette phrase renferme six propositions: une indépendante, deux principales coordonnées et trois subordonnées».

1ʳᵉ proposition indépendante: *La Néva coule à pleins bords, au sein d'une cité magnifique*	sujet	*Néva*[30]
	verbe	*coule*
	compléments	*à plein bords, au sein d'une cité magnifique*
2ᵉ proposition principale coordonnée: *Ses eaux limpides touchent le gazon des îles*	sujet	*eaux* (comp.); *ses* dét., et *limpides*, qual[31].
	verbe	*touchent*
	compléments	*le gazon des îles*
3ᵉ proposition subordonnée: *Qu'elle embrasse*	sujet	*elle*
	verbe	*embrasse*
	complément	*qu'*
etc.		

On constate que les auteurs ne procèdent plus à la décomposition du contenu prédicatif. L'analyse s'est déjà grammaticalisée.

[2] analyse grammaticale (Croisad – Dubois 1935: 402)

La	Art. défini, fém. sing., se rapportant à *Néva*
Néva	Nom prop., fém., sing., suj. de *coule*
coule	3e p. du sing. du prés. de l'ind., du v.intrans. *couler*, 1er groupe.
à	Prép., mot inv., met en rapp. *coule* et *bords* (rap.de manière).
pleins	Adj. Qual., mas. plur., qual. *bords*.
bords	Nom com., mas. plur., comp. de circonst. de manière de *coule*.
au	Art. Défini. cont. mis pour *à le*, mas. sing., se rapporte à *sein*.
sein	Nom com., mas. sing., comp. de circonst. de lieu de *coule*.
d'	mis pour *de*, prép., met en rap. *sein* et *cité* (rap. de dépendance).
une	Art. Indéf., fém. sing., se rapporte à *cité*.
cité	Nom com. fém. sing., comp. de *sein*.
magnifique	Adj. Qual., fém. sing., qualif. *cité*.

---

[30] L'article n'est pas relevé ici. Il s'agit sans doute d'une négligence.

[31] Les auteurs passent ici à l'analyse grammaticale du sujet complexe. Cette inconséquence est sans doute un signe du temps, tout comme l'absence de l'article signalée ci-dessus, qui marque l'intrusion de l'analyse grammaticale.

Cette analyse pose un certain nombre de problèmes théoriques.

(1) Une analyse logique

Quand on compare l'analyse logique de Croisad – Dubois avec celle de Noël et Chapsal, on constate qu'elle a été grammaticalisée: on ne décompose plus le contenu prédicatif. N'empêche que l'analyse logique ne s'intéresse pas à la constitution interne des compléments (logiques) et qu'elle exclut certains éléments:

> «L'analyse logique laisse en dehors les mots explétifs et certains mots mis en apostrophe» (Croisad – Dubois 1935[20]: 398).

(2) Une analyse grammaticale

Celle-ci est *atomiste*, car elle n'envisage que des rapports de mot à mot. Elle est *locale* en ce qu'elle ne s'intéresse pas aux rapports avec les éléments hiérarchiquement supérieurs ou inférieurs. On constate en outre un *mélange de registres*. Dans la rubrique 2C, on trouve des éléments assez disparates:

(a) des fonctions syntaxiques: sujet (grammatical), etc.
(b) des indications relatives à la portée sémantique des éléments: articles, déterminants et adjectifs qualificatifs qui *se rapportent à*/qui *modifient* X
(c) des mots qui *unissent* d'autres éléments: prépositions et conjonctions.

Certains éléments ne sont donc pas conçus en termes de fonctions syntaxiques. Si l'on fait abstraction de tous ces éléments (qui sont d'ailleurs dépourvus d'un pendant logique), il ne reste plus qu'une *analyse fonctionnelle très incomplète*. Ainsi, l'article, les déterminants, l'adjectif qualificatif, l'adverbe (qui «modifie»), la préposition et la conjonction ne sont pas associés à l'une ou l'autre fonction syntaxique.

(3) Discontinuité

La double analyse juxtapose une analyse logico-sémantique descendante (*top-down*), à savoir la segmentation logique de la proposition, et une analyse formelle ascendante (*bottom-up*), qui consiste dans l'étiquetage linéaire de la chaîne de mots, comprenant l'établissement de rapports locaux, explicités en partie par des marques formelles.

Ces deux analyses de nature différente (quoiqu'on trouve dans 2C des éléments en partie sémantiques), couvrent, il faut l'avouer, chacune à sa façon, l'*ensemble* des *éléments* de la phrase (à l'exception de ceux laissés délibérément de côté), ce qui explique aussi leur autonomie[32]. L'apparente exhaustivité de la double analyse ne saurait pourtant cacher que les deux analyses ne sont pas compatibles. Quand on essaye de les relier, on se heurte à plusieurs difficultés:

(3a) Une double série de fonctions

Force est de constater que les deux analyses se recoupent en partie. Tant 1B que 2C traitent de l'analyse fonctionnelle de la proposition simple et on retrouve

---

[32] D'où l'existence de manuels spécialisés.

effectivement les mêmes notions sujet et attribut, ou encore, dans une analyse logique grammaticalisée, sujet, verbe, complément et attribut. Cette redondance n'est toutefois pas sans fondement, car dans 1B il s'agit du sujet, de l'attribut et des compléments «logiques» — même si l'épithète *logique* fait souvent défaut —, alors que dans 2C on a affaire à leurs pendants *grammaticaux*, c'est-à-dire aux t ê t e s des s y n t a g m e s respectifs. Nous avons vu que la grammaire de Noël et Chapsal n'était pas du tout conséquente sur ce point. De même, chez Croisad – Dubois on a constaté que l'article disparaît parfois de l'analyse logique et que l'analyse logique anticipe déjà l'analyse grammaticale.

(3b) La structure interne des *compléments complexes* et le rapport avec les parties logiques

Ce problème ne se pose évidemment pas si chacun des membres de la proposition est *incomplexe* (*Pierre bat Paul*). Ici les f o n c t i o n s de type 'logique' coïncident — si du moins on ne décompose plus le verbe — avec leurs homologues 'grammaticaux'. Quand un terme est *complexe* par le fait qu'il contient *un (seul) complément*, l'interface entre les deux analyses reste toujours plus ou moins assurée:

> sujet logique *complexe* (= avec complément): *la conquête de la capitale*
>   sujet grammatical: *conquête*
>   complément de *conquête*: *capitale*
>   la préposition *de* relie les deux noms; *la* détermine *capitale*

L'analyse grammaticale établit nettement le lien entre *capitale* et *conquête* et les deux sont reliés par la préposition.

Les problèmes s'aggravent quand *le complément est lui-même complexe*:

1B[33]	*la conquête de la capitale russe*					
2C	sujet logique complexe (avec compléments: *de la capitale russe*)					
	La	*conquête*	*de*	*la*	*capitale*	*russe*
	se rapporte à *conquête*	sujet grammatical	relie *conquête* à *capitale*	se rapporte à *capitale*	complément (de *conquête*)	complément (de *capitale*)

Le rapport entre *russe* et *conquête* n'est pas envisagé. Si l'on veut s'en faire une idée, il faut nécessairement passer par l'élément intermédiaire, *capitale*. Comme nous l'avons dit, l'analyse grammaticale n'établit que des relations de dépendance *locales* (entre un élément et l'élément supérieur). On comprend qu'une telle analyse occulte la hiérarchie syntaxique à l'intérieur des parties logiques de la proposition; elle est donc *atomiste*.

Si l'on essaye de parvenir aux éléments minimaux de l'analyse *logique* en effectuant les regroupements maximaux à partir des instructions fournies par l'analyse

---

[33] 1B = analyse logique de la proposition; 2C = analyse grammaticale, aspect C: rôle, fonction, rapports avec les autres mots (cf. présentation au début de ce paragraphe).

grammaticale (2C), on constate que la «somme» des rapports de 2C ne permet jamais d'atteindre la structure dégagée dans 1B:

> *la conquête*
> *la capitale*
> *conquête capitale* [et *conquête de capitale*]
> *capitale russe*

La raison en est qu'on a affaire ici à deux analyses foncièrement différentes[34]: l'analyse logique est basée *sur l'emboîtement de constituants au sein de la proposition* (rapports *partie/tout*), là où l'analyse grammaticale se fonde sur des rapports analogues — mais non identiques, parce qu'ils sont en partie de nature sémantique — aux rapports de *dépendance* et conçus de manière *locale*. Graphiquement:

proposition	
sujet (logique)	attribut (logique)

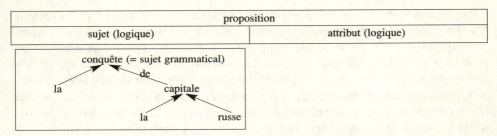

La 'grammaticalisation' de l'analyse logique ne change pas la donne (cf. l'exemple de Dubois – Croisad); elle ne fait que multiplier le nombre de parties «logiques»:

proposition			
(La) Néva	coule	à pleins bords	au sein d'une cité magnifique

Que faut-il retenir de ce retour en arrière pour la syntaxe au 20ᵉ siècle? Voilà la question à laquelle nous tâcherons de répondre dans le point suivant.

2.0.2. La bidirectionnalité de la grammaire traditionnelle: définition du concept

Si la *double analyse* s'avère pertinente pour comprendre le fonctionnement des grammaires publiées au cours de la première moitié du 20ᵉ siècle, cela n'implique pas pour autant qu'elle figure telle quelle dans les grammaires du corpus. Ce qu'on y trouve, par contre, c'est l'*esprit* de la double analyse, c'est-à-dire les principes épistémologiques sur lesquels elle reposait. La double analyse était en réalité un compromis — imparfait — entre deux (directionnalités d') analyse(s) qui caractérisent encore la syntaxe traditionnelle de la première moitié du 20ᵉ siècle. Le lien entre

---

[34] L'écart entre les deux analyses était encore plus grand dans les grammaires pratiquant la décomposition du contenu prédicatif: «L'analyse logique n'admet point la distinction des verbes en plusieurs espèces, comme le fait l'analyse grammaticale; elle n'en reconnaît qu'un seul: *être,* et c'est pour cela qu'on l'appelle *verbe substantif*» (Larousse 1905²¹: 255).

la double analyse — qui est un exercice scolaire — et les grammaires du corpus se situe donc à un niveau plus abstrait. À ce niveau, on peut discerner une double directionnalité dans la description syntaxique[35]:

> *(1) une orientation descendante + sémantico-logique*
> Elle part de la proposition et la divise en parties logiques ou sémantiques (selon le stade de l'évolution de la théorie grammaticale). Elle sous-tend aussi l'ancienne *analyse logique* de la proposition.
>
> *(2) une orientation ascendante + catégorielle (liée aux parties du discours*[36]*)*
> Cette approche de la syntaxe part du niveau des mots, classés en parties du discours, et en examine l'emploi (le rôle, la fonction, la place, etc.). Elle correspond à l'*analyse* dite *grammaticale* de Noël – Chapsal. Afin d'éviter toute confusion avec d'autres emplois du terme *grammatical*, nous avons opté pour l'expression *approche catégorielle*[37].

Cette antinomie recèle en réalité une double opposition, l'une ayant trait à l'*orientation* de l'analyse (ascendante *vs* descendante), l'autre à la *nature* de l'analyse: sémantico-logique *vs* catégorielle (= liée aux parties du discours). Quant à la *nature*, l'opposition n'est pas symétrique. L'aspect catégoriel n'est pas nécessairement lié à la *forme* (qui s'opposerait au *sens*, qui caractériserait l'approche descendante). À vrai dire, la partie du discours était une notion ambiguë. Dans la double analyse, elle était plutôt considérée comme une entité formelle au niveau de la combinatoire syntaxique (c'est le noyau de la partie dite «grammaticale» de l'analyse, où est traité aussi le problème de l'accord), alors que, prise en elle-même, elle est le plus souvent définie par référence à la sémantique. Dans la suite de ce travail, nous nous limiterons assez souvent à la terminologie *descendant/ascendant*. Cette terminologie, qui indique seulement la directionnalité de l'analyse, est réductrice, mais plus facile à manier.

On peut dire que les deux directionnalités opposées se trouvent dans chacune des grammaires du corpus, mais à des doses variables. Leur impact sera examiné à l'aide d'une série de paramètres qui seront commentés au début de chaque section (2.1.1. et 2.2.1.). Ces paramètres sont autant d'*excès* des deux orientations. Ils serviront de fil rouge tout au long de ce chapitre:

> 2.1. La *nature sémantico-logique* de l'analyse descendante, qui, dominée par une autre logique, à savoir celle du jugement et de la pensée, avait perdu tout contact avec la réalité syntaxique. Comme un processus de 'grammaticalisation' s'est engagé dès la fin du 19e siècle (cf. *supra* 1.2.), l'examen se réduira à la recherche de *traces* de l'approche logique: la décomposition du contenu prédicatif, la bipartition (logique) de la proposition, etc.
>
> 2.2. L'approche catégorielle (ascendante) réduit le poids de l'analyse de la phrase/proposition et aboutit à une *approche sélective* et *atomiste* des fonctions

---

[35] D'autres historiographes ont signalé cette problématique. Voir 2.4.
[36] Les parties du discours ont un rapport privilégié avec l'aspect formel (contrairement à l'analyse descendante, à l'origine purement logique ou sémantique), plus particulièrement morphologique, même si elles sont souvent définies en termes sémantiques.
[37] Cf. Bechraoui (1992, 1994) qui distingue une syntaxe *fonctionnelle* et une syntaxe *catégorielle* (*distributionnelle* ou *dépendancielle*). Pour une discussion critique de ces termes, voir 2.4.3. et 3.3.2.

syntaxiques à cause de la focalisation exclusive des parties du discours, prises isolément (*arbre* au lieu de *le grand arbre* est dit *sujet*, par exemple); l'analyse fait abstraction des niveaux de structuration intermédiaires.

2.3. La double directionnalité de la syntaxe pose de façon aiguë la question de l'*articulation des deux perspectives d'analyse*. Force est de constater que l'analyse est foncièrement discontinue (2.3.1.) et qu'elle donne même lieu à des 'conflits frontaliers' (2.3.2.) dans les secteurs où les deux analyses entrent en concurrence.

Le plan du présent chapitre est dès lors très simple: l'approche descendante (2.1.), l'approche ascendante (2.2.) et les problèmes liés à l'articulation des deux approches (2.3.).

2.1. *L'approche ascendante et catégorielle*

Pour mesurer l'impact de la perspective ascendante/catégorielle, 5 paramètres seront envisagés, qui permettront d'aboutir à une échelle de 0 à 5:
- plan: morphologie redoublée ou morphosyntaxe pure [+ indice quantitatif supplémentaire: % syntaxe pure]
- absence d'un chapitre consacré à l'analyse de la proposition en fonctions
- titres: *syntaxe/fonction* de telle ou telle partie du discours
- mots, noms auxquels on attribue des fonctions dans la proposition; définition de la syntaxe sans référence à la phrase
- approche sélective dans l'exemplification

Nous commenterons d'abord ces 5 paramètres (2.1.1.). Le premier paramètre, plus complexe, demande un examen plus approfondi (2.1.2.).

2.1.1. L'indice approche ascendante (IA): paramètres

Les paramètres 1 et 2 — syntaxe construite sur le schéma des parties du discours et absence d'un chapitre consacré à l'analyse de la proposition en fonctions syntaxiques — se rapportent au plan de la grammaire. Pour le calcul de l'indice 'approche ascendante', seuls les plans à morphologie redoublée et à morphosyntaxe pure seront pertinents (cf. 2.1.2.).

Le troisième critère concerne la présence de (inter)titres comme *syntaxe du nom* (*syntaxe de l'adjectif*, etc.), *fonction du nom*, etc. Pour le quatrième critère, nous passerons du plan macrostructurel au plan microstructurel. Il faudra examiner si l'on trouve des passages comme celui-ci dans lesquels les parties du discours (*Wortarten*) sont reliées immédiatement à des fonctions syntaxiques (*Satzglieder*):

> «Die Syntax handelt vom *Satze*, indem sie die Wortarten *als Satzglieder* kennen lehrt» (Lücking 1883: 85).

On peut y rattacher — encore au niveau microstructurel — les définitions de la syntaxe dans lesquelles la notion de *phrase* n'intervient pas[38]. L'exemplification, le cinquième critère, est révélatrice d'une approche catégorielle, chaque fois que le souli-

---

[38] Comme une telle définition fait souvent défaut, nous n'avons pas pu considérer cet aspect comme un critère à part entière.

gnement (ou le commentaire accompagnant les exemples) est sélectif. Concrètement, on peut parler d'analyse sélective (due à la perspective catégorielle) quand l'auteur se borne à souligner la tête des s y n t a g m e s concernés:

sujet: *Le grand* arbre *a déjà perdu ses feuilles.*

Les résultats de l'examen sont très divergents. Les scores varient entre zéro et quatre:

	plan	% syntaxe pure[39]	absence chap. sur fonctions[41]	titres	microstructurel (texte)[40]		exempli-fication	TOTAL (sur 5)
					texte	déf. synt.		
Clédat	+	0	+	–	+	–[42]	– (0)	3
Plattner	+	0	+	–	+	–	– (0)	3
Ulrix	–	55	– (in)	–	–	–	–	0
Haas	–	81	–	–	+	–	+[43]	2
Sonnenschein	–	56	– (in)	–	– (0)	0	+	1
Lanusse	–	15	+	+	+	+	+	4
Strohmeyer	–	20	– (in)	+	+[44]	0	+	3
Radouant	–	27	–	–	+	0	–	2
Brunot	–	3*	– (in)	–	+[45]	0	+	1
Engwer	–	85	– (in)	–	+	(+)	(–)	1
D&P	+	0,4*	– (in)	+	+	0	+	4
Regula	–	84	–	–	–	–	+	1
Académie	–	13	+	+	+	0	+	4
Michaut	+	1*	– (in)	+	+	(+)	+	4
Le Bidois	–	49	+	–	+	+	+[46]	3
Larousse	–	18	–	+	+	0	+	3
Grevisse	–	17	–	–	+	–	+	2
Bloch	–	24	–	+	+	(+) 0	+[47]	3
Bruneau	–	21	– (in)	–	+	0	+	2
Gougenheim	+	0	–	–	–	+	–	2
Galichet	–	73	–	–	–	0	–	0
Dauzat	–	14	+	+	+	0	+	4
Wartburg	–	30	+	+	+	0	+ (0)[48]	4
de Boer	–	100	–	+	+ (0)[49]	0	+ (0)	3
Cayrou	–	29	–	–	+[50]	+	+[51]	2

---

[39] Pour les astérisques, voir la note 60 sous 2.1.2.2.[B].
[40] 0: le critère n'est pas applicable. Dans le calcul du total, les 2 colonnes ont été considérées ensemble.
[41] Par *in* il faut entendre que cette section fait partie d'une section 'purement syntaxique' englobante.
[42] «L'étude des lois d'accord, de l'ordre des mots et des différentes espèces de phrases» (Clédat 1896: 3). La phrase n'intervient qu'en tant qu'unité à classer.
[43] Flottement.
[44] Cas.
[45] Inconséquences.
[46] Flottement.
[47] Flottement.
[48] Très peu de passages où il est question des fonctions et les auteurs ne soulignent pas. On trouve toutefois des exemples (1947: 21, 40). Dans le deuxième cas, ils font même abstraction de la subordonnée.
[49] L'auteur exploite peu l'interface mot/fonction. Il y a donc très peu de passages où l'on pourrait trouver des exemples. Ceci vaut aussi pour le critère 5. Voici cependant quelques attestations: de Boer (1947: 34, 34, 38, 230).
[50] Flottement.
[51] Flottement.

2.1.2. Détail du premier paramètre: le plan des grammaires

2.1.2.1. Critères qualitatifs et quantitatifs

Pour la description des plans, deux séries de critères entrent en ligne de compte:
- des critères *qualitatifs*: typologie «qualitative» du plan
- un critère *quantitatif*: % du nombre total de pages portant exclusivement sur la syntaxe 'pure' (à l'exclusion de la morphosyntaxe) = l'indice *% syntaxe pure*

Quant à l'indice *% syntaxe pure*, nous avons calculé le nombre de pages absolu et relatif consacré à la *syntaxe pure* — expression empruntée à Dauzat (1947: 12) —, notion qu'il faut interpréter avant tout négativement, à savoir toute division macro-structurelle qui ne soit pas organisée selon les parties du discours (ou selon les morphèmes grammaticaux). La 'syntaxe pure' ainsi définie comprend les rubriques suivantes: l'analyse de la proposition simple en fonctions syntaxiques (éventuellement aussi les syntagmes, s'ils sont rattachés au traitement des fonctions syntaxiques dans la proposition, p. ex. chez Ulrix), la description de la phrase complexe avec la typologie des subordonnées, l'inventaire des types de phrases et les sections consacrées à 'l'ordre des mots' et à la problématique de l'accord[52].

Restent quelques complications. Il arrive qu'un chapitre qu'on peut qualifier de syntaxique abrite une section qui relève de la non-syntaxe — telle que nous l'avons définie —, comme, par exemple, un paragraphe sur la conjonction. Dans ce cas, nous l'avons comprise dans la syntaxe, étant donné que le fait d'intégrer la partie du discours dans une partie syntaxique fait preuve d'une attitude favorable à l'égard de la syntaxe 'pure'. Le cas inverse est également attesté: une section construite autour des parties du discours à laquelle viennent se rattacher quelques insignifiantes[53] annexes syntaxiques dont nous faisons abstraction[54]. Ces deux cas de figure doivent être distingués des grammaires qui traitent la matière syntaxique dans une section agencée selon des principes autres que les classes de mots ou morphèmes, mais dans laquelle on reconnaît toujours un noyau qui fait écho à ceux-ci. Ces paragraphes n'y sont plus des intrus ou des annexes mal intégrées dans une section qui progresse au gré des parties du discours (= pdd), mais fournissent le principe organisateur même de la description. Ils seront considérés comme relevant de la syntaxe pure, mais d'un autre type: *pdd'*. Cette distinction supplémentaire permet d'affiner le traitement

---

[52] Les deux dernières rubriques — surtout la dernière — sont à cheval sur l'étude des pdd et la syntaxe 'pure', mais le seul fait de regrouper tous ces faits dans une section à part entière, plutôt que de les rattacher à la grille des pdd, constitue déjà un progrès vers la syntaxe (telle que nous l'avons définie ici, c'est-à-dire de façon négative). C'est pourquoi elles ont été prises en considération dans le calcul de l'indice *% syntaxe pure*.

[53] Voici les auteurs concernés: Radouant, Le Bidois, Grevisse et Wartburg.

[54] Ce dernier parti pris est sans doute plus difficile à accepter (puisque la syntaxe pure est tellement sous-représentée), mais il découle directement du premier. De plus, ces annexes occupent une position vraiment marginale, tant sur le plan de l'agencement global de la grammaire que sur le plan du poids numérique: Plattner (2/8 chap. et 14 p.), Radouant (1/6 chap. et 5 p.), Michaut (2/17 chap. et 11 p.) et Gougenheim (1/12 et 18 p.).

quantitatif et fait justice à une pratique grammaticographique attestée dans le corpus, à savoir à ce que nous appellerons les *catégories fonctionnelles transversales* (cf. 2.1.2.2., type 3.3.).

Finalement, il importe de signaler que le nombre total des pages ne correspond pas au nombre de pages réel. Certaines sections générales — et donc neutres — ont été exclues (parties introductives, notions sur l'histoire externe de la langue, éléments de versification, etc.).

2.1.2.2. Résultats de l'analyse

Les résultats de l'analyse, qualitative et quantitative, peuvent être résumés dans un tableau synoptique:

1. Plan morphologisant	
	1.1. Morphosyntaxe pure Clédat (0 %), D&P (0,4 %*)
	1.2. Morphologie redoublée Plattner (0 %), Michaut (1 %*), Gougenheim (0 %)
2. Plan mixte	
Le Bidois (49 %), Wartburg (30 %; ordre descendant), Radouant (27 %; clivé), Bloch (24 %), Bruneau (21 %; ordre descendant), Strohmeyer (20%), Larousse (18 %; ordre descendant), Grevisse (17%; clivé), Lanusse (15%; triple), Dauzat (14%), Académie (13%)	
3. Plan syntaxique	
	3.1. Plan 'purement syntaxique': Cayrou (29 %)
	3.2. Syntaxe (et morphologie) des pdd emboîtée dans la syntaxe 'pure'
		3.2.1. Syntaxe comme *Beziehungslehre*: Engwer (85 %), Regula (84 %)
		3.2.2. Syntaxe à cadre 'phrastique': Ulrix (55%) et Sonnenschein (56 %)
	3.3. Plan basé sur les pdd élargies (= perspective fonctionnelle transversale): Haas (81 %), de Boer (100 %), Galichet (73 %)
4. Grammaire onomasiologique 'plate': Brunot (3 %*)	

Par la suite, nous allons commenter d'abord les 4 types 'qualitatifs' (et leurs sous-types) [A], ensuite l'indice *% syntaxe pure* [B] et le rapport entre les deux critères, qualitatifs et quantitatifs [C]. Pour terminer [D], nous dégagerons les principales tendances de l'époque.

[A] Résultats de l'examen qualitatif

(1) Les grammaires *à plan morphologisant* ne contiennent aucune division macrostructurelle qui ne soit pas agencée selon les parties du discours (ou les morphèmes grammaticaux), bref aucune division 'purement syntaxique'. Une première option (= *morphosyntaxe pure*) consiste à construire le plan de la grammaire autour de la liste des parties du discours auxquelles on rattache chaque fois la définition, le sens, les *accidentia* (la morphologie) et les fonctions/emplois. Quelques grammaires — c'est une deuxième option — dédoublent la liste des parties du discours, pour les considérer d'abord du point de vue morphologique, puis du point de vue de leur emploi (syntaxe). Ce plan, que Karabétian (1998b) qualifie de *morphologie redoublée*, peut même donner lieu à une morphologie *triplée*[55], comme chez Lanusse, qui est cependant déjà une grammaire mixte (morphologie/syntaxe/sens des pdd).

(2) Or, la majorité des grammaires du corpus sont *mixtes*, c'est-à-dire construites autour d'un noyau constitué par les parties du discours (donc le mot) auquel on a ajouté des chapitres exclusivement syntaxiques. Quant à l'ordre respectif de la morphosyntaxe des pdd et de la syntaxe pure, plusieurs options sont envisageables: un ordre ascendant (morphosyntaxe des pdd, ensuite les sections syntaxiques), un ordre descendant[56], ou une syntaxe clivée (premier volet syntaxique + morphosyntaxe des pdd + deuxième volet syntaxique).

(3) Le troisième groupe de grammaires est caractérisé par un plan 'syntaxique' et abandonne la partie du discours comme principe organisateur. Cette caractérisation purement négative (l'affranchissement de la syntaxe des pdd) et minimale permet plusieurs types de syntaxes.

(3.1) Chez Cayrou, la partie syntaxique — la *syntaxe du français*, qui s'enchaîne sur la *morphologie du français* — se divise en deux parties (abstraction faite d'un chapitre liminaire consacré à la typologie des phrases): les *groupes* et les *fonctions*. La description de la structure interne des *groupes* aborde les f o n c t i o n s   s e c o n ‑ d a i r e s (*groupe du nom*) et l'emploi des temps, des modes et l'accord (*groupe du verbe*).

(3.2) Ce plan 'purement syntaxique' se distingue nettement du plan des grammaires qui emboîtent la syntaxe (et éventuellement la morphologie) des parties du discours et/ou des catégories morpho-sémantiques (p. ex. temps, modes) dans un cadre syntaxique. Ces «résidus» ne fournissent pas la clé de la description syntaxique, mais sont subordonnés à un principe organisateur 'syntaxique', formulé explicitement (Engwer, Regula, Ulrix) ou non (Sonnenschein).

Ainsi, Engwer et Regula considèrent la syntaxe comme l'étude des rapports (syntaxiques) (*Beziehungslehre*) et organisent leur grammaire *selon les moyens grammaticaux* (accent, intonation, ordre des mots, flexion, ...)[57]. À un niveau descriptif inférieur, ils se demandent ce qu'expriment tous ces moyens linguistiques et comment il faut les utiliser. Sous la partie intitulée *Flexion*, de loin la mieux

---

[55] Il faut y voir une application au plan macrostructurel d'un principe mis en évidence par la commission pour la réforme de la nomenclature de 1910: la séparation de la forme et du sens (*apud* Lanusse – Yvon 1929: 11, 17, 18; cf. déjà le rapport provisoire de Brunot et Maquet 1909: 343).

[56] L'ordre par défaut est l'ordre ascendant. Larousse (1936: 8) et Bruneau (1937: 67) se sentent même obligés d'insister sur la légitimité du plan qui met l'analyse de la proposition/phrase en tête.

[57] Ce point de vue sur la matière syntaxique est typiquement allemand (p. ex. Behaghel 1897; Sütterlin 1900: 235-236) et semble remonter à Hermann Paul (1880[1]; 1909: 123-124). L'idée d'en faire le plan de grammaires semble avoir été lancée par Ernst Otto (1919) et a inspiré plusieurs grammaires scolaires allemandes (ou d'expression allemande), parmi lesquelles Regula et Engwer. Nous y reviendrons dans le chapitre V.

fournie, on retrouve toutes les parties du discours, leur variation flexionnelle — la morphologie devient une succursale de l'édifice syntaxique — et les catégories morpho-sémantiques qui y sont associées, ainsi que les rapports contractés par les parties du discours[58].

Ulrix et Sonnenschein, de leur côté, optent plutôt pour un cadre phrastique. L'«ordre nouveau» (1909: VII) que préconise le premier consiste à mettre en parallèle la syntaxe de la *phrase simple* et celle de la *phrase composée* en optant deux fois pour une quadripartition (*analyse/emploi des mots/ordre des mots/ponctuation*), quitte à créer des sections 'forcées' qui font double emploi. À l'intérieur du cadre 'phrastique', les deux sections consacrées à l'emploi des mots ont toujours un poids considérable (± 60%), tout comme la *Flexion* chez Engwer et Regula. La démarche de Sonnenschein est moins nette. Les deux premières (analyse de la phrase en fonctions, accord) et les deux dernières sections (typologie des phrases et des propositions, ordre des mots) de la partie syntaxique embrassent un noyau qui traite de l'emploi de certains morphèmes et parties du discours (modes et temps, cas et prépositions, infinitif et participe, pronoms et articles).

(3.3.) Trois auteurs (Haas, de Boer, Galichet) fondent le plan de leur grammaire sur des catégories (sémantico-)fonctionnelles regroupant des structures linguistiques (parties du discours «translatées», subordonnées, etc.) qui ont des fonctions identiques aux fonctions prototypiques des principales parties du discours[59]. Le plan de ces grammaires et syntaxes trahit toujours, ne fût-ce que dans la nomenclature (éléments substantivaux, adjectivaux, etc.), un lien avec les parties du discours qui sont cependant subordonnées aux nouvelles catégories dont elles constituent la réalisation par défaut. Ces sections sont complétées par des chapitres à plan 'purement syntaxique'.

(4) Reste Brunot (1922), hors catégorie. Même si l'on a vu transparaître les parties du discours à travers les livres de *La Pensée et la Langue* (Chevalier 1991: 83), il faut toutefois le classer à part. On ne saurait plus parler d'une syntaxe affranchie de la morphologie pour la simple raison que les frontières entre les disciplines et les niveaux de structuration (mot/fonction syntaxique/proposition) se dissolvent dans le cadre onomasiologique 'plat', où se confondent lexicologie, morphosyntaxe et syntaxe.

[B] Résultats de l'analyse quantitative

Les types que nous venons de passer en revue peuvent être représentés sur une échelle continue visualisant le 'degré syntaxique' (= l'indice % *syntaxe pure*). Il faut

---

[58] L'inclusion d'éléments comme les conjonctions de coordination et l'ensemble des fonctions syntaxiques (y compris le c o m p l é m e n t d ' o b j e t et le c o m p l é m e n t c i r c o n s t a n c i e l) montre les limites de ce plan, qui ne saurait convenir à une langue non casuelle.
[59] C'est ce que nous avons appelé la *perspective fonctionnelle transversale*. Pour une analyse détaillée, on se reportera à 3.2.1.

souligner que le degré syntaxique d'une grammaire est un indice quantitatif grossier qui ne concerne que l'*agencement global*, c'est-à-dire le plan, de la grammaire:

grammaire	données quantitatives[60]							données qualitatives[61]
	nombres absolus			%[62]				
	pure	pdd'	autres	n total gramm.	autres	pdd'	pure	pdd' + pure	
Clédat	0	0	368	368	100	0	0	0	MS pure
Plattner	0	0	426	426	100	0	0	0	Mdouble
Ulrix	42,7	69,3	91	203	45	34	21	55	SPhr
Haas	239,4	140,3	91,3	471	19	30	51	81	SPhr (+ pdd')
Sonnenschein	27,5	79,5	85	192	44	41	14	56	SPhr (proche de Mdouble mixte)
Lanusse	45	0	264	309	85	0	15	15	Mtriple mixte
Strohmeyer	53	0	218	271	80	0	20	20	mixte
Radouant	73	0	202	275	73	0	27	27	mixte (clivée)
Brunot	29*	0	850	879	97	0	3*	3*	«plate»
Engwer	25,2	150,8	30	206	15	73	12	85	Sphr (Beziehung)
D&P	18*	0	4352	4352	100	0	0,4*	0,4*	MS pure
Regula	20,9	189,1	38,8	248,8	16	76	8	84	Sphr (Beziehung)
Académie	29	0	207	236	88	0	12	12	mixte
Michaut	7*	0	521	528	99	0	1*	1*	Mdouble
Le Bidois	632	0	645	1277	51	0	49	49	mixte
Bloch	62	0	195	257	76	0	24	24	mixte
Larousse	73	0	323,2	396,2	82	0	18	18	mixte (phrase d'abord)
Grevisse	107	0	539	646	83	0	17	17	mixte (clivée)
Bruneau	81	0	311	392	79	0	21	21	mixte (phrase d'abord)
Gougenheim	0	0	332	332	100	0	0	0	MS pure (morphèmes)
Galichet	66	45	41	152	27	30	43	73	Sphr (+ pdd')
Dauzat	56	0	356	412	86	0	14	14	mixte
Wartburg	102	0	235	337	70	0	30	30	mixte (clivée)
de Boer	64	163	0	227	0	72	28	100	Sphr (+ pdd')
Cayrou	116	0	280	396	71	0	29	29	Sphr

---

[60] Il convient d'expliquer le pourquoi des astérisques figurant dans ce tableau. Comme il a été dit, certaines parties neutres (introductives, par exemple) n'ont pas été prises en considération dans le calcul du nombre total de pages. Dans trois ouvrages, la théorie des fonctions figure justement dans la partie introductive: *Notions préliminaires* (Michaut 1934: 10-16), le 4e chapitre, intitulé *les compléments* (V1, 111-128) du livre II, *Esquisse de la structure générale du français* (D&P) et *Généralités* (Brunot 1922: 7-35). Le chiffre figurant dans le tableau n'est là qu'à titre indicatif pour ces trois ouvrages (ces pages n'étant pas comprises dans le nombre total), d'où l'astérisque.
Chez Brunot (1922) on trouve, certes, en dehors des *Généralités*, d'autres passages qui sont placés sous le signe de la phrase et des fonctions syntaxiques, mais jamais ouvertement, étant donné le point de vue onomasiologique qui neutralise les distinctions entre les niveaux pour ainsi dire. À titre indicatif: il s'agit de 263 pages (30 %), ce qui porterait le total à 33%.
[61] LÉGENDE: Mdouble: morphologie redoublée; MS pure: morphosyntaxe; Sphr: syntaxe 'pure' (de la phrase); Mtriple mixte: morphologie triple mixte.
[62] Les pourcentages obtenus peuvent être quelque peu biaisés par le poids inégal des chapitres phonétiques et lexicologiques (qui sont également compris dans «Autres»). Ceci désavantage les grammaires 'complètes'.

Graphiquement:

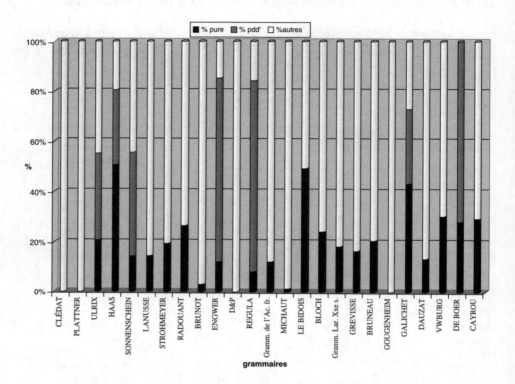

À première vue, ce tableau ne montre aucun progrès dans le développement de la syntaxe. Or, quand on regarde le développement à plus long terme, c'est-à-dire sur au moins un quart de siècle, on constate quand même un certain progrès. La moyenne des pourcentages 'syntaxe pure' (sans *pdd'*) passe de 14,08 (pour les 13 premiers ouvrages) à 22,13 (pour les 13 derniers, la *Grammaire de l'Académie* ayant été comptée deux fois). Ceci suggère, et il faut le souligner, l'élaboration progressive des chapitres traitant de l'analyse de la proposition, des types de phrases et de l'ordre des mots[63].

[C] Il convient aussi d'examiner les rapports entre les indices quantitatifs et qualitatifs:

---

[63] Quand on envisage les pourcentages globaux (syntaxe pure et pdd' ensemble), on constate une stagnation, voir une régression, de 33,66 (14,08 + 19,58) à 29,93 (22,13 + 7,80). Ces chiffres ne sont pas vraiment significatifs dans la mesure où le trait *pdd'* ne concerne que 7 ouvrages dont le plus important (Regula) se situe à la frontière des deux groupes sur lesquels le calcul s'est basé.

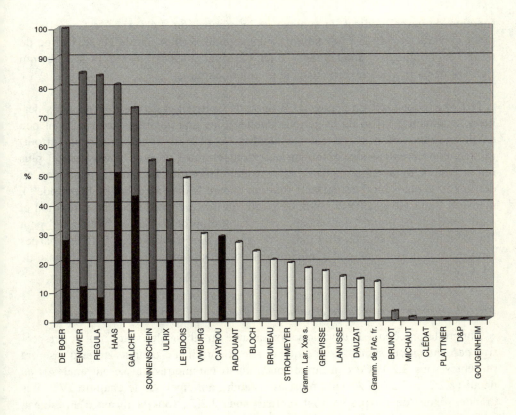

On constate que les grammaires à plan 'syntaxique' (noir + gris foncé) et les grammaires mixtes (blanc) constituent deux ensembles nettement identifiables. Les données quantitatives confirment donc l'analyse qualitative. Deux exceptions toutefois: Wartburg et Le Bidois.

La syntaxe des Le Bidois se détache du lot à cause de son caractère déséquilibré[64]. Les dimensions des livres 11 et 12 (les subordonnées) et l'ampleur du livre sur l'ordre des mots tranchent avec l'absence d'un chapitre sur les fonctions syntaxiques. La position de la syntaxe de von Wartburg – Zumthor est corroborée indirectement par l'analyse qualitative. Outre le poids des chapitres sur la phrase complexe et l'ordre des mots, qui est à la base du pourcentage relativement élevé, on constate que le plan met en avant, indirectement, c'est-à-dire à travers le verbe en

---

[64] Dans son ensemble, la syntaxe des Le Bidois s'avère être une entreprise mal planifiée. L'étendue qu'ont prise certaines parties (cf. aussi le second volume, qui est plus long que le premier) semble avoir contraint les auteurs à abandonner la rédaction de certaines parties pourtant annoncées dans le premier tome, comme par exemple la *Syntaxe des Compléments* ou *Complém. du Verbe* (T1, 22, n.1, 26). On trouve bel et bien des débris d'une théorie des fonctions (T1, 371-386) — y compris le sujet (T1, 379-384) — dans la *Théorie générale du verbe*, dans les prolégomènes [nomenclature des compléments (T1, 21-23)] et dans le premier livre du tome II consacré à l'ordre des mots.

fonction de verbe-prédicat, la syntaxe de la proposition. Le verbe[65] est en effet le pivot constructeur de la proposition (= conception verbo-centrale au sens large du terme) et entraîne dans son sillage le sujet, l'attribut et les compléments du verbe qui figurent dès lors avec le verbe dans le premier chapitre.

[D] Que conclure? En dehors de Brunot, de Galichet et de Cayrou (les deux derniers se situant à la fin de la période étudiée), les grammairiens français sont peu enclins à l'innovation: ils restent très attachés aux plans morphologisants et (surtout) mixtes, contrairement aux grammairiens étrangers où l'on note une variation plus importante. L'innovation réside en effet dans l'élaboration de plans syntaxiques, au détriment de plans morphologisants (qui ont encore la cote au début de la période[66]), même si l'analyse qualitative indique plutôt qu'il y a coexistence entre tradition et modernité sur ce point[67]. La tendance à l'élaboration de la partie 'syntaxique' peut être déduite de l'évolution de l'indice % *syntaxe pure* (abstraction faite des parties rangées sous la rubrique pdd'), notamment dans les grammaires mixtes: il passe de 14 à 22 %.

2.2. *L'approche descendante et sémantico-logique*

Malgré le processus de délogicisation entamé au 19e siècle (voir 1.2.), la perspective descendante et sémantico-logique donne encore lieu à certains *excès* qui seront présentés sous 2.2.1. Ce constat se fonde sur 6 paramètres qui seront analysés en détail (2.2.2. à 2.2.6.). À deux reprises il faudra anticiper sur le chapitre IV[68]. Les grandes lignes de l'exposé seront reprises sous 2.2.7., sous la forme d'un tableau synoptique.

2.2.1. L'indice approche descendante (ID): paramètres

L'étude des excès de l'approche sémantico-logique/descendante sera menée à l'aide des paramètres suivants[69]:

---

[65] Il s'ensuit que la matière sur le verbe est clivée en deux par la syntaxe de la phrase complexe: le verbe comme p r é d i c a t et la syntaxe du verbe comme p a r t i e   d u   d i s c o u r s.

[66] On note cependant au début de la période aussi quelques grammaires à plan syntaxique rédigées par des étrangers (Ulrix, Haas, Sonnenschein).

[67] Une grammaire se signale par sa démarche rétrograde: la *Grammaire raisonnée* de Dauzat, parue en 1947. Avec Dauzat, la grammaire française retombe, tant du point de vue quantitatif que qualitatif, au niveau de la *Grammaire* de l'Académie.

[68] Il s'agit de 2.2.3. et de 2.2.4. On trouve le détail de l'analyse au Ch. IV, 2. et 3.3.

[69] Nous avons écarté l'analyse en termes multiples des s y n t a g m e s   n o m i n a u x   c o o r d o n n é s (p. ex. *Pierre et Paul* ... = 2 sujets). Ce critère est sujet à caution, étant donné que l'approche catégorielle et ascendante n'y semble pas étrangère. En effet, compte-t-on les noms (approche catégorielle) ou les entités/référents (approche sémantico-logique)? Ce critère est d'ailleurs peu discriminant, puisque toutes les grammaires, ou presque, préconisent encore cette analyse.

- La décomposition du verbe (liée à la bipartition obligatoire de la proposition)
- La terminologie: *verbe substantif (être)* vs *attributif* (tout verbe autre que *être*)
- La bipartition (sémantico-)logique de la phrase
- Le sujet logique (*vs* sujet grammatical) auprès des constructions impersonnelles
- Extensions du couple *logique/grammatical* [= applications en dehors de *sujet grammatical/logique*]
- La définition purement sémantique (ou logique) des fonctions

On se serait peut-être attendu à voir figurer ici les *figures grammaticales*. À travers les figures (*ellipse, syllepse, inversion* au sens large et *pléonasme*) transparaît une structure sous-jacente — analysable celle-là — de la phrase donnée à analyser. Dans ce sens, on peut dire que les figures (pensons à la *syllepse* ou accord selon le sens) s'appuient sur la logique ou la sémantique et qu'elles ne respectent pas la réalité grammaticale (syntaxique). Seulement, elles ne s'inscrivent pas nécessairement dans une optique 'descendante': elles fonctionnent très souvent en dehors de toute référence à la proposition (voir Ch. VI, 2.3.). Pour n'en donner que quelques exemples:

– explétifs/pléonasme: *que, de, ne* dit *explétif*, d a t i f   é t h i q u e
– ellipses concernant des unités lexicales (*ne ... que*)

Il n'en est pas moins vrai que d'autres figures s'expliquent par le fétichisme de la proposition complète, simple (p. ex. ellipse du sujet de l'impératif) ou complexe[70]. Les figures seront traitées en détail dans le Chapitre VI, 2.3.

2.2.2. Le *verbe substantif* et la décomposition du *verbe attributif*[71]

C'est surtout la décomposition du verbe qui a déterminé l'image de marque de l'analyse logique. Cette décomposition donnait lieu, aidée en cela par les ellipses les plus recherchées, à des constructions indignes du français, comme *il est fallant me de l'argent*, ce qui scandalisa les pédagogues réformistes dès le milieu du 19ᵉ siècle (Chervel 1977: 137-140). Ce jargon ne pouvait manquer d'avoir des effets néfastes pour l'apprentissage de la langue, notamment en contexte rural, c'est-à-dire chez les enfants patoisants.

Il n'empêche qu'en 1906 Sudre pouvait encore faire état de l'étonnante actualité de la décomposition[72] que l'introduction d'éléments de grammaire historique dans les grammaires n'avait pas réussi à bannir[73]. Elle

---

[70] Ellipses de principales (p. ex. *Que ...* + subj.; *Si ...* exprimant le souhait) ou de subordonnées conditionnelles (p. ex. dans les emplois 'absolus' du conditionnel).

[71] Nous regroupons ici ces deux caractéristiques pour les besoins de la rédaction. Quoique le plus souvent liées, elles peuvent être dissociées. Une grammaire qui ne décompose plus, peut continuer à employer les termes verbe *substantif/attributif*. C'est le cas chez Haas et même chez Tesnière (1969: 47, 158).

[72] On a l'impression que la décomposition fut abandonnée beaucoup plus tôt en Allemagne. À en croire le grammairien Bauer, la théorie ne jouait déjà plus un rôle de première importance vers 1830. Aux alentours de 1880, sa position était encore plus affaiblie (Forsgren 1992: 138, 143). La question mérite étude.

[73] On ne peut que constater que Chassang, Brachet – Dussouchet et Larive – Fleury, toutes des grammaires enrichies d'explications historiques, pratiquent encore la décomposition du contenu prédicatif.

«est encore, pour certains d'entre nous, comme un dogme; on m'a cité certains établissements, notamment des lycées de jeunes filles, où quiconque ne l'accepte pas est regardé comme hérétique, comme digne de l'excommunication majeure» (Sudre 1906: 112).

C'est la publication de la nomenclature de 1910 qui marqua la fin officielle du chapsalisme (Chervel 1995: 250-254; 1977; Vergnaud 1980). Elle supprima les termes *verbe substantif* et *verbe attributif* pour montrer que «le professeur n'a pas à essayer d'accorder les faits du langage avec les conceptions de la logique», car

«le verbe prétendu attributif est, au regard de la grammaire, un mot simple: qu'il reste donc simple. On n'a pas non plus besoin d'établir, pour les propositions, une sorte de prototype sur lequel toutes seraient modelées uniformément» (Chervel 1995: 253),

ce qui revient à «renoncer aux sous-entendus qui donnent des constructions aussi disgracieuses que peu françaises» (*ib.*).

Il n'est dès lors pas étonnant que, à l'exception de Damourette et Pichon, aucune des grammaires du corpus — qui appartiennent, il faut l'avouer, à la couche supérieure du marché des grammaires — ne pratique encore la décomposition en sujet + attribut. Corollairement, toutes (ou presque, cf. Ch. IV, 3.4) reconnaissent l'existence d'un a t t r i b u t au sens moderne du terme. On trouve cependant encore des relents de la décomposition chez Le Bidois, Haas et Wartburg, mais ces traces ne sont en rien comparables avec le plaidoyer de D&P.

Les Le Bidois admettent encore, en dépit de leurs critiques explicites et radicales, une espèce de décomposition (sémantique) pour les verbes tels que *ressembler* (= être semblable, être dans un rapport de conformité), sans que pour autant le participe n'apparaisse: «on ne peut donner une idée de la signification de ce verbe sans recourir à être» (T1, 376). Le verbe *être* apparaît aussi dans certaines paraphrases[74]:

Il se peut que	revient à dire	*ceci est possible*
Il s'en faut que	revient à dire	«*ceci est* ... (on peut forger ici quelque attribut approprié, tel que *manque* pris adjectivement)» (T1, 410)[75].

Haas, de son côté, utilise encore le terme *Verbum substantivum* (1909: 241), *être* étant la seule copule (*Kopula*), le seul verbe qui soit «lediglich Mittel der Verknüpfung von Subjekt und ausgesagtem Merkmal» (1909: 60), alors que les autres verbes a t t r i b u t i f s   e t o c c a s i o n n e l l e m e n t   a t t r i b u t i f s sont sémantiquement plus riches. Faudrait-il les considérer comme des copules? C'est «nur eine Frage grammatischer Zweckmässigkeit» (1909: 60).

---

[74] Cette décomposition est censée démontrer que *se peut* et *s'en faut* sont de «purs verbes d'état» (T1, 410).
[75] Ce genre de paraphrases est également attesté chez Clédat (1896) qui décompose, par exemple, la «conjugaison réfléchie» (1896: 221) pour souligner la valeur active du participe: *je me suis blessé* = *je suis ayant blessé moi*.

Wartburg et Zumthor vont plus loin que Le Bidois et Haas. Ils distinguent plusieurs types de verbe (1947: 7-8): (1) ceux qui expriment une action, (2) les «*verbes attributifs*» (= v e r b e s a t t r i b u t i f s) et (3) le «verbe-copule *être*». Quant à ce dernier, il faut lui faire une place à part[76]:

> «[sa] fonction est d'établir une sorte d'équation ou de rapport d'exacte attribution [...]. *Être*, au sens fort que lui a donné la philosophie (= *posséder l'existence*), employé absolument, est sans doute le seul verbe de la langue qui par lui-même, sans le concours d'aucun attribut, désigne l'état» (1947: 8).

Si ce passage fait tout au plus écho à l'ancien *verbe substantif*, l'apparition d'un quatrième type, *intermédiaire* entre (2) et (3), est moins fortuite: (4) «construction *être* + adjectif verbal» (1947: 8): *il est fatigant, elle est gênante*. Cette construction exprime «une simple potentialité, l'habitude ou la faculté de faire une certaine action». Les participes y gardent «assez de leur valeur verbale primitive, pour leur permettre d'indiquer l'action de façon plus nette qu'un simple adjectif». Plus loin dans la grammaire, on retrouve la même construction, dite littéraire, «pour exprimer une action qui dure» (1947: 146): *cette paix des paysages sur qui le désir est rêvant*.

C'est d'ailleurs en s'appuyant sur une moisson d'exemples attestés pareils (V4, 31-37), tirés de toutes les époques de la langue, que D&P essayent de lever l'ostracisme qui frappe cette construction admise depuis longtemps par «les logiciens analystes» (V4, 30) et de combattre les vues de Brunot (V4, 30-31). Ils concèdent que la construction ne constitue pas un synonyme parfait «au point de vue de l'expression affectivo-intellectuelle complète», mais elle «a droit de cité dans la langue» (V4, 31), pour peu qu'on veuille insister sur une nuance sémantique, et cela malgré Brunot qui la considère comme «un cas plutôt rare» (p. ex. *mon enfant est vivant*).

Ils admettent donc la «décomposition logique» (V3, 184) et le «participe implicite» (V3, 185). La *visée dichodestique* (cf. Ch. IV, 3.5.1.), qui relie le s u j e t et le C O D, est *logiquement* décomposable (V3, 184) et les exemples recueillis dans le tome 4 montrent que «cette décomposition n'est pas purement artificielle» (V3, 184):

> *Cette paix de Westphalie est donnant un statut politique.*
>   syndèse entre *cette paix* et *donnant*
>   dichodèse entre *donnant* et *un statut politique*.

Par conséquent, parmi les *syndèses*[77] figure aussi «la syndèse implicite de la visée dichodestique, visée qui va du repère à un syndumène que le participe pur peut expliciter» (V3, 186)[78]. Ils vont jusqu'à comparer le participe (implicite) à la préposition:

---

[76] En fait, le statut particulier du verbe *être* se défend difficilement. Employé de façon absolue avec un sens existentiel, on n'a plus affaire à un verbe a t t r i b u t i f, mais à un simple verbe i n t r a n s i t i f, comme, par exemple, *exister*. Des différences syntaxiques et sémantiques similaires s'observent aussi pour d'autres verbes a t t r i b u t i f s: *Je reste. Il demeura. La revue paraîtra*.

[77] On trouve une énumération des *syndèses* au Ch. IV, 3.5.1.

[78] La problématique du participe implicite est annoncée dès le chapitre préliminaire sur les *compléments* (V1, 116).

«c'est donc *dans la clinée du participe pur* que réside en dernière analyse la spécificité du rapport sémiématique exprimé par le verbe. Ce participe apparaît donc comme *une espèce de préposition verbale* propre à exprimer le liage spécifique que comporte le vocable» (V3, 184, nous soulignons).

Concrètement (V3, 184):

```
        je suis    –    dans       la rue
   ~    je suis    –    trouvant   une porte
```

Il en est de même pour le C O I et le c i r c o n s t a n c i e l où la *visée* (qui comporte donc une *syndèse implicite*: être + participe) et la *clinée* de la préposition se conjoignent pour constituer «un groupe syndèse + clinée» (V3, 185). Graphiquement:

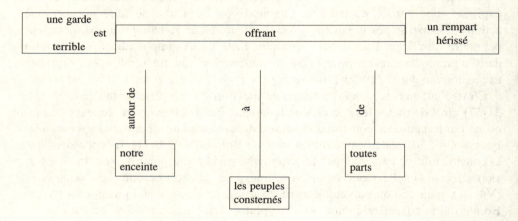

Ce que D&P sont en train de faire ici n'est rien d'autre que d'expliciter la transitivité (directe, et en partie, indirecte) et donc le pouvoir constructeur du verbe, par le biais d'un participe lié syndestiquement au s u j e t et ayant la fonction d'une préposition (*clinée*). Comme *devenir, sembler* et *paraître* sont également décomposés de la même manière (V3, 155), le verbe *être* a un statut particulier parmi les *verbes étanciers* (= c o p u l e s):

«un verbe à qui sa signification propre, extrêmement dépouillée, et qu'on peut dire essentiellement taxiématique, donne une place tout à fait particulière parmi les verbes étanciers: c'est le verbe syndestique pur, le verbe *être*» (V3, 155).

Ce qui est curieux, c'est que les auteurs reconnaissent encore un deuxième type de décomposition du verbe, à l'aide du verbe *faire*:

«On peut en effet considérer le verbe *faire* comme implicitement contenu dans tous les autres au même titre que le verbe *être*, les deux décompositions «*je suis pissant*» ou «*je fais pipi*» représentant aussi légitimement le factif verbal simple «*je pisse*»» (V3, 342).

Le verbe *faire* explicite «la puissance taxiématique générale» ou «puissance nodale» qui se combine à la spécificité sémiématique (c'est-à-dire l e x i c a l e) du verbe. Cette décomposition permet aussi d'expliciter le rapport de *dichodèse*. C'est le rôle de *faire* dans *je fais pipi du sang*, équivalent (attesté) de *je pisse du sang*. Il est suivi d'un *factif nominal* (*pipi*) — une espèce d'i n t e r j e c t i o n donc — et non pas d'un adjectif comme dans *je suis pissant du sang*.

Bien que les auteurs y insistent, on ne peut que constater que le rôle de ces décompositions est très limité dans leur analyse de la phrase. Contrairement à l'ancienne analyse logique scolaire, les auteurs proposent une analyse très fine des fonctions syntaxiques, ce qui entraîne un foisonnement de termes techniques. La décomposition est plutôt une question théorique, à forte connotation polémique, et, aussi, sans doute, une occasion de faire montre de l'abondance des matériaux qu'ils ont réunis. Or, malgré tout, la théorie de la décomposition reste le résultat d'une extrapolation illicite. Il est symptomatique que D&P aient été contraints de commenter un exemple aussi trivial que *pisser du sang*, puisque «rares sont en français les verbes qui admettent une pareille décomposition» (V3, 342-343).

La théorie de D&P, ainsi que les prises de position d'autres auteurs qui se voient encore obligés à s'élever contre la pratique de la décomposition (Brunot, Michaut, Le Bidois et Larousse), montre que cette analyse avait survécu[79], en dépit de la nomenclature de 1910. Elle est d'ailleurs plus vivante que jamais chez Bally[80]:

> «Dans «La terre tourne», le propos est constitué par le radical du verbe, et c'est l'idée générale d'action ou d'état, contenue par cumul (225) dans tout verbe, qui joue le rôle de copule implicite: comparez *souffrir* et *être souffrant*, *vivre* et *être en vie*, *La terre tourne* et *La terre est en rotation*, *Je travaille* et *Je suis au travail*. Syntagmatiquement, *tourne* est strictement parallèle à *est ronde* (cf. latin «domus *vacat*» et fr. «la maison *est vide*», latin «rosa *rubet*» et fr. «la rose *est rouge*», etc.» (1944: 101).

La copule

> «est inséparable du propos. Elle forme avec lui un syntagme partiel où elle a le rôle de déterminé, et le propos celui de déterminant. C'est par elle et avec elle que le propos tout entier est lui-même le déterminant du thème» (1944: 101-102).

En d'autres mots, la *copule*[81] forme un tout avec l'a t t r i b u t (éventuellement sous-entendu). Ce tout détermine alors le *thème*.

Le rapport d'*inhérence* (syntaxe d'accord) n'est pas le seul à s'expliquer par la restitution de la *copule d'accord être*. Celle-ci est aussi impliquée dans le rapport de

---

[79] Le compte rendu de la *Grammaire de l'Académie* par Goemans (1932) montre que la terminologie (et la pratique?) était toujours vivante en Belgique au début des années 1930. Ne signale-t-il pas que l'emploi du terme *verbe attributif* pour les *verbes d'état* va à l'encontre de la tradition qui l'oppose au seul *verbe substantif*? L'édition de 1932 de la grammaire de Noël et Chapsal témoigne également de la persistance (sporadique) de l'analyse. Même la syntaxe de Sauro (1950) la pratique toujours, ou plutôt, la ressuscite.

[80] C'est l'un des arguments pour dire que les théories de Bally sont apparentées à la grammaire générale (Sandmann 1973b: 68-69).

[81] À ne pas confondre avec la *copule modale*, le v e r b e d' o p i n i o n qui relie le *dictum* (la *proposition*) à une i n s t a n c e é n o n c i a t i v e (Bally 1944: 101).

relation (entre autres les c o m p l é m e n t s d ' o b j e t), qui s'exprime «linguistiquement» par *la syntaxe de rection* (1944: 109)[82], marquée par la préposition, et, «abstraitement», par la *copule rectionnelle être à* (et variantes) qui forme avec le *complément d'objet* le *prédicat de rection*. Le renversement d'*être à*[83] donne la copule *avoir*, qui n'est pas non plus «consacré[e] dans tous les cas par la langue» (1944: 109). Le *verbe transitif* (direct ou direct; 1944: 109) est donc une *copule rectionnelle*, mais *lexicalisée*[84] dans la plupart des cas, beaucoup plus souvent que la *copule d'accord*. Or,

> «Malgré sa forte lexicalisation, le verbe transitif est toujours réductible (logiquement) à *avoir* ou *être à*. Il va sans dire que, appliquée au langage usuel, cette réduction paraît souvent forcée» (1944: 109).

Pour résoudre ce conflit avec la réalité linguistique, problème dû aux «nombreuses circonstances qui voilent le rapport fondamental», Bally préconise une approche «par associations successives» (1944: 109), c'est-à-dire par paraphrases: *manger → absorber → ingurgiter → faire entrer → avoir*.

2.2.3. La bipartition logique de la phrase

La décomposition du verbe est dictée par la volonté de réduire toute structure phrastique à la structure canonique du jugement. Or celle-ci peut s'imposer sans qu'elle aboutisse nécessairement à une décomposition. Ainsi, comme nous le verrons dans le chapitre IV (1.2.), la bipartition 'logique' de la phrase est encore attestée chez Engwer, Regula, de Boer, Sonnenschein, et même, plus ou moins implicitement, chez Clédat (1896: 2). Chez Lanusse – Yvon (1921: 200, n.1), Galichet (1947: 128) et Brunot (1922: 10-11), elle accompagne une analyse ternaire 'grammaticalisée' (= sujet/verbe/compléments) de la proposition. Haas (1909: 59 vs 76) hésite et finit par proposer une analyse hybride. Grevisse (1936: 95), de son côté, se borne à signaler l'existence de cette analyse bipartite chez d'autres grammairiens.

2.2.4. *Sujet logique* (vs *sujet grammatical*) dans les constructions impersonnelles

Cet aspect de l'analyse logique sera examiné en détail dans le chapitre consacré aux fonctions (Ch. IV, 3.3). Les résultats de cet examen figurent néanmoins déjà dans le tableau synoptique sous 2.2.7.

---

[82] Sur *inhérence* et *relation*, voir Ch. IV, 3.5.1.1.
[83] Il convient de noter que Bally tend à réduire les rapports à des rapports spatiaux (1944: 101; 108): le prédicat est localisé dans le sujet, un objet est localisé par rapport à un autre (*être à*, *sur*, etc.).
[84] *Lexicalisé* a chez Bally le sens de 'pourvu d'un sémantisme plus riche que le simple rapport ou ligament grammatical' (cf. Bally 1944: 115): «L'analyse doit donc, dans chaque cas, faire le départ entre ligament et caractérisation lexicale». Exemples: préposition vide vs *vers, par*, …; *être* vs *devenir*; *avoir* vs *ingurgiter*; etc.

2.2.5. Extensions de l'opposition *logique (réel)/grammatical (apparent)*

L'opposition *logique/grammatical* est surtout connue par son application aux 'sujets' de la construction impersonnelle. L'histoire de la grammaire traditionnelle a montré que ces termes avaient au 19ᵉ siècle un emploi beaucoup plus généralisé, sous l'influence notamment de la double analyse (*sujet/attribut grammatical* vs *logique*), comme nous l'avons vu (cf. 1 et 2.0.).

Or, un examen détaillé des grammaires du corpus a révélé que ces termes ont été appliqués sporadiquement à d'autres éléments encore. Il s'agit, tout comme dans le cas des impersonnels, de constructions où l'interprétation sémantique proposée ne s'accorde pas avec les marques formelles (cas, accord, etc.). Ces emplois des termes *grammatical/logique* peuvent dès lors être considérés comme autant 'd'extensions' de leur emploi avec les impersonnels.

Les cas examinés ici ne concernent en réalité qu'une partie des extensions possibles. Nous ne prenons pas en considération les cas suivants:
– les extensions implicites qui ne se reflètent pas dans la terminologie
  p. ex. sujet de l'infinitif, sujet du participe
  p. ex. c o m p l é m e n t   d u   n o m sujet ou objet du nom (p. ex. *l'arrivée du ministre*)
– les extensions dues à la confusion de la construction impersonnelle avec des constructions avec *ce* (*ce ~ il*): d i s l o c a t i o n   e t   e x t r a c t i o n (p. ex. Clédat 1896: 177-178, 366, 204; Plattner 1899: 264; etc.)
– l'application des termes *sujet réel/logique* là où cela n'est pas pertinent, le sujet grammatical et le sujet logique étant identiques (p. ex. Michaut 1934: 396)
– l'application des termes *logique/grammatical* en dehors du domaine des fonctions (p. ex. dans l'ordre des mots et l'accord)[85].

Dans ce qui suit, nous avons réparti les applications en trois groupes (sujet logique de l'infinitif, attribut logique, sujet du participe) et une catégorie mixte.

(1) le *sujet logique* de l'infinitif[86]

Le s u p p o r t de l'infinitif (*j'ai vu danser Pierre*) correspond au *sujet* du verbe conjugué aux formes personnelles (*Pierre danse*). Les grammairiens ont cru entrevoir dans le s u p p o r t le *sujet* de l'infinitif, voire le *sujet logique*. S'il est de nature pronominale, ce *sujet logique* est à l'accusatif (*je l'ai vu danser*). On trouve le terme de *sujet logique* dans les grammaires suivantes: Clédat (1896: 195, 309), Sonnenschein (1912: 169-170), Radouant (1922: 206, 247, 248), Académie (1932: 224), Cayrou (1948: 346).

Clédat est très explicite à ce propos: «ces verbes forment locution avec l'infinitif, et le sujet et les compléments logiques de l'infinitif sont, suivant la tournure adoptée,

---

[85] Voici quelques exemples: ordre logique [Brunot (1922: 247), Académie (1932: 34), Regula (1931: 46-47)]; accords (grammatical/logique) [Brunot (1922: 267-268), Académie (1932: 185), ...].
[86] D&P parlent du *support* de l'infinitif, qui peut être le *repère* du verbe principal ou d'*une autre substance* (= *about dicéphale*) (V3, 511). Ce *support* est appelé aussi *entrejet* (*entrejet agent* vs *patient*) (V3, 530).

compléments directs ou indirects de la locution toute entière» (1896: 195). L'auteur de *la Grammaire classique* distingue donc deux analyses avec chaque fois deux concepts, l'une g r a m m a t i c a l e (COD ou COI), l'autre l o g i q u e (s u j e t ou COD). Après avoir établi les rapports entre les deux analyses, il finit par ne retenir que «le sujet et le complément *logiques*» (1896: 196).

Contrairement aux autres grammaires énumérées ci-dessus, la *Grammaire* de l'Académie ne parle pas explicitement de *sujet logique*, mais mentionne bel et bien l'opposition *sujet grammatical/sujet*. Elle se limite à signaler que «l'infinitif, qui n'a pas de sujet grammatical exprimé, doit toujours pouvoir se rapporter au sujet ou au complément de la proposition dont il dépend» (1932: 224).

(2) l'*attribut logique*

L'*attribut logique* apparaît chez Clédat (1896: 177) dans l'analyse de certains tours avec *ce* qu'il rattache aux constructions impersonnelles. Ainsi, dans *Vouloir, c'est pouvoir, vouloir* est «le sujet ou l'attribut logique». Plattner (1899: 369), de son côté, fait état d'une *inversion* «durch welche das eigentliche Prädikat zum (grammatischen) Subjekt wird; das im zweiten Satzglied folgende eigentliche (jetzt logische) Subjekt nimmt *ce* vor sich». Dans

celui qui est le plus digne, c'est lui-même,

le *prédicat réel* (c'est-à-dire l'a t t r i b u t l o g i q u e), à savoir *celui qui est le plus digne*, devient *sujet grammatical* — puisqu'il occupe la première position — et le *sujet logique* du deuxième *Satzglied* (*lui-même*) prend *ce*. L'énoncé de départ dont la phrase en question est dérivée serait donc *Lui-même est le plus digne*. Il en est de même d'autres structures (s e m i -) c l i v é e s telles que *c'est une belle chose que la musique* (1899: 376), dérivées de *la musique est une belle chose*[87].

Grevisse parle également d'un *attribut logique* (1936: 601) dans des structures du type:

la vérité	est	que je m'en félicitais ...
attribut logique	+ *être*	+ proposition sujet

En note, il signale que certains grammairiens (1936: 601, n. 1) optent pour l'analyse inverse, interprétant la proposition substantive comme *attribut réel*. Grevisse contredit cependant sa propre analyse (1936: 110), car dans *le malheur est que mon dîner ...*, il analyse la subordonnée comme *attribut*, tout en renvoyant en note à l'autre analyse (*sujet logique*).

Le terme d'*attribut réel* est également attesté chez Dauzat (1947: 427): *le courage est* UNE BELLE CHOSE? *c'est une belle chose que le courage*.

---

[87] Dans *c'est nous, c'est vous* (1899: 264) «*c'est* steht vor pluralischem (logischem) Subjekt», contrairement à *ce sont eux, ce sont nos semblables*. Cette analyse est contredite par (1899: 366): *c'est un fait*: *Substantiv = Prädikat*, c'est-à-dire a t t r i b u t. Plattner oppose ce dernier cas à *il est un fait* où le substantif est *logisches Subjekt*.

Inversement, Michaut (1934: 373) reconnaît un *attribut grammatical. Ce* est *attribut grammatical* devant un pluriel (p. ex. *ce sont mes parents, ce sont elle et lui*), sans doute parce que *ce* ne s'accorde pas avec *être*.

(3) le sujet logique du participe

Les définitions des *propositions participes* s'appuient souvent sur la présence d'un s y n t a g m e n o m i n a l appelé *sujet* (*la fête terminée, ils ...*)[88]. Le caractère purement notionnel ou logique de cette analyse est explicité par Regula (1931: 224): *Substantiv* ou *Pronomen* «als *Subjekts*begriff» + participe «als *Prädikats*begriff». Certains tours figés se construisent en outre «mit eigenem logischen Subjekt» (Regula 1931: 222): p. ex. *café chantant, rue passante*, etc.

(4) autres[89]

Sporadiquement, on trouve encore d'autres applications des termes *logique/grammatical*, qui ne sont pas toujours liées à une perspective descendante:

- Clédat: infinitif précédé d'une préposition «alors même qu'il est logiquement le complément direct» (1896: 323): *il craint le blâme → il craint d'être blâmé*
- Clédat: 2 infinitifs qui «ont la même fonction logique» mais dont le second est précédé de *de* (*il aime mieux partir que de céder*) (1896: 324)
- Plattner: *je saurais* = «eine (logische) Präsensform» (1899: 109)
- Michaut: *tout* (l'élément qui régit l'accord) dans *Femmes, moine, vieillards, tout était descendu* est *sujet grammatical* et «les sujets réels lui servent d'apposition» (1934: 412).
- Michaut: *il* est sujet grammatical dans *ne voilà-t-IL pas une belle affaire* (1934: 535)
- Michaut après *comme* comparatif: *battre comme plâtre, s'entendre comme larrons*: le nom est «logiquement *sujet* ou *objet*» (1934: 284); *on l'a reçu comme roi*: *roi* = «logiquement complément d'objet» (Michaut 1934: 285)
- Cayrou: i n v e r s i o n c o m p l e x e : *sujet réel* + verbe + *sujet explétif* (1948: 336)

Quelquefois l'analyse logique se superpose à l'analyse grammaticale sans que cela se reflète dans la terminologie. Grevisse (1936: 116), par exemple, admet deux analyses de la proposition complétive dans *le secret espoir que le traître ...*: 1° complément déterminatif et 2° «complément[s] d'objet du verbe dont l'idée est contenue dans le nom complété». Dans la dernière hypothèse, Grevisse sous-entend une structure sous-jacente logique. On trouve la même analyse chez Ulrix (1909: 189) et Radouant (1922: 243).

---

[88] Cayrou (1948: 292, 394) utilise régulièrement les expressions *sujet propre* ou *sujet qui lui est propre*.
[89] D&P rapprochent seulement le c o m p l é m e n t d u n o m des c o m p l é m e n t s d u v e r b e : le c o m p l é m e n t d u n o m peut «représenter soit le repère [...], soit l'ayance [...] du verbe correspondant au substantif nominal» (V1, 655).

De même, en parlant du *groupe sujet-attribut* dans le cadre de l'ordre des mots, Wartburg – Zumthor (1947: 323) superposent une analyse logique à la construction verbe + COD + attribut du COD où «le sujet de l'attribut est régime d'un verbe». Ils l'analysent en effet comme un sujet suivi d'un attribut, sans copule, se trouvant dans la dépendance d'un verbe transitif (1947: 322). Le *sujet de l'attribut* peut être suivi d'un *complément*: *elle avait très vif le sentiment DES RÉALITÉS* (1947: 324) [cf. Ch. IV, 3.4.3.].

Finalement, on notera encore la conception essentiellement sémantique de la notion de *sujet* chez Brunot, et dans une moindre mesure, chez Clédat et Bruneau (Ch. IV, 3.2).

2.2.6. Définitions purement logico-sémantiques des fonctions

Un autre indice probant de l'analyse descendante et logico-sémantique sont les définitions purement logico-sémantiques[90] des fonctions à l'exclusion de tout autre critère (p. ex. le sujet désigne celui qui fait l'action).

Le tableau suivant fournit le nombre de termes définis (pourvus d'au moins un critère définitoire) et le nombre de termes définis en fonction du seul *contenu* (= C) (sémantique, psychique ou référentiel) que véhicule la fonction. Les chiffres sont éloquents:

titre	seulement C	n termes définis	% seulement C	titre	seulement C	n termes définis	% seulement C
de Boer	6	8	**75,0**	Engwer	2	7	28,6
Ulrix	5	7	**71,4**	Strohmeyer	1	4	25,0
Haas	5	8	**62,5**	Dauzat	2	8	25,0
Brunot	7	13	**53,8**	Cayrou	2	9	22,2
Larousse	4	8	**50,0**	Wartburg	1	7	14,3
Galichet	5	11	**45,5**	D&P	2	18	11,1
Sonnenschein	3	7	**42,9**	Bloch	1	9	11,1
Académie	5	12	**41,7**	Clédat	0	1	0,0
Regula	2	5	**40,0**	Radouant	0	7	0,0
Le Bidois	2	5	**40,0**	Michaut	0	10	0,0
Bruneau	5	13	**38,5**	Gougenheim	0	1	0,0
Grevisse	4	13	30,8	Plattner	0	0	–
Lanusse	2	7	28,6				

Seule une minorité de grammaires s'abstiennent de définitions purement sémantiques (contenu). Pour le calcul de l'indice 'approche descendante', nous avons seulement retenu les cas les plus nets, c'est-à-dire les grammaires qui appartiennent au groupe de tête (et qui ont été marquées en gras).

---

[90] On se reportera à l'*Annexe* 9 pour un aperçu des sous-types du critère *contenu* (C).

2.2.7. Tableau synoptique et conclusions: l'indice approche descendante (ID)

L'examen des différents paramètres aboutit à la matrice suivante:

	décomposition	V *attributif*[91]/ *substantif*	bipartition (logique) de la phrase	sujet logique vs grammatical[92]	seulement C	extension *log./ gramm*	**TOT (sur 6)**	termes multiples
Clédat	−	−	(+)	+	−	+	2,5	+
Plattner	−	−	−	+	−	+	2	+
Ulrix	−	−	−	+	+	−	2	+
Haas	−	+	(+)	+	+	−	3,5	+
Sonnenschein	−	−	(+)	+	+	+	3,5	+
Lanusse	−	−	(+)	+	−	−	1,5	+
Strohmeyer	−	−	−	+	−	−	1	−
Radouant	−	−	−	+	−	+	2	+
Brunot	−!	−	(+)	−	+	−	1,5	+
Engwer	−	−	+	+	−	−	2	+
D&P	+	−	−	− ((+))[93]	−	−	2	+
Regula	−	−	+	+	+	+	4	+
Académie	−	−	−	+	+	+	3	+
Michaut	−!	−!	−	− (+)	−	+	1,5	+
Le Bidois	−! vs (+)	−!	−	−	+	−	1,5	+
Larousse	−!	−!	−	(+)	+	−	1,5	+
Grevisse	−	−	mention	+	−	+	2	+
Bloch	−	−	−	+	−	−	1	+
Bruneau	−	−	−	(+)	+	−	1,5	+
Gougenheim	−	−	−	−	−	−	0	+
Galichet	−	−	(+)	−	+	−	1,5	+
Dauzat	−	−	−	− (+)	−	+	1,5	+
Wartburg	(+)	−	−	−	−	−	0,5	+
de Boer	−	−	+	+	+	−	3	+
Cayrou	−	−	−	+	−	+	2	+

Deux constats se dégagent de l'analyse qui précède: on ne peut pas nier que les traces de l'ancienne conception *logique* de la proposition se rarifient et que cette évolution se poursuit au cours de la première moitié du 20ᵉ siècle. L'analyse logique

---

[91] *Attributif* dans le sens chapsalien du terme et non pas dans le sens moderne de verbe attributif, c'est-à-dire verbe construit avec un attribut (essentiel).
[92] Par '+' il faut entendre que l'opposition *sujet grammatical/logique* s'y trouve encore (éventuellement avec une analyse pragmatique qui s'y superpose). Seules les grammaires qui la *remplacent* par une nouvelle analyse syntaxique ont un – ici. Si le '+' est mis entre parenthèses, c'est parce que la grammaire la critique (Larousse, Bruneau). Comme les grammaires qui proposent une nouvelle théorie syntaxique superposent parfois celle-ci à l'ancienne opposition, nous avons ajouté au '−' un '+' entre parenthèses.
[93] D&P éprouvent encore une certaine sympathie pour l'ancienne analyse, comme nous l'avons vu.

(= descendante) de la proposition avait en effet commencé à se délogiciser (ou à se «grammaticaliser») pendant la seconde moitié du 19ᵉ siècle. La décomposition du verbe a disparu des grammaires du corpus, qui appartiennent, rappelons-le, au segment supérieur du marché des grammaires. Abstraction faite de D&P, qui la ressuscitent, on n'en trouve que de lointains échos. Même la bipartition logique de la phrase est en recul. Les grammaires des années 1930 s'en détournent en bloc. La théorie des deux sujets auprès de la construction impersonnelle n'en était pas encore à ce point-là — comme le montrent aussi les extensions aux autres domaines de la syntaxe —, mais n'était déjà plus le dogme qu'elle avait été à l'époque de Brunot. On peut dire qu'elle entre en crise vers 1935.

Tout compte fait, l'héritage de l'ancienne analyse logique de la proposition reste limité, ce qui n'empêche pas, et c'est la caractéristique la plus nette de l'appareil fonctionnel, que les fonctions syntaxiques soient encore définies sémantiquement. Les grammairiens continuent à diviser la proposition en 'blocs sémantiques'. Dès lors, la partie descendante de l'analyse ne présente guère d'indices d'une conception relationnelle[94] et syntaxique des fonctions. Une telle analyse n'apparaîtra qu'au début des années '60, sous l'influence de la linguistique structuraliste, comme le montrent Kiss et Skutta (1987). Pendant la période 1950-1965, l'alternative approche relationnelle (= relative)/approche sémantique (= positive) sera au centre des débats.

Quelquefois, cependant, les auteurs du corpus définissent déjà certains termes par un renvoi aux rapports de dépendance (= critère F6), presque toujours formulés en termes de rection (*régit* vs *régi par*):

% des fonctions syntaxiques définies par le critère F6: D&P (n absolu 10; 55,6%), Le Bidois (2; 40%), Sonnenschein (2; 28,6%), Radouant (1), Grevisse (1) et Wartburg (1); [Galichet (1)[95], de Boer (1)][96].

Le score de D&P est remarquable, mais appelle quelques nuances[97].

---

[94] Il n'empêche qu'on trouve dans le corpus déjà une approche relationnelle *de type sémantique* des fonctions. C'est que les rôles sémantiques avec lesquels les fonctions sont confondues font partie d'un réseau de concepts qui sont définis l'un en fonction de l'autre: «Le complément d'objet complète l'idée d'action exprimée par certains verbes, en indiquant l'objet, c'est-à-dire l'être réel ou abstrait sur lequel passe cette action» (Ulrix 1909: 104).
[95] Chez Galichet, il s'agit d'un autre type de dépendance: le degré d'indépendance de la caractérisation exprimée par l'*apposition*.
[96] Il s'agit de l'*accord* impératif - vocatif.
[97] D'abord, les auteurs y ajoutent presque toujours un critère sémantique (contenu). De plus, la notion de *rection*, en l'absence de marques formelles (casuelles), est mal définie — pour ne pas dire qu'elle n'est pas définie — ou quand elle l'est, elle reste fortement colorée par la sémantique ou la logique. D&P définissent la *rection* comme «l'imposition de valence» (V1, 112), la *valence* étant la «notion logique» (V1, 112) attachée aux catégories sémantico-fonctionnelles que sont les *factiveux, adjectiveux*, etc. Aucun critère formel ou syntaxique n'est avancé. Troisièmement, la notion de *rection* est liée aux rapports d'implication propres aux *catégories* (= ± les parties du discours) et non pas (directement) à des relations qui se situent au niveau des fonctions syntaxiques. C'est qu'à travers les rapports de dépendance saisis au niveau des fonctions transparaissent les *catégories* (± les parties du discours). En dernière analyse, c'est donc le verbe qui régit le nom, par exemple. Cela s'explique par le fait que la *rection* est définie en termes de *valence*. Elle est donc intimement liée à la charge

De la 'grammaticalisation' (ou délogicisation) de la perspective descendante, on ne saurait déduire que l'analyse ne soit plus bidirectionnelle. Si cette évolution entraîne certainement un rapprochement des deux plans de l'analyse, une fois grammaticalisée, l'approche descendante des faits de grammaire continue à s'opposer aux 'excès' de l'approche catégorielle et ascendante (cf. la matrice sous 2.1.1.). La tension entre les deux perspectives pose en outre des problèmes d'articulation que nous allons examiner dans ce qui suit.

2.3. *Deux approches de la syntaxe: problèmes d'articulation*

Dans les paragraphes qui précèdent, nous avons vu que la syntaxe de la première moitié du 20ᵉ siècle porte encore l'empreinte de l'approche c a t é g o r i e l l e (dite *grammaticale* dans les exercices d'analyse). En plus, elle présente encore des traces de l'analyse *logique* de la proposition. Même si celle-ci s'est 'grammaticalisée' (ou mieux: délogicisée) et diversifiée (augmentation du nombre de f o n c t i o n s), la syntaxe n'en demeure pas moins tiraillée entre une analyse à directionnalité descendante (l'analyse des fonctions dans la proposition), encore étroitement liée à la sémantique, et une analyse ascendante (l'emploi, la fonction des mots). La coexistence de ces deux approches de la syntaxe aboutit au problème de l'articulation des deux analyses, qui reste, à plusieurs égards, problématique.

Cela ressort nettement de certains *'conflits frontaliers'* (2.3.1.) dans les domaines de la description grammaticale où les deux directionnalités entrent en concurrence. L'ambiguïté de la notion de *complément* est particulièrement révélatrice du caractère foncièrement schizophrène de la syntaxe traditionnelle. On relève non seulement des conflits, mais aussi une *discontinuité* profonde (2.3.2.): on cherche en vain une analyse continue (telle que celle obtenue par l'application de règles de réécriture) qui permette de monter sans difficulté du mot (ou morphème) à la phrase. Les principales conclusions de notre analyse seront reprises sous 2.3.3.

2.3.1. Conflits 'frontaliers'

La théorie des fonctions fournit quelques preuves éclatantes des problèmes d'articulation qu'éprouve la grammaire traditionnelle: la concurrence de deux termes génériques presque synonymes pour la notion de f o n c t i o n (2.3.1.1.), la double visée du *complément* (2.3.1.2.) et le double classement de celui-ci (2.3.1.3.). Le dernier paragraphe regroupe quelques indices qui témoignent de la coexistence de deux 'paradigmes' de f o n c t i o n s (2.3.1.4.).

---

sémantico-logique véhiculée par les *catégories* (le *factiveux* régit le *substantiveux* → le v e r b e - p r é d i c a t *factiveux* régit le C O D *substantiveux*).
Les relations entre éléments recteurs et éléments régis portent également l'empreinte de l'approche catégorielle dans les autres grammaires susmentionnées. Seuls Wartburg – Zumthor (1947: 20) parlent, dans le cas du sujet, d'un *élément de phrase* qui *régit* le verbe.

2.3.1.1. Fonction vs terme de la proposition

La double directionnalité de l'analyse se reflète d'abord dans l'emploi de deux paradigmes terminologiques différents pour le concept de fonction syntaxique: *terme* vs *fonction*[98]. Le premier s'inscrit dans une logique descendante (*terme, élément de la proposition*); le second dans une logique ascendante (*fonction, rôle* du mot)[99]. Que le paradigme *terme* soit lié à la démarche descendante ressort déjà de la terminologie utilisée, qui contient, en effet, un renvoi au rapport partie/tout, le tout étant la phrase: *Satz*(-teil/-glied), (membre/terme de la) *proposition*. Le terme de *fonction* (*rôle*), s'il n'a pas un sens plus général (et moins technique), est lié à l'emploi de formes (mots, propositions) et n'envisage pas l'ensemble, c'est-à-dire la phrase, dans lequel elles s'insèrent.

Ces deux termes n'apparaissent pas ensemble: l'un est lié à l'analyse de la proposition, l'autre aux parties du discours[100]. Dans sa forme la plus pure, l'opposition des termes est ancrée macrostructurellement dans le plan de la grammaire, notamment dans les grammaires mixtes (cf. 2.1.2.2.): le *terme de la proposition* est rattaché au chapitre sur les fonctions dans la proposition, alors que la *fonction* apparaît dans les sections consacrées à l'emploi des parties du discours. Dans les autres grammaires, l'un des deux paradigmes apparaît sporadiquement, tandis que l'autre a un ancrage plus net.

Au cours de la période étudiée, on constate néanmoins que l'opposition se dissout et que le terme *fonction* parvient à faire irruption dans l'analyse descendante de la proposition (Radouant[101], D&P, Galichet, Cayrou, de Boer, voire Gougenheim, chez qui la partie sur l'ordre des mots supplée en quelque sorte l'absence d'une théorie des fonctions)[102], à tel point qu'après la Seconde Guerre mondiale un tournant s'est opéré: le terme *fonction* l'emporte désormais sur le paradigme *terme* (de Boer, Galichet et Cayrou). Ce dernier semble même avoir disparu pour de bon chez Cayrou (1948: 331).

2.3.1.2. La double conception du complément

La bidirectionnalité de l'analyse se manifeste aussi dans la conception du *complément*. En France, deux visées sont en concurrence. Il y a d'abord le *complément* pris

---

[98] Sur l'émergence du concept de *fonction* vers le milieu du 19ᵉ siècle, voir Chervel (1979: 18-19).
[99] Dans les exercices d'analyse, la *fonction* ressort de l'analyse *grammaticale*, le *terme* de l'analyse *logique*. Noël – Chapsal se servent du terme général de *partie (logique)* dans l'analyse *logique* (Noël – Chapsal 1842: 3). L'analyse *grammaticale*, plus précise, parle des *fonctions* des mots (Noël – Chapsal 1841: 5, 7-16).
[100] Ce constat a également été fait par Vergnaud (1980: 60).
[101] Ceci n'est pas un hasard. Ce constat correspond à la position centrale de la notion de *fonction*, qui s'applique à la fois aux mots et aux propositions (1922: V). C'est pourquoi elle est traitée en détail dès les notions préliminaires. De même, Cayrou et Galichet rapprochent le *mot* et la *proposition* autour de la notion de *fonction* (cf. aussi le plan des grammaires).
[102] Il convient cependant de relever que Haas applique le terme de *fonction* au sujet et au prédicat dans l'introduction de sa syntaxe historique (Haas 1916: 21; publiés séparément en 1912): «Diese beiden Funktionen, Subjekt und Prädikat». Cet emploi est assez exceptionnel. De façon générale, le terme *fonction* n'est pas encore un terme neutre du point de vue de la directionnalité de l'analyse.

au sens sémantico-fonctionnel du terme qui n'impose pas de contraintes sur les formes qui l'expriment. Est *complément* tout élément qui en complète un autre. La conception dominante, en revanche, assigne au *complément* un domaine d'application plus restreint. Le complément y est lié à une certaine catégorie grammaticale (partie du discours), à savoir le (pro)nom; c'est la conception catégorielle. Dans cette acception, le complément

- est nécessairement un nom[103] (ou pronom)
- ne s'accorde pas
- et est parfois introduit par une préposition[104].

Les compléments classiques répondent à ces trois critères: *compléments (déterminatifs) du nom* (p. ex. le chauffeur *du ministre*), *compléments d'objet (directs* ou *indirects)* et *compléments circonstanciels*[105].

Les grammaires des années '20 et '30 témoignent de l'affrontement[106] de ces deux conceptions du *complément*. Larousse, Radouant (1922: 41) et Michaut en font explicitement mention[107]:

«Ces compléments peuvent être des mots divers, noms, pronoms, adjectifs, infinitifs, adverbes, ou même des propositions. [...] Mais, en général, on réserve le nom de *complément* aux noms et aux pronoms» (Michaut 1934: 14).

Deux ans plus tard, la *Grammaire* Larousse se heurte au même problème, tout en restreignant la problématique au *complément du nom*:

«Dans un sens très large, l'**article**, les divers **adjectifs** pronominaux et qualificatifs jouent auprès du nom le rôle de véritables compléments et, dans la proposition attributive, l'**attribut** sert de complément au nom sujet, ailleurs au nom complément d'objet. Tous ces mots qui complètent le nom peuvent s'accorder avec lui. Mais le **complément de nom** proprement dit désigne un nom qui est en rapport avec un autre nom par le moyen habituel d'une préposition et qui ne s'accorde pas avec le nom complété» (Larousse 1936: 71).

Il en va de même pour la définition de l'*apposition*, qui n'admet pas de préposition et demande un certain type d'accord: «Ce sont là encore des compléments au sens large du mot» (1936: 71). Aussi l'*apposition* figure-t-elle avec le *complément de nom proprement dit* sous les *compléments du nom* (1936: 70-72). Le critère pour identifier le *complément* (*de nom*, en l'occurrence) *proprement dit* est triple: [+ N], [+ préposition] et [– accord] (cf. aussi Larousse 1936: 64). Ces critères s'ajoutent à

---

[103] Nous dirions aujourd'hui un *groupe nominal*.
[104] Que le destin du complément soit fortement lié à la présence d'une préposition ressort aussi de l'opposition *complément/épingle* chez Dauzat (voir Ch. IV, 3.5.1.1).
[105] Même le *complément circonstanciel* est censé y répondre, ce qui donne lieu à une tension avec la catégorie adverbiale. Voir le Ch. IV, 3.9.2.
[106] Notre analyse confirme le constat de Bonnard (*GLLF*, s.v. *complément*).
[107] Même les Le Bidois font allusion à deux conceptions du *complément* en parlant de la nature de la séquence, qui pourrait bien s'avérer un *complément* «au sens franc, loyal et obvie» du terme (T1, 178).

un critère sémantique général qui vaut aussi pour le complément au sens large: compléter le sens.

Cette situation doit mener inévitablement à des contradictions qui mettent en évidence le caractère schizophrène de la plupart de ces grammaires. Ainsi en est-il du traitement de l'*épithète* chez Radouant (1922: 42 *vs* 148): *épithète* dans le paragraphe sur l'adjectif (conception catégorielle), l'adjectif devient *complément du nom* (conception sémantico-logique) dans le chapitre consacré à l'analyse de la proposition en fonctions (conception sémantico-logique; perspective descendante). Même scénario chez Michaut, mais appliqué à l'*apposition*. L'*apposition*, qui dans l'analyse de la proposition est un simple *complément du nom*[108] (de type indirect; donc un sous-type), constitue une catégorie à part entière dans les paragraphes consacrés aux fonctions du nom, par opposition au *complément du nom* (1934: 16 *vs* 269-270). Même chez Brunot la double conception du complément frôle la contradiction (1922: 229): l'adjectif (p. ex. *ministériel*) est-il un *complément subjectif* (comme dans *le succès du ministre*) ou ne fait-il que *remplacer* un tel complément, comme le ferait un simple équivalent? Les deux conceptions sont entremêlées dans le passage suivant, qui à première vue paraît tautologique: les

> «*compléments* [...] peuvent consister en adjectifs, participes, *compléments*, relatives» (1922: 159, nous soulignons).

Ailleurs, c'est la conception catégorielle qui domine (Brunot 1922: 610, 769).

Malgré ces contradictions, il faut dire que les grammaires publiées en France s'en tiennent en général à la conception catégorielle[109], ce qui n'empêche pas certaines d'entre elles de conférer très sporadiquement un sens large au *complément*: Clédat (1896: 313), Cayrou (1948: 277, 329).

Dans la tradition germanique, par contre, la conception sémantico-logique du complément — appelé en général *(nähere) Bestimmung* — domine, comme le montrent de Boer (p. ex. 1947: 38), Haas[110], Engwer (1926: 43), Regula (1931: 41), et de façon moins nette, Plattner[111]. Toujours est-il que nous n'avons pas relevé de complément sémantico-logique chez Strohmeyer[112] et Sonnenschein.

---

[108] L'*épithète*, elle, est toujours dissociée du *complément du nom*.

[109] Chez D&P, les termes *diaplérome, épiplérome, diadote*, et surtout, *syndumène*, qui ne sont pas liés à des parties du discours (appelées *espèces logiques, catégories* et *classes*) spécifiques, ont un sens sémantico-logique, tout comme le terme *complément* qui figure encore dans quelques titres (p. ex. D&P V3, 194).

[110] Ainsi: «können zu dem Substantiv auch nähere Bestimmungen hinzutreten, Attribute, präpositionale Ergänzungen» (Haas 1909: 5). Même l'adjectif et l'adverbe sont qualifiés respectivement d'*attributive Bestimmung* et de *Merkmalsbestimmung der Art und Weise* (Haas 1909: 201-229, 235-248).

[111] Voici quelques attestations: *Attributive Bestimmung* (désignant l'épithète, voire le déterminant; 1899: 366; 150, n. 2.), *ein näher bestimmender Zusatz* (désignant l'épithète ou le complément du nom; 1899: 340; 342), *adverbiale Bestimmung* (= syntagme prépositionnel modifiant l'adjectif; 1899: 401), *weitere Bestimmungen* («Substantiv, Adjektiv, Particip»; 1899: 348).

[112] On y trouve bel et bien des *Attribute* — mais pas des *Bestimmungen* — de nature adjectivale et substantivale (1921: 216), ainsi que des adverbes, «Bestimmung[en] zum Verb oder zum ganzen Satze» (Strohmeyer 1921: 149).

Quand on s'interroge sur l'origine de la conception catégorielle du *complément*, deux éléments semblent cruciaux.

La conception catégorielle du complément a d'abord partie liée avec l'ancienne dichotomie *identité/détermination* des grammairiens de l'*Encyclopédie* (Swiggers 1984: 124-129). Chez ceux-ci, le *régime* (cf. Chevalier 1968) cesse d'être une notion purement morphologique (rection) et s'associe au concept (logique) de *détermination*. La *détermination* s'oppose à l'*identité* conceptuelle, c'est-à-dire à une espèce de fusion de concepts (propriété consubstantielle du référent du nom), qui, elle, s'exprime à travers l'accord (*l'homme est mortel* vs *l'homme apprivoise les animaux*). La conception catégorielle du complément continuerait donc tacitement la relation de *détermination* (cf. aussi Bonnard, *GLLF*, s.v. *complément*)[113]. Cette opposition a d'ailleurs été ressuscitée par l'école de Genève (Bally, Sechehaye) et les grammairiens qui s'en inspirent (D&P, Galichet, Dauzat; cf. Ch. IV, 3.5.1.1.).

Or il y a plus. L'interprétation catégorielle du complément n'est qu'un avatar d'une conception 'catégorielle' globale des f o n c t i o n s   s y n t a x i q u e s, qui se caractérise aussi par l'identification de la f o n c t i o n avec l'une ou l'autre p a r t i e   d u   d i s c o u r s. Dans cette perspective, le *complément* est un *nom*, l'*épithète* un *adjectif* et l'*apposition* un *nom*. C'est un constat qui sera approfondi au Ch. IV, 4.

2.3.1.3. Les deux classements des compléments

Un autre symptôme du même mal réside dans le fait que plusieurs grammaires de facture française juxtaposent deux classements des *compléments* sur la base de leur domaine (c'est-à-dire des éléments à compléter): fonctions + complément (p. ex. *complément du sujet, de l'objet*, etc.)[114] vs parties du discours (pdd) + complément (p. ex. *complément du nom*). Le premier classement, qui est typique d'une approche 'pilarisée' de la proposition — identification des fonctions du premier niveau, puis élaboration de celles-ci[115] — n'est qu'effleuré, le second finit toujours par l'emporter. La concurrence des deux classements est particulièrement nette dans les grammaires qui passent discrètement de l'un à l'autre dans l'espace de quelques lignes:

> «chaque élément de la phrase: *sujet*[116], etc., peut être complété par des compléments *secondaires*: compléments du *nom*, compléments de l'*adjectif*, compléments de l'*adverbe*» (Bruneau 1937: 85).

---

[113] Dans le même sens, Chervel (1977: 197) suggère que l'a d j e c t i f   é p i t h è t e n'est pas appelé *complément* pour la simple raison qu'un complément ne s'accorde pas.
[114] En voici un exemple: «Aux termes essentiels de la proposition s'ajoutent souvent des *compléments* divers, c'est-à-dire des mots qui *complètent* le sens d'un de ces termes: compléments du verbe, du sujet, de l'objet, des attributs, ou même compléments des compléments» (Michaut 1934: 14).
[115] Pour une explication plus détaillée du terme *pilarisé*, voir Ch. IV, 2.1
[116] Si une expression telle que *complément du sujet* n'est pas ressentie comme étrange, c'est que les grammairiens continuent à s'appuyer tacitement sur un dédoublement de l'inventaire des fonctions (comme au 19e siècle). Dans cette optique, le *complément* complète ce qu'on appelait le *sujet grammatical* (p. ex. *arbre*), c'est-à-dire la t ê t e   d u   s y n t a g m e   s u j e t, pour former le *sujet logique* (p. ex. *le grand arbre*) ou s y n t a g m e   s u j e t. À ce propos, de Boer (1947: 38), un adepte de l'École de Genève, est plus circonspect, affirmant que les fonctions *contiennent* un complément au lieu de *sont complétées par* un complément.

Ce glissement s'observe également chez Brunot (1922: 21), tout comme chez Michaut (1934: 14), l'Académie (1932: 210) et de Boer (1947: 38), où il est moins abrupt. D'autres grammairiens comme Grevisse (1936: 111) et Larousse (1936: 70-71) comprennent la nécessité d'identifier d'abord les têtes dans les fonctions syntaxiques complétées, avant de passer à un classement basé sur les parties du discours complétées:

> «Le sujet, l'attribut, le verbe et ses compléments sont les éléments fondamentaux de la proposition. Un des mots que l'on retrouve le plus souvent dans les fonctions de sujet, d'attribut ou de complément du verbe, le **nom**, peut de son côté être précisé par des **compléments**» (Larousse 1936: 70-71).

On constate donc chaque fois un changement de perspective d'un classement sémantico-fonctionnel (descendant) à un classement catégoriel (i.e. lié aux pdd; ascendant). Comme ce dernier l'emporte finalement, il n'est pas étonnant que la majorité des grammaires françaises se bornent à ce genre de classification[117].

Les grammaires allemandes (et anglaises) suivent des voies tout à fait autres (Plattner, Haas, Sonnenschein, Strohmeyer, Engwer et Regula). L'équivalent allemand du *complément*, la *Bestimmung*, n'est pas classée en fonction des parties du discours auxquelles elle se joint. C'est que, d'abord, les grammaires font volontiers appel aux *cas* (cf. Ch. IV, 6.). Ainsi, le complément d'objet du verbe y devient *Akkusativobjekt*, le complément du nom, quant à lui, *génitif*. Le complément de l'adjectif/de l'adverbe est remplacé par le datif — ou *dative phrase* — adverbial (Sonnenschein 1912: 145)[118]. Les cas nous amènent à un deuxième facteur, qui est encore plus important: la tradition allemande utilise le plus souvent des termes qui se rattachent pleinement au paradigme des fonctions (perspective descendante, sémantico-logique), qui ne renvoient pas aux parties du discours. Soit le complément complète une autre fonction (*Prädikatsbestimmung*, donc complément du verbe-prédicat; p. ex. Engwer, Regula), soit le complément est désigné par un terme fonctionnel 'sui generis': *Attribut* ou *attributive Bestimmung* (Plattner, Haas[119]) et *adverbiale Bestimmung* (Plattner)[120].

On a là une différence qui confirme le constat que nous avons fait à propos de la conception du complément (cf. 2.3.1.2.). Tant la domination de la visée catégorielle du complément que le classement des compléments d'après les parties du discours

---

[117] Lanusse, Clédat, Ulrix, Bloch, Radouant, Dauzat, Wartburg, Le Bidois, Gougenheim, Galichet (1947: 111-112, 116, 178) et Cayrou. De même, D&P structurent le chapitre sur les *rôles grammaticaux du substantif nominal* en fonction du mot qu'il complète (T1, 587-672).

[118] On peut aussi se limiter à signaler les (r)apports sémantiques. Tel nom ou tel cas peut qualifier ou modifier un adjectif ou un adverbe (Sonnenschein 1912: 145, sous *dative phrase*).

[119] En fait, Haas (1909: 47-48) est plus proche de la tradition française [tout comme Regula (1931: 60-61)], en ce qu'il mêle un classement catégoriel — indirectement, c'est-à-dire sous une terminologie psychologisée (*Bestimmung der Gegenstandsvorstellung/Merkmalsvorstellung*), ou directement (*Bestimmung des Substantivs*; 1909: 296, 292, 295) — à un classement sémantico-logique.

[120] Certes, ce terme renvoie à la partie du discours *adverbe*, mais par *adverbiale Bestimmung* on n'entend pas un complément de l'adverbe mais un complément de nature adverbiale.

complétées (qui corrige parfois un autre classement à peine entamé), témoignent de l'emprise qu'a exercée l'approche catégorielle et ascendante des faits de syntaxe en France. Dans les grammaires d'expression allemande, en revanche, la conception catégorielle des compléments et de leur classement n'est pas vraiment attestée. Les concepts qu'elles mettent en œuvre montrent que le poids de l'approche descendante et sémantico-logique de la syntaxe (*Satzlehre*) y est beaucoup plus grand. Cette interprétation des faits est corroborée par l'analyse des fonctions secondaires (cf. Ch. IV, 4.). Pour n'en donner qu'un exemple, la fonction *Attribut*, en tant que fonction, n'est pas liée au seul adjectif, mais désigne tous les adjoints du nom. La tradition française, par contre, nécessite deux, voire trois termes fonctionnels[121] pour couvrir la même réalité: l'*épithète* (liée à l'adjectif), le *complément du nom* (qui est un nom, au sens catégoriel strict), et peut-être aussi le *déterminant*, si, du moins, on considère celui-ci comme une fonction. Le glissement d'un classement des compléments à un autre, illustre, par ailleurs, le blocage qu'éprouve l'analyse descendante au moment où elle entre dans la 'sphère d'influence' de l'approche catégorielle et ascendante.

2.3.1.4. Deux paradigmes de fonctions nominales

La coexistence de deux directionnalités conflictuelles dans l'analyse aboutit à deux approches des fonctions nominales, l'une totalisante, l'autre disséquante (sélective).

Certains auteurs n'ont pas de peine à avouer l'existence de deux séries de fonctions qu'ils identifient par une terminologie spécifique qui remonte directement à la grammaire du 19ᵉ siècle. Quand les fonctions sont accompagnées «d'un mot ou d'un groupe de mots qui servent à en compléter la notion ou à en déterminer le sens», dit Grevisse (1936: 111), on peut distinguer, pour la fonction de sujet, le sujet *grammatical* du sujet *logique*:

> «le premier est le mot sujet sans les mots qui l'accompagnent; le second est l'ensemble du mot sujet et de tous les mots qui l'accompagnent. — On peut distinguer de même l'attribut *grammatical* de l'attribut *logique*, le complément direct *grammatical* du complément direct *logique*, etc.» (1936: 111).

Dans le même sens, Regula (1931: 40-41) et Engwer (1926: 44) distinguent le *Subjekt* (et le *Prädikat*) du *Gesamtsubjekt* (*Gesamtprädikat*) ou *Subjekt* (*Prädikat*) *in weiteren Sinne*.

Si ces auteurs sont encore conscients du problème, il y en a d'autres qui n'explicitent pas la coexistence des deux séries de fonctions. Il s'ensuit que l'analyse présente un certain flottement. Dans certaines grammaires — en premier lieu les gram-

---

[121] Cette thèse sera étayée davantage dans la description des fonctions secondaires (Ch. IV, 4.). Pour une analyse 'contrastive' des deux traditions grammaticales, française et allemande, voir Lauwers (2004a [sous presse], à par. b).

maires *mixtes*[122], du moins celles qui traitent les f o n c t i o n s dans la partie réservée à la 'syntaxe pure' —, ce flottement est ancré dans le plan de la grammaire[123]. Elles traitent en effet deux fois des f o n c t i o n s, une première fois dans le chapitre consacré à l'analyse de la proposition en f o n c t i o n s (perspective descendante) et une seconde fois dans les chapitres consacrés aux p a r t i e s d u d i s c o u r s (c'est-à-dire au moment où l'interface ascendante est établie; cf. ci-dessous 2.3.2.1.). Le problème est que les termes utilisés (qui sont les mêmes) ne couvrent pas la même réalité grammaticale. Ainsi, chez Bruneau (1937: 68-88 *vs* 163), les fonctions nominales (s u j e t, C O D, etc.) reçoivent une interprétation 'totalisante'[124] dans le chapitre consacré à l'analyse de la proposition, alors que sous le nom il est question des *fonctions du nom*, marque d'une approche sélective qui n'envisage que les t ê t e s d e s y n t a g m e. Cet indice d'un conflit sous-jacent n'est cependant pas suffisamment opérationnel pour être exploité comme paramètre dans notre analyse; il faudra se limiter aux cas (cités ci-dessus) où les deux perspectives se reflètent dans la *terminologie*.

Que certains auteurs aient entrevu le problème (ou du moins la redondance), cela ressort du fait que Bloch, Radouant et Strohmeyer ne traitent pas des f o n c t i o n s du *nom* sous le *nom*, alors que les f o n c t i o n s (ou les emplois) de l'*adjectif*, qui n'ont pas encore accès au chapitre sur la proposition, sont bel et bien traitées sous l'*adjectif*. Bruneau, quant à lui, se borne, dans le chapitre sur le nom, à une simple énumération des fonctions, accompagnée de renvois à la partie sur l'analyse de la proposition. De cette manière, ces auteurs aboutissent à une certaine complémentarité des descriptions.

2.3.2. Discontinuités

En plus des conflits frontaliers, qui ne sont en quelque sorte que les symptômes du mal, il faut faire état d'une *discontinuité profonde* entre les deux approches de la syntaxe, descendante (sémantico-logique) et ascendante (catégorielle). Trois éléments semblent particulièrement pertinents. Si dans la quasi-totalité des grammaires on peut noter une réelle volonté pour établir une interface entre la description des p a r t i e s d u d i s c o u r s et l'analyse de la proposition en f o n c t i o n s (2.3.2.1.), il faut avouer que la syntaxe reste *foncièrement discontinue* tant que les niveaux de structuration intermédiaires entre le m o t et les f o n c t i o n s s y n t a x i q u e s réalisées par plusieurs mots (= *termes complexes*)[125] ne sont pas remplis, c'est-à-dire tant que le s y n t a g m e (2.3.2.2.) et la r é c u r s i v i t é (2.3.2.3.) ne sont pas envisagés.

---

[122] Le même problème peut se produire dans les grammaires qui traitent les f o n c t i o n s (aussi) dans le cadre de la r e c t i o n v e r b a l e, c'est-à-dire sous le verbe (Wartburg, Le Bidois, D&P, Brunot, Michaut, Engwer et Regula).

[123] Pour les *plans mixtes* et la 'syntaxe pure', on se reportera à ce qui a été dit dans 2.1.2.2.

[124] L'approche ascendante fait parfois irruption dans le chapitre consacré à l'analyse de la proposition (Larousse, Michaut). C'est là une preuve de plus de l'impact de l'analyse ascendante dans ces grammaires.

[125] Ce problème ne se pose pas vraiment dans des phrases ne comportant que des constituants simples: *Jean voit Pierre*. Mais ces cas sont plutôt l'exception que la règle.

2.3.2.1. L'absence de toute 'interface' entre le plan des mots et le plan des fonctions

La double directionnalité de la syntaxe traditionnelle pose de façon particulièrement aiguë le problème de l'*interface* entre les deux domaines d'analyse, le mot et la proposition (et ses parties). Concrètement, il convient de se demander si les rapports entre le niveau des mots (parties du discours) et le niveau des fonctions (à l'intérieur de la proposition) sont explicités.

Deux types d'interface peuvent être envisagés. L'interface de type *descendant* énumère les structures (parties du discours, groupes de mots, subordonnées, etc.) qui peuvent entrer dans chacune des fonctions. L'interface de type *ascendant*, qui offre un aspect plus éclaté, indique les fonctions que peuvent remplir chacune des parties du discours («le nom peut être sujet, COD, etc.» ou «le nom est la tête d'un groupe nominal»). L'interface *ascendante* est plus difficile à détecter, étant donné que la fonction syntaxique des mots n'est qu'un des nombreux aspects traités dans les chapitres consacrés aux parties du discours. De plus, comme toutes les parties du discours ne peuvent pas être rattachées à des fonctions syntaxiques, nous nous sommes limité à trois classes de mots pleins : les noms (éventuellement les nominaux), l'adjectif qualificatif (ou les adjectivaux) et l'adverbe[126] (ou les adverbiaux)[127]. Rien n'empêche que les deux interfaces soient combinées :

- une interface descendante[128] : Ulrix, Cayrou (et ascendante pour les syntagmes ; 1948 : 288), Grevisse (aussi ascendante dans le cas de l'adverbe) et Brunot*
- une interface ascendante
  - en l'absence d'un chapitre sur les 'fonctions' : Dauzat, Wartburg, Lanusse (sauf l'adverbe), Académie
  - malgré la présence d'un chapitre sur les 'fonctions' (sans interface descendante) : Engwer, Regula

---

[126] En général, le traitement des fonctions de l'adverbe n'est pas très clair. La fonction de l'adverbe est souvent considérée comme une opération sémantico-logique (*modifier*, etc.) affectant l'un ou l'autre élément plutôt que comme une fonction syntaxique à proprement parler. En outre, l'adverbe est parfois dissocié de la fonction de complément circonstanciel pour des raisons qui seront expliquées dans le Ch. IV (3.9.2.).

[127] L'examen des interfaces fait abstraction d'un certain nombre de complications dues à l'hétérogénéité au niveau des plans des grammaires. Ainsi, notre analyse confond les grammaires à plan morphologisant et les grammaires dans lesquelles la liste des parties du discours est subordonnée à un plan syntaxique 'pur' (cf. *supra* 2.1.2.2.) (Regula, Engwer ; Sonnenschein, Ulrix ; Haas, Galichet, de Boer). Même dans ce deuxième cas de figure, une interface de type ascendant n'est pas exclue.
En outre, certains auteurs rattachent des développements plus ou moins importants sur les fonctions (parfois y compris le sujet) au chapitre sur le verbe (D&P, Le Bidois, Wartburg ; Michaut, Brunot, Engwer et Regula). Quelques grammaires traitent de ce fait deux fois des fonctions dans le cadre de la proposition : Engwer, Regula, D&P, Brunot et Michaut (les trois derniers en traitent aussi dans les parties introductives). L'interface descendante (fonction → mot) peut donc aussi être établie sous le verbe.

[128] Dans l'énumération des structures susceptibles d'entrer dans telle ou telle fonction, certaines grammaires renvoient vaguement aux «équivalents» des structures mentionnées. p. ex. Michaut : «ou les mots, locutions, propositions mêmes, qui jouent alors le rôle d'un nom» (1934 : 11) ; «les mots et locutions qui équivalent alors pour le sens à un nom ou à un adjectif attributs» (1934 : 13). Il en est de même chez Larousse, Cayrou et Bruneau (1937 : 72).

- double interface, ascendante et descendante:
  - pour les trois parties du discours examinées: Michaut, Larousse, Bruneau, Galichet, Haas[129] et D&P*
  - à l'exclusion du nom, dépourvu d'interface ascendante: Bloch, Radouant, Strohmeyer (partielle)

L'interface descendante chez D&P et Brunot est différente de celle des autres grammaires, d'où les astérisques. D&P traitent toutes les fonctions liées au *nœud verbal* (y compris le s u j e t) dans la syntaxe du *verbe* et y rattachent soigneusement les p a r t i e s   d u   d i s c o u r s[130], établissant ainsi une interface du type descendant. Il en est de même chez Brunot qui traite le *sujet* et les *objets* (et leurs réalisations grammaticales et lexicales) dans la rubrique des *faits*, c'est-à-dire sous le v e r b e.

Dans toutes les grammaires traitées jusqu'ici, la jonction entre les deux plans est faite, quelquefois dans les deux sens. Les choses se corsent, en revanche, lorsqu'une telle interface fait défaut[131] (Clédat, Plattner, Gougenheim et Le Bidois) ou n'existe pas pour toutes les p a r t i e s   d u   d i s c o u r s (Sonnenschein; seulement pour le nom, à travers les cas[132]). Chose curieuse, dans la syntaxe des Le Bidois, pourtant une syntaxe à plan mixte, aucune interface n'est établie, ni descendante — les fonctions sont traitées dans les paragraphes sur la complémentation du verbe, donc sous le verbe — ni ascendante. L'absence d'une interface ascendante est due au fait que cette syntaxe ne contient aucun chapitre sur le nom et l'adjectif. Chez de Boer, l'interface est double, mais à ce point incomplète qu'on peut parler d'une simple juxtaposition de la théorie des rapports fonctionnels abstraits et de la théorie des parties du discours (et leurs équivalents)[133].

---

[129] Haas et Galichet tendent à confondre les niveaux des f o n c t i o n s et des *espèces/Vorstellungen* (les corrélats psychiques des p a r t i e s   d u   d i s c o u r s) dans le domaine des adjectifs et des adverbes. Le problème de l'absence d'une interface m o t s / f o n c t i o n s y devient un faux problème, puisque les deux plans coïncident.

[130] À la différence de Wartburg et de Le Bidois, qui optent également pour un traitement des f o n c t i o n s dans le chapitre sur le *verbe*.

[131] Est-ce dire que la notion de f o n c t i o n est tout à fait absente chez Clédat, Plattner et Gougenheim, auteurs de grammaires 'morphologisantes' (respectivement morphosyntaxe pure, morphologie redoublée et morphologie redoublée basée sur les morphèmes grammaticaux), et donc dépourvues d'un chapitre consacré aux f o n c t i o n s ? Non, car ils en traitent *incidemment*, dans la description de l'emploi des mots invariables (Clédat 1896: 313-316) ou en parlant de l'ordre des mots (Plattner 1899: 241-247; Gougenheim 1938: 101-115). Chez Gougenheim, cependant, l'aspect fonctionnel est beaucoup mieux élaboré et grâce à l'intégration de la notion de s y n t a g m e (car il s'agit de l'ordre des *groupes nominal* et *verbal* dans la proposition) on peut même dire que l'auteur établit une interface descendante (partielle). Mais dans les chapitres consacrés au nom, à l'adjectif — en fait, il ne traite ni du nom ni de l'adjectif; au niveau de la syntaxe, il se borne aux *oppositions de genre et de nombre dans les substantifs et les adjectifs* — et à l'adverbe, aucun rapprochement n'est fait avec les f o n c t i o n s que ces p d d peuvent remplir dans la proposition.

[132] Cette lacune n'est pas tellement grave dans le cas de l'adverbe, étant donné la confusion du c o m p l é m e n t   c i r c o n s t a n c i e l   e t   d e   l ' a d v e r b e dans le chapitre sur les fonctions (coïncidence des deux plans). Pour l'adjectif, par contre, aucun renvoi n'est établi, ni à l ' a t t r i b u t, ni à l ' é p i t h è t e (*epithet*).

[133] Si la forme des *régimes* est traitée au passage (1947: 38), il n'en est pas de même pour le *sujet du verbe*. Pour le *complément prédicatif* il faut se contenter d'une série d'exemples. Quant à l'interface ascendante, les fonctions du nom sont traitées — à travers les cas (1947: 66-69) —, mais les fonctions de l'ensemble de la classe des *substantivaux* et des *adjectivaux* font défaut. Les fonctions des *adverbiaux* sont définies en termes de *détermination*.

Que conclure? On peut dire que la grande majorité des grammairiens ressentent la nécessité d'établir explicitement la jonction entre le plan des mots et celui des fonctions. Cela n'implique pas, pour autant, que l'interface entre les deux plans soit toujours exhaustive. Il semble même que l'on ne puisse pas être trop exigeant sur ce point. D'ailleurs, il y a beaucoup à redire sur les modalités précises de l'interface, notamment sur l'intégration de la notion de syntagme (cf. 2.3.2.2.).

2.3.2.2. L'absence du syntagme

Une fois l'interface établie, il faut que celle-ci soit opérationnelle. Certains esprits méticuleux, comme un Grevisse, par exemple, scrutent en détail toutes les catégories qui peuvent se prêter à l'expression de telle ou telle fonction. D'autres, sans pour autant renoncer au principe, se limitent à une interface grossière et se permettent de sauter certaines fonctions (p. ex. de Boer).

Or, ces contingences ne font pas le poids face à ce défaut fondamental de l'analyse syntaxique du 19e siècle qu'est l'absence du syntagme ou groupe de mots. La méconnaissance du syntagme mène à ce que nous avons appelé une approche catégorielle sélective (cf. 2.1.1.), analogue au traitement des fonctions dans l'analyse dite *grammaticale*. Ce défaut explique aussi la coexistence de deux séries de fonctions du nom dans les grammaires à double interface (cf. 2.3.2.1.). Ces problèmes ne se posent évidemment pas dans des phrases bidon du type *Jean bat Pierre* qui ne contiennent aucun syntagme. Mais dire que dans *les grands grammairiens du siècle passé ne connaissaient pas ce concept fondamental* le sujet est tantôt *grammairiens*, tantôt *les grands grammairiens du siècle passé*, suivant la section de la grammaire où l'on se trouve, témoigne d'une rupture dans l'analyse, une rupture entre le mot et les structures complexes dégagées par l'analyse de la proposition. Ce problème se pose dans toutes les grammaires qui ignorent le syntagme, notion indispensable au rapprochement des deux approches de la syntaxe, ascendante et descendante.

L'émergence et le fonctionnement du syntagme, ainsi que les problèmes qui subsistent malgré tout, seront traités sous 3.1. Le tableau récapitulatif inséré sous 2.3.3. anticipe d'ailleurs sur les résultats issus de l'analyse menée sous 3.1.

2.3.2.3. L'absence de la notion de récursivité (focalisation 'locale' des faits syntaxiques)

Si la reconnaissance du syntagme (ou groupe de mots) comme niveau d'analyse autonome est une chose, l'emboîtement des syntagmes en est une autre. Cette dimension de l'analyse est moins 'visible' et moins essentielle, étant donné qu'elle présuppose un degré de complexité structurelle considérable.

En grammaire générative transformationnelle, on entend par *récursivité* qu'un élément peut être réécrit par une séquence dans laquelle figure un élément du même type: un élément qui peut apparaître «un nombre indéfini de fois dans la même dérivation est dit *élément récursif*» (Ruwet 1967: 48). Cette notion peut également être appliquée à une syntaxe plus 'statique' comme celle de la grammaire traditionnelle, à condition qu'on y attribue un sens plus statique, tel que *A peut être complété par A* ou *A fait partie de A*, etc. On pourrait étudier ainsi l'imbrication de subordonnées et de toutes sortes de structures complexes.

Il n'y avait pas de place pour la r é c u r s i v i t é ainsi conçue dans la double analyse chapsalienne (Noël – Chapsal 1841, 1842). D'une part, l'analyse *logique* distinguait seulement des parties monolithiques (*sujet, attribut, compléments logiques*), dont la structure interne n'était pas envisagée (cf. 2.0.1.). D'autre part, la structure interne des f o n c t i o n s p r i m a i r e s faisait l'objet de l'analyse *grammaticale*, qui, au lieu d'aboutir à une série de compléments se complétant mutuellement, se limitait à juxtaposer les rapports isolés entre m o t s c o m p l é m e n t s et m o t s c o m p l é t é s.

On ne peut pas dire que, placée devant une série de compléments emboîtés les uns dans les autres, la grammaire traditionnelle faisait l'impasse[134]. Elle appliquait son système *de façon locale*, c'est-à-dire entre un mot X et un mot Y. Les rapports étaient traités isolément, sans tenir compte des éléments supérieurs ou inférieurs de la hiérarchie (p. ex. X est complément de Y, qui est à son tour complété par un complément Z). Soit

Y - x   et   X - z

et non pas:

Y - X - z

La récursivité est bloquée par une espèce de focalisation *statique* et *locale* des rapports[135]. L'absence de la récursivité n'est donc qu'un symptôme d'un défaut plus général de l'analyse syntaxique traditionnelle. Celle-ci ne s'intéresse guère à l'élaboration d'une analyse continue, homogène, qui part de la phrase pour aboutir au mot et qui situe tous les éléments, à quel niveau de l'analyse que ce soit, par rapport à l'ensemble de la hiérarchie dans la phrase. Une telle analyse se trouve déjà chez Beauzée (1767: II, 54-55; cf. *supra* 1.1.1.) à l'état d'ébauche, mais dans la grammaire du 19ᵉ et d'une bonne part du 20ᵉ siècle, cette perspective englobante, totalisante, fait défaut. Elle semble en outre avoir été freinée par des préoccupations didactiques, comme chez Noël et Chapsal, qui évitent soigneusement les *compléments de compléments* dans les exercices d'*analyse grammaticale*. Dans *l'analyse logique*, rappelons-le, ceux-ci ne devaient pas être analysés en détail (un seul *complément*). Dans la grammaire allemande, des préoccupations normatives ou stylistiques semblent avoir joué un rôle analogue (Becker 1839: 265-266)[136].

---

[134] Quoique les exercices des *Leçons d'analyse grammaticale* ne contiennent pas de compléments du troisième niveau.

[135] Posé autrement, en restant muette à ce propos, la grammaire traditionnelle suppose tacitement qu'on peut appliquer la récursivité partout et toujours.

[136] Si Becker (1839: 255) accepte qu'un adjectif puisse être subordonné ou coordonné à un autre, il met en garde contre les rapports é p i t h é t i q u e s composés (*zusammengesetzt*) d'une complexité excessive ou mal agencés (= *Afterformen*) (1839: 266).

Quelques auteurs du corpus ont cependant *explicité* ce phénomène qui est généralement laissé dans l'ombre, démarche qui fait preuve d'une certaine volonté d'aller au-delà du rapport isolé. Elle est indispensable à la mise en place d'une analyse 'continue', exhaustive. Abstraction faite de l'enchâssement de subordonnées[137] (nous nous limiterons ici à la proposition simple)[138], la notion de r é c u r s i v i t é a été appliquée aux s y n t a g m e s (ou *groupes*)[139], aux *compléments*[140] et aux *épithètes*[141].

En ce qui concerne la r é c u r s i v i t é au niveau des s y n t a g m e s, Ulrix (1909: 103), qui, par ailleurs, en présente une typologie très complète (cf. 3.1.1.), reconnaît que les *groupes de mots* peuvent être déterminés à leur tour par des *mots isolés* ou par des *groupes de mots*:

> «des groupes de mots peuvent être déterminés à leur tour, et cela non-seulement [*sic*] par des mots isolés (*Ce joli chapeau, mon voyage à Paris, la ville de Bruges, belle maison à louer*), mais aussi par des déterminatifs formant eux mêmes [*sic*] des groupes de mots (*jolie robe de soie mauve, les belles rues de la grande ville*).
> On arrive ainsi à des groupes complexes, comme celui-ci: *une belle suite de maisons construites en briques rouges*, où le mot *suite*, formant un groupe avec *belle* et *une*, est déterminé par le mot *maisons*, qualifié lui-même par le groupe *construites en briques*, dont le dernier mot est qualifié à son tour par l'adjectif *rouges*».

Soit (le soulignement identifie le mot déterminé; les cases les groupes):

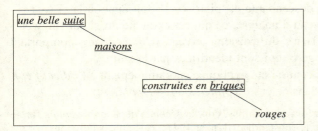

L'emboîtement de groupes se fonde sur des rapports de dépendance — mais formulés en termes sémantiques ('déterminé') —, établis chaque fois à partir du m o t - t ê t e du groupe. La 'visée groupale' des faits n'est cependant que partielle: le

---

[137] Exemples: Galichet (1947: 163-165), Michaut (1934: 261). Cf. aussi la *sous-subordonnée* (V4, 226, 210), voire la *sous-sous-subordonnée* (V4, 210) chez D&P.

[138] Nous faisons également abstraction de l'*adverbe complété par l'adverbe*, étant donné que ce rapport relève des emplois canoniques de l'adverbe.

[139] Ulrix (1909: 103), D&P (V7, 259, 303), Brunot (1922: 419), Grevisse (1936: 530-531). Chez ces trois derniers, il s'agit toujours de s y n t a g m e s   p r é p o s i t i o n n e l s complétant une préposition. Ainsi, le *noyau* d'un *chaînon prépositif* (= s y n t a g m e   i n t r o d u i t   p a r   u n e   p r é p o s i t i o n) peut à son tour être un *chaînon prépositif* (V7, 259): *pour après lui* (Cf. aussi V7, 303). Nous verrons (cf. 3.3.2.2.), par ailleurs, que D&P insistent sur la hiérarchie globale de la phrase, basée sur l'*emboîtement de valences* (V1, 112-115).

[140] Brunot (1922: 22), Engwer (1926: 48), Regula (1931: 40-41), Michaut (1934: 14), Cayrou (1948: 328).

[141] D&P (V2, 105-106; V1, 660), Gougenheim (1938: 109), Dauzat (1947: 111).

premier groupe (*une belle suite*) est qualifié par *un mot* et non pas par *un groupe* (dans lequel le mot *maison* est qualifié par un autre groupe, etc.).

Si la reconnaissance de groupes qui s'emboîtent est un phénomène relativement récent, l'emboîtement de *compléments* était déjà envisagé par Beauzée (1767: II, 54-55; cf. *supra* 1.1.1.). Dans le corpus, certains auteurs, comme Michaut (1934: 14), Brunot et Cayrou font état de *compléments de compléments*:

> «Il va sans dire que tous ces compléments s'ajoutent, se combinent, se rattachent les uns aux autres et se complètent eux-mêmes, ce qui donne à la phrase des formes extrêmement variables» (Brunot 1922: 22).
> «L'adjectif, qui détermine le nom, peut être à son tour déterminé par un complément [...] [qui] peut être: 1°un *nom*; –2° un *pronom*; –3° un *infinitif*; –4° un *adverbe*; –5° une *proposition subordonnée*» (Cayrou 1948: 328).

Chez Regula et Engwer – Lerch, la récursivité constitue un principe-clé de l'articulation hiérarchique de la phrase (Regula 1931: 40-41):

1° *Hauptglieder (Subjekt, Prädikat)*
2° *Hauptglieder wieder gegliedert* (= *Bestimmungsgruppen: Kern + Bestimmungsglieder* ou *Neben/Unterglieder*)
3° *Bestimmungen zu den Nebengliedern* (= «Ein Bestimmungsglied kann seinerseits näher bestimmt sein»).

On constate que cette analyse descendante et 'pilarisée'[142] fait appel à la r é c u r s i v i t é au-delà du deuxième niveau d'analyse, ce qui est explicité aussi par Engwer – Lerch (1926: 48): les f o n c t i o n s du troisième niveau (*Unterglieder*) comportent «wieder dieselben Bestimmungen» qui sont identifiées par la suite.

La notion de r é c u r s i v i t é a aussi été appliquée sporadiquement à l'*adjectif épithète*. Dauzat et D&P parlent dans ce cas d'*épithètes* qui *s'emboîtent*:

> «épithètes, qu'on appelle parfois emboîtables, dont la seconde dépend du *groupe* formé par la première épithète avec le substantif» (Dauzat 1947: 111, nous soulignons).

Concrètement, dans *une étude historique remarquable*, «*remarquable* détermine *étude historique*» (1947: 111), soit [(N + épithète$_1$) + épithète$_2$] et non pas N + épithète$_1$ + épithète$_2$, configuration caractéristique des *épithètes multiples*, c'est-à-dire c o o r d o n n é e s :

> «Les épithètes multiples sont généralement indépendantes l'une de l'autre, et séparées par une virgule, les deux dernières (ou les deux, si elles ne sont que deux) pouvant être réunies par *et* (*ou* en cas de disjonction, *ni* en cas de négation, p. 371)» (Dauzat 1947: 111; cf. aussi 417).

Sans doute Dauzat s'inspire-t-il de D&P. Dans *un bon vieux petit homme*:

> «il s'agit d'un homme qui est un petit homme, d'un petit homme qui est un vieux petit homme, d'un vieux petit homme qui est un bon vieux petit homme; toutes ces qualités

---

[142] Identification des f o n c t i o n s du premier niveau, puis élaboration de celles-ci. Sur le terme *pilarisé*, voir Ch. IV, 2.1.

forment un tout solide et ordonné: l'ordre des épithètes est de nature taxiématique[143]. Il y a **emboîtement des épithètes**» (D&P V2, 105).

Dans ce cas,

«chaque groupe formé par un substantif et ses épicatathètes plus proches est traité pour l'application de l'épicatathète[144] précédente comme un substantif unique» (D&P V2, 106)[145].

Lorsque les épithètes se trouvent des deux côtés du nom (*épanathètes* et *épicatathètes*), l'emboîtement peut être *univoque* ou *réciproque*, soit [(cata + N) ana], comme dans *de grands yeux pleins de ...*, ou (cata [N] ana), comme dans *une infinie recherche inutile* (V2, 107). Les deux analyses sont représentées graphiquement.

À vrai dire, l'introduction de la récursivité dans le domaine des a d j e c t i f s   é p i t h è t e s contient en germe une petite révolution copernicienne. C'est qu'elle repose sur la notion de s y n t a g m e — comme l'ont remarqué lucidement, la sémantique aidant, D&P et Dauzat, tout comme Gougenheim[146] — et, surtout, qu'elle anticipe sur le concept de constituance. L'*épithète* ne modifie pas, en effet, une autre *épithète*, mais un s y n t a g m e constitué par un *nom* et (au moins) une ou plusieurs *épithètes*. Sur ce point, le mécanisme d'emboîtement diffère de celui qui sous-tend l'emboîtement des *compléments*, par exemple, où un complément X est dit compléter un terme Y, qui complète à son tour un terme Z, etc. Dans ce dernier cas, l'enchaînement de compléments s'appuie sur des rapports successifs de d é p e n d a n c e, alors que l'emboîtement d'épithètes est basé sur le concept de c o n s t i t u a n c e[147].

Il n'empêche que, mis à part ces quelques auteurs qui ont appliqué la notion de r é c u r s i v i t é en rapport avec un phénomène particulier, elle est sinon méconnue du moins implicite en grammaire traditionnelle. Cette absence s'explique par une espèce de myopie, dictée par une focalisation *statique* et *locale* des rapports entre les éléments mis en rapport.

2.3.3. Tableau synoptique et conclusions

L'examen des problèmes d'articulation des deux analyses aboutit à la matrice suivante:

---

[143] Par contre, dans *cette étroite, montueuse, raboteuse, sale et vénérable rue Saint-Jacques* (V2, 105) l'ordre est dit *stylistique*. Les deux cas de figure peuvent se combiner: *un nouveau et méchant petit régiment d'infanterie* (ib.).

[144] Cela corrobore la thèse des auteurs selon laquelle toute *épicatathète* (é p i t h è t e   a n t é p o s é e) s'unit sémantiquement avec son *régent* pour former une nouvelle espèce substantielle. Dans le cas de l'*épanathète* (= é p i t h è t e   p o s t p o s é e), il faut toujours une pause ou une conjonction (sauf dans le cas de l'*épanathète restrictive*), si bien qu'il ne peut être question d'un *complexe substantival* (V2, 106).

[145] Le même raisonnement s'applique *mutatis mutandis* aux *auxianarrhèmes* (cf. Ch. IV, 3.9.1.): *il écrivait naturellement bien* (V2, 259): *il [(écrivait naturellement) bien]* (~ *son style naturel est bon*).

[146] «l'un des adjectifs qualifie non le substantif seul, mais le groupe constitué par le substantif et l'autre adjectif» (Gougenheim 1938: 109). Cette interprétation diffère nettement de celle fournie par Wartburg (1947: 312) qui se limite à constater l'étroitesse du rapport qui unit les épithètes au nom: «l'une de ces épithètes est en général plus étroitement unie au substantif par le sens que la ou les autres; elle se place donc avant le substantif».

[147] Nous y reviendrons sous 3.1.2.1.2.

	conflits				discontinuités absence de …		
	complément		2 termes génériques	2 séries de fonctions nominales[148]	interface	syntagme[149]	récursivité
	2 classements	2 visées					
Clédat	–	+	+	–	+	+	+
Plattner	–	–	+	–	+	+	+
Ulrix	–	–	+	–	–	–	–
Haas	–	–	+	–	–	(–)	+
Sonnensch.	–	–	+	–	+ (sauf N)	– PFT	+
Lanusse	–	–	+	–	–	–	+
Strohmeyer	–	–	+	–	–	(–)	+
Brunot	+	+	+	–	0	–	–
Radouant	–	+	fonction	–	–	+	+
Engwer	–	–	+	+	–	–	–
D&P	–	–	fonction	–	–	– PFT	–
Regula	–	–	+	+	–	–	–
Académie	+	–	+	–	–	+	+
Michaut	+	+	+	–	–	(–)	–
Le Bidois	–	–	+	–	–	–	+
Larousse	+	+	+	–	–	–	+
Grevisse	+	–	+	+	–	+	–
Bloch	–	–	+	–	–	+	+
Bruneau	+	–	+	–	–	+	+
Gougenh.	–	–	+	–	0	–	–
Galichet	–	–	fonction	–	–	–; – PFT	+
Dauzat	–	–	+	–	–	–	–
de Boer	+	–	fonction	–	+ (lacunes!)	–	+
Wartburg	–	–	+	–	–	+	+
Cayrou	–	+	fonction	–	–	–	–

La syntaxe traditionnelle est issue de la juxtaposition de deux analyses à directionnalité opposée qui ont laissé des traces indélébiles, l'une plus que l'autre (l'analyse logique ayant été grammaticalisée). L'articulation des deux analyses, même après la 'grammaticalisation' (partielle) de l'analyse descendante, constitue un problème fondamental qui se manifeste de deux manières.

---

[148] Comme nous l'avons signalé sous 2.3.1.4., la sous-détermination du métadiscours grammatical nous interdit de prendre en considération toutes les observations faites à propos du double paradigme des fonctions nominales. Le tableau ne retient que les grammaires dans lesquelles les deux perspectives se reflètent dans la *terminologie*.

[149] PFT = dans le cadre de la 'perspective fonctionnelle transversale'. Voir à ce propos 3.2.

(1) Cette articulation imparfaite donne lieu à des *conflits frontaliers* dans les domaines où les deux analyses se rencontrent. Parmi ces 'conflits frontaliers', il faut signaler la coexistence de deux termes génériques (*terme* vs *fonction*) pour le concept de f o n c t i o n, en premier lieu dans les grammaires qui allient une interface ascendante à une description — descendante — des parties de la proposition (2.3.1.1.). Cette distinction terminologique correspond aussi à deux conceptions différentes des fonctions, qui sont encore explicitées par Engwer, Regula et Grevisse (2.3.1.4.). Or la confirmation la plus éclatante vient de l'étude des c o m p l é m e n t s où l'on note un double conflit. Trois grammaires de facture française font état d'un conflit entre une visée catégorielle et une visée sémantico/logico-fonctionnelle du complément, trois autres en portent les symptômes. La plupart des grammaires publiées en France optent plutôt pour la conception catégorielle, qui est la plus stricte, conforme à la théorie de la consubstantialité, ce qui entraîne une dissociation entre l'adjectif *épithète* et le c o m p l é m e n t d u n o m, d'une part, et (dans une bien moindre mesure) entre l'*adverbe* et le c o m p l é m e n t c i r c o n s t a n c i e l, de l'autre (cf. Ch. IV, 3.9.2.). Sur ce point, la tradition allemande emprunte des voies tout à fait différentes. Sept grammaires de facture française sont le théâtre d'un deuxième conflit dans le secteur des compléments. Elles juxtaposent deux classements des compléments d'après leur domaine (= les éléments à compléter): fonctions + complément (p. ex. *complément du sujet*) *vs* parties du discours + complément (p. ex. *complément du nom*). Après avoir effleuré le premier classement, qui est typique d'une approche 'pilarisée' de la proposition (cf. Ch. IV, 2.1.), elles passent volontiers à l'autre, sans se poser trop de questions. Par ailleurs, l'analyse de la notion de s y n t a g m e révélera un conflit analogue, à savoir la coexistence de deux séries de s y n t a g m e s (3.1.1.5.3.).

(2) Outre les conflits frontaliers, qui ne sont en quelque sorte que les symptômes du mal, il faut faire état d'une *discontinuité profonde* entre les deux approches de la syntaxe, descendante (sémantico-logique) et ascendante (catégorielle). Cette discontinuité tient à trois facteurs. Si dans presque toutes les grammaires on peut noter une réelle volonté pour établir une interface entre l'étude des p a r t i e s d u d i s c o u r s et la description des f o n c t i o n s s y n t a x i q u e s, il faut avouer que la syntaxe reste *foncièrement discontinue* tant que les niveaux de structuration intermédiaires ne sont pas remplis, c'est-à-dire tant que le s y n t a g m e (groupes de mots) et la r é c u r s i v i t é ne sont pas envisagés. Nous verrons que cette discontinuité survivra même à l'introduction du s y n t a g m e (cf. 3.1.1.5.).

2.4. *Conclusions: la bidirectionnalité conflictuelle de la syntaxe traditionnelle*

2.4.1. Synthèse

Les grammaires du corpus ont hérité de la grammaire du 19e siècle un problème épistémologique qu'elles ne sont pas près de résoudre. Ce problème, qui s'était manifesté de façon éclatante dans la double analyse de la (première) grammaire scolaire est toujours présent dans la couche supérieure de la grammaticographie française de la première moitié du 20ᵉ siècle.

Pour démontrer la schizophrénie dont souffre la syntaxe traditionnelle, nous avons **(1)** réuni les caractéristiques qui témoignent *de façon particulièrement nette* de l'impact de chacune des deux directionnalités (descendante + logique et ascendante + catégorielle) dans l'analyse. Les paramètres utilisés sont d'autant plus significatifs qu'ils mettent en quelque sorte le doigt sur les *excès* des deux approches, logico-sémantique/descendante et catégorielle/ascendante:

(1) des analyses sémantico-logiques, dans le cadre du jugement, détachées de la réalité grammaticale (formelle, syntaxique)

(2) une approche de la syntaxe (de la hiérarchie interne de la proposition) à travers le prisme des parties du discours, qui fait abstraction des structures intermédiaires.

Ensuite **(2)**, nous avons détecté les problèmes d'articulation que pose la coexistence de ces deux approches au sein de la grammaire (solution de continuité et conflits frontaliers).

2.4.2. La tradition grammaticale française et les autres traditions nationales

Si, de façon globale, la présence des deux perspectives antagonistes est très nette dans le corpus, on note des différences considérables d'une grammaire à l'autre:

+	... sur 5 (moyenne: 2,44 sur 5)	−	... sur 6 (moyenne: 1,92 sur 6)
ASCENDANT	4 D&P, Lanusse, Académie, Michaut, Dauzat, Wartburg	DESCENDNAT	0 Gougenheim
			0,5 Wartburg
			1 Bloch, Strohmeyer
	3 Clédat, Plattner, Strohmeyer, Le Bidois, Larousse, Bloch, de Boer		1,5 Lanusse, Brunot, Michaut, Le Bidois, Larousse, Bruneau, Galichet, Dauzat
	2 Radouant, Grevisse, Bruneau, Haas, Gougenheim, Cayrou		2 Cayrou, Grevisse, D&P, Engwer, Radouant, Plattner, Ulrix
	1 Sonnenschein, Brunot, Engwer, Regula		2,5 Clédat
			3 de Boer, Académie
	0 Ulrix, Galichet		3,5 Sonnenschein, Haas
−		+	4 Regula

La juxtaposition des résultats dans un seul tableau permet de visualiser les *rapports de force* entre les deux directionnalités *à l'intérieur de chacune des grammaires* du corpus. La question à laquelle il faut encore répondre est la suivante: étant donné l'impact (parfois inégal) des deux orientations d'une grammaire à l'autre, y a-t-il, dans une grammaire donnée, un rapport entre l'indice 'approche ascendante' (désormais IA) et l'indice 'approche descendante' (désormais ID)? On constate qu'il y a plusieurs cas de figure.

Dans 40 % des grammaires du corpus, les deux scores sont plus ou moins inversement proportionnels. À un IA élevé correspond un ID bas et vice versa[150]:

(a) à dominante ascendante
   Wartburg; Lanusse, Michaut, Dauzat; Bloch, Strohmeyer; Larousse, Le Bidois
(b) à dominante descendante
   Regula, Sonnenschein

On pourrait voir dans ces deux groupes respectivement les représentants types de la *tradition catégorielle (française)* et la *tradition descendante (germanique)*. Ces deux groupes ont aussi des représentants moins typiques qui combinent des excès des deux orientations:

– D&P (IA élevé et ID moyen)
– de Boer et Haas (ID élevé et IA moyen)

Si l'on considère les résultats du point de vue de la nationalité des auteurs, on constate que seuls Strohmeyer, Wartburg et Brunot changent de camp. Les deux traditions se tiennent en équilibre (deux scores moyens) chez

  Radouant, Bruneau, Grevisse, Cayrou; Plattner et Clédat[151],

tout comme dans la *Grammaire* de l'Académie, grammaire schizophrène s'il en est, où les deux traditions sont très fortes (IA = 4; ID = 3).

Les autres grammairiens semblent s'acheminer vers une solution. Cela vaut en premier lieu pour Galichet (IA = 0; ID = 1,5), mais aussi pour

– Ulrix, Brunot, Engwer   (IA faible, ID moyen)
– Gougenheim   (ID faible, IA moyen).

Cette classification ne saurait nous faire oublier que les scores pour l'analyse descendante sont moins élevés que les scores pour l'approche ascendante (moyennes: 1,92 sur 6 *vs* 2,44 sur 5), ce qui est dû à la délogicisation ('grammaticalisation') de l'analyse, qui avait déjà commencé au 19e siècle (cf. 1.2.2.).

Que la tradition française reste très attachée à l'approche ascendante et catégorielle, ressort de l'évolution des moyennes par quart de siècle:

---

[150] Les grammaires dont le profil est identique ont été regroupées (cf. points-virgules).
[151] La grammaire de Plattner et surtout celle de Clédat sont plus axées sur l'orientation descendante que les 4 autres.

	indice approche ascendante (IA)	indice approche descendante (ID)
1er quart du siècle	2.2	2.3
2e quart du siècle[152]	2.8	1.5

On constate donc que l'impact de l'approche catégorielle devient encore plus grand, ce qui est tout sauf un progrès. Il convient cependant de nuancer ce résultat décapant, puisque les résultats sont quelque peu biaisés par la présence inégale de grammaires étrangères (en premier lieu allemandes) dans les deux groupes. Quand on s'en tient aux grammaires de facture française (6 dans le premier groupe, 10 dans le second), on aboutit aux résultats suivants:

	indice approche ascendante (IA)	indice approche descendante (ID)
1er quart du siècle	3.0	2.1
2e quart du siècle	3.1	1.5

On peut conclure que la grammaire française ne fait pas de progrès dans l'émancipation des excès de l'approche catégorielle. Ce *statu quo* est illustré de façon éclatante par la grammaire réactionnaire de Dauzat (1947). Le tableau illustre aussi l'originalité du grammairien belge Ulrix (1909)[153] et montre que les collaborateurs au *français moderne*, pour la plupart des universitaires (Dauzat, Damourette, Wagner, Bloch, Bruneau et Gougenheim), s'inscrivent tous dans la tradition catégorielle française.

Si les grammaires du corpus semblent suggérer une différence entre une tradition française et une tradition allemande, ou de façon plus générale, germanique (cf. le Hollandais de Boer), on ne saurait oublier que Strohmeyer et Plattner présentent un profil assez analogue au profil 'français'. Ils ne sont d'ailleurs pas les seuls, comme le montrent quelques rapides vérifications (p. ex. Stier 1896, Lücking 1883). Le témoignage de Max Banner, auteur d'une *Französische Satzlehre* (1895), confirme ce constat. Les grammaires françaises de la fin du 19e siècle — il ne considère sans doute que les grammaires publiées en Allemagne — sont basées sur les parties du discours, fidèles en cela à la tradition des grammaires latines (qui remonte en fait à Denys le Thrace, dit-il). Les syntaxes de l'allemand, en revanche, suivent un modèle plus récent qui met l'analyse de la phrase en f o n c t i o n s   s y n t a x i q u e s au premier plan. Ces f o n c t i o n s sont groupées autour du v e r b e - p r é d i c a t (option verbo-centrale qui date de la période d'après Becker; voir Forsgren 1998)[154]. La concurrence des deux approches a donc également sévi en Allemagne — où les

---

[152] Comme le nombre de grammaires étudiées est impair (25), la *Grammaire* de l'Académie, le numéro 13, a été comptée deux fois.
[153] Il serait intéressant d'examiner l'impact de cette grammaire originale dans la tradition grammaticale belge. N'oublions pas que cette grammaire a été rééditée jusque dans les années 1930.
[154] Banner (1895b: 4) se croit le premier à appliquer le modèle allemand à la grammaire française.

grammaires de la langue maternelle étaient fortement influencées par la théorie de la phrase de Karl Ferdinand Becker, celui qu'on considère le plus souvent comme le père[155] de la grammaire allemande — et a donné lieu à des croisements (1895: 3; cf. aussi Forsgren *infra*)[156].

Quant à la tradition anglo-saxonne, il semble que la grammaire de l'anglais ait également été tiraillée entre les deux approches. La plupart des grammaires de l'anglais publiées aux États-Unis au début du 20e siècle se caractérisent elles aussi par une double focalisation (les parties du discours et la proposition). L'analyse descendante aurait été élaborée surtout vers la fin du 19e siècle (Algeo 1991: 115). Dans la tradition britannique, l'analyse de la proposition en fonctions (*clause analysis*) devint un procédé didactique vers 1870. La théorie avait été empruntée à la *Deutsche Grammatik* de Becker (1829) par J.D. Morell (1852), et plus tard, par C.P. Mason (1858). Cette méthode analytique (*analysis, analytic method*) vint compléter l'approche plus traditionnelle — rattachée au nom de Lindley Murray (1797, avec des remaniements tout au long du 19e siècle), qui avait servi de modèle (voir Michael 1991: 15) — qu'on peut appeler catégorielle (caractérisée entre autres par le «parsing»), comme cela a aussi été le cas aux États-Unis (Downey 1991).

2.4.3. Témoignages concordants dans la littérature secondaire

Les caractéristiques que nous venons d'examiner prouvent à suffisance le caractère bidirectionnel et conflictuel de l'analyse syntaxique traditionnelle. D'autres historiographes ont déjà effleuré cet aspect. Outre la thèse de Chervel (1977)[157] où la double analyse occupe une place de choix, on trouve l'opposition *ascendant/descendant* chez Knobloch (1990) («Wortarten und Satzglieder»), Cherubim (1975: 9) («Strukturalistische Analyseverfahren [...] von oben», qui est opposé au «synthetisierenden Darstellungsverfahren traditioneller Sprachbeschreibung»), Stati (1972: 81-85) et, surtout, chez Melis – Desmet (2000).

Forsgren (1992: 30; 113), de son côté, signale le *dualisme* — au niveau du plan — des grammaires scolaires allemandes d'Adelung et de ses successeurs. Ce dualisme se maintient dans la grammaire scolaire beckerienne (vers 1830) et post-beckerienne:

> «aszendente Wortartenlehre mit integrierten Satzgliedbegriffen» et «einen satzanalytischen, *deszendenten* Teil».

Voilà que même la tradition allemande, tradition à forte orientation descendante, était confrontée au problème de la bidirectionnalité de l'analyse syntaxique. Si Adelung

---

[155] Si, institutionnellement parlant, le rôle de ce personnage ressemble un peu à la position de Noël et Chapsal en France, force est de constater que leurs théories grammaticales ne se ressemblent pas. On en mesurera tout l'impact dans la théorie des fonctions (cf. Ch. IV).

[156] C'est ce que Ries a appelé *Mischsyntax* (1894).

[157] Bourquin (2002: 58) en tire de manière perspicace ce qui nous paraît fondamental pour l'analyse traditionnelle, à savoir les «mouvements contradictoires».

se limitait encore à inclure dans l'analyse de la phrase les f o n c t i o n s de sujet et de prédicat (copule), les autres f o n c t i o n s étant intégrées dans la théorie des cas (incorporée à la *Wortartenlehre*, i.e. la syntaxe des parties du discours), à partir de Becker, *toutes* les fonctions sont également traitées dans la *Satzlehre* (qui fait suite à la *Wortartenlehre*).

Notre interprétation de l'histoire de la grammaire traditionnelle française diffère cependant sur un certain nombre de points des analyses que nous venons de signaler. Outre le fait qu'elle fournit des preuves plus précises (et vérifiées sur un ensemble de grammaires) (**1**), on peut relever quatre différences majeures.

(**2**) Très souvent, la problématique de la bidirectionnalité a été considérée du point de vue du *plan* des grammaires (Ries 1894, Forsgren 1992). Cet aspect est, certes, crucial, mais ne révèle pas la totalité de la problématique. Dans le cas de Clédat et de Plattner, par exemple, deux grammaires à plan morphologisant, il serait faux de conclure à l'absence de caractéristiques (voire d'excès) de la perspective descendante. Notre analyse va donc au-delà du plan pour pénétrer plus en avant dans la description grammaticale (conflits terminologiques [*terme/fonction*], double visée du complément, analyse sélective au niveau de l'exemplification, etc.). Il s'ensuit que les notions ascendant/catégoriel et descendant/sémantico-logique reçoivent un contenu plus riche.

(**3**) Le plus souvent, on a l'impression que l'une des deux orientations l'emporte sur l'autre (Forsgren 1992, Melis – Desmet 2000)[158]. Nous sommes convaincu que dans le corpus analysé les deux approches sont présentes dans chacune des grammaires, mais leur impact — et leurs rapports de force — diffère d'une grammaire à l'autre. Concrètement, ce qui est dit chez Melis – Desmet (2000: 92-94) à propos de Grevisse (1936) et Larousse (1936) («approches mixtes») — et à propos de Sechehaye (Melis – Desmet 2000: 98) — vaut aussi pour Dauzat (1947), par exemple, même si l'approche catégorielle est plus nette chez ce dernier. Nous ne pouvons pas souscrire, dès lors, à l'analyse de Bechraoui qui caractérise la grammaire scolaire comme une syntaxe strictement *fonctionnelle* (Bechraoui 1992: 1). Cette caractérisation est non seulement incomplète, elle nous paraît aussi contestable. Comment oublier, en effet, tout le poids qu'avait ce que nous avons appelé l'approche catégorielle (dite *grammaticale*) dans la grammaire scolaire traditionnelle, ainsi que tous les indices que nous avons relevés d'un conflit épistémologique sous-jacent?

(**4**) Vu la présence de deux approches antagonistes au sein de la même grammaire, on peut parler d'un *problème épistémologique grave* (à témoin les problèmes d'articulation), qui s'était déjà manifesté de façon éclatante dans la double analyse (*logique* et *grammaticale*) de la grammaire scolaire du 19e siècle. La thèse de la bidirectionnalité permet non seulement de comprendre le fonctionnement de la syntaxe dans la première moitié du 20e siècle, elle implique aussi une dynamique interne qui

---

[158] Seuren (1998: 156, 174, *passim*) tend à opposer les linguistes du *mot* (p. ex. Saussure) aux linguistes de la *phrase* (p. ex. Bloomfield, Gardiner).

tend vers la résolution du problème épistémologique, ou du moins, vers un rapprochement des deux directionnalités dans l'analyse (cf. 3. ci-dessous). Aussi les auteurs du corpus tentent-ils — presque inconsciemment — de combler le fossé qui sépare l'analyse de la proposition en f o n c t i o n s (directionnalité descendante) de la description de l'emploi et de la fonction des parties du discours (directionnalité ascendante), grâce notamment à l'introduction de la notion de s y n t a g m e (ou groupe de mots) et au développement d'une perspective fonctionnelle transversale basée sur les fonctions prototypiques des parties du discours, qui viennent s'ajouter à la 'grammaticalisation' de l'analyse descendante de la proposition.

(5) La problématique de la double directionnalité est pour nous une caractéristique fondamentale de l'analyse de la phrase dans la tradition grammaticale française. Sa puissance explicative est particulièrement grande. Elle jette de la lumière sur toute une série de phénomènes liés à la théorie des fonctions et recèle une dynamique interne comme nous venons de le voir. En outre, elle permet d'inscrire la grammaire de la première moitié du 20e siècle dans un développement de longue durée, qui s'étend de 1825 à la grammaire structurale (et générative). En effet, la bidirectionnalité observée dans le corpus perpétue l'esprit de la double analyse, cet humble exercice scolaire qui a marqué de son empreinte la grammaire scolaire au 19e siècle (cf. Chervel 1977). De l'autre côté de l'axe du temps, on assiste à l'émergence de modèles syntaxiques qu'on pourrait appeler *unidirectionnels continus*. Il s'agit, d'une part, de l'analyse en constituants immédiats (analyse descendante continue et, essentiellement, formelle), et, d'autre part, des syntaxes à dominante catégorielle (c'est-à-dire basées sur les catégories lexicales), qui ont vu le jour notamment en France (Tesnière; Guillaume). Nous y reviendrons sous 3.3.2. Finalement, et c'est là encore un aspect sur lequel nous devrons revenir souvent dans le chapitre IV, la thèse de la bidirectionnalité de la syntaxe traditionnelle permet de rendre compte de certaines différences fondamentales entre les analyses de la phrase dans les traditions grammaticales française et allemande (cf. aussi Lauwers 2004a [sous presse], à par. b).

Arrivé au terme de cette analyse, il reste une question, fondamentale: pourquoi la tradition grammaticale (française) n'a-t-elle pas élaboré d'emblée une analyse unitaire et continue ? Répondre à cette question revient à s'interroger sur l'origine profonde de la double approche des faits grammaticaux. Celle-ci réside sans doute dans la fusion de deux champs d'étude plus ou moins autonomes: l'étude des parties du discours (avec leurs *accidentia*), qui remonte à la grammaire alexandrine, et l'étude — logique — de la proposition (p. ex. chez les stoïciens). L'objet de ces deux filières ou traditions de recherche, respectivement le mot et la proposition/phrase, correspond, dans les deux cas, à une unité plus ou moins directement accessible à l'intuition ou à la perception (tout comme le son), contrairement aux niveaux de structuration intermédiaires, comme le s y n t a g m e et ce que nous avons appelé les c a t é g o r i e s   f o n c t i o n n e l l e s   t r a n s v e r s a l e s (éléments adjectivaux, substantivaux, etc.), entités plus abstraites et de ce fait moins 'tangibles'.

3. Du mot à la proposition: tentatives de rapprochement

Malgré la 'grammaticalisation' de l'analyse sémantico-logique de la proposition et le développement de l'appareil des fonctions syntaxiques (cf. 1.2.2.), l'interface entre le niveau de la proposition (plus particulièrement les *termes de la proposition*) et celui du mot (et les *parties du discours*), qui s'inscrivent dans deux visions antagonistes de la syntaxe, reste problématique. L'approche ascendante et catégorielle, qui dissèque la proposition à travers le prisme des parties du discours, continue de séduire maint grammairien. Le problème était de taille: la syntaxe française du 19e et d'une bonne part du 20e siècle avait laissé en friche le champ séparant le *mot* (classé *en parties du discours*) et la *proposition* (divisée en *termes*), en insérant directement les *mots* dans les *termes de la proposition*.

Toutefois, on assiste, tout au long de la première moitié du 20e siècle, à des tentatives de combler ce fossé. D'une part, la moitié des grammaires du corpus vont donner au concept de «groupe de mots» un contenu plus stable (3.1.). D'autre part, un certain nombre de grammaires élaborent une approche fonctionnelle transversale des structures formelles de complexité variable, basée sur les fonctions prototypiques de trois ou quatre parties du discours centrales (éléments *adjectivaux*, *adverbiaux*, etc.) (3.2.). Ces deux tentatives correspondent plus au moins à des développements analogues dans la linguistique de l'époque et doivent, dès lors, être confrontées avec ceux-ci. Aussi la dernière partie de ce chapitre comporte-t-elle deux volets parallèles dans lesquels sont présentés respectivement le s y n t a g m e (3.1.) et la p e r s p e c - t i v e   f o n c t i o n n e l l e   t r a n s v e r s a l e (désormais PFT) (3.2.). Le troisième volet, synthétique, recueillera les principaux acquis, ainsi que les problèmes qui subsistent, malgré tout (3.3.).

Les deux parties parallèles (3.1. et 3.2.) contiennent chacune une description du phénomène en question dans les grammaires du *corpus* (3.1.1. et 3.2.1.), un aperçu des développements parallèles en *linguistique (générale)* (3.1.2. et 3.2.2.) et une analyse des rapports entre le corpus et la linguistique générale (3.1.3. et 3.2.3.).

3.1. *L'émergence du syntagme*

3.1.0. Préambule: définition du concept

Les grammairiens de la seconde moitié du 19e s'intéressaient peu à la constitution formelle (complexe ou non) des termes de la proposition (cf. Gabelentz, *apud* Graffi 1991: 246). Ce qui les intéressait, en revanche, c'était la fonction des termes de la proposition et/ou l'identification linéaire des parties du discours qui y entraient. Si par hasard un auteur utilise la formule *groupe* ou *groupe de mots*, on ne saurait en conclure qu'il reconnaît le s y n t a g m e comme une entité à part entière. Pour cela, il faut au moins avoir porté un regard sur la structure interne (stable) du *groupe*.

L'étude de l'émergence du s·y n t a g m e pose un certain nombre de problèmes méthodologiques. Comme tout concept nouveau-né, il est entouré d'un flou terminologique: la terminologie est instable et plusieurs termes sont en concurrence. L'instabilité de la terminologie est encore accrue par la polysémie du paradigme terminologique utilisé [*groupe (de mots), Wortgruppe*] qui risque de porter atteinte à la technicité des termes. En effet, le terme de *groupe de mots* — dans une syntaxe axée sur la combinaison de mots — a pu être appliqué à la fois aux m o t s c o m p o s é s, aux l o c u t i o n s f i g é e s, aux s y n t a g m e s (dans le sens moderne du terme, cf. ci-dessous), voire à la p r o p o s i t i o n ou la p h r a s e tout entières. En définitive, *groupe de mots* risque de devenir synonyme de 'ensemble de mots', terme extensible au petit bonheur, pour peu qu'on éprouve un vague sentiment d'unité entre les mots qui le composent.

Cela dit, il convient d'imposer des critères assez stricts afin de séparer le bon grain de l'ivraie. Un s y n t a g m e est

- un niveau ou groupement intermédiaire entre le mot et la proposition, qui n'est pas synonyme de f o n c t i o n s y n t a x i q u e[159]
- une notion récurrente (à extension plus ou moins stable)
- une entité dont la structure interne est analysée.

Le succès de l'analyse en constituants immédiats au sein de la grammaire structuraliste et, plus tard, générative transformationnelle, a cependant mené à un rétrécissement indû de la notion de s y n t a g m e. L'historien de la syntaxe doit tenir à l'esprit la mise en garde de Graffi (1990: 466) et dissocier s y n t a g m e et analyse en constituants immédiats:

«se l'analisi in costituenti immediati è certamente anche una teoria dei gruppi di parole, non è certamente vero che qualunque teoria dei gruppi di parole equivalga all'analisi in costituenti immediati».

La conception réductionniste, qui associe le s y n t a g m e avec l'analyse en constituants immédiats, fait tort à la linguistique — et à la grammaticographie — européenne. Nous y reviendrons sous 3.1.2.

3.1.1. Le s y n t a g m e dans le corpus

3.1.1.1. Inventaire

L'application des critères susmentionnés mène à un inventaire de 14 grammaires (ordre chronologique):

Ulrix, (Haas), (Strohmeyer), Lanusse, Brunot, Regula, (Michaut), Le Bidois, Larousse, Gougenheim, de Boer, Galichet, Dauzat, Cayrou.

---

[159] En principe, les dimensions du s y n t a g m e pris isolément ne dépassent pas les découpages en f o n c t i o n s p r i m a i r e s, à l'exception du S V. Ce critère mène à l'exclusion de Wartburg.

Il a fallu en exclure Wartburg – Zumthor, étant donné que les «groupes» dégagés par les auteurs concernent essentiellement des groupements s y n t a c t i q u e s de f o n c t i o n s p r i m a i r e s [160]. Galichet opère des regroupements similaires (*groupe sujet-verbe*) (1947: 136), mais reconnaît encore d'autres types de s y n t a g m e s, plus canoniques[161]. On trouve aussi le *groupe* s u j e t - v e r b e chez Le Bidois, tant avec un sujet p r o n o m i n a l (T1, 138; T2, 112) que n o m i n a l (T1, 154).

Du point de vue chronologique, les 14 grammaires s'échelonnent sur la période 1909 – 1948. Vers les années 1940, la notion de s y n t a g m e semble être acquise. Dans certaines grammaires, les indices qui pointent dans la direction de la notion de s y n t a g m e sont tellement faibles et sporadiques qu'on ne saurait affirmer avec certitude que ces grammaires connaissent le concept, d'où les parenthèses (Michaut, Strohmeyer et Haas) dans l'inventaire.

Dans ce qui suit, nous allons examiner le concept de s y n t a g m e sous un triple angle:

- la terminologie et le contenu approximatif des termes utilisés (3.1.1.2.)
- la nature et la genèse du concept (3.1.1.3.)
- l'intégration du concept dans la grammaire (3.1.1.4.).

À l'heure du bilan, nous discuterons les problèmes qui restent, malgré tout (3.1.1.5.).

3.1.1.2. Terminologie

Le relevé de la terminologie (voir tableau, *Annexe* 4) montre que le concept de S N est mieux représenté que le S V. On ne trouve nulle part le S V sans le S N. La raison en est, sans doute, que le s y n t a g m e n o m i n a l a plus d'affinités avec les combinaisons de mots isolés, alors que le S V, tel que nous le connaissons aujourd'hui, est une réalité structurellement plus complexe (et donc plus éloignée du niveau des mots). Il est d'ailleurs remarquable que les S V attestés se composent d'un verbe, précédé d'un auxiliaire et accompagné de clitiques, et, éventuellement, d'un adverbe. Il s'agit là de mots dont la cohésion par rapport au verbe est encore renforcée par la morphologie (auxiliaires) et la prosodie (clitiques). Mais le S V n'atteint pas les dimensions du S V moderne, qui — et c'est là sans doute le facteur prépondérant — , s'établit au-delà des limites de deux f o n c t i o n s p r i m a i r e s (le v e r b e - p r é d i - c a t et le c o m p l é m e n t d ' o b j e t / a t t r i b u t). Qui plus est, la 'visée groupale' du S V entrait en concurrence avec le p r é d i c a t g l o b a l (phrase = sujet + p r é d i c a t g l o b a l), un ensemble sémantico-logique. Seuls Regula (qui y inclut l ' a t t r i b u t, le c o m p l é m e n t d ' o b j e t et les m o d i f i e u r s a d v e r b i a u x), Le Bidois (malgré

---

[160] Les auteurs parlent de *groupes de mots* formant au sein de la phrase «les unités grammaticales et sémantiques les plus intimement liées» (1947: 305). Si l'on trouve parmi ces groupes les couples *sujet-verbe, sujet-attribut, verbe-complément*, il faut aussi relever des groupes N + *déterminant* (*apposition, complément déterminatif, adjectif épithète*), adv. + V et adv. + N (Wartburg 1947: 315).

[161] Le C O constitue, psychologiquement, le complément (1947: 136, 113 n. 1) de ce groupe. Le C O achève l'actualisation du sujet (à travers le verbe).

des passages contradictoires), et, implicitement, de Boer (le groupe *principal/complément* s'applique aussi à l'ensemble V + N), font exception. Ces auteurs y incluent aussi les c o m p l é m e n t s d ' o b j e t .

Si le groupe verbal est avant tout une unité prosodique, morphologique et syntactique, le S N , par contre, en dehors des cas où sa portée semble limitée par la binarité des rapports sémantiques, est plus étoffé.

Les autres types de s y n t a g m e s (S p r é p . , S a d j . , S a d v .) sont très mal représentés, sauf chez Ulrix (1909). Cela est dû au fait que le nom et le verbe passent pour les parties du discours majeures, liées prototypiquement au sujet et au prédicat. Le S p r é p .[162] fait son apparition chez Le Bidois (*syntagme prépositionnel*), tandis que l'incorporation de rapports sémantico-logiques (cf. *infra*) mène chez de Boer et Lanusse à une préfiguration des S p r o n . , S a d j . et S a d v . modernes. On notera aussi l'étrange démarche de Michaut – Schricke (1934: 527) qui renversent la perspective et conçoivent le s y n t a g m e à partir de l ' a d j o i n t a d v e r b i a l .

Si dès 1909 on trouve une typologie des s y n t a g m e s , il faut attendre 1932 pour les voir dotés d'une terminologie propre. Entre-temps les grammairiens se servent de termes génériques. À partir de 1938, le paradigme terminologique *groupe* ou *syntagme nominal/verbal* semble bien installé. En outre, les auteurs du corpus font preuve d'une certaine créativité dans la recherche d'une dénomination adéquate pour la t ê t e du s y n t a g m e : *noyau* (Ulrix), *Kernwort/Leitwort* (Regula), *mot essentiel/fondamental* (Larousse), *centre* (Gougenheim), *axe* (Galichet), *élément essentiel/centre* (Cayrou). Il s'y ajoute encore des désignations qui mettent en relief les rapports de dépendance (de Boer): *principal, mot complété/déterminé*.

3.1.1.3. Nature et genèse du concept

Le concept de s y n t a g m e n'est pas entré d'un seul coup dans la grammaire. Dans ce cheminement lent et irrégulier, le s y n t a g m e a suivi un parcours polygénétique, ce dont témoigne aussi la multiplicité de formes que prend la notion dans les grammaires du corpus. Le corpus contient deux[163] grands types de s y n t a g m e s , selon qu'ils s'inscrivent dans une perspective ascendante/catégorielle ou qu'ils ont une certaine affinité avec l'analyse de la proposition (descendante) en segments sémantico-logiques[164].

---

[162] Le S p r é p . revêt une importance toute particulière dans le domaine des 's y n t a g m e s ' PFT, c'est-à-dire les groupes de mots qui s'inscrivent dans une p e r s p e c t i v e f o n c t i o n n e l l e t r a n s v e r s a l e ou PFT, qui ne sont pas basés sur la constitution interne du groupe, mais sur sa fonction globale (cf. 3.2.).

[163] Nous avons exclu aussi les g r o u p e m e n t s s y n t a c t i q u e s de Wartburg, qui sont de nature supra-fonctionnelle (à l'exception du couple adjectif-substantif).

[164] On peut encore y ajouter les g r o u p e s d e m o t s qui s'inscrivent dans ce que nous appellerons une a p p r o c h e f o n c t i o n n e l l e t r a n s v e r s a l e (D&P, Sonnenschein, Galichet; cf. 3.2.).

- Le **syntagme I**: perspective ascendante/catégorielle

Le syntagme du type I est fondé sur les combinaisons ou connexions (*Verbindungen*) de parties du discours. De ce fait, on peut le considérer comme le prolongement naturel de l'approche catégorielle de la tradition grammaticale (Ia). À ces connexions de mots se superposent parfois des rapports sémantico-logiques; c'est le type Ib.

(Ia) Combinaisons ou regroupements de parties du discours

Dans la section consacrée à la morphologie, Cayrou – Laurent – Lods (1948) distinguent deux espèces de mots essentielles: le nom et le verbe. Le nom est présenté (syntaxiquement) comme «déterminé par l'article et l'adjectif, ou représenté par le pronom, ou suppléé par l'adverbe, et introduit parfois par la préposition» (1948: 50). Le verbe de son côté, est «suppléé par l'interjection[165] et introduit parfois par la conjonction» (1948: 51). Dans la syntaxe, on trouve la même bipartition, mais appliquée aux groupes:

- groupe du nom, groupe-nom
  = N + déterminants du nom
- groupe du verbe, groupe-verbe
  = V + son déterminant: l'adverbe

Les *déterminants du nom*, c'est-à-dire les **adjoints du N** se divisent en deux ensembles (1948: 319) selon qu'ils *introduisent* (*article, adjectifs pronominaux, adj. numéraux*) ou *complètent* le nom (*épithète, apposition, complément du nom*[166]). Les déterminants sont facultatifs (1948: 288).

La même démarche est adoptée par Dauzat. Soucieux de refondre la taxinomie des parties du discours, l'auteur tend à diviser les *mots à valeur pleine* en deux groupes qui se rattachent respectivement au nom et au verbe. Tout comme chez Cayrou, *groupe* signifie ici plutôt **paradigme** (d'éléments nominaux ou verbaux)[167], mais puisque ces **paradigmes** sont en grande partie basés sur les rapports hiérarchiques, ils prennent, notamment dans le cas du **SN**, l'allure de **syntagmes**:

> «Les mots à valeur pleine se hiérarchisent eux-mêmes. C'est le nom qui a le maximum d'individualité, et, *parmi les noms*, le substantif, qui désigne les êtres, les choses et les idées, les abstractions en elles-mêmes [... exemples ...]. L'adjectif, satellite du substantif, est un mot relatif: qualificatif, il exprime une propriété (qualité ou défaut) relative au substantif dont il est l'épithète (un *bel* enfant) ou l'attribut (cet enfant est *beau*); déterminatif, il marque divers rapports (de possession, démonstration, interrogation. [... exemples ...]). Le pronom a une double fonction: il remplace le nom ou présente le verbe» (Dauzat 1947: 49, nous soulignons).

---

[165] Serait-ce l'influence du *factif nominal* (= interjection) — qui tient du *factif* verbal (= verbe) — de D&P?

[166] Le *complément de l'adjectif* relève d'un niveau inférieur. Il détermine l'adjectif qui à son tour détermine. Les auteurs suggèrent également l'existence du **syntagme adjectival** quand ils signalent le *groupe attribut*, c'est-à-dire l'adjectif avec ses *déterminants* (1948: 288).

[167] Ne dit-il pas que le «groupe des noms s'oppose au groupe des verbes (ce dernier offrant une plus grande unité)» (Dauzat 1947: 55)?

Ceci est confirmé par les nombreuses occurrences des termes *groupe nominal* et *groupe verbal* (Dauzat 1947: 404, 297, 329, 441, 442, 445).

À la combinatoire des mots s'ajoute dans la *Grammaire* Larousse (1936) une interférence très nette avec le concept de g r o u p e r y t h m i q u e . C'est en effet en compagnie du «mot phonétique» ou «unité acoustique» que la notion de «groupe grammatical» (1936: 37) fait son entrée:

> «on désigne ainsi un groupe de mots distincts dans l'écriture, mais ne portant qu'un accent, comme si, pour l'oreille, ils ne formaient qu'un seul mot. De tels groupes sont constitués par un mot **essentiel** (*nom* ou *verbe*) accompagné de mots **satellites** (*adjectifs, adverbes*) et de **mots-outils** (*prépositions, conjonctions*[168])» (1936: 33).

Même si la présentation — très tesnièrienne — ne mène pas à une typologie des s y n t a g m e s , on peut en déduire une distinction fondamentale en S V (au sens restreint) — mais la conjonction pose problème — et S N , les deux s y n t a g m e s étant constitués de trois éléments tirés des trois classes de mots.

L'interférence avec les g r o u p e s r y t h m i q u e s n'est pas non plus étrangère à la syntaxe des Le Bidois. Les termes *syntagme* ou *groupe de mots* y sont appliqués aux combinaisons les plus diverses. On trouve un certain nombre d'emplois plus stables qui se rapprochent du S P r é p , du S N et du S V (au sens large et au sens restreint, selon le cas)[169].

Dans le *Système grammatical* de Gougenheim, la notion de s y n t a g m e apparaît dans la section sur l'ordre des mots que l'auteur divise en deux parties (tout comme Ulrix et Lanusse): avant de passer à l'ordre des f o n c t i o n s p r i m a i r e s , il établit d'abord la «structure» (1938: 101, 136) des groupes sur lesquels il devra s'appuyer dans l'identification des constituants dans la phrase (*groupe nominaux sujets*, etc.):

> «L'ordre normal du groupe nominal est **préposition-déterminatif-substantif (ou pronom)-complément du substantif (ou du pronom)**» (Gougenheim 1938: 106).

Il s'y ajoute l'*adjectif épithète*, avec son complément, dont il va traiter un peu plus loin:

> «Nous laissons de côté provisoirement la place de l'adjectif épithète. Le complément de l'adjectif se place après lui: *facile à dire*» (Gougenheim 1938: 106).

Il reste à signaler les trois auteurs qui ont été mis entre parenthèses dans la liste sous 3.1.1.1. Le s y n t a g m e y apparaît très sporadiquement et reste entouré d'un flou qui cache cependant mal le lien avec les combinaisons de parties du discours (*Verbindungen*) chez Strohmeyer et Michaut – Schricke.

---

[168] Il n'est pas clair si la c o n j o n c t i o n d e s u b o r d i n a t i o n est également visée.

[169] (a) *syntagme prépositionnel* (= p r é p . + c o m p l é m e n t) (T2, 674: 3 fois), (b) le S V [«le substantif en fonction d'objet premier après le verbe régent, avec lequel il forme un groupe sémantique et syntaxique» (T2, 46); cf. aussi C O I (T1, 396); plutôt S V a u s e n s r e s t r e i n t (T2, 179-180; 187; T1, 157)] et (c) S N [et le groupe s u j e t + v e r b e]: «groupe du nom et de l'adjectif, celui du sujet et du verbe» (T2, 117; cf. aussi T2: 76, 77, 86-87, 90, 91, 92, 94, 97, 99, 150).

Chez Strohmeyer, la notion de *Wortgruppe* est présente dans l'intitulé majeur de l'avant-dernière partie de sa grammaire («Die Verbindung der Worte zu Wortgruppen und zum Satze», 1921: 205), mais s'éclipse pour ne refaire surface que de façon sporadique. On peut supposer qu'il s'agit de *Wortgruppen* dans les 2 premiers paragraphes (1921: 205) de cette section où il est question des configurations suivantes:

Substantiv + Substantiv
Substantiv + «ein ganzer substantivischer Ausdruck in Adjektivart» (p. ex. *Une nouvelle chanson dix-huitième siècle*).

Dans ces constructions, qui apparaissent «in knapper Redeform» et qui tiennent parfois de locutions (adverbiales, etc.), Strohmeyer focalise surtout les modalités de la combinaison (*verbindungslose Nebeneinanderstellung*; 1921: 205)[170]. À la quasi-absence du terme s'ajoute encore l'instabilité de son contenu (p. ex. 1921: 13). L'intuition de la notion de «Wortgruppe» (1921: 53, 54) est encore la plus forte quand Strohmeyer traite de la négation dans la construction du verbe avec infinitif ou participe et ses clitiques, problématique indissociablement liée à la question de l'accentuation.

Dans la grammaire de Michaut – Schricke, la notion de S N apparaît à plusieurs reprises dans la formule «groupe formé par le nom, [...]» (1934: 527, 133, 323, 339, 381). Ce groupe a plus ou moins de consistance selon le cas[171]:

– adjectif non-qualificatif/*de* partitif + adjectifs qualificatifs + nom (1934: 527).
– «le nom ou le groupe formé par le nom et ses qualificatifs et compléments sont nécessairement précédés de certains mots, qui les introduisent dans le discours» (1934: 133)
– «groupe formé par leur [= des pronoms relatifs] antécédent, ses épithètes, ses appositions et, quand cela n'entraîne point d'ambiguïté, ses compléments» (1934: 381).

Chez Haas, le s y n t a g m e a un statut théorique mais guère de répercussions sur la grammaire. L'auteur entrevoit très bien l'intérêt théorique d'un niveau intermédiaire où les mots — ou plutôt les *Vorstellungen* (représentations mentales) — se combinent en groupes (*Vorstellungsgruppen*; *Verbindungen*) dont les *Wortgruppen* sont les corrélats formels. Ce niveau se distingue du niveau des f o n c t i o n s s y n t a x i q u e s. En effet, le même type de *Vorstellung* (p. ex. le nom) peut fonctionner dans plusieurs membres de la phrase (*Satzteile*), et, à l'intérieur de ceux-ci, différentes *Vorstellungen* se combinent (= *Verbindungen*) les unes aux autres (p. ex. N + adj., dét + N), indépendamment du membre de phrase dans lequel elles se trouvent (p. ex. sujet, objet):

«die Korrelate gleichartiger Vorstellungen, z.B. der Gegenstandsvorstellungen, können als durchaus verschiedene Satzteile auftreten, z.B. als Subjekt oder Objekt und jeweils die gleichen Verbindungen eingehen, z.B. mit Korrelaten von Merkmalsvorstellungen, oder sie können sowohl als Subjekt wie auch als Objekt als dem Angeredeten bekannt vorausgesetzt werden, oder umgekehrt als unbekannt, was jeweils zu verschiedenen syntaktischen Verbindungen Veranlassung werden kann» (Haas 1909: 48).

---

[170] On trouve des connexions pareilles dans la section consacrée à l'emploi de l'article (1921: 137-139).
[171] À part le S N on trouve encore un s y n t a g m e où l'adverbe est m o d i f i e u r et non pas tête: «le groupe formé par l'adverbe et le mot ou les mots qu'il modifie» (Michaut 1934: 527).

Le mécanisme psychique derrière ces groupes est une espèce d'attraction exercée par le m o t - t ê t e , la représentation la plus intensive, sur des représentations sémantiquement compatibles, comme il l'affirme dans sa syntaxe historique:

> «Diese Apperzeptionsgruppen entstehen dadurch, dass einzelne Vorstellungen eine grössere Aufmerksamheit, ein grösseres Interesse beanspruchen, und dadurch, dass einzelne Vorstellungen, die logisch oder begrifflich zu diesen intensiver apperzipierten in engerer Beziehung stehen, in diesem primären Gliederungsprozess sich diesen anschliessen» (Haas 1916: 16).

En somme, chez Haas, le groupe reste une notion vague, plutôt théorique, et mal intégrée, notamment pour ce qui est des rapports avec la théorie des f o n c t i o n s syntaxiques. Le plan de la grammaire n'apporte pas la clarté souhaitée.

(Ib) Combinaisons de parties du discours exprimant des rapports abstraits

Chez deux auteurs se superposent aux combinaisons de parties du discours des rapports syntactico-sémantiques de dépendance. Ainsi, de Boer, fidèle à la théorie de Sechehaye, reconnaît «le groupe: principal + complément» ou «terme régissant + terme régi» (1947: 34, 15, n. 3), ou encore, «déterminé + déterminant» (1947: 14, n. 3). Ce «groupe» est opposé au «groupe: sujet-prédicat» (1947: 5; cf. 33, 34). Ces rapports binaires, qui créent une «unité conceptuelle», s'appliquent à des unités aussi disparates que N + é p i t h è t e [172], V + a d v e r b e m o d i f i e u r et V + C O D (de Boer 1947: 34).

Le même type de «groupe» se trouve chez Lanusse – Yvon. Le terme «groupe de mots» y a non seulement un sens général — toute combinaison de mots, p. ex. dans le titre du livre III «groupes de mots» —, mais correspond aussi à un seuil dans la structuration de la phrase. Tout comme chez Gougenheim plus tard, le chapitre sur «l'ordre des mots» est divisé en deux parties (1921: 237-244):

(1) «ordre des mots dans les groupes de mots» (1921: 237)
(2) «ordre des mots dans la proposition» (1921: 240)

La section (1) s'ouvre sur une «observation générale» (1921: 237) très prometteuse:

> «Dans chacun des groupes de mots suivants: *robe neuve*, *très grand*, l'un des termes a un sens général qu'il est nécessaire de compléter, de déterminer; l'autre terme lui est joint justement pour le déterminer ou le compléter. Chaque groupe comprend un mot complété et un mot complément, ou encore un déterminé et un déterminant» (Lanusse 1921: 237)[173].

---

[172] Curieusement, de Boer cite les *groupes nominaux* et *verbaux* de Gougenheim en parlant de l'opposition entre p r o n o m s d i s j o i n t s e t c o n j o i n t s . Les premiers constituent des *groupes nominaux* (définis négativement: «ne se constituent pas autour d'un verbe»), les seconds entrent dans un *groupe verbal* (1947: 78-79).
[173] Cf. Marouzeau (1921: 45) qui met au début de la syntaxe «le groupe de mots et la phrase»: «des *groupes* de mots, dans chacun desquels un des termes (maison, père), est déterminé par l'autre (la, mon), qu'on appelle *déterminant*».

Cette observation générale n'est pas appliquée à la structure interne de chacun des sous-types décrits en détail et une terminologie spécifique (p. ex. groupe nominal, verbal, adjectival, etc.) fait défaut:

- ordre «Noms et adjectifs»
    = adjectifs: démonstratifs, articles, adj. poss., numéraux et qualificatifs
    + ordre respectif des différentes sortes d'adjectifs quand il y en a deux à la fois
- «noms compléments de noms, de pronoms, d'adjectifs, d'adverbes»
- «nom en apposition»
- «adverbe» (devant l'adjectif/adverbe et derrière le verbe)

Le dernier paragraphe, consacré à la «Place de l'adverbe» (1921: 239) — ainsi que les deux précédents — montre l'enjeu de cette section: l'ordre respectif des p a r t i e s d u d i s c o u r s. Tout compte fait, l'étiquette «groupes de mots» ne sert que de cadre à des connexions de mots isolés, cadre utile à l'agencement de la matière.

• le s y n t a g m e II

Dans quelques grammaires, l'émergence du s y n t a g m e est étroitement liée à l'identification de termes formellement complexes dans le cadre d'une approche descendante (et pilarisée) de la proposition. La reconnaissance de la complexité formelle des termes produit une tension entre les fonctions syntaxiques au sens catégoriel (= la t ê t e ; *Subjekt im engeren Sinn*) et au sens sémantico-logique (= l'ensemble du s y n t a g m e ; *Gesamtsubjekt*) du terme.

Ainsi, Brunot part du constat que les termes de la proposition sont parfois rendus par plusieurs mots et se borne à esquisser vaguement la structure interne de ces groupes. Voilà que la critique de l'analyse purement c a t é g o r i e l l e des f o n c t i o n s p r i m a i r e s mène à la reconnaissance du S N (qui n'est pas nommé cependant) et, en partie, du S V r e s t r e i n t (V + a u x i l i a i r e s):

> «Chacun des termes d'une proposition peut être composé de plusieurs mots; avec le nom va l'article, le démonstratif, etc.; le verbe a ses auxiliaires, non seulement ceux qu'on lui reconnaît dans les formes composées, mais bien d'autres: *Votre frère* **vient d'arriver**. Il existe en outre des locutions nominales ou verbales: *j'***ai froid**; — *j'***ai fait venir** *des pommes de terre de Bretagne*; — *j'***ai à cœur** *de réparer*. [...] À chaque instant se présentent des cas où il faudrait se garder de décomposer; souvent, considérer à part le *nom sujet*, ou le *nom objet*, ou le *nom attribut* est une grave erreur. Ce n'est pas ce nom qui est le sujet, c'est le groupe qu'il forme avec d'autres termes qui se rapportent à lui. Ex.: **une honnête femme** *n'a pas de* **ces sortes de pensées**; — **tout le monde** *le considérait comme* **un bon citoyen**; — *c'est* **un homme d'esprit**.
> La remarque ne s'applique pas seulement à ces sortes d'expressions où on pourrait reconnaître quelque chose de voisin des mots composés. Considérons: *je ne confierais pas cette mission à un* **envoyé quelconque**; l'idée n'est pas qu'on ne la confierait pas à un envoyé, elle porte sur **envoyé quelconque**. (Cf.: *je n'épouserai qu'une* **femme instruite**; *une pareille attitude ne convient pas à* **un homme qui se respecte**)» (Brunot 1922: 11).

Le raisonnement est sémantique: ce qui importe pour lui c'est l'indivisibilité au niveau du sens (ce qu'il appelle par ailleurs la «synthèse» en grammaire), comme il l'affirme encore pour certains *termes multiples* (1922: 12) comme *va et vient, père et mère*: «Il ne s'agit pas de compter les termes ni les propositions, mais de savoir ce qu'il faut réunir et ce qu'il faut séparer pour le sens».

Malgré la force de cette affirmation, la démarche de Brunot n'est pas exempte d'inconséquences. Dans trois des exemples susmentionnés, l'article n'est pas mis en gras (cf. aussi les exemples de *termes multiples*, 1922: 12), en dépit de la mention explicite de l'article parmi les membres du groupe. Il en est de même pour le *de* de la négation. L'approche catégorielle sélective n'est pas vaincue une fois pour toutes, comme le montre aussi l'affirmation suivante: le «sujet est un nom» (Brunot 1922: 281; 262).

Vingt-cinq ans plus tard, la même critique se retrouve encore sous la plume de Galichet:

> «Une autre erreur à éviter dans l'analyse grammaticale, c'est le découpage des unités fonctionnelles. Ces unités comprennent souvent des groupes de mots. Ce sont ces groupes qu'il faut considérer en bloc lorsqu'ils sont affectés d'une même fonction» (1947: 187) [= les *groupes syntaxiques* (1947: 76, 105, 111) ou *groupes fonctionnels* (*passim*)].

À la différence de Brunot, Galichet, lui, examine la structure interne du groupe. En général, les «espèces adjointes» (adjectifs et adverbes) constituent avec leurs «espèces principales» respectives (noms et verbe) «une unité syntaxique élémentaire» (1947: 33), ce qui doit correspondre plus ou moins au S N et au S V r e s t r e i n t. Les membres de ces groupes seraient caractérisés par une «fonction [commune]» (1947: 37), ce qui montre l'impact de la perspective descendante, car, à l'intérieur du groupe, les m e m b r e s n'ont bien entendu pas la même fonction. L'absorption des compléments de l'adjectif et de l'adverbe dans les deux s y n t a g m e s[174] montre que Galichet ne reconnaît ni le s y n t a g m e a d j e c t i v a l, ni le s y n t a g m e a d v e r b i a l[175].

Dans la grammaire d'Ulrix, le s y n t a g m e fait également son apparition dès la présentation de l'analyse de la proposition. Contrairement à la structure de *Jean étudie beaucoup*, dans la phrase

> «*Le bon élève étudie ses leçons*, on distingue, à côté de l'idée simple *étudie* exprimée par un seul mot, les idées complexes *le bon élève* et *ses leçons* rendues chacune par un groupe de mots.
> L'étude de la proposition doit commencer par celle des **groupes de mots**.
> Ce n'est qu'après qu'on pourra aborder l'étude des **termes de la proposition**» (1909: 98).

---

[174] La détermination «qui affecte le groupe de l'espèce nominale: ce sont les compléments du nom et compléments de l'adjectif. Puis le groupe du verbe non actualisé: ce sont les compléments de certains verbes incomplètement actualisés (infinitif, participe), et ceux de l'adverbe» (1947: 111-112).

[175] Galichet avait pourtant signalé la subordination d'un adjectif à un autre ou d'un adverbe à un autre adverbe (= espèce adjointe d'une espèce adjointe), «l'ensemble équivalant à une simple unité de l'espèce et jouant la même fonction» (1947: 38), ainsi que l'*épithète* composée d'un «groupe d'espèces» (*une fenêtre donnant sur le jardin*). Or, ces combinaisons ne sont pas considérées comme des s y n t a g m e s (à structure interne stable) emboîtés dans le *groupe du nom*.

Le plan de la section A. (*Analyse de la phrase simple*) reflète fidèlement cette décision. C'est donc encore la complexité des idées rendues par les termes qui amène Ulrix à parler de «groupes de mots». Ensuite, il passe à une perspective ascendante pour l'étude grammaticale de la structure interne des groupes à partir de la partie du discours qui en constitue le noyau, le mot dont l'idée est susceptible d'être complétée (1909: 99). À ce noyau sont rattachés les autres mots qui *complètent* ou qui *déterminent* (1909: 99, *passim*). Le résultat est une typologie comportant le SN, le Spronominal (*le mien, je soussigné, vous autres*), le Sadjectival et le Sadverbial. Il prévoit même l'emboîtement successif de groupes (1909: 103). On s'étonne de trouver une conception aussi claire et aussi rigoureusement élaborée dans une grammaire scolaire de 1909, où tout rapprochement avec la double série de fonctions nominales (et le conflit) a disparu. Ulrix s'inspire directement de la grammaire française à l'usage des Néerlandais de Bourquin – Salverda de Grave (1901: 67-79), mais il améliore sensiblement la partie sur les groupes de mots[176].

En somme, la reconnaissance de la complexité formelle interne des termes (logiques) de la proposition, bref l'application d'une analyse plus formelle (= 'grammaticalisation' de l'analyse descendante) à des unités issues d'une analyse descendante et pilarisée, renforcée en cela par le rejet de l'approche catégorielle, a servi de tremplin au syntagme. Pour la typologie des syntagmes, il faut nécessairement passer à la perspective ascendante, ce qui demande l'établissement d'une interface explicite[177].

Le croisement des deux perspectives dans l'analyse du syntagme, aboutit chez Regula (et dans une mesure bien moindre chez Galichet[178]) à la juxtaposition

---

[176] Voici la structure de la description des groupes de mots (Bourquin – Salverda de Grave 1901: 67-79): I. Juxtaposition: a. mots homogènes (deux substantifs, deux adjectifs, deux verbes, etc.); b. mots hétérogènes (adjectif/participe et substantif; article et substantif/pronom substantif; pronom et substantif; ...; adverbe et adjectif; etc.); II. Copulation [i.e. avec des prépositions et des conjonctions]: a. conjonctions; b. prépositions; III. Appendice: sur l'emploi de l'article dans les groupes.
On constate à quel degré la description est liée à la combinaison de pdd. Il est très vraisemblable qu'elle s'inspire de la syntaxe romane de Meyer-Lübke (1900). Elle imite en partie la structuration de la description [*Anreihung* (de pdd identiques; puis de pdd différentes) vs *Verknüpfung*], ainsi que la présentation par couples de pdd.

[177] Si chez Dauzat (1947) la notion de groupe se construit essentiellement à partir de la combinatoire de mots (= syntagme Ia), il y parvient aussi par le biais de la complexité des fonctions primaires (1947: 432): *groupe du sujet, groupe verbal*. Ces notions ne sont pas exploitées. Dans une critique de l'approche trop limitative (ou peut-être disséquante) de l'*attribut*, les Le Bidois en viennent à insister sur le caractère formellement complexe de l'*attribut*: «D'ordinaire, on le définit: «Le terme de la proposition exprimant la manière d'être que l'on affirme du sujet» (DICT. GÉN.). Définition exacte, mais recevable seulement à une double condition. [...] que l'on prenne le mot «terme», non pas nécessairement au sens de mot unique, mais aussi de groupe de mots énonçant la «manière d'être» *attribuée* (reconnue) au sujet» (T1, 374).

[178] Quand on réunit tous les passages intéressants, on aboutit à deux classifications qui ne sont pas mises en rapport:

de deux classements des s y n t a g m e s qui sont mal articulés: d'une part l'auteur intègre le s y n t a g m e (et la récursivité) à la théorie des f o n c t i o n s (*Subjektsgruppe, Prädikatsgruppe*), d'autre part, il distingue un *Nominalgruppe* et un *Verbalgruppe* qui ne servent que de cadre (= plan) abritant toutes les parties du discours (et leurs éventuelles marques flexionnelles) avec lesquelles le nom et le verbe entrent en relation. C'est ce qui est d'ailleurs explicité par le sous-titre die *Beziehungen des Nomens* (Regula 1931: 61). Que ce constat vaille aussi pour le groupe verbal ressort de l'inclusion de l'adverbe (et les m o d i f i e u r s a d v e r b i a u x en général), de la conjonction et de la préposition dans ce curieux s y n t a g m e, où ils figurent à côté des c o m p l é m e n t s d ' o b j e t et de l ' a t t r i b u t.

3.1.1.4. Intégration du concept à la description

Dans l'inventaire qui précède (3.1.1.1.), nous avons mis entre parenthèses les grammaires dans lesquelles le concept de s y n t a g m e reste entouré d'un flou artistique (Strohmeyer, Michaut, Haas). Mais cela ne veut pas dire que le s y n t a g m e soit un concept central dans les autres grammaires. En fait, elles présentent des différences notables quant à l'intégration du concept à l'ensemble de la description. Pour mesurer le degré d'intégration, nous ferons appel au couple s t r u c t u r a t i o n / a g e n c e m e n t que nous avons défini au Ch. I., 1.1.1.

Pour satisfaire au critère *agencement*, il faut que le concept de s y n t a g m e apparaisse au niveau des titres (ou intertitres) de l'ouvrage (cf. aussi la table des matières). Nous employons ici le terme de *structuration* dans un sens légèrement différent par rapport à celui que nous y attribuons d'habitude. Il s'agit de la présentation explicite dans un contexte propice à l'intégration, que nous appellerons s i t e [179]. Le site est donc un endroit 'stratégique' dans la grammaire qui permet de faire le lien avec l'articulation globale de la proposition simple. Notons que *intégration* ne veut pas nécessairement dire *cohérence théorique interne*.

Le syntagme est bien intégré dans la grammaire s'il est présent tant au niveau de l'agencement qu'au niveau de la structuration. Si le résultat est deux fois négatif, le syntagme est une notion sporadique et mal intégrée. Dans les grammaires mises entre parenthèses, le concept de syntagme est douteux (cf. ci-dessus).

A. *groupe sujet, groupe complément du verbe, groupe complément du nom, épithète, apposition* (1947: 178)[178]; «Le sujet, avec tout son groupe» (1947: 129)
B. S N : *le groupe du nom* (1947: 71, 72)[179]; S V : *le groupe du verbe non actualisé* (1947: 111, 67).
[179] L'agencement n'est donc pas tout à fait étranger au critère *structuration* ici.

	structuration	
	+	−
agence- +	Ulrix, Cayrou, Gougenheim, Lanusse[180]	Regula₂, (Strohmeyer[181])[182]
ment −	de Boer, Brunot, Galichet, Regula₁, (Haas[183])	Dauzat, Larousse[184], Le Bidois, (Michaut)

3.1.1.5. Conclusions

3.1.1.5.1. Tableau synoptique: nature du concept

L'examen détaillé du concept de s y n t a g m e aboutit à deux types, qui s'inscrivent respectivement dans une perspective ascendante (catégorielle) et descendante:

I.	Perspective ascendante	
	Ia.	Combinaisons de parties du discours Dauzat, Le Bidois, Cayrou, Regula₂, Gougenheim, Larousse (Michaut), (Strohmeyer), (Haas)
	Ib.	Combinaisons de parties du discours exprimant des rapports abstraits Lanusse, de Boer
II.	Perspective descendante: la complexité des termes, face à la fausse simplicité des termes dégagés par l'analyse sélective qui caractérise l'approche catégorielle/ascendante Brunot, Galichet, Regula₁, Ulrix [+ effleuré chez Dauzat (et Le Bidois)]	

Ce tableau est incomplet dans la mesure où l'on devrait y ajouter les s y n t a g m e s qui ont partie liée avec ce que nous avons appelé la p e r s p e c t i v e f o n c t i o n n e l l e t r a n s v e r s a l e (PFT), qui sera présentée sous 3.2. Pour l'interaction entre ce genre de s y n t a g m e s (= s y n t a g m e s PFT) et les s y n t a g m e s traités ici, on se reportera à 3.2.1.4.2.

Il y a, en outre, un facteur dans la 'genèse' du s y n t a g m e qui ne ressort pas du tableau, à savoir l'interférence avec la p r o s o d i e . Chez quelques auteurs nous avons noté une certaine connivence entre le g r o u p e r y t h m i q u e et le s y n t a g m e . C'est surtout dans la tradition allemande que l'identification des g r o u p e s r y t h - m i q u e s semble avoir favorisé la reconnaissance du s y n t a g m e . Pensons, par exemple, à Haas et à Strohmeyer (cf. *supra*). Quant à la tradition française, nous avons

---

[180] Titre du troisième livre: «les groupes de mots»; «Ordre dans les groupes de mots» (§354-358). Le cas Lanusse – Yvon est en réalité un cas-limite (+ ou − structuration?).

[181] La troisième partie de la grammaire de Strohmeyer s'intitule «Die Verbindung der Worte zu Wortgruppen und zum Satze».

[182] Il s'agit de grammaires dans lesquelles la notion de groupe de mots n'est qu'un concept vide (ou vague) qui figure, paradoxalement, dans le titre de l'une ou l'autre section majeure.

[183] Voici le relevé des s i t e s : Brunot (analyse de la proposition), Galichet₁ (analyse, rapport espèces adjointe et principale; espèces nominales), de Boer (introduction + théorie fonctions), Regula₁ (analyse de la proposition), Haas (analyse de la phrase verbale articulée).

[184] Respectivement sous «sons et signes» et «stylistique».

signalé Le Bidois, et surtout, Larousse. La prosodie intervient surtout dans l'identification du S V (qui a en général un sens plus restreint que de nos jours)[185] et dans les rapports nom/adjectif (adjectif antéposé, postposé, apposé, etc.). Une telle approche pose cependant des problèmes: que faire, en effet, des pronoms personnels sujets?

3.1.1.5.2. Nature du syntagme et directionnalité de l'analyse

Nous avons distingué deux sortes de théories du s y n t a g m e à partir de leur 'genèse' (s y n t a g m e I et s y n t a g m e II). Le plus souvent, le s y n t a g m e résulte de la concaténation de parties du discours, éventuellement liées par des rapports abstraits comme *déterminant/déterminé*. Dans d'autres grammaires, en revanche, le s y n t a g m e est né du constat de la complexité structurelle des f o n c - t i o n s   s y n t a x i q u e s. C'est un autre avatar de ce que nous avons appelé la 'grammaticalisation' de l'analyse descendante (à côté de la délogicisation et de la diversification de l'appareil fonctionnel; cf. 1.2.2.).

Ces deux types de s y n t a g m e s ont donc chacun un rapport privilégié avec l'une des deux directionnalités de l'analyse, ascendante et descendante (pilarisée). Cela ressort aussi de la confrontation des s y n t a g m e s avec l'indice 'approche ascendante', qui mesure les 'excès' de l'approche ascendante catégorielle (cf. 2.1.1.). Afin de souligner le rapport entre le s y n t a g m e II et la 'pilarisation' de l'analyse (qui témoigne des velléités de l'analyse descendante à s'étendre au-delà du premier niveau d'analyse), nous avons également inclus ce paramètre dans le tableau suivant:

	indice approche ascendante	nature syntagme	pilarisée	intégration syntagme A: agenc. +; S: struct. + ( ):statut douteux
Ulrix	0	II	+	A S
Galichet	0	II	+	S
Brunot	1	II	+	S
Regula$_1$	1	II	+	S
Regula$_2$		Ia		A
Gougenheim	2	Ia	–	A S
Haas	2	Ia	–	S ( )
Cayrou	2	Ia	–	A S
de Boer	3	Ib	+	S
Strohmeyer	3	Ia	–	A ( )
Le Bidois	3	Ia	–	
Larousse	3	Ia	+	
Michaut	4	Ia	+	( )
Lanusse	4	Ib	–	A S
Dauzat	4	Ia	–	

---

[185] Bruneau considère le «groupe *pronom sujet-verbe*» (1937: 240-241) comme «un seul mot phonétique». L'assimilation g r o u p e   r y t h m i q u e / s y n t a g m e pose en effet quelques problèmes.

Il ressort nettement du tableau que les s y n t a g m e s du type I sont liés à l'approche catégorielle ascendante, alors que ceux du type II s'en démarquent. Nous avons vu que certains auteurs (Brunot, Galichet) qui reconnaissant le s y n t a g m e II rejettent même explicitement l'approche disséquante et sélective typique de l'approche ascendante. En outre, les s y n t a g m e s du type II sont toujours[186] liés à l'analyse descendante et pilarisée de la proposition[187].

3.1.1.5.3. Le passage du mot à la fonction reste problématique

L'analyse serait cependant incomplète si l'on ne tenait pas compte du fonctionnement réel du s y n t a g m e dans l'ensemble de la théorie syntaxique. Plusieurs constats invitent, en effet, à relativiser l'importance du s y n t a g m e dans le corpus. Nous les avons regroupés sous trois chefs.

(1) *Intégration et opérationnalité du* s y n t a g m e

L'analyse doit en premier lieu être complétée par les résultats de l'étude de l'intégration du s y n t a g m e, qui en donne déjà une image plus réaliste (cf. *supra* 3.1.1.4.). Or même lorsque les critères (agencement et structuration) se vérifient, on ne saurait en conclure que le s y n t a g m e mène automatiquement à une théorie syntaxique unifiée. En effet, comme nous l'avons dit, [+ structuration] n'implique pas nécessairement cohérence théorique interne. Il suffit de confronter le degré d'intégration du s y n t a g m e à l'indice approche ascendante.

S'il serait prématuré de croire le s y n t a g m e pleinement *opérationnel* (Ulrix, Lanusse, Gougenheim, Cayrou[188]) et l'analyse *cohérente* dans les grammaires où le syntagme, bien *intégré*, semble atténuer les excès de l'approche catégorielle ascendante (notamment le traitement sélectif des fonctions), on peut néanmoins identifier les grammaires dans lesquelles le s y n t a g m e n'est *pas opérationnel*. Ce constat s'impose quand le s y n t a g m e est bien *intégré*, sans que pour autant il parvienne à chasser les excès de la conception catégorielle de la syntaxe. C'est le cas de Lanusse – Yvon où les groupes ne constituent que le cadre d'une description de la combinatoire (notamment l'ordre) de parties du discours isolées.

---

[186] Cela ne veut pas dire que le s y n t a g m e II apparaisse au moment où l'analyse de la phrase en f o n c t i o n s manifeste son caractère p i l a r i s é. En général, la pilarisation est réalisée par des *compléments* qu'on ajoute à chacune des f o n c t i o n s p r i m a i r e s (et non pas par la reconnaissance de s y n t a g m e s, sauf chez Regula). La correspondance s y n t a g m e II/pilarisation n'est donc pas garantie par définition). Il s'agit de deux observations indépendantes, mais l'une (constat de 'pilarisation') s'avère être nécessaire à la vérification de la deuxième (apparition du s y n t a g m e II).

[187] Le cas inverse n'est pas toujours vrai, bien sûr. L'analyse pilarisée n'entraîne pas toujours l'émergence du s y n t a g m e, a fortiori l'émergence du s y n t a g m e II. On constate d'ailleurs que l'analyse descendante et pilarisée se combine aussi avec les s y n t a g m e s du type I (Regula$_2$, de Boer, Michaut, Larousse).

[188] Il reste d'ailleurs des traces de l'approche 'grammaticale', comme chez Cayrou (2) et Gougenheim (2). Dans Gougenheim (1938), ces traces concernent uniquement le plan de l'ouvrage et la définition de la syntaxe.

Si le concept est sporadique et *mal intégré*, il n'est *pas opérationnel*, comme l'indique aussi l'indice approche ascendante chez Michaut, Larousse, Le Bidois et Dauzat. Dans ces grammaires, le s y n t a g m e n'est pas près de remplir le rôle qu'il a de nos jours, à savoir celui d'assurer le passage du mot à la phrase, par la constitution progressive de nouvelles unités qui s'emboîtent les unes dans les autres.

(2) *Interface* s y n t a g m e – f o n c t i o n s

En outre, si l'analyse de la phrase se veut 'continue', elle doit prévoir une interface (de type ascendant ou descendant) explicite entre les f o n c t i o n s s y n t a x i q u e s et les s y n t a g m e s (cf. 2.3.2.1.).

Aucune interface du type ascendant (cf. 2.3.2.1.) n'a pu être repérée, sauf chez Cayrou (1948: 288) qui établit un lien entre le niveau des s y n t a g m e s et celui des f o n c t i o n s et cela dans une remarque insignifiante insérée au début du chapitre sur les *groupes*: dans la phrase il peut y avoir plusieurs groupes-noms, «selon la fonction du nom qui en est le centre»: *groupe-sujet, groupe complément d'objet* (ou *groupe-objet), groupe complément de circonstance.*

L'examen de l'interface descendante a révélé que l'interface est inexistante ou à ce point incomplète chez Gougenheim (interface partielle; dans le chapitre sur l'ordre des mots), Le Bidois et de Boer, qu'on peut parler d'une solution de continuité entre les deux niveaux. Cela vaut *a fortiori* pour l'interface descendante qui va de la f o n c t i o n au s y n t a g m e, à l'exception de Gougenheim, qui établit une interface de type descendant vers les s y n t a g m e s [189]. Regula, quant à lui, n'établit pas d'interface descendante (seulement ascendante). Là où l'on trouve une interface descendante (f o n c t i o n s → m o t s), elle ne tient pas compte du niveau du s y n t a g m e, niveau intermédiaire entre le mot et la fonction syntaxique (Michaut, Strohmeyer, Larousse, Galichet, Brunot, Haas, Cayrou[190]).

Selon qu'on a affaire à des s y n t a g m e s du type I ou du type II, le problème de l'absence d'interface se présente différemment.

Dans le cas du s y n t a g m e I (ascendant), il faut conclure que les s y n t a g m e s sont élaborés indépendamment de l'analyse de la phrase en f o n c t i o n s.

Pour le s y n t a g m e II (descendant), le problème du rapport aux f o n c t i o n s ne se pose pas, puisque le s y n t a g m e est nettement associé aux f o n c t i o n s, ne fût-ce que par la terminologie utilisée. En fait, le problème se déplace de l'interface f o n c t i o n / s y n t a g m e vers l'interface s y n t a g m e / m o t. Quand ces auteurs

---

[189] Les f o n c t i o n s y sont désignées par les termes *groupe nominal sujet, groupe nominal attribut*, etc.
[190] Cayrou fait en effet l'économie des s y n t a g m e s dans l'identification des catégories qui se prêtent à chacune des f o n c t i o n s (1948: 333, 344, 360). Les auteurs se limitent à une interface ascendante, malgré la position centrale du s y n t a g m e chez eux. C'est une illustration éclatante de la façon dont le s y n t a g m e I prolonge l'analyse catégorielle.

(Ulrix, Regula, Galichet, Brunot) décrivent la structure interne des groupes (presque nécessairement à un autre endroit de la grammaire), ils sont obligés de se tourner (en partie) vers les parties du discours, ce qui renverse la perspective (descendante → ascendante). Ce changement de perspective n'est pas grave, pourvu qu'on explicite — comme le fait Ulrix — les liens entre les syntagmes dégagés dans l'analyse de la proposition (= syntagme II) et les syntagmes I mis en œuvre pour décrire la structure interne de ces syntagmes II [p. ex. le (*groupe*) *sujet* peut être un *groupe nominal*, etc.], ce qui n'est pas (toujours) le cas chez Galichet[191] et Regula[192]. Chez Brunot, ce problème ne se pose pas vraiment, étant donné que sa critique de l'approche sélective des syntagmes ne débouche pas sur une véritable typologie des syntagmes. En lisant le long passage cité sous 3.1.1.3., on se pose néanmoins la question *Quel groupe correspond à quelle* fonction ? Dans le cas de Regula, le problème de l'interface aboutit à la coexistence de deux séries de groupes (figurant à deux endroits différents) sans lien explicite: *Subjektsgruppe* vs *Nominalgruppe*. Cette situation rappelle le conflit entre les deux perspectives d'analyse, mais transféré cette fois-ci dans le domaine des syntagmes. Vu l'absence de tout lien explicite, nous avons été amené à distinguer deux classements de groupes chez Regula, l'un se rattachant à la perspective descendante (Regula$_1$), l'autre à la perspective ascendante (Regula$_2$):

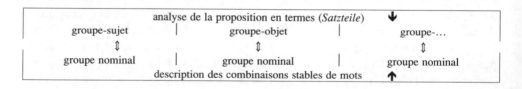

Ce problème se manifeste dans une moindre mesure chez Galichet où la série de syntagmes se rattachant à l'approche descendante se trouve en quelque sorte en dehors de la grammaire, dans l'exploitation didactique.

La conclusion qui s'impose est que, abstraction faite d'Ulrix, et, dans une bien moindre mesure de Cayrou et de Gougenheim, le fonctionnement du syntagme comme 'pont' entre le mot et la fonction syntaxique est entravé. Le syntagme n'est pas opérationnel.

---

[191] Galichet (1947: 132) fait remarquer que le sujet peut être un «groupe de mots» (cf. aussi 1947: 178), mais force est de constater que l'énumération détaillée ne contient pas le groupe du nom. De même pour le *complément de circonstance* (1947: 145). Pour ce qui concerne le complément d'objet et le complément d'agent, toute indication quant à la nature du terme fait défaut. Ce n'est que pour l'attribut qu'on relève le «groupe nominal» (1947: 150).

[192] Aucun indice ne renseigne le lecteur quant aux rapports existant entre les deux couples de termes. On peut supposer que cette omission est due à l'équivalence implicite — et problématique — établie entre nom et sujet d'une part, et verbe et prédicat de l'autre.

(3) *Tous les* syntagmes *ne sont pas reconnus*

Le troisième constat qui devrait nous garder de surestimer l'importance du syntagme dans le corpus peut se passer de commentaire. Nous avons vu que toutes les grammaires, hormis Ulrix, se limitent aux syntagmes nominal et verbal. L'absence du Sadj. et du Sadv. bloque l'analyse en syntagmes à l'intérieur du SN. Les éléments qui en font partie, quelque complexes qu'ils soient, ne sont jamais conçus comme constituant à leur tour des syntagmes, comme le montrent Cayrou et Galichet (cf. *supra*). Ce qui manque, c'est la notion de récursivité (cf. 2.3.2.3.) appliquée aux syntagmes. Le nombre très restreint de syntagmes aboutit aussi à des analyses réductionnistes: «L'adjectif attribut constitue un groupe nominal»[193] et l'adverbe *tôt* dans *il s'est levé tôt* «se comporte[r] comme un groupe nominal» (Gougenheim 1938: 101)[194].

3.1.2. Le syntagme dans la linguistique de l'époque

De l'analyse qui précède, nous retiendrons que le syntagme, tel que nous l'avons défini sous 3.1.0., est dûment attesté dans le corpus. Il convient maintenant d'examiner comment il se rapporte à certains développements dans la linguistique générale de l'époque[195]. Comme nous avons approfondi ailleurs (Lauwers 2004b [sous presse], à par. c) la question de l'émergence du syntagme dans la linguistique européenne, nous nous limiterons ici à reproduire l'essentiel des résultats de cette recherche, afin de pouvoir établir une comparaison avec les grammaires du corpus (3.1.3.).

Nous avons dit que l'étroite association de la notion de syntagme avec l'analyse en *constituants immédiats* du structuralisme américain a porté ombrage à la contribution de la linguistique européenne. On ne saurait cependant oublier que la revue *Word* a publié dès la fin des années '40 un débat sur la nature du syntagme qui oppose Mikuš (1947) et Frei (1948). Ce débat montre que la linguistique européenne avait, à l'époque de la parution de l'article capital de Wells (1947), elle aussi, son mot à dire. Qui plus est, l'analyse en constituants immédiats n'a-t-elle pas été ramenée au grand psychologue allemand Wilhelm Wundt (Percival 1976, Seuren 1998)? Graffi (1990), de son côté, conteste cette filiation et met en évidence le caractère original et 'révolutionnaire' de l'analyse présentée dans *Language* (Bloomfield 1933). Il attire en outre l'attention sur l'apport de John Ries, qui, dès 1894,

---

[193] Ce qui correspond au regroupement de l'adjectif et du nom sous la «flexion nominale».
[194] Nous verrons que la conception 'nominale' des adverbes et adverbiaux est un phénomène beaucoup plus général (Ch. IV, 3.9.2.).
[195] Les historiens de la linguistique ne se sont guère intéressés à l'apport de la linguistique européenne dans le développement d'une analyse syntagmatique de la phrase, même si, récemment, des progrès ont été réalisés (Stati 1972: *passim*; Percival 1976, Graffi 1990, 1991, 2001; Cherubim 1996; Morpurgo-Davies 1998; Ehrhard-Macris 2002). Le fait que Pestalozzi (1909) a dressé un état de la question de la réception de Ries (1894) montre toute l'importance de cet ouvrage.

lance un appel à l'élaboration d'une syntaxe basée sur le concept de *groupe de mots* (*Wortgefüge*, *Wortgruppe*). Nous avons montré ailleurs (Lauwers 2004b [sous presse]) que le vœu de Ries a été exaucé et que toute une série de grammaires formées sur le même moule ont vu le jour. Voilà une première 'tradition' européenne du s y n t a g m e (3.1.2.1.). Le terme même de *syntagme* provient de la tradition saussurienne, autre courant majeur dans l'histoire du concept de s y n t a g m e (3.1.2.2.). Ces deux traditions seront complétées par un examen de la syntaxe dépendancielle de Tesnière qui connaît un concept analogue, à savoir le *nœud* (3.1.2.3.). Ces trois courants seront examinés à l'aide d'un ensemble limité[196] de paramètres métathéoriques. Nous laisserons de côté la tradition américaine de l'analyse en constituants immédiats, tradition suffisamment connue.

3.1.2.1. La tradition allemande: les *Wortgruppenlehren*

À la suite de l'appel lancé par John Ries dans *Was ist Syntax?* (1894)[197], un nombre considérable de grammaires (synchroniques, historiques et historico-comparatives) incorporèrent la notion de 'groupe de mots' (*Wortgruppe, Wortgefüge*, etc.), à tel point qu'il est légitime de parler d'une véritable tradition de renouveau syntaxique. Trente-quatre ans plus tard, Ries (1928) évalua le travail de ceux qui avaient suivi ses directives et ajouta le geste à la parole en publiant, enfin, sa propre *Wortgruppenlehre*.

Dans ce qui suit, nous allons caractériser à grands traits la tradition des *Wortgruppenlehren*, en nous appuyant sur un ensemble limité de paramètres (3.1.2.1.2.). Cette analyse sera précédée d'une esquisse de la démarche de John Ries (3.1.2.1.1.).

3.1.2.1.1. La démarche de John Ries

Ries part d'une critique des modèles syntaxiques existants[198] et entend y substituer une syntaxe basée sur les *Wortgefüge* (= p h r a s t i q u e s e t n o n p h r a s t i q u e s), dont les *Wortgruppen*, en tant que «nichtsatzbildende Wortgefüge» (1928: 5), sont une sous-classe. Les *Wortgruppen* sont définis comme suit: «Wortgruppe ist also jedes Gebilde, das weder Einzelwort (Kompositum) noch Satz ist» (Ries 1928: 5).

Aux yeux de Ries, l'étude des groupes de mots (*Wortgruppenlehre*) constitue une branche autonome au sein de la grammaire. Cette thèse est fondée sur un triple refus:

---

[196] Pour une étude plus détaillée, qui s'appuie sur un nombre plus important de paramètres, on se reportera à Lauwers (2004b [sous presse], à par. c).

[197] Le concept de s y n t a g m e était déjà dans l'air, semble-t-il. Ries s'inspire sans doute de l'*Altindische Syntax* de Delbrück (1888: 51-79) qui contient une première ébauche. Notons aussi que Sweet lance dans sa *New English Grammar* (1891) la triade *word/word-groups/sentences*. Voir Lauwers (2004b [sous presse]).

[198] Pour une analyse plus poussée, qui esquisse en plus le *Sitz-im-Leben* des idées de Ries, voir Lauwers (2004b [sous presse]).

(1) tous les *Wortgefüge* ne sont pas nécessairement des phrases → *Wortgruppen*
(2) *Wortgruppe* (= *nichtsatzbildendes Wortgefüge*) ≠ *Satzglied* (= fonction syntaxique)
(3) la syntaxe/fonction du mot n'existe pas[199] (Ries 1928: 4); «*Satzfunktion* hat nur die *Gesamtgruppe*» (1928: 21).

Le troisième refus met en évidence l'importance des niveaux de structuration intermédiaires, traditionnellement laissés pour compte (cf. 2.3.2.). Le deuxième refus (Ries 1894: 56-57) est une réaction contre les velléités expansionnistes de la *Satzlehre*, l'analyse descendante (et en partie pilarisée) de la proposition en parties sémantico-logiques (*Satzglieder*). La *Satzlehre* tendait à empiéter sur le domaine que Ries réservait aux *Wortgruppen*. S'il est d'accord pour admettre les *Bestimmungen zum Verbinhalt* et les *adverbiale Bestimmungen* se rapportant au verbe parmi les *Satzteile (im weiteren Sinne)*, vu leur ressemblance avec les *Objekte*, il en exclut les «Attribute, Appositionen und die nicht zum finiten Verbum gehörigen adverbialen Bestimmungen» (Ries 1894: 57), bref, en gros le domaine des fonctions secondaires. Il faudrait retrancher ces dernières de la *Satzlehre* pour en traiter dans la *Wortgruppenlehre*:

«In die als Lehre von den Wortgefügen gefasste Syntax braucht die Wortgruppe nicht länger unter falschem Namen (als Satzglied, Satzbestimmung usw.) gewissermassen eingeschmuggelt zu werden» (Ries 1928: 9).

Les premières pages de son traité de 1928 fournissent plusieurs arguments en faveur de cette thèse:

- les fonctions secondaires ne sont pas liées à une seule fonction primaire (1928: 2)
- la fonction globale du syntagme est identique (= syntagmes coordinatifs) ou non (= syntagmes subordinatifs) à la fonction de chacune de ses parties constitutives, selon le cas (1928: 8; 1894) → rupture dans la description fonctionnelle du tout et de la partie
- «satzsyntaktisch», peu importe que les rapports sémantico-fonctionnels soient réalisés par un mot ou par un groupe de mots (1894: 53; 1928: 8); la nature des grandeurs qui entrent dans le réseau des rapports sémantico-fonctionnels ne joue aucun rôle, ce qui prouve l'indépendance des deux plans.

Si les vues de Ries aboutissent inévitablement à une syntaxe bidirectionnelle, mais d'un autre genre — les *Wortgruppen* ayant remplacé les mots dans la perspective ascendante —, les deux perspectives antagonistes ne sont pas pour autant complètement indépendantes l'une de l'autre, bien entendu. D'abord, Ries ne peut empêcher que l'étude des *Verbalgruppen* donne dans l'étude de la phrase (1928: 19)[200]. En

---

[199] La formulation est lapidaire. La syntaxe du mot existe bel et bien (même chez Ries), mais il s'agit d'une syntaxe du mot *au sein du groupe*.
[200] Pour éviter les redites, Ries concède de traiter une partie de la matière sur les syntagmes verbaux dans la *Satzlehre*. Dans la *Wortgruppenlehre*, il reste alors tout ce qui a trait à la *Rektion* — le type syntaxique, la fonction, la partie du discours et la forme des adjoints (*Anglieder*) qui se combinent avec le verbe (à une forme personnelle ou non personnelle) —, ainsi que toute la matière qui ne concerne que les formes nominales du verbe (Ries 1928: 19-20).

outre, pour ne pas perdre le contact avec l'étude des *Satzglieder*, Ries se voit en quelque sorte obligé de maintenir le double paradigme des fonctions (deux s u j e t s, deux C O D, etc.; cf. aussi Ries 1894). Ce n'est que par la t ê t e (*Hauptglied*) que les membres du groupe entrent en contact avec des mots se trouvant à l'extérieur du groupe (1928: 21)[201]. La t ê t e est en quelque sorte la charnière entre le s y n t a g m e et l'analyse de la phrase en f o n c t i o n s.

3.1.2.1.2. Caractérisation globale des *Wortgruppenlehren*

Pour caractériser de manière globale les *Wortgruppenlehren*, nous retiendrons 4 paramètres qui permettront de les comparer avec les descriptions élaborées dans les autres traditions (cf. *infra*): la façon dont sont décrits les rapports entre les parties constitutives des groupes, le nombre de celles-ci, le caractère résiduel de l'analyse et le problème de la récursivité.

(1) la nature des rapports entre les membres

Au fond, les *Wortgruppenlehren* s'appuient sur un schéma *de type* dépendanciel. Les rapports entre les mots sont de type partie/partie, qu'il s'agisse de rapports de subordination ou de coordination, et non de type partie/tout (rapports d'intégration), comme dans les approches fondées sur la constituance. Soit:

À l'instar de la syntaxe dépendancielle de Tesnière, les éléments dépendant d'une même tête font l'objet d'une analyse 'atomisante'. Chaque élément est lié à sa t ê t e (p. ex. *Mittelpunkt, Kern*) par une relation de dépendance. Les rapports mutuels entre les membres dépendants d'une même tête ne sont pas pris en considération. Pour illustrer cette analyse 'absolue ' des membres dépendants 'sœurs', nous emprunterons un exemple à Tesnière (1969² [1959]: 14). *Mon vieil ami chante cette jolie chanson* est analysé comme suit:

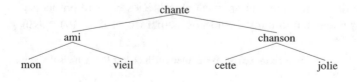

---

[201] D'où aussi l'intérêt de Ries (1928: 24-25) pour la fonction syntaxique associée à la t ê t e du groupe (ainsi que pour sa catégorie et ses marques flexionnelles qui dépendent de la fonction du groupe dans la phrase), fonction identique à celle de l'ensemble du groupe.

Le *stemma* représente les rapports entre l'élément *régissant* et les *subordonnés*. Dans le cadre de l'analyse en constituants immédiats, le même s y n t a g m e serait analysé différemment:

mon vieil ami		
mon	vieil ami	
mon	vieil	ami

Ce qui frappe, c'est l'apparition d'un groupe intermédiaire, *vieil ami*, qui montre que *vieil* est plus 'proche' de la t ê t e que *mon*, qui, lui, s'applique à une unité déjà constituée. Ce type d'information ne peut pas être déduit de l'analyse dépendancielle[202].

L'analyse de Tesnière repose sur un schéma abstrait, qu'on trouve aussi, *mutatis mutandis*, dans les *Wortgruppenlehren*. Chez les auteurs allemands domine en effet l'idée d'un centre (p. ex. *Mittelpunkt, Kern*) autour duquel gravitent les autres mots du groupe, liés chacun au centre par un rapport de dépendance. Comme le dit, Sütterlin (1900: 301):

> «Nun kann aber auch ein Hauptglied gleichzeitig zwei verschiedene Nebenglieder von sich abhängig haben».

Cette approche correspond aussi à certaines habitudes de l'analyse dite *grammaticale* de la grammaire scolaire française (qui incarne tous les vices de l'approche catégorielle et ascendante), quoique seulement de façon indirecte. L'analyse *grammaticale* attribue à chaque mot une fonction: le nom est complément d'un autre nom, l'adjectif qualifie ou modifie un nom et les d é t e r m i n a n t s déterminent le nom. On peut déduire de la juxtaposition des rapports sémantico-syntaxiques des rapports hiérarchiques de dépendance. Tesnière (1969[2]: 42, gras) a d'ailleurs souligné le rapport, quoique inversif, entre la sémantique et la syntaxe: «Le sens du subordonné porte sur celui du régissant dont il dépend».

L'affinité avec l'analyse catégorielle et ascendante suggère que la notion de *Wortgruppe* est théoriquement plus proche de l'approche ascendante (qui focalise la combinaison de p a r t i e s d u d i s c o u r s) que de l'approche descendante de la proposition. Il en est de même dans les grammaires du corpus (cf. 3.1.1.), dans lesquelles le s y n t a g m e semble issu le plus souvent de combinaisons stables de parties du discours. En ce sens, le s y n t a g m e allemand peut être considéré comme une extension de l'analyse catégorielle ascendante.

Si les rapports absolus de 'partie à partie' dominent dans les *Wortgruppenlehren*, il y a cependant un domaine où quelques auteurs envisagent la proximité relative des

---

[202] Le fait que Tesnière se soit rendu compte de ce défaut n'est pas pertinent ici (Tesnière 1969: 154; cf. 3.1.2.3.).

membres dépendants par rapport à la tête, se rapprochant par là d'une analyse en termes de constituance[203]. Il s'agit des adjoints dépendant d'un même nom. Meyer-Lübke (1899: 172), par exemple, observe que l'analyse des adjectifs dépendant d'un seul nom est fonction du sens attribué au groupe dans le contexte («Sache des Zusammenhangs»). Soit: *jolie petite femme* = *jolie* + *petite* + *femme* (deux qualités appliquées à un référent) ou *jolie* + *petite femme* (une qualité appliquée au concept 'petite femme'). Blümel (1914: 174) donne un exemple dans lequel l'analyse syntaxique est guidée par l'ordre des mots qui reflète le sens du groupe: *zwei ungeheure Felsen* vs *(sich erinnern an) jene ungeheuren zwei Felsen*. Il explicite la nuance sémantique par une paraphrase: *zwei Ungeheuer von Felsen (Riesenfelsen)* vs *jenes ungeheure Felsenpaar*. Ries même va encore plus loin. Pour lui, l'analyse syntaxique (et le sens exact) du groupe dépend finalement de la structure informative de l'énoncé tel qu'il se présente dans la situation de communication (Ries 1928: 45):

- *(hinterer) (Eingang) (zum Bühnenraum)*: répond à la question *Où cette porte mène-t-elle?*
- *hinterer (Eingang zum Bühnenraum)*: il a été question de plusieurs portes parmi lesquelles on peut choisir
- *(hinterer Eingang) (zum Bühnenraum)*: il a été question de plusieurs portes derrière le théâtre, qui mènent à différents endroits.

(2) le nombre de membres

Le caractère 'absolu' des rapports favorise la reconnaissance de groupes multiples (même dans le cas de syntagmes de subordination, appelés *enge Gruppen* chez Ries), c'est-à-dire de groupes qui comportent plus de deux membres. Le fondement de cette ouverture vers des groupes ternaires, quaternaires, etc., réside, paradoxalement, dans la bipolarité des rapports hiérarchiques. Ceux-ci ne paraissent pas susceptibles d'impliquer trois éléments à la fois. Comme l'affirme Heringer[204] dans sa *Theorie der deutschen Syntax* (1970: 236), la dépendance (*Dependenz*) est une «zweistellige Relation»[205]. Un troisième élément peut être impliqué, mais seulement à travers un nouveau rapport contracté avec l'un des éléments reliés, distinct de celui qui lie les deux éléments initiaux.

En toute logique, les groupes devraient toujours être binaires, comme c'est le cas chez bon nombre d'auteurs[206] de cette tradition. Dans ces grammaires, la typologie est organisée suivant le schéma pdd1 + pdd2.

---

[203] En fait, des analyses 'relatives' analogues (autre exemple: Van Wijk 1931⁶: 32), basées sur le sens (et la ponctuation) et nées du besoin de résoudre certains problèmes d'ambiguïté, sont déjà attestées chez Herling (1828: 174, *apud* Thümmel 1993: 169): *beiordnendes Verhältnis* vs *einschliessendes Verhältnis*. Indépendamment de Herling, une terminologie similaire se trouve chez D&P (1927[1930]-1956; et, plus tard, chez Dauzat 1947): *épithètes emboîtables* vs *multiples*.

[204] Cet auteur a élaboré une théorie formalisée de syntaxe allemande, qui combine un système à base de constituance à un système dépendanciel.

[205] On retrouve d'ailleurs la même idée chez Wundt qui la fonde psychologiquement (*apud* Percival 1976: 238 et Graffi 1990: 464) par le biais de la loi de la dualité des formes de pensée logiques.

[206] Holthausen (1895), Meyer-Lübke (1899), Brugmann — qui offre un aperçu «wobei wir uns meist auf die zweigliedrigen Gruppen beschränken» (1904: 633) — et Blümel (1914).

D'autres auteurs[207] tendent vers une analyse qui respecte davantage la réalité linguistique et reconnaissent l'existence de groupes ternaires, quaternaires etc. Pour cela, il fallait dédoubler, voire tripler ou quadrupler tacitement les rapports dépendanciels, chaque rapport pris individuellement n'impliquant pas plus de deux éléments à la fois.

Une troisième option, enfin, consiste à fournir une analyse non exhaustive des exemples (cf. 3).

(3) analyses sélectives et résiduelles

Le conflit entre la conception binaire (pdd1 + pdd2) des rapports et la multiplicité des membres dans les groupes attestés, a donné lieu, en effet, à des descriptions quelque peu traîtresses. Plutôt que de reconnaître des groupes multiples ou de se limiter à des exemples binaires, bon nombre d'auteurs présentent des analyses sélectives, et donc, résiduelles, des groupes exemplifiés. Ainsi, Meyer-Lübke (1899), Blümel (1914) et Holthausen (1895) parlent toujours de combinaisons binaires, même si les exemples qui sont censés illustrer cette classification contiennent encore d'autres mots qui ne sont pas pris en considération. Ces mots sont en général subordonnés aux mots identifiés, comme dans l'exemple suivant tiré du manuel de Blümel (1914: 165): *Der kleine Michel, ein hübscher, geweckter Knabe* est du type *Substantiv + Substantiv*. Dans certains cas, cependant, même des éléments sœurs, c'est-à-dire des éléments qui ne dépendent pas de l'élément analysé mais qui en partagent la tête, sont exclus. Kruisinga (1932[5]: II 3, 181), par exemple, ne souffle mot de *that* et de *little* dans l'analyse de l'exemple *in that little house up there on the terrace* (*noun groups: leading noun with adverb*).

(4) l'emboîtement des s y n t a g m e s *(récursivité)*

Nous avons vu que la focalisation *locale* des faits de syntaxe, qui caractérise au plus haut degré la grammaire traditionnelle, empêche les grammairiens de reconnaître l'idée de récursivité (cf. 2.3.2.3.). Il en est de même dans les *Wortgruppenlehren*, où le concept de récursivité n'est pas appliqué aux groupes de mots. La majorité des auteurs ne se rendent pas compte du fait qu'un groupe donné peut contenir plusieurs sous-groupes et se bornent à une taxonomie des combinaisons attestées de parties du discours. Holthausen (1895: 148, 150), par exemple, traite de *Verbindungen* du type adjectif + complément, sans s'intéresser au nom qui est modifié par cette *Verbindung*.

Toutefois, quelques auteurs[208] reconnaissent le phénomène de la récursivité de manière plus ou moins sporadique[209]. Ils vont jusqu'à élaborer une terminologie

---

[207] Behaghel (1897), Sütterlin (1900) et Ries (1928: 35-36), par exemple. Ainsi, Behaghel (1897; cf. aussi 1928) admet l'existence de *Viergliedrige Gruppen* pour les noms, voire de *Siebengliedrige* pour les verbes. Pour plus de détails, voir Lauwers (2004b [sous presse]).
[208] Behaghel (1897), Blümel (1914), Le Roux (1923), Kruisinga (1932[5]) et, bien sûr, Ries (1928) en fournissent des exemples.
[209] Rappelons que le grammairien belge Ulrix a reconnu lui aussi l'emboîtement de groupes et cela dès 1909 (voir 2.3.2.3.).

spécifique, conforme à l'esprit taxonomique qui les anime: *kombinierte Gruppen* (*Obergruppen* vs *Untergruppen/Gliedgruppen*; Ries 1928: 36), *extended groups* (contenant des *sub-groups*, Kruisinga 1932: 183-184) et *Verwicklungen* (Blümel 1914: 172-174). L'idée de l'enchâssement répété ressort clairement du passage suivant:

> «Denn eine Obergruppe ist häufig selbst zugleich Untergruppe einer andern, höhern Obergruppe, die auch ihrerseits wieder Gliedgruppe einer höheren Gesamtgruppe sein kann usf.» (Ries 1928: 37).

Curieusement, le concept de récursivité est appliqué non seulement aux s y n - t a g m e s s u b o r d i n a t i f s, mais aussi aux s y n t a g m e s de type c o o r d i n a t i f, ce qui suppose une hiérarchisation interne de ces derniers, basée sur le groupement (par figement) de deux ou plusieurs membres coordonnés.

Il importe de rappeler que la r é c u r s i v i t é fonctionne ici dans un schéma de type dépendanciel, qui n'envisage pas les rapports mutuels entre les membres sœurs (rapports absolus). En introduisant la r é c u r s i v i t é, les auteurs ne font que remplacer certains nœuds simples par des nœuds complexes (= *Gruppen*), qui entrent dans un réseau de rapports de type 'partie/partie', où ils côtoient des nœuds simples. Il n'est donc pas question d'un emboîtement continu de constituants *complexes* comme dans l'analyse en constituants immédiats. Cette caractéristique peut être illustrée à l'aide de l'exemple analysé dans Ries (1928: 37)[210]:

[1] [(Sein) **Gegensatz** (zu Atticus und den andern Freunden Ciceros, des berühmtesten Redners jener Zeit)].

    [2] zu Atticus und den andern Freunden Ciceros, des berühmtesten Redners jener Zeit
    = 1.Untergruppe

        [3] und [den (andern) Freunden (Ciceros, des berühmtesten Redners jener Zeit)]
        = 2. Untergruppe (= deuxième membre du g r o u p e c o o r d i n a t i f)

            [4.] Ciceros, (des berühmtesten Redners jener Zeit)
            = 3. Untergruppe

                [5] des (berühmtesten …) **Redners** (… jener Zeit)
                = 4. Untergruppe

                    [6] berühmtesten (jener Zeit)
                    = 5. Untergruppe [adjectif + génitif]

                        [7] jener **Zeit**
                        = 6. Untergruppe [N + adj.]

---

[210] Curieusement, dans l'analyse de ce genre de groupes complexes, Ries introduit, subrepticement, l'exigence de binarité (1928: 41), ce qui est contredit une page plus loin (cf. Lauwers 2004b [sous presse]).

L'on aura noté que la position respective des membres sœurs par rapport à leur noyau n'est pas indiquée (niveaux 1, 3 et 5).

Force est de constater que ce passage (Ries 1928: 36-44) présente des analogies avec l'analyse en constituants immédiats (Graffi: 1991: 264), d'autant plus qu'on peut faire état d'un formalisme naissant. Rappelons, en outre, que *Zur Wortgruppenlehre* parut cinq ans avant *Language* de Bloomfield (1933), qu'on considère comme le début de l'analyse en constituants immédiats. Or, même si Bloomfield suivait de très près l'activité scientifique de Ries, Graffi (1990) hésite à parler d'influence[211]. On ne saurait oublier que les deux linguistes ne partagent pas les mêmes présupposés théoriques et méthodologiques (distribution *vs* fonction/sens). Bloomfield tenait Ries en estime, certes, mais il n'en reste pas moins qu'il voyait en Ries le dernier représentant d'une tradition mentaliste en voie d'extinction (Bloomfield 1931: 204).

3.1.2.2. La tradition genevoise: la *syntagmatique*

Mieux connue que la tradition allemande, la deuxième tradition dans l'histoire du s y n t a g m e est liée à la linguistique saussurienne élaborée par l'École de Genève (Saussure, Bally, Frei, Mikuš[212], Sechehaye, Kuryłowicz, …). Comme le suggère déjà l'appellation, la *syntagmatique* remonte au *syntagme* saussurien[213]. Dans le sens que Saussure y attribue, le *syntagme* constitue l'unité de la *syntagmatique*, c'est-à-dire de l'étude des relations *syntagmatiques* (par opposition aux relations *associatives*, appelées plus tard *paradigmatiques*): «Le syntagme se compose donc toujours de deux ou plusieurs unités consécutives» (Saussure 1921²: 170). Par conséquent, le *syntagme*, dont l'ontologie a donné matière à discussion (*langue* vs *parole*?[214]), couvre un éventail très vaste de structures linguistiques. Le terme s'applique

> «non seulement aux mots, mais aux groupes de mots, aux unités complexes de toute dimension et de toute espèce (mots composés, dérivés, membres de phrase, phrases entières)» (Saussure 1921²: 172).

---

[211] Graffi (1990: 466, note 6) fait remarquer que l'ouvrage sur la *Wortgruppenlehre* est la seule pièce manquante du triptyque riessien dans la bibliographie de Bloomfield (1933).
[212] Moins connu, le linguiste yougoslave Francis Mikuš a enseigné à Zadar et à Lubumbashi (au Congo).
[213] Saussure a emprunté ce terme au linguiste polonais J. Baudouin de Courtenay qui l'avait défini comme une «unité indivisible au point de vue syntaxique, c'est-à-dire le mot comme élément d'une unité grammaticale plus complexe» (*TCLP* 1931: 321, 322, note). Dans le *Projet de terminologie phonologique standardisée*, le Cercle linguistique de Prague continue à utiliser le mot *syntagme* dans ce sens (*Travaux du Cercle ling. de Prague* 1931: 309-326). Cette définition a été critiquée par Bally et Sechehaye (*ib.*: 322, note), qui admettent, cependant, le terme de *syntagme phonologique* pour 'couple d'éléments phonologiques'.
[214] Voici la solution la plus probable du paradoxe: toute dérivation néologique, tout groupe de mots et toute phrase appartient à la langue pourvu que la langue en ait en stock «le patron», le modèle (cf. aussi l'interprétation d'Amacker 1975 et de Melis – Desmet 2000: 87). Dès lors, dans le domaine du *syntagme*, il n'y a pas de «limite tranchée» entre le fait de langue et le fait de parole (Saussure 1921²: 173).

Contrairement à la tradition allemande, Saussure intègre dans sa théorie du *syntagme* aussi les niveaux infralexical et phrastique («la phrase est le type par excellence du syntagme»; Saussure 1921[2]: 172): *re-lire; contre tous; la vie humaine; Dieu est bon; s'il fait beau temps, nous sortirons* (1921[2]: 170).

Les autres représentants du structuralisme genevois ont élaboré les vues de Saussure, tout en dotant les *solidarités syntagmatiques réciproques* de Saussure (1921[2]: 176-177) d'un 'remplissage' sémantico-logique qui deviendrait l'image de marque de la syntagmatique genevoise. Ainsi, Sechehaye (1926a) reconnaît trois rapports sémantico-logiques fondamentaux (coordination, subordination et prédication), alors que Bally et Frei s'en tiennent à un seul rapport de base, à savoir celui qui lie le *thème* (la chose dont on parle) au *propos* (ce qu'on en dit), calqué sur le rapport sujet-verbe:

> «Tout ensemble de signes répondant à la formule AZ est dit *syntagme*; ainsi la phrase est un syntagme, de même que tout groupe de signes plus grand ou plus petit, susceptible d'être ramené à la forme de la phrase.
> Il est d'usage, pour les syntagmes réduits [= *condensés* dans la terminologie de Frei (1929: 176)], de remplacer «thème» par *déterminé* et «propos» par *déterminant*. Nous préférons aussi, dans ce cas, remplacer A par *t* et Z par *t'*. D'ailleurs, nous emploierons, dans la suite, *tt'* (ou *t't*) pour désigner un syntagme quel qu'il soit» (Bally 1932: 44; = 1944[2]: 102)[215].

Comme le laisse déjà entendre ce passage, la syntagmatique genevoise est assez abstraite et englobante, dans ce sens qu'elle franchit les cloisons qui séparent les sous-disciplines de la grammaire. Par conséquent, elle s'intéresse peu à l'établissement d'une taxonomie exhaustive des types de *syntagmes*, contrairement aux *Wortgruppenlehren*. Ce qui compte, c'est le schéma sémantico-logique binaire général qui se réalise à travers des combinaisons de mots sur l'axe syntagmatique. Ce schéma abstrait prend appui sur un réseau de type dépendanciel de rapports binaires d'entité à entité basés sur la *complémentarité* de *catégories* (Bally 1944: 102-103). Cette approche est cependant minée par un débat théorique qui porte les germes d'une analyse en termes de constituance: le syntagme est-il un signe où se réduit-il à la somme de ses parties? S'il y a «un plus», on est obligé de considérer le *syntagme* comme un tout *sui generis* et de prendre en considération non seulement les rapports dépendanciels, mais aussi les rapports intégratifs de la partie au tout (cf. Lauwers à par.c), qui, la segmentation binaire aidant, donnent lieu à une analyse qui fait penser à l'analyse en constituants immédiats (Mikuš 1947: 36-37):

	maison/de campagne	de/campagne
Paul	est – battu	par – Pierre

---

[215] Frei (1929: 176) reconnaît aussi l'existence d'un «signe de rapport» qui donne corps à la 'transitivité': un verbe (*être*), une préposition (qui est un verbe condensé), ... Bally (1944[2]: 101), quant à lui, considère que le 'ligament grammatical' fait partie du *propos* (*la terre/est ronde*; *Paul/bat Pierre*).

Les Genevois prônent un découpage binaire de la phrase, qui par moments prend les allures d'une véritable analyse de type procédural[216], comme l'analyse en constituants immédiats en est une, par exemple. Par conséquent, les rapports 'relatifs' entre les éléments sœurs dépendant d'une même tête sont envisagés. Mais on a l'impression que ni Bally ni Mikuš ne s'intéressent vraiment au problème, comme le montrent aussi quelques découpages pour le moins surprenants, qui donnent à croire que sur ce point le découpage est arbitraire (cf. Lauwers à par. c). Kuryłowicz (1948: 205), pour sa part, se rend compte du problème ('les deux déterminants dépendent d'une manière égale de *remparts*'), mais n'y voit pas un problème de grammaire. Comme il ne repère aucune «nuance sémantique» entre *les anciens/remparts de la ville* et *les anciens remparts/de la ville*, il relègue la problématique au «domaine de l'expression et du style».

Le problème du nombre de membres, en revanche, a fait couler beaucoup d'encre. Étant donné la primauté du rapport abstrait *thème/propos* (*déterminant/déterminé*) dans la linguistique genevoise, on comprend que le caractère binaire du *syntagme* devient un véritable cheval de bataille, qui amène certains représentants à exclure la c o o r d i n a t i o n de la *syntagmatique*, alors que d'autres ne peuvent se résoudre à un tel parti pris (p. ex. Troubetzkoy 1939). L'obsession de la binarité aboutit quelquefois à une approche sélective qui fait entre autres abstraction des articles et des prépositions (p. ex. Bally 1932: 46-47; 1944²: 103), mais pas toujours, comme le montrent les analyses de Mikuš (1947: 33; 1952-1953: 453-456). Mais comme on ne trouve guère des descriptions détaillées avant les années '60, il est difficile de s'en faire une idée. Il en est de même de la r é c u r s i v i t é , même s'il est fort probable que l'idée n'était pas inconnue, comme le suggèrent les présentations chez Bally (1932: 46-47; 1944: 105-106) et Mikuš (cf. *supra*), d'autant plus que ces auteurs tendaient vers une *procédure* de segmentation binaire (Bally 1932: 46-47):

  syntagme total: *le frère de Paul est mon ami*
  syntagme partiel: *le frère de Paul* (= sujet complexe)
                        frère (déterminé) + *Paul* (déterminant)
                est mon ami (= prédicat complexe)
                        copule (déterminé) + *mon ami* (attribut, déterminant)
                                mon (détã) + *ami* (dété)

Mais comme Mikuš l'a fait remarquer (1952-1953: 452), ce genre d'analyse était rarissime avant 1952. À notre connaissance, Mikuš (1952-1953: 453-456) présente la première analyse récursive détaillée d'une phrase relativement complexe. Il se réfère explicitement à Wells (1947). Ces analyses plus tardives sortent cependant du cadre de la présente étude. En fait, si Mikuš et Frei ont pu développer des analyses récursives, c'est grâce, surtout, à l'influence de l'analyse en constituants immédiats.

---

[216] Le terme provient de Graffi (2001). Cf. Frei (1948: 65, n. 3): «l'analyse se fait toujours de deux en deux». Le caractère procédural de l'analyse sera renforcé après la Deuxième Guerre mondiale (Frei, Mikuš).

On assiste, en effet, à un rapprochement entre les traditions américaine et européenne en la matière à partir des années '50 (cf. Lauwers à par. c).

3.1.2.3. Tesnière: une syntaxe catégorielle et dépendancielle

Dans 3.1.2.1., nous avons montré que l'analyse de la structure interne des *Wortgruppen*, tels que la tradition allemande les concevait, se faisait selon le mode dépendanciel. La constitution interne des groupes était envisagée sous l'angle de rapports hiérarchiques bipolaires absolus. Tournons-nous maintenant vers Tesnière[217] même, qui, lui aussi, reconnaît l'existence de s y n t a g m e s , mais d'un autre type.

Tesnière considère la phrase comme un ensemble organisé de mots, reliés les uns aux autres par un réseau de *connexions* (1969^2: 11). Une *connexion* s'établit toujours entre un *régissant* et un *subordonné*, qui appartiennent à l'une des quatre classes majeures de *mots constitutifs* (*nom, adjectif, verbe* et *adverbe*). Ces quatre classes permettent de couvrir l'ensemble de la combinatoire des mots, le cas échéant, après *translation* (cf. 3.2.2.). En gros, la syntaxe de Tesnière peut donc être qualifiée de catégorielle et dépendancielle. Nous y reviendrons sous 3.3.2.2.

Qu'en est-il du s y n t a g m e chez Tesnière? Dès 1934, Tesnière (1934: 227) distingue un *nœud substantival,* un *nœud adjectival,* un *nœud adverbial* et un *nœud verbal.* Dans le *nœud substantival,* le *substantif central* est entouré de ses *adjectifs* — appelés aussi *épithètes* — ou *nœuds adjectivaux* subordonnés. L'*adjectif attribut* est subordonné au verbe au sein du *nœud verbal.* Ce dernier comporte un verbe, des substantifs et des adverbes, correspondant respectivement aux *actions*, aux *acteurs* et aux *circonstances* (Tesnière 1934: 226-227). Cette classification basée sur les 4 catégories est maintenue dans Tesnière (1953, 1959), à ceci près qu'il y ajoute le concept de *nucléus*, qui se distingue mal du *nœud*.

Il importe de signaler que le *nœud* n'est qu'un concept dérivé, épistémologiquement secondaire, qui se superpose en quelque sorte au réseau de *connexions*, à la grille des rapports dépendanciels:

> «Tout régissant qui commande un ou plusieurs subordonnés forme ce que nous appellerons un nœud» (Tesnière 1969^2: 14).

Un *nœud* n'est rien d'autre qu'un *faisceau* de *connexions* (1969^2: 14). C'est pourquoi les cercles servant à l'identification des *nœuds* font souvent défaut; ils sont facultatifs, comme le fait remarquer à juste titre Bechraoui (1992: 7). C'est sans doute la raison pour laquelle Mikuš (1972: 15, n.2) considère Tesnière comme le représentant d'une syntaxe dépourvue de *syntagmes*.

---

[217] On pourrait y associer Jespersen, qui, tout comme Tesnière, élabore une syntaxe continue (cf. 3.3.2.2.) basée sur des c a t é g o r i e s f o n c t i o n n e l l e s t r a n s v e r s a l e s (appelées *ranks*) (cf. note 291 sous 3.2.2.1.). Les deux théories se distinguent toutefois par le nombre de catégories reconnues (trois vs quatre), par les rapports hiérarchiques nom/verbe, ainsi que par le rôle attribué au s y n t a g m e , qui, pour Jespersen, n'est pas un concept dérivé, mais un concept essentiel qui introduit des seuils dans l'application des rangs: «The rank of the group is one thing, the rank within the group another» (Jespersen 1924: 102).

Que le concept de *nœud*, en tant que concept dérivé, ne soit pas vraiment opérationnel, cela ressort aussi de la nature des *translations*, qui portent, en effet, toujours sur des catégories isolées (nom, adjectif, etc., et non pas sur des *nœuds*), ce qui donne l'impression qu'on a affaire à une approche sélective des s y n t a g m e s [218], même si les *mots subsidiaires* (p. ex. les pronoms atones, l'article défini et la préposition *de*) s'accrochent toujours aux *mots constitutifs* avec lesquels ils constituent des *nucléi*.

Comme il a été dit ci-dessus (cf. 3.1.2.1.), les rapports entre les éléments sœurs sont conçus de manière 'absolue' chez Tesnière. Tesnière (1969[2]: 154) s'est cependant rendu compte qu'une analyse plus fine était possible:

> «On notera que tous les subordonnés ne dépendent pas toujours du nœud substantival d'une façon aussi **étroite** les uns que les autres. Certains lui sont rapportés très **immédiatement**, d'autres d'une façon plus lâche [...] et **plus lointaine**, si bien qu'ils semblent dépendre, non pas du substantif commandant le nœud, mais du nœud formé par le substantif et un de ses subordonnés».

Il propose une analyse provisoire et facultative («ces nuances [...] mériteraient une analyse plus poussée»):

Quant au nombre de *subordonnés* par *nœud*, il n'impose aucune restriction. Un régissant peut avoir «un ou plusieurs subordonnés» (1969[2]: 14), tout comme dans la tradition riessienne. La c o o r d i n a t i o n, appelée *jonction*, ne passe pas pour une *connexion* (1969[2]: 80, 323-326). Il s'agit d'une opération (à l'instar de la *translation*) superficielle qui multiplie le nombre de *nucléi*, sans qu'elle affecte le réseau de *connexions* (et donc les *nœuds*).

La volonté de Tesnière d'aboutir à une analyse continue de la phrase («syntaxe structurale» = «hiérarchie de[s] connexions», 1969[2]: 14; «*hiérarchie des nœuds*», 1969[2]: 15), l'amène à reconnaître le concept de r é c u r s i v i t é à travers la dépendance indirecte:

> «Nous définirons donc le nœud comme l'ensemble constitué par le régissant et par *tous les subordonnés qui, à un degré quelconque, directement ou indirectement,* dépendent de lui, et qu'il noue ainsi en quelque sorte en un seul faisceau» (Tesnière 1969[2]: 14; nous soulignons).

En d'autres mots, un *nœud* est très souvent un *nœud de nœuds* («le nœud de *jolie* dépend de celui de *chanson*»: *cette fort jolie chanson*; 1969[2]: 15). Les constituants

---

[218] Ceci n'est pas le cas chez Jespersen (1924) qui adopte une véritable vision 'groupale' des éléments reliés.

ultimes, à savoir les mots, ne sont pas considérés comme des *nœuds*. Tesnière parle dans ce cas de *nucléus*, concept qui tend à se confondre par endroits avec le *nœud* (cf. Bechraoui 1992: 11-13).

3.1.3. Les grammaires du corpus, la linguistique générale (et en général) et la didactique du français

Le survol qui précède donne une idée de la richesse de la réflexion qui s'est développée autour du concept de s y n t a g m e dans la linguistique de la première moitié du 20e siècle. Reste la question de savoir si les grammairiens du corpus s'en sont inspirés (3.1.3.1.) et si la confrontation permet de dégager certaines affinités théoriques (3.1.3.2. et 3.1.3.3.).

3.1.3.1. Une 'genèse spontanée'?

Il semble bien que la grammaire traditionnelle a pu développer la notion de s y n - t a g m e en vase clos, c'est-à-dire en dehors de toute influence de la linguistique générale et théorique de l'époque. Cette hypothèse est fondée sur deux constats. Nous avons vu que les s y n t a g m e s du type I (qui correspondent à ceux de la tradition allemande) s'inscrivent dans une approche catégorielle et ascendante. Ils constituent en quelque sorte le *prolongement* naturel de la perspective catégorielle, qui était très forte dans les grammaires françaises. Deuxièmement, la tension entre les deux directionnalités de l'analyse a nécessité des corrections. Ainsi sont nés les s y n t a g m e s du type II, qui sont plutôt liés à l'approche d e s c e n d a n t e. Ces corrections sont en partie inspirées par des motivations pédagogiques (Brunot, Galichet). En fait, la nécessité théorique du s y n t a g m e fut ressentie assez tôt dans la tradition scolaire française. Dans sa célèbre conférence sur la nomenclature grammaticale au *Musée pédagogique*, Léopold Sudre (1906: 120-121) dénonce la manie d'étiquetage de l'analyse *grammaticale*[219]: «L'analyse ici tue fatalement la synthèse». Il s'explique:

> «Beaucoup de nos élèves sont capables d'énumérer avec une science impeccable les éléments et le rôle de tous les mots de la phrase» (1906: 121).

Mais,

> «en le faisant, ils donnent une égale valeur à chacun de ces éléments; ils n'établissent aucune hiérarchie entre les mots; ils ne distinguent point dans l'énonciation en question *deux groupes*, et dans chacun de ces groupes une *idée dominante* [...], et, évoluant autour de ces *deux centres*, d'autres idées plus ou moins *accessoires*» (1906: 121, nous soulignons).

Voilà une critique très nette de l'analyse sélective (cf. 2.1.1.) impliquée dans l'approche catégorielle ascendante des f o n c t i o n s s y n t a x i q u e s. Sudre propose d'y

---

[219] En outre, l'*analyse logique*, quand elle est machinale, ne sert à rien. Elle peut encore «être très utile» «si nous la pratiquons comme un apprentissage de la stylistique» (Sudre 1906: 122-123).

substituer un autre type d'analyse. Concrètement, dans l'exemple *Le livre neuf de Pierre est déjà tout maculé de larges taches noires* il faudrait relever:

- les idées dominantes: *livre, est maculé*
- les idées accessoires: (Sudre suggère même une hiérarchie entre ces éléments que nous indiquons ici par des traits)
  - *Pierre, taches*
  - *neuf, larges, noires*
  - *déjà, tout*
- mots qui «ont une valeur seulement grammaticale»: l'article *le*, la préposition *de*.

L'innovation proposée par Sudre s'inscrit dans une approche descendante de la phrase. À l'intérieur des deux blocs qui constituent la phrase, on peut dégager une certaine hiérarchie que les élèves, rompus à l'analyse des f o n c t i o n s selon le mode catégoriel et ascendant, n'entrevoyaient plus.

Il est assez probable que la notion de «groupe» était déjà dans l'air à cette époque[220]. L'idée fut même défendue dans le premier rapport de la commission pour la réforme de la nomenclature grammaticale (Maquet 1907; *apud* Vergnaud 1980: 70)[221].

Bonnard (*GLLF*, s.v. *fonction*) signale que l'analyse en «groupes» fut promue dès 1939. Ce constat est confirmé par l'arrêté du 23 mars 1938 et par les instructions du 20 september 1938 (Chervel 1995: 364, 366; 387)[222]. Karabétian (1998c: 270), de son côté, situe son introduction officielle dans le primaire «autour des années 1950». Si au début des années '60, la notion de *groupe* n'était pas encore entrée dans les pratiques d'analyse courantes (Bonnard, *GLLF*, s.v. *fonction*), Bonnard put signaler dès 1964 les efforts consentis par des «milliers d'instituteurs, sous la contrainte d'inspecteurs primaires» pour substituer le *groupe fonctionnel* au *mot* dans l'*analyse grammaticale*. Ainsi, le nom devient, par exemple, «mot principal du groupe objet» (Bonnard 1964: 62). Bonnard lui-même l'avait introduit dans sa grammaire scolaire dès 1950 [éd. 1970]. L'analyse en groupes ne sera entérinée définitivement que vers 1975, par la publication d'une nouvelle nomenclature grammaticale (Karabétian 1998c: 270), qui ne distingue, toutefois, que deux sortes de groupes: les *groupes nominaux* et *verbaux* (1975: 2371)[223].

Si l'hypothèse d'une genèse 'spontanée' du concept de s y n t a g m e dans la grammaticographie française paraît assez probable, il est certain que l'École de Genève a renforcé ce lent cheminement. Cette influence est très nette chez de Boer qui ne

---

[220] On peut supposer que la question de l'analyse a été discutée dans les réunions préparant l'établissement de la nouvelle nomenclature grammaticale (1906-1910), même s'il ne revenait pas à la commission de se prononcer à ce sujet, comme l'affirment Maquet et Brunot dans leur rapport provisoire (1909: 347). Il n'empêche que ce rapport met en garde contre l'étiquetage mécanique et que le texte définitif eut des répercussions directes sur la théorie syntaxique (cf. la fin officielle du chapsalisme).

[221] Il n'est pas sans importance de signaler que Lanusse et Brunot assistèrent à la conférence de Sudre. Ce n'est peut-être pas un hasard que l'idée des «groupes» figure dans leurs grammaires.

[222] Ces directives concernent le cours supérieur et le cours de fin d'études primaires.

[223] Dans la nomenclature belge de 1949, le terme *groupe* n'est pas encore attesté.

cache pas sa dette envers la linguistique genevoise (cf. 3.2.3.3.; cf. Chap. VII, 3.2.3.3.)[224]. Gougenheim, un linguiste très au fait de tout ce qui se passait sur la scène linguistique nationale et internationale, s'inspire également de Bally (p. ex. la notion d'opposition), mais pas pour la notion de *groupe* qu'il dépouille de tout bagage sémantico-logique. On retrouve le terme *syntagme*, avec son sens très général (±tout groupe de mots) chez les Le Bidois, où il est synonyme de *groupe*. On le repère aussi dans les derniers volumes de la grammaire de D&P avec un sens analogue à celui que les Le Bidois y attribuent (cf. 3.2.3.2.3.). Le cas de Lanusse – Yvon est ambigu. Lanusse, qui fait partie du cercle de grammairiens réuni au *Musée pédagogique* (1906), semble — tout comme Marouzeau (1921) — anticiper sur Bally (1932) en appliquant l'opposition *déterminé/déterminant* aux groupes.

Inspecteur général de l'Instruction publique (à partir de fin 1936), Gaston Cayrou a dû être au courant de l'analyse en groupes, analyse préconisée dès 1938 pour le primaire. Dans son compte rendu, Dauzat attribue le chapitre (original) sur les fonctions à l'un des deux co-auteurs de Cayrou, Pierre Laurent. Il n'est pas exclu que la grammaire de Cayrou – Laurent – Lods s'inspire de Gougenheim (1938)[225], mais cela est difficile à prouver, faute d'une bibliographie. La présentation très tesnièrienne dans la *Grammaire* Larousse fait peut-être écho à l'article que Tesnière avait fait paraître en 1934 et qui avait été accueilli positivement dans le *FM* par Gougenheim (son collègue à Strasbourg).

L'établissement d'influences directes de la tradition allemande des *Wortgruppenlehren* s'avère une question très délicate. Seule la grammaire d'Ulrix se prête à une telle démarche. Cet auteur s'inspire de la grammaire française de Bourquin – Salverda de Grave (1901), deux auteurs hollandais. Au moins l'un des deux, Salverda de Grave, est un spécialiste de grammaire historique (du français), tout comme Ulrix d'ailleurs[226], pour qui la *Romanische Syntax* de Meyer-Lübke (1899), le tome 3 de la *Grammatik der romanischen sprachen* (1890-1902), a dû être un instrument de travail indispensable, d'autant plus que l'ouvrage avait paru en traduction française dès 1900 (par A. et G. Doutrepont). Meyer-Lübke y suit les directives de Ries (qu'il cite) et divise la matière en trois parties, précédées d'une partie sur les mots déclinables: *Wortgruppe* (1899: 147-306) – *Satz* – *Satzgruppe*. On constate un certain parallélisme entre le plan de la grammaire de Bourquin – Salverda de Grave et le plan de la syntaxe de Meyer-Lübke.

---

[224] Sechehaye a d'ailleurs structuré son *Abrégé de grammaire française* selon les notions de *groupe substantif* (= substantif, déterminatifs, pronoms absolus, adjectif attribut, adverbes de l'adjectif) et *groupe verbal* (= verbe à l'indicatif, adjectif et substantif prédicatifs, adverbes du verbe) (1926b: 1, 18, table des matières).

[225] Indices: la phrase comme succession de S N et de S V; la délimitation de deux paliers dans l'analyse de la proposition: le niveau de la *proposition* (analyse en fonctions primaires) et celui des *groupes*.

[226] Ulrix, qui étudiait à Liège vers la fin des années 1890 (thèse soutenue en 1899), a dû connaître Auguste Doutrepont, traducteur de Meyer-Lübke et professeur à l'Université de Liège. Une double influence (Salverda de Grave et Meyer-Lübke) ne semble donc pas exclue.

L'absence de Ries — *Was ist Syntax?* figure bel et bien dans la bibliographie des Le Bidois (mais pas dans le corps du texte) — dans les grammaires d'expression allemande ne signifie pas pour autant que ces auteurs ignoraient ses vues. Ries n'était pas un inconnu pour Engwer, Lerch et Regula[227]. Son ouvrage *Was ist Syntax?* (1894) avait été discuté dans le traité d'Otto (1919), qui leur a servi de source commune. Lerch (1915-1919: 97) lui-même avait d'ailleurs fait part de ses doutes (*schwersten Bedenken*) à propos du remodelage de la syntaxe proposé par Ries. Vu les marques de sympathie et, surtout, les réactions que l'ouvrage de Ries (1894) a suscitées, mobilisant les personnages les plus en vue et se reflétant jusque dans les synthèses et manuels, on a de la peine à croire que des romanistes aussi avisés comme Haas[228] et Strohmeyer — qui avait d'ailleurs cité Ries dans l'introduction de sa stylistique (Strohmeyer 1910: V) — ignoraient les vues de Ries.

Dans les autres grammaires, en l'absence de tout indice, il faut supposer un développement spontané selon les deux voies que nous avons indiquées plus haut.

3.1.3.2. Les s y n t a g m e s du type I à l'aune de la tradition des *Wortgruppenlehren*

S'il est difficile de déceler des influences des *Wortgruppenlehren* sur les grammaires du corpus, on peut néanmoins relever une certaine parenté avec les s y n - t a g m e s du type I du corpus (cf. aussi 3.1.2.1.2.).

Il n'en reste pas moins que les grammaires du corpus sont en général beaucoup moins systématiques en l'absence d'un modèle explicite. La présence du s y n - t a g m e y est aussi beaucoup moins 'visible' que dans les ouvrages appartenant à la tradition riessienne[229]. Seules les grammaires du corpus qui satisfont aux critères [+ agencement; + structuration] font exception. En dehors de ce petit groupe de grammaires (Ulrix, Cayrou, Gougenheim, Lanusse), il est difficile de caractériser en détail les s y n t a g m e s du corpus à l'aide des critères dégagés dans l'examen de la tradition allemande. Ainsi, en dehors de l'orientation catégorielle globale (= type I), très peu peut être dit à propos du s y n t a g m e chez Strohmeyer, Le Bidois, Dauzat, Haas, et dans une moindre mesure, Michaut et Larousse. L'orientation catégorielle ascendante s'y présente souvent sous sa forme pure (p. ex. Dauzat, Strohmeyer, Brunot, etc.): l'analyse ne fait qu'identifier les *mots* qui se combinent. Dans quelques grammaires, toutefois, des concepts f o n c t i o n n e l s (mais accouplés à l'inventaire des combinaisons de p a r t i e s d u d i s c o u r s) s'y mêlent, comme chez Lanusse, Ulrix, Gougenheim, Le Bidois, Cayrou et Michaut. Toujours est-il que ces débris d'une analyse f o n c t i o n n e l l e sont subordonnés à une partie du discours particulière, en général le nom. C'est ce *mot*, cette *catégorie*, qui sert de principe unificateur. En plus, si des f o n c t i o n s s e c o n d a i r e s interviennent, elles cachent en

---

[227] Regula (1951: 17) cite Ries à propos de la phrase.
[228] Cf. aussi l'articulation de la phrase en *Vorstellungsgruppen* (= ± corrélats psychiques de groupes de mots), plutôt qu'en fonctions syntaxiques, conception proche des vues de Ries.
[229] On constate aussi que les grammaires du corpus n'intègrent pas les g r o u p e s c o o r d i n a t i f s .

réalité des *mots* simples[230] auxquels elles se superposent. Ceci est très net chez Ulrix, qui identifie d'abord les parties du discours qui se combinent, pour y appliquer ensuite la grille des f o n c t i o n s (1909: 99-103), tout comme chez Lanusse, d'ailleurs, qui parle toujours de *nom complément, nom en apposition*, etc.

Dans ce qui suit, nous allons confronter, dans la mesure du possible — tellement les descriptions sont fragmentaires —, les s y n t a g m e s reconnus par les grammaires du corpus avec les caractéristiques de la *Wortgruppenlehre* allemande que nous avons commentées sous 3.1.2.1.2.

- *Rapports absolus de type dépendanciel*. En l'absence de toute indication contraire, on peut supposer que les groupes multiples sont fondés sur des rapports dépendanciels absolus. Seul le rapport entre chacun des membres et le m o t - t ê t e est envisagé. Les *épithètes emboîtables* chez Dauzat (et D&P) constituent une exception notable (cf. 2.3.2.3.).
- *Binaires ou multiples?* On trouve des groupes multiples dans les grammaires suivantes: Ulrix, Gougenheim, Cayrou, Michaut, Brunot et Larousse. Lanusse, Galichet (*espèce principale + espèce adjointe*) et de Boer tendent vers la binarité des s y n - t a g m e s, ce qui est explicité chez Lanusse et de Boer respectivement par des rapports abstraits bipolaires comme *déterminant/déterminé* et *principal/complément*. Ce constat n'a rien d'étonnant chez de Boer et Galichet, étant donné qu'ils s'inspirent de l'École de Genève. Chez les autres auteurs, la description n'est pas assez explicite pour trancher (Dauzat, Haas, Strohmeyer, Le Bidois, Regula).
- *Traitement sélectif*. Le traitement sélectif des s y n t a g m e s est patent chez Cayrou, Lanusse, de Boer et Galichet (toujours deux *espèces*), alors que Gougenheim, Ulrix et Brunot offrent des analyses exhaustives. Dauzat, Le Bidois, Michaut, Haas, Regula et Strohmeyer ne peuvent pas être évalués sur ce point.
- *Récursivité*. L'intégration du concept de r é c u r s i v i t é suppose une description assez élaborée. Seuls Ulrix et Regula (1931: 40-41) prévoient l'emboîtement de s y n - t a g m e s ; Dauzat (et D&P) applique le principe aux *épithètes* (Cf. 2.3.2.3.).

3.1.3.3. Les syntagmes du type II, la grammaticalisation de l'analyse descendante et les racines de l'analyse en constituants immédiats

Même si les s y n t a g m e s du type II reposent en dernière analyse sur ceux du premier type, on ne saurait passer sous silence le fait que l'analyse descendante pilarisée[231] prépare le terrain à la reconnaissance de groupes pour peu qu'on conçoive les piliers comme des g r o u p e s d'éléments à constitution interne stable qui s'emboîtent les uns dans les autres.

Il nous semble que l'analyse en constituants immédiats (à partir de Bloomfield 1933) s'inscrit dans une longue tradition d'analyses descendantes représentée entre autres par Du Marsais, Beauzée, Becker (1839), Wundt (1920; 1900¹) et Bloomfield (1914). Il nous semble que c'est dans cette tradition qu'il faut situer Wundt. Celui-ci

---

[230] C'est ce que nous avons appelé l'approche catégorielle des f o n c t i o n s s e c o n d a i r e s (cf. Ch. IV, 4.).
[231] Pour une explication du terme *pilarisé*, voir Ch. IV, 2.1.

a été une source importante (notamment pour la présentation arborescente) dans l'élaboration de l'analyse en constituants immédiats, encore qu'elle ne s'y réduise pas (Graffi 1990). Dans cette hypothèse, le grand psychologue allemand ne serait qu'un chaînon d'une longue tradition qui remonte au 18ᵉ siècle.

3.2. *La perspective fonctionnelle transversale (= PFT)*

Outre le s y n t a g m e , la syntaxe (française et générale) de la première moitié du vingtième siècle a produit encore une deuxième approche qui a renforcé l'unité de l'analyse de la phrase: la *perspective fonctionnelle transversale* (= PFT).

Dans un premier temps, il faudra tracer les contours de cette approche des faits de syntaxe et montrer en quoi elle peut contribuer à combler le fossé qui sépare le niveau du mot (partie du discours) du niveau de l'analyse de la proposition en fonctions (3.2.0.). Son élaboration concrète présente une certaine variation d'une grammaire à l'autre, tant pour ce qui est de la nature de la PFT, que pour ce qui est de ses domaines d'application (3.2.1.). L'un des phénomènes couverts par la PFT, à savoir les t r a n s f e r t s i n t e r c a t é g o r i e l s , par quoi nous entendons le changement de partie du discours sans changement de forme (p. ex. l'emploi adjectival du substantif dans *un exemple bidon*), a donné lieu à une importante réflexion théorique basée sur le concept de *transposition* (ou de *translation*). Il conviendra d'examiner d'abord ces concepts issus de la linguistique générale de la première moitié du 20ᵉ siècle (3.2.2.), avant de s'interroger sur l'impact que ces théories ont pu avoir sur les grammaires du corpus (3.2.3.)

3.2.0. Préambule: que faut-il entendre par PFT?

Les f o n c t i o n s s y n t a x i q u e s (*termes/éléments de la proposition*) peuvent être réalisées par une panoplie de formes, de complexité variable. Noël et Chapsal (1833: 85), par exemple, signalent au début de la partie syntaxique de leur grammaire que «le sujet est toujours exprimé, ou par un substantif, ou par un pronom, ou par un infinitif». Au cours du 19ᵉ siècle, cet inventaire de structures s'est enrichi des propositions subordonnées, qui, elles aussi, se prêtent à telle ou telle f o n c t i o n s y n t a x i q u e .

En principe, une telle approche des faits se défend, même si, dans la pratique, les grammaires faisaient l'économie du s y n t a g m e (cf. 2.3.2.2.) et que certaines réalisations formelles des f o n c t i o n s ne soient pas encore envisagées (p. ex. *Jean est de bonne humeur,* s y n t a g m e p r é p o s i t i o n n e l en fonction d'attribut du s u j e t)[232]. Pour être complète, cette approche doit embrasser les structures grammaticales suivantes, qui se situent à différents niveaux de complexité structurelle:

---

[232] Exemple emprunté à Riegel *et al.* (1994: 235).

(1) parties du discours (mots) [+ sous-catégories: participe, infinitif, ...]
(2) mots qui ont changé de partie du discours
(3) locutions *X-ales*, c'est-à-dire des s y n t a g m e s figés (p. ex. *locution adverbiale*)
(4) s y n t a g m e s (non figés)
(5) propositions subordonnées
[(6) phrases (discours direct)]

Toutes ces catégories (à l'exception de 6) peuvent remplir, par exemple, la fonction de *complément circonstanciel*.

Ce qui nous intéresse ici, c'est que nombre de grammairiens de la première moitié du 20ᵉ siècle ont reconnu (implicitement) que la grande diversité des structures grammaticales peut être ramenée à quelques catégories fonctionnelles types fondées sur la/les fonction(s) prototypique(s) des parties du discours centrales. Ainsi, ils ont reconnu des éléments de fonction *substantivale, adjectivale* et *adverbiale*. Ces nouvelles catégories fonctionnelles[233], qui s'inscrivent donc dans une logique catégorielle et ascendante, réduisent la variété structurelle en vue du passage à l'analyse en fonctions syntaxiques. Les *adverbiaux* réalisent, par exemple, la fonction de complément circonstanciel, les *adjectivaux* les fonctions d'épithète et d'attribut. Ces nouvelles catégories fonctionnelles offrent aussi un cadre aux t r a n s f e r t s i n t e r c a t é g o r i e l s (ou T I), c'est-à-dire à l'emploi d'un mot (ou, plus précisément, d'un l e x è m e) dans un rôle qui n'est pas le sien (par défaut) et qui est associé occasionnellement à une autre partie du discours. Ainsi, dans *exemple bidon*, on pourrait dire que le n o m *bidon* appartient à la classe fonctionnelle des a d j e c t i v a u x. C'est dans ce sens que PFT et théories 'transpositionnelles' (3.2.2.) sont liées, d'autant plus que celles-ci ont fini par englober de larges pans de la syntaxe par l'incorporation de structures plus complexes que le mot.

Tout comme les s y n t a g m e s, les catégories 'fonctionnelles' évitent certaines redondances dans la description. Par exemple, une fois qu'on a défini la catégorie fonctionnelle des *éléments nominaux*, il ne sera plus nécessaire de reprendre toutes les formes qui s'y rattachent dans la description des fonctions sujet, COD et attribut. Comme ces nouvelles catégories, qui entrent dans une perspective fonctionnelle (basée sur l'identité de fonction), embrassent tous les niveaux de la description grammaticale, du mot à la phrase, nous parlerons d'une *perspective fonctionnelle transversale* (= PFT).

Si les catégories fonctionnelles transversales jouent un rôle analogue à celui du s y n t a g m e dans le rapprochement des deux analyses, ascendante et descendante, il s'agit de deux pistes radicalement différentes: l'unité de l'ensemble des structures rattachées à un type de s y n t a g m e est fondée sur la constitution *formelle interne* de ce type de s y n t a g m e, alors que la c a t é g o r i e f o n c t i o n n e l l e t r a n s v e r s a l e est caractérisée par l'identité de *fonction (externe)*. Dans le domaine des

---

[233] Nous essaierons d'éviter ce terme ambigu. Si nous l'utilisons, c'est dans le sens de 'fonction syntaxique'.

groupes de mots non phrastiques, les deux approches entrent en concurrence, au point qu'il faudra parler de deux types de s y n t a g m e s , selon qu'ils sont basés sur la fonction globale externe (= le s y n t a g m e PFT) ou sur la constitution formelle interne (= s y n t a g m e ordinaire). En voici un exemple: le s y n t a g m e p r é p o s i t i o n n e l *de gloire* est en même temps un s y n t a g m e PFT a d j e c t i v a l (p. ex. dans *moment de gloire*, où il commute avec *glorieux*). Dans le cas du s y n t a g m e n o m i n a l , il y a le plus souvent coïncidence entre constitution interne et fonction externe. Le syntagme est *nominal* dans les deux sens du terme: il se construit autour d'une t ê t e nominale et adopte des fonctions nominales.

3.2.1. La PFT dans les grammaires du corpus

Comme nous venons de le signaler, la réalisation concrète de la perspective fonctionnelle transversale diffère d'une grammaire à l'autre. Ainsi, la nature des catégories dégagées varie (3.2.1.1.), tout comme leur couverture (3.2.1.2.). Avant de passer à l'analyse des problèmes posés par l'élaboration de la PFT dans le corpus et de l'interaction avec la notion de s y n t a g m e (3.2.1.4.), nous montrerons que la PFT n'est, somme toute, qu'une systématisation des nombreuses applications locales qui en ont été faites au cours de l'histoire (3.2.1.3.).

3.2.1.1. Les nouvelles c a t é g o r i e s f o n c t i o n n e l l e s : nature et nomenclature

Afin de mieux faire ressortir les différences de nature entre les c a t é g o r i e s f o n c t i o n n e l l e s [234] t r a n s v e r s a l e s qui se dégagent de l'examen du corpus, nous abandonnerons l'ordre chronologique. Deux grandes orientations peuvent être distinguées: les c a t é g o r i e s f o n c t i o n n e l l e s à c o l o r a t i o n p s y c h o s é m a n t i q u e (Galichet, Haas et D&P) (1) et les c a t é g o r i e s (p u r e m e n t) f o n c t i o n n e l l e s (de Boer, Sonnenschein) (2).

(1) Galichet est très explicite quant à la nature des catégories. S'inspirant de Sechehaye, il veut aller au-delà du mot pour saisir les «valeurs psychologiques qui créent et recréent sans cesse la valeur fiduciaire des mots». Si les mots sont le «corps» de la langue, «il faut pousser jusqu'à son esprit» (1947: XV). Ces *valeurs psychologiques* sont les *espèces grammaticales*[235] (*espèce nominale, adjectivale*, etc.):

> «Les espèces grammaticales sont des *entités psycho-linguistiques*, mais ces entités ne sont ni des conceptions abstraites, ni de simples pouvoirs de relation qui se définiraient par ces relations mêmes [...]. Ce sont [...] des *points de vue sur le réel* considéré dans l'être, le procès, la «qualité»..., et cela, non par une pure spéculation de l'esprit, mais par une démarche spontanée, et souvent empirique, de la connaissance» (1947: 19; nous soulignons).

---

[234] Nous verrons au cours de ce paragraphe que la désignation *catégorie FONCTIONNELLE* est certainement réductrice.
[235] Les *espèces* constituent, avec les *catégories* (p. ex. genre et nombre) et les *fonctions* (sujet, etc.), les trois *ordres de valeurs grammaticales* (Galichet 1947: XIII).

Ce passage montre à quel degré Galichet est tributaire des *catégories imaginatives* de Sechehaye, qu'il a loué quelques pages plus tôt (1947: IX). Galichet lui reproche cependant — et Sechehaye l'admet lui-même — de ne pas avoir approfondi les fondements logiques et psychologiques de la théorie, ce qui n'aurait pas manqué de mener tout droit à une théorie de la connaissance, à la «métaphysique» (1947: XV)[236]. Ainsi, dans l'optique de Galichet, les *espèces* s'avèrent être les catégories fondamentales de l'appréhension *de la réalité* et non seulement des conceptualisations différentes de la même *idée*, comme c'était le cas chez Sechehaye. Du coup, le problème des mots changeant de classe est résolu:

> «Le concept d'espèce apporte une solution au problème de la relativité des mots, et élargit, à la mesure des réalités grammaticales, des notions comme celles de nom, de verbe, d'adjectif ...» (Galichet 1947: XIII).

Dans l'esprit de Galichet, les *espèces*, «distinctions de l'esprit», donnent corps à la thèse de Saussure[237] (1916: 149, *apud* Galichet 1947: 17) selon laquelle les «entités effectives» ne s'offrent pas au premier abord. De Bally (1922: 119, n.), Galichet (1947: 17) a retenu que les procédés qui règlent les va-et-vient entre les catégories confirment la réalité de celles-ci.

De manière analogue, Haas (1909: 48) fonde sa syntaxe sur des catégories psychiques, les représentations (*Vorstellungen*):

Vorstellungen (= représentations de ...)	Korrelaten
Gegenstandsvorstellung (= objets)	Substantiv
Merkmalsvorstellungen zur Gegenstandsvorstellungen (= propriétés des objets)	Adjektiv
Merkmalsvorstellungen zu zeitlichen und räumlichen Merkmalsvorstellungen (= propriétés de propriétés temporelles et spatiales)	Adverbia
Beziehungsvorstellungen (= relations)	Präpositionen und Konjunktionen

Il s'y ajoute le verbe (*Verb*), qui est rattaché à la catégorie des *Merkmalsvorstellungen*. Le verbe correspond à un *zeitlich verlaufendes Merkmal* (1909: 46), ce qui montre que la structure c o p u l e + a d j e c t i f sert encore de modèle à l'analyse du verbe. Cette liste doit encore être complétée par la *Determinationsvorstellung* qui existe à l'état pur (les a r t i c l e s) ou en combinaison avec des représentations spatiales ou relationnelles (autres d é t e r m i n a n t s et p r o n o m s) (Haas 1909: 192).

---

[236] Ce qui ne veut pas dire que les *catégories imaginatives* de Sechehaye n'ont pas un fond épistémologique (cf. Frýba-Reber 1994: 73). Seulement, Sechehaye n'insiste pas tellement sur la dimension anthropologique de la question, c'est-à-dire sur l'ancrage des catégories imaginatives dans les démarches premières de l'entendement humain (face à la réalité).
[237] Qu'il repsychologise (cf. Ch. VII, 3.2.3.2.1.).

Comme les p d d (*Wortarten*) ne suffisent pas à l'expression de tous les rapports (*Verhältnisse*) dans la phrase, il faut examiner aussi leurs é q u i v a l e n t s   f o n c - t i o n n e l s :

> «eine der Hauptaufgaben der Syntax [ist] die Form der Sprachgebilde festzustellen und zu untersuchen, die zum Ersatz der erwähnten Wortkategorien dienen oder deren Funktion verrichten» (Haas 1909: 48).

Tout comme chez Galichet, ces représentations (*Vorstellungen*) sont d'abord des extensions psycho-sémantiques des parties du discours, même si Haas y intègre çà et là des structures complexes. Le plan de sa syntaxe cache d'ailleurs mal les rapports privilégiés qui existent entre les *Vorstellungen* et les p a r t i e s   d u   d i s c o u r s. Ceci devient encore plus patent dans sa syntaxe historique (1916), dont le plan, parallèle à celui de sa syntaxe descriptive (1909), comporte des titres plus transparents, qui mettent en exergue les p a r t i e s   d u   d i s c o u r s[238].

Avec D&P, nous restons dans le domaine psycho-sémantique. Les auteurs remplacent les traditionnelles parties du discours par deux *répartitoires*, la *classe* et la *catégorie*. Les *classes* s'articulent autour d'une double opposition[239], qui aboutit à une tripartition:

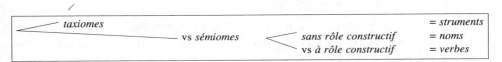

Les trois *classes* constituent le principe organisateur des sept volumes. Les *catégories*, elles, se rapprochent davantage des quatre principales p a r t i e s   d u   d i s - c o u r s traditionnelles[240]:

factif:	= interjection + verbe + *oui/non*
substantif:	= nom + infinitif + pronom
adjectif:	= adjectif qualificatif + adjectif verbal et participe + déterminants
affonctif:	= adverbe de manière + gérondif + préposition / conjonction

Les *essences logiques* — *espèces linguistiques* (V1, 80), *parties du discours* (V1, 175) — découlent du croisement des *catégories* et des *classes* (p. ex. *adjectif strumental*).

---

[238] Même dans les titres de sa syntaxe de 1909 Haas ne maintient pas toujours le niveau psycho-sémantique.
[239] Pour une présentation plus détaillée du système des p a r t i e s   d u   d i s c o u r s chez D&P, voir Ch. V, 1.4.
[240] Elles constituent de ce fait déjà en elles-mêmes une extension des quatre principales p d d traditionnelles (verbe, nom, adjectif et adverbe).

Ces quatre *catégories* s'ouvrent à des structures plus complexes, grâce à la notion de *valence*. La *valence* se définit comme «la notion logique introduite dans le discours par une catégorie, une classe ou une essence données» (V1, 112). Elle est fondée sur la fonction des éléments dans la phrase, corrélée à une valeur, une charge notionnelle (substance, émouvement, qualité et modalités), qui correspond à la valeur des *catégories (factif, affonctif, substantif* et *adjectif)*. La terminologie est transparente: catégorie/classe/essence + le suffixe *osité*. Ce qui donne *factivosité (factiveux), substantivosité (substantiveux), adjectivosité (adjectiveux)* et *affonctivosité (affonctiveux)*.

Curieusement, D&P signalent à plusieurs reprises que la notion de *valence* s'applique aussi aux *classes* et aux *essences* (V1, 112), mais on cherche en vain les termes *verbosité (verbeux), nominosité (nomineux)* et *strumentosité (strumenteux)*, tout comme *adjectif-nominosité (adjectif-nomineux)*, etc. On trouve bel et bien les variantes en *-al*: *nominal, verbal* et *strumental*, mais seulement dans les dénominations des douze *essences* mêmes: l'*affonctif nominal, strumental*, etc.

La *valence* peut être conférée par trois mécanismes (V1, 112-113):

- l'*ipsivalence*: emploi p a r d é f a u t d'une *essence logique*
- l'*équivalence*: emploi d'un mot dans une *valence* autre que celle à laquelle son *essence logique* le destine
- la *convalence*: emploi d'un «groupe de mots qui par leur réunion constituent un complexe ayant la valence voulue» (V1, 113).

La *valence* est liée au phénomène de *rection*. Le *régent* impose sa *valence* au *régime* (V1, 112). La phrase est une série de *(masses de) valence(s)* qui s'emboîtent les unes dans les autres (cf. 3.3.2.2.).

(2) Jusqu'ici, les catégories dégagées étaient de nature psychologique et/ou sémantique. Sonnenschein et de Boer, par contre, se rapprochent plutôt du pôle fonctionnel.

Chez de Boer, l'approche fonctionnelle transversale se reflète dans le plan de l'ouvrage: *syntaxe des substantivaux, des adjectivaux, des adverbiaux* et *syntaxe du verbe*. Contrairement aux grammairiens traités jusqu'ici, de Boer s'abstient de donner un remplissage notionnel à ces catégories. Il s'agit plutôt d'un regroupement de formes sur la base d'un faisceau de fonctions communes. La description de l'adjectif clarifie la nature de ce regroupement. Partant d'une définition «logique» de l'*adjectif*, de Boer l'élargit et aboutit à une définition du «point de vue fonctionnel». C'est l'*adjectival* (1947: 102-103). La définition logique remonte indéniablement à Sechehaye: «L'adjectif représente les idées que l'esprit conçoit dans la catégorie de la qualité». Il continue:

> «En élargissant maintenant notre définition au point de vue fonctionnel, nous dirons: est *adjectival* tout outil syntaxique de nature qualificative qui détermine un substantif ou substantival» (de Boer 1947: 103).

De Boer débarrasse la théorie lexicale et sémantique de Sechehaye (cf. 3.2.2.2.1.2.) de sa dimension sémantique et psychologique, pour l'orienter davantage vers une approche basée sur des ressemblances syntactico-fonctionnelles.

L'interprétation purement fonctionnelle de la PFT a reçu dès 1911 une consécration officielle en Grande-Bretagne. Le comité chargé de la réforme de la nomenclature grammaticale, dont Sonnenschein était le président, a élaboré une terminologie simplifiée et unifiée, en trois langues, à l'usage de l'enseignement de toutes les langues enseignées à l'école. Cette nomenclature, qui cache des prises de position théoriques de taille, se signale surtout par l'attribution d'un contenu sémantico-fonctionnel à des catégories morphologiques (les cas, les temps). En procédant de la sorte, le comité essaye de surmonter les différences structurelles entre les langues[241] à décrire (cf. aussi Walmsley 1991: 74). Dans une telle optique, l'anglais dispose de cas nominaux et d'un subjonctif (*subjunctive equivalents*), par exemple (*Report* 1923: 35).

C'est dans ce cadre sémantico-fonctionnel[242], qui subordonne la forme au sens, que s'inscrit la PFT. Dans la cinquième recommandation, il est question d'*adjective* et d'*adverb equivalents*:

> «that any group of words or single word which (not being an Adverb) is used to qualify any Verb, Adjective, or Adverb in the sentence be called an *Adverb Equivalent* or be said to be *used adverbially*» (*Report* 1923: 11).

Cette définition concerne tant les transferts intercatégoriels de mots que des structures plus complexes[243]. Le *noun equivalent* est cité parmi les éléments susceptibles de remplir le rôle de sujet (*Report*, 1923: 8). La huitième et la neuvième recommandation abordent respectivement les subordonnées (*clauses*) et les syntagmes (*phrases*) (*Report* 1923: 13-15). Comme la tradition grammaticale française avait préféré *proposition* à *phrase*, le comité anglais a pu adopter le terme de *phrase* pour syntagme, qu'il traduit lui-même par *locution* et *Ausdruck* (*ib.* 14). Les *phrases* sont dissociées des *compound conjonctions* and *prepositions* (*ib.* 15, 24), ce qui fait preuve d'une certaine volonté de se limiter aux syntagmes PFT non figés.

---

[241] Il est intéressant de remarquer que l'objectif même du *Committee*, à savoir l'élaboration d'une terminologie applicable à toutes les langues enseignées à l'école, avait été combattu entre autres par Brunot (lors d'une réunion des spécialistes allemands en langues modernes tenue à Francfort en 1912) (Walmsley 1991: 71).

[242] Qu'il s'agisse de l'un des points les plus controversés des recommandations — «a kind of misapplied functionalism», selon Walmsley — ressort aussi du fait qu'il a même été contesté par certains membres du *Committee* (Walmsley 1991: 71). Remarquons que cette approche fonctionnelle s'inscrit en faux contre les directives exprimées par la réforme française qui clamait haut et fort (à la suite de Sudre) la séparation de la forme, de la fonction et du sens (respectée scrupuleusement dans Lanusse – Yvon 1921).

[243] Voici les exemples:
– *adjective equivalents*: Sprép. compléments, constructions participiales, Sei *guten Muts* (génitif), *Regina* pecunia (apposition), Οἱ νῦν ἄνθρωποι [litt. *les hommes maintenant* (adverbe en emploi adjectival)]
– *adverb equivalents*: Sprép. complément circonstanciel, accusatif (*domum* rediit), Hörst du's klingen *mächtigen Rufes*, Ἀθήνησιν οἴκει [= il-habite à Athènes (datif locatif)].

Concluons. Tous les représentants de la perspective fonctionnelle transversale distinguent un certain nombre de catégories fonctionnelles qui regroupent des structures de complexité variable (cf. ci-dessous). Ces catégories sont fondées sur les fonctions prototypiques des principales parties du discours. Si ces théories s'inscrivent dans une approche catégorielle ascendante, elles tiennent aussi de la perspective descendante, étant donné que la *fonction* de telle ou telle partie du discours est un concept relationnel, dérivé de rapports hiérarchiques supérieurs. La perspective fonctionnelle transversale se trouve donc en quelque sorte au croisement des deux approches, ascendante et descendante.

Au-delà de ce fond commun, les auteurs se distinguent par la façon dont ils conceptualisent les catégories fonctionnelles, au point que le terme 'fonctionnel' paraît réducteur. En gros, deux ensembles peuvent être dégagés: d'une part, les théories à assise sémantique et psychologique (Galichet, D&P et Haas); d'autre part celles qui s'en tiennent à une orientation fonctionnelle (syntaxique), à savoir Sonnenschein, et, dans une moindre mesure, de Boer. Les différences s'accuseront encore au cours de l'examen du domaine d'application (3.2.1.2.).

Quant à l'origine de cette perspective innovatrice, on aura noté l'importance des *catégories imaginatives* de Sechehaye, qui ont été approfondies épistémologiquement par Galichet et désémantisées (en partie) par de Boer, sans doute sous l'influence de l'étude sur la subordination de Sandfeld (qui s'inspire de la théorie des *ranks* de Jespersen; cf. 3.2.2.1., note 291). Sonnenschein, quant à lui, se réfère à une approche (sémantico-) fonctionnelle globale, née du besoin d'embrasser, par une terminologie unifiée, un ensemble de catégories linguistiques codées différemment d'une langue à l'autre. Chez Haas, les catégories fonctionnelles sont le résultat d'une application de la psychologie représentationniste (corrigée par des données psychopathologiques)[244] à une syntaxe qui est encore tributaire de l'approche catégorielle (mais qui reconnaît, du moins, en théorie, la notion de syntagme comme niveau de structuration intermédiaire; cf. 3.1.1.4.). On peut supposer que le point de vue psychologique a facilité la réduction des faits à un nombre restreint de catégories ressenties comme fondamentales. Les *catégories imaginatives* de Sechehaye et les *Vorstellungen* de Haas reposent d'ailleurs sur le même substrat représentationniste. Restent D&P. On peut se demander si les *catégories imaginatives* de Sechehaye (1926a)[245] ont pu influencer les auteurs d'une grammaire dont le premier tome — plus de 600 pages! — porte la date de 1927, même s'il n'a été publié qu'en 1930. Jusqu'à nouvel ordre, il est permis de voir dans la PFT élaborée par D&P (et dans leur système des pdd), le fruit d'une réflexion originale.

---

[244] Voir là-dessus le Ch. VII, 2.1.4.1.
[245] L'idée est cependant déjà présente dans *Programmes et Méthodes* (1908; cf. Frýba-Reber 1994: 67).

3.2.1.2. Domaines d'application

Avant de passer à l'examen détaillé du champ d'application de la PFT (3.2.1.2.2.), il semble utile de signaler les grammaires qui en font une application locale, limitée aux seules s u b o r d o n n é e s (3.2.1.2.1.).

3.2.1.2.1. Le parallélisme subordonnée/partie du discours

Parmi les grammairiens qui présentent une typologie des subordonnées selon le rapport que celles-ci entretiennent avec les quatre parties du discours centrales, seuls Larousse, Grevisse et Radouant en font le classement principal des subordonnées. D'autres, comme Le Bidois (T2, 305), Wartburg (1947: 38, 45, 46) et Cayrou (1948: 322, 331) en signalent la possibilité, sans plus.

Voici la typologie de Larousse (1936: 89-90; élaboration 91-122), basée sur la *valeur* (corrélée à la *fonction* et opposée à la *forme* comme principe classificateur):

- nominales   valeur d'un N → fonction d'un N
- adjectives[246]   valeur d'un Adj. → déterminer un N
- circonstancielles [ou adverbiales (1936: 104)]   valeur d'un adverbe → jouer le rôle de complément circonstanciel

Cette «analyse schématique, précieuse pour le classement des faits, mais qui n'a nullement la prétention d'épuiser la réalité complexe de la phrase française» (Larousse 1936: 90) est utilisée «par les grammairiens dans tous les pays». Dans l'enseignement élémentaire, on peut en faire abstraction et se limiter à indiquer si une proposition subordonnée est *sujet, attribut,* etc. (1936: 90), respectant ainsi la nomenclature officielle française de 1910. Il semble que les auteurs cherchent un compromis entre la terminologie recommandée en 1911 par le *Joint Committee* anglais (qui présente la même terminologie en trois langues, anglais, allemand et français) et la nomenclature française.

De même, Grevisse reconnaît que les *propositions substantives, adjectives (ou relatives)* et *adverbiales (ou circonstancielles)*[247] sont «assimilables» respectivement aux noms, aux adjectifs (ou participes-adjectifs) et aux adverbes (1936: 597). Il y rattache en même temps leurs fonctions dans la phrase, mais opte résolument pour l'analogie avec les parties du discours. En note, il signale encore d'autres possibilités de classification (1936: 597-598), dont la bipartition du champ en subordonnées à valeur de noms et à valeur d'adjectifs, que l'on retrouve chez Radouant. Le classement auquel celui-ci aboutit est le résultat du croisement de deux classements, selon la *fonction* et la *nature* (= p a r t i e   d u   d i s c o u r s) (Radouant 1922: 241-269):

---

[246] Les relatives à valeur circonstancielle appartiennent à 2° (1936: 102-103) et à 3° (avec renvoi à 2°) (Larousse 1936: 105).

[247] Comme le signale Goosse dans la 12ᵉ édition (1986: 1604-1605), cette classification a été abandonnée pour une classification basée sur les éléments introducteurs: relatives/conjonctives/interrogation et exclamation indirectes. Parmi les raisons qui ont motivé cette décision, on relève: 1° les propositions commençant par un pronom relatif devraient être rangées parmi les substantives; 2° les circonstancielles ne méritent pas toutes ce nom (c'est le cas des propositions corrélatives, par exemple).

A. Propositions subordonnées à valeur de noms
   1° Propositions assimilables à un complément d'objet
   2° Propositions jouant le rôle de compléments de circonstance marquant ... le but/la conséquence/etc.
   3° Propositions relatives [sans antécédent]
B. Propositions subordonnées à valeur d'adjectifs = «propositions relatives avec antécédent»

La correspondance avec les noms et les adjectifs est explicitée par deux t e s t s : la substitution et la coordination (ajout d'un S N) (Radouant 1922: 241-242). La conception nominale du complément de circonstance rompt l'analogie avec l'adverbe (cf. Ch. IV, 3.9.2.).

En somme, le classement des subordonnées selon leur «nature» était devenu une pratique courante dans les grammaires. Il n'est dès lors pas surprenant que certains auteurs l'intègrent dans une approche fonctionnelle transversale globale, comme nous allons le voir.

3.2.1.2.2. Une approche transversale 'globale'

L'inventaire des structures présenté sous 3.2.0. permet d'évaluer l'application de la PFT quant à sa couverture 'horizontale'. Nous nous limitons ici aux trois domaines centraux: les mots (= t r a n s f e r t s   i n t e r c a t é g o r i e l s), le s y n t a g m e   P F T et les propositions subordonnées. Pour les grammaires qui y intègrent en plus le concept de *transposition*, un renvoi sera établi à 3.2.3.2.3, où ce phénomène sera examiné plus en détail.

La PFT atteint une extension maximale chez Galichet, D&P et (peut-être) chez Sonnenschein, alors qu'il manque un domaine chez de Boer. La description de Haas reste confuse. Nous aborderons les auteurs dans cet ordre.

Dans la théorie des *espèces* de Galichet, les trois domaines d'application sont attestés [TI (mot), s y n t a g m e , s u b o r d o n n é e], mais pas pour chacune des *espèces* (*nominale, adverbiale, adjectivale et verbale*) (cf. tableau; *Annexe* 5). Les t r a n s f e r t s   i n t e r c a t é g o r i e l s (T I) entre les classes de mots (1947: 15-17) constituent le noyau de sa théorie, à l'instar de Sechehaye dont il s'inspire. Pour chacune des *espèces*, Galichet commence par relever les réalisations p r o t o t y p i q u e s [248], pour passer ensuite à des représentants moins typiques, ce qui correspond aussi à un affaiblissement progressif de la valeur psycho-sémantique prototypique de l'*espèce*. Parmi les représentants moins typiques, on peut discerner deux sous-classes: les structures *fonctionnellement* équivalentes (s u b s t i t u t i o n s à l'appui; 1947: 25, 36,

---

[248] Les renvois à l'idée de prototypicité sont légion: *naturellement, spécialisé* (1947: 35); *pure* (1947: 35, 40), *valeur habituelle* (1947: 35, 40). Ces éléments représentent la valeur dans toute sa plénitude (1947: 35, 40).

[249] Parmi ces dernières, on peut citer les participes passés et adjectifs verbaux (1947: 36) et *où* (adverbe + valeur conj.) (Galichet 1947: 41).

40) et les formes qui tiennent sémantiquement de deux espèces à la fois[249] (d'où des désignations comme *espèce-mixte* et *forme adverbiale atténuée*; 1947: 41)[250]. Les représentants non prototypiques sont parfois considérés comme le résultat d'une *transposition* (voir 3.2.3.2.3.).

La PFT est bien élaborée chez D&P. Les *équivalents* (voir 3.2.3.2.3. pour le terme de *transposition*) et *convalents* concernent respectivement les T I et les structures plus complexes (c'est-à-dire s y n t a g m e s et s u b o r d o n n é e s).

Les s u b o r d o n n é e s (V1, 113-115) sont ramenées aux *valences*[251] de base par le biais du *strument de conversion* qu'est la c o n j o n c t i o n d e s u b o r d i n a t i o n (= *strument oncinatif* ou *crochet*). Le *strument oncinatif* «masque» la *factivosité* de la p r o p o s i t i o n (V7, 299 et *passim*) et bloque ainsi son emploi comme p h r a s e i n d é p e n d a n t e . La c o n j o n c t i o n d e s u b o r d i n a t i o n[252] et la p r o p o s i - t i o n s u b o r d o n n é e constituent des *chaînons conjonctifs* (cf. *infra*).

Le traitement du s y n t a g m e PFT mérite un examen plus détaillé, étant donné qu'il s'appuie sur une série de termes néologiques, tels que **clausule** et **chaînon**. Par **clausule** il faut entendre:

> «une masse de valence (simple ou convalente) qui, quelle que soit sa valence globale par rapport aux membres de la phrase, est intérieurement centrée autour d'un substantif dépourvu de puissance nodale, c'est-à-dire nominal ou strumental (ce substantif pouvant d'ailleurs, dans certains cas particuliers constituer à lui seul la clausule)» (V1, 126).

Le concept compte au moins quatre réalisations différentes:

clausule		régent (qui détermine la valence) = 'centre'
bonheur	sans article, sans prép.	*Bonheur*
le bonheur	avec article, sans prép.	*Bonheur*
par bonheur	sans article, avec prép.	*Par*
par le bonheur	avec article, avec prép.	*Par*

Le (pro)nom est le *centre* (V7, 248; V6, 12) de la *clausule*, qu'il peut d'ailleurs constituer à lui seul (ou avec un d é t e r m i n a n t). Les auteurs font abstraction des é p i t h è t e s dans les exemples.

La *clausule* est une catégorie descriptive élaborée à l'intention des transformations subies par la valence *substantiveuse* du n o m (et du p r o n o m): les mots dépassent

---

[250] L'on s'étonne de voir figurer parmi les *espèces-mixtes* des *expressions adverbiales* à v a l e u r d ' a d j e c t i f (*le temps déjà loin de* ...), ainsi que des exemples comme *des gens bien, mettez-vous devant* (1947: 36, 41), qui appartiennent plutôt à l'autre classe.

[251] La *convalence* est incorporée à l'étude détaillée des s u b o r d o n n é e s . Voici les paramètres utilisés dans la typologie de celles-ci (dans l'ordre): 1° *intégrative/percontative*; 2° *valence*; 3° *assemblage: centro-* vs *ptérosynaptique*; 4° *éléments formels*.

[252] Les c o n j o n c t i o n s d e s u b o r d i n a t i o n c o m p l e x e s , p. ex. *pour que, après que*, sont décomposées: *préposition + oncinatif*. La préposition régit alors un *convalent substantiveux* constitué d'un *chaînon conjonctif* (V2, 256).

souvent les «possibilités valentielles» de leur propre essence, «et, en particulier, [que] les substantifs nominaux [qui] glissent avec facilité à l'adjectivosité ou à l'affonctivosité» (V1, 588). Deux éléments jouent un rôle capital dans ce processus: le déterminant — et encore plus l'absence de celui-ci — et la *préposition*. Normalement, le *régent* impose sa *valence* à son *régime* (p. ex. N *vs* Adj., V *vs* N), ce qui fait que les combinaisons *régent* + *régime* appartiennent toujours à la *valence* du *régent*. Il en va autrement dans les *clausules* à régent prépositionnel. Ce *régent* 'transpose' seulement le *régime* en lui imposant une *valence* (qui n'est pas celle de la préposition même):

> «les struments de conversion, c'est-à-dire ceux qui sont uniquement destinés à donner valence, n'ont guère de valence propre, ne pouvant s'employer seuls. Ils n'ont de valence que celle qu'ils sont précisément dans une phrase donnée chargés de communiquer au convalent qu'ils introduisent» (V1, 589)[253].

Si les auteurs décrivent la structure interne de ces *clausules*, il ne s'agit pas pour autant de syntagmes ordinaires, concepts définis à partir de leur constitution interne. La *clausule* est avant tout une espèce de moule transformateur qui crée des *convalents affonctiveux* et *adjectiveux* (V1, 589):

> «Au point de vue de la rection, la seule chose à considérer est la masse de valence constituée par la clausule en entier» (V1, 588)[254].

Vu sa fonction spécifique, la *clausule* est toujours un S prép. ou un SN.

La *clausule* doit être distinguée du **chaînon** (*prépositif* et *conjonctif*), qui fait son apparition au début du volume 6 (sur les *struments*). Les chaînons sont des «membres de phrases introduits par des struments subditifs», contrairement aux *maillons*, *noyaux nus*, qui sont dépourvus de *strument* (V6, 12). Dans la phrase-exemple fournie par les auteurs:

> ... on se souvient qu'à vingt-cinq ans, en parcourant l'édition complète des œuvres du Tasse, on tomba sur un volume qui ne contenait que l'éclaircissement des allégories renfermées dans la Jérusalem délivrée.

on trouve des *maillons* (*on se souvient/l'édition complète des œuvres du Tasse*) et des *chaînons*:

– des chaînons conjonctifs: *qu' --> délivrée/qui --> délivrée/que --> délivrée*
– des chaînons prépositifs: *à vingt-cinq ans/en parcourant --> Tasse/des œuvres du Tasse/sur --> délivrée/des --> délivrée/dans la Jérusalem délivrée*

---

[253] Outre sa vertu transformatrice, la *clausule* joue un rôle dans la *sufférence* du nom. Cette notion relève du domaine du *supportement*, c'est-à-dire de la capacité de contracter des rapports sémanticologiques (dits *liages*). Plus particulièrement, la *sufférence* indique la capacité de supporter des *apports* se trouvant à l'extérieur de la *clausule*, en premier lieu les reprises ana/cataphoriques. Si le substantif n'est pas *assis*, c'est-à-dire dépourvu de déterminant, la *clausule* est dite *étanche*, alors qu'elle est *diffusive* (susceptible de fonctionner comme antécédent) quand elle est déterminée (V1, 126-127).

[254] Contrairement au *supportement* (*sufférence*), pour lequel il faut tenir compte du déterminant du nom (V1, 589).

La *constitution interne* (V7, 245-262) du *chaînon prépositif* est étudiée du point de vue phonétique, s y n t a c t i q u e (éléments qui s'intercalent entre la préposition et le noyau) et s y n t a x i q u e. Syntaxiquement, *noyau* et *préposition* entretiennent un lien assez étroit (V7, 248). La préposition régit l'ensemble et *masque la substantivosité* (V7, 251):

> «nous trouvons commode de considérer la préposition comme le régent de tout le chaînon, car c'est grâce à la nature affonctiveuse et strumentale de celle-ci que le chaînon peut prendre des valeurs affonctiveuses et même adjectiveuses» (V7, 248).

Suit alors une typologie des noyaux possibles (V7, 248-262), parmi lesquels ils citent la *clausule* (*diffusive* ou *étanche*), terme qui, dans l'esprit des auteurs, ne fait pas double emploi avec le *chaînon*[255].

En plus de ces néologismes, il faut relever l'apparition de deux termes plus classiques, à savoir **groupe** et ***syntagme***.

Par **groupe** ou **groupe grammatical** (V2, 420) les auteurs entendent des ensembles de mots, étiquetés selon leur fonction globale[256] (*substantiveuse, adjectiveuse*), conformément à la perspective fonctionnelle transversale: *groupes substantiveux* (*ma fille, un voyage, ma femme*; V2, 420), *groupe adjectival* (*pas gentille*; V2, 421) ou *adjectiveux* (*l'âme émue* dans *ce triste événement m'a laissé l'âme émue*; V3, 268), *groupe strumental* (*sans que*; V1, 113), ... Le terme de *groupe* apparaît aussi avec le sens de g r o u p e r y t h m i q u e (p. ex. adj. + N; V1, 668); il est alors synonyme de **rhèse** (glossaire; exemple: V6, 253).

Enfin, ce relevé doit encore être complété par le ***syntagme***, qui fait son apparition dans le septième volume, volume terminé en 1939, mais publié seulement en 1950, en collaboration avec Henri Yvon qui a «veillé à l'impression» du tome: la c o n j o n c t i o n d e c o o r d i n a t i o n *et* «peut unir toutes sortes de syntagmes» (V7, 397). Ce terme, qui ne figure pas dans l'index, semble avoir un sens très général, tout comme chez Saussure (toute combinaison syntagmatique).

Nous pouvons conclure que D&P reconnaissent l'existence du syntagme, ou mieux, *des* syntagmes. Quoiqu'ils s'intéressent à la structure interne des syntagmes, ceux-ci s'inscrivent d'abord dans le cadre de la *convalence*, c'est-à-dire dans une perspective fonctionnelle transversale. Il y a donc lieu de parler de syntagmes PFT. Les prépositions — de même que les conjonctions —, *struments subditifs*, opèrent une *conversion,* une 'transposition' pour ainsi dire, qui modifie la valence des membres de phrase (V6, 11). L'article (ou son absence) y joue également un rôle.

---

[255] Par exemple: les prépositions «ne s'appliquent en général qu'à des clausules à centre substantivaux [*sic*] ou à des affonctifs et adjectifs» (V6, 12).

[256] On relève aussi des emplois occasionnels moins stables du terme: *groupe complémentaire* [s u b o r d o n n é e complément équivalant à un substantif (V3, 445)], *groupe* [e n a p p o s i t i o n : Vermine, *l'enfant d'hospice* (V3, 424)], etc. En outre, il est question de proclitiques joints à l'infinitif dans un *groupe symphénoménal* (V2, 270): *qui vient simplement VOUS offrir*, etc.

Malgré sa brièveté, la grammaire de Sonnenschein, met, elle aussi, le concept de syntagme PFT (angl. *phrase*) en évidence. Sonnenschein l'exploite même doublement: une fois d'après l'équivalence avec le fonctionnement des parties du discours et une fois sur base d'une équivalence établie avec les cas.

Équivalents fonctionnels des pdd, les différents types de syntagmes sont en même temps appariés avec la typologie des subordonnées (1912: 99-100):

«phrase» (= syntagme)	«subordinate clause» (= subordonnée)
absence de sujet et de prédicat	a un sujet et un prédicat «on its own»
equivalent to an adjective or an adverb (1) adjective phrase: *à thé* (une *tasse à thé*) (2) adverb phrase: *à haute voix*	equivalent to a noun, an adjective, an adverb (1) noun clause (= complétive) (2) adjective clause (= relative) (3) adverb clause (= circonstancielle)

Chose remarquable, la *noun phrase* — par exemple l'infinitif substantivé accompagné de compléments (*Report*, 1923: 14) — est «not needed in French» (1912: 99, n. 1). Ce constat s'explique par l'approche fonctionnelle transversale de Sonnenschein: ce que nous appelons de nos jours un syntagme nominal, fonctionne, selon lui, comme un simple nom et ne présente donc rien de particulier. Il s'ensuit que ce qu'il appelle des *phrases* sont, du point de vue de leur constitution interne, toujours des syntagmes prépositionnels.

Cette caractéristique des *phrases* est aussi valable dans la deuxième typologie des *phrases*, basée sur une analogie avec les cas, d'où le terme de *case-phrases* (1912: 5). Ce concept rend compte du caractère analytique des cas en français:

> «'case-phrases' as representing in French the cases of more highly inflected languages. [...] and it seems that by means of these terms it is possible to secure what is really important in the doctrine of cases without doing violence to the structure of the French language».

Les *case-phrases* sont de deux types, selon leur valeur et la préposition qui les introduit: '*genitive-phrase*' et '*dative-phrase*'. La *dative-phrase* est définie comme suit:

> «By a dative-phrase is meant a phrase which is formed with the preposition *à* and is equivalent to a dative. A phrase formed with *à* is not always equivalent[257] to a dative» (Sonnenschein 1912: 142-143).

Ces concepts sont traités en même temps que le datif et le génitif, mais on constate qu'il parle encore de *phrases* lorsqu'il s'agit d'autres prépositions que *de* et *à* (Sonnenschein 1912: 159, 162).

Il importe de relever que les deux sortes de *phrases* sont conçues indépendamment. Quand elles se croisent, l'une des deux s'éclipse: *genitive-phrases* «are mainly adjectival [...], but they are also used adverbially» (1912: 148; cf. aussi

---

[257] Les Sprép. non datifs sont écartés en vertu de la commutation avec *lui* (1912: 143).

159). En toute logique, Sonnenschein aurait dû dire *genitive phrases* are *adjective phrases*, plutôt que «are used as».

En dépit de la catégorie des *phrases*, la grammaire de Sonnenschein pâtit de l'absence du s y n t a g m e au sens moderne du terme. Aussi doit-il recourir à la q u a s i - c o m p o s i t i o n pour rendre compte de la structure interne de certains s y n t a g m e s : l'*epithet noun* forme avec le nom auquel il se rapporte «often [...] a kind of compound noun» (1912: 99): *le roi François, un ange gardien*. Il ne conceptualise pas non plus les va-et-vient entre les p a r t i e s d u d i s c o u r s. Tout au plus trouve-t-on des mentions sporadiques: la forme masculine d'adjectifs «used adverbially» (1912: 27); *to get up, to fill in*, prépositions «used as adverbs» (1912: 160). On peut néanmoins supposer que ce qu'il appelle des *equivalents* renferment aussi des mots en emploi non prototypique[258], ce qui est confirmé par les recommandations du *Joint Committee*.

À la différence des trois grammaires traitées jusqu'ici, de Boer se borne aux mots (qu'il considère sous l'angle de la *transposition*; voir 3.2.3.2.3.) et aux subordonnées. Les subordonnées — il prend Sandfeld (1936) comme point de départ (1947: 152, *passim*), qui s'inspire de la théorie des rangs de Jespersen — sont bien intégrées au cadre global, contrairement aux s y n t a g m e s PFT qui ne sont pas vraiment conceptualisés, à quelques rares mentions[259] près. Parmi les *substantivaux*, le 6ᵉ type mérite d'être signalé: «toute construction précédée soit de l'article ou d'un pronom, soit d'une préposition» (1947: 101). On y trouve entre autres: *le qu'en dira-t-on, pour quand je serai grand, un rôle vu par le dedans, un non*, etc.

Reste la syntaxe de Haas où la PFT est la plus confuse et la moins complète. Les catégories psycho-sémantiques que sont les *Vorstellungen* abritent les p d d et les sous-classes traditionnelles de celles-ci (p. ex. l'infinitif), ainsi que les t r a n s f e r t s i n t e r c a t é g o r i e l s (1909: 48), tous corrélats (*Korrelate*) des *Vorstellungen*.

Quant au niveau du mot, nous verrons (3.2.3.2.3.) que Haas insiste sur l'importance des t r a n s f e r t s i n t e r c a t é g o r i e l s[260] qu'il appelle à plusieurs reprises *Verschiebungen (der Funktion)*. Il passe souvent du plan des représentations au plan des p a r t i e s d u d i s c o u r s et vice versa, et confond parfois les f o n c t i o n s s y n t a x i q u e s avec le niveau des représentations, qui, logiquement, devraient s'y superposer. Le niveau des représentations (*Vorstellungen*) n'est cependant pas tout à fait mis hors jeu: l'accès aux fonctions est parfois conditionné par la compatibilité avec telle ou telle *Vorstellung*.

---

[258] Les exemples font défaut, à l'exception, peut-être, des exemples illustrant le *epithet noun*: *le roi François, monsieur Thiers, le mont Vésuve*, etc. (1912: 98-99). Mais on ne sait pas s'il s'agit de n o m s t r a n s l a t é s ou de n o m s e n e m p l o i é p i t h é t i q u e.

[259] En voici deux exemples: les adverbes ou circonstanciels accompagnant un substantif sont des «adjectivaux» (de Boer 1947: 222): *une promenade dans le bois, les jours déjà loin*, etc.; les appositions de nature substantive (*Paris, la capitale de la France*), par opposition aux appositions de nature qualificative (*Paris, capitale de la France*) (1947: 55).

[260] Par exemple, Haas (1909: 216, 217, 230, 240).

Les syntagmes[261] occupent une position marginale dans la PFT de Haas. En voici un échantillon:

- *papier couleur aurore* (1909: 215): Substantive + Adjektive qui ont la fonction d'un adjectif
- *partir soldat, le parti prêtre* (1909: 212-213): Substantiv + Substantiv comme Merkmalsvorstellung
- *tant soit peu, comme qui dirait, fût-il* (1909: 247): adverbes par composition

Les deux premiers exemples sont traités sous les *Prädikative/attributive Bestimmungen* de la *Gegenstandsvorstellung*, le troisième parmi les *Merkmalsbestimmungen der Art und Weise*. Le fait que les SN soient des groupes de représentations (*Vorstellungsgruppen*) et non pas des représentations fusionnées en une seule représentation (de type adjectival, par exemple), montre que ces *Verbindungen* ne sont pas vraiment des syntagmes PFT, c'est-à-dire des syntagmes caractérisés par telle ou telle fonction globale (externe).

Le traitement des subordonnées brille par son manque de systématicité. Parmi les corrélats formels des *Gegenstandsvorstellungen*, on trouve aussi des phrases qui fonctionnent «gleich Substantiven» (1909: 169). Le terme *substantivischer Satz* fait défaut, mais apparaît dans le traitement des relatives: *Substantivischer* vs *adjektivischer Relativsatz* (1909: 175, 169), le dernier étant *Korrelat einer Merkmalsvorstellung* (1909: 255, titre). Reste l'*adverbialer Nebensatz* (1909: 100). Bref, si le parallélisme mot/subordonnée est reconnu, les subordonnées ne sont pas rattachées systématiquement aux *Vorstellungen* qui y correspondent.

3.2.1.2.3. Tableau synoptique: la perspective fonctionnelle transversale

Voici les principaux résultats de l'examen qui précède. Par souci d'exhaustivité, nous y avons ajouté les sous-catégories de parties du discours (p. ex. l'infinitif):

auteur	nature	sous-catégories pdd	pdd translatées	subordonnées	syntagmes (libres)
Haas	psycho-sémantique	+	+	(+)	– (+)
Sonnenschein	plutôt fonctionnel	–	– (+ dans le *Report*)	+	+
D&P	psycho-sémantique	+[262]	+	+	+
Galichet	psycho-sémantique	+	+	+	+
de Boer	plutôt fonctionnel	+	+	+	–

---

[261] Par exemple, la *Gegenstandsvorstellung* s'ouvre aussi aux «Gebilde, die teils okkasionell, teils usuell zu Korrelaten von Gegenstandsvorstellungen werden können oder werden». Il s'agit de «Wörter und Wortgruppen die Subjekt, Objekt sein oder in Abhängigkeit von Präpositionen treten können» (Haas 1909: 155).

[262] D&P élaborent une classification toute nouvelle des parties du discours (qui intègre certaines classes considérées traditionnellement comme des sous-classes, p. ex. l'infinitif; cf. Ch. V).

Les grammaires suivantes s'en tiennent aux subordonnées:

auteur	sous-catégories pdd	pdd translatées	subordonnées[263]	syntagmes (libres)
Radouant			+	
Le Bidois			(+)	
Grevisse			+	
Larousse			+	(+)
Wartburg			(+)	
Cayrou			(+)	

Dans cette étude détaillée de la PFT, nous n'avons guère effleuré les *locutions*. Connues de tous les grammairiens du corpus, elles ne présentent plus aucun intérêt. Certes, les *locutions* ont sans doute contribué à l'incorporation des s y n t a g m e s l i b r e s dans le cadre de la perspective fonctionnelle transversale, par extension. C'est ce que suggère la *Grammaire* Larousse. Voulant rendre justice à l'esprit de *synthèse* (cf. Ch. VI, 2.3.8.2.), concept emprunté à la stylistique de Bally, les auteurs mettent en évidence *les unités de pensée* qui émergent de la combinatoire des mots:

> «nous apprenons et employons bien souvent les mots dans des groupes. Nous n'isolons certainement pas, sauf dans des analyses grammaticales artificielles, les éléments *de tout à fait, tout de suite*. En face d'un complément déterminatif du type: *la table de la classe*, nous avons une conception *globale* des mots» (Larousse 1936: 430).

L'exemple *la table de la classe* semble indiquer que le raisonnement s'applique non seulement aux «expressions synthétiques, les locutions» (p. ex. *donner son assentiment, être sur les dents*, etc.), mais aussi aux s y n t a g m e s l i b r e s [264].

3.2.1.3. Petit historique de la PFT

La perspective fonctionnelle transversale n'est pas une théorie faite de toutes pièces. Elle systématise des observations (et des regroupements) qui jusqu'alors étaient restées dispersées. Ces observations concernent les t r a n s f e r t s i n t e r c a t é g o r i e l s (a), les s y n t a g m e s (l i b r e s e t f i g é s) (b) et les subordonnées (c).

(a) Les emplois non prototypiques des mots ont une longue histoire derrière eux. La grammaire de Port-Royal relève déjà l'emploi nominal des adjectifs (1966/1676[3]: 58): «on en fait des substantifs» («*le blanc* estant la mesme chose que *la blancheur*»). Beauzée signale qu'on analyse généralement *les foibles* comme un adjectif pris «comme on dit, *substantivement*» (1974: 295) et du Marsais considère comme

---

[263] Les parenthèses signalent que le classement est signalé sans être exploité.
[264] C'est l'amorce d'une deuxième voie par laquelle la notion de s y n t a g m e a pu se frayer un chemin dans la *Grammaire* Larousse. Pour la première, voir 3.1.1.3.

adjectif le nom en fonction d'attribut (1974: 303). Noël et Chapsal témoignent également d'une certaine ouverture d'esprit à ce propos: «certains adjectifs s'emploient quelquefois comme adverbes, c'est lorsqu'ils modifient un verbe» (1833: 67) et «le substantif peut être employé comme adjectif, ce qui a lieu, quand sa fonction est de qualifier» (1833: 11-12). Ou encore: «l'adjectif peut être employé comme substantif, c'est lorsqu'il représente un être un un objet» (1833: 12).

On constate cependant que Beauzée continue à adhérer au dogme de la fixité des parties du discours, quitte à se justifier à coups d'ellipses[265]. *Tard*, par exemple, à l'origine un adjectif, a été employé substantivement avec ellipse du nom et «dans les cas où on le croit Adverbe, l'analyse n'a qu'à suppléer une préposition convenable, & elle retrouvera le nom» (Beauzée 1974: 561).

(b) Dans la tradition grammaticale française, la réduction des locutions figées à des mots (composés) ou l'attribution de celles-ci aux catégories adverbiales, etc. était déjà une pratique courante au 18ᵉ siècle[266]. Noël et Chapsal se conforment à cette tradition en considérant les *locutions prépositive, conjonctive* et *adverbiale* (1833: 68-70) comme un «assemblage de mots qui font l'office» de telle partie du discours. Chez Beauzée, on trouve même un passage — cité par D&P (V7, 262) — où le principe est appliqué à des syntagmes plus libres. En parlant de l'adverbe, il mentionne l'existence de *phrases*[267] *adverbiales*:

«toute locution qui renferme une préposition avec son complément, est équivalante à un Adverbe, & prend, en Grammaire, le nom de phrase *adverbiale*» (1767/1974: 547)[268].

Il s'agit de couples comme *sagement/avec sagesse* et *tendrement/avec tendresse* qui ne seraient pourtant pas tout à fait synonymes (1974: 547-548)[269]: l'*adverbe* met l'accent sur l'habitude, là où la *phrase adverbiale* marque plutôt «l'acte». La mise en rapport du complément circonstanciel avec l'adverbe, qui remonte au 18ᵉ siècle, constitue d'ailleurs l'un des trois courants que Chervel a discernés dans l'histoire du complément circonstanciel (1979: 8-9; cf. Ch. IV, 3.9.2.).

(c) La classification des subordonnées en fonction de leur 'nature' n'est pas non plus nouvelle. Aux alentours de 1870, les grammairiens français ont étendu l'analyse des *fonctions* aux subordonnées (Chervel 1977: 208). À cette époque, l'application aux subordonnées de la grille des parties du discours était déjà attestée. L'idée que

---

[265] De même, il n'accepte pas les «prépositions composées» (1974: 518) qu'on trouve chez Regnier, Restaut et Buffier (*vis-à-vis de*). On ne saurait «prendre des phrases pour des sortes de mots» (Beauzée 1974: 519).
[266] Le concept de *locution* ne semble pas attesté dans la grammaire de Port-Royal.
[267] Cf. aussi *phrases conjonctives* (Beauzée 1767/1974: 565).
[268] Il suggère même de réunir adverbes et prépositions en une seule classe d'adverbes, mais finit par adopter le découpage classique (Beauzée 1767/1974: 547).
[269] Ces exemples figurent aussi dans la grammaire de Port-Royal (1966/1676³: 93). L'adverbe est rapproché de la construction préposition + nom, mais celle-ci ne reçoit pas de nom particulier.

«les propositions relatives commutaient avec les adjectifs ou certaines circonstancielles avec des adverbes» aurait même déjà été avancée avant 1850 (Chervel 1977: 213; 229; 1979: 9).

C'était surtout vers le rapport adverbe/complément c i r c o n s t a n c i e l que les esprits s'étaient tournés, au point que certains parlaient de *subordonnées adverbiales*. Même si les indications chronologiques de Chervel (1979: 8) ne sont pas très précises sur ce point, il semble que, en France, l'étiquette «adverbial» ait cédé le pas devant «circonstanciel», à l'exception des zones frontalières. Le Suisse Cyprien Ayer (cité d'après 1885[4] [1876][270]), qui se serait inspiré «d'une tradition antérieure» (Chervel 1977: 230), fournit déjà la liste complète: *substantives, adjectives* et *adverbiales*. Cette tradition antérieure est sans doute une tradition allemande[271].

Une fois conquises les r e l a t i v e s et les c o m p l é t i v e s, cette classification des subordonnées était bien installée dans les grammaires françaises vers 1910 (Chervel 1977: 229). Il n'empêche que la commission française pour la réforme de la terminologie opta pour une typologie fondée sur les f o n c t i o n s s y n t a x i q u e s, à la différence du comité anglais[272], présidé par Sonnenschein. Sudre (1906: 125) avait pourtant prudemment lancé l'idée d'une typologie basée sur les parties du discours, une «division, déjà ancienne», qui offrait l'avantage de «faire de l'analyse logique une suite naturelle de l'analyse grammaticale».

Les grammaires du corpus confirment le succès relatif[273] de ce type de classement dans la tradition française (cf. *supra*).

En définitive, la PFT est loin d'être une conception révolutionnaire[274]. Le seul domaine où le rapprochement avec les p a r t i e s d u d i s c o u r s ne semblait pas

---

[270] Nous n'avons pas vu Ayer (1851).
[271] Cf. les références dans Forsgren (1985: 116-117).
[272] L'on comprend pourquoi Jespersen (1926: 303) recourt aux subordonnées pour illustrer sa théorie des trois *ranks*, domaine dans lequel l'existence des trois rangs est déjà entérinée par la grammaire usuelle (*landläufige Grammatik*), «wo man sie aber gewöhnlich substantivische, adjektivische und adverbielle Nebensätze nennt».
[273] En plus des ouvrages signalés par Chervel (Kampmann 1852, Masoin 1926) et des grammaires du corpus (cf. *supra*), cette analyse — mêlée ou non avec la classification en fonctions — est attestée aussi chez l'Allemand Mätzner (1877[2]) et les Hollandais Robert (1909[4]: 37-43), Salverda de Grave – Bourquin (1901) et Van Duyl – Bitter – Hovingh (1924[3]). Boone (1985-1986: 107) fournit encore quelques exemples de grammaires belges, en partie à l'usage des néerlandophones. Le *Code de Terminologie grammaticale* belge de 1949 invite à abandonner cette classification. Les termes utilisés «suggèrent des équivalences trop mécaniques ou trompeuses. Car il est illusoire de chercher à indiquer la *fonction* des subordonnées en usant de termes qui rappellent la *nature* des éléments grammaticaux [...]» (1949: 13).
[274] Vergnaud (1980: 70) signale que la commission pour la réforme de la nomenclature grammaticale avait proposé initialement (cf. rapport Maquet 1907) de regrouper les p a r t i e s d u d i s c o u r s (et rien que celles-ci) en quatre classes: *expressions nominales, expressions adjectives, verbe, expressions circonstancielles* (adverbe, préposition, conjonction) et *exclamations* (interjection). Ce regroupement fut abandonné dans le deuxième rapport (Brunot – Maquet 1909; Vergnaud 1980: 71).

vraiment attesté auparavant — abstraction faite des *adverbiaux*[275] — est celui des s y n t a g m e s   n o n   f i g é s. Ce constat rappelle et souligne l'absence de la notion de s y n t a g m e dans la grammaire au 19ᵉ siècle. L'originalité de la PFT consiste plutôt dans l'extension de l'approche à un ensemble plus vaste de structures linguistiques. La PFT est un produit de l'approche catégorielle ascendante, enrichie d'une perspective fonctionnelle qui se veut transversale[276].

3.2.1.4. Bilan et problèmes

Dans la caractérisation de la perspective fonctionnelle transversale (PFT), nous avons montré comment celle-ci peut contribuer au rapprochement entre le mot et les entités issues de l'analyse descendante de la phrase. En gros, elle réduit la diversité des structures à quelques catégories fonctionnelles et offre un cadre à la 'normalisation' d'emplois syntaxiques non canoniques (= les t r a n s f e r t s   i n t e r c a t é g o r i e l s) des unités lexicales. De ce fait, elle pourrait simplifier l'interface avec les f o n c t i o n s   s y n t a x i q u e s considérées au niveau de la proposition. Il reste toutefois des problèmes que nous ne pourrons pas manquer de relever à l'heure du bilan (3.2.1.4.1.). Ensuite, nous allons voir comment les deux voies de rapprochement, P F T et s y n t a g m e (notion fondée sur la structure interne des structures), qui ne sont pas nécessairement incompatibles, se rapportent l'une à l'autre dans les grammaires du corpus (3.2.1.4.2.).

3.2.1.4.1. Le passage du mot à la fonction syntaxique reste problématique

Telle qu'elle se présente dans les grammaires du corpus, la perspective fonctionnelle transversale ne contribue pas toujours à l'unité de l'analyse.

Elle est en premier lieu victime d'un problème plus général, à savoir de l'absence d'une interface explicite entre les f o n c t i o n s   s y n t a x i q u e s au sein de la phrase et les structures qui y entrent, que ce soient des mots, des s y n t a g m e s ou des propositions 'équifonctionnelles'. Chez Haas, D&P et Galichet, une telle interface est établie; chez de Boer et Sonnenschein, par contre, l'interface reste problématique.

---

[275] Cf. Beauzée *supra*. Chez Girault-Duvivier, le *circonstanciel* peut être exprimé par des *adverbes*, des *phrases subordonnées* ou *expressions adverbiales* (1814²: 972, *apud* Chervel 1979: 9). Dans le corpus, les limites sont parfois flottantes entre l'adverbe (de manière) et les c o m p l é m e n t s   c i r c o n s t a n c i e l s, ce qui souligne la pertinence de la conception adverbiale dans l'histoire du complément circonstanciel (Chervel 1979). On verra à ce propos Clédat (1896: 315), Bloch (1937: 164) et Bruneau (1937: 392). Chez Plattner (1899: 233, 129), on trouve également des *adverbiale Verbindungen* (*aller au pas, à ce sujet, aux yeux de l'auteur*) ou *Ausdrücke* (*être aux aguets, rire aux éclats, à reculons, sans commentaires*). La connivence entre les c o m p l é m e n t s   c i r c o n s t a n c i e l s et la catégorie de l'adverbe est d'ailleurs plus nette dans la tradition germanique: le c o m p l é m e n t   c i r c o n s t a n c i e l y est en effet appelé *adverbiale Bestimmung* ou *adverb(ial) qualification)* tout court.

[276] Le linguiste suédois Alf Lombard (1929: 242-243) oppose le *mot nominal* et le *mot adjectival* (= perspective P F T, mais sans les s u b o r d o n n é e s) à la fois aux *locutions substantive, adjective, prépositionnelle, conjonctionnelle* (= l o c u t i o n s   f i g é e s) et aux *constructions substantive* (ou *nominale*), *adjective, verbale, infinitive et participiale* (= s y n t a g m e s).

Le lecteur se reportera à ce qui a été dit dans 2.3.2.1.

En outre, une analyse bidirectionnelle continue ne saurait se passer du concept de syntagme (cf. 2.3.2.2.). N'empêche que la perspective fonctionnelle transversale n'est pas appliquée[277] aux syntagmes libres chez de Boer et Haas, quoiqu'on puisse laisser à ce dernier le bénéfice du doute, le rapport avec les locutions figées devant être clarifié.

Or, même dans les grammaires qui tiennent compte des syntagmes libres (Galichet, Sonnenschein, D&P), il faut signaler la curieuse absence du syntagme nominal. Celui-ci ne figure pas sous l'*espèce nominale* chez Galichet, même pas parmi les exemples des *nominaux fonctionnels*. Mais comme nous l'avons vu et le verrons encore, Galichet connaît encore un autre type de syntagme nominal. Sonnenschein fait même explicitement abstraction de la *substantive phrase*, concept qualifié de superflu pour la description du français. Restent D&P, qui sont les seuls à faire justice au syntagme nominal. Sans le syntagme nominal, l'analyse des fonctions du nom est vouée à rester catégorielle et sélective (cf. 2.1.1.).

Quatrièmement, si interface il y a (même si elle n'est pas parfaite), on constate que le grammairien n'exploite pas toujours les possibilités offertes par la PFT. Les catégories fonctionnelles transversales doivent fonctionner au niveau de la proposition, et si possible, les redondances doivent être évitées. Ainsi, dans les passages où l'on peut parler d'interface chez Sonnenschein et de Boer, il s'avère que les catégories fonctionnelles transversales ne sont pas utilisées. Quant à Haas, nous avons signalé la confusion des représentations (*Vorstellungen*) avec certaines fonctions syntaxiques. Il quitte d'ailleurs souvent le niveau psycho-sémantique des représentations pour redescendre au niveau des formes, d'où l'apparition d'expressions comme *emploi adverbial* ou *fonction adjectivale*. La confusion des niveaux de la description entraîne aussi des redondances: Haas continue à fournir le détail des formes exprimant telle ou telle fonction syntaxique, plutôt que de se borner à un renvoi à telle ou telle *Vorstellung* (p. ex. 1909: 49-50, 81 pp.). La description de Haas manque donc de systématicité.

Seuls Galichet (avec un syntagme nominal d'un autre type) et D&P exploitent vraiment les possibilités de la PFT. Galichet définit le rapport entre *espèces* et *fonctions* comme suit:

> «les fonctions résultent de la combinaison des espèces selon certaines nécessités psychologiques [...]. Les espèces finissent par s'identifier si bien avec leurs fonctions «naturelles», que, si l'espèce détermine en quelque sorte la fonction, inversement la fonction finit par créer l'espèce» (Galichet 1947: 166).

Et

> «cette propriété réversive vient de ce que les fonctions sont, en dernière analyse, de même nature que les espèces, et de ce qu'elles correspondent, elles aussi, à certaines démarches premières de la connaissance» (Galichet 1947: 166).

---

[277] D'autres lacunes sont moins systématiques, comme par exemple l'absence des subordonnées sous l'*espèce adverbiale* chez Galichet (1947: 40-41).

L'auteur tend à 'figer' les rapports entre l'espèce et ses fonctions syntaxiques (sans aboutir explicitement à un rapport de 1 à 1). La connivence entre l'*espèce* et la *fonction* est la plus étroite dans le domaine des *fonctions inactualisées* (= fonctions secondaires). Galichet se croit ici «sur un plan voisin de l'espèce» et «la preuve, c'est qu'il est assez souvent possible de remplacer le groupe inactualisé par un seul mot composé, soit un nom, soit un verbe»: *cacao phosphaté* → *phoscao*; *parler à voix basse* → *chuchoter* (1947: 111). La traduction par un composé en allemand (*viande de bœuf/Rindfleisch*) souligne cette thèse. Or, malgré tout, l'interface entre les *espèces* et les *fonctions* présente à la fois des redondances et des lacunes (cf. aussi ci-dessus). D'une part, Galichet omet de préciser la nature des COD/COI; d'autre part, sous *sujet* (1947: 132-133), il fait le détail des structures relevant de l'*espèce nominale*, alors qu'il aurait suffi de dire «espèce nominale» (tout en précisant les contraintes supplémentaires). Il semble en outre vouloir limiter l'accès à l'*espèce adverbiale*, ce qui fait que la plupart des équivalents (subordonnées, Sprép., etc.) sont traités seulement dans le paragraphe consacré aux *compléments de circonstance* (1947: 41-42, 145), c'est-à-dire dans le chapitre sur les fonctions.

Si chez Galichet l'interface présente encore des imperfections, celle de D&P frôle la perfection. Absente du chapitre des prolégomènes qui porte sur les *compléments*, l'interface (descendante) entre fonction syntaxique et *valence* est établie dans les longs chapitres consacrés aux fonctions syntaxiques dépendant du *nœud verbal* (volume 3). Dans le chapitre général (vol. 3, chap. 3), la jonction est faite entre les fonctions syntaxiques et les *valences*, à l'exception peut-être du sujet et des compléments d'objet, dont le caractère *substantiveux* n'est pas vraiment mis en évidence. La description s'affine dans les chapitres suivants (volume 3), qui sont consacrés respectivement aux compléments *circonjacents, ambiants* et *coalescents*. On y trouve chaque fois les *valences* requises (éventuellement réalisées sous forme de *convalents* et d'*équivalents*), ainsi que le détail des *essences logiques* impliquées. Il s'ensuit une certaine redondance, mais la superposition des *valences* aux *essences logiques* — qui donne lieu à une taxinomie à deux niveaux (*substantiveux*, puis le *substantif nominal*, le *substantif verbal*, etc.) — et la position marginale des *équivalents* et *convalents* dans le traitement des parties du discours (c'est-à-dire dans les autres volumes), justifient cet agencement de la matière.

Les imperfections que nous venons de signaler sont toutes dues à un manque de rigueur dans l'exécution du programme. Or, le principe même de l'équivalence fonctionnelle dans son application aux propositions subordonnées pose problème (cf. Riegel *et al.* 1994: 476-477; Swiggers 1985-1986: 67-68). Pour n'en donner qu'un exemple, la relative ne peut pas fonctionner comme attribut du sujet, contrairement à l'adjectif. L'insertion des catégories transversales dans les fonctions syntaxiques nécessite donc des contraintes supplémentaires (p. ex. «peut être *attribut* tout élément adjectival, sauf la proposition relative»)[278], qui rendent la perspective fonctionnelle transversale moins attrayante.

---

[278] De même, une subordonnée en fonction de complément d'agent est difficile à imaginer.

Conclusion

Abstraction faite de D&P, on peut conclure que l'approche fonctionnelle transversale ne peut développer tout son potentiel. Elle est d'abord victime d'une interface défectueuse entre les mots et les fonctions syntaxiques, ce qui est un problème plus général. Mais même lorsqu'une telle interface existe, la PFT demeure incomplète. Elle ne s'applique pas à tous les domaines possibles (en premier lieu le syntagme) et n'affecte pas toutes les structures possibles (en premier lieu le syntagme nominal). Sur le plan des syntagmes, elle reste liée avant tout aux Sprép. Pour avoir une idée des possibilités de la PFT, il faut donc se tourner vers D&P. Nous le ferons sous 3.3.2.2.

3.2.1.4.2. L'interaction avec les syntagmes

Même si le syntagme PFT est foncièrement différent des syntagmes 'ordinaires' décrits sous 3.1. — le premier étant défini par sa fonction globale, le second par sa constitution interne —, les deux ne s'excluent pas mutuellement[279]. Rien n'empêche, par exemple, de décrire la structure interne du Sprép. et de le rattacher aux éléments adverbiaux ou adjectivaux. L'équifonctionnalité (à travers la commutation) est d'ailleurs mise à contribution dans l'analyse en constituants immédiats (p. ex. Lepschy 1967 [1976]: 158). Dans le cas des syntagmes nominaux (SN), les SN PFT correspondent même formellement aux structures associées habituellement aux SN. C'est pourquoi il est difficile de savoir si pour Galichet le SN est un SN PFT ou un SN ordinaire. Comme il n'est pas traité à l'endroit où on l'attend (à savoir sous l'*espèce nominale*) et que sa structure interne est envisagée, nous croyons qu'il s'agit plutôt d'un SN 'ordinaire'.

Quand on confronte les tableaux figurant sous 3.1.1.5.1. et 3.2.1.2.3., on constate qu'aucun ouvrage du corpus ne reconnaît pleinement les deux types de syntagmes, à l'exception peut-être de Galichet qui reconnaît le syntagme PFT de type adjectival et adverbial et le syntagme nominal classique (même si ce concept est quelque peu ambigu chez lui). Haas, de son côté, combine le syntagme 'ordinaire' (*Vorstellungsgruppe, Wortgruppe*) avec la PFT (*Vorstellungen*), mais comme celle-ci n'est pas vraiment appliquée aux syntagmes libres, on n'assiste pas non plus à une véritable confrontation.

Dans la *Grammaire* Larousse, qui est un cas-limite, l'apparition d'un deuxième type de syntagme, de type PFT cette fois-ci, lié à la stylistique et aux locutions figées, aurait pu entraîner une amorce de conflit si cette deuxième piste avait été approfondie.

Comme le syntagme verbal a une nature essentiellement prosodique chez Sonnenschein, il peut coexister avec les syntagmes PFT (c'est-à-dire les *phrases*

---

[279] Comme le montre aussi la terminologie proposée par le Suédois Lombard (1929: 242-243). Voir ci-dessus, 3.2.1.3., note 276.

et *case-phrases*): «The personal pronouns form a speech-group with the verb» (1912: 198). Il s'agit des pronoms c o m p l é m e n t d'o b j e t (dans le chapitre sur l'ordre des mots[280]).

Le tableau portant sur l'intégration (3.1.1.4.) du s y n t a g m e peut être complété maintenant par l'intégration des s y n t a g m e s PFT[281]: Sonnenschein[282] [± A[283]; + S], D&P[284] [− A; + S], Galichet [−A; + S], Larousse [− A; − S].

3.2.2. La PFT dans la linguistique de l'époque: les théories transpositionnelles

Parallèlement au développement de la perspective fonctionnelle transversale (PFT) dans les grammaires du corpus, la linguistique générale a produit un certain nombre de théories qui cherchaient à rendre compte de la relativité de l'attribution des l e x è m e s à des classes grammaticales, c'est-à-dire aux p a r t i e s du dis c o u r s. L'idée des t r a n s f e r t s i n t e r c a t é g o r i e l s a séduit plusieurs linguistes de ce qu'on pourrait appeler 'la linguistique (générale) d'expression française' et cela dès la Première Guerre mondiale. Ils ont dynamisé les anciennes théories lexicales et sémantiques des parties du discours par l'introduction de la notion de *transposition* et en ouvrant celle-ci à des structures plus complexes mais fonctionnellement équivalentes, bref à la syntaxe, au point qu'elle a fini par embrasser tous les niveaux de la description grammaticale.

Comment les théories transpositionnelles se rattachent-elles à la perspective fonctionnelle transversale? La réponse est double. D'abord, elles s'appuient sur la fonction des éléments, notamment sur la fonction prototypique des parties du discours, qui sous-tend la PFT. Puis, comme elles tendent à absorber des structures plus complexes que le mot (dépassant de ce fait les seuls t r a n s f e r t s i n t e r c a t é g o r i e l s), la 'couverture linguistique' des théories transpositionnelles s'est rapprochée plus ou moins de celle de la PFT, malgré le point de départ foncièrement différent.

Comme la chronologie des théories transpositionnelles est brouillée, il est utile de fournir d'abord quelques repères chronologiques (3.2.2.1.). Une fois le cadre historique mis en place, nous passerons à la comparaison des apports respectifs. Il s'avère en effet qu'on ne saurait traiter indifféremment *transposition* et *translation* (et d'autres concepts apparentés tels que *transvaluation*), comme cela a été trop souvent

---

[280] Le terme *group of words* (1912: 97, 97) est un terme plus général qui n'est pas repris dans la nomenclature à la fin de la grammaire.

[281] Légende: A = agencement; S = structuration: − = non; + = oui. Ces concepts ont été expliqués sous 3.1.1.4.

[282] Au niveau des intertitres (mais non pas dans la table des matières).

[283] Les *case-phrases* sont présentes au niveau de l'agencement, les s y n t a g m e s équivalant à des p d d ne le sont pas.

[284] Tant la *clausule* que le *chaînon*.

[285] En voici quelques exemples: Vergote (1960: 486), Baum (1976: 108, n. 89), Ruwet (1967: 226-230) et Guiraud (1971: 3). Bonnard (*GLLF*, p. 3636) parle de «linguistique transformationnelle avant la lettre». Il faut dire que Tesnière y est pour quelque chose. N'a-t-il pas simplement énuméré les 'précurseurs' dans les *Éléments* (1969²: 382), sans indiquer en quoi il s'en distinguait?

le cas[285]. Nous verrons que, à partir de la *syntaxe imaginative* de Sechehaye, les théories de la transposition évoluent vers une conception plus 'syntaxique', ce qui va de pair avec le recul de la dimension sémantique en faveur d'une perspective fonctionnelle. C'est grosso modo le chemin parcouru de Bally à Tesnière (3.2.2.2.).

3.2.2.1. Historique des théories 'transpositionnelles'

La chronologie de l'émergence des théories transpositionnelles est complexe. L'exploration des manuscrits de Tesnière a montré que Tesnière avait déjà élaboré l'idée (et le terme) de *translation*[286] vers 1918[287]. Or, les impératifs de la carrière (agrégation, thèse) ont retardé la révélation de ses idées jusqu'en 1934. Au cours de cette année, il publia une *Petite grammaire russe* et un article intitulé *Comment construire une syntaxe*, accueilli positivement par Gougenheim, son collègue à Strasbourg, dans un compte rendu paru dans *Le français moderne* (1935: 275). Si l'élaboration de sa théorie syntaxique fut au centre de ses activités de recherche et d'enseignement à partir de 1937 — ses *cours de syntaxe structurale* en témoignent — c'est seulement en 1953 (*Esquisse d'une syntaxe structurale*) qu'il autorisa, atteint de maladie depuis 1947, la publication (dépourvue des indications pédagogiques) du *résumé aide-mémoire* qu'il avait conçu en 1943 pour son cours. Mais pour la publication posthume de sa syntaxe générale il faudra attendre jusqu'en 1959.

Bally, en revanche, avait publié dès 1922 l'essentiel de ses idées en la matière dans un compte rendu de *La Pensée et la Langue* de Brunot. La *transposition* aura une importance de plus en plus grande dans la linguistique de Bally, comme il ressort de la comparaison de la première (1932) et de la deuxième (1944²) édition de sa *Linguistique générale et linguistique française*. Frýba-Reber (1994: 67) a fait remarquer que la théorie de la *transposition* (ainsi que le terme) se trouvait déjà en germe chez Sechehaye (1908: 229, n.), qui en fournit une élaboration sémantique dans son *Essai* de 1926.

Frei, un disciple de Bally, développe dans la *Grammaire des fautes* (1929) — thèse[288] dirigée par Bally et dédiée à celui-ci — la notion de *transposition*. Elle répond au *besoin d'invariabilité* et sa portée dépasse celle de la *transposition* de Bally.

Tesnière (1969²: 382) signale encore d'autres linguistes qui ont abordé la même problématique dès les années 1930 — Gougenheim, Benveniste, Kuryłowicz — et dont certains ont utilisé le terme *transposition* (Juret et même Guillaume)[289]. Même Clédat s'était déjà attardé au «changement de fonction» dès 1924 (*apud* Arrivé – Chevalier 1970: 186).

---

[286] Ainsi que la distinction entre ce qu'il appellera plus tard *translation du premier* et *du second degré*.
[287] On se reportera ici à l'ouvrage richement documenté de Baum (1976: 23-26).
[288] Le choix du sujet remonte à 1922.
[289] Malheureusement, les références ne sont pas toujours aussi précises qu'on le souhaiterait.

Si la théorie des *transpositions/translations* semble être l'apanage de la tradition 'francophone', on ne saurait passer sous silence les vues[290] d'Otto Jespersen. Dès 1913, ce linguiste danois développe dans *Sprogets Logik* des idées analogues (mais non pas identiques). Un an plus tard, il expose sa théorie des trois rangs (*ranks*) dans les premières pages du deuxième volume de sa monumentale *Modern English Grammar*. La mouture définitive (Jespersen 1926: 300) de la théorie figure dans la *Philosophy of Grammar* (1924)[291].

3.2.2.2. De Sechehaye à Tesnière: l'ouverture vers la syntaxe

Si toutes ces théories se ressemblent, elles présentent néanmoins aussi des différences marquées. De Sechehaye à Tesnière, en passant par Bally et Frei, la notion de *transposition/translation* a subi une lente transformation.

3.2.2.2.1. La transposition lexico-sémantique: Sechehaye

Linguiste moins fréquenté que Bally de nos jours (Frýba-Reber 1994: 12), c'est pourtant à Sechehaye (1908: 292, n.; 1916: 56; 1926a) que revient le mérite d'avoir introduit l'idée de *transposition*, ainsi que le terme, dans la linguistique d'expression française. Comme sa conception de la *transposition* s'enracine dans une longue tradition grammaticale, il convient d'en présenter d'abord les grandes lignes (3.2.2.2.1.1.), qui constituent en quelque sorte le fondement de la *transposition* telle que Sechehaye l'entendait (3.2.2.2.1.2.).

---

[290] Et son influence sur la tradition française? Pensons à Sandfeld. Il faut noter aussi que Sechehaye suivait d'assez près les publications de Jespersen (même celles en danois). Jespersen est cité à plusieurs reprises dans Sechehaye (1926a). *Sprogets Logik* figure déjà dans Sechehaye (1916: 57, n.1).

[291] Jespersen élabore une théorie syntaxique basée sur l'opposition *nexus* (= n o y a u p r é d i c a t i f)/*junction* (le reste). Les parties constitutives de ces unités contractent des rapports hiérarchiques abstraits qu'il appelle, d'une terminologie affranchie des parties du discours (cf. 1933: 14), rangs (*ranks*). Les rangs sont au nombre de trois: *primaries* (*principals* dans Jespersen 1914), *secondaries* et *tertiaries* (1924: 96). Appliqués aux *junctions*, cela donne: *extremely (III) hot (II) weather (I)*. L'auteur applique la même grille d'analyse aux *nexus*: *the dog* (I) *barks* (II) *furiously* (III). L'objet et le complément de la préposition sont *primaries* (1924: 96-97); le v e r b e - p r é d i c a t *secondary*, analyse qui soulève plusieurs questions. Jespersen a beau insister sur la séparation des rangs et des p a r t i e s d u d i s c o u r s («different spheres», 1924: 98, 107; cf. aussi 1933: 14-15), les uns concernant le mot considéré en lui-même, les autres le mot considéré en combinaison avec d'autres mots (1924: 107), il n'en reste pas moins que, surtout dans le domaine des *junctions*, les rangs restent liés aux p a r t i e s d u d i s c o u r s, ce qu'il avoue d'ailleurs: *primaries* (~ N), *secondaries* (~ adj.) et *tertiaries* (~ adv.) (1924: 98, 107; cf. déjà 1914: 4-5). Cela ressort aussi du fait que les rangs ne sont pas une grille qui s'adapte indépendamment des formes. Ainsi les adverbes en fonction d'*adjuncts* (= *secondaries*) sont «somewhat rare» (1924: 101), alors qu'on trouve facilement des groupes du type *très sympa*. C'est que le premier rang n'est pas conçu comme le niveau hiérarchique supérieur du groupe (p. ex. *sympa*), le deuxième rang comme le niveau II (*très*), etc. Le premier rang est toujours un élément substantival, le deuxième adjectival, etc. D'où aussi la limitation à trois rangs, alors que le nombre de niveaux hiérarchiques 'dans l'absolu' dépasse facilement le nombre de trois. Si l'analogie p a r t i e d u d i s c o u r s/*rank* s'observe certainement sur le plan de la *junction*, elle disparaît au niveau des *nexus*, car le v e r b e f i n i est *secondary* (1924: 100).

3.2.2.2.1.1. Le fondement de la transposition lexico-sémantique: sens lexical *vs* sens grammatical

Le sens — ou de manière plus générale, le contenu ou le remplissage (cf. Swiggers 1997) — des parties du discours a été de tout temps l'objet des préoccupations de ceux qui se sont intéressés à l'étude de la langue. Dès le moyen-âge on voit se développer une théorie autour du sens des parties du discours dans le cadre de la grammaire spéculative (13ᵉ siècle, à partir de 1225 environ)[292]. Le même sens lexical peut se répartir sur plusieurs *modi significandi* ou manières de signifier. Ainsi, la notion 'douleur' donne *dolor, dolere, dolens, dolenter* et *heu!*, selon qu'elle est conçue comme le *modus essendi* (= les catégories aristotéliciennes) de la substance, du procès, etc. (De Pater – Swiggers 2000: 95-99). Les mots ont donc à la fois un sens lexical et un sens grammatical ou 'catégoriel' (lié aux catégories grammaticales, c'est-à-dire aux parties du discours).

La séparation du sens grammatical et du sens lexical est également théorisée chez nombre de linguistes publiant dans la première moitié du 20ᵉ siècle. On la trouve, par exemple, chez Otto (1919), Sechehaye (1926a), Gardiner (1932)[293], Galichet (1947), voire chez Schuchardt (1928²: 275[294]).

L'idée de base de cette conception est que les différentes parties du discours sont autant de conceptualisations, de mises en forme, de la même idée ou du même sens lexical[295]:

> «Un suffixe est le signe qui indique dans quelle catégorie nouvelle entre tel ou tel sémantème — qui prend alors la forme d'un radical — et a pour fonction de spécifier, de déterminer[296] cette catégorie, comme l'espèce détermine le genre» (Bally 1944²: 118).

De la conceptualisation des idées aux problèmes épistémologiques, il n'y a qu'un pas. Les différentes conceptualisations de la matière-pensée deviennent alors des conceptualisations de la réalité observée (Gardiner, Otto, Sechehaye, Galichet).

---

[292] Le parallélisme réalité (ontologie) – pensée (logique) – langue s'applique aussi aux combinaisons des parties du discours et à d'autres catégories comme les noms communs (espèce) et les noms propres (individualité) (De Pater et Swiggers 2000: 96).

[293] Selon Gardiner (1951²: 9-10; cf. aussi 1932: 9, apud Baum 1976: 81, n. 118.), les parties du discours ne dépendent pas de la nature des objets auxquels elles renvoient, mais du «mode of their presentation». Leisi (*apud* Baum *ib.*) considère les parties du discours comme des espèces d'*Hypostasierung*: «das Substantiv stellt das Bezeichnete als Ding dar, das Adjektiv als Eigenschaft und das Verb als Tätigkeit».

[294] «Lexikalisches und Morphologisches, decken sich nicht völlig, es sind Verschiebungen oder Verkleidungen eingetreten» (Schuchardt 1928²: 275): *Hunger* (*Zustandswort*) porte l'uniforme du nom et *Pferd* a le rôle de l'adjectif dans *dies ist ein Pferd*.

[295] Otto (1919: 83), qui s'en tient à *Beziehungsbedeutung*, mentionne encore les termes *Form* (Humboldt, Misteli – Steinthal) et *Funktion* (Paul). Le sens grammatical des classes de mots est en dernière analyse motivé par le monde phénoménal (*Erscheinungswelt*) (Otto 1919: 90).

[296] Les paraphrases soulignent cette interprétation: *actif: qui agit; laboureur: homme – qui laboure; chevaucher: aller – à cheval; rougir: devenir – rouge; fermement: d'une manière – ferme* (1944²: 118). *Cheval* est le *genre*, dont le *cheval blanc* constitue une *espèce* (Bally 1944²: 90).

La dissociation du sens grammatical (catégoriel) et du sens lexical amène Ernst Otto (1919) — dont s'inspirent certaines grammaires françaises de facture germanique (p. ex. Engwer – Lerch 1926, Regula 1931) — à considérer l'appartenance à une partie du discours, si du moins celle-ci est marquée explicitement, comme un *Beziehungsmittel*, c'est-à-dire un moyen grammatical (capable d'exprimer des relations), par analogie avec l'ordre des mots, l'intonation, la flexion, etc. Il insiste sur le fait que la partie du discours (*Wortart*) est un moyen syntaxique différent de la flexion. Dans cette optique du marquage explicite, tout mot *ne doit pas* nécessairement appartenir à telle ou telle classe, tout nom *ne doit pas* avoir tel ou tel cas (Otto 1919: 89-90; 141). Ainsi, dans *silver chain* et *vie bohème*, la langue renonce au moyen grammatical qu'est la classe de mot (*Wortart*), ce qui résout le faux problème de l'attribution à une catégorie. On assiste donc à un renversement de la perspective traditionnelle. Ceci ne l'empêche pas de mettre en évidence le concept de *Wortübergang*, mais celui-ci doit être marqué explicitement par des suffixes (*Abwandlungssilben*) ou par des mots (*d'une manière ..., avec ardeur, plein de feu, to* + inf., etc.). Ainsi, *gleich/gleichen/Gleichheit* et *geht/Gehender* ont le même sens lexical (*begriffliche Bedeutung*) et diffèrent seulement quant au sens grammatical (*Beziehungsbedeutung*)[297] qu'ils véhiculent (Otto 1919: 78-79). On constate que les transferts intercatégoriels comprennent aussi des familles lexicales (p. ex. *der Trotz, trotzig, trotzen, trotz*; Otto 1919: 73-75; 82), tout comme chez Sechehaye (cf. *infra*)[298].

Cela étant dit, comment la dissociation de la valeur notionnelle et de la valeur grammaticale des parties du discours nous mène-t-elle à la transposition? Bally définit la *transposition (fonctionnelle)* comme suit:

> «Un signe linguistique peut, tout en conservant sa valeur sémantique, changer de valeur grammaticale en prenant la *fonction* d'une catégorie lexicale [...] à laquelle il n'appartient pas » (1944²: 116).

La dissociation sens lexical/sens grammatical permet à un sens lexical donné d'entrer dans plusieurs moules catégoriels (à la suite d'un emploi non canonique). Il suffit ensuite de considérer une des associations sens lexical/sens grammatical (= classificateur du sens lexical, catégorie, partie du discours) comme l'association de base pour en déduire les autres 'par transposition'. Ainsi, l'association par défaut est appelée «catégorie naturelle» chez Bally (1922: 119, n. 1); les autres membres de la famille sont autant de variantes, de *transpositions* de la même idée. Cette perspective

---

[297] Les *Beziehungsbedeutungen* (sens grammatical) sont reliées à la fois au monde phénoménal et aux fonctions syntaxiques (Otto 1919: 86, 90). Le sens grammatical des mots les prédispose en quelque sorte à certaines relations fonctionnelles. On est proche du *selection tagmeme* de Bloomfield (1933; chap. 10). Otto (1919: 83), quant à lui, renvoie à F. Müller.

[298] Les transferts intercatégoriels (ainsi que les mots inclassables) sans marque formelle, en gros ce qu'on appelait traditionnellement la 'dérivation impropre', ne sont pas pris en considération, alors qu'une partie de la morphologie dérivationnelle, à l'exclusion des procédés qui ne concernent pas la syntaxe, comme la diminutivisation (Otto 1919: 87), y est également associée.

implique, bien sûr, l'unidirectionnalité de la *transposition* (Bally 1944²: 118-119)[299]. Ce schéma s'applique non seulement aux transferts intercatégoriels (sans marquage formel), mais peut également donner lieu à une approche dynamique des familles lexicales (Sechehaye 1926a: 99).

3.2.2.2.1.2. Sechehaye

D'après Sechehaye, les *classes de mots* sont l'expression grammaticale des *catégories de l'imagination* ou *catégories imaginatives*[300] (1926a: 43-44), c'est-à-dire des catégories d'appréhension «inséparables de toute pensée concrétisée en une sorte de spectacle». Elles appréhendent les *idées* par l'application d'une image (procès, ...) qui correspond à une certaine *valeur*: entité (substantif), *procès* (verbe), *qualité* (adj), *manière* (adverbe), cette dernière étant «la qualité du procès» (1926a: 64).

Cette «liberté de l'esprit» — notre imagination est indépendante du classement objectif, logique, des idées (1926a: 93; 102) — est limitée par «certaines conditions logiques et psychologiques qui règlent la *transposition* d'un terme d'une catégorie dans une autre» (1926a: 102). Qu'on songe, par exemple, à l'impossibilité de 'verbaliser' un adjectif exprimant une relation (*boucherie chevaline*). Sechehaye énonce trois *règles* qui correspondent à trois effets: la dramatisation, la matérialisation et l'abstraction. Ces règles attribuent (dans la *langue*[301]) l'idée à une classe différente de sa «*catégorie naturelle du point de vue de la logique*» (1926a: 103). Bref, ces règles expliquent pourquoi le nom exprime parfois une qualité (*blancheur*) ou une action (*la marche*), ou encore, pourquoi un adjectif peut en arriver à exprimer une pure relation (*voisin*). Toute dérivation n'est pourtant pas une *transposition*, car certains dérivés ont fait l'objet d'un processus sémantique additionnel comme l'enrichissement ou la spécialisation (p. ex. *sang > sanglant, sanguinaire*) (1926a: 106)[302].

Les *transpositions* s'appliquent donc en premier lieu à des mots, rangés en familles morphologiques. Or, parmi les exemples, on trouve des *transpositions* impliquant des membres de familles purement notionnelles, ou encore, des éléments d'une complexité différente qui bouleversent la structure de la phrase:

le soleil est lumineux → brille/répand sa lumière/nous inonde de lumière
une mer tranquille → qui s'apaise, qui dort[303]

---

[299] Bally n'est pas très clair quant à la façon dont il faut identifier l'association par défaut.
[300] *Imagination* a ici le sens de 'représentation'. Cf. *Vorstellung* en allemand.
[301] Quant à l'attribution des catégories dans la *parole*, Sechehaye (1926a: 111-118) reste très prudent. Il se limite à signaler que les trois types de *transpositions* fournissent les bases d'une psychologie de la *parole*. Il donne l'exemple de l'exploitation stylistique (littéraire) de la *matérialisation*.
[302] Bally (1944²: 116; 165) en fait une *transposition sémantique* (à distinguer de la *transposition fonctionnelle*).
[303] Dans ces deux exemples, Sechehaye insiste sur le poids de l'*imagination* (c'est-à-dire la capacité de la 'représentation') dans la conception des phénomènes (1926a: 110). Les images subissent par la suite une espèce d'usure qui en fait des notions plus intellectualisées (1926a: 50).

Il apparaît parfois une idée de relation (préposition):

un homme courageux → *(plein) de courage*[304] (1926a: 104)
mourir chrétiennement → *chrétien, en chrétien* (1926a: 105)

Ces exemples montrent qu'on a par moments affaire à de simples paraphrases (1926a: 110) — assez lâches — qui ne prennent pas en considération les rapports formels entre les éléments impliqués, comme le montre aussi la mise en rapport de *menacer* et *danger(eux)* (1926a: 101). En outre, Sechehaye ne vise que les *mots* transposés (cf. l'orientation lexicale de la théorie) et ne rend pas compte des procédés transpositeurs, ni des modifications contextuelles concomitantes (p. ex. *lumineux* → *lumière* dans *être lumineux* → *répandre sa lumière*).

Sechehaye, tout comme Jespersen (1924: 91, passage auquel renvoie Sechehaye) et Bally (1944²: 41), considère cependant les variations subies par la phrase comme l'un des facteurs déclenchant les *transpositions*. La langue dispose de plusieurs phrases pour exprimer le même contenu propositionnel (1926a: 101):

La santé de mon ami est en danger.
Il est atteint d'une maladie dangereuse.
La santé de mon ami est dangereusement atteinte.
Mon ami malade est très menacé.

Dans ces phrases, «les mêmes idées» apparaissent «dans les catégories les plus diverses» pour exprimer la même «idée totale», ce qui montre que la théorie des *transpositions* affectant les *mots* est liée à une approche onomasiologique de la *phrase* (de même que chez Bally). C'est le fonctionnement dans la phrase qui «impose» la catégorie (occasionnelle) à «l'idée» (p. ex. sujet → substantif), preuve de la liberté à s'affranchir «d'un classement objectif des idées selon leurs catégories propres».

Les subordonnées, quant à elles, sont également rattachées aux parties du discours (1926a: 186-199), mais ne sont pas assimilables aux catégories d'appréhension, car «il serait absurde de pousser l'assimilation plus loin» (1926a: 188). En d'autres mots, si elles fonctionnent comme des parties du discours, elles ne structurent pas la conceptualisation des idées comme le font les parties du discours au niveau lexical. L'exclusion des subordonnées souligne le fait que la *transposition* chez Sechehaye est de nature lexicale et sémantique.

3.2.2.2.2. Vers la transposition syntaxique: de Bally à Tesnière

Si, de par son orientation sémantique (cf. aussi l'affirmation de Bally 1944²: 116), la théorie de Sechehaye se démarque de celles de Bally, de Frei et de Tesnière, on a trop souvent mis les *transpositions fonctionnelles* (Bally)[305] et les *translations*

---

[304] Notons que Tesnière aurait interverti les pôles de cette transposition (prép. + nom → adj.).
[305] Dans les pages qui suivent, le terme *transposition* désigne toujours la *transposition fonctionnelle*, par opposition à la *transposition sémantique* (p. ex. *sanglant, sanguinaire* vs *sanguin*) (Bally 1944²: 116).

(Tesnière) sur un pied d'égalité. Concepts voisins, certes, ils présentent néanmoins un certain nombre de différences. Afin de détecter ces différences, il faudra adopter un point de vue formel et examiner les structures susceptibles d'être translatées (3.2.2.2.2.1.). Les différences observées relatives au domaine de la *transposition/ translation* nous permettront de dégager des différences d'optique (3.2.2.2.2.2). Dans la confrontation des deux théories, des renvois seront établis à Sechehaye. Henri Frei, successeur de Bally (après Sechehaye) dans la chaire de linguistique générale à Genève, a élaboré la théorie de son maître en la radicalisant. Pour ne pas trop encombrer la comparaison Bally/Tesnière, il sera présenté sous 3.2.2.2.2.3.

3.2.2.2.2.1. Le domaine de la *translation/transposition*: inventaire

D'un point de vue purement formel, la *transposition/translation* affecte les structures suivantes (les pages renvoient à Tesnière 1969²) [306]:

(1) mots qui changent de catégorie (= sans *translatif*[307])
(2) mots qui changent de catégorie à l'aide d'un *translatif*
    (2a) par une préposition
    (2b) par un m o r p h è m e   g r a m m a t i c a l : cas, *-ant, -é*, désinence infinitif, ...
        p. ex. *un exemple frappANT, aimÉ* (V > Adj.); *liber PetrI* (N > Adj.)
    (2c) par un m o r p h è m e   l e x i c a l : *-teur, -tion, ment* (1969²: 403-405; 468-470)
    (2d) à l'intérieur d'un mot composé (avec ou sans *translatif*):
        p. ex. *mappemonde* (< *mappa mundi*), *LandSknecht, postman* (1969²: 406-408)
(3) propositions [= *transpositions* du second degré]

À part ce fonds commun, les transpositions de Bally, moins contrôlées par les formes, et appuyées par des paraphrases, embrassent encore les structures suivantes:

(a) *familles notionnelles* (= par suppletion): p. ex. *cheval/équestre*
(b) *hypostase* ou *transposition implicite*
    Cf. 1. *supra*, mais Bally y rattache aussi *c'est un âne* (= comme un âne): «figure vivante»

---

[306] Bally: 1. (1944²: 165-168), 2. (1944²: 118-120) et 3. (1944²: 120). Le *dictum* transpose aussi une phrase en membre de phrase (1944²: 39). Les cas ne sont pas vraiment traités chez Bally.
Tesnière distingue en outre un certain nombre de *translations* particulières (1969²: 401, 472-473, 393) dont nous présenterons seulement la *transvaluation* (Tesnière 1969²: 465-467; renvoi à Bally): un mot plein devient un mot vide (ou inversement). C'est le résultat d'une *translation* qui a fonctionné à faux (1969²: 465): *rapport*_adv *(à Bernard)* --> *(rapport à)*_prép *Bernard*. Tesnière renvoie à Bally qui parle également de *transvaluation*, terme que le linguiste genevois a remplacé au fur et à mesure par *permutation de valeurs* (Bally 1944²: 227-8; 239-240, 68, 324, 220-222; 208). En 1932, Bally définit la *transvaluation* comme une «permutation des valeurs sans déplacement des signifiants», ce qui suggère que le phénomène concerne également la position des éléments transposés. Le terme *transvaluation* est sans doute un calque de l'allemand *Umdeutung*. Sandfeld (1915: 58-62) appelle *Umdeutung* une réinterprétation de structures, dépassant parfois les frontières des f o n c t i o n s   s y n t a x i q u e s (p. ex. *ich sehe das: er kommt*; *il fait/cher vivre dans ...* --> *il fait cher/vivre*). Cette *Funktionsveränderung* fait parfois passer un mot à une autre partie du discours (*malgré le roi; pendant*).
[307] Ce qui signifie, aux yeux de Tesnière, la faillite de la syntaxe fondée sur la morphologie (1969²: 381; 402).

(c) *caractérisation* (surtout la *composition*)
(d) 'grammaticalisation[308]' de données situationnelles, de l'actualisation: *ce < qui est ici*
(e) application aux fonctions nominales: le C O D est toujours un nom transposé, car le nom est sujet p a r   d é f a u t (1944²: 122, critiqué par Ruwet 1967: 228).

Dans ce qui suit, nous allons commenter ces cas.

(a) Bally fait entrer les familles purement notionnelles (cf. Sechehaye) dans la théorie de la *transposition* par le biais de la *supplétion* (1944²: 117), qui doit être considérée comme un procédé transpositionnel: *cheval/équestre*; *réussir/succès*; *tuer/meurtre*.

(b) En outre, il fonde l'*hypostase*[309] ou *transposition implicite* (1944²: 165-168) sur l'ellipse de l'élément qui marque la nouvelle catégorie et qui se fond avec l'élément transposé[310]. L'*hypostase*, phylogénétiquement antérieure à la *transposition explicite*, est «un syntagme dont la partie explicite est le déterminant, l'idée catégorielle le déterminé» (1944²: 165). Ainsi, *le beau = la notion* (t) *de beau* (t')[311]. La prosodie empêche parfois l'*hypostase* d'être pure (1944²: 166) et l'hypostase s'use avec le temps (1944²: 168), comme le montre *la rose* vs *rose*. Les *figures ou tropes de la rhétorique* (vivants) doivent également être rattachés à l'*hypostase* lexicale. La métaphore *âne*, par exemple, dans *Paul est un âne*, peut être paraphrasée par «bête ou entêté comme un âne», ou par «tel qu'un âne». Le terme transpositeur est de nouveau sous-entendu (1944²: 167). Cette extension à la stylistique est étrangère à la théorie de Tesnière, tout comme l'est l'interférence avec le schéma *déterminant/déterminé*.

(c) Aux yeux de Bally, la *transposition* des signes virtuels se confond avec la *caractérisation* en général, et plus particulièrement avec la *composition* (1944²: 119), car «tout caractérisateur et tout terme t' d'un composé sont des transposés». En réalité, le suffixe transpositeur induit une opération de caractérisation à travers laquelle le suffixe est caractérisé par un concept plus spécifique, comme le montrent les «équivalents fonctionnels» (1944²: 119), qui sont des «caractérisés» ou des «composés»:

un laboureur: un homme labourant, qui laboure
chevaucher: aller à cheval
chaleur solaire: du soleil, qui vient du soleil

---

[308] *Grammaticalisation* étant utilisée ici dans le sens de 'intégration de l'extra-linguistique à la sphère grammaticale ou syntaxique'.

[309] Emprunté au grec *hupostasis* «action de placer en dessous» (1398), le substantif «hypostase» est d'abord en usage dans le vocabulaire de la médecine où il désigne le dépôt d'un liquide organique. Il est ensuite repris en philosophie, où il prend le sens de «substance» (chez Aristote *hupostasis* signifie l'existence indépendante, ce qui peut subsister par soi-même (Bally 1944²: 165, n. 1.)) et en théologie (1541, Calvin). Au 20ᵉ siècle, il est encore en usage en philosophie d'une part, où il a pris le sens d' «entité fictive» (1926), et en linguistique de l'autre, avec le sens susmentionné (*Dictionnaire historique de la Langue Française*, 1992, Paris: Le Robert).

[310] À distinguer du *signe zéro* (Bally 1944²: 165), qui est rétabli mentalement.

[311] Le *syntagme* (entité qui peut être ramenée à la phrase; cf. 3.1.2.2.) est toujours binaire (à l'instar de la phrase): t = déterminé (< thème); t' = déterminant (< propos) (Bally 1944²: 102).

De même, les composés allemands correspondent souvent à des dérivés français (*arrosoir* = *Giesskanne*) et les suffixes remontent à des *déterminants* de *composés* (*clairement*; *Kindheit*).

(d) La *transposition* existe aussi en dehors du domaine des signes virtuels. Comme «un actualisé n'est pas autre chose qu'un caractérisé de la parole» (1944²: 120), tout actualisateur est également un transposé (1944²: 120). La caractérisation consiste dans ce cas dans le repérage du r é f é r e n t dans la situation. Exemples:
- *ce cheval, mon chapeau*
    ce est issu de ... *qui est ici*
    mon provient de ... *qui est à moi, de moi*, transition du lieu spatial *moi*
- l'actualisation temporelle
    p. ex. *il vint*: «ce moment du passé est conçu comme un lieu, qui est transposé en déterminant *la venue*» (1944²: 120)
- *blanc*$_{adj.}$ → *EST/DEVIENT blanc*$_V$ ou *blanch-I*$_V$ ---^{actualisation}--> *blanchiT*

On assiste ici à la 'grammaticalisation' (qui est une explicitation par paraphrase) d'informations fournies par la situation de l'énonciation.

(e) Bally va encore plus loin, en étendant la *transposition* aux f o n c t i o n s s y n t a x i q u e s remplies par le nom. Le substantif est «prédestiné à la fonction de sujet» (donc toujours *déterminé*) et ne peut, dès lors, être *déterminant*, qu'à condition d'être transposé. Sont énumérés ensuite les compléments de l'adjectif, du nom, et aussi, chose curieuse, les compléments c i r c o n s t a n c i e l s, le c o m p l é m e n t d ' a g e n t, le C O D et le C O I (1944²: 122)[312]. C'est que la catégorie nom ne serait pas compatible avec le rôle de *déterminant* qu'il a dans ce cas, ce qui implique une *transposition*, selon le principe énoncé une page plus tôt. Il conclut: «toute rection implique transposition» (1944²: 122).

On constate que la volonté de construire une théorie — dont Bally entend fournir des «hypothèses de travail» (1944²: 121) —, fondée sur un seul rapport abstrait (*déterminant/déterminé*), complété par un procédé qui ramène à ce rapport les faits non conformes (la *transposition*), «met en cause la grammaire tout entière», y compris la phonologie[313] (1944²: 121).

3.2.2.2.2.2. De la *transposition* à la *translation*: différences d'optique

L'inventaire des formes concernées par la *transposition/translation* trahit déjà des différences d'optique entre les deux théories. Trois aspects demandent d'être examinés de plus près: le statut du lexical, le poids de l'aspect sémantique et le rôle de la paraphrase.

a. Le statut de la dérivation affixale

Conformément à la tradition, où la d é r i v a t i o n a f f i x a l e et les t r a n s f e r t s i n t e r c a t é g o r i e l s de mots étaient traités ensemble dans la section de la grammaire

---

[312] Cette théorie est critiquée par Ruwet (1967: 228).
[313] La *transposition phonologique* concerne le changement de classe d'un phonème sous l'influence du contexte (*iMperitus, iRritus; leKtos*) (Bally 1944²: 121, n. 1, 177).

consacrée à la morphologie lexicale, Bally et Sechehaye[314] ne dissocient pas les deux phénomènes, qui partagent d'ailleurs le même fondement sémantique (cf. 3.2.2.2.1.1.)[315]. Tesnière, pour sa part, admet également la dérivation[316] comme *translation*, mais la relègue au second plan en la considérant comme une *translation figée* (1969²: 403-405), opérée par un *translatif* affixal. Marginalisée (ce qu'on ne peut pas dire de Bally 1944²), elle ne se trouve pas partout où elle aurait pu se trouver. Si elle est signalée sous la *translation double* verbe > adj. > nom (p. ex. *souffrir* > *souffrant* > *souffrance*) (1969²: 491), on cherchera en vain les noms abstraits dérivés (1969²: 411-414) sous la *translation* adj. > nom, ou encore, les v e r b e s d é a d j e c t i v a u x (p. ex. *blanchir*) (1969²: 471).

Bally et Tesnière ne sont donc pas d'accord sur le statut de la dérivation affixale. Malgré toute l'importance que Bally accorde au traitement de la *transposition* en synchronie, il considère la dérivation affixale (*argile/argileux*) comme relevant de la statique (contrairement à *la bête/bête*, par exemple), alors que Tesnière la situe pleinement dans la diachronie (1969²: 373-374). Cette divergence de vues cache une conception différente de la diachronie en morphologie dérivationnelle: perte de l'association mémorielle entre les éléments transposés pour Bally, figement lexical de la *translation*, qui se manifeste par une liaison constante entre un radical et un affixe, pour Tesnière.

b. *L'assise sémantique et le poids de celle-ci dans la théorie*

On a vu que la théorie de la *transposition* de Bally reste dominée par des considérations sémantiques (rapports *déterminant/déterminé*, caractérisation; par phrases; stylistique), mais déjà moins que chez Sechehaye (1926a; cf. le jugement de Bally lui-même, 1944²: 116, n. 1). Bally, tout comme Tesnière, renforce le rôle des *transpositeurs*[317], un aspect que Sechehaye n'avait pas pris en considération. Celui-ci s'était limité à établir des *transpositions* en se fondant sur la sémantique et la conceptualisation 'imaginative', sans s'inquiéter trop de la façon dont se réalisaient ces *transpositions* sur le plan formel.

Bally[318] et Tesnière, quant à eux, identifient les opérateurs de la *translation/transposition*, respectivement les *translatifs* et les *transpositeurs* (ou *catégoriels*)[319], et en

---

[314] Or toute *dérivation* n'est pas *transposition* dans l'esprit de Sechehaye (cf. le cas de *sanguinaire*, signalée ci-dessus).

[315] De même, le rapprochement de la d é r i v a t i o n a f f i x a l e et les t r a n s f e r t s i n t e r c a t é g o r i e l s pourrait être justifié sur le plan de la forme par une dérivation à affixe zéro.

[316] Le *nom d'action*, le *nom d'agent*, le *nom de patient*, le *nom d'attributaire* et le *nom de circonstance*, «désignent» — et non pas «transposent», car la catégorie du départ est le verbe et non pas les actants/circonstants — respectivement le *verbe* lui-même, le *prime*, le *second* et le *tiers actant*, ou encore, le *circonstant* (Tesnière 1953: 24). Quoiqu'il s'agisse d'une caractérisation sémantique des dérivés, on est tout près des transpositions du type sujet → *nom d'agent*.

[317] Même dans les familles notionnelles, il est question du procédé de la supplétion (cf. *supra*).

[318] Bally (1944²: 117) s'intéresse aussi aux *irrégularités de forme* entraînées par la *transposition*.

dressent une typologie. Bally distingue la *transposition implicite* (ou *hypostase*) de la *transposition explicite*[320] et oppose à l'intérieur de celle-ci les signes intérieurs (*rogo quis SIT*) et extérieurs au transposé (p. ex. les conjonctions) (1944[2]: 133-135). Tesnière (1969[2]: 408-410) fonde une typologie des *translatifs* sur base de trois critères: [constitutifs *vs* subsidiaires], [autonomes *vs* agglutinés] et [variables *vs* invariables]. Il s'applique même à décrire en détail les différentes phases des *translations* multiples, au point d'aboutir à de véritables algorithmes, analogues à ceux que Bally avait entrevus dans la dérivation lexicale (1944[2]: 118). Tant la classification des translatifs que l'analyse des *translations* multiples montrent que Tesnière veut aller plus loin dans la prise en considération de la forme. En plus, Tesnière s'abstient de la paraphrase sans contrôle de la forme et ne rattache pas comme le fait Bally le *transpositeur* à la problématique des rapports de détermination (*déterminant/déterminé*).

Bref, si Bally et Tesnière se démarquent de Sechehaye, il faut dire que Tesnière pousse plus loin l'affranchissement du sens en faveur de la prise en considération des aspects formels, même si la présentation succincte du phénomène chez Bally (cf. Bally 1944[2]: 117) fausse quelque peu la perspective. Certes, on trouve même chez Tesnière un substrat sémantique (humboldtien). Mais les *catégories de la pensée* (c'est-à-dire substance, procès etc.) et les catégories grammaticales qui y correspondent (1969[2]: 48, 61-62, 76) sont là pour être remises en question par le jeu des *translations*. Le rôle de la *translation* — qui est liée au passage de la langue à la parole[321] — est justement de déjouer les contraintes imposées par les catégories sémantiques de base au moment de l'énonciation (Tesnière 1969[2]: 365). Par là, la *translation* souligne l'indépendance du *structural* — le niveau de la *fonction* des mots — et du *sémantique* (1969[2]: 366).

c. Les transformations et les paraphrases

Les *transpositions* et *translations* introduisent dans la syntaxe l'idée de mouvement, de dynamicité, bref, l'idée d'un passage d'un plan à un autre, tout comme les *transformations* de la GGT. Or, ce qui distingue[322] fondamentalement les *transformations* des *translations/transpositions*, c'est leur domaine d'application. Comme le souligne

---

[319] Ces termes font partie d'un triptyque, respectivement *transponend/transposé/transpositeur* (Bally 1944[2]: 117) et *transférende/transféré/translatif* (Tesnière 1969[2]: 367).

[320] Plusieurs degrés d'explicitation peuvent être distingués: *beau est synonyme de vrai/le beau ... du vrai/la beauté ... la vérité*.

[321] Tesnière distingue l'*ordre statique* de l'*ordre dynamique* (1969[2]: 50-51). Seulement, il n'explicite pas le passage de l'un à l'autre. Dans un manuscrit de 1918 il est question d'une «polarité ou opposition de la langue virtuelle à la langue réelle» qui constitue «la base de toute [s]a pensée linguistique» (Baum 1976: 25). Détail piquant: il revendique la paternité de la dichotomie.

[322] Ce sujet a été débattu dans les années 1960. Corblin (1995: 232) renvoie à Grunig (1965) et à Ruwet (1967) et insiste sur le fait que la *translation* «n'est pas vide» (comme la *transformation*), mais qu'elle modifie les possibilités de *connexion*. Voir aussi Robins (1961: 89) dans son c.r. de Tesnière (1959).

Ruwet (1967: 227), les *transformations* de la GGT opèrent en premier lieu sur des phrases, et dans une moindre mesure sur des syntagmes plus vastes que le mot.

Chez Tesnière, par contre, il s'agit toujours de *mots* translatés. Même les subordonnées sont réduites à des *translations* du *verbe* (1969[2]: 557). De même, Bally n'a d'yeux que pour les mots dans les *transpositions* et, si jamais une phrase se trouve être l'objet d'une *transposition*, la catégorie d'arrivée est toujours un mot (1944[2]: 120). En définitive, s'il est vrai que la *transposition/translation* empiète sur le domaine de la syntaxe (cf. l'inventaire sous 3.2.2.2.2.1.), l'approche demeure fondamentalement *lexicaliste*. Les éléments transposés sont des *mots*, considérés indépendamment des changements concomitants.

La notion de *transformation* — prise dans le sens de transformation 'horizontale' (Seuren 1998: 238), c'est-à-dire de 'mise en rapport de phrases sans identification d'une structure profonde/de base' — est cependant tout près de faire son entrée dans les théories de Bally et de Sechehaye, mais par une autre voie. Bally se laisse guider par

> «le procédé des *équivalences fonctionnelles*, par quoi nous entendons des pièces du système grammatical qui peuvent s'échanger au nom de leur fonction commune, sans que leurs valeurs sémantiques et stylistiques soient nécessairement identiques» (1944[2]: 40, nous soulignons).

C'est là un procédé, fondé sur un point de vue onomasiologique, que Bally avait déjà mis en pratique dans son *Traité de Stylistique* (1909) et que l'on trouve aussi chez son collègue Sechehaye (1926a: 101; cf. *supra*): *la maison dont mon père est propriétaire ~ que possède mon père ~ qui appartient à mon père ~ possédée par lui ~ maison de mon père* (Bally 1944[2]: 40).

Ces *équivalences fonctionnelles* pourraient bien se trouver à la base de certaines *transpositions*. Soient deux structures équivalentes. Au lieu de se demander par quels procédés on peut ramener l'une à l'autre, Bally et Sechehaye se bornent à noter l'équivalence. Dans le meilleur des cas, les deux structures contiennent des éléments entre lesquels on peut établir une correspondance de mot à mot, soit une *transposition*. Sechehaye, par exemple, après avoir établi un rapport d'équivalence entre quatre phrases, signale que «les mêmes idées [qui] apparaissent dans les catégories les plus diverses» (1926: 101), ce qui l'amène à la théorie des *transpositions*.

En dernière analyse, les *transpositions* (Bally, Sechehaye; cf. aussi Frei) s'inscrivent dans une pratique généralisée de la paraphrase, c'est-à-dire de la transformation non contrôlée par la forme et basée sur un vague rapport de synonymie grammaticale. Chez Tesnière, en revanche, la paraphrase semble étrangère à sa théorie de la *translation*.

3.2.2.2.3. L'élaboration de la transposition par Frei

Ce tableau doit encore être complété par Henri Frei, disciple et successeur de Bally dans la chaire de linguistique générale (après Sechehaye). Frei a élaboré encore la théorie de son maître tout en la radicalisant. En effet, dans sa *Grammaire des fautes*

(1929), il développe une théorie de la *transposition* qui est encore plus puissante que celle de Bally, comme Bally l'a reconnu lui-même (1944[2]: 116, note 1)[323].

Si nous nous permettons un accroc à la chronologie — la «grammaire» de Frei est publiée trois ans avant *Linguistique générale et linguistique française* (1932) —, c'est que, d'abord, du point de vue de la chronologie 'globale' de l'histoire du concept de transposition, l'apport de Frei est postérieur à l'introduction de la notion par Bally (1922), et que, deuxièmement, du point de vue du contenu du concept, Frei y attribue une portée encore plus large, ce qui fait de sa réflexion en quelque sorte le prolongement de celle de son maître. Il est cependant plus que probable que les deux se sont «influencés» mutuellement dans l'élaboration du concept[324], notamment en ce qui concerne la *condensation*. Pour en avoir le cœur net, il faudrait, comme le signale Amacker (2001: 17, n. 19), étudier les manuscrits des cours de Bally.

D'un point de vue théorique, la notion de *transposition* s'intègre dans la conception fonctionnelle du langage de Frei (par laquelle il se démarque de Saussure; Frei 1929: 39). Il se propose de montrer

«comment le besoin d'invariabilité, en réduisant les modifications formelles à un minimum, cherche à rendre la transposition linguistique aussi aisée que possible» (1929: 138-139).

La mobilité du signe, gage de l'arbitraire total, autorise des *transpositions*, facilitées encore par le besoin d'invariabilité, qui consiste à limiter la charge mémorielle des signes en réduisant le nombre de signes différents.

Frei distingue trois types de *transpositions* (1929: 139):

(1) *transposition sémantique* (1929: 142-161): valeur sémantique ⇒ autre valeur
(2) *transposition syntagmatique*: catégorie syntagmatique ⇒ autre catégorie syntagmatique
(3) *transposition phonique*: sous-unité ⇒ unité (et inversement)
    p. ex. *nous-allons* (sujet conjoint) ⇒ *nous* (sujet disjoint)

La *transposition syntagmatique* comporte à son tour trois types (1929: 161-225):

(1) la *prédication* (phrase indépendante)[325]
(2) la *transposition linéaire*[326]
(3) la *condensation* (phrase → mot; syntaxe → morphologie).

---

[323] Bally (1944[2]: 118) critique la *transposition libre* que Frei oppose à la *transposition dirigée* (unilatérale, à sens unique). Pour Bally, des cas comme *louer* ne concernent pas un échange, mais plutôt une opposition statique.

[324] Bally, qui a dirigé la thèse de Frei, a assisté de très près à la genèse de la *Grammaire des fautes*. L'étude des notes de Bally montre que le maître avait quand même quelques réserves (Amacker 2001). Quant au chapitre sur le besoin de l'invariabilité où il est longuement question des *transpositions*, Bally l'a qualifié de «hors de pair. Il y a là toute une grammaire nouvelle en germe» (Amacker 2001: 17, n. 19).

[325] Il s'agit en réalité de toutes sortes de 'fautes' dues à l'action exercée sur le verbe par diverses tendances (fautes d'accord, tendance vers l'invariabilité du radical, etc.).

[326] Cette section est divisée en deux parties (Frei 1929: 214-225):
– élargissement/rétrécissement: *le troupeau sort → on sort le troupeau (élargissement); il boit du vin → il boit (rétrécissement)*.
– changement de direction (passif, impersonnel, etc.).

La *condensation* permet de «transposer une phrase en un membre de phrase» (Frei 1929: 175). Ce procédé est particulièrement puissant et défie les cloisons qui séparent les différents niveaux descriptifs au sein de la grammaire. En voici un échantillon représentatif:

- *la femme a le panier* > *qui a le panier* > *avec le panier* > *au panier* [préposition = verbe transitif condensé]
- *la rose est belle* > *la beauté de la rose*
- *la rose est rouge* > *la rose rouge*
- *il apporte le pain* > *le garçon qui apporte/apportant le pain*
- *il commande le navire* > *le commandant du navire*
- *un témoin qui l'a vu de ses yeux* > *un témoin oculaire*
- le déterminatif: *le chapeau de moi* > *mon chapeau*; *la maison qui est là* > *cette maison*
- *il courait* > *il est arrivé en courant*
- *être presque certain* > *la presque certitude*
- la substantivation: *être blanc* > *la blancheur*; *marcher* > *la marche*; *beau* > *le beau*; etc.
- «les substantifs composés et dérivés ont pour fonction de condenser une phrase en un substantif» (1929: 208): *il cultive la terre* > *un cultivateur*

La *condensation* est basée, en définitive, sur l'appariement du rapport *déterminé + signe de rapport + déterminant* au rapport prédicatif *sujet (déterminé) + verbe + prédicat (déterminant)* (Frei 1929: 161; 175-176).

Cette présentation sommaire suffit pour situer les *transpositions* de Frei par rapport à celles de ses contemporains. Ce qui les caractérise surtout, c'est la volonté d'aller au-delà des mots: le véritable objet de la description de Frei est d'établir des équivalences entre des phrases ou des *syntagmes*, bref entre des structures plus vastes que le mot. De ce fait, les *transpositions* (*syntagmatiques* et *linéaires*) de Frei s'apparentent encore plus que celles de Bally aux *transformations* qui ont marqué le début de la grammaire générative transformationnelle.

3.2.2.2.4. Conclusions: le cheminement vers une translation syntactico-fonctionnelle

Arrivé au terme de notre analyse comparative, nous pouvons résumer le chemin parcouru de Sechehaye (1926a) à Tesnière (1934, 1953, 1959), en passant par Bally (1932, 1944²) et Frei (1929), comme suit[327]:

- lexical (et infra-lexical, i.e. dérivationnel) ⇒ syntaxique
- sémantique ⇒ fonctionnel
- l'aspect formel devient plus important (cf. typologie des *translatifs*; étapes de la *translation*)

Même si la transposition ne renie pas tout à fait son origine lexicologique, elle s'étend progressivement à la syntaxe (flexion casuelle, prépositions + nom, subordonnées, etc.), au point de couvrir de larges pans de la grammaire. Les affirmations

---

[327] Pour une grille métathéorique des théories transpositionnelles, voir Lauwers (2004c [sous presse]).

de Bally (la *transposition* implique une refonte complète de la description grammaticale; cf. *supra*) et de Tesnière (la *translation* atteindrait même un mot sur quatre dans la conversation; 1969²: 366) soulignent cette tendance. Parallèlement, la *translation* s'affranchit chez Tesnière de la sémantique (liée à la dérivation, aux 'familles sémantiques', aux paraphrases sémantiques, et, chez Bally et Frei, au rapport sémantico-logique *déterminant/déterminé*) et accorde une importance plus grande aux aspects formels (déjà en partie chez Bally).

3.2.3. Les grammaires du corpus et la linguistique générale

Nous venons de voir comment les transferts intercatégoriels, une problématique liée aux parties du discours, ont conduit au développement de théories grammaticales qui ont fini par englober tous les niveaux de la description grammaticale, de la dérivation affixale à la proposition. Comme ces théories reposent sur une conception fonctionnelle (transversale) des structures et qu'elles sont basées sur les trois ou quatre parties du discours centrales, on peut les considérer comme des variantes de la perspective fonctionnelle transversale (PFT). Il reste à examiner de plus près les rapports entre les théories transpositionnelles et les grammaires du corpus (3.2.3.2.). Ces théories modernes, issues de la linguistique générale (d'expression française), ne parviennent pas à chasser l'ancienne conception des transferts intercatégoriels (= TI). En effet, la plupart des grammaires les considèrent encore — si elles en traitent explicitement — comme un problème d'ordre lexical (et éventuellement sémantique) (3.2.3.1.). Les principales conclusions de cette confrontation seront reprises sous 3.2.3.3.

3.2.3.1. L'approche lexicale traditionnelle des transferts intercatégoriels (= TI)

La relativité de l'attribution d'un lexème à une partie du discours est reconnue par tous les grammairiens du corpus. On note seulement des différences quant au *statut* accordé à la problématique.

Dans quatre grammaires (Plattner, Brunot, Engwer et Gougenheim)[328], le phénomène des transferts intercatégoriels (= TI) est connu, mais non pas théorisé[329]. Ces auteurs se limitent à des mentions sporadiques d'«emplois» non canoniques. Brunot, par exemple, traite certains TI dans les paragraphes consacrés à la morphologie lexicale. Il parle ainsi de la *substantification de vocables existants* (1922: 52; titre), de *nominaux nominalisés* (p. ex. *son peu d'ancienneté*; 1922:

---

[328] Chez Engwer – Lerch, l'absence d'un traitement intégré de la problématique des TI surprend. Sur ce point, ils s'éloignent de leur principale source d'inspiration, Otto (1919), qui avait considéré l'appartenance à une partie du discours comme un moyen d'expression syntaxique (cf. *supra* 3.2.2.2.1.1.). Quant à Plattner et Gougenheim, il faut noter l'absence d'un chapitre lexicologique.

[329] D'où l'apparition fréquente de termes et d'expressions comme *valeur* (Geltung), *emplois* (Gebrauch), *mots employés/considérés comme* [...], mots qui *deviennent* [...], etc.

64) ou *devenant noms* (p. ex. *un petit rien*; 1922: 65), etc. La problématique se reflète parfois même dans les titres, mais un traitement intégré, comme le voulait Bally dans son compte rendu (1922), fait défaut. L'approche onomasiologique favorise d'ailleurs l'apparition d'éléments changeant de catégorie (p. ex. la caractérisation: «l'adjectif et ses substituts» et «l'adverbe et ses tenant-lieu»; 1922: 601)[330], mais ces emplois ne sont pas vus comme le résultat d'une opération de transposition.

À la différence de ces quatre auteurs, qui ne regroupent pas les observations à propos des t r a n s f e r t s   i n t e r c a t é g o r i e l s à un endroit particulier de la grammaire ou sous le chef d'un mécanisme grammatical commun, la majorité des grammairiens en traite dans le cadre de la l e x i c o l o g i e (c'est-à-dire de la s é m a n t i q u e et/ou de la m o r p h o l o g i e   l e x i c a l e s). Le caractère lexical du phénomène est souvent souligné par la désignation *dérivation impropre*: Lanusse, Radouant, Académie, Bloch[331], Grevisse et Larousse. Dans d'autres grammaires (Ulrix, Dauzat, Bruneau, Clédat, Regula, Strohmeyer), cette désignation est absente, boudée (Cayrou), voire récusée (Michaut), sans que pour autant le phénomène cesse d'être traité comme un problème de l e x i c o l o g i e.

Abstraction faite de différences secondaires (p. ex. le statut des T I par rapport aux autres procédés morphologiques et sémantiques), l'approche 'lexicale' des T I peut être caractérisée comme suit:

(a) la perspective est celle de la création de mots nouveaux (= unités stables), qui peuvent subir des glissements sémantiques; de ce fait, le traitement dans un dictionnaire aurait été préférable
(b) les éléments sont traités sans la moindre référence à la syntaxe et aux contextes syntaxiques qui accompagnent ou qui expliquent la dérivation impropre
(c) la perspective adoptée donne dans la diachronie; confusion diachronie/synchronie.

Dans ce qui suit, nous nous limiterons à illustrer et à commenter ces trois caractéristiques, tout en indiquant au passage quelques vues plus originales, qui restent cependant enfermées dans le cadre étroit de la l e x i c o l o g i e [332].

(a) Commentons d'abord l'aspect lexical, qui nous conduira indirectement à la sémantique. Selon Ulrix, les changements de fonction, qui expliquent le passage d'une partie du discours à une autre, débouchent sur la création de *mots nouveaux*, ce qui justifie leur traitement dans l'*étude de la formation des mots*:

---

[330] On notera aussi que les noms et adjectifs d'action figurent parmi les moyens d'expression *des faits* (Brunot 1922: 203-209).

[331] En dehors du chapitre lexicologique [*dérivation impropre* (titre section; 27-28)], on trouve, sous le nom, les «changements de catégories», avec un renvoi à la s é m a n t i q u e   l e x i c a l e («changements de sens des mots») pour les glissements *abstrait/concret* et *individuel/collectif*.

[332] Strohmeyer fait bande à part en ce qu'il défend une conception très restrictive de la problématique des T I. Pour lui, il s'agit d'une espèce de dérivation, à savoir le «Selbständigmachen eines Verbalstammes oder einer Verbalform» (1921: 195), à savoir le radical du présent, l'infinitif et les deux participes. Cette dérivation produit des «Verbalsubstantive» (1921: 203) et ne rend pas compte des autres cas de 'dérivation impropre'.

«Toutes les parties du discours peuvent changer de fonction, c'est-à-dire passer d'une espèce de mots à une autre, et, dans leur nouvel emploi, ils [*sic*] doivent être considérés comme des mots nouveaux» (Ulrix 1909: 25).

Si la plupart des grammairiens considèrent les TI comme un changement de classe, Ulrix souligne qu'il s'agit en premier lieu de *changements de fonction* (1909: 25-26), par opposition aux *changements de signification* et *de forme*. Il s'inspire sans doute de Clédat (1896: 64), qui parle lui aussi de mots qui peuvent *changer de fonction*. Or, celui-ci ajoute que ces changements de fonction entraînent une «modification plus ou moins importante de la signification» (Clédat 1896: 64). Voilà pourquoi le phénomène est rattaché à la *dérivation des sens*. N'empêche que Clédat dépasse, dès sa *Grammaire classique* (1896: 315), le cadre étroit de la l e x i c o l o g i e [333]. Le *complément circonstanciel* peut être exprimé par un *adverbe* («un mot spécial»), mais si le «complément circonstanciel est exprimé à l'aide d'une préposition», Clédat parle d'une *locution adverbiale* (p. ex. *avec abondance*), ce qui confirme le constat que nous avons été amené à faire à propos de l'application précoce de la PFT aux s y n t a g m e s   p r é p o s i t i o n n e l s   c o m p l é m e n t s   c i r c o n s t a n c i e l s   d e   m a n i è r e dans la tradition grammaticale française (cf. historique 3.2.1.3.). Mais il y a plus: «La conception adjective peut souvent être rendue par une préposition reliant deux noms: «table *de jeu*»». Il s'agit de «deux procédés» (*Français* [sic]/*de France*), entre lesquels on a le choix, mais pas toujours (p. ex. *blond, de jeu*) (1896: 151). Ce passage enchaîne sur les *adjectifs pris substantivement* (et vice versa) et effleure la problématique des marques extérieures (entre autres les suffixes lexicaux; cf. Otto 1919 plus tard) caractérisant le nom ou l'adjectif (1896: 151). Malgré l'insertion de la problématique dans la s é m a n t i q u e   l e x i c a l e, il faut dire que Clédat (1896) — bien avant Clédat (1924) (cf. historique 3.2.2.1.) — annonce déjà les théories transpositionnelles et la PFT.

Quarante ans plus tard, Grevisse défend toujours le traitement des TI dans le cadre de la s é m a n t i q u e   l e x i c a l e. La *dérivation impropre* (1936: 54) qui attribue des *fonctions nouvelles* aux mots «ressortit en réalité à l'évolution de la signification des mots ou *sémantique*», mais «il nous paraît commode néanmoins d'en parler ici» (1936: 54), c'est-à-dire sous la m o r p h o l o g i e   l e x i c a l e [334].

(b) Le *Bon Usage* nous amène à la deuxième caractéristique: l'isolement des TI par rapport à la syntaxe. Dans quelques cas, Grevisse fournit le mécanisme[335] qui a permis le TI (1936: 55-56):

---

[333] Il y expédie d'ailleurs le problème en 8 lignes.
[334] L'inventaire des TI est complété encore par les remarques à l'intérieur du chapitre consacré au nom (Grevisse 1936: 127-128).
[335] Il signale aussi la *catachrèse* (litt. 'emploi abusif d'un mot'). Dans ce cas, l'usage a oublié l'origine du mot (p. ex. *barème*, avec minuscule) (Grevisse 1936: 127).

«par métaphore ou par méthonymie», «par l'ellipse du nom déterminé [...] par mise en évidence de la qualité [...] par emploi du neutre pour désigner une notion abstraite», «quand il personnifie une chose».

Le recours aux figures (sémantiques) justifie la place des TI dans la sémantique. Parmi les différents types, on note aussi la présence de transferts provoqués (ou accompagnés) par une configuration syntaxique particulière. Or, ceux-ci ne sont pas expliqués (1936: 54-58):

– apposition: *des gants paille, des airs bon enfant*
– *se lever matin* (N → particule)
– *Attention!* (N → particule)
– *Le moi, un malade, le vrai* (adj. → N)

(c) La dernière caractéristique, la confusion du plan synchronique et du plan diachronique, peut facilement être illustrée par Lanusse – Yvon. Dans la section consacrée à la *dérivation impropre* (1921: 41-48)[336] figurent entre autres les phénomènes suivants:

– l'origine des noms propres issus de noms communs et d'adjectifs
– l'évolution des noms *pas* et *point* vers la classe des adverbes négatifs
– des exemples comme *bon* (adj.) → *bon* (N) *de cinq francs*,

ainsi que des procédés extrêmement productifs (et ressentis comme tels par les locuteurs), comme:

– les adjectifs qualificatifs employés comme noms communs
– les noms employés comme adjectifs: *un meuble empire, personne pot-au-feu*
– les *si*, les *car*, les *pourquoi*.

Même à l'intérieur d'une même rubrique on trouve des TI qui n'ont pas tous le même statut en synchronie. Il suffit de comparer *un fort, une majuscule, l'initiale* à *les méchants* et *les forts* (Lanusse 1921: 42), ou encore *une robe rose* à *un meuble empire*. On aurait tort de prétendre que les auteurs ne se sont jamais rendu compte de ce mélange panchronique (ou achronique), seulement ce constat ne fait pas le poids.

Le traitement lexical des TI donne lieu à une confusion du sens et de la fonction des mots (qui est liée à la confusion synchronie/diachronie). Ces deux aspects sont cependant dissociés par Michaut – Schricke, qui de ce fait méritent une mention particulière. Le point de départ est nettement conservateur:

«Certains grammairiens» en ont conclu qu'il fallait considérer les parties du discours comme des classes différant uniquement «par *fonction*, non par *nature*» (1934: 6).

À cette conception fonctionnelle des parties du discours, ils opposent en substance l'assimilation incomplète de certains mots qui ont changé de catégorie. Il reste «des

---

[336] Cet aperçu détaillé explique sans doute la thèse adoptée dans la préface: «Nombre de mots peuvent être placés dans plusieurs tiroirs», c'est-à-dire des «tiroirs d'un classeur»; «Les catégories grammaticales nous renseignent mal sur la nature des mots» (Lanusse 1921: I).

traces d'une différence de nature» (Michaut 1934: 6). Ainsi, *marron* dans *une robe marron* n'est «pas tout à fait encore un adjectif comme les autres» et «on l'emploie inconsciemment comme un terme de comparaison» (1934: 6) (= *qui est de la couleur du marron*), d'où l'absence d'accord (1934: 336). Ceci revient à nier que les mots changent de *classe*, tout en admettant le changement de *fonction* qu'ils peuvent subir. Ce point de vue correspond à la dissociation de deux plans chez Jespersen (1924): *parts of speech* et *ranks* (cf. 3.2.1.3.). Michaut et Schricke n'en sont pas encore là, car le traitement dans le chapitre consacré à la m o r p h o l o g i e   l e x i c a l e replonge le problème, qui avait pris des allures fonctionnelles, dans la sémantique: les TI relèvent de la *dérivation impropre*, ou mieux, de la *déviation*, étant donné que le mot n'est pas «dérivé», mais seulement «*détourné* de son premier sens» (1934: 61)[337].

3.2.3.2. L'irruption de la modernité linguistique: la transposition

Le traitement classique des t r a n s f e r t s   i n t e r c a t é g o r i e l s s'ouvre quelquefois aux concepts développés dans le cadre de la linguistique générale genevoise (Bally et Frei), mais l'attachement à la l e x i c o l o g i e reste cependant fort. Ce n'est que dans les syntaxes — qui par définition ne s'occupent pas de l e x i c o l o g i e — que la t r a n s p o s i t i o n   l e x i c a l e (3.2.3.2.1.) semble évoluer vers une interprétation plus syntaxique (= t r a n s p o s i t i o n   s y n t a x i q u e) (3.2.3.2.2.). Étant donné que la notion de *transposition* repose sur l'établissement d'une équivalence — en grande partie — fonctionnelle avec les parties du discours de base, il n'est pas étonnant que transposition et perspective fonctionnelle transversale (= PFT) se côtoient dans un certain nombre de grammaires (3.2.3.2.3.).

3.2.3.2.1. Transpositions lexicales

Trois grammaires intègrent le concept de *transposition* en le restreignant au domaine lexical, c'est-à-dire aux t r a n s f e r t s   i n t e r c a t é g o r i e l s qui affectent les mots (pris isolément): Larousse, Dauzat et Regula. La *transposition* fait alors son apparition dans les chapitres l e x i c o l o g i q u e s.

Dans la *Grammaire* Larousse, la *dérivation impropre* est conçue comme une *transformation* (1936: 24) et les auteurs distinguent trois cas (1936: 25-26): dérivation entre «catégories voisines», dérivation allant du *mot plein* au *mot-outil* ou inversement, et la dérivation sans changement de catégorie grammaticale. On aura reconnu les concepts de *transposition* et de *transvaluation* de Bally (1932) (cf. ci-dessus, 3.2.2.2.2), ouvrage qui figure, d'ailleurs, dans la bibliographie. Le troisième type de dérivation concerne les va-et-vient entre les sous-classes d'une seule partie

---

[337] D'ailleurs, la distinction formulée dans les notions préliminaires n'a aucun impact sur la description même de la dérivation impropre. Très critiques, les auteurs finissent toujours par se ranger derrière la tradition, tradition (ou commerce?) oblige. Il semble en effet que cette *Description* (critique) de la langue française, qui a dû être coulée dans un format descriptif plus traditionnel (cf. Ch. II, 1.2.1.), a perdu en même temps beaucoup de sa hardiesse.

du discours (p. ex. noms abstraits/concrets), ainsi que le phénomène de l'extension sémantique (p. ex. l'histoire de *bureau*), qui, à vrai dire, ne s'y trouve pas vraiment à sa place.

Chez Dauzat, les *changements de catégorie*, quoique traités sous *vocabulaire*, sont dissociés de la dérivation[338]. La perspective adoptée déborde la synchronie («le langage n'est jamais fixé»; 1947: 52), d'où la présence d'exemples comme *dont* (un *ancien adverbe*) (1947: 53). Dans *le vrai*, il y a *changement de catégorie* «par transposition directe, pour désigner la qualité en soi et non plus relativement à un nom» (1947: 52). Ce cas est à distinguer d'expressions elliptiques, telles que *une (note) noire*[339].

Le concept de transposition transparaît aussi à travers la terminologie de Regula. La section consacrée à la *Wortbedeutung* (= sémantique lexicale) s'ouvre sur une classification des parties du discours d'après le sens (*nach der Bedeutung*), suivie d'un paragraphe sur le *Wortartwechsel* (*kategoriale Verschiebung*), appelé aussi «Übergang in eine andere Wortart» (Regula 1931: 30):

> «Die Wortarten sind in der Sprache nicht streng von einander geschieden, es können durch Funktionswechsel Verschiebungen stattfinden» (1931: 25).

Il donne quelques exemples (N > adj. et adj. > N), mais seuls les T I du nom aboutissant à des mots-outils sont dits relever de la *Satzbildungslehre* (1931: 25), c'est-à-dire de la syntaxe[340]. Que Regula s'inspire de Bally, cela ressort de la refonte française (1936) de sa grammaire. Le passage en question est traduit par *Transposition*, terme glosé par *Wortartwechsel, kategoriale Verschiebung* (1936: 25): «Il y a souvent transposition par suite d'un changement de fonction». L'influence de Bally est évidente, d'autant plus que le linguiste genevois est cité parmi les sources (1931: VI).

3.2.3.2.2. Vers une conception plus syntaxique des transpositions

La position de Regula est déjà assez proche de celle des auteurs qui sortent la *transposition* du champ de la lexicologie pour en faire un concept syntaxique (Wartburg, Le Bidois, de Boer et Galichet). Les deux derniers l'incorporent à une perspective fonctionnelle globale (PFT) et seront traités sous 3.2.3.2.3.

---

[338] Le détail de la morphologie dérivationnelle est traité dans les chapitres consacrés aux parties du discours.

[339] La notion de *transposition* revient à plusieurs reprises dans les parties 'grammaticales' de l'ouvrage: transpositions des temps (1947: 208, 210, 227) et des personnes (1947: 261-262). Dauzat l'applique en outre à toutes sortes de glissements sémantiques: du spatial au temporel (1947: 194, 336), ou encore, du concret à l'abstrait (1947: 282).

[340] Le *Wortartwechsel* s'inscrit dans une théorie des moyens grammaticaux (*Beziehungsmittel*) héritée d'Ernst Otto (cf. 3.2.2.2.1.1.; cf. aussi Ch. V, 2.3.), selon laquelle la *Wortart*, tout comme la flexion, est porteuse d'une *Beziehungsbedeutung* (1931: 42). Bruneau – Heulluy, qui admettent que «les mots changent de nature» (1937: 63-64), se rapprochent de cette théorie en affirmant que «les suffixes ordinaires jouent un rôle grammatical: ils servent à former des noms à partir des verbes, des verbes à partir des noms, etc.» (1937: 57).

Les va-et-vient entre les parties du discours occupent une place de choix chez Wartburg – Zumthor. Il en est question dans les chapitres sur le substantif (1947: 193-194), l'adjectif (1947: 200-201), et, dans une moindre mesure, l'adverbe (1947: 163, 175, 302). Dans l'esprit des auteurs, il s'agit d'une «transposition de valeur» (1947: 200), malgré la terminologie plutôt syntaxique:

> «Les catégories de l'adjectif et de substantif sont logiquement très proches l'une de l'autre; nous avons vu (706, 707) des exemples de substantifs en fonction adjectivale. Plus fréquent encore est le cas des adjectifs employés en fonction substantivale» (1947: 200).

Les auteurs se rapprochent sur ce point de de Boer (cf. les termes *fonction adjectivale, substantivale, adverbiale*)[341], à ceci près que Wartburg – Zumthor se limitent aux seules parties du discours (= t r a n s f e r t s   i n t e r c a t é g o r i e l s). Fidèles au structuralisme genevois, ils expliquent certains transferts par un renvoi à la sémantique, d'où sans doute l'expression «transposition[342] de valeur» (p. ex. 1947: 200-201). Ils tiennent compte du sentiment linguistique (synchronique) du locuteur: «l'esprit perd de vue leur origine adjectivale» dans des cas comme *le bleu du ciel, le noir brillant de sa robe* (Wartburg 1947: 200). Inversement,

> «Certains adjectifs, moins souvent employés de cette manière, gardent, en fonction de substantifs, leur caractère adjectival propre, encore assez net dans l'esprit de celui qui parle» (1947: 201).

Tel est le cas de *les habiles*, contrairement à *un sourd, un brave, un sage*, qui sont «passé[s] dans l'usage courant». Comme les auteurs ne livrent jamais leurs sources (même pas dans une bibliographie), les emprunts à la linguistique genevoise ne sont pas explicites. Le double renvoi à D&P et aux Le Bidois qui figure au seuil de l'ouvrage est plus que significatif (1947: 4; cf. aussi préface).

En effet, dans la syntaxe des Le Bidois, le concept de transposition renforce encore sa position comme phénomène syntaxique, même s'il n'intervient que de façon sporadique. Dans *parler haut*, disent-ils, on reconnaît ce que Bally appelle une ««transvaluation»[343] de catégories», qui comporte «une transposition, sur le plan *verbal*, des combinaisons correspondantes du plan nominal ou substantif» (T2, 586). Et d'établir une équivalence avec *une parole haute*. Apparemment, ils citent Bally de mémoire (cf. aussi l'absence d'une référence précise), car Bally accorde un sens plus précis à la notion de *transvaluation*, à savoir la transposition d'un mot plein en un mot vide à la suite d'une réinterprétation (cf. 3.2.2.2.3.).

La portée des termes *transposition/transvaluation* dépasse nettement les changements intercatégoriels affectant un mot pris isolément. La *transposition* de l'adverbe en adjectif (T2, 588) est tributaire de

---

[341] Le plan de la seconde édition, tout à fait remaniée (notamment le plan), reflète d'ailleurs la tripartition (substantival, adjectival, adverbial) qu'on trouve aussi chez de Boer.

[342] Le terme de *transposition* a encore d'autres emplois (Wartburg 1947: 117, 118, 32).

[343] Cf. aussi: «un adjectif transvalué» qui devient préposition «par mutation de valeur»: *plein, sauf* (T2, 671).

«la transposition globale d'une phrase en un substantif qui entraîne parallèlement la substantivation du verbe et l'adjectivation de l'adverbe» (T2, 589),

comme l'a fait remarquer Frei. Le terme de *transposition* a d'ailleurs encore d'autres emplois[344] qui le rapprochent encore davantage des premières *transformations* de la grammaire générative transformationnelle. Le terme apparaît fréquemment dans le chapitre sur l'ordre des mots pour désigner les changements dans l'ordre naturel des mots (T2, 51, 29, 66, 77, 127). Ainsi, dans les *tours dits nominaux*[345], la *transposition de valeur* (ou *transvaluation sémantique*; T2, 78) s'accompagne souvent d'une *transposition dans l'ordonnance des termes* (T2, 77), comme dans *la nuit sombre* → *le sombre de la nuit*, contrairement à *une âme malheureuse* → *une âme de malheur*. Que la *transvaluation* s'inscrive dans des transformations affectant des structures plus englobantes, ressort aussi du fait que les auteurs renversent la perspective habituelle (le substantif devient adjectival) en parlant de «la transvaluation de l'épithète en substantif» (T2, 79). Cette réversibilité des *transvaluations* suggère que, en fin de compte, il ne s'agit que de structures sémantiquement équivalentes (ou analogues), bref, d'une approche stylistique à la Bally, qui réunit les moyens d'expression de telle ou telle notion. L'exemple suivant, emprunté à Corneille, souligne le caractère littéraire et stylistique de nombre de ces transpositions: *j'ai moins d'un ennemi* (T2, 613) est une *transposition exceptionnelle* de *j'ai un ennemi de moins,* motivée par des contraintes prosodiques. À témoin aussi l'affirmation de Voltaire selon laquelle l'éloquence consisterait surtout à «transporter les mots d'une espèce dans l'autre» (T2, 588).

Les Le Bidois s'inspirent explicitement de Bally et de Frei (cf. aussi les nombreux renvois à la «condensation»)[346], ce qui explique l'étendue du domaine couvert par la notion de *transposition* (qu'ils confondent avec la *transvaluation*). Il s'agit d'un procédé syntaxique (à finalité stylistique), impliquant des structures plus larges, qui est peu soucieux des questions de forme.

3.2.3.2.3. Transposition syntaxique + PFT globale

Étant donné que les transferts intercatégoriels (= entre parties du discours) supposent une approche fonctionnelle (transversale), il n'est pas étonnant de trouver des renvois aux théories transpositionnelles chez les auteurs qui inscrivent les faits de syntaxe dans une perspective fonctionnelle transversale (de Boer, Galichet, D&P, Haas, Sonnenschein[347]).

---

[344] Voir (T1, 80, 181, 499).

[345] Il s'agit d'expressions dans lesquelles le nom exprime «une idée verbale (action) ou une caractérisation (attribut ou épithète)» (T2, 77), bref, où le nom tient lieu de verbe ou d'adjectif.

[346] P. ex. (T2, 54, 707, 741, 95). Cf. aussi (T2, 676, 679).

[347] Sonnenschein, par contre, ignore pareil concept et s'en tient à une conception purement statique des transferts intercatégoriels (appelés *equivalents*).

Commençons par de Boer et Galichet, qui s'inspirent directement de l'École de Genève, notamment de Sechehaye. La notion de transposition joue un rôle de premier plan, même si elle n'est pas exploitée au niveau infra-lexical[348].

L'assise théorique de la grammaire de Galichet remonte en fait à la théorie sémantique et lexicale de la *transposition* de Sechehaye. Les représentants non prototypiques des *espèces grammaticales* (= les catégories sémantico-fonctionnelles transversales) sont parfois considérés comme les résultats d'une *transposition* (*le rouge et le noir*) ou d'une *translation* (*une robe prune, une allure peuple*) (1947: 38)[349], ou encore, d'un *transfert* (*un monsieur bien*) entre deux *espèces* (1947: 116). L'influence de Bally et de Sechehaye sur ce point est d'ailleurs reconnue explicitement par l'auteur quand il cite les «procédés transpositifs» de Sechehaye (1947: 17). À l'instar de Bally, Galichet distingue les points de vue «synchronique» et «diachronique» (*on*, *rien*, etc.) en matière de la *transposition* (1947: 25-26). Les *transpositions* mènent, par exemple, à la création de nouvelles prépositions, ce qui entraîne parfois des «valeurs mixtes» (p. ex. *suivant une pente droite et ...*) (Galichet 1947: 49). Mais, à la différence des Genevois, Galichet n'exploite pas vraiment la *transposition* au niveau i n f r a - l e x i c a l, sauf peut-être dans le cas de l'adjectif et de l'adverbe (*-ment*)[350].

Chez de Boer, l'aspect sémantique est relégué à l'arrière-plan en faveur de l'aspect fonctionnel[351] (cf. 3.2.1.1.), du moins pour ce qui est de la PFT. Sur le plan du mot, il intègre bien la notion de «transposition, ou transvaluation[352]» qu'il définit comme le «passage d'une forme d'une catégorie à une autre» (1947: 102). C'est que

> «La même pensée peut entrer dans des cadres psychologiques ou grammaticaux différents. Pourtant, l'édifice de la grammaire n'est pas ébranlé par la transposition, qui en constitue une partie essentielle dans la langue moderne» (de Boer 1947: 102).

Ce point de vue, qu'il tient de Bally, n'exclut pas l'existence de catégories, qui passent même pour «une des bases essentielles de la description» (1947: 102, n. 1.).

La théorie lexico-sémantique de Sechehaye a cependant laissé des traces. Le métalangage du syntacticien hollandais («forme» *vs* «pensée»; «cadres psychologiques ou grammaticaux différents») trahit encore une certaine hésitation. S'agit-il de *formes* (= mots) ou d'*idées* (= concepts lexicaux, comme chez Sechehaye) qui chan-

---

[348] Mais l'absence de chapitres ' l e x i c o l o g i q u e s ' peut fausser quelque peu la perspective.
[349] Tesnière (1934) est cité dans la bibliographie.
[350] Le concept de *transposition* semble porter ici sur l'énoncé global (plutôt que sur le seul adjectif): *Sa marche est rapide → il marche rapidement* (Galichet 1947: 38).
[351] De Boer (1947: 101, n. 76.) critique à ce propos Clédat qui avait appliqué l'étiquette «changement de fonction» à l'exemple *rendez-vous* (désormais 'convocation'). Pour de Boer, il s'agit d'un «changement sémantique» — induit par un processus de figement — qui ne relève plus de la syntaxe, contrairement à *un oui, un bon tiens vaut mieux*, etc., qui sont, en effet, des transpositions de type f o n c t i o n n e l.
[352] Cf. aussi (1947: 153) et la *transposition* du d i s c o u r s d i r e c t (1947: 198). On trouve aussi les termes de *transfiguration* (du participe passé en qualificatif; de Boer 1947: 113) et de *conversion* (1947: 186), qui renvoient à Frei (*Il vous sera ... → Vous avez plus facile de passer par là*).

gent de catégorie ? La même ambiguïté ressort aussi du commentaire lapidaire qu'il fait sur la thèse de Sechehaye selon laquelle toute idée peut être transposée à la catégorie de l'entité (donc à la catégorie du nom): «Cette formule comprend aussi des cas comme: *la blancheur, la marche, la durée*» (1947: 101). Il n'est pas clair si de Boer admet la dérivation affixale, qui trahit une conception sémantique de la *transposition*. Mais dans la pratique, de Boer exploite seulement la *transposition* aux niveaux lexical et supralexical.

Damourette et Pichon, pour leur part, ont régulièrement recours à la notion de *transposition*, mais le concept n'entre pas vraiment dans le cœur de la description (cf. aussi son absence dans l'index). La *transposition* n'est, en effet, pas rattachée à l'*équivalence*, concept central de leur approche fonctionnelle transversale (cf. 3.2.1.1.). En dehors de l'expression «transposition d'essences» (*hostile ménagerie → animale hostilité*; V2, 42), les occurrences du terme de *transposition* que nous avons relevées concernent toujours des rapports d'équivalence établis entre des structures plus complexes. Ainsi, la préposition *de*, «en position adnominale, sert à présenter ce qui, en phrase verbale, a la construction directe». Cette *transposition* (V7, 242) — liée à la n o m i n a l i s a t i o n — s'applique au s u j e t et au C O D. De même, le terme de *transposition* est affecté aux reformulations du type[353] (V3, 179)

> *Les grenouilles tournent crapauds.*
> *Dieu tourne les grenouilles crapauds.* («transposée [...] en emploi ayancé»)
> *Les grenouilles sont tournées crapauds par Dieu.* («transposition au passif»).

Reste Joseph Haas. Bien avant l'élaboration des théories transpositionnelles par les linguistes genevois, celui-ci avait déjà accordé beaucoup d'importance aux *Verschiebungen (der Funktion)* dans le cadre d'une approche fonctionnelle (psycho-sémantique) transversale[354], prévoyant aussi l'existence d'emplois de transition («Übergangsformen»; 1909: 210, 330, 334-335), cités dans ce que nous appellerons aujourd'hui leur *bridging context*. Les traditionnelles parties du discours ne suffisent pas en syntaxe:

> «Diese Einteilung, die vor allem auf morphologischen Unterschieden basiert, ist zu starr, nicht elastisch genug, als dass sie zur Bezeichnung der *Verschiebungen* genügen würde, denen die Wörter, auch wenn sie historisch und usuell einer bestimmten Kategorie angehören, *im Satze* unterliegen» (Haas 1916: 12, nous soulignons).

Si l'importance de ces *Verschiebungen* — terme qui devait se traduire par *glissement* ou *translation* — pour la syntaxe est reconnue en théorie, il faut dire que Haas veut s'en défaire aussitôt qu'il aborde le détail de la description syntaxique. Il tend, en effet, à reléguer la problématique dans la morphologie et la sémantique lexicales (1909: 49; cf. aussi 155).

---

[353] Ainsi qu'à certaines phrases e l l i p t i q u e s (V4, 286).
[354] Pour des exemples: Haas (1909: 209, 211, 228, 330); cf. aussi Haas (1916).

3.2.3.3. Tableau synoptique et conclusions

Les rapports entre les grammaires du corpus et les théories transpositionnelles peuvent être résumés comme suit[355]:

statut	représentants
approche lexicale	• «dérivation impropre»: Lanusse, Radouant, Académie, Bloch, Grevisse • autres: Ulrix, Bruneau, Clédat, Strohmeyer, Cayrou, Michaut • absence de théorisation, occurrences sporadiques: Plattner, Brunot, Engwer, Gougenheim
résultat d'une opération (transposition)	• transposition lexicale: Larousse, Dauzat, Regula • vers une transposition syntaxique: Le Bidois, Wartburg
transposition + PFT	de Boer, Galichet, (D&P)
PFT, sans transposition	Haas [mais: *Verschiebung*], Sonnenschein

De manière générale, on peut dire que l'impact des théories transpositionnelles est assez réduit, mais néanmoins réel, surtout quand on fait abstraction des grammaires antérieures à 1922, où toute influence est exclue.

Traditionnellement, les auteurs reconnaissent que les mots peuvent changer de catégorie (= transferts intercatégoriels), mais ce changement est un phénomène lexical qui aboutit à la création de mots nouveaux, d'où le terme de *dérivation* impropre. Ce statut lexical (ou lexicologique) des TI (la catégorie d'arrivée est un nouveau mot), qui entraîne aussi une confusion du sens et de la fonction des mots, est très net dans les grammaires d'expression française. C'est justement contre cette confusion sens-lexique et fonction-syntaxe qu'ont réagi, chacun à sa façon, Michaut, Bally, Tesnière et Jespersen.

Vu le traitement lexicologique des TI dans les grammaires, il n'est pas étonnant que, là où le concept de *transposition* apparaît, celui-ci ait été restreint au champ purement lexical (= transposition lexicale) (Larousse, Dauzat, Regula).

On aura noté l'influence de Sechehaye, de Bally et de Frei, même si aucune grammaire n'érige la transposition en principe fondateur de la syntaxe. Ces linguistes sont d'ailleurs cités (corps du texte et bibliographie confondus): Galichet (Frei, Sechehaye, Bally), de Boer (Frei, Sechehaye, Bally), Le Bidois (Frei, Sechehaye, Bally), Gougenheim (Sechehaye, Bally), Dauzat (Sechehaye, Bally), Larousse (Sechehaye, Bally). Le nom de Bally apparaît aussi chez D&P et Regula[356]. L'absence de Wartburg – Zumthor dans ce relevé tient au fait qu'ils ne citent jamais leurs sources. Si les structuralistes genevois ont pu exercer une certaine influence sur les grammaires du corpus, l'impact de Tesnière est nul (abstraction faite de Galichet), la page que Tesnière avait consacrée à la *translation* dans son article de 1934 ne constituant sans

---

[355] Pour une mise au point métathéorique du champ de la *transposition*, voir Lauwers (2004c [sous presse]).

[356] Ainsi que chez Lanusse, Strohmeyer, Brunot et Radouant, mais ces quatre grammaires ont paru avant l'émergence des théories transpositionnelles.

doute pas une impulsion suffisante, malgré le compte rendu élogieux que Gougenheim en avait fait dans le *FM* (1935).

Le concept de *transposition* est le mieux intégré chez Galichet et de Boer, qui l'inscrivent dans une perspective fonctionnelle globale (PFT). La même conception de la syntaxe avait conduit Haas à un concept analogue (*Verschiebung*), indépendamment de l'École de Genève. Chez ces trois auteurs, la notion de *transposition* reste liée au niveau lexical et ne s'applique pas à des structures syntaxiques plus complexes.

D'autres grammaires (Larousse, Dauzat, Regula; Wartburg, Le Bidois, D&P), en revanche, s'en tiennent à un emprunt sélectif et superficiel, comme le suggère aussi la confusion de *transposition* et *transvaluation* chez les Le Bidois (et, sans doute par l'intermédiaire de ceux-ci, chez de Boer). La notion de transposition y est sporadique et ne se rattache pas à une théorie globale de la syntaxe. Cet emprunt — souvent avoué — ne leur coûte pas d'ailleurs: le phénomène des TI est connu; il suffit d'y appliquer une nomenclature plus savante. Le Bidois et D&P tendent à appliquer la notion de *transposition*, à l'instar de Bally et de Frei, à des constructions plus complexes, se rapprochant de ce fait des futures *transformations* des premières versions de la grammaire générative (notamment celles de Harris 1952; cf. Seuren 1998: 235).

Quant à la d é r i v a t i o n a f f i x a l e, celle-ci n'est pas affectée par les transpositions dans les grammaires du corpus (sauf peut-être par de Boer, qui hésite), autre indice d'une réception sélective. Il faut d'ailleurs dire que la déconnexion du s e n s l e x i c a l et du s e n s g r a m m a t i c a l, fondement sémantique de la t r a n s p o s i t i o n i n f r a - l e x i c a l e n'est pas attestée, sauf chez Regula (1931, 1936).

La grammaire de Sonnenschein et, dans une moindre mesure, de D&P, montre qu'on n'a pas besoin du concept de transposition pour élaborer une approche fonctionnelle transversale des faits de langue, approche respectueuse de la tradition grammaticale, statique et catégorielle.

3.3. *S y n t a g m e et P F T : enfin une syntaxe continue?*

Arrivé au terme de ce long chapitre, il convient de remettre les choses en place. Sous 2. nous avons caractérisé la syntaxe traditionnelle française comme une syntaxe qui porte les traces d'une approche catégorielle ascendante (cf. 2.1.) et d'une approche logique descendante (cf. 2.2.). Ces deux approches entrent inéluctablement en conflit et témoignent de la discontinuité profonde de l'analyse syntaxique (cf. 2.3.). Sur ce point, la syntaxe exhale encore l'esprit de la double analyse du 19e siècle (cf. 2.0.).

Ensuite, nous avons décrit deux concepts qui ont contribué, l'un plus que l'autre, à combler le fossé entre les deux domaines d'analyse que sont le m o t (p a r t i e s d u d i s c o u r s) et les f o n c t i o n s dans la proposition, à savoir le s y n t a g m e (cf. 3.1.) et la p e r s p e c t i v e f o n c t i o n n e l l e t r a n s v e r s a l e (cf. 3.2.). Dans ce qui suit, nous ferons le point sur ces tentatives. Nous rappellerons l'utilité de ces concepts (3.3.1.1.), mais aussi et surtout les défauts qui restaient à corriger (3.3.1.2.).

Même dans le cas idéal, cette analyse continue demeure, au fond, bidirectionnelle, donc hétérogène, en ce qu'elle relie une analyse f o n c t i o n n e l l e (c'est-à-dire en termes de f o n c t i o n s   s y n t a x i q u e s, en partie définies sémantiquement) à une approche c a t é g o r i e l l e   a s c e n d a n t e. Seulement, le caractère 'conflictuel' a disparu et les deux niveaux sont désormais reliés par une interface explicite.

La linguistique du 20ᵉ siècle a cependant aussi élaboré des analyses continues qui se veulent, en plus, plus homogènes (unidirectionnelles) (3.3.2.).

3.3.1. La grammaire traditionnelle: vers une continuité bidirectionnelle

Grâce à l'introduction de la notion de s y n t a g m e et au développement d'une p e r s p e c t i v e   f o n c t i o n n e l l e   t r a n s v e r s a l e, la grammaire s'achemine, par deux voies différentes, vers une grammaire continue (3.3.1.1.). Or, comme nous avons dû le constater, cet idéal n'est presque jamais atteint pour des raisons diverses (3.3.1.2.).

3.3.1.1. L'idéal

Comme nous l'avons dit, la syntaxe traditionnelle est foncièrement bidirectionnelle et elle le reste. Après la délogicisation et la diversification de l'appareil fonctionnel, c'est-à-dire vers 1910 (cf. Chervel 1977)[357], l'analyse se présenta comme suit (cf. 2.0.1.):

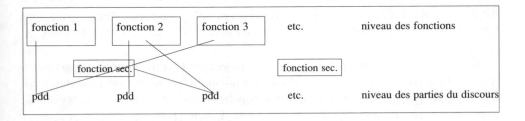

Dans le cas idéal, l'intégration du s y n t a g m e et de la p e r s p e c t i v e   t r a n s v e r s a l e aboutit à l'analyse suivante:

---

[357] Nous développerons encore cet aspect au chapitre IV. Voir aussi Ch. III, 1.2.2.

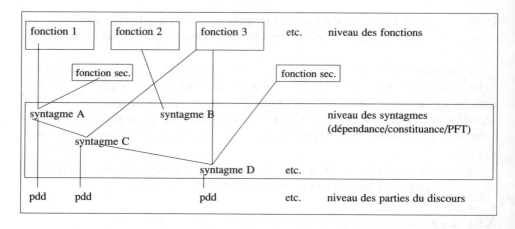

Le syntagme aide à combler le fossé qui sépare le mot de la proposition et ses parties (les fonctions). Dissociés de l'analyse fonctionnelle (cf. Ries 1894, 1928), les syntagmes constituent un niveau intermédiaire qui permet de rendre compte de certains patrons réguliers qui sont indépendants du niveau fonctionnel. Le syntagme (= du type PFT) peut aussi s'inscrire dans une approche transversale globale des structures linguistiques qui, sur un plan plus abstrait et fonctionnel, réduit la variation structurelle à des catégories abstraites. On connaît les caractéristiques distributionnelles ou fonctionnelles de ces catégories (p. ex. l'adjectif se combine avec le nom qui le régit), ce qui permet de combiner des structures de plus en plus complexes à partir des possibilités combinatoires prototypiques des trois ou quatre parties du discours principales.

Les deux innovations, syntagme et PFT, se rattachent à la perspective ascendante et catégorielle dont elles constituent deux extensions. Les catégories fonctionnelles transversales de la PFT correspondent aux emplois prototypiques de certaines parties du discours, alors que les syntagmes sont basés sur des combinaisons régulières de parties du discours (conçues en termes de rapports de dépendance).

Malgré ces innovations, la syntaxe reste foncièrement bidirectionnelle, mais elle a gagné en cohérence: la partie ascendante et catégorielle de la théorie s'est étendue à des structures plus complexes, ce qui résout le problème de la solution de continuité entre le niveau du mot et celui des fonctions. D'autre part, l'analyse descendante s'est délogicisée et grammaticalisée (elles s'est rapprochée de la réalité syntaxique)[358].

---

[358] Plus tard, elle s'est aussi désémantisée pour devenir relationnelle. Elle se fonde désormais sur des caractéristiques syntaxiques (formelles ou formalisables à l'aide de tests syntaxiques). La déconnexion du plan sémantique (par la reconnaissance de rôles thématiques) constitue l'aboutissement de cette évolution.

3.3.1.2. La réalité: les problèmes

Voilà l'idéal auquel tendent une bonne partie des grammaires du corpus. Or, comme nous avons dû le constater, ces grammaires n'en sont pas encore à ce point de perfection dans l'exécution du programme, et cela pour plusieurs raisons dont voici les trois principales:

- l'absence de toute *interface* ou la présence d'une interface partielle entre les deux domaines d'analyse (parties du discours/syntagmes et fonctions dans la proposition)[359]
- seuls *certains syntagmes* sont conceptualisés: SN, (SV); certains des auteurs qui adoptent une PFT négligent les groupes de mots non phrastiques
- un déficit d'*intégration* et un poids insuffisant dans la théorie syntaxique.

Tout compte fait, seulement deux grammaires sont près de réaliser l'idéal: Ulrix et D&P. Pour une analyse détaillée des imperfections rencontrées dans les deux courants, on se reportera aux paragraphes 3.1.1.5.3. (syntagmes) et 3.2.1.4. (PFT). À ces défauts s'ajoute encore l'absence de la notion de récursivité (cf. 2.3.2.3.).

3.3.2. Une continuité unidirectionnelle et homogène

Si la syntaxe traditionnelle s'achemine vers une analyse continue de type bidirectionnel, il importe de signaler aussi l'existence de syntaxes plus ou moins 'continues' qu'on pourrait appeler 'unidirectionnelles'. En dehors des velléités expansionnistes de l'analyse sémantico-fonctionnelle descendante pratiquée dans la tradition allemande (3.3.2.1.), il faut noter surtout l'émergence d'une syntaxe entièrement catégorielle (et *dépendancielle*) de type ascendant (3.3.2.2.) et l'élaboration d'une analyse descendante en termes de *constituants immédiats* (3.3.2.3.).

3.3.2.1. Une analyse fonctionnelle continue

Cet aperçu ne saurait passer sous silence la tendance de la grammaire traditionnelle (notamment de la tradition allemande) à élaborer une théorie 'continue' et homogène de la syntaxe basée sur la notion de fonction syntaxique. En effet, voulant embrasser tous les éléments de la phrase, la *Satzlehre* augmentait le nombre de *Satzteile* en y incluant toutes sortes de fonctions secondaires (*Attribut, Apposition*). Selon John Ries, qui s'inscrit en faux contre cette évolution, il faut dissocier la description des *nichtsatzbildende Wortgefüge* ou *Wortgruppen* de celle des *Satzteile* (cf. 3.1.2.1.1.).

L'extension de l'analyse fonctionnelle pose un certain nombre de problèmes. D'abord, plusieurs fonctions peuvent être réalisées par les mêmes éléments; inutile de multiplier le nombre de fonctions pour en rendre compte. L'épithète et les déterminants à l'intérieur du constituant sujet, par exemple, fonctionnent de

---

[359] Ceci mène chez Regula à la coexistence de deux séries de groupes (cf. 3.1.1.5.3.).

la même manière que l'épithète et les déterminants rattachés au COD. Ce constat suggère qu'on a affaire à deux modes d'organisation indépendants l'un de l'autre (cf. Ries, Haas). En outre, certains mots n'ont pas vraiment un rôle de constituant, mais contribuent plutôt à l'intégration d'autres mots et constituants (conjonction, préposition, article).

3.3.2.2. Une analyse catégorielle (dépendancielle) continue

Appliquée de façon radicale, la perspective fonctionnelle transversale aboutit à une approche catégorielle et dépendancielle.

Comme nous l'avons dit (3.2.1.4.), D&P exploitent maximalement les possibilités de la PFT. On n'oubliera pas non plus Tesnière, qui l'a poussée à un degré de systématicité remarquable (1953, 1959)[360].

Corblin (1995: 232) souligne à juste titre le mérite de Tesnière qui s'est donné pour objectif de fonder la syntaxe sur un nombre limité de catégories lexicales[361]. Comme l'a signalé Bechraoui (1994: 9), une telle *syntaxe catégorielle*, de type *dépendanciel* (terminologie de Bechraoui), se suffit à elle-même. Elle aboutit à une conception de la phrase basée sur l'enchâssement hiérarchique des catégories.

D&P ont explicité ce point de vue, un exemple à l'appui. Selon eux, la phrase est par définition *factiveuse*. Le *factif* central (le plus souvent le verbe fini) impose sa *valence* aux autres constituants par le biais de la *rection*. Ainsi,

> «toute phrase se réduit à une hiérarchisation et à un emboîtement de valences, la valence du factif principal dominant et absorbant toutes les autres» (V1, 112).

De même, au niveau du SN, le *substantif dominant* est le *régent* des autres mots, qui, eux, sont *régimes*. Ainsi, l'ensemble *le roi des animaux* «joue globalement un rôle substantiveux» (V1, 112). Une *valence adjectiveuse* est toujours subordonnée à une *substantivosité* avec laquelle elle forme un ensemble *substantiveux* (V1, 113). Les trois types d'*adjacence* permettent de préciser le degré de fusion entre la valence du *régime* et la valence du *régent* (V1, 120): *circonjacence, adjacence* et *ambiance*[362]. Cette théorie de l'emboîtement de valences est illustrée par l'analyse détaillée d'une phrase complexe (V1, 113-115).

Il en est de même pour Tesnière. Baum (1976: 107) représente la structure de la phrase chez Tesnière comme suit:

---

[360] Cela vaut aussi, mais dans une moindre mesure, pour le linguiste danois Otto Jespersen (1924). John Lyons (1966) y voit une sorte de grammaire catégorielle. Sur Jespersen, voir la note 291 sous 3.2.2.1.

[361] Pour un renvoi aux premières tentatives de traitement automatique du langage sur base de la grammaire dépendancielle, voir Baum (1976: 7-11).

[362] L'analyse fonctionnelle ne s'épuise pas avec le couple *valence/rection* (*adjacence*). Il y a aussi le *supportement* (*liages*) ou les rapports logiques entre les différents éléments de la phrase. Les auteurs distinguent quatre rapports différents entre supportement et rection: *dia/épi/auxi/anti - plérose*. Dans le cas de l'*épiplérose*, le *régime/apport* et le *régent/support* coïncident. Il s'y ajoute encore l'opposition *syndèse/dichodèse* et ses variantes (*clinée, menée, visée*), ce qui permet d'affiner encore le maillage de termes spécifiques (*étance, ayance, greffon*, etc.).

```
        I
O              E
A
E
E
```

Une telle analyse, fondée sur la position de chacune des catégories dans la hiérarchie globale de la phrase, peut se passer de la notion de fonction syntaxique[363]. Les fonctions syntaxiques peuvent cependant être facilement superposées aux rapports hiérarchiques entre les catégories. Tesnière le fait explicitement: les *actants* sont «toujours des *substantifs* ou des équivalents de substantifs» (notation: O), les *circonstants* «sont toujours des *adverbes* [...] ou des équivalents d'adverbes» (1969: 102-103) et le rôle de l'*épithète* «est tenu par un adjectif» (d'où aussi le titre «l'adjectif épithète») (1969^2: 144-145, gras). Ceci correspond aussi avec la notation O' (prime actant), O'' (second actant) et O''' (tiers actant).

Tout comme Tesnière, D&P superposent les fonctions aux catégories. Seulement, la description des fonctions est extrêmement fine et nuancée, résultat du croisement de plusieurs paramètres, ce qui rend l'interface *valence*/fonction particulièrement complexe. Voici les critères les plus importants:

rection (valence; régent, régime)
supportement (liages): visée, menée, clinée
syndèse, dichodèse, homodèse
adjacence: circonjacence, coalescence, ambiance

Certaines fonctions reflètent en outre les participants de l'énonciation (p. ex. *vocatif* ou *complément ambiant locutoire allocutif*) (V3, 440). De plus, certaines fonctions sont liées à une seule partie du discours, pensons à l'opposition *-thète* (adjectif)/*-schète* (nom): *épithètes* (= adjectif épithète) et *épischètes* (= nom épithète). Ceci entraîne une certaine redondance. Si les adjectifs et les noms, en *valence adjectiveuse*, peuvent fonctionner comme *étance* (*il est boulanger/riche*), c'est-à-dire comme attribut essentiel du sujet, pourquoi encore dissocier les *diathètes* et les *diaschètes* au niveau de la terminologie? Qui plus est, les auteurs ne soufflent mot de cette distinction, issue de la description de l'emploi de l'adjectif (volume 2)[364], lorsqu'ils abordent les fonctions à l'intérieur du *nœud verbal* (volume 3).

---

[363] Cf. aussi la grammaire générative transformationnelle. La fonction des éléments doit être inférée de la position qu'ils occupent dans la structure arborescente.
[364] Les auteurs y traitent aussi de l'*auxirrhème*, le modifieur adverbial du verbe qui se rapporte en même temps encore à d'autres fonctions. Cette fonction ne correspond à aucune des fonctions traitées dans le troisième volume. Il n'empêche qu'ils auraient pu y indiquer les différences avec l'*écart* et le *complément hors rayon*.

En somme, D&P et Tesnière ont en commun[365] une analyse dépendancielle et verbo-centrale continue, qui s'accommode d'un nombre limité de catégories. Quoique cette analyse suffise pour caractériser l'articulation globale de la phrase, les auteurs y *superposent* une théorie fonctionnelle, dont les unités, les fonctions syntaxiques, sont reliées à chacune des catégories fonctionnelles par une interface explicite.

L'analyse *dépendancielle* a toujours un centre unique qui est l'élément hiérarchiquement supérieur (à moins qu'on ne suppose des rapports d'interdépendance entre le sujet et le verbe-prédicat). Chez Tesnière et D&P, ce centre est le verbe, chez Jespersen (1924) (et Guillaume), par contre, le nom.

On trouve des bribes de cette analyse dépendancielle/catégorielle dans l'approche catégorielle, dite *grammaticale*, des fonctions syntaxiques (cf. 2.0.1.). Deux différences majeures sont à signaler:

- la théorie traditionnelle mêle les rapports syntactico-fonctionnels (*fonctions, régir*) et les effets sémantico-logiques (*déterminer, qualifier, modifier, unir*, etc.)
- elle ne fait que juxtaposer tous ces rapports, elle ne les applique que de façon locale.

Les grammaires du corpus qui intègrent des aspects d'une approche fonctionnelle transversale — dont D&P ont fourni la réalisation la plus réussie — se rapprochent encore plus de la grammaire *dépendancielle*, puisque les catégories fonctionnelles sont basées sur les possibilités combinatoires prototypiques des 3 ou 4 parties du discours centrales.

3.3.2.3. Une analyse continue en constituants immédiats

Dans l'analyse en constituants immédiats depuis Bloomfield, les syntagmes s'emboîtent (partie/tout) les uns dans les autres. Cet emboîtement est exhaustif et le plus souvent binaire, résultant d'une procédure de segmentation qui procède par découpage binaire. L'analyse en constituants immédiats a été intégrée (avec les règles de réécriture) par Chomsky dans sa grammaire générative transformationnelle. Que Chomsky ait voulu en faire une analyse homogène ressort de l'affirmation (Chomsky 1965: 68-74, *apud* Lyons éd. 1970: 118-119; 128-129) selon laquelle les étiquettes fonctionnelles peuvent être dérivées de la structure en constituants. Elles sont dès lors superflues: p. ex. [NP, VP] et [NP, S].

Où se situe, en fin de compte, l'analyse en constituants immédiats par rapport aux autres cadres théoriques? Dans son analyse métathéorique des syntaxes de Tesnière, de Guillaume et de Damourette et Pichon, Bechraoui oppose la *syntaxe fonctionnelle* à la *syntaxe catégorielle*, la dernière comprenant les *syntaxes dépendancielle* (le

---

[365] On note aussi l'expression «possibilités valentielles» des parties du discours (Vl, 588), très proche du concept de *valence* de Tesnière.

volet que Tesnière appelle *syntaxe statique*[366]) et *distributionnelle* (Chomsky 1957, 1965). Le rapprochement de la syntaxe *distributionnelle* et la syntaxe *dépendancielle*, et, corollairement, la dissociation de celles-ci par rapport à la syntaxe fonctionnelle (qui serait celle de la grammaire scolaire[367]), masque le fait que l'analyse en constituants immédiats (qui se rattache à la syntaxe distributionnelle) est fortement liée à une analyse descendante de la phrase (procédure de commutation qui va du haut en bas; l'ordre d'application des règles de réécriture), alors que l'analyse dépendancielle est ancrée dans les possibilités d'emploi de chacune des catégories. Il nous semble préférable de les traiter comme trois types d'analyse différents: une syntaxe fonctionnelle descendante, une syntaxe catégorielle ascendante et une analyse basée sur la constituance (descendante). Certes, ces deux dernières n'existent pas à l'état pur. La syntaxe catégorielle (basée sur la PFT) tient en réalité compte de la *fonction* des catégories dans la délimitation de celles-ci, alors que l'analyse en constituants immédiats, descendante, est basée sur des syntagmes, classés et nommés d'après les p d d - t ê t e s , c'est-à-dire les «catégories».

4. Bilan

Dans ce long chapitre, nous avons examiné l'architecture globale de la syntaxe traditionnelle. Celle-ci était foncièrement bidirectionnelle, ce qui posait des problèmes d'articulation (discontinuité) et donnait lieu à des conflits 'frontaliers'. Hérité de la grammaire (scolaire) du 19ᵉ siècle, le problème sera résolu partiellement au cours de la première moitié du 20ᵉ siècle. On constate que les auteurs du corpus cherchent à meubler l'espace qui sépare le mot (classé en parties du discours) de l'analyse de la proposition en f o n c t i o n s (ou mieux: en *termes*). En cela, ils semblent obéir à une espèce de dynamique interne instaurée par le problème de la bidirectionnalité. Que la grammaire du français avance par tâtonnements et de façon relativement autonome ressort aussi du caractère fragmentaire (sans systématicité) des innovations (s y n t a g m e , p e r s p e c t i v e   f o n c t i o n n e l l e   t r a n s v e r s a l e [= PFT]), ainsi que des problèmes d'intégration. Certaines grammaires restent à l'écart de cette double innovation. Ni la P F T ni le s y n t a g m e ne sont élaborés chez Clédat, Plattner, Radouant, Engwer, Académie, Grevisse, Bloch, Bruneau et Wartburg. Dauzat, Larousse, Le Bidois et Michaut, de leur côté, reconnaissent le s y n t a g m e , mais ce concept reste marginal (absence d'intégration)[368].

---

[366] Tesnière (1969²: 50) affirme lui-même qu'il faut distinguer la *syntaxe statique* («l'étude des catégories») de la *syntaxe dynamique* ou *structurale* («l'étude des fonctions»).
[367] Comme nous l'avons dit, nous ne pouvons guère admettre l'association de la grammaire scolaire à la grammaire de type *fonctionnel* (2.4.3.).
[368] Engwer et Grevisse explicitent cependant l'idée de récursivité mais indépendamment de la notion de s y n t a g m e .

Bien que l'influence de la linguistique générale soit difficile à retracer, étant donné l'état de la question des recherches sur les aspects qui ont été étudiés ici, et, surtout, les réticences des grammairiens à livrer leurs sources (au moment dû), on peut néanmoins relever quelques emprunts, ce qui est plus difficile dans le cas du s y n t a g m e, pour lequel les références sont d'abord allemandes. Quant au développement de la PFT, celle-ci semble avoir subi une influence plus nette des théories transpositionnelles, notamment chez de Boer, Galichet et Le Bidois (trois auteurs qui s'inspirent aussi de la conception genevoise — ou du moins de la terminologie — du s y n t a g m e). Il n'empêche que les grammaires préfèrent une approche catégorielle plus statique (= PFT) et cantonnée aux niveaux lexicaux et supralexicaux. Le résultat est moins révolutionnaire que les théories transpositionnelles qui dynamisaient toute la grammaire. Malgré tout, l'influence de la linguistique générale et théorique demeure superficielle et sélective dans ce domaine, et limitée à quelques grammaires, le plus souvent les mêmes.

L'articulation globale de la syntaxe traditionnelle et les problèmes qu'elle pose constitueront le cadre des chapitres IV et V où seront abordés respectivement la théorie des f o n c t i o n s et le classement des p a r t i e s d u d i s c o u r s. La problématique de la bidirectionnalité est essentielle pour comprendre l'architecture globale de la théorie des fonctions, comme nous avons pu le constater déjà à plusieurs reprises au cours de ce chapitre.

CHAPITRE IV

LES FONCTIONS SYNTAXIQUES

Le cadre que nous venons de présenter ne manquera pas d'avoir une incidence sur la théorie des fonctions. Les fonctions syntaxiques sont en effet tiraillées entre les deux directionnalités antagonistes de l'analyse dont l'une, l'approche descendante, s'est délogicisée ou 'grammaticalisée' vers la fin du 19e siècle, ce qui a donné lieu à une diversification de l'appareil fonctionnel (Chervel 1977; cf. aussi Ch III, 1.2.2.).

Ce quatrième chapitre s'ouvre sur le découpage conceptuel proposition/phrase/ phrase complexe et la configuration canonique de la phrase (1.). Ensuite, nous passerons en revue les différentes fonctions syntaxiques, commençant par les fonctions primaires centrales (verbe-prédicat, sujet, attribut, COD, COI, complément d'attribution, complément d'agent et compléments circonstanciels) (3.). Suivront alors les fonctions secondaires [*épithète/Attribut*, complément (du nom, de l'adjectif et de l'adverbe), l'apposition] (4.) et les éléments 'hors phrase' (5.). Les quelques grammairiens (étrangers pour la plupart) qui appliquent encore la grille des cas au français seront présentés sous 6.

1. LA PROPOSITION ET LA PHRASE: DÉCOUPAGE CONCEPTUEL DU CHAMP

Avant de passer à la configuration fonctionnelle de la proposition canonique, il convient de tirer au clair un certain nombre de confusions terminologiques concernant les notions de *phrase* et de *proposition*. En France, le domaine de la phrase est caractérisé par la concurrence de deux termes génériques, *phrase* et *proposition* (1.1.), qu'il conviendra de définir (1.2.).

1.1. *Terminologie et découpage conceptuel*

Afin de mettre un peu d'ordre dans le chaos, nous épinglerons quatre aspects: la concurrence entre *phrase* et *proposition* (1.1.1.), les différentes dénominations de la proposition isolée (1.1.2.), l'étrange survie du concept de proposition principale ('ce qui reste après soustraction de toutes les subordonnées'; 1.1.3.) et la phrase complexe (1.1.4.).

1.1.1. Phrase/proposition

Dans les grammaires d'expression allemande du corpus, la notion de *proposition* est presque inexistante (à l'exception de Plattner 1899: 242, n. 1). Seul domine le

Satz (phrase). De l'autre côté du Rhin, par contre, on note la coexistence de deux termes, *proposition* et *phrase*, qui désignent deux réalités différentes[1] **(a)**, ou encore, entrent en concurrence **(b)**.

Il y a coexistence **(a)** si le terme de *phrase* s'applique uniquement aux p h r a s e s c o m p l e x e s : Plattner (1899: 242, n.1), Académie (1932: 15, 210), Galichet (1947: 154-155)[2] et Grevisse (1936: 13, 588)[3]. Brunot, par exemple, considère la distinction entre *phrase* (p h r a s e c o m p l e x e) et *proposition* comme une simple «affaire de convention» (1922: 23-24), mais force est de constater qu'il ne l'abandonne pas (cf. aussi 1922: 32).

Dans les autres grammaires, les deux termes se bousculent **(b)** dans le secteur des p h r a s e s s i m p l e s : *Pierre bat Jean* est à la fois *proposition* et *phrase*. Comme le disent les Le Bidois:

> «On peut distinguer la *proposition* de la *phrase*, et réserver ce dernier nom à un système de propositions formant une unité linguistique d'une nature un peu plus complexe. Cependant une proposition peut à elle seule constituer une phrase. En tout cas, la proposition est l'élément fondamental, essentiel, du langage» (T2, 221).

La confusion ne concerne pas que la p h r a s e i n d é p e n d a n t e s i m p l e[4], appelée tantôt *proposition*, tantôt *phrase*. Elle s'étend à la p r o p o s i t i o n s u b o r d o n n é e, comme le suggèrent des termes comme *phrases subordonnées* (Wartburg 1947: 118, Le Bidois T2, 232) ou des définitions de la phrase complexe du genre «arrangement des *phrases* entre elles» (Ulrix 1909: 4; nous soulignons).

1.1.2. La proposition isolée

Indépendamment du choix *phrase/proposition*, la terminologie pour la p r o p o s i t i o n i n d é p e n d a n t e s i m p l e i s o l é e témoigne d'un flottement plus ou moins généralisé. Quatre grands paradigmes terminologiques se dessinent:

(a) phrase/proposition *simple* ou *isolée*

Cette terminologie se trouve chez Wartburg, de Boer et Ulrix (*simple*); Sonnenschein (*simple sentence*), Bruneau (*simple, isolée*), Le Bidois (*simple, isolée*), Brunot (*isolée*)[5], l'Académie (*proposition isolée*) et Grevisse (*phrase simple, proposition absolue*)[6].

---

[1] C'est déjà le cas chez Noël et Chapsal (1833: 86, 89-91).
[2] Ce passage est contredit par d'autres passages, p. ex. (de Boer 1947: 170).
[3] Il se contredit, cependant, en opposant la *phrase simple* à la *phrase composée* (1936: 588).
[4] Notons que ces termes de la nomenclature standard ont été définis en Annexe (n° 1).
[5] Pour Brunot, *proposition simple* n'est pas tout à fait synonyme de *proposition isolée*, ni de *proposition indépendante* (1922: 509), car il parle de «phrases composées d'une proposition simple et d'une proposition objet» (p. ex. *Je crois qu'il accepterait peut-être une situation comme celle-là.*). *Simple* a ici le sens de 'proposition non-articulée', c'est-à-dire ne comportant pas de p r o p o s i t i o n s u b o r d o n n é e.
[6] Références précises: Wartburg (1947: 30), de Boer (1947: 16), Ulrix (1909: 111), Sonnenschein (1912: 100), Bruneau (1937: 67), Le Bidois (T1, 500; T2, 222-223), Brunot (1922: 509), Académie (1932: 174-175) et Grevisse (1936: 588-589).

(b) phrase/proposition *indépendante*

Un grand nombre de grammaires optent pour le terme *phrase* ou *proposition indépendante*. Ce terme est ambigu et cache en réalité trois découpages conceptuels différents:

- une proposition qui ne dépend pas d'une structure plus complexe et qui ne contient aucune proposition subordonnée
- une proposition qui ne dépend pas d'une structure plus complexe
- une proposition qui ne dépend pas d'une structure plus complexe, qui ne contient aucune proposition subordonnée et qui apparaît isolément (donc ni en coordination, ni en juxtaposition).

La première conception domine[7] et s'incarne dans une formule consacrée: «lorsqu'elle ne dépend d'aucune autre et qu'aucune autre ne dépend d'elle» (Académie 1932: 210). Rien n'empêche que cette proposition *indépendante* soit j u x t a p o s é e ou c o o r d o n n é e à une autre[8].

La deuxième conception est attestée chez Grevisse et Le Bidois[9] (*principale indépendante*) (T1, 137) pour qui même les propositions comportant une subordonnée, dites *propositions principales* (1936: 589), sont des *indépendantes*. Grevisse signale toutefois la conception ordinaire de l'*indépendante* (1936: 589), même s'il n'est pas tout à fait clair s'il envisage par là aussi les c o o r d o n n é e s e t j u x t a p o s é e s. Il mentionne aussi le terme de *principale* (*ib.*).

La troisième option consiste à réserver le terme de *proposition indépendante* à la seule p r o p o s i t i o n i n d é p e n d a n t e s i m p l e i s o l é e. C'est le cas chez Galichet (1947: 157, 158, 159) et Cayrou (1948: 281), même si ce dernier semble l'appliquer aussi à la *proposition intercalée*: «une proposition indépendante enclavée dans une phrase» (1948: 284).

On aura remarqué que les deux paradigmes terminologiques (a) et (b) se côtoient parfois (Wartburg, Grevisse, Bruneau, Brunot et l'Académie).

(c) *proposition/phrase principale* (*Hauptsatz*)

Dans un nombre considérable de grammaires, les p r o p o s i t i o n s i s o l é e s sont rattachées à la catégories des *principales*. Grevisse (1936: 589) l'avait observé souvent, mais n'y adhère pas:

«Souvent on appelle *principale* toute proposition qui n'est pas subordonnée, alors même qu'elle n'aurait aucune proposition dans sa dépendance».

---

[7] Académie (1932: 210), Lanusse (1921: 201), Radouant (1922: 235), Bloch (1937: 214), Michaut (1934: 261), Wartburg (1947: 31, 103, 105), Bruneau (1937: 117), Larousse (1936: 84), Brunot (1922: 25, 509).

[8] Il arrive que ces i n d é p e n d a n t e s soient subdivisées en *isolées*, *juxtaposées* et *intercalées* (p. ex. Michaut 1934: 261).

[9] Or, les exemples suggèrent que *principale* veut dire ici p h r a s e i n d é p e n d a n t e s i m p l e juxtaposée.

Exemple: *La vertu est aimable*. Cette extension du terme de *principale* est prévue dans les définitions de la *principale/Hauptsatz* chez Haas (1909: 333) et de Boer (1947: 16; aussi *simple*). De Boer est très explicite à ce propos: «Une phrase (casu quo: proposition) *principale* sera» (1947: 16)[10]:

(1) une *phrase simple* (= i n d é p e n d a n t e   s i m p l e)
(2) une *proposition subordonnante*
(3) une *proposition juxtaposée coordonnée*
(4) une *proposition primaire coordonnée* (et suivie d'une coordonnée introduite par une c o n j o n c t i o n   d e   c o o r d i n a t i o n)

Cette conception apparaît encore sporadiquement chez d'autres auteurs, notamment dans les paragraphes consacrés à l'emploi du subjonctif en dehors de la subordonnée[11]. Sans doute le parallélisme *principale* vs *subordonnée* y est-il pour quelque chose. D'autres grammaires parlent, prudemment, de «propositions indépendantes ou principales»[12]. On peut cependant supposer que ces auteurs savent faire la distinction entre une p r i n c i p a l e et une i n d é p e n d a n t e   s i m p l e   i s o l é e.

De Boer (cf. *supra*) et Cayrou opèrent un élargissement dans une autre direction (comme le suggère aussi la remarque de Grevisse mentionnée plus haut), en rattachant aux *principales* aussi certaines c o o r d o n n é e s :

> «La phrase de coordination du type le plus simple se compose de *deux propositions* ayant la forme de propositions indépendantes. De ces *propositions*, la première est dite *proposition principale*, la deuxième *proposition coordonnée à la principale*» (Cayrou 1948: 283).

Voici un exemple d'une c o o r d o n n é e dite *principale*: *j'ai été coupable comme femme, C'EST POSSIBLE* (de Boer 1947: 91). Il en est de même chez D&P (V5, 594-595).

(d) *phrase/Satz*

Les grammairiens qui n'ont pas encore été cités[13] s'en tiennent aux termes génériques *phrase*, *Satz* ou *proposition*[14]. Même la terminologie de D&P, d'habitude foisonnante, paraît indigente: aucun terme spécifique n'est forgé pour la p h r a s e

---

[10] La *phrase principale* est parfois appelée *phrase indépendante*, lorsqu'elle «exprime à elle seule une idée complète, qui ne dépend d'aucune autre et dont aucune autre ne dépend» (de Boer 1947: 16), ce qui semble en exclure le type (b).
[11] Engwer (1926: 170) [éventuellement coordonnées], Plattner (1899: 278-279), Regula (1931: 189), Strohmeyer (1921: 83), Radouant (1922: index, 203-204), Michaut (1934: 454, 456, 457; toutefois 450), Bruneau (1937: 364, 367), Larousse (1936: 335), Clédat (1896: 361), Gougenheim (1938: 191-195, 332), D&P (V5, 590, 594-595; V7, 315), Le Bidois (T2, 7; contredit par T1, 502-503: *proposition dépendante*, qui embrasse à la fois les i s o l é e s et les p r i n c i p a l e s).
[12] Wartburg (1947: 94, 103, 107), Académie (1932: 174), Sonnenschein (1912: 124), Lanusse (1921: 204, 294), Bloch (1937: 217-220), Cayrou (1948: 288, 289, 290); Grevisse (cf. citation *supra*) s'en tient à *proposition indépendante* (1936: 421), terme qui englobe à la fois les i n d é p e n d a n t e s s i m p l e s   i s o l é e s et les p r i n c i p a l e s (cf. *supra*).
[13] Engwer, Dauzat, Regula, Strohmeyer, D&P, Plattner, Clédat.
[14] Chez Regula (1931: 235) et Strohmeyer (1921: 258), on constate toutefois une tendance à appliquer le terme de *Hauptsatz* à la s u b o r d o n n é e à valeur de *Hauptsatz* (p. ex. *S'il pouvait venir à l'instant!*).

complexe. Les auteurs réduisent tout à la notion de *phrase* à l'intérieur de laquelle les *sous-phrases* (= s u b o r d o n n é e s) ne sont que des *compléments* (y compris le sujet). On comprend que cette théorie se passe le plus souvent de la notion de p r o p o s i t i o n   p r i n c i p a l e ; toutes les composantes sont ramenées à la p h r a s e   (i n t é g r a n t e).

1.1.3. P r i n c i p a l e vs i n t é g r a n t e

Dans la plupart des grammaires, le terme *proposition principale* (ou *Hauptsatz*) concerne uniquement ce qui reste de la phrase après soustraction des subordonnées:

> «Pour la distinguer, il faut procéder par élimination: la proposition principale est ce qui reste d'une phrase quand on en a retranché toutes les subordonnées» (Radouant 1922: 236; cf. Engwer 1926: 48).

De manière plus positive,

> «In most complex sentences the part which is not subordinate has a subject and a predicate of its own, and is called the *main clause*» (Sonnenschein 1912: 100).

Cette conception est attestée chez presque[15] tous les auteurs. Voilà pourquoi Lanusse se voit obligé de rappeler que la *principale* ne remplit pas de fonction syntaxique:

> «Les propositions indépendantes ou principales n'ont pas ordinairement de fonction grammaticale dans une phrase. Dans certains cas cependant elles peuvent être considérées comme des *compléments d'objet*» (1921: 207, n. 1). [p. ex.: *mon père m'a dit: travaille bien*]

Tous ces auteurs ne voient pas l'ineptie de cette analyse. Si l'on retranche de la p h r a s e   c o m p l e x e la c o m p l é t i v e   COD — qui est souvent définie en termes de 'nécessité' —, par exemple, le reste ne peut plus être considéré comme une proposition. On se demande aussi quel intérêt on avait à étendre cette terminologie au domaine de la c o o r d i n a t i o n (Cayrou, de Boer)[16]. C'est sans doute une question de «tenue des livres» comme le fait remarquer de Boer (1947: 16); la manie d'étiquetage, dirait Brunot.

La conception moderne de la p r o p o s i t i o n   i n t é g r a n t e ne se rencontre que chez Ulrix (*proposition principale*) et Haas (*Hauptsatz*). Ce dernier finit cependant par opter pour la conception traditionnelle et cela pour des raisons purement pratiques:

> «[während] der *Hauptsatz* genau genommen den Nebensatz, falls ein solcher überhaupt vorhanden ist, in sich enthält, d.h. der Ausdruck einer, wenn auch noch so komplexen Gesamtvorstellung ist. Aus praktischen Gründen nennt man jedoch den Hauptsatz den Teil der Gesamtvorstellung mit Ausschluss des Nebensatzes, und aus rein äusserlichen praktischen Gründen wird im folgenden Hauptsatz und Nebensatz in diesem Sinne gefasst werden, und das Korrelat der Gesamtvorstellung wird als Satzperiode bezeichnet werden» (Haas 1909: 333).

---

[15] Comme D&P ne mentionnent guère la *principale* — ils se limitent à *phrase* — il est difficile de savoir s'ils entendent par là l'i n t é g r a n t e ou 'l'ancienne' p r i n c i p a l e.

[16] Cayrou applique le terme de *(proposition) principale* également à la première coordonnée, tout comme de Boer (1947: 16), d'ailleurs.

Il récupère cependant aussitôt la notion de proposition intégrante à travers le concept de *Satzperiode* (1909: 333).

L'Académie écarte encore certaines conceptions qui ont dû hanter les esprits à cette époque:

> «On appelle proposition *principale*, non pas celle qui exprime l'idée la plus importante de la phrase, ni celle qui est placée la première, mais celle dont les autres[17] propositions dépendent» (Académie 1932: 211).

La problématique de l'importance des éléments joue en effet un rôle non négligeable dans les discussions qui entourent la distinction *proposition principale/subordonnée*, comme le montrent encore (e.a.) Brunot (1922: 29) et Le Bidois (T2, 227, 235). Il n'est dès lors pas étonnant que Larousse projette la notion de complément essentiel sur la principale:

> «Une *proposition* qui ne se suffit pas grammaticalement à elle-même, qui doit être complétée par une ou plusieurs autres propositions, est dite *principale*» (Larousse 1936: 85).

1.1.4. Phrase complexe

La phrase complexe reçoit un terme spécifique dans 9 grammaires du corpus:

- *phrase* (dans le sens de phrase complexe): Académie (1932: 15, 210), Brunot
- *phrase complexe*: Clédat, Galichet, Wartburg, Bruneau
- *phrase composée*: de Boer (aussi *phrase entière*), Ulrix (aussi *groupe de propositions*), Grevisse.

Les grammaires qui sont dépourvues d'un terme propre rattachent le concept à la *phrase/Satz* en général (9 grammaires)[18] ou s'en tiennent à des termes plus spécifiques[19], selon qu'il s'agit de cas de coordination ou de subordination (ou de simple juxtaposition). Considérons ce dernier groupe de plus près:

- absence d'un terme générique; 2 (ou 3) termes spécifiques désignant la phrase complexe comportant des subordonnées et la phrase complexe comportant des coordonnées:

---

[17] Une autre pomme de discorde est justement le statut des subordonnées dépendant de la *principale*. Ont-elles également droit à l'étiquette *principale* si elles contiennent à leur tour des subordonnées? Contrairement à l'Académie, Grevisse (1936: 589) et Radouant (1922: 239), par exemple, répondent à cette question par l'affirmative.

[18] Haas [aussi *Hauptsatz* et *Satzperiode* (= phrase intégrante)], Radouant, D&P, Michaut, Le Bidois, Bloch, Larousse, Gougenheim et Lanusse. Quelques-unes de ces grammaires prévoient toutefois des termes plus précis pour certains types de phrases complexes.

[19] Une autre possibilité est de combiner un terme générique avec 2 termes spécifiques (Ulrix: *phrases composées*: *phrase de subordination* et *phrase de coordination*) ou avec 1 terme spécifique [Grevisse: *phrase composée* (terme générique) vs *phrase de subordination* (spécifique)].

	à subordonnées	à coordonnées/juxtaposées
Engwer Regula	Satzgefüge (appelé aussi *Verknüpfung* par Engwer)	Satzreihe (appelée aussi *Anknüpfung* par Engwer)
Sonnenschein	complex sentence	multiple, double sentence
Dauzat	phrase de subordination (1947: 369)	phrase de juxtaposition (ou de coordination/ de copulation)
Cayrou	phrase de subordination	phrase de coordination, phrase de juxtaposition

- un seul terme spécifique: *Satzgefüge*; on ne peut que supposer que *Satzgefüge* signifie seulement p h r a s e   c o m p l e x e   d e   n a t u r e   h y p o t a x i q u e chez Plattner et Strohmeyer (en l'absence d'un terme spécifique pour la p h r a s e   c o m p l e x e à base p a r a t a x i q u e). Strohmeyer ne traite d'ailleurs ni de p a r a t a x e , ni même des c o n j o n c t i o n s   d e   c o o r d i n a t i o n .

1.2. *La proposition (phrase): définition*

Le terme de *proposition* est défini dans 15 grammaires. Il s'y ajoute encore les grammaires qui ne connaissent la *phrase* (*Satz*) (D&P, Engwer, Regula, Sonnenschein, Haas) ou qui définissent seulement le terme de phrase (Clédat, Bruneau)[20], ce qui porte le total à 21[21]. Quatre grammaires ne peuvent pas être examinées à ce propos, faute de définitions (Cayrou, Dauzat, de Boer, Gougenheim).

La proposition est souvent définie par un faisceau de critères, moitié formels (F), moitié sémantiques/psychiques (C), complétés éventuellement par un renvoi aux f o n c t i o n s   s y n t a x i q u e s qu'elle comporte[22]. Les critères ayant trait au contenu (sémantique, psychique ou 'pragmatique') sont soit holistiques (considérant la proposition comme un tout), soit analytiques (considérant la proposition à partir de ses parties constitutives), soit mixtes:

- holistiques:
  – sens complet (Lanusse)
  – énonciation d'un fait, d'une idée, d'un sentiment (Académie et Bloch)
  – une pensée/un jugement de l'esprit (Michaut)
  – manifestation d'un acte de notre vie psychique (impression, sentiment, jugement, volonté) (Grevisse), expression de tout fait psychologique (idée, ...) qui révèle un dessein intelligible de communication (Le Bidois)

---

[20] Chez les auteurs qui définissent les deux concepts, phrase et proposition, les deux définitions correspondent (Ulrix, Grevisse, Bloch, Brunot) quant à leur nature analytique ou holistique (C), sauf chez Radouant (phrase = sens complet).
[21] Voici les références:
Proposition: Plattner (1899: 242, n. 1), Lanusse (1921: 123), Brunot (1922: 10), Radouant (1922: 58), Académie (1932: 210), Michaut (1934: 2), Bloch (1937: 192), Galichet (1947: 155), Wartburg (1947: 31), Ulrix (1909: 111), Le Bidois (T2, 222-223), Larousse (1936: 54), Grevisse (1936: 93)
Phrase/Satz/sentence: Strohmeyer (1921: 206), Haas (1909: 1), Sonnenschein (1912: 97), Engwer (1926: 42), Regula (1931: 40), Strohmeyer (1921: 206), Clédat (1896: 2), Bruneau (1937: 67).
[22] Wartburg, Lanusse, Engwer, Regula, Clédat (uniquement C), Plattner et Radouant (uniquement F ou F et fonctions) font exception.

- état de choses fixé par une prise de position linguistique/mentale[23] (Regula)
    - représentation complexe aperçue par le locuteur[24] (Haas)
  - analytiques:
    - bipolaire: jugement impliquant deux idées (être dont on parle; ce qui concerne un sujet + ce qu'on en dit) (Brunot, Ulrix, Larousse), énonciation portant sur le rapport entre un événement et un support (*Träger*) (Engwer)
    - unipolaire (verbo-centrale): autour d'une idée verbale (Wartburg, Plattner), ensemble de mots autour de/groupés dans une idée *factive* indépendante de tout autre *émouvement*[25] (D&P), deux concepts qui entrent dans une union vivante grâce au verbe (la flexion du verbe) (Strohmeyer)
  - mixtes: mise en rapport d'espèces dans l'actuel du temps constituant une unité qui a un sens en elle-même (Galichet), pensée = combinaison de deux ou plusieurs idées (Clédat)

L'interlocuteur est impliqué chez Haas et Le Bidois (*via* la définition de Gardiner). Grevisse et Le Bidois essayent de dépasser la définition logique ou rationnelle traditionnelle (pensée, jugement) en l'investissant d'un contenu plus psychologique, à l'instar de Haas, qui, s'inspirant de Wundt, donne tout à fait dans le psychologisme (aperception d'une représentation mentale complexe). Les définitions d'Engwer et (surtout) de Regula impliquent le rapport avec la réalité.

On note aussi quatre définitions de type verbo-central (cf. Lauwers 2003a), directement (D&P, Wartburg, Plattner) ou indirectement (Strohmeyer, Galichet).

Les critères formels sont toujours analytiques (tout comme les critères fonctionnels, bien sûr), mais le plus souvent assez vagues et peu opérationnels (ensemble de mots, etc.), sauf chez Plattner et Strohmeyer (présence d'un verbe fini).

En somme, étant donné la définition sémantique des fonctions (cf. Ch. III, 2.2.6.) et le caractère peu opérationnel des critères formels, on peut conclure que la proposition/phrase reste avant tout une notion sémantico-logique (ou psychique). Quelques grammaires optent cependant pour une définition plutôt formelle (contient un verbe à une forme personnelle; Plattner) ou fonctionnelle (Radouant, Sonnenschein, Bruneau), mais la définition distributionnelle de Meillet[26] (qui a été reprise par Bloomfield 1933) n'a pas eu d'écho dans le corpus.

2. La configuration fonctionnelle de la proposition verbale canonique

Avant de parcourir en détail l'inventaire des fonctions syntaxiques, il convient de dégager la structure fonctionnelle de base de la proposition/phrase canonique, c'est-à-dire la proposition verbale 'complète' (non elliptique) dans chacune des grammaires du

---

[23] «Der SATZ ist die *Redeeinheit*, d.i. ein durch *sprachlich-gedankliche Stellungnahme* bestimmter (= «gesetzter») Sachverhalt» (Regula 1931: 40).

[24] «*So ist der Satz das sprachliche Korrelat für eine von einem Sprechenden apperzipierte Gesamtvorstellung, das der Sprechende für geeignet hält in dem Hörenden die gleiche Gesamtvorstellung zu erwecken. Es ist also der Satz immer eine singemässe Äusserung, deren Elemente die Wörter sind*» (Haas 1909: 1).

[25] Déf. 1: «nous appelons *phrase* un ensemble de mots groupés autour d'une idée factive ayant son plein émouvement (cf. §49). Il y a donc phrase quand l'émouvement du factif a sa pleine indépendance vis-à-vis des émouvements voisins» (V3, 444).

Déf. 2 (§49): «toute *phrase* est ou un factif simple, ou un ensemble de mots groupés dans une idée factive, ou un système plus ou moins complexe construit autour d'un factif» (V1, 69).

[26] Voir à ce propos Melis – Desmet (2000).

corpus. La typologie qui suit (de 2.2 à 2.4.; tableau synoptique sous 2.5.) s'appuie sur un certain nombre de concepts techniques qu'il convient de définir d'abord (2.1.).

2.1. *Définition des concepts d'analyse*

La classification des grammaires est basée sur la façon dont se présente le premier niveau de l'analyse de la proposition/phrase. Trois caractéristiques entrent en jeu, qui peuvent être combinées:
- la 'nature' des fonctions: logique *vs* grammaticalisée (délogicisée)
- le nombre de fonctions: binaire *vs* ternaire
- le rapport avec les unités du 2ᵉ degré de l'analyse: pilarisé *vs* non pilarisé.

Le terme de grammaticalisation désigne ici l'émergence d'une conception plus grammaticale, ou mieux, plus syntaxique des fonctions primaires, au détriment de l'ancienne bipartition (ou tripartition) logique de la proposition calquée sur la structure du jugement. En ce qui concerne le critère du nombre de fonctions, les modèles grammaticalisés ternaires permettent encore une division supplémentaire selon que l'attribut du sujet est dissocié du complément d'objet (ternaire différenciée) ou non (ternaire homogène). Les analyses différenciées peuvent ensuite être bilatérales ou unilatérales, suivant que le complément d'objet relève du même niveau d'analyse ou d'un niveau inférieur. Enfin, par pilarisé nous entendons le cloisonnement de la proposition à partir des fonctions primaires, le plus souvent par l'adjonction de compléments (parfois dans le sens le plus large: 'tout ce qui complète'; cf. Ch. III, 2.3.1.2.). Schématiquement (X = complément):

terme 1	terme 2	terme 3	...
+ X	+ X	+ X	+ X

Appliqués dans l'ordre indiqué ci-dessus, les trois critères aboutiront à une typologie nuancée des configurations fonctionnelles de la proposition canonique. Certains auteurs signalent parfois encore l'existence d'une analyse d'un autre type que celle à laquelle ils adhèrent. Nous indiquerons ces analyses secondaires par un indice souscrit (p. ex. Lanusse₂).

2.2. *L'analyse logique (du type binaire)*

Dans quelques grammaires, l'analyse logique de type binaire survit encore, pilarisée (a) ou non (b). Chez Sonnenschein, elle est partiellement pilarisée (seulement du côté du prédicat) (c)[27].

(a) *pilarisée:* Engwer, Regula, de Boer

Ce modèle[28] se présente comme suit:

---

[27] L'analyse logique ternaire (sujet + copule + attribut) n'est plus attestée dans le corpus.
[28] La tradition logicisante depuis Port-Royal divisait toute proposition en deux ou trois (si la copule était retenue) parties. Chacune des deux parties logiques pouvait être complétée ou enrichie par l'adjonction de

| sujet | prédicat | niv. 1 |
| + complément | + complément | niv. 2 |

Dans cette optique, les **compléments du verbe** ont le même statut que les **compléments secondaires**. Nous en trouvons un exemple très clair dans Engwer (1926), appliqué à la phrase *Le vieux berger du village ramenait très lentement son troupeau vers le bercail*:

Träger des Geschehens = *(Gesamt-)Subjekt*		*das Geschehen* = *(Gesamt-)Prädikat*	1° Satzteile, Oberglieder HAUPT-GLIEDERUNG
Beiglieder des Subjekts		*Beiglieder des Prädikats* ou *Prädikatsbestimmungen/prädikative Bestimmungen*[29]	2° Satzglieder WEITERE GLIEDERUNG Beiglieder näheren Bestimmungen
Träger eines Merkmals	+ *beigelegtes Merkmal:* (a) **Attribut**: – substantivisches Attribut (*le berger Jean, Jean le berger, le berger du village*) – adjektivisches Attribut (*bon berger, notre berger*) – adverbiales Attribut (*la maison vis-à-vis*) (b) **Apposition**: *Fritz, mon ami* (a) + (b): *Beifügung (eines Merkmals)* ↔ *Aussage eines Merkmals* (= attribut)	*Prädikat (im engeren Sinne)*	+ (a) **Ergänzungen** – *(das nähere) Objekt* (= COD) – *das entferntere Objekt* (= COI) (b) **das Prädikatsnomen** (= attribut du sujet/du COD) (c) **(näheren) adverbiale Bestimmungen** *Umstandsbestimmungen*: *très lentement*; *vers le bercail* [ce sont aussi des «Ergänzungen des Verbs» (215)]	
Bestimmungen zu den Attributen: *le* très *vieux berger*		**Bestimmungen zu den adverbialen Bestimmungen**: très *lentement* *vers le bercail*[30]	3° Unterglieder des Beiglieder
+ **Bestimmungen zu dem ganzen Satze**: *Comme tous les jours, le berger ...* (1926: 43)[31].			

compléments. On trouve ce genre d'analyse *mutatis mutandis* chez les Encyclopédistes (Swiggers 1984: 117, 129), chez Becker (1839: 27-28, 459) et dans la tradition allemande (cf. Jellinek 1913-1914, Forsgren 1992), ainsi que chez Noël et Chapsal, les pères de la grammaire scolaire française. Après la disparition de la décomposition logique du verbe, l'analyse bipartite continue à exister: Ries (1894), Bloomfield (1914), Otto (1919), et même Sechehaye (1926a: 41): «chacun de ces deux termes se complète de déterminations diverses: compléments adjectifs, compléments prépositionnels, adverbes, etc., tel ou tel de ces termes étant doublé ou multiplié par la coordination». Il n'est donc pas étonnant qu'elle soit encore attestée dans le corpus.

[29] Ces éléments font que le prédicat est articulé (*gegliedert*) (Engwer 1926: 52).

[30] *Vers le bercail*: *Seiendes + Verhältnis zu ihm* (Engwer 1926: 43).

[31] Cf. aussi la définition de l'adverbe extra-prédicatif *heureusement*: «Es fügt auch *der ganzen Aussage*, dem Satz, etwas zu» (Engwer 1926: 205-206).

Le cloisonnement de l'analyse pose quelques problèmes. Dans l'analyse de la structure interne du COD *son troupeau*, c'est-à-dire au troisième niveau, les auteurs sont obligés de renvoyer au rapport N + Adj. («wie 1.») qui se trouve au deuxième niveau (1926: 43), les rapports étant identiques. Aussi *son troupeau* se trouve-t-il à côté de *vieux berger* dans l'énumération des *Attributen* (Engwer 1926: 43). On ressent le besoin d'un niveau hiérarchique intermédiaire, le s y n t a g m e . Qui plus est, l'analyse s'arrête au troisième niveau, ce qui fait que *vers + le bercail* et *le + bercail* sont juxtaposés[32] au même niveau. On trouve la même articulation chez Regula, avec toutefois un glissement vers une conception 'groupale' (*Subjektsgruppe/Prädikatsgruppe*; Ch. III, 3.1.1.3.) et une terminologie légèrement différente.

Le rapport binaire *sujet-prédicat* chez de Boer se rattache également à cette tradition logicisante, qu'il a héritée de Sechehaye (1926a). Dans sa théorie du *régime*, de Boer (1947: 38) affirme qu'«un sujet aussi bien qu'un prédicat peuvent contenir un régime». Comme la notion de *complément* (du couple *principal + complément*) correspond à *régime*, le couple *principal/complément* (deuxième niveau) se rattache au couple *sujet/prédicat* (premier niveau). De Boer ne développe pas pour autant cette analyse logique et descendante, mais passe à une description de type ascendant du *régime*, conçu comme un rapport s'établissant entre parties du discours (1947: 38).

(b) non pilarisée: Clédat, (Lanusse$_2$, Brunot$_2$, Galichet$_2$)

L'absence d'une véritable analyse de la proposition en fonctions nous empêche de nous prononcer clairement sur la position de Clédat. On trouve toutefois des indices d'une conception logique — binaire ou ternaire? — dans la définition de la phrase: les rapports entre les «idées», donc les «pensées», sont exprimés par des «réunions de mots» et «toute pensée consiste essentiellement à affirmer qu'une idée est ou n'est pas en rapport avec une autre» (1896: 2). L'exemple qu'il donne est également révélateur: *Pierre est bon*. L'emploi de l'expression «groupes logiques» pour les f o n c t i o n s pointe dans le même sens (1896: 3).

La bipartition logique de la phrase (pilarisée ou non) est parfois encore signalée dans des grammaires qui semblent pourtant avoir emprunté une autre voie (Lanusse, Brunot, Galichet). Nous commenterons ces traces lors de la présentation de l'analyse dominante dans chacune de ces grammaires.

(c) à moitié pilarisée: Sonnenschein

La grammaire de Sonnenschein (1912) sort du lot à cause de son analyse hybride. Le président du *Joint Committee on Grammatical Terminology* sépare nettement les c o m p l é m e n t s liés au S N s u j e t des c o m p l é m e n t s d u v e r b e qui font partie du prédicat (*parts of the predicate*). Si le c o m p l é m e n t d ' o b j e t est étroitement lié au v e r b e - p r é d i c a t (= pilarisation), il n'en est pas de même des c o m-

---

[32] D'autres inconséquences s'y ajoutent, comme l'analyse en *le - berger – du - village* au deuxième niveau, qui anticipe déjà sur l'analyse du troisième niveau (Engwer 1926: 43).

pléments qui se rattachent au sujet. Ceux-ci ne sont pas traités avec le sujet (= absence de pilarisation), mais on les trouve dans la présentation des *other parts of the sentence* où le complément du nom côtoie, par exemple, le modifieur du verbe. Si l'expression *other parts of the sentence* maintient encore un lien avec l'analyse descendante de la phrase, il faut dire que la perspective est essentiellement ascendante (compléments de telle partie du discours).

Graphiquement:

Subject	Predicate	niv. 1: parts of the sentence
	verb, object, predicative adjective/ noun/pronoun	niv. 2: parts of the predicate
compléments de pdd: N qualified by Adj. of equivalent (= epithet), N + epithet noun (éventuellement «in apposition»), verb/adj./adv. qualified by adverb or equivalent		niv. 3: other parts of the sentence

Cette analyse correspond à celle proposée par le Comité pour la réforme de la nomenclature grammaticale. Il est remarquable que la nomenclature française, publiée un an plus tôt, opte pour une analyse 'grammaticalisée'[33]. Cette décision se reflète aussi dans le plan des deux brochures. La brochure française part des parties du discours pour monter à la phrase, là où la nomenclature anglaise part de la phrase (cf. Walmsley 1991: 72).

2.3. *Les analyses grammaticalisées*

2.3.1. L'analyse binaire grammaticalisée

Cette analyse se présente comme suit:

sujet	verbe	niv. 1

(a) non pilarisée: Lanusse₃

Lanusse – Yvon affirment au début de la *deuxième partie* de leur grammaire (*Étude de la proposition*) que «le sujet et surtout le verbe sont les éléments les plus importants de la proposition» (1921: 200). Cette affirmation est plus ou moins contredite dans une note à la même page où ils proposent nettement un schéma ternaire (= Lanusse₁). Le schéma ternaire, qu'ils opposent, qui plus est, à un schéma binaire logique (= Lanusse₂), semble l'emporter dans l'esprit des auteurs (cf. 2.3.2.).

(b) pilarisée: Académie, Ulrix

Selon l'Académie,

---

[33] Malgré le plaidoyer de Sudre (1906: 113).

«Chaque groupe de mots composé d'un sujet, d'un verbe et d'autres mots qui *déterminent le sujet* ou *complètent le verbe*, forme une proposition» (1932: 210; nous soulignons).

La bipartition opérée par la *Grammaire* de l'Académie se distingue de la bipartition observée chez Engwer – Lerch en ce qu'elle a été grammaticalisée: le verbe se substitue au prédicat logique:

sujet	verbe	niv. 1
+ c o m p l é m e n t s : «mots qui déterminent le sujet»	+ c o m p l é m e n t s : «complètent le verbe»	niv. 2

On trouve des échos de cette analyse chez Ulrix (1909: 98, 103), qui relève deux «termes essentiels»:

termes essentiels		termes accessoires	
sujet	verbe	prédicat (= a t t r i b u t d u s u j e t)	compléments d'objet, circonstanciels

Il semble toutefois que les *termes accessoires* se situent eux aussi au premier niveau de la phrase (cf. aussi l'analyse de la phrase exemplifiée; 1909: 98), ce qui donne une analyse ternaire différenciée.

L'analyse[34] préconisée par Ulrix porte encore l'empreinte de la logique. Expression d'un jugement, la phrase doit se composer «au moins de deux idées», c'est-à-dire de «deux termes, l'un désignant l'être dont on parle, l'autre exprimant ce qu'on dit de cet être, l'action ou l'état qu'on lui attribue» (1909: 98). Face à cette affirmation, le caractère accessoire du *prédicat* (= a t t r i b u t d u s u j e t) surprend. C'est un symptôme de la déchéance de l ' a t t r i b u t à la suite de la grammaticalisation de l'analyse[35]. L ' a t t r i b u t d u C O D, pourtant un *prédicat*, est considéré comme un complément: *complément prédicatif*[36] (Ulrix 1909: 107).

En définitive, le modèle binaire grammaticalisé peut être interprété de deux manières. Le schéma Sujet + Verbe est soit réducteur (il ne vaut que pour les verbes intransitifs), soit révélateur d'une hiérarchisation (qui fait abstraction des c o m p l é - m e n t s d u v e r b e, qui relèvent du deuxième niveau, pour ne retenir que les éléments du premier niveau d'analyse).

---

[34] La nature pilarisée de l'analyse n'est pas très prononcée chez Ulrix, mais elle peut être déduite d'une remarque relative à la *proposition complète*: «À côté du sujet, du verbe et des mots qui complètent l'idée exprimée par le sujet et le verbe» (1909: 110). En plus, elle apparaît en filigrane quand l'auteur signale la complexité de certains termes de la proposition — en contraste avec des termes s i m p l e s — pour en conclure qu'il faut étudier d'abord *les groupes de mots*. C'est dire que chacun des termes peut être simple ou complexe, développé ou non, selon le cas.
[35] Pour une autre explication, voir 3.5.2.2.3. (sous la 2ᵉ interférence).
[36] Cf. aussi Ayer (1885⁴) et le *complément attributif* d'une certaine tradition belge (Delbœuf 1889; cf. aussi Masoin 1926) (Chervel 1977: 194-195). Voir aussi Sechehaye (1926a: 122) et de Boer (1947: 34-35), qui y attribuent encore un sens plus large.

2.3.2. L'analyse ternaire différenciée: Attribut ≠ Complément du verbe

Les analyses de ce type reconnaissent (au moins[37]) trois termes dans la proposition (dont on peut retrancher le complément du verbe en cas d'emploi intransitif) et différencient l'attribut des autres compléments du verbe.

(a) non pilarisée: Plattner, Lanusse₁, Strohmeyer, Le Bidois, Bloch, Wartburg

Ce type d'analyse est caractérisé par la dissociation de l'attribut (du sujet) des compléments (du verbe), ce qui donne lieu à deux schémas en distribution complémentaire:

sujet	verbe	compléments	niv. 1
		attribut	

Lanusse – Yvon opposent clairement deux analyses, l'une grammaticale (= Lanusse₁), l'autre logique (= Lanusse₂):

> «Au point de vue de la forme grammaticale, une proposition peut contenir trois éléments: *un sujet, un verbe, un complément* ou *un attribut* [...]. Au point de vue du sens, la proposition ne comporte que deux éléments: *le sujet* [...] et ce qui est dit à propos du sujet» (1921: 200, n.1).

C'est la conception formelle qui l'emporte, comme il ressort de la description de l'ordre des mots (1921: 240). L'attribut est de nouveau séparé des compléments du verbe (1921: 129) dans la description des fonctions du nom.

L'analyse ternaire différenciée, qui juxtapose l'objet et l'attribut sans les confondre, se trouve aussi chez Wartburg (1947: 305), Le Bidois (T2, 3; 22; 222), Bloch (1936: 192), Gougenheim (1938: 111-115), Cayrou (1948: 288), Strohmeyer et Plattner. Par exemple, pour Strohmeyer (1921: 206), la phrase se compose de *Satzteile* qui se groupent autour du verbe («Um das Verb gruppieren sich»): *Subjekt (sujet)*, *prädikative Ergänzung (attribut)*, *Akkusativobjekt (complément direct)*, *präpositionale Ergänzungen (compléments indirects)* et *adverbiale Bestimmungen (compléments circonstanciels)*. Chez Plattner (1899: 242), les quelques indications fournies dans le chapitre sur l'ordre des mots permettent de ranger la grammaire dans le groupe des analyses ternaires. Si l'attribut, qu'il appelle *prädikative Bestimmung* (1899: 366) ou *Prädikat* tout court, ne figure pas dans l'énumération des fonctions, c'est que l'attribut est conçu comme étant différent des autres compléments. Il s'agit d'une espèce de complément étroit du verbe-prédicat avec lequel il se confond parfois[38].

---

[37] L'opposition complément d'objet/complément circonstanciel ne nous intéresse pas ici.
[38] Sur la polysémie du terme *Prädikat* chez Plattner, voir 3.1.2.

(b) pilarisée: Brunot, Michaut, Larousse, Galichet₁

Cette analyse existe aussi en version pilarisée, comme chez Michaut – Schricke (1934: 13-14), par exemple:

sujet	verbe	objet (COD/COI)	attributs	niv. 1: termes essentiels
complément		complément	complément	niv. 2: compléments
compléments de compléments				niv. 3

Il en est de même chez Brunot (1922: 10-11) et Galichet (1947: 155). Galichet (1947: 155) s'exprime ainsi:

> «la mise en rapport des espèces ou groupes d'espèces dans l'actuel du temps, c'est-à-dire grammaticalement par l'intermédiaire du verbe, crée des unités syntaxiques d'une autre sorte (actualisées), soit binaires (couple sujet-verbe), soit ternaires (trinôme sujet-verbe-complément; ou encore: sujet-verbe-attribut). Ces unités syntaxiques, à deux ou à trois termes, qui ont «un sens complet par elles-mêmes» et représentent un élément «actuel», et comme un moment dans le déroulement des phénomènes, constituent des *propositions*».

Quand les deux schémas *sujet-verbe-attribut* et *sujet-verbe-complément* se combinent, on obtient une proposition à quatre termes: sujet-verbe-complément d'objet-attribut (1947: 158).

Malgré cette tendance à la différenciation de la structure canonique, Galichet opère encore un regroupement logique des termes. Dans l'énonciation à trois termes (dont le troisième est souvent facultatif), «le premier terme est le «sujet» du discours, les deux autres étant ce qu'on dit du sujet» (Galichet 1947: 128). On est là en présence d'une trace de la bipartition en sujet et prédicat 'logiques', bipartition qui relève désormais d'un autre niveau qui se superpose à celui des t e r m e s . Aussi cette analyse logicisante (cf. aussi 1947: 147) n'est-elle pas incompatible avec la conception verbo-centrale de l'auteur.

Il en est de même chez Brunot[39] (1922: 10-11) qui commence par fournir une définition sémantique[40] bipartite de la proposition: [un être, une chose, une idée] + [ce qu'est ou ce que fait cet être, cette chose, cette idée]. Or, à tout prendre, sa conception de la proposition est assez nuancée et 'grammaticalisée'. Elle est en plus pilarisée, comme il ressort du passage suivant (Brunot 1922: 21-22):

> «Les divers termes de la proposition peuvent recevoir un développement nécessaire ou utile, quand leur nature grammaticale s'y prête; seuls les mots-outils, *prépositions, conjonctions*, etc., n'en reçoivent point, les articles non plus».

Suivent alors les effets sémantiques («leurs rôles») de ces «additions de compléments» et leur «composition grammaticale» (1922: 21, titre, gras), c'est-à-dire leur

---

[39] Il est à noter que la configuration sujet/verbe/objet n'intervient que dans la deuxième typologie vers la fin de la page 10, ce qui prouve le caractère secondaire de ce type de construction.
[40] Et non pas *logique*, comme dans [un être] + [ce qu'on dit de cet être].

construction (*directe/indirecte, propositions conjonctives* et *conjonctionnelles*). L'idée du développement 'vers le bas' de plusieurs piliers se trouve également chez Galichet (1947: 157-158), qui parle d'*enrichissement* de termes (c o m p l é m e n t s) et de *termes multiples* (= à m e m b r e s c o o r d o n n é s). Les d é t e r m i n a n t s ne sont pas considérés comme un enrichissement.

Les auteurs de la *Grammaire* Larousse (1936: 70-71) procèdent également à une analyse ternaire différenciée de la proposition:

> «Le sujet, l'attribut, le verbe et ses compléments sont les éléments fondamentaux de la proposition. Un des mots que l'on retrouve le plus souvent dans les fonctions de sujet, d'attribut ou de complément du verbe, le **nom**, peut de son côté être précisé par des **compléments**».

Le caractère pilarisé est un peu masqué par l'identification du nom à l'intérieur du sujet, de l'attribut et des compléments du verbe complétés[41]. La notion de complément au «sens très large», mène cependant à l'inclusion de l'attribut (d u s u j e t , d u C O D) dans la classe des compléments, voire dans la classe des compléments du nom (Larousse 1936: 71).

2.3.3. Vers une analyse ternaire homogène (attribut ~ compléments du verbe)?

Par rapport à l'analyse qui précède, l'analyse ternaire homogène (qu'on trouve chez Radouant, Dauzat et D&P) est nettement marginale. En plus, elle ne mène jamais à l'assimilation totale de l'attribut avec les compléments du verbe. Ce type d'analyse repose sur le schéma suivant:

sujet	verbe	attribut/CO	niv. 1

Énumérant les fonctions dans le cadre de la proposition, Radouant (1922: 39) distingue deux schémas phrastiques: *sujet + verbe + complément* (prototypiquement le C O D , semble-t-il) et *sujet + verbe + attribut*. Ceci ne l'empêche pas de considérer l'*attribut* comme «un complément» (1922: 39; 58), ce qui correspond à la conception 'logique' du complément (cf. Ch. III, 2.3.1.2.). On ne saurait en déduire pour autant que la reconnaissance de l'*attribut* soit une pure question de nomenclature, car l'*attribut* occupe une section particulière, séparée des *compléments* (1922: 55). Radouant se rapproche donc aussi de l'analyse ternaire différenciée.

Dans le schéma phrastique grammaticalisé de Dauzat (1947: 411, 419), le statut de l'attribut est douteux. Figurant sous les *compléments sans préposition*, il est traité en même temps avec le C O D , sans qu'il soit pour autant confondu avec ce dernier («complément direct et attribut») (1947: 345; cf. aussi 141).

---

[41] On notera aussi que les compléments de nom et les compléments du verbe se situent à un niveau différent, comme chez Bruneau (1937: 85; cf. *infra*)

Enfin, l'outillage terminologique de D&P permet un compromis entre l'analyse homogène et différenciée des deux fonctions. Tout comme l'*ayance* (= COD), l'*étance* (= attribut du sujet) est un *about* (V1, 117), mais un *about syndestique*, là où le COD est de nature *dichodestique*. L'identité sur le plan rectionnel (*about*) est donc nuancée par une différenciation au niveau du rapport logique (*liage*) contracté avec le sujet.

2.3.4. L'analyse ternaire unilatérale

Dans ce type d'analyse, la proposition est divisée en trois éléments essentiels. Or, la tripartition n'envisage que l'attribut du sujet, qui se trouve dissocié par là des autres compléments du verbe. Ceux-ci relèvent d'un niveau d'analyse inférieur. Cette analyse est attestée chez Grevisse, Bruneau et Haas. Elle est à chaque fois pilarisée. Schématiquement:

sujet	verbe	attribut	niv. 1

En discernant trois (ou deux, selon le cas) termes «essentiels» (sujet + verbe; sujet + verbe + attribut), Grevisse exclut les compléments du verbe du premier degré de l'analyse, contrairement à l'attribut (1936: 95). Chez Bruneau (1937: 85), la forte opposition entre l'*attribut* (qui fait partie des *éléments essentiels*) et les *compléments du verbe* se double d'une distinction entre *compléments principaux* et *secondaires*. Il en résulte le tableau suivant:

sujet	verbe		attribut de sujet/d'objet	niv. 1: éléments essentiels
	compléments principaux (= du verbe): complément d'objet (direct/indirect), d'objet secondaire, d'attribution, de circonstance			niv. 2
compléments secondaires[42]				niv. 3

On peut en rapprocher Haas, chez qui le statut incertain de l'*Objekt* par rapport au *Prädikat* (1909: 59 *vs* 1909: 76) semble dû à l'hésitation[43] entre une bipartition logique (pilarisée) et une conception grammaticalisée de la proposition. D'une part, les éléments de la phrase sont des «Verbindungen, die ihnen [Subjekt und Prädikat]

---

[42] «Mais chaque élément de la phrase: *sujet*, etc., peut être complété par des compléments *secondaires*: compléments du *nom*, compléments de l'*adjectif*, compléments de l'*adverbe*» (1937: 85).

[43] La confusion se manifeste dès les premières pages de l'ouvrage (1909: 2-3). Le *Prädikat* et le *Subjekt* constituent les deux porteurs de la prédication (*Träger der Aussage*). Ils décomposent la représentation complexe (*Gesamtvorstellung*) en une représentation de l'objet (*Gegenstandsvorstellung*) et d'une caractéristique (*Merkmalsvorstellung*). Ces deux éléments peuvent coïncider dans un seul *corrélat linguistique*. Le *prédicat*, en général un *verbe* (*Zeitwort*), peut aussi être rendu par un autre mot dans les *Nominalsätze*. Or, la thèse de la bipartition logique de la phrase, quelle que soit sa nature, se voit minée par la restriction suivante: «in *mindestens* zwei Glieder» (Haas 1909: 2, nous soulignons).

beigelegt werden» (1909: 47), le sujet et le prédicat[44] étant les composantes essentielles («nur notwendig») de la phrase verbale (1909: 76). D'autre part, l'objet constitue un troisième élément fondamental (*Grundbestandteil*) de la phrase («drittes Element des Satzes» (Haas 1909: 76). Cet élément «ist eine solche Ergänzung der Aussage, *die zum Prädikat gehört,* und mit ihm in enger Verbindung steht» (1909: 76, nous soulignons). Cette théorie, pilarisée, qui distingue à la fois un *Prädikat* (à mi-chemin entre le p r é d i c a t g l o b a l et le v e r b e - p r é d i c a t) et un *Objekt* (dont le statut par rapport au prédicat est ambigu), se présenterait comme suit[45] :

«drei Grundbestandteile[46]» (1909: 47)
«notwendigen Bestandteilen des gegliederten Verbalsatzes» (1909: 76)

Subjekt	Prädikat(svorstellung)		Objekten	Prädikatsbestimmung
	(a) Zeitwort, Verbum			(a) adverbiale (Ergänzung) (76, 82)
				(b) präpositionale
	(b) verbale Kopula +	(nominale) prädikative Ergänzung ou Prädikatsnomen		
+ Bestimmung zum ganzen Satz (1909: 309, 314)				

On peut conclure que la théorie de la phrase de Haas est hybride en ce qu'elle combine une bipartition logique pilarisée avec une analyse grammaticalisée de la proposition (cf. aussi Haas 1916: 26-27). Si dans l'esprit de l'auteur l'objet constituait vraiment une entité différente du prédicat, on pourrait dire que l ' a t t r i b u t d u s u j e t relève d'un niveau supérieur, ce qui donnerait une analyse unilatérale:

S + [(V + a t t r i b u t)]
+ Objekt ↗ + Prädikatsbestimmung

2.4. *Coexistence de modèles et modèles hybrides*

Parmi les analyses que nous venons d'examiner, il y en a qui sont à cheval entre les types majeurs (modèles hybrides). En outre, certains adeptes du système ternaire grammaticalisé signalent encore la bipartition logique (Lanusse, Brunot, Galichet), l'attribuant, le cas échéant, à d'autres grammairiens, comme le fait Grevisse:

---

[44] Ceci ressort aussi de Haas (1916: 21) où les deux *Funktionen* (sujet et prédicat) se superposent aux *Vorstellungen* (c'est une articulation supérieure par rapport au niveau des *Vorstellungen*, mais qui n'en est pas moins basée sur l'opposition entre *Gegenstandsvorstellung* et *Merkmalsvorstellung*).

[45] Les c o n s t i t u a n t s peuvent être étoffés, mais la perspective change (il s'agit de rapports entre des mots, ou, plus précisément, leurs corrélats psychiques) (Haas 1909: 47-48).

[46] Haas parle de *selbständige Funktionen* (sujet, objet) (1909: 169), ou encore, de *selbständige Satzteile* (1909: 165). Il y oppose, par exemple, les adverbes, qui sont des «ergänzende Bestimmungen». Il semble donc que la dernière colonne se situe à un niveau inférieur par rapport à celui de l'objet.

«Considérée dans ses éléments essentiels, la proposition comprend *deux* termes: un *sujet* et un *verbe*: *La terre tourne*; — ou *trois* termes: un *sujet*, un *verbe* et un *attribut*: *Le vice est odieux*» (1936: 95).

Il ajoute que «certains grammairiens distinguent dans la proposition: 1° le *sujet*, c'est-à-dire l'être dont on parle; 2° le *prédicat*, c'est-à-dire tout ce qui est dit du sujet» (1936: 95).

Les rapports incertains entre le prédicat et l'objet chez Haas sont dus à une analyse hybride, née du croisement de la bipartition logique et de la tripartition grammaticalisée. Chez Ulrix, enfin, on se demande si l'analyse est binaire ou ternaire.

2.5. *Tableau synoptique et conclusions*

Résumons les types dégagés dans un tableau synoptique. Les schémas de phrase hybrides sont mis entre parenthèses et accompagnés d'une flèche indiquant le schéma vers lequel ils tendent. Les grammaires qui juxtaposent plusieurs analyses sont marquées d'un indice (p. ex. Lanusse$_2$, qui est moins important que Lanusse$_1$)[47].

	logique		'grammaticalisée'			
	ternaire	binaire	binaire	ternaire différenciée	ternaire homogène	ternaire unilatérale
– pilarisée		Clédat Lanusse$_2$ Galichet$_2$ Brunot$_2$	Lanusse$_3$⇒	Plattner Lanusse$_1$ Strohmeyer Le Bidois Bloch Wartburg Gougenheim Cayrou	Radouant Dauzat D&P	⇐ (Haas)[48]
+ pilarisée	[Noël & Chapsal]	⇑ (Sonnenschein)⇒ Engwer Regula de Boer	Académie (Ulrix) ⇒	Michaut Brunot Larousse Galichet$_1$		Grevisse Bruneau

Outre le fait qu'il est parfois difficile de classer les grammaires, tellement les types sont proches l'un de l'autre, le principal constat qui s'impose est que l'analyse

---

[47] Ce tableau appelle toutefois une mise en garde. Les informations sur lesquelles notre analyse est basée ont quelquefois dû être tirées des chapitres relatifs à l'ordre des mots (Wartburg, Le Bidois, Dauzat, Gougenheim), faute d'un chapitre sur l'analyse en f o n c t i o n s   s y n t a x i q u e s. On peut supposer que la perspective s y n t a c t i q u e facilite l'apparition d'analyses grammaticalisées. Cependant, l'absence d'indices qui vont dans le sens d'une bipartition logique de la proposition, l'affirmation de la position centrale du verbe (Wartburg et Le Bidois) et le fait que le chapitre sur l'ordre des mots va plus loin qu'un simple relevé superficiel de l'ordre respectif des éléments (Gougenheim 1938: 101) constituent des garde-fous solides.

[48] Tend vers [+ logique, binaire; + pilarisée].

pilarisée, typique de l'analyse logique descendante de la proposition, se retrouve encore dans les théories grammaticalisées. Ce procédé installe un mouvement descendant dans l'analyse et témoigne des velléités expansionnistes de l'analyse fonctionnelle. Quatre grammaires (Larousse, Grevisse, et Haas) nous forcent à modifier quelque peu la représentation graphique de la 'pilarisation' esquissée au début de cette section:

terme 1	terme 2	terme 3	...
pdd + X	pdd + X	pdd + X	pdd + X

En identifiant l'élément complété (le nom) à l'intérieur du terme, ces grammaires préparent le passage à une analyse plus 'grammaticale' (ascendante) des compléments ou des groupes[49].

La tendance générale, qui va dans le sens de la 'délogicisation' ou de la 'grammaticalisation' des schémas de phrase, crée un contexte propice à l'émergence d'une conception verbo-centrale (au sens large du terme). De manière plus générale, on est frappé par les nombreux passages qui, du moins à première vue, semblent trahir une conception verbo-centrale, qui préfigure, en quelque sorte, le modèle unipolaire de la phrase prôné par Tesnière. Récemment, l'historiographie de la linguistique a montré que cette conception de la phrase a connu des antécédents importants, sans qu'une filiation directe puisse être établie. On est ici en présence d'un cas de «recurrence of linguistic thought» (Forsgren 1998: 55-56), récurrence qui est, le plus souvent, *différentielle* (Swiggers 1992), comme nous l'avons montré nous-même pour notre corpus (Lauwers 2003a).

3. LES FONCTIONS PRIMAIRES

Dans ce long paragraphe, nous passerons en revue les différentes fonctions, commençant par les fonctions les plus centrales: le verbe-prédicat (3.1.), le sujet (3.2.), la séquence (= constituant postverbal de la construction impersonnelle; 3.3.), les attributs (3.4.), les compléments du verbe (3.5. à 3.8) et les compléments circonstanciels (3.9.).

---

[49] Ces analyses pilarisées correspondent parfois à une typologie de la phrase basée sur sa complexité syntagmatique. Ainsi, Brunot (1922: 21-22) parle de *propositions à termes complétés* (*additions de compléments, développement nécessaire ou utile des termes de la proposition*) et Galichet (1947: 157-158) d'*enrichissement* de termes, ce qui permet «d'étoffer considérablement la proposition élémentaire». Cette analyse remonte en fait au 18e siècle. Vers 1830, les grammairiens allemands s'en tiennent en général au système suivant (avec des variations dans la terminologie) (cf. Forsgren 1992: 89-91): (a) *nackter Satz*; (b) *ausgebildeter Satz*: sujet et/ou prédicat est/sont complété(s) par des qualités/circonstances; (c) *erweiterter Satz*: sujet et/ou prédicat est/sont complétés par des phrases (--> *Nebensätze*). Ce système rappelle la théorie des Encyclopédistes: suivant que la proposition contient un *sujet/attribut complexe/composé*, la proposition est dite *complexe/composée* (Swiggers 1984: 118).

3.1. *La fonction verbe-prédicat*

3.1.1. Observations préliminaires: Verbe-prédicat *vs* Verbe-mot

Dans la grammaire traditionnelle, qui est une grammaire à double directionnalité, ascendante et descendante, ou encore, catégorielle et sémantico-fonctionnelle, le verbe-prédicat occupe une position ambiguë. Si certaines parties du discours sont souvent prototypiquement associées à telle ou telle fonction (pensons au nom – sujet), dans le cas du verbe, les deux plans tendent à coïncider. Le verbe relève donc souvent des deux plans.

Certes, on pourrait arguer que la coïncidence est seulement partielle, étant donné que seul le verbe à forme personnelle (le verbe fini)[50] entre dans la série de *termes de la proposition*[51]. Or, même si cette différence n'est pas inconnue des grammairiens, elle est négligée. Dans la pratique, on constate que

- Seules les 7 grammaires qui s'inscrivent dans la tradition germanique disposent d'un terme spécifique pour distinguer le verbe-prédicat et le verbe-mot: *prédicat (Prädikat)*[52]. Les autres s'accommodent d'un seul terme: *verbe*[53].
- Dans ces dernières, on constate souvent l'absence du *verbe*[54] dans les chapitres qui passent en revue les différentes fonctions. Des 11 grammaires qui comportent un tel chapitre, seules 4 y traitent du verbe-prédicat: Michaut, Grevisse, Bruneau et Galichet[55].
- Dans les autres grammaires qui n'ont qu'un seul terme (*verbe*) et qui ne traitent pas le *verbe* parmi les autres fonctions dans un chapitre conçu spécialement à cet effet, les définitions du verbe-mot renvoient *presque toujours*[56] au rôle du verbe-prédicat dans la phrase ou à ses rapports avec les autres fonctions: Académie, Le Bidois, Dauzat, Wartburg, Bloch, Larousse, Cayrou et D&P (*factif verbal*, V1, 105).

Ces trois constats montrent que le verbe-mot et le verbe-prédicat sont en général confondus dans la tradition française. On assiste ici à la fusion des deux perspectives, descendante (grammaticalisée) et ascendante. Le mot et la fonction coïncident.

---

[50] L'infinitif, forme non personnelle du verbe, se prête également à la fonction de verbe-prédicat dans la phrase indépendante simple (*Bien agiter la bouteille avant d'ouvrir*). De même, dans les propositions dites *participes* ou *infinitives*, on pourrait considérer les participes et les infinitifs comme des verbes-prédicats (*Je l'ai vue chanter la chanson*; *la nuit tombant, il est sorti de son abri*).

[51] Inversement, certaines formes du verbe (participes, gérondif, infinitif) se prêtent à d'autres fonctions que celle de verbe-prédicat.

[52] Ce qui ne les exempte pas de certaines confusions dues à la terminologie (cf. 3.1.2).

[53] Lombard (1929: 244) critique la confusion du *verbe* et du *prédicat*. Il faut «respecter la limite très nette entre les parties du discours [...] et les membres de la proposition».

[54] Ceci est impensable dans les grammaires qui appellent le verbe-prédicat *prédicat*.

[55] Chez D&P, le verbe n'est évidemment pas traité comme fonction dans le chapitre préliminaire consacré aux *compléments*.

[56] Font exception: Lanusse, Ulrix et Brunot. Chez Clédat, Gougenheim et Radouant on ne trouve pas de définition.

Le fait que le verbe manque dans les chapitres consacrés aux fonctions n'est pas incompatible avec une théorie verbo-centrale[57] (Cayrou, Larousse, D&P). Ce traitement souligne plutôt son statut particulier, tellement il est au-dessus de la mêlée.

3.1.2. Terminologie et découpage conceptuel

Les observations qui précèdent suggèrent que le verbe-prédicat entre dans deux paradigmes terminologiques différents:

I. Celui du *prédicat* (*Prädikat, predicate*)

Il s'agit des auteurs suivants, tous des étrangers, chez qui on trouve la terminologie suivante:

	terme 1	terme 2	autres termes
Haas	Prädikat(svorstellung)		
Sonnenschein	predicate [= prédicat global]	verb [= verbe-prédicat]	
Engwer	(Gesamt)prädikat	Prädikat (im engeren Sinne) [= verbe]	Aussagewort [= verbe]
Regula	Prädikat, engere Satzaussage	Prädikat (im engeren Sinn)	Aussageverb (209), Verbum finitum, Zeitwort
de Boer	prédicat		
Plattner	Verb	Prädikat (264)	verbe (264)
Strohmeyer	Verb (206, 243, 245, ...)	Prädikat (206)	

II. Celui du *verbe*: les autres auteurs; Galichet utilise aussi *fonction verbale*

Ce groupe de grammaires, qui représente la tradition française, confond verbe-prédicat et verbe-pdd au niveau de la terminologie.

Le groupe II ne retiendra plus notre attention. Ces grammaires ont atteint le stade ultime de ce que nous avons appelé, d'un terme un peu malheureux, la 'grammaticalisation' du syntagme verbal (cf. Ch. III, 1.2.2.; Ch. IV, 2.1.). Il n'en est pas ainsi dans les grammaires du groupe I, qui s'inscrivent dans une autre tradition, celle du *prédicat*, ce qui n'empêche pas certaines d'entre elles de se servir occasionnellement du terme *verbe*, dans le sens de verbe-prédicat (Plattner, Strohmeyer)[58]. Mais même dans ce premier groupe, on relève des indices d'un processus de grammaticalisation. Deux questions sont cruciales[59] dans cette optique:

---

[57] À propos des analyses verbo-centrales dans le corpus, voir Lauwers (2003a).

[58] Sonnenschein (1912: 97) reconnaît le prédicat global (*predicate*) mais en distingue nettement le verbe-prédicat qui en fait partie: *verb*.

[59] Le problème du rapport entre copule – attribut sera traité dans la section sur l'attribut (voir 3.4.).

- Quelles fonctions syntaxiques sont couvertes par le terme de *Prädikat*?
  ⇒ soit le verbe-prédicat seul; soit le complexe prédicatif verbe copule + attribut (+...) (la copule peut faire défaut); soit le verbe-prédicat + CO + cc (= prédicat global).
- La description proposée aboutit-elle à des confusions (entre prédicat global, verbe-prédicat et attribut) au niveau de la terminologie?

Il s'ensuit que trois orientations peuvent être distinguées[60], qui chacune ont donné lieu à des confusions terminologiques:

(1) le verbe-prédicat est absorbé dans un prédicat global (= tout, sauf le sujet) [= bipartition logique]
  (a) pas de confusion: verbe-prédicat (*verb*; 1912: 97)[61]
   ≠ prédicat global (*predicate*; 1912: 100)
   ≠ attribut (*predicative adjective*, ...)   Sonnenschein
  (b) confusion verbe-prédicat (*Prädikat*) = prédicat global (*Prädikat*)[62]   Regula, Engwer
  (c) confusion attribut, verbe-prédicat, prédicat global (3 x *prédicat*) de Boer

(2) le verbe-prédicat n'est pas absorbé dans un prédicat global, mais entre dans un prédicat complexe du type *Prädikat* = verbe ou (être)[63] + attribut. [= analyse grammaticalisée, mais traces du prédicat global, logique][64]
  (a) confusion du prédicat complexe (*Prädikat*) avec le seul attribut (*Prädikat*)   Haas
  (b) confusion verbe-prédicat (*Prädikat*) avec l'attribut (*Prädikat*)   Plattner[65]

---

[60] On retrouve ces approches dans d'autres grammaires du français d'expression allemande: Stier (1896, type 2), Strohmeyer (1927⁵, type 3), Banner (1895, type 3). Chez Lücking (1883, type 1), le V-prédicat est désigné en général par *Verb*, sauf quand il est question des rapports entre sujet et V-prédicat (1883: 136). Opposé au sujet, le *Verb* devient quelquefois *Prädikat*, trace de l'analyse bipartite de la phrase. L'attribut du sujet/COD porte le nom de *prädikatives Substantiv* ou *Adjektiv* (1883: 134, 146) et ne se confond donc pas avec le verbe-prédicat.

[61] Ce qui entraîne une confusion entre verbe-prédicat et verbe-mot.

[62] Regula (et Engwer) divise la phrase en deux parties, *Subjekt* et *Prädikat* (ou *engere Satzaussage*), qui reçoivent toutes deux une interprétation psycho-sémantique, à savoir *Gegenstandsvorstellung (Träger, Satzgegenstand)* et *Merkmalsvorstellung (Verlaufsvorstellung = Vorgangs-, Zustandsvorstellung)* (1931: 40-41). Le prédicat peut comporter le *Prädikat im engeren Sinn* (les exemples ne concernent que des verbes-prédicats) et des *Prädikatsbestimmungen* (*Ergänzungen* ou *Objekte*, et *nähere* ou *adverbiale Bestimmungen*). Le verbe-prédicat, *Prädikat im engeren Sinn*, passe apparemment pour le prédicat prototypique, d'où la disparition de 'im engeren Sinn' (Regula 1931: 203, cf. aussi Engwer 1926: 43, 151, 152, 186-187). En plus de ce terme ambigu, on trouve encore *Verbum finitum* (table des matières; 1931: 203), *Zeitwort* (table des matières, 1931: 203) et *Aussageverb* (1931: 209), qu'il distingue de *Aussagewort*, l'un des termes désignant l'attribut chez lui [en dépit de la doxa qui l'utilise pour la copule (cf. Forsgren 1992)]. Chez Engwer (1926: 43), *Aussagewort* signifie verbe-prédicat.

[63] Haas et Plattner ont cependant une conception légèrement différente de la copule. Plattner en fait abstraction (l'attribut est dit *Prädikat*), tandis que Haas y confère encore une certaine valeur (le terme *Prädikat* correspond à copule + attribut).

[64] Le grammairien flamand Ulrix se sert également du terme *prédicat* (= attribut du sujet et du COD), mais celui-ci n'entre pas en concurrence avec un de ses homonymes.

[65] Chez Haas, qui hésite, par ailleurs, entre la bipartition psycho-sémantique et une conception plus grammaticalisée de la phrase (cf. 2.4.), le verbe-prédicat porte encore les traces de l'approche logico-sémantique: «Das Prädikat eines Verbalsatzes besteht also aus einem Verbum oder einer (verbalen) Kopula und einem Adjektiv als nominalem Prädikat» (1909: 47; cf. aussi 60). Le verbe-prédicat seul est appelé *rein Verbales Prädikat* (1909: 59, titre), alors que le nom et l'adjectif en fonction

(3) le verbe-prédicat n'est pas absorbé par un prédicat global et ne se confond pas avec l'attribut du sujet [= analyse 'grammaticalisée'] Strohmeyer[66]

Ce tableau ne fait pas ressortir la complexité du champ de la prédication chez de Boer. Se référant à Sechehaye, il distingue le rapport *sujet – prédicat* du rapport *principal – complément*. Quand on juxtapose les exemples *boire avidement* et *boire de l'eau* (1947: 34) et la définition du *groupe sujet – prédicat*, on aboutit à l'analyse suivante:

| sujet – prédicat: | *les enfants* | — | *dorment* |
| principal – complément: | *boire* | — | *avidement/de l'eau* |

Quand on remplace *dormir* par *boire*, *boire* est à la fois *prédicat* de la phrase et *principal* d'un rapport logique secondaire. Le COD et l'adverbe, quant à eux, font partie du *prédicat* (de Boer 1947: 38).

Ce *prédicat* peut contenir aussi ce que de Boer appelle un *complément prédicatif* (terme emprunté à Sechehaye, 1947: 34), catégorie fourre-tout qui réunit les attributs du sujet/du COD accessoires, les cc de phrase modaux (type: heureusement), ainsi que toutes sortes de constructions détachées à prédication implicite[67], y compris l'*ablativus absolutus*, l'*accusativus cum infinitivo* [cf. l'ancienne construction *il montre son intelligence (être) médiocre*] et la construction *post urbem conditam* (~ *après chaque lame passée*) (1947: 35).

L'attribut essentiel du sujet, par contre, n'en fait pas partie, pas plus que l'attribut essentiel du COD (cf. 3.4). De Boer les considère comme un cas particulier du *complément prédicatif*, situé à l'extrémité d'une échelle qui représente la répartition de la masse prédicative sur le verbe et l'attribut. Dans *les enfants courent, (étant) heureux, ...*, le verbe (*courir*) et l'adjectif (*heureux*) « sont [...] tous les deux des prédicats », ils « se partagent l'accent prédicatif », ou encore, « ont chacun un accent prédicatif » (1947: 36). Au fur et à mesure que le verbe perd en autonomie, l'accent se déplace vers l'adjectif (*vivre heureux, rester heureux, devenir heureux*). Au bout de l'échelle se trouve la copule: avec *être*,

---

d'attribut sont appelés quelquefois *Prädikate* (1909: 59), le verbe *être* ayant trop peu de poids pour que l'auteur ne puisse pas, par endroits, se passer du terme plus complet pour l'attribut, à savoir *nominales Prädikat*.
Plattner, qui semble s'être affranchi du joug de la logique, utilise en général le terme *Verb* pour le verbe-prédicat. N'empêche que le terme *Prädikat* — terme réservé à l'attribut chez lui (1899: 368) —, en vient encore à désigner le verbe-prédicat (1899: 264) dans le traitement de l'accord verbe/sujet.

[66] Strohmeyer utilise encore moins que Plattner le terme de *Prädikat*. Il y préfère, lui aussi, le terme catégoriel: *Verb*. Mais si le terme *Prädikat* apparaît, c'est pour dissocier catégorie et fonction (1921: 206, 243, 245). Cf. aussi sa *Französische Sprachlehre* (Strohmeyer 1927⁵: 19): le *Prädikat* est le « wichtigste Satzteil » et « stets ein Zeitwort ».

[67] En voici quelques exemples (1947: 34-35): *Son front bas montre son intelligence* médiocre; *les enfants courent*, heureux, *dans le jardin*; *Héra*, aux bras blancs (apposition); *Je possède le dictionnaire X*, lequel est ... (relative prédicative); *Il n'est pas mort*, heureusement ...

«l'adjectif ne sera plus le complément prédicatif, à travers le verbe, du sujet, mais le rapport direct de sujet à prédicat se trouve rétabli».

L'adjectif devient «prédicat, sans plus» (1947: 36). En d'autres mots, le *prédicat* est vu comme une masse prédicative — on notera la confusion avec l'idée de r h é m a - t i c i t é, cf. aussi le terme «prédicat de phrase» (= r h è m e) — qui se concentre dans le seul v e r b e - p r é d i c a t ou qui se répartit sur deux éléments, un v e r b e - prédicat et un attribut. Du point de vue sémantique et informatif, la copule n'a pas de poids et se trouve dissociée de ses homologues sémantiquement plus riches. On relève donc une certaine confusion entre le p r é d i c a t g l o b a l et l ' a t t r i b u t d u s u j e t.

Qui plus est, *prédicat* en vient à signifier aussi, par endroits, le v e r b e - p r é d i - c a t pris isolément: le *sujet de verbe* est «suivi de son prédicat (suivi ou non d'un régime)»: *Jean dort/Jean mange une pomme* (de Boer 1947: 37).

En définitive, le *prédicat* comprend chez de Boer les éléments suivants: v e r b e - prédicat, verbe-prédicat + compléments, verbe-prédicat + «*compléments prédicatifs*» (devenant verbe + «prédicat» après le verbe *être*). Comme le terme *prédicat* s'applique aussi à l ' a t t r i b u t d u s u j e t auprès du verbe *être*, on a là encore une source de confusion (cf. aussi Haas, Plattner).

Cette confusion babylonienne — qui n'est cependant pas constante dans les grammaires citées, puisqu'elles utilisent aussi des termes univoques — s'explique par une longue et complexe histoire dont Forsgren (1992) fournit les repères pour la période 1830-1880.

Les problèmes remontent à la bi/tripartition logique de la phrase avec la fameuse décomposition du verbe que nous avons déjà amplement commentée[68]: *Das Kind schläft = Das Kind ist schlafend* (Forsgren 1992: 66). Dans cette optique, tant la construction ê t r e + a t t r i b u t d u s u j e t que le v e r b e - p r é d i c a t autre que *être* — éventuellement accompagné de c o m p l é m e n t s d ' o b j e t et de c o m p l é - m e n t s c i r c o n s t a n c i e l s —, étaient considérés comme des *Prädikate*, sans qu'on fût vraiment obligé de chercher des termes plus précis pour les départager. Cette carence dans l'analyse fut seulement comblée par l'apparition de théories verbo-centrales (Forsgren 1992: 75).

Après la disparition de la décomposition du verbe, les grammairiens continuèrent à appliquer la même étiquette au V - p r é d i c a t (accompagné éventuellement de c o m p l é m e n t s) et à l ' a t t r i b u t, par l'application d'une espèce de *synonymie fonctionnelle* (Forsgren 1992: 134, 137, 143, *passim*), tendance renforcée par l'influence de la hiérarchie lexicale (sémantique) sur l'analyse syntaxique (Forsgren 1992: 134-135): l ' a t t r i b u t domine la copule, élément sémantiquement vide. Ce type d'analyse est encore pratiqué de nos jours dans la grammaire de l'allemand et

---

[68] Une autre option était de considérer la désinence du verbe fini comme l'équivalent de la copule (*der Mensch denk-t/der Mensch ist vernünftig*) (J.C.A. Heyse 1864: 248; *apud* Forsgren 1992: 80).

du néerlandais. Eisenberg (1989²: 97-98), par exemple, la discute et l'oppose à l'analyse valencielle qui lui semble préférable⁶⁹:

De même, dans la grammaire néerlandaise, le *Gezegde* (~ all. *Aussage, Prädikat*) a deux réalisations: une forme verbale (*werkwoordelijk gezegde*) et une forme nominale (*naamwoordelijk gezegde*), qui, elle, comporte deux composantes (c o p u l e + *naamwoordelijk deel van het gezegde*, soit l'a t t r i b u t).

3.2. *Le s u j e t*

Contrairement au v e r b e - p r é d i c a t , le sujet⁷⁰ fait l'objet d'un traitement relativement uniforme dans le corpus. Notion très malléable, le sujet s'adapte à toutes les configurations phrastiques (bipartition logique et grammaticalisée, tripartition grammaticalisée, etc.). Nous nous limiterons à signaler ici quelques conceptions originales du 'sujet'. Les autres facettes du sujet sont traitées ailleurs: la problématique de la double nature du sujet (*sujet grammatical* vs *réel*) sera abordée sous 3.3 et le concept de *sujet psychologique* (= t h è m e) sera traité dans la section consacrée à la 'pragmatique' (Ch. VII, 2.3.3).

Le sujet est une notion très élastique qu'on définit sémantiquement. Ses aspects formels (surtout l'accord) sont relégués à l'arrière-plan et manquent dans la quasi-totalité des définitions. Seuls Wartburg (1947: 20), Le Bidois (T1, 382)⁷¹ et D&P (*soutien*: régime, sans parler de l'accord) signalent que le sujet régit (l'accord du/le) verbe. Si, toutefois, la tension entre le sens et la forme (e.a. l'accord) devenait trop forte, il suffisait de dédoubler⁷² la notion en *sujet grammatical (ou apparent)* et *sujet*

---

⁶⁹ Présentation en termes de constituance (et non en termes de dépendance).

⁷⁰ L'étymologie du terme n'est pas vraiment utile dans l'identification de la fonction du *sujet* (Larousse 1936: 55; Galichet 1947: 128).

⁷¹ Les Le Bidois, qui renvoient à D&P, fournissent une définition purement syntaxique du sujet: «À l'exception des phrases où le verbe d'action comporte un complément d'objet, (énoncé ou simplement suggéré), le sujet, on le voit, n'est nullement «ce qui fait l'action» (ou l'auteur de l'action). Qu'est-ce alors? tout simplement le mot qui, selon la naïve mais très juste expression du vieux grammairien, «donne la loi au verbe» (Vaugelas), le mot qui en régit l'accord, (en personne et en nombre)» (T1, 382). Selon eux, «*Sujet*, et *agent de l'action*, sont deux choses tout à fait distinctes» (T2, 161), qui peuvent même «s'opposer» (*ib.*). Ils proposent dès lors, pour l'analyse des constructions infinitives, le terme *objet-agent* (T2, 310).

⁷² Un autre type de dédoublement du sujet est attesté chez Cayrou (1948: 336) et Clédat (1896: 231) qui appliquent le schéma *sujet réel/sujet explétif* à l ' i n v e r s i o n c o m p l e x e : sujet réel + V + sujet explétif. Voir là-dessus Ch. VI, 2.3.5.1.

logique (ou réel) (cf. 3.3.). La piste du dédoublement terminologique a d'ailleurs été radicalisée par certains auteurs. Au lieu de se contenter d'un seul concept, tantôt grammatical, tantôt logique, ils juxtaposent deux, voire trois concepts indépendants, qui ne font que *découpler* les traits définitoires du sujet.

Ainsi, de Boer dissocie clairement le s u j e t s é m a n t i c o - l o g i q u e du s u j e t d e l ' a c c o r d (le *sujet du verbe*), qui, du coup, a reçu l'interprétation purement formelle qu'il a encore de nos jours. Ce couple est complété par un troisième *sujet*, le t h è m e :

- *sujet du verbe* (ou *sujet de verbe*)
- *sujet logique de l'impersonnel* (1947: 37) ou *sujet logique prédicatif* (1947: 32)
- *sujet de (la) phrase* (par opposition au *prédicat de phrase*)[73]

Le *sujet formel* ou *morphologique des impersonnels* (1947: 37, 184) — ou encore, *Scheinsubjekt*, c'est-à-dire un sujet du verbe qui «n'a aucun contenu», qui «n'est guère qu'un morphème» (1947: 184) — ne constitue qu'un cas particulier du *sujet du verbe*. Le *sujet logique* de l'impersonnel, par contre, constitue une catégorie indépendante, mais porte néanmoins l'empreinte du troisième niveau, celui de «la marche de la pensée» (1947: 37), car il est fortement r h é m a t i q u e , c'est-à-dire *prédicatif (prédicat de phrase)*[74], dans la terminologie de l'auteur.

Un dédoublement analogue, mais plus complexe, est effectué par D&P. Le *soutien* est à la fois *régime* et *support* du *factif verbal* (= v e r b e - p r é d i c a t):

> «le support du phénomène verbal est, au point de vue de la rection, c'est-à-dire dans l'appréhension globale de ce phénomène, un régime du factif verbal. Cela nous mène à la notion d'une substance qui est nécessairement à la fois support et régime du factif verbal; cette substance est le *soutien*» (V3, 152; cf. aussi V1, 602-603).

En d'autres mots, le *soutien* (qui correspond donc au s u j e t type) est à la fois le c o m p l é m e n t d u v e r b e (plan rectionnel) et son ' s u p p o r t ' logique.

D&P introduisent encore un autre terme: le *repère*. Si le *soutien* concerne les rapports entre le s u j e t et le v e r b e - p r é d i c a t , le *repère*, lui, porte sur les rapports (logiques ou *liages*) qui se nouent entre le s u j e t et les autres f o n c t i o n s dans la phrase:

> «Nous appelons *repère* [...] celui des partenaires du phénomène verbal qui sert de point de départ aux liages aboutissant aux autres partenaires. Mais la notion de repère ne concerne que le domaine du supportement» (V3, 152; cf. aussi V1, 117, index).

Plus précisément:

> «Le «sujet» joue le rôle de support dans le lien spécifique du verbe ou *visée*, et dans tous liages dichodestiques accessoires, ou *menées*, et reçoit de ce fait le nom de *repère*» (V1, 602).

---

[73] Dans les *monorèmes*, le sujet est suppléé par les circonstances de la situation (1947: 15).
[74] Avec les phénomènes météorologiques, le *sujet logique* représente le *sujet de la phrase*, ce qui s'oppose à l'interprétation 'prédicative' (*prédicat de phrase*) ordinaire du sujet logique (1947: 184).

Ce dédoublement du s u j e t en *soutien* et *repère* est donc doublement asymétrique: le *soutien* et le *repère* se distinguent à la fois quant aux f o n c t i o n s s y n t a x i q u e s impliquées dans la relation et quant à la nature de la relation (*rection* + *supportement* vs *supportement*).

Il s'y superpose encore un troisième terme: si le *soutien* est en même temps *repère*, il est appelé *soubassement* (V3, 152). Mais souvent, *soutien* et *repère* ne coïncident pas, comme dans la p h r a s e i m p e r s o n n e l l e (cf. 3.3.3.3.).

Les autres grammairiens du corpus n'en sont pas encore là. Le critère du contenu sémantico-logique du s u j e t reste prépondérant, au point que le s u j e t déborde les limites auxquelles le confinent ses caractéristiques formelles. Au début de l'époque à l'étude, il arrive encore que le sujet s'inscrive dans une théorie purement sémantico-logique, comme le montre l'analyse de Clédat (1924: 1-10) dans *En marge des grammaires II*. Clédat projette les rapports contractés par le verbe sur la combinatoire des noms et des adjectifs «exprimant une idée verbale». Tous ces compléments «en précisent l'objet, les circonstances, souvent aussi le sujet, car le sujet peut prendre la forme d'un complément» (1924: 1). Il s'ensuit que *le sujet de l'idée verbale* — notons l'expression — peut être:

(a) le sujet du verbe
(b) le ««complément subjectif»[75] dans la forme passive» (= c o m p l é m e n t d ' a g e n t)
(c) le *complément subjectif du nom d'action*
(d) le *sujet du verbe à l'infinitif* construit avec *faire*.

Cette idée sous-tend aussi la section consacrée aux *prépositions objectives et subjectives* dans sa *Grammaire classique* (Clédat 1896: 321-325).

La même conception domine chez Brunot, même si celui-ci insiste sur le fait que le «*sujet* est un mot grammatical, qu'on ne peut pas employer d'une façon générale pour *auteur de l'action*». En effet, au passif, le *sujet* n'est plus l'*auteur de l'action* (1922: 227). Mais que vaut la définition du sujet si elle ne s'applique pas à la phrase passive qui a également un *sujet*? Aux yeux de Brunot, on peut garder la notion de sujet, mais il faut «transformer l'exposé» qu'on en fait, ce qui, malgré Brunot, ne manque pas d'affecter la notion même de *sujet*. On assiste (1922: 229-234) en réalité à une radicalisation de la conception sémantico-logique. Les titres sont éloquents: *sujets des noms* (*l'arrivée* d'un train; appelés aussi *compléments subjectifs*; 1922: 229), *sujets des infinitifs*, *sujets des adjectifs et des participes* (une personne *désireuse de vous voir*) et *sujets des verbes à un mode personnel*.

On trouve une extension sémantique analogue du concept de sujet chez Bruneau où le *complément d'agent* figure sous le *sujet*: «Le *complément d'agent* du *verbe passif* est, en réalité, le *sujet de l'action*» (1937: 72). Même le *complément d'attribution* après les verbes impersonnels

---

[75] Il rejette le terme *agent de l'action*, ce terme ne couvrant pas tous les cas (Clédat 1924: 1).

«est *le sujet de l'action*, présentée ici d'une façon impersonnelle. Le complément d'attribution joue, à côté des verbes impersonnels, le rôle que joue, à côté des verbes passifs, le complément d'agent» (Bruneau 1937: 77).

Ce genre de confusion du *sujet* et de l'*agent* est combattu par Galichet (1947: 129; cf. aussi Le Bidois, *supra*). Mais en épurant la notion de *sujet*, Galichet surcharge la notion de *complément d'agent*, qui en arrive à désigner le c o m p l é m e n t d ' a g e n t, la s é q u e n c e et le c o m p l é m e n t d u n o m e x p r i m a n t l ' a g e n t (3.3.; 3.8.).

Il reste à signaler un genre particulier de sujet attesté seulement dans la grammaire de Regula. Dans certaines phrases, le support de l'événement (*Träger des Geschehens*) n'est pas un objet prédonné, mais constitue une partie essentielle du prédicat: *Midi sonne. Un coup de feu éclata. Il tombe de la neige.* En d'autres mots, le référent du sujet n'est pas prédonné, mais naît en quelque sorte avec l'action. Regula (1931: 40) appelle ce sujet, qui figure parfois en tête de phrase (1931: 46), *sujet effectué* (*effiziertes Subjekt*). Ce procédé affectif, lié à une intonation descendante, est exploité par les écrivains impressionnistes. Si le terme *sujet effectué* doit être vu comme le pendant de *l'objet effectué* (cf. 3.6.2.), il semble toutefois que ce parallélisme (objet/sujet naît avec l'action) ne peut être soutenu qu'au prix d'un glissement de la sémantique à la structuration de l'information (à savoir: s u j e t r h é m a t i q u e).

3.3. La s é q u e n c e

La construction impersonnelle[76], c'est-à-dire *il* impersonnel + verbe + constituant postverbal (= s é q u e n c e dans notre terminologie, d'après Brunot), a toujours donné du fil à retordre aux grammairiens. Traditionnellement, on dédoublait la notion de sujet en *sujet apparent* (ou *grammatical*) et *sujet réel* (ou *logique*). Ce couple a été exporté dans d'autres domaines, comme nous l'avons vu au Ch. III, 2.2.4.

Cette conception traditionnelle — avec des nuances — domine encore dans les grammaires du corpus (3.3.1.). Elle a été problématisée par quelques grammairiens qui n'ont pas pour autant fourni d'alternative (3.3.2.). D'autres, en revanche, ont formulé des hypothèses syntaxiques nouvelles (3.3.3.), notamment depuis Brunot (1922).

3.3.1. L'analyse traditionnelle

3.3.1.1. Sujet grammatical *vs* sujet logique

L'analyse traditionnelle repose sur une interprétation purement sémantique du tour, ou encore, une espèce de transformation qui fait de la construction impersonnelle une construction personnelle. Par exemple,

---

[76] Notre analyse focalisera surtout le traitement du constituant postverbal de la construction impersonnelle. Nous ne pourrons traiter ici en détail la typologie des impersonnels, ni les extensions vers les emplois de *ce* que l'on trouve dans la majorité des grammaires. Ce sujet mérite une étude séparée. Le fait que Wartburg et Zumthor reconnaissent aussi un *elle* impersonnel — *elle est bien bonne* (= cette histoire, cette affaire, ceci) (1947: 182) — relève plutôt de la petite histoire des tours impersonnels.

Il est venu trois candidats.
→ Trois candidats sont venus.

Cette analyse fait fi des indices formels les plus frappants, comme l'apparition d'une forme pronominale COD dans *il le faut* (Regula 1931: 104).

Le *sujet grammatical* de la construction impersonnelle est bien entendu lié au *sujet grammatical* de la double analyse (p. ex. *père* vs *le père de Cathérine*)[77], dont il ne constitue qu'un cas particulier. Il s'agit toujours de l'élément qui impose l'accord au v e r b e - p r é d i c a t.

L'analyse traditionnelle se trouve encore dans 15 grammaires du corpus. Intouchable avant Brunot (1922), elle a du plomb dans l'aile à partir de 1935. Seules 4 des 11 grammaires publiées après 1935 la pratiquent encore, parfois avec des retouches importantes (p. ex. de Boer)[78]. Critiquée par Brunot dès 1922, on peut dire qu'elle entre en crise seulement vers 1935. Elle sera remplacée par de nouvelles hypothèses.

Si l'analyse en deux sujets se maintient dans 15 grammaires, elle ne se présente pas toujours sous la même forme. On constate d'abord une certaine variation dans la terminologie. Le tableau reproduit en *Annexe* 6 montre qu'on abandonne de proche en proche le couple *grammatical/logique* pour les termes *apparent/réel*. Ces derniers s'appuient moins sur l'opposition forme/sens et soulignent que le constituant postverbal est bel et bien le 'véritable' sujet; le *sujet apparent* l'annonce seulement (cf. aussi *provisional subject*).

Il n'est dès lors pas étonnant que le *sujet logique/réel* se confonde parfois avec le *sujet* tout court. Cette confusion se manifeste de deux façons. Soit on dit *sujet* pour *sujet logique*, notamment dans les approches qui relient la problématique des constructions impersonnelles à l'ordre des mots et à la structuration de l'information. Soit on parle de *sujet réel* même en dehors de la construction impersonnelle. Ainsi, en définissant le *sujet,* l'Académie passe au *sujet réel*:

> «Le nom, *sujet réel* d'un verbe, désigne soit l'être ou la chose qui fait ou subit l'action exprimée par le verbe, soit l'être ou la chose à qui l'on attribue tel ou tel état, telle ou telle qualité au moyen d'un verbe» (1932: 28; nous soulignons).

Il en est de même chez Michaut (1934: 396) et Grevisse (1936: 282). Il s'ensuit que le sujet réel et le sujet (grammatical) peuvent coïncider (Michaut 1934: 263). Regula (1931: 215), de son côté, parle de *grammatisches Subjekt* là où il n'y a pas de confusion possible.

Les grammairiens les plus originaux savent apporter une touche personnelle à la théorie, au point que ces retouches peuvent être interprétées comme autant de critiques inavouées face à la doxa (pour les critiques ouvertes, voir 3.3.2. et 3.3.3.). Il ne faut pas attendre de Boer — qui aboutit à une radicalisation de l'opposition *sujet*

---

[77] Cf. Ch. III, 2.0.1., 2.1.2., 2.3.1.4.
[78] Dauzat garde le terme *sujet logique*, mais l'intègre dans une théorie nouvelle.

*grammatical/logique*⁷⁹ (cf. 3.2.) — pour en trouver des exemples. Déjà Léon Clédat (1896: 293-296) rapprochait certains sujets logiques des *compléments directs*: *il fait froid, il fait des éclairs, il y a X*. Pour la dernière construction, il s'appuie sur l'histoire: en ancien français *y* était facultatif et X se trouvait au cas régime. Il assimile en outre (1896: 324) au *rapport objectif* entre autres le rapport entre le *verbe unipersonnel* et l'*infinitif sujet logique (il est beau de ...)*. Dans certains contextes, le pronom *il* est concurrencé par *ce* (*il/c'est beau de s'oublier pour ses amis*), qui, de ce fait, passe, lui aussi, pour une forme impersonnelle, une variante de *il*. Il s'ensuit aussi que *il* impersonnel est attiré dans la sphère des tours dits *pléonastiques*, terme par lequel les grammairiens de l'époque désignaient souvent les constructions d i s - l o q u é e s. *Il* et *ce* y sont c a t a p h o r i q u e s et «le sujet logique ne fait que préciser une idée qu'on avait dans l'esprit avant de commencer la phrase» (1896: 177). Que Clédat finisse par confondre tour pléonastique et construction impersonnelle, cela ressort du fait que l'analyse par *sujet logique* (ou l'*attribut*, selon le point de vue) s'applique aussi à des d i s l o c a t i o n s à d r o i t e avec *ce* où le *sujet logique* n'occupe plus la position postverbale: *Vouloir, c'est pouvoir* (Clédat 1896: 177). L'interférence avec la d i s l o c a t i o n est encore attestée dans d'autres grammaires, comme chez Cayrou (1948: 334)⁸⁰, Michaut (*infra*) et l'Académie (1932: 28).

3.3.1.2. Vers une approche communicative de la question?

Pour peu que les grammairiens envisagent la 'marche des idées' et qu'ils considèrent l'ordre dans lequel les constituants apparaissent dans l'esprit du locuteur (p. ex. Clédat 1896: 295), l'analyse de la construction impersonnelle prend une nouvelle dimension qui *se superpose* à la perspective syntaxique. C'est comme si la construction impersonnelle cessait d'être un problème d'analyse, pour ouvrir la voie à des hypothèses psychologiques, stylistiques, et surtout, pragmatico-communicatives. Cette piste a été explorée par les grammairiens allemands (Regula, Engwer, Strohmeyer, Haas); les Français y font tout au plus écho (cf. Ch. VII, 2.3.3.).

Pour Radouant, la construction impersonnelle opère une mise en relief du sujet (1922: 40), alors que Grevisse (1936: 332) y voit

«un procédé de style qui permet de donner plus de valeur à l'action exprimée par le verbe, en diminuant d'autant l'importance du sujet ou même en l'éludant tout à fait».

Regula va plus loin et allie pour les expressions existentielles (*il y a, il est, il existe*) une analyse s é m a n t i c o - f o n c t i o n n e l l e à une analyse s y n t a x i q u e :

---

[79] De Boer (1926: 34) suggère pourtant que le sujet logique tient du complément (notamment d'un *accusatif syntaxique*).
[80] Par exemple: *C'est amusant le patinage*; *C'est juste qu'il soit puni*; *C'est un devoir de voter*; *Ce sont mes enfants ces fillettes*. *Ce* rappelle au lieu d'annoncer (1948: 334): *Le patinage, c'est amusant*, etc.

«*Il* dient hier, in *eingliedriger* (unteilbarer) Aussage, zur Andeutung des erst mitzuteilenden («effizierten») Subjektes. Die analysierende Grammatik nennt *il* das grammatische Subjekt, das folgende Nomen das logische oder nachgestellte Subjekt» (1931: 174).

Si pour les expressions évaluatives (*il faut, il s'agit de, il y va de, il importe, il est sûr,* ...), Regula maintient l'analyse en deux sujets (1931: 227, 231, 232), il fait œuvre originale en y superposant une analyse thème-rhème pour les emplois impersonnels des verbes intransitifs personnels. Auquel cas il y a clivage du sujet (*Subjektsspaltung*) (1931: 103) et *il* est sujet grammatical (*grammatisches Subjekt*). La *Subjektsspaltung* apparaît «wenn das «logische» Subjekt als neuer Bestandteil der Aussage in Endstellung gebracht wird» (1931: 174). Cette analyse se rattache à un phénomène plus général: si le sujet est rhématique (*Sinnprädikat*), il doit figurer à la fin de l'énoncé, ce qui entraîne l'inversion du sujet (p. ex. *Alors parut le roi*). S'il n'y a pas de constituant préverbal, il s'effectue un clivage du sujet: un «bedeutungsloses *il* (als Auftakt)», suivi par «das eigentliche (logische) Subjekt» (1931: 47). La même analyse est préconisée par Engwer – Lerch (1926: 154), qui ne parlent cependant pas de *Subjektsspaltung*. Ils distinguent cette configuration d'autres constructions dont la description donne lieu à quelques contradictions qui trahissent une certaine hésitation dans l'analyse. Ainsi, si le contexte de la description suggère qu'il faut reconnaître dans les constructions suivantes un *Objekt*, les auteurs s'accrochent encore au *logisches Subjekt* (1926: 153):

> *il fait beau (temps)*: «Objekt zu einem unpersönlich gebrauchten *fait*» (1926: 153)
> MAIS: «das Objektsverhältnis [wird] heute nicht mehr empfunden», comme le montre l'absence d'accord dans *par les grandes chaleurs qu'il a fait*.
> *il y a plaisir à voir*
> MAIS: *il y a une vieille légende*, analogue à *il est*, «also = log. Subj.» (1926: 153)
> *il me faut de l'argent*:
> MAIS: à l'origine un sujet (logique) postposé, mais le verbe n'existe plus à la forme personnelle (1926: 153); *il faut du courage* «nachgestelltes, logisches Subjekt» (1926: 186).

L'analyse de Strohmeyer permet de mettre le doigt sur une certaine tension entre deux conceptions. D'une part, la construction impersonnelle est un épiphénomène déclenché par l'inversion du sujet: si le sujet suit le verbe, la langue «hat [...] dem *voraufgehenden Verb oft subjektlose Form* gegeben» (1921: 63), forme qui s'oppose à la *subjekthafte Form* (1921: 62-63; Regula 1931: 173)[81]. D'autre part, la construction impersonnelle, permet, en tant qu'inversion, de rhématiser le sujet, postposé dans ce cas (*nachgestellte Satzaussage*; 1921: 249).

Haas, quant à lui, cherche à éluder le problème de l'analyse en le reportant entièrement dans le domaine de la structuration de l'information, ce qui aboutit à une

---

[81] Dans *il faut* et quelques constructions avec *être* (*Quelle heure est-il?*), expressions impersonnelles figées, *il* neutre est maintenu même lorsque le sujet originel (*ursprüngliches Subjekt*) précède (Strohmeyer 1921: 63).

approche holistique de la construction. Ainsi, s'il relève encore que le constituant derrière *il y a* fut à l'origine un objet (*Objekt*), il l'analyse comme un *prédicat psychologique* (*psychologisches Prädikat*), tout comme le constituant après *il faut* (1909: 54-55). *Il y a* et *il faut* sont alors *psychologisches Subjekt*, c'est-à-dire, t h è m e . Il analyse de la même manière les constructions du type *il arrive deux voyageurs*: *il arrive* = *psychologisches Subjekt*; *deux voyageurs* = *psychologisches Prädikat* (1909: 55). Haas ne souffle mot du sujet *logique*, mais force est de constater qu'il utilise ce terme en parlant des verbes impersonnels suivis d'un «Infinitiv als logischem Subjekt»: *Il est mal de voler* (1909: 57). S'il doit se rabattre ici sur l'analyse traditionnelle, c'est que la s é q u e n c e (= *de voler*) n'est pas l'élément le plus r h é m a t i q u e , c'est-à-dire *psychologisches Prädikat* (= *mal*).

On peut conclure que la tradition allemande abandonne l'analyse syntaxique interne de la construction impersonnelle pour en traiter au niveau de l'ordre des mots et de la structuration de l'information[82]. Les grammaires françaises, si elles s'y intéressent, s'en tiennent à une simple analyse en termes de mise en relief, soit du verbe (Grevisse), soit du sujet (Radouant).

3.3.2. Critiques de l'analyse syntaxique

Jusqu'ici il a seulement été question de variantes de l'analyse traditionnelle. Celle-ci est critiquée ouvertement dans Bruneau et Larousse, sans qu'elle soit remplacée par une nouvelle analyse syntaxique, comme ce sera le cas sous 3.3.3.

L'attitude de Bruneau – Heulluy peut être qualifiée d'agnostique. Le pronom (*il*, parfois *ce*) qui accompagne les *verbes impersonnels* n'est pas un sujet (1937: 71, 234), mais un «pronom «neutre» qui ne joue aucun rôle et qu'on ne peut pas analyser» (1937: 293), l'histoire en témoigne[83]. C'est «un simple procédé grammatical» qui est parfois utile quand le verbe *pleuvoir* doit être précisé: *il pleuvait une petite pluie fine et glaciale* (1937: 293). La *construction impersonnelle*, quant à elle, est analysée selon le schéma classique (1937: 71), toute discussion à ce propos étant considérée comme vaine. Que l'analyse reste complètement axée sur le sens est corroboré par le traitement du *complément d'agent* comme *sujet de l'action* (1937: 72; cf. aussi 316).

La *Grammaire* Larousse discute[84] l'analyse traditionnelle, laquelle serait *parfaitement défendable* chaque fois que la construction impersonnelle correspond à une tournure personnelle[85]. Les auteurs sont cependant «sceptique[s] sur l'intérêt

---

[82] Dans une approche qui considère la s é q u e n c e comme un cas particulier du *sujet* inversé, la s é q u e n c e devient automatiquement synonyme de sujet *tout court* (p. ex. Strohmeyer 1921: 63)

[83] Il suffit d'analyser par ««il faut», verbe impersonnel» (Bruneau 1937: 293).

[84] La description fait allusion à la thèse de Brunot selon laquelle la syntaxe modale de la subordonnée serait un argument pour considérer la s é q u e n c e comme un C O D. Les auteurs rejettent cet argument, car le subjonctif apparaît aussi dans les subordonnées sujets quand celles-ci sont antéposées. À vrai dire, Brunot (1922: 291) avait lui-même déjà balayé ce contre-argument.

[85] Dès lors, elle est exclue dans *Il lui faut du courage pour* ... [= *il* (véritable sujet) + complément d'objet direct] et dans *c'était un chien de race incertaine* [sujets imprécis pour donner au verbe toute sa valeur ou pour mettre en relief un attribut, un complément] (Larousse 1936: 59).

psychologique d'une telle analyse» (1936: 58; cf. aussi 434) et déplacent eux aussi la discussion vers le domaine sémantico-pragmatique et stylistique en s'intéressant à l'effet produit par la construction impersonnelle. Le tour impersonnel met en relief le verbe (cf. aussi 1936: 317) par l'introduction d'un nouveau sujet qui condamne «le premier sujet à un rôle de complément» (1936: 58). Il permet en outre d'insister sur l'*idée subjective* (jugement, sentiment, importance) ou la *valeur pittoresque* (*il pleut*). L'approche sémantique de la question entraîne un basculement vers le complément, comme le montre aussi le traitement des p r o p o s i t i o n s s é q u e n c e sous les c o m p l é t i v e s COD (Larousse 1936: 92-95).

3.3.3. Hypothèses syntaxiques alternatives

L'artisan de la déconstruction de la théorie des deux sujets est Ferdinand Brunot, on le sait. Sa théorie de la *séquence* semble avoir inspiré[86] au moins trois autres grammaires du corpus (Gougenheim, Dauzat, Wartburg) (3.3.3.1.). D'autres grammairiens, comme Galichet et Le Bidois, évoluent davantage dans le sens de la thèse du c o m p l é m e n t, respectivement le c o m p l é m e n t d ' a g e n t et le c o m p l é ment du sujet (3.3.3.2.). D&P, quant à eux, résolvent le problème par un dédoublement inédit de la notion de s u j e t (3.3.3.3.).

3.3.3.1. La solution de Brunot

Aux yeux de Brunot, la notion de *sujet logique* ne peut pas s'appliquer partout (1922: 289). Le *il* impersonnel n'est ni «le sujet auteur de l'action», ni celui qui annonce le «prétendu sujet logique» qui suit. Deux arguments: l'histoire (l'extension analogique de *il*) et le mode dans les propositions s é q u e n c e s qui se règle sur le sens du verbe qui précède, phénomène typique de la proposition C O D, mais pas de la proposition sujet. Une fois la déconstruction achevée, il passe à la reconstruction. Ce qu'il propose est une conception plus 'grammaticale', tempérée par les impératifs didactiques. Dans un premier temps, il dévoile toute sa pensée:

– *il*: «Il est analogique et ne représente rien», mais il est néanmoins «le sujet» (1922: 290)
– la s é q u e n c e : «un objet» (1922: 290); «un véritable complément d'objet» (1922: 289)

Mais les «inconvénients — surtout pédagogiques» (1922: 291) — l'orientent vers une solution provisoire: au lieu de

«considérer résolument comme des objets ou des attributs les éléments de phrase qu'on doit reconnaître comme tels, on pourrait, tout en renonçant à la vieille analyse, ménager les transitions, et, pour ne point choquer de front les habitudes, appeler en attendant les termes en question: *dépendances des verbes impersonnels subjectifs* ou *séquences*. Ces mots ont un très grand avantage: ils ne signifient rien» (Brunot 1922: 291).

---

[86] Ou suscité des réactions, comme par exemple dans Cayrou (1948: 334, n.1), D&P (V4, 468-469), et peut-être aussi dans Bloch (1937: 157): l'absence d'accord avec l'élément qui précède prouve que «la langue a toujours senti que ce qu'on appelle le sujet réel n'est pas un objet».

Voilà la grammaire française dotée d'un nouveau complément — dont la désignation neutralise la véritable nature —, qui dépend d'un type de verbe particulier. Or, Brunot ne s'arrête pas là. Il va au-delà des problèmes d'analyse syntaxique pour relever — l'approche onomasiologique aidant — ce qui fait l'intérêt de la construction au plan sémantico-fonctionnel. Ainsi, *il est arrivé un malheur* correspond à *un malheur est arrivé*, où *un malheur* peut encore être interprété par «l'esprit» comme le sujet[87], «avec cette différence que le premier tour met l'action en relief. La phrase part de là» (1922: 289).

Gougenheim, qui renvoie à Brunot, reprend à la fois l'analyse et le terme, en l'axant davantage sur l'aspect s y n t a g m a t i q u e. Selon lui, l'aspect positionnel domine dans la caractérisation de la *séquence*, d'où aussi l'expression *en séquence* (cf. «en apposition»): «*en séquence*, c'est-à-dire, en apparence, comme un objet direct» (1938: 238). C'est donc sa position, sa construction («construit comme un objet direct» 1938: 238-239, n. 1) qui l'apparente au C O D.

L'identification avec le C O D est complète chez Wartburg (1947: 21). En rejetant l'analyse «logique», qui repose sur une transformation qui «présente l'inconvénient de bouleverser l'ordre de la pensée», les auteurs proposent une analyse en sujet (véritable) – verbe – *complément d'objet*. Dans la construction impersonnelle, l'idée verbale, présentée d'abord, «conserve [...] une certaine autonomie dans la pensée». Le sujet n'y a plus sa *pleine valeur* et le complément d'objet est «le terme dans lequel «passe», s'achève cette idée verbale». Il s'ensuit un effet d'atténuation: «Cette tournure a pour effet d'amortir ce que pourrait avoir de brutal l'énoncé du fait»[88].

Partisan de la théorie du double sujet, Dauzat fait pourtant œuvre originale. Pour lui, le *sujet logique* s'incarne dans différentes fonctions. Ainsi, le *sujet logique* peut prendre la forme d'un *attribut* (*il est ... une pierre petite, ...*) ou d'un *complément direct* (*il y a ...*), «représentant» le *sujet logique*[89]. L'effet produit par ces tours est une mise en relief (1947: 205). De même, dans *il pleut du sang*, «le sujet logique est placé après le verbe, construit en séquence, comme s'il était un complément grammatical» (1947: 204)[90]. On aura noté l'interprétation positionnelle (cf. Gougenheim) de la *séquence*. La *séquence* est donc l'un des avatars du *sujet logique*, à savoir le sujet logique après un v e r b e ' e s s e n t i e l l e m e n t ' i m p e r s o n n e l. C'est que l'identification de la fonction exercée par le sujet logique repose (tacitement) sur

---

[87] Il faut d'ailleurs remarquer que ce genre de constructions ne fait pas vraiment l'objet du débat. Tout indique que Brunot est enclin à admettre encore l'ancienne analyse, ne fût-ce que pour *l'esprit*. Quand Gougenheim renverra à Brunot, il ne tiendra pas compte de cette nuance (1938: 238-239, n.1).

[88] Ce qui l'apparente à des constructions avec inversion du sujet (*Survient un incident*).

[89] Une superposition analogue de fonctions s'observe dans le cas du *sujet réel* et de *l'apposition* (conçue, il est vrai, comme un mode de construction ici): *c'est une belle qualité que le courage*, construction issue de *c'est une belle qualité, le courage* (Dauzat 1947: 395).

[90] D'autres types de compléments représentent le sujet logique «pour marquer un fait abstrait d'ordre général» (Dauzat 1947: 205): les compléments introduits par *de* (*il convient d'agir*) ou par une proposition complétive (*il résulte que ...*).

l'appariement avec la construction personnelle correspondante, ce qui ne vaut pas, bien entendu, pour les verbes qui sont toujours impersonnels.

3.3.3.2. Autres solutions

Jusqu'ici les solutions de rechange semblent s'inspirer (en partie) de la *Pensée et la Langue*. Les analyses des Le Bidois, de Galichet et de Michaut empruntent des voies tout à fait autres.

Sans qu'ils reprennent le terme de *séquence*, les Le Bidois confèrent cependant une certaine autonomie à la s é q u e n c e, en l'appelant *complément* du sujet ou *complétif* (T1, 178). Ils critiquent à la fois la confusion traditionnelle de grammaire et de logique — qui altère la phrase de départ et aboutit à des phrases à deux sujets — et l'analyse de Tobler et de Brunot qui se refusent à y voir un sujet. C'est que pour les Le Bidois une phrase v e r b a l e ne saurait être dépourvue de sujet (T1, 383, n. 1). S'appuyant sur une définition (formelle) du sujet (cf. 3.2.), ils considèrent *il* comme sujet. Le c o n s t i t u a n t   p o s t v e r b a l est alors

> «une dépendance nécessaire, et ne redoutons pas le mot, *un complément* du sujet; un *complément*, sinon au sens plus ou moins rétréci où nos grammairiens ont accoutumé de prendre ce terme, du moins au sens franc, loyal et obvie où il est loisible à chacun de nous — clercs ou profanes — de le prendre. Pour ceux qui le préfèreraient [*sic*], disons un *complétif*» (T1, 178).

Ces «simples «compléments» [...] ajoutent à l'énonciation ce qui lui est indispensable pour qu'elle soit complète» (T1, 384). Ce complément complète le sujet qui est «incontestablement vague, qui demande à être précisé, éclairé, complété par ces compléments» (T1, 384). Cette analyse s'appliquerait même à *il y a un Dieu* (T1, 384). En explorant l'*attitude mentale* correspondant à la phrase avec *il* ou *c'est*, les auteurs fournissent rien de moins qu'une explication pragmatique:

> «cet ordre est dicté par un désir obscur, disons par un instinct, de mettre l'auditeur (ou le lecteur) dans un état momentané d'attente et de curiosité; ou, si l'on préfère cette autre explication, peut-être plus naturelle, par un besoin, inconsciemment senti, de réserver, de garder pour la fin, l'élément qui, du point de vue de l'idée, a le plus d'importance» (T1, 383-384).

Cette analyse signifie en réalité un retour à une piste déjà ancienne. Noël et Chapsal (1842: 27; *apud* Chervel 1977: 107-108) l'avaient héritée des analyses de Du Marsais et de Beauzée[91]:

Il me faut un livre
   il (pour ceci)   sujet apparent
       ... *un livre*   complément logique de *il*, et sujet réel
   est   verbe
   fallant ... me   attribut

---

[91] Brunot renvoie également à une analyse pareille (1922: 289) en citant Lemaire. Il parle d'un *complément en dépendance* et d'*une sorte d'apposition*.

Comme le fait remarquer Chervel, la notion de *complément logique* vient fort à propos ici, car, en tant que complément, il ne peut pas imposer l'accord. Noël et Chapsal innovent en ce qu'ils introduisent deux nouvelles expressions, *sujet réel* et *sujet apparent*, qui se superposent à l'opposition *sujet logique/sujet grammatical*. Le *véritable sujet* est placé après le verbe «et se présente sous la forme d'un complément» (1842: 32). Le système sous-jacent se présente dès lors comme suit:

1. *Il ... de grands malheurs*   sujet logique
   Il   sujet grammatical
2. *de grands malheurs*   sujet réel
   Il   sujet apparent

Galichet, de son côté, tout en restant dans le domaine du complément, tend à confondre la s é q u e n c e avec le *complément d'agent,* même si elle n'est finalement pas traitée sous ce chef:

«Nous ne parlons ici que du complément d'agent à la voix passive. Nous avons vu qu'il existe aussi des compléments d'agent avec certains verbes impersonnels, mais c'est là un tout autre mécanisme[92] de langue» (Galichet 1947: 142; cf. 130-131).

Le mécanisme sous-tendant les constructions impersonnelles est le suivant:

«On utilise surtout cette construction pour mettre en relief l'action et reléguer ainsi au second rang l'agent ou même l'éliminer tout à fait» (Galichet 1947: 130).

Il n'exprime non pas un r é f é r e n t précis, mais une situation, voire une ambiance (renvoi à Sechehaye). La s é q u e n c e apporte une détermination utile à l'ensemble *il* + verbe. Ce *complément d'agent* «exprime en quelque sorte l'agent qui crée cette ambiance» (*Il court sur La Fontaine une rumeur de paresse et de rêverie*). Dans certains cas, le complément a une autre nature, comme le *«complément d'existence»* ou complément *«existentiel»* après *il est/il y a* (1947: 131).

La solution de Galichet aide à résoudre la confusion du sujet et de l'agent (sujet réel = agent) — mais en crée une autre[93] — et respecte la phrase telle qu'elle se présente à l'analyse (1947: 131), véritable *Leitmotiv* de l'ouvrage. L'histoire du tour confirme l'analyse: le véritable sujet postposé a été considéré de plus en plus comme un complément (et prenait parfois le cas régime en ancien français) (1947: 132).

Michaut – Schricke, pour leur part, ne renoncent pas à la théorie des deux sujets, mais y superposent simplement une nouvelle théorie syntaxique (cf. Clédat), qui rapproche la c o n s t r u c t i o n   i m p e r s o n n e l l e de la d i s l o c a t i o n et cela par le biais de l'*apposition*. Selon le cas, le *sujet réel* fait figure de (1934: 396):

---

[92] L'analyse de certains c o m p l é m e n t s   d u   n o m comme *compléments d'agent* ajoute encore à la confusion: «certains noms peuvent introduire des compléments d'agent et des compléments d'objet» (1947: 152, n. 1), par exemple, *le départ des hirondelles*. En somme, la catégorie *complément d'agent* est une notion purement sémantique.
[93] La critique du *sujet réel* (1947: 131) et du c o m p l é m e n t   d u   n o m (1947: 129) — comme chez Brunot (1922) — aboutit à un c o m p l é m e n t   d ' a g e n t qui regroupe trois types de structures.

apposition au sujet: *il pleuvait des balles* [de même: *il y a*[94], *il est* (1934: 195)]
objet du verbe: *il faut des munitions*; cf. aussi les s u b o r d o n n é e s s é q u e n c e [95]

De même, l'infinitif *sujet réel* est également «doublé par les pronoms neutres, *il, ce, cela*, sujets grammaticaux, et fait alors figure soit d'apposition au sujet, soit de complément du verbe» (1934: 397). Ainsi *mentir, c'est honteux* et *il est honteux de mentir* contiennent-ils tous les deux un sujet réel, respectivement *apposition* et *complément du verbe*.

Comme, aux yeux des auteurs, il y a également *apposition* dans les constructions à sujet disloqué, comme par exemple dans *il est venu, le grand homme* (Michaut 1934: 396-397), ce terme prête à confusion. Ainsi, la d i s l o c a t i o n dans les c o n s t r u c t i o n s p e r s o n n e l l e s finit par être analysée à l'aide de concepts issus de l'analyse des tours impersonnels: «Le sujet réel est alors en apposition au pronom, sujet grammatical» (1934: 396-397). En d'autres mots, le c o n s t i t u a n t sujet disloqué est *sujet réel*[96].

À prendre un peu de hauteur, on constate que les catégories que Michaut et Schricke superposent à l'analyse traditionnelle (deux sujets) résultent d'un compromis entre la ligne Brunot (± un *complément*) et la théorie de l'apposition qu'on trouve au 19ᵉ siècle[97] (et encore chez Le Bidois, cf. *supra*).

3.3.3.3. Un nouveau dédoublement du s u j e t : D&P

Le mérite de la solution la plus élégante revient sans aucun doute à D&P. Le dédoublement du s u j e t (cf. 3.2.) leur permet de découper dans les constructions impersonnelles (en *ostension unipersonnelle*, comme ils disent) le rôle assumé par le *soutien* (dévolu à un p r o n o m *ad hoc*) de celui du *repère*. Ainsi, dans *il tombe un Roy ...*, le *soutien* (*il*) ne coïncide pas avec le *repère* (*un roi*), c'est-à-dire l'élément qui sert de point de départ aux rapports logiques avec les autres c o m p l é m e n t s d ' o b j e t e t c i r c o n s t a n c i e l s (V3, 152).

Leur analyse des tours i m p e r s o n n e l s s'inscrit dans la théorie du *répartitoire* de l'*ostension* (V4, 464):

(1) ostension unitive: repère et soutien coïncident
(2) ostension séparative:
   (a) compersonnelle (vulgaire): *Louise elle viendra demain*; *Louise viendra-t-elle demain?*
   (b) dispersonnelle (= i m p e r s o n n e l)[98]
(3) ostension privative: un soutien, mais absence de repère (*Il pleuvra*).

---

[94] *Il y a* + sujet réel: «sans doute apposition de *il*, mais construit comme un objet de *avoir*» (Michaut 1934: 287).

[95] Dont le mode «est commandé par le sens du verbe» (Michaut 1934: 195, 263, 443).

[96] L'analyse en deux sujets est même appliquée à *tout, tout* étant l'élément qui régit l'accord dans *Femmes, moine, vieillards, tout était descendu. Tout* est *sujet grammatical* et «les sujets réels lui servent d'apposition» (Michaut 1934: 412).

[97] Ils renvoient explicitement à *l'ancienne grammaire* (1934: 195) en parlant de l'apposition.

[98] Les auteurs distinguent trois types (V4, 467-468): *il arrive X*; *il neige des roses*; *il y a X* (verbes unipersonnels fixes, la transposition n'étant pas possible).

Les types (2b) et (3) sont *unipersonnels*, les autres *tripersonnels*. En *ostension dispersonnelle*

> «on s'occupe d'abord de la nature du phénomène verbal, le «sujet logique» (ou «sujet vrai» des anciens grammairiens) de ce phénomène n'étant allégué que comme une circonstance seconde» (V4, 465).

La différence par rapport à l'*ostension unitive*, «la démarche naturelle de la pensée» en français, ne réside pas dans une mise en relief, mais dans une «manière de révéler à l'allocutaire le contenu dudit nœud verbal» (V4, 465).

Pour élégante que soit cette solution, les auteurs éprouvent toujours une certaine sympathie pour l'analyse traditionnelle des «grammairiens classiques»: «il ne faut pas rejeter avec mépris la théorie du double sujet» (V4, 469). Ils préfèrent encore l'analyse traditionnelle du *sujet réel* à l'analyse de Brunot, qui serait fondée sur des arguments «contestables», mais ils admettent le terme de *séquence* (V4, 468). Le *sujet apparent*, par contre, est une notion plus critiquable, car la désignation traditionnelle laisse entendre qu'il ne joue aucun rôle réel.

3.3.4. Conclusions

Le tableau qui suit montre que l'analyse de la s é q u e n c e s'avère être un point chaud dans la grammaire française, notamment depuis Brunot (1922), qui contraint les grammairiens à prendre position dans le débat:

1.		Sujet logique/grammatical:	15 grammaires
	1a.	variantes de l'ancienne théorie	de Boer, Clédat
	1b.	vers une approche communicative	(Clédat), Radouant, Grevisse, Regula, Engwer, Strohmeyer, Haas
2.		Critiques de l'analyse syntaxique	Bruneau, Larousse
3.		Hypothèses syntaxiques (fonctions) alternatives:	
	3a.	la ligne Brunot	Brunot $\Rightarrow$ Gougenheim, Dauzat, Wartburg
	3b.	vers le complément	Galichet (~ c o m p l é m e n t d ' a g e n t), Le Bidois (~ c o m p l é m e n t d u s u j e t), Michaut
	3c.	un dédoublement nouveau	D&P

En gros, on critique la confusion des deux plans, logique et grammatical, ainsi que la paraphrase implicite avec une construction personnelle, les deux constructions n'étant pas tout à fait équivalentes. Les alternatives proposées présentent quelques constantes. Toutes préconisent d'analyser *il* (et éventuellement *ce*) comme le sujet *tout court*. La 'grammaticalisation' de l'analyse transparaît aussi dans le fait que l'analyse du constituant postverbal évolue vers le c o m p l é m e n t .

Le respect de la forme à analyser est lié à une approche qui tient compte de l'ordre des mots comme miroir de la succession des idées (et de la hiérarchie entre elles).

Cette nouvelle orientation, qui a déjà été relevée sous 3.3.1., ouvre la problématique aux enjeux sémantico-pragmatiques de la structuration de l'information et rapproche la construction impersonnelle d'autres procédés tels que l'inversion du sujet. À ce propos, deux théories s'affrontent. Selon certains, le sujet s'affaiblit face au verbe qui accède ainsi au premier rang, ce qui entraîne une mise en relief de l'idée verbale, i.e. de l'action, de la subjectivité, etc. D'autres grammairiens, en revanche, insistent sur la prééminence du sujet, comme les Le Bidois, qui voient dans la construction impersonnelle un moyen de tenir son interlocuteur en haleine en retardant l'énonciation de l'élément le plus important. Peut-être s'inspirent-ils de Radouant (1922: 40): «Cette façon de faire attendre le vrai sujet attire fortement l'attention sur lui». Cette analyse est très proche de celle des grammaires allemandes (cf. aussi de Boer) qui mettent l'accent sur la position rhématique du constituant postverbal. Gougenheim (1938: 239) ménage le chou et la chèvre: avec les verbes exprimant l'existence, l'arrivée ou le départ, la venue au monde et la mort, la construction impersonnelle «sert à mettre en relief à la fois l'action verbale et l'auteur de l'action».

3.4. L'attribut

La fonction d'attribut est reconnue par toutes les grammaires du corpus[99]. La terminologie (3.4.1.) servira de point de départ à l'examen, qui portera d'abord sur l'attribut du sujet (3.4.2.), puis sur l'attribut du COD (3.4.3.).

3.4.1. Terminologie

Dans le domaine de l'attribut, deux paradigmes terminologiques entrent en concurrence: celui du *prédicat* et celui de l'*attribut [du/de sujet; de l'/d'objet (direct); du complément (d'objet); de l'objet premier]*. Sur ce point, la tradition française s'oppose, comme c'est encore le cas de nos jours, à la tradition allemande[100] et anglo-saxonne, en ce qu'elle réserve le terme d'*attribut* à la relation prédicative et non pas à l'épithète.

L'on trouve cependant dans la tradition allemande des auteurs qui ont affecté le terme d'*Attribut* à la relation prédicative (p. ex. Bauer 1832), mais il semble que le succès de l'analyse de Becker (Forsgren 1992: 138)[101] l'ait aimanté définitivement dans la sphère du syntagme nominal. À ce propos, il n'est pas banal de signaler que la tradition anglaise a même penché un moment en faveur de la terminologie française. Les directives de la nomenclature anglaise de 1911 prônent en effet l'emploi des termes *epithet*[102] (épithète) et *attribute* (attribut), arguant qu'il fallait

---

[99] Seul de Boer semble y faire exception. Il rattache l'attribut après *être* au prédicat global.
[100] Dans sa conférence, Sudre (1906: 113) y renvoie: «ce qui est dit du sujet ou ce qui est attribué au sujet, le *prédicat*, comme disent les Allemands; l'*attribut*, comme on dit en France».
[101] La distinction *prédicatif/attributif* existait déjà avant Becker (Forsgren 1992: 149).
[102] On trouve ce terme dans la grammaire de Sonnenschein (1912). Le terme *attribute* n'y est pas attesté.

suivre la nomenclature française (*Report* 1923: 10). La tradition grammaticale anglaise a néanmoins consacré le terme d'*attribute* dans le sens d'é p i t h è t e, malgré le *Joint Committee* (Walmsley 1991: 69).

Les deux traditions, française et germanique, se reflètent assez fidèlement dans le corpus.

3.4.1.1. La tradition française

Abstraction faite de D&P (que nous allons commenter amplement), la terminologie des grammaires publiées en France ne présente presque aucune variation (*attribut*).

Seules quelques voix dissidentes sont à noter, dont deux belges. Grevisse, un Wallon, cite l'équivalent *prédicat* (1936: 109), mais se sert d'ordinaire d'*attribut du sujet*. En revanche, chez Ulrix, un Flamand, le paradigme prédicatif l'emporte. Pour l'a t t r i b u t du COD, il adopte un terme plus précis, à savoir le *complément prédicatif*, imitant en cela le Suisse Ayer (1876). Cette nouvelle appellation tient aussi du *complément attributif*, qu'on trouve chez deux contemporains belges, Delbœuf et Masoin.

Quelques grammairiens français tiennent à signaler le terme *prédicat* en parlant de l ' a t t r i b u t d u s u j e t (Larousse 1936: 61; Le Bidois T1, 374, n.1). Les Le Bidois proposent même de réserver ce terme à un «certain genre d'attribut»: l'attribut qui se présente «sous une forme particulièrement appuyée» (T1, 374)[103]. En voici quelques exemples:

Nombreux sont les ...	l'attribut «est le terme essentiel, le 'prédicat'», d'où l'antéposition (T2, 29)
Il y en a cent de tués (T2, 76-77)	*tués* = un prédicat, ««ce que l'on affirme à propos d'une substance donnée», le point d'aboutissement de la phrase»
C'est un médecin (T1, 72).	

Le commentaire qui accompagne les exemples cités suggère qu'une influence du prédicat psychologique, c'est-à-dire du r h è m e, n'est pas à exclure. Dans le même sens, Galichet qualifie l ' a t t r i b u t d u s u j e t / d u C O D de «prédicat par excellence (*praedicatum* = chose énoncée avec force)». C'est que le verbe actualise la caractérisation, ce qui revient à une mise en évidence de celle-ci (1947: 147).

Néologique et beaucoup plus riche que celle des autres grammaires de corpus, la terminologie de D&P dans le domaine de l ' a t t r i b u t (= *diadote*) se présente comme suit:

(1) *étance*: un *about* à *visée syndestique* (V3, 154-183), donc consubstantiel au *repère*, qui ne peut être supprimé (V2, 141)
= a t t r i b u t d u s u j e t e s s e n t i e l

---

[103] Les Le Bidois (T2, 689) désignent l'*attribut d'objet* aussi par la formule *objet pris attributivement*.

(2) *échoite*, terme abandonné plus tard pour *greffon* (cf. 4)
   = attribut du sujet accessoire + attribut du COD/COI
(3) *couvercle* (cf. *infra* 3.4.3.)
   = attribut du COD essentiel[104]
(4) *greffon* (V3, 186; *idem* 311-312):
   = attribut du sujet/du COD accessoire:

«le nœud verbal peut comporter un faisceau de syndèses accessoires, les *greffes*, par lesquelles le verbe apporte des syndumènes à ses partenaires. Ces syndumènes, que nous appellerons *greffons*, sont des diaplérômes, puisqu'ils ont pour régent le verbe et pour support un partenaire» (V1, 603; cf. aussi V3, 185).

Le *greffon* comporte deux sous-types, selon que le procès affecte la qualité (= *circonjacence*) (V2, 155) ou non (= *ambiance*), départagés par un test d'insertion [± *étant*] (V2, 155; V3, 312). Dans les deux cas, il s'agit d'attributs (du COD/du sujet) accessoires:

   (4a) *greffons dianadotes*: circonjacents
      p. ex. *il partait soldat*; *j'irai chiffonnier dans la Bourgogne*
         il partait présente en lui même «un sens complet» (V3, 186), *soldat* peut être supprimé
         Test: **étant jeune*, car la transformation en *soldat* est la cause de 'partir'
   (4b) *greffon diamphidote*: ambiants (V3, 396-411) [= *diamphithète, diamphischète*]
      p. ex. *Qu'on le prenne vivant pour le supplice*; *la main jouait nue avec ...*
         Test: *étant vivant*; aucun lien entre la qualité d'être vivant et prendre
(5) *retouche*: résultat d'une *syndèse détaillante* (V3, 327) ou de «la *diprosopie*, c'est-à-dire [...] la représentation de la même substance par une esquisse et par une retouche» (V6, 14), elle n'est plus établie par le verbe fini, mais existe par elle-même (V6, 14)
   p. ex. *seul, elle-même, lui aussi, tout, ...*
(6) *diathète* et *diaschète* (avec variantes): termes précisant la nature des attributs, adjectiveuse ou substantiveuse
   – circonjacents: cf. *étance, greffon circonjacent*
   – coalescents (V2, 15): *il fait bon dormir auprès ...*
   – adjacents = attributs détachés + accessoires: greffon ambiant (*étant*)[105]: *il descend, abattu comme un voleur* (V2, 15).

La terminologie de D&P sort d'autant plus du lot qu'elle cache aussi un découpage conceptuel plus fin.

3.4.1.2. La tradition allemande

Dans la tradition germanique, la terminologie de l'attribut est foisonnante. Essayons d'y mettre un peu d'ordre[106]:

---

[104] D&P (V3, 186) montre que le terme *couvercle* s'applique aussi à l'attribut du sujet. Ceci est contredit par l'index.
[105] Ici se pose la problématique de la délimitation face aux épithètes (V2, 17-23).
[106] L'instabilité de la terminologie ne fait que refléter l'abondance de termes attestés dans l'histoire de l'attribut (cf. Forsgren 1992).

- PRÉDICAT: Plattner 368 (*Prädikat*), Haas 74, 59 [*nominale(s) Prädikat, rein verbales Prädikat*], Ulrix (*prédicat*)
- PRÉDICATIF + CATÉGORIE: Plattner e.a. 254, 339 (*prädikatives* [X], *prädik. Adj., prädikative[s] Substantiv*); Haas e.a. index, 75 (*nominale prädikative Ergänzung* [*des Subjekts/Objekts*], *Prädikatsnomen*); Sonnenschein (*predicative adjective, noun, pronoun*), Engwer (*Prädikatsnomen*); Regula index, 227, 228 (*Prädikatsnomen, Prädikatsinfinitiv, Prädikatives Subst. und Adj., präd. Gebrauch des pers. Fürw.*)
- COMPLÉMENT: Plattner 366 (*prädikative Bestimmung*); Haas passim, 203, 222, index, 75 (*nominale prädikative Ergänzung* [*des Subjekts/Objekts*], *prädikative (Merkmals)Bestimmung*), *Merkmalsergänzung*); Ulrix (*complément prédicatif* pour attribut du COD); Strohmeyer (*prädikative Ergänzung* [*im Nominativ/im Akkusativ*]); Regula (*prädikative Ergänzung*)
- AUSSAGE[107]: Engwer 67 (*Aussage eines Merkmals*); Regula 81, 92, index (*Aussagewort, aussagend, prädikativ*).
- das PRÄDIKATIV: Strohmeyer 262 (*Prädikativsätze*); Regula 58, 59, 81, index, 204, 236 (*das Prädikativ, präpositional Prädikativ, Prädikativsätze*)[108]
- CAS: Plattner 339, 248 (*doppelter Nominativ/Accusativ, prädikativer Nominativ*); Strohmeyer (*prädikative Ergänzung* [*im Nominativ/im Akkusativ*]), ...

Les variantes relevées dans les grammaires publiées dans une autre langue que le français peuvent être classées en trois grandes familles:

(1) *Prädikat, Aussage*
(2) approche morphologisante: catégorie/cas
(3) approche plus syntaxique: complément (*Ergänzung, Bestimmung*) ou *Prädikativ*

Quant à 1°, on se reportera au paragraphe consacré au verbe-prédicat où il a été question de la confusion entre l'attribut, le prédicat global et le verbe-prédicat, étant appelés tous *Prädikat* (cf. 3.1.2.). La terminologie syntaxique (3°) sera traitée sous 3.4.2. Reste 2°. Si le renvoi à la catégorie (partie du discours) peut se passer de commentaire[109], la terminologie s'appuyant sur les *cas* mérite d'être examinée un peu plus en détail. Cette terminologie, qu'on trouve chez Plattner et Strohmeyer, est calquée sur la grammaire allemande, où l'attribut du sujet et l'attribut du COD tirent leur cas respectivement du sujet et du COD. Elle s'inscrit, en fait, dans une approche globale de la syntaxe française à partir de la grille des cas allemands. Plattner affirme que

«Der Artikel fehlt bei dem prädikativen Substantiv, mag sich dasselbe auf das Subjekt des Satzes beziehen (doppelter Nominativ) oder auf das Accusativobjekt (doppelter Accusativ)» (1899: 339).

---

[107] Le terme *Aussage (aussagen)* est extrêmement ambigu. Synonyme en allemand de prédication ou de prédicat, il en arrive parfois à prendre le sens de rhème.
[108] Les *Prädikativsätze* (*la marmite qui fumait (fumante)*) [= relatives attribut du COD] s'opposent aux *Prädikatsätze* (*je reste ce que je suis*). Strohmeyer, de son côté, n'opère pas cette différenciation.
[109] Signalons toutefois que le terme *Prädikatsnomen* (p. ex. Haas, Engwer, Regula) embrasse à la fois les noms et les adjectifs.

Il fournit ensuite deux listes de verbes, les uns avec *doppelter Nominativ*, les autres avec *doppelter Accusativ* (1899: 339-341). Malgré la terminologie formelle (accusatif), il ne s'agit pas pour autant de deux COD, mais d'un CO suivi d'un attribut (*Prädikat*) (1899: 263). C'est pourquoi ce cas ne constitue pas une exception à la règle (comme le datif éthique en est une, par exemple) selon laquelle aucun verbe français ne régit deux objets au même cas (1899: 263). Strohmeyer (1921: 210) fait davantage justice au caractère prédicatif du rapport: *prädikative Ergänzung im Nominativ* et *prädikative Ergänzung im Akkusativ*. De Boer, pour sa part, mentionne à trois reprises le *double accusatif* (entre guillemets), mais ne l'oppose pas au double nominatif. Pour plus de détails, on se reportera à l'analyse de l'attribut du COD sous 3.4.3.

3.4.2. Le statut de l'attribut du sujet

Passons maintenant des termes aux concepts (3.4.2.1.), pour nous pencher ensuite sur les rapports, complexes, entre la copule et l'attribut, pour autant que les ouvrages du corpus nous permettent d'en juger (3.4.2.2.).

3.4.2.1. La définition de l'attribut du sujet (= AS)

Abstraction faite des grammaires qui ne fournissent pas une définition explicite pour l'attribut du sujet[110], l'examen des définitions aboutit à la définition prototypique suivante[111]:

> «On appelle *attribut* un mot exprimant une *qualité* (p. 68, n. 1) *attribuée*, c'est-à-dire reconnue, à un être ou à une chose *par l'intermédiaire d'un verbe*» (Cayrou 1948: 360).

Ailleurs, le point de gravité de la définition se déplace soit vers l'attribution de la qualité (rapport sémantique entre deux éléments), soit vers la complémentation du verbe (rapport plutôt syntaxique), soit vers la constitution du prédicat (rapport intégratif)[112]:

- un rapport sémantique (avec le sujet[113]): Engwer, Sonnenschein, Le Bidois, Strohmeyer
- une espèce de complément (dépendant) du verbe: Michaut, Ulrix ⎫
- une partie indispensable du prédicat: Regula, Haas ⎬ de Boer
                                                       ⎭

---

[110] Clédat, Brunot, Plattner, Larousse, Grevisse (pas de définition globale), Dauzat, Gougenheim, Bruneau.

[111] On la trouve, *mutatis mutandis*, chez Lanusse (1921: 129), Radouant (1922: 55), Académie (1932: 28-29), Bloch (1937: 198-199), Cayrou (1948: 360), Wartburg (1947: 21, 202) et Galichet (1947: 147-148).

[112] Voici les références: Engwer (1926: 47), Sonnenschein (1912: 97-98), Le Bidois (T1, 374), Strohmeyer (1921: 210), Michaut (1934: 12-13), Ulrix (1909: 107), Haas (1909: 75), Regula (1931: 203), de Boer (1947: 33-34).

[113] On trouve une radicalisation de cette conception dans un article de Lombard (1929: 204; 215-217): l'*attribut* figure parmi les *adnominaux* (qui sont opposés aux *adverbaux*).

Comme, à la rigueur, les trois aspects ne s'excluent pas mutuellement — l'attribut du sujet est un complément du verbe copule avec lequel il constitue le prédicat, exprimant une qualité appliquée à un sujet —, il n'est pas étonnant que certains auteurs combinent plusieurs caractéristiques, comme de Boer, par exemple, dont la théorie graduelle du rapport prédicatif (cf. 3.1.2.) permet de concilier les deux dernières caractéristiques. Si la copule a un sémantisme riche — ce qui rend le complément moins essentiel —, la grammaire l'emporte et on a affaire à un simple *complément prédicatif*. Si l'attribut du sujet tend à porter lui seul la charge prédicative, il se rapproche du *prédicat* et coïncide avec celui-ci si le verbe est *être*. Chez D&P, ce sont les deux premières caractéristiques qui se tiennent en équilibre, étant donné qu'elles sont dissociées (rapport logique avec le sujet + *régime* du verbe).

3.4.2.2. Les rapports copule/attribut

Les options que nous venons de présenter ont bien entendu des répercussions sur les rapports — complexes — entre la copule et l'attribut.

Dans le premier cas de figure (tout comme dans la définition prototypique, par ailleurs), la copule est une quantité négligeable, qui sert tout au plus à établir la relation d'attribution.

La thèse du *complément*, la deuxième orientation, se trouve reflétée dans la position de Michaut, qui mentionne vaguement la distribution (avec tel ou tel verbe), ainsi que chez Ulrix, où la sémantique domine cependant encore:

> «Le prédicat complète l'idée de certains verbes en exprimant l'aspect sous lequel se présente un être, la qualité qu'on lui attribue» (1909: 107).

La troisième option, l'incorporation de l'attribut dans le prédicat global, pose de façon particulièrement nette le problème des rapports internes au *Prädikat*: l'attribut est-il le complément du verbe copule (raisonnement grammatical; cf. l'option 2) au sein du prédicat ou en est-il l'élément central (raisonnement sémantique), au point d'éclipser la copule (c'est lui qui porte tout le contenu prédicatif)? Voyons ce qu'il en est chez Regula et Haas. La *prädikative Ergänzung* (= attribut) est une partie nécessaire du prédicat qui se rapporte au sujet ou au COD (Regula 1931: 203):

> «*notwendiger, wesentlicher Teil* der engeren Aussage, bezieht sich entweder auf das Subjekt [...] oder Objekt [...]».

Cependant, elle ne figure ni parmi les *Prädikatsbestimmungen* (dont elle fait pourtant partie, 1931: 203), ni parmi les composantes du *prédicat au sens strict* (1931: 40-41)[114]:

---

[114] Il en est de même dans la présentation parallèle chez Engwer (1926: 43-44, 47), du moins dans un premier temps, ce qui prouve que cette absence n'a rien de fortuit.

- *Prädikatsbestimmungen*: *Ergänzungen* ou *Objekte*, et *nähere/adverbiale Bestimmungen* (1931: 41).
- *Prädikat im engeren Sinn* (les exemples ne concernent que des v e r b e s - p r é d i c a t s)

Mais quel est alors le statut de l'a t t r i b u t d u s u j e t ? Telle qu'elle se présente, l'analyse permet deux interprétations:

(1) complément (*Prädikatsbestimmung*) de la copule, laquelle serait, de ce fait, *Prädikat im engeren Sinn*   = analyse grammaticale
(2) centre du groupe prédicatif   = analyse logico-sémantique

Il suffit de consulter la table des matières pour exclure la seconde option: le *prédicat au sens strict* ne concerne que le verbe (*Zeitwort*); l'a t t r i b u t d u s u j e t n'est donc nullement le facteur stable (et prototypique) du *Prädikat*. La première hypothèse, quant à elle, semble plus plausible. D'abord, la *prädikative Ergänzung* pourrait bien relever de la notion de c o m p l é m e n t d u v e r b e (*Ergänzung*, *Objekt*), même si cela ne ressort pas vraiment des exemples. Deuxièmement, la glose sémantique du *Prädikat im engeren Sinn* — «*Verlaufs-* (*Vorgangs*, *Zustands-*)*ausdruck*» — fait aussi allusion aux *états* (*Zustandsausdruck*), ce qui permettrait d'inclure la c o p u l e parmi les v e r b e s - p r é d i c a t s , encore que la notion d'*état* puisse renvoyer aussi à l'exemple *tenir* (*sa parole*) (1931: 41). Bref, quoique plus plausible, la thèse de 'l'a t t r i b u t c o m p l é m e n t' n'est nullement explicitée.

Que conclure? D'une part, sémantiquement parlant, l'a t t r i b u t est trop important pour passer pour un simple complément (*Ergänzung*) du verbe (conception grammaticale) — en dépit du terme *prädikative Ergänzung* —, d'où son absence de la présentation des *Prädikatsbestimmungen*, et la copule, qui serait alors v e r b e - p r é d i c a t, est sémantiquement trop vide pour être t ê t e du groupe prédicat (cf. aussi la tradition, cf. Forsgren 1992[115]). Voilà que l'analyse grammaticale est bloquée par des raisonnements sémantico-logiques.

D'autre part, l'analyse sémantique n'est pas poussée jusqu'au bout, car l'a t t r i b u t ne constitue pas le centre (*Kernwort*) du *Prädikatsgruppe*, c'est-à-dire il n'est pas le *Prädikat*[116] *im engeren Sinn*[117]. Une telle conception impliquerait en effet qu'on fasse abstraction du rôle grammatical de la c o p u l e .

---

[115] La théorie du jugement (Forsgren 1992: 77, 134), à laquelle remonte la théorie du p r é d i c a t g l o b a l, exige que le contenu prédiqué soit un m o t p l e i n (*Begriffswort*), ce qui fait que le verbe *être*, qui n'est qu'un *Formwort* ou *Beziehungswort* (pareil à la flexion verbale), doit être complété afin de pouvoir porter l'*Aussage* (Forsgren 1992: 134).

[116] Cela tient peut-être aussi à une différenciation insuffisante de l'a t t r i b u t d u s u j e t et de l'a t t r i b u t d u C O D. Tant que l'a t t r i b u t d u s u j e t ne se défait pas de l'a t t r i b u t d u C O D , l'a t t r i b u t ne peut pas 's'imposer' au sein du prédicat, puisque l'a t t r i b u t d u C O D s'appuie par définition sur le C O D, un élément hiérarchiquement inférieur. Si on mettait l'a t t r i b u t au premier plan, on 'emporterait', du coup, aussi le C O D .

[117] Prédicat (ou attribut) *grammatical*, dirait la tradition chapsalienne (cf. Ch. III, 2.3.1.4.).

En définitive, le complexe c o p u l e + a t t r i b u t a un statut particulier et ne semble pas pouvoir être ramené au schéma d'analyse du p r é d i c a t g l o b a l en p r é d i c a t a u s e n s s t r i c t + c o m p l é m e n t s.

Pour Joseph Haas, l'a t t r i b u t est également un c o m p l é m e n t nécessaire du *Zeitwort* (grammatical), indispensable à la représentation prédicative (sémantique):

> «bedarf das Zeitwort zur Wiedergabe der Aussagevorstellung einer Ergänzung, die eine Eigenschaft, ein Merkmal zu einem Gegenstand angibt» (1909: 75).

La terminologie trahit cependant une ambiguïté: cette *Nominale Ergänzung d[ies]er Zeitwörter* (1909: 75) s'avère être aussi une *Ergänzung des Subjekts/Objekts* (1909: 75). Elle serait donc à la fois complément du sujet (conception sémantique) et complément du verbe (conception grammaticale), au sein du p r é d i c a t. Ceci montre, tout comme chez Regula, que les termes *Ergänzung/Bestimmung* ne font pas de l'a t - t r i b u t un simple c o m p l é m e n t d u v e r b e[118]. Les rapports internes du complexe c o p u l e + a t t r i b u t et les rapports de l'attribut avec le sujet sont mal conceptualisés à cause de la confusion des plans grammatical et sémantique, que de Boer parvient à concilier à travers une approche graduelle des faits. Chez ce dernier, en effet, la conception (grammaticale ou sémantique) du complexe c o p u l e + a t t r i b u t dépend du sémantisme de la c o p u l e.

3.4.3. L'attribut du COD (ACOD)

La présentation de l'a t t r i b u t d u s u j e t (A S) pourrait donner à tort l'impression que celui-ci est bien différencié de l'a t t r i b u t d u COD (ACOD). Nous verrons qu'il n'en est rien (3.4.3.1.). La problématique de la délimitation conceptuelle servira de tremplin à l'examen du statut syntaxique de l'a t t r i b u t d u COD (3.4.3.2.).

3.4.3.1. Attribut du sujet vs attribut du COD

Si tous les grammairiens (sauf de Boer) identifient l'a t t r i b u t d'un terme technique, la reconnaissance de l'a t t r i b u t d u COD ou, du moins[119], l'autonomie de celui-ci au sein de la famille des é l é m e n t s p r é d i c a t i f s, ne semble pas acquise une fois pour toutes[120]. Au début de la période à l'étude, certains grammairiens se voient encore obligés de rompre une lance pour l'application du terme *attribut/*

---

[118] Même les grammairiens qui semblent rapprocher jusqu'à un certain degré l'a t t r i b u t et les c o m p l é m e n t s (Dauzat, Radouant, D&P), ne s'expriment pas clairement à ce sujet, à l'exception de D&P, pour qui il s'agit de deux *abouts*, l'un lié au s u j e t par un rapport dichodestique, l'autre par un rapport syndestique.

[119] Puisque les structures linguistiques qui y correspondent sont connues.

[120] Le cours de 3ᵉ année de Larive – Fleury (1913⁶², 1871¹: 113-117), par exemple, ignore complètement l'a t t r i b u t d u COD. On ignore même les structures qui y correspondent, semble-t-il. Chez Sudre (1931 [1907¹]: 22, 88) et Crouzet – Berthet – Galliot (1928¹⁶, 1909¹: 165), en revanche, l'*attribut* porte déjà sur le COD.

Prädikat à des structures correspondant à l'attribut du COD. Ainsi, Clédat (1896: 305, n. 1) et Haas (1909: 75) insistent sur l'identité du rapport sémantique. Abstraction faite de de Boer, trois découpages conceptuels sont attestés:

(1) un attribut unitaire = attribut [du sujet + du COD]
    Clédat, Sonnenschein, Engwer, Regula, Wartburg; [de Boer[121]]
(2) deux sous-types (2 termes) d'un seul attribut = attribut [du sujet/du COD]
    Plattner, Haas, Ulrix (+ terme spécifique pour ACOD), Strohmeyer, Lanusse Radouant, Académie, Le Bidois, Bloch, Larousse, Grevisse, Bruneau, Dauzat, Galichet, Cayrou
(3) deux fonctions différentes:
    Brunot, Michaut, Gougenheim, D&P.

Les auteurs du premier groupe ne disposent pas d'un *terme technique propre* pour dissocier l'attribut du COD et l'attribut du sujet; ils se bornent à dire que l'attribut (appelé *attribut, predicative adjective*, etc.) peut se rapporter soit au sujet, soit au COD.

Ceux du deuxième groupe, en revanche, qui constituent la majorité (15 grammaires), se servent de deux termes techniques différents (appartenant soit au paradigme terminologique *prédicat*, soit au paradigme *attribut*; cf. supra 3.4.1.), qui désignent deux sous-classes d'un concept hypéronymique (l'attribut). La terminologie d'Ulrix constitue un cas intermédiaire entre (1) et (2): au terme générique *prédicat* (= attribut), il juxtapose un terme plus précis pour l'attribut du COD, à savoir *complément prédicatif*.

Le troisième groupe est composé de grammairiens qui présentent les deux concepts, l'attribut du sujet et l'attribut du COD, comme étant deux fonctions syntaxiques différentes, sans que pour cela ils aient recours à une terminologie différente de celle utilisée par les auteurs du deuxième groupe:

Michaut	attribut du sujet	attribut de l'objet
Gougenheim	(groupe nominal) attribut du sujet	attribut de l'objet direct
Brunot	attribut de sujet	attribut d'objet

Il n'en est pas de même chez D&P qui introduisent deux néologismes: l'*étance* (qui est une sorte d'*about*) et le *couvercle* (après une *ayance réceptive*). Après quelques remaniements, ces termes s'appliquent l'un à l'AS essentiel (*étance*), l'autre à l'ACOD essentiel (*couvercle*). S'y ajoutent encore le *greffon* et la *retouche*, compléments du verbe accessoires (cf. supra 3.4.1.1.).

---

[121] L'analyse de de Boer se démarque de celle des autres auteurs du corpus. Le contenu de la catégorie de l'attribut du sujet est réparti sur le *complément prédicatif* et le *prédicat*, selon le type de verbe-copule (cf. 3.1.2.) Le statut de l'attribut du COD est très incertain. Il semble devoir être rattaché à la catégorie fourre-tout des *compléments prédicatifs*, compléments à prédication implicite (cf. ci-dessous 3.4.3.2.). Il s'ensuit que la distinction entre AS et ACOD n'est pas respectée à l'intérieur de la classe des *compléments prédicatifs* (cf. 3.1.2.).

3.4.3.2. Le statut syntaxique de l'attribut du COD

Les deux premiers découpages du champ de l'attribut (3.4.3.1.) barrent la route à toute réflexion originale sur l'ACOD. Indissociablement lié à l'AS, par la terminologie et par une relation sémantico-logique identique (attribution d'une qualité, par le biais d'un verbe), l'ACOD ne semble différer de son homologue que par la portée de cette relation. La séparation avec l'AS, en revanche, ouvre de nouvelles perspectives, comme le montrent D&P et Brunot.

Outre la conception sémantique traditionnelle (prônant le parallélisme entre l'AS et l'ACOD) (1), il y a lieu de distinguer deux autres voies dans l'histoire de l'ACOD telle qu'elle se cristallise dans les grammaires du corpus: (2) la thèse des deux compléments du verbe et (3) celle du complément complexe.

(1) Un attribut *se rapportant au* COD

Dans l'analyse classique, qu'on trouve dans toutes les grammaires à l'exception de celles traitées sous (2) et (3), l'ACOD est indissociable de l'AS, dont il constitue une extension. Par moments, l'attribut a failli prendre les allures d'un complément du sujet ou du COD — rappelons la *nominale prädikative Ergänzung [des Subjekts/Objekts]* chez Haas — ou encore d'un complément du verbe unitaire (*Ergänzung*), à portée variable:

> «eine Ergänzung, die eine Eigenschaft des Subjekts oder des Akkusativobjekts angibt. Je nachdem entspricht sie einem Nominativ oder einem Akkusativ. Meist wird sie durch ein Adjektiv oder ein Substantiv dargestellt» (Strohmeyer 1921: 210).

Ce traitement unitaire de deux fonctions syntaxiquement — et, en allemand, morphosyntaxiquement — différentes entraîne un problème théorique que nous avons déjà effleuré. Si l'on considère l'attribut *tout court* comme une partie constitutive du *prédicat*, on y inclut bon gré mal gré aussi l'ACOD. Comme l'ACOD s'appuie sur le COD, il faut accepter que le COD fasse également partie du *prédicat*, ce qui débouche inévitablement sur un prédicat global (= la proposition, sans le sujet), qui n'est pourtant pas prévu par ces grammaires (Plattner, Haas) (cf. 3.1.2.).

(2) Deux compléments du verbe (le double accusatif): de Boer, Le Bidois, (Plattner)

La deuxième piste situe le débat entièrement dans la complémentation du verbe. Dans cette optique, l'ACOD constitue un deuxième complément du verbe, à côté du COD. Soit:

Ce deuxième complément n'est pas pour autant un complément ordinaire. Il entre dans un rapport prédicatif avec le COD, le premier complément du verbe. On trouve la désignation *doppelter Akkusativ* (à l'image du *doppelter Nominativ*) chez Plattner, comme une simple variante terminologique (cf. 3.4.1.2.) pour le COD suivi de son *Prädikat*. Cette analyse, qui met l'accent sur l'accord en cas, est encore pratiquée de nos jours dans la grammaire allemande. Elle rapproche l'attribut du COD auprès de verbes comme *nennen* (appeler) de la construction bi-accusative de verbes comme *fragen* (p. ex. *er fragt uns etwas*) (cf. Eisenberg 1989: 77, 144)[122]. La grammaire de Duden (1995[5]: 1205), en revanche, distingue les deux schémas de phrase:

Subjekt + Prädikat + Akkusativobjekt + Gleichsetzungsakkusativ[123]
p. ex. *Der Nachbar nennt mich einen Lügner.*
Subjekt + Prädikat + Akkusativobjekt + Akkusativobjekt
p. ex. *Sie lehrt mich die französische Sprache.*

Le terme *double accusatif* figure également dans la syntaxe de de Boer[124] (1947: 100, 225, 240):

«De deux substantifs régimes directs, l'un peut être le prédicat de l'autre. C'est le cas du «double accusatif». Celui qui est le prédicat suit l'autre» (1947: 240)[125].

Le statut du concept par rapport aux autres fonctions est incertain. Il semble devoir être rattaché aux *compléments prédicatifs* (cf. 3.1.2.), compléments à prédication implicite, pour lesquels de Boer part de l'exemple[126] (ambigu, comme il l'admet) *Son front bas montre son intelligence médiocre* (1947: 34). Même si aucun renvoi n'est établi entre les deux concepts, le *double accusatif* est dit contenir une «prédication[s] implicite[s]» (1947: 225), tout comme l'ablatif absolu, qui, lui, est bel et bien rattaché explicitement aux *compléments prédicatifs* (de Boer 1947: 35, cf. *supra*).

---

[122] Ceci ne veut pas dire que la grammaire allemande les confond. En fait, malgré l'identité de la terminologie, l'attribut du COD est rapproché d'un emploi adverbial de l'adjectif qualifiant le verbe (p. ex. *seine Zähne blank putzen*), qui finit par devenir une particule morphologique du verbe, comme dans *krankschreiben* et *gesundbeten* (Eisenberg 1989: 224-225), et dont la construction bi-accusative (qui nous intéresse ici) est dérivée. Duden (1995[5]) multiplie également les compléments de manière ou *Artergänzungen*: *Der Maler streicht die Wand weiß*; *Er handelt niederträchtig an ihm*; *Es geht lustig zu auf der Festwiese*; *Der Friseur färbt der Kundin die Haare blond*.
Outre cette approche qui part de la valeur adverbiale de l'adjectif, Eisenberg (1989: 225) admet encore une autre théorie qui prend la construction bi-accusative (*nennen*, etc.) comme point de départ, ce qui explique le rapport entre l'adjectif et le COD. C'est la voie dans laquelle s'est engagée la grammaire française, qui réunit tous ces compléments, essentiels et accessoires, dans la classe de l'attribut.
[123] L'attribut du sujet entre dans le schéma *Subjekt + Prädikat + Gleichsetzungsnominativ*.
[124] Discutant les vues de de Boer, Galichet (1947: 49) reprend le terme *double accusatif* (*prendre qqn pour domestique*).
[125] De Boer en rapproche aussi ce qu'il appelle le «faux «accusatif avec infinitif» (*je vois/laisse cet homme se noyer*). Il y a là aussi «deux régimes directs» (1947: 100).
[126] On trouve cet exemple également chez Sechehaye (1926a: 117).

On trouve aussi un écho du double accusatif chez les Le Bidois (T1, 373-374): si l'analyse hésite parfois entre l'*objet* et l'*attribut*[127], on ne saurait confondre «l'objet lui-même, pris objectivement» et «l'objet pris attributivement, (ou attribut d'objet)».

(3) Un complément complexe du verbe

(3a) Un second complément du verbe se rapportant au COD *à l'intérieur d'un complément complexe*: D&P, [Dauzat]

D&P admettent l'existence d'un complément complexe, de type binaire: l'*about* peut être *dicéphale*, comportant une *ayance réceptive* (= COD) et un *couvercle* (*adjectiveux, substantiveux*). Le *couvercle* est «une dianadote de l'ayance», c'est-à-dire un complément lié étroitement au verbe qui sature[128] en quelque sorte l'*ayance* dite *réceptive* pour former l'*about* (V3, 172). On a donc affaire à une *syndèse*[129] interne de l'*about* (V3, 185)[130]. Graphiquement:

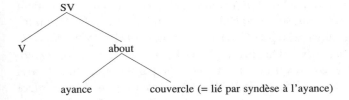

Ce cas est à distinguer de l'*ayance pleine*, c'est-à-dire *non réceptive*, qui peut à son tour être complétée, a c c e s s o i r e m e n t, par un *greffon* (V3, 262): *ouvrir grandes les fenêtres, refléter belles les lignes*[131]. Le *greffon* peut même se rapporter au COI (dit *écart*): *qui ont fait de lui un des oracles ...*; *Vous voyez en moi le plus dévoué de vos esclaves* (p. ex. V1, 613).

Le terme même de *couvercle* n'apparaît qu'à partir du volume 3. C'est le résultat d'un processus de différenciation à l'intérieur de la classe des *syndèses accessoires*. Désormais, le *couvercle* n'en fait plus partie et s'oppose aux *greffons*[132], ce

---

[127] Les auteurs veulent — contrairement à Brunot — élargir la classe des v e r b e s   a t t r i b u t i f s o c c a s i o n n e l s (*coûter, avoir, faire, comprendre*, etc.) et admettre des verbes qui participent des verbes transitifs et des verbes d'état (T1, 373).

[128] Sur l'opposition a c c e s s o i r e / e s s e n t i e l chez D&P, voir 3.5.

[129] Sur les termes *syndèse, dichodèse* et *homodèse*, voir 3.5.1.1. Pour une vue d'ensemble de l'abondante terminologie de D&P dans le domaine de l'a t t r i b u t, on se reportera à 3.4.1.1.

[130] Le rapport entre les deux n'est cependant pas toujours de nature *syndestique*, car au *couvercle* peut se substituer une *applique*, complément lié par *homodèse* à l'*ayance réceptive*: *vendre X 2 francs* (cf. aussi V3, 276). Dans *je lui juge des dispositions* (V3, 175-6), *lui – des dispositions* est une sorte d'*about bicéphale dichodestique* où *lui* joue un rôle analogue au *couvercle (syndèse)* et à l'*applique (homodèse)*.

[131] Dans *C'est vos enfants petits, petits* est *greffon de l'étance*, c'est-à-dire c o m p l é m e n t   a c c e s s o i r e   r é g i   p a r   l e   v e r b e ,   m a i s   c o m p l é t a n t   l o g i q u e m e n t   l ' a t t r i b u t   d u   s u j e t e s s e n t i e l (V3, 402).

[132] Le terme de *greffon* s'applique à la fois à certains types d'A C O D et à certains types d'A S.

qui entraîne la disparition des termes *échoite de l'ayance* (V3, 185-186) et *échoite du repère*[133]. Cette opération de restructuration entraîne une ligne de démarcation plus nette entre les *couvercles* et les *greffons* du COD qui relèvent désormais d'un autre type de *syndèse*: *syndèse accessoire* (*greffon*) vs *syndèse interne de l'about* (V3, 186).

On trouve une analyse analogue, mais non identique, chez Dauzat. Celui-ci reconnaît une espèce de COI a p p o s é dans des constructions comme *prendre/choisir ... pour/comme*: «un complément secondaire»[134] (1947: 350), «un second complément grammatical, apposition du premier» (1947: 394), *secondaire* impliquant ici une certaine hiérarchisation syntaxique. Cette analyse est plus ou moins contredite dans un autre passage (Dauzat 1947: 362) où *pour* est dit introduire un *attribut de l'objet* (*choisir pour mari*).

(3b) Un seul complément complexe unitaire: Brunot

Le chapitre sur le champ notionnel de *l'objet* dans la *Pensée et la Langue* contient un certain nombre de structures qui sont rattachées en général à l'ACOD. Parmi les *objets-action*, on retrouve ainsi des p a r t i c i p e s (Brunot 1922: 352): *Nous le voyons [...] négociant les accords ...* Ou encore, des r e l a t i v e s (*Je vois votre mère qui arrive*), où *l'action-objet* est «exprimée par un nom ou par un représentant suivi d'une proposition conjonctive» (1922: 352). Quelques pages plus loin, Brunot signale encore *d'autres objets*, parmi lesquels l' a t t r i b u t d u C O D :

«L'objet peut être l'attribution à un être, à une chose, à un objet, d'une manière d'être, d'une caractérisation quelconque, que cette attribution soit ou non le résultat de l'action» (Brunot 1922: 355, avec renvoi à 626; cf. 626).

Ce qui frappe dans cette présentation — outre l'inscription de ces éléments dans un ensemble sémantique plus vaste —, c'est l'unité COD + ACOD. Syntaxiquement parlant, Brunot les considère comme un bloc, un objet complexe, susceptible d'exprimer différentes nuances (action objet, attribution d'une qualité)[135]. Graphiquement:

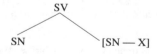

---

[133] Dans (V2, 141), par exemple, le terme de *greffon* n'a pas encore remplacé *échoite*.

[134] L'expression *complément secondaire* a perdu ici son sens habituel (c o m p l é m e n t d ' a t t r i b u - t i o n). Dauzat critique d'ailleurs cette sous-classe (sémantique) des COI (1947: 344; cf. 3.7.1.).

[135] Vu l'approche notionnelle de Brunot, on retrouve cette construction dans la c a r a c t é r i s a t i o n , parmi les procédés servant à *l'attribution d'une caractéristique à l'objet du verbe*, où elle côtoie d'autres structures équivalentes (1922: 626), comme le complément du nom d'action. Le fait que les verbes tels que *blanchir* ne figurent pas parmi les *copules* de l'ACOD (1922: 628-630), mais bien parmi celles de l'AS (1922: 618-619), est une contradiction interne.

Dans l'analyse des *verbes copules*, Brunot (1922: 628) distingue l'*attribut de résultat* (p. ex. *couronner empereur*; *proclamer*, etc.) de l'*attribut commun* (*On l'a vu arrêté, trouver la porte fermée*), selon que l'A C O D exprime le résultat ou non de l'action. Le terme *attribut d'objet* figure, malgré tout, encore dans le titre (1922: 626).

On trouve un écho de l'analyse de Brunot chez Wartburg – Zumthor. Selon eux, le *groupe sujet-attribut* se réalise aussi dans le binôme C O D + A C O D: «le sujet de l'attribut est régime d'un verbe» (1947: 323). Cette analyse sémantico-logique, qui se superpose à l'analyse grammaticale (cf. aussi Ch. III, 2.2.5.), décompose l'unité C O D + A C O D en un *sujet* suivi d'un *attribut*, sans copule, se trouvant dans la dépendance d'un verbe transitif (Wartburg 1947: 322).

Notons, pour terminer, que la théorie des *nexus* amène Jespersen (1924: 123; qui connaît Brunot 1922) à une analyse analogue. Dans *I found the cage empty*, il faudrait considérer l'ensemble *the cage empty* comme un *object*, plus particulièrement, un *nexus-object*.

Conclusion

De l'analyse qui précède, il ressort que l'A C O D ne s'affranchit pas encore de l'A S. Chez quelques auteurs on peut même encore parler d'un attribut unitaire, faute de termes techniques spécifiques (Clédat, Sonnenschein, Engwer, Regula, Wartburg). Si l'on trouve, certes, quelques vues plus originales, celles-ci n'affectent que la terminologie (Plattner, Ulrix) ou restent marginales (Le Bidois), confuses (de Boer) ou contradictoires (Dauzat). Seuls D&P et Brunot ont des vues bien arrêtées qui quittent les chemins battus.

3.5. *Les compléments du verbe: généralités*

Avant de traiter plus en détail les différents compléments du verbe, il convient de présenter un certain nombre de concepts qui concernent la complémentation en général. Il s'agit en premier lieu des théories sémantico-logiques de la complémentation *intrinsèque/extrinsèque* (l'École de Genève) et de la *détermination intérieure/extérieure* (Wundt)[136] (3.5.1.). Le couple a c c e s s o i r e / e s s e n t i e l constitue une troisième dichotomie, qui, quoique connue depuis longtemps, n'est pas encore opérationnelle dans les grammaires du corpus (3.5.2.). Ce paragraphe liminaire ne pourrait passer sous silence la pratique qui consiste dans la projection des f o n c t i o n s   p r i m a i r e s sur la complémentation du nom, de l'adjectif et de l'adverbe (3.5.3). Le débat sur la légitimité de l'approche casuelle, enfin, qui dépasse la seule complémentation verbale, est reporté à la fin de ce chapitre (Ch. IV, 6.).

---

[136] On ne saurait confondre cette dichotomie avec l'opposition signalée par Engwer – Lerch (1926: 67) — et empruntée à Otto (1919: 139) — entre *aussensyntaktische* et *innensyntaktische Beziehungen*. Ces dernières concernent l'articulation de la phrase (*Satzgliederung*), les premières le temps, le mode et le nombre.

3.5.1. Les 'théories' de la complémentation

D&P et de Boer procèdent à une refonte totale de la théorie des f o n c t i o n s s y n t a x i q u e s. Pour cela ils s'inspirent de deux dichotomies issues de la linguistique générale: *inhérence* vs *relation* (École de Genève) et *détermination intérieure* vs *extérieure* (Wundt). Mais avant d'entrer plus en détail, il importe de signaler le rôle de Brunot dans le développement de la théorie de la complémentation en France. Une fois de plus (cf. son attitude à l'égard des parties du discours), l'auteur de la *Pensée et la Langue* témoigne d'un certain défaitisme, motivé par des raisons didactiques et diachroniques. Étant donné que les compléments sont difficiles à délimiter et à étiqueter (Brunot 1922: 302, *passim*), il appelle à ne pas chercher à classer ce que la langue confond (1922: 303). D'où aussi la création de termes sémantiquement neutres, comme *séquence* ou *objet secondaire*, qui ont eu un certain succès. En revanche, si les rapports sémantiques sont très nets, il multiplie volontiers le nombre de compléments (1922: 397-405).

3.5.1.1. Inhérence vs relation

La dichotomie *inhérence/relation* plonge ses racines dans la logique et est tout sauf nouvelle. Du Marsais[137] avait déjà réinterprété sémantiquement l'ancienne opposition formelle entre syntaxe de *convenance* et syntaxe de *régime* (Arnauld – Lancelot 1660: 140-147) en y superposant le couple sémantico-logique *identité/détermination* (Chevalier 1968; Swiggers 1984: 124-129)[138]. Dans le premier cas, il y a un rapport de consubstantialité (une espèce de fusion conceptuelle), dans le second une relation d'entité à entité.

La dichotomie a été ressuscitée par l'École de Genève. Sechehaye (1926a) croise deux[139] rapports logiques, *sujet/prédicat* (avec ou sans c o p u l e) et *principal/complément*[140], avec le couple *intrinsèque* (*inhérence*)/*extrinsèque* (*relation*)[141]. Ce qui frappe chez lui, c'est l'incorporation de l'adverbe[142] (complétant le verbe, l'adjectif ou l'adverbe) dans les rapports intrinsèques, la manière étant «la qualité du procès» (1926a:

---

[137] Sur la notion d'inhérence dans la tradition allemande dans le premier tiers du 19e siècle, voir Forsgren (1985: 95-96).

[138] Même les Messieurs de Port-Royal avaient déjà établi dans leur *Logique* une distinction entre le *prédicat interne* et le *prédicat externe* (*Logique*, I, chap. 2, *apud* Graffi 1991: 270): *rond* vs *aimé, vu, désiré*.

[139] Le troisième rapport, la coordination n'y est pas impliquée.

[140] Frýba-Reber (1994: 82, note 20) rapproche le couple *principal/complément* de *prinzipale* vs *akzessorische Glosse* (avec restriction de sens) de Noreen, auteur qui figure d'ailleurs parmi les sources de Sechehaye (1926a). Noreen aurait emprunté ces termes à Raoul de la Grasserie.

[141] Voir le tableau synoptique dans Frýba-Reber (1994: 101). Les mêmes concepts se trouvent déjà dans Sechehaye (1916), quoique revêtus d'une terminologie différente: *complément de relation* vs *complément attributif*.

[142] Tel n'est pas le cas chez D&P.

64)[143]. Les compléments de *relation* qui se rattachent à un *principal* verbal, adjectival ou adverbial, s'insèrent en réalité dans un rapport d'entité à entité. Le *principal* (p. ex. *travailler, utile*) ne représente, dès lors, qu'un intermédiaire logique: (*cette jeune fille*) *travaille pour les pauvres*; (*un animal*) *utile aux hommes* (Sechehaye 1926a: 67).

Bally (1944: 107-113)[144] conserve l'opposition *inhérence* («compénétration intime»)/ *relation* («deux objets extérieurs l'un à l'autre»), mais la met davantage en rapport avec la problématique de l'*accord/rection*[145] et la *transposition*. L'*accord* est l'expression formelle de l'*inhérence*, c'est-à-dire le radical du verbe *être* (explicite ou implicite) et la concordance en genre et en nombre. L'accord ne peut pas être confondu avec la notion plus générale de concordance formelle[146] (*conformisme* chez Frei) qui comprend «tous les procédés d'unification formelle», en accord ou en rection (!): p. ex. genre/nombre, temps et cas (1944: 108, 111). Dans certains cas, l'accord en est venu à exprimer la relation: *la clarté solaire*. Bally y voit le résultat d'une *transposition*[147]: *clarté du soleil* --> *solaire*. De même, les d é t e r m i n a n t s expriment des rapports rectionnels (1944²: 112; cf. 226-227): *mon livre > le livre de moi*; *ce livre > ici est un livre, voici un livre*.

D&P s'inscrivent dans cette tradition et opposent, dans le domaine du *supportement*, c'est-à-dire des rapports logiques ou *liages*, la *dichodèse* à la *syndèse*. La *syndèse* établit un «rapport d'identité entre deux termes» qui commande l'accord grammatical entre l'adjectif et le nom, ou entre le verbe et son sujet (V1, 115-116; cf. aussi glossaire). Un renvoi est fait à la logique classique qui ne conçoit des rapports d'*identité* qu'entre substances ou entre substances et qualités:

«une qualité est actuellement congruente à une substance; une substance est entièrement contenue dans une autre substance, ou interfère du moins avec elle pour une partie de son expression logique» (V1, 116; V4, 543).

Aux adjectiveux (*-thètes*) et substantiveux (*-schètes*), D&P ajoutent les *factifs*, quitte à postuler un participe présent sous-entendu (= *syndèse implicite*[148]).

La *syndèse* prend diverses formes (V3, 186-7):
- la *visée*[149] syndestique: entre le *repère* et l'*étance* (~ s u j e t e t a t t r i b u t d u s u j e t)
- la *syndèse implicite de la visée dichodestique*: le participe implicite contenu dans le verbe fini
- la *syndèse interne de l'about*: entre l'*ayance réceptive* (= C O D) et le *couvercle* (= a t t r i b u t d u C O D)

---

[143] Il cherche d'ailleurs à restreindre la classe des adverbes. *Oui* en est exclu et les adverbes de temps et de lieu ne sont adverbes que *par une sorte de figure* ou *par transposition*, et, dès lors, «synonymes de compléments de relation»: *dans le lointain* (*loin*), *à cet instant* (*immédiatement*). En plus, une partie des adverbes pourraient être rangés dans la classe des pronoms (*hier, ici*; *beaucoup*), etc. (Sechehaye 1926a: 65-66).
[144] Voir aussi Sandmann (1973b: 71-74).
[145] La problématique des marques formelles du rapport de *relation* est seulement effleurée chez Sechehaye (Frýba-Reber 1994: 96; Sechehaye 1926a: 54-55, 60).
[146] C'est le pendant discursif de l'*analogie* et de l'*assimilation phonétique* (Bally 1944²: 112).
[147] Sur la *transposition* chez Bally, voir Ch. III, 3.2.2.2.2.
[148] Cf. Ch. III, 2.2.2.
[149] La *visée* se prête aussi aux liages *dichodestiques* (rapport *repère – ayance*), voire *homodestiques* (rapport *repère – prisance*).

- les *syndèses*[150] *accessoires*: entre un *partenaire quelconque* et un *greffon circonjacent* (*il partait soldat*) ou *ambiant* (*prendre qqn vivant*).

Plus loin (V3, 327), ils introduisent encore un cinquième type: la *syndèse détaillante*, qui s'étrablit entre un *partenaire quelconque* et *chacun, tout*, etc. Enfin, en dehors du *nœud verbal* (*liages* établis par le *verbe*), il faut encore signaler la *syndèse* entre l'a d - j e c t i f et le n o m.

Par rapport à la syndèse, la *dichodèse* se définit de façon négative: tout rapport qui n'est pas une *syndèse* est *dichodestique* (V1, 116, cf. aussi glossaire). Comme il y a deux sortes de mots qui concourent à l'expression de la *dichodèse*, il y a lieu de distinguer trois types de rapports:

- prépositions (*répartitoire* de *rayon*): la *clinée* (entre le mot complété et le complément de la préposition)
- verbe: la *visée* (entre le sujet et le C O D ou *ayance*[151])
- (sémième du) verbe + préposition: la *menée* (= *clinée* + *visée*; entre le s u j e t et l'*écart*).

Si les *liages* entre substances et qualités sont toujours des *syndèses*, «les liages où entrent des modalités n'en sont jamais», pas plus que la plupart des rapports contractés entre substances qui «n'impliquent souvent aucune interférence, aucune identité totale ni partielle des substances entre elles» (V1, 116). En d'autres mots, les rapports logiques où entrent des a d v e r b i a u x (qui correspondent à des *modalités*) sont dichodestiques, tout comme une bonne part des rapports établis entre éléments substantiveux.

Plus loin dans le troisième volume, l'analyse des *prisances* du type *ça sent la rose* nécessite un troisième concept: l'*homodèse* (V3, 252-260). Il est intéressant de noter que les auteurs se réfèrent ici à Joseph Haas. Dans *ce vin sent la noix*, on sentirait à la fois le vin et la noix, soit «être senti» est une qualité commune aux deux concepts (V3, 164), ou encore, les substances sont «conqualitaires» (V3, 254).

Vu l'empreinte qu'a laissée Sechehaye dans la grammaire de Galichet, il n'est pas étonnant que celui-ci intègre, sous une forme légèrement modifiée, la dichotomie genevoise. Celle-ci se trouve à la base de l'opposition *caractérisation/détermination*: la *caractérisation* est «en quelque sorte intrinsèque[152]», alors que la *détermination* précise l'être «d'une façon plus extrinsèque» (1947: 33). C'est que la caractérisation consiste dans l'extraction de «caractères qu'elle [= la substance] possède virtuellement, qu'elle implique par essence»; la *détermination* apporte des «précisions plus extérieures», des «coordonnées qui situent» (Galichet 1947: 34)[153].

---

[150] La d i s l o c a t i o n instaure également un rapport de type *syndétique*.

[151] L'*about* incarne trois types de *visées*: visée syndestique (*about* = *étance*), dichodestique (*about* = *ayance*) et *homodestique* (*about* = *prisance*).

[152] Il rejette la conception de la *caractérisation intrinsèque* de Brunot (1922). Selon Galichet (1947: 34), des mots comme *blancheur, chaumière*, etc. n'expriment pas (ou plus) la caractérisation.

[153] La redéfinition de l'opposition *caractérisation/détermination* en fonction des traits *intrinsèque/ extrinsèque* ne manque pas d'avoir des conséquences pour la portée de ces concepts. Ainsi, certains c a r a c t é r i s a n t s sont considérés comme relevant de la *détermination* (p. ex. temps, lieu) et la

Galichet innove par l'application de la dichotomie aux c o m p l é m e n t s   d u   n o m, aux r e l a t i v e s, aux a t t r i b u t s, voire aux é l é m e n t s   a d v e r b i a u x. Il admet donc tant pour les a d j e c t i f s que pour les adverbes des représentants intrinsèques et extrinsèques (*caractérisants* et *déterminants*), là où Sechehaye (et Bally, pour ce qui est des adjectifs) s'en tient à des adjectifs et adverbes intrinsèques. Cette conception plus souple, qui fait abstraction de l'accord, réduit l'impact des transpositions[154]. La *caractérisation* du procès par les adverbes qualificatifs (*il s'exprime agréablement*) est cependant «plus extrinsèque» (1947: 39) que la caractérisation du nom par les adjectifs qualificatifs[155]. Dans ce dernier cas il est question de «l'inhérence de la caractérisation» qui est exprimée par l'accord (1947: 37), ce qui montre que l'accord est toujours présent à l'arrière-plan.

Le couple *inhérence/intrinsèque* vs *extérieur/extrinsèque* est également mis en rapport avec une espèce d'échelle présentant les degrés d'étroitesse du lien entre le complément et le verbe:

procès —— agent/objet —— cc de cause/but —— cc (Galichet 1947: 144).

Ce qui semble jouer ici, c'est l'opposition sémantique sur laquelle est basée la distinction C O /c c (cf. 3.6.1.): complément *objet de l'action* vs *circon-stance* de l'action, c'est-à-dire ce qui l'entoure, ce qui est *extérieur à l'action*. On en trouve un témoignage chez Wartburg (1947: 15): «les circonstances ou les conditions dans lesquelles s'est déroulée l'action, mais qui restent extérieures à celle-ci». Or, chez Galichet, même les rapports du C O D et du C O I sont envisagés sous l'angle de l'extériorité par rapport au procès. Dans le cas du C O I, l'*adhérence* — notons le changement de terminologie — est moins étroite entre procès et objet, à cause d'un «certain hiatus» marqué par l'esprit. De même, certains *compléments* «n'expriment l'objet que d'une façon extérieure et analogique» (Galichet 1947: 137).

La théorie de l'inhérence et de la relation a même exercé, par le biais de D&P, une certaine influence sur Dauzat (1947: 343), qui leur a emprunté le concept d'*épingle*, qu'il oppose au *complément*. Une *épingle* est[156]

> «tout ce qui s'attache directement à un mot pour le déterminer: l'article, l'adjectif-pronom, l'adjectif qualificatif épithète, le nom en apposition [sic] — pour le substantif; l'adverbe, voire le pronom introductif, — pour le verbe» (1947: 343),

alors que le *complément*

---

détermination s'ouvre à l'adverbe et aux compléments c i r c o n s t a n c i e l s. L'extension de la notion de *détermination* aux c i r c o n s t a n c i e l s entre en conflit avec la restriction que Galichet avait imposée à la *fonction de détermination* (limitée aux *fonctions inactualisées*, cf. Ch. VII, 2.1.4.3.2.): «la circonstance n'est qu'une sorte de détermination appliquée au procès actualisé» (1947: 144) qui ne marque pas l'«inhérence profonde» (1947: 144). En d'autres mots, le c o m p l é m e n t   c i r c o n s t a n c i e l est une *détermination* 'actualisée', donc exceptionnelle.

[154] Les d é t e r m i n a n t s ne doivent pas être dérivés d'un rapport de *relation* comme chez Bally, par exemple.

[155] La caractérisation apportée par l'adverbe est «plus dissociée» de l'élément caractérisé et est toujours *temporaire* ou *passagère* (cf. l'a t t r i b u t), sous l'effet de l'actualisation verbale (1947: 39-40).

[156] Les Le Bidois appliquent aussi les expressions *s'épingler, épinglages,* etc. (T1, 22, 23; T2, 697, 704, etc.) à la construction directe *et* indirecte du verbe, comme synonymes de 'se joindre'.

«représente une détermination plus indépendante: l'adverbe indépendant (*bien* [manger] est une épingle; [je mangerai] *demain*, un complément), les types classiques de compléments examinés ci-après, et même une phrase entière subordonnée à la première par un relatif» (1947: 343).

Si d'une part Dauzat confère un contenu plus large au terme d'*épingle* (V2, 7-16), notamment par l'incorporation des adverbes (qui sont *dichodestiques* pour D&P), de l'apposition, voire du pronom personnel sujet, d'autre part, il en retranche l'a t t r i b u t (qui est *syndestique* pour D&P). Il s'ensuit que dans l'opposition *épingle/complément* la dichotomie *inhérence/relation* s'estompe[157] et cède le pas devant le trait [± préposition], mais continue néanmoins à jouer un rôle[158], comme il ressort aussi du concept de degré de «dépendance», qui semble dresser une barrière entre les a d v e r b e s et les c o m p l é m e n t s c i r c o n s t a n c i e l s (1947: 420, 421) (cf. 3.9.2.).

Par ailleurs, cette dichotomie sémantico-logique résonne encore chez Larousse (1936: 223), Wartburg (1947: 308), Le Bidois (T1, 390)[159] et Regula (1931: 52-53)[160].

3.5.1.2. Détermination intérieure vs extérieure

La deuxième veine qui traverse le corpus est l'ancienne opposition[161] entre *cas logiques*[162] et *cas locaux*[163]. Wundt (1922: II, 2: 79) a remplacé cette opposition basée sur le caractère abstrait *vs* spatial des cas par une nouvelle dichotomie: *innere* vs *äussere Determination der Begriffe*, qui couvre plus ou moins les mêmes catégories. C'est que, d'après Wundt, tous les cas véhiculent une valeur logique (*logische Beziehung, Abhängigkeit*) et, inversement, chaque cas contient une certaine dose d'*Anschauung*, spatiale ou temporelle (Wundt 1922: 78-79). En outre,

---

[157] La question de l'accord n'y est plus liée.
[158] Car «certains compléments se passent de préposition» (C O D, attribut, compléments de temps, de prix, de manière, pronoms et adverbes) (Dauzat 1947: 343-344).
[159] Il s'agit de l'é p i t h è t e a n t é p o s é e (Wartburg) et de l'o b j e t i n t e r n e (Le Bidois). Parmi les *valeurs* de l'adjectif, Larousse mentionne la caractérisation. Elle peut exprimer une «qualité inhérente à l'objet» (*table massive*) ou «une qualité que nous lui attribuons» (*la nuit était splendide*). Ici, malgré la présence de Bally dans cette grammaire, l'inhérence semble liée à la c o n s t r u c t i o n é p i t h é t i q u e.
[160] Le traitement de l'a d j e c t i f é p i t h è t e (antéposition *vs* postposition) fait écho à la problématique de l'inhérence et est mis en rapport avec l'opposition t h è m e / r h è m e (Regula 1931: 52).
[161] Jespersen (1924: 185) rejette carrément cette distinction traditionnelle qu'on trouve encore chez Wundt et son disciple Deutschbein (*Kasus des begrifflichen Denkens* vs *Kasus der Anschauung*).
[162] Wundt (1922: 61) évoque le débat ancien entre les adeptes de la *logisch-grammatische Kasustheorie* [nominatif, accusatif et datif sont les cas du s u j e t, du C O D et du C O I ; le génitif correspond à un emploi *attributiv* du nom (à l'instar d'un adjectif)] et les localistes [le nominatif n'est pas un cas à proprement parler; les autres expriment des relations spatiales: génitif (*woher*), datif (*wo*), accusatif (*wohin*); l'ablatif, l'instrumental et le locatif seraient issus des trois premiers, ce qui est contesté par la grammaire historico-comparative].
[163] Hjelmslev (1935-1937) a élaboré le point de vue localiste. Voir Anderson (1994).

Wundt (1922: 83) réoriente la discussion vers l'aspect formel de la chose et le développement phylogénétique des langues. Dans la *détermination intérieure*, le radical du nom se suffit à lui-même, sans que doivent intervenir des suffixes, des prépositions ou des postpositions pour préciser le rapport logique. Par contre, ces éléments déterminants (*determinierende Elemente*) sont indispensables à la *détermination extérieure*, sous peine d'agrammaticalité (Wundt 1922: 83). Le raisonnement de Wundt aboutit à une liste fermée de quatre cas à détermination *intérieure*, où toute marque supplémentaire *peut* faire défaut, l'ordre des constituants étant suffisant: le nominatif, l'accusatif, le génitif (N + N) et l'interprétation dative du COI. La détermination est *extérieure*, si le concept relationnel (*besonderer Beziehungsbegriff*) qui s'ajoute au concept se trouve en dehors du concept même, c'est-à-dire dans l'une ou l'autre marque[164] formelle. La liste des cas qui répondent à cette exigence est illimitée: mouvement le long de quelque chose (prosécutif), accompagnement (comitatif; langues ouraliennes), le caritif (exprimant le manque en basque), l'équatif et le comparatif des langues caucasiennes, etc. (Wundt 1922: 85-86).

De Boer s'appuie sur cette théorie pour la reformuler à son tour (1947: 39). Dans sa théorie de la complémentation — il fait donc abstraction du nominatif (cf. de Boer 1926) —, il subordonne la dichotomie wundtienne à l'opposition e s s e n t i e l / a c c e s s o i r e (1947: 38-39). Ainsi, il oppose d'abord le *régime direct* au *régime indirect* sur la base du critère «appelé» ou non par le verbe (de Boer 1947: 38, 39). Le *régime indirect* se caractérise en outre par un lien beaucoup moins intime[165] entre le verbe et la préposition: *Je dîne à Paris, voyager en France* (1947: 192), *il a pris un billet pour moi* (1947: 39, n. 14). L'opposition *direct/indirect* correspond en gros à l'ancienne opposition c o m p l é m e n t d ' o b j e t / c o m p l é m e n t c i r c o n s t a n c i e l[166], à ceci près que le *complément direct* comporte aussi des c c e s s e n t i e l s (du type *Pierre va à Paris*), contrairement à l'ancien c o m p l é m e n t d ' o b j e t. Aussi le verbe *descendre* a-t-il trois *régimes directs*: *descendre un objet du grenier à la cave* (de Boer 1947: 39).

À un niveau inférieur de la taxonomie, la classe des *régimes directs*[167] est divisée en deux: *régimes directs intérieurs* vs *régimes directs extérieurs*. Cette nouvelle bipartition est le résultat d'une adaptation — explicite — des catégories wundtiennes de «détermination intérieure» et «extérieure» (de Boer 1947: 39-40):

---

[164] Si une telle marque vient à faire défaut, les représentations qui y sont associées restent néanmoins en place (1922: 85). Il renvoie à sa *Logik* pour une interprétation logique de la dichotomie.

[165] Dans le cas inverse, «la préposition est, pour ainsi dire, impliquée dans le verbe, qui l'«appelle»» (1947: 39). Si la préposition est presque incorporée dans le verbe, on admettra plus facilement le terme *direct*.

[166] Le terme *circonstanciel* (et *adverbial*) apparaît quelques fois comme le pendant du *régime direct* (de Boer 1947: 98, 145), mais il s'applique aussi aux *régimes directs (extérieurs)* (1947: 40).

[167] Il s'agit plutôt d'un croisement des deux dichotomies, car les *directifs* et *ablatifs* se situent de part et d'autre de la frontière entre *direct* et *indirect*.

régime direct		régime indirect
régime direct intérieur (ou intrinsèque) [~ détermination intérieure]	régime direct extérieur (ou extrinsèque) [~ détermination extérieure]	*Je dîne à Paris* *voyager en France*
parler à quelqu'un, nuire à qqn, se souvenir de qqn, ... (1947: 40)	*Pierre va à Paris* *tendre les bras vers qqn* *jouer de, remplir de, régner sur, ...* (1947: 40, 193)	

Le *régime direct intérieur* contient toutes les nuances de l'*accusatif syntaxique* (qui comprend aussi le génitif et le datif de relation et qui exprime un vague rapport de dépendance)[168] (1947: 40). Le *régime direct extérieur* comporte «tous les circonstanciels que le verbe «appelle»« (1947: 40)[169], c'est-à-dire les c o m p l é-m e n t s   c i r c o n s t a n c i e l s   e s s e n t i e l s. Il s'agit des rapports (sémantiques) de direction et de point de départ, soit les *directifs* et *ablatifs*, du moins, ceux qui sont conçus comme e s s e n t i e l s. On constate donc que de Boer dépouille la dichotomie wundtienne de son substrat formel (marquage implicite/explicite) en faveur d'une interprétation sémantique (qui marque en quelque sorte un retour à l'ancienne opposition localiste/logique) en termes de s e n s   c i r c o n s t a n c i e l (*extérieur*)/sens non c i r c o n s t a n c i e l (*intérieur*). Il avoue que

«l'analyse de ce genre sera très délicate en français, langue qui ne connaît ni le type: *circumire*, ni le type hollandais avec *be*–. Il y aura de nombreux cas de transition» (1947: 193).

Cet aveu souligne l'impact de la paraphrase et de la perspective comparative (*iets bespelen = jouer de qqch*), en l'absence d'une véritable analyse syntaxique.

Dans le même sens, l'appartenance aux *régimes directs intérieurs* des verbes construits indirectement est étayée par des alternances (en partie diachroniques) du type *obéir à son mari ~ obéir son mari*. Un autre type consiste dans le «verbe composé à l'aide d'une préposition-fin de mot», c'est-à-dire une préposition fixe: *[croire en] Dieu, [croire à] des revenants, [parier sur] un cheval, [compter sur] qqn, [répondre de] qqn*. Ici encore, les aveux d'analyses délicates et les nombreux «cas de transition» montrent que l'analyse est basée sur l'intuition sémantique. Sur quelle base distinguer par exemple *[répondre de] qqn* (verbe composé) de *se souvenir de qqn* (1947: 192)? Voilà deux tentatives pour escamoter la préposition et pour prouver qu'il s'agit bel et bien d'*accusatifs* (*syntaxiques*, donc s é m a n t i q u e s, dans l'optique de de Boer).

En conclusion, il importe d'insister sur le fait que les termes *extrinsèque* (= *direct extérieur*) et *intrinsèque* (= *direct intérieur*) ne peuvent pas être confondus avec les concepts d'*inhérence* et de *relation*. Pour les Genevois, il s'agit du nombre de sub-

---

[168] Voir 6.4.2. où il sera question de la théorie des cas de de Boer.
[169] Il ne se rend pas compte que la définition («appelé par *le verbe*») n'est plus valable si l'on inclut aux *régimes directs* aussi les compléments du nom et de l'adjectif.

stances impliquées dans un rapport sémantique[170], alors que chez de Boer, la dichotomie remonte à l'ancienne opposition entre sens spatial/non spatial (± sens 'circonstanciel'/'non circonstanciel'), qui avait été remodelée par Wundt (capacité de fonctionner sans marquage formel explicite, abstraction faite de l'ordre des mots).

3.5.2. Les compléments essentiels vs accessoires

Dans la théorie de la complémentation de de Boer, il a déjà été question de l'opposition essentiel/accessoire (*direct/indirect*). De nos jours, celle-ci est devenue courante, notamment depuis Tesnière (p. ex. Le Goffic 1993, Riegel *et al.* 1994, Melis – Desmet 2000). Même si son application n'est pas toujours aisée, on a là une opposition applicable à la plupart des fonctions syntaxiques, y compris certaines fonctions de type *nominal* (des attributs du sujet/du COD, des datifs, etc.), qui, elles aussi, présentent des variantes accessoires (p. ex. Le Goffic 1993 et Melis – Desmet 2000). Dans le corpus, l'opposition essentiel/accessoire est déjà attestée, notamment dans les discussions sur le caractère accessoire des compléments circonstanciels, ce qui n'est guère étonnant, étant donné que la problématique remonte au 18ᵉ siècle[171].

L'analyse qui suit comporte deux volets et une conclusion. Dans un premier temps, nous examinerons la couverture de l'opposition essentiel/accessoire (3.5.2.1.), pour nous concentrer ensuite sur la complémentation verbale, son domaine de prédilection (3.5.2.2.).

3.5.2.1. Aperçu des domaines d'application

Le concept de complément essentiel est en général reconnu et, le cas échéant, opposé à un pendant accessoire. Seul un tiers[172] des grammaires l'ignorent complètement. Dans ces dernières, les compléments essentiels et accessoires sont traités indifféremment:

---

[170] Tous les rapports dégagés par de Boer (cf. aussi Wundt, *Determination*) se rattachent en réalité à la *relation* (Genève) ou *détermination* (18ᵉ siècle). L'*inhérence* (fusion conceptuelle) n'est pas en jeu ici.

[171] Dans son article 'construction', Du Marsais fait état de déterminations «nécessaires» du verbe et de circonstances, non nécessaires (Chervel 1977: 179). De même, Beauzée (*Encycl. méthodique*, p. 132-133, *apud* Chevalier 1968: 700) oppose les compléments du verbe actif transitif (l'esprit s'y attend; on demande *ce qu*'il a donné et *à qui* il a donné) aux compléments marquant une «circonstance». Ces derniers ne sont ni aussi directs ni aussi nécessaires (temps, motif, manière), il s'agit «d'adjoints, que les mots précédents n'exigent pas nécessairement». Beauzée y suggère même les résultats du test d'effacement. Rappelons que Beauzée s'appuie aussi sur la nécessité du complément dans la classification des domaines de la complémentation: mots qui «ont une signification générale» *vs* mots qui «ont une signification relative à un terme quelconque» et qui doivent être complétés (Swiggers 1989: 394-398). Pour d'autres références (18ᵉ et 19ᵉ siècles), voir Chervel (1977: 172, 179). Peine (1898), un professeur au lycée Condorcet, oppose même les compléments indirects de lieu (compléments adverbaux) à des compléments circonstanciels de lieu (Chervel 1977: 179-180), mais il n'a pas été suivi.

[172] Plattner, Ulrix, Sonnenschein, Lanusse, Strohmeyer, Bloch, Gougenheim, Dauzat.

«Au point de vue formel, il n'y a pas de différence entre «appuyer sur le bouton» (complément d'objet) et «dormir sur un oreiller» (complément de position)» (Dauzat 1947: 195).

Là où la distinction est conceptualisée, elle est cantonnée le plus souvent au domaine de la complémentation verbale, à quelques exceptions près, comme Grevisse, par exemple, qui l'applique exclusivement à des fonctions s e c o n d a i r e s [173], tels les compléments de l'adjectif:

- la plupart des adjectifs «peuvent avoir par eux-mêmes une valeur suffisamment déterminée et s'employer sans complément, dans un sens général; mais ils demandent un complément quand on les prend dans un sens particulier ou figuré» (1936: 119): *un homme riche* vs *riche en vertus*
- quelques adjectifs «ne présentent qu'un sens incomplet et exigent toujours quelque complément» (1936: 119): *enclin à, désireux de*
- certains adjectifs «ont un sens absolu et n'admettent aucun complément» (1936: 119): *équestre, maritime, mortel, circulaire*.

Dans le même sens, l'Académie (tout comme Larousse 1936: 228-229) oppose les adjectifs dont le sens est «suffisamment déterminé par eux-mêmes» aux adjectifs à «sens indéterminé», qui nécessitent un complément. La plupart des adjectifs s'emploient avec ou sans complément (1932: 93). L'adjectif lui-même peut d'ailleurs être «nécessaire au sens de la proposition» (*Sur des pensers nouveaux faisons des vers antiques*) ou non (*la pâle mort, mêlait les sombres bataillons*), comme le rappelle Grevisse (1936: 111)[174]. Dans le premier cas, il est dit *qualificatif*, dans le second, *épithète*[175].

---

[173] Grevisse l'applique aussi à l'opposition *relative déterminative* vs *explicative* (1936: 615-616), test d'effacement à l'appui. Il n'est d'ailleurs pas le seul à le faire (p. ex. Radouant 1922: 268, 69; Regula 1931: 45; Larousse 1936: 190; Bruneau 1937: 272).

[174] L'approche sémantique est maintenue dans l'établissement des sous-catégories: *épithète de nature, de caractère* et *de circonstance* (1936: 111-112).

[175] Chez D&P, les termes *accessoire/occasionnel* apparaissent encore dans d'autres contextes. Du point de vue de la *collation sémantique*, les *auxirrhèmes* sont *fondamentaux* ou *accessoires* (V2, 250-252), selon leur poids informatif: p. ex. mis en relief, l'adverbe devient «fondamental»; «on ne pourrait [le] supprimer sans altérer gravement le sens de la phrase» (V2, 251). Deuxièmement, D&P opposent la *visée*, *liage spécifique* du verbe, aux *liages accessoires* (V1, 602; V3, 183), les *menées*. La *visée* est «le lien spécifique du verbe» (V1, 602), qu'il «assure à lui seul» (V1, 602). Les *menées*, par contre, sont des «liages dichodestiques accessoires» (V1, 602) qui nécessitent l'intervention d'une préposition [*visée* (contenue dans le *sémième* du verbe) + *clinée* = *menée* (V1,117; cf. aussi V3, 183)]. Troisièmement, le terme *accessoire* porte aussi sur le *support* affecté secondairement par un rapport supporté en premier lieu par un autre élément. C'est le cas des *auxirrhèmes*, qui expriment une modalité qui «est en réalité supportée aussi, à titre accessoire, par les différents compléments du régent, de sorte que ces compléments fonctionnent comme supports accessoires non régents de l'affonctif. [...] une certaine part de diaplérose» (V2, 236). Dans le même sens, le p s e u d o - v o c a t i f (p. ex. *Lis avec moi, BOURREAU, lis ...*) «applique occasionnellement la qualité de bourreau à l'allocutaire» (V1, 608). Ce cas diffère de celui de *oiseau bleu* dans *Oiseau bleu, couleur du temps, vole à moi promptement* où l'on s'adresse à un oiseau «par essence» (*ib.*). Finalement, la qualité attribuée par le biais d'un *factif*, c'est-à-dire, l' a t t r i b u t, est «une qualité occasionnelle de la substance y attachée à l'occasion du factif» (V2, 15).

3.5.2.2. La complémentation verbale

Malgré tout, les extrapolations au-delà de la complémentation verbale sont rares[176] dans les grammaires du corpus. La dichotomie essentiel/accessoire — reconnue explicitement comme telle ou seulement à travers l'un de ses deux pôles — respecte le plus souvent le découpage traditionnel des compléments (3.5.2.2.1.). Or, dès le début des années '20, la coextensivité des concepts complément circonstanciel et accessoire est contestée: certains cc ne sont plus ressentis comme accessoires (3.5.2.2.2.). L'application du critère syntaxique se heurte cependant à l'analyse sémantico-pragmatique dominante (3.5.2.2.3.).

3.5.2.2.1. La dichotomie respectueuse des découpages fonctionnels[177]

La dichotomie essentiel/accessoire est attestée dès le début de la période (Clédat 1896: 314):

– «complément *essentiel*»: «objet même de l'action», p. ex. *nuire à/servir ses amis*
– «complément *circonstanciel*»: «la cause et non l'objet même de l'action», p. ex. ... *par intérêt personnel*.

Selon la formule classique, le complément essentiel est *appelé* par le (sens du) verbe transitif: «La signification d'un verbe peut être telle qu'il appelle à la fois deux compléments essentiels» (Clédat 1896: 321). L'opposition essentiel/accessoire est doublée par une explication sur le plan sémantique, comme le montre d'une façon plus nette encore la grosse syntaxe des Le Bidois. L'action «se précise sémantiquement» (Le Bidois T1, 394), «ne se réalise, elle ne s'actualise que par eux et en eux [= les compléments d'objet]». Le cc, par contre, ne complète pas l'action même du verbe (par un objet sur lequel *passe* l'action ou auquel *tend* l'action), mais apporte de la lumière sur les circonstances (Le Bidois T1, 394). Celles-ci restent, comme l'affirment Wartburg – Zumthor (1947: 15), «extérieures» à l'action; elles ne contribuent donc pas à la construction de l'action, qui, sans l'objet, ne pourrait aboutir. Par ailleurs, il semble qu'un glissement de circonstance *extérieure* à *accessoire/épisodique* ait contribué au succès de l'association de *circonstanciel* à *accessoire* (cf. Wilmet 2001: 633).

On ne saurait cependant croire que tous les grammairiens du corpus estiment que tout verbe transitif demande impérativement un COD. Si les Le Bidois, par exemple, se bornent encore à un *a peu près* — il y a des verbes qui «appellent à peu près nécessairement un complément objectif» (Le Bidois T1, 393) — Wartburg et Zumthor (1947: 15-17), deux auteurs qui mettent en évidence le pouvoir constructeur du

---

[176] Cf. aussi les prépositions, qui, sans complément, «demeure[nt] *en l'air*» (Le Bidois T1, 143).
[177] Voici les principales références: Clédat (1896: 314), Le Bidois (T1, 393-394; T2, 10, 305), Bruneau (1937: 74-76; 299), Wartburg (1947: 15-17), Haas (1909: 100; 314), Engwer (1926: 47), Regula (1931: 203) et Cayrou (1948: 366; mais aussi traitement selon le sémantisme du verbe: 348, 360-361, 377).

verbe, précisent que pour certaines sous-catégories sémantiques des verbes, la présence du complément serait moins impérative. Ainsi, les verbes indiquant une perception sensorielle ou intellectuelle «ne supposent pas nécessairement que l'action doit avoir son terme dans un complément d'objet» (1947: 16). Dans *il croit*, par exemple, l'idée est *complète*. Cependant, l'action marquée «tend naturellement vers un objet» et l'«emploi absolu entraîne une certaine indétermination du sens, une certaine imprécision quant à la portée réelle de l'action» (1947: 16) qui les distingue des intransitifs (*il croit* vs *je pars*).

Si en général seul le complément d'objet, éventuellement réalisé par une proposition complétive[178], est concerné, on trouve quelquefois des extensions à l'attribut:

> «On conçoit difficilement en effet un verbe d'état («il est») ou un verbe transitif («je vois») sans le mot qui le complète nécessairement» (Le Bidois T2, 10).

À la différence de leurs homologues français, qui situent l'opposition essentiel/accessoire dans le domaine des CO/cc[179], les auteurs allemands du corpus n'hésitent pas à apppliquer la notion de complément essentiel à l'attribut, l'attribut étant la partie substantielle[180] du prédicat (Haas 1909: 75; Regula 1931: 203). On relève une exception notable, toutefois: D&P appliquent l'opposition essentiel/accessoire au domaine de l'attribut pour distinguer — à notre connaissance pour la première fois dans l'histoire de la grammaire française — les attributs essentiels des attributs accessoires. Ainsi, l'*étance* (= attribut du sujet essentiel) est «l'aboutissement naturel et comme nécessaire de la visée d'un verbe à sens syndestique», test d'effacement à l'appui. En revanche, le *greffon* (= attribut accessoire) n'est «pas nécessairement appelé[e] par le verbe», mais «accessoirement attaché[e] au soubassement» (V3, 312; cf. V2, 141 et V1, 626). Il marque une «syndèse accessoire», c'est-à-dire un rapport prédicatif exprimé «occasionnellement» par un verbe (V3, 185).

De façon plus générale, D&P considèrent les *compléments ambiants*, c'est-à-dire ceux qui sont liés par un rapport plus lâche à leur *régent*, comme *accessoires*:

> «Le régime y figure comme une circonstance accessoire dont l'omission ne modifierait essentiellement ni le rôle du régent dans la phrase, ni le sens général de celle-ci» (V1, 123).

Se pose alors un problème: qu'en est-il des *greffons circonjacents* (donc *non ambiants*), qui, en toute logique, seraient à la fois accessoires (*greffons*) et essentiels (*circonjacents*)? Dans *il partait soldat*, *il partait* exprime déjà en soi

---

[178] Par exemple: Le Bidois (T2, 305), Bruneau (1937: 118), Haas (1909: 100).

[179] Les Le Bidois (T1, 178; 384) l'appliquent aussi au constituant postverbal des constructions impersonnelles, qui est «une dépendance nécessaire», «indispensable pour qu[e l'énonciation] soit complète».

[180] Cf. 3.4.2.2. *supra*.

«un sens complet». *Soldat, greffon circonjacent*, n'est donc pas essentiel (V3, 186). Le paradoxe se résout, cependant, par le fait que la notion de *circonjacence* reçoit une interprétation plus précise ici. Le *greffon* est *circonjacent* ou *ambiant*, selon que le sémantisme du verbe (le procès) intervient ou non dans l'attribution de la caractéristique: *partir soldat* (on ne devient soldat qu'après être parti) vs *prendre qqn vivant* (*ib.*; V3, 312).

3.5.2.2.2. L'irruption de la syntaxe: le complément circonstanciel n'est pas toujours accessoire

Tous les auteurs ne prennent pas pour autant l'association cc/accessoire pour argent comptant. C'est déjà le cas chez Radouant (1922: 48):

> «On dit souvent que le complément de circonstance exprime un fait **d'importance secondaire** et, par suite, peut être facilement **supprimé**. Il n'en est rien. Souvent le complément dit de circonstance est **essentiel**».

Exemples: *Il le fit jeter en prison. Les troupes se dirigeaient sur Reims.*

Brunot élargit la perspective. Quoique l'opposition essentiel/accessoire apparaisse à maintes reprises, il ne cesse de la relativiser, dans les deux sens. D'abord, le COD est «nécessaire» dans un grand nombre de phrases (1922: 315), mais peut faire défaut[181], soit qu'on prenne le verbe dans un sens général, soit qu'il soit parfaitement déterminé par le contexte, par les circonstances (1922: 315-316), au point que, dans certains cas (p. ex. *la fanfare jouait*), l'analyse hésite entre transitif absolu (*verbe objectif sans complément*) et intransitif (*verbe subjectif*). De même, le *complément d'objet secondaire* (= complément d'attribution) n'est «pas indispensable», mais «peut être essentiel» (1922: 375). D'autre part, le *complément de lieu* «peut manquer, comme l'objet, comme l'objet secondaire, comme tout autre complément», mais il faut parfois «l'ajouter de toute nécessité» (*Monsieur est-il ...?*) (1922: 421). Bref, «il n'y a pas de complément qui soit toujours nécessaire, pas plus l'objet qu'un autre» (Brunot 1922: 375). Cela n'implique pas pour autant que l'opposition n'ait plus de raison d'être. Seulement, on ne peut l'appliquer qu'*a posteriori*: un examen au cas par cas s'impose.

Ces auteurs ne sont pas les seuls à mettre le lecteur en garde contre l'association aveugle de *circonstanciel* et accessoire[182]. Si d'ordinaire les *compléments circonstanciels* ne «font que préciser» le sens (Michaut 1934: 15),

> «parfois ces compléments circonstanciels sont aussi essentiels au sens que les objets ou les compléments d'attribution».

Que la discussion ait dû prendre quelque ampleur, cela ressort du fait que Michaut et Schricke (1934: VIII) en traitent dès la préface, à l'occasion d'un problème de

---

[181] Cf. aussi Larousse (1936: 66).
[182] On se reportera à Bruneau (1937: 79), Larousse (1936: 69), Galichet (1947: 144-145), Michaut (1934: 15) et de Boer (1947: 38-39).

terminologie. Il n'empêche que le couple essentiel/accessoire n'est pas encore entièrement opérationnel. En discutant les problèmes de délimitation entre le *complément circonstanciel*, le *complément d'objet* et le *complément d'agent*[183], Michaut (1934: 15-16) n'applique pas l'opposition essentiel/accessoire aux exemples. Ce manque de rigueur dans la pratique de l'analyse, en dépit de la vigueur des prises de position, caractérise en effet nombre d'auteurs (comme Bruneau 1937: 82[184], par exemple), qui n'ont pas encore l'habitude de manipuler les énoncés à l'aide de tests syntaxiques comme on le fait dans la linguistique moderne.

Or quels sont ces compléments circonstanciels dont on remet en question le caractère accessoire? Il s'agit tout d'abord des *compléments de lieu* (identifiés comme tels par les auteurs):

> *Il le fit jeter en prison. Les troupes se dirigeaient sur Reims* (Radouant 1922: 48)[185]; *Il se rendit à Paris* et *Il le fit jeter à la porte* (Michaut 1934: 15); *ils allaient en terre étrangère* (Bruneau 1937: 79)

auxquels Brunot (1922: 421) — mais il n'est pas le seul à le faire — associe les constructions attributives de lieu (*Monsieur est-il ...?*). En plus des *compléments de lieu*, les auteurs de la *Grammaire* Larousse (1936: 69) signalent les «compléments de *prix*», ainsi que des constructions comme *tomber de fatigue* (au sens figuré). Les emplois figurés — c'est un troisième groupe qui n'est cependant pas identifié comme tel par les auteurs — se prêtent en effet difficilement à l'analyse. De ce fait, ces emplois apparaissent à certains auteurs comme des constructions à complément circonstanciel essentiel (cf. aussi *je meurs* vs *je meurs de faim*; Galichet 1947: 144-145).

3.5.2.2.3. Interférences

La plupart[186] des grammairiens qui mentionnent la distinction essentiel/accessoire — tout en l'admettant ou en la critiquant — appliquent aussi ce que nous avons appelé un test d'effacement (cf. Ch. VI, 1.2.1.5.). Ils contrastent au moins une fois la construction incomplète avec la phrase complète afin de prouver que l'élément effacé est indispensable.

---

[183] P. ex. *il s'indigna de cette impolitesse* (cause? objet?); *il fut blessé de cette impolitesse* (agent? cause?).

[184] Parmi les *compléments de circonstance*, les *compléments de lieu* sont *particulièrement importants*, à tel point que leur «suppression modifierait complètement la signification de [la] phrase» (1937: 79). Si l'exemple choisi illustre bien ce point de vue (*ils allaient en terre étrangère*), le test n'est appliqué ni aux compléments de lieu au figuré, ni aux autres compléments de circonstance exemplifiés, dont certains sont pourtant nettement essentiels (*marche à l'électricité*) (Bruneau 1937: 82).

[185] Le passage sur la ponctuation chez Radouant (1922: 69) contient encore les exemples suivants (dont le caractère accessoire est cependant parfois discutable): *coûter cinq francs, il a dormi toute la nuit, descendre en un puits, sous un sourcil épais il avait l'œil caché*.

[186] Le procédé fait toutefois défaut chez Clédat, Haas, Académie, Regula, Engwer et même chez de Boer. Grevisse l'applique uniquement aux relatives.

L'application de ce critère syntaxique manque cependant encore de rigueur. Il ne ne parvient même pas à battre en brèche le découpage sémantique des fonctions complément d'objet/complément circonstanciel. Le syntacticien hollandais de Boer[187] sort cependant un peu du lot. Nous avons vu (cf. 3.5.1.2.) que de Boer applique la terminologie formelle *régime direct/indirect* à l'opposition essentiel/accessoire: «le régime «appelé» par le verbe» (*direct*) vs «le régime qui n'est pas «appelé» par le verbe» (*indirect*) (1947: 38-39). Il oppose ainsi *Je vais à Paris* à *Je dîne à Paris*[188].

Les autres auteurs n'en sont pas encore là. En gros, le fonctionnement du critère syntaxique est miné par l'interférence d'au moins trois facteurs: les éléments maximalement informatifs ou sémantiquement prépondérants (1), les termes de la proposition minimale canonique (2) et les fonctions primaires susceptibles d'êtres complétées (3).

(1) Le poids sémantique et informatif

L'analyse pâtit en premier lieu de l'interférence du poids informatif associé à chacun des constituants de la phrase. Ainsi, ayant parlé de cas comme *je meurs de faim*, Galichet (1947: 144-145) passe de la syntaxe à la structuration de l'information (élément rhématique):

> «il n'y a pas a priori de terme plus important que les autres dans les systèmes d'énonciation. Tout terme est susceptible de devenir l'élément essentiel».

À la rigueur, le couple verbe-sujet n'est là que pour *actualiser* les compléments (1947: 145). Comme tant d'autres, Galichet confond grammaticalement essentiel avec rhématique (ou pertinence informative), voire avec importance 'sémantique' ou 'stylistique' (1947: 134, 144-145):

- «ce sont souvent les divers compléments circonstanciels qui lui donnent tout son intérêt, toute sa couleur» (Larousse 1936: 69)
- «Il se peut que toute l'idée soit dans les compléments» (Brunot 1922: 22)
- la notion d'*importance*, qui est mentionnée à plusieurs reprises à propos des circonstanciels (Bruneau 1937: 79, 80, 81)
- la suppression de l'*épanathète* (l'épithète postposée) «n'anéantirait pas la substance», alors que l'omission de l'*épicatathète* (épithète antéposée) «apporte une modification profonde à la substance», étant donné que l'*épicatathète* exprime «une qualité essentielle» de la substance, une «partie de la substance» même (D&P V2, 12-13).

---

[187] De Boer mentionne une fois le terme *complément nécessaire* dans un commentaire sur Van Ginneken (1947: 217).

[188] Chassé par la porte, le circonstanciel (et la sémantique) rentre cependant par la fenêtre, à travers l'opposition *intérieur/extérieur*, qui se subordonne à l'opposition essentiel (*direct*)/accessoire (*indirect*) (cf. schéma sous 3.5.1.2.). Le problème de la délimitation (sémantique) circonstanciel/CO se pose encore, mais cette fois-ci à un niveau inférieur de la taxinomie, à savoir au sein des *compléments directs* (= essentiels).

(2) Composantes minimales de la proposition minimale canonique

Un deuxième type de confusion qui se produit, concerne les éléments m i n i-
m a u x de la proposition m i n i m a l e canonique, qui sont parfois qualifiés d'*essentiels* ou de *nécessaires*, comme chez Grevisse (1936: 95): sujet + verbe, sujet
+ verbe + attribut. Ce point de vue pourrait jeter une lumière nouvelle sur l'opposition à première vue étrange que nous avons observée chez Ulrix (1909: 98)
entre termes *essentiels* (*sujet, verbe*) et *accessoires* (a t t r i b u t, c o m p l é-
m e n t s). Le sujet et le verbe sont censés être toujours là (ils sont *essentiels*),
alors que l'a t t r i b u t et le *complément* alternent en général (ils sont *accessoires*)
(cf. 2.3.1.).

Or, dans certains schémas de phrase, même les éléments m i n i m a u x peuvent
faire défaut, comme c'est le cas du C O D dans les schémas a t t r i b u t i f s ou à
verbe intransitif. Ce phénomène donne lieu à des critiques analogues à celles que
nous avons relevées à propos du caractère accessoire du c c. Ainsi, le troisième
terme du trinôme sujet - verbe - complément «n'est pas absolument nécessaire dans
bien des cas: il n'est que complémentaire» (Galichet 1947: 128). De même, après
avoir distingué «trois sortes de compléments actualisés» (le *complément d'objet*, le
complément d'agent et le *complément de circonstance*), Galichet (1947: 133) propose un t e s t d ' e f f a c e m e n t pour dissocier ces *compléments* du couple
sujet/verbe (et non pas pour séparer les C O des c c):

> «Pratiquement, le complément se reconnaît à ce fait qu'on peut le supprimer sans que la
> phrase devienne incompréhensible: elle n'est qu'incomplète. Tandis que, si l'on sup-
> prime les deux termes précédents, la phrase n'a plus de sens» (1947: 134).

Même le sujet ou le verbe font parfois défaut (impératif, verbes impersonnels, etc.),
«éléments, prétendus essentiels» (Radouant 1922: V; cf. aussi 237).

(3) Les éléments p r i m a i r e s *susceptibles d'être complétés*

Dans le cadre d'une analyse 'pilarisée', il arrive que les constituants du premier
niveau soient qualifiés d'essentiels. Ils peuvent chacun être complétés par des compléments, appelés parfois accessoires. L'interférence de cette problématique joue
certainement chez Grevisse (cf. ci-dessus) et Michaut (1934: 14). Bruneau[189] (1937:
68), de son côté, oppose les *éléments essentiels de la phrase* (1937: 70) aux «mots
et groupes de mots indépendants» (1937: 86). Les premiers ont un «rôle essentiel»,
alors que les éléments *indépendants* (*apposition, parenthèse, apostrophe* et *exclamation*) n'ont pas de rôle essentiel et se *construisent librement* ou sont «mis *en apostrophe*» ou «*en apposition*» (1937: 163).

---

[189] Parmi les éléments essentiels, Bruneau (1937: 85) distingue encore entre f o n c t i o n s p r i-
m a i r e s e t s e c o n d a i r e s: «compléments *principaux*» et «compléments *secondaires*».

3.5.2.3. Conclusions

L'analyse du corpus nous apprend que le trait [± essentiel] était déjà entré dans les mœurs grammaticales, même s'il n'est jamais appliqué à l'ensemble des fonctions. La dichotomie reste fortement liée à des fonctions particulières, en premier lieu le CO et le cc. Comme l'opposition entre ces deux fonctions était fondée sur la *sémantique* (objet de l'action *vs* circonstances extérieures; cf. 3.6.1.), l'application des notions essentiel/accessoire s'est avérée problématique: tous les circonstanciels (pourtant dits *accessoires*) ne peuvent pas être omis, et, qui plus est, ils se présentent parfois comme l'élément le plus rhématique de la phrase.

Or, les grammairiens en sont restés là. Ils se sont bornés à critiquer ou à rejeter la distinction essentiel/accessoire (ou à en minimiser l'importance), sans mettre en question la sacro-sainte classification (sémantique) des fonctions. Le critère syntaxique (effacement) étant subordonné à la sémantique, la classe des *circonstanciels* n'éclate pas. On ne s'interroge même pas sur l'intérêt d'une éventuelle bipartition de la classe des *compléments circonstanciels*.

Seuls D&P appliquent la distinction à l'attribut, quoique de façon imparfaite. Haas et Regula, de leur côté, soulignent le caractère indispensable de l'attribut, mais ne reconnaissent pas, pas plus que les autres grammairiens, qu'une partie des attributs[190] ne sont pas essentiels. Le passage suivant est révélateur du désintérêt de la grammaire traditionnelle à l'égard de la problématique. Au lieu de relever le caractère accessoire des attributs, Grevisse (1936: 109) n'a d'yeux que pour le sémantisme des verbes recteurs:

> «L'*attribut*, qu'on appelle aussi *prédicat*, exprime la manière d'être que l'on affirme du sujet par le moyen d'un verbe. L'attribut peut être rattaché au sujet non seulement par l'intermédiaire du verbe *être* ou d'un verbe similaire [...]; mais encore par l'intermédiaire d'un *verbe d'action*: *La neige tombe abondante. Il allait muet, pâle et frémissant aux bruits*».

Si la dichotomie syntaxique essentiel/accessoire ne s'est pas imposée d'emblée, c'est que son application a été perturbée par toutes sortes d'interférences, notamment par l'emprise du sens.

3.5.3. Les fonctions primaires affectées aux compléments secondaires

La grammaire tient en général à séparer les compléments du verbe des compléments du nom (et de l'adjectif/de l'adverbe)[191]. La grammaire traditionnelle n'a,

---

[190] Ou encore, elles ignorent les structures susceptibles d'être interprétées comme attributs accessoires.
[191] Ainsi, Melis (1983: 15) exclut les compléments du nom de son étude sur les circonstants, en admettant qu'il existe des cas limites entre les deux domaines (p. ex. *il avait pour le latin un respect scrupuleux*).

toutefois, pas toujours respecté cette barrière et des analogies entre les deux domaines ont été relevées. Songeons à l'ancienne distinction entre le génitif subjectif et objectif. Ces rapprochements ne sont pas interdits [p. ex. Ulrix (1909: 100), Grevisse (1936: 115)], à condition qu'on distingue bien ce qui relève du sens et de la syntaxe[192]. Dans ce qui suit, nous allons présenter les auteurs qui affectent la terminologie de la complémentation verbale au domaine du syntagme nominal.

(a) Sujet et objet

Comme nous l'avons vu (cf. 3.2.), Brunot et Clédat n'hésitent pas à appliquer les concepts de sujet (et d'objet) au domaine adnominal. Galichet, quant à lui, parle d'un *complément d'agent du nom*, tandis que Sonnenschein signale au passage *the object of a noun* (1912: 150).

Concrètement, Brunot (1922: 303-308) énumère dans les paragraphes sur l'expression de l'objet, les trois types suivants:

l'objet des noms: *la destruction de la cathédrale, un buveur d'alcool*
l'objet des adjectifs: *soucieux de sa réputation; certain que je ...*
l'objet des verbes.

Ce qu'on appelle souvent *complément déterminatif* n'est rien d'autre que le *complément subjectif* ou le *complément d'objet* ou *objectif du nom* (1922: 229, 304, 307). L'objet peut même être incorporé dans un adjectif, un adjectif possessif ou une proposition (*présidentiel, je vole à ton secours, son élection, ma conviction que ...*). Corollairement, certains noms et adjectifs sont dits *objectifs*, c'est-à-dire transitifs.

Si chez Brunot cette conception des compléments découle directement d'une approche sémantique (onomasiologique) globale, elle surprend, en revanche, chez quelqu'un comme Clédat. Pour lui, le COI est introduit par une *préposition objective* (1896: 321) qu'on trouve aussi après des noms et des adjectifs (*la crainte de Dieu, utile à*) (1896: 322). Il existe des compléments circonstanciels de l'adjectif, qui sont cependant plus rares (1896: 315). Ce point de vue est commenté plus amplement dans *En marge des Grammaires* (1924: 1), une série d'articles en marge de *La Pensée et la Langue* de Brunot: derrière les noms et adjectifs «exprimant une idée verbale», on peut préciser l'objet, les circonstances et souvent aussi le sujet.

(b) Les compléments circonstanciels

Les cc du nom sont attestés chez Clédat (1896: 315; cf. *supra*), Plattner (*une contrée riche en vins*; 1899: 401)[193] et Brunot. Même de Boer (1947: 222) et Cayrou (1948: 366) en font encore mention. Le complément circonstanciel peut

---

[192] C'est justement ce que Lombard (1929) a essayé de faire dès 1929. Au sommet de sa nouvelle classification des fonctions se trouve l'opposition entre compléments *adnominaux* et compléments *adverbaux*. À l'intérieur de cette bipartition, il établit alors les correspondances (sémantiques) qui s'imposent.

[193] Cf. aussi Crouzet – Berthet – Galliot (1928[16], 1909[1]: 173): «extension du complément circonstanciel au nom et à l'adjectif»: *le thé de 5 h.; joyeux du matin au soir*.

être un «complément d'un nom», en particulier un nom d'action: *une charge à la baïonnette, des larmes de joie, une promenade à la campagne.*

(c) Le complément d'attribution

Enfin, le c o m p l é m e n t d ' a t t r i b u t i o n (cf. 3.7.) de l'adjectif (quelquefois de l'adverbe ou du nom)[194] témoigne lui aussi d'une vitalité remarquable: Le Bidois (T1, 22, 30; T2, 681), Wartburg (1947: 286), Lanusse (1922: 221) et Brunot (1922: 377-381). Ce complément est parfois conçu comme un datif: Engwer (1926: 196), Strohmeyer (1921: 222) et Sonnenschein (1912: 145).

3.6. *Le complément d'objet (CO)*

La problématique de la définition du c o m p l é m e n t d ' o b j e t (CO) ne saurait être détachée de la caractérisation de la classe des c o m p l é m e n t s c i r c o n s t a n c i e l s (CC), par rapport auxquels le c o m p l é m e n t d ' o b j e t est défini (3.6.1.). Cette analyse est complétée par une analyse interne de la classe des objets, c'est-à-dire du COD et du COI (3.6.2.). Nous en écarterons pour l'instant les c o m p l é m e n t s d ' a t t r i b u t i o n qui feront l'objet d'une étude plus détaillée dans le paragraphe suivant (3.7.).

3.6.1. CO vs CC

Toutes les grammaires, hormis D&P (les *écarts* regroupent les COI et les cc) et Brunot (les cc ne sont pas regroupés), reconnaissent l'opposition c o m p l é m e n t s c i r c o n s t a n c i e l s / c o m p l é m e n t s d ' o b j e t. Elle transparaît encore dans la nouvelle taxinomie de de Boer (les anciens cc: *régime indirect* et *régime direct extérieur*; les CO: *régime direct intérieur*).

L'opposition cc/CO se fonde sur une vague opposition sémantique[195]. Dans neuf grammaires[196], la définition des CO est même entièrement sémantique. Il en va de même dans 7 grammaires[197] pour ce qui est de la définition des cc. Il n'est dès lors pas étonnant que dans 4 grammaires du corpus l'opposition CO/cc soit *uniquement* conçue en termes sémantiques (Ulrix, Académie, Larousse, de Boer).

De manière plus concrète, le CO est défini comme

> l'être *sur lequel passe/s'exerce* l'action du sujet, c'est-à-dire l'*objet* de l'action (Grevisse, Académie, Ulrix, Dauzat, Lanusse); sur qui, sur quoi *porte* l'action (Bloch, Larousse); un être *impliqué* dans le procès (Engwer); celui qui/ce qui *supporte* l'action (Michaut 1934:

---

[194] Par exemple, *filles à maman* (Strohmeyer 1921: 222).
[195] Grevisse, Académie, Michaut, Bloch, Dauzat, Galichet, Haas, Ulrix, Engwer, Cayrou, Larousse. Ni l'un ni l'autre ne sont définis chez Clédat, Plattner, Radouant, Strohmeyer, Gougenheim et Regula. Même dans les cas où un seul terme est défini, la définition est de nature sémantique: Lanusse (CO), Wartburg (CO), Bruneau (cc), Le Bidois (CO). Seul Sonnenschein fait exception. Il définit le CO comme une partie du prédicat, régie par le verbe.
[196] Ulrix, Lanusse, Grevisse, Bloch, Le Bidois, Brunot, Larousse, Académie et de Boer.
[197] Académie, Ulrix, Cayrou, Bruneau, Larousse, Haas et de Boer.

12); le *terme* de l'action (Wartburg 1947: 15, 17; Le Bidois, T1, 385)[198]; «l'aboutissement, et même dans son type pur, comme l'achèvement du procès», «complément [...] du groupe sujet-verbe», restreint le sens de ce groupe, il le détermine (Galichet 1947: 135-136); *Gegenstandsvorstellung* liée au v e r b e - p r é d i c a t sans qu'intervienne le corrélat d'une *Beziehungsvorstellung* (= sans préposition ou avec une préposition v i d e) (Haas 1909: 76).

Les c c représentent

des *circonstances* ou *conditions* de l'action (Grevisse, Académie, Michaut, Dauzat, Ulrix, Larousse, Bruneau); «des idées très variées» (Bloch 1937: 204); «un moyen de situer le couple agent-procès ou objet-procès dans le monde des phénomènes», bref des «coordonnées extérieures au procès», «liées moins étroitement au procès que l'objet ou l'agent» (Galichet 1947: 144); un *Gegenstand* lié à un prédicat par l'intermédiaire d'une *Beziehungsvorstellung* (= p r é p o s i t i o n n o n v i d e) (Haas 1909: 76); ou encore, de façon négative, «andere Bestimmungen zum Verbalbegriff, örtliche, zeitliche u.a», «ursprünglich ebenfalls durch Kasus»] (Engwer 1926: 47).

Face à l'emprise de la sémantique, nous avons vu que le paramètre de la nécessité, qui est d'ailleurs sujet à caution, ne parvient pas à s'imposer (cf. 3.5.2.). Il intervient directement dans la définition des concepts chez de Boer et Wartburg, mais de façon très vague chez ce dernier (indispensable à la détermination précise du sens du verbe, à l'accomplissement de l'action). La prépondérance de la sémantique explique aussi pourquoi on écarte le critère de la nécessité au lieu de remettre en question le découpage même des fonctions (cf. 3.5.2.). Finalement, c'est encore la sémantique qui mène au regroupement du C O D et du C O I dans une catégorie unitaire: *(complément d') objet*.

3.6.2. C O D et C O I

3.6.2.1. Découpage conceptuel

Le c o m p l é m e n t c i r c o n s t a n c i e l est né, on le sait (Ch. III, 1.2.2.), après l'éclatement de l'ancienne classe unitaire des *compléments indirects*. Cette mutation, qui s'est produite dans la seconde moitié du 19ᵉ siècle (cf. Chervel 1977), a rapproché ce qui restait de la classe des *compléments indirects* du C O D. De *complément indirect*, on est passé à *complément indirect d'objet*, puis à *complément d'object indirect* (Chervel 1977)[199]. Les grammaires du corpus se trouvent au bout de cette évolution. Les c o m p l é m e n t s d ' o b j e t d i r e c t et i n d i r e c t sont le plus souvent réunis dans la classe des *compléments d'objet* dont ils constituent deux sous-classes:

(1) une catégorie unitaire: Sonnenschein, Ulrix, Haas[200], de Boer (*régime direct intérieur*)
(2) 2 sous-catégories d'une seule catégorie: Lanusse, Engwer, Galichet, Clédat, Grevisse, Regula, Cayrou, Bloch, Le Bidois, Bruneau, Wartburg, Michaut, Brunot, Larousse
(3) 2 compléments à part entière: Strohmeyer, Radouant, Gougenheim, Dauzat, Plattner, Académie, D&P.

---

[198] Le terme (*terminus*) de l'action, c'est à dire «le point d'aboutissement de cette sorte de mouvement» auquel le verbe paraît tendre comme à son but (Le Bidois T1, 385).

[199] Pour plus de détails, voir 3.7.0.

[200] Nous faisons ici abstraction du c o m p l é m e n t d ' a g e n t et du c o m p l é m e n t d ' a t t r i b u t i o n, de même que du complément dit «de propos», qui peuvent être classés parmi les C O I.

La conception unitaire de l'objet (1 et 2)[201], fondée sur un raisonnement sémantique, permet de rendre compte de certains va-et-vient au cours de l'histoire entre COD et COI ainsi que de certaines alternances, comme par exemple, *apprendre à faire qqch/apprendre qqch*. Il n'empêche qu'un point de vue syntaxique mènerait inévitablement à l'éclatement de la classe en COD et COI. Pour le français les arguments ne manquent pas: la présence de la préposition, la passivation (même si celle-ci n'est pas toujours possible), la pronominalisation, les différences quant à la mobilité des constituants et la formulation des règles d'accord où le COD joue un rôle clé. La conception unitaire implique aussi le concept de transitivité *indirecte*.

3.6.2.2. Le COD

La nomenclature du COD est assez variée (terme principal; entre crochets les variantes[202]):

1.	*Complément direct*	
	1.1.	*Complément direct*: Clédat (aussi *régime*), Dauzat, [Grevisse]
	1.2.	*Complément direct d'objet:* Larousse (aussi *régime*)
2.	*Complément d'objet direct:* Ulrix, Lanusse, Bruneau, Cayrou, Grevisse, Brunot, Radouant, Galichet, Académie, [Michaut, Bloch, Dauzat[203], Larousse, Wartburg, Le Bidois]	
3.	*Objet*	
	3.1.	*objet direct (direct object, direktes Objekt):* Sonnenschein, Gougenheim, Haas[204], Michaut, Bloch, [Wartburg, Regula]
	3.2.	*objet premier:* Wartburg (aussi *régime direct*), Le Bidois (aussi *régime*[205]), [Brunot, Galichet[206]]
	3.3.	*näheres Objekt:* Engwer (1926: 47), Regula (1931: 207) Regula mentionne encore *Zielobjekt* (1931: 207), *reines Objekt* (1931: 233)
	3.4.	*(Akkusativ)objekt:* Plattner, Strohmeyer, [Regula (1931: 204)]
4.	Terminologie nouvelle: D&P *(ayance)*, de Boer *(régime direct intérieur)*	

Il reste à signaler quelques vues plus originales à propos du COD. La description du COD chez Brunot présente deux particularités: elle applique le terme *objet* aussi aux c o m p l é m e n t s d u n o m (cf. 3.5.3.) — cf. aussi Clédat — et reconnaît, outre

---

[201] Même dans (3) il n'est pas exclu que dans l'esprit du grammairien les deux compléments constituent deux sous-classes d'une seule catégorie. Seulement, la structuration et l'agencement de la matière pointent plutôt dans la direction d'une catégorisation séparée.
[202] Abstraction faite des équivalents français que fournissent certains auteurs allemands.
[203] Même si Dauzat (1947: 344) refuse, en principe, le terme global de «compléments d'objet».
[204] Il préfère *direktes Objekt* à *Passivobjekt* (1909: 79), décision qu'il motive: «das Objekt, das unmittelbar mit dem Prädikat verbunden ist» (Haas 1909: 78-79).
[205] Ils regrettent le recul du terme *régime* (T1, 22; T1, 385), tendance qui s'explique par le fait que certains grammairiens refusent de l'appliquer en dehors des langues casuelles.
[206] Le *complément (d'objet) direct* (1947: 136, 139) devient *(complément d') objet premier* s'il y a encore un *objet second*.

l'*objet* et l'*objet second*, une série «d'autres objets» (1922: 355), parmi lesquels figure le complexe COD + attribut du COD (cf. 3.4.3.2.)[207].

Engwer (1926: 156) et Regula se signalent par l'opposition affecté/effectué (qui se trouve aussi chez Bally 1944[2]). Parallèlement au sujet (cf. 3.2), l'objet de l'action (*Passivobjekt*) peut être *effiziert* — *bewirktes Passivobjekt* — ou *affiziert*, c'est-à-dire *von der Handlung betroffenes Passivobjekt*[208]: p. ex. *bâtir une maison* vs *cueillir des fleurs* (Regula 1931: 207). Regula (1931: 193) applique ces notions aussi à l'emploi des modes indicatif et subjonctif dans la subordonnée complétive: après *je crois que* ... on trouve un *effizierter Urteil*, alors que *je veux que* ... introduit un jugement qui n'est pas *gesetzt*, mais seulement *ergriffen (affiziert)*. Dans le premier cas, la subordonnée constitue le rhème de la phrase complexe (*Sinnprädikat*), dans le deuxième le thème (*das Thema*) (1931: 192-193).

3.6.2.3. Le COI

La nomenclature du COI est en grande partie parallèle à celle du COD (terme principal; entre crochets les variantes):

1.	*Complément indirect*	
	1.1.	*complément indirect*: Clédat, Dauzat, Académie (par opposition au *complément d'objet direct*) [Lanusse (1921: 177), Larousse (1936: 199-200)]
	1.2.	complément indirect d'objet: Larousse (aussi *régime*), Strohmeyer (*präpositionale Ergänzung*)
2.	*Complément d'objet indirect:* Ulrix, Lanusse, Bruneau, Cayrou, Grevisse, Brunot, Radouant, Galichet, [Michaut, Bloch, Le Bidois]	
3.	*Objet* [Bruneau (1934: 292, 295), Cayrou («par abréviation»)]	
	3.1.	*objet indirect:* Sonnenschein, Gougenheim, Haas[209], Michaut, Bloch, [Wartburg, Le Bidois, Regula (*indirektes Objekt*)]
	3.2.	*objet second(aire):* Wartburg (aussi *régime indirect*), Le Bidois (aussi *régime*)
	3.3.	*entfernteres Objekt*: Engwer (1926: 47); Regula (1931: 207, 233) [Regula mentionne aussi *Richtungsobjekt* (1931: 207)[210]]
	3.4.	*präpositionales Objekt* (Plattner) [Regula (1931: 233, 119)]
4.	Terminologie nouvelle (+ découpage conceptuel nouveau): D&P, de Boer	

---

[207] L'action subie par un être ou une chose (*il constata que des fruits avaient été rongés par les loirs*) et certains verbes (signifiant savoir, reconnaître, trouver, etc.) qui se construisent avec une interrogative indirecte (qui n'est pas identifiée comme telle): *J'ai trouvé quand Bugnyon est mort, Léopold leur racontait au milieu de quels prodiges* .... Dans ce dernier cas, il s'agit d'*objets variés* exprimant le lieu, le temps, le but, la cause, le résultat, etc. (Brunot 1922: 355-356).

[208] Dans l'abrégé de sa grammaire, qui est rédigé en français, il traduit ces termes par *objet procréé* et *objet frappé par l'action* (Regula 1936).

[209] Haas rejette le terme de *Direktivobjekt*, ainsi que la bipartition des objets introduits par *de* en *Partitivobjekt* et *Respektivobjekt* (1909: 79), où la préposition n'apporte rien à la relation qui est marquée par la construction V + N.

[210] Pour la terminologie des sous-catégories du *Richtungsobjekt*, voir 3.7.1.

Certains auteurs multiplient volontiers le nombre de termes (Le Bidois, Regula, Galichet, Wartburg[211]). Le relevé doit encore être complété par des termes sporadiques: *complément objectif* (Brunot 1922: 397; Le Bidois T1, 393) et *objektive Funktion* (Haas 1909: 85).

Nous ne pourrons pousser plus loin l'examen de la couverture des COI. Le contenu de cette classe est extrêmement variable et mal délimité par rapport aux cc. Pour autant qu'une telle étude soit possible (il faudrait que chaque grammairien fournisse un inventaire d'exemples suffisamment large), elle aboutirait à des résultats tellement divergents (et fragmentaires) que toute tentative de typologie s'avérerait vaine.

En gros, on peut dire que les cc passent pour une rubrique fourre-tout, comme chez Cayrou et Bloch, par exemple. Cayrou tend à élargir la classe des cc de compléments e s s e n t i e l s : *descendre de Jupiter* (1948: 252), le complément d'origine *hériter de son père* (1948: 368), le *complément de propos* (*parler de*), pourtant «très voisin du complément d'objet indirect» (1948: 255). On y trouve même des constructions a t t r i b u t i v e s : *être sans foyer, être en argent* (1948: 366-367). Il en est de même chez Bloch (1937: 204-205) où *je suis en colère* et *le beurre est à tant* figurent également dans la classe des cc.

3.7. Les COI et les compléments d'attribution (CA)

3.7.0. La diversification des compléments du verbe: COI, cc, CA et complément d'agent

Né au 19e siècle, le *complément circonstanciel* eut du mal à s'affirmer face aux *compléments indirects* dont il était issu (Cf. Ch. III, 1.2.2.). Vers la fin du siècle, la situation se stabilise. L'opposition complément circonstanciel/COI se fonde sur trois critères:

- un critère sémantique (vague), à savoir *objet sur lequel passe l'action, lien étroit* vs *circonstances de l'action*
- *essentiel* vs *non essentiel*
- une batterie de questions d'origine rhétorique (Chervel 1977: 178-180).

La commutation avec un équivalent direct (*nuire à qqn = gêner qqn*) souligne l'unité sémantique de la catégorie objet. La nomenclature accuse la même évolution (cf. 3.6.2.1.). Aux alentours de 1910, le complément indirect était devenu un *complément indirect d'objet*. Plus tard, le COI se rapprochera encore plus du COD, comme le montre le terme *complément d'objet indirect* (Chervel 1977).

Toujours selon Chervel (1977), le *complément d'attribution* (né vers 1920, terme repris à la grammaire du 18e siècle) et le *complément du verbe passif*, devenu plus

---

[211] Wartburg et Zumthor confondent le COI et le complément d'attribution (cf. 3.7.1.). Le terme *objet prépositionnel* (Wartburg 1947: 146, 305, 342, 146) est ambigu; il semble porter à la fois sur les COI et les cc.

tard *complément d'agent*, seraient en quelque sorte les scories du travail de délimitation entre le COI et le cc. Ils bouchent le trou laissé par les inclassables. Quel est en effet le statut du deuxième complément dans *Je donne une récompense à Pierre*?

> «Puisque le verbe a déjà un objet (direct), disent les uns, il n'en saurait avoir un second: on ne peut être à la fois transitif direct et transitif indirect. Mais, objectent les autres, ce complément est trop étroitement lié au verbe pour être considéré comme un circonstanciel!» (Chervel 1977: 181).

À ses débuts (1920-1935), le *complément d'attribution* fut conçu comme un complément circonstanciel d'un genre un peu particulier[212]. À partir de 1935, il devint presque partout complément à part entière. La séparation avec le cc signifia en même temps un rapprochement avec le COD.

Les grammaires du corpus confirment l'analyse de Chervel[213]. La structuration et l'agencement des descriptions permettent de discerner plusieurs découpages entre le COI, le complément d'attribution (désormais CA) et les compléments circonstanciels (cc) (3.7.1.). Cette instabilité ressort aussi de l'examen de l'éventail de structures rattachées au CA (3.7.2.).

3.7.1. Découpage conceptuel

Que le champ soit en mouvement, cela ressort de la coexistence de pas moins de 5 découpages différents, qui seront présentés dans l'ordre chronologique:

(1) les CA ne sont pas identifiés ni comme classe ni comme sous-classe
(2) les CA sont une sous-classe des compléments circonstanciels
(3) les CA sont une sous-classe des COI
(4) les CA sont à cheval entre les COI et les compléments circonstanciels
(5) les CA constituent une fonction syntaxique autonome.

(1) Les structures relevant du CA ne sont pas identifiées comme (sous-)classe

Au début de la période à l'étude, il arrive encore que le CA ne soit pas reconnu[214]. Ainsi, chez Clédat, le *complément (du verbe) indirect* (ou *régime indirect*; Clédat 1896: 296) réunit tout syntagme prépositionnel complément qui ne soit pas cc. Le peu d'exemples qu'il donne montrent que les CA y occupent pourtant une place de choix: *nuire à* (1896: 313, 296). Dans la description des pronoms, le terme de *datif (possessif)* apparaît (1896: 184-185). Quarante ans plus tard, Dauzat refuse encore les subdivisions des *compléments d'objet* (1947: 344):

---

[212] Chervel (1977: 182, n. 48) signale les grammaires scolaires suivantes: Maquet – Flot – Roy (1913), Radouant (1922), Tribouillois et Rousset (1927), Deydier (1928) et Flandin (1935).

[213] La tendance à la diversification des compléments du verbe est d'ailleurs confirmée par les Le Bidois (T1, 23).

[214] Clédat, Haas (1909: 78-79) et Ulrix (1909: 104-107). Il n'est pas non plus question du CA dans les deux grammaires qui ont renouvelé de fond en comble la théorie de la complémentation (cf. 3.5.1.), à savoir D&P et de Boer.

«les grammairiens proposent des subdivisions plus ou moins artificielles, sur lesquelles ils ne sont pas d'accord: compléments d'objet secondaire[215], d'attribution, d'agent, etc.» (1947: 344).

D&P subsument tous les compléments du verbe introduits par une préposition dans la catégorie des *écarts*, qu'ils assimilent aux anciens *compléments indirects* (V3, 183).

Les CA sont encore moins visibles chez de Boer, qui combine une théorie de la complémentation (cf. 3.5.1.2.) avec une théorie sémantique des cas (cf. 6.). Les structures classées d'ordinaire parmi les CA sont réparties sur les *régimes directs intérieurs*[216] (*consentir à, nuire à, se souvenir de, applaudir à, obéir à, ...*) et *extérieurs* (*s'établir à, s'arracher à*), soit sur les *accusatifs* et les *directifs syntaxiques*[217].

(2) Le CA *sous-catégorie des* cc

D'après Chervel (1977), le *complément d'attribution* aurait été rattaché au début à la classe des compléments circonstanciels. Ce découpage, qui est préconisé par le rapport Brunot – Maquet (1909), est encore défendu par Radouant et Cayrou; Grevisse[218], de son côté, hésite. Même Larousse le mentionne encore (cf. ci-dessous).

Chez Radouant (1922: 51), on trouve dans l'index l'entrée *attribution (complément d')* qui renvoie à l'un des rapports de circonstance (à savoir l'*attribution*) exprimés à l'aide de prépositions. Le statut de ce complément est beaucoup plus net chez Cayrou. Le *complément d'attribution*[219], introduit par *à* (*donner à un pauvre*), est un sous-type du *complément de destination* (1948: 373), à distinguer d'un autre sous-type, le *complément d'intérêt* (*chercher un appartement à un ami, vôter pour un honnête homme, plaider contre un mercanti*). Ce *complément d'intérêt* est proche du *complément de provenance* (*enlever à*) — auquel les auteurs refusent l'étiquette *complément d'attribution* —, désigne parfois le possesseur d'une partie du corps, et peut même être *explétif* (= datif éthique) (1948: 373-374).

---

[215] Dauzat semble attribuer un sens plus syntaxique (hiérarchique) au *complément secondaire* en l'appliquant à des constructions comme *prendre/choisir ... pour/comme* dans lesquelles l'on aurait «un complément secondaire» (1947: 350), «un second complément grammatical, apposition du premier» (1947: 394). Ailleurs, il appelle ce complément *attribut de l'objet* (1947: 362).

[216] À l'intérieur des *régimes directs intérieurs*, de Boer isole encore un «cas spécial» (1947: 193): les verbes factitifs qui n'ont pas de *régime direct intérieur I*, mais bien un *régime direct intérieur II*: *refuser à sa fille, devoir à ma maîtresse, donner à tout le monde*. En dehors de ces cas à COD ellipsé on ne trouve nulle part les désignations I et II.

[217] On se reportera à 3.5.1.2. pour un aperçu de la théorie de la complémentation chez de Boer.

[218] Grevisse présente les CA sous les *compléments d'objet indirects* et se limite à signaler qu'ils sont parfois considérés comme des *compléments d'attribution* — terme qu'il utilise d'ailleurs lui-même (1936: 263) — et rangés parmi les *compléments circonstanciels* (1936: 103).

[219] Au *complément d'attribution* se rattache le *complément d'appartenance* (Cayrou 1948: 373): *appartenir à, l'avenir n'est à personne* (*ib.*).

(3) Le CA sous-catégorie des COI

L'incorporation des CA (en tant que sous-classe) aux COI est assez répandue, notamment dans les grammaires qui admettent l'existence de cas nominaux pour le français (cf. 6.). Le CA y est conçu comme un datif (analytique), marqué par la préposition *à*. Cet emploi datif de la préposition *à*, constitue, avec d'autres prépositions/cas (le génitif) et d'autres emplois de la préposition *à*, la classe des COI (3.1.). Le même découpage conceptuel est attesté dans deux grammaires dépourvues de cas: le CA y est un COI d'un genre un peu particulier (3.2). Ces découpages analogues ne sont pourtant pas identiques: dans le premier cas, un concept casuel (datif, lié au marquage morphologique par le biais de la pronominalisation) indique une sous-classe du concept 'fonctionnel' (COI, appelé *indirektes Objekt*, etc.), alors que dans le second cas, on a deux termes pleinement 'fonctionnels'.

(3.1) [+ cas]: datif[220]

Le complément d'attribution correspond à un *datif* dans les grammaires d'expression allemande[221], catégorie qui relève du COI ou *präpositionales Objekt* (d. h. *Dativ*[222] *oder Genitiv*) (Plattner 1899: 242). Regula en offre un traitement un peu particulier en ce qu'il superpose le concept de datif à des sous-classes du COI (1931: 207-208):

> *Entfernteres Objekt* (ou *indirektes Objekt, Richtungsobjekt, präpositionales Objekt*):
>
> (a) en *à*: *Direktivobjekt, Richtungsobjekt* ou *Objekt der Beteiligung* (1931: 207)
>   [1] *Direktivobjekt/Richtungsobjekt*: *satisfaire à, écrire à, nuire à, lui prend, faire attention à*
>   [2] *Objekt der Beteiligung*: *appartient à, est à lui*
> (b) en *de*: *Respektivobjekt* (1931: 208)[223]
>   comportant trois sous-catégories.

Les datifs purs (*reiner Dativbedeutung*) se situent à la fois dans (a1) et (a2) (1931: 108). Dans ce cas, la *Zielvorstellung* s'efface et la commutation avec *lui/leur* devient possible, contrairement à *penser à lui, recours à lui*, etc. Il parle aussi d'un *possessive[r] Dativ* (1931: 242). En plus des schémas V + COD et V + COI, Regula distingue un troisième cas de figure: *zwei Objekte* (1931: 208)[224]. L'apparition du *Dativ* y est le résultat d'un clivage d'objet (*Objektspaltung*), déclenché par la transgression

---

[220] Pour une présentation globale du traitement des cas, voir 6.
[221] Plattner (1899: 244 et *passim*), Strohmeyer (1921: 206, 221-223), Engwer (1926: 47, 68), Regula (1931: 207, 108, 242).
[222] On trouve encore sporadiquement les termes *Dativobjekt* (Plattner 1899: 256) et *Objektsdativ* (1899: 263) (vs *ethischer Dativ*).
[223] Cette classe correspond plus ou moins au *complément de propos* qu'on trouve dans quelques grammaires de facture française.
[224] Strohmeyer multiplie, lui aussi, le nombre de datifs: *possessives Verhältnis* (1921: 221-222) (éventuellement se rapportant à un nom: *filles à maman*), *Dativ der Hinsicht* [e.a. *ethische Dativ* (1921: 223)].

de la contrainte qui interdit l'accumulation de deux o b j e t s d i r e c t s en français (contrairement à l'allemand) (1931: 208).

(3.2) [– cas]

Les auteurs de la *Grammaire* Larousse (1936: 65-66) signalent que «le complément indirect d'objet peut désigner la personne ou la chose en vue de laquelle ou à propos de laquelle on fait l'action». Certains, disent-ils, préfèrent le terme d'*objet secondaire* à *complément d'attribution* ou de *destination*, appellation «qui ne s'accorde guère avec le sens de certains verbes» (p. ex. *enlever à*), mais toutes ces distinctions ne sont pas faciles à définir (1936: 66). N'empêche que le *complément d'attribution* réapparaît encore (1936: 382), même dissocié du *complément d'objet* (1936: 189), comme on peut s'en rendre compte dans la classification des fonctions du nom, qui intègre bel et bien le *complément d'objet secondaire*, qui est considéré par certains comme un *circonstanciel marquant l'attribution, l'intérêt, la destination,* etc. (Larousse 1936: 166).

Wartburg – Zumthor, qui désignent le C O I par les termes *objet second* et *objet indirect*, considèrent, dans le chapitre traitant des prépositions, l'*attribution* comme la relation la plus fréquemment marquée par *à* en fonction d'*objet indirect* (1947: 384). Les auteurs distinguent ensuite deux cas de figure (1947: 284-285):

    (1) V + C O D + à C O I : personne bénéficiaire/destinatrice
    (2) V + à C O I : relation analogue de transfert, de direction affective[225].

Le terme *complément attributif* est utilisé une seule fois: «complément attributif, ou indirect» (Wartburg 1947: 18).

(4) Le C A *à cheval entre les* C O I *et les* c c

Galichet, qui insiste pourtant sur les bases psychologiques et sémantiques de la distinction c c /C O I, admet que le *complément d'attribution* appartient aux deux catégories. Il n'est

> «qu'une variété, soit du complément d'objet (objet second: «J'écris une lettre *à mon père*»), soit du complément de circonstance.: [sic] «Cette mère se sacrifie *pour ses enfants*»: «ses enfants» représente en quelque sorte le but du sacrifice» (Galichet 1947: 134).

Or, du fait de sa valeur actualisatrice (il achève l'actualisation de l'agent-sujet dans le procès entamée par le C O D), le *complément d'attribution* (celui qui se construit avec *à* sans doute) acquiert une certaine autonomie par rapport au c c :

---

[225] La deuxième construction demande une description plus fine: verbes à préfixe, verbes exprimant une nuance affective ou un effort tendant vers un but, et verbes avec lesquels le rapport d'attribution s'est effacé (*importer, ressembler,* etc.). Ce rapport s'observe aussi avec les adjectifs et est lié à l'expression de l'appartenance (*les peignes qu'on voit aux femmes*; *être à*) (Wartburg 1947: 286).

«Lorsque le verbe attribue en quelque sorte l'objet à quelqu'un ou à quelque chose, on a une nouvelle fonction: le complément d'attribution. (Ex.: «J'ai donné de la joie *à mes parents*.») Ce n'est là qu'une modalité du même mécanisme psychologique fondamental» (Galichet 1947: 113, n. 1).

Il finit cependant par critiquer le *complément d'attribution* et préfère s'en tenir à «l'expression plus large de complément d'objet second». Ceci prouve que le CA requiert toujours un COD, car le *(complément d') objet second* est un *complément (d'objet) indirect* accompagné d'un COD (Galichet 1947: 137, 139).

Le complément d'attribution — en l'occurrence le *dative* — s'étend également sur deux classes (*direct object* et *adverbial*) chez Sonnenschein. Dans la catégorie de l'*indirect object*, Sonnenschein oppose les emplois 'datifs' et non datifs de la préposition *à*[226]. Cette distinction, qu'il estime «importante», est fondée sur la pronominalisation avec *lui/leur* (1912: 143). La liste des sous-types de datifs est assez longue (1912: 142-145):

(1) indirect object of a verb which also takes a direct object in the accusative
(2) as the sole object of many verbs (qui ne se construisent pas avec *to*)
(3) adverbially
   (a) bénéficiaire (traduction par *for*): *lui acheter un cheval*
      + datif possessif: *je me suis lavé les mains*
   (b) compléments d'adjectifs et d'adverbes (*to, for*)

La dernière catégorie ne relève plus de l'*indirect object*, mais se situe déjà dans le domaine *adverbial* (ce qui dans 3a est moins évident). Leur caractère adverbial — donc circonstanciel[227] — repose sans doute sur une équivalence avec *pour* + SN (cf. la traduction par *for*).

(5) Le CA[228] est un complément autonome par rapport au COI[229]

Cette analyse est adoptée par sept ou huit grammaires du corpus[230], mais certaines d'entre elles (Lanusse, l'Académie et Michaut) témoignent d'une réticence. Selon Lanusse – Yvon, les *compléments d'attribution* peuvent être considérés comme des *compléments d'objets indirects*:

---

[226] Les emplois non datifs: *adverb phrases* et *adjective phrases* (Sonnenschein 1912: 145-147).
[227] Rappelons que chez Sonnenschein *adverbial* = circonstanciel.
[228] Pour rappel, nous utilisons le terme complément d'attribution (CA) dans un sens très vague, correspondant au sens traditionnel du terme, qui change, pour ainsi dire, d'une grammaire à l'autre. Il nous sera très utile dans la mesure où il aurait fallu étendre considérablement le nombre de termes techniques pour indiquer la couverture exacte de la notion dans chacune des grammaires du corpus. Or, comme une telle précision n'était pas vraiment nécessaire, nous nous sommes tenu à CA, quitte à préciser ce terme si besoin en était.
[229] Pour rappel, l'autonomie du CA découle de l'interprétation des prises de position explicites — ou de l'absence de prise de position en faveur du rattachement de la classe aux COI ou aux cc — et de l'agencement de la matière. Quand les auteurs hésitent ou se contredisent (cf. texte ci-dessus), nous avons donné la priorité à l'affirmation de l'indépendance du complément.

«ils désignent en effet les personnes qui sont l'*objet* de l'action d'enseigner ou de cacher. Il est préférable toutefois de les considérer comme des *compléments d'attribution*» (1921: 125)[231].

De même, Michaut – Schricke avancent le *complément d'attribution ou de destination* comme un complément à part entière, dont le statut est égal à celui des compléments d'agent et des compléments circonstanciels (1934: 14), mais ils se rétractent: «des compléments d'objet (ou ces compléments d'attribution qui en fait ne se distinguent pas des compléments d'objet)» (1934: 398). L'Académie, de son côté, situe le C A au sein de la classe des C O I, mais laisse à d'autres le problème de l'étiquetage, ce qui affaiblit l'autonomie du C A par rapport au COI. Cela vaut d'autant plus pour la syntaxe des Le Bidois où la nomenclature de la complémentation oppose le *complément d'attribution* (*donner à qqn*) à l'*objet secondaire* (T1, 22). Des termes comme *complément d'objet attributif* (T1, 30) et *objet secondaire d'attribution*[232] illustrent l'enchevêtrement des deux concepts. Ces indices, qui sont corroborés par d'autres éléments (T2, 199-200; 676), suggèrent que le C A ne constitue qu'un avatar de l'*objet secondaire* (= C O I).

Le terme même d'*objet secondaire*, qu'on trouve, avec une acception variable, chez Le Bidois, Bruneau, Gougenheim et Dauzat, avait été lancé par Brunot (1922). Récusant le *complément indirect* («cette expression est affectée aujourd'hui à toute espèce de complément construit à l'aide d'un mot-outil»), le *complément d'attribution* (confusion avec *attribut* et problématique dans le cas de verbes comme *ôter*), le *complément d'intérêt* (qu'un sous-type) et le *complément de destination* (trop proche de *but*), il opte finalement pour *objet secondaire* ou *objet second*. Ce terme souligne les rapports étroits avec l'objet et explique les «mutations qui se produisent entre eux» (1922: 375, n. 1). On constate que Brunot choisit, tout comme pour la *séquence* (cf. 3.3.3.1.), un terme neutre, qui laisse dans l'ombre le côté sémantique de la chose[233]. Ce terme se justifie dans les cas où l'*objet second* est accompagné d'un *objet premier* ou *complément d'objet direct*. Si l'on peut admettre encore que celui-ci est parfois sous-entendu (*j'écris à ma mère*) (1922: 375), les choses se corsent avec des verbes comme *nuire à, servir à* etc. qui n'admettent qu'un seul objet[234]. Du coup, ce complément devient *objet premier* (1922: 377). L'*objet premier* est donc soit un c o m p l é m e n t   d i r e c t, soit un c o m p l é m e n t

---

[230] Lanusse, Brunot, Académie, Michaut, Bloch, Bruneau, Gougenheim, et, peut-être, Le Bidois.

[231] Il n'est pas étonnant de devoir constater un certain flottement dans la terminologie (Lanusse 1921: 135-136): *complément direct d'objet ou d'attribution*.

[232] Ou encore le hapax *complément déterminatif d'attribution* (T1, 33). Les auteurs appliquent le C A aussi aux compléments de l'adjectif (T2, 681, *passim*).

[233] Ces deux décisions tranchent avec la classification sémantique détaillée des c c. Il faut faire état d'une certaine tension entre la volonté d'établir un inventaire des moyens d'expression et le refus de tout étiqueter (on ne doit pas classer ce que la langue confond, ou mieux, ce qu'elle a confondu au cours de l'histoire).

[234] C'est que les verbes qui prenaient le datif en latin ne sont pas tous passés à la catégorie des verbes régissant l'accusatif.

indirect[235]. Cette analyse peu systématique mène à des problèmes que Brunot n'hésite pas à reconnaître. Avec les constructions pronominales (p. ex. *s'appliquer à la morale*), l'identification du COD pose problème. Le complément prépositionnel est-il alors *objet premier* ou *objet second*?[236] Quelques pages plus loin, Brunot abandonne cette conception restrictive du CA. Contrairement à l'*objet*, le *complément d'objet second(aire)* peut se rattacher aux verbes intransitifs (1922: 382)[237]: *la barbe lui pousse, une dernière consolation restait au malheureux*, etc. Certes, ces verbes ne sont pas à confondre avec les transitifs indirects (divalents) comme *nuire* et *servir*, mais il reste que le *complément d'objet second* y apparaît sans COD. Il en est de même de *collaborer à, avoir affaire à*, etc. (1922: 379).

Bruneau – Heulluy dédoublent le concept de CA en tirant profit de la coexistence de deux termes synonymes: *complément d'objet secondaire* (1937: 76) et *complément d'attribution*. Si le premier correspond au CA au sens strict (supposant la présence du COD),

> «Le complément d'attribution est tout à fait différent du complément d'objet secondaire. Il se rencontre après les *verbes impersonnels*: Il est arrivé un accident *à notre ami*. En réalité: «*Notre ami* a eu un accident». «Notre ami» est le *sujet de l'action*, présentée ici d'une façon impersonnelle. Le complément d'attribution joue, à côté des verbes impersonnels, le rôle que joue, à côté des verbes passifs, le complément d'agent. Comparez des phrases comme: «La tête *me* fait mal.» Les verbes «copules», *sembler, paraître*, etc., peuvent être accompagnés d'un complément d'attribution» (1937: 77).

On constate donc qu'une partie des CA accessoires constituent ici une fonction à part entière. Ce nouveau complément, qui indique le support du procès au datif auprès d'une construction impersonnelle, est associé au complément d'agent après un verbe passif. Le *complément d'attribution* nouveau style doit en outre être distingué du *complément d'«intérêt»* (*agir pour/contre nous*) dont le statut n'est pas très clair (Bruneau 1937: 77). En dehors de ces deux (ou trois) compléments, les auteurs maintiennent encore le *complément d'objet indirect* (= COI sans CA), complément introduit entre autres par la préposition *à* (1937: 75; 296).

En résumé, le rayon des compléments prépositionnels de Bruneau – Heulluy se présente comme suit:

1. complément d'objet indirect
2. complément d'attribution: *il est arrivé un accident à notre ami; il me parut que …*
   ≠ 2'. complément d'intérêt: *agir pour/contre nous*
3. complément d'objet secondaire: c'est-à-dire le *second* complément d'objet (*donner X à Y*)
4. complément de circonstance.

On peut supposer que le premier concept est hypéronyme de 2, de 2' et de 3.

---

[235] Renvoyant à Brunot (1922), Clédat (1924: 2) juge inutile d'établir une hiérarchie entre les deux compléments en les appelant respectivement *objet premier* et *secondaire*. Que faire en effet s'il n'y a qu'un seul complément? Les deux compléments, de forme directe ou indirecte, ont une «égale importance».

[236] Dans la complémentation des noms (cf. 3.5.3.), qui requiert toujours une préposition (p. ex. *le secours à l'enfant*), l'opposition entre *premier* et *secondaire* est neutralisée (Brunot 1922: 377).

[237] Où il n'est pas essentiel, mais cela n'est pas reconnu par Brunot.

Tableau synoptique:

1.	C A ≠ C O I ≠ c c	Lanusse, Académie, Bloch, Bruneau, Gougenheim, Le Bidois, Michaut, Brunot
2.	C A ⊂ c c	Radouant, Cayrou, Grevisse
3.	C A ⊂ C O I	[+ datif]: Plattner, Engwer, Regula, Strohmeyer
		[– datif]: Larousse, Wartburg
4.	C A ⊂ c c et C A ⊂ C O I	Galichet, Sonnenschein (datif)
5.	C A pas reconnu comme (sous-)classe	⊂ C O I : Clédat, Ulrix, Dauzat, Haas
		refonte complète de la théorie des compléments: D&P, de Boer

3.7.2. Couverture de la classe

Vu l'absence de critères syntaxiques, il n'est pas étonnant que l'extension de la classe soit sujette à variation. Nous avons examiné quatre paramètres:

- la présence de verbes recteurs divalents (type: *nuire à*)
- la présence de prépositions autres que *à*
- l'application du terme C A à d'autres éléments recteurs que le seul verbe
- le recours à la pronominalisation (*lui, leur*)

grammaire	V recteur tri	V recteur di[238]	prépositions à	prépositions autres à, pour	prépositions autres à, pour, contre	prépositions autres à, autres	élément recteur V	élément recteur autres	pronom. [+ *lui*]
Plattner	+	+	+						
Sonnensch.	+	+	+					adj, adv (145)	+
Lanusse	+	+		+					
Strohmeyer	+	+	+					N (222)	+
Radouant	+	+		+					
Brunot	+	+	+					N, adj, adv (377-381)	
Engwer	+	+	+					adj (196)	+
Regula	+	+	+						+
Académie	+		+						
Michaut	+	+				+			
Le Bidois	+	+?	+					adj (I,30; II, 681)	
Bloch	+			+					
Larousse[239]	+	+?[240]				+			
Grevisse	+		+						
Bruneau	+	+[241]	+						
Gougenheim	+					+?[242]			
Galichet	+			+					
Wartburg	+	+	+					adj (286)	
Cayrou	+		+						

Les CA accessoires ne sont pas distingués des CA essentiels, ce qui montre que l'opposition essentiel/accessoire ne fonctionne pas à l'intérieur des catégories, même pas chez Galichet et Sonnenschein[243] qui font des tentatives dans cette direction, respectivement par l'identification de CA du type cc (*se sacrifier pour ses enfants*) et de *datifs adverbiaux* (p. ex. *lui acheter un cheval*; *je me suis lavé les mains*). Là encore l'opposition est avant tout sémantique.

En l'absence du test de pronominalisation, la tradition française tend à élargir l'inventaire des CA. Outre l'absorption de prépositions non datives, il faut signaler la présence inattendue de certains emplois de la préposition *à* dans la classe des CA:

c'est à lui de venir (Le Bidois T1: 30); *y* dans *je m'y résigne* (Bloch 1937: 72)[244].

Larousse et Gougenheim (1938: 279) semblent même y rattacher la préposition *de*. Inversement, le fait qu'on ne retienne pas la pronominalisation comme critère favorise l'exclusion des verbes divalents (Grevisse 1936: 103 et l'Académie 1932: 29).

Ce sont d'ailleurs les verbes divalents qui posent le plus de problèmes. Ils s'éloignent souvent du sémantisme prototypique de la classe (dont l'unité est déjà minée par les verbes comme *enlever* qui n'expriment pas l'attribution mais plutôt le contraire). Leur marginalisation se reflète dans le terme d'*objet second(aire)*, lancé par Brunot, et repris par d'autres auteurs. Ce terme n'empêche pas Wartburg et Zumthor d'y associer aussi les verbes divalents.

On pourrait s'attendre à ce que les auteurs qui admettent d'autres prépositions que la seule préposition *à* admettent aussi les verbes divalents. Or ceci n'est pas toujours le cas, comme le montrent Bloch, Galichet et Gougenheim.

Finalement, on notera que bon nombre de grammaires vont jusqu'à relever des sous-classes du CA, alors que d'autres dédoublent le concept.

3.7.3. Conclusions

Dans ce paragraphe, nous avons examiné le traitement du *datif* et ses homologues français, les *compléments d'attribution* ou *compléments d'objet secondaire*. Même si ces concepts ne se recouvrent pas tout à fait, nous les avons appelés tous CA.

---

[238] Y compris les cas où le CA ne fait pas partie de la valence verbale (*je lui ai fermé la porte*, *je lui ai coupé les cheveux*, etc.)

[239] Le *complément des adjectifs* est dissocié du complément d'attribution (*utile à*, etc.) (1936: 382).

[240] La description ne permet pas de trancher. L'exemple *Auguste pardonna aux conjurés* (1936: 166) est ambigu (emploi absolu ou transitif indirect?) et l'exemple donné pour le *complément indirect d'objet* concerne également un emploi absolu: *j'écris à mon père* (1936: 65). L'incorporation des prépositions autres que *à* suggère que les verbes divalents ont également une place au sein des CA.

[241] Le *complément d'objet secondaire* est toujours lié à la présence d'un COD, à la différence du *complément d'attribution* (cf. *supra*).

[242] On peut se demander s'il ne s'agit pas d'un lapsus (1938: 279). Il s'agit d'*infinitifs objets secondaires* (*je crains de le dire*).

[243] Rappelons que de Boer, qui distingue les compléments essentiels des compléments accessoires, ne reconnaît pas l'existence d'une classe de CA.

[244] Un exemple allemand: *joindre* (Plattner 1899: 246).

Né vers 1920, le CA français se dégage lentement des COI et des cc au cours de la première moitié du siècle, mais on ne saurait prétendre que la cause était gagnée en 1948 (Galichet, Cayrou, Dauzat). Une fois de plus il faut souligner l'impact de Brunot, qui a renforcé l'émancipation du CA par rapport au cc au profit d'un glissement vers le champ de l'objet. L'*objet second(aire)* de Brunot met l'accent sur la présence d'un COD. Cette conception plonge dans l'embarras ses successeurs. Les verbes divalents, qui sont toujours associés aux datifs dans les grammaires allemandes, prennent-ils également un complément secondaire?

On a constaté que le statut du CA par rapport aux autres compléments, ainsi que le spectre de structures qu'il couvre, sont des plus instables. La prédominance de la sémantique et l'absence de critères syntaxiques (pronominalisation, omission) y sont pour beaucoup. Les CA ne font que souligner le malaise qui règne dans le secteur des compléments introduits par une préposition.

3.8. Le complément d'agent

Tout comme le *complément d'attribution*, le *complément d'agent* est une notion[245] relativement récente (Chervel 1977; cf. 3.7.). Dans le corpus, le concept est identifié d'un terme 'fonctionnel' dans 16 grammaires, mais ne constitue pas toujours une fonction syntaxique autonome. Il apparaît pour la première fois en 1909 (Ulrix). À l'exception de l'Académie (*complément des verbes passifs*) et de D&P (*agent du passif, écart agentiel*, V3, 157; V5, 677), on trouve partout le terme de *complément d'agent (du verbe passif)*, accompagné parfois de raccourcis (*complément du verbe passif, agent du passif*).

À l'instar du complément d'attribution, l'autonomie[246] du complément d'agent est encore sujette à caution. Il est soit CO, soit cc, soit fonction à part entière. Chez Ulrix (1909: 147), Grevisse (1936: 108) et Cayrou (1948: 366-367)[247], le complément d'agent est une sous-catégorie du complément circonstanciel (cf. aussi le rapport Brunot – Maquet 1909). Dauzat semble le rattacher aux compléments d'objet (1947: 56) et Bruneau en traite sous le *sujet* (1937: 72). Seul un tiers des grammaires semblent y accorder un statut autonome[248]. D&P le considèrent comme un *écart agentiel* (V5, 677). Chez Gougenheim et Wartburg, enfin, qui n'en traitent qu'incidemment, la présentation ne permet pas de trancher.

---

[245] Pour la confusion *agent/sujet*, voir la description du *sujet* (3.2.).
[246] L'autonomie de ce complément par rapport aux autres fonctions n'a pas été prise en considération dans les calculs au chapitre VI (1.1.). Pour être repris dans la base de données, il suffisait que le complément d'agent fût identifié comme *complément* par un terme particulier.
[247] C'est un avatar du *complément d'origine* (1948: 366-367). Plus loin, il est question du *complément d'agent* (Cayrou 1948: 369).
[248] Lanusse (1921: 126), Académie (1932: 30), Michaut (1934: 14), Larousse (1936: 166-167), Bloch (1937: 203), Galichet (1947: 141-144), et, dans une moindre mesure, Brunot (1922: 361; rattaché à l'expression de l'action subie, soit au passif) et Le Bidois (T1, 22).

Abstraction faite d'une certaine hésitation à propos du statut du complément de *faire* + infinitif[249], le traitement du c o m p l é m e n t d ' a g e n t est assez homogène. Trois grammaires sortent toutefois du lot (Galichet, Bruneau et Bloch).

Comme nous l'avons déjà effleuré (cf. 3.2.), Bruneau – Heulluy distinguent mal le *complément d'agent* du *sujet*. Le *complément d'agent* est *sujet de l'action* (1937: 72; cf. aussi 316). Cette analyse est soulignée par un jeu de paraphrases à la voix active (1937: 72, 316). On se rappellera aussi la confusion terminologique chez Galichet. Si les *termes* désignant le c o m p l é m e n t d ' a g e n t, la s é q u e n c e et le c o m p l é m e n t d u n o m ' a g e n t ' coïncident, Galichet ne confond pas pour autant les *concepts*. Les s é q u e n c e s relèvent d'un autre mécanisme et les c o m p l é m e n t s d u n o m ne sont pas actualisés dans le temps, ils sont «comme «figés», fixés, en quelque sorte, par rapport à un procès considéré ici comme «être» (noms d'action)» (1947: 152). On peut conclure avec lui que le c o m p l é m e n t d ' a g e n t est «une fonction originale, liée à toute une construction de la phrase, à tout un mode d'actualisation, celui de la voix passive» (Galichet 1947: 113)[250].

Bloch – Georgin, quant à eux, distinguent à l'intérieur de la classe des *compléments du verbe passif*[251] deux sous-catégories. Par là, ils vont plus loin que le simple rapprochement qu'on trouve chez nombre d'auteurs[252]:

«1° L'*agent*, si c'est un nom d'être animé ou de chose personnifiée. Ce complément est amené par les prépositions *par* ou *de*
2° La *cause*, *l'instrument*. Ce complément est amené par DE et, plus rarement, PAR» (Bloch 1937: 203).

Qu'en est-il dans les autres grammaires, qui n'érigent pas le c o m p l é m e n t d ' a g e n t e n f o n c t i o n s y n t a x i q u e ? Dans les grammaires d'expression allemande, un équivalent du *complément d'agent* fait défaut. La plupart[253] rattachent le c o m p l é m e n t d ' a g e n t à des emplois particuliers des prépositions *de* et *par* auprès d'un verbe à la voix passive (éventuellement avec la nuance d'agent). Comme le montre Engwer (1926: 194; 156), il doit s'agir d'une (*adverbiale*) *Bestimmung*, donc d'un c o m p l é m e n t c i r c o n s t a n c i e l. Haas (1909: 92), en revanche le range parmi les objets (*Objekte*) (1909: 92), car selon lui, la préposition n'a plus

---

[249] Lanusse – Yvon (1921: 297, n.1) et Gougenheim (1938: 303), par exemple, considèrent le deuxième complément comme un c o m p l é m e n t d ' a g e n t.

[250] Ce grammairien entrevoit déjà bien la valeur de la construction passive. Celle-ci focalise l'aboutissement du procès, vise *le pâtir* plutôt que *l'agir* et met l'agent au second plan (1947: 141).

[251] Il faut noter que le «verbe passif» est une notion tout à fait s é m a n t i q u e : la p é r i p h r a s e p a s s i v e, l e s p a r t i c i p e s p a s s é s (d é t a c h é s o u n o n), ainsi que d'autres p é r i p h r a s e s p r o n o m i n a l e s à s e n s p a s s i f (telles que *se faire conter*) sont tous qualifiés de *verbes passifs*.

[252] Plusieurs auteurs tiennent en effet à préciser les rapports privilégiés (ou la différence) avec les *compléments* (circonstanciels) *d'instrument/moyen* et *de cause*: Lanusse (1921: 126), Larousse (1936: 68), Bruneau (1937: 73), Brunot (1922: 372), Le Bidois (T2, 707; T2, 680-681), Dauzat (1947: 362), Galichet (1947: 142). Bruneau et Larousse s'appuient entre autres sur le caractère a n i m é vs a n i m é du r é f é r e n t. Pour l'Académie, le c o m p l é m e n t d ' a g e n t peut également être un i n a n i m é (1932: 30), ce qui étend le spectre de cette f o n c t i o n, conformément à la terminologie utilisée.

qu'une *Verknüpfungsfunktion*, c'est-à-dire une fonction de 'ligateur', dépourvue de valeur sémantique ou de *Beziehungsbedeutung*. On assiste donc à la même discussion qu'en France, mais il ne semble pas qu'elle ait donné lieu à une f o n c t i o n autonome.

Revenons, pour conclure, sur le c o m p l é m e n t d ' a t t r i b u t i o n. On constate que les grammairiens qui semblent accorder une certaine autonomie à la classe des c o m p l é m e n t s d ' a g e n t sont aussi ceux qui considèrent le complément d'attribution comme une fonction autonome par rapport au c c et au C O (Lanusse, Académie, Bloch, Michaut, Le Bidois, Brunot). Même si Bruneau et Heulluy rattachent le c o m p l é m e n t d ' a g e n t au s u j e t, il faut dire qu'ils le traitent comme un complément à part entière. Seul Gougenheim fait vraiment exception.

Le même parallélisme s'observe pour les grammaires qui rattachent le c o m p l é m e n t d ' a g e n t aux c c, qui sont en partie celles qui rangent le c o m p l é m e n t d ' a t t r i b u t i o n parmi les c c (Cayrou, Grevisse). Ulrix, de son côté, ne reconnaît pas encore le c o m p l é m e n t d ' a t t r i b u t i o n.

Bref, le sort de ces deux compléments semble intimement lié. Ce constat suggère que les grammairiens du corpus furent placés devant un dilemme: affiner ou non la théorie de la complémentation?

3.9. Le champ des c o m p l é m e n t s c i r c o n s t a n c i e l s[254]

3.9.0. La *doxa*

La doxa reconnaît l'existence de compléments circonstanciels (ou compléments de circonstance), appelés en allemand *adverbiale Bestimmungen* (ou *Umstandsbestimmungen*, d'après *Umstandswort*, a d v e r b e)[255]. Ils passent tous pour des compléments du verbe[256], quelle que soit leur portée réelle. Dans la tradition allemande (Regula, Engwer, Strohmeyer, Plattner), on parle de (*adverbiale*) *Prädikatsbestimmungen* ou *Ergänzungen*, compléments du prédicat[257]. Il s'ensuit que, compléments

---

[253] Clédat (1896: 323), Plattner (1899: 229, 350, n. 2), Sonnenschein (1912: 155, 166), Regula (1931: 177; 248), Engwer (1926: 156) et Strohmeyer (1921: 227-228).

[254] Voir Lauwers (2002a) pour un traitement plus développé.

[255] Abstraction faite des cas dont nous traiterons ci-dessous, seuls Dauzat (1947: 347), qui parle aussi d'un *complément circonstancié*, Clédat (1896: 296; *régime circonstanciel*) et Wartburg (1947: 342; *objet prépositionnel*) utilisent par moments une terminologie légèrement différente. Chez Wartburg, la terminologie est assez confuse. Il est question d'un *objet prépositionnel* que les auteurs distinguent à plusieurs reprises de l'*objet premier* et de l'*objet second* (1947: 146, 305), le c o m p l é m e n t d ' a t t r i b u t i o n. Cet *objet prépositionnel* comporte aussi des *compléments de temps* (Wartburg 1947: 342), p. ex. *à deux heures*.

[256] À titre d'exemple: Bruneau (1937: 118). Ulrix (1909: 165) rattache les adverbes marquant l'affirmation, la négation, le doute, etc. au verbe, tout comme les *véritables compléments circonstanciels* (temps, manière, quantité).

[257] La désignation 'complément du prédicat' est plus ambiguë dans la mesure où le prédicat peut être conçu au sens strict (le v e r b e - p r é d i c a t) ou au sens large (le p r é d i c a t g l o b a l, c'est-à-dire tout ce qui n'est pas sujet), ou encore, comme un complexe prédicatif d'un degré de complexité intermédiaire (comportant le v e r b e - p r é d i c a t et le couple c o p u l e + a t t r i b u t) (cf. 3.1.2.).

du verbe, les **modifieurs intraprédicatifs du verbe** (p. ex. *il court rapidement*), homologues adverbaux de l'épithète, et les **circonstanciels extraprédicatifs** (cf. 3.9.3.), sont traités indistinctement.

La *doxa* exposée, il reste à signaler quelques auteurs qui quittent les chemins battus (3.9.1.). La principale correction à apporter à ce tableau concerne la reconnaissance des **circonstants extraprédicatifs** par bon nombre des grammairiens du corpus (3.9.3.). Le fait qu'ils s'en tiennent en général à identifier une classe d'*adverbes de phrase*, semble avoir partie liée avec l'existence d'une *conception nominale* des **compléments circonstanciels** (3.9.2.).

3.9.1. Voix dissidentes

Chez trois auteurs du corpus, la classe unitaire des **circonstanciels** n'est pas attestée. Brunot sacrifie le terme de *complément circonstanciel* (comme l'avait fait la nomenclature grammaticale de 1910) pour le remplacer par une liste de compléments[258] qu'il n'estime d'ailleurs pas exhaustive, classer n'étant pas le but premier de la grammaire (1922: 405). De Boer, quant à lui, répartit le contenu de la classe sur deux nouveaux types de compléments: les *régimes directs extérieurs* (**cc essentiels**) et les *régimes indirects* (**cc accessoires**) (cf. 3.5.1.2.). Sonnenschein ne dispose pas non plus d'un terme spécifique pour le **complément circonstanciel**. Tout au plus trouve-t-on l'expression *adverbial qualification* (1912: 100)[259], qui s'inscrit dans la tradition 'adverbiale' du **circonstanciel** (cf. 3.9.2.). Les cc relèvent donc des *adverbes* et *adverb equivalents* — comme le montrent aussi les exemples du *Report* (1923: 12) de la commission pour la réforme de la nomenclature grammaticale (1911) présidée par Sonnenschein — et se rapportent au verbe. À vrai dire, on trouve encore des exemples de **compléments circonstanciels** éparpillés dans les sections consacrées aux valeurs adverbiales de l'accusatif, du datif et du génitif[260]. Haas, de son côté, conserve la classe des **circonstanciels**, mais y

---

[258] Le *tableau récapitulatif des principaux compléments* (Brunot 1922: 397 n. 1) réunit une petite trentaine de compléments (à entendre au sens sémantique du terme). L'index y ajoute encore quelques-uns. Tous ces compléments sont éparpillés tout au long de l'ouvrage, classés selon le sémantisme qu'ils véhiculent. Certains compléments du tableau sont regroupés: *les compléments de l'action*, les compléments qui sont traités dans l'expression des *circonstances* (*compléments de lieu, de temps*, etc.; mais le terme *complément de circonstance* n'y figure pas). Quant aux *compléments de l'action*, on note la présence des *compléments subjectifs, objectifs* et *d'agent* (1922: 397 n. 1), auxquels s'ajoutent encore les compléments suivants, qui sont tous traités dans le livre 10 (*L'objet secondaire. Les autres compléments*): le complément d'échange (*acheter ... pour ...*), le complément de programme [*maison à vendre, tout cela est à régler*, e.a. complément d'occupation (*vous êtes là à bâiller*) (1922: 400)], le complément de propos, le complément de relation (*s'entraider, entrevenir, la guerre avec l'Allemagne*, e.a. compléments d'opposition, comme p. ex. *se heurter à ...*) et le complément de résultat (*jeter au désespoir, tomber dans la mélancolie, tourner à mon avantage*).

[259] Ce terme se trouve aussi chez Sonnenschein (1927: 25), mais la tradition grammaticale anglaise se sert plutôt du terme d'*adjunct*: Poutsma (1926: 29, 691; 1928: 320), Kruisinga (1932: 123), Hudson (1967) et Greenbaum (1969: 1; qui fournit ces références).

[260] Voir 6. pour l'application du schéma des cas au français.

ajoute une (sous-)classe de modifieurs du verbe qui s'en distingue mal, cependant. D'une part, il dissocie les modifieurs intraprédicatifs (compléments de manière) et les cc extraprédicatifs:

[chap. 14] *(Merkmals)bestimmung der Art und Weise* (1909: 235-248, aussi 472)

[début chapitre sur les objets] *(adverbiale) Prädikatsbestimmung* ou *Ergänzung (zum Prädikat)* (1909: 76, 82, 83).

D'autre part, on ne peut que constater qu'en dehors des adverbes se rapportant au verbe et à l'adjectif, il inclut dans la classe des *Merkmalsbestimmungen der Art und Weise* aussi «einige Substantive» (1909: 246) en emploi adverbial, qui ne sont pas introduits par une préposition (*il reviendra lundi, la plupart des fois, il oublie ce qu'on lui dit, trois francs le mètre*; 1909: 246), catégorie à laquelle il joint aussi les compléments après les verbes *valoir/coûter* et les compléments du type *il crie la faim* (Haas 1909: 82). Cette extension de la classe le conduit aussi à y associer des désignations comme *Zeitbestimmung* et *Ortsbestimmung* (cf. aussi *zeitlichen und räumlichen Merkmalsvorstellungen*; 1909: 48). Bref, cet élargissement de la perspective semble annuler la différence entre *(Merkmals)bestimmungen der Art und Weise* et cc.

Les exemples réunis par Haas seront repris par D&P (avec un renvoi explicite) sous la rubrique des *prisances*, qui n'est qu'une des quatre fonctions reconnues par ces auteurs dans le secteur des fonctions adverbiales, qui, pour la plupart, se laissent diviser en *circonjacents* et en *ambiants* (lien assez lâche)[261]: les *écarts*, les *auxirrhèmes,* les *prisances* (qui font partie des *abouts*) et les *compléments hors rayon*. Par la suite, nous présenterons plus en détail ces quatre nouvelles fonctions, qui marquent un relotissement complet du champ des fonctions adverbiales[262].

(1) les *écarts*

Les *écarts* sont les «compléments indirects» de la tradition, liés par un rapport dichodestique accessoire (une *menée* = *visée* du verbe + *clinée* de la préposition) au *repère* (V3, 183). Contrairement à l'*about*, qui est nécessairement *circonjacent*, les *écarts* peuvent être soit *circonjacents*, soit *ambiants*, ce qui suggère que les *écarts* ont absorbé une (grande) partie des circonstanciels de la tradition (V3, 276-310):

(a) *circonjacents*: un sifflement y répond *de l'intérieur* du nid; enfoncer les mains *dans ses poches* ...
(b) *ambiants* (= cc isolés par une virgule à l'écrit): *au bout d'une heure*, ... ; *par sa pénitence*, ...; ..., *avec cette attention obstinée.*

---

[261] Nous faisons abstraction des compléments *coalescents*, qui relèvent déjà du figement.
[262] Afin de pouvoir situer ces termes néologiques dans l'ensemble de la théorie des fonctions de D&P, on verra d'abord la présentation globale sous 3.5.1.1.

(2) la *prisance* (= un *about homodestique*)[263]: *sentir la rose, valoir 40 sous, faire la bête* (V3, 252-260).

(3) l'*auxirrhème*

L'*auxirrhème*, un élément *affonctiveux* (cf. Ch. III, 3.2.1.2.2.), correspond au modifieur intraprédicatif du verbe[264]. Comme l'*auxirrhème* est régi par le verbe, qui est aussi son principal support logique,

> «l'auxirrhématose est essentiellement une épiplérose. Mais la modalité qu'exprime l'affonctif est en réalité supportée aussi, à titre accessoire, par les différents compléments du régent, de sorte que ces compléments fonctionnent comme supports accessoires non régents de l'affonctif. [...] une certaine part de diaplérose» (V2, 236; cf. aussi V3, 188).

L'*auxirrhématose* tient donc de l'*épiplérose*, c'est-à-dire du type de complémentation qu'on trouve dans le cas de l'adjectif épithète *épinglé* au nom, mais s'en distingue par le fait qu'elle affecte aussi, subsidiairement, d'autres constituants de la proposition. La typologie des *adjacences* permet de diversifier encore le traitement:

- *auxipléromes circonjacents*[265] (appelés aussi *auxianarrhèmes*) (V3, 320-321):
affonctifs nominaux (*promptement, exactement, là*), affonctifs strumentaux (*autrefois, toujours, même pas, plus, maintenant, autant, peu*), affonctifs verbaux (= gérondifs: *en haussant les épaules*), convalents affonctiveux [*avec hardiesse, (il pleut) jour et nuit*]
- *auxipléromes ambiants* (V3, 411-439):
affonctifs nominaux, strumentaux, etc.: *vraiment, ...; Maintenant ...; En approchant de Lausanne.*

La part de la *diaplérose* est plus grande à mesure qu'on passe de la *coalescence* à l'*ambiance* (V2, 236): comme les *circonjacents*, les *ambiants* ont un régent facilement identifiable (le verbe fini), mais leur *support* est plus vague, en d'autres mots, leur portée est moins nette. Contrairement aux *circonjacents*, l'inventaire des *ambiants* s'ouvre aussi aux éléments *non affonctiveux* (V3, 395; 411), ce qui remet en question le terme *auxirrhème* (pourquoi pas *auxithète*, qui n'est pas attesté?):

---

[263] Sur l'*homodèse*, le rapport logique qui sous-tend la *prisance*, voir 3.5.1.1.

[264] Le modifieur de l'adjectif et de l'adverbe est appelé *épirrhème*. L'*épirrhème* ne peut pas être *ambiant*, étant donné que cela en ferait un *auxirrhème* (V2, 236).

[265] Ils y rattachent aussi les tours *crever la faim* et *aller le galop/son chemin*, qui reçoivent de ce fait une interprétation adverbiale (V3, 322-326), ainsi que *descendre tout l'escalier, reculer trois pas* (V3, 326). Dans tous ces cas, la pronominalisation (p. ex. *la crève, le vont*) est possible, mais il ne s'agit ni d'*ayances* (COD), ni de *prisances* (*sentir la rose*), comme le montre la combinaison d'une *ayance* et d'un *auxirrhème*: *mener les plaisirs un train de chasse*. Même les *compléments de fixation d'unité* (V3, 326) [il vient 2 fois *la semaine*/le sucre coûte X fr *la livre*] et les auxipléromes syndestiques (*syndèse détaillante*) [*nous aurons deux gâteaux chacun*] (V3, 327) relèvent du même mécanisme. Tous ces cas témoignent du remarquable don d'observation des auteurs.

- adjectiveux[266] (V3, 420-422): *captive ..., pouvez-vous souhaiter qu'elle ...*
- substantiveux:
  a) *compléments par disloquement*
  b) *hors-rayon* [prend une fonction légèrement affonctiveuse en gardant son caractère substantiveux (V3, 438)].

(4) le *complément hors rayon* ou *hors-rayon*

Le *hors-rayon* est une substance exprimée par le groupe a r t i c l e + n o m et jetée dans la phrase «sans lien défini avec les autres éléments phrastiques» (V1, 633), dont le s e n s   l e x i c a l (temporel, spatial) se prête à

«englober le phénomène phrastique dans l'ambiance de ce sémième. Et dès lors, elle prendra, malgré sa substantivosité taxiématique, une sorte affonctivosité sémiématogène. Un substantif nominal dans ce rôle est dit complément hors rayon» (V1, 633).

C'est un *auxi(ana)rrhème*[267], comme nous venons de le voir sous (3), qui met en évidence la substance du n o m avec, en outre, un *degré de factivosité*, ce qui le rapproche des *sous-phrases (nominales)*. Ce complément constitue «une petite sous-phrase donnant son atmosphère à la phrase» (V3, 330). Deux *adjacences* sont attestées:

- *ambiant* (V3, 438-439): au début, au milieu (*entre deux pausules*) et à la fin de la phrase, p. ex. *Le matin, quand Pandaro fut levé, il s'en alla ...*
- *circonjacent* (V3, 330): *un jour, l'autre jour, cette nuit*, etc. (les exemples ne contiennent jamais de virgule).

En dehors de ces quatre types de compléments de type a d v e r b i a l, D&P reconnaissent encore toute une série de c o m p l é m e n t s   a c c e s s o i r e s de type n o m i n a l   o u   a d j e c t i v a l, mais qui présentent occasionnellement des traits a d v e r b i a u x. Ainsi, l'*épithète ambiante* (*épamphithète*)[268] (V2, 13-14), c'est-à-dire d é t a c h é e, est liée au substantif «du fait d'une modalité, l'affonctivité générale de la phrase». Elle véhicule donc une qualité *affonctivigène* (V2, 14): *Furieuse, elle vole ...*

En somme, l'un des principaux mérites de la taxinomie de D&P réside dans la distinction entre m o d i f i e u r s   i n t r a p r é d i c a t i f s   d u   v e r b e et C O I - c c (unis dans une seule classe, comme au 19ᵉ siècle; cf. Ch. III, 1.2.2.). Elle transparaît dans l'opposition *écart/auxirrhème*, mais est obscurcie aussitôt par l'inclusion dans les *auxirrhèmes* de toutes sortes d'adverbes e x t r a p r é d i c a t i f s. C'est qu'elle témoigne, en

---

[266] À distinguer des é p i t h è t e s 'a m b i a n t e s' ou *épamphithètes*, car celles-ci se rapportent au s u j e t (V3, 420).
[267] Du type nominal (comme le montre la présence de l'article), mais présentant des caractéristiques *affonctiveuses* (ou a d v e r b i a l e s) et impliquant la modification du verbe et de la phrase entière.
[268] Les auteurs la mettent sur un pied d'égalité avec l'*adjectif en apposition*. Sa liberté de position (V2, 22-23) la distingue de l'a t t r i b u t   a c c e s s o i r e 'a m b i a n t', la *diamphithète*, où intervient le verbe (*Martin a été nommé professeur jeune*). Contrairement à l'*épithète* a n t é p o s é e et p o s t p o s é e, l'*épamphithète* est «une sorte de glose dont la disparition n'altérerait pas le sens général de la phrase» (V2, 38).

dernière analyse, d'une opposition tacite sous-jacente entre adverbe (*auxirrhème*) et syntagme prépositionnel (*écart*), c'est-à-dire entre adverbe et *complément* au sens c a t é g o r i e l, donc nominal, du terme (Cf. Ch. III, 2.3.1.2; Ch. IV, 3.9.2.).

La notion de p o r t é e et les effets du d é t a c h e m e n t sont effleurés par D&P, mais n'aboutissent pas aux conclusions attendues, en partie à cause du cloisonnement de l'analyse en fonction des catégories liées à l'approche fonctionnelle transversale (cf. Ch. III, 3.2.). Il s'ensuit que la distinction entre les *écarts* (surtout les *écarts* à préposition 'libre') et les *auxirrhèmes* (notamment les *ambiants*) reste confuse.

Finalement, l'analyse fonctionnelle de D&P mérite toute l'estime de la linguistique moderne, en ce qu'elle cherche à rendre compte des c o m p l é m e n t s adverbiaux directs (donc non-COD), essentiels (*prisance*) et accessoires (*hors-rayon, auxirrhèmes*).

3.9.2. La conception nominale des c o m p l é m e n t s c i r c o n s t a n c i e l s

Dans le chapitre précédent (Ch. IV, 2.3.1.2.), il a déjà été amplement question de la conception catégorielle stricte du complément (complément = nom) dans la tradition grammaticale française. Appliquée au domaine adverbial, la conception c a t é g o r i e l l e du complément entraîne inévitablement une conception 'nominale' des c o m p l é m e n t s c i r c o n s t a n c i e l s.

3.9.2.1. Indices de la conception nominale

La restriction du terme *complément* au domaine 'nominal' (due à la conception c a t é g o r i e l l e) mène aussi à une conception 'nominale' des c o m p l é m e n t s c i r c o n s t a n c i e l s. Ainsi, par exemple, les p r o p o s i t i o n s c c font partie des propositions «à valeur de nom» (Radouant 1922: 249-266). De même, Michaut (1934: 263) et Cayrou soulignent que la proposition remplit *«les mêmes fonctions qu'un nom»*, entre autres celle de *complément de circonstance*[269] (1948: 331; cf. aussi 392-393).

Cette conception nominale du c c [cc = (prép.) + N] entre en conflit avec une autre conception du c c, elle aussi c a t é g o r i e l l e (i.e. liée à une partie du discours) et solidement ancrée dans la tradition grammaticale française, à savoir celle qui associe le c c à l'adverbe (Cherval 1977, 1979). Voilà qui explique deux constats à première vue surprenants:

- l'adverbe (en fonction de c c) est parfois dissocié du *complément de circonstance*[270]

---

[269] On trouve une réduction pareille dans la tradition grammaticale espagnole où les subordonnées c i r c o n s t a n c i e l l e s sont considérées comme des *subordinadas sustantivas* (Goethals 2002: 5).

[270] La conception nominale du complément sous-tend même l'opposition entre *auxirrhèmes* (= m o d i f i e u r s d u v e r b e, p. ex. *il court vite*) et *écarts* (= cc + COI) chez D&P (cf. 3.9.1.). Si, en fin de compte, l'opposition paraît quelque peu brouillée, c'est qu'elle respecte tacitement le clivage entre adverbe (*auxirrhème*) et s y n t a g m e p r é p o s i t i o n n e l (*écart*), c'est-à-dire entre adverbe et complément au sens catégoriel (i.e. strict) du terme, ce qui fait que la classe des *auxirrhèmes* attire toute une série d'emplois adverbiaux e x t r a p r é d i c a t i f s.

- l'emploi de l'adverbe en tant que *complément de circonstance*, fonction nominale, implique qu'il fonctionne comme nom, à tel point qu'on lui attribue des caractéristiques nominales

Le premier constat est le moins spectaculaire. Les rapports entre l'adverbe et le cc sont quelque peu problématisés. Chez Dauzat, par exemple, le paragraphe sur *la place des adverbes* est inséré dans la section intitulée *pronoms-compléments* (1947: 420-421), alors que la section sur les *compléments circonstanciels* suit deux pages plus loin. Seuls les adverbes «les plus indépendants» (e.a. les adverbes de temps et de lieu) sont rapprochés des cc (1947: 421). Dans le même sens, Galichet (1947: 40) rapproche les cc des adverbes, sans les confondre pour autant. De telles dissociations sont légion[271].

Ce qui est plus étonnant, en revanche, c'est que l'adverbe (en fonction de cc) soit aimanté vers la sphère nominale. Ainsi, selon Gougenheim, les adverbes peuvent «se comporter comme un groupe nominal» (1938: 101)[272]: *Il s'est levé tôt*. Cette réduction, fondée sur la mise en rapport de l'adverbe avec le SN[273], permet de définir la phrase comme un SV entouré de SN. L'adverbe est donc un constituant non verbal, nominal, qu'on peut remplacer par un SN (p. ex. *la veille*). De même, Radouant se voit obligé de passer par le nom pour prouver que l'adverbe est un cc: «*L'adverbe est en général l'équivalent d'un complément de circonstance*» (1922: 218). Plus précisément, «ce caractère s'affirme dans le fait que l'article et la préposition figurent devant une foule d'adverbes, comme ils feraient devant un nom» (1922: 218). Si cette possibilité s'observe réellement (*à bientôt, à jamais, depuis longtemps, l'accident d'hier*) (1922: 218), il n'en reste pas moins qu'elle paraît trop peu fréquente pour figurer dans la définition. Bref, la conception catégorielle du complément interdit aux grammairiens de considérer l'adverbe comme un *complément* à part entière. Ils récupèrent cette possibilité grâce à un passage par le nom.

La connivence cc/Sprép. est tellement forte que le premier syntagme prépositionnel venu risque d'être qualifié de circonstanciel, même s'il est déjà doté d'une autre fonction:

> «Une locution ou un complément circonstanciel à valeur d'adjectif peuvent jouer le rôle d'attribut» (Bloch 1937: 199)[274].

3.9.2.2. Conception nominale *vs* adverbiale des compléments circonstanciels

Voilà réunis un nombre considérable d'indices qui prouvent l'existence d'un courant souterrain dans la tradition grammaticale française qui s'oppose à la conception

---

[271] Brunot (1922: 423-424), Radouant (1922: 49-54) et Bloch (1937: 204-205). Chez Bloch, on ne repère aucun adverbe dans la longue liste de circonstanciels.

[272] Un traitement analogue se trouve chez Jespersen (1924: 101).

[273] Rappelons que l'analyse sélective, qui est typique de l'approche catégorielle, fait le plus souvent abstraction de la préposition, qui, de ce fait, ne fait pas réellement partie du complément (il «introduit», «précède» etc. le complément).

[274] Il s'agit d'exemples comme *Les chemins sont déserts, les chaumières sans voix*.

dominante[275] qui, depuis le 18ᵉ siècle (Chervel 1977: 171-172), tend à ramener le complément circonstanciel à l'adverbe, éventuellement par le biais d'une commutation lâche ou d'une *translation* (p. ex. Tesnière 1969²: 103, 125, 459, 465), avec ou sans *marquant* (*je partirai vendredi*). La conception 'adverbiale' du c c est d'ailleurs la seule attestée dans les grammaires d'expression anglaise et allemande du corpus, où le c c tire même son nom du paradigme des éléments adverbiaux: *adverbiale Bestimmung, adverb(ial) qualification*), etc[276]. Nous avons d'ailleurs déjà noté que les s y n t a g m e s à valeur adverbiale (surtout de manière) sont en quelque sorte les précurseurs de la perspective fonctionnelle transversale dans le domaine des s y n t a g m e s ' l i b r e s '[277].

Même si la conception 'nominale' du c c reste marginale, elle nous permet de compléter le tableau de l'histoire du circonstanciel qu'a brossé André Chervel (1979):

- le circonstanciel comme complément accessoire;
- le circonstanciel comme élément adverbial (commutation avec l'adverbe);
- le circonstanciel comme concept rhétorique [terminologie, caractéristiques et procédure d'identification (les «questions pertinentes»)].

La deuxième orientation doit être complétée par une tradition 'nominale', quasi souterraine, mais tenace[278].

3.9.3. Les compléments e x t r a - p r é d i c a t i f s

L'incorporation du c o m p l é m e n t c i r c o n s t a n c i e l aux compléments du verbe (cf. 3.9.0.) retarde l'émergence des c o m p l é m e n t s d e p h r a s e, qui sont néanmoins reconnus par quelques auteurs, allemands, pour la plupart (3.9.3.1.). D'autre part, la dissociation circonstanciel/adverbe dans la tradition française — renforcée par le statut de classe résiduelle de l'adverbe (inclusion de *oui, non,* etc.) — a permis à l'adverbe d'aller au-devant de cette évolution et de se créer une sous-catégorie appelée *adverbe de phrase* (3.9.3.2.).

---

[275] Il n'est pas difficile de fournir des exemples de la conception 'adverbiale' des c c : Ulrix (1909: 165), Wartburg (1947: 46), Michaut (1934: 252-253), Regula (1931: 213-214), etc. La *Grammaire Larousse* (1936: 374) fait remarquer à propos de *il viendra lundi matin* qu'«on emploie comme adverbes» les mots *matin, soir, jour, nuit* et les noms des jours de la semaine. L'appariement avec l'adverbe constituait d'ailleurs une solution alternative au problème des c c d i r e c t s, problème qu'on résolvait traditionnellement par l'ellipse de la préposition (*la veille* < *à la veille*).

[276] Dans sa conférence au Musée pédagogique, Sudre (1906: 108) avait proposé de suivre la tradition allemande (adverbe, détermination adverbiale, p. ex. *avec soin*). Selon lui, le terme *complément circonstanciel* n'est pas faux, mais occulte le rapport avec l'adverbe.

[277] Voir Ch. III, 3.2.1.3. Voici les auteurs concernés: Clédat (1896: 315), Bloch (1937: 164), Bruneau (1937: 392) et Plattner (1899: 233, 129).

[278] La dissociation de l'adverbe et du c c n'est pas tout à fait inconnue à Chervel, mais il rattache ce constat à l'orientation orthographique de la deuxième grammaire scolaire. Seules les parties du discours variables (à l'exclusion du verbe) sont affectées d'une f o n c t i o n s y n t a x i q u e. Si l'adverbe n'est pas un circonstanciel, c'est que, en tant que mot invariable, il ne présente aucun intérêt à l'apprentissage de l'orthographe. Cette hypothèse, qui n'est pas incompatible avec la nôtre, n'est pas reprise dans Chervel (1979).

3.9.3.1. Vers la reconnaissance du complément de phrase ('Satzbestimmung')

Les compléments de phrase sont identifiés au niveau de l'analyse en fonctions et différenciés des autres cc par plusieurs auteurs germanophones:

> Bestimmungen zum ganzen Satze (Haas 1909: 314), Bestimmungen zu dem ganzen Satze (Engwer 1926: 43; Strohmeyer 1921: 149)[279], (lose) Satzbestimmungen (Regula 1931: 240), adverbe-circonstanciel auprès d'une phrase (de Boer 1947: 225-227).

Cette classe de compléments fait défaut dans les ouvrages de facture française, à l'exception de Brunot (compléments qu'on ajoute à l'ensemble d'une proposition; 1922: 26) et des Le Bidois («des compléments qui affectent la phrase entière»; T2, 52).

Mais à part les compléments à valeur modale qui seront traités sous 3.9.3.2[280], il s'agit des structures suivantes:

- comparaison (1): *comme tous les jours, le berger* ...
- cause (2): *J'éprouvai, à ne l'avoir plus là, je ne sais quel sentiment complexe* ...
- lieu (3): *un amant fait sa cour où s'attache son cœur* (Brunot) (3a); *ici, partout, là,* ... antéposés (de Boer 1947: 227) (3b)
- temps (4): *Hier j'ai acheté* ...
- manière (5): *Ainsi l'équipage périt*
- compléments de propos (6): *au sujet de, touchant, pour ce qui est,* ...

Toute la gamme des compléments circonstanciels semble donc attestée. À y appliquer l'outillage syntaxique moderne (mise en question, négation, extraction), force est de reconnaître que l'intuition des grammairiens était — en général; seul (3a) paraît sujet à caution — bonne et que la plupart de ces compléments sont extra-prédicatifs, ce qui vaut d'autant plus pour les adverbes modaux (cf. *infra*). L'intuition est en effet le seul instrument dont ils disposent. Aucun critère syntaxique n'est avancé. Seuls les Le Bidois (T2, 52) et de Boer (1947: 225-227) attachent une certaine importance à la position (mobilité plus grande pour les premiers; antéposition et thématisation pour de Boer). Que l'intuition (sémantique) domine, cela ressort aussi du flou qui entoure la portée exacte de ces compléments. On se limite en général à une distinction terminologique (Engwer – Lerch 1926: 43):

---

[279] À titre informatif, la tradition anglaise parle de *sentence modifier* (Sweet 1891, Poutsma 1926) ou *sentence adverb* (Curme 1935, Palmer 1939). *Sentence adverbial* a été utilisé par les tenants de la grammaire générative transformationnelle (voir à ce propos Greenbaum 1968).

[280] Ce relevé ne tient pas compte des structures que Regula (1931: 240) hésite à qualifier de compléments de phrase détachés (*lose Satzbestimmungen*) ou d'ébauches de subordonnées (*Skizzierte Nebensätze*): Nennformfügung (*Avant de traverser la rue,* ...), Gerund, Absolute Fügungen (~ constructions absolues, p. ex. *La maladie s'empirant, on* ... ; *Ceci fait, il* ... ; *somme toute,* ... ; *Sitôt le ménage en ordre, elle* ...), Beisatzfügung (une espèce d'apposition: *chaud, l'air occupe* ...; *Nos vieux parents, même injustes*) et eingliedrige Setzung des Gedankenkernwortes (*Deux mots de plus; ... Gelée ou vent, pluie ou soleil, tout a ses charmes; Le temps de* + inf., ...). Dans le même sens, l'*Apposition* ou *Beisatz* est un complément prédicatif dépourvu de verbe (*prädikative Ergänzung*) qui peut se rapporter à un mot ou à la phrase (Regula 1931: 82, n. 1).

Bestimmungen zu den ganzen Satze: *comme tous les jours, le berger ...*
<->
(näheren) adverbiale Bestimmungen ou Umstandsbestimmungen, qui sont des Prädikatsbestimmungen (= c o m p l é m e n t s d u v e r b e, tout comme le COD): *très lentement; (ramener) vers le bercail.*

Certains auteurs explicitent quelque peu la portée (sémantique) des compléments de phrase. Dans sa *Neufranzösische Syntax*, Haas (1909) signale que la construction p r é p. + i n f. (*J'éprouvai, à ne l'avoir plus là, je ne sais quel sentiment complexe*) peut porter, en l'absence d'un rapport plus spécifique, sur l'ensemble de la phrase (1909: 309, 314), plus précisément, sur l'ensemble du sujet et du prédicat:

> «Bestimmung zum ganzen Satz, d.h. einen Teil der Gesamtvorstellung bilden, der zu Subjekt und Prädikat in irgend einem Beziehungsverhältnis steht» (1909: 314).

Brunot (1922: 26) admet que certaines subordonnées constituent des «compléments qu'on ajoute à l'ensemble d'une proposition», différence de portée qui n'est cependant que secondaire: ils ne présentent «aucune différence théorique», c'est-à-dire s é m a n t i q u e (ils «complètent»). Comme dans le cas des compléments du verbe (*un amant fait sa cour/où s'attache son cœur*) la différence est particulièrement ténue, il reconnaît qu'«on a souvent, à tort, considéré comme dépendant du verbe ce qui dépend en réalité de l'ensemble» (Brunot 1922: 26).

Un autre indice de la prépondérance de la sémantique (jugement à propos d'une proposition) peut être déduit de la position marginale des a d v e r b e s m o d a u x, qui sont dits se rapporter à la phrase mais qui ne figurent jamais parmi les exemples des c o m p l é m e n t s d e p h r a s e, comme le montrent Engwer (1926: 205-206), Regula (1931: 209) et Brunot (1922: 513; *compléments modaux*). Dans le même sens, de Boer ne considère pas comme *sujets de phrase* — c'est-à-dire t h è m e s, ce qui implique chez lui[281] qu'ils «détermine[nt] [...] toute la phrase» — les *adverbes d'aspect ou de mode*, qui déterminent une action, une idée qualitative, mais aussi une phrase entière (de Boer 1947: 145, 148), contrairement aux *déterminations de lieu et de temps* antéposées (*Ici naquit un poète*). Bien au contraire, «acte de pensée additionnel survenu en route», l'adverbe passe plutôt pour un *prédicat de phrase* (de Boer 1947: 227), r h è m e donc, une analyse qui correspond à celle de Regula (1931: 209). L'adverbe accède même à la fonction de *complément prédicatif*, qui regroupe tous les constituants marquant une p r é d i c a t i o n i m p l i c i t e, une *prédication seconde*, dirait-on de nos jours (de Boer 1947: 35). Le statut particulier des a d v e r b e s m o d a u x, sémantique oblige, nous conduit au traitement que leur réservent les auteurs français, chez qui la problématique des compléments de phrase relève du niveau des parties du discours (l'adverbe) comme nous allons le voir.

---

[281] Ce qui ne vaut pas pour tout *complément adverbial* antéposé: les adverbes de manière déterminant le verbe peuvent également se trouver au début de la phrase sans être *sujet de phrase*. Il oppose à ce propos *Ainsi périt l'équipage* (adv. de manière) à *Ainsi l'équipage périt* (adv. sujet de phrase) (de Boer 1947: 226).

3.9.3.2. L'adverbe de proposition

Dans nombre de grammaires, en effet, la classe des **compléments de phrase** n'est pas conceptualisée en tant que fonction syntaxique, mais le concept est traité au niveau de la sous-catégorisation de l'adverbe.

C'est la sémantique qui oriente l'analyse syntaxique de l'adverbe: comme le jugement exprimé par l'adverbe porte sur une pensée, un état de choses, il faut que l'adverbe **modal** «modifie» la proposition entière. L'*adverbe de proposition* (Bruneau 1937: 400-401; 389), placé en tête — la place de l'adverbe de manière peut en effet «avoir une grande importance» (1937: 398) — «domine toute la phrase» et «exprime *le sentiment de celui qui parle*». On trouve un traitement analogue chez Wartburg (1947: 313, 41)[282], Cayrou (1948: 222), Bloch (1937: 161), Le Bidois (T2, 101-104) et Dauzat (1947: 317).

La sous-catégorisation traditionnelle[283] de la classe des adverbes était d'ailleurs entièrement basée sur la sémantique[284]. On y trouvait entre autres les adverbes de *doute* (*peut-être, apparemment*), d'*affirmation* (*oui, si, soit, certainement, sans doute, ...*), de *négation* et d'*interrogation* (Larousse 1936: 374), parfois regroupés sous les *adverbes d'opinion*, comme l'affirme Grevisse (1936: 487). Cayrou (1948: 223-250) distingue d'ailleurs d'abord entre *adverbes de circonstance* et *adverbes d'opinion*.

Traités de la sorte, les **cc de phrase** sont confondus avec les adverbes de négation (*oui, non*) et d'interrogation. De ce fait et du fait de leur valeur modale (appréciation, jugement de celui qui parle), on leur attribue quelquefois une valeur de proposition, comme dans la syntaxe des Le Bidois (cf. aussi de Boer *supra*), qui soulignent cette thèse par une série de paraphrases (T2: 103-104): *Naturellement* ~ comme on pouvait s'y attendre; *Apparemment* ~ il semblait que ... La possibilité d'employer ces adverbes de façon isolée n'est pas non plus étrangère à cette analyse (p. ex. Clédat 1896: 361; Ulrix 1909: 180).

3.9.3.3. Conclusion: le problème de la portée et l'unité de la classe

Quoique les **adverbes extraprédicatifs** soient reconnus par nombre de grammairiens, ils ne mènent pas automatiquement à un traitement en termes de

---

[282] Les auteurs reconnaissent aussi un *attribut* qui se rapporte à la phrase entière dans des constructions elliptiques du type *curieux comme il a maigri!* (Wartburg 1947: 341).

[283] On distingue traditionnellement aussi les adverbes modifiant le verbe, l'adjectif et l'adverbe. Les observateurs les plus fins y ajoutent encore le nom (p. ex. Dauzat 1947: 317), voire d'autres parties du discours, comme le fait Michaut (1934: 252): «une préposition *(exactement sur place)*, une conjonction, une locution conjonctive *(presque aussitôt qu'il fut parti)*, exceptionnellement un nom *(J'ai très faim; il obtint la presque unanimité des suffrages; une femme vraiment femme)*».

[284] La linguistique moderne s'attaque à ce traitement sémantique. Déjà Le Bidois se dispense de donner le «classement traditionnel des adverbes» (T2, 580) et renvoie aux «répartitions plus récentes, et fondées celles-ci sur une sérieuse analyse linguistique» (T2, 580): Bally (1932), Sechehaye (1926a: 64-66; cf. 3.5.1.1. *supra*) et D&P.

fonctions syntaxiques, bref, à la reconnaissance d'un complément circonstanciel de phrase[285]. Dans la plupart des grammaires (surtout celles de facture française), la problématique reste cantonnée à la sous-catégorisation de l'adverbe, notamment aux adverbes modaux.

Tous ces compléments (ou adverbes) ont en commun de se rapporter à un ensemble dont l'envergure dépasse celle du seul verbe-prédicat. Cependant, la *portée précise* de ces compléments (ou adverbes) n'est pas nettement conceptualisée; c'est une simple question d'étiquetage, basé sur l'intuition sémantique. Tout au plus peut-on trouver des indices de la dissociation de deux types de compléments extraprédicatifs. On relève d'une part des adverbes/compléments modaux qui prennent le contenu propositionnel comme objet — qui est 'jugé', ce qui implique en quelque sorte une nouvelle prédication — et qui de ce fait se trouvent en quelque sorte à l'extérieur de la proposition. D'autre part, certains grammairiens semblent reconnaître des compléments qui se rattachent à l'ensemble de la phrase, qui la complètent simplement. Il s'agit dans ce deuxième cas de l'expression de la comparaison, du propos (*quant à ...*), de la cause, du temps, etc. Cette bipartition peut être déduite de l'intégration imparfaite des adverbes modaux dans la classe des compléments de phrase. Cette dissociation est en outre favorisée par la conception nominale du complément: le caractère nominal des cc laissait suffisamment de latitude à la sous-catégorie des adverbes de phrase, le rapport entre les cc et les adverbes n'étant pas direct. L'adverbe, classe fourre-tout, a d'ailleurs encore d'autres emplois (p. ex. modifieur de l'adjectif et de l'adverbe).

Le flou qui entoure ces distinctions n'a rien de surprenant, puisqu'elles sont basées sur une simple intuition de la portée des compléments et sur le sens (appréciation du contenu propositionnel ou modification du verbe) qu'ils véhiculent. Mais le fait que ces grammaires reconnaissent déjà la distinction, bien avant la dichotomie *modus/dictum* de Bally (1932), doit susciter l'intérêt de l'historiographe. Elle annonce la désintégration de la classe unitaire des compléments circonstanciels par un mouvement 'centrifuge' qui en détache les éléments périphériques. S'y ajoute la discussion sur le caractère facultatif des cc, qui, elle, effrite la classe en quelque sorte *de l'intérieur* de la phrase, en en rapprochant des pans des compléments (essentiels) (cf. 3.10).

3.10. Vers l'éclatement de la classe des compléments circonstanciels?

De nos jours, la classe des circonstanciels offre un aspect éclaté (Melis 1983, Le Goffic 1993, etc.). La taxinomie est basée sur l'incidence sémantico-pragmatique (formalisée par des tests syntaxiques) et tient compte du rôle de la position et du détachement. D'autre part, les théories de la valence verbale ont absorbé (force centripète) un

---

[285] Marcel Cohen, spécialiste des langues sémitiques, quant à lui, a proposé cette distinction au 4e Congrès des Linguistes (Cohen 1939: 78).

grand nombre de compléments considérés traditionnellement comme des c c. Par conséquent, la dichotomie e s s e n t i e l /a c c e s s o i r e, cantonnée à l'origine à l'opposition c c /C O (cf. 3.5.2.) — sauf quelques exceptions — l'a emporté sur l'interprétation sémantique qui dominait encore dans les grammaires du corpus.

Comme nous l'avons vu, l'éclatement de la classe des compléments circonstanciels a été préparé de longue date par des analyses qui s'inscrivent dans un jeu de forces dont la résultante s'avère être la désagrégation de la classe[286].

Le débat autour du caractère accessoire des cc a d'abord instauré un mouvement *centripète*. On ne peut pas dire que l'opposition (essentiel/ accessoire) était inconnue des grammairiens «traditionnels», mais son application était entravée par la prépondérance du sens dans l'analyse (cf. 3.5.2.)[287].

Ce mouvement centripète a été précédé et renforcé par un *autre mouvement centripète* (vers 1900), à savoir l'attraction exercée par une fonction syntaxique plus centrale, le COD, sur ce qui restait de la classe des *compléments indirects* après le divorce avec les circonstanciels, pour constituer le (complément d') objet, défini comme *objet* de l'action. Les scories de ce travail de délimitation, c'est-à-dire les compléments inclassables, trop liés à l'action pour être une simple circonstance de l'action, se sont éloignés du complément circonstanciel et ont affirmé ainsi leur autonomie au cours de la première moitié du 20ᵉ siècle: les compléments d'attribution et les compléments d'agent.

Si le cc s'expose à des forces centripètes, il faut dire que la reconnaissance des constituants extra-prédicatifs, en premier lieu les *adverbes de phrase*, annonce déjà le futur mouvement *centrifuge*. La dissociation du c c et de l'adverbe, due en partie à la conception nominale du cc (et au fait que les adverbes, classe fourre-tout, ont encore d'autres fonctions), a sans doute contribué à retarder l'éclatement de la classe des c c, le sort des adverbes de phrase n'ayant aucune influence sur le statut du cc. La conception nominale du cc s'oppose à la tradition adverbiale dominante et découle directement de la conception catégorielle (nominale) stricte des compléments dans la tradition grammaticale française.

4. LES FONCTIONS SECONDAIRES PRISES ENTRE DEUX SYNTAXES

Dans le Chapitre III (2.3.1.2.), nous avons mis en lumière le double traitement du complément, selon qu'on y conférait un sens large, c'est-à-dire sémantico-fonctionnel, ou strict, c'est-à-dire catégoriel. Au sens catégoriel

---

[286] Suite à ces évolutions, le terme complément de *circonstance/circonstant* est devenu intenable, même sémantiquement parlant (Rémi-Giraud 1998: 103-107), mais semble se maintenir comme terme générique.

[287] La première «grammaire usuelle» française à avoir mis au premier plan et opérationnalisé cette opposition — abstraction faite de de Boer qui la revêt d'une terminologie opaque (*complément direct/indirect*) — fut celle de Wagner et Pinchon (1962: 78-79; cf. Wilmet 2003³: 532): *compléments essentiels* vs *circonstanciels*.

du terme, le complément était toujours un (pro)nom, le plus souvent précédé d'une préposition, ce qui avait aussi des conséquences pour le traitement de l'adverbe (cf. 3.9.2.), qui, parfois, se trouvait dissocié du complément circonstanciel.

Mais la double approche des faits de syntaxe, ascendante/catégorielle et descendante/sémantico-fonctionnelle, qui caractérise la grammaire traditionnelle (cf. Ch. III), se manifeste encore, de manière plus générale, dans le domaine des fonctions secondaires. Nous entendons par là les éléments qui complètent les fonctions primaires (Riegel *et al.* 1994: 107-108), à savoir les épithètes (4.1.), les compléments du nom (+ de l'adjectif et de l'adverbe) (4.2.) et l'apposition (4.3.). C'est-à-dire:

terminologie française		terminologie allemande
épithète	p. ex. *une belle fille*	Attribut (Beifügung)
complément (du nom, de l'adj., etc.)	p. ex. *la fille des voisins*	Bestimmung
apposition	p. ex. *Géraldine, la fille des voisins*	Apposition (Beisatz)

Notre examen, qui les abordera dans cet ordre, mettra en évidence l'attachement de la tradition française à l'interprétation catégorielle des fonctions secondaires, même si certains auteurs affichent des velléités d'en élargir la portée (4.4.), ce qui les rapproche de la tradition germanique, qui investit les fonctions secondaires d'un contenu sémantico-logique plus large.

4.1. *Épithètes (fr.) et Attribute (all.)*

L'affrontement des deux perspectives, descendante/logique et ascendante/catégorielle, donne lieu, en gros, à trois conceptions de l'épithète.

(1) épithète au sens sémantico-logique du terme: épithète = adjoint du nom (4.1.1.)
(2) épithète = adjoint direct du nom (4.1.2.)
(3) épithète au sens catégoriel du terme: épithète = adjectif qualificatif auprès d'un nom (4.1.3.)

À ces différents découpages conceptuels correspond aussi une différence de terminologie. La tradition allemande (depuis Becker[288]; Forsgren 1985: 119) a affecté le terme *Attribut*[289] à l'épithète, alors que la tradition française a reconverti un

---

[288] Sur l'histoire de l'*Attribut* dans le sens d'épithète en Allemagne, voir Forsgren (1985: 90-95). Le terme *Epitheton* est cependant attesté dans la tradition allemande d'avant Becker. Voir là-dessus Forsgren (1985: 87-88). Chez Becker même, *Epithete* a le sens d'adjectif tautologique (*grosse Gott*, etc.).
[289] On ne saurait cependant conclure que les Français ignorent ce terme (Le Bidois, T2, 80, n.1).

terme issu de la rhétorique[290]: l'*épithète* (Chervel 1977: 197). Le terme est attesté pour la première fois[291] dans les grammaires vers 1888 et a été intronisé vers 1900, comme en témoigne aussi la nomenclature de 1910. On trouve le terme *épithète* dans toutes les grammaires d'expression française du corpus, à l'exception de la syntaxe de de Boer (un Hollandais) et de Clédat (grammaire publiée en 1896). Il n'est pas sans importance de signaler que Sonnenschein et son comité pour la réforme de la nomenclature anglaise se sont prononcés en faveur de la terminologie française sur ce point (cf. *Report* 1923[8] [1911[1]]: 10)[292]. Ces différences de terminologie s'accompagnent de différences de conceptualisation.

4.1.1. L'interprétation 'sémantico-logique' maximale: adjoint du nom

La tradition allemande dispose d'un terme global pour les adjoints du nom, à savoir l'*Attribut*[293]. Ce terme subsume donc l'(adjectif) épithète, les déterminants, le complément du nom et parfois même l'apposition[294]. Prenons l'exemple de Engwer et Lerch[295], qui parlent aussi de *Beifügung* (les deux termes se valent plus ou moins):

> «Die Beifügung, sei sie substantivisch, adjektivisch oder adverbial, bildet mit dem Träger eine Einheit: dies nennen wir *Attribut* (im *engeren* Sinn)» (1926: 71).

Relèvent ainsi de l'*Attribut* (1926: 48):

(1) substantivisches Attribut (*le berger Jean, Jean le berger, le berger du village*), «im beigeordneten oder untergeordneten Verhältnis (mit Präpositionen)»;
(2) adjektivisches Attribut (*bon berger, notre berger, le*[296] *vieux berger, son troupeau*) (1926: 48, 43, 19);
(3) adverbiales Attribut (*la maison vis-à-vis*).

---

[290] Comme le rappelle encore Chervel (1977: 198), l'*épithète* était définie dans les traités de style comme un adjectif qui n'est pas nécessaire au sens de l'énoncé: *Louis le Grand, la pâle mort, sa triste pensée* (à condition que l'on sache déjà que la pensée en question ne peut être que triste) vs *l'homme sage*. Même si cette opposition (adjectif/épithète) devient floue vers la fin du siècle, elle se trouve encore dans le *Bon Usage* de Grevisse, comme nous l'avons vu (3.5.2.1.). À la suite de la reconversion de l'épithète, la rhétorique dut se chercher un nouveau terme: *épithète de nature* (Chervel 1977: 198).

[291] Auparavant, la grammaire chapsalienne, qui n'avait d'yeux que pour la question de l'accord, ne disposait pas d'un terme spécifique (mot qui s'accorde avec le mot auquel il se rapporte/qu'il qualifie) dans l'analyse dite *grammaticale*. Dans l'analyse *logique*, l'adjectif épithète était considéré comme un *complément*, appelé *complément modificatif* (Noël et Chapsal, *Leçons d'analyse logique*, 1842: 5, 6), à côté du *complément déterminatif* introduit par *de* (Chervel 1977: 197). Certains grammairiens comme Dessiaux (1837) parlaient de *complément qualificatif*.

[292] Voir 3.4.1. pour le sort des termes *épithète/attribut*.

[293] Chez Becker (1842: 252), l'*Attributiv* prend trois formes: *attributives Adjektiv* («welches als die eigentliche Grundform des Attributs anzusehen ist»), *attributiver Genitiv* et *Substantiv in Apposition*.

[294] Nous faisons abstraction ici des quelques témoignages d'ouverture vers d'autres éléments, basés sur l'idée de transfert intercatégoriel: l'adverbe employé adjectivement, les locutions (*bataille en règle, alors très en beauté*) (Brunot 1922: 637), ou encore, le participe passé (Michaut 1934: 332). Le traitement de la relative n'a pas non plus été examiné de façon exhaustive.

[295] Regula (1931: 41, 82-83, 92, 144) propose plus ou moins la même analyse.

[296] Ils y insistent: «die Artikel sind zu den *Attributen* zu rechnen» (Engwer 1926: 77).

L'*Apposition* (et les r e l a t i v e s e x p l i c a t i v e s) constitue un autre type de *Beifügung* (1926: 71-72), mais ne relève plus de l'*Attribut* (*im engeren Sinn*), sans doute parce qu'elle s'étend sur deux g r o u p e s r y t h m i q u e s (*Sprechtakte*)[297]:

> (1) Attribut (im engeren Sinn): *le berger Charles, l'oiseau là-haut* [1 Sprechtakt] (Cf. aussi 1926: 48)
> (2) Apposition (y compris les relatives): *Frédéric, roi de Prusse* [2 Sprechtakte]

Ces deux types de *Beifügung* se réalisent par coordination (*Beiordnung, Koordination*), alors que les autres *Beifügungen* sont basées sur la subordination (*Unterordnung, Subordination*)[298]. L'étiquette «(Attribut) Apposition» (Engwer 1926: 186) souligne le fait que l'*Apposition* est bel et bien un *Attribut*, mais au sens large du terme.

Le cas de de Boer est un peu particulier. À tout prendre, il semble distinguer deux types d'é p i t h è t e s, l'une de nature c a t é g o r i e l l e, l'*(adjectif-) attribut* (1947: 108; 38)[299], l'autre de nature s é m a n t i c o - f o n c t i o n n e l l e, à savoir le *complément attributif* (cf. aussi *adjectivaux attributifs*). L'apparition de ce dernier type, qui comporte entre autres les c o m p l é m e n t s d u n o m et certaines s u b o r d o n n é e s (1947: 35, 155, 36), est favorisée par la présence de la notion de *complément* dans la terminologie (*complément attributif*) et encore plus par la perspective fonctionnelle transversale de l'auteur, comme il ressort du paragraphe sur la place des *adjectivaux attributifs* (1947: 220-224) où l'auteur réunit entre autres (titres) les *adverbes ou circonstanciels accompagnant un substantif*, les *pronoms-adjectifs* (= d é t e r m i n a n t s), *le génitif et le datif-régimes directs adjectivaux* et la *proposition relative*.

En France, le terme *épithète* — qui est récusé par de Boer (1947: 108) — est presque toujours associé au seul adjectif (cf. 4.1.3. *infra*). Galichet constitue toutefois une exception notable. C'est que chez lui l'*épithète* incarne l'opération de *caractérisation*, qui, la p e r s p e c t i v e f o n c t i o n n e l l e t r a n s v e r s a l e aidant (cf. Ch. III, 3.2.1.), couvre non seulement l'*espèce adjective*, mais aussi «toute espèce ou tout groupe d'espèces susceptibles d'apporter une caractérisation à l'espèce nominale» (Galichet1947: 116-117):

- espèce nominale (si représentative d'une qualité que ...): *un manteau prune* (cf. 1947: 119)
- caractérisation adverbiale «par un transfert facile à comprendre»: *un monsieur bien*

---

[297] S'il y a une différence entre *Beifügung* et *Attribut* c'est bien celle-là.
[298] Il s'agit des c o m p l é m e n t s d u n o m ordinaires.
[299] En parlant de Van Ginneken il va plus loin cependant: «substantif + attribut (y compris les cas)» (de Boer 1947: 217).

- tout un groupe d'espèces formant une unité syntaxique équivalant à une caractérisation: *une fenêtre donnant sur le jardin*
- certains *compléments du nom*: caractérisation plutôt que détermination (*un homme de cœur* = *courageux*; certaines formules homériques comme *Achille-aux-pieds-légers*.
- certaines propositions relatives (1947: 117): *l'homme qui a peur* (= peureux).

4.1.2. Les adjoints directs (= non prépositionnels)

La tradition germanique connaît encore une variante de la conception de l'*Attribut* adjoint qui se caractérise en gros par l'exclusion des compléments du nom (= indirects). Seuls les noms complétant directement un autre nom sont nommés *Attribute*. On peut en rapprocher quelques auteurs français (Bruneau, Lanusse, Dauzat et Cayrou).

Chez Haas, les *attributive Bestimmungen*[300] sont exprimées par des adjectifs, mais aussi par des adverbes, des noms non introduits («attributive Verbindung») et des tours du type N + Adj. (*un oncle esprit fort, l'aspect jeune fille*) (1909: 201-217). La perspective fonctionnelle transversale de l'auteur favorise le regroupement de structures équifonctionnelles[301].

Sonnenschein, le seul représentant de la tradition anglo-saxonne, regroupe l'adjectif, le nom non précédé de préposition et le nom en apposition sous le dénominateur *epithet*: *epithet adjective*, *epithet noun* et *epithet noun said to stand **in apposition*** (1912: 99) (*François 1ᵉʳ, roi de France*). Le nom épithète forme avec le nom *a kind of compound noun* (*le roi François, un ange gardien*). Les deux derniers types sont des *adjective-equivalent[s]* de nature non prédicative (1912: 98). Quelques pages plus loin, la question de l'accord des adjectifs épithètes nous apprend que même les déterminants autres que l'article (tout comme les participes) passent pour des *epithets* (1912: 103).

Plattner et Strohmeyer confèrent plus ou moins le même contenu à l'*Attribut*, à ceci près que l'apposition détachée ne relève plus de l'*Attribut* (Strohmeyer 1921: 216). Si Plattner réunit encore sous l'étiquette *attributive Bestimmung* (1899: 266), les adjectifs qualificatifs, les déterminants (1899: 366; 150, n. 2.) et certaines constructions du type N (+ prép.) + N propre (*le roi Henri IV, la province de Normandie*) que la tradition française traite en général dans la rubrique des *appositions*[302] (1899: 322-323), Strohmeyer, de son

---

[300] À noter aussi que l'auteur reconnaît l'existence d'*Attributivsätze*, c'est-à-dire de phrases nominales (*Nominalsätze*) du type *Entreprise ardue! Quoi de nouveau?* (Haas 1909: 25-27; *passim*).
[301] Haas (1909: 202-203) distingue deux sous-classes majeures, selon l'étroitesse du lien qui les unit au nom (*losere* vs *innigere Verbindung*). Parmi les *losere* — qui sont très proches du rapport prédicatif (1909: 202-203) — on trouve non seulement les adjectifs détachés, mais aussi des adjectifs simplement postposés (*un amour vrai*).

côté, en exclut les déterminants, mais le nom construit directement continue à être appelé (*substantivisches*) *Attribut* (*der Apotheker Parmentier*).

Certains auteurs français (Bruneau, Dauzat; Lanusse, Cayrou) se rapprochent de la tradition germanique en élargissant l'emploi du terme d'*épithète*.

Bruneau – Heulluy attribuent au nom non actualisé les fonctions d'*épithète* et d'*attribut* (1937: 192). Comme ils ne fournissent aucun exemple de ces noms épithètes, on ne sait pas s'il s'agit de noms construits directement (ou d'appositions non détachées) — comme dans la tradition allemande —, ou de constructions (p. ex. *par voie de terre, une statue de marbre*) que les auteurs assimilent par transfert intercatégoriel à des adjectifs (*terrestre, marmoréenne* (latin)). Dans cette dernière hypothèse[303], le nom a un rôle adjectival, *qualifiant un autre nom*. Dauzat n'est pas non plus très clair à ce sujet. D'une part, le nom ne fonctionne pas comme *épithète*, mais comme *apposition* (Dauzat 1947: 56). Or, celle-ci est définie par un renvoi à l'*épithète*: «L'apposition est constituée par un substantif qui en détermine un autre, en faisant fonction d'épithète» (1947: 403). La classe de l'*épithète*, fonction adjectivale, semble donc s'ouvrir au nom et prend les allures d'un concept hyperonymique. Nous verrons, d'autre part, que l'*apposition*, fonction nominale, tend à absorber l'adjectif qualificatif (cf. 4.3.1.).

D'autres grammaires françaises, comme Lanusse (1921: 167) et Cayrou[304] en viennent à ouvrir la classe des *épithètes* à tous les éléments adjectivaux qui s'accordent avec le nom, y compris les déterminants: «L'adjectif démonstratif **simple** s'emploie toujours comme *épithète*» (Cayrou 1948: 118). Ce n'est qu'à un niveau inférieur que les déterminants sont dissociés des autres éléments de la classe des *déterminants*: mots *qui introduisent* vs mots *qui complètent*. Chez Lanusse et Cayrou — qui imitent sur ce point Sonnenschein et Galichet[305] (cf. *supra*) —, l'incorporation des déterminants à la classe des *épithètes* correspond au regroupement, au niveau des parties du discours (cf. Ch. V, 3.1.2.), des adjectifs qualificatifs et des déterminants, même si Cayrou opte finalement (1948: 87; comparer avec 1948: 50) pour un autre agencement de la matière, privilégiant l'unité de la classe des pronoms (= «les pronoms et adjectifs pronominaux»).

---

[302] Que l'auteur ne confond pas avec la construction dans laquelle le nom propre détermine le nom commun (*la rue Mirabeau, place de la Concorde*) qui précède (Plattner 1899: 324-325).
[303] Si tel est le cas, il faut faire état d'une erreur de rédaction, car ces noms adjectivés sont discutés dans le paragraphe précédent.
[304] Qui y rattache aussi les relatives.
[305] À l'exclusion de l'article, toutefois.

4.1.3. L'épithète au sens c a t é g o r i e l : la tradition française

Malgré les quelques exceptions que nous venons de signaler, la tradition française[306] restreint l'emploi du terme *épithète* au seul a d j e c t i f (q u a l i f i c a - t i f)[307].

La connivence entre l'*épithète* et l'adjectif peut également être déduite de la position occupée par l'*épithète* dans le plan des grammaires. Il s'avère qu'elle n'est souvent pas traitée avec les autres fonctions dans l'analyse de la proposition, mais bien lors de la description de la partie du discours *adjectif (qualificatif)*[308]. Ce traitement frôle la contradiction chez Radouant. Dans le chapitre préliminaire sur les fonctions, le d é t e r m i n a n t et l'a d j e c t i f q u a l i f i c a t i f constituent des *compléments du nom* (1922: 42). Une fois détaché de l'analyse descendante de la proposition, l'adjectif qualificatif devient *épithète* dans la section traitant de l'adjectif et de son emploi (1922: 148; cf. aussi conception l o g i q u e du complément, Ch. III, 2.3.1.2.). La position de l'*épithète* surprend d'autant plus que les *compléments du nom* (*de l'adjectif*, voire *de l'adverbe*) et l'*apposition* (cf. *infra*) ont bel et bien accès à ce chapitre et donc au statut de *terme de la proposition*.

Les grammaires d'expression allemande (et anglaise), par contre, qui incorporent la fonction d'é p i t h è t e au chapitre sur l'analyse de la proposition, y attribuent toutes une valeur sémantico-fonctionnelle large: Strohmeyer[309] (*Attribut*), Engwer (*Attribut*), Regula (*Attribut*) et Sonnenschein (*epithet*).

---

[306] D&P respectent cette tradition, à ceci près que les noms dépourvus de d é t e r m i n a n t sont également des *adjectiveux*, donc des *épithètes* (et non pas des *épischètes*, c'est-à-dire des noms é p i t h è t e s introduits par un d é t e r m i n a n t).

[307] Les tours du type *ce fripon de valet* passent en général pour des épithètes construites indirectement.

[308] Radouant, Michaut, Larousse, Bloch, Bruneau et, *mutatis mutandis* (éléments adjectivaux), de Boer. Des grammairiens d'expression française, seuls Ulrix (dans la description des *groupes de mots*), Grevisse (sous *mots accompagnant le nom*), D&P (chapitre introducteur sur les *compléments*), Cayrou (sous les *groupes*) et Galichet (*fonctions inactualisées*) admettent l'*épithète* dans la section consacrée à l'analyse de la proposition en f o n c t i o n s . Les deux derniers confèrent d'ailleurs à l'*épithète* un sens plus large (cf. *supra*).

Pour ne pas surcharger le texte, nous avons omis les références exactes. Il en sera de même pour le c o m p l é m e n t d u n o m et l'a p p o s i t i o n . Le lecteur retrouvera facilement ces rubriques dans les grammaires à partir de la table des matières.

Les 8 grammaires qui sont *dépourvues d'un chapitre sur les fonctions dans la proposition* ne peuvent pas être prises en considération ici: Clédat, Plattner, Lanusse, Académie, Le Bidois, Gougenheim, Dauzat et Wartburg (cf. Ch. III, 2.1.1.). Vu la perspective onomasiologique de Brunot, le traitement de l'*épithète* ne peut pas être jugé.

[309] L'*Attribut* (= é p i t h è t e) apparaît dans les paragraphes relatifs à la *Rektion* où il est opposé à l'a t t r i b u t et à l'a p p o s i t i o n (1921: 216). L'*Attribut* aurait pu figurer aussi à la page 149 parmi les emplois de l'adjectif. La conception sémantico-fonctionnelle de l'*Attribut* empêche cependant Strohmeyer d'en traiter à cet endroit. Il se borne à signaler que l'adjectif se rapporte au nom.

4.1.4. Tableau synoptique

En somme, le contenu du concept d'é p i t h è t e, appelé tantôt *Attribut*, tantôt *épithète*, varie sensiblement d'une grammaire à l'autre:

concepts (terminologie standardisée) → regroupements ↓	adj.	dét.	N (sans prép.)[310]	compl. du N (non appos.)	apposition (au moins l'app. détachée)
1. adjoint					
Engwer	+	+	+	+	+
Regula	+	+	+	+	+
Galichet	+	–	+	+ (les non-déterminants)	–
de Boer	+	+	+	+	– (prédicatifs, tous?)
2. adjoint direct					
2.1. adj. qualif. + N					
Haas	+	–	+	–	+ (adj.)
Sonnenschein	+	+	+	–	+
Strohmeyer	+	–	+	– (génitif)	–
Plattner	+	+	+	–	–
Bruneau	+	–	+	–	–
Dauzat	+	–	+	–	–
2.2. adj. qualif. + dét.					
Cayrou	+	+	–	–	–
Lanusse	+	+	–	–	–
3. sens catégoriel: adj. qualificatif	+	–	–	–	–
Ulrix, Radouant, Brunot, Académie, Michaut, Larousse, Grevisse, Gougenheim, Le Bidois, Wartburg, Bloch; D&P					
4. concept absent: Clédat (1896)					

Nous avons également noté d'importantes différences quant à la position de l'é p i t h è t e dans le plan de la grammaire:
- l'é p i t h è t e est traitée dans la partie consacrée à l'analyse de la proposition: Engwer, Regula, Strohmeyer, Sonnenschein, Galichet, D&P, Grevisse, Ulrix (sous *groupes*), Cayrou (sous *groupes*)
- l'é p i t h è t e est traitée seulement sous la p a r t i e du discours adjectif: Radouant, Michaut, Larousse, Bloch et Bruneau

---

[310] Les compléments de nature a p p o s i t i v e du type *le roi Henri* ou *la province de Normandie* ont été rangés ici, de sorte que la colonne suivante ne contient que les *compléments du nom* classiques.

- absence d'un chapitre sur les f o n c t i o n s : Clédat, Plattner, Lanusse, Académie, Le Bidois, Gougenheim, Dauzat, Wartburg; [onomasiologique: Brunot]

4.2. *Le* c o m p l é m e n t d u n o m *et le paradigme* déterm-

La deuxième fonction 'secondaire', le c o m p l é m e n t (du nom, mais aussi de l'adjectif, etc.), a déjà fait l'objet d'une analyse détaillée dans le chapitre III (2.3.1.2.). Aussi ne faudra-t-il plus insister sur l'existence d'une double conception à ce propos. Il reste cependant à signaler quelques variantes dans la terminologie et dans le classement des compléments pris au sens c a t é g o r i e l du terme (4.2.1.). Là où le complément n'a plus son sens s é m a n t i c o - f o n c t i o n n e l, il faut, en outre, faire état de l'apparition de nouveaux concepts, encore très instables, à vrai dire, qui remédient en quelque sorte à cette 'lacune' (4.2.2.).

4.2.1. Le nom c o m p l é m e n t d u n o m (de l'adjectif, de l'adverbe)

Conformément à la conception c a t é g o r i e l l e du complément, le *complément du nom* est un (pro)nom (ou un infinitif)[311]. Il entre dans un paradigme de compléments qui se joignent aux parties du discours (*compléments de l'adjectif, de l'adverbe et du verbe*)[312], même si, en général, les différents compléments *du verbe* (C O D , C O I , etc.) ne sont pas traités en bloc.

Ces compléments sont appelés *compléments* ou – chez Ulrix et Grevisse – *compléments déterminatifs*[313]. Chez quelques auteurs, le terme de *complément déterminatif* est utilisé pour le seul c o m p l é m e n t d u n o m / p r o n o m (Le Bidois, Académie et Wartburg); chez d'autres[314], on note un certain flottement.

---

[311] Sur la visée catégorielle du complément, on se reportera au Ch. III, 2.3.1.2.
[312] On trouve la série complète dans les grammaires suivantes: Ulrix, Bruneau, Gougenheim, Académie, Larousse, Le Bidois, Grevisse, Wartburg, Lanusse, Michaut, Radouant, Dauzat, Bloch, Cayrou, Haas (mais sans énumération explicite des sous-types), Galichet (sous la *fonction de détermination*; 1947: 111-112, et *passim*, 116, 178) et D&P [le chapitre sur les *rôles grammaticaux du substantif nominal* est structuré en fonction du mot qu'il complète: i n t e r j e c t i o n , v e r b e , *factifs strumentaux* (*oui, voici*, etc.), n o m e t a d j e c t i f (V1, 587-672)].
Comme nous l'avons dit (Ch. III, 2.3.1.3.), la tradition germanique ne cultive pas vraiment le classement des compléments selon les p a r t i e s d u d i s c o u r s complétées (Plattner, Sonnenschein, Strohmeyer, Engwer et Regula), à l'exception de Haas. Brunot remplace l'ancien *complément déterminatif* par des désignations fonctionnelles à contenu purement s é m a n t i q u e : *complément objectif* vs *subjectif/sujet du nom, de l'adjectif* (1922: 304, 307; 229; cf. 3.5.3.). De Boer combine (1947: 38) le classement d'après les p a r t i e s d u d i s c o u r s avec une théorie sémantique des cas. Dans la grammaire de Clédat, on ne trouve pas vraiment de typologie du *complément/régime*.
[313] Chervel (1977: 106) signale encore le terme *complément déterminatif* (opposé au *complément explicatif*). Le *complément explicatif* est le complément logique en apposition. Le *complément déterminatif* sera appelé plus tard *complément du nom* (Chervel 1977: 106, n. 15).
[314] Dans la syntaxe de Wartburg – Zumthor (1947: 253 vs 307), les deux termes coexistent, mais le terme *complément déterminatif (du nom)* domine, alors que l'inverse se produit dans la *Grammaire* de l'Académie (1932: 31, index).

Contrairement à l'*épithète*, le c o m p l é m e n t d u n o m (et éventuellement aussi le c o m p l é m e n t d e l ' a d j e c t i f e t d e l ' a d v e r b e) s'est déjà frayé un chemin dans les chapitres consacrés à l'analyse de la proposition[315]. Le traitement de l'*épithète* diffère sur ce point de celui du c o m p l é m e n t d u n o m chez Larousse, Michaut, Bruneau, Bloch, Radouant et de Boer. Les grammaires qui admettent l'*épithète* dans ce chapitre y admettent *a fortiori* le c o m p l é m e n t d u n o m[316].

4.2.2. Le paradigme des *déterm-* en ébullition: *déterminatifs, déterminants, compléments de détermination, ...*

Dans certaines grammaires, le paradigme terminologique *déterm-*, dont l'emploi était au début restreint aux *compléments déterminatifs* (= c o m p l é m e n t s d u n o m , et dans une moindre mesure, d e l ' a d j e c t i f e t d e l ' a d v e r b e), auxquels s'ajoutent quelquefois les d é t e r m i n a n t s[317], en arrive à absorber 'tout élément déterminant', au point de se substituer à l'ancien *complément* générique, le complément pris au sens s é m a n t i c o - f o n c t i o n n e l du terme. Rare au début de la période à l'étude, cet emploi du paradigme *déterm-* était en passe d'acquérir droit de cité après la Deuxième Guerre mondiale (Dauzat, Galichet, Wartburg, Cayrou).

Ulrix (1909: 103) utilise le terme de *déterminatif* pour les *compléments déterminatifs* (cf. 4.2.1.) de nature complexe (p. ex. *jolie robe de soie mauve*). Il s'agit sans doute d'un terme générique désignant tout élément qui «détermine» (Ulrix 1909: 99, 102, 103). Grevisse, qui utilise par ailleurs le terme de *complément déterminatif*, tout comme celui d'*adjectif déterminatif* (= *adjectif non qualificatif*; 1936: 191), semble attribuer à l'expression *mot déterminatif* une couverture linguistique plus large (1936: 120).

Chez les auteurs plutôt orientés vers la sémantique, les *déterm-* entrent en opposition avec les éléments exprimant la caractérisation. Brunot substitue d'abord les termes *compléments objectifs* et *subjectifs* au terme général de *complément déterminatif* (1922: 229, 304-307) et réserve ce dernier aux compléments du nom qui expriment d'autres rapports que le rapport subjectif et objectif (1922: 159). Dans le champ notionnel des *déterminations*, il lance le *complément (de détermination)*, qui regroupe tous les compléments (au sens l o g i c o - f o n c t i o n n e l) qui 'déterminent' (par opposition à la caractérisation), à l'exclusion des d é t e r m i n a n t s . On y repère des adjectifs, des participes, des *compléments déterminatifs*, etc. De même, chez

---

[315] Les grammaires qui ne contiennent pas de chapitre sur les fonctions (Clédat, Plattner, Lanusse, Académie, Le Bidois, Gougenheim, Dauzat, Wartburg) ne se prêtent pas à ce critère, pas plus que la syntaxe de Haas, qui distingue mal le niveau des *Vorstellungen* (représentations mentales liées aux p a r t i e s d u d i s c o u r s) de celui des f o n c t i o n s s e c o n d a i r e s .

[316] Engwer, Regula, Strohmeyer, Sonnenschein, Galichet, D&P, Grevisse, Ulrix (parmi les *groupes*), Cayrou (parmi les *groupes*). Même chez Brunot (1922: 21), les c o m p l é m e n t s d u n o m sont déjà signalés vaguement dans la partie introductive, la seule partie sémasiologique.

[317] Le concept de d é t e r m i n a n t comme p a r t i e d u d i s c o u r s sera traité dans le chapitre V (Ch. V, 3.1.).

Galichet, le *complément déterminatif* (1947: 126), synonyme de *fonction de détermination* (1947: 111, 124) et de *fonction complétive* (1947: 124), englobe tout élément qui détermine, y compris les d é t e r m i n a n t s (1947: 126), et s'oppose de ce fait aux *fonctions de caractérisation*.

Les Le Bidois vont encore plus loin dans l'élargissement du spectre de la *détermination*, opposant la *détermination* au sens large («tout est détermination»[318]), à la *détermination* telle que la grammaire la conçoit. Le terme de *déterminatif* est réservé uniquement aux prépositions, les «outils propres de la détermination» (T1, 24). Celles-ci ont une double fonction: «marquer clairement les rapports» et «préciser les *termes* ou *limites*»[319]. Seuls sont concernés ici le *complément d'objet* et le *complément déterminatif* (T1, 25). Ce passage confond évidemment le rôle de la préposition avec celui du complément. Que le complément d'objet soit associé à la détermination n'est guère surprenant, étant donné qu'il indique le *terme* de l'action (T1, 385; cf. 3.6.). Ce contenu élargi de la détermination rompt l'opposition avec la caractérisation, comme il ressort aussi du fait que le *complément de caractérisation* (*oiseau de proie, la tour Eiffel, l'affaire Dreyfus*) passe pour une sous-catégorie du *complément déterminatif* (T1, 22, 27, 33)[320].

Le terme de *(complément) déterminatif* doit faire face à la concurrence du *déterminant*, qui, lui aussi, tend à s'engouffrer dans le vide conceptuel. L'affirmation de Dauzat selon laquelle l'adverbe est un *déterminant du verbe*, un *déterminatif invariable* «qui précise, complète ou modifie le sens» (1947: 317; cf. 412) annonce déjà Cayrou (1948), chez qui le *déterminant* acquiert définitivement le sens plus général d'a d j o i n t, élément dépendant de la t ê t e, que ce soit d'un verbe ou d'un nom (1948: 288, 319, 332)[321]:

- *déterminant d'un nom*:
  - *mots qui introduisent le nom*: article, adjectifs pronominaux, adjectifs numéraux
  - *mots qui complètent le nom*: épithète, apposition, complément du nom, proposition subordonnée
- *déterminant du verbe*: adverbe.

Le même terme (*déterminant d'un mot*) est employé de la même manière par Wartburg (1947: 306): *apposition, compléments déterminatifs du nom* (y compris les r e l a t i v e s ; 1947: 237) et *adjectif épithète*. Il fait couple avec le *déterminé* (1947: 307), faisant écho à la théorie de la *séquence progressive* de Bally (1932: 43-44; 173-

---

[318] «chacun des éléments essentiels qui le [= le langage] constituent, (l'attribut, l'objet, le qualificatif, le nom, et naturellement aussi le verbe), concourt pour sa part à la détermination» (Le Bidois T1, 24).
[319] «c'est-à-dire, dans un ensemble, distinguer un objet, le séparer des autres; en mots tout à fait simples, c'est quand il peut être question de plusieurs, *indiquer nettement lequel*» (T1, 24). Sur ce point les compléments introduits par une préposition ont la fonction de certaines ««catégories» grammaticales»: articles, démonstratifs, possessifs.
[320] À côté du *complément déterminatif d'appartenance* (*maison du maître*) et le *complément (du) partitif* (*le plus grand des deux*).
[321] Les auteurs ne respectent pas toujours la distinction entre mots *qui introduisent* et mots *qui complètent*: l'adjectif démonstratif «s'emploie toujours comme *épithète*» (Cayrou 1948: 118).

174; cf. aussi Dauzat *supra*). Il s'ensuit que le *complément déterminatif* (1947: 307) n'est qu'un des avatars du *déterminant*, tout comme les r e l a t i v e s . Comme *déterminant* est synonyme de *déterminatif* (1947: 296, 297, 112, 227), ce terme devient ambigu (é l é m e n t d é t e r m i n a n t ou d é t e r m i n a n t ?) (1947: 319, 137). Le fait que le terme de *déterminatif* ne concerne que certaines sous-catégories de la classe des d é t e r m i n a n t s ajoute encore à la confusion: «un déterminatif (article, possessif, démonstratif)» (1947: 316; cf. 247, 280). Ailleurs, on apprend que l'article n'est qu'un équivalent du *déterminatif* (Wartburg 1947: 207), ou encore, que seuls les articles indéfini et défini sont des «articles déterminatifs proprement dits» (1947: 207). En plus, à l'intérieur de la classe des démonstratifs se trouvent opposés les *démonstratifs* et les *déterminatifs* (1947: 223-231); les derniers sont issus des premiers à la suite d'une *dévaluation* des démonstratifs survenue au cours de l'histoire (1947: 223).

En définitive, les termes *déterminer/détermination* n'ont pas le sens sémantico-référentiel précis d'"instanciation" chez Wartburg – Zumthor. On a plutôt affaire à un synonyme de 'compléter' (cf. aussi Cayrou et Dauzat ci-dessus), comme le montre aussi l'application des termes *déterminatif/déterminant* aux é p i t h è t e s (1947: 297, 306) et l'expression *groupe de détermination* pour certains s y n t a g m e s (1947: 315-316)[322]. C'est d'ailleurs plus ou moins le sens attribué à la *détermination* par Bally (1932: 44)[323], qu'on trouve préfigurée dans le chapitre sur l'ordre des mots chez Lanusse (1921: 237): «chaque groupe comprend un mot *complété* et un mot *complément*, ou encore un *déterminé* et un *déterminant*».

4.3. L'a p p o s i t i o n

Reste l'apposition, qui, elle aussi, est tiraillée entre une approche catégorielle stricte (nom) et une interprétation plus large (nom, adjectif, etc.) (4.3.1.). Le statut en est d'autant plus incertain qu'elle se trouve à mi-chemin entre l'é p i t h è t e et l'a t - t r i b u t . Le détachement prosodique est un paramètre important, mais pas toujours décisif (4.3.2). Étant donné l'association avec le détachement (et la prédication), il n'est pas étonnant de trouver des extensions d'emploi du terme dans d'autres domaines de la description grammaticale (4.3.3.).

4.3.1. L'interprétation catégorielle (ascendante) *vs* sémantico-logique (descendante)

Pour l'histoire de l'a p p o s i t i o n , on dispose désormais d'un excellent aperçu dans Neveu (1998). Après s'être éclipsée sous le règne de la grammaire chapsalienne, l'apposition refait surface dans la terminologie de la deuxième grammaire

---

[322] Une influence de la théorie des Le Bidois n'est pourtant pas exclue, comme le montre la définition des CO et de la transitivité: le CO est «l'objet terme de l'action» (Wartburg 1947: 17).
[323] On ne saurait cependant interpréter ces notions en termes de dépendance. Pour Bally (1932: 44), le *déterminant* et le *déterminé* sont *interdépendants* (*conditionnement réciproque*). Voir Ch. III. 3.1.2.2.

scolaire. Fonction de nature exclusivement nominale, elle s'ouvre vers 1880 à l'adjectif. Si dans la nomenclature de 1910 elle est toujours une fonction nominale, celle de 1949 (cf. aussi 1975) entérine l'adjectif apposé, avant que n'éclate une polémique à son propos sur la scène linguistique française[324]. Voilà le contexte dans lequel s'inscrivent les grammaires du corpus; voici les résultats de notre examen:

- Conception c a t é g o r i e l l e : apposition = un nom (infinitif, pronom)
  (Clédat), Ulrix, Haas[325], Lanusse[326], Brunot, Académie, Grevisse, Wartburg
- Conception s é m a n t i c o - f o n c t i o n n e l l e large:
  Plattner, Strohmeyer, Radouant, Engwer, Regula, Michaut, Le Bidois, Bloch, Larousse, Gougenheim, Galichet, de Boer, Cayrou
- Hésitation (de strict à moins strict):
  Sonnenschein, Dauzat, Bruneau.

La terminologie proposée par D&P trahit encore la volonté de distinguer le n o m et l'a d j e c t i f a p p o s i t i o n (V2, 14)[327]:

	substantiveux	*adjectiveux* (= a d j e c t i f s o u n o m s s a n s d é t e r m i n a n t)
ambiance	*épamphiscète* (V1, 662-663) P. ex. Vermine, l'enfant d'hospice, …	*épamphithète* (V1, 663-664; V2, 13-14) P. ex. Furieuse, elle vole …

Trois grammaires hésitent: Dauzat, Bruneau et Sonnenschein. Dauzat reste fidèle à la conception stricte de l'*apposition*, mais est porté à y voir une simple construction de l'*épithète*, ce qui l'ouvre à l'adjectif: «L'épithète peut être détachée, entre virgules, en apposition» (1947: 111)[328]. Si d'une part l'*épithète* peut être construite *en apposition*, l'*apposition* (un nom) a la fonction d'une *épithète* (cf. 4.1.2.). Bref, *apposition* et *épithète* tendent à coïncider[329]. Bruneau (1937: 86-87) s'en tient à la conception stricte de l'*apposition*, notion basée sur le *détachement*, mais parle aussi de l'adjectif et de l'adverbe *détachés* (1937: 177). Sonnenschein, qui, tout comme

---

[324] Voir Neveu (1998: 17) pour des références précises.

[325] Pour Haas, l'apposition est d'abord réservée aux noms, mais comme le nom est souvent employé comme adjectif (omission de l'article), les deux sont très proches l'un de l'autre.

[326] L'adjectif y entre cependant indirectement, par le biais de l'*attribut*, qui se prêterait à des emplois comme *apposition* (Lanusse 1921: 157; cf. 4.3.3.).

[327] Comme les a t t r i b u t s peuvent également être *ambiants* (*diamphithète* et *diamphischète*), la distinction entre ceux-ci et les *épamphithètes/-schètes* (= a p p o s i t i o n s) est délicate (V2, 22-23). Ces dernières jouissent d'une liberté complète de position. Elles ont, en outre, un pendant *circonjacent*: l'*épanaschète* (*Monsieur le Dauphin*) et l'*épanathète* (= é p i t h è t e p o s t p o s é e) (V1, 662).

[328] L'un des deux exemples de Dauzat (1947: 424-425) concerne d'ailleurs un participe passé (*instruits par …, les vieillards …*). Ce constat montre qu'il faut nuancer l'interprétation de Neveu (1998: 41).

[329] De même, *j'attaque en téméraire un bras toujours vainqueur* contient une *épithète* formant *une apposition en incise* (1947: 393). Toutefois, le fait que le nom «apposition» (1947: 112) ne soit présenté que comme un simple *équivalent* dans l'expression de la *qualification*, montre que l'assimilation n'est pas complète et qu'il reste des traces de la conception nominale stricte. Il serait d'ailleurs tout aussi faux de croire que pour Dauzat *apposition* équivaut à d é t a c h e m e n t (donc de lui attribuer une interprétation purement constructionnelle): au sein de la catégorie *apposition*, Dauzat oppose deux sous-types, l'un soudé au nom, l'autre détaché (Dauzat 1947: 56).

Dauzat, superpose les termes *epithète* et *apposition*, suggère qu'il y a encore d'autres *epithets in apposition* que les noms (1912: 99).

Malgré ces réticences, on constate, comme le laisse déjà entendre l'étude de Neveu (1998), que l'adjectif apposition gagne du terrain dans la tradition française. Presque toutes les grammaires du corpus publiées après 1932 l'admettent (sauf Wartburg et Grevisse, grammaires dont les auteurs ne sont pas des Français). L'extension de la classe de l'*apposition* est donc parallèle à l'extension de la classe *épithète* en France. Or celle-ci était beaucoup plus rare en France, témoin le blocage de l'*épithète* au niveau de la théorie de la proposition. À la différence de l'*épithète*, l'*apposition* a déjà acquis droit de cité dans l'analyse de la proposition. Ainsi, les grammaires qui se bornent encore à traiter l'*épithète* dans le chapitre sur l'adjectif, ne font plus de même pour l'*apposition*[330] (cf. 4.1.3.).

Mais tout comme pour l'épithète, le double traitement des fonctions (dans le chapitre 'fonctions' et dans les chapitres consacrés aux parties du discours) augmente le risque de contradictions internes, comme on le constate encore chez Michaut et Larousse. Dans l'analyse de la proposition (1934: 16; 1936: 71), l'apposition est rangée sous le *complément du nom*. Dans le chapitre sur le nom, en revanche, l'*apposition* et le *complément du nom*[331] sont dissociés (1934: 269-270; 1936: 162-165).

4.3.2. Apposition, détachement et prédication

À défaut de toute indication contraire, on peut supposer que l'épithète, l'apposition et l'attribut sont indépendants l'un de l'autre, ou encore, que l'apposition constitue un cas intermédiaire entre l'épithète et l'attribut (p. ex. Plattner[332], Larousse[333]).

Dans la tradition allemande, l'autonomie de l'apposition en tant que fonction syntaxique est sujette à caution. Nous avons vu (4.1.1. et 4.1.2.) que certains auteurs

---

[330] Radouant (1922: 57), Michaut (1934: 16) [sous *compléments des noms et des pronoms*], Larousse (1936: 71-72) [sous *complément du nom*, au sens strict], Bruneau (1937: 86-87) [sous *Mots et groupes de mots indépendants*, e.a. avec l'*apostrophe*, etc.], Bloch (1937: 200-201). Même de Boer (1947: 35) la rattache aux fonctions dans la proposition, en l'insérant dans la classe des *compléments prédicatifs*.
Les grammaires qui abordent déjà l'adjectif épithète au niveau de la proposition font de même pour l'apposition: Engwer (1926: 48), Sonnenschein, Galichet, Strohmeyer, Grevisse, Ulrix (groupes), Cayrou (groupes), Regula (indirectement, par l'*Attribut*, et directement, sous la ponctuation, qui est un *Beziehungsmittel*; 1931: 41, 45), D&P (VI, 124-125 parmi les *amphidmètes*, c'est-à-dire les compléments *ambiants*, *adjectiveux* et *substantiveux*, *en syndèse*).
Haas (confusion du niveau des fonctions secondaires avec les catégories adjectivales, adverbiales, etc.) et Brunot (onomasiologique) sont difficiles à juger sur ce point. Pour rappel, la liste des grammaires qui ne comportent pas de chapitre consacré à l'analyse de la proposition en fonctions: Clédat, Plattner, Lanusse, Académie, Le Bidois, Gougenheim, Dauzat, Wartburg.
[331] Larousse (1936: 162) classe les tours du type *un amour d'enfant* parmi les *compléments de noms* (substantif + substantif ayant la valeur d'un qualificatif, «appelé quelquefois apposition»).
[332] En dépit de la théorisation indigente dans la grammaire de Plattner, on discerne une espèce d'échelle entre les emplois *attributiv*, *appositiv* et *prädikativ* du nom (1899: 156).
[333] L'*épithète* et l'*attribut* sont parfois difficiles à distinguer (p. ex. épithète dans la *la tête haute* et attribut dans *avoir les dents longues*), selon les auteurs (Larousse 1936: 223).

tendent à incorporer l'*Apposition* à l'*Attribut* (= é p i t h è t e, mais au sens large du terme): Engwer (1926: 67, 71-72)[334], Sonnenschein (1912: 99). On constate d'ailleurs, que, si les Français en parlent[335], ils rapprochent, eux aussi, l'*apposition* plutôt de la qualification par l'adjectif *épithète* (p. ex. Bloch 1937: 200). Brunot (1922: 159), quant à lui, fait de l'*apposition* une sous-classe du *complément déterminatif* (*ville de Rome* = apposition) vs *le chemin de Rome* (= dépendance).

Une autre option était de rapprocher l'*apposition*, ou, du moins, certains types d'appositions de la p r é d i c a t i o n [336] (et d'autres de l' é p i t h è t e). Strohmeyer voit dans l'apposition «eine Art neuer Aussage» qui a une valeur de phrase, voire de s u b o r - d o n n é e (1921: 215-216). Cette analyse découle d'une conception sémantico-discursive de l'apposition, selon laquelle la représentation associée à l'apposition n'émerge qu'au cours de l'énonciation de la prédication (elle n'est pas présente au préalable). Haas, de son côté, affirme que l'apposition est *d'après sa nature* une «prädikative Bestimmung» (1909: 233), quitte à admettre que dans quelques cas l'apposition est devenue é p i t h é t i q u e (*attributive Verbindung*) (1909: 234), chaque fois qu'elle aboutit à un seul g r o u p e r y t h m i q u e (*Satztakt*): *l'ami Garriard*. Regula, quant à lui, hésite. En traitant de l'adjectif, il oppose les emplois *appositiv* et *attributiv* (ou *beifügend*) au rapport prédicatif (1931: 92), alors que le nom en *Apposition* (ou *Beisatz*) (1931: 82) est dit être une «prädikative Ergänzung», notamment en cas de détachement: *Orléans, [das] eine schöne Stadt [ist]*. Ailleurs, il distingue deux sortes d'appositions, é p i t h é t i q u e s et p r é d i c a t i v e s , toutes deux d é t a c h é e s (Regula 1931: 92):

- *attributiv (beifügend)*
    (a) *in direkter* ou (b) *indirekter Beziehung* [*une victoire des plus brillantes*]; (c) *als Apposition (Beisatz)*
- *prädikativ (aussagend)*
    (a) *in engster Beziehung mit dem Verb*: *elle est contente*; *elle tomba morte*
    (b) *prädikative Apposition* (cf. aussi 1931: 45, 50, 211): *la sangsue tomba sur le sol, morte*; *calme et fière, elle …*

Le rapprochement avec la prédication a partie liée avec l'importance accordée à la prosodie. La pause (virgule) semble essentielle chez Strohmeyer[337], Engwer et Regula (cf. exemples ci-dessus). Chez Haas, l'absence de virgule fait de l'*Apposition* une a p p o s i t i o n de type é p i t h é t i q u e . Pour Plattner, par contre, la virgule peut

---

[334] Cependant, l'*Apposition* tend à absorber certaines c o n s t r u c t i o n s p r é d i c a t i v e s comme *toujours aimables, ils …* (Engwer 1926: 90).

[335] Si Grevisse associe encore l'*apposition* à la relative e l l i p t i q u e (1936: 112), procédure qui rétablit la copule de la prédication, il faut avouer que la distinction *attribut/apposition/épithète* n'intéresse pas vraiment les grammairiens français, qui sont moins sensibles à la problématique de la prédication (implicite). Aussi Lanusse – Yvon (1921: 158, n. 1) ne s'inquiètent-ils pas trop de l'opposition *épithète/attribut*: «c'est moins une question de grammaire pure qu'une question de sens ou de raisonnement».

[336] On peut y rattacher la position de de Boer (1947: 35) qui semble subordonner l'*apposition* — en partie? — aux rapports prédicatifs (implicites): *rouge* dans *cette étoffe-là, rouge*, constitue un *complément prédicatif* (cf. 3.1.2.) dans lequel «il y a apposition».

[337] Que la virgule soit requise pour Strohmeyer (1921: 216-217) ressort du fait que *der Apotheker Parmentier* est un *Attribut* et non pas une *Apposition*.

faire défaut (1899: 156 *vs* 157). Que le caractère p r é d i c a t i f de l ' a p p o s i t i o n ne dépende pas entièrement du d é t a c h e m e n t , cela ressort du fait que certains auteurs rattachent à la p r é d i c a t i o n la simple postposition (non détachée) de certains a d j e c t i f s é p i t h è t e s . Ainsi, Plattner (1899: 398) considère l'emploi de *vieux* dans *du vin vieux* comme

> «vorwiegend prädizierend, es legt dem Gegenstand eine Eigenschaft bei, welche ihn von anderen Gegenständen derselben Art unterscheidet».

Si le même adjectif se trouve devant le nom, en revanche, l'adjectif est «vorwiegend epithetisch, es ist ein schmückendes Beiwort» (*de vieux vin*), la qualité étant propre au nom, conçue comme «vorhanden»[338] (cf. Strohmeyer 1921: 216). On en trouve encore un écho chez Grevisse (1936: 218): postposé, l'adjectif «joue plutôt le rôle d'attribut et exprime quelque chose d'accidentel ou une qualité qu'on veut mettre en relief». Ce qui joue ici, c'est la confusion du prédicat et de l'élément prépondérant sur le plan de l'échange discursif[339].

4.3.3. Extensions d'emploi du terme *apposition*

L'association avec le détachement et la prédication a donné lieu à des extensions d'emploi remarquables du concept d'apposition, comme nous avons déjà pu nous en rendre compte dans la description des fonctions p r i m a i r e s . Ainsi, nous avons rencontré l'*apposition* dans le traitement des s é q u e n c e s (Michaut 1934: 396-397; Dauzat 1947: 395)[340] et des a t t r i b u t s i n d i r e c t s du C O D (*complément en apposition*; Dauzat 1947: 394). Le terme d'apposition a pu être appliqué aussi à l ' a p o s t r o p h e (Engwer 1926: 152) et à d'autres éléments d é t a c h é s , comme les d i s l o c a t i o n s [341] (Michaut 1934: 396-397; Bruneau (1937: 87)[342] et certains a t t r i b u t s . Dans la syntaxe des Le Bidois, l'*attribut* peut être construit «en apposition» (T2, 72), ou encore, l'*apposition* est associée à un *attribut implicite* (T2, 587), *apposé* au sujet ou au verbe: *Languissante elle meurt* (T2, 587)[343]. Dans *vous parlez en soldat, je dois agir en roi* (T2, 715), ils entrevoient une *apposition*, tout

---

[338] L'interprétation prédicative de l ' é p i t h è t e p o s t p o s é e est cependant contredite dans un autre passage (Plattner 1899: 156).

[339] Il en est de même chez Regula (1931: 52-53). La problématique de l'antéposition *vs* postposition de l'adjectif é p i t h è t e est rattachée à l'opposition t h è m e / r h è m e et fait même écho au concept d ' i n h é r e n c e (cf. 3.5.1.1.): la qualité ne réside pas dans le nom (avec *Aussagewert, Sinnprädikat*) *vs* la qualité est très liée au concept du nom ou est connue grâce au contexte (sans *Aussagewert*). Dans le deuxième cas, Regula parle aussi de *schmückendes Beiwort*, espèce d ' é p i t h è t e d e n a t u r e .

[340] *C'est une belle qualité que le courage*: *que* comble le «hiatus», relie le «sujet réel, mis en apposition à la fin d'une phrase introduite par *c'est*» (Dauzat 1947: 395).

[341] Neveu (1998: 40) signale qu'on a longtemps confondu *apposition* et *segmentation* (d i s l o c a t i o n). Même Bonnard (*GLLF*, «Apposition») et la nomenclature de 1975 les confondent encore. Bally (1944: 60-62; 65-66) les distingue, tout comme plus tard Milner et Dupont.

[342] Haas (1909: 233) les dissocie nettement.

[343] De même, si Lanusse – Yvon s'en tiennent à la conception stricte de l'*apposition*, l'adjectif y entre cependant par le biais de l'*attribut*, lequel peut être employé comme une *apposition* (1921: 157), c'est-à-dire sans l'intermédiaire d'un verbe: *Un chat, immobile, guette* ...

comme Wartburg (1947: 295), d'ailleurs. Cayrou voit dans les relatives du type prédicatif non pas des *attributs*, mais des *appositions* équivalant à des participes en fonction de complément circonstanciel de temps (1948: 365).

4.4. Conclusions

De l'analyse des fonctions secondaires il ressort deux constats majeurs.

(1) Si la tradition française manifeste une nette préférence pour l'interprétation catégorielle (qui est plus stricte) des fonctions secondaires, la tradition allemande (ou plutôt germanique) privilégie l'interprétation sémantico-fonctionnelle. Cette tendance ressort à la fois de l'examen de l'épithète, de l'apposition et du complément (du nom):

0 = pas d'application	... au sens sémantico-fonctionnel du terme: + ... au sens catégoriel du terme: −			
	épithète[344]	apposition	complément	déterm−
Clédat	0	−	+ et −	0
Plattner	+	+	+	**0**
Ulrix	−	−	−	+
Haas	+	−	+	**0**
Sonnenschein	+	+?	**0**	**0**
Lanusse	+	−	−	(+)
Strohmeyer	+	+	(+)[345]	**0**
Radouant	−	+	+ et −	0
Brunot	−	−	+ et −	+
Engwer	++	+	+	**0**
D&P	− (0)	− (0)	+[346]	0
Regula	++	+	+	**0**
Académie	−	−	−	0
Michaut	−	+	+ et −	0
Le Bidois	−	+	−	+
Bloch	−	+	−	0
Larousse	−	+	+ et −	0
Grevisse	−	−	−	+
Bruneau	+	+?	−	0
Gougenheim	−	+	−	0
Galichet	++	+	−	0
Dauzat	−	+?	−	+
Wartburg	−	−	−	+
de Boer	++ et −	+	+	**0**
Cayrou[347]	+	+	+ et −	+

---

[344] ++: adjoint en général; +: adjoint direct; gras: tradition germanique.

[345] Le terme *Bestimmung* est très rare. La portée exacte du terme est difficile à évaluer.

[346] La terminologie de D&P comporte toute une série de termes qui rendent superflue la notion de *complément*. Les termes *diaplérome*, *épiplérome*, *diadote* (= éléments attributifs), et surtout, *syndumène*, qui ne sont pas liés à des parties du discours spécifiques, ont un sens sémantico-logique, tout comme le terme *complément* qui figure encore dans quelques titres, p. ex. (V3, 194).

[347] Chez Cayrou – Laurent – Lods (1948: 322, 324, 328), les extensions se doublent, qui plus est, de l'incorporation des subordonnées dans l'étude des fonctions, en vertu du parallélisme mot/

(2) Cependant, on constate aussi que quelques grammaires d'expression française tendent à aller au-delà de la conception catégorielle (ascendante) des f o n c t i o n s s e c o n d a i r e s qui caractérise la tradition grammaticale française, ce qui correspond, de fait, à une espèce de 'logicisation'. Dans cette optique, les fonctions ne sont plus liées à telle ou telle partie du discours (= conception c a t é g o r i e l l e). Cela s'observe à la fois pour l ' a p p o s i t i o n , l ' é p i t h è t e , ainsi que pour le nouveau paradigme terminologique *déterm-*.

L'émergence du paradigme terminologique *déterm–*, associé traditionnellement au nom (*complément déterminatif*) et aux d é t e r m i n a n t s (*déterminatif, déterminant*), semble répondre à un besoin réel. Les grammaires de facture française avaient restreint l'emploi du terme de *complément* aux seuls noms (et pronoms) (= complément au sens c a t é g o r i e l). La lacune qui en résulte a été comblée par la reconversion de termes existants (Dauzat, Cayrou, Wartburg), en partie sous l'influence de la linguistique de Bally (*déterminant/déterminé*). Chez d'autres auteurs (Brunot, Galichet), l'extension observée pour les *épithètes* et les *déterm-* répond à la percée d'une dichotomie sémantique fondamentale: *caractérisation (qualification)* vs *détermination*[348]. Les Le Bidois, quant à eux, élaborent une nouvelle théorie de la détermination, mais indépendamment de la caractérisation.

L'absorption des d é t e r m i n a n t s par l'*épithète* fait abstraction du clivage caractérisation/détermination et répond plutôt à un regroupement sur base de traits formels: la forme adjectivale et l'accord (Lanusse, Cayrou). La p e r s p e c t i v e f o n c t i o n n e l l e t r a n s v e r s a l e et la théorie des t r a n s f e r t s i n t e r c a t é g o r i e l s expliquent pourquoi les noms non introduits — à l'exclusion des c o m p l é m e n t s d u n o m ordinaires — ont le privilège d'être rattachés aux é p i t h è t e s (Haas, Sonnenschein, Strohmeyer, Plattner, Bruneau).

Reste l ' a p p o s i t i o n , qui semble s'être affranchie davantage de la restriction 'catégorielle' qui pèse sur les fonctions secondaires en France. Les grammaires allemandes du corpus montrent que l ' a p p o s i t i o n est le plus souvent associée au d é t a c h e m e n t , correspondant sur le plan sémantique à une quasi-p r é d i c a t i o n . Il s'ensuit qu'une partie des constructions que les auteurs français qualifient d'*appositions*, à savoir les noms soudés à un autre nom (sans détachement), passent en général pour des *Attribute*[349], ce qui contribue à la couverture très large de la fonction *Attribut*. La critériologie des deux traditions est d'ailleurs tout à fait différente:

---

proposition: la *proposition épithète* (= r e l a t i v e s a n s v i r g u l e), la *proposition apposition* (deux sous-types: c o m p l é t i v e c o m p l é m e n t d u n o m , séparée par une virgule et r e l a t i v e e x p l i c a t i v e), la *proposition complément de nom* (c o m p l é t i v e c o m p l é m e n t d u n o m , sans virgule).

[348] La reconnaissance de ce couple de notions n'affecte pas toujours le découpage des f o n c t i o n s s y n t a x i q u e s , comme le montre Larousse (1936: 223) où l'*épithète* abrite tant des c a r a c t é r i s a n t s (*table massive*) que des d é t e r m i n a n t s (*table ronde, École polytechnique, le présent décret*).

[349] Certes, les *Appositionen*, f o n c t i o n s d é t a c h é e s , sont encore rapprocheés de l'*Attribut*, mais au sens large du terme.

là où dans la tradition allemande le d é t a c h e m e n t constitue un critère essentiel, il est subordonné au découpage des fonctions en France, où il ne sert qu'à départager deux types d'*appositions*.

5. LES MOTS 'HORS PHRASE'

Nous ne saurions terminer ce chapitre sur les f o n c t i o n s sans avoir signalé les (nombreuses) structures «qui ne font pas partie de la proposition», qui se situent «hors phrase». Il s'agit de mots qui n'ont pas de f o n c t i o n s y n t a x i q u e (éléments *indépendants* ou *hors phrase*) ou qui sont dépourvus de fonction tout court (les éléments *explétifs*).

Dans ce qui suit, nous examinerons les grammaires qui réunissent tous ces éléments en une seule classe (5.1.). Pour une étude plus détaillée de chacun des éléments impliqués, on se reportera à la description de l'a p p o s i t i o n (cf. 4.3.), de l'i n t e r j e c t i o n (Ch. V, 3.5.) et des mots *explétifs* (Ch. VI, 2.3.5.). Ensuite, nous traiterons de l'a p o s t r o p h e, fonction qui ne se rattache pas aux f o n c t i o n s s e c o n d a i r e s (5.2.). Pour terminer, nous essaierons de replacer les mots horsphrase dans l'évolution globale de la théorie des fonctions (5.3.).

5.1. *La classe des mots 'hors phrase': inventaire*

On trouve un bel exemple d'un regroupement des laissés pour compte dans la grammaire rédigée par l'inspecteur Chassang (1882[8]), l'une des grammaires les plus complètes de la deuxième moitié du 19e siècle: le *vocatif, formule vocative* ou *apostrophe*

> «ne font pas partie de la proposition[350], pas plus que les *exclamations* ou *interjections* qui s'y trouvent mêlées: aussi peut-on les mettre au commencement, au milieu, à la fin, ou même les supprimer, sans altérer le sens de la proposition» (Chassang 1882: 198).

Même la conjonction y est associée, car elle ne fait pas partie des propositions qu'elle relie entre elles (Chassang 1882: 199).

Ce genre de démarche n'est pas étranger à certaines grammaires du corpus. Dans les *remarques* qui font suite à l'analyse de la proposition, Radouant relève que «certains éléments sont indépendants dans la proposition: l'apostrophe». Le paragraphe suivant traite des *mots exclamatifs* (*interjections* ou *mots véritables*) (1922: 59-60; cf. aussi 108). Qu'il s'agisse bel et bien d'éléments marginaux, cela ressort du titre: «*Certains éléments du langage peuvent échapper à l'analyse*». Chez

---

[350] Cf. aussi Croisad – Dubois (1935[20]: 398): «L'analyse logique laisse en dehors les mots explétifs et certains mots mis en apostrophe».

Michaut (1934: 265; 10; 541), les *interjections* et *apostrophes* sont dites ne pas faire «à proprement parler, partie de la proposition» dans laquelle elles sont *intercalées*[351].

La grammaire de Cayrou – Laurent – Lods (1948: 331-332), dont la description des *fonctions dans la proposition et dans la phrase* est basée sur la mise en rapport de *groupes-nom* et de *groupes-verbe*, traite en préliminaire «le nom indépendant: l'apostrophe»[352], avant de passer en revue les rapports de dépendance entre les *groupes-nom* et le *groupe-verbe*. L'*interjection* est seulement traitée dans la partie morphologique. Elle n'est ni *complément* (comme l'adverbe), ni *lien grammatical* (comme la préposition), mais «ne remplit dans la phrase *aucune fonction grammaticale*; elle est, pour ainsi dire, *hors phrase*» (1948: 277).

Certains grammairiens, comme Bruneau et Dauzat (ainsi que Regula) abordent de la même manière des structures plus complexes. Ainsi, Bruneau – Heulluy opposent dans leur analyse les *éléments essentiels de la phrase* aux *mots et groupes de mots indépendants* (1937: 86), qui sont *construit[s] librement* (1937: 163). C'est la *phrase brisée*, dont «l'ordonnance logique» a été interrompue, qui accueille les éléments «indépendants», à savoir la *parenthèse* (qui est une «phrase»), l'*apostrophe* et l'*exclamation* (= interjection + exclamations consistant en plusieurs mots). Dauzat cherche à étoffer cette classe dans le chapitre 8 de sa *Grammaire raisonnée* (1947: 397-410), le seul chapitre qui aborde la phrase, et, à vrai dire, la phrase dans ce qu'elle a de plus rétif à l'analyse: *phrases brisées et phrases incomplètes; propositions et mots hors phrase*. Deux paragraphes de ce chapitre fourre-tout consacré à la syntaxe affective concernent des éléments «hors phrase»[353]:

> III. propositions et membres hors phrase (1947: 402): apostrophes et exclamations, tour correspondant à l'ablatif absolu du latin, les incises et l'apposition
> IV. mots hors phrase: interjections (1947: 405).

Dauzat dépasse donc le cadre des fonctions syntaxiques, pour examiner des structures d'une complexité formelle variable, semi-phrastiques détachées et phrastiques (cf. Regula[354]: la classe des *lose Satzbestimmungen*). Dans le même

---

[351] Il n'empêche que l'*apostrophe* se trouve parmi les autres *fonctions du nom* (Michaut 1934: 272), même si «en réalité» elle ne fait pas partie de la proposition.

[352] Comme le pronom peut également figurer en *apostrophe* et que les auteurs parlent aussi d'une possible confusion avec l'*exclamation*, les deux éléments du titre ne sont pas identiques.

[353] Une partie de ces éléments refont surface dans le chapitre 11, qui regroupe les structures liées à l'expression de l'affectivité. Dans le paragraphe consacré à l'omission de l'article dans la *syntaxe vivante* (Dauzat 1947: 250-252), on retrouve les *appels, apostrophes, invocations* (cf. le *vocatif*), l'*apposition* et les *mots hors phrase*. Ces derniers sont à interpréter ici comme des éléments qui ne constituent pas une phrase à proprement parler, c'est-à-dire les *enseignes*, les *annonces*, les *menus*, les *titres de livres et chapitres, adresses*, etc.

[354] En parlant des participes présents (1931: 224) et passés (1931: 221) et de l'infinitif (1931: 227), Regula oppose à trois reprises un emploi absolu (*absolutes* X) à un emploi lié (*verbundenes* X).

sens, le *groupe nominal* peut se situer «hors phrase» (1947: 250): *les soldats marchaient, casque en tête et fusil sur l'épaule*.

D'autres grammairiens vont jusqu'à ranger des éléments *explétifs* dans leur 'rubrique poubelle'. Ulrix (1909: 110-111), par exemple, regroupe sous les «mots qui ne remplissent aucune fonction grammaticale» les *substantifs en apostrophe*, les p r o n o m s   d e   r e p r i s e (dans la d i s l o c a t i o n   à   g a u c h e), le d a t i f é t h i q u e, les interjections et les prépositions «employées d'une façon explétive» (*ville de Bruxelles, obéir à mon père, honteux de mentir, rien de bon, apprendre à lire*). On trouve un passage analogue chez cet autre grammairien belge, Maurice Grevisse. L'auteur du *Bon Usage* distingue quatre types d'éléments dans son analyse de la proposition: les *termes essentiels de la proposition* (= f o n c t i o n s   p r i m a i r e s), les *mots accompagnant le sujet, l'attribut, les compléments du verbe* (= f o n c t i o n s   s e c o n d a i r e s), les *mots ou termes de liaison*, c'est-à-dire la conjonction et la préposition, et, finalement, les *mots indépendants* (1936: 120-121). Cette dernière classe est définie comme suit: «dans la proposition [il y a] certains éléments qui ne déterminent ni ne complètent le sens d'aucun mot» (1936: 120). Elle comporte les éléments suivants:

> (a) *l'interjection*; (b) *le mot mis en apostrophe*; (c) *le pronom personnel explétif* (= d a t i f   é t h i q u e); (d) *la préposition explétive*; (e) *les gallicismes: c'est ... qui, c'est ... que*.

On retrouve ici les fonctions hors phrase et les mots sans fonction (*explétifs*), auxquels s'ajoutent encore des structures inanalysables appelées *gallicismes* à l'époque.

5.2. L ' a p o s t r o p h e

L ' a p o s t r o p h e ne retiendra pas longtemps notre attention. Cette fonction relativement marginale est néanmoins connue de tous les grammairiens du corpus, à l'exception d'Ulrix, sans qu'elle soit pour autant traitée dans le cadre des f o n c t i o n s   s y n t a x i q u e s dans la proposition. On la trouve assez souvent parmi les fonctions du *nom* (Lanusse, D&P[355], Engwer, Michaut[356], Larousse, Dauzat et Wartburg). Si elle parvient à s'insinuer dans le chapitre consacré aux f o n c t i o n s dans le cadre de la proposition, c'est très souvent comme un élément ou fonction «hors phrase» (cf. ci-dessus Radouant, Grevisse, Bruneau et Cayrou[357]). Seul Bloch la considère comme une f o n c t i o n à part entière. Dans les autres grammaires, l ' a p o s t r o p h e est un concept traité incidemment, par exemple, en parlant de l'article ou de l'impératif.

---

[355] L'a p o s t r o p h e figure aussi parmi les c o m p l é m e n t s   d u   v e r b e.
[356] L'*apostrophe* — accompagnée de l'*interjection* — est effleurée dans les notions préliminaires, avant l'étude des *termes de la proposition* (1934: 10). C'est un cas-limite.
[357] Dauzat (1947: 402) en traite sous le nom et parmi les *propositions et membres hors phrase*.

Quant à la nomenclature, trois paradigmes majeurs sont attestés (qui entrent parfois en concurrence): *(en) apostrophe*[358], *vocatif*[359] et *Anrede/Anruf* (terminologie allemande)[360]. Il s'y ajoute encore l'*interpellation* ou l'*interpellatif* des Le Bidois (aussi *vocatif*), d'après une suggestion de Brunot (1922).

Parmi les critères mis en œuvre dans la définition de l'a p o s t r o p h e, il importe de signaler l'apparition d'éléments tirés de l'énonciation[361]:

- réalité (C1) + 'pragmatique' (C4): désigne la personne/chose à qui on s'adresse:
    Académie, Lanusse, Radouant, Grevisse, Dauzat, Bloch
- 'pragmatique' (C4): appel à un interlocuteur:
    (Bruneau), de Boer, D&P, Wartburg.

5.3. Conclusion

Le relevé qui précède montre que ce sont surtout l'a p o s t r o p h e, l'i n t e r j e c t i o n / l'e x c l a m a t i o n et, dans une moindre mesure, l'a p p o s i t i o n, qui donnent corps à une catégorie d'éléments 'marginaux'. Chez Bruneau, Dauzat et Regula, cet inventaire s'étend à des structures complexes, semi-phrastiques ou phrastiques. Certains auteurs sont également portés à y inclure des é l é m e n t s e x p l é t i f s (Grevisse, Ulrix).

On pourrait interpréter cette 'marginalisation' de faits de deux façons: soit comme l'attribution d'un véritable statut syntaxique, mais de nature extra-prédicative, soit comme un aveu de faiblesse, témoignant d'un déficit d'intégration de ces structures dans la théorie de la proposition, une tentative de déblayer des obstacles, avant l'analyse proprement dite.

On ferait cependant tort à ces auteurs si on les soupçonnait de vouloir simplement éluder les problèmes. On ne peut pas oublier que le terme «indépendant», qu'on trouve presque partout, répond aussi à une certaine réalité syntaxique: 'élément qui n'est lié à aucun élément de la proposition' (ce qui a aussi des répercussions sur l'accord). L'analyse qu'en font Bruneau et Chassang montre d'ailleurs que l'indépendance est associée à la liberté de position.

Quoi qu'il en soit, notre analyse met le doigt sur l'impuissance de la syntaxe traditionnelle (de souche française) dans le secteur des fonctions périphériques (e x t r a - p r é d i c a t i v e s, p h r a s t i q u e s o u n o n p h r a s t i q u e s). Ce constat est confirmé par la méconnaissance des c o m p l é m e n t s d e p h r a s e (cf. 3.9.3.).

---

[358] Bruneau, Académie (*nom en apostrophe*), Lanusse, Radouant, Michaut, Larousse, Grevisse (aussi *mot mis en apostrophe*, *vocatif*), Galichet, Dauzat, Cayrou (aussi *nom indépendant*), Wartburg (aussi *vocatif*), Bloch.
[359] Clédat, Sonnenschein (*vocative*), Brunot (aussi *mots vocatifs*, *mots interpellatifs*), de Boer et D&P (aussi *complément ambiant locutoire*, *vocatif proprement dit*; ≠ *pseudo-vocatif*, qui est une apostrophe qui caractérise l'i n t e r l o c u t e u r, p. ex. *c'est bien à toi, maraud, de blâmer* ... ; V3, 442).
[360] *Anrede*: Plattner, Haas (*Vokativ*), Strohmeyer (*Anredeform*), Regula; *Anruf*: Engwer.
[361] Les lettres renvoient aux critères de notre analyse (cf. *Annexe* 9).

Dans le même sens, elle prouve, indirectement, que les m o t s - p h r a s e s (en lieu et place des i n t e r j e c t i o n s) ne sont pas encore entrés pour de bon dans les mœurs grammaticales françaises.

6. LE FRANÇAIS, UNE LANGUE À CAS?

6.0. *Introduction*

Sous la rubrique *généralités* de la complémentation verbale (3.5.), il a été question de quelques concepts de portée plus générale (inhérence *vs* relation, détermination extérieure *vs* intérieure, essentiel *vs* accessoire). Nous aurions pu y associer l'application de la grille des cas au français, mais comme cette problématique déborde la question des compléments du verbe et qu'elle demande une description plus détaillée, nous en traiterons ici.

L'examen des grammaires du corpus nous apprend en effet que certains auteurs continuent à appliquer au français certaines catégories tirées de l'analyse des langues casuelles. Deux d'entre eux, de Boer et Sonnenschein, sont même montés au créneau pour plaider la cause des cas. Le débat autour des cas syntaxiques (sémantiques) succède à cet autre débat qui a marqué l'histoire de la théorie des cas, à savoir celui qui opposait les localistes et les partisans de la conception grammaticale (ou syntaxique) des cas (cf. 3.5.1.2.). Dans ce qui suit, nous nous concentrerons surtout sur l'application des cas dans le domaine du nom (et de l'article), où l'absence de marques morphologiques la rend particulièrement délicate.

Nous commencerons par l'identification des domaines d'application des cas (6.1.) et par l'examen du degré d'intégration des cas non morphologiques à la description grammaticale globale (6.2.), ce qui permettra de nous interroger sur leur statut théorique (6.3.). Ensuite, nous nous attarderons plus longuement sur les théories de Sonnenschein et de de Boer (6.4.), avant de procéder à une mise en perspective (6.5.).

6.1. *Domaine d'application*

Pour se faire une idée du champ d'application du système des cas, deux questions sont cruciales: Quelles sont les parties du discours impliquées? (6.1.1.) et Quels cas sont reconnus?

6.1.1. Quelles parties du discours? Pronoms, noms et articles

Trois parties du discours sont concernées par l'application de la grille des cas: les **Noms** (p. ex. en latin), éventuellement en combinaison avec les prépositions, les **Pronoms** personnels (encore des résidus en français) et l'**Article** défini (considéré comme marque casuelle):

	N	A	P	occurrences sporadiques
Clédat	–	–	+	«l'ablatif absolu des Latins» (304); *vocatif* (372); gérondif = un cas de l'infinif (220), à savoir un cas régime après la préposition *en*
Plattner	+	–	+	les prépositions régissent toutes l'accusatif en français (209)
Ulrix	–	–	+	
Haas	–[362]	–	–	*Vokativ* (103)
Sonnenschein	+	+	+	*vocative* (apparaît dans une traduction en anglais) (106)
Lanusse	–	–	+	
Strohmeyer	+	–	+	attribut du sujet ~ *Nominativ* («entspricht sie ein»…); attribut du COD ~ *Akkusativ* (210)
Radouant	–	–	+	
Brunot	–	+	+	le *vocatif* n'existe plus (228) ↔ *vocatif, mots vocatifs* (260)
Engwer	+	–	+	impératif + Pronomen «appositiv»: «entspricht dies dem lateinischen Vokativ» (152); «im Sinne eines Vokativs» (67)
D&P	±[363]	+	+	*vocatif* (V3, 440; V1, 608); *pseudo-vocatif* (V1, 608); *factiveux ablativigènes* (index; §757)
Regula	+	–	+	beschreibender absolute Akkusativ: *Jacques, la joue ruisselante* (221); zwei Objekte: le résultat d'une *Objektspaltung*: le fr. ne peut avoir deux objets → l'objet personnel se met au *Dativ* (208)
Académie	–	–	–	
Michaut	–	–	+	
Le Bidois	+	–	–	*Vocatif* (T2, 165; T1, 495)
Bloch	–	–	–[364]	Simple rapprochement: «Certaines prépositions, surtout *à* et *de*, et aussi *en* et *pour* ont servi à remplacer les cas du latin» (179); elles ont une «valeur purement grammaticale»
Larousse	–	–	+	Simple rapprochement: *de*: *de* latin; puis «correspond à différents sens du *génitif latin*» (384)
Grevisse	–	–	+[365]	sujet de l'inf. prend la forme d'un «complément direct (accusatif)» ou d'un «complément indirect (datif)» (612, 613); *Ô* ≠ une interjection, «c'est le signe du vocatif, de l'apostrophe» (587; 655); en fait deux *Ô* différents: l'un «exclamatif», l'autre «simplement vocatif» (655)
Bruneau	–	–	+	
Gougenheim	–	–	+	
Galichet	–	–	–	les cas ont disparu en fr. et les prép. les ont remplacés (46); appartenance de la prép. à «*l'espèce casuelle*» (45)
Dauzat	–	–[366]	+	«quelques vestiges des anciens cas subsistent dans les noms» (75)[367]; Rapprochements avec les anciens cas latins [perspective historique, comparative][368]
Wartburg	–	–	–	La terminologie des cas apparaît sporadiquement, appliquée aux noms et aux pronoms[369]
de Boer	+	–	+	*Vocatif* (215, 56, index)
Cayrou	–	–	–	

---

[362] La syntaxe de Haas est le seul ouvrage allemand qui rejette explicitement les cas (1909: 78) pour des raisons formelles et sémantiques.

[363] Traces.

[364] Mais: «en quelque sorte une déclinaison, dernier vestige de la déclinaison latine» (Bloch 1937: 65).

[365] Les cas nominatif, accusatif et datif des pronoms (atones et toniques!) sont mentionnés derrière les fonctions (entre parenthèses) (Grevisse 1936: 259).

[366] L'auteur regroupe l'article et les pronoms. Il est peu probable que les résidus du système casuel dont il est question s'appliquent aussi aux articles.

Contrairement aux grammaires de facture allemande (ainsi que Sonnenschein et de Boer), la tradition française a depuis longtemps abandonné les cas nominaux. Seuls les esprits les plus originaux et les plus axés sur la valeur des formes, Brunot (articles), D&P et Le Bidois, sortent du lot. Que les grammaires françaises se soient détournées des désignations casuelles ressort aussi du traitement des pronoms (où les marques casuelles ont pourtant survécu).

6.1.2. Quels cas?

La série des cas n'est pas toujours complète:

	nominatif	accusatif	datif	génitif
Plattner	–[370]	+	+	+
Sonnenschein	+	+	+	+ (+ survivances)
Strohmeyer	–[371]	+	+	+
Engwer	–	–	+	+
Regula	+	+	+	+ (+ survivances[372])
de Boer (cas sémantiques)	+	+	directif	⊂ accusatif
D&P (survivances)	–	cas régime	ou oblique	génitif (survivances)
D&P (articles)	subsomptif	rectisomptif	assomptif	désomptif
Le Bidois	–	–	(+)	(+)
Brunot (articles) [cf. 6.3.1., d.]	sujet	+ (es)	+ (au) + (ou) = locatif	+ (du)

---

[367] Il s'agit des restes du cas sujet (p. ex. certains prénoms), du cas régime (*chantre/chanteur*), voire même du génitif (*chandeleur*) dans le fonds lexical français (1947: 75). En outre, certains noms propres reflètent encore l'usage du cas régime à valeur de génitif: *la Fête-Dieu* (1947: 344-345; 418).

[368] Exemples: «La préposition, pour indiquer le complément, joue le rôle rempli par les cas (désinences des mots) dans les langues anciennes» (Dauzat 1947: 343); *de* + complément du nom «fait fonction, on le sait, du génitif latin» (1947: 418); toute la description des prépositions s'inspire de la grammaire historique (prép./(cas) latins → emplois des prép. en fr. mod.); «tour correspondant à l'ablatif absolu du latin» (1947: 403); contrairement aux «propositions participes», «le tour imité de l'ablatif absolu du latin, et qui s'est acclimaté en français, constitue un membre hors phrase» (1947: 403); *vocatif*: pronoms-sujets «exprimés ou sous-entendus (à l'impératif et au vocatif)» (1947: 447); «exprimés par le vocatif dans les langues anciennes» (Dauzat 1947: 250).

[369] Occurrences: chapitre prépositions [verbes qui «régissent tantôt *de* tantôt l'accusatif» (291); «l'expression du génitif subjectif ou objectif» (1947: 290)]; V + S N + S N + i n f .: «à la forme du datif»: *lui, leur, à* devant les substantifs (1947: 138); «après un vocatif» (252); *la Mathurin* (emploi d é p r é c i a t i f) provient de «l'ancien cas possessif» (1947: 210); *la Saint-Jean: la* (pronom déterminatif: ~ «celle de») + «datif possessif» (1947: 215); pronoms: décrits en termes de f o n c t i o n s , mais on trouve aussi, très sporadiquement, les cas (Dauzat 1947: 186).

[370] On trouve bel et bien le double nominatif et le double accusatif (Plattner 1899: 339-341).

[371] Comme le sujet n'est pas régi, le nominatif ne relève pas de la *Rektion*. Les cas sont abordés à travers la *Rektion*.

[372] Dans certaines constructions le «*einwortige* (*synthetische*) *Attributkasus*» de l'ancien français est maintenu: *Hôtel-Dieu, la chandeleur, Dieu merci, de par le roi, à la queu leu leu, rue Gay Lussac, chocolat Suchard*, etc. (1931: 70). Celles-ci coexistent avec le génitif analytique. Cf. aussi Strohmeyer (1921: 116-117) [restes d'anciens génitifs et nominatifs] et D&P (cf. *infra*). Les autres grammaires n'en font pas mention, les situent en ancien français, ou n'y appliquent pas la terminologie des cas (Le Bidois T1, 32-34). Brunot (1922: 242), par exemple, affirme que «de la valeur syntaxique de la flexion casuelle, rien n'a demeuré dans les noms».

Le nominatif, cas 'par défaut', pour ainsi dire, est le moins bien représenté. L'accusatif est décrit le mieux. Il englobe le COD (*Akkusativobjekt*) et les c o m p l é - m e n t s   c i r c o n s t a n c i e l s   d i r e c t s (c'est l'accusatif dit *adverbial*).

Le datif et le génitif correspondent respectivement aux emplois de *à* et de *de*, mais, comme la plupart des grammaires le font remarquer, tous les emplois de ces deux prépositions ne sont pas concernés. La pronominalisation par *lui/leur* sert de critère pour départager emplois datifs et non datifs[373]. Les emplois de la préposition *de*, par contre, ne passent pas par le crible de la pronominalisation. Ici les mises en rapport superficielles avec le génitif ne s'avèrent que d'un piètre intérêt, même didactique. En effet, quel avantage a-t-on à dire aux élèves germanophones que la préposition *de* correspond au génitif si une grande partie des emplois n'en relèvent pas? Pensons aux cas suivants: *de nuit* (plutôt un locatif), *(je n'ai pas dormi) de la nuit* (durée), *traiter qqn de fou* (et tous les emplois 'vides' ou 'explétifs' de cette préposition). Les Le Bidois signalent même une catégorie d'emplois où *de* fonctionne comme un ablatif (T2, 692-695): *il vient de Paris, de quatre ans plus âgé que moi* (mesure de la différence). Et que dire alors du génitif dans *connu de tous*? Si l'approche casuelle se veut vraiment opérationnelle, il faudrait que les auteurs définissent mieux les contours de la classe des génitifs. Comme le signale Le Bidois, à l'héritage latin, c'est-à-dire le génitif, se sont ajoutés d'autres emplois «où le latin n'a rien à voir» (T1, 27).

6.2. *Impact sur la description*

Si tous ces auteurs appliquent la notion de cas à des structures qui n'en portent pas ouvertement la marque (flexion), ils ne le font pas tous de la même façon et dans la même mesure. Trois paramètres relatifs à l'*agencement* de la matière permettent de mesurer le degré d'intégration du concept de cas: l'association des cas avec la morphologie du nom (6.2.1.), la présence d'un chapitre consacré aux cas (6.2.2.) et le rôle du datif et du génitif dans la description des prépositions (6.2.3.).

6.2.1. Mise en rapport avec la morphologie (du nom/de l'article)

Les auteurs qui rattachent les cas à la description de la morphologie du nom (ou de l'article) soulignent par là que les cas ont une certaine réalité en français: Strohmeyer (1921: 116-117), Engwer (1926: 67-68), Regula (1931: 69-70), Sonnenschein (1912: 15-17)[374]. Sonnenschein (1912: 15-17) et Regula (1931: 69-70) conservent même la présentation tabulaire traditionnelle[375]. Par contre, de Boer et Le

---

[373] C'est le cas chez Sonnenschein, Regula, Engwer et Strohmeyer. cf. 3.7.2.
[374] Sous la déclinaison de l'article (deux tableaux).
[375] Brunot parle de la déclinaison de l'article sous la *détermination*.

Bidois (qui ne traitent pas de la morphologie), ainsi que Plattner et D&P, renoncent au traitement des cas dans le cadre de la morphologie du nom[376].

6.2.2. L'élaboration d'un chapitre (syntaxique) consacré à la description de chacun des cas

Si les cas nominaux ne sont pas assimilés à des éléments de morphologie, on s'attend au moins à un traitement global dans la *syntaxe*. Des grammairiens d'expression allemande ou anglaise, seuls Sonnenschein (1912: 138-166; *Cases and prepositions*) et, en partie, Strohmeyer (1921: 206-240; *Rektion*) répondent à cette attente.

De Boer (1947: 62-69; 38-40) en traite dans la *syntaxe des substantivaux* et dans la théorie du régime. Plattner, qui annonce pourtant les cas nominaux au début de son chapitre *Syntax* (1899: 241) — *Substantiv (Kasuslehre)* —, n'en traite qu'incidemment, mais cela tout au long de sa syntaxe[377]. Chez Engwer et Regula, les passages consacrés aux f o n c t i o n s — c'est-à-dire tant la section sur l'analyse de la proposition que le passage sur la complémentation verbale — sont basés sur les *Satzglieder*, les f o n c t i o n s s y n t a x i q u e s, et non pas sur la liste des cas[378]. Les autres auteurs n'en font pas non plus la base d'un chapitre syntaxique (Le Bidois, D&P et Brunot).

6.2.3. L'apparition des concepts de datif et de génitif dans le chapitre sur les prépositions

Les chapitres consacrés aux prépositions nous offrent également un indicateur précieux du statut des cas. Le génitif et le datif sont absents de ces chapitres chez Plattner (1899: 209-231)[379], Strohmeyer (1921: 217-240), Engwer (1926: 193-205), D&P et Brunot (qui parle de cas à propos de l'article). Les cas constituent un principe structurant chez Sonnenschein et de Boer (la syntaxe des prépositions coïncide avec la syntaxe du nom). Regula (1931: 241-249) et Le Bidois se bornent à des rapprochements ponctuels.

6.2.4. Conclusion: un vernis superficiel

Que conclure? Si l'on fait encore mention des cas dans les paragraphes consacrés à la morphologie du nom, c'est seulement pour établir, de façon lapidaire, une

---

[376] Nous faisons abstraction de la déclinaison de l'article chez Brunot, vu que celle-ci est encore basée sur une certaine variation formelle, qu'on la considère comme une flexion casuelle ou un amalgame (*à + le*).
[377] Voir surtout Plattner (1899: 242, présentation; 242-245; 254-264; 339-342; 345-348).
[378] Regula se réfère cependant quelques fois aux cas dans la complémentation verbale (1931: 203-208).
[379] Même si le génitif et, dans une moindre mesure, le datif sont omniprésents dans cette grammaire: *partitive[r] Genitiv* (*le commun des hommes*) (405, 165, 350), *Genitiv der Zeit* (417) (*de ma vie*), *possessive[r] Genitiv* (349-350) (*la vie des moines*), «in dem unbezeichneten possessiven Genetiv» (126) (*l'Hôtel-Dieu*); *Genitiv der Eigenschaft* (371) (... *est d'un heureux et d'un sage*); nom + «nähere Bestimmung im Genitiv» (303); C O I i n t r o d u i t p a r *d e* (*changer de religion; je vous en crois*); «possessive[r] Dativ» (*mon avis à moi*) (357); «die Dativpräposition *à*» (163): *antérieur au 15ᵉ siècle*.

analogie superficielle. Les contours précis de chacun des cas ne sont pas établis, car aucun chapitre n'est prévu à cet effet. Même les emplois des prépositions 'casuelles', *à* et *de*, ne sont pas toujours conçus en termes de cas:

	Platt-ner	Sonnen-schein	Stroh-meyer	Engwer	Regula	D&P	Le Bidois	de Boer	Brunot
morphol.	–	+	+	+	+	–	–	–	0
syntaxe	(+)	+	+	–	–	–	–	+	–
prép.	–	+	–	–	(+)	–	(+)	+	–

On peut conclure que, à l'exception de de Boer et de Sonnenschein, la description des 'cas français' ne ressemble en rien au traitement des cas dans les grammaires allemandes et latines (morphologie et emploi des cas). En réalité, les cas restent plutôt un corps étranger à la description, qui se construit d'abord autour des **fonctions syntaxiques**. Les cas ne constituent que des rapprochements superficiels et gratuits, avancés avec prudence, et souvent dans une perspective historicisante.

6.3. *Le statut des cas*

Les observations des grammairiens, aussi sommaires qu'elles soient, permettent de se former une idée du statut théorique qu'ils attribuent aux cas (6.3.1.). Les théories de de Boer et de Sonnenschein, les seuls auteurs à aller au-delà d'une application superficielle de la grille des cas, seront traitées plus en détail sous 6.4. Le caractère superficiel des descriptions suggère que des motifs autres que scientifiques ont présidé à l'établissement d'une analogie avec les langues à cas (6.3.2.).

6.3.1. Statut théorique

a. substitution par d'autres moyens d'expression (perspective diachronique)

Strohmeyer et Regula inscrivent la problématique des cas dans une logique de la substitution:

> «Genitiv und Dativ fehlen im Französischen fast ganz. Nominativ und Akkusativ werden nur noch durch die Stellung zum Verb kenntlich» (Strohmeyer 1921: 206, sous *Rektion, Kasus*; cf. Regula 1931: 69-70).

Les prépositions *à* et *de* sont prudemment avancées comme «Ersatz für die *Genitivbezeichnung*» et «*Dativbezeichnung*» (1921: 116-117; ital. = gras)[380], ou, comme l'affirme Regula (1931: 70), le génitif et le datif sont «durch *de* und *à*

---

[380] À l'attribut du sujet correspond («entspricht») — en allemand ou en français? — un *Nominativ* (Strohmeyer 1921: 210).

umschrieben». Plus particulièrement, *à* a repris *en partie* les fonctions[381] («übernimmt die Funktionen») du datif, de la préposition *in*, de l'ablatif instrumental et de l'ablatif de qualité et de manière (Regula 1931: 241). De manière analogue «*De* (< *de*) ersetzt [...] *ab* und *ex*, ferner übernimmt es die Funktionen des lat. Genetivs und Ablativs» (Regula 1931: 243). Cet éventail d'emplois dépasse donc de loin celui du génitif et du datif latins. Malgré cette approche 'substitutionnaliste', le chapitre est doté d'un titre 'morphologisant', *Fall-(Kasus)bildung* (Regula 1931: 69), qui doit être interprété sans doute comme «mehrwortige, analytische Flexionsbildung» (Regula 1931: 70).

b. Cas au sens 'figuré' du terme

Chez Engwer et Lerch, l'attention glisse de la diachronie à l'emploi *figuré* ou *impropre* du terme de *cas*:

> «So kommt es, dass man auch *du village* übertragen als Genetiv (wie Dorfes) und die Bildungsart uneigentlich als Flexion, als Deklination bezeichnet, obwohl «Beugung» ursprünglich nur die «Abwandlung» eines Wortes bedeutet» (1926: 45-46),

soit «synthetisch, übertragen auch analytisch» (1926: 46; 68). Les auteurs observent la même prudence dans l'interprétation de l'apostrophe qui «*entspricht* [...] dem lateinischen Vokativ» (1926: 152, nous soulignons).

c. Persistance dans l'esprit

Les grammaires psychologisantes les plus élaborées approfondissent les analogies superficielles évoquées ci-dessus.

L'attitude de D&P est très nuancée. D'une part, les cas sont «un répartitoire éclaté». Le français se sert maintenant du répartitoire de *rayon* (c'est-à-dire de prépositions), qui est plus souple et plus riche (V1, 85). D'autre part, certaines flexions sont conservées et

> «les répartitoires qu'elles servent à traduire ne sont pourtant nullement effacés, pas plus que le répartitoire de différenciation complémentaire» (V1, 284).

D&P ont par ailleurs mis soin à identifier les *survivances* casuelles, qui coexistent avec le répartitoire de *rayon*: l'emploi du *substantiveux* sans préposition (= *cas régime*) comme *diaplérome* (*se lever matin*; *il est descendu Republique*; *somme toute*; V1, 636-7), la survie du génitif dans le domaine des *épiplérornes*, c'est-à-dire dans des locutions figées comme *le Cours la Reine*[382] et dans l'emploi des noms

---

[381] Regula parle du caractère adverbial de ce type de *Kasusbildung* (1931: 71), ce qui représente une immixtion de la diachronie dans la synchronie (adverbe + nom fléchi → prép. + nom fléchi). Ou serait-ce que les syntagmes prépositionnels constituent en général des *Adverbiale Bestimmungen*, i.e. des cc?

[382] Qui donnent lieu à des emplois vivants, sans déterminant (p. ex. *un intérieur province*) (V1, 660).

propres (*l'hôpital Cochin, la rue Lamartine*; V1, 655). Même le *locatif* est impliqué: *sa nervosité la nuit* (V1, 655). Ces survivances illustrent la «loi de la survivance des flexions» de Michel Bréal (1897):

> «le taxième qu'exprimait une flexion ne disparaît pas avec cette flexion. Il persiste dans l'esprit de la langue. D'ailleurs, tant que la flexion de ce taxième, ou quelque chose qui la rappelle (*de* dans le cas qui nous occupe) persiste à l'état différencié dans un mot de la langue, cette flexion ne doit pas être considérée comme disparue, mais bien les formes envisagées comme fortuitement semblables» (V1, 654).

En d'autres mots, si la catégorie est marquée ailleurs dans le système (p. ex. *vous/vous ~ les/leur*) ou qu'il en subsiste une trace, la catégorie continue à exister dans le «sentiment linguistique» (V1, 654). Les exemples susmentionnés concernent tous des noms non introduits, équivalents de s y n t a g m e s p r é p o s i t i o n n e l s, qui continuent certains emplois des cas morphologiques «à côté du développement du répartitoire de rayon» (V1, 637).

La déclinaison s'est en outre maintenue dans les *articles (notoires)* et les *pronoms personnels*. Tout comme pour Brunot (cf. d. *infra*), *du, au, des* et *aux* sont des «formes fléchies» et non pas «de simples combinaisons phonétiques» (V1, 85-86). Or, l'emploi de ces cas ne correspond pas tout à fait aux emplois des cas latins, ce que D&P explicitent par une terminologie inédite: *subsomptif* (s u j e t), *rectisomptif* (C O D), *désomptif* (~ rayon *de*; cf. aussi *en*), *assomptif* (~ rayon *à*) (V1, 86-86, n.1). Ils y ajoutent encore l'*insomptif* (*y*).

En définitive, la position de D&P est nuancée[383]: maintien de la déclinaison dans les articles et les pronoms personnels et survivance des cas dans certains emplois du S N n o n i n t r o d u i t. Les S p r é p. se sont substitués aux cas, mais il ne semble pas qu'on puisse les y assimiler, puisqu'il s'agit du passage d'un répartitoire à un autre, c'est-à-dire, d'une 'catégorisation' d'idées à une autre. Tout comme le répartitoire de *cas*, le répartitoire de *rayon*, qui s'y est substitué partiellement, contribue à la mise en place du répartitoire de la *complémentation*.

L'attitude des Le Bidois, qui s'inspirent à la fois de D&P et de de Boer, est ambiguë.

> «Mais y a-t-il des «cas» en français? Au sens véritable du mot, il n'y en a pas, ou plutôt il n'y en a plus. [...]. Le système casuel a été remplacé par un système de prépositions» (T2, 672),

«un système non plus désinentiel, mais taxiématique, ou strumental» (ils empruntent la terminologie à D&P). Or, du point de vue psychique, le *régime* a, «pour notre pensée», «pour l'esprit, la même valeur qu'un cas» (T1, 27; T2, 673)[384]. Tout

---

[383] À noter encore que dans les langues à cas (dépourvues d'articles), tous les cas du substantif — mais les auteurs hésitent à propos du sujet (V1, 94; 345-346) — auraient en quelque sorte une valeur a d v e r b i a l e (*affonctiveuse*) grâce à laquelle ils peuvent être accolés au *factif*. C'est pourquoi il est parfois difficile de distinguer un cas *substantival* d'un *affonctif* légitime: *humi, noctu*.

[384] Il n'est pas clair s'ils admettent l'expression «morphème casuel» de de Boer, c'est-à-dire «le syntagme formé par la préposition et par l'élément qu'elle régit» (T2, 673).

comme D&P, ils citent Bréal (T1, 518). La même ambiguïté s'observe dans l'attitude qu'ils adoptent face à la théorie casuelle de de Boer, qu'ils qualifient tantôt d'«intéressante tentative», tantôt de «système casuel [aussi] arbitraire» (T2, 673, 674)[385].

Même valse-hésitation chez Galichet. S'il adhère à la thèse de la disparition des cas et de la substitution par des prépositions (1947: 46), le passage suivant suggère plutôt le contraire:

> «L'espèce prépositive entre dans la catégorie plus générale de ce que l'on pourrait appeler «l'espèce casuelle», c'est-à-dire celle qui exprime les «cas» ou rapports fonctionnels-types entre unités de langue. Ces cas ont pu être classés pour la commodité en quelques groupes: génitif, datif, etc., chacun d'eux se reconnaissant à une flexion particulière qui se place en fin de mot» (1947: 45).

L'attitude de Wartburg – Zumthor n'est pas non plus très claire, mais pour d'autres raisons. S'ils se tiennent en général à une description basée sur les f o n c t i o n s s y n t a x i q u e s, les cas refont quelquefois surface sans qu'on puisse en donner une explication véritable[386].

d. Le nom se décline par l'article

Enfin, Brunot se réfère à l'article défini pour étayer sa thèse. Ses formes

> «constituent en réalité une véritable déclinaison, une des seules que nous ayons en français, car lorsque vous les mettez à la file: *le, du, au, es, ou,* elles représentent vaguement un sujet, un génitif, un datif, un accusatif et un locatif; c'est ce qui explique l'opinion des grammairiens du XVIe s., qui s'entêtaient à trouver des cas en français et à décliner le nom. [...] À dire vrai, le nom français se décline par son article» (1922: 162).

Mais, bien sûr, le français reste une *langue analytique* dont les ressources (les prépositions) dépassent «de beaucoup» celles des langues à flexions casuelles (Brunot 1922: 410).

6.3.2. Motivation

Quand on s'interroge sur les *motifs* qui ont poussé les auteurs à chercher des cas en français, on constate que ceux-ci ne sont pas toujours de nature scientifique.

---

[385] Leur critique — parfaitement justifiée — se résume en deux points: 1° l'absence d'une définition (positive) de la notion de «rapport casuel»; 2° l'accusatif est une catégorie résiduelle, dont l'unité suppose un «tour de force». Il n'empêche qu'ils retiennent la conception et l'analyse du *directivus* (T2, 675-678) et qu'ils organisent en partie la description des prépositions *à* et *de* en fonction des cas relevés chez de Boer (T2, 675-701). Dans sa syntaxe de 1947, de Boer réagit à ces critiques par le simple constat que les auteurs n'ont pas compris la nature de la catégorie de la dépendance *chez Vendryes*. Force est de constater que les Le Bidois ne citent pourtant pas le nom de Vendryes ... La théorie de de Boer sera analysée en détail sous 6.4.2.

[386] Voir tableau sous 6.1.1. pour des références.

Pour les grammaires rédigées en allemand à l'usage d'un public germanophone, le recours aux cas s'inscrit dans une stratégie didactique fondée sur une approche contrastive (Plattner, Strohmeyer, Engwer, Regula, Sonnenschein), voire comparative, qui implique encore des rapprochements avec d'autres langues[387] (l'anglais, le latin, etc.)[388]. C'est la référence à la langue maternelle et aux catégories grammaticales déjà assimilées qui explique la présence des cas.

Pour la plupart d'entre elles, il s'y ajoute une dimension diachronique dont elles défendent les vertus explicatives (Strohmeyer, Sonnenschein, Regula[389], etc.; cf. Ch. VII, 3.1.2.), ce qui renforce encore la position des cas. Chez Sonnenschein, les objectifs didactiques et (historico-)comparatifs sont étroitement liés. Il cherche à établir (*a priori*) un outillage syntaxique commun à toutes les langues scolaires, en vue de la rédaction de grammaires dites *parallèles*.

Chez de Boer, la perspective comparative (néerlandais, mais aussi d'autres langues) ne relève pas d'une stratégie didactique, pas plus que chez D&P. Il en est plus ou moins de même dans la syntaxe des Le Bidois, où les renvois aux langues classiques et surtout à l'anglais — rappelons que Robert Le Bidois enseignait à New York — sont particulièrement fréquents. Le Bidois et D&P font d'ailleurs aussi la place belle à la diachronie.

Finalement, la reconnaissance des cas dans une langue non casuelle comme le français suppose, si l'on veut dépasser les rapprochements historico-comparatifs pour les intégrer à une théorie synchronique, une perspective sémantico-fonctionnelle ou psycho-sémantique qu'on retrouve effectivement dans la plupart des grammaires traitées ici (D&P, de Boer, Le Bidois, Strohmeyer, Regula, Engwer et Brunot)[390].

6.4. *Les champions de la théorie des cas: Sonnenschein et de Boer*

Parmi les grammairiens du corpus, il y en a deux qui ont rompu une lance pour la théorie du cas: Sonnenschein (6.4.1.) et de Boer (6.4.2.). Quoique la discussion ait été menée en grande partie en dehors des grammaires à l'étude, il nous a semblé utile d'en rappeler les grandes lignes[391] et de procéder à une confrontation (6.4.3.).

---

[387] Cf. «philosophisches Einheitsbedürfnis» (Regula 1931: IV) et «Freude an allgemeiner Sprachbetrachtung zu schaffen» (Engwer: 1926: IV).

[388] Voir là-dessus Ch. VI, 1.4.

[389] Ce faisant, ces grammaires assimilent la préposition à la flexion (*Rektion* chez Strohmeyer), et donc, indirectement, aux *Beziehungsmittel*. Ceci explique l'absence pour le moins curieuse des m o t s - o u t i l s parmi les moyens grammaticaux (Ch. V, 2.3.).

[390] Voir là-dessus Ch. VII.

[391] Sonnenschein (1927), de Boer (1926, 1928). Ces traités ont dû avoir un écho considérable. L'approche casuelle a été adoptée par le comité pour la réforme de la terminologie grammaticale anglaise (dont Sonnenschein était le président) et de Boer a présenté sa théorie au Premier Congrès international des Linguistes (1928).

6.4.1. Sonnenschein

Sonnenschein a élaboré sa théorie des cas dans un ouvrage qu'on peut considérer comme son testament spirituel: *The Soul of Grammar* (1927)[392]. L'idée n'était pas nouvelle, puisqu'il l'avait déjà appliquée dans ses nombreuses grammaires scolaires. N'oublions pas, en effet, que sa réflexion théorique est enracinée dans une volonté de simplifier et d'unifier la nomenclature grammaticale.

Dans son esprit, cette terminologie unifiée devrait se baser sur la syntaxe comparative (Sonnenschein 1916: 8) des langues indo-européennes (Sonnenschein 1927: 110). Dans son traité de 1927, il s'applique à démontrer «the organic unity of ancient and modern languages», plutôt qu'à mettre en évidence, comme le fait Jespersen (1924: 178), la diversité fondamentale de langues à l'origine apparentées (1927: VII). Bien qu'il se défende de vouloir forcer les langues modernes dans le carcan des langues anciennes, son objectif est de mettre à nu

> «an actually existing identity of structure, which is disguised, but not annihilated, by external changes of form. The outer forms of the Cases, Moods, and Tenses have suffered great changes in the course of time, but their inner meanings or functions are in the main what they were in the earliest days of which we have any cognizance» (Sonnenschein 1927: VIII).

Il s'ensuit que «the grammarian of a modern language is justified in thinking in terms of these categories» (1927: VII).

Appliquées au domaine des cas, ces vues aboutissent à une définition fonctionnelle du concept de «cas». C'est une forme qui est capable de contracter une ou plusieurs relations avec d'autres éléments de la phrase (1927: 8). Le cas morphologique n'est *qu'un des moyens* pour marquer des relations syntaxiques, comme c'était déjà le cas en latin, ce qui rapproche le fonctionnement des langues à cas des langues dépourvues de cas (Sonnenschein 1927: 10-13). Une grande partie de ses arguments en faveur d'une théorie générale des cas proviennent, en effet, de langues à cas morphologiques: la terminologie séculaire des cas (*nomin-atif, da-tif,* etc.) trahit une approche sémantico-fonctionnelle sous-jacente (1927: 2, 4) et, même en latin, nombre de formes s'avèrent ambiguës hors contexte[393].

Il serait cependant faux de ranger la théorie de Sonnenschein parmi les théories purement notionnelles des cas. Le rôle du garde-fou historico-comparatif est tout aussi important. Sonnenschein s'appuie en effet souvent sur une argumentation diachronique:

---

[392] D'après le titre du dernier paragraphe de Jespersen (1924), son «ennemi juré».

[393] Jespersen (1924: 175, n. 1) s'attaque à la *pseudo-history* de Sonnenschein. Il récuse l'argument des formes homonymes latines (différence quantitative + commutation avec des formes dûment différenciées) et insiste sur le fait qu'il faut accepter que les catégories changent à travers le temps. Comme tout enfant n'étudie pas les langues classiques et en l'absence de toute distinction formelle le gain sur le plan didactique serait également nul (Jespersen 1924: 180).

- comme dans les langues germaniques le datif, l'ablatif, le locatif et le sociatif-instrumental se sont confondus dans le datif, les terminologies anglaises et américaines ont exclu l'ablatif de la nomenclature (1927: 18); par là elles entendent prouver qu'elles ne veulent pas projeter le système casuel latin sur l'anglais
- le cas absolu en français serait l'accusatif (1927: 43), d'après l'ancien français et le provençal
- le cas associé au régime de la préposition en français, en espagnol et en anglais «can be determined only by historical and analogical considerations» (1927: 47). Ainsi, dans la *dative phrase*, la préposition ne régit pas le datif, «for no preposition ever takes a dative in Latin or the languages descended from Latin» (1927: 27). Le *Joint Committee* anglais «appealed to the analogy of Latin, French, and modern Greek»: s'il faut nommer le cas régi par la préposition, qu'on le nomme accusatif (1927: 48, n. 2).

En outre, pour chaque cas construit *sans préposition*, Sonnenschein distingue dans son traité de 1927 les emplois *propres* des emplois *impropres*. Les *emplois propres* correspondent aux emplois originels des cas en indo-européen (1927: 48), alors que les emplois *impropres* résultent d'une opération de fusion. Ainsi, l'ablatif latin en est venu à absorber les emplois de l'instrumental et du locatif, considérés désormais comme des emplois impropres de l'ablatif latin. Là encore, on constate l'enchevêtrement d'un raisonnement semantique et historico-comparatif.

La prise en compte de l'aspect historique tranche avec l'approche de l'école de Wundt à laquelle il renvoie (Sonnenschein 1927: 9)[394]. Plutôt que de vouloir reconstituer l'ancienne unité des cas dans le passé, Wundt, lui, part de la *Grundanschauung*, de la valeur prototypique des cas, dont dérivent toutes les autres valeurs, et qui ne coïncide pas nécessairement avec la valeur originelle (cf. Knobloch 1988: 375). C'est d'ailleurs la focalisation de l'emploi originel des cas qui conduit Sonnenschein à pratiquer une espèce de commutation avec un cas morphologique équivalent (ou ayant existé dans l'histoire des langues indo-européennes?). Ce genre de raisonnement ne plaît nullement à Jespersen (1924), qui met tout en œuvre pour étayer sa conception purement morphologique et immanente des cas (qui ne correspondent pas à des rapports logiques stables et universels), quitte à récuser la commutation avec les pronoms personnels qui auraient trop de particularités pour être fiables (Jespersen 1924: 183; 186).

Dans son application au français, le système de Sonnenschein (1912) est construit sur une double opposition: *objet* vs *non-objet* (= *adverbial*) et *adverbial* vs *adjectival*. L'opposition adverbial/adjectival est liée à deux positions structurales distinctes (élément complétant l'adjectif, l'adverbe ou le verbe vs élément complétant le nom), alors que l'opposition objet/non objet est en partie (p. ex. deux génitifs: *genitive object* vs *adverbial genitive*) de nature sémantique. Bref, la théorie de Sonnenschein

---

[394] Le point de vue sémantique amène Deutschbein, disciple de Wundt et auteur d'une syntaxe anglaise (1917), à voir dans tout s y n t a g m e p r é p o s i t i o n n e l (p. ex. *in London, because of them*) la réalisation d'un cas et non seulement les s y n t a g m e s p r é p o s i t i o n n e l s pour lesquels il existe un cas morphologique équivalent (p. ex. *John's* = *of John*). Dans cette optique, il y aurait en effet au moins autant de cas qu'il n'y a de prépositions (Sonnenschein 1927: 9).

est essentiellement de nature 'syntactico-fonctionnelle' (cf. aussi Ch. III, 3.2.1.1.), mais à un niveau inférieur de la description la classification donne dans la sémantique[395]. Voici le canevas de sa théorie des cas:

- nominative case: subject (aussi subject proper + provisional subject)
- accusative case
    (A) direct object of a verb used transitively
    (B) certain adverbial expressions (adverbial accusatives): time + space/measurement
- dative case and the preposition À
  Rem: «a phrase formed with *à* is not always equivalent to a dative» (142-143) → test: pronominalisation
  (1) «datives and corresponding dative-phrases»
      (A) COD + COI
      (B) COI seul (*obéir, résister, plaire, ...*)
      (C) adverbially
          (a) interest (traduction: *for*): *je lui ai acheté un cheval* (= intérêt), *je me suis lavé les mains* (= possession inaliénable)
          (b) adj./adv. + qualification au datif (angl.: *to, for*): *utile à l'homme, ne leur est pas nécessaire*
  (2) à non datif:
      (A) adverb phrases: place, time, manner/means/instrument, possession (*être + à*; *ma poupée à moi*)
      (B) adjective phrases: (a) use/purpose: *tasse à thé*; (b) describing person/thing: *un enfant aux cheveux blonds*
- genitive case and the preposition DE [= *en, dont*, corresponding genitive-phrases]
  (1) Adjectival genitives and genitive-phrases
      (A) *what sort of a ...*? [cette question suggère la qualification, caractérisation]
          'belonging to' (*le palais du roi*); au lieu d'un nom en apposition (*le titre de roi, la ville de Paris*), describing person/thing (*homme d'esprit, il est de mauvaise humeur*), contents (*tasse de thé*), *l'assassin du roi* (objet d'un nom qui est proche du sens d'un verbe)
      (B) partition
          après une expression de quantité; *J'ai bu de son vin* → *de la viande*
  (2) Adverbial genitives and gen. phrases
      (a) 'from'; answer to the question «Whence?»
          il est arrivé de Paris; *il a reçu une lettre de son père*; *près de lui*; *le devoir dépend de ...*
      (b) 'owing to', 'because of'
          je suis las/content de [= compléments d'adjectifs]
          je me réjouis de votre succès, trembler de peur, j'en suis bien triste
          [remarque: COI, cc, compl. d'agent]
      (c) 'by' (*de, par*)
      (d) manner, means
      (e) 'filling', 'equipping'

---

[395] Faisant preuve d'un certain mépris des données syntaxiques, comme le montrent les cas rangés sous l'emploi adverbial du génitif exprimant 'owing to', 'because of'.

    (f) comparatives
    (g) 'about'/'concerning' (*parler de* etc.; *être certain de* etc.)
  (3) Objects: *s'apercevoir de* etc.
- Emploi d'autres prépositions: presque toujours «adverbially», sauf emploi adjectival «where the noun qualified by the phrase is akin in meaning to a verb» (159), c'est-à-dire en cas de n o m i n a l i s a t i o n (*mettre en scène* → *mise en scène*), ou, dans *une montre en or*.

Qu'on admette ou non l'extrapolation du concept de cas, il faut signaler quelques incohérences internes à la description de Sonnenschein:

- comment distinguer le datif objet du datif adverbial? Pourquoi ce datif est-il adverbial?[396] (1912: 142-145)[397]
- *par* (qui est plus fréquent que *de*) est un intrus dans la description du génitif (1912: 155, n. 1)
- l'attribut du sujet n'est pas signalé sous le nominatif, ce qui permet l'assimilation du nominatif au sujet (1912: 138)
- l'extension linguistique du génitif en français.

Le dernier point met le doigt sur une inconsistance grave du système de Sonnenschein. Là où la commutation avec *lui* permet de départager *dative phrases* et groupes prépositionnels non datifs, un tel critère supplémentaire faut défaut dans le cas des *genitive phrases*. La portée qu'il attribue au génitif français (en 1912) illustre en fait la thèse, énoncée en 1927, selon laquelle la plupart des *case-phrases*[398] ne peuvent pas être exprimées par des *bare cases*, et, donc, n'équivalent à aucun cas (1927: 44, n. 1). En d'autres mots, le spectre couvert par la notion de *case phrase* — qui devient ainsi synonyme de s y n t a g m e   p r é p o s i t i o n n e l tout court — dépasse celui des *dative* et *genitive phrases*. Cette affirmation, reléguée dans une note infrapaginale, contredit carrément la définition de la *case phrase* (1927: 44; 1912: 142-143) qui exige bel et bien une telle équivalence. Le problème se résume donc à la question suivante: pour être datif/génitif, le tour *à* ou *d e* + n o m doit-il correspondre à un emploi du datif/génitif indo-européen ou non? En fait, comme le dit l'auteur lui-même, l'usage des *de-phrases* s'est étendu, au point qu'ils correspondent parfois à d'autres cas:

> «[Latin *de*-phrases] have begun to be used in other than partitive expressions — as equivalents to instrumental and causal ablatives and to ablatives of comparison. Here we have many of the characteristic usages of the modern French *de*-phrases anticipated» (1927: 49).

La catégorie du génitif manque donc d'homogénéité. En l'absence d'une contrepartie sémantique, si vague soit-elle, on se demande quel pourrait être l'intérêt intrinsèque et didactique du terme *génitif*.

---

[396] Cette opposition est basée sur une analogie avec l'anglais, par exemple, où elle se fonde sur l'opposition [± passivation] (Sonnenschein 1927: 31). En français cette possibilité n'existe pas.
[397] Nous avons déjà relevé ce problème sous 3.7.1.
[398] Celles-ci ne sont traitées qu'incidemment dans Sonnenschein (1927: 44, 49-50), abstraction faite de la problématique de l'identification du cas après la préposition et de la genèse des *case-phrases*.

6.4.2. De Boer

Pour de Boer[399], «le système casuel du français» constitue un dossier-clé dans l'émancipation de la syntaxe par rapport à la morphologie et au latinisme. Les cas du français ne sont pas des *cas morphologiques*, mais des *cas syntaxiques* (1947: 62, titre).

Des huit «cas syntaxiques» de l'indo-européen, le français moderne en a conservé six (1947: 66)[400]: le *cas du sujet, du régime, de la localisation, du point de départ, de la direction, et le cas des circonstances accompagnantes*. La démarche de de Boer se résume en fait à l'établissement d'un inventaire de rapports purement casuels et à la recherche des moyens d'expression dans chacune des langues. Les cas soi-disant *syntaxiques* s'avèrent donc être des cas s é m a n t i q u e s, ou mieux, les moyens d'expression de ceux-ci.

Telle qu'elle se présente, la théorie de de Boer n'est pas sans problèmes. Le terme de cas *syntaxique*, choisi par opposition à *morphologique*, est pour le moins malheureux. En outre, comme l'ont remarqué les Le Bidois (cf. 6.3.1.), de Boer n'offre aucune définition des rapports casuels (si ce n'est de manière négative). Il ne fournit aucune procédure permettant de les identifier. Tout au plus reposent-ils sur une interprétation sémantique grossière des cas morphologiques *de l'indo-européen* — avec des retouches —, comme le montre ce passage de de Boer (1926: 36):

> «Les rapports casuels d'une langue indo-européenne nous sont donnés par la linguistique comparative: ce sont le locativus, [etc.] (syntaxiques, bien entendu)».

Il semble donc qu'il ait établi l'inventaire des cas syntaxiques *a priori*, transgressant non seulement le principe de l'immanence structuraliste mais aussi la dichotomie synchronie/diachronie qu'il défend lui-même corps et ongles.

Étant donné que de Boer admet que les cas syntaxiques *peuvent* être exprimés par des prépositions, il n'est pas étonnant qu'il élabore une théorie nouvelle de la préposition[401]. Seules nous intéressent ici les prépositions dites *casuelles*. Il s'agit de signes «absolument dénué[s] de toute signification logique ou lexicologique» (de Boer 1947: 64), qui, économie oblige (1947: 64), s'appuient sur le contexte: c'est «*le contexte* qui fait comprendre de quelles nuances «ablatives» il s'agit» (1947: 65; cf. Sonnenschein), comme c'était déjà le cas en latin (cas morphologiques). Ces signes exprimant les *rapports casuels* permettent encore plusieurs emplois (1947: 66-68):

---

[399] Sa théorie des cas remonte au moins à 1926 (cf. aussi sa communication faite au Premier Congrès international des Linguistes à la Haye en 1928). Il ne cite nulle part le nom de Sonnenschein.

[400] Ceux-ci constituent les *cas primaires* (1947: 66), à distinguer des *cas secondaires*, c'est-à-dire les «fonctions secondaires des outils casuels en question» (1947: 66), comme l'*ablativus originis, causalis*, etc. Tout comme Sonnenschein, il tire argument des formes homonymes (p. ex. *horti*) en latin (de Boer 1928: 294).

[401] 1° *prépositions casuelles* (*à, de*); 2° *prépositions semi-casuelles* (*avec, en, par, pour*): «peuvent avoir un sens précis, lexicologique, mais qui peuvent aussi exprimer un simple «cas» (p. ex. instrumental); 3° *prépositions non-casuelles, lexicalisées* (de Boer 1947: 64), qui doivent être traitées dans le dictionnaire.

	à	*de*
préposition écrasée	*il commence à pleuvoir*	*c'est une honte de mentir, grenouiller [sic] de sauter*
préposition normale	• locatif (local, temporel) • instrumental (*fermer à clé*) • directif (local: *aller à P.*; temporel: *remettre à demain*; conditionnel: *donner à lire, verre à vin*) • accusatif (= datif de relation) *penser à qqn, chapeau à papa*	• ablatif (local, temporel, conditionnel), avec des nuances: abl. causae, originis, etc. • instrumental • locatif • accusatif • génitif d'un substantif: *amour de Dieu* • d'un adjectif: *las de* • d'un verbe: *se moquer de, se souvenir de* [≠ génitif] • directif: *du côté de*
préposition vide introductrice		*de dire cela, c'est idiot; vous n'avez donc pas faim, de manger si peu?*
préposition - fin de mot	*venir à, avoir à*	

Deux *cas syntaxiques* méritent un commentaire plus détaillé: l'*accusatif* et le *directif*.

L'*accusatif* apparaît comme la catégorie résiduelle, qui absorbe le génitif et le datif de relation, tous deux *accusatifs syntaxiques* (1947: 67). Ce tour de force est cautionné par Vendryes (1921: 132), qui avait reconnu une *catégorie de la dépendance*. Selon le comparatiste, le génitif latin et grec, l'ordre des mots du chinois et du gallois (déterminé + déterminant et *vice versa*) et la préposition *de* en français (*le livre de Pierre*) sont autant de manières de constituer l'image verbale d'une «catégorie générale unique». Par ailleurs, Vendryes rapproche *noceo patri* de l'accusatif *amo patrem* (Vendryes 1921: 125; de Boer 1928: 297)[402], ce qui autorise de Boer à rattacher tant les génitifs que le datif de relation à la catégorie de la *dépendance*, à l'accusatif d'objet (1947: 67)[403]. L'accusatif exprime ainsi toute *dépendance directe intérieure* (de Boer 1926: 30): *voir le roi, utile à, penser à, content de, l'épée le roi* (anc. fr.), etc.

Ce que Plattner et consorts appellent *adverbialer Akkusativ* (*Romam ire*), devient chez de Boer un *directif* (1947: 65, 67). Celui-ci correspond au *datif final* du latin — et seulement ce datif-ci —, ainsi qu'à certains emplois de l'accusatif (de Boer 1928: 295). Le datif morphologique latin, quant à lui, est soit *accusatif*, soit *instrumental*, soit *directif* (de Boer 1947: 67).

---

[402] Il s'agit de la distinction transitif (V + accusatif)/intransitif (p. ex. V + datif) qui ne correspond pas à une opposition sémantique (p. ex. *amare ~ nocere*) selon Vendryes. C'est que la distribution des formes casuelles est le fruit du hasard, de l'analogie, comme en témoignent aussi les va-et-vient entre les deux catégories au cours de l'histoire.
L'*accusatif syntaxique* correspond à ce que Vendryes appelle la catégorie de la *dépendance* (1947: 40, n. 16; 65).

[403] Le génitif et le datif morphologiques en constituent ainsi des sous-classes (de Boer 1926: 30).

On ne peut que constater que les décrochages entre les *cas morphologiques* et *syntaxiques* sont légion.

6.4.3. Sonnenschein et de Boer: confrontation

On aura pu s'en rendre compte: les théories des deux défenseurs des cas, Sonnenschein et de Boer, ne se ressemblent pas (malgré la référence commune à Wundt[404]). Elles diffèrent sur deux points essentiels: le poids de la sémantique et le rôle de la perspective historico-comparative (qui est liée à la forme).

Les cas du syntacticien hollandais reposent sur des catégories purement sémantiques — des *rôles* dirait-on aujourd'hui — auxquelles sont subordonnées les marques morphologiques et les prépositions. Sonnenschein, de son côté, part de la distribution des formes dans la langue-mère, l'indo-européen, et s'en tient, pour le français, aux emplois des prépositions *à* et *de*, pour y superposer ensuite les cas (avec, cependant, une sélection dans le cas de *à*).

Le spectre couvert par les cas chez de Boer, qui intègre les emplois n o n   d a t i f s de la préposition *à* à l'inventaire des cas, est plus étendu que chez Sonnenschein. Si le génitif fait défaut (en tant que cas *syntaxique*), le *locatif* et l'*instrumental* refont surface. Le datif se mue en *directif* pour absorber les emplois directifs de l'accusatif; l'*accusatif* est pléthorique. Même l' a t t r i b u t   d u   s u j e t serait un *accusatif*, ce qui revient à dire qu'il a le même statut que le C O D (cf. de Boer 1926: 34).

La démarche de Sonnenschein, par contre, est plutôt fonctionnelle, et fortement imprégnée de considérations historiques et historico-comparatives. À la différence de de Boer, qui fonde sa théorie sur un inventaire de cas sémantiques dont l'origine n'est pas explicitée, mais dont on peut supposer qu'ils procèdent d'un regroupement des nuances exprimées par les cas indo-européens, Sonnenschein se propose de poursuivre le sort des cas indo-européens en grec et en latin, puis dans chacune des langues romanes et germaniques, pour y distinguer les emplois séculaires des emplois plus récents, dits *impropres*. Cette approche historico-comparative lui permet aussi de trancher en faveur de l'un ou l'autre terme (p. ex. le cas du régime des prépositions, etc.).

6.5. *Conclusion*

La prudence et les réticences observées dans l'approche du concept de *cas* (6.3.), et, surtout, l'intégration superficielle des cas dans la grammaire (notamment dans le domaine des prépositions) (6.2.), montrent que ceux-ci demeurent plutôt un corps étranger à la description. La matière n'est pas *structurée* en fonction des catégories casuelles. Celles-ci sont seulement 'plaquées' sur une théorie des fonctions et des emplois des mots (nom, préposition, complémentation verbale) qui se suffit à elle-même.

---

[404] Sur l'adaptation de la théorie de la détermination intérieure/extérieure de Wundt par de Boer, voir 3.5.1.2.

Ce constat nourrit l'hypothèse que le recours aux cas est le plus souvent motivé par des motifs didactiques. Les cas s'inscrivent en effet dans une approche contrastive (français/allemand) et contribuent à l'apprentissage transversal des langues scolaires, tendance encore stimulée par le succès de l'explication historique des faits en synchronie (cf. Ch. VII, 3.1.).

Comme le montrent les grammaires où les préoccupations didactiques ne jouent pas, l'application de la théorie des cas au français suppose une perspective (historico-) comparative et fonctionnelle (ou, mieux, psycho-sémantique). Mais seuls Sonnenschein et de Boer plaident la cause d'une véritable théorie sémantico-fonctionnelle des cas, s'inscrivant de ce fait dans la tradition inaugurée par Wundt[405]. C'est dans cette veine que la *case-grammar* de Fillmore (1968) serait à situer, qui renvoie d'ailleurs à la célèbre polémique entre Jespersen et Sonnenschein (Walmsley 1988: 254, 268). Ces conceptions fonctionnelles et sémantiques des cas ont été combattues par des linguistes comme Sweet, Paul et Jespersen.

Dans un certain sens, on peut dire que le débat est d'ordre purement terminologique, étant donné que tout le monde est d'accord sur l'existence de rapports sousjacents (Walmsley 1988: 270). La question devient alors: peut-on y appliquer les désignations casuelles? Mais il y a plus. Si le choix d'une étiquette est une chose, la délimitation (syntaxique)[406] de la catégorie qu'elle recouvre en est une autre et une question beaucoup plus essentielle (p. ex. la portée du génitif). L'examen des grammaires du corpus vient de l'illustrer.

7. CONCLUSION

Le parcours que nous avons suivi dans la présentation des f o n c t i o n s   s y n t a x i q u e s nous a conduit de l'articulation globale de la phrase avec ses fonctions centrales, jusqu'à son extrême périphérie. Arrivé au terme de ce parcours, il est temps de jeter un regard en arrière, afin de mieux situer le chemin parcouru dans l'ensemble de notre étude, notamment par rapport au chapitre III. À cet effet, nous regrouperons les résultats de l'analyse sous trois chefs:
- l'impact de la bidirectionnalité et de la 'grammaticalisation' de l'analyse descendante (7.1.)
- sur ces deux points d'importantes différences ont été notées entre la tradition française et la tradition allemande (ou de façon plus générale, germanique) (7.2.)
- les innovations (7.3.).

---

[405] Rappelons l'opposition entre *cas de détermination extérieure* (marque morphologique ou préposition) et *interne* (la position). Voir 3.5.1.2.

[406] Délimités syntaxiquement (à l'aide de critères syntaxiques vérifiables), les cas présentent des variations d'extension d'une langue à l'autre (cf. Van Belle – Van Langendonck éds 1996-1998). Si l'on veut parler des cas *en général*, il faut d'abord procéder à la description des systèmes casuels de chacune des langues, comme l'affirmait déjà Jespersen (Walmsley 1988: 270) et comme Melis (1998) l'a fait pour le datif en français.

7.1. *Bidirectionnalité et 'grammaticalisation' de l'analyse descendante*

Dans ce qui précède, l'appareil fonctionnel a été décrit sur fond de deux caractéristiques essentielles de la syntaxe traditionnelle:

[7.1.1.] La syntaxe est d'abord foncièrement bidirectionnelle en ce qu'elle allie une approche *descendante* (qui part de l'analyse de la proposition en fonctions) à une approche *ascendante* et *catégorielle* (qui aborde la syntaxe à partir de l'emploi des parties du discours).

[7.1.2.] L'orientation descendante de la syntaxe change cependant de nature: elle se dépouille progressivement de sa charge logique (en gros l'empreinte de la structure du jugement), ce qui mène à la diversification des fonctions syntaxiques, qui restent cependant dominées par des considérations sémantiques. Cette 'délogicisation' est aussi une 'grammaticalisation' en ce sens que l'analyse descendante se rapproche de la 'réalité' grammaticale (syntaxique).

7.1.1. Bidirectionnalité

La double directionnalité de l'analyse syntaxique se manifeste entre autres par l'affrontement de deux visées et de deux classements des compléments (cf. Ch. III, 2.3.1.2. et 2.3.1.3.). La conception catégorielle, donc nominale, du c o m p l é m e n t c i r c o n s t a n c i e l place les grammairiens devant un dilemme: l'adverbe est-il vraiment un c o m p l é m e n t c i r c o n s t a n c i e l (3.9.)? D'où l'apparition de toutes sortes de réductions et de correspondances (adverbe ~ nom/g r o u p e n o m i n a l) qui rétablissent le caractère nominal de l'adverbe, certificat d'aptitude indispensable à l'exercice de la fonction de c o m p l é m e n t c i r c o n s t a n c i e l. Ce courant souterrain s'oppose à la tendance dominante qui fonde l'identification du c o m p l é m e n t c i r c o n s t a n c i e l sur la commutation (stricte ou lâche) avec l'adverbe.

Un autre symptôme de la schizophrénie qui frappe la grammaire traditionnelle est la coexistence de deux paradigmes terminologiques différents pour le concept générique de f o n c t i o n (*fonction/terme de la proposition*), ainsi que la reconnaissance de deux séries de fonctions parallèles (cf. Ch. III, 2.3.1.1. et 2.3.1.4.).

Certaines fonctions secondaires, comme l'*épithète*, ne sont pas traitées dans le chapitre réservé à l'analyse des fonctions, mais sous la partie du discours à laquelle elles sont prototypiquement liées. Si le concept (ou les formes qui y correspondent) arrive à faire irruption dans le chapitre sur les fonctions, il s'ensuit des incohérences internes. Ainsi, les mêmes structures reçoivent deux analyses différentes, comme l'*épithète*/le *complément du nom* chez Radouant (4.1.3.), ou encore, la même fonction apparaît deux fois, mais avec une portée différente, comme c'est le cas de l'*apposition* chez Michaut et Larousse (4.3.1.).

7.1.2. 'Grammaticalisation' de la perspective descendante

7.1.2.1. Le stade final du processus de 'grammaticalisation'

La 'délogicisation' de la perspective descendante[407] a déclenché la diversification de l'inventaire des fonctions syntaxiques. Ce processus, qui a été décrit en détail par Chervel (1977), démarre vers le milieu du 19e siècle et atteint une consécration officielle dans les débats et les textes de la réforme de la nomenclature de 1910. Désormais, la «deuxième grammaire scolaire» semble définitivement en place. On peut poursuivre cette évolution dans les grammaires (françaises) du corpus qui se situent déjà à un stade de 'grammaticalisation' avancé.

La grammaticalisation entraîne l'ascension du verbe fini (non attributif) et l'élévation des compléments du verbe (qui se diversifient). D'un statut subalterne — compléments de l'*attribut (logique)* — ils montent d'un cran dans la hiérarchie. Ils sont désormais *termes de la proposition* équivalents en cela au sujet, au verbe-prédicat et à l'attribut. Cela ressort nettement de l'étude de la proposition canonique (cf. 1.2.): la bipartition logique est encore attestée dans la tradition germanophone (Engwer, Regula, de Boer, Sonnenschein) ou figure encore comme analyse secondaire dans les grammaires françaises (Lanusse, Galichet, Brunot)[408]. Un autre avatar de la grammaticalisation de l'analyse descendante est l'apparition du syntagme du type II (Regula, Ulrix, Galichet; cf. Ch. III, 3.1.1.3.).

Le nouveau schéma de phrase, grammaticalisé, est du type sujet + verbe + compléments/attribut. Ce schéma trahit une conception syntactique, c'est-à-dire linéaire de la proposition, car les compléments du verbe relèvent, en toute logique, d'un niveau d'analyse inférieur, ce qui est cependant explicité chez Haas, Grevisse et Bruneau. Dans ce sens, l'Académie et Lanusse₃, qui proposent une analyse à première vue incomplète (sujet + verbe), n'ont pas tout à fait tort, car ce schéma rend mieux compte des rapports hiérarchiques (explicités par Ulrix: *essentiel/accessoires*). Parallèlement, on assiste, à partir des années 1930, à la reconnaissance des phrases atypiques comme la phrase/proposition nominale, ou de façon plus générale, le mot-phrase (cf. Ch. V, 3.5.3.).

Au niveau du verbe, on assiste à la fusion des deux perspectives, descendante/grammaticalisée et ascendante (catégorielle), du moins dans la tradition française. En effet verbe-prédicat et verbe-mot y coïncident (cf. *infra*).

La grammaticalisation de l'analyse descendante et, corollairement, l'ascension du verbe et ses compléments, devaient créer aussi une atmosphère plus propice à la

---

[407] Comme nous l'avons dit, seuls D&P décomposent encore le contenu prédicatif (cf. Ch. III, 2.2.2.); on en trouve encore des relents chez trois autres auteurs. Le fait que certains auteurs se voient encore obligés de s'élever contre la pratique de la décomposition montre que la problématique reste actuelle.

[408] La pilarisation, en revanche, n'a pas encore disparu.

naissance d'une conception verbo-centrale (cf. Lauwers 2003a), dans laquelle n'importe quel verbe (donc non seulement les *verbes substantifs*) fonctionne comme noyau constructeur, pivot syntaxique de la proposition (Le Bidois, Strohmeyer, Plattner; Wartburg, Larousse, Michaut, Cayrou et Galichet), voire même comme l'élément hiérarchiquement supérieur (la conception verbo-centrale proprement dite chez D&P). Il ne semble pas qu'une quelconque théorie linguistique ait influencé cette évolution. La tradition grammaticale française portait d'ailleurs déjà en germe la conception verbo-centrale, comme le montrent certaines pratiques d'analyse, ainsi que des formules consacrées. C'est comme si ces facteurs avaient attendu la grammaticalisation de l'analyse descendante pour se faire valoir (cf. Lauwers 2003a).

En France, l'affaiblissement de l'analyse descendante logique à la suite du processus de délogicisation, sous la pression d'une approche catégorielle restée très vivace (et qui faisait l'objet d'importantes extensions: s y n t a g m e et P F T ; cf. Ch. III, 3.), peut également être déduit de la montée du terme *fonction*. Vers la fin des années '40, ce terme semble enfin avoir acquis droit de cité dans l'analyse de la proposition (Radouant, D&P, Gougenheim, Galichet, Cayrou et de Boer; cf. Ch. III, 2.3.1.1.).

Finalement, la critique de l'opposition *sujet apparent/sujet réel* (notamment par Brunot) et l'apparition d'analyses alternatives, syntaxiques ou psycho-pragmatiques (cf. 3.3.), ne fait que souligner la délogicisation de l'approche descendante des faits de syntaxe. Dans ce dernier cas, la psychologie se substitue à la logique, mais l'orientation reste néanmoins descendante, parce que tributaire de l'opposition t h è m e / r h è m e .

7.1.2.2. Le poids de la sémantique

En dépit de la 'grammaticalisation' (ou mieux: de la 'délogicisation') de la perspective descendante, l'analyse de la proposition reste toujours dominée par des considérations *sémantiques*.

Dans 11 grammaires (dont 6 françaises), plus de 38% des fonctions syntaxiques sont définies *uniquement* par le contenu qu'elles véhiculent (cf. Ch. III, 2.2.6.). Seule une minorité de grammairiens s'abstient de définitions purement sémantiques (contenu). Inversement, on ne trouve que très peu de f o n c t i o n s définies en termes purement formels (5,6 % sans les tests; 12,2 % y compris les tests).

En gros, les tests, ou de façon plus générale, les procédures définitoires indirectes, n'ont qu'un poids insignifiant dans les définitions des fonctions, sauf chez Radouant (chez qui ils interviennent dans 57 % des concepts définis), Le Bidois (20 %), Galichet (18,2 %), Grevisse (15,4 %) et Brunot (15,4 %). Ce constat concorde avec la subordination du t e s t d ' e f f a c e m e n t aux considérations sémantiques dans l'analyse des compléments du verbe (3.5.2): on préfère écarter le critère plutôt que d'adapter la taxinomie des fonctions. Le fait que les analyses syntaxiques soient si sensibles aux interférences du poids sémantique et informatif des constituants est également à attribuer à la sémantisation de l'analyse. L'analyse de l'opposition essentiel/accessoire et les discussions qui entourent la distinction *proposition principale/subordonnée* en témoignent.

L'impact de la sémantique était particulièrement fort dans le domaine de la complémentation verbale. Ainsi, le découpage CO/cc est fondé sur la sémantique (3.6.1.), tout comme l'unité de la classe des compléments d'objets (CO), dont le COD et le COI ne constituent en général que des sous-classes (3.6.2.1.).

Les discussions autour de la nomenclature de 1910 ont infléchi définitivement le cours de l'histoire ici. De façon générale, on optait pour la séparation du *sens*, de la *fonction* et de la *forme* dans les désignations (cf. aussi la note complémentaire parue en 1911, *apud* Lanusse – Yvon 1929). Le texte définitif (1910) — considérablement amaigri (moins de termes, absence de définitions) par rapport à ses premières moutures (rapports Maquet 1907 et Maquet – Brunot 1909) — refusait même d'imposer des termes pour les catégories du sens, conformément à la teneur générale des discussions[409]. Toutefois, dans le domaine de la complémentation verbale, la discussion va à contre-sens de cette tendance. On remplace l'ancienne opposition formelle *complément direct* (= sans préposition)/*indirect* (= prépositionnel) par une opposition sémantique[410]: *complément d'objet/complément circonstanciel* (Maquet 1907). Dans le deuxième rapport (Brunot – Maquet 1909: 345), la commission se voit obligée d'y ajouter le *complément d'objet indirect* (une sous-catégorie du *complément d'objet*) afin de faire justice à la règle de la passivation. Il n'empêche que l'opposition est désormais sémantique; la construction (*directe/indirecte*) et la syntaxe (possibilité de passivation) y sont subordonnées[411]. L'opposition essentiel/non essentiel n'est même pas relevée dans le texte de Brunot et Maquet (1909). Le rapport de 1909 mentionne, parmi les sous-types des circonstanciels, le *complément d'attribution, de temps, de manière, de lieu, d'agent* (ou *complément du passif*), suivis d'un *etc.* qui en dit long (Brunot – Maquet 1909: 346). Dans la version définitive de la nomenclature, toutes ces distinctions ont cédé le pas devant le terme générique de *complément*, mais dans la circulaire qui l'accompagne, elles réapparaissent: «complément direct indiquant *l'objet de l'action*», *compléments de circonstance* (*apud* Lanusse – Yvon 1929: 11).

Que la sémantique joue aussi un rôle prépondérant dans l'identification de la classe des compléments d'attribution, cela est confirmé par les différences

---

[409] Cf. aussi certains passages de Brunot – Maquet (1909); cf. Glauser (1911-1912: 460-461); cf. aussi la forme est la voie la plus sûre (Brunot 1909; *apud* Boutan 2001: 650).

[410] On constate donc que *sens* et *forme* ne sont pas juxtaposés comme c'est le cas dans les subordonnées pour *forme* (*construction*) et *fonction*. Quant au *sens*, on laisse la liberté aux professeurs (Brunot – Maquet 1909: 346-347).

[411] De cette façon, on accorde à l'opposition *direct/indirect* un sens purement formel et non pas un contenu sémantique caché comme c'était le cas avant: derrière les termes *complément direct* et *indirect* (par opposition à un troisième concept, *complément circonstanciel*) se trouvait en effet une valeur sémantique (objet) (Lanusse – Yvon 1929: 25). La nouvelle nomenclature ne fait qu'expliciter cette conception sémantique sous-jacente en y subordonnant le couple *direct/indirect*, désormais purement formel.

de couverture de la classe d'une grammaire à l'autre (3.7.2.). Pensons à la présence de prépositions autres que *à* (et *pour*) et d'autres mots recteurs (adjectif, adverbe, nom). Rien de surprenant à ce que les compléments d'attribution essentiels et non essentiels soient confondus.

Ces découpages ne résistent pas aux tests syntaxiques modernes (effacement, pronominalisation, passivation, possibilités de déplacement, etc.). Nous verrons d'ailleurs que les tests formels avaient plutôt mauvaise presse dans une grammaire axée sur l'identification du sens au-delà des formes (cf. Ch. VI, 1.2.1.8.).

L'aspect sémantique (attribution d'une qualité, par le biais d'un verbe) domine aussi dans les définitions de l'attribut du sujet (cf. 3.4.), au point d'éclipser sa nature de complément du verbe (rection) et d'en faire une espèce de complément du sujet (p. ex. Haas). Dans les grammaires qui rattachent l'attribut à un complexe prédicatif plus global, il n'est pas très clair si l'attribut est l'élément central du complexe prédicatif (= conception sémantique) ou seulement un complément un peu particulier de la copule (= conception syntaxique). De Boer combine les deux points de vue: quand le verbe est sémantiquement vide, l'attribut est *prédicat* (= conception sémantique); si le verbe n'est pas vide, l'attribut n'est qu'un *complément prédicatif* au sein du *prédicat* (conception syntaxique).

La perspective sémantique l'emporte aussi chaque fois que la série des fonctions primaires est projetée sur les fonctions secondaires (cf. 3.5.3.). Cela s'observe non seulement pour le sujet et l'objet (Clédat, Brunot) et le complément d'agent (Galichet), mais aussi et surtout pour les compléments circonstanciels (Clédat, Brunot, Plattner, Cayrou) et le complément d'attribution (Brunot, Lanusse, Le Bidois, Wartburg). Chez Brunot, ce constat n'a rien de surprenant, étant donné son approche onomasiologique globale.

L'approche sémantique des fonctions donne parfois lieu à des analyses étranges: Bruneau range le complément d'agent sous le *sujet* et crée de toutes pièces un nouvel avatar du *complément d'attribution*, homologue du complément d'agent, mais auprès d'une construction impersonnelle (*il M'est arrivé un accident*). Galichet investit le *complément d'agent* de plusieurs emplois nouveaux. L'apposition (cf. 4.3.3.), quant à elle, est mise à toutes les sauces. Elle apparaît chaque fois que le grammairien se trouve devant deux éléments jumelés (dislocation, séquence, attribut du COD, ...), mais non selon les règles de l'art.

Pour terminer, il faut signaler l'application de la grille des cas au français (cf. 6.), qui est le plus souvent le résultat d'une analogie superficielle, motivée par des raisons didactiques (Strohmeyer, Engwer, Regula, Plattner; aussi chez Sonnenschein) ou fondée sur la loi bréalienne de la survivance de catégories (Le Bidois, D&P) au-delà de la mutation des moyens d'expression. La grammaire historique y a également joué un rôle (p. ex. dans l'identification de traces du système des cas en ancien français ou des procédés grammaticaux qui s'y sont substitués, en l'occurrence la préposition et, pour Brunot, la «déclinaison» de l'article). Chez deux auteurs, Sonnenschein et de Boer, l'attribution de cas au français s'inscrit dans une véritable théorie sémantique (de Boer) ou fonctionnelle (Sonnenschein) des cas, dans laquelle la filiation historique apparaît comme garde-fou, mais non pas dans la même mesure (de Boer), ni dans toutes les circonstances (Sonnenschein).

La sémantisation de la syntaxe se double d'ailleurs d'un retour en force de la logique chez D&P et l'École de Genève (cf. 3.5.1.1.). Ces auteurs exploitent maximalement, mais chacun à sa façon, la dichotomie *inhérence/relation* (*syndèse/dichodèse*). Ces concepts font leur entrée dans les grammaires de Galichet et de Dauzat (et sporadiquement encore dans d'autres grammaires du corps), respectivement par le biais des Genevois et de D&P. Ces grammairiens en font chacun un emploi original, qui ajoute encore à la confusion. Même la décomposition, chassée par la porte, rentre par la fenêtre. Elle figure chez Bally et chez D&P, où elle a un statut plutôt théorique. De Boer, pour sa part, adapte l'opposition *détermination extérieure* vs *intérieure* qu'il a glanée chez Wundt (3.5.1.2.). Le sens qu'il y confère (c o m p l m e n t s e s s e n t i e l s à ' s e n s c i r c o n s t a n c i e l ' *vs* à s e n s n o n c i r c o n s t a n c i e l) marque un retour partiel à l'ancienne opposition entre cas locaux et cas logiques. De façon globale, la théorie *syntaxique* des cas de de Boer (6.4.) — à laquelle les Le Bidois font écho, tout en la récusant —, qui combat les approches morphologisantes en syntaxe, est en réalité une entreprise sémantique, basée sur une réinterprétation sémantique des cas en indo-européen. Par rapport à la théorie de de Boer, celle de Sonnenschein reste plus proche de la réalité formelle et diachronique.

7.2. *Bidirectionnalité, 'grammaticalisation' et tradition grammaticale nationale*

Ces deux caractéristiques de la grammaire traditionnelle, bidirectionnalité et 'grammaticalisation', éclairent certains développements dans le domaine de l'analyse de la phrase en fonctions. Elles offrent, en outre, un cadre qui permet de saisir certaines divergences capitales entre la tradition grammaticale française et allemande. Ces différences vont beaucoup plus loin que ne le laisse supposer le chassé-croisé terminologique *attribut/épithète* (fr.) et *Prädikat/Attribut* (all.)[412]. Elles touchent le cœur même de l'analyse.

À comparer les grammaires françaises et allemandes, on note une différence quant à la portée de la directionnalité descendante et sémantico-logique et cela tant au niveau des f o n c t i o n s p r i m a i r e s (analyse du s y n t a g m e v e r b a l) qu'au niveau des f o n c t i o n s s e c o n d a i r e s. En Allemagne, l'impact de l'analyse descendante (sémantico-logique) a été beaucoup plus fort qu'en France, pays à forte tradition ascendante (catégorielle). C'est un constat que nous avons déjà été amené à faire dans le chapitre III (2.4.2.), lorsque nous confrontions les indices 'approche ascendante' et 'approche descendante'.

---

[412] D'autres différences seront signalées sous 7.3.

7.2.1. Le syntagme verbal

L'impact de l'orientation catégorielle dans la tradition française ressort en premier lieu de l'examen du verbe-prédicat (cf. 3.1.). Les grammaires françaises confondent le verbe-mot et le verbe-fonction et cela non seulement au niveau de la terminologie, puisque dans 7 grammaires sur 11 le *verbe* est le grand absent du chapitre consacré aux fonctions. Les auteurs germanophones, en revanche, les distinguent, tout en insérant le verbe-prédicat dans un constituant fonctionnel (d'origine) sémantico-logique plus englobant (le *Prädikat*), avec plusieurs degrés de complexité, toutefois. Il faut en conclure, primo, que la 'grammaticalisation' (sujet – verbe – objet/attribut) de l'ancienne bipartition logique de la proposition est plus avancée en France. Secundo, cette grammaticalisation correspond, pour le verbe-prédicat, à une assimilation avec la catégorie *verbe* et donc à l'absence d'un pendant fonctionnel, ce qui souligne une fois de plus l'impact de la perspective catégorielle en France.

Cela ne veut pas dire que les grammaires allemandes restent complètement à l'écart du processus de 'grammaticalisation' qui affecte la structure binaire sujet – prédicat (*Prädikat*). Elle donne lieu à une confusion babylonienne où *Prädikat* désigne, selon le cas, le prédicat global, le complexe prédicatif (du type verbe-prédicat ou copule + attribut), le verbe-prédicat ou encore, l'attribut. Le *prédicat psychologique* (= rhème) ajoute encore à la confusion (cf. Ch. VII, 2.3.3.).

7.2.2. Les fonctions secondaires dans le syntagme nominal

L'approche descendante de la proposition atteint chez les auteurs allemands la structure intrasyntagmatique des fonctions primaires (c'est-à-dire du sujet, des compléments d'objet, etc.). Dans la tradition grammaticale française, par contre, l'analyse descendante est relayée par des concepts fonctionnels liés à une approche catégorielle et ascendante, comme l'*épithète* (associée à l'*adjectif qualificatif*), l'*apposition* (associée au nom) et le *complément*. Leurs homologues allemands (*Attribut, Apposition* et *Bestimmung*), en revanche, s'inscrivent dans une perspective sémantico-fonctionnelle (cf. 4.).

Ainsi, l'*Attribut* (ou *Beifügung*) s'applique à toutes sortes de formes et de structures (adjectifs qualificatifs, déterminants, syntagmes prépositionnels, etc.), tout comme la *Bestimmung*. Le *complément* français, par contre, a un sens catégoriel plus strict: nom ou pronom, absence d'accord — une survivance de la théorie logique de la consubstantialité — et présence d'une préposition. Ces deux visées du complément, catégorielle et sémantico-fonctionnelle, entrent d'ailleurs en conflit dans les grammaires publiées en France, mais la conception catégorielle finit toujours par l'emporter. L'attachement des auteurs français aux classes de mots apparaît aussi dans le classement — rare dans les grammaires allemandes — des compléments selon la partie du discours qu'ils complètent (p. ex. *complément de l'adjectif*). Assez souvent, ce classement corrige un autre classement (fonction + complément, p. ex. *complément du sujet*) à peine entamé, ce qui est un indice supplémentaire du blocage éprouvé par l'analyse descendante de la phrase.

Dans le cas de l'*apposition*, l'opposition entre les deux traditions grammaticales est moins nette, étant donné que le lien privilégié entre l'*apposition* et le nom s'est déjà en grande partie distendu dans la tradition française. On relève en effet des extensions d'emploi des fonctions secondaires dans la tradition française, qui témoignent en quelque sorte d'un début de 'logicisation' des fonctions secondaires, à plusieurs vitesses, cependant, comme le montre le traitement de l'*épithète*. Celle-ci embrasse parfois les déterminants (Cayrou, Lanusse) ou des emplois adjectivaux des noms (Bruneau), ou encore, se confond par endroits avec l'*apposition* (Dauzat). Le cas du *complément* est différent, puisqu'il en existait déjà deux 'versions' dans la grammaire scolaire du 19e siècle, une version grammaticale (un mot) et une version logique (un syntagme).

7.3. Innovations terminologiques en France

Si les mutations que nous venons d'évoquer entraînent, certes, la disparition d'un certain nombre de termes, la tendance est nettement à la diversification de l'appareil fonctionnel, comme il appert aussi du calcul du nombre de termes techniques (cf. Ch. VI, 1.1.2.1.).

Certains termes ont plus ou moins disparu (p. ex. l'*attribut* au sens large; l'opposition verbe *substantif/attributif*; le *complément déterminatif*) ou sont tombés quelque peu en discrédit (le couple *sujet logique/grammatical*; le *complément* au sens large du terme). Les pertes ne font cependant pas le poids face à ce que gagne l'analyse en fonctions:

- *complément d'attribution* (et variantes: *complément d'objet secondaire*) comme fonction 'autonome'
- *complément d'agent* (°1921 Lanusse) comme fonction 'autonome'
- *séquence* (°1922 Brunot)
- *attribut du* COD
- la notion de complément de phrase (et adverbe de phrase)
- le paradigme *déterm-* en lieu et place de l'ancien complément logique [le *déterminatif* (= nom complément du nom) avait été supprimé dans la nomenclature de 1910]
- des phrases dépourvues de verbe: phrase nominale et phrase attributive. (cf. Ch. V)

On assiste, en outre, à la percée d'autres concepts comme le *complément d'objet* (*direct* et *indirect*) et l'*épithète* (qui n'est pas encore attestée chez Clédat (1896), mais bien chez Ulrix 1909), qui donnaient encore matière à discussion vers 1906-1910, ainsi qu'à des extensions d'emploi des fonctions secondaires.

Cet aperçu ne tient pas compte des créations éphémères telles que le *complément prédicatif* (Ulrix, de Boer, avec des différences de portée, toutefois), les trois *sujets* (de Boer), le *complétif* (= s é q u e n c e ; Le Bidois), certaines dénominations de types de phrases, basées sur leur constitution interne (*phrase intransitive, partitive,* etc.), etc. N'oublions pas non plus le système de D&P, qui n'a pas vraiment trouvé d'écho dans les grammaires du corpus[413], à cause de leur terminologie ésotérique. S'agissant de terminologie, il faudra noter l'ascendant de Brunot (1922) en la matière. Brunot avait déjà pris part aux discussions précédant la nomenclature grammaticale de 1910, et, même si le texte définitif n'allait pas assez loin à son goût, il se félicitait de voir disparaître le *verbe substantif,* la *proposition complexe, incomplexe, directe* et *inverse,* le *verbe neutre* (c'est-à-dire i n t r a n s i t i f) et l'*incidente* (= s u b o r d o n - n é e) (Brunot – Bony 1909: 14). C'est encore Brunot qui a lancé les termes de *séquence* et d'*objet second(aire),* de même que le *complément de propos,* semble-t-il (*parler de* …), pour ne pas parler des néologismes que nous rencontrerons encore au cours du chapitre V (*représentant, nominaux, mot-outil*)[414]. En outre, la critique de l'analyse en deux *sujets* de la construction impersonnelle (cf. 3.2.) par Brunot (1922) a ouvert la voie à quelques analyses syntaxiques alternatives (Le Bidois, Galichet, Michaut), dont une bonne partie incorporent sa propre solution (Gougenheim, Wartburg, Dauzat).

Si la création d'un terme et la reconnaissance d'un concept est une chose, son autonomie par rapport aux concepts qui l'entourent en est une autre. C'est pourquoi nous avons étudié en détail le découpage des concepts dans le domaine de la complémentation verbale.

L'a t t r i b u t d u C O D (cf. 3.4.3.) a beau être reconnu — mais non depuis longtemps, comme le montrent certaines affirmations de Haas et de Clédat —, il continue à être associé à l'a t t r i b u t d u s u j e t, le plus souvent comme deux sous-classes de la fonction a t t r i b u t. Cette association correspond même à une assimilation dans les grammaires qui ne prévoient pas encore deux termes spécifiques. Une fois que cette étroite association s'est rompue, des vues originales ont pu se manifester: le C O D et l'a t t r i b u t d u C O D comme deux c o m p l é m e n t s d u v e r b e (Le Bidois, de Boer et, au niveau de la terminologie, Plattner), comme un c o m p l é m e n t c o m p l e x e tantôt bicéphale (Dauzat et surtout D&P) tantôt unitaire (Brunot).

À la suite de l'éclatement de la classe des *compléments indirects* (= c o m p l é - m e n t s d ' o b j e t et c o m p l é m e n t s c i r c o n s t a n c i e l s), de nouvelles fonctions sont nées du 'frottement' des c o m p l é m e n t s d ' o b j e t et des c o m p l é m e n t s

---

[413] Dauzat et Le Bidois leur empruntent cependant quelques termes:
Dauzat: *notoriété* (1947: 98, 211, 242, 243, n. 1), *discordance/forclusion* (267, 329), *épingle* (412, 343);
Le Bidois: *échantil* (T1, 275, 339), *épinglé* et *épingle* (T1, 88, 22-23; passim), *désomptif* (T1, 88), *progrédience* (T2, 307) *discordantiel* (T2, 286).
[414] Les Le Bidois lui empruntent aussi *ligature* (T1, 4), *nominaux* (T1, 20), *servitude grammaticale* et *préflexion* (T1, 126).

circonstanciels: le complément d'attribution et le complément d'agent, qui ont contribué à la diversification des compléments du verbe[415].

Le complément d'attribution (cf. 3.7.), à l'origine une sous-catégorie du cc (cf. encore Radouant, Grevisse, Cayrou), est reconnu dans presque 80 % des grammaires du corpus. Il s'affranchit de la tutelle des compléments circonstanciels et se rapproche davantage des CO, grâce notamment à l'*objet second(aire)* de Brunot. Il est désormais conçu soit comme une fonction autonome, soit comme un COI (Larousse, Wartburg), de type *datif* (tradition allemande). Le complément d'agent (cf. 3.8.), quant à lui, est identifié d'un terme relevant du paradigme des fonctions dans 16 grammaires, mais ne constitue pas toujours une fonction syntaxique autonome (8 grammaires). Notre analyse de ces deux compléments confirme celle de Chervel (1977): le sort du complément d'agent et du complément d'attribution est lié; très souvent la reconnaissance de l'un va de pair avec la reconnaissance de l'autre.

La classe des circonstanciels (cf. 3.9.), qui résiste, malgré tout, à la pression du critère essentiel *vs* accessoire, reste très hétérogène (circonstances de l'action), même après le départ du complément d'attribution et le complément d'agent. Le concept est appliqué indifféremment aux modifieurs du verbe, aux sœurs du SV et aux compléments qui se rapportent à l'ensemble du contenu propositionnel. Il n'empêche qu'un nombre considérable d'auteurs s'apprêtent à reconnaître les compléments de phrase, même si la tradition française se limite le plus souvent aux adverbes de phrase, confortée en cela par la dissociation *adverbe/complément circonstanciel* et l'hétérogénéité des emplois adverbiaux. Même si le raisonnement est purement sémantique, la dissociation annonce, avec les forces centripètes (attraction des COI et le critère [+ essentiel]), l'éclatement de la classe des compléments circonstanciels.

---

[415] En Allemagne, le complément d'agent n'est pas attesté comme fonction autonome. Le complément d'attribution est un complément d'objet indirect de type *datif* (ce qui inclut les verbes divalents). L'attribut du COD est quelquefois appelé *double accusatif* (appellation qui se défend pour l'analyse de l'allemand).

CHAPITRE V

LES PARTIES DU DISCOURS

Dans le chapitre III, il a déjà été amplement question des parties du discours. Celles-ci sont en effet l'âme de l'approche catégorielle de la syntaxe. Les parties du discours — ou certaines d'entre elles — constituent aussi le fondement de l'approche fonctionnelle transversale et des syntagmes (du type I).

Le chapitre III sert de cadre au chapitre IV, où nous avons étudié la configuration canonique de la proposition et les différentes fonctions syntaxiques, d'abord les fonctions primaires centrales, puis les fonctions secondaires. Le présent chapitre entend prolonger ce mouvement du haut vers le bas en examinant les parties du discours. À la différence du chapitre III, où il s'agissait du *statut théorique* de la partie du discours (du mot) dans l'*architecture globale* de la syntaxe, le présent chapitre focalise le *classement* des parties du discours, c'est-à-dire leur nombre et les problèmes de délimitation qu'elles posent, tout comme la question de l'unité du système des parties du discours.

L'exposé suivra un parcours qui va du général au particulier et traitera d'abord ce qui est généralement admis (1.), pour aborder ensuite les aspects du classement qui ont été ressentis comme étant problématiques, à savoir l'axe grammatical/lexical qui traverse l'inventaire traditionnel des parties du discours (2.) et les problèmes de délimitation ponctuels qui ont donné lieu à de nouvelles parties du discours (3.).

1. L'ARCHITECTURE GLOBALE DE LA TAXINOMIE

La question de l'architecture globale du système des parties du discours comporte trois aspects: le nombre de classes (1.1.), l'ordre de traitement de celles-ci (1.2.) et les regroupements auxquels elles donnent lieu (1.3.). D&P (et Gougenheim), les seuls auteurs à fonder un système de parties du discours (appelées *essences logiques*) sur des bases complètement nouvelles, feront l'objet de 1.4.

1.1. *L'inventaire traditionnel*

Toutes les grammaires du corpus (abstraction faite de D&P et de Gougenheim) reconnaissent les catégories suivantes (avec une extension analogue):

le verbe, le nom, l'adverbe, la préposition, la conjonction

Le *pronom* et l'*adjectif* sont également des catégories classiques, mais leur composition varie sensiblement d'une grammaire à l'autre. C'est qu'ils se disputent les déterminants, y compris l'article. Voilà les sept parties du discours de base du système traditionnel.

Il s'y ajoute encore l'*interjection*, partie du discours à statut parfois précaire, qui manque dans cinq grammaires[1]. L'*article* n'est pas une partie du discours autonome dans 9 des 25 grammaires.

D'autres parties du discours apparaissent occasionnellement. Le *numéral* est attesté dans 10 grammaires comme partie du discours à part entière (Clédat, Plattner, Haas, Strohmeyer, Engwer, Regula, Bloch, Bruneau, de Boer, Cayrou). C'est même une catégorie classique dans la grammaire d'expression allemande (voir 3.1.3). Le problème de la délimitation entre l'adjectif et le pronom entraîne quelquefois la création de classes plus ou moins autonomes: déterminants, *nominaux* (Brunot, Galichet) ou pronoms personnels.

D'autres catégories sont encore plus marginales. Le classement croisé de D&P (cf. 1.4.) permet de traiter isolément le gérondif, l'infinitif, le participe (cf. aussi Haas), l'adverbe de manière et les adverbes à valeur phrastique (*oui, non*, etc.). Brunot reconnaît aussi l'existence d'un *présentatif* (*voici, voilà*), dont le statut reste obscur (1922: 8-9). Ce terme a cependant connu une certaine postérité[2], même s'il reste subordonné à l'une ou l'autre partie du discours, soit la *préposition* (Larousse 1936: 186-187, *passim*), soit l'*interjection* (Bloch)[3], soit l'*adverbe* (*m.m.* D&P; en partie chez Bruneau)[4]. Vu l'incertitude qui plane sur son statut, il n'est pas étonnant qu'il soit parfois à cheval sur plusieurs parties du discours (Le Bidois, Larousse, Bruneau)[5].

Force est de constater, abstraction faite de Gougenheim et de D&P, que les parties du discours restent la clé de voûte de la grammaire traditionnelle (cf. aussi ch. III), même si le mot *partie du discours* était tombé «quelque peu en disgrâce» (Le Bidois T1, 18-19). Mais, comme le soulignent à juste titre ces mêmes auteurs, «la chose» continue à exister. Seul le nombre et «leur exacte distinction» pose problème, d'où la nécessité de quelques retouches (*ib.*). C'est aussi l'avis de Dauzat, qui

---

[1] D&P en font un *factif nominal*.
[2] Lanusse se borne à une *proposition présentative* (1921: 207), tout comme Galichet (1947: 114) (*phrase dite «de présentation»*). Brunot avait déjà reconnu la *présentation* (Brunot 1922: 8-9) comme un type d'énoncé non phrastique.
[3] Bloch – Georgin (1937: 191) se refusent à classer les «particules de présentation» *voici, voilà* parmi les prépositions ou les adverbes.
[4] D&P les rattachent aux *factifs strumentaux* (*oui, non*). Bruneau (1937: 390) parle d'un *adverbe «présentatif»* (*voici, voilà*) et le traite sous les *démonstratifs*, plus particulièrement parmi les *présentatifs*: *c'est, tel* (adjectif et pronom), *adverbes de présentation* [*voici* (*que*)] (1937: 215-217).
[5] «Flottant entre la catégorie des prépositions et celle des adverbes» (Le Bidois T1, 122), il est aussi mis en rapport avec les démonstratifs (Le Bidois T1, 122). De même chez Larousse (1936: 391): «propositions elliptiques. Ces mots, classés par analogie de forme parmi les prépositions, ont un sens démonstratif (CI et LÀ) et une valeur adverbiale de lieu».

veut aboutir à un système plus *raisonné*. Même la reconnaissance de la «transposition[6], ou transvaluation» (de Boer 1947: 102) n'est «pas du tout une raison pour nier l'existence de catégories, ni pour ne pas les prendre comme une des bases essentielles de la description d'une langue». Et de renvoyer à Brøndal (1928) (de Boer 1947: 102, n. 1). Il en est de même de tous les auteurs qui, dans le cadre de la perspective fonctionnelle transversale (cf. Ch. III, 3.2.), ont créé des catégories dans le prolongement des parties du discours (centrales): de Boer, Haas (*Vorstellungen*) et Galichet (*espèces*). Plutôt que d'abandonner les parties du discours, ces auteurs les intègrent dans une espèce de superstructure psycho-sémantique ou fonctionnelle, basée sur la fonction prototypique des parties du discours centrales. Si tant est que Brunot veut vraiment renoncer aux parties du discours, il faut dire que son combat porte à faux, d'une part parce qu'il vise surtout l'*agencement* des catégories (e.a. les parties du discours) plutôt que l'extension et la délimitation des catégories mêmes, d'autre part parce que le nouveau cadre onomasiologique cache mal les rapports privilégiés avec les parties du discours classiques (cf. Wilmet 1995: 971).

1.2. *L'ordre des parties du discours*

Les tables des matières des grammaires reflètent trois groupes majeurs de parties du discours:

- le nom (et ses satellites)
- le verbe
- les invariables.

Pour la description de l'ordre de présentation des parties du discours, nous procéderons en deux étapes. Nous allons d'abord classer les grammaires d'après l'ordre relatif de ces trois groupes pour ensuite aborder la structure interne de ces groupes.

Dans les grammaires qui adoptent une perspective fonctionnelle transversale (Haas, Galichet, de Boer), les parties du discours sont cachées (en partie) sous d'autres catégories plus larges, dont elles constituent le centre de gravité (cf. 1.1.). Le même raisonnement vaut *mutatis mutandis* pour Brunot (catégories sémantiques). Les trois *classes* de D&P (*nom/verbe/strument*), qui constituent la charpente de la grammaire, correspondent *grosso modo* à la triade nom/verbe/ mots-outils[7]. Notons que les *struments* comportent aussi des mots variables (par exemple les déterminants) et les adverbes de manière. Même chez Gougenheim on peut reconnaître à travers les *morphèmes* certaines parties du

---

[6] La théorie de la *transposition* a été analysée en détail au Ch. III, 3.2.2.
[7] Les deux premières classes s'opposent aux *struments* comme le lexical au grammatical (cf. 1.4.).

discours traditionnelles (*flexion nominale* ~ nom; *flexion verbale* ~ verbe; *déterminatif* = déterminant).

L'ordre présenté ci-dessus constitue nettement le système dominant[8]. On commence en général par le nom et ses satellites (traités avant ou après, ou encore, sous le même titre), puis on passe au verbe et aux invariables[9].

Il n'y a que peu d'exceptions à cette règle. Même Brunot (sous le couvert de catégories sémantiques), Galichet (*espèces*), Gougenheim (*morphèmes*), D&P et Radouant (qui traite la *conjonction*, la *préposition* et le *mot exclamatif* dans un long chapitre préliminaire où il est aussi question des fonctions) se conforment, grosso modo, à ce canevas. Il faut cependant signaler que l'adjectif est dissocié du nom chez Brunot (grille sémantique) et Galichet (en faveur du parallélisme avec l'adverbe). Dauzat, qui cherche probablement à regrouper les mots-outils (cf. 2. *infra*), traite les déterminants (y compris l'article) après le *verbe*, avant les invariables.

Face à cette tradition écrasante, les exceptions ne peuvent être que le résultat d'un choix conscient:

- le verbe figure en tête   Plattner, Strohmeyer, Wartburg
  Le nom suit immédiatement après (éventuellement après l'article), sauf chez Wartburg.
- le verbe figure en dernière position   Haas, de Boer
- absence d'un chapitre sur le nom et sur l'adjectif   Le Bidois.

La première exception correspond à une conception verbo-centrale au sens large du terme (cf. Lauwers 2003a). La syntaxe des Le Bidois suit, en réalité, l'ordre canonique, à ceci près que le premier segment est décimé:

nom (+ article + pronoms -*ifs*/*els* + adjectif qualificatif)[10].

Chez de Boer, la position du verbe s'explique par le fait que le verbe est le seul élément qui ne s'insère pas dans une classe fonctionnelle plus englobante (*les *verbaux* vs les *substantivaux, adjectivaux et adverbiaux*). En outre, la théorie des cas, le cheval de bataille de l'auteur, entraîne l'avancement de la préposition, ce qui mène à la

---

[8] Dans les grammaires à 'morphologie redoublée' ou 'triplée' (Plattner, Lanusse, Michaut, Gougenheim; cf. Ch. III, 2.1.2.), où l'on trouve deux, voire trois séries de parties du discours, l'ordre adopté en morphologie présente peu de variation par rapport à l'ordre adopté en syntaxe. Dans la syntaxe, Lanusse ne traite pas les interjections (cf. aussi Michaut). L'adjectif et le pronom ont changé de place. L'ordre de la morphologie réapparaît dans la partie sémantique (y compris les interjections). Chez Gougenheim, la syntaxe reprend l'ordre de présentation des *morphèmes*. Il y ajoute toutefois cinq nouvelles catégories (insérées à la fin) et un chapitre sur l'ordre des mots placé au début. Plattner, enfin, dégrossit la syntaxe de l'*interjection*, du numéral et de la conjonction, et déplace le pronom.

[9] Cet ordre correspond grosso modo à l'ordre adopté par les grammairiens alexandrins et latins: nom – verbe [les deux entourés oui ou non de leurs satellites (respectivement l'article/le pronom; le participe/l'adverbe)] – les indéclinables.

[10] N'oublions pas qu'il s'agit d'une syntaxe. La matière qu'on rattache traditionnellement à la «syntaxe du nom» se trouve ailleurs: dans les chapitres sur l'ordre des mots, sur l'accord, etc.

dissolution de la classe des m o t s - o u t i l s , vu que ni la conjonction (traitée en partie dans la 'syntaxe pure'[11]), ni l'interjection ne sont traitées séparément[12].

Considérons maintenant l'ordre relatif des p a r t i e s d u d i s c o u r s à l'intérieur des trois 'blocs'. Certaines régularités peuvent être dégagées.

Quant aux mots invariables, on constate que l ' i n t e r j e c t i o n vient toujours à la fin, alors que l ' a d v e r b e est très mobile. Dans le groupe du n o m , l ' a r t i c l e (autonome ou intégré à une classe plus englobante) s'accroche au n o m (partie du discours qui n'est pas traitée par les Le Bidois). Dans les grammaires allemandes[13] et chez de Boer, l ' a r t i c l e est traité en même temps que le n o m , ce qui s'explique par la théorie des cas, l'article étant le marqueur des cas (cf. Ch. IV). Onze grammaires les traitent l'un après l'autre, alors que l ' a r t i c l e est séparé du n o m par au moins une partie du discours chez Ulrix, Radouant, Larousse, Bloch, Wartburg et Cayrou. Il en est de même chez D&P, Galichet et Dauzat[14], où la séparation est due à l'incorporation de l ' a r t i c l e aux m o t s - o u t i l s . Quant aux mots invariables, le troisième groupe de p a r t i e s d u d i s c o u r s , force est de constater qu'ils rejoignent quelquefois — notamment les prépositions et les conjonctions — ce que nous avons appelé la 'syntaxe pure' (Ch. III, 2.1.2.): Wartburg (la conjonction est traitée avec le verbe, au début), Radouant, Strohmeyer, et dans une moindre mesure, de Boer (conjonction: *passim*). La même chose vaut pour l'*interjection* (Radouant). De Boer, de son côté, rattache la préposition au nom (théorie des cas).

Le tableau inséré en annexe (n° 7) présente les p a r t i e s d u d i s c o u r s avec la terminologie telle qu'on la trouve dans les grammaires du corpus. Nous avons dissous chaque fois la classe des *mots invariables*, afin de mieux faire ressortir l'ordre des p a r t i e s d u d i s c o u r s qui s'y rattachent. La désignation -*ifs/els* indique que les auteurs traitent les démonstratifs, possessifs, personnels, etc. en autant de chapitres différents (Clédat, Wartburg, Le Bidois). Le tableau en annexe appelle trois remarques:

- dans certaines grammaires, les p a r t i e s d u d i s c o u r s sont rattachées à des catégories plus englobantes (parenthèses);
- certaines p a r t i e s d u d i s c o u r s se trouvent 'hors série' (cases grises);
- quelquefois les p a r t i e s d u d i s c o u r s se trouvent 'hors série' sans qu'on puisse y attribuer un 'site' propre (= la dernière colonne: *passim*).

1.3. *Les systèmes bipolaires à hiérarchisation combinatoire*

Vers le milieu des années 1930, on assiste à l'émergence d'une taxinomie hiérarchisée des p a r t i e s d u d i s c o u r s qui n'est plus basée sur la morphologie (invariable/

---

[11] Sur la 'syntaxe pure', on se reportera au Ch. III, 2.1.2.
[12] Chez Haas, auteur qui semble encore adhérer à la bipartition logique de la phrase, le traitement du verbe se réduit à deux chapitres, l'un portant sur les temps, l'autre sur les modes. Le plan de la syntaxe de Haas laisse à désirer, surtout vers la fin.
[13] Strohmeyer, Engwer, Regula, Plattner (dans la partie syntaxique).
[14] Chez Brunot, la séparation est quasi inexistante, vu que c'est le *nominal* qui s'insère entre le n o m et l ' a r t i c l e .

variable), mais sur leur combinatoire, ou de façon plus générale, sur leur fonctionnement syntaxique. Comme cette pratique prépare le terrain à l'émergence de la notion de syntagme, nous en avons déjà traité dans le Chapitre III (3.1.1.3.).

Même D&P opèrent une hiérarchisation interne des *catégories* (V1, 88; 7): *catégories centrales (factif, substantif)* vs *juvantes (adjectif, affonctif)*. Plus classique, la *Grammaire* Larousse s'en tient aux parties du discours traditionnelles:

«un mot **essentiel** (*nom* ou *verbe*) accompagné de mots **satellites** (*adjectifs*[15], *adverbes*) et de **mots-outils** (*prépositions, conjonctions*)» (1936: 33).

Les deux *mots essentiels* ou *fondamentaux* ont chacun un cortège de *mots-outils* et de *satellites* (Larousse 1936: 127).

La taxinomie bipolaire (nom, verbe avec leurs satellites respectifs) est également attestée chez Dauzat et Cayrou. Chez Cayrou, cette bipartition est portée au niveau du plan de la grammaire (cf. Ch. III, 3.1.3.1.). Le système de Dauzat, peu symétrique, peut être représenté comme suit (1947: 48, 55):

mots à valeur pleine		intermédiaires	mots-outils
nom (*groupe des noms*) (1947: 55) + *satellites* substantif, adjectif (qualificatif et déterminatif), pronom (remplace le nom ou présente le verbe)	verbe	adjectifs-pronoms I vs II adverbes I vs II	préposition, conjonction

+ interjection

Cayrou, qui ne reconnaît pas l'opposition mot-outil/mot plein, opère également une bipartition, qui est problématique à plusieurs égards. Ce tour de force, réalisé avec les moyens du bord, c'est-à-dire avec la liste classique des neuf parties du discours, aboutit à une classification impressionniste. En syntaxe, disent les auteurs, il faut distinguer «deux espèces de mots essentielles», le nom et le verbe (qui forment aussi deux types de syntagmes):

– nom: déterminé par l'article/l'adjectif; «représenté par le pronom», «suppléé par l'adverbe, et introduit parfois par la préposition» (Cayrou 1948: 50)
– verbe: «suppléé par l'interjection et introduit parfois par la conjonction» (Cayrou 1948: 51).

On comprend que cette taxinomie, originale (notamment le traitement de l'adverbe et de l'interjection), mais nullement *raisonnée*[16], comme l'est celle de Dauzat,

---

[15] Les adjectifs englobent à la fois les déterminants et les qualificatifs, mais non pas les articles.
[16] Il subsiste cependant des ambiguïtés. Ainsi, l'auteur ne dit pas que l'adjectif qualificatif est un mot à valeur pleine. Les rapports entre déterminants et pronoms sont ambigus et les *adverbes* ne sont pas rangés parmi les *satellites*, alors que les pronoms et déterminants le sont bel et bien.

n'a pas fait école. Ce dernier déplore d'ailleurs la publication de cette grammaire «vieillotte» qu'on pourrait dater 1890 (*Le français moderne*, 1949, p. 309-312).

Galichet, qui scinde les classes des m o t s - o u t i l s en deux, retient 4 paires d'*espèces grammaticales:*

(1) *espèces principales* (*nominale*, y compris les *représentants* et *nominaux*; *verbale*)
(2) *espèces adjointes* (*adjectivale* et *adverbiale*)
(3) *espèces de relation* (*prépositive* et *conjonctive*) [appelées aussi *espèces intermédiaires* (1947: 64)]
(4) *marques d'espèce*: *article*, *pronom* ou *personnel de conjugaison*.

Cette classification cache une échelle. Les *espèces principales* «dominent dans l'économie de la langue française d'aujourd'hui»; «Les autres gravitent autour d'elles» (Galichet 1947: 64). Les *marques d'espèces*, par contre, se trouvent

«au bas de l'échelle des espèces grammaticales. Nous sommes au point où la signification psychologique de cette unité linguistique est si vague, si abstraite, qu'elle constitue moins une entité qu'une simple possibilité: elle ne peut guère se concevoir en dehors du rôle qu'elle joue dans un emploi donné» (Galichet 1947: 55-56).

Si l'*espèce nominale* et *verbale* dominent, il n'empêche que les trois autres groupes apportent des nuances sémantiques ou syntaxiques. Les *espèces de relation* sont à tort dites *espèces secondaires*. Elles jouent un rôle syntaxique de premier plan et «constituent, pour une large part, l'originalité d'une langue» (Galichet 1947: 64).

En conclusion, on peut dire que tous ces auteurs opèrent une hiérarchisation interne du système des p a r t i e s d u d i s c o u r s. La hiérarchisation à laquelle ils aboutissent est bipolaire — ce qui n'est pas nouveau bien sûr — et reflète en partie une hiérarchie syntaxique (les rapports de dépendance à l'intérieur des deux pôles). Tant chez Larousse (Wagner!), Galichet et Dauzat on trouve une terminologie qui fait écho à celle de Tesnière (*satellite, graviter*, etc.). Une certaine influence n'est pas exclue, étant donné que l'article publié par Tesnière (1934) avait été recensé par Gougenheim (1935b) dans *Le français moderne*[17].

1.4. *Le système croisé de D&P: 4 x 3 = 12*

Avec Gougenheim, qui dégrossit l'inventaire des p a r t i e s d u d i s c o u r s de tout ce qui relève du *morphème*, D&P sont les seuls auteurs à avoir refondu de fond en comble le système des p a r t i e s d u d i s c o u r s. Leur système, basé sur le croisement de deux *répartitoires*, à savoir les *catégories* et les *classes*, permet de définir 12 *essences logiques* (d'après V1, 103):

---

[17] Tesnière (1934) écarte les *mots-phrases* — *logiques* (p. ex. *oui*) et *affectifs* (= i n t e r j e c t i o n s) — et aboutit à deux grands ensembles de mots qui correspondent plus ou moins à l'opposition m o t s à v a l e u r p l e i n e / m o t s - o u t i l s.

		CLASSES		
		nom	verbe	strument
catégories	factif	factif nominal (= interjection)	factif verbal (= verbe fini)	factif strumental (*oui, non, si, voici, voilà,* ...)
	substantif	substantif nominal (= nom)	substantif verbal (= infinitif)	substantif strumental (= pronom)
	adjectif	adjectif nominal (= adjectif qualificatif)	adjectif verbal (= participe)	adjectif strumental (= déterminants)
	affonctif	affonctif nominal (= adverbes [partim])	affonctif verbal (= *en* + participe présent)	affonctif strumental (= adverbes (partim) + préposition + conjonction)

Les *catégories* correspondent à des catégories sémantico-logiques (référence est faite à Kant et à Condillac): les phénomènes (le passager) (*factif*), les substances (le permanent) (*substantif*), les qualités applicables aux substances (*adjectifs*) et les modalités (*affonctif*)[18].

Ces 4 *catégories* rappellent le verbe, le nom, l'adjectif et l'adverbe de la tradition. Tout cela est du déjà vu. Les *classes*, en revanche, sont plus originales. Elles semblent être construites sur l'opposition fondamentale entre mots-outils (= morphèmes libres) et mots pleins. Les struments sont des «taxiomes [...] à l'état libre»; les deux autres classes sont des *sémiomes*, respectivement des *sémiomes (libres)* à «rôle constructif» et les *sémiomes* «susceptibles d'être assemblés par l'intermédiaire des struments et des verbes» (V1, 98). On peut dire que l'opposition est basée sur le fonctionnement syntaxique des deux classes.

Si la dissociation *verbe/factif* et la reconnaissance de la classe des *struments* résolvent le problème des mots-phrases et donnent un statut aux formes non personnelles du verbe, la classe des *noms* constitue le talon d'Achille de la théorie. Les auteurs ne cachent d'ailleurs pas les problèmes que pose la définition positive de cette classe (V1, 100-101), obtenue d'abord «par élimination». Citant Restaut, ils admettent que «ce qui est, sans plus, *nommé*, est exprimé par un nom» (V1, 100). En termes psychiques, il s'agit d'«une simple vue de l'esprit sur une perception ou une conception. Le nom serait le mode d'expression des représentations» (*ib.*). Il constitue «la matière passive du discours, que le locuteur met en œuvre et combine [...] par des struments et des verbes» (V1, 101), bref le nom est le *sémième* à l'état pur. Voilà qu'une catégorie formelle (le *nom*), expression d'un *taxième*, finit par se confondre avec la pensée-matière qui doit être façonnée par ... les *taxièmes*.

Certes, il existe des ressemblances entre l'adjectif qualificatif et l'adverbe de manière, d'une part, et les interjections et les noms de l'autre. De plus, l'adjectif et le nom ont été rapprochés par la tradition grammaticale (cf.

---

[18] Le *factif* est le terme central (parfois unique) de la phrase, portant l'assertion d'un fait (V1, 88).

3.4.). Or l'étiquette et le dénominateur commun paraissent être sujets à caution: les verbes, eux aussi, ne «nomment»-ils pas les phénomènes? Et la définition ontologico-sémantique des noms ne tranche-t-elle pas avec les définitions plutôt syntaxiques du *verbe* et du *strument*?

2. Les parties du discours entre le lexique et la grammaire

Si la bipartition en mots *variables* (déclinables) et *invariables* (indéclinables) reste vivante (cf. 2.4.1.), elle est remplacée en partie par d'autres bipartitions, également très anciennes, mais fondées sur des bases tout autres. Elles peuvent être regroupées en deux (ou trois) tendances majeures:

- les *mots-outils* (et variantes terminologiques)   *vs*   X
    (1bis) les mots non autonomes   *vs*   autonomes
- les *morphèmes* (et variantes)   *vs*   Y

Il s'y ajoute une troisième piste (3), les *moyens grammaticaux*. Ceux-ci regroupent les moyens d'expression (syntactiques, prosodiques, morphologiques, etc.) des rapports syntaxiques qui se nouent entre les entités lexicales. Ils s'inscrivent donc dans la même logique que les *morphèmes* et les *mots-outils*.

Dans ce qui suit, les *mots-outils* (2.1.), les *morphèmes* (2.2.) et les *moyens grammaticaux* (2.3.), trois concepts qui se ressemblent, mais qui reposent (en partie) sur des présupposés théoriques différents, seront examinés en détail.

2.1. Les mots-outils[19]

La classe des mots-outils présente une certaine variation en ce qui concerne la terminologie (2.1.1.) et la portée (2.1.2.). Le flou qui l'entoure s'explique par l'absence d'une critériologie univoque. C'est que l'opposition mots-outils/mots-pleins se prête à plusieurs interprétations dont la plupart ont derrière elles une longue histoire (2.1.3.).

2.1.1. Terminologie

Un an après Lanusse et Yvon, qui avaient forgé le terme *outils grammaticaux* (1921: 116), Brunot (1922: 5) lança le *mot-outil*[20]:

---

[19] Baum (1976: 73) énumère encore les variantes terminologiques suivantes: *struments* (D&P), *mots-charnières* (signalés par Tesnière), *sundesmoi* (Aristote), *Formwörter* (Sütterlin), *Verbindungs-* ou *Beziehungswörter* (Bühler), *Relationswörter* (Otto), *formale* ou *grammatische Wörter* (Jakobson), *marqueurs structurels*, *mots fonctionnels* (Helbig), *Fügewörter* (Erben) et *Partikels* (Glinz).

[20] Il se peut que Brunot se soit inspiré de la tradition allemande, qui connaît le terme *Formwort* (Sütterlin, *apud* Baum 1976: 73). Le terme (et l'opposition) remonte au moins à Becker (1839: 25). Sous «Flexion und Formwörter», celui-ci oppose les *Begriffswörter* aux *Formwörter*: «Die Formwörter drücken, wie die Flexionsendungen, nicht Begriffe, sondern nur Beziehungen der Begriffe aus». Parmi les exemples, on trouve un auxiliaire (*hat geredet*), un adverbe (*mehr gelehrt*) et une préposition, qui sont à chaque fois opposés à une expression synthétique.

«Pour marquer les rapports entre les mots, on emploie des signes exprès, des «*mots-outils*», dont c'est la fonction».

Ce terme a été repris par Le Bidois (T2, 579 titre, 589) (ou *ligatures, outils grammaticaux/syntaxiques*), Larousse (1936: 364) (vs *mots à sens plein*), Michaut (1934: 178)[21], Bruneau (1937: 48) (ou *mots grammaticaux* vs *mots ordinaires*), Dauzat (1947: 12, 48) (vs *mots à valeur pleine*) et Wartburg (1947: 232, 254, 282, 338, *passim*).

À force d'être utilisé, le terme *outil* a commencé à mener sa propre vie: *outil* (Grevisse 1936: 255; Wartburg 1947: 173, 282), *outil interrogatif* (Bruneau 1937: 106), *verbes-outils* (Bruneau 1937: 292), *adverbes-outils* (Bruneau 1937: 389), *outils de liaison* (Wartburg 1947: 31), *outil grammatical* (Wartburg 1947: 152-153; de Boer 1947: 58; Dauzat 1947: 12), *instrument grammatical* (Wartburg 1947: 245), etc. Dans le même sens, D&P forgent le terme *strument*, qui a une portée très large.

Les grammaires allemandes parlent de *Formwort* (cf. note *supra*) ou *Bildungswort* (Engwer). Seulement, il n'est pas clair si ces termes s'appliquent aussi en dehors du domaine des prépositions et des conjonctions. Strohmeyer (1921: 16), en revanche, est plus précis et énumère les membres des deux classes:

– *selbständige Wortarten*: «die ein *eigenen Begriff* darstellen können»
– *unselbständige Wörter*[22].

Les *mots* non autonomes (*unselbständig*) ne comptent pas dans le dénombrement des *concepts* (*Begriffe*):

Ton père — est parti — pour l'Amérique — Ne te l'avais-je pas dit? = 4 concepts; 14 mots.

Cette tradition terminologique (*selbständig/unselbständig*; *selbstbedeutend/mitbedeutend*) a laissé aussi des traces chez Regula[23] (cf. *infra*).

En plus du *mot-outil*, Brunot (1922: 181, 340, 401-404, 698) avait aussi utilisé le terme de *ligature*[24] (cf. aussi Le Bidois) et Gougenheim (1938: 63, 71), quant à lui, distingue à l'intérieur de la classe des *morphèmes* les *mots grammaticaux*, par opposition aux *éléments morphologiques autonomes*.

---

[21] Par opposition au *mot complément* (Michaut 1934: 252).

[22] Le glissement de la terminologie de *Wortarten* (= p a r t i e s d u d i s c o u r s) à *Wörter* montre que cette bipartition nouvelle a de quoi saper les bases de l'ancienne grammaire basée sur les *Wortarten*. Nous y reviendrons.

[23] En principe, tant le nom que le p r o n o m p e r s o n n e l sont *Vollwort* ou *selbstbedeutend* (Regula 1931: 24). Ils s'opposent aux *Knappwörter*, c'est-à-dire aux autres p r o n o m s, qui «erfassen nur eine oder einzelne Seiten des Seienden» (Regula 1931: 25). Dans l'opposition n o m s c o n c r e t s / a b s t r a i t s (*Konkrete/Abstrakte*) transparaît encore l'opposition de Brentano (cf. Graffi 1991: 86): *Wesen (Seiende) mit selbständigem Dasein* vs *ohne selbst. Dasein* (1931: 24). Le n o m a t t r i b u t prend l'article s'il est autonome («bei *gegenständlicher, selbständiger* Bedeutung») (1931: 81). En outre, un certain rapport existe avec les pronoms c o n j o i n t s / d i s j o i n t s qui sont aussi appelés respectivement «unselbständige Form» et «selbständige Form» (1931: 99-100).

[24] Bally (1932, 1944²) se sert du terme *ligament grammatical*.

La plupart des auteurs qui reconnaissent l'existence de m o t s - o u t i l s le font avec conviction, comme le montre le tableau synoptique (cf. 2.4.1.). Seuls Wartburg et de Boer, qui ont pourtant fréquemment recours à ces notions, ne les définissent pas. Grevisse (1936: 255) et Galichet (1947: 120)[25] y font seulement écho. Les guillemets qui accompagnent la terminologie montrent qu'il s'agit plutôt d'emprunts qui n'avaient pas encore été assimilés.

Même si les contours de la classe des m o t s - o u t i l s restaient souvent assez vagues (cf. 2.1.2. *infra*), on peut dire que cette classe, bien que centrée autour des prépositions et des conjonctions, contient encore d'autres éléments que celles-ci. On trouve cependant aussi des regroupements qui ont une portée plus limitée (conjonction et préposition), sans que les deux éléments perdent pour autant leur statut de p a r t i e d u d i s c o u r s à proprement parler.

Chez Engwer (1926: 44) et Regula (1931: 24), la c o n j o n c t i o n et la p r é p o s i - t i o n, sont réunies dans une seule p a r t i e d u d i s c o u r s (à l'instar de Otto 1919): *Verhältniswort*[26], *Beziehungswörter*. De même, Haas (1909) les regroupe sous le dénominateur commun des *Beziehungsvorstellungen*, mais celles-ci ne semblent pas être d'une autre nature que les autres *Vorstellungen* (cf. Wundt[27]). À vrai dire, les *Beziehungsvorstellungen* se combinent avec une *Verknüpfungsvorstellung*, qui, elle, est de nature purement grammaticale. Certaines prépositions et conjonctions se réduisent à une simple *Verknüpfungsvorstellung* (= p r é p o s i t i o n s v i d e s). Ce genre de regroupements est également attesté dans la tradition française, le dénominateur commun étant la fonction (lier/unir des mots et des propositions)[28]: *mots de rapport* (Radouant 1922: 61; 218)[29], *mots/termes de liaison* (Grevisse 1936: 120)[30], *espèces de relation* ou *mots-charnières* «comme certains les appellent» (Galichet 1947: 45).

Finalement, chez Galichet (1947: 55), l'*article* et le *personnel de conjugaison* donnent lieu à un autre type de regroupement: les *marques d'espèce*.

Un autre terme générique de la tradition, mal délimité, est la *particule*[31]. Ce concept se caractérise, semble-t-il, avant tout par son «peu de volume» (Marouzeau

---

[25] Galichet parle aussi de «mots 'pleins'» (1947: 110, n. 1).
[26] Chez Regula (1931: 24), le *Verhältniswort* est une *Präposition*. On constate que la terminologie allemande est instable.
[27] Pour Wundt, les *Beziehungsbegriffe* se trouvent au même niveau que les *Gegenstands/Eigenschafts/Zustandsbegriffe* (1920: 7), ce qui est critiqué par Otto (1919: 60). Ils s'en distingueraient par le fait qu'ils ne correspondent pas à une représentation autonome (*selbständige Vorstellung*) et qu'ils s'associent aux autres *Begriffe*.
[28] Dans certaines phrases, la conjonction et la préposition sont interchangeables: *le singe avec le léopard* = *et* (Grevisse 1936: 562).
[29] «des mots de rapport n'ayant pas en eux-mêmes leur raison d'être» (Radouant 1922: 218).
[30] En ce qui concerne le *Bon Usage*, il s'agit d'un regroupement de deux *parties du discours* autonomes au niveau de la théorie des *termes de la proposition*.
[31] La problématique des *particules* interfère aussi avec le statut de la préfixation, qui, — et certaines grammaires du corpus en témoignent encore — était souvent conçue comme un phénomène lié à la composition. C'est pourquoi Grevisse (1936: 70) put affirmer que le «préfixe» est «une particule (préposition ou adverbe) ou encore une simple syllabe» qui «modifie le sens du mot primitif en y ajoutant une idée secondaire». Comme certains préfixes peuvent s'employer de façon autonome (p. ex. *par, pour*), ils sont dits *séparables* (vs *inséparables*: p. ex. *pré-, mé-*) (1936: 70-71).

1961). Marouzeau rattache la *particule* aux mots-outils (*mots accessoires*) et y attribue une double fonction: «modifier le sens des mots principaux» (*ci* dans *celui-ci*) ou «exprimer les rapports qu'on établit entre eux» (*et, ne, de*: *particules de liaison, conjonctions, prépositions*, etc.). Voilà une de ces notions qui continuent à mener une vie en retrait dans quelque recoin de la grammaire, loin des définitions[32] et des classifications explicites[33].

2.1.2. Portée de la classe

Regardons de plus près la présentation très claire dans la grammaire de Strohmeyer. Les mots-outils englobent

- trois parties du discours: préposition, conjonction, article
- des éléments appartenant à d'autres parties du discours traditionnelles: le pronom atone[34], la négation adverbale, les verbes auxiliaires et certains déterminants (tirés de la classe des pronoms ou des adjectifs, selon le cas) (*mon, ce, quelque*).

Mais, en général, les contours de la classe des mots-outils ne sont pas très nets, surtout au début de la période examinée.

Si, d'une part, Brunot (1922: 5) se borne aux prépositions (à en juger d'après les exemples qu'il donne), d'autre part, l'entrée *mots-outils* de l'index renvoie aussi à un passage où sont traitées les *propositions à forme réduite* (1922: 17). Parmi celles-ci on trouve des pronoms et adverbes interrogatifs et des interjections. Seulement, comme il n'y est pas question de *mots-outils*, on ne peut pas délimiter nettement la classe[35]. La présentation chez Lanusse et Regula ne permet pas de juger si la classe des mots-outils contient encore d'autres éléments que les prépositions et les conjonctions.

Il semble toutefois que la classe des mots-outils ait pris plus de consistance dans les années '30.

---

[32] Dauzat tire cependant la *particule* de l'oubli, élément dépourvu de sens plein (1947: 408). Il la met sur un pied d'égalité avec le *mot-outil* ou *outil grammatical* (1947: 12).

[33] On trouve des exemples dans les passages suivants: Lanusse (1921: 197, *passim*), Strohmeyer (1921: 48), Regula (1932: 116, 245), Académie (1932: 222), Bloch (1937: 190, 191), Grevisse (1936: 70), Galichet (1947: 57), Dauzat (1947: 408, 12, 239, 264, 429, 392), Wartburg (1947: 22, 152-153), de Boer (1947: 155), Cayrou (1948: 25, etc.).
Voici quelques exemples de mots qualifiés de *particules* (relevé non exhaustif): les pronoms personnels sujets (Dauzat 1947: 264), les particules interrogatives (Dauzat 1947: 429), les auxiliaires *aller* et *venir* (!) (Strohmeyer 1921: 48), la particule *que* introduisant le subjonctif (Bloch 1937: 190), *voici/voilà*, les *particules de présentation* (Bloch 1937: 191), les prépositions et conjonctions (Dauzat 1947: 392), etc.

[34] Devenus («herabgesunken») «unselbständige[n] Verbalpartikel[n]» (Strohmeyer 1921: 51, cf. aussi 154).

[35] Comme le terme générique *mot-outil* figure seulement dans l'introduction, on peut se demander si l'on n'a pas affaire à un terme ajouté après coup. Brunot pourrait bien s'être inspiré des *outils grammaticaux* de Lanusse – Yvon, dont la grammaire avait paru un an plus tôt.

Chez Michaut, la classe s'ouvre aux auxiliaires (1934: 176, 178), mais les auteurs se refusent à admettre les adverbes (1934: 252) qui «sont des mots compléments[36] et non pas des *mots outils*» (1934: 252).

L'article ne tardera pas à rejoindre les mots-outils. C'est déjà le cas chez Le Bidois (T1, 38) («un morphème, un outil grammatical»). Le livre treizième, intitulé *les mots-outils*, porte sur l'adverbe et la préposition (T2, 579). Dix pages plus loin, on apprend que la conjonction et l'interjection sont à leur tour des mots-outils, alors que l'adverbe s'en trouve dissocié cette fois-ci (T2, 589).

Même si la présentation dans la *Grammaire* Larousse manque encore de clarté, on constate que l'adverbe (à l'exception de l'*adverbe de manière*), la préposition, la conjonction et l'interjection sont énumérés dans la rubrique des *mots-outils* (1936: 364). Dans le paragraphe traitant de la *dérivation impropre*, la classe s'étend aux pronoms (*rien*) (cf. aussi 1936: 168) et aux auxiliaires. Ailleurs, elle s'enrichit encore de l'article et d'autres d é t e r m i n a n t s («l'article ou autres mots-outils») (Larousse 1936: 151).

Bruneau et Dauzat sont plus explicites. Sont des *mots-outils*: l'article, l'adjectif et le pronom démonstratif et possessif, les pronoms personnels, les numéraux, les prépositions, les conjonctions et les pronoms relatifs (Bruneau 1937: 48). Ces *mots-outils* se divisent en deux sous-ensembles qu'on retrouve dans les titres: *les mots-outils qui précisent ou remplacent le nom* et *les mots-outils invariables*. Par ailleurs, on relève encore les a u x i l i a i r e s (appelés *verbes-outils*) (1937: 292), une sous-catégorie des adverbes (les *adverbes-outils*) (1937: 389), les *présentatifs* (*voici*, etc.) (1937: 215-217), voire des mots ou des locutions comme *beaucoup de, bien des, propre* (1937: 200, 382). Ces mots, qui sont étudiés chacun dans un chapitre spécial — ce qui montre bien la coupe transversale opérée par cette nouvelle classe —, «n'ont pas de signification propre; souvent ils n'ont même pas d'accent particulier. Ils accompagnent ou remplacent les mots ordinaires». Ils «servent à exprimer *des notions grammaticales*: l'article marque le genre et le nombre du nom; il indique que le nom est ou n'est pas déterminé, etc.» (Bruneau 1937: 48). On constate que les interjections ont disparu, tout comme chez Dauzat, qui s'en explique (1947: 49). Dauzat, du reste, isole les mêmes mots, mais les répartit en deux classes, les *mots-outils* et les *mots intermédiaires* (cf. 1.3. *supra*), qui s'opposent à une troisième, les *mots à valeur pleine*. Les derniers ont «suivant les cas, soit une valeur pleine [...], soit une valeur restreinte d'instrument grammatical» (1947: 48). Il s'agit des *adjectifs-pronoms* et des adverbes[37].

Pour la composition de la classe des *struments* chez D&P, on se reportera à 1.4.

---

[36] Cette affirmation est problématique (*oui, ne ... pas*, etc.).

[37] Wartburg et de Boer, qui ne discutent jamais la problématique des m o t s - o u t i l s dans son ensemble, y rattachent entre autres les éléments suivants: Wartburg [prépositions (282, 299), d é t e r m i n a n t s   p o s s e s s i f s (232), i n t e r r o g a t i f s (254), a u x i l i a i r e (9), *pas/point* (152-153), *c'est ... QUE* (338), *de plus* (173)]; de Boer [l'article (58), la conjonction *que* (42-43), les adverbes et adverbiaux (103)].

2.1.3. Mise en perspective

Si le regroupement de la conjonction et de la préposition était encore innocent[38], la volonté d'ouvrir l'inventaire à d'autres parties du discours, voire à des sous-catégories de parties du discours (ce qui est plus grave encore), a de quoi mettre à rude épreuve l'ancien dispositif des parties du discours. On a vu que le paradigme des *mots-outils* a une extension variable qui ne cesse de croître. Il convient de s'interroger maintenant sur la doctrine derrière ce prosélytisme. On verra que la réponse n'est pas facile. Au moins cinq facteurs peuvent être envisagés.

(1) L'unité de la classe des mots-outils est en premier lieu basée sur la valeur instrumentale des mots qui en font partie. Ceux-ci sont conçus comme des instruments au service de la *con-structio*, de la *syn-taxe*. Cette valeur instrumentale réside en premier lieu dans l'établissement de rapports syntaxiques entre les entités lexicales. Dans ce sens, les mots-outils correspondent aux *sundesmoi* d'Aristote ('mots de liaison').

(2) Or, parmi les mots-outils on repère aussi les auxiliaires, l'article et le pronom personnel atone. Ces trois catégories de mots (ou d'emplois) se sont substituées aux anciennes catégories synthétiques. Leur intégration à la catégorie des mots-outils est due à la pression exercée par la perspective historico-comparative (cf. déjà Becker 1839 qui met en rapport les *Formwörter* et leurs corrélats synthétiques).

(3) Avec l'incorporation de l'article et de l'auxiliaire, on a franchi les limites de la classe des indéclinables. En réalité, la pression de la classe des invariables peut avoir agi dans les deux sens. D'une part, les auteurs ont été tentés d'étendre la classe des mots-outils aux interjections (Brunot?, Le Bidois, Larousse) et aux adverbes. D'autre part, il n'est pas inimaginable que la frontière séparant les déclinables[39] et les indéclinables a retardé quelque peu la 'conquête' de ces derniers. On constate néanmoins que l'article, les auxiliaires, les déterminants et les pronoms sont attirés progressivement vers la sphère des mots-outils.

(4) Un quatrième facteur dont on ne peut sous-estimer l'importance est l'opposition aristotélicienne entre signes catégorématiques et syncatégorématiques. Au cours des siècles, elle a fait l'objet de nombreux rajustements, qu'on peut regrouper sous au moins trois chefs.

---

[38] Encore que les conjonctions de coordination posent problème.
[39] Le lien avec les *mots invariables* apparaît encore dans le fait que Lanusse et Larousse subordonnent les *mots-outils* aux *mots invariables* (sous-classes).

(a) catégorématique/syncatégorématique

Les *categoremata* (le nom et le verbe) peuvent fonctionner comme sujet ou prédicat, alors que les *syncategoremata* ne s'y prêtent pas. Ils s'accrochent aux catégorématiques pour devenir significatifs (De Pater – Swiggers 2000: 91). On retrouve cette opposition chez le grammairien latin Priscien (VIe siècle) et plus tard chez Russell (1903)[40] et Husserl (*apud* Otto 1919: 76). Elle est fondée sur deux traits fondamentaux: (1) la capacité de fonctionner comme terme de la proposition (à l'origine sujet et prédicat); (2) la capacité de 'signifier' de façon autonome.

(b) autonomie significative

Il semble que les philosophes de la fin du 19e siècle aient mis l'accent sur la deuxième caractéristique, l'autonomie significative. Ainsi, Husserl oppose une *selbständige* (= peut fournir à elle seule la totalité du sens d'un acte significatif concret) à une *unselbständige Bedeutung* (*Logische Untersuchungen*; apud Otto 1919: 76). Marty (1908: 205, *apud* Graffi 1991: 92) y oppose *selbstbedeutend* et *mitbedeutend*, terminologie qu'on trouve déjà chez Brentano, avec un sens légèrement différent, cependant[41] (Graffi 1991: 86). Selon Marty, *geht* est un signe *catégorématique* (puisqu'il peut fonctionner comme prédicat), mais non *autosémantique* (*selbstbedeutend*). Il est *synsémantique* (*mitbedeutend*). Seuls *er geht* et *Gehender* sont[42] *selbstbedeutend* (Otto 1919: 76; Graffi 1991: 92-93).

On comprend que l'application de cette opposition peut faire accroître de façon considérable le nombre de m o t s - o u t i l s (*a fortiori* dans le cas b): outre les mots de 'relation' (préposition, conjonction), on y trouverait les articles, les déterminants, les pronoms atones, etc. L'interjection, en revanche, devrait en être exclue. Strohmeyer et Regula[43] sont deux représentants de cette tradition. Le critère catégorématique apparaît aussi chez Michaut (*mots compléments*).

La tradition grammaticale française semble avoir connu les termes *mots autonomes* ou *principaux* (ou *lexicographiques*), par opposition aux *mots accessoires*, synonyme de *mots grammaticaux* (Marouzeau 1961: 152, s.v. mot). Dans le corpus, cependant, cette terminologie n'est pas attestée, à l'exception du terme *mot accessoire*[44] (cf. aussi Vendryes 1921: 93)[45], qu'on trouve encore sporadi-

---

[40] Rastier (1996: 15).
[41] Par exemple, tous les noms ne sont pas *selbstbedeutend* (p. ex. noms abstraits).
[42] Otto (1919), en revanche, propose d'adopter une autre perspective. Il vaut mieux distinguer, selon lui, dans chaque mot une *begriffliche Bedeutung* et une *syntaktische Beziehungsbedeutung*, ce qui l'amène à voir dans la p a r t i e d u d i s c o u r s un moyen syntaxique (si elle est marquée comme telle).
[43] Regula s'inspire du phénoménologue Meinong (cf. Ch. VII, 2.1.4.2.; 2.1.4.4.); il a fait ses études à Graz où avait enseigné Brentano (le maître de Meinong).
[44] Chez Brunot, l'expression *notion accessoire* en vient aussi à désigner le contraire, c'est-à-dire s e n s l e x i c a l (1922: 181).
[45] Les *mots accessoires* constituent une sous-catégorie des *morphèmes*.

quement[46] (Lanusse[47], Académie 1932: 16). Galichet (1947: 64) critique l'épithète *secondaire*.

(c) sémantique: plein vs vide

Or, ce n'est pas tout. La terminologie attestée dans le corpus (Larousse, Dauzat) montre qu'une autre tendance, sémantique, a pu jouer: celle qui oppose les mots sémantiquement vides (outils grammaticaux) aux mots sémantiquement pleins. L'application de cette opposition mène à l'éclatement de la classe fourre-tout des adverbes. On y trouve en effet des adverbes-outils et des adverbes pleins (Larousse, Bruneau, Dauzat). Un clivage analogue s'observe pour la classe des verbes (auxiliaires vs pleins) et pour les adjectifs, *déterminatifs* (cf. aussi l'article) vs *qualificatifs*.

Le critère sémantique est toutefois sujet à caution. Les auxiliaires modaux (*devoir, pouvoir*), les interjections, tout comme certains pronoms ou adjectifs dits indéfinis (p. ex. *tel, plusieurs*, etc.) sont-ils vraiment dépourvus de sens lexical? Cette observation vaut aussi pour les prépositions et les conjonctions (p. ex. *depuis, à cause de* vs les emplois dits explétifs[48] de *de*), ce qui impliquerait que ces mots figurent à tort parmi les mots-outils. Wartburg (1947: 282, 338), par exemple, réduit parfois les mots-outils aux mots sémantiquement vides (p. ex. les *prépositions incolores*).

(5) Pour terminer, il convient de faire état d'un cinquième critère, l'autonomie (accentuelle) [p. ex. chez Strohmeyer et Bruneau (1937: 48)]. Ainsi, les pronoms personnels sujets (ou les atones en général?) sont quelquefois dissociés des autres pronoms (Strohmeyer), mais aucun auteur n'y applique le test des clitiques (possibilité de figurer tout seul dans une réponse)[49].

Il faut conclure que l'opposition mot-outils/mots pleins s'expose à une série de tendances qui convergent en partie, mais pas tout à fait. On comprend pourquoi la catégorie des mots-outils reste parfois très floue et pourquoi son extension est variable. Tout compte fait, son importance est limitée, car les parties du

---

[46] Cayrou y fait seulement allusion: «L'adverbe était un mot expressif par lui-même; la préposition n'a pas d'existence indépendante et n'est qu'un lien entre deux mots expressifs, le *complément* et le *complété*» (1948: 251, nous soulignons).

[47] Le français «exprime par des mots distincts chacune des *idées accessoires* [...] jointes à l'*idée principale* contenue dans un mot» (Lanusse 1921: 314).

[48] Voir Ch. VI, 2.3.5.

[49] On pourrait isoler ainsi l'article et les autres déterminants, les auxiliaires, la préposition, la conjonction, les adverbes clitiques et les pronoms personnels atones. C'est sur ce critère prosodique que Strohmeyer s'est basé pour dresser l'inventaire des mots non autonomes (*unselbständige Wörter*), semble-t-il. Dans le même ordre d'idées, von Ettmayer (1910: 14) distingue le *bedeutendes Wort* (critère: peut constituer à lui seul une phrase) du *bloss sinnvolles Wort* (article, préposition, certains pronoms, conjonction, etc.).

d i s c o u r s continuent à exister. Il s'agit d'un regroupement transversal raisonné, coexistant avec le système classique qui ne disparaît pas pour autant. Seul D&P fait exception (*struments*). Même le plan des grammaires ne s'en trouve pas affecté, sauf peut-être chez Bruneau, et, dans une moindre mesure, chez Galichet (*espèces de relation/marques d'espèce*). Le plus souvent, le regroupement n'a qu'une valeur théorique et n'aboutit pas vraiment à une refonte de la syntaxe.

2.2. Morphèmes vs sémantèmes

L'opposition m o r p h è m e g r a m m a t i c a l/m o r p h è m e l e x i c a l[50] annonce un changement plus profond que le regroupement de quelques mots sous la bannière des m o t s - o u t i l s . Elle remonte à la linguistique générale du début du 20ᵉ siècle.

2.2.1. Vendryes (1921)

Vendryes reconnaît dans toute phrase «deux sortes d'éléments [linguistiques] distincts»: les *sémantèmes* exprimant «les idées de représentations» et les *morphèmes*, qui expriment «les rapports entre les idées» (1921: 86), c'est-à-dire les *catégories grammaticales* (1921: 106). Parmi les morphèmes figurent aussi des «mots accessoires (prépositions, articles, etc.)» ou *mots vides* (1921: 93, 98): prépositions, auxiliaires *être/avoir* (*to do, to shall*), etc. Ceux-ci n'ont pas d'existence autonome (Vendryes 1921: 104).

Si Vendryes continue à parler de *mots* vides ou accessoires, on constate toutefois qu'il dissocie les *sémantèmes* et les *morphèmes* des *mots*, qui tendent à devenir des unités prosodiques minimales. Ainsi, pour le français, Vendryes définit le mot sur la base du critère de l'indépendance. Le mot n'est pas facilement identifiable étant donné qu'il s'adjoint de nombreux morphèmes au point qu'il est souvent complexe: *je ne l'ai pas vu* (Vendryes 1921: 103).

2.2.2. Les grammaires du corpus

2.2.2.1. Terminologie

On trouve l'opposition m o r p h è m e g r a m m a t i c a l/m o r p h è m e l e x i c a l, mais revêtue d'une terminologie variable, chez D&P, Le Bidois, Gougenheim et De Boer, et, avec un peu de bonne volonté, chez Galichet et Wartburg.

D&P (1927) opposent les *sémièmes* aux *taxièmes*, qui sont, qu'on ne s'y méprenne pas, des notions psycho-sémantiques. Ces derniers font système (V1, 11) et constituent en quelque sorte la f o r m e p s y c h o l o g i q u e i n t e r n e du français. Il s'agit d'un

---

[50] De nos jours, le terme de *morphème* a deux sens différents: selon le cas, il est le pendant du l e x è m e (= conception de Martinet) ou du p h o n è m e . Dans ce dernier cas, il englobe à la fois les m o r p h è m e s g r a m m a t i c a u x et l e x i c a u x .

nombre limité d'idées générales qui classent les *sémièmes*, «idées libres, à sens plein et individualisé» (V1, 79) et constituant «un matériel d'idée pouvant s'accroître indéfiniment» (V1, 12)[51]:

> «un certain nombre **d'idées directrices** servant au classement sommaire des **idées-matériaux** et à leur mise en œuvre dans le discours» (V1, 11).

Les auteurs élaborent toute une taxinomie (V1, 79-83):

taxièmes (= notions grammaticales)	sémièmes (= notions lexicales)
exprimés par des *taxiomes*	exprimés par des *sémiomes*[52]
• *libres*: *struments* (permanents), *auxiliaires* (occasionnels) • *synclitiques*: flexions	• *libres*: *vocables non strumentaux* • *synclitiques*: *pexiomes* (= affixes) [*pexièmes*]
classés en *répartitoires*	divisés en *espèces linguistiques*

Les Le Bidois se réfèrent à Vendryes pour corriger l'ancienne théorie des parties du discours: *morphèmes* (ou *mots vides*; appelés aussi *signes des rapports* ou *outils grammaticaux*; T1, 20) vs *sémantèmes* (ou *mots prégnants, pleins*) (T1, 19-21). Gougenheim reconnaît la même bipartition, mais ne cite pas pour autant Vendryes. Au sein de la classe des *morphèmes*, Gougenheim distingue encore les *morphèmes disjoints* (ou: *mots grammaticaux, éléments morphologiques autonomes*) (1938: 63, 71) et les *morphèmes conjoints*[53]. La classification des morphèmes constitue la charpente de l'ouvrage. Le résultat est une 'morphologie redoublée' (cf. Ch. III, 2.1.2.), qui, au rebours de la tradition, n'est pas fondée sur les parties du discours, mais sur un inventaire des *morphèmes* et l'emploi de ceux-ci (1938: 9).

Le morphème grammatical occupe une place de choix chez D&P et Gougenheim, et cela tant au niveau de la théorie (structuration) qu'au niveau de l'agencement de la grammaire. Les Le Bidois commentent l'opposition *morphème/sémantème* à deux endroits-clés (dans les *prolégomènes* et au début du tome II) et y ont régulièrement recours. Les trois autres ouvrages (de Boer, Galichet et Wartburg) connaissent le *morphème*, mais ne l'opposent nulle part au morphème lexical. De plus, il n'apparaît que sporadiquement et avec un sens plus restreint.

De Boer ne définit nulle part la notion, mais on peut déduire des occurrences du terme qu'il s'agit d'une partie du mot qui en elle-même ne remplit aucune fonction syntaxique autonome, et qui, de préférence, mais pas toujours, semble-t-il, est dépourvue de sens: le *en* du gérondif, *ce* dans *de ce que*; l'infinitif (!), *c'est/ce*

---

[51] Et qui fait l'objet de la *lexicographie*.
[52] Le *sémiome* est caractérisé par 1° son *sémième* (l'idée); 2° sa fonction grammaticale (le rôle). Dans tout *sémiome* il y a aussi «un élément d'ordre taxiématique», à savoir son appartenance à une *espèce linguistique* (V1, 80), avec ou sans *taxiome* explicite.
[53] Ceci a des conséquences pour la structure du *groupe verbal*, étant donné que les «conjoints» en font partie. Il définit d'ailleurs les pronoms *conjoints/disjoints* en fonction de leur appartenance au *groupe verbal* ou *nominal* (= *disjoints*) (Gougenheim 1938: 153).

sont, il impersonnel, *que* dans *qui que*[54] et le participe et l'auxiliaire dans *je vais mourir/j'ai parlé.* Galichet, de son côté, mentionne le terme de *morphème* lorsqu'il critique la grammaire classique pour avoir pris le mot comme unité de base (unité trompeuse, à ses yeux), mais il ne l'exploite pas:

> «certains éléments du langage que les linguistes appellent «les morphèmes», quoique moins visibles, ont souvent une valeur grammaticale au moins aussi importante que les mots; il en est ainsi du ton, de l'ordre des termes[55], des signes diacritiques tels que la ponctuation» (1947: 16).

Il est curieux que le terme morphème ne soit nulle part appliqué à ce qu'il appelle des *désinences, catégories* ou *signes*[56], ni *aux mots-charnières* (préposition et conjonction) (Galichet 1947: 46). Dans la syntaxe de Wartburg – Zumthor, finalement, nous n'avons repéré que deux passages (étroitement liés) qui renvoient aux *morphèmes*. Dans les deux cas (p r o n o m   s u j e t et la particule interrogative *ti*), il s'agit de c l i t i q u e s en passe de devenir des m o r p h è m e s   l i é s (cf. aussi le terme *morphème préfixal*)[57] (1947: 180, 181).

2.2.2.2. Portée des termes

Le *morphème*, opposé ou non au *sémantème*, s'avère, encore plus que les m o t s - o u t i l s, une notion sujette à variation. Vendryes (1921: 85-93), pour sa part, y rattache les suffixes ou désinences, la flexion interne (*foot-feet*), les «morphèmes zéro», l'accent, les pronoms et les articles, ainsi que la place des *sémantèmes* dans la phrase. L'examen du corpus aboutit à quatre cas de figure:

- *morphème* = un mot s'agglutinant à un autre, à l'instar d'un préfixe/suffixe
    représentants: de Boer et Wartburg
- *morphème* = ± m o t - o u t i l
    représentant: Le Bidois[58]
- *morphème* = *mot-outil* + m o r p h è m e   g r a m m a t i c a l   l i é + ordre des mots + intonation[59]
    représentants: Gougenheim, Galichet; cf. Vendryes (1921)
- m o r p h è m e = l'ensemble des catégories linguistiques (et psychiques immanentes) de la langue
    représentant: D&P

---

[54] Voici les passages (relevé exhaustif): de Boer (1947: 74, 87, 90, 149, 155, 172, 184, 203-204).
[55] Cf. aussi Galichet (1947: 170): «l'ordre des mots devint un véritable indicateur de fonction, un 'morphème'».
[56] Le genre, le nombre et l'ordre des mots sont *trois signes* qui suffisent pratiquement pour délimiter les «groupes syntaxiques» (Galichet 1947: 76).
[57] Les auteurs ont tendance à voir dans les m o r p h è m e s   l i b r e s des *préfixes*, i.e. des m o r - p h è m e s   l i é s: «une sorte de préfixe conjonctionnel» (*que* introduisant le subjonctif) (1947: 103); «la valeur préfixale de l'article défini» (1947: 214); «l'ancien pronom conjoint est devenu un simple morphème préfixal du verbe» (1947: 180), «un simple élément constitutif du verbe aux modes personnels».
[58] Quoiqu'ils s'inspirent de Vendryes, ils ne mentionnent que les prépositions, les conjonctions, les articles, et, à la rigueur, l'ordre des mots (T1, 19-20).
[59] L'intonation n'est toutefois qu'effleurée chez Gougenheim.

On se reportera à 2.4. pour une discussion des fondements de la classe des *morphèmes*.

2.3. Les moyens grammaticaux

Pris au sens large, le m o r p h è m e devient synonyme de m o y e n g r a m m a t i c a l tout court. Il existe cependant aussi une certaine tradition en syntaxe qui, sans avoir recours à un terme générique tel que m o r p h è m e, réunit tous les moyens grammaticaux (2.3.1.). On en trouve 4 représentants dans le corpus (2.3.2.).

2.3.1. Introduction

Hermann Paul fut sans doute l'initiateur de cette tradition. En vue de l'expression linguistique des connexions de représentations mentales (*Zum sprachlichen Ausdruck der Verbindung von Vorstellungen*), il existe les moyens suivants (*Mittel*):

> la simple juxtaposition, l'ordre des mots (*Reihenfolge*), l'accentuation, l'intonation, le rythme (y compris les pauses) (*Tempo, Pausen*), les *Verbindungswörter* (préposition, conjonction, auxiliaires), la flexion [(a) détermine le type de connexion; (b) l'accord marque ce qui va ensemble] (Paul 1880[1]; 1909: 123-124).

On trouve un inventaire analogue chez Sweet (1891), Behaghel (1897), Sütterlin (1900: 235-236), Otto (1919), Bloomfield (1914) (*means of expression*[60]), Sapir (1921: 111-114)[61] et Ries (1928).

2.3.2. Les grammaires du corpus

Dans le corpus, on trouve *mutatis mutandis* le système de Paul chez Fritz Strohmeyer. La *Verbindung der Worte zu Wortgruppen und zum Satz* (titre) est décrite à partir des moyens grammaticaux. Outre la simple juxtaposition (p. ex. de deux noms) (*verbindungslose Nebeneinanderstellung*), il reconnaît quatre «*grammatische Hilfsmittel* zur Angabe der *Zusammenhörigkeit* und *Beziehung* einzelner *Worte* und *Redeteile*» (1921: 205) qui fournissent la clé du plan du chapitre (1921: 205-257):

> *Verbform, Rektion, Übereinstimmung* et *Wortstellung*.

On retrouve donc en partie les moyens grammaticaux de Paul, à ceci près que Strohmeyer fait abstraction de la prosodie et qu'il ajoute la forme verbale conjuguée

---

[60] Cette filiation est intéressante dans la mesure où elle aboutit aux *features of grammatical arrangement* de Bloomfield (1933) (Matthews 1996: 68, 112).
[61] Voir aussi Matthews (1996: 68, 112).
[62] L'étude comparative des moyens grammaticaux pourrait mener à une «*Parallelgrammatik* verschiedener Sprachen», projet qu'on pouvait déjà lire entre les lignes chez Paul (1909: 124): «wie von den allgemeinen Mitteln des Ausdrucks die verschiedenen Sprachen *zum Ausdruck desselben Gedankens* gleichen oder verschiedenen Gebrauch machen» (Engwer 1926: IV).

(*Verbform*) à la liste. La forme conjuguée fait entrer les concepts (*Begriffe*) dans une union vivante (*in lebendige Verbindung*) (1921: 206). Quant aux mots-outils, seule la préposition a été retenue sous *Rektion*.

Nous avons déjà signalé à plusieurs reprises que Regula et Engwer – Lerch s'inspirent des théories d'Ernst Otto. Ainsi ont-ils conçu leur syntaxe comme l'étude des moyens grammaticaux (*Lehre von Beziehungsmittel*)[62]. Otto se base sur des expériences psychologiques pour limiter le nombre de moyens grammaticaux (il renvoie à Paul; Otto 1919: 50) à quatre (Otto 1919: 59-60):

(a) Flexion; (b) Akzent (y compris le *musikalische Akzent*); (c) Wortart (dans la mesure où elle est marquée formellement); (d) Wortstellung.

Par rapport à Paul, on constate que les moyens prosodiques ont été réduits à une seule unité et que la juxtaposition a disparu. Chose étrange, les mots-outils ne sont plus pris en considération. En revanche, l'appartenance à une classe de mots (partie du discours) est vue comme un moyen syntaxique.

L'inventaire d'Otto a été adopté tel quel par Engwer – Lerch (1926: 44). Regula (1931: 42), de son côté, l'étend à 7 unités (8 si l'on dissocie *Flexion* et *Wortart*). Il rétablit les trois moyens prosodiques[63] qu'on trouve chez Paul et rajoute deux concepts liés à la situation d'énonciation, à savoir les données situationnelles (*Situation*) et les gestes (*erläuternde Gebärde*)[64].

Chez Otto, Regula et Engwer, les mots-outils ne sont plus considérés comme des moyens syntaxiques, alors que la flexion l'est bel et bien. Que d'un point de vue strictement linguistique cette thèse soit une aberration, cela ressort déjà de la terminologie affectée à l'ensemble des prépositions et conjonctions: *Beziehungswörter* (Regula 1931: 24) et *Bildungswörter* (Engwer 1926: 45)[65]. Ces mots ont perdu leur *Begriffsbedeutung* et ne sont donc plus des *Begriffswörter*.

Du côté français, on note une théorie analogue — mais restée à l'état d'esquisse — dans le chapitre *généralités* de *La pensée et la langue* (Brunot 1922: 5):

«Pour marquer les rapports, on emploie divers moyens»:
(1) ordre des mots, «le voisinage» (distribution)
(2) formes variables des mots et accord
(3) «mots-outils»
(4) rapports implicites.

Il n'est pas exclu que Brunot, qui parlait couramment l'allemand, ait emprunté cette théorie aux *Prinzipien* de Paul. On trouve en effet les mêmes moyens, abstraction faite de la prosodie.

---

[63] À l'intonation (*Stimmführung*), procédé oral, il oppose la ponctuation.
[64] Sur les données situationnelles, voir Ch. VII, 2.3.4.
[65] *-ment* est un *Bildungselement* ou *Endung* (Engwer 1926: 46). Ils opposent l'*analytische Bildung* à la *synthetische Bildung*.

2.4. Mots-outils, morphèmes grammaticaux et 'moyens grammaticaux'
2.4.1. Tableau synoptique

Quand on réunit les résultats de l'analyse qui précède on aboutit au tableau suivant:

	invariables[66]	mot-outils, etc[67].	morphème	moyens grammaticaux
Clédat	+a			
Plattner	+			
Ulrix	+			
Haas				
Sonnenschein				
Lanusse	+a +	++		
Strohmeyer		++ selbst.		+
Radouant	+			
Brunot		++		+
Engwer	+	+		+
D&P		++a	++	
Regula		++		+
Académie	+ a+			
Michaut	+aMorph.	++		
Le Bidois		++	++	
Bloch	+a			
Larousse	+a +	++		
Grevisse	+	(+)		
Bruneau	+a	++a		
Gougenheim		+	++	
Galichet		(+)	(+)	
Dauzat	++	++		
Wartburg		+	(+)	
de Boer		+	+	
Cayrou	+a Morph.			

Deux constats s'imposent.

Les différents concepts discutés ci-dessus apparaissent à des dates différentes et ne sont pas assimilés au même rythme. L'opposition déclinable/indéclinable est présente dès le début de la période, alors que le mot-outil naît vers 1920, tout comme le morphème, du moins dans la tradition française. Or, à la différence du mot-outil, le morphème ne compte que très peu de partisans, qui n'en font d'ailleurs en général qu'un usage très limité. Ces différences d'assimilation s'expliquent facilement (cf. 2.4.2.).

---

[66] a: l'opposition se reflète au niveau de l'agencement de la matière (plan de la grammaire).

[67] ++: [+ structuration]; +: [attesté, mais pas théorisé; exc.: Engwer]; (+): qu'un écho.

Deuxièmement, les trois types de regroupements d'éléments grammaticaux, à savoir les mots-outils, les morphèmes et les moyens grammaticaux, coexistent parfois à l'intérieur d'une même grammaire. Dans le cas d'Engwer et de Regula cela n'a rien d'étonnant, puisque les mots-outils ne sont pas considérés comme des moyens grammaticaux. Les deux notions sont également complémentaires chez Galichet, Wartburg et de Boer. Chez d'autres auteurs, en revanche, comme Strohmeyer (recoupement minimal: la préposition), Le Bidois[68], Gougenheim, Brunot et D&P, les concepts ne sont pas complémentaires, mais l'un s'emboîte dans l'autre, ce qui donne lieu à des recoupements dont les auteurs sont en général conscients.

Chez D&P, le *taxième* et le *strument* sont deux concepts différents. Les *taxièmes* sont des catégories (grammaticales), des pensées-formes, qui structurent la pensée-substance (cf. Ch. VII). Il s'agit de catégories telles que le genre ou les relations sémantico-logiques appelées *syndèse/dichodèse/homodèse*. Les *struments* ne sont qu'un maillon de cette grille *taxiématique* — structurée par des *répartitoires* — que la langue applique à la pensée. Ils incarnent en quelque sorte l'expression lexicale des *taxièmes*. Plus particulièrement, le *strument* (qui regroupe 4 *essences logiques* au total) fait partie du *répartitoire* de *classe*. Ce *répartitoire* contient trois *physes*: le *nom*, le *verbe* et le *strument*. Les *struments* sont toutefois une classe particulière, étant donné qu'ils sont dépouillés de toute valeur *sémiématique*, au point de n'être plus que des *taxièmes*. Le *strument* a donc pour spécificité d'être à la fois une catégorie *sémiématique* et un *taxième*. C'est un *taxième libre*.

2.4.2. Une brèche dans la cuirasse de la syntaxe des parties du discours?

Il a été dit au début de ce paragraphe que les clivages introduits par la reconnaissance des mots-outils et des morphèmes ont un caractère différent. Les ressemblances ne manquent pas pour autant. Ils impliquent en partie les mêmes éléments (surtout les prépositions et les conjonctions), résultent tous deux de l'application de concepts issus de la comparaison de synchronies et sont nés vers la même époque (vers 1920). On a là certes une manifestation de la 'modernité linguistique', mais à des degrés différents. Les présupposés théoriques sur lesquels ils reposent ne sont pas identiques.

La classe des mots-outils, qui au début se superposait à quelques parties du discours, a fait tache d'huile, sous l'influence de plusieurs facteurs que nous avons relevés sous 2.1.3. C'est la notion même de partie du discours qui est en jeu, d'autant plus que la nouvelle classe se compose en partie de membres recrutés dans telle sous-catégorie d'une partie du discours classique et pas dans telle autre.

L'introduction du concept de *morphème*, en revanche, pouvait avoir des retombées plus graves pour l'approche catégorielle de la grammaire traditionnelle, ce qui

---

[68] Les *particules* constituent une troisième catégorie (T2, 580).

explique pourquoi le morphème a eu moins de succès que le mot-outil. Le *morphème* (cf. Vendryes) était en effet doté d'une capacité absorptive plus grande que le *mot-outil*. Non seulement la partie du discours (et les regroupements variables/invariables) était remise en question, mais aussi le *mot* même en tant qu'unité descriptive. Parmi les morphèmes, on trouve en effet à la fois des éléments qu'on considérait traditionnellement comme des *mots* et des éléments qui relèvent de la flexion. Qui plus est, le morphème s'est ouvert encore à d'autres moyens grammaticaux, comme l'ordre des mots et la prosodie (p. ex. Gougenheim, Galichet, ± Le Bidois). La notion de morphème devient ainsi coextensive avec le concept de moyen grammatical (*Beziehungsmittel*).

Les deux notions, morphème et *Beziehungsmittel*, sont en effet apparentées (cf. aussi le cheminement de Bloomfield). Dans les deux cas, les moyens syntaxiques sont opposés à la matière lexicale. Dans une telle perspective, certains mots (préposition et conjonction) sont confisqués par la grammaire (cf. aussi les mots-outils), de même que certaines caractéristiques prosodiques. Une variante de cette approche consiste à voir dans tout mot, en tant que représentant de telle ou telle partie du discours, une unité véhiculant un sens lexical et une valeur grammaticale. Dans une telle optique, la partie du discours devient elle-même moyen grammatical (Otto 1919: 77; Regula 1931).

L'intrusion du morphème et du moyen grammatical dans la taxinomie des parties du discours est à mettre sur le compte de la linguistique générale (cf. Vendryes) et historico-comparative. L'évolution des langues montre le passage d'un marquage synthétique à un marquage analytique des rapports grammaticaux (et vice versa): *cantabo* → *cantare habeo* → *chanter-ai*. Le morphème/moyen grammatical permet de rendre compte de cette donnée évolutive. On peut y voir aussi, sans doute, une étape dans le developpement d'une syntaxe (générale) à base formelle s'affranchissant du monopole du marquage morphologique.

Toutefois, force est de constater que — abstraction faite de Gougenheim et de D&P[69] — le mot et l'inventaire traditionnel des parties du discours ne seront pas abandonnés de sitôt, comme il ressort aussi de la présence parfois discrète des morphèmes et des mots-outils dans les grammaires (occurrences sporadiques ou préfaces), tout comme de l'incertitude qui plane sur la composition exacte de la classe des mots-outils. Les mots-outils et les morphèmes (libres) ne sont que des catégories transversales (basées sur un nouveau critère), qui se superposent (ou se subordonnent) aux parties du discours traditionnelles, ce qui fait qu'ils ne sont pas vraiment ressentis comme étant incompatibles avec celles-ci. Il faut donc répondre par la négative à la question qui figure dans le titre.

De plus, l'épuration des parties du discours à la suite de l'exode des instruments purement grammaticaux a beau restreindre la base de l'approche catégorielle

---

[69] Et d'Engwer et de Regula pour ce qui est des moyens grammaticaux.

ascendante de la syntaxe, elle ne l'abolit nullement, comme le montrent les grammaires basées sur la perspective fonctionnelle transversale. Celles-ci admettent seulement les parties du discours centrales (nom, verbe, adjectif, adverbe) dans le domaine des fonctions syntaxiques.

2.4.3. Les mots-outils et l'approche catégorielle sélective des fonctions: retour au Chapitre III

Cette dernière observation nous invite à revenir sur le chapitre III où il a été question des traces de l'approche catégorielle et sélective de la syntaxe (2.1.1.). Nous y avons vu que la grammaire traditionnelle, dans le prolongement de la grammaire scolaire du 19ᵉ siècle, n'avait d'yeux que pour les têtes de syntagme, c'est-à-dire pour ce qu'on appelait au 19ᵉ siècle les fonctions *grammaticales*.

Parmi les laissés pour compte figuraient en premier lieu les articles, les prépositions et les conjonctions. Ces éléments étaient donc dépourvus de fonction dans la phrase; ils ne pouvaient pas fonctionner comme (tête d'un) *terme de la proposition*[70]. Cette analyse ne faisait que perpétuer, implicitement, la conception aristotélicienne selon laquelle les signes syncatégorématiques ne pouvaient pas fonctionner tout seuls comme sujet ou prédicat.

En distinguant dans l'inventaire des parties du discours une classe de morphèmes/mots outils, la grammaire ne fait que porter au niveau de la classification des mots un clivage (implicite) qui existait déjà dans la syntaxe de la phrase.

3. LA DÉLIMITATION DES PARTIES DU DISCOURS: QUELQUES POINTS CHAUDS

Malgré les résistances, l'extraction des éléments purement 'grammaticaux' du domaine lexical est sans doute le changement le plus profond que le système des parties du discours ait dû subir au cours de la première moitié du 20ᵉ siècle. Or ce n'est pas la seule pomme de discorde. Certaines parties du discours restaient en effet mal délimitées.

Dans ce qui suit, nous allons nous limiter à quelques points chauds: le statut des déterminants (3.1.), le statut de l'article et ses sous-catégories (3.2.), le problème des pronoms non anaphoriques (3.3.), l'héritage de l'ancienne classe unitaire des *noms* (3.4.) et le statut de l'interjection, qui nous conduira aux phrases atypiques (3.5.).

---

[70] Tesnière (1969²: 56) explicite encore ce point de vue en reconnaissant les *mots subsidiaires* qui n'ont pas de *centre syntaxique*, qui ne sont «pas susceptible[s] d'assumer une fonction structurale et de former nœud». Ils «n'ont pas d'autonomie» — ils sont donc synsémantiques — et «ne peuvent se rencontrer dans la phrase indépendamment des mots constitutifs». Ils ont néanmoins un rôle important, car certains d'entre eux sont *jonctifs* ou *translatifs*.

3.1. Le statut des déterminants[71]

3.1.1. Esquisse de la problématique[72]

Le problème fut de taille: comment décrire à l'aide d'une taxinomie unidimensionnelle des faits qui se prêtent à un classement multiple (selon le point de vue qu'on adopte)?

On peut s'appuyer tout d'abord sur des ressemblances morphologiques. Or, le résultat diffère selon qu'on se fonde sur le critère de la variabilité (flexion) ou sur la forme des radicaux, comme on a coutume de le faire dans la tradition grammaticale allemande en raison de l'homonymie des déterminants et des pronoms. Si l'on prend la fonction sémantico-référentielle comme point de départ, ou encore, les rapports distributionnels/commutatifs, il faudrait réunir l'article et le déterminant. Des considérations historiques mènent plutôt à un rapprochement entre les articles (définis, indéfinis et partitifs) et le déterminant démonstratif, le numéral et la préposition. On ne peut pas non plus oublier que la classe des pronoms contient des éléments qui présentent des caractéristiques adverbiales (*en, y; quand? comment?*). D'ailleurs, la classe traditionnelle des *indéfinis* n'a-t-elle pas pour seul fondement l'*indéfinition* (Wilmet 2003³: 104)?

3.1.2. Les solutions apportées par les auteurs du corpus

Trois solutions ont été proposées. À ces trois solutions s'ajoute encore le flottement concernant le statut de l'article (partie du discours à part entière ou non).

adjectif qualificatif	déterminants	pronoms
	articles	

I. Le système à dominante pronominale

a. sans l'article (= le système allemand)

Plattner, Haas, Strohmeyer, Engwer, Regula,
[Clédat], [Le Bidois], de Boer[73], [Wartburg[74]], [Cayrou]

---

[71] Afin de ne pas surcharger inutilement le texte de ce paragraphe, nous avons réduit le nombre de références. Celles-ci peuvent être aisément reconstituées à partir de la table des matières des grammaires.

[72] Pour une discussion critique de ces problèmes déjà anciens et les solutions plus récentes, voir Wilmet (2003³: 102-117). Pour un aperçu historique de l'extension de la classe adjectivale, voir Julien (1992).

[73] Deux arguments: les *adjectifs* et les *substantifs pronominaux* sont liés par la terminologie et on les retrouve réunis dans l'index. Dans l'agencement des chapitres, en revanche, ils sont séparés, les uns se trouvant sous les *adjectivaux*, les autres sous les *substantivaux*.

[74] Le pronom personnel ne fait pas partie de la classe des pronoms (cf. 3.3.2.).

b. avec l'article

Bruneau, Dauzat[75]

II. Le système à dominante adjectivale (= le système français; cf. aussi Wilmet 2003³: 102)
a. sans l'article

Brunot, Académie, Grevisse, Galichet
Larousse↓

b. avec l'article

Ulrix, Sonnenschein, Lanusse, Radouant

III. Le système ternaire
a. sans l'article

Bloch

b. avec l'article

D&P, Michaut, Gougenheim (mot *vs* morphème)

(I) Le *système à dominante pronominale* est attesté dans les grammaires d'expression allemande (y compris celles du Hollandais de Boer et du Suisse germanophone von Wartburg). En allemand (et en néerlandais), le parallélisme déterminant/pronom est d'autant plus légitime du fait de l'homonymie quasi généralisée:

– dieses/jenes Buch   geben Sie mir dieses/jenes
– mein Buch   es ist meines
– ich sehe den Mann (= article) ... Mann den ich gesehen habe (= pronom relatif)

À titre de comparaison, le système français:

– ce livre(-ci/-là)   donnez-moi celui-ci/celui-là
– mon livre (vx. *le mien livre*)   c'est le mien
– je vois l'homme ...   l'homme que j'ai vu

---

[75] Si Dauzat opte finalement pour le système à dominante pronominale, il n'omet pas pour autant de signaler la bipartition *adjectifs qualificatifs/adjectifs déterminatifs* dans la section sur les *qualificatifs* (1947: 111, cf. ausi 49). Dans ce sens, Dauzat fait encore justice à l'autre option.

Quant à la tradition française, il ne faut pas croire pour autant que le système à dominante pronominale ait été 'importé' de l'Allemagne. En réalité, avant 1800 ce système dominait en France, avant d'être supplanté par le système à dominante adjectivale (Julien 1992: 202). Julien (1992: 204-205) reconnaît cependant que les milieux universitaires ont maintenu en vie le système à dominante pronominale sous la pression de la grammaire historique et comparée (Brachet, Ayer, Clédat, Sudre). En effet, la perspective historique renforce les ressemblances formelles entre les déterminants et les pronoms correspondants, étant donné que les formes *cet* et *celui* s'utilisaient indifféremment comme déterminants et pronoms (Brunot 1894: 328-329) et que les formes *mon/(le) mien* ont le même étymon. On peut donc conclure que le système à dominante pronominale est le résultat soit de l'application au français de la classification allemande, soit d'un raisonnement diachronique (appuyé encore, il est vrai, par des *ressemblances* formelles en synchronie).

Il faut noter, cependant, que les grammairiens français (ainsi que Wartburg) qui pratiquent ce découpage, cherchent plutôt à esquiver le problème de la délimitation. Seul l'agencement des données permet de savoir quel classement l'emporte dans l'esprit des auteurs. Ils traitent en effet successivement les *démonstratifs,* les *possessifs,* etc. en autant de chapitre différents, regroupant chaque fois pronoms et déterminants (à l'exclusion de l'article). Il s'agit donc du système à dominante pronominale, mais l'unité de la classe doit être postulée[76] sur la base de l'agencement de la matière: Clédat, Le Bidois, Wartburg (sans le pronom personnel, tonique et atone). Il en est de même de Cayrou (1948: 87), qui les regroupe dans une seule rubrique intitulée «Les pronoms et adjectifs pronominaux». Cette catégorie n'est cependant pas prévue dans l'énumération des parties du discours, qui se limite au *pronom* et à l'*adjectif* (1948: 50). La définition de la catégorie est axée sur les pronoms et ne considère les *adjectifs pronominaux* que comme une classe annexe, semble-t-il:

> «À un *pronom* peut correspondre, non seulement pour le sens, mais encore pour la forme, un *adjectif*, dit *pronominal*, qui *détermine* un nom, au lieu de le remplacer» (1948: 87).

Bruneau et Dauzat, en revanche, les deux représentants du groupe Ib s'expriment sans ambiguïté à propos de l'unité de la classe déterminants (y compris l'article) + pronoms, le 'ciment' du regroupement étant le *mot-outil*. Si Bruneau (1937: 184) se borne à un étiquetage superficiel (*mots-outils qui précisent ou remplacent le nom*), Dauzat (1947: 237) explique ce qui fait l'unité de la classe des *articles et adjectifs-pronoms*:

> «Nous groupons l'article, les pronoms et les adjectifs-pronoms. Ils constituent, en effet, dans l'ensemble, des outils grammaticaux, au sens indiqué plus haut: instruments de pensée, indiquant des rapports, en face des noms, des adjectifs qualificatifs, des verbes,

---

[76] Dans notre base de données, cette classe a été appelée **** *ifs/els*.

qui désignent des êtres, des qualités, des actions ou des états. Toutefois leur variété est grande, tant au point de vue de leurs fonctions que de leur caractère plus ou moins abstrait. C'est l'article qui offre le maximum de dépouillement (autant que la préposition), tandis que les indéfinis ou les numéraux possèdent l'individualité la plus marquée».

À l'intérieur de cette classe unitaire, ces deux auteurs procèdent ensuite à la délimitation de l'*article*[77], par opposition aux *démonstratifs, possessifs,* etc.

(II) Le *système à dominante adjectivale,* promu par la grammaire scolaire française du 19e siècle (Julien 1992: 203-204), peut se passer de commentaire. En général, la classe des *adjectifs* est divisée en deux sous-classes: les adjectifs *qualificatifs* (caractérisation) et les adjectifs *déterminatifs* (détermination). C'est le cas chez Radouant, Galichet, Académie, Brunot, Larousse et Grevisse. Une autre option, non hiérarchisée, est de juxtaposer toutes les sous-classes (dont les articles et les qualificatifs): Sonnenschein, Lanusse. Ulrix combine les deux options: *articles* (3 sous-classes) + *adjectifs qualificatifs* + *adjectifs pronominaux* (+ ensuite les sous-classes traditionnelles) + *adjectifs numéraux (cardinal, ordinal)* (1909: 20).

(III) Le *système ternaire* est plus innovateur (cf. aussi Julien 1992). Il suppose la création d'une nouvelle partie du discours autonome: les d é t e r m i n a n t s . Si Bloch s'en tient à la terminologie traditionnelle (*adjectifs pronominaux*), les trois autres font preuve d'une certaine originalité: *adjectifs introductifs* ou *non qualificatifs* (Michaut), *déterminatifs* (Gougenheim), *adjectifs strumentaux* (D&P).

La terminologie dans ce domaine était d'ailleurs particulièrement flottante, quel que soit d'ailleurs le statut des d é t e r m i n a n t s (avec ou sans a r t i c l e , selon le cas) par rapport aux autres parties du discours:

- *adjectif pronominal* (Ulrix, Radouant, Bloch, Larousse, de Boer, Cayrou)
    Variantes: *adjektivische Pronomina* (Strohmeyer); *pronoms-adjectifs* (de Boer 1947: 223) ou *pronoms adjectivaux* (de Boer 1947: 119)
- *adjectif déterminatif* (Académie, Galichet, Dauzat et, bon gré, mal gré, Grevisse 1936: 191-192)
    Variantes: un *déterminatif* (Dauzat 1947: 242, 360, 412, 417, 439); *déterminant* (Dauzat 1947: 85)
- *adjectif non qualificatif* (cf. Radouant, Michaut, Grevisse)
- *indicating adjectives* (Sonnenschein 1912: 162, 15)
- *Begleitwörter des Substantivs* (Regula 1931: 66).
- *Bestimmung [...] der Gegenstandsvorstellung, Determination(svorstellung), Pronominalbestimmungen* (Haas 1909: 192).
- absence d'un terme générique (Brunot, Lanusse et les autres) (= nomenclature de 1910)[78].

La description de Michaut – Schricke est remarquablement lucide. Les auteurs opposent les *adjectifs qualificatifs* aux *adjectifs introductifs* (1934: IX), terme néologique

---

[77] Encore que ... «l'article, [...] est un déterminatif» (Dauzat 1947: 439).
[78] La réforme de 1910 recommanda la suppression du terme générique *adjectif déterminatif* (Julien 1992).

qui leur semble préférable, mais qui a le tort de ne pas être entériné par la terminologie traditionnelle, d'où *adjectifs non qualificatifs* (1934: 4). Ils parlent aussi de *mots d'introduction* (1934: 279, 293). L'opposition des deux catégories n'est pas une simple question de nomenclature. Elle est fondée sur des arguments qui ont trait au rôle, aux possibilités de construction (les f o n c t i o n s) et à la morphologie (1934: 134-136)[79]. Les *non-qualificatifs introduisent* et *déterminent* le nom. L'article *introduit*, mais ne *détermine* pas (1934: 134): «il le présente comme déterminé ou pouvant ou devant l'être». Bref, l'article est un d é t e r m i n a n t, mais un d é t e r m i n a n t plus dépouillé que ses homologues[80].

D&P réunissent les *articles*, les *nombrants*, les *struments démonstratifs*, etc. dans la catégorie des *struments adjectivaux*, c'est-à-dire, en gros, les d é t e r m i n a n t s. Cette classe s'oppose aux *struments nominaux* (= p r o n o m s) et à l'*adjectif nominal* (= a d j e c t i f q u a l i f i c a t i f).

La terminologie (les *déterminatifs*) de Gougenheim (1938: 63; 133), qui range les déterminants parmi les *morphèmes* (ou *mots grammaticaux*), nous permet d'attirer l'attention sur l'émergence d'un nouveau paradigme terminologique: le paradigme *déterm-* que nous avons signalé dans les paragraphes consacrés aux f o n c t i o n s s e c o n d a i r e s (Ch. IV, 4.2.2.). Il s'agit du successeur de l'ancien *complément logique* ('tout ce qui complète un autre mot'). Quoique d é t e r m i n a n t et d é t e r m − soient liés (les d é t e r m i n a n t s sont des d é t e r m −, car ils 'déterminent' ou 'complètent' eux aussi le nom), les deux concepts ne peuvent pas être confondus: le premier est conçu comme une partie du discours, le second comme une f o n c t i o n à base sémantico-logique.

3.2. *L'article*

L ' a r t i c l e sera abordé par deux biais: son statut par rapport aux autres parties du discours (3.2.1.) et sa sous-catégorisation (3.2.2.).

3.2.1. Statut de l ' a r t i c l e

Tous les auteurs maintiennent le terme *article* (*Artikel, article*), quel que soit son statut par rapport aux autres classes. La plupart des grammaires (16) considèrent cependant l'article comme une partie du discours à part entière:

> Clédat, Plattner, Haas, Strohmeyer, Brunot, Engwer, Regula, Académie, Le Bidois, Grevisse, Larousse, Bloch, Wartburg, Galichet, de Boer, Cayrou,

---

[79] Sous l'*adjectif qualificatif*, ils classent quelques adjectifs qui sont traités d'ordinaire dans le cadre des adjectifs *non qualificatifs* (1934: 155): l'*adjectif de possession* (*mien*) et les *adjectifs numéraux ordinaux*. Les «non-qualificatifs par emploi» contiennent les *adjectifs interrogatif* et *exclamatif*, les *adjectifs numéraux dits cardinaux*, les *adjectifs de quantité* (dits parfois *indéfinis*) et quelques adjectifs exprimant l'identité, la ressemblance ou la différence (dits parfois également *indéfinis*) (Michaut 1934: 136-137).
[80] Que l'assimilation ne soit pas parfaite, cela ressort aussi de l'agencement de l'ouvrage: d é t e r m i n a n t parmi les d é t e r m i n a n t s en morphologie, en syntaxe, par contre, l'article est traité dans un autre chapitre que les adjectifs non-qualificatifs.

mais parfois non sans réticences. Grevisse avoue que l'article est un d é t e r m i - n a n t, mais il se conforme à la nomenclature officielle belge de 1936. Dans la *Grammaire* Larousse, l'article, bien que pourvu d'une section séparée, est rapproché deux fois des *adjectifs* (entre autres dans la définition de l'*article*, d'où le symbole ↓ dans les tableaux ci-dessus sous 3.1.2.):

> «s'ajoutant ou se substituant aux *adjectifs*, se rencontre auprès du nom une espèce particulière d'adjectif: l'**article**, à la fois signe du nom, révélateur de son genre et de son nombre, et indice soit d'une détermination, soit d'une individualisation de l'objet désigné par le nom» (Larousse 1936: 212; cf. aussi 259).

De même, dans le *Précis* de Wartburg – Zumthor, l'autonomie de la classe des articles par rapport à la classe des p r o n o m s et des d é t e r m i n a n t s ne semble pas acquise[81].

Dans les autres grammaires, l'article est soit un *adjectif* (un *adjectif déterminatif*, tout comme le *démonstratif*, etc.) (Bruneau, Dauzat), soit un *pronom* (Ulrix, Sonnenschein[82], Lanusse, Radouant), soit un élément d'une classe qui correspond aux d é t e r m i n a n t s actuels (D&P, Michaut, Gougenheim).

L'article est un m o t - o u t i l chez Strohmeyer, Le Bidois, Larousse, Bruneau, Dauzat et Galichet. D'autres auteurs sont tout près de cette conception en considérant l'article (entre autres) comme l'accompagnateur fidèle du nom ou comme marqueur du genre et du nombre. Ces vues rapprochent l'article de son ancien statut (marque casuelle)[83].

3.2.2. Trois, deux ou un seul article?

L' a r t i c l e comporte plusieurs sous-catégories dont le nombre fournit matière à discussion[84]. Quatre solutions ont été avancées: trois articles différents (1), le regroupement de deux articles dans une sous-catégorie (2), deux articles (sans le p a r t i t i f) (3) ou un seul article (l' a r t i c l e   d é f i n i) (4).

---

[81] L'agencement de la syntaxe n'est d'aucun secours, l'article étant décrit dans une section du même niveau que l'*adjectif* et les *démonstratifs*. Du point de vue de ce que nous avons appelé la structuration de la matière, les indices sont rares et ambigus. D'une part, l'*article* est rapproché des *déterminatifs* — cf. aussi dans «un déterminatif (article, démonstratif, possessif, numéral)» —, d'autre part, le seul fait de mentionner l'*article* et *déterminatif* l'un à côté de l'autre revient à les dissocier: «le substantif ne possède sa pleine valeur substantivale que s'il est précédé *d'un article ou d'un déterminatif équivalent* (démonstratif, possessifs)» (1947: 207, nous soulignons). En outre, à l'intérieur de la classe de l'*article*, les auteurs semblent refuser à l'*article partitif* l'étiquette de *déterminatif*, puisqu'ils le dissocient des «articles déterminatifs proprement dits» (Wartburg 1947: 207). Au sein de la classe de l'*article*, les *partitifs* s'opposeraient aux *déterminatifs*.

[82] Il n'empêche que les articles figurent dans un paragraphe séparé dans la morphologie (Sonnenschein 1912: 15-17).

[83] Dauzat (1947: 242, nous soulignons) parle du «principal *réactif* du genre et du nombre». Il s'agit sans doute d'un néologisme.

[84] La terminologie, en revanche, est assez stable (*article, Artikel*): *(un)bestimmter Artikel*; *(in)definite article*; *Teilungsartikel*. Voici cependant quelques nouveautés: *individuelles Indeterminationspartikel* (Haas 1909: 111) vs *generelles Indeterminationspartikel* (= p a r t i t i f), *marque nominale* (Galichet) (avec le *pronom de conjugaison*: une *marque d'espèce* ou *indice grammatical*) (Galichet 1947: 55), article *partitif* ou *non-individualisant* (de Boer 1947: 59) et D&P (cf. *infra*).

(1) La majorité des grammairiens reconnaissent trois[85] articles différents:

> Clédat, Plattner, Ulrix, Strohmeyer, Brunot, Engwer, Regula, Le Bidois, Larousse, Bloch, Bruneau, de Boer, Dauzat, Cayrou.

Il n'empêche que Plattner et Dauzat décomposent encore le p a r t i t i f : «formé de la combinaison de l'article défini avec la préposition *de*» (Dauzat 1947: 241)[86]. Plattner (1899: 121) est encore plus réticent. Le *(sogenannte) Teilungsartikel* est défini comme «Das partitive *de* mit dem Artikel».

(2) La deuxième option conduit à regrouper deux des trois articles dans une sous-catégorie. En théorie, trois regroupements sont envisageables, dont seulement deux sont effectivement attestés dans le corpus:

- défini *vs* articles indéfini + partitif: Haas, Grevisse
- articles défini + indéfini *vs* partitif: Wartburg

La première articulation se fait selon l'axe défini (déterminé)/indéfini (indéterminé). Haas (1909: 111) regroupe dans la rubrique *unbestimmter Artikel* l'*individuelles Indeterminationspartikel* (*un, des*) et le *generelles Indeterminationspartikel* (*du*). Grevisse (1936: 172) reconnaît, lui aussi, «deux espèces», mais les revêt d'une terminologie plus fruste:

> article indéfini = article indéfini proprement dit + article partitif.

Il hésite cependant quant au statut du *partitif*:

> «l'article partitif peut se rattacher, par la forme, à l'article défini, et par le sens, à l'article indéfini. Nous le considérerons comme une variété de l'article indéfini» (1936: 172); «c'est essentiellement la préposition *de* détournée de sa fonction habituelle» (Grevisse 1936: 181).

On a là *in nuce* une troisième possibilité de regroupement (défini-partitif *vs* indéfini; cf. *infra*), la deuxième étant le regroupement du défini et de l'indéfini, comme chez Wartburg (1947: 207, 219):

> (1) les *articles déterminatifs*: (a) article défini; (b) article indéfini
> (2) l'*article partitif*.

(3) Nous venons de constater que le p a r t i t i f était souvent sujet à caution. Il n'est pas étonnant qu'il disparaisse parfois. Les auteurs suivants ne retiennent que deux articles:

> Radouant, Académie, Sonnenschein, Gougenheim, D&P (*articles purs*)

---

[85] L'absence de l'article est quelquefois avancée comme une quatrième catégorie: p. ex. Bruneau (1937: 184), Dauzat (1947: 252) et Bloch (1937: 56).

[86] Quant à l'*article indéfini*, Dauzat (1947: 53) mentionne encore sous les «changements de catégorie» que l'article indéfini *un* est «un numéral dépouillé de sa valeur originaire», confondant synchronie et diachronie.

En réalité, le p a r t i t i f est ramené à *l'article défini* dont il constitue un des emplois, qui demande, en l'occurrence la présence de la préposition partitive: *de* (porteur du sens partitif) + «un article à valeur partitive» (Radouant 1922: 121; cf. aussi Académie 1932: 35). À prendre le texte au pied de la lettre, *l'article* serait «employé dans le sens *partitif*» (Académie 1932: 35) s'il est «précédé de la préposition *de*» (1932: 36; cf. aussi Lanusse). Le sens partitif de la préposition déclencherait-il la valeur partitive de l ' a r t i c l e d é f i n i (en le contaminant?)? Dans la *Grammaire* de l'Académie, même *l'article indéfini* est remis en question: il «n'a pas de forme qui lui appartienne en propre». Ses formes proviennent du numéral *un* et de l'article contracté *des* (donc de l ' a r t i c l e d é f i n i), ce qui ne semble pas porter atteinte à son statut comme article autonome (Académie 1932: 37).

Sonnenschein, un auteur qui croit dur comme fer à l'existence de cas en français (cf. Ch. IV, 6.), rattache l ' a r t i c l e p a r t i t i f aux emplois du génitif (p. ex. *le père du garçon*), plus particulièrement au génitif[87] exprimant la partition. En combinaison avec l ' a r t i c l e d é f i n i , le génitif

> «came to be used in the sense of 'some meat' [...] and these were then treated like single words, and used as the subject or object of a sentence» (Sonnenschein 1912: 152).

L'aboutissement en synchronie de ce processus de figement ne se reflète cependant pas dans la catégorisation. Comme l'auteur réunit tous les adjectifs — et *a fortiori* les *indicating adjectives* (= d é t e r m i n a n t s) — dans une seule classe («the articles are indicating adjectives»; 1912: 15), on comprend que les frontières entre l ' a r - t i c l e et les autres d é t e r m i n a n t s sont presque inexistantes. Il tend dès lors à ramener les deux articles aux autres classes de d é t e r m i n a n t s :

> «The definite article is a demonstrative adjective» (1912: 15).
> «The indefinite article is a numeral adjective, originally meaning 'one'; hence it is used only in the singular number *un* [...], *une*» (Sonnenschein 1912: 16).

Si l'on poussait au bout le raisonnement de l'auteur, il faudrait conclure que les articles en tant que sous-classe autonome des *indicating adjectives* n'ont plus aucune raison d'être (ce serait une 5e solution).

Gougenheim, pour qui le *déterminatif* (= d é t e r m i n a n t en général) est un *morphème*, reconnaît l'article d é f i n i et i n d é f i n i , mais décompose le p a r t i t i f. Il s'agit, selon le cas, d'un *morphème partitif* DE qui se place devant l'article défini singulier ou d'un «véritable article de matière» où l'idée partitive est absente (*je mange de la soupe, je lis du Vigny*) (1938: 151). Quoiqu'absent du paragraphe consacré à la morphologie des d é t e r m i n a n t s (1938: 63-70), on ne peut que constater que l'article p a r t i t i f renaît de ses cendres dans la partie syntaxique (dans une annexe au paragraphe sur les *déterminatifs*).

---

[87] On note une certaine confusion entre le génitif de l'article (1912: 15) et le génitif du nom (Sonnenschein 1912: 151-152).

Pour D&P (V1, 471; V6, 410), le partitif est un cas de l'article défini (sous lequel il est traité), à savoir le cas *désomptif*, qui supplée — sémantiquement parlant — à certains *répartitoires* manquants de l'article indéfini *un*[88]. Ils reconnaissent les trois *articles purs* de la tradition (V6, 408-436): l'*article notoire*, l'*article transitoire* UN (y compris le numéral)[89] et les *désomptifs* de l'*article notoire* (DU, DE LA; DES)[90]. Ces derniers «servent respectivement de massif et de pluriel (numéral discontinu) à l'article transitoire *un*» (V6, 430). L'article indéfini (*un*) n'est pas un emploi dérivé de *un* numéral, mais, en synchronie, le numéral est un emploi dérivé de l'indéfini (V6, 479-480). Les *articles purs* servent uniquement à l'expression de l'*assiette* et de la *quantitude*. Ils font partie de la classe des *articles*[91], qui à leur tour s'insèrent dans la classe des *adjectifs strumentaux* (V6, 408), c'est-à-dire des déterminants.

(4) La quatrième solution est la plus radicale, mais aussi la plus ancienne (cf. Swiggers 1985). Elle ne retient qu'un seul article, l'article défini: Lanusse, Michaut, Galichet.

Si Michaut conserve la tripartition habituelle au niveau de l'agencement de la description — quoique non sans réserves: *article proprement dit ou article défini*, «la préposition partitive *de* et *du, de la, des*, dits article partitif», «dit article indéfini» (Michaut 1934: 293, 304, 306) —, c'est pour la rejeter aussitôt: «Il n'y a pas d'article» *indéfini/partitif* (1934: 138). En effet,

> «On désigne improprement de ce nom, les deux mots *de quantité*: **un** (féminin **une**), pour le singulier; **des** pour le pluriel (masculin et féminin)» (1934: 138).
> «On désigne improprement de ce nom, l'article à ses différentes formes, *le, la, les* associé ou contracté avec la préposition *de*, au sens partitif» (1934: 138).

Treize ans plus tôt, Lanusse avait déjà traité l'article indéfini sous la rubrique des *adjectifs numéraux* et considéré le partitif comme une forme contractée de l'*article* (défini), combinant la préposition *de* et *le/la/les* (1921: 70). L'article devient une espèce d'indice du nom, chargé d'une fonction essentiellement grammaticale (± un morphème libre marquant le genre et le nombre):

> «L'article marque le plus souvent que le mot qu'il accompagne est un nom, et que ce nom est singulier ou pluriel, masculin ou féminin» (Lanusse 1921: 70),

tout comme chez Galichet, où l'article est appelé *marque (d'espèce) nominale*:

> «Il faut recourir à une particule spéciale pour les [= genre + nombre] exprimer. [...] l'article joue le rôle d'une désinence d'avant. [...] l'article, mieux que les autres déterminants du nom, isole ces catégories et les exprime en quelque sorte à l'état pur. C'est pourquoi il est par excellence le grammaticalisant [= actualisateur] du nom. [...].

---

[88] De ce fait, D&P se rapprochent de Guillaume (1919: 60; *apud* Wilmet 1972: 40).

[89] Il ne s'agit donc pas de deux formes homophones comme le croyait Fouché (V6, 409).

[90] Dans la section consacrée aux prépositions, *de* est dit être un «composant de l'article transitoire» (*du veau, des pommes*). Il s'emploie aussi «comme article illusoire» (V6, 12).

[91] *Ce* est également un *article* (*article présentatoire*) (V6, 437).

un signe annonçant que le mot auquel il se rapporte possède un genre et un nombre, qu'il est individualisé, autrement dit, qu'il appartient à l'espèce nominale. [...]. Mais, en dégageant le genre et le nombre du nom, l'article apporte à celui-ci une certaine détermination [...]. [C]es propriétés déterminatives sont grammaticalement accessoires ou accidentelles» (Galichet 1947: 56-57).

L'argumentation par laquelle est écartée l'opposition article défini/indéfini s'avère toutefois boiteuse. Elle ne serait qu'une «distinction secondaire» et non pas «une distinction grammaticale» (Galichet 1947: 58). Dans le domaine générique, il n'y aurait même pas d'opposition («à moins de subtiliser[92]«): *le* et *un* se valent (1947: 58). Quant à *un* pris au sens individualisant, c'est un *adjectif indéfini* qui a pu prendre la valeur d'une marque du nom et devenir «un véritable article» (1947: 60). Il conclut:

«Grammaticalement, ces deux articles sont de même nature, et, à ce point de vue, cette classification ne présente aucun intérêt. On pourrait tout aussi bien, à cet égard, distinguer un article démonstratif, un article possessif, un article distributif, un article singulatif ... Dès que l'on classe du point de vue sémantique, l'expérience de Brunot dans *La pensée et la langue* le prouve surabondamment, mille distinctions sont possibles. Mais ce ne sont plus des distinctions grammaticales» (Galichet 1947: 58).

En note, il ajoute: «Il faudrait donc parler ici non de *sortes* d'articles, mais de *valeurs* différentes que peut prendre un même article» (1947: 58, n. 1). Il faudrait donc conclure qu'il n'y a qu'*un seul article,* qui embrasse deux formes (voire trois si l'on tient compte du partitif), l'article défini et l'article indéfini. Ce raisonnement fait abstraction de la morphologie et met l'accent sur la fonction globale (à savoir l'actualisation, dite *grammaticalisation* du nom). Le raisonnement menant à l'éviction du «prétendu «article partitif»» est classique. Or, à l'inverse de Radouant et de l'Académie, Galichet n'accorde pas à l'article (défini) qui s'allie à la préposition un sens ou un emploi particuliers:

«L'article entrant en combinaison avec elle n'a aucune valeur spéciale, ni au point de vue sémantique, ni au point de vue grammatical» (1947: 58).

Reste donc un seul article (avec plusieurs formes). Cet article se prête à des *échanges*[93] avec les autres déterminants (qui, eux, sont des *espèces adjointes* et non pas des *marques d'espèce*), et est pourvu de deux valeurs: il est soit *grammaticalisant pur et simple du nom,* soit à la fois *grammaticalisant* et *déterminant* (quand il prend une valeur démonstrative, possessive (contexte), distributive, etc. contextuelle) (1947: 59). À force de prendre une valeur *caractérisante* (*sic pro déterminative?*) très forte, l'article peut entrer «dans la famille des espèces adjointes du nom» (Galichet 1947: 59-60).

---

[92] De ce fait, Galichet fait peu de cas de l'analyse de D&P et de Guillaume (voir Wilmet 1972: 84-85).
[93] L'article «peut être considéré comme un véritable adjectif» (p. ex. *donnez-moi LE livre*) (1947: 60). Inversement, certains adjectifs perdent parfois leur valeur caractérisante pour n'être que «de simples «grammaticalisants» du nom» (c'est-à-dire des actualisateurs), au point qu'on peut les considérer «comme des articles» (Galichet 1947: 60).

Tableau synoptique

1. trois articles séparés
Clédat, Plattner*, Ulrix, Strohmeyer, Brunot, Engwer, Regula, Le Bidois, Larousse, Bloch, Bruneau, de Boer, Dauzat*, Cayrou [* = avec réticences]
2. trois articles, dont deux appartiennent à la même sous-classe
2.1. Le d é f i n i *vs* les autres:
Haas, Grevisse
2.2. Le p a r t i t i f *vs* les autres:
Wartburg
3. deux articles: d é f i n i et i n d é f i n i
Radouant, Académie, Sonnenschein, Gougenheim, D&P
4. un seul article
Lanusse (*article*), Michaut (*article proprement dit* ou *défini*), Galichet (un *article* ou *marque nominale* ayant plusieurs formes)

3.3. *Les pronoms*

En plus des problèmes de délimitation par rapport aux d é t e r m i n a n t s, la classe des pronoms se voit confrontée à un autre problème de taille: elle abrite quelques éléments qui portent en germe la dissolution de la classe. Primo, certains pronoms ne sont pas a n a p h o r i q u e s, c'est-à-dire ils ne servent pas à 'remplacer' des noms (présents dans le contexte) (3.3.1.). Secundo, le p r o n o m p e r s o n n e l a t o n e a non seulement une fonction a n a p h o r i q u e ou d é i c t i q u e, mais contribue aussi au marquage de la personne verbale (3.3.2.). La pression sur la classe des pronoms monte d'autant plus que la grammaire n'était pas insensible à certains raisonnements diachroniques. Le fait d'appliquer le terme de *mot-outil* ou *morphème* aux p r o - n o m s p e r s o n n e l s [94] renforce encore la tendance à l'isolement de ce paradigme au sein de la classe des p r o n o m s (cf. *supra*)[95].

3.3.1. La scission de la classe des pronoms: les *représentants* et les *nominaux*

Dans *La Pensée et la langue*, Brunot a lancé une nouvelle distinction conceptuelle qui a eu un certain succès par la suite. Au sein de l'ancienne classe des p r o n o m s, il distingue les *représentants* des *nominaux* ou *expressions nominales* (1922: 63).

Les *représentants*, comme l'indique la terminologie, *représentent*[96], c'est-à-dire fonctionnent comme a n a p h o r e s. La représentation est une *représentation simple*

---

[94] Bruneau, Dauzat, cf. *strument* chez D&P; p r o n o m p e r s o n n e l a t o n e chez Strohmeyer et Wartburg.
[95] Sur ce point, on peut établir un certain parallélisme avec l'a r t i c l e (d é f i n i), qui, lui aussi, se trouve en marge d'autres classes, que ce soient les d é t e r m i n a n t s, les a d j e c t i f s ou les p r o n o m s. Le p r o n o m p e r s o n n e l et l'a r t i c l e sont d'ailleurs dépourvus d'un pendant, respectivement, adjectival — à moins qu'on considère les d é t e r m i n a n t s p o s s e s s i f s comme personnels — et nominal.
[96] Il récuse l'ancien terme *pronom* qui est trop restrictif. Il y a aussi des *proadjectifs, proverbes, prophrases*. Cette terminologie a eu une certaine postérité (de Boer 1947: 225).

ou combinée à une valeur de *détermination* (*représentants démonstratifs, possessifs, distributifs*). Les *représentants simples* se divisent encore en deux sous-ensembles selon qu'ils sont dotés d'un pouvoir conjonctif (*relatif conjonctif*) ou non (*relatif simple* ou *personnel*; = le p r o n o m p e r s o n n e l a n a p h o r i q u e et *en* et *y*) (1922: 171, 175).

Les *nominaux*, quant à eux,

> «se rapprochent des noms sans se confondre avec eux; ils sont abstraits, n'éveillent point d'image et ne peuvent pas recevoir toutes les caractérisations ou les déterminations que reçoit le nom» (1922: 63).

Ces éléments étaient classés parmi les noms ou les pronoms pour ne pas toucher au système des parties du discours (1922: 63). Le clivage est d'ailleurs nullement absolu, car «la plupart des représentants [...] peuvent devenir des nominaux» (Brunot 1922: 63).

En voici quelques exemples:

nominaux	représentants
six et *trois* font *neuf*	6 collègues, dont *trois*[97] sont venus (117)
comme *un* qui prend une coupe	des perdreaux, j'en ai trouvé *un* (117)
zéro (nominal) vs un *zéro* (nom), *zéro* faute (adj.)	

Les *nominaux non personnels* contiennent ce qu'on appelle traditionnellement des p r o n o m s i n d é f i n i s (*quelqu'un, quelque chose, personne, nul, un tel, rien, tout, un*) ou des a d v e r b e s (*beaucoup, peu*) (1922: 108), voire des p r o n o m s i n t e r - r o g a t i f s comme *qui? que?* (1922: 235).

Toutefois, et ceci est remarquable, Brunot ne distingue pas les p e r s o n n e s d u d i r e des p e r s o n n e s d u d i t, qui toutes sont qualifiées de *nominaux personnels* (1922: 63). Ceci est plus ou moins contredit par un autre passage où les formes de la 3e personne, les *relatifs*[98] *simples*, sont rattachées à la *représentation* (= des *représentants*), alors que celles de la 1re et de la 2e personnes sont qualifiées de *nominaux*, à l'exception de *nous* et *vous* qui «représentent quelquefois réellement» (1922: 171, 175). L'hésitation de Brunot suggère que la classe des *nominaux* s'est d'abord construite sur les ruines de la classe des p r o n o m s d é f i n i s auxquels ont été ajoutés les/certains pronoms personnels, certains emplois des p r o n o m s d é m o n s t r a - t i f s (*celui-ci, celui-là*), ainsi que des mots comme *peu* et des *périphrases* comme *ceux que vous avez choisis* (Brunot 1922: 63-64).

Chez Galichet, qui intègre l'héritage de Brunot, tant les *nominaux spécifiques* (par opposition aux *nominaux fonctionnels*, qui sont des s y n t a g m e s à valeur de noms)

---

[97] Les *noms de nombres* sont donc soit des *nominaux*, soit des *adjectifs*, soit des *représentants* (Brunot 1922: 103, 117).
[98] Le terme *relatif* — signifiant ici a n a p h o r i q u e — est sans doute l'antonyme d'*absolu*, terminologie qu'on trouve chez Radouant, par exemple.

que les *représentants*, tout comme les noms, appartiennent à l'*espèce nominale* (1947: 25). Les *nominaux spécifiques* sont définis — si tant est qu'on puisse les définir — comme suit:

> «ceux que l'on appelle dans certaines grammaires «les pronoms indéfinis» (*nul-personne-rien-tout-on*, etc.), ou encore les pronoms interrogatifs.
> Les nominaux ne jouissent pas de toutes les propriétés grammaticales et morphologiques du nom. Il [*sic*] expriment l'être d'une façon vague et l'on ne peut les classer et les caractériser que difficilement. En général, ils ne s'annexent pas d'espèces secondaires et ne sont pas souvent affectés des catégories de nombre et de genre» (Galichet 1947: 25).

Les *nominaux* sont donc des noms imparfaits (ils ne partagent pas toutes les caractéristiques du nom) et nullement des pro-noms, c'est-à-dire des *représentants* de noms:

> «L'existence des représentants (comme leur nom l'indique) est subordonnée à l'emploi précédent d'un nom ou d'un équivalent. Ils ne sont donc pas absolument indépendants. Ils expriment l'être, mais à la manière de substituts, de fondés de pouvoir, par delà desquels on remonte au vrai «responsable». Sur le plan des signes, ils ne s'annoncent pas, en général, par l'article ou ses équivalents. (Quelques exceptions, toutefois: par exemple les pronoms possessifs [...]. Mais ils jouissent, en principe du moins, de toutes les valeurs et propriétés grammaticales du nom» (1947: 25).

Si Brunot et Galichet érigent le *nominal* en partie du discours à part entière, les Le Bidois l'intègrent (ils citent la définition de Brunot; T2, 598) à la traditionnelle bipartition en *adjectifs/substantifs* au sein des *démonstratifs, possessifs*, etc., ce qui donne une tripartition: *adjectifs ... ifs, représentants ... ifs/els* ou *pronoms*[99] et *nominaux*. Wartburg – Zumthor, de leur côté, utilisent le terme *nominal*, mais dans un autre sens, comme synonyme de pronom personnel (atone et tonique).

En réalité, la classe des «nominaux» apparaît déjà dans la grammaire de Radouant (1922: 80), quoique l'auteur ne la désigne pas comme telle. La classe des pronoms, dit-il, est une classe très hétérogène. On y trouve à la fois des «pronoms employés en relation avec un mot ou une idée» (1922: 80), c'est-à-dire anaphoriques, et des «pronoms employés absolument» qui

> «ne tiennent la place d'aucun nom, d'aucune idée. Ils servent à désigner une personne ou une chose dont il n'est fait ailleurs aucune mention».

La seconde classe contient entre autres «les pronoms personnels de la première et de la deuxième personne» (1922: 80), *rien, on, quelqu'un, ...* Certains appartiennent aux deux classes à la fois (p. ex. *qui*). Le *pronom employé absolument* est défini dans les mêmes termes chez Grevisse (1936: 255). Employé de cette manière, le pronom sert parfois de simple «outil» dans la conjugaison pour caractériser une forme verbale: *je lis, tu lis,* etc. (1936: 255). Cayrou (1948: 87 + 87, n. 1) distingue également

---

[99] Ils maintiennent donc aussi le terme de *pronom*, à condition qu'on y accorde la valeur de 'représentant', non pas d'un nom, mais d'une idée: «le pronom est un représentant d'*idée*, plutôt qu'un substitut de *mot*» (T1, 516).

les deux emplois et renvoie (en note) aux «grammariens modernes» qui parlent de «nominaux».

Un examen plus poussé montre que la bipartition de la classe des p r o n o m s transparaît déjà dans l'attribution d'une double fonction à la classe:

> «Les pronoms sont des mots qui remplacent des noms, soit en représentant des noms précédemment exprimés, soit en remplissant dans une proposition les mêmes fonctions que des noms» (Lanusse 1921: 75).

Il en est de même chez Bloch (1937: 65), Bruneau (1937: 225-226) — «pronoms 'représentants'» vs *je/tu* — et Larousse (1936: 168, 174).

Les conséquences de l'introduction du clivage *représentants/nominaux* peuvent être résumées comme suit:

deux parties du discours indépendantes	Brunot, Galichet
deux sous-catégories d'une seule partie du discours	
(a) [+ terme specifique]	Le Bidois
(b) [- terme spécifique]	Radouant, Grevisse, Cayrou
attribution d'une double fonction à la classe des pronoms	Lanusse, Bloch, Bruneau, Larousse

3.3.2. Le pronom personnel (sujet)

Deux auteurs isolent le p r o n o m   p e r s o n n e l   (s u j e t) : Wartburg en Galichet.

Wartburg dissocie nettement (cf. plan grammaire) les p r o n o m s   p e r s o n n e l s qu'il appelle *nominaux* des autres p r o n o m s   et d é t e r m i n a n t s (appelés *démonstratifs, possessifs, ...*)[100]. Il s'agit d'une partie du discours autonome qui englobe des *formes faibles* (a t o n e s) et *fortes* (t o n i q u e s) (1947: 180). Quant à la *forme faible* sujet, elle a été abaissée au rang d'un simple *morphème préfixal du verbe*, «un simple élément constitutif du verbe aux modes personnels» (1947: 180).

Galichet, qui reprend à Brunot l'opposition *représentant/nominal*, écarte, lui aussi, le p r o n o m   p e r s o n n e l des autres p r o n o m s, mais seulement le p r o n o m p e r s o n n e l   s u j e t   a t o n e. Le *personnel de conjugaison* (terme qu'on trouve aussi chez Brunot 1922: 235) ou *marque verbale* constitue, avec l'*article*, la *marque nominale*, la classe des *marques d'espèce*; «Il importe de ne pas confondre le personnel de conjugaison avec les simples représentants» (Galichet 1947: 63). Galichet (1947: 62) utilise aussi l'expression «l'article du verbe», même s'il ne s'agit que d'une marque «complémentaire» (Galichet 1947: 63), à la différence de l'article. Le raisonnement est diachronique (1947: 61) et la terminologie fait écho — une fois de plus — à Brunot (1922):

---

[100] Les auteurs n'abandonnent pas pour autant le terme de *pronom*. Ils investissent celui-ci d'un sens purement morphologique, semble-t-il. Ainsi, sous la rubrique des démonstratifs, on trouve des démonstratifs (1947: 223) «en fonction de» pronom (*représentants substantivaux* et *représentants neutres*), d'adjectif ou d'adverbe (*voici, voilà*). De ce point de vue, même les *nominaux* (= p r o n o m s   p e r s o n n e l s) sont encore des pronoms (1947: 184).

«Il constitue véritablement une «flexion d'avant». Dans la construction inversée, il devient une «flexion d'arrière»» (1947: 61).

Ces deux auteurs ont consacré une rupture qui s'annonçait déjà chez d'autres. L'originalité des pronoms personnels sujets atones avait en effet déjà été reconnue par de nombreux auteurs: ils «font corps avec le verbe» et son «devenus de véritables préfixes» (Lanusse 1921: 131; 312); les *personnels de conjugaison*, de «vraies formes de conjugaison», *préflexion de conjugaison, flexions d'avant* (Brunot 1922: 235, 175, 242, 247); *signe de la personne* (Radouant 1922); de «simples signes formels» (Larousse 1936: 168); «comme une pré-flexion», «flexions verbales avancées», et, dans la phrase interrogative, «flexion d'arrière» (Le Bidois T1, 126-127); Académie (1932: 45); etc. D&P, quant à eux, hantés comme ils sont par la manie d'étiquetage, avaient forgé le terme d'*adminicle* (= *pronom personnel agglutinatif soutien*)[101]. Les *substantifs personnels agglutinatifs* s'opposent aux *substantifs personnels indépendants*. Les deux classes relèvent de la classe des *pronoms* (ou *substantifs strumentaux*) *personnels* (V3, 199-200).

Strohmeyer (1921: 154), de son côté, isole le pronom personnel atone (cf. Wartburg), qui est devenu plus ou moins un *Verbalpartikel*. Regula détache le pronom personnel des autres pronoms sur base de son fonctionnement sémantique: les *persönliche Fürwörter* fonctionnent comme des noms propres variables ou mobiles (*variable, mobile Eigennamen*) qui induisent une conceptualisation globale des êtres (*in ihrer Gänze erfassen*), alors que les autres pronoms n'envisagent qu'un seul aspect. Les premiers sont des mots pleins ou 'autosémantiques' (*Vollwörter, selbstbedeutende Substantive*), les seconds des *Knappwörter* (litt.: à peine 'des mots') (Regula 1931: 24).

Pour terminer, il n'est pas banal de faire remarquer que les déterminants possessifs sont occasionnellement associés (au moins par la terminologie) aux pronoms personnels dont ils pourraient constituer le pendant adjectival: *adjectifs personnels* (Le Bidois T1, 184; Bruneau 1937: 198), *adjektivisches Personalpronomen* (Engwer 1926: 100, 108-109; Regula 1931: 109-110), *personnels-possessifs* (Le Bidois T1, 188)[102]. Seuls Engwer et Regula poussent le raisonnement jusqu'au bout et traitent ces formes avec les pronoms personnels[103]. Chez Wartburg, les *adjectifs et pronoms personnels* (*mon, mien*) nouveau style prennent la place laissée par le pronom personnel, appelé désormais *nominal* (1947: 232; cf. *supra*). Ils figurent, avec le pronom d'origine *en* (auquel ils sont opposés), sous la rubrique intitulée «les possessifs».

---

[101] Les *adminicles* sont «en situation constructive» (= liaison) avec le verbe. Cependant, les auteurs se refusent à considérer l'*adminicle* comme *coalescent* (union intime): ce serait donner trop d'importance à un fait morphologique; l'*adminicle* a une fonction sémantique (V3, 200).

[102] Ensuite, ces auteurs distinguent entre une forme atone (*mon*) et une forme tonique (*(le) mien*), éventuellement substantivée (*les miens, le tien*).

[103] La terminologie est parfois confuse, à témoin ce titre: «das adjektivische persönliche (= zueignende) Fürwort (Possessivpronomen, le possessif)» (Regula 1931: 109).

3.3.3. Conclusions

Les *nominaux* sont nés des débris de la classe des *pronoms indéfinis*. Cette classe se désagrège chez Lanusse – Yvon (1921: 75; 155-156), Larousse (1936: 160-161, 169) et Bruneau (1937: 224-225):

> «ce ne sont pas des formes particulières de pronoms, mais des noms ou des adjectifs employés dans des conditions particulières» (Lanusse 1921: 75).

Véritable fourre-tout, à l'instar de la classe des adverbes, les pronoms indéfinis ne résistaient pas à l'analyse critique. Il ne s'agit ni de noms (ils n'en ont pas toutes les caractéristiques), ni de pronoms. L'étymologie du terme (*pro-nom*) semble avoir accéléré la prise de conscience. En effet, le pronom est censé *remplacer* un *nom* — ou de façon plus générale: un *mot*, ce qui est un autre inconvénient du terme, d'où le néologisme *représentant* —, ce qui ne vaut pas pour les *indéfinis*. De deux choses l'une: soit on redéfinit le pronom (p. ex. Michaut[104]), soit on réduit l'extension de la classe en la débarrassant de tout ce qui ne répond pas à sa définition (qui se reflète désormais dans l'étiquette de la classe: les *représentants*), c'est-à-dire en en excluant les *nominaux*.

L'application de la définition stricte du *pronom* aux autres sous-catégories du pronom a gonflé encore les effectifs de la classe nouveau-née des *nominaux* qui s'est enrichie de certains pronoms personnels, démonstratifs, etc. À l'instar de la catégorie des mots-outils (cf. 2.1.), elle a fait tache d'huile. Prenons quelques cas recensés chez les Le Bidois: *celui-ci, celui-là*, qui sont des *représentants*, peuvent être utilisés comme *nominaux*; *celui (qui)* est à la fois un *représentant* et un *nominal*; *ce, ceci, cela, ça* sont de purs *nominaux*; *le mien* dans le sens général de 'tout ce que je possède' est un *possessif nominal* (T1, 194). L'emploi a u t o - n y m i q u e des termes s'y rattache également. Dans l'exemple suivant, le *personnel* est pris comme *nominal*: *pas de tu ici, vous, je l'ai dit* (T1, 131; cf. aussi 163).

3.4. *Nom, substantif, adjectif*

Dans la grammaire de l'Antiquité, les *nomina* englobaient à la fois les n o m s et les a d j e c t i f s. Cette classification se défend vu l'identité des catégories flexionnelles des n o m s et des a d j e c t i f s en grec (Robins 1984: 27)[105]. Au moyen-âge, on en est venu à distinguer les *nomina substantiva* des *nomina adjectiva* et à partir

---

[104] Michaut, qui critique la conception étymologique du concept «pronom» (trois arguments: *je, tu*; peut remplacer toute une idée; *il* impersonnel) (1934: 4; argumentation reprise intégralement par Gougenheim 1938: 71), maintient le terme et l'extension de la classe. Il suffit de reconsidérer la définition qu'on en donne: «ils remplissent les fonctions (de sujet, de complément, d'attribut, etc.) que nous verrons ci-dessous être celles du nom» (1934: 4).

[105] Le comparatif et le superlatif des a d j e c t i f s sont traités comme deux sous-classes des noms (Robins 1984: 27).

de Girard (1747), la classe des noms a été dédoublée: substantifs et adjectifs (Wilmet 2003[3]: 54).

La nomenclature de 1910 abandonne le terme de *substantif* en faveur de *nom*. Dans le corpus, on trouve toutefois encore des nostalgiques (cf. aussi Tesnière 1934: 219; 226).

En territoire germanophone, la situation est tout autre: le terme *Substantiv* y domine, accompagné parfois de termes propres à la tradition 'germanique' (p. ex. *Hauptwort, Gegenstandswort*). Ce terme ne se confond pas avec le *Nomen*, qui apparaît occasionnellement et qui entre dans le terme complexe de *Prädikatsnomen*, qui porte à la fois sur les n o m s et les a d j e c t i f s a t t r i b u t s (Haas, Engwer, Regula) (cf. Ch. IV, 3.4.).

Chez Engwer et Regula, on trouve une section importante intitulée *Die Beziehungen des Nomens* où sont traités le *Substantiv* (ou *Hauptwort*), l'*Adjektiv* (ou *Eigenschaftswort*), le *Zahlwort* et le *Pronomen* (ou *Fürwort*). Seulement, il n'est pas clair si le *Nomen* concerne uniquement le n o m ou l'ensemble des parties du discours qui se combinent avec le n o m. Quoi qu'il en soit, c'est le terme de *Nomen* qui figure dans le titre et non pas le mot *Substantiv/Hauptwort*, qu'on trouve par ailleurs. De même, Haas (1909: 59), en parlant du p r é d i c a t n o m i n a l, emploie encore le terme de *Nomen* dans un sens plus général (au moins a d j e c t i f + n o m). Cette conception du *Nomen* se retrouve encore chez le Hollandais de Boer, mais seulement dans la définition de la préposition (1947: 62-63). Il précise que le *nomen* comprend le nom, l'adjectif, le nom de nombre et le participe passé-adjectif. Mais en dehors de ces quelques traces, les auteurs 'germaniques' s'en tiennent en général au *Substantiv*, éventuellement accompagné d'un terme équivalent allemand, *Hauptwort* (Regula) ou *Gegenstandswort* (Engwer). D'ailleurs, chez Plattner[106] et Strohmeyer, le terme de *Nomen*, d'un usage très restreint, a toujours le sens de n o m (1899: 370; 1921: 214, 215)[107].

Dans le contexte français, deux grammaires maintiennent encore résolument l'ancienne classe unitaire (comprenant deux sous-catégories): Gougenheim et, bien sûr, D&P (cf. *infra*):

> «Nous appellerons *nom* l'ensemble constitué par le substantif et l'adjectif (qualificatif)» (Gougenheim 1938: 49).

Par ailleurs, ils sont posés comme deux *catégories de mots* (1938: 119). En réunissant les deux catégories, Gougenheim (1938: 49-61) peut traiter de façon élégante la *flexion nominale* dans son ensemble[108]. Du point de vue de la syntaxe,

---

[106] Toutefois, l'*Ergänzungsheft III.1.* porte le titre *Das Nomen und der Gebrauch des Artikels* et traite entre autres de l'adjectif (100-143).

[107] Il y a bien sûr encore des contextes où l'on ne peut pas juger l'extension exacte du terme *Nomen*: Regula (1931: 243).

[108] En syntaxe, l'étude du genre impose un traitement différencié: «mais la situation de ces deux catégories de mots par rapport au concept de genre est très différente» (Gougenheim 1938: 119-125).

cette solution lui permet d'aboutir à une certaine symétrie en distinguant un *groupe nominal* (y compris le groupe autour de l'adjectif) et un *groupe verbal*. Il s'ensuit cependant aussi une certaine confusion quant à l'adjectif dérivé, *nominal*, qui signifie le plus souvent s u b s t a n t i v a l (1938: 71, 180, 184, 346, etc.), mais dans le cas des «formes nominales» (1938: 79, 95) du verbe, a d j e c t i v a l (*participe*) et s u b s t a n t i v a l (*infinitif*), le terme est employé dans toute sa plénitude. En outre, certains *noms* devraient être, en toute logique, des *substantifs*: *noms propres* (1938: 127), *noms de matière* (1938: 128), *noms composés* (1938: 61).

D&P, quant à eux, prennent appui sur l'ancienne conception qui reconnaissait une espèce de *truncus communis* (*nom = nom substantif + nom adjectif*), pour donner une définition positive à la *classe* du *nom* (cf. *supra* 1.4.). Le croisement avec les *catégories* aboutit ensuite à deux *espèces logiques*: le *substantif nominal* et l'*adjectif nominal*.

D'autres auteurs ressuscitent encore momentanément l'ancienne classe, comme Dauzat, qui confond les deux termes, *nom* et *substantif*: «parmi les noms, le substantif» (1947: 49); «un nom — substantif ou qualificatif» (1947: 60). N'oublions pas qu'il parle aussi du *groupe des noms* (1947: 55), qui correspond au paradigme des éléments 'nominaux' (cf. Ch. III, 3.1.1.3.). Le retour à l'ancienne unité s'observe encore sporadiquement sous la plume des Le Bidois (T1, 472), mais l'absence d'un chapitre sur le n o m et sur l' a d j e c t i f les dispense de se prononcer clairement à ce sujet. Bruneau – Heulluy (1937: 166), pour leur part, reconnaissent deux parties du discours différentes, mais les regroupent dans un seul chapitre (VI: *Le nom et l'adjectif*). Les passages d'une catégorie à l'autre et la compatibilité de leurs valeurs sémantiques est tout ce qui les unit.

Larousse signale encore l'ancienne terminologie qui «présentait un certain intérêt au point de vue logique» (1936: 137), alors que l'Académie et Grevisse juxtaposent encore *nom* et *substantif* (1932: 17; 1936: 126), à l'instar de Clédat et d'Ulrix, qui les emploient indifféremment. Les autres auteurs du corpus se bornent au seul *nom* (*noun* en anglais), même s'il leur arrive encore, par mégarde, sans doute, d'utiliser le terme *substantif* (Galichet 1947: 56).

3.5. L'i n t e r j e c t i o n

Il a été dit (1.1.) que l'i n t e r j e c t i o n n'est plus toujours considérée comme une p a r t i e d u d i s c o u r s à part entière (3.5.1. vs 3.5.2.). La discussion de son statut nous amènera à la problématique des p h r a s e s a t y p i q u e s, dont il n'a pas encore été question (3.5.3.).

3.5.1. L'i n t e r j e c t i o n comme p a r t i e d u d i s c o u r s

L'i n t e r j e c t i o n continue à être considérée comme une partie du discours à part entière dans plus de la moitié des grammaires du corpus:

Clédat, Plattner, Ulrix, Sonnenschein, Lanusse, Engwer, D&P[109], Académie, Michaut, Bloch, Larousse, Grevisse, Dauzat, Cayrou.

Elle n'a plus pignon sur rue dans les grammaires suivantes:

Haas[110], Strohmeyer, Radouant, Wartburg, de Boer.

Ces auteurs la rattachent pour la plupart à la description d'autres parties du discours. L'i n t e r j e c t i o n fait complètement défaut ou se situe à un autre niveau d'analyse chez

Brunot, Regula, Le Bidois, Bruneau, Gougenheim.

Ces grammaires seront examinées sous 3.5.2. Galichet, quant à lui, ne parle pas du tout de l'i n t e r j e c t i o n .

L'incorporation de l'i n t e r j e c t i o n à l'inventaire des parties du discours ne la met pas pour autant à l'abri de la critique. Dauzat, qui prône un classement *raisonné* des mots, est très clair à ce propos: l'interjection

> «sera mise à part. Elle n'a rien de commun avec la préposition et la conjonction, à la suite desquelles la plaçait l'ancienne grammaire. Tandis que ces dernières sont des instruments de liaison, l'interjection est un *mot hors phrase* et *hors série*, expression d'une émotion, d'une imitation expressive, d'un cri, et qui nous ramène au langage primitif sans ligatures comme sans rapports de pensée. Noms, verbes, adverbes, onomatopées, s'y retrouvent pêle-mêle [sic]» (1947: 49).

Elle a beau être «mise à part», c'est-à-dire traitée parmi les autres éléments *hors-phrase* (f o n c t i o n s et p r o p o s i t i o n s), terrain d'action privilégié de la syntaxe affective, elle reste un *mot*, quoique *hors phrase* (cf. aussi Dauzat 1947: 405). De même, Cayrou considère l'*interjection* comme un «mot invariable» (cf. aussi sa position au niveau du plan de la grammaire), mais «*hors phrase*» et sans «*aucune fonction grammaticale*» (1948: 277). Larousse voit dans l'*interjection*, *signe* affectif (1936: 401, 402), aussi une sorte de p h r a s e e x c l a m a t i v e condensée:

> «Il est naturel que l'exclamation, fait sentimental, ait quelque chose de soudain, donc d'incomplet. Au point extrême on aboutit à la simple interjection» (Larousse 1936: 80).

Chez Engwer (1926: 44), l'i n t e r j e c t i o n fait partie de la liste de p d d , mais est traitée littéralement «en dehors» de la grammaire. Elle figure à la dernière page de la grammaire, dans une annexe («Zusatz. Die Interjektionen») (1926: 217).

---

[109] *Factif nominal*. En réalité, il s'agit d'un compromis. Si le *factif nominal* est toujours une *essence logique*, c'est-à-dire une partie du discours, il porte déjà en lui une caractéristique propre à la p h r a s e , à savoir la *factivosité* ou l'*émouvement*. On constate d'ailleurs que le *factif nominal* apparaît aussi dans la description de la *sous-phrase nominale nette* (V2, 416-417).

[110] L'*Interjektion* (ou *Ausruf*) figure dans l'index et ne concerne que certains mots liés à l'interrogation: *bondieu, diable*, etc. (1909: 440). Le terme est appliqué aussi à des p h r a s e s n o m i n a l e s figées comme *à qui la faute* (Haas 1909: 30).

Pourquoi l'*interjection* ne pouvait-elle pas être rangée parmi les parties du discours? D'abord, le gros de ses effectifs proviennent d'autres parties du discours ou correspondent à des emplois particuliers de mots appartenant à une autre partie du discours, comme l'ont remarqué la plupart des auteurs. Qui plus est, elle est non seulement tiraillée entre plusieurs parties du discours, elle tient même du cri: «de vrais mots» *vs* de «vrais cris» et «onomatopées» (Cayrou 1948: 277). Si on la considère encore comme un mot, c'est un mot sans fonction syntaxique, mal intégré, se trouvant même en dehors de la proposition (cf. Ch. IV, 5.). De là à la phrase il n'y a qu'un pas.

3.5.2. Les autres solutions

Les problèmes que pose l'i n t e r j e c t i o n ont donné lieu à trois types de solutions dans les grammaires signalées sous 3.5.1.[111] Au lieu de la ranger parmi les parties du discours, elle a été considérée soit comme une f o n c t i o n (hors phrase) (1), soit comme une p r o p o s i t i o n (2), soit comme un élément extra-grammatical (3).

(1) Certains, comme Bruneau – Heulluy, vont chercher la solution dans la théorie des f o n c t i o n s s y n t a x i q u e s (cf. aussi Michaut 1934: 10; *en interjection*). L'*exclamation* (ou *mot exclamatif/interjection*) est un *élément* de la phrase (= f o n c - t i o n), mais un élément constitué en général d'un seul mot. Il s'agit de mots «indépendants» au sein de la proposition (1937: 86; 112) (Cf. Ch. IV, 5.). Or, l'*interjection*, qui est un *mot exclamatif* (1937: 112), figure aussi sous la *phrase exclamative*, à côté de l'*onomatopée*, des *jurons*, de l'*injure* (exprimée par des *interjections* et des *exclamations*[112]).

En considérant l'*exclamatif* comme un *complément ambiant délocutif*, D&P cherchent à intégrer l'i n t e r j e c t i o n à la théorie des fonctions. Le trait *ambiant* est censé rendre compte de son caractère détaché. On ne peut cependant que constater que l'i n t e r j e c t i o n se retrouve sous la *phrase nominale* («type *ouf!*») (V3, 444).

(2) D'autres auteurs, comme Regula (1931: 41), vont rattacher les i n t e r j e c - t i o n s aux mots-phrases (*Wortarten mit Satzwert*). Les *Interjektionen* (ou *Empfindungswörter*) y côtoient les *Adverbien der Bejahung und Verneinung*. Il ne s'agit pas d'une partie du discours (*Wortklasse*), mais de la «einfachste und unmittelbarste Satzform» (1931: 25). Phylogénétiquement parlant, «sie stellen die Urform des

---

[111] Regula, Brunot, Le Bidois, Bruneau et Gougenheim.
[112] On voit que la description n'est pas exempte de circularité. En outre, le mot *exclamation* désigne tant les *phrases exclamatives* (1937: 111-112) que les *mots exclamatifs* (1937: 88: «exclamations»), c'est-à-dire les *interjections*. Mais par ailleurs, les deux termes (*interjection* et *exclamation*) sont présentés comme deux concepts différents (1937: 114-115): «l'injure [...] s'exprime naturellement par l'interjection et l'exclamation».

Satzes dar» (1931: 41). Ici l'interjection rejoint l'inventaire des phrases atypiques. Nous y reviendrons dans le point suivant.

(3) Une troisième solution est de laisser en suspens le statut de l'interjection, quitte à l'exclure de la grammaire. Les *interjections*,

> «loin de constituer une «partie du discours», sont un mode d'expression rudimentaire, étranger au système grammatical» (Gougenheim 1938: 48, note 2).

Les Le Bidois jouent sur les mots: l'interjection n'est pas une *partie du discours*,

> «elle est, à elle seule, si l'on peut dire, tout un petit discours. Un mot, un simple mot, comme *hélas!* ou *holà!* ou *fi!* en dit plus long qu'il n'est gros» (T1, 18).

Elle serait donc à la fois un mot et un discours (abrégé), l'ellipse servant de trait d'union. Les auteurs donnent d'ailleurs l'exemple de l'interjection pour illustrer la puissance de l'ellipse, qui est capable de réduire le discours à une *partie du discours*:

> «toute une «partie du discours», l'interjection, est à elle seule un petit discours abrégé; au vrai, c'est une ellipse. Celle-ci relève directement du style affectif» (T1, 5).

Brunot, quant à lui, semble éviter le terme: l'entrée *interjection* de l'index renvoie à la page 3 où le terme même n'apparaît pas. Le passage traite des *cris* et des *mots* employés comme cris (*Halte!*), qui sont opposés aux *mots*. Mais quel est le statut grammatical du *cri*? Les mots employés comme cris refont surface dans les *propositions à forme réduite* (entre autres *Halte!*) (1922: 17), ce qui montre que Brunot cherche à régler la chose au niveau des types de propositions, laissant dans l'ombre les cris.

3.5.3. Phrases atypiques: mots-phrases et phrases nominales

L'interjection nous amène à la problématique des phrases atypiques dont il n'a pas encore été question.

Depuis le début de la délogicisation de la phrase, la grammaire s'achemine vers une conception moins rigide des phrases à structure non canonique (c'est-à-dire autre que sujet + prédicat). On peut suivre cette évolution dans le développement de la nomenclature. Nous nous limiterons ici aux mots-phrases, c'est-à-dire aux phrases constituées d'un seul mot (3.5.3.1.), et aux phrases nominales, c'est-à-dire dépourvues de verbe (3.5.3.2.). La *phrase* ou *proposition elliptique*, qui est, elle aussi, une phrase atypique, sera traitée dans la section consacrée à l'*ellipse* (cf. Ch. VI, 2.3.6.)[113].

3.5.3.1. Les mots-phrases

Le concept de mot-phrase présente plusieurs variantes. Regula (1931: 41) qualifie de *Wortarten mit Satzwert* tant les interjections (*Interjektionen*,

---

[113] Le fait de reconnaître l'existence de la proposition nominale n'exclut pas pour autant le recours à l'*ellipse* (Wartburg 1947: 195-196; Galichet 1947: 153).

Empfindungswörter) que les *Adverbien der Bejahung und Verneinung (Gültigkeits-, Modalitätsadverbien)*[114]. On retrouve ces deux groupes chez Cayrou (1948: 282):

> «La proposition indépendante se présente sous diverses formes. Elle peut être constituée: [...] 3° Par un *mot invariable*, adverbe ou interjection».

Il ne saurait être question de «propositions elliptiques», car l'idée y serait entièrement exprimée. Gougenheim (1938: 259-260), de son côté, ne retient que les adverbes comme *mots-phrases*[115], mais, à défaut d'un traitement explicite, il est difficile de juger la portée de la classe. L'*interjection* en est dissociée, semble-t-il (cf. 3.5.2.). D&P rattachent ces adverbes à la *phrase strumentale* (type *oui*), qui s'oppose à la *phrase nominale* (comportant entre autres les interjections, qui sont des *factifs nominaux*) et à la *phrase verbale* (V3, 444). De Boer (1947: 15) reprend à Sechehaye le terme de *monorème* — par opposition à *dirème*[116] — qui désigne n'importe quel mot-phrase:

> «Par monorème on entend un acte de communication, c'est à dire [sic] une phrase, qui se compose d'un seul mot. Ces phrases monorèmes représentent des prédicats; ce sont les circonstances données qui représentent [sic] les sujets de ces phrases».

Selon leur nature, ces *monorèmes* se divisent en plusieurs types: *substantif-phrase* (*Le facteur!*), *adjectif-phrase* (*Vrai?*), *conjonction-phrase* (*Parce que!*) et *adverbe-phrase* (*Oui. Non. Vraiment?*). Il n'est pas clair si l'*interjection* s'y rattache. Chez Haas (1909: 15-16), les mots-phrases constitués d'adverbes — on y trouve aussi des infinitifs — appartiennent à l'*ungegliederte Nominalsatz* (cf. 3.5.3.2.).

3.5.3.2. Les phrases nominales

Un tiers des grammairiens du corpus reconnaissent l'existence de phrases nominales, c'est-à-dire des phrases sans verbe[117], constituées d'un seul ou de deux[118] noms ou SN:

---

[114] Ce sont des «kunstvolle Verkürzungen, «*Sigel*» für den vollständigen *Antwortsatz*» (1931: 41). Plus loin dans la grammaire, *oui* est appelé aussi *Kurzsatz* (1931: 214), dénomination qui souligne la valeur phrastique de cette partie du discours (*Wortart*).

[115] Ce terme apparaît également chez Van Ginneken (*apud* de Boer 1947: 48).

[116] Parmi les *dirèmes*, on trouve non seulement les séquences sujet + prédicat classiques (*L'entrée est interdite*), mais aussi les suites *principal + complément* isolées (*Surprise de l'existence*), qui forment un «prédicat» dont «le sujet est représenté — comme dans les monorèmes — par les circonstances» (1947: 15). Le sujet peut être explicité par *il y eut* (1947: 15, n. 4).

[117] Cf. les définitions dans D&P (V1, 69), Le Bidois (T1, 379), Haas (1909: 3), Gougenheim (1938: 115).

[118] Ces phrases nominales peuvent être de nature attributive (donc des propositions attributives), p. ex. *illisibles, vos notes*: Wartburg (1947: 195-196), Gougenheim (1938: 115), Haas (1909: 5-13; = *gegliederter Nominalsatz*), Le Bidois (T1, 376-377) et sans doute aussi Cayrou (1948: 282). Pour de Boer (1947: 15), le *dirème* peut être attributif (sans doute aussi sans copule) ou non.

Haas (*gegliederter* et *ungegliederter Nominalsatz*), D&P (*phrase/proposition nominale*)[119], Regula (*ungegliederter Satz* ou *Nominalsatz*[120]), Le Bidois (*phrase nominale*), Gougenheim (*proposition nominale, phrase sans verbe*), Dauzat (*proposition nominale*), de Boer (*substantif-phrase*, sous-catégorie du *monorème*), Wartburg (*phrase/proposition nominale*) et Cayrou (*proposition nominale*)[121].

Certains auteurs admettent aussi des p h r a s e s n o m i n a l e s s u b o r d o n n é e s, comme Haas et D&P. Du point de vue de la chronologie et du poids accordé au concept, la syntaxe de Haas sort nettement du lot (cf. *infra*).

D'autres auteurs[122] arrivent à la p h r a s e n o m i n a l e par le biais du rapport a t t r i b u t i f, comme Engwer (*Nominalsatz*):

«Das vom Subjekt Ausgesagte kann ein anderes Merkmal sein, eine an ihm beobachtete *Eigenschaft*, was durch ein Adjektiv, durch ein Substantiv zum Ausdruck kommen kann. Die beiden Glieder, Subjekt und Prädikat, können a) unmittelbar zueinander in Beziehung treten [...], oder b) unter Abgliederung noch eines Verbalbegriffs ... *Nominalsätze*» (1926: 47),

et, à la rigueur, Galichet (*phrase/proposition nominale, phrase attributive*), qui signale les «phrases attributives sans verbes» (1947: 153) (*Magnifique, ce balcon*), même si elles se rattachent mal à la définition de la *phrase nominale* qui met en évidence le pouvoir actualisateur du verbe (1947: 27, n. 1; 112). Larousse (*proposition nominale, proposition attributive*), Bruneau (*phrase «à attribut»*) et Wartburg (*phrase d'état*), par contre, semblent exiger la présence d'une c o p u l e. Larousse (1936: 161) traite la p h r a s e n o m i n a l e parmi les autres «fonctions du nom», plus particulièrement entre le *nom attribut* et le *nom complément de nom*: «Il existe un *emploi absolu* du nom avec valeur à la fois substantive et verbale»[123].

Seuls quelques auteurs approfondissent le sujet. Wartburg (1947: 7) distingue encore les *véritables phrases nominales* (*Feu! Silence! Haut les mains!*)[124] des

---

[119] Ils renvoient à Meillet (V1, 69).

[120] Comme l'*ungegliederter Satz* ne présente pas la bipartition en sujet/prédicat et qu'il est typique du style nominal (*Nominalstil*) (1931: 41), on peut supposer que le concept *Nominalsatz*, qui est étroitement lié à l'absence du verbe (cf. 84, 106 et index: *verbloser Nominalsatz*), coïncide plus ou moins avec la phrase non articulée (cf. aussi les exemples de la phrase non articulée, 1931: 41). La *phrase nominale articulée* n'est d'ailleurs pas attestée.

[121] Certains grammairiens tiennent à nommer aussi le pendant de la p h r a s e n o m i n a l e : Haas (*gegliederter, ungegliederter Verbalsatz*), Le Bidois (*phrase verbale*; + détail), Wartburg (*phrase verbale*), D&P (*phrase verbale*), Larousse (*proposition verbale*), Dauzat (*proposition/phrase verbale*), Cayrou (1948: 282; «un nom ou un pronom, accompagné ou non de compléments»). Regula focalise plutôt le caractère articulé ou non de la phrase (1931: 41): *gegliedert* vs *ungegliedert* (~ *Nominalsatz*).

[122] Quatre d'entre eux y opposent la p h r a s e n o n a t t r i b u t i v e : Engwer (*Verbalsatz*), Bruneau (*phrase «verbale»*), Galichet (*phrase/proposition verbale*) et Wartburg. Galichet admet des phrases hybrides du type «il tomba sur moi, évanoui» (1947: 27, n. 1).

[123] Voici l'exemple: *Les gardes obéissent, la chapelle se vide. ÉTONNEMENT du roi, qui arrive et ne voit personne.* Il s'agit d'un «nom d'action, accompagné d'un complément à valeur subjective et la proposition est elliptique» (Larousse 1936: 162; renvoi à la *proposition elliptique*).

[124] Encore que «le substantif, employé en fonction d'impératif, y perd[e] sa valeur substantivale pour exprimer une idée verbale d'action, équivalent à *tirez!* ou *faites feu* — *taisez-vous* ou *faites silence*». De même, les expressions *merci, pardon,* etc. (Wartburg 1947: 7)

phrases de construction nominale qui sont plus fréquentes et qui supposent la présence d'un verbe dans le contexte, «exprimé ou sous-entendu»[125]:

> *Qui viendra encore? Mon cousin.*
> *le chapeau sur la tête, il ...*

Les Le Bidois (T1, 376-377, 379) reconnaissent l'existence de *phrases nominales d'action* (*Silence! Feu! Halte-là!*), par opposition aux *phrases nominales d'état* (*beau, l'enfant*). Gougenheim (1938: 115), pour sa part, semble également faire le départ entre deux types: la *proposition nominale* à *caractère disloqué* (*Moi, des tanches? Marié! reprit Olivier, lui?*) et les «phrases exclamatives nominales constituées par un groupe nominal à valeur de sujet et un adjectif attribut de ce groupe nominal» (*Bienheureux les pauvres d'esprit!*) qui ont un «caractère grammatical», c'est-à-dire non affectif.

La description de Haas (1909: 4-23; 25-41) est de loin la plus détaillée. L'auteur s'inspire de la syntaxe sémitique et élabore une classification croisée de la phrase basée sur les traits [± *gegliedert*] et [*nominal/verbal*]. La phrase nominale, dans sa forme articulée, contient deux parties, l'une étant en quelque sorte le s u j e t, l'autre le p r é d i c a t. Par exemple: *Quel pays que Paris!* La phrase nominale non articulée ne contient pas cette bipartition implicite, mais peut être formellement complexe: *Nul dévouement de pensée ni de corps*; *Gloire aux vainqueurs!*; *À demain!* (1909: 5-13). Parmi les exemples, divisés en types sémantiques (ordre, souhait, etc.), figurent de nombreux mots ou expressions qui sont rattachés d'ordinaire à l' i n t e r j e c t i o n. On y trouve aussi des adverbes comme *oui/non/si* etc. (Haas 1909: 15-16).

La conclusion qui s'impose est que dès les années '30 la p r o p o s i t i o n devient une notion moins rigide. Sur ce point Haas (1909), influencé par la grammaire des langues sémitiques, est nettement en avance sur son temps.

3.6. *Problèmes de sous-catégorisation*

Nous croyons avoir passé en revue les principaux points chauds de la taxinomie des parties du discours. L'étude de la sous-catégorisation des parties du discours, problématique qui n'a guère été effleurée ici, aurait révélé encore d'autres points chauds que nous ne pourrons pas développer:

- la sous-catégorisation de l'adverbe (les adverbes de phrase ont été traités dans le Ch. IV, 3.9.)
- la sous-catégorisation de la conjonction et le rapport entre la conjonction de coordination et l'adverbe
- la sous-catégorisation de la préposition

---

[125] Les auteurs en fournissent une typologie détaillée (Wartburg 1947: 195-196): 1° *proposition nominale équivalant à une phrase à mode personnel* (*illisibles, vos notes*); 2° *équivalant à une participiale non absolue* (*on le vit passer, l'air hagard*); 3° *équivalant à une participiale absolue.*

- l'étude détaillée de l'extension et de la sous-catégorisation des pronoms et adjectifs indéfinis
- l'extension et la sous-catégorisation des numéraux
- la sous-catégorisation du nom (entre autres la question des noms abstraits/concrets).

4. Conclusions finales

Malgré la critique selon laquelle l'inventaire des parties du discours ne serait qu'un calque du système des catégories logiques d'Aristote — qui lui-même s'était fait inspirer des catégories grammaticales de la langue grecque —, mal adapté à la réalité du français, *le système des parties du discours se maintient*. C'est que le mot, pourtant rarement défini, reste l'unité de base de la grammaire traditionnelle, *a fortiori* de la grammaire française de France, fortement empreinte de l'approche catégorielle (cf. Ch. III et IV). D'ailleurs, quelle que soit la perspective qu'on adopte, on est obligé de classer les faits de langue en catégories grammaticales (p. ex. les mots, morphèmes, catégories PFT) afin d'aboutir à un inventaire fini de classes, exploitables dans la construction d'entités plus complexes. Les principes restent donc intacts, même chez les esprits les plus originaux (D&P, Gougenheim).

Qui plus est, même les modalités de la classification restent en général stables. On peut facilement identifier un noyau dur de catégories qui reviennent dans toutes les grammaires ou presque. Même l'ordre dans lequel sont traitées les parties du discours reste classique. On en trouve même la trace dans les systèmes de Gougenheim et de D&P. Les dérogations s'expliquent aisément.

Il n'empêche que le système présente des différences d'une grammaire à l'autre. La variation observée provient de quatre 'sources' différentes:

- les efforts liés à la délimitation mutuelle des parties du discours (= les points chauds)
   Certaines retouches au système découlent de ce travail de délimitation: la classe des déterminants, les *nominaux* et les *représentants*
- certains regroupements et hiérarchisations internes
- l'introduction d'un clivage transversal: mots-outils vs autres mots
- un nouveau clivage et un 'exode' dus à certaines forces 'centrifuges' qui soustraient un certain nombre d'éléments aux parties du discours en les situant désormais à un autre niveau, à savoir celui
   (a) du *morphème* (bipartition en partie transversale)
   (b) de la proposition (les adverbes à valeur phrastique; les interjections)
   (c) de l'extra-grammatical.

Ces tentatives n'aboutissent pas toujours à un véritable relotissement du champ des parties du discours, mais portent parfois en elles les germes d'une refonte complète du système.

CHAPITRE VI

ASPECTS MÉTHODOLOGIQUES DE LA DESCRIPTION GRAMMATICALE

De tous les aspects abordés dans cette étude, la question de la méthode descriptive est sans doute la plus difficile à saisir. Présente à chaque page de la grammaire, mais guère explicitée, elle offre un aspect éclaté. Pour se faire une idée des méthodes de description, on est bien obligé de se tourner vers des analyses concrètes de faits linguistiques. Ce type de recherche est en outre miné par le caractère sous-déterminé du discours grammatical: s'agit-il de la référence ou de la sémantique? La paraphrase sert-elle à gloser l'exemple ou a-t-elle une force démonstrative? À cela s'ajoute que la grammaire est conçue comme une description finie de la langue et non pas comme un manuel de méthode grammaticale.

Pour ratisser aussi large que possible, nous aborderons le problème de la méthode descriptive par deux biais. Le premier angle d'attaque (1.), qui est d'un ordre plus général, concerne les moyens de découverte et de représentation, la définition des catégories grammaticales, le rôle joué par les autres langues que la langue-objet, ainsi que certaines caractéristique de l'appareil scientifique de la grammaire. Le deuxième volet du chapitre sera consacré à ce qu'on pourrait appeler «l'envers de la méthode», c'est-à-dire à l'attitude du grammairien face aux données rétives à l'analyse (2.). Il s'avère que celui-ci met en œuvre une multitude de stratégies, dont nous examinerons plus en détail les stratégies de 'marginalisation' (la référence à la stylistique et la relégation dans le langage affectif) et d''adaptation' (les figures de grammaire).

1. LA MÉTHODE DESCRIPTIVE

L'application du modèle d'analyse présenté dans le premier chapitre permet de fournir, pour un nombre considérable d'aspects, une analyse comparative portant sur l'ensemble du corpus.

Dans un premier temps, nous allons examiner les définitions des catégories grammaticales et les critères définitoires qu'elles mettent en œuvre (1.1.). Une partie de ces données sera exploitée dans le Ch. VII. Cette analyse quantitative est exhaustive: elle englobe toutes les classes d'unités relatives à l'ossature[1] de la description grammaticale et cela pour l'ensemble des grammaires du corpus. Ensuite, nous regarderons de

---

[1] Les u n i t é s (p. ex. mot, phrase, etc.) de la description, c'est-à-dire les niveaux de structuration linguistique, ont été présentées en *Annexe* 2. Ces u n i t é s sont classées (= c l a s s i f i c a t i o n s d'u n i t é s): les mots en p a r t i e s d u d i s c o u r s, les phrases en t y p e s d e p h r a s e s, etc.

plus près l'emploi de procédures heuristiques formelles et le rôle de la paraphrase. Celles-ci seront étudiées par type et non plus par grammaire (1.2.). Mais l'aspect méthodologique de la description grammaticale ne se limite pas à la définition et à la classification d'éléments. La formalisation et les techniques de visualisation, ainsi que le recours à la quantification, relèvent aussi de la méthode (1.3.), de même que la prise en considération d'autres langues que le français (1.4.). Cet examen sera complété par une analyse macroscopique de l'appareil scientifique de la grammaire (1.5.).

1.1. *La définition des catégories grammaticales: critériologie*

L'analyse quantitative du corpus poursuit deux objectifs majeurs. Il s'agira d'abord de déterminer dans quelle mesure les grammaires du corpus définissent la nomenclature relative à l'analyse de la phrase (1.1.2.). Il faudra ensuite se pencher sur la *nature des critères* mis en œuvre dans ces définitions (1.1.3.). Dans les deux cas, nous fournirons une analyse quantitative et exhaustive des définitions. Les rapports de force entre les critères ayant trait respectivement au contenu (= C) et à la forme (= F) y occuperont une place centrale. Une partie des données sera exploitée ultérieurement (ici même, sous 1.2., et au Ch. VII, 2.1.2.). Les principaux résultats de l'analyse seront repris sous 1.1.4. Mais avant d'entrer dans le vif du sujet, il reste à faire quelques observations d'ordre technique concernant l'encodage et l'exploitation statistique des données (1.1.1.).

1.1.1. Observations préliminaires: le traitement quantitatif des données

Ce paragraphe relativement bref cache un long travail d'encodage réalisé sous *Access 97*. Les données quantitatives qui en résultent seront soumises à quelques opérations de statistique descriptive élémentaires (dans *Excell*).

- la moyenne
- deux mesures de la dispersion
  - la variance (s^2): la somme des carrés des écarts par rapport à la moyenne, divisée par le nombre d'éléments, moins un
  - la déviation standard (écart-type): la racine carrée de s^2 (= l'écart moyen par rapport à la moyenne, en termes absolus)

L'exploitation quantitative des données nous permettra de comparer entre elles tant les grammaires que le traitement des différentes u n i t é s . Quant à ces dernières, nous nous sommes limité aux trois u n i t é s qu'on retrouve dans toutes les grammaires du corpus: le m o t , la f o n c t i o n et la p h r a s e / p r o p o s i t i o n . Il sera également possible d'examiner le traitement de chacune des u n i t é s sur l'ensemble des grammaires, faisant abstraction des différences d'une grammaire à l'autre. En plus, quand on divise le corpus en deux moitiés, on peut calculer des moyennes par quart de siècle, ce qui permet de capter le sens de l'évolution.

Reste à signaler que certains calculs contiennent des divisions par zéro, ce qui nous interdit d'utiliser ces résultats dans des calculs ultérieurs. Par exemple, pour calculer le rapport entre le nombre de critères formels (F) et le nombre de critères axés sur le contenu (C)[2], il fallait diviser F par C (donc F/C)[3]. Dans quelques rares cas, C s'est avéré égal à 0. Dans le calcul de la moyenne (sur l'ensemble des grammaires du corpus), on ne saurait considérer le résultat de cette opération comme une valeur égale à zéro. Bien au contraire, F est plutôt un 'multiple infini' de C, qui n'est même plus chiffrable. La seule solution est d'en faire abstraction[4]. Dans ce cas, on aura donc 24 grammaires au lieu de 25[5].

Le problème de la division par zéro se pose aussi dans les calculs portant sur le poids de chacun des critères (F, C, F1, etc.) dans la définition d'un ensemble donné de concepts. Ces calculs reposent sur la fraction suivante: nombre absolu de critères F, C, C1, etc., divisé par le nombre total de termes pourvus de critères. Si aucun concept n'est défini, comme c'est souvent le cas chez Plattner, par exemple, le dénominateur zéro apparaît. Mathématiquement parlant, le rapport entre respectivement F, C, etc. et le nombre total de termes pourvus de critères est ambigu: la valeur peut être interprétée comme étant à la fois très élevée (tout terme défini contient un C1, un F2, etc.) et très basse (aucun terme défini n'en contient). Or, le fait de ne fournir aucun F1, C2, etc. (donc une valeur zéro) est un fait significatif pour l'histoire de la grammaire entre 1900 et 1950, c'est-à-dire pour le calcul de la moyenne. C'est pourquoi nous avons inclus ce résultat dans le calcul de la moyenne comme une valeur égale à zéro (plutôt que d'en faire abstraction et de porter ainsi le nombre de grammaires à 24, comme nous l'avons fait pour F/C ci-dessus).

1.1.2. Le souci d'exhaustivité dans la définition des concepts

Le premier calcul que nous effectuerons concerne le taux d'exhaustivité dans la définition des concepts répertoriés dans la base de données. Deux procédés ont été distingués: les 'formules définitoires closes' (= définition au sens strict du terme) et les définitions par accumulation de critères (= définition au sens large, désormais 'concept pourvu de critères').

On trouvera ci-dessous les calculs par unité (1.1.2.2.), par grammaire (1.1.2.3.) et par unité/par grammaire (1.1.2.4.). Mais avant de procéder à l'analyse, il faudra

---

[2] On se reportera à l'*Annexe* 9 pour une description détaillée de ces critères.
[3] Certes, le calcul du rapport entre F et C aurait également pu se faire par la fraction C/F. Dans ce cas, nous aurions dû exclure du calcul de la moyenne toutes les valeurs zéro de F (F = 0). Cette décision aurait écarté d'autres grammaires, ce qui aurait donné une moyenne légèrement différente. Outre le fait que les zéros étaient rares, il faut dire que le biais est minimal. Donnons-en un exemple. Clédat fournit 4 F et 0 C dans les définitions des types de phrase, ce qui entraîne une division par zéro. Trivialement, F est infiniment plus grand que C. Il s'ensuit que la moyenne (donc le poids de F) monte, étant donné que la somme des rapports n'est plus divisée par 25 mais par 24. Si nous avions choisi la fraction C/F, nous aurions obtenu zéro (0/4 = 0). L'intégration de ce chiffre dans le calcul de la moyenne aboutit à une moyenne plus basse, réduit le poids de C, ou encore, augmente le poids de F. Il faut conclure que les deux formules aboutissent à un résultat analogue: davantage de F.
[4] Il s'ensuit aussi qu'il faut exclure ces grammaires du calcul de la moyenne des différences entre F/C et F'/C'.
[5] Rien n'empêche de ne retenir que les rapports absolus (p. ex. 7/0) dans ce cas.

déterminer d'abord le nombre (absolu) de concepts techniques par grammaire (1.1.2.1.).

1.1.2.1. Nombre absolu de termes/concepts techniques

En moyenne, toutes unités confondues[6], le nombre de concepts techniques par grammaire s'élève à 39,28. En ordre décroissant:

> D&P (65), Brunot (58), Le Bidois (54), Galichet (49), de Boer (47), Wartburg (46), Haas (42), Grevisse (42), Bruneau (40), Gougenheim (39), Engwer (39), Regula (38), Cayrou (38), Michaut (37), Lanusse (36), Larousse (36), Bloch (35), Dauzat (34), Académie (31), Plattner (30), Ulrix (30), Sonnenschein (30), Radouant (30), Strohmeyer (29), Clédat (27).

Quand on compare la moyenne obtenue pour les 13 grammaires les plus anciennes (= ± le premier quart du siècle) à celle des 13 grammaires les plus récentes — la grammaire de l'Académie ayant été incluse deux fois, le nombre de grammaires étant impair —, on constate un progrès moyen de + 3: on passe de 37,3 à 40,6. Ce constat est d'autant plus frappant qu'on trouve deux des trois grammaires les plus volumineuses dans le premier groupe (D&P et Brunot). En effet, comme on pouvait s'y attendre, les grammaires les plus détaillées (D&P, Brunot, Le Bidois, Haas, Grevisse) comptent le plus de termes, alors que les grammaires plus minces se trouvent au bas de la liste (Clédat, Strohmeyer, Radouant, Sonnenschein, Ulrix, Académie). Seules exceptions: Galichet, de Boer (et dans une moindre mesure, Wartburg, qui compte 356 pages), Plattner et les grammaires les plus récentes[7].

Ce tableau doit être complété par le relevé du nombre de concepts techniques par unité et par grammaire:

Fonctions		
	maximum	D&P (21), Brunot (19), Bruneau (15), Grevisse (14)
	minimum	Ulrix (8), Sonnenschein (8)
Premier quart: 11,46	Second quart: 11,92	Moyenne globale: 11, 64
Phrases		
	maximum	Le Bidois (30), Brunot (25), Wartburg (22), de Boer (20), Grevisse (19), Lanusse (18), Bruneau (17), Larousse (17)
	minimum	Clédat (8), Strohmeyer (9), Académie (9), Gougenheim (9), Ulrix (10), Sonnenschein (10), Plattner (11)
Premier quart: 13,08	Second quart:16,54	Moyenne globale: 15,04
Mots		
	maximum	D&P (12), Haas (11), Bloch (11)
	minimum	Gougenheim (3); les autres en ont au moins (8)
Premier quart: 9,54	Second quart: 8,77	Moyenne globale: 9,16

---

[6] C'est-à-dire les trois u n i t é s qu'on trouve dans toutes les grammaires (m o t, f o n c t i o n, pro-position/phrase) et les autres (p. ex. le s y n t a g m e).

[7] On se reportera au Ch. II, 1.3.1. pour le nombre de pages des grammaires.

Deux constats sautent aux yeux. Le domaine de la proposition/phrase s'enrichit considérablement, tandis que le nombre de parties du discours recule, ce qui s'explique en partie par l'apparition du *morphème* chez Gougenheim. On constate aussi que quelques grammaires se sont spécialisées pour ainsi dire dans certains secteurs de la description: Le Bidois (phrases), D&P (f o n c t i o n s).

1.1.2.2. Nombre de concepts définis par unité

Voici le pourcentage de termes définis/pourvus de critères par unité:

moyenne				
	toutes unités confondues	mot	fonction	phrase + proposition
% termes définis	55,9	65,5	55,8	48,5
% critères	64,8	70,6	67,1	56,6

La formule définitoire close est nettement moins fréquente dans le domaine des fonctions que dans celui des mots (parties du discours). Voici les résultats par quart de siècle:

% termes définis				
	toutes unités confondues	mot	fonction	phrase + proposition
1er quart	49,8	56,0	51,6	46,3
2e quart	63,9	77,7	62,2	52,1

% pourvus de critères				
	toutes unités confondues	mot	fonction	phrase + proposition
1er quart	59,7	63,5	61,6	52,9
2e quart	71,7	80,0	74,5	61,1

On aura noté un progrès — tant pour les critères isolés que pour les formules définitoires closes — qui dépasse largement les 10 %; seule la phrase reste un peu en arrière.

1.1.2.3. Nombre de concepts définis par grammaire

Quand on considère le nombre de concepts définis par grammaire, on obtient les pourcentages suivants:

- nombre de concepts définis (formule définitoire close) [%]:
  Grevisse (88,1), Cayrou (84,2), Académie (83,9), Bloch (82,9), Larousse (80,6)
  Engwer (74,4), D&P (70,8), Dauzat (70,6), Michaut (70,3), Bruneau (70,0)
  Lanusse (69,4), Ulrix (66,7), Galichet (63,3)

Radouant (53,3), Sonnenschein (46,7), Haas (45,2), Regula (44,7)
Brunot (37,9), Wartburg (39,1), de Boer (38,3), Le Bidois (33,3), Gougenheim (30,8)
Clédat (29,6), Strohmeyer (24,1)
Plattner (0,0)

- nombre de concepts pourvus de critères [%]:
Grevisse (92,9), Cayrou (92,1), Bloch (91,4), Larousse (88,9), Académie (87,1), Ulrix (86,7), Bruneau (85,0), D&P (73,8)
Galichet (79,6), Lanusse (80,6), Engwer (76,9), Dauzat (70,6), Michaut (70,3)
Haas (69,0), Radouant (63,3), Regula (63,2)
Sonnenschein (53,3), Brunot (50,0), Le Bidois (46,3), de Boer (46,8), Wartburg (47,8), Clédat (40,7)
Gougenheim (33,3), Strohmeyer (31,0)
Plattner (0,0)

Ce qui frappe d'emblée, ce sont les énormes fluctuations d'une grammaire à l'autre. Plattner a même réussi l'exploit de ne définir aucun concept. Ce défaut est dû à l'approche contrastive de l'auteur. Malgré ses ambitions scientifiques, cette grammaire veut encore répondre à sa vocation didactique initiale. Elle demeure donc malgré tout une grammaire scolaire, plus particulièrement une grammaire de traduction (cf. 1.4.).

Deuxièmement, si la scientificité de la grammaire dépend du souci de la définition, il faut dire que les linguistes et les auteurs qui ont des ambitions scientifiques avouées font piètre figure. Il suffit de regarder les scores d'auteurs comme Clédat, Brunot, de Boer, Le Bidois, Gougenheim et Wartburg pour s'en rendre compte. En revanche, nombre d'ouvrages «scolaires» (tant du point de vue du contenu que du point de vue de la présentation de la matière) se trouvent dans le sommet du classement. Ce curieux constat s'explique par le fait que les grammaires 'scolaires' adoptent un format descriptif très clair et bien articulé (terme/définition/exemple) dans lequel la définition des éléments est un incontournable. Les ouvrages à prétention scientifique ne s'astreignent pas toujours à ce format ressenti comme trop étroit et trop scolaire et y préfèrent un discours plus suivi (p. ex. Haas, Le Bidois, D&P, de Boer, etc.), scandé par des paragraphes (le plus souvent numérotés, éventuellement pourvus d'intertitres). Dans un discours de ce genre, le grammairien se passe souvent d'une définition 'qui se tient' et éparpille des critères isolés commentés au fur et à mesure et cela tout au long d'un paragraphe qui fait parfois plusieurs pages. La volonté de définir clairement l'élément en question s'affaiblit. Il est dès lors assez naturel que ces ouvrages obtiennent un score assez bas, d'autant plus que nous avons dû appliquer une restriction 'topographique'[8] pendant l'encodage des données[9].

---

[8] Pour les critères qui n'apparaissent pas dans des formules définitoires closes une restriction 'topographique' a dû être imposée, sinon tout critère, quel que soit l'endroit de la grammaire où il apparaît, aurait dû être pris en considération dans l'encodage.

[9] Un troisième constat concerne les fluctuations entre le nombre de définitions closes et le nombre de termes pourvus de critères: Haas + 23,8 %, Ulrix + 20 %, + Regula 18,5 %, + Galichet 16,3 %, + Bruneau 15%. Ces auteurs abandonnent assez souvent le procédé de la formule définitoire close pour une accumulation de critères définitoires (qui respecte encore la contrainte 'topographique').

1.1.2.4. Nombre de concepts définis par unité/grammaire

On peut effectuer les mêmes calculs pour chacune des unités. Ces chiffres sont d'un moindre intérêt. Nous retiendrons seulement les valeurs extrêmes (%).

A. Par mot

Nombre de termes définis:

- minimum (moins d'un tiers): Plattner (0), Sonnenschein (0), Gougenheim (0), Strohmeyer (20,0), Brunot (30,0)
- maximum (plus de 80%): Ulrix (100), Lanusse (100), D&P (100), Académie (100), Michaut (100), Larousse (100), Bloch (100), Grevisse (100), Dauzat (100), Cayrou (100), Bruneau (87,5), Engwer (80,0)

Nombre de termes pourvus d'au moins un critère:

- minimum (moins d'un tiers): Plattner (0), Sonnenschein (0), Gougenheim (0), Strohmeyer (30,0)
- maximum (plus de 80%): Ulrix (100), Lanusse (100), D&P (100), Académie (100), Michaut (100), Larousse (100), Bloch (100), Grevisse (100), Dauzat (100), Cayrou (100), Engwer (90,0), Galichet (90,0), Bruneau (87,5)

B. Par fonction

Nombre de termes définis:

- minimum (moins d'un tiers): Clédat (0,0), Plattner (0,0), Gougenheim (7,7), Le Bidois (15,4), de Boer (33,3)
- maximum: (plus de 80%): Cayrou (100%), Bloch (90%), Grevisse (85,7), Académie (84,6), Galichet (81,8), D&P (81,0)

Nombre de termes pourvus d'au moins un critère

- minimum (moins d'un tiers): Plattner (0,0), Gougenheim (7,7), Clédat (11,1)
- maximum: Cayrou, Galichet, Grevisse, Académie, Bloch, Ulrix, Sonnenschein, Bruneau, D&P, Larousse

C. Par phrase/proposition

Nombre de termes définis:

- minimum (moins d'un tiers): Plattner (0,0), Strohmeyer (11,1), Gougenheim (22,2), Galichet (25,0), Wartburg (27,3), de Boer (30,0), Brunot (32,0)
- maximum (plus de 80%): Larousse (88,2), Grevisse (84,2), Engwer (80,0)

Nombre de termes pourvus d'au moins un critère:

- minimum (moins d'un tiers): Plattner (0,0), Strohmeyer (22,2), de Boer (30,0), Wartburg (31,8), Gougenheim (33,3)
- maximum (plus de 80%): Grevisse (89,5), Larousse (88,2), Bloch (85,7), Bruneau (82,4), Cayrou (82,4), Engwer (80,0)

On constate que l'importance accordée à la définition des parties du discours diffère beaucoup d'un grammairien à l'autre. Alors que les uns réalisent un sans faute, les autres se permettent de ne définir aucun concept. Ce constat est corroboré par la comparaison des déviations standard (= mesure de la dispersion[10]; cf. 1.1.1.):

Dispersion (déviation standard)				
	toutes unités confondues	mot	fonction	phrase + proposition
% termes définis	22,5	**35,4**	27,5	21,8
% critères	23,0	**33,7**	27,5	22,3

1.1.3. Nature des critères

L'examen de la nature des critères nous conduit à l'objectif principal du traitement quantitatif des données: la comparaison des grammaires quant au poids accordé aux critères formels, sémantiques, psychologiques, etc. Les chiffres reposent sur les définitions d'un nombre assez important de concepts (une quarantaine en moyenne, cf. *supra* 1.1.2.1.).

Les calculs sont regroupés sous trois chefs:
- le rapport entre les critères formels et les critères ayant trait au contenu (1.1.3.1.)
- la structure interne des classes de critères ayant trait au contenu (1.1.3.2.)
- la structure interne des classes de critères formels (1.1.3.3.)

La couverture des catégories C (contenu) et F (forme) a été décrite en détail dans l'*Annexe* 9.

1.1.3.1. Forme *vs* contenu

Pour examiner les rapports entre les critères formels (F) et les critères liés au contenu des éléments (C), trois mesures peuvent être envisagées[11]:
- **F/C**: le rapport entre le nombre absolu de concepts pourvus d'au moins un critère F et le nombre absolu de concepts pourvus d'au moins un critère C (dans cette optique un concept défini par quatre F a le même poids qu'un concept défini par un seul F)
- **F'/C'**: le rapport entre la somme du nombre absolu de critères F et la somme du nombre absolu de critères C (un concept défini par quatre F pèse quatre fois plus qu'un concept défini par un seul F)
- **F-0/C-0**: le rapport entre le nombre absolu de concepts pourvus d'au moins un critère F en l'absence de critères C et le nombre absolu de concepts pourvus d'au moins un critère C en l'absence de critères F

---

[10] Qui correspond à l'écart moyen (en chiffres absolus) par rapport à la moyenne. Une valeur élevée correspond à un degré de dispersion élevé, c'est-à-dire à la présence de nombreuses valeurs extrêmes.

[11] Voir *Annexe* 9 pour la liste des critères F et C.

Voilà trois mesures légèrement différentes qui permettent de comparer l'attitude de chacun des grammairiens à l'égard de la question de la forme et du contenu. La deuxième mesure[12] est cependant moins fiable que la première, et, si les valeurs de F-0/C-0 sont intrinsèquement plus intéressantes que les valeurs F/C, elles sont aussi moins fiables, parce que fondées sur une base empirique plus mince: les concepts définis à la fois par F et par C (ce qui constitue le cas le plus fréquent) en sont retranchés. C'est la raison pour laquelle il est même inutile de procéder au calcul de valeurs F-0/C-0 pour les unités prises séparément.

Pour fondre les trois mesures en une seule, deux options se présentent: soit on prend la moyenne absolue, soit on prend la moyenne des rangs (de 1 à 25). En prenant le rang comme critère, on évite que les valeurs extrêmes de F-0/C-0 (basées sur une base empirique moins vaste) pèsent trop sur les calculs (les écarts entre les valeurs pour F/C sont plus limités). On contourne du même coup le problème de la division par zéro.

Dans ce qui suit, nous allons présenter les résultats de ces trois mesures par unité (1.1.3.1.1.), par unité et par quart de siècle (1.1.3.1.2.), par grammaire (1.1.3.1.3.), et, finalement, par unité et par grammaire (1.1.3.1.4.).

1.1.3.1.1. Par unité

Moyenne				
	toutes unités confondues	mot	fonction	phrase/prop.
F/C	**1,00**	**0,58**	**0,72**	**2,10**
F'/C'	**1,24**	**0,75**	**0,95**	**2,19**
différence	-0,24	-0,17	-0,23	-0,09
F-0/C-0	**1,48**[13]	–	–	–

Les stratégies définitoires diffèrent nettement d'une unité à l'autre. Les parties du discours et, dans une moindre mesure, les fonctions, se définissent plutôt par référence au contenu des catégories, là où les phrases et propositions sont définies deux fois plus souvent à l'aide de critères formels. Ces tendances sont très claires et se tiennent en équilibre dans le calcul du rapport F/C global (1,00). La phrase fait également bande à part quant à la dispersion des valeurs F/C et F'C':

---

[12] Si nous avons opté pour un traitement séparé des critères F et C (i.e. «y a-t-il au moins un critère F/critère C?»), au lieu de nous limiter au décompte des sous-types (F1, F2, ... *vs* C1, C2, etc.), c'est pour pallier un double déséquilibre entre les critères F et C qui risquait de fausser nos résultats. Voir à ce propos *Annexe* 9.

[13] Ce chiffre est dû à quelques valeurs extrêmes pour F-0. Il est donc peu pertinent comme le montre aussi le taux de dispersion (1,9).

Dispersion (déviation standard)				
	toutes unités confondues	mot	fonction	phrase/prop.
F/C	**0,52**	**0,33**	**0,27**	**1,89**
F'/C'	**0,68**	**0,47**	**0,39**	**2,13**
F-0/C-0	**1,9**	–	–	–

Si la moyenne est très élevée pour l'unité phrase, il faut admettre que ce chiffre ne vaut pas grand-chose au vu de la dispersion; elle arbitre en réalité entre des valeurs extrêmes. Les valeurs pour F-0/C-0 sont beaucoup plus dispersées que celles des autres mesures, ce qui confirme notre impression (cf. *supra*).

1.1.3.1.2. Par unité et par quart de siècle

Répartis par unité et par quart de siècle, les résultats se présentent comme suit:

Mot

	F/C	F'/C'	différence F/C – F'/C'
1er quart	0,41	0,44	-0,03
2e quart	0,75	1,03	-0,28

Fonction

	F/C	F'/C'	différence F/C – F'/C'
1er quart	0,66	0,82	-0,16
2e quart	0,77	1,06	-0,29

Phrase/proposition

	F/C	F'/C'	différence F/C – F'/C'
1er quart	1,82	2,04	-0,22
2e quart	2,61	2,68	-0,07

Toutes unités confondues

	F/C	F'/C'	différence F/C – F'/C'	F-0/C-0
1er quart	0,87	1,05	-0,18	0,76
2e quart	1,11	1,40	-0,29	2,03

De manière globale, le poids des critères formels s'accentue au cours de la première moitié du siècle (de 0,87 à 1,11), ce qui entraîne même un renversement des rapports de force entre F et C. Le progrès spectaculaire du nombre de critères formels non accompagnés de C par rapport aux critères C sans contrepartie formelle (F-0/C-0) est dû à trois valeurs extrêmes.

Le progrès des critères formels s'observe en premier lieu dans les définitions des parties du discours (leur poids a presque doublé) et celles des phrases/propositions (de 1,82 à 2,61). Seules les fonctions restent un peu en arrière:

Pourcentage de C et de F par rapport à l'ensemble de concepts pourvus de critères (% C et % F)							
	toutes unités confondues		mot		fonction		phrase + proposition	
	C	F	C	F	C	F	C	F
1er quart	64,2	50,6	67,5	27,9	88,0	58,3	40,0	58,4
2e quart	65,8	65,1	74,3	55,0	79,1	66,4	38,4	78,9

Quand on regarde de plus près le progrès réalisé par F (par rapport à C), on voit que tant F que C gagnent du terrain[14] (64,2 → 65,8; 50,6 → 65,1). Seulement, le progrès de F est beaucoup plus spectaculaire (+ 15 %), ce qui est confirmé par le recul de C dans les définitions des phrases, et surtout, des fonctions. Le progrès réalisé par F dans le domaine des fonctions est en réalité encore plus insignifiant que ne le laisse supposer F/C, puisque le progrès est dû en partie au recul de C dans ce domaine. Dans le même sens, le poids des procédures définitoires indirectes dans la définition des fonctions ne monte pas de façon significative: il passe de 7,2 % à 8,3 % des termes pourvus de critères.

Quant à la différence entre les calculs F/C et F'/C', on note que l'écart se creuse. Privilégiant les critères formels au détriment des critères C, les grammaires diversifient aussi les critères F présents dans les définitions. Il faut donc conclure que les critères formels gagnent du terrain tant sur le plan du choix entre F/C que sur le plan de l'éventail de critères formels mis en œuvre.

1.1.3.1.3. Par grammaire

Jusqu'ici nous avons suivi les évolutions au niveau de la définition des concepts pour chacune des unités. Il reste à examiner le poids de la forme et du contenu dans chacune des 25 grammaires, afin de dégager des types de grammaires. Pour cela nous nous appuierons sur les trois mesures signalées ci-dessus (1.1.3.1.).

rang	F/C		F-0/C-0		F'/C'	
	moyenne	1,00	moyenne	1,48	moyenne	1,24
1.	Gougenheim	2,50	Radouant	4/0	Cayrou	2,76
2.	Cayrou	1,82	Gougenheim	7,00	Clédat	2,50
3.	Michaut	1,57	Cayrou	5,67	Gougenheim	2,50
4.	Sonnenschein	1,57	Michaut	5,00	Michaut	2,07
5.	Clédat	1,50	Clédat	2,50	Sonnenschein	2,00
6.	Radouant	1,40	Le Bidois		Le Bidois	1,61

---

[14] Ceci n'a rien de surprenant, étant donné que le pourcentage de termes pourvus de critères monte (cf. *supra*, 1.1.2.2.) tout au long de la période examinée.

rang	F/C		F-0/C-0		F'/C'	
	moyenne	1,00	moyenne	1,48	moyenne	1,24
7.	Wartburg	1,23	Sonnenschein	2,00	Wartburg	1,54
8.	Le Bidois	1,20	Wartburg	1,75	Radouant	1,50
9.	Lanusse	1,19	Lanusse	1,43	Dauzat	1,30
10.	Dauzat	1,06	Dauzat	1,25	Lanusse	1,29
11.	Académie	0,89	Académie	0,78	de Boer	1,17
12.	Strohmeyer	0,83	de Boer	0,67	Grevisse	1,15
13.	Bloch	0,81	Grevisse	0,54	Bloch	1,10
14.	Grevisse		Bloch	0,50	Académie	0,95
15.	de Boer	0,80	Bruneau		Strohmeyer	0,88
16.	D&P	0,73	Strohmeyer		D&P	0,86
17.	Bruneau	0,70	Brunot	0,33	Larousse	0,81
18.	Ulrix	0,59	Ulrix	0,31	Bruneau	0,80
19.	Haas	0,55	Haas	0,29	Ulrix	0,74
20.	Larousse	0,52	Galichet	0,22	Brunot	0,57
21.	Brunot		D&P	0,11	Haas	0,56
22.	Galichet	0,45	Engwer	0,06	Engwer	0,44
23.	Engwer	0,40	Regula		Galichet	0,39
24.	Regula	0,25	Larousse	0,00	Regula	0,32
25.	Plattner	–	Plattner	–	Plattner	–

Les calculs permettent de se faire une idée nuancée des rapports contenu/forme dans les grammaires du corpus. Les résultats sont très divergents et donc 'parlants'.

Pour 'protéger' les valeurs F/C contre le poids écrasant de certaines valeurs extrêmes de F-0/C-0, nous ferons la somme des rangs (cf. 1.1.3.1.). Voici les résultats:

3 valeurs:	F/C, F-0/C-0, F'/C'
grammaires	somme des rangs
Cayrou	6
Gougenheim	
Michaut	11
Clédat	12
Radouant	15
Sonnenschein	16
Le Bidois	19
Wartburg	22
Lanusse	28
Dauzat	29

3 valeurs:	F/C, F-0/C-0, F'/C'
grammaires	somme des rangs
Académie	36
de Boer	38
Grevisse	39
Bloch	40
Strohmeyer	42
Bruneau	49
D&P	53
Ulrix	55
Brunot	58
Haas	59
Larousse	61
Galichet	65
Engwer	67
Regula	70
Plattner	–

Que conclure?

De ce tableau, qui représente l'attitude des grammairiens face aux rapports forme/contenu (les 'formalistes' se trouvant en haut du tableau), émergent quatre ensembles de grammaires:

(1) un groupe de tête (dont les membres changent facilement de position sous l'effet de certaines valeurs extrêmes; mais le groupe dans son ensemble se laisse assez facilement délimiter)
(2) un petit groupe qui offre un aspect éclaté
(3) un groupe intermédiaire qui se tient assez bien
(4) un groupe plus grand et assez étiré qui occupe le bas du classement.

Les grammairiens-psychologues figurent tout en bas du tableau (Regula, Engwer, Galichet, Haas, D&P, Brunot). Strohmeyer, de Boer et surtout Le Bidois s'en détachent. Le Bidois se classe même dans le premier tiers.

Nous verrons que le premier groupe de grammairiens-psychologues concerne des auteurs qui ont voulu fonder les catégories grammaticales sur des catégories psychologiques (cf. Ch. VII, 2.1.4.) ou sémantico-logiques (Brunot), alors que le second groupe, à savoir Strohmeyer, de Boer et Le Bidois, font appel à la psychologie sans pour autant chercher à donner une assise psychologique aux catégories grammaticales de l'ossature de la grammaire. L'analyse quantitative confirme l'analyse qualitative (voir Ch. VII).

Regardons maintenant les chiffres qui se cachent derrière les valeurs F/C et F-0/C-0 des grammaires psychologisantes. Elles proviennent d'une valeur très élevée pour C et C-0 et une valeur insignifiante pour F et F-0:

% du nombre total de concepts pourvus de critères							
%C		**%F**		**% C-0**[15]		**% F-0**	
D&P	91,7	Cayrou	88,6	**Regula**	67	Gougenh.	54
Galichet	84,6	Michaut	84,6	**Galichet**	59	Sonn.	50
Ulrix		Clédat	81,8	**Engwer**	53	Cayrou	49
Engwer	83,3	Gougenheim	76,9	**Brunot**	52	Clédat	45
Regula		Dauzat	75,0	Ulrix	50	Michaut	38
Grevisse	82,1	Radouant	73,7	**Haas**	48	Lanusse	34
Bloch	81,3	Wartburg	72,7	de Boer	41	Wartburg	32
Larousse	78,1	Le Bidois	72,0	Bruneau		de Boer	27
Haas	75,9	Sonnenschein	68,8	**D&P**	38	Académie	26
Brunot	72,4	Grevisse	66,7	Larousse		Dauzat	21
Dauzat	70,8	**D&P**		Académie	33	Radouant	
Académie	70,4	Bloch	65,6	Grevisse		Bruneau	
de Boer	68,2	Lanusse	65,5	Bloch	31	Le Bidois	20
Bruneau	67,6	Académie	63,0	Sonnenschein	25	Grevisse	18
Le Bidois	60,0	Strohmeyer	55,6	Lanusse	24	**Brunot**	17
Wartburg	59,1	de Boer	54,5	Strohmeyer	22	Bloch	16
Lanusse	57,1	Ulrix	50,0	Clédat	18	Ulrix	15
Clédat	55,2	Bruneau	47,1	Wartburg		**Haas**	14
Strohmeyer	54,5	**Haas**	41,4	Dauzat	17	**Galichet**	13
Michaut	53,8	Larousse	40,6	Cayrou	9	Strohm.	11
Radouant	52,6	**Galichet**	38,5	Le Bidois	8	**D&P**	4
Cayrou	48,6	**Brunot**	37,9	Gougenheim		**Regula**	
Sonnenschein	43,8	**Engwer**	33,3	Michaut		**Engwer**	3
Gougenheim	30,8	**Regula**	20,8	Radouant	0	Larousse	0
Plattner	–	Plattner	–	Plattner	–	Plattner	–
moyenne	**64,8 %**		**64,8%**		**29%**		**20%**

On peut en conclure que la focalisation du contenu entraîne en général le mépris de la forme. Seule la grammaire de D&P présente un profil légèrement différent. Ces auteurs prêtent plus d'attention aux formes (%F: 66,7%) que les auteurs du premier groupe de grammaires psychologisantes. Ils se trouvent plutôt au niveau du second groupe. Corollairement, on trouve moins de C sans F (38%) chez D&P. En effet, 54% des termes sont pourvus à la fois d'un F et d'un C, ce qui représente le score le plus élevé de tout le corpus.

Un autre constat qui s'impose est qu'une partie des grammaires de facture française ne se laissent nullement aveugler par le sens dans la définition des termes. Cela

---

[15] Pour rappel (1.1.3.1.): pourcentage des termes définis uniquement par leur contenu et non par la forme (F = zéro) par rapport au nombre total de termes définis (ou, plus précisément, pourvus de critères définitoires).

ressort de la comparaison avec les grammaires psychologisantes, mais aussi de l'examen des chiffres absolus:

- %F-0: Gougenheim, Cayrou, Clédat, Michaut, Lanusse définissent plus d'un tiers des termes par des critères exclusivement formels
- %C-0: moins de 10% des termes sont définis par des critères ayant trait au contenu chez Radouant, Michaut, Gougenheim et Cayrou (cf. aussi Le Bidois, grammaire psychologisante); même Dauzat et Clédat n'atteignent pas le seuil de 20%
- F-0/C-0: valeur élevée qui découle directement des deux constats qui précèdent
- F/C: pour Gougenheim, Cayrou, Michaut, Clédat et Radouant le rapport entre F et C est de 1,4 (ou plus) à 1

Il faut conclure qu'une part importante des grammaires non psychologisantes de la tradition d'expression française est plus formaliste dans la définition des concepts qu'on ne le croirait. Le *Bon Usage*, qu'on est peut-être tenté de prendre pour la référence en la matière (étant donné sa longévité et son succès) est moins 'formaliste'. À l'exception peut-être de Radouant et de Sonnenschein (grammaire d'expression anglaise), cette attitude 'formaliste' ne se traduit pas en procédures définitoires indirectes, c'est-à-dire en tests syntaxiques, dont le poids reste négligeable. Les grammaires suivantes franchissent le cap de 10%:

Radouant (26,3), Sonnenschein (25,0), Grevisse (12,8), Le Bidois (12,0), Strohmeyer (11,1).

Larousse, Ulrix et Bruneau, en revanche, se rapprochent du premier groupe de grammaires psychologisantes. Ces auteurs se trouvent aux premiers rangs du groupe IV (cf. 1.1.3.1.3.).

1.1.3.1.4. Par unité et par grammaire

Les chiffres que nous venons de citer peuvent être mis en rapport avec les différentes u n i t é s. Comme dans ce cas la mesure F-0/C-0 n'est plus significative (cf. 1.1.3.1.), nous nous bornerons à F/C. Toutefois, même dans ce cas, les résultats demandent un traitement plus grossier, étant donné que le nombre de termes répertoriés (termes pourvus d'au moins un critère définitoire) n'est en moyenne que de l'ordre de 6 à 8. Là où le nombre de termes est trop réduit, nous avons ajouté un garde-fou, à savoir la valeur p, le nombre absolu de termes pourvus de critères. P fonctionne un peu comme l'indice de probabilité[16] dans les analyses statistiques.

---

[16] Si le nombre de termes définis par une p r o c é d u r e d é f i n i t o i r e i n d i r e c t e (en gros les *tests* syntaxiques) est très bas, nous avons mentionné seulement le nombre absolu (= n) de termes ainsi définis.

F/C par unité et par grammaire

fonctions			mots			propositions/phrases		
	F/C	p		F/C	p		F/C	p
Michaut	1,25		Cayrou	1,13		Cayrou	13/0	
Dauzat	1,20		Radouant	1,00	4	Clédat	4/0	4
Clédat	1,00	1	Michaut	1,00		Radouant	4/0	
Radouant	1,00		Le Bidois	1,00		Gougenheim	3/0	3
Le Bidois	1,00	5	Clédat	0,80		Michaut	7,00	
D&P	0,94		Grevisse	0,75		Galichet	6,00	
Bloch	0,89		Ulrix	0,71		Académie	5,00	
Bruneau	0,88		Dauzat	0,71		Lanusse	3,67	
Cayrou	0,78		Académie	0,71		Sonnenschein	3,00	
Strohmeyer	0,75	4	de Boer	0,67		de Boer	2,50	
Regula	0,75	5	Wartburg	0,67	5	Wartburg	2,33	
Lanusse	0,71		Larousse	0,67		Strohmeyer	2,00	2
Wartburg	0,71		Bruneau	0,67		Dauzat	1,40	
Sonnenschein	0,67		Galichet	0,56		Le Bidois	1,38	
Grevisse	0,64		Bloch	0,50		Brunot	1,20	
Académie	0,64		Lanusse	0,50		D&P	1,20	
Engwer	0,57		Haas	0,43		Bloch	1,14	
de Boer	0,50		D&P	0,17		Grevisse	1,00	
Larousse	0,43		Engwer	0,14		Haas	0,83	
Brunot	0,42		Strohmeyer	0,00	3	Ulrix	0,75	
Haas	0,38		Brunot	0,00		Bruneau	0,56	
Galichet	0,36		Regula	0,00		Engwer	0,56	
Ulrix	0,14		Plattner	–		Larousse	0,44	
Plattner	–	0	Gougenheim	–		Regula	0,00	
Gougenheim	–	1	Sonnenschein	–		Plattner	–	
moyenne	0,72		Moyenne	0,58		moyenne	2,10	

1.1.3.2. La structure interne des critères 'contenu' (= C)

Jusqu'ici les indices C (contenu) et F (forme) n'ont été appréhendés que de manière globale. Quand on s'interroge sur la structure interne de C, on constate que la référence à la sémantique (C2) est omniprésente. On la trouve dans presque la moitié des éléments pourvus de critères (46,3%), résultat qui tranche avec les chiffres obtenus pour les trois autres sous-classes de C, qui oscillent entre 7,2 et 10,7 %[17]. Au sein de la classe C, C2 règne donc en maître, ce qui n'a rien de surprenant, puisque C2 a été considéré comme la catégorie par défaut (cf. *Annexe* 9). Seuls Haas (C3) et Regula (C1, et aussi C4) font exception. Dans ces grammaires, la sémantique est suppléée par la psychologie, par la référence à la réalité et par des considérations de type p r a g m a t i q u e (p. ex. Regula).

---

[17] On constate toutefois une différence plus marquée quant à la dispersion des valeurs: C3 (15,7), C4 (7,7) et C1 (8,1).

En général, la psychologie (= C3) ne joue qu'un rôle limité *dans la définition des concepts*. La psychologie intervient dans plus de 10% des définitions chez

> Haas (68,97), Galichet (30,77), de Boer (27,3), Strohmeyer (22,22), Le Bidois (20,00), Engwer (13,33), Regula (12,5).

La pragmatique (= C4) est encore plus marginale, bien qu'elle soit attestée dans un nombre plus élevé de grammaires (16 *vs* 11 pour C3; cf. le degré de dispersion élevé pour C3). Le cap de 10 % est franchi chez les auteurs suivants:

> Regula (29,17), Strohmeyer (22,22), Bloch (15,63), D&P (14,6), Haas (13,79), de Boer (13,6), Engwer (13,33), Le Bidois (12).

La présence de Bloch surprend quelque peu (cf. Ch. VII, 2.3.2.).

La catégorie C1 est représentée dans 19 grammaires. Elle atteint 10% ou plus dans les grammaires suivantes:

> Regula (33,3), Galichet (23,1), Cayrou (20,0), Lanusse (17,2), Bloch (15,6), Larousse (15,6), Ulrix (15,4), Académie (14,8), Wartburg (13,6), Engwer (13,3), Grevisse (12,8), Sonnenschein (12,5), Michaut (11,5), Radouant (10,5).

Chez Regula et Galichet, le poids de la référence à la réalité découle directement de l'assise théorique de ces grammaires (cf. Ch. VII, 2.1.4.4.).

1.1.3.3. La structure interne des critères formels (= F)

Contrairement à C, les différentes sous-catégories de F présentent une distribution plus égale. Sur la base des pourcentages, on peut identifier trois sous-ensembles:

- F3 (constitution interne) et F5 (distribution) se situent aux alentours des 20 % (dispersion plus ou moins égale)
- F4 (représentateur), F6 (rapports) et F7 (intégration) se situent de part et d'autre du cap de 10 % (les valeurs de F6 sont plus dispersées que les valeurs pour F4 et F7)
- les valeurs obtenues pour F1 et F2 sont insignifiantes.

Commençons par F3, la valeur la plus élevée (21,1% en moyenne). Les F3 dépassent les 30 % dans les ouvrages suivants:

> Cayrou (57,1), Clédat (36,4), Ulrix (34,6), Radouant (31,6), Grevisse (30,8).

La distribution (F5) joue un rôle crucial chez

> Clédat (45,5), Michaut (38,5), Cayrou (34,3), Académie (33,3), Gougenheim (30,8).

On constate que les noms de Cayrou et de Clédat reviennent (cf. aussi dans les sous-catégories qui suivent). Quant à F6 (12,2 % en moyenne), cinq grammaires franchissent le seuil de 20 %:

> Le Bidois (44,0), D&P (31,3), Dauzat (25,0), Wartburg (22,7), Cayrou (20,0).

Les critères relevant du type F6, à savoir les 'rapports', sont parfois très proches des critères du type C, ce qui explique sans doute leur apparition fréquente dans les grammaires psychologisantes (Le Bidois, D&P). En ce qui concerne F7 (intégration), qui est attesté dans 11,2 % des définitions, trois ouvrages atteignent encore le cap de 20 %:

 Clédat (27,3), Sonnenschein (25,0), Bloch (21,9).

Restent les meilleurs représentants de F4 ('représentateurs', 9,0 % en moyenne):

 Strohmeyer (33,3), D&P (16,7), Radouant (15,8), Michaut (15,4), Grevisse (15,4).

De manière plus générale, les valeurs F6 varient beaucoup plus que celles de F4 et de F7 (cf. aussi les nombreux zéros pour F6).

1.1.3.4. Tableau synoptique

 Le détail des calculs a été reporté sur la feuille de calcul reproduit en annexe (n° 8). Cette table, qui peut être lue dans tous les sens, contient les chiffres obtenus pour chaque type de critère (C, F, fonction, …; C1, F3, etc.), toutes unités confondues.

1.1.4. Conclusions

 Que faut-il retenir de l'analyse quantitative? Nos calculs ont d'abord montré que le nombre de termes techniques augmente (s y n t a g m e , p h r a s e). En gros, seuls 6 termes sur 10 sont définis, même si on note une légère amélioration dans le second quart de siècle (+ 10 %). D'une grammaire à l'autre on note des fluctuations énormes (p. ex. Plattner).
 Au cours de la période étudiée, le poids des critères formels (F) s'accentue (+ 15 %), alors que les critères relatifs au contenu stagnent (C), ce qui entraîne même un renversement des rapports de force entre les critères F et les critères C (de 0,87 on passe à 1,11). Dans le domaine des fonctions (où C recule: – 9 %), cependant, le progrès de F est moins net (+ 8%), contrairement au niveau des parties du discours où F double son score. Le progrès de F va également de pair avec une diversification des F dans les définitions (plusieurs sous-types de F dans la même définition).
 La superposition de trois mesures (F/C, F'/C' et F-0/C-0) a permis de donner une image nuancée des rapports de force entre les critères formels et les critères basés sur le contenu des éléments linguistiques dans les 25 grammaires du corpus[18]. Quatre groupes ont pu être distingués:

---

[18] Plattner, qui ne définit aucun concept, ne se prête pas à cette analyse.

	Forme ──────────────────────────────▶ Contenu			
	groupe 1	groupe 2	groupe 3	groupe 4
Forme	Cayrou, Gougenheim	**Le Bidois**	Académie	Bruneau
	Michaut	Wartburg	**de Boer**	**D&P**
	Clédat	Lanusse	Grevisse	Ulrix
	Radouant	Dauzat	Bloch	**Brunot**
	Sonnenschein		**Strohmeyer**	Haas
				Larousse
				Galichet
				Engwer
Contenu				**Regula**

Les auteurs qui se réfèrent à la psychologie (cf. Ch. VII, 2.1.) sont marqués en gras. Ceux qui figurent dans le groupe 4 ont voulu donner une assise psychologique — sémantique pour Brunot — aux catégories grammaticales. Tel n'est pas le cas pour Le Bidois, de Boer et Strohmeyer, qui, de ce fait, se trouvent plus près du pôle formel. Nous y reviendrons au Ch. VII, 2.1.2.

De façon générale, la focalisation du contenu entraîne le mépris de la forme, à l'exception peut-être de D&P, qui font preuve de plus de respect pour la forme. Ils se rattachent plutôt au trio Le Bidois – de Boer – Strohmeyer. Nous avons également constaté que certaines grammaires de facture française (Gougenheim, Cayrou, Michaut, Clédat et Radouant) sont nettement plus 'formelles' que d'autres.

1.2. *Procédures de découverte*

Dans les calculs qui précèdent, il n'a pas encore été question des *procédures définitoires indirectes*. Celles-ci concernent en premier lieu (mais non exclusivement)[19] ce qu'on appellerait de nos jours des 'tests'. Ces tests (1.2.1.) ne peuvent pas être dissociés de la paraphrase (1.2.2.), concept-clé en grammaire traditionnelle.

1.2.1. Les 'tests' syntaxiques

Après avoir fourni quelques jalons pour une histoire de la notion de test syntaxique (1.2.1.1.), nous examinerons le poids des tests dans la définition des concepts grammaticaux (1.2.1.2.). Cette analyse quantitative sera suivie d'une typologie des principaux tests (1.2.1.2.3. à 1.2.1.2.7.): la méthode des «questions convenables», la substitution, l'effacement, l'addition et une catégorie résiduelle.

---

[19] En effet, certaines procédures indirectes ne sont pas vraiment à interpréter comme des tests heuristiques (p. ex. «le pronom remplace le nom»). La sous-détermination du métadiscours grammatical en complique l'interprétation. Pendant l'encodage des données, nous avons fait prévaloir l'interprétation la plus large (procédure définitoire indirecte).

Nous ne pourrons fournir pour chacun des types une description exhaustive[20] et comparative, sur l'ensemble des grammaires du corpus. Certes, certains auteurs se sont montrés plus actifs que d'autres dans ce domaine, mais en l'absence de toute théorisation à ce sujet, les tests n'apparaissent que de façon sporadique et sont appliqués à des phénomènes très divers. De ce fait, tant l'examen exhaustif que le traitement sélectif — par l'examen exhaustif de cas types, comme nous le ferons pour les f i g u r e s (cf. 2.3.5. et 2.3.6.) — ne pourraient donner que des résultats peu significatifs.

S'il est certain que les grammaires du corpus pratiquent certaines manipulations qui ressemblent à des tests, il reste à en déterminer le statut épistémologique. Quoi qu'il en soit, les tests ont plutôt mauvaise presse (1.2.1.8.).

1.2.1.1. Définition et historique

De nos jours, les *tests syntaxiques* occupent une position de choix dans les descriptions linguistiques. Pour n'en donner que quelques exemples, on en trouve dans l'analyse de la nature intraprédicative ou extraprédicative des constituants (extraction, mise en question, négation etc.), dans l'analyse des fonctions intraprédicatives (p. ex. pronominalisation, effacement) et dans l'étude de l'aspect (*pendant* + *SN* vs *en* + *SN*). L'objectif de ces tests est de fournir de l'analyse proposée une preuve indirecte, mais immanente et contrôlée par la forme.

À notre connaissance, personne n'a tenté de faire l'histoire de la notion de 'test' syntaxique. Aussi convient-il d'en poser quelques jalons. Il semble que ces procédures de découverte aient été développées dans le cadre du distribution(n)alisme américain et de la grammaire générative transformationnelle[21]. Gross et son équipe (cf. Gross 1975) ont encore élaboré la batterie de tests en faisant de la notion de *transformation* un instrument heuristique plutôt qu'une notion théorique reliant une structure abstraite à une structure de surface:

> «De la même manière qu'un accélérateur de particules permet de mettre en évidence des données neuves sur la structure de la matière, les transformations pourraient n'être qu'un dispositif expérimental qui permet de découvrir et de localiser les contraintes syntaxiques (et sémantiques) qui lient les éléments des phrases» (Gross 1975: 9).

Dans ce contexte, il convient de signaler aussi l'article fondateur de Whorf (1945; texte achevé en 1937), selon lequel on ne saurait limiter l'inventaire des catégories aux seules catégories marquées morphologiquement (p. ex. le pluriel en anglais), c'est-à-dire aux *phenotypes* (= *overt categories*). Certaines catégories ne se manifestent, en tant que catégories, que dans certaines configurations syntaxiques: les

---

[20] Nous le ferons seulement pour les tests incorporés dans les définitions des concepts relatifs à l'ossature de la description morphosyntaxique (1.2.1.2.) et pour les questions-tests (1.2.1.3.).
[21] Voir par exemple Longacre (1964) et Greenbaum (1969). Force est de constater que ni Matthews (1996), ni Seuren (1998), ni Paillet et Dugas (1983) ne se sont vraiment intéressés à cet aspect de l'histoire de la syntaxe.

cryptotypes (= *covert categories*). Ainsi, en anglais, la catégorie du genre n'apparaît que dans les reprises anaphoriques (p. ex. *a writer ... he/she ... his/her*) et les verbes t r a n s i t i f s se distinguent des verbes a t t r i b u t i f s (qui demandent un attribut du sujet) par la construction passive et causative et par l'impossibilité de prendre un adjectif comme complément. Ce traitement particulier («some sort of distinctive treatment»), qui peut se réduire à l'impossibilité d'employer les membres de la catégorie dans tel ou tel contexte, est appelé la *reactance of the category* (1945: 2). Whorf cherche donc des contextes qui apportent une preuve formelle (morphologique ou par «sentence-pattern») et immanente de l'existence de la catégorie. Il n'est pas question de tests à proprement parler (malgré la terminologie utilisée), mais la démarche de Whorf et les tests syntaxiques ont en commun qu'ils quittent le contexte donné, qui ne laisse pas transparaître la vraie nature de la catégorie en question, pour trouver ailleurs, c'est-à-dire dans d'autres contextes («certain types of sentences»), une preuve formelle de l'appartenance à la catégorie. Or à la différence des *reactances* de Whorf, qui sont de simples observations[22], les comportements syntaxiques distinctifs sont provoqués (= des expériences; cf. Gross ci-dessus) par le test et l'évidence ne consiste pas tellement dans l'apparition d'une marque formelle révélatrice d'un statut syntaxique différent, mais dans les jugements d'acceptabilité portés sur les énoncés ainsi construits.

Signalons, enfin, pour la tradition linguistique française[23], le *Traité de Stylistique* de Bally (1909) qui contient une intéressante réflexion méthodologique sur la délimitation et l'identification des éléments linguistiques[24].

1.2.1.2. Le 'test' dans la définition des concepts

De façon globale, les tests, ou, plus exactement, les procédures définitoires indirectes, sont mal représentés dans le corpus. Ils n'interviennent que dans 6,4 % des concepts définis (pourvus de critères). Ils sont encore le mieux représentés dans le domaine des f o n c t i o n s (8,07 %)[25].

Chez cinq auteurs le pourcentage dépasse les 10 % (= 10 % des termes définis, toutes unités confondues)[26]:

---

[22] Whorf (1945: 5) parle de l'absence du passif («lack the passive») et non pas de la *passivation*, par exemple.
[23] Sur la comparaison synchronique de formes en tant que principe méthodologique chez Clédat, voir Bourquin (1991: 50-51; 1991: 50-51; 2002).
[24] Bally articule sa méthode en deux parties: une étude préparatoire et l'étude stylistique proprement dite. L'étude préparatoire englobe la *délimitation* des faits expressifs en fonction de l'unité de pensée qu'ils expriment et l'*identification* du fait expressif, c'est-à-dire sa définition à travers la substitution par un *terme* d'*identification simple et logique*, c'est-à-dire le concept dans sa forme purement logique. Ensuite, il procède à la «*comparaison* entre le fait étudié et le terme qui sert à l'identifier» (p. ex. *panier percé = prodigue*) (1921²: 14-15). Ici commence la stylistique proprement dite (détermination des caractères affectifs, les moyens mis en œuvre pour les produire, les relations entre les variantes affectives d'un même concept logique, etc.).
[25] Mot (5,6 %), proposition/phrase (2,80 %).
[26] n.a. = nombre absolu.

Radouant (26,3 %; n.a. 5), Sonnenschein (25,0 %; n.a. 4), Grevisse (12,8 %, n.a. 5), Le Bidois (12,0 %; n.a. 3), Strohmeyer (11,1 %; n.a. 1).

Dans le domaine des f o n c t i o n s , on constate cependant quelques glissements:

Radouant (57,1 %; n.a. 4), Galichet (18,2 %; n.a. 2), Grevisse (15,4 %; n.a. 2), Bruneau (15,4 %; n.a. 2).

Le score de Radouant est remarquable. Cet auteur est très conscient du rôle des tests, tout comme Grevisse d'ailleurs.

Mais de quels 'tests' s'agit-il? En voici le relevé exhaustif (fonctions syntaxiques):

- passage du passif à l'actif: le c o m p l é m e n t d ' a g e n t devient s u j e t (Larousse, Lanusse, Galichet, Ulrix). Cette t r a n s f o r m a t i o n n'est pas possible pour le c c (Galichet 1947: 144).
- q u e s t i o n s - t e s t s : Radouant (4x), Grevisse (2x), Bruneau, Le Bidois, Brunot
- e f f a c e m e n t d u C O D : Wartburg
- autres: Bruneau (passage à la construction personnelle), Dauzat (équivalence épithète ~ complément du nom; pas vraiment un procédé heuristique)

1.2.1.3. La méthode des questions convenables

Chervel (1977) insiste à plusieurs reprises sur le rôle qu'ont joué les questions dites «convenables» (Girard 1844; Chervel 1977: 195) dans l'histoire de la grammaire scolaire. Cette procédure de découverte, qui remonte aux *topoi* de l'ancienne rhétorique, est encore pratiquée par de nombreux grammairiens du corpus[27]. Ainsi, pour la découverte du sujet, Le Bidois (Tome 1, 380) signale la «recette» suivante: «pos[er] devant le verbe la question *qui est-ce qui?* ou *qu'est-ce qui?*». Le C O D , quant à lui, répond à la question *quoi?/qui?* «faite après le verbe» (Grevisse 1936: 103), et le *second complément d'objet* «est appelé par la question: «À qui a-t-elle donné sa maison?»» (Bruneau 1937: 76). Quant au c o m p l é m e n t c i r c o n s t a n c i e l , la liste des questions est infinie, comme le montre l'énumération dans le *Bon Usage* de Grevisse (1936: 107).

On rencontre encore la série complète des questions chez Radouant et Grevisse, et dans une certaine mesure chez Galichet et Clédat. Il n'en reste plus que des traces chez Bruneau, Le Bidois et Brunot[28]. Radouant et Grevisse, qui s'en servent cou-

---

[27] Clédat (1896: 306, 309, 178), Plattner (1899: 213-216, 347), Haas (1909: 246, 335), Sonnenschein (1912: 142, 145-146, 148, 153, etc.), Strohmeyer (1921: 209, 218-220), Radouant (1922: 40, 46, 47, 49, 55), Brunot (1922: 397), Engwer (1926: 190, 201-203), Regula (1931: 241-249; 230-231), Le Bidois (Tome 1, 380 = Tome 2, 153, 182-183), Grevisse (1936: 95, 96, 103, 107; 452, 454, 457), Bruneau (1937: 76), Galichet (39-40, 137-138). Regula (1931: 184) utilise les questions aussi comme moyen heuristique dans la description de l'emploi des temps.

[28] Curieusement, les questions figurent encore dans *toutes* les grammaires d'expression allemande (et chez l'Anglais Sonnenschein), mais leur emploi y est restreint aux seules valeurs 'circonstancielles'. À vrai dire, leur rôle se réduit à identifier des sous-classes sémantiques au sein de la classe des compléments de type adverbial. Ce constat s'explique sans doute par le fait que la tradition grammaticale allemande, rompue à l'analyse d'une langue à cas (l'allemand), pouvait se passer des questions (encore que Forsgren 1992: 130-131 signale que cette pratique soit couramment attestée pour le s u j e t dans les grammaires allemandes publiées entre 1830 et 1880). Les questions avaient cependant une certaine utilité pour la distinction entre emplois adverbiaux/non adverbiaux de l'accusatif, du génitif et du datif.

ramment, sont conscients du fait que les questions ne constituent qu'un moyen heuristique. La passivation et les questions permettent d'identifier le COD «indépendamment du sens» (Radouant 1922: 46). Les questions pour trouver le sujet ne sont qu'une simple «recette [des] livres élémentaires» (Tome 1, 380), disent les Le Bidois. La *Grammaire* Larousse, pour sa part, s'en détourne:

> «Les procédés mécaniques employés quelquefois pour la recherche du sujet ne sont guère utiles» (Larousse 1936: 56).

Michaut et Schricke (1934: 429), qui ne s'en servent pas non plus, signalent quelques problèmes:

- *que* (*ce que*) peut également être utilisé dans *Que pèse ceci?/cherchez ce que cela pèse.*
- *Combien* (identifiant le complément circonstanciel) peut également porter sur un COD comportant un chiffre: *Combien avez-vous reçu?*

1.2.1.4. La substitution

Par *substitution* nous entendons le remplacement d'un élément ou de plusieurs éléments d'un énoncé (à la rigueur de l'ensemble de l'énoncé) par un élément sémantiquement ou fonctionnellement équivalent.

(a) Pronominalisation

Dans la linguistique française moderne, la pronominalisation est devenue l'une des heuristiques de base dans l'analyse des fonctions syntaxiques. L'approche dite pronominale[29] érige même la *proportionnalité* en principe de base de la catégorisation syntaxique.

Les grammaires d'expression allemande qui utilisent encore la nomenclature des cas s'appuient sur la substitution par *lui* pour séparer les datifs des autres compléments d'objet indirects[30] (cf. Ch. IV, 3.7.). Elle est exploitée dans l'autre sens par Michaut et Schricke (1934: 15): la substitution est censée prouver que le pronom personnel *lui* passe pour un complément *in*direct (*lui* = *prép.* + *N*).

La substitution pronominale joue également un rôle dans l'analyse des pronoms personnels dits neutres, mais non marqués comme tels (*il* impersonnel, *le* renvoyant à une proposition entière), comme chez Lanusse (1921: 132, 134, 140):

> *il* impersonnel = *cela*; *le* = *cela*; *en* = *de cela*, *y* = *à cela*.

Inversement, comme *ce* et *ça* ne commutent pas avec *il* dans *il y a* et *il faut*, *il* doit avoir un statut particulier (Haas 1909: 54).

---

[29] Pour le cadre théorique de cette approche, voir e.a. Van den Eynde – Blanche-Benveniste (1978), Blanche-Benveniste – Delofeu – Stefanini – Van den Eynde (1984) et Melis (1987).
[30] Sonnenschein (1912: 143), Engwer (1926: 68), Strohmeyer (1921: 221-222) et Regula (1931: 108). On trouve cette technique aussi chez Haas (1909: 80), qui a abandonné le schéma des cas.

(b) Lexicalisation et recatégorisation

La substitution d'un groupe de mots par un synonyme morphologiquement simple est une pratique courante dans l'identification des *locutions*: Brunot (1922: 220), Bloch (1937: 229), Haas (1909: 19, 20, 247, 248, 54).

La substitution est également mise à profit en cas de recatégorisation des mots, que celle-ci soit le résultat d'un transfert catégoriel occasionnel ou figé (lexicalisé):

   soit ... soit ... = ou ... ou ... (Lanusse 1921: 47),

ou dans l'analyse de locutions recatégorisées:

   – *de manière que* ... utilisé comme coordonnant = *donc, ainsi* (Grevisse 1936: 593)
   – *de terre = terrestre* et *de France = française* soulignent que l'absence de l'article fait du nom un adjectif (Bruneau 1937: 192, 197).

Galichet (1947: 111) applique ce genre de substitutions par un mot simple à des s y n t a g m e s (non figés) pour prouver qu'il s'agit de *fonctions inactualisées* (cf. Ch. VII, 2.1.4.3.2.), qui relèvent donc du domaine de l'étiquetage, de l'identification, domaine lié à la sphère du mot, et non pas à celle de la phrase: *cacao phosphaté = phoscao; parler à voix basse = chuchoter; viande de bœuf = Rindfleisch*.

(c) Perspective fonctionnelle transversale

Les cas cités sous (b) s'apparentent à ce que nous avons appelé la *perspective fonctionnelle transversale* en syntaxe (Ch. III, 3.2.). Cette approche repose en effet sur une commutation, mais une commutation plus lâche (le plus souvent implicite), qui n'exige pas la synonymie lexicale (p. ex. *il est arrivé à 6 heures ~ il est arrivé hier*).

La substitution est dès lors une technique très répandue dans les grammaires qui adoptent une perspective fonctionnelle transversale — Haas, Sonnenschein, Galichet, D&P[31] (cf. Ch. III, 3.2.1.) —, même dans celles qui l'appliquent seulement aux propositions subordonnées: p. ex. Radouant (1922: 241-242) et Wartburg (1947: 21, 214). Les substitutions sont censées prouver le bien-fondé de l'association des structures formelles complexes à des éléments morphologiquement simples (avec ou sans maintien du sens lexical):

   l'écolier qui travaille = l'écolier travailleur → espèce adjectivale (Galichet 1947: 36).

La dimension heuristique disparaît complètement quand les équivalences ainsi établies n'ont aucun but démonstratif. Dans ce cas, on a plutôt affaire à une perspective onomasiologique locale (dans une grammaire sémasiologique) (cf. 1.2.2.), comme chez Dauzat (1947: 111):

---

[31] Par exemple, vivre *en un trou de taupe* «équivaut grossièrement à un affonctif», à savoir à *misérablement* (V7, 248).

il [= l'adjectif épithète] peut équivaloir, soit à un complément de substantif (élection *présidentielle*: élection du président), soit à une phrase participiale (arrêté *préfectoral*: arrêté pris par le préfet).

(d) Manipulation déclenchant une marque morphologique différenciatrice

Toute une série de recettes pratiques ont en commun la substitution d'une forme ambiguë par une forme à marquage morphologique univoque ou qui fait apparaître une marque morphologique différenciatrice:

> Transformations:
> du genre: masc. → fém. (p. ex. distinction participe présent/adjectif verbal) (Lanusse 1921: 183)
> de la personne:
> *me* → *le/lui* (Lanusse 1921: 139, n. 1)
> *on n'...* → autre sujet pour voir si la négation s'y trouve (Grevisse 1936: 314)
> du nombre (Clédat 1896: 164): remplacer par un adjectif non épicène
>
> du temps: mettre le verbe de la principale au présent pour voir si la forme verbale dans la subordonnée est un conditionnel-mode ou un futur du passé (Brunot 1922: 755)

(e) Le COI *est un objet*

Nous avons vu (Ch. IV, 3.6.) que la conception sémantique du c o m p l é m e n t d ' o b j e t domine encore dans le corpus. Le C O D et le C O I relèvent d'une catégorie unitaire 'objet', dont ils constituent deux sous-types. Cette analyse fait fi de certains critères syntaxiques (e.a. la pronominalisation, la passivation). En revanche, elle tire argument de l'instabilité historique de la construction verbale (p. ex. Ulrix 1909: 104) et s'appuie assez souvent sur la commutation avec un quasi-synonyme transitif direct (Ulrix 1909: 104; Bruneau 1937: 296; Cayrou 1948: 345):

> *nuire à ... ~ léser les intérêts de ...* (Bloch 1937: 202).

(f) Autres cas

Les types susmentionnés n'épuisent pas les substitutions attestées. En guise d'illustration, voici encore quelques substitutions inclassables:

– dans l'analyse des *pronoms réfléchis*: dans certains cas, les pronoms «n'ont d'autre rôle que de marquer la forme pronominale [du verbe]» (1934: 362), quand la substitution par *elle-même/à elle-même/pour elle-même* n'est pas possible (cf. aussi déjà Clédat 1896: 296).
– les pronoms démonstratifs sont très affaiblis: *ceux = les gens (*ces gens); ce que = la chose (*cette chose)* (Radouant 1922: 94)
– pour déterminer si *ce que/ce dont* introduit une interrogative indirecte: remplacer par *quelle chose*, etc. (Lanusse 1921: 212, n. 2)
– dans *j'ai deux cents livres de reliés*, le participe/adjectif est détaché, ce qui le met en relief: *~ et ils/qui sont reliés* (Wartburg 1947: 293)

– «On pourrait remplacer *quoique* par *il est vrai que* ou par *pourtant*, sans que le sens de la phrase en fût changé». Ceci montre que «les deux phrases n'ont pas été conçues ensemble», que la subordonnée est plutôt une «coordonnée reliée de façon un peu lâche à la première phrase», d'où l'apparition de l'indicatif (Wartburg 1947: 130).
– le statut de *tout* en vue de l'accord: remplacer par *tout à fait* (c'est une recette de Vaugelas, Bruneau 1937: 289).

1.2.1.5. L'effacement

L'effacement sert de test dans quelques domaines particuliers. Nous avons vu que l'opposition c o m p l é m e n t d ' o b j e t / c o m p l é m e n t c i r c o n s t a n c i e l reposait – en partie – depuis le 18ᵉ siècle sur un test d'effacement (cf. Ch. IV, 3.5.2.). Comme au début du 20ᵉ siècle ce test était subordonné à la définition sémantique des deux constituants, il devint sujet à caution. L'effacement était également courant dans la définition des relatives d é t e r m i n a t i v e s / e x p l i c a t i v e s [32] et apparaît aussi quelquefois dans les analyses de l ' a t t r i b u t d u C O D (Wartburg 1947: 28, Clédat 1896: 306). Grevisse (1936: 243) et Radouant (1922: 137) l'appliquent aussi au tour concessif *quelque ... que* pour déterminer le statut syntaxique de *quelque* sur lequel est basée la règle de l'accord: *quelques grands écrivains ... que* (l'adjectif peut être omis) vs *quelque grands écrivains*[33]*... que* (l'adjectif ne peut pas être omis → *quelque* est un adverbe modifiant l'adjectif).

1.2.1.6. L'addition[34]

Quelquefois les grammairiens du corpus ajoutent des éléments dans le but de fournir une preuve formelle de la recatégorisation (ce qui correspond à une *translation* ou une *transposition* chez Tesnière et Bally). C'est pourquoi ils essayent de modifier les noms composés et les locutions verbales (Brunot 1922: 56; 222; D&P: V1, 627). De manière analogue, Regula (1931: 85) avance que l'emploi des adverbes de degré *très/si* et l'absence de *de* après une négation ou une expression de quantité montrent que nom et verbe sont étroitement liés: *avoir si peur, n'avoir pas faim*. La montée des clitiques est un argument en faveur de la thèse selon laquelle l'auxiliaire et le verbe constituent une unité conceptuelle (Strohmeyer 1921: 61). Dans les deux derniers cas, il s'agit plutôt de constats que de véritables tests.

Le problème fort débattu de la forme de l'article dans les superlatifs est également résolu par un test d'addition. Si on peut ajouter *de tous* (*les ouvrages qui nous ont été les plus utiles + de tous*), on a affaire à une comparaison d'êtres différents (article au pluriel), alors que la paraphrase à l'aide d'expressions marquant le plus

---

[32] Par exemple, Bruneau (1937: 272), Wartburg (1947: 45), Radouant (1922: 69) et Grevisse (1936: 615-616).

[33] Autres exemples trouvés chez D&P où le test d'effacement est particulièrement courant: V3, 262-263; V2, 233 («critérium pratique»); V2, 12-13, 38; V7, 260; V6, 12-18.

[34] Autres exemples trouvés chez D&P: V2, 19, 138, 267.

haut degré (*le plus possible, au plus haut degré*) pointe plutôt dans la direction de la comparaison entre différents degrés d'une même qualité (même exemple: *le plus utiles*) (Grevisse 1936: 178)[35]. Le même auteur étoffe la conjonction *si* pour déterminer si elle marque l'opposition (dans ce cas elle peut être suivie d'un futur simple ou d'un conditionnel): *si le fait est vrai que* (Grevisse 1936: 633).

1.2.1.7. Autres transformations

La passivation est parfois alléguée pour écarter les faux C O D (Regula 1931: 207; Galichet 1947: 136-137; Radouant 1947: 190). Inversement, le passage à la construction active sert à définir le c o m p l é m e n t d ' a g e n t ou à départager les valeurs du participe passé:

- *ils sont tombés/aimés* ~ **on les tombe/on les aime* (Radouant 1922: 190; Michaut 1934: 198-199)
- *ils sont aimés/la porte est fermée* ~ *on les aime/on a fermé la porte* (Larousse 1936: 282; Bloch 1937: 125).

La substitution par le passif périphrastique souligne la valeur passive de l'infinitif[36] dans des tours comme *facile à expliquer* et *la maison que j'ai vu bâtir* (~ *à être expliqué*, etc.) (Grevisse 1936: 426-427).

Nous avons vu que la théorie du sujet logique auprès des constructions impersonnelles repose, elle aussi, sur une transformation, explicite (Bloch 1937: 228-229), ou, le plus souvent, implicite. Ce procédé est critiqué par Larousse (1936: 57-58) et Wartburg (1947: 21). Les propositions infinitives sont distinguées des autres constructions infinitives (Grevisse 1936: 610-611) à travers une mise en parallèle avec la p h r a s e à v e r b e f i n i ou avec un s y n t a g m e n o m i n a l. L'insertion de *et* est censée résoudre la question des rapports de subordination ou de coordination en cas de simple j u x t a p o s i t i o n (Larousse 1936: 336).

La nominalisation montre que le c o m p l é m e n t d ' o b j e t a une valeur déterminative (il devient complément déterminatif du nom) (Brunot 1922: 301)[37], ou encore, que l'adverbe et l'adjectif participent du même mécanisme psychologique (Galichet 1947: 38).

Les manipulations sont fréquentes dans le domaine des règles de l'accord du participe passé: *se* + *être* + participe passé → *avoir* + complément (Radouant 1922: 217).

Les deux t r a n s f o r m a t i o n s suivantes, rencontrées sous la plume de D&P, méritent d'être signalées:

---

[35] Le test qui est avancé pour identifier les cas de coordination dans la composition, à savoir l'insertion de *qui est*, n'est pas opérationnel. Comment, en effet, l'appliquer à *aigre-doux* (qui figure parmi les exemples de la coordination), par exemple (Grevisse 1936: 71-72)?
[36] Cette analyse, qui envisage la problématique à partir de la voix de l'infinitif et non pas à partir du statut sémantique du support de celui-ci (agent ou patient), était assez courante à l'époque.
[37] Ou inversement, le c o m p l é m e n t d u n o m est un *objet* (Sonnenschein 1912: 150).

- il vient 2 fois *la semaine* ≠ le sucre coûte X fr. *la livre*: *la livre de sucre coûte* vs *la semaine vient ... (V3, 326)
- attribut du COD ≠ adjectif épithète:
  (a) par «un artifice de conversion» (V2, 18), «glose strumentale», c'est-à-dire par la pronominalisation: *je la veux rouge*
  (b) par l'extraction: *c'est rouge que je la veux*.

On ne saurait confondre toutes ces transformations heuristiques ni avec des transformations qu'on pourrait appeler *stylistiques* (d'un registre à l'autre ou de la syntaxe «affective» à la syntaxe «logique»)[38], ni avec les transformations douées d'un statut *théorique*, qui font partie de la description grammaticale même, donc du résultat, et qui établissent des équivalences structurelles plutôt que des équivalences sémantiques ou fonctionnelles (les *transformations* de la GGT, les *translations* de Tesnière; cf. 1.2.2.).

1.2.1.8. Conclusion: la perception de la notion de 'test' chez les grammairiens

Nous croyons avoir démontré à suffisance que le test (ou plus exactement, la procédure définitoire indirecte) est dûment attesté dans la couche supérieure de la production grammaticale de la première moitié du 20ᵉ siècle, même si sa présence est assez discrète. Galichet et D&P thématisent même le statut théorique des tests et y accordent une certaine importance méthodologique. Galichet, qui considère sa grammaire comme une *méthode*, invite à respecter la réalité linguistique et à analyser les phrases telles qu'elles se présentent sans y apporter la moindre retouche (1947: 185-186). Il réagit surtout contre les «prétendues «ellipses» grammaticales» (Cf. Ch. VII, 2.3.6.2.2.). De même, le passage de la construction impersonnelle à la construction personnelle, «plus commode à analyser sans doute, mais *différente*», est frappé d'interdiction (1947: 131). Ce plaidoyer pour le respect des faits linguistiques ne l'empêche pas d'admettre certaines manipulations heuristiques:

> «Il faudrait prendre la phrase à analyser comme un fait, et par conséquent ne jamais lui substituer une autre phrase plus facile à décomposer. Si l'on est obligé de le faire, que ce soit *à titre d'essai*, et pour dégager plus facilement, *par recoupement*, les valeurs de langue de la phrase donnée» (Galichet 1947: 185; nous soulignons).

Si Galichet accepte la transformation de la phrase dans le but de *dégager les valeurs de langue*, c'est qu'il se méfie de la forme. Pour lui, la description grammaticale s'intéresse aux *valeurs grammaticales*, profondes, pour ainsi dire, cachées sous certains travestissements superficiels (stylistiques) de la forme (Galichet 1947: 13, 164-165). Ainsi, dans *votre panier percé de gendre*, il reconnaît, grammaticalement parlant (c'est-à-dire du point de vue des *valeurs fondamentales*), une simple *apposition* au nom *gendre*. En revanche, la stylistique[39]

---

[38] Bruneau (1937: 86, 127), Dauzat (1947: 427), Wartburg (1947: 263, 227, 42).
[39] Ce passage s'inspire manifestement de Bally (1921²: 14-15).

> «fait apparaître [...] la mise en lumière de l'apposition par cette construction inhabituelle et cet emploi sémantique particulier, mise en lumière qui la rend plus expressive» (1947: 13).

Quand on réunit les deux conditions susmentionnées en une seule (*à titre d'essai/dégager les valeurs fondamentales*), la manipulation se réduit à une technique facilitant l'interprétation de la phrase (en la dégrossissant de sa couche 'stylistique'), étape préalable à l'analyse proprement dite.

D&P, de leur côté, précisent, en parlant de la distinction a t t r i b u t s e s s e n t i e l s (*étances*)/a t t r i b u t s a c c e s s o i r e s (*échoites*), que les tests[40] proposés, c'est-à-dire les «critères grammaticaux pour reconnaître l'étance de l'échoite du repère» sont une

> «preuve que nous sommes ici en présence non pas d'une distinction logique arbitrairement introduite par nous dans l'interprétation de la langue, mais bien d'une nuance existant réellement dans le sentiment linguistique» (V1, 626).

Dans l'analyse des fonctions syntaxiques, ils ont assez souvent recours à ce genre de *critères*[41], qui sont aussi appelés *artifice(s) de conversion* (V2, 18), même si cela ne ressort pas des chiffres présentés sous 1.2.1.2. (0 % fonctions; 3,8 %; n.a. 2 au total)[42].

En dépit de ces affirmations, force est de constater que les tests, la méthode des questions en tête, ont plutôt mauvaise presse chez les grammairiens innovateurs, qui considèrent désormais la grammaire comme une mécanique au service de l'expression du sens et dont les catégories syntaxiques sont déterminées par le sens. Les tests ont dû leur apparaître comme des recettes *pratiques*, des procédures mécaniques, qui, détachées des préoccupations sémantiques, risquent de mener leur vie à elles et de détourner l'élève de la compréhension et de la production du sens, désormais objectifs ultimes de l'enseignement grammatical. Le début du 20ᵉ siècle était en effet marqué par une forte réaction[43] contre l'application mécanique de 'règles' grammaticales et de recettes d'analyse, en faveur d'exercices d'expression et de l'explication de textes (Vergnaud 1980: 51). Songeons à l'esprit de la réforme de 1902, à la méthode directe, à la simplification de l'orthographe et à la nouvelle pédagogie grammaticale

---

[40] Il s'agit de l'impossibilité d'insérer un autre complément ou la locution *en tant que* devant l'*étance*, c'est-à-dire l'attribut du s u j e t e s s e n t i e l.
[41] *Prisances* («pas déplaçables» et «anaphoriquement représentables par les pronoms *le, la, les*»), *étances* («remplaçables par un adjectiveux»), *ayances* (p a s s i v a t i o n ; V3, 253); insertion de *étant* (*greffons ambiants*, pas pour les *greffons circonjacents*: *il partait jeune* vs *qu'on le prenne vivant*) (V3, 186-187); effacement pour distinguer *greffon* (= a t t r i b u t d u C O D a c c e s s o i r e) et *couvercle* (= a t t r i b u t d u C O D e s s e n t i e l) (V3, 262-263); e f f a c e m e n t e t p a s s i v a t i o n (V3, 172) pour identifier l'*about bicéphale*.
[42] Cette discordance tient au fait que les fonctions qui sont définies à l'aide de 'tests' constituent seulement des *sous-catégories* des fonctions répertoriées dans notre base de données. De ce fait, les tests n'apparaissent pas dans les chiffres.
[43] La réaction a encore été plus forte en Allemagne, semble-t-il. On en trouve une illustration éclatante dans les grammaires à fondement psychologique qui s'élèvent justement contre l'ancienne *Drill-grammatik* (Engwer et Lerch, Regula, Strohmeyer, etc.).

de Brunot (1909, 1905-1908; cf. déjà Bréal auparavant) et de Bally (1909)[44]. Les règles fonctionnant «à vide» n'avaient plus la cote. Cela ressort aussi du rapport provisoire du comité chargé de la réforme et de l'unification de la nomenclature grammaticale, rapport rédigé par Brunot et Maquet (critique des *procédés mécaniques*; 1909: 347), de certains commentaires sur la nomenclature de 1910 (Lanusse et Yvon 1929), ainsi que de la préface du livret d'exercices de Lanusse et Yvon (1923: 5-6), qui respectent les directives de Bally (1909) et de Brunot (1922). Même les auteurs qui se servent couramment de tests, comme Radouant et Grevisse, tiennent à expliciter leur statut ancillaire et leur caractère superficiel (recettes, «dans la pratique», «pratiquement», «procédé», etc.; cf. 1.2.1.3.). On comprend que ce climat n'était pas du tout propice à l'émergence d'une analyse syntaxique rigide.

Un autre facteur qui semble avoir joué, c'est l'abus de paraphrases heuristiques dans l'enseignement de l'orthographe, en premier lieu l'apprentissage des règles de l'accord du participe passé. Ce domaine de la grammaire a engendré un grand nombre de recettes pratiques qui aboutissent à un genre de charabia, qui est critiqué à juste titre par Michaut et Schricke: «Seul, un grammairien de vaudeville parlerait ainsi» (1934: 481)[45]. Ces créations indignes du français rappellent les décompositions de la «première grammaire scolaire»[46], c'est-à-dire celle de Noël et Chapsal (cf. Chervel 1977). On en mesure encore toute l'importance chez Grevisse. L'application de la règle de l'accord du participe suivi d'un infinitif passe par une manipulation de l'énoncé: on peut tourner la phrase autrement (*je les ai vus sortir → j'ai vu eux sortant, j'ai vu eux qui sortaient*) ou ajouter un complément d'agent (*je les ai vu abattre par le bûcheron*). L'exemple suivant va encore plus loin (Grevisse 1936: 454-455): *il a eu que, c.-à-d. les affronts, à subir*. Étant donné que la nouvelle configuration syntaxique n'est pas attestée, on est en droit de dire que le procédé heuristique porte à faux.

1.2.2. Le rôle de la paraphrase[47]

La notion de test syntaxique est étroitement liée à celle de paraphrase, concept-clé de la grammaire traditionnelle. La paraphrase est un énoncé *sémantiquement équivalent*, une espèce de synonyme grammatical, en général plus long que l'énoncé initial. Assez souvent, par le recours à la paraphrase, le grammairien entend justifier telle ou

---

[44] Bally s'oppose à l'approche mécanique (p. ex. la méthode de traduction qui procède par une simple transposition de mots sans qu'on passe par le sens) et analytique (les mots) dans l'enseignement des langues, qui fait abstraction des unités conceptuelles (= aspect synthétique) telles que celles-ci sont ressenties par les locuteurs (1921²: 2-3). Pour la méthode de Bally (1909), voir 1.2.1.1., note 24.

[45] Voici les exemples dont il s'agit: *Il nuit à eux*; *Il laissa moi partir*; *je vois eux* (1934: 349, 355-356, 361), et, bien sûr, la décomposition du verbe (1934: 176) en *être* + participe présent.

[46] Mais ce jargon étrange se trouve encore dans d'autres sections de la grammaire. Clédat établit l'équation suivante: *je me suis blessé = je suis ayant blessé moi* (Clédat 1896: 221). De même: *le mien = celui mien, celles nôtres* etc. (Lanusse 1921: 80, 145).

[47] Voir aussi Fuchs (2001) pour une analyse dans une perspective d'épistémologie historique.

telle analyse. La paraphrase a donc une valeur heuristique qui la rapproche du test syntaxique. Un examen plus approfondi montre, toutefois, que la paraphrase répond encore à d'autres finalités:

(1) une fonction heuristique
(2) une fonction didactique: la glose
(3) la synonymie grammaticale (perspective onomasiologique)
(4) un statut théorique

Dans ce qui suit, nous essaierons de les dissocier, pour autant que le caractère sous-déterminé du discours grammatical le permet.

(1) Une fonction heuristique

Au fond, une bonne partie des tests — seule la méthode des questions fonctionne sur une autre base — peuvent être considérés comme des paraphrases au sens large du terme, étant donné qu'ils ne modifient pas le sens (lexical) des constructions. Ils s'en distinguent toutefois en ce qu'ils sont contrôlés par la forme. Ils s'appuient sur une manipulation qui vise un élément formel bien particulier (on ajoute, retranche ou substitue tel ou tel élément) ou qui se fait selon des mécanismes morphosyntaxiques connus (on passe de l'actif au passif, on nominalise la phrase en syntagme nominal, etc.).

Mais ce (nécessaire) contrôle par la forme ne se vérifie pas pour toutes les paraphrases relevées dans les grammaires, sans qu'elles cessent pour autant de fonctionner comme des procédés heuristiques dans l'esprit du grammairien. La valeur heuristique réelle de ces paraphrases, qui n'apportent aucune preuve formelle, est, bien entendu, très limitée. Ainsi, Cayrou (1948: 243) explique la présence de la conjonction *que* dans *sans doute que ...* par le biais d'une paraphrase. *Sans doute*

> «a la valeur, à lui seul, d'une proposition telle que: «il est probable», et qui aurait une subordonnée commençant par **que** pour sujet».

Bloch – Georgin élaborent tout un réseau d'équivalences sémantiques qui est censé rendre compte de la syntaxe modale. Si certaines de ces paraphrases laissent encore les radicaux intacts (*j'ai le désir qu'il vienne = je suis désireux que = je désire que ...*), il y en a d'autres qui perdent tout contact avec le plan formel: *Le fait est que* (~ je certifie que), *la première condition du bonheur est que ...* (~ il faut souhaiter que) (1937: 221, 227). Les derniers exemples marquent la transition vers la deuxième fonction de la paraphrase: la glose.

(2) Les gloses

Très souvent, la paraphrase ne sert qu'à expliciter, à gloser une construction, afin de mieux faire ressortir sa valeur et de faciliter le passage de l'exemple au métalangage grammatical. La glose répond donc à un besoin didactique.

Dans cette optique, la paraphrase fonctionne comme la traduction dans les grammaires en FLE. Regula, par exemple, qui s'adresse à un public germanophone, se sert souvent de ce qu'il appelle la *glossarische Übersetzung*[48], c'est-à-dire la traduction littérale ou la reformulation paraphrastique en allemand, qu'il marque souvent d'un astérisque (cf. *infra*):

> *Est-ce que la mère viendra* ~ wörtlich: *ist es, dass die Mutter kommen wird?* (Regula 1931: 59)

> *Croiras-tu que j'ai été forcé d'emprunter de l'argent* ~ *Ich musste sogar Geld ausleihen, möchtest du es glauben?* (Regula 1931: 201, note)[49].

Mais la glose est également utile dans les grammaires à l'usage de locuteurs natifs:

> *il aurait gelé à glace*, «Comprenez: «le laitier affirme qu'il a gelé; mais je n'en sais rien»« (Bruneau 1937: 359).

Dans certaines grammaires, la glose est annoncée par la formule *c'est-à-dire* (p. ex. Cayrou), mais en général un tel indice fait défaut. En voici quelques exemples:

– les valeurs du déterminant possessif (Regula 1931:109): *n'avait pas son pareil* = «qui l'égalât»
– *haïr* en emploi absolu a un sens plus riche qu'en emploi transitif = *éprouver de la haine* (Regula 1931: 204)
– les gloses sont particulièrement nombreuses dans la description des déterminants de quantité chez Michaut (1934: 148-151): *nul = pas un*; *plusieurs = plus d'un, des, quelques*
– la paraphrase éclaire l'opposition *négation absolue/relative* (*je n'ai pas de l'argent pour le gaspiller*) (Grevisse 1936: 185-186).

(3) La synonymie grammaticale (perspective onomasiologique)

Les rapprochements avec des structures équivalentes s'expliquent souvent par une approche onomasiologique locale, qui se superpose à l'orientation sémasiologique de la description. Pour n'en donner qu'un exemple, la mise en parallèle du c o m p l é - m e n t   d u   n o m et de l'a d j e c t i f   r e l a t i o n n e l (*du président = présidentiel*) n'a souvent d'autre fonction que d'expliciter le potentiel expressif de la langue (Brunot 1922: 304; Académie 1932: 31-32), dans le cadre d'une 'grammaire de production'.

(4) Un statut théorique

En passant de 2 à 3, nous avons franchi le seuil séparant les procédés heuristiques de la description proprement dite. La paraphrase n'y est plus un simple moyen, mais devient but en soi. Ceci est d'autant plus vrai quand la paraphrase acquiert un statut

---

[48] Cette technique est liée à la traduction étymologique (Regula 1931: V), outil indispensable à la compréhension des faits linguistiques, selon l'auteur. Le premier exemple illustre cette technique.

[49] Dans cet exemple, la glose en allemand a en réalité encore une valeur heuristique: elle prouve l'indépendance de la subordonnée par rapport au verbe principal, ce qui explique l'apparition de l'indicatif (Regula 1931: 201).

théorique. Dans ce cas, elle fait partie intégrante de la description au sens résultatif du terme. C'est ici qu'il faut situer la composante *transformationnelle* de la GGT, et, pour ce qui est de la tradition linguistique française ou francophone, les *transpositions* et *translations* de Bally et de Tesnière (cf. Ch. III, 3.2.2.). Pour ces théories, le passage de A à B — A et B étant deux constructions — a autant de droit de figurer dans la grammaire que les emplois ou l'analyse de la structure A, par exemple. L'*ellipse*, en tant que concept d'analyse (à distinguer de l'*effacement*, qui est un test), qui s'appuie, de façon explicite ou implicite, sur une paraphrase, peut également être rangée ici. L'exemple signalé sous (3) (*du président ~ présidentiel*), qui correspond à une *translation* chez Tesnière, montre que (3) et (4) sont apparentés. Deux différences, toutefois: l'emploi (4) demande un outillage conceptuel explicite, ce qui ne vaut pas pour (3), et (3) suppose la possibilité de commutation en contexte, alors que dans (4) les rapports structurels l'emportent sur la sémantique, au point qu'il n'est plus question de paraphrases (= identité sémantique) telles que nous les avons définies[50].

1.2.3. Conclusions

Venu au terme de cette analyse, il convient de retenir deux choses. On constate d'abord que les paraphrases répondent à plusieurs finalités et que l'examen de celles-ci est parfois hypothéqué par le caractère sous-déterminé[51] du discours grammatical. Deuxièmement, le développement des tests syntaxiques, dont on ne peut nier l'existence, est miné par deux tendances asyntaxiques et 'ascientifiques': d'une part, par la tendance à la «sémantisation» de la grammaire, tendance liée au goût de la paraphrase (sémantique) non contrôlée par la forme, à la perspective onomasiologique et au mépris des 'recettes' formelles, détachées du sens; d'autre part, par la «didactisation» de la description, c'est-à-dire par la prise en considération de l'exploitation (didactique) ultérieure de la grammaire, d'où l'insertion fréquente de gloses et la présence de recettes en vue du seul apprentissage de l'orthographe, débouchant sur des constructions non attestées (dont on tire argument, plutôt que de leur caractère agrammatical). Ces dernières renforcent encore la mauvaise image des manipulations heuristiques.

Dans un certain sens, les grammaires (de référence) de la première moitié du 20e siècle sont marquées par une tendance qui va au rebours de l'évolution ultérieure de la morphosyntaxe. Plus tard, le renversement de cette tendance s'est accompagné d'un renversement des rapports de force entre manipulation et analyse. Désormais, le test n'est plus un procédé mnémotechnique superficiel, un artifice, qui peut être appliqué les yeux fermés, et qui, le plus souvent, ne fait que corroborer, après coup, l'analyse. Le syntacticien moderne suit en réalité le chemin inverse: il s'appuie sur

---

[50] Pour des exemples tirés du corpus, on se reportera au Ch. III, 3.2.3.
[51] C'est pourquoi nous avons préféré le terme *procédure définitoire indirecte* à *test syntaxique* dans l'analyse quantitative reproduite sous 1.2.1.2.

les *résultats* des tests pour élaborer son analyse. Bref, dans la grammaire traditionnelle la finalité des 'tests' — pour autant que celle-ci soit retraçable — est multiple, et, en tout cas, différente de celle qu'on y attribue de nos jours.

1.3. *Formalisation, visualisation et quantification (fréquence)*

Par rapport à la définition des concepts et aux procédures de découverte, la formalisation (1.3.1.), la visualisation (1.3.2.) et la quantification des données (1.3.3.) constituent des aspects de méthode plus superficiels, à l'exception peut-être de la quantification. Comme les grammairiens du corpus n'en font que peu de cas, ces trois aspects de méthode ne nous retiendront pas longtemps.

1.3.1. Un début de formalisation?

Par *formalisation* nous entendons l'application d'une *notation* symbolique aux données de l'analyse. Elle concerne essentiellement la *présentation* des données analysées et ne peut pas être confondue avec l'analyse même, fût-elle formelle ou formalisée (p. ex. distributionnelle, tests syntaxiques). La formalisation n'est en quelque sorte qu'un moyen de perfectionnement du discours métagrammatical classique.

Il s'est avéré que les grammaires du corpus n'en sont pas encore là. On trouve néanmoins une amorce de formalisation dans le domaine de la représentation des sons. Nombre de grammairiens se servent d'une écriture phonétique plus ou moins indépendante de la graphie. En plus d'un certain goût pour la formalisation, cette démarche témoigne de l'importance qu'on accorde à l'aspect oral.

- transcription selon l'API: Sonnenschein, Strohmeyer, Engwer, D&P (notation simplifiée des voyelles, toutefois; parfois indication de pauses), Regula[52]
- autre notation phonétique (plus proche de l'orthographe française): Clédat, Ulrix, Plattner[53] (dans le tome II, qui est un dictionnaire de la prononciation, il opte pour le système de Passy), Dauzat, Gougenheim, Grevisse
- syntaxes/grammaires ne traitant pas l'aspect phonique: Haas, Brunot, Le Bidois, de Boer, Galichet, Wartburg
- absence de notation: Lanusse, Radouant, Académie, Michaut, Larousse, (Bruneau), Bloch, Cayrou.

On constate que l'API est utilisé dans toutes les grammaires d'expression allemande ou anglaise (à l'exception de Haas 1909, une syntaxe). Celles-ci ont besoin d'un *tertium comparationis* indépendant de la langue maternelle de l'apprenant dans un contexte FLE. Les autres écritures phonétiques sont assez proches de la graphie ordinaire et, de plus, utilisées avec mesure, car on ne saurait trop effrayer le lecteur:

---

[52] Il mentionne aussi, entre parenthèses, les signes phonétiques utilisés dans d'autres systèmes de représentation.
[53] Il essaye de rester très proche des signes graphiques ordinaires: *s, z, k, gh, j, ch*, etc. (Plattner 1899: 6, note 1).

«Pour ne pas dérouter le lecteur, nous nous servirons le moins possible de ces notations phonétiques» (Grevisse 1936: 17).
«extrêmement simple et qui s'éloigne le moins possible des habitudes acquises» (Gougenheim 1938: 16).

Les grammaires qui n'ont pas de système de notation phonétique se débrouillent avec les moyens du bord. Dans les chapitres consacrés à la phonétique, elles décrivent les représentants graphiques typiques (p. ex. *gn, é, è*, etc.) des sons. Ces représentants typiques interviennent parfois dans le corps de l'ouvrage pour «transcrire» des suites de sons mal représentés dans la graphie (p. ex. *eau = o*). En voici quelques exemples glanés chez Cayrou:

> *toultan, aplé, dousman, ridvo, jlélu* (1948: 2); *ui-solda, mè-min, no-héro, gran-taj, san-cumin, neu-vil, mé-zanfan, eu-navi* etc. (1948: 4).

En dehors de l'écriture phonétique, on note très peu de tentatives de formalisation[54]. On en trouve toutefois un début chez Regula et Galichet. Comme ces grammaires font également une place à la visualisation, elles seront traitées ci-dessous (cf. 1.3.2.). Dans les ouvrages suivants, la formalisation est appliquée à au moins deux phénomènes[55] ou fait appel à au moins deux techniques différentes:

Grevisse: séparation des propositions (1936: 588, 590, 619); signes marquant des changements sémantiques complexes (1936: 84)
de Boer: parenthèses/crochets (1947: 109, 192, 199); le signe > (1947: 186)
Bruneau: astérisque (1937: 47, 316) et découpement des phrases (1937: 67-68; 117)
D&P: astérisques marquant l'agrammaticalité (V3, 293; V4, 332-333) ou indiquant les formes reconstituées (V4, 389); traits séparant des groupes (V3, 268).

1.3.2. Visualisation

La *visualisation* va souvent de pair avec la *formalisation*. Une représentation arborescente[56], par exemple, est à la fois une technique de formalisation et de visualisation. Les grammaires suivantes accordent une certaine importance à la visualisation: Sonnenschein, Brunot, Engwer, Regula, Grevisse, Bruneau, Galichet[57], et dans une moindre mesure, D&P (V3, 185) et Larousse (1936: 38-39).

C'est surtout dans la description des rapports temporels (Brunot, Engwer, Regula, Grevisse, Bruneau), de l'intonation (Engwer, Regula, Bruneau) et du système phonique/articulatoire (Regula, Grevisse, Bruneau, Larousse) que les grammaires ont tiré profit de la représentation graphique des données.

---

[54] Les signes marquant la filiation diachronique n'ont pas été pris en considération.
[55] À un seul aspect, à savoir les unités rythmiques: Larousse (1936: 33, 53), Wartburg (1947: 4), Engwer (1926: 50, 207).
[56] La tradition grammaticale américaine utilisait déjà bien avant Wundt (1900; *apud* Seuren 1998: 219-221), c'est-à-dire dès le milieu du 19e siècle, des représentations graphiques de phrases. Voir Gleason (1965: 142-151), Downey (1991) et Seuren (1998: 219-223).
[57] Voici les références: Sonnenschein (1912: 57, 65, 86), Brunot (1922: 439-445, 461, 475, 480, 745-747, *passim* dans 745-801), Engwer (1926: 64-65, 44; 162-166; 201), Regula (1931: 1, 12, 43-44, 183, 184, 186, 193, 101), Grevisse (1936: 649, 340, 408; 18, 20), Bruneau (1937: 310, 347, 349, 350; 29, 30-32; 36-37), Galichet (1947: 164, 176-178, 181).

La visualisation répond parfois à un souci didactique. Ainsi, Galichet[58] tire de sa grammaire une méthode didactique basée sur la représentation graphique des parties du discours et des f o n c t i o n s (cercles, triangles, etc.), mettant en œuvre, en plus, des couleurs (1947: 176-178; 180). Il tente même d'appliquer aux faits linguistiques sinon le formalisme (les opérations fondamentales) du moins le discours (coefficients, exposants, etc.) des mathématiques (1947: 50-51, 66-67, 77). Sur ce point il s'apparente à Regula, qui, lui aussi, combine formalisation et visualisation. Outre les graphes et les schémas qui abondent, Regula utilise un jeu de signes (entre autres l'astérisque qui indique les formes reconstruites et les gloses en allemand) pourvu d'une légende insérée au début de sa grammaire. Il a aussi un penchant pour les formules (*Formel*) (1931: 14, 52, 193), ce qui s'explique par l'attrait qu'exerce sur lui l'enseignement des sciences exactes (Regula 1931: III).

1.3.3. Le traitement quantitatif des données

Les grammairiens du corpus ne s'intéressent guère au traitement quantitatif[59] — ne fût-ce qu'un simple dénombrement — des données linguistiques. Cela tient au fait qu'ils ne travaillent pas sur des corpus d'exemples fermés[60].

Des chiffres, on en trouve cependant dans le domaine lexical. La plupart des grammaires tiennent à mentionner le nombre approximatif de verbes qui appartiennent à chacune des conjugaisons. Certaines d'entre elles tentent même une estimation grossière du nombre de doublets, d'emprunts (à telle ou telle langue), etc. (Grevisse 1936: 49, 52-53, 81, n. 1, 81, n. 2; Cayrou 1948: 14, 19, 17, 24).

Quant à la syntaxe, on constate une amorce de traitement quantitatif chez les *linguistes*. Il s'agit toujours de nombres absolus, mais résultant de comptages effectués sur des corpus fermés, notamment sur des œuvres littéraires, situées le plus souvent dans un passé lointain (Brunot 1922: 285; Le Bidois T2, 249, 179; D&P V1, 352; V2, 110, 114-117). Ce constat porte à croire que les approches quantitatives sont issues de la *linguistique historique* et de l'étude (stylistique) de littérateurs (= synchronies anciennes)[61]. Gougenheim, de son côté, qui dans les années 1950 se montrera particulièrement actif dans le traitement statistique des faits linguistiques dans le cadre du français fondamental (Pinchon 1991: 275-278), fournit des chiffres pour souligner l'impact de la neutralisation de la morphologie verbale à l'oral (1938: 80).

Mais tout cela ne signifie que peu de chose. On constate cependant que ces comptages, aussi insignifiants soient-ils, attirent aussitôt l'attention des autres grammairiens: Dauzat renvoie à D&P pour les données relatives à l'antéposition de l'adjectif qualificatif en ancien français (1947: 412) et de Boer cite les calculs de Brunot

---

[58] Il loue les schémas représentant les temps dans *La Pensée et la Langue* (Galichet 1947: 181).
[59] Sur les précurseurs de la statistique linguistique en France, voir Hug (1980). Voir aussi Malmberg (1991: 477-478).
[60] Gleason (1965: 15-16) situe l'émergence des études statistiques en grammaire descriptive (de l'anglais) dans les années 1930, à la suite de l'*Usage mouvement*.
[61] Ce constat est confirmé par la production de thèses de doctorat dans ce domaine (cf. Ch. II, 3.4.2.). Voir aussi Hug (1980: 372-373).

(1947: 184) et commente les indices relatifs de fréquence qu'il trouve chez les Le Bidois (1947: 234): «Il est difficile de contrôler ces statistiques».

1.3.4. Tableau synoptique

En guise de conclusion, nous réunissons les données commentées dans les pages qui précèdent dans un tableau synoptique:

	formalisation[62]	écriture phonétique	visualisation[63]	quantification[64]
Clédat	–	+	–	–
Plattner	–	+ (API dans le t. II)	–	–
Ulrix	–	+	–	–
Haas	–	–	–	–
Sonnenschein	–	+ (API)	+	–
Lanusse	–	–	–	–
Strohmeyer	–	+ (API)	–	–
Radouant	–	–	–	–
Brunot	–	–	+	+
Engwer	(+)	+ (API)	+	–
D&P	+	+ (±API)	(+)	+
Regula	+	+ (API)	+	–
Académie	–	–	–	–
Michaut	–	–	–	–
Le Bidois	–	–	–	+
Grevisse	+	+	+	–
Bloch	–	–	–	–
Larousse	(+)	– [+: schémas pp. 38-39]	(+)	–
Bruneau	+	–	+	–
Gougenheim	–	+	–	(+)
Dauzat	–	+	–	(+) cite auteur
de Boer	+	–	–	(+) cite auteur
Galichet	+	–	+	–
Wartburg	(+)	–	–	–
Cayrou	–	–	–	–

1.4. *Les autres langues*

La prise en considération d'autres langues et d'autres états de langue[65] que le français moderne, constitue une option méthodologique majeure. Si la présence d'autres

---

[62] + = au moins deux techniques et deux aspects différents; (+) = un seul aspect/une seule technique. L'écriture phonétique n'a pas été prise en compte ici.
[63] Les tableaux récapitulatifs n'ont pas été pris en considération.
[64] Abstraction faite de la mention du nombre de verbes par conjugaison et des chiffres relatifs à la lexicologie.
[65] Comme la grammaire historique est souvent créditée de vertus explicatives, nous traiterons la référence au passé de la langue dans le cadre des grammaires *explicatives* (Ch. VII, 3.1.).

langues est une chose, le rôle qu'on y attribue en est une autre. À ce propos, les grammaires du corpus se laissent diviser en deux ensembles: les grammaires FLE (français langue étrangère) dans lesquelles les autres langues ont une finalité didactique (1.4.1.) et les grammaires à vocation comparative (1.4.2.).

1.4.1. Les grammaires FLE à vocation didactique

Traduction de formes

La marque la plus nette de la didactisation de la grammaire en vue de l'apprentissage du français langue étrangère (FLE) est la traduction des exemples. Sonnenschein, Engwer, Regula et Plattner ont tendance à tout traduire, à tel point que les traductions encombrent les pages. Strohmeyer est plus réaliste et ne traduit que les listes de formes (p. ex. constructions verbales à sémantisme différent).

Ulrix, un Flamand originaire de Tongres qui destine sa grammaire à un public belge, ne traduit jamais en néerlandais. À ce moment-là, la flamandisation de l'enseignement secondaire (la loi de 1932) n'était pas encore à l'ordre du jour. Haas et de Boer, auteurs d'ouvrages à visée non didactique, ne traduisent pas non plus.

Une approche contrastive

Les grammaires qui traduisent les exemples font également preuve d'une approche contrastive: elles comparent le français à la langue maternelle de l'auteur ou du public-cible, afin de dégager des problèmes de traduction, voire des différences structurelles, et, dans une moindre mesure, des ressemblances, qui devraient faciliter l'assimilation[66] de la langue étrangère. Cette approche contrastive aboutit parfois à des paragraphes qui abordent la matière du point de vue de la langue maternelle. Tel est le cas[67] chez Plattner, qui, malgré tout, demeure au fond une grammaire de traduction (*Übersetzungsgrammatik*) (Niederländer 1981: 76). Le même constat s'impose pour Sonnenschein[68], et dans une mesure bien moindre, pour Regula (1931: 2, 205-207).

... et comparative

Mais la plupart des grammaires FLE (Plattner, Strohmeyer, Engwer, Regula) n'en restent pas là. On ne saurait reprocher à ces grammairiens d'être myopes. Ils font une

---

[66] Parfois la langue maternelle a encore d'autres finalités que nous ne pourrons traiter dans le cadre de cette étude. Elle fait parfois partie de l'argumentation ou sert d'heuristique. Engwer, de son côté, explique assez souvent un phénomène français par le biais de l'analyse d'un phénomène analogue en allemand.
[67] Exemples: Plattner (1899: 213-231, 114-120, 178-182).
[68] Exemples: Sonnenschein (1912: 46, 121-122, 196-203, 185-187, 159-161).

certaine place à une troisième langue moderne, respectivement l'anglais ou l'allemand, ainsi qu'aux langues classiques (le latin; parfois même le grec). On glisse ici d'une approche contrastive à une perspective comparative. Certains de ces auteurs, comme Sonnenschein et Engwer (1926: IV), étaient hantés par l'idée d'une grammaire parallèle (*Parallelgrammatik*), ou, du moins, voulaient parvenir à un enseignement intégré de la grammaire (Regula)[69] des langues modernes (et classiques). Quant à Strohmeyer, la présence d'autres langues s'explique par son intérêt pour la stylistique contrastive ou comparative (cf. 2.2.1.2.).

1.4.2. Les grammaires à vocation comparative

Les grammaires que nous venons de signaler sont toutes des grammaires FLE — ce qui est cependant moins apparent dans le cas d'Ulrix — qui, en dépit de leurs aspirations scientifiques, ont encore une vocation didactique. Restent les autres grammaires, dont le profil est nettement moins homogène.

Comparaisons sporadiques

Brunot[70] et Grevisse établissent des comparaisons occasionnelles avec d'autres langues. Dans le *Bon Usage*, le néerlandais fait son apparition dans la chasse aux flandricismes[71], c'est-à-dire dans un contexte normatif. En plus de ces passages, on trouve des remarques de linguistique générale ou comparée (en partie diachronique) qui concernent à la fois des ressemblances et des divergences[72].

Comparaisons régulières

D&P se réfèrent quelquefois à la linguistique générale[73] ou à d'autres (groupes de) langues, comme le latin (V2, 112-3; 148; V4, 297-8), le grec (V1, 73, 282-283), l'occitan (V2, 467; V3, 311, 434), les langues germaniques, notamment l'allemand (V2, 51; V3, 248, n. 2; V3, 179, 181), le bas-breton (V2, 488), le chinois (V1, 280-281), le patois picard (V1, 594), etc.

Quant à Galichet (1947: XV-XVI), nous verrons encore que cet auteur adhère à la thèse de l'unité psychologique des langues (cf. Ch. VII, 2.1.4.3.2.). Sa «méthode» ouvre ainsi des horizons sur les «grandes lois de la linguistique générale» (1947: 11). Aussi le français est-il à plusieurs reprises opposé à d'«autres langues» (y compris les langues amérindiennes!) dans l'esquisse de la «structure du français» (1947:

---

[69] Regula (1931: IV): «auch über den Rahmen des Französischen hinaus» afin d'aboutir à la concentration de l'enseignement (*Konzentration des Unterrichtes*).
[70] Exemples: Brunot (1922: 275, n. 1, 339, 450, 522, 562, 615, 86).
[71] Exemples: Grevisse (1936: 320, 547, 558, 560, 512, 525).
[72] Exemples: Grevisse (1936: 39, 72, 96, 129, 245-246, 250-252, 312, n. 2, 360, n. 2, 410, n. 2).
[73] Exemples: (V2, 118-121; V4, 389; V4, 332-333; V1, 625; V3, 212).

167, 169, 170), mais aussi en dehors de ce chapitre, qui clôt l'ouvrage[74]. Ailleurs, le français est contrasté avec le latin (1947: 55, 129), l'allemand (1947: 50, n. 1, 170) et l'anglais (1947: 137).

Les Le Bidois adoptent souvent un point de vue contrastif (ou comparatif) français/anglais[75], intégrant parfois aussi l'allemand (T1, 28, 184; T2, 727). Ceci s'explique par le simple fait que Robert Le Bidois enseignait le français à New York. Si l'allemand y figure sporadiquement (T2, 727), les renvois au latin et au grec[76] sont plus fréquents. La linguistique générale est bien représentée, souvent par le biais de Bally, de Vendryes et de Meillet[77].

Dans la grammaire de Dauzat, on trouve de nombreuses digressions relatives aux langues romanes[78] (historico-comparatives et synchroniques), y compris l'occitan, ce qui ne surprend guère chez un dialectologue auvergnat. Les langues romanes (en premier lieu le français) sont assez souvent opposées aux langues germaniques (surtout l'allemand)[79]. Certaines affirmations portent sur l'ensemble des langues modernes (1947: 12, 264, 268) ou sur les langues anciennes (1947: 207-208, 213, 321).

La syntaxe de de Boer, qui n'est nullement un ouvrage scolaire[80], ne donne pas la traduction des exemples. L'introduction souligne l'intérêt de l'auteur pour la syntaxe comparée des langues européennes modernes:

> «Dans un certain nombre d'endroits, nous avons comparé le français à notre langue maternelle, le néerlandais, mais nous ne l'avons pas fait systématiquement. Une comparaison systématique entre les syntaxes de ces deux langues serait d'un grand intérêt, mais cette étude nous aurait trop éloigné de notre but. Il y a là un travail qui reste à faire; il faudra bien arriver, à la longue, à une syntaxe comparée des langues civilisées de l'Europe» (1947: 8).

Dès lors, les renvois à la linguistique générale sont légion (1947: 30-31, 66, 66, n. 33, 69, 75, 84, n. 60, 91, 105, 219, 237). Le registre grammatical contient un relevé exhaustif des langues traitées: néerlandais (44 passages), latin (25), italien (9), allemand (8), anglais (7), français de Belgique (3), espagnol (1), flamand (1), grec (1), etc.

1.4.3. Tableau synoptique

Les résultats de l'examen peuvent être résumés comme suit:

---

[74] Exemples: (1947: 28, 65-66, 69, 133, 149, 141).
[75] Exemples: (T1, 4, n. 1, 44, 71, 115, 407; T2: 9, 13, n. 1, 174, 286, 609, 696, 710, 713).
[76] Exemples: (T1, 5, 491, n. 1; 493, n. 1; T2, 7, 236, 637).
[77] Exemples: (T1, V-VIII, 126, 184, n. 1, 371, 376, 419, n. 1, 495; T2: X, 185, 234).
[78] Exemples: (1947: 121, 130, 157, 193, n. 1, 220, n. 1, 230, 239, 244, 256, 346, 361, 372, 411, 412, 427, 428).
[79] Exemples: (1947: 61, 198, n. 1, 211, n. 1, 214, 262, 329-330, 360, 406-407, 430, 433).
[80] Il clame haut et fort qu'il ne vise pas l'apprentissage d'une langue étrangère (de Boer 1947: 6).

1. [+ autres langues]			
	1.1. grammaires FLE à vocation didactique		
		1.1.1. langue maternelle + latin	Sonnenschein
		1.1.2. langue maternelle + au moins une 3e langue moderne + latin	Plattner, Strohmeyer, Engwer, Regula
	1.2. grammaires comparatives		
		1.2.1. occasionnellement	Grevisse, Brunot
		1.2.2. comparaisons régulières	Galichet, D&P, Le Bidois, Dauzat, de Boer
2. [– autres langues] aucun renvoi ou moins de 5 renvois	Clédat, Haas, Lanusse, Radouant, Académie, Michaut, Larousse, Bloch, Bruneau, Gougenheim, Wartburg, Cayrou, Ulrix[81]		

Si chez certains auteurs le nombre de renvois à d'autres langues que la langue-objet atteint des proportions considérables, on ne saurait prétendre qu'il s'agit d'ouvrages de linguistique comparée (en synchronie), voire de linguistique générale. L'objectif principal demeure la description du français moderne. Les autres langues ont au regard du français seulement un rôle ancillaire. Tout au plus ces langues contribuent-elles à une mise en perspective.

Michaut, Bruneau et Bloch, de leur côté, qui affirment viser aussi un public allophone (cf. Ch. II, 1.4.), n'adoptent nullement une approche comparative ou contrastive.

1.5. *L'appareil scientifique de la grammaire*

Les grammaires du corpus représentent la couche supérieure du marché grammatical, c'est-à-dire le segment le plus proche de la recherche scientifique, ce qui leur a valu une mention dans les bibliographies 'savantes' de l'époque (cf. Ch. I, 1.3.). Elles ont cependant un statut incertain. D'une part, elles aspirent à un idéal d'exactitude (conformité à la réalité) et d'exhaustivité; d'autre part, elles ont (encore) un pied dans le domaine de la vulgarisation, voire de la didactique des langues. Cela ressort aussi de l'étude des marques externes de 'scientificité'. Des 6 critères qui seront examinés (1.5.1.) et dont les résultats seront reportés dans un tableau synoptique (1.5.3.), trois méritent d'être commentés (1.5.2.): le rôle de la préface, l'importance des sources et l'auto-perception de la scientificité.

1.5.1. Critères

Si le caractère scientifique d'une grammaire ne peut être évalué qu'après examen d'un nombre suffisant d'aspects et à l'aune d'un idéal de scientificité

---

[81] La grammaire d'Ulrix, qui est à la fois une grammaire FLM et FLE, ne contient que trois passages où il est question du néerlandais (1909: 106, n. 1, 147, 156, n. 1).

bien défini, il n'est cependant pas impossible de faire un premier tour d'horizon à partir des marques extérieures de la démarche scientifique. Cet examen de l'appareil scientifique de la grammaire se fera à l'aide de 6 paramètres. Les voici:

- Y a-t-il une préface/introduction (+ nombre de pages)
- Y a-t-il une bibliographie? (en plus des sources mentionnées dans la préface)
- Est-ce que l'auteur mentionne ses sources (noms, ouvrages) dans la préface/introduction?
- Est-ce que l'auteur exploite ses sources dans le corps du texte?
  Ici il s'impose un traitement quantitatif (grossier):

−:	aucune	
+:	1 à 10	
++:	11 à 30	
+++:	30	.... sources différentes[82]

- Y a-t-il un index?
- Est-ce que la grammaire affiche des ambitions scientifiques (dans la préface/introduction)?[83]

Ces paramètres, dont l'un est moins sévère — et donc moins discriminant — que l'autre (comparez par exemple 1 à 4), permettent de juger l'attitude du grammairien à l'égard de son 'métier'. L'ampleur de la grammaire[84] et le public auquel celle-ci s'adresse (Ch. II, 1.4.) n'entrent pas en ligne de compte ici.

1.5.2. Préface, sources et scientificité

La question des préfaces (1), des sources (2) et de la scientificité (3) appelle un commentaire plus poussé.

(1) Certaines grammaires ont deux préfaces. Le *Précis* de Wartburg – Zumthor contient à la fois une *préface* (1 page), qui précise la raison d'être de l'ouvrage et sa position sur le marché des grammaires, et une *introduction* (6 pages) qui ne diffère en rien d'une préface ordinaire. Ailleurs, le dédoublement répond à des

---

[82] La diversité des sources est plus significative que le nombre de sources par le simple fait que cet aspect est moins sensible aux dimensions de la grammaire.
Nous avons fait abstraction des dictionnaires, des textes officiels (p. ex. les renvois à la nomenclature grammaticale), ainsi que des renvois anonymes à la tradition grammaticale (du genre «les grammairiens classiques disent»). Les noms de grammairiens anciens (notamment du 17ᵉ siècle) mentionnés dans les aperçus de l'histoire de la grammaire n'ont pas non plus été inclus dans les comptages.

[83] La référence aux sciences naturelles a également été examinée. Cf. l'indice *n* ajouté entre parenthèses.

[84] On trouve en effet des grammaires — qui n'abandonnent pas toujours leur vocation didactique — de dimensions plutôt modestes qui ont choisi la voie de la science (p. ex. Regula, Galichet, de Boer). De plus, la réflexion théorique va parfois au détriment de l'exhaustivité (voir Ch. VII, 1.1.).

objectifs plus précis. Grevisse fait précéder son *avant-propos* (3 pages) d'une préface signée par Desonay (3 pages), chargé de cours à l'Université de Liège. Celui-ci ne cache pas que cette préface est «une recommandation». Parfois, le dédoublement permet de donner la parole à chacun des co-auteurs et de préciser la part qu'ils ont dans l'entreprise commune. Ainsi, Michaut revendique sans ambiguïté la paternité de l'ouvrage dans le premier volet de la préface, avant de le positionner, avec son collaborateur et ancien élève Paul Schricke, sur le marché des grammaires. Georges Le Bidois suit une stratégie analogue: après avoir signé une préface assez longue, il laisse à son fils la tâche ingrate d'indiquer, dans une note, la part de chacun des deux dans le travail commun. Dans le deuxième tome, les rapports de force ont changé. Après la préface, signée par les *deux* auteurs, le père, qui ne cesse d'encenser son fils, souligne que la contribution de celui-ci au premier tome dépasse ce qu'il avait osé indiquer lui-même et qu'il est même devenu le principal signataire du tome II. Dans le même sens, la préface de la *Grammaire* Larousse nous apprend que le maître d'œuvre fut Félix Gaiffe, le signataire de la préface[85].

(2) Passons aux *sources*. Le statut ambigu de la grammaire dispense les auteurs de mentionner leurs sources dans le texte même, quel que soit le rôle que celles-ci ont pu jouer:

> «Le caractère de notre livre nous dispense de citer en détail toutes les sources auxquelles nous avons puisé et les travaux que nous avons mis à contribution» (Ulrix 1909: VIII)[86].

Une solution intermédiaire consiste en l'établissement de renvois anonymes. Ceux-ci sont particulièrement nombreux chez Plattner, Lanusse, Bruneau, Bloch, Larousse (y compris des renvois aux 'linguistes') et Galichet. D'autres auteurs se limitent à mentionner l'origine de leurs exemples, dont certains sont empruntés à d'autres grammairiens (Bloch et Wartburg). Nous en avons fait abstraction[87] dans le tableau sous 1.5.3.

Bon nombre d'auteurs renvoient à leurs propres études: Clédat, Plattner, Brunot, Dauzat et de Boer. On notera aussi la présence très forte des grammairiens des 16e, 17e et 18e siècles chez Plattner, Brunot, D&P, Grevisse, Bruneau

---

[85] Dans quelques grammaires, la préface est presque devenue méconnaissable: *Avertissement de l'éditeur* (Clédat), *Nature de la grammaire* (D&P) et *Introduction et bibliographie* (de Boer). Chez de Boer, la première partie concerne la préface à proprement parler, qui comprend aussi une bibliographie des travaux préparatoires de l'auteur. Cette première partie est suivie d'une *Liste des ouvrages et articles cités* (1947: 8-12).

[86] Pour des affirmations analogues, voir Haas (1909: III), Engwer (1926: VI), Strohmeyer (1921: IV, n. 1).

[87] Ce genre de renvois abondent aussi chez Plattner, Strohmeyer et Haas. Clédat, pour sa part, puise volontiers dans les exemples recueillis par le grammairien belgo-russe Bastin.

(cf. aussi préface Bruneau), Le Bidois et Dauzat. Cette pratique illustre certes l'étendue des connaissances (et l'influence de l'*Histoire de la Langue française* de Brunot?) des auteurs, mais éclipse parfois les grammairiens et linguistes contemporains. Pour s'en convaincre, il suffit de lire la préface de Georges Le Bidois (tome I) ou celle de Bruneau, placée sous le haut patronage de la *Grammaire des grammaires* et de Vaugelas. Le cas Bruneau – Heulluy est éloquent: ces auteurs ne citent aucun grammairien contemporain, alors que les renvois aux grammairiens anciens se comptent par dizaines. Plutôt que d'avoir les yeux braqués sur la linguistique moderne, ils ont le regard tourné vers le passé.

(3) L'auto-perception du grammairien au regard de la science, notre troisième critère, n'est pas une question banale. À la fin du 19e siècle, la grammaire synchronique était encore considérée comme un *art*, c'est-à-dire une technique qu'on peut apprendre. La science, en revanche, se trouvait entièrement du côté de la grammaire historique (et historico-comparative). Aussi la grammaire historique sera-t-elle encore sollicitée pendant longtemps par des grammairiens synchroniciens à la recherche d'une méthode 'scientifique' (cf. Ch. VII, 3.1.2.).

Cependant, l'observation objective des faits de langue, attitude propre aux diachroniciens, mais désormais appliquée en grammaire synchronique (conçue de façon dynamique), s'apprécie de plus en plus. L'idéal des sciences naturelles, renforcé par l'idéal pédagogique de l'enseignement inductif, est souvent évoqué:

> «Die Grammatik ist eine Wissenschaft von naturwissenschaftlicher Disziplin und Methode; sie hat in den Spracherscheinungen die Gesetze auszusuchen, welchen die Sprache folgt, darf aber nicht der Sprache Gesetze vorschreiben» (Plattner 1899: VII).

La référénce aux sciences naturelles est attestée chez Clédat, Regula, Engwer, Brunot (1922: XII, 317) et Larousse (1936: 5, 7). Après avoir été philosophe et historien, le grammairien est devenu

> «une sorte de naturaliste qui observe et décrit dans son ensemble l'état d'une langue à une époque donnée, sans en négliger les origines ni les tendances, mais sans vouloir juger celles-ci ni se targuer de les modifier» (Larousse 1936: 5).

De même, la référence à la psychologie passe pour un gage d'approfondissement et de scientificité (cf. Ch. VII, 2.1.). Bref, la grammaire synchronique 'scientifique' acquiert petit à petit droit de cité (cf. Ch. VII, 3.2.).

Certaines préfaces clament haut et fort le caractère *scientifique* de la grammaire, ou du moins, le recours à la science (linguistique, grammaticale):

Clédat (1896: V), Ulrix (1909: VI), Regula (1931: III), Larousse (1936: 7, 8)[88], Plattner (1899: VII), Dauzat (1947: 7), et, dans une moindre mesure, Le Bidois (T1, XIII), Radouant, D&P (V1, 9) et de Boer (1947: 6)[89].

Seulement, il n'est pas toujours clair si c'est la discipline même qui passe pour scientifique ou l'exploitation pédagogique qu'on en fait, c'est-à-dire la *praxis grammaticale* (Clédat, Regula, Dauzat?). Ainsi, l'éditeur Le Soudier voit dans la grammaire de Clédat «une véritable philosophie du langage», «une science essentiellement éducatrice» (1896: V). De même, c'est l'*enseignement* des sciences naturelles qui devrait servir de modèle pour Regula:

> «Mein Ideal ist, den Grammatikbetrieb des Französischen auf den wissenschaftlichen und ethischen Hochstand des naturwissenschaftlichen Unterrichtes zu bringen» (1931: III).

Certains auteurs relèvent néanmoins un clivage entre la didactique et la science. Dauzat (1947: 7) ressuscite à ce propos l'ancienne dichotomie, mais l'applique à la synchronie:

> «La grammaire est à la fois une science et un art. Science elle étudie la structure d'une langue; art pratique, elle enseigne, suivant la formule des anciens manuels, à parler et à écrire correctement (ce que les linguistes appellent: grammaire normative)».

Tout comme Dauzat et Bruneau (1937: 6), Radouant (1922: V) vise la réconciliation:

> «concilier certaines habitudes de la grammaire traditionnelle [...] avec l'esprit de la grammaire nouvelle, dont la valeur scientifique ne saurait être mise en question. [...] faire leur part aux exigences de la science et à celles de l'enseignement. Car la science est une chose; l'enseignement est une autre».

L'idée que Georges Le Bidois se fait de la grammaire synchronique n'est pas encore bien arrêtée. D'une part, il affirme que sa syntaxe comble une lacune «dans les ouvrages de science grammaticale (française) un peu approfondie» (T1, XIII). D'autre part, il la compare encore à la *technique d'un art* et la qualifie de *syntaxe didactique,* «plus descriptive et analytique que normative ou doctrinale» (T1, XV).

1.5.3. Résultats et conclusion

Les résultats de l'examen peuvent être résumés comme suit:

---

[88] La grammaire Larousse, grammaire «appuyé[e] sur des bases historiques et scientifiques très solides» (1936: 7), ne cache pas ses ambitions: «la présente grammaire est plus complète, plus exacte, plus scientifique et plus accessible que celles qui l'ont précédée» (Larousse 1936: 8).

[89] Le caractère scientifique peut être déduit de l'affirmation — péremptoire — suivante: «Cette «Syntaxe» n'a rien de scolaire; [...] Elle ne vise à aucun but *pratique*» (de Boer 1947: 6).

	préface	n pages	biblio séparée	biblio préface[90]	sources[91] dans le texte	index	ambitions scientif[92].	**TOT** (/6)	sources préf./ biblio
Clédat	+	2	–	–	+	–	+ (n)	3	–
Plattner	+	3	–	–	+(+)[93]	+	+ (n)	4	–
Ulrix	+	4	–	+	–	–	+	3	+
Haas[94]	+	2	–	(+)	+	+	–	4-	(+)
Sonnenschein	+	5	–	+	–	+	–	3	+
Lanusse	+	6	–	–	+	+	–	3	–
Strohmeyer	+	2	–	+	–[95]	+	–	3	+
Radouant	+	4	–	+	–	+	(+)	3-	+
Brunot	+	18	(+)[96]	+	+++	+	+ (n)	6-	+
Engwer	+	4	–	+[97]	–	+	– (n)	3	+
D&P	+	3	–	–	+++	+ (2x)	(+)	4-	–
Regula	+	4	–	+	+	+	+ (n)	5	+
Académie	+	6	–	–	–	+	–	2	–
Michaut	+	6	–	+	+	+	–	4	+
Le Bidois	+	19	+	+	+++	+ (2x)		5	+
Larousse	+	4	+	(+)	++	+	+ (n)	6-	+
Grevisse	+	7	(+)[98]	+[99]	++(+)[100]	+	–	5-	+
Bloch	+	2	–	–	–	+	–	2	–
Bruneau	+	3	–	+	+[101]	+	–	4	+
Gougenheim	+	3	+	+	+	+	–[102]	5	+
Galichet	+	12	+	+	++	+[103]	+	6	+
Dauzat	+	7	+[104]	+	++	–[105]	+	5	+
Wartburg	+	7	–	+	–	+	–	3	+
de Boer	+	3,3	+	+	+	+ (3x)	(+)	6-	+
Cayrou	–	0	–	–	–[106]	+	0	1	–

---

[90] Les parenthèses indiquent que seuls un ou deux noms sont cités. Les lecteurs et/ou réviseurs (Desonay, Brunot, etc.; cf. Ch. II, 2.4.) n'ont pas été pris en considération ici.

[91] Abstraction faite des renvois aux dictionnaires.

[92] n = renvoi aux sciences naturelles.

[93] Une dizaine d'auteurs plus ou moins actuels (19e et 20e siècles), les études de Plattner même, et, surtout, des grammairiens plus anciens.

[94] Il regrette de ne pas avoir pu insérer de bibliographie (1909: VI). La possibilité de pallier ce défaut dépend du succès (commercial) de l'ouvrage ... L'ampleur du livre est en effet considérable. L'auteur annonce d'ailleurs la publication d'un traité théorique. Ce sera Haas (1912), un traité richement documenté. La préface nous apprend qu'il veut se démarquer de Mätzner, de Lücking et de Plattner. Les renvois aux *Vermischte Beiträge* de Tobler devraient suffire (Haas 1909: V-VI).

[95] On trouve de nombreux renvois à des grammairiens, mais il s'agit toujours d'emprunts d'exemples.

[96] La liste des abréviations contient nombre d'ouvrages grammaticaux/linguistiques (Brunot 1922: XXV-XXXVI).

[97] Ils renvoient le lecteur à un livre du maître à paraître (Engwer 1926: VI).

[98] Liste des auteurs et des œuvres cités en abrégé (Grevisse 1936: 680-682).

[99] Il cite Dauzat et la *Grammaire de l'Académie* et renvoie à trois dictionnaires.

[100] Dont seulement une vingtaine de titres récents.

Soit:

6:	Galichet
	Brunot, Larousse, de Boer
5:	Regula, Le Bidois, Gougenheim, Dauzat
	Grevisse
4:	Plattner, Michaut, Bruneau
	Haas, Radouant, D&P
3:	Clédat, Ulrix, Sonnenschein, Strohmeyer, Lanusse, Engwer, Wartburg
2:	Académie, Bloch
1:	Cayrou

Ce classement confirme la classification des grammaires selon le niveau/public-cible présentée dans le Ch. II (1.4.). Les *ouvrages scientifiques* se retrouvent tous dans les niveaux 6 et 5. Seule la grammaire de D&P, qui ne livre pas d'emblée ses sources (absence d'une bibliographie; aucun nom n'apparaît dans la préface), manque à l'appel. Ceci tient autant à l'originalité des auteurs (une grammaire psychologique de facture française) qu'à une certaine désinvolture à l'égard de la tradition linguistique[107]. Mais il est vrai que les fondements théoriques de l'ouvrage sont amplement commentés dans la partie introductive (*Esquisse* ...) et que de nombreuses sources sont citées et discutées (p. ex. Saussure et l'arbitraire du signe) dans le corps du texte. Comme on s'attend au moins à un appareil scientifique minimal dans les grammaires de référence visant un public cultivé, il faut avouer que chez Wartburg, et, surtout, chez Bloch et l'Académie, le lecteur reste un peu sur sa faim.

De façon globale, on note un certain progrès: à partir du milieu des années '30, la bibliographie en fin de volume est devenue courante et le nombre de sources discutées dans le texte même augmente, abstraction faite de quelques exceptions notables (Bloch, Wartburg et Cayrou).

---

[101] Aucun grammairien-linguiste du 20e siècle n'est nommé dans le corps de l'ouvrage. On trouve bel et bien quelques renvois anonymes.

[102] Il est question du cheminement vers «une grammaire plus scientifique» (1938: 7) dans le petit historique inséré dans l'avant-propos. Apparemment, Gougenheim n'estime plus nécessaire de revendiquer l'aura de scientificité pour son *Système grammatical*.

[103] L'index (3 pages) est nettement moins important que la table analytique des matières (8 pages), conformément à l'esprit général de l'ouvrage (le plan n'est pas arbitraire).

[104] Après l'introduction, Dauzat traite de *La grammaire et les grammairiens du moyen âge à nos jours* (1947: 15-21), qui est à la fois un aperçu historique de la grammaire et une bibliographie commentée. Les trois dernières pages sont consacrées entièrement à la grammaire du 19e, et surtout, du 20e siècle.

[105] Une édition revue et augmentée d'un index fut publiée dans la même année.

[106] Seulement deux renvois (Cayrou 1948: 334, n. 1, 397, n. 1).

[107] Ils empruntent un terme technique à Guillaume, «ne fût-ce que pour montrer que nous ne répugnons pas à assimiler les créatures linguistiques des autres Français» (V6, 7).

2. La méthode face à l'irréductible

Jusqu'ici nous avons considéré plusieurs aspects qui concernent la méthode «en général». La deuxième section de ce chapitre abordera le même sujet, mais par le versant négatif de la chose, c'est-à-dire à travers les stratégies mises en œuvre par le grammairien lorsque celui-ci se voit confronté à des données empiriques qui s'opposent à ses tentatives de généralisation et de structuration rationnelle. Indépendamment de la question de la nature intrinsèquement ou extrinsèquement 'exceptionnelle' de ces données[108], celles-ci le forcent à développer un outillage 'ad hoc'. Plusieurs types de stratégies sont envisageables (et attestés)[109] (2.1.). Deux d'entre elles feront l'objet d'une analyse plus détaillée: les stratégies de marginalisation (2.2.) — le renvoi à la stylistique — et les stratégies d'adaptation (2.3.), qui correspondent, en gros, aux *figures de grammaire*. Ces stratégies se situent sur un autre plan, mais sont historiquement et épistémologiquement liées. Elles s'inscrivent dans une optique du centre et de la marge (2.4.).

2.1. *Le grammairien et les faits rétifs à l'analyse*

De tous temps, les grammairiens-linguistes se sont acharnés à parvenir à une description finie, qui identifie et classe les unités de la langue, et qui rend compte de leur fonctionnement. L'examen des données conduit à une «théorie» (que ce soit une classification, une définition, une explication, ...), obtenue par généralisation et par abstraction. Cette «théorie» n'est, somme toute, qu'une hypothèse, qui pourra être falsifiée par de nouveaux faits, ce qui mènera à la formulation de nouvelles hypothèses qui affineront les hypothèses initiales et ainsi de suite.

Placés devant des données réfractaires, les grammairiens du corpus ont mis en œuvre plusieurs types de stratégies, qu'ils appliquent de manière récurrente. Nous en dresserons d'abord une typologie (2.1.), pour approfondir, dans un deuxième temps, les stratégies de *marginalisation* (2.2.) et d'*adaptation* (2.3.).

(1) exclusion

La première stratégie consiste tout simplement à ne pas prendre les faits en considération. Le grammairien les condamne en vertu d'un parti pris normatif[110] subjectif, fondé, à l'époque, sur le mépris de certaines variantes sociolectales[111],

---

[108] Pour une discussion de cette problématique, l'on se reportera au numéro 24 de *Faits de Langues* (2004, sous presse), consacré à l'*exception* en linguistique.

[109] Lauwers (à par. *a*) donne un aperçu très succinct de ces stratégies.

[110] Rappelons à ce propos que les grammaires générales du 18e siècle font abstraction des tours *c'est/il y a ... qui* que les praticiens avaient relevés déjà un siècle plus tôt (Chevalier 1968: 706).

[111] Nous n'insisterons pas sur cet aspect, étant donné que la problématique de la norme n'entre pas dans le cadre de cette étude (cf. Ch. I).

ou, encore, lié à l'absence d'une certaine systématique ou 'logique' dans les tours stigmatisés. Ainsi, *il n'y a pas que*, «locution vicieuse», est condamné (Académie 1932: 197-198; Bloch 1937: 173), parce qu'il faudrait un deuxième *ne* pour nier le marqueur discontinu de la restriction *ne ... que*. Or, il suffit qu'on y discerne une «autre logique» pour rendre les tours vicieux acceptables, comme nous le montre Dauzat. Selon lui, *ne pas que* est parfaitement correct, car «dans la logique de la langue». C'est que, en français parlé contemporain, *pas* «est négatif à lui seul».

(2) résignation

Plusieurs stratégies peuvent être regroupées sous le dénominateur commun de 'stratégies de résignation'. Outre les **aveux d'incapacité** (p. ex. «certains éléments du langage peuvent échapper à l'analyse»; Radouant 1922: 58, titre de §), qui sont en partie inspirés par des raisons didactiques, on peut ranger ici les fameuses **exceptions** (listes fermées d'items lexicaux), ainsi que le recours au concept de (caprice de l') *usage*, qui s'oppose à la *grammaire*, opposition qui suppose un renversement de l'épistémologie 'scientifique', provoqué par un point de vue normatif: l'usage renferme la négation de la grammaire (voire l'absence de grammaire), plutôt qu'il en constitue le fondement empirique (cf. Paillet – Dugas 1982: 18). C'est que derrière le concept de «grammaire» se trouve la notion de «logique» (du descripteur): «L'usage seul, et non la logique, a décidé que le participe des verbes *se rire, se plaire* est toujours invariable» (Académie 1932: 183).

Un quatrième type de 'résignation' concerne les **gallicismes**[112], dans le sens de '*idiotismes* appliqués au français'. Bally (1921²: 166) avoue que ce sont «des choses assez mal définies, la plupart sont des expressions affectives de la langue de la conversation», au point que «les manuels y comprennent actuellement tous les faits «curieux» ou «remarquables» de la langue» (1921²: 303). Les *gallicismes* ne peuvent pas être décomposés et les parties constitutives ne peuvent pas être traduites[113] littéralement (Larousse 1936: 435): *si j'étais que de vous, c'est à vous de ...* (Larousse 1936: 384). L'un des gallicismes les plus connus est sans doute l ' e x - t r a c t i o n par *c'est ... qui/que* (Cayrou 1948: 116).

(3) lexicalisation

Les concepts d'*usage* et de *gallicisme* nous amènent à la stratégie qui consiste à reléguer des constructions entières dans le lexique (en les déclarant figées). On peut parler d'une espèce de 'lexicalisation' effectuée par le grammairien. Ainsi, les structures qui sont qualifiées de *gallicismes* chez Larousse, deviennent des *locu-*

---

[112] Attesté pour la première fois en 1578 chez H. Estienne (d'après le *TLF*). À ne pas confondre avec l'autre acception du terme de *gallicisme*: emprunt fait au français (surtout dans un contexte normatif).
[113] Le concept de *gallicisme* (tout comme les idiotismes propres à d'autres langues: germanismes, hellénismes, etc., voir Marouzeau 1961: 114) repose en effet sur une perspective contrastive ou comparative.

tions chez Cayrou (1948: 256). La nouvelle dichotomie introduite par de Boer s'inscrit dans la même stratégie: *syntaxe figée* vs *syntaxe mobile*.

(4) marginalisation et (5) adaptation

Toutes les stratégies vues jusqu'ici renoncent en quelque sorte à un véritable 'traitement' en grammaire. D'autres n'esquivent pas l'analyse, mais la fondent sur un principe explicatif marginal, qui semble être d'une autre nature que le reste de l'outillage conceptuel. Il s'agit du recours à la stylistique (les effets de style) et à la syntaxe affective, stratégies de marginalisation (cf. 2.2.), et de la mise en œuvre de *figures* de grammaire, qui supposent en plus une manipulation (cf. 2.3.) des données observées.

Dans une certaine mesure, l'explication par le biais de l'*histoire* de la langue, notamment de phénomènes synchroniquement marginaux ou d'«exceptions», peut également être considérée comme une stratégie de marginalisation. L'explication consiste alors à identifier, en synchronie, des *traces* d'un état de langue ancien où les phénomènes problématiques étaient parfaitement normaux[114].

2.2. *Les stratégies de marginalisation: les échappatoires rhétorique, stylistique et affective*

L'étude des stratégies de marginalisation nous conduira dans deux domaines limitrophes de la grammaire, à savoir la rhétorique et la stylistique. Si nous en parlons, c'est uniquement parce que la grammaire leur a emprunté un certain nombre de concepts qui ont été mis en œuvre dans l'analyse de faits de syntaxe qui n'entraient pas dans le dispositif central de l'analyse grammaticale.

La problématique abordée ici — et dans 2.3. — comporte trois aspects qui sont étroitement liés: le rôle des figures (rhétoriques/stylistiques), la place de la composante stylistique dans la grammaire et le recours à la syntaxe dite 'affective' (qui depuis Bally s'est confondue avec la stylistique). Ces trois aspects donnent une impression de désuétude de nos jours. Ils témoignent en effet d'un regard tourné vers le passé, d'un héritage collectif. Afin de mieux comprendre leur fonctionnement au sein de la grammaire du 20e siècle, il est nécessaire de remonter à leur apogée, c'est-à-dire à la grammaire générale des 17e et 18e siècles et à leur récupération par la grammaire scolaire du dix-neuvième. Après ce petit rappel historique (2.2.1.), nous examinerons de plus près les rapports entre grammaire et stylistique (littéraire et affective), de même que le poids et le statut épistémologique de l'affectivité en grammaire (2.2.2.).

Comme les *figures grammaticales* marquent non seulement une certaine margina-

---

[114] Voir Gaatone (2004, sous presse) et Lauwers (2004e, à par.). La fonction 'explicative' de la composante diachronique sera traitée au Ch. VII, 3.1.

lisation des phénomènes analysés, mais qu'ils reposent en outre sur une manipulation des données (on les «normalise» en quelque sorte), nous en traiterons sous 2.3 (= *stratégies d'adaptation*). Toutefois, étant donné qu'elles sont issues de la rhétorique/stylistique, il nous semble légitime d'incorporer leur histoire (depuis Port-Royal) au petit historique qui suit (2.2.1.).

2.2.1. Préambule historique

Dans cette mise en perspective historique, nous présenterons successivement les rapports entre la grammaire et respectivement la rhétorique (les figures) (2.2.1.1.), la stylistique (2.2.1.2.) et la dimension affective du langage (2.2.1.3.).

2.2.1.1. Grammaire et rhétorique (les figures)

Au confluent de la grammaire et de la rhétorique se trouvent les figures, figures de rhétorique ou de style. Or, toutes les figures n'ont pas la même pertinence pour l'histoire de la grammaire. On distingue en général les *figures de pensée* (litote, ironie, interrogation oratoire), les *figures de mots* ou *tropes* (euphémisme, métaphore, hyperbole) et les *figures de construction* (ellipse, syllepse, etc.). Marouzeau (1961: 95) y ajoute encore les *figures de diction* de «l'ancienne grammaire» (les «accidents phonétiques»: contraction, aphérèse, syncope). Seules les *figures de construction* se sont taillé une place dans la description syntaxique. Nous en dresserons l'inventaire (2.2.1.1.1.) à l'aide de la grammaire de Port-Royal et de l'article *Construction* de l'Encyclopédie, avant de suivre leur glorieux destin dans les grammaires du 19e siècle (2.2.1.1.2.).

2.2.1.1.1. Les figures de construction: inventaire

La *Grammaire* de Port-Royal reconnaissait 4 *figures de construction* (1660: 145-147):

figure	exemples
syllepse ou conception (nombre, genre ou les deux)	*il est 6 heures*; *ubi est scelus qui me perdidit?*; *turba ruunt*; *pars mersi tenuêre ratem*
ellipse ou défaut	*(Deus/natura) pluit*; ellipse du verbe comme en hébreu; ellipse du nom: *paucis te volo (verbis alloqui)*; *est (in urbe) Romae*; *Facilius reperias (homines) qui Romam proficiscantur, quam qui Athenas*
pléonasme ou abondance	*vivere vitam*; *magis major*
hyperbate ou renversement	aucun exemple n'est fourni

Chez du Marsais (1782; article *Construction*), le nombre de figures monte à six: ellipse, pléonasme (ou *surabondance*), syllepse (ou *synthèse*), hyperbate, attraction, imitation. Ces figures ramènent la construction *figurée* (et la construction *usuelle*) à la construction *analytique*, qui fournit la traduction directe de l'ordre des pensées. Noël – Chapsal (1833) se tiendront aux quatre figures reconnues par la grammaire de Port-Royal[115]. Toutes ces figures seront définies sous 2.3.

2.2.1.1.2. Le fonctionnement des figures au 19ᵉ siècle

Comme le rappelle François (1939: 374), les figures (de grammaire) «se font dans la construction lorsqu'on s'éloigne des règles ordinaires». Cet élément se trouve déjà dans la définition de Port-Royal: il y a «quatre façons de parler, qu'on nomme *figurées*» et qui constituent des «irrégularitez dans la Grammaire», mais auxquelles on peut attribuer «quelquefois des perfections & des beautez dans la Langue» (Arnauld et Lancelot 1660: 145). Irrégularité grammaticale justifiée par des vertus esthétiques ou stylistiques, voilà les deux notions-clés.

Saint-Gérand[116] résume de façon très succincte la place de la rhétorique classique, notamment des figures, au sein de la grammaire du 19ᵉ siècle:

> «le dix-neuvième siècle français est [...] aussi l'instant qui offre à la rhétorique classique la possibilité de renaître de ses cendres [...] et d'occuper d'autres territoires que ceux de l'argumentation et de la persuasion. La grammaire, notamment dans sa constitution scolaire, lui délègue donc momentanément un large pouvoir explicatif, lorsque ses propres règles se révèlent impuissantes à sérier les formes d'un phénomène attesté, ou à justifier les pratiques observées».

La rhétorique remplissait donc une double fonction. Elle était censée *rendre compte* des tours attestés, mais inanalysables ou contraires aux règles grammaticales (ordinaires), tout en les *justifiant* — l'énoncé doit être «approuvé[e]» (du Marsais 1782: 485) — par l'assignation d'une fonction rhétorique. Ce travail d'explication et de justification repose sur une comparaison entre la *construction* observée, *figurée*, en l'occurrence, et la *construction analytique/syntaxe naturelle*, qui sert de norme[117]. De ce fait, les *figures de construction* adaptent la réalité observée (= stratégie d'adaptation) pour la ramener à une construction analysable.

Regardons de plus près l'ontologie de la double fonction des figures. En tant que concepts d'analyse, elles correspondent à une réelle activité dans l'acte de la parole: l'allocutaire «rectifie» la construction *par analogie*[118]. Parmi les facteurs qui

---

[115] Chervel (1977: 123) fait remarquer que les *mots euphoniques* ne font plus partie des *pléonasmes*.
[116] Article publié sur internet: http://www.chass.utoronto.ca/epc/langueXIX/rhet/rhet-grm.htm.
[117] En réalité, ce cadre, qui caractérise la grammaire du 19ᵉ siècle, constitue une version 'aplatie' de la théorie de la *construction/syntaxe* des Encyclopédistes, qui articulaient explicitement deux plans différents, selon les axes universel/particulier et pensée/expression. Il n'entre pas dans notre propos d'approfondir davantage les antécédents et les variantes terminologiques de l'opposition *syntaxe/construction*. On se reportera à Sandmann (1973: 75). Nous ne pouvons pas non plus nous attarder sur la contribution originale d'Henri Weil et de G. von der Gabelentz, grâce à qui la discussion s'est enrichie d'une nouvelle dimension: celle de la répartition de l'information à communiquer en t h è m e et r h è m e, dans un cadre psychologique (cf. Ch. VII, 2.3.3.).
[118] Landais (1834: 398); cf. aussi l'article *Construction* dans l'*Encyclopédie*.

«dérangent» la *construction analytique*, qui créent cette «espèce d'irrégularité apparente» (c'est-à-dire les *figures*), comme le dit Landais (1834: 398), on note:

> «la vivacité de l'imagination, l'intérêt de l'expression, l'harmonie, la précision, le nombre, donner plus de grâce, plus d'énergie ou plus de force à l'expression de la pensée, «la multitude des idées accessoires qui se pressent et se présentent en foule», et toute la pallette des sentiments, c'est-à-dire l'émotion que produisent les passions, l'impatience de l'esprit, le désordre du cœur, le désir d'énoncer plusieurs idées à la fois, ...».

Saint-Gérand ramène tous ces facteurs aux «vertus esthétiques du discours», *ornements*, selon Landais. En l'absence d'une telle motivation ou chaque fois que l'intercompréhension n'est pas garantie, l'énoncé est qualifié de vicieux. Deux éléments sont à retenir pour la suite: parmi les facteurs rhétoriques on trouve aussi la volonté de marquer l'affectivité, le sentiment. Secundo, la perspective est téléologique («pour donner à l'expression plus de vivacité»)[119], à l'exception de certains facteurs relevant de l'affectivité.

On peut conclure que les figures constituent d'abord un dispositif analytique superficiel (un inventaire de figures) qu'il suffit d'appliquer en temps utile. Comme ce dispositif repose sur une manipulation des faits linguistiques observés, qui va le plus souvent plus loin que le simple déplacement d'éléments (on complète et adapte aussi), nous le traiterons parmi les stratégies d'*adaptation*. Or au-delà de l'étiquetage grammatical, il y a la motivation rhétorique ou stylistique, c'est-à-dire l'effet visé. Cette charge rhétorique — qui est censée annuler la connotation négative (en tant qu'irrégularité) qui entoure les tours analysés comme tels — semble s'être perdue au fil du temps. Dans les grammaires scolaires, les figures tendent à devenir une simple technique d'analyse, qui permet de maintenir en vie la thèse de la fixité des parties du discours[120] (Chervel 1977: 85) et de pallier les insuffisances de la théorie des fonctions, en vue de l'apprentissage de l'orthographe[121], notamment des règles de l'accord verbe-sujet[122]. Cette évolution n'a rien de surprenant, car le dispositif des figures était appliqué même aux faits de l a n g u e, voire aux expressions figées. Ainsi, du Marsais (1782: 485) reconnaît l'existence d'une *surabondance* (pléonasme) «consacrée par l'usage» dans des «formules» comme *il y va, il y a* et *il en est*. Ce glissement de la p a r o l e (concrète) à la l a n g u e va de pair avec la perte de la dimension justificative (rhétorique).

Avec la grammaticalisation de l'analyse de la phrase à l'époque de la deuxième grammaire scolaire (cf. Ch. III et IV), un système plus raffiné de fonctions remplacera les figures qui disparaîtront (Chervel 1977: 155). Malheureusement, la chrono-

---

[119] Landais (1834: 142, *apud* Saint-Gérand).
[120] Il donne l'exemple de l'adverbe interrogatif/conjonction *quand*.
[121] Vergnaud (1980), par contre, ne croit pas que l'orthographe ait encore pu faire valoir ses droits dans l'élaboration de la théorie des fonctions dans le cadre de la *deuxième* grammaire scolaire.
[122] La *syllepse*, l'*ellipse*, voire l'*inversion* et le *pléonasme* jouent un rôle. Ainsi, l'*inversion* permet d'identifier le sujet postposé et le *pléonasme* résout la question de la d i s l o c a t i o n du sujet qui pourrait induire l'élève en erreur (deux sujets, donc pluriel) (Chervel 1977: 106, 108-110).

logie de Chervel n'est pas très précise sur ce point[123]. Quoi qu'il en soit, nous verrons qu'elles sont encore attestées dans le corpus — qui est censé représenter le sommet du marché grammatical —, le plus souvent en ordre dispersé (cf. 2.3.).

2.2.1.2. La grammaire et la stylistique en France

L'histoire de la stylistique (et de ses antécédents) est longue et complexe. Sa complexité tient à l'éclatement extrême du champ, au point qu'il vaut mieux parler, avec Karabétian (2000), de l'histoire *des stylistiques*. Nous nous limiterons ici à fournir quelques repères[124].

Vers la fin du 19e siècle[125], on assiste à la parution des premières stylistiques du français (e.a. Franke 1886, Klöpper – Schmidt 1905, Bally 1905, etc.). Ces ouvrages recueillaient souvent les «particularités [...] notamment des figures et idiotismes» (Marouzeau 1961: 213; cf. aussi Deloffre 1970, dans le *TLF* s.v. *stylistique*). Ainsi conçue, la stylistique constituait une espèce de complément à la syntaxe, agencée, qui plus est, à l'instar de la plupart des stylistiques latines, selon les divisions traditionnelles de la grammaire, notamment les parties du discours (Strohmeyer 1910: VIII)[126], comme c'est le cas, par exemple, chez Klöpper – Schmidt (1905).

L'idée de la complémentarité de la syntaxe et de la stylistique (comme syntaxe plus 'raffinée') a été combattue par Ries (1894: 127), (Adolf) Tobler et Strohmeyer[127] (un disciple de Tobler), qui voient dans la stylistique non pas le *prolongement* de la matière grammaticale, conception basée sur la complémentarité des matières[128], mais *un autre angle d'attaque* de la *même matière* grammaticale (du son à la phrase), qui, par conséquent, doit être agencée différemment.

Ries (1894) distingue la stylistique objective de la stylistique subjective, comme le rappelle Strohmeyer (1910: V-VI):

- *objektive Stilistik*: «in welcher Weise die verschiedenen *Formen* der Rede die Sprachmittel ausnutzen, um die jedesmal beabsichtigte Wirkung hervorzurufen. Sie nähert sich [...] der *Rhetorik*»
- *subjektive Stilistik*: «sucht [...] inwieweit dieses Individuum, diese Gruppe, diese Nation in der Ausnutzung der Sprachmittel ein charakteristisches Gepräge aufweist».

---

[123] Ainsi, il signale que les figures ont été réintroduites subrepticement (1977: 157) dans la deuxième grammaire scolaire, alors qu'à la page 109 il avait suggéré que les quatre figures ont disparu au début du 20e siècle.

[124] On se reportera à l'ouvrage de Karabétian (2000) pour une mise au point. Pour un résumé de cet ouvrage, voir Lauwers (2002b), qui formule aussi quelques réserves.

[125] Cf. aussi Saint-Gérand (p. 2). Le terme même apparaît d'abord en Allemagne, sous la plume de Novalis (1772-1801) (*Stilistik oder Retorik*; *apud* Segre 1992: 3).

[126] Dans ce sens, la «grammaticalisation de la stylistique» (Karabétian 2000) marquerait plutôt un retour en arrière (cf. Lauwers 2002b).

[127] Et d'autres, comme Haas (1912) et Mackel (1906: 215-216). Le dernier renvoie d'ailleurs à un c.r. de la stylistique de Franke, par Tobler, paru dans l'*Archiv für das Studium der neueren Sprachen und Literaturen* 103, p. 241.

[128] Cf. aussi le jugement de Herzog (1906: 281) à propos de Klöpper – Schmidt (1905).

Cette terminologie, à vrai dire assez malheureuse, est manifestement basée sur l'opposition *général/particulier*. La stylistique *subjective* (appelée stylistique *externe* ou *comparative*, de nos jours; cf. Karabétian 2000), la seule qui intéresse Strohmeyer, dégage les principes caractéristiques (*charakteristische Gesetze*) de la langue, afin d'en esquisser le *Charakterbild*. Dans cette optique, même les règles grammaticales les plus élémentaires (donc non seulement les particularités), tout comme le langage de tous les jours (à côté de la langue des littérateurs), font l'objet de la stylistique. Cette stylistique est par définition contrastive[129] et les différences observées ne peuvent pas être classées suivant un ordre grammatical ou lexical (Strohmeyer 1910: IX). La matière est désormais ordonnée selon les caractéristiques dégagées: précision/clarté, brièveté, naturel, etc.

Où se situe alors la célèbre stylistique *interne* de Bally? Aux yeux de Strohmeyer, Bally fait de la stylistique objective (1910: X)[130]. En effet, pour Bally la stylistique[131] est l'étude du système expressif de la pensée, notamment l'expression de l'affectivité[132], dans une langue donnée (en l'occurrence le français). Ce n'est que plus tard[133] que Bally se tournera[134] vers ce que Strohmeyer appelle la stylistique *subjective*, en comparant, en l'occurrence, le français et l'allemand, s'appuyant sur un ensemble de principes[135] d'ordre général, qu'il présente dans la première partie de *Linguistique générale et linguistique française* (1932, 1944²).

On ne saurait clore cet aperçu sans mentionner ce qu'on appelle de nos jours la stylistique *génétique* ou *individuelle* (Van Gorp *et al.* 1991, s.v. *stijl*) de l'école néo-idéaliste (Vossler, Spitzer, Lerch), où *Stilistik* signifie «style» tout court (Wagner

---

[129] Et liée à la pratique de la traduction (cf. aussi la carrière de Bally; Amacker 1992: 63). Comme principe directeur, Strohmeyer (1910: X) garde en tête la directive, sévère, de Tobler: chaque fois qu'une traduction littérale n'est pas possible, il faut relever ce qui l'empêche.

[130] Mais privilégiant, bien sûr, le domaine de l'expression de l'affectivité (dans le langage de tous les jours).

[131] Dans son *Traité de Stylistique*, Bally (1921²: 17-20) lui-même oppose trois (voire quatre) stylistiques: 1° l'étude des moyens d'expression du langage en général (une espèce de stylistique générale, entreprise encore chimérique selon lui); 2° l'étude des moyens d'expression d'un groupe social (en gros les locuteurs d'une langue particulière, «entreprise à peine ébauchée à l'heure qu'il est»; 1921²: 18); 3° l'étude des moyens d'expression des individus [la *stylistique individuelle*, c'est-à-dire l'étude du langage de tous les jours (d'un individu) *vs* l'étude du *style* d'un écrivain]. En 1909 (1921²), il s'en tient à l'étude d'un idiome particulier, sa langue maternelle, en l'occurrence (1921²: 20).

[132] Sur le double combat de Bally, à la fois institutionnel et scientifique, pour la canonisation de sa discipline, voir Amacker (1992: 57-71). L'autonomie de la stylistique par rapport à la linguistique fut critiquée par Sechehaye (1908) et Saussure (cf. Amacker 1992: 68, n.31), tout comme l'opposition entre facteurs subjectifs et objectifs, qui «ne correspond à rien dans le mécanisme de la parole» (Sechehaye).

[133] À vrai dire, le projet d'*une caractéristique du français* est déjà annoncé dès 1905. Dans le *Traité*, celle-ci est encore hors de portée (Amacker 1991: 121-126).

[134] Voir là-dessus Amacker (1992: 70-71).

[135] Il s'agit des «lois générales de l'énonciation et des diverses formes de la dystaxie et de la polysémie» (1932: 165; 1944²: 193), problématique traitée dans les deux premiers chapitres de la partie générale de l'ouvrage. Les trois traits caractéristiques du français sont la séquence progressive, la condensation et la tendance statique de l'expression (1932: 169; 1944²: 197, *apud* Amacker 1991: 126).

1939a: 68, n. 2). Ce courant cherche à dégager la personnalité, voire la psychologie de l'auteur à travers sa création artistique[136].

2.2.1.3. La grammaire et l'affectivité

Dans ce qui précède, nous avons vu que l'affectivité a partie liée tant avec la stylistique (de Bally, bien sûr), qu'avec les figures de grammaire (l'expression de l'affectivité étant l'un des principes qui justifient leur apparition).

La délimitation d'un secteur du langage attribué à l'expression de l'affectivité remonte au moins aux Encyclopédistes. Ceux-ci avaient distingué le *langage de cœur* du *langage d'esprit* (cf. Swiggers 1986: 25). Condillac, de son côté, avait opposé deux types extrêmes de langues, entre lesquels étaient comprises toutes les autres langues: la langue de l'*analyse* et la langue de l'*imagination* (*apud* Sandmann, 1973: 76).

La syntaxe affective a aussi pu bénéficier, semble-t-il, de la présence dans la tradition intellectuelle française d'un certain courant d'idées souterrain qui s'inscrit en faux contre l'hégémonie du rationalisme. Pensons à Pascal («le cœur a son ordre; l'esprit a le sien»), cité encore par Le Bidois (T1, 3), ou encore, Sainte-Beuve (1804-1869), cité par Galichet (1947: VII). Il n'est donc pas étonnant que François (1939) ait pu consacrer un article aux précurseurs de la syntaxe affective.

Plus proche de la période qui nous occupe, le célèbre *Grundriss* de Gröber (1904-1906²: 271), qui trace les contours des différentes sous-disciplines de la philologie, divise la syntaxe en deux sphères: *syntaxis regularis* et *syntaxis figurata*, c'est-à-dire l'expression purement objective (jugement) et l'expression subjective (et affective) de la pensée. Dans la syntaxe figurée, la syntaxe touche au domaine de la stylistique[137].

Il n'en reste pas moins que l'opposition intellectuel/affectif est d'abord associée au nom de Charles Bally[138]. Celui-ci a élaboré la dichotomie, par contraste avec *l'intellectualisme* de Saussure (Bally 1913: 23), mais tout à fait dans le prolongement de la pensée 'binariste' de celui-ci. Il l'a rendue opérationnelle (Bally 1905, 1909) et a érigé la *langue* affective en objet d'une discipline autonome, baptisée la *stylistique*.

2.2.2. La stylistique et la dimension affective dans les grammaires du corpus

La mise en perspective historique qui précède permettra de mieux cerner les rapports entre la grammaire et la stylistique (2.2.2.1.), ainsi que le rôle de la composante affective (2.2.2.2.) dans les grammaires du corpus. Les résultats de l'analyse seront

---

[136] Plus tard, d'autres 'stylistiques' ont vu le jour (e.a. la stylistique des écarts). On se reportera à l'ouvrage de Karabétian (2000).

[137] Gröber propose des paraphrases 'objectives' (1904-1906: 275-276) qui préfigurent en quelque sorte les procédures élaborées par Bally (1921²).

[138] Sur les multiples *correspondances* entre les vues de Bally et celles des grammairiens philosophes du 18ᵉ siècle, voir Sandmann (1973b).

résumés sous 2.2.2.3., avant d'être soumis à une analyse critique qui mettra en évidence quelques problèmes théoriques liés à l'intégration de la stylistique et de la dimension affective en grammaire (2.2.2.4).

2.2.2.1. La délimitation grammaire/stylistique

Il ne pourra s'agir ici des rapports complexes entre la stylistique et la rhétorique, ni de l'articulation interne du champ couvert par la 'stylistique', notion ambiguë s'il en est. Nous nous pencherons uniquement sur la face tournée vers la *grammaire*, plus particulièrement sur la problématique de la *délimitation* grammaire/stylistique — qui, d'après le témoignage de Wagner[139], était le principal écueil auquel les syntacticiens de l'époque avaient à faire face —, ainsi que sur le *rôle* et le *statut* de la composante stylistique *à l'intérieur* de la grammaire (2.2.2.1.2.). Cet examen est précédé d'un aperçu des chapitres 'littéraires' inclus dans les grammaires du corpus (2.2.2.1.1.).

2.2.2.1.1. Les chapitres 'littéraires'

La majorité des grammaires publiées en France dans les années '30 contiennent des appendices sur les éléments de stylistique, de rhétorique ou de versification. Ce genre de grammaires fourre-tout n'est pas nouveau, pensons à la grammaire supérieure de la maison Larousse (1905[21] [1868[2]]). En voici le relevé:

grammairiens	titres chapitres
Lanusse	*Notions élémentaires de versification* (= appendice II; 315-324)
Michaut	*Notions de versification* (546-569)/*Notions de rhétorique* (570-576) (= appendices A et B)
Larousse	*Versification* (405-425)/*Sémantique et stylistique* (426-435) [stylistique: 429-435]
Bruneau	*Notions élémentaires de versification* (= chap. 11; 420-432)/*Notions de stylistique* (= chap. 12; 433-445)
Bloch[140]	*Les figures* (= chap. 15; 254-259)/*La versification* (= chap. 17; 264-279)
	La ponctuation (= chap. 16)
Galichet	*La grammaire et l'enseignement littéraire* (= IV. de la 4ᵉ partie: *Applications pédagogiques*; 195-206)
Cayrou	*La versification: notions élémentaires de métrique* (397-426) [plus ou moins en appendice]

Cette pratique répond à un impératif du marché grammatical scolaire. Dans les années supérieures (les classes de lettres), l'enseignement de la grammaire française

---

[139] Wagner (1939b: 290-291; cf. aussi Wagner 1939a: 63-78). Selon Wagner, Le Bidois, D&P, Lerch et Ettmayer ne distinguent pas toujours fait de syntaxe et fait de style.
[140] Bloch (1937: VI) motive l'inclusion d'un chapitre sur la versification et sur les figures: «Cela nous entraîne sans doute hors du domaine de la grammaire. Mais on n'a pas en général, de traité de versification à sa portée». Quant aux figures, «l'étude dans une grammaire en est justifiée, parce qu'elles utilisent souvent des formes grammaticales» (1937: 254).

était au service de l'explication littéraire (poétique). Si un grammairien (et sa maison d'édition) voulait se tailler une place sur le marché, il avait avantage à inclure aussi un mémento 'littéraire' (ou poétique). On ne peut pas non plus oublier que Michaut, Gaiffe, Bruneau et Georgin étaient des littéraires ou des stylisticiens.

2.2.2.1.2. Le statut de la stylistique dans les grammaires

Passons au niveau microstructurel des grammaires. Souvent, les auteurs opèrent une distinction assez nette entre le domaine de la grammaire et celui de la stylistique, du moins en théorie. Mais la pratique descriptive ne respecte pas toujours la séparation des perspectives annoncée dans les préfaces, d'où la présence massive de renvois à des effets stylistiques (*mise en relief, harmonie, euphonie, effets de surprise*, etc.). Il convient donc de dissocier deux critères de classification:

- la volonté (théorique) de délimiter les champs de la stylistique et de la grammaire:
  [+ délimitation]   *vs*   [– délimitation]
- la présence *vs* l'absence de concepts 'stylistiques' (effets de style, interprétations ingénieuses d'exemples littéraires):
  [+ stylistique]   *vs*   [– stylistique]

Le croisement des deux critères aboutit à quatre types de grammaires:

(1) [– stylistique], [– délimitation]	Clédat, Ulrix, Sonnenschein, Lanusse, Strohmeyer[141], Regula, Académie, Michaut
(2) [– stylistique], [+ délimitation]	Plattner (1899: VI-VII), Haas (1909: 9, 61), Engwer (1926: 49, 56 n., 64),
(3) [+ stylistique], [+ délimitation]	Brunot (1922: 578; cf. aussi 35, 196, 543), Le Bidois (T1, 1-2), Larousse (1936: 429), Bruneau (1937: 433), Bloch (1937: V), Gougenheim (1938: 8), Wartburg (1947: 3), Galichet (1947: V, IX), de Boer (1947: 5, 17, 19, 29, 62, 157, 213, 222, 220-223)
(4) [+ stylistique], [– délimitation]	Radouant, D&P, Grevisse, Dauzat[142], Cayrou

Ce tableau sera commenté par la suite. Il convient de faire remarquer que les *figures* (ou ce qu'il en reste) n'ont pas été considérées comme des 'effets de style'. Elles

---

[141] Strohmeyer fait bande à part. Cet auteur se propose de regrouper les faits linguistiques apparentés (*innerliche Verwandtschaft*) afin de parvenir à une 'image caractéristique' (*charakteristisches Bild*) du français, bref, d'introduire dans la grammaire du français certains concepts issus de sa stylistique 'subjective' (cf. 2.2.1.2. ci-dessus), c'est-à-dire contrastive (français/allemand). Ce parti pris, qui conduit à des remarques contrastives du type 'le français aime ceci ou cela', implique l'exclusion de tout ce qui est atypique (*seltene* [...] *Sondererscheinungen*), ainsi que de l'élément lexical (1921: III). La perspective «stylistique» de Strohmeyer bannit donc la dimension individuelle et littéraire de la grammaire, ce qui est corroboré par les faits.

[142] Les phénomènes du langage affectif — qui occupent une place de choix dans la grammaire de Dauzat (cf. 2.2.2.2. *infra*) — ne sont pas qualifiés de *stylistiques*. Si *stylistique* il y a, c'est de la stylistique littéraire, à laquelle se rattachent des observations relatives aux modes littéraires (1947: 414, 418, 371).

seront traitées parmi les stratégies d'adaptation (cf. 2.3.), étant donné qu'elles supposent, en plus, une manipulation.

La plupart des grammaires publiées avant 1920, ainsi que les grammaires les plus concises[143], s'en tiennent à la description (et à l'explication) des principaux faits grammaticaux et s'abstiennent de tout commentaire et de toute interprétation stylistiques. Corollairement, le problème de la délimitation grammaire/stylistique n'est pas conceptualisé, ce qui est bel et bien le cas dans les grammaires du deuxième groupe, mais guère de manière approfondie, à l'exception de Haas, qui est le seul à asseoir théoriquement l'opposition. Pour lui, la stylistique compare des formes, pour les évaluer en fonction de «sprachlich-ästhetischen Grunden» (1909: 61). La division du travail entre stylistique et syntaxe a ses racines dans la double fonction du langage: communication d'un contenu et évocation de sentiments et de représentations secondaires (*Gefühle und Nebenvorstellungen*) (Haas 1916: 7). Haas aboutit à une opposition proche de la dichotomie saussurienne entre l a n g u e (virtuelle) et p a r o l e (usage effectif): la stylistique est «die Lehre des *Sprachgebrauchs* und der *Sprachkunst*», la syntaxe «die Lehre der durch Verständlichkeit und Sprachgebrauch begrenzten *Sprachmöglichkeit*, soweit es sich um die Fügung der semantischen Einheiten handelt» (Haas 1909: 9, nous soulignons).

Le troisième groupe de grammaires se réfèrent par endroits à la stylistique, en l'absence de toute tentative de démarcation théorique. Le fait que la grammaire de D&P, malgré son caractère détaillé et la finesse de ses analyses, ne contienne que relativement peu de renvois aux effets stylistiques (souvent qualifiés de *rhétoriques*[144]) surprend. C'est que la grammaire les intègre au maximum dans la sphère du 'grammatical'. Wagner (1939a: 290-291) regrette que les auteurs n'aient pas théorisé la notion de fait de style, par opposition au fait de syntaxe, opposition ressentie comme artificielle par les auteurs. En effet, D&P ne s'intéressent pas à la problématique. Le statut théorique de l'idiolecte est effleuré[145], mais aussitôt écarté en vertu de l'abstraction généralisatrice, fondatrice de la science:

> «chaque homme aura en réalité son parler propre, et [que] c'est seulement par ces procédés d'abstraction généralisatrice sans lesquels il n'y a pas de science possible que l'on pourra, de notre point de vue, concevoir des parlers collectifs. Toutefois, il suffit que cette réserve soit faite une fois; elle ne jouera plus de rôle dans le développement ultérieur de ce travail, qui a pour but l'étude d'un idiome parlé couramment par plus de quarante millions d'hommes» (V1, 17).

---

[143] Michaut, qui occupe la chaire d'éloquence française à la Sorbonne et qui se considère comme un «littéraire» (1934: V), ajoute à sa grammaire deux annexes (versification et rhétorique). Il ne se prononce pas sur les rapports grammaire/stylistique ou rhétorique et ne se livre guère à la recherche d'*effets de style*, malgré l'ampleur de sa grammaire.

[144] Exemples: V3, 226, 313; V4, 355; V2, 17.

[145] Sans être rattaché à la stylistique, ni au sens littéraire, ni au sens affectif — élément pourtant bien représenté — du terme.

Les grammairiens qui se rattachent au quatrième et dernier groupe sont conscients de la différence qui sépare la grammaire et la stylistique, mais ne s'abstiennent pas de renvois à la stylistique. Dans leurs tentatives de démarcation, un certain nombre d'entre eux se réfèrent à la dichotomie l a n g u e /p a r o l e, de manière plus (en utilisant la terminologie de Saussure) ou moins explicite (en termes de l'opposition collectif *vs* individuel). Ainsi, Wartburg et Zumthor ont

> «écarté soigneusement toutes les phrases d'auteurs où ceux-ci se sont servis de la langue pour obtenir un effet stylistique particulier. Nous n'avons visé que l'usage, ce qui est *langue proprement dite*, à l'exclusion des phénomènes d'ordre littéraire, et dont la langue n'est que la base. Mais nous osons espérer qu'aucun point important concernant la langue même n'a échappé à notre attention» (1947: 3; nous soulignons).

Des partis pris similaires sont attestés chez d'autres saussuriens tels que Gougenheim (1938: 8) et de Boer (1947: 5). Ce dernier défend une double dichotomie (*le virtuel* vs *l'actuel* et le *langage logique* vs *illogique*) et appelle à «distinguer le style, l'élément individuel[146], la «parole», de la «grammaire», de l'élément collectif, de «la langue»»[147], ce qui ne serait pas toujours le cas chez Sandfeld (1947: 152) et Le Bidois (1947: 19; 182, n. 9, 81-82). La *Grammaire* Larousse (1936: 9), de son côté, fait écho à l'axe durkheimien c o n t r a i n t e s o c i a l e *vs* é c a r t i n d i v i d u e l : *institution sociale*, le langage repose sur des conventions, traditions et procédés «observés, enregistrés par nos cerveaux individuels qui sont capables, à l'occasion, de les modifier, d'en faire un usage original». Mais, du reste, elle concentre plutôt son attention sur la démarcation du grammatical par rapport à la stylistique affective[148]. Lorsqu'il n'est pas fait allusion à la dichotomie saussurienne, on s'en tient, en général, à caractériser la stylistique par la créativité (esthétique) de l'individu (Bloch 1937: V) ou l'importance accordée au goût (Le Bidois T1, 1-2).

L'examen de ces tentatives de démarcation montre aussi l'ambiguïté qui plane sur le champ de la stylistique depuis Bally. Si la discipline garde encore sa connotation exclusivement littéraire[149] chez Bloch, Brunot et Wartburg, il n'en est plus de même chez Gougenheim, de Boer, Bruneau, Le Bidois et Galichet, où la stylistique embrasse à la fois expression littéraire et affectivité, sans qu'elles soient toujours

---

[146] Les *abus* ou emplois *stylistiques*, *individuels* «ne changent rien» aux «bases syntaxiques normales grammaticales» (de Boer 1947: 51).

[147] Sur cette base, de Boer épure la grammaire de nombreux emplois relevant de la stylistique, comme, par exemple, la nuance péjorative de *ce ...-là* (1947: 120) ou la différence (non syntaxique) entre *je n'ai fait que vieillir* (hyperbole) et *il ne fit que jouer* (1947: 19), critiquant au passage l'analyse des Le Bidois. Ce parti pris l'amène même à renoncer au traitement des *dislocations* (= d i s l o c a - t i o n s) (1947: 219). La distinction fondamentale entre les «fonctions primaires» et les «fonctions secondaires» des éléments linguistiques, qui correspond à l'opposition *faculté d'expression* et *pouvoir de suggestion* (1947: 43) doit également être considérée dans cette optique.

[148] Les auteurs se réfèrent à sa définition («l'observation scientifique des caractères affectifs du langage»; 1936: 429) et en excluent «*l'art d'écrire*» (1936: 435). Cette mise en garde ne les empêche pas d'identifier des *effets* de style (Larousse 1936: 71, 100, 165, 316, 223, 227).

[149] Comme nous l'avons dit, la *Grammaire* Larousse, en revanche, conçoit le *stylistique* exclusivement à la manière de Bally.

bien dissociées. Le passage suivant, tiré de la grammaire de Bruneau – Heulluy (1937: 433), qui fait la part belle à la stylistique, réunit, par un glissement subtil, les deux conceptions de la stylistique:

> «La stylistique est une *science* qui étudie les *particularités du style* et spécialement celles du *style des grands écrivains*.
> La grammaire enseigne à écrire correctement; la stylistique examine les moyens qui servent à chacun pour exprimer ses *idées*, ses *sentiments*, ses *impressions personnelles*».

La stylistique oscille en effet entre la caractérisation du *style* (d'auteurs) — à distinguer de la *langue* (des auteurs), qui correspond à «la façon de parler et d'écrire de tous les Français» (1937: 433) — et l'étude générale des moyens d'expression, en premier lieu affectifs. Le caractère *naturel* et *spontané* du style (littéraire), qui ne peut pas être appris, et qui, par là, s'oppose à l'*artifice* (1937: 444-445), sert de trait d'union[150].

Quelle que soit la ligne de partage à laquelle ces auteurs se résolvent, force est de constater qu'ils ne cessent pour autant de s'en remettre à la stylistique. Pour ne donner que quelques exemples[151] frappants de ce paradoxe, citons Brunot (p. ex. 1922: 600, 610-611) qui se permet des digressions — pratique critiquée par Bally (1922: 134-137) — sur la stylistique littéraire[152] et des observations à propos des «modes» dans l'exploitation littéraire des moyens grammaticaux. À l'instar de son maître, Bruneau — et plus tard, Dauzat (1947: 414, 418, 371), qui parle incidemment de modes littéraires — se comporte en stylisticien littéraire, voire en historien de l'exploitation littéraire[153] des faits de langue, commentant[154] ou critiquant des exemples littéraires. Conformément à sa double conception de la stylistique, il se montre aussi observateur de finesses et de valeurs connotatives (liées aux registres 1937: 436) de la langue spontanée[155]. Même chez Gougenheim, la stylistique est malgré tout (1938: 8) représentée, et, qui plus est, intégrée à la grammaire, grâce notamment aux *oppositions* dites *stylistiques* (cf. Ch. VII, 3.2.4.). On y trouve à la fois la stylistique de Bally et des exploitations littéraires. Galichet, qui s'approprie l'héritage genevois au plus haut degré (cf. Ch. VII), fait délibérément abstraction des détails dans la description du français et trace une ligne de démarcation entre la

---

[150] Dans le même sens, la *rhétorique* est redéfinie comme étant l'étude des *procédés naturels* de la langue *spontanée* et de la langue *littéraire* (1937: 443).

[151] En plus des références fournies dans ce qui suit, on se reportera à Radouant (1922: 64, 120, 195, 123), Bloch (1937: 40, 62, 74, 75, 78, 175, 177, 181, 182, 188, 198, 207, 223, 227), de Boer (1947: 215, 185, 182, 213, 57, 232, 226, 218), Wartburg (1947: 337, 176, 319, 235, 304, 321, 290, 329, 325, 308, 322, 187, 72, 238, 296, 34, 328, 108) et Cayrou (1948: 45, 81, 94, 269, 341, 390) pour des exemples.

[152] Exemples: Brunot (1922: 248, 313, 342).

[153] Voir plus particulièrement Bruneau (1937: 60-62, 110-111, 149, 150, 177-178). Les auteurs parlent d'emplois littéraires dans (1937: 124, 251, 151, 162, 165, 87, 192-195).

[154] Par exemple (Bruneau 1937: 115, 198, 204-205, 236).

[155] Bruneau (1937: 187, 235, 360, 203-205). Voir aussi «L'emploi stylistique des éléments du langage» (1937: 437-445), «effets de style» (1937: 66, 266), emploi «expressif» (1937: 57, 174, 397, 412-413, 177).

grammaire et la stylistique (1947: V, IX). Ainsi, dans *votre panier percé de gendre*, il observe, grammaticalement parlant (c'est-à-dire du point de vue des *valeurs fondamentales*), une simple *apposition* au nom *gendre*. C'est la stylistique qui «fait apparaître [...] la mise en lumière de l'apposition par cette construction inhabituelle et cet emploi sémantique particulier, mise en lumière qui la rend plus expressive» (1947: 13). De même, la mise en relief par *c'est ... que* n'est qu'«un processus psychologique secondaire qui respecte [...] les valeurs psycho-verbales habituelles» (1947: 13). Cette démarche implique une espèce de transposition stylistique intériorisée et présuppose deux types de sémantiques: une sémantique de base (liée à telle ou telle fonction syntaxique, par exemple) et une sémantique 'stylistique' (à dominante affective) qui se reflète dans des modifications formelles jugées superficielles. De même, une fois présentée la théorie de la phrase complexe, Galichet ajoute «certains *procédés de style*» qui

«peuvent compliquer encore ces diverses combinaisons: coupures, expressions intercalées, ellipses, raccourcis... [...] Mais [...] n'introduisent pas *de valeur de langue* nouvelle (1947: 164-165; nous soulignons).

On comprend que tout ce qui reste du ressort de cette grammaire dégrossie ne peut être que 'systématique'[156]. Or, paradoxalement, Galichet finit par réconcilier les deux disciplines, grammaire et stylistique, dans un contexte didactique. C'est que la stylistique et la grammaire puisent dans les mêmes mécanismes psychologiques sous-jacents (1947: XIII), ce qui revient à dire, en fin de compte, que la stylistique s'appuie sur l'exploitation 'expressive' des catégories grammaticales[157]. Il s'ensuit que «l'analyse grammaticale devient [...] un précieux auxiliaire de l'analyse littéraire» (1947: XIII; cf. aussi 147). Cette connivence aboutit à la mise en rapport des deux disciplines dans sa *Grammaire expliquée* (4ᵉ et 3ᵉ année; 1962: 5), dont chaque chapitre comporte, en effet, des «*applications stylistiques* qui en découlent logiquement» (1962: 5). Ce parcours sinueux — pour ne pas dire ce virage — ne peut qu'aboutir au mélange de registres (1947: 61, 64, 37, 144-145), et donc, à la mention d'*effets* (1947: 131, 117, 63, 96), voire à la discussion de certains styles ou modes littéraires (1947: 154, 121, 123-124).

2.2.2.2. L'affectivité en grammaire

L'intégration de la dichotomie intellectuel/affectif est une affaire de degré. Nous allons d'abord présenter les auteurs qui, pour la plupart dans le prolongement de la

---

[156] Cette simplification extrême a d'ailleurs été critiquée par Antoine (1951) dans un compte rendu.
[157] La stylistique qu'il préconise (Galichet 1947: 198) pourrait étudier les nuances obtenues par le choix de telle espèce, de telle catégorie grammaticale (p. ex. pluriels poétiques), de telle fonction, ou de telle construction (p. ex. subordination chez Proust) et montrer pourquoi l'on repère tant d'adjectifs dans les textes de l'époque romantique, par exemple. Autre exemple: les contraintes grammaticales expliquent les latitudes positionnelles 'stylistiques'; ainsi, on peut facilement déplacer le complément circonstanciel, contrairement à l'objet, qui est trop solidaire avec le procès (1947: 147).

stylistique de Bally, l'érigent en principe organisateur de la grammaire, tant au niveau de la structuration qu'au niveau de l'agencement de la description (1). Ensuite, il sera question des auteurs qui en font un usage très fréquent, sans que pour autant ils en théorisent l'application (2). Un troisième ensemble de grammaires est constitué par des ouvrages qui font seulement écho à la syntaxe affective (3). Les autres grammaires[158] semblent ignorer la dichotomie.

(1) Un premier ensemble d'auteurs considèrent l'opposition logique/affectif comme une dichotomie fondamentale. Ils la théorisent à un endroit particulier de leur grammaire (de Boer, Larousse, Strohmeyer, Brunot, Le Bidois, Dauzat et D&P). Il s'agit d'une caractéristique typique de l'époque à l'étude, qui mérite, dès lors, une attention particulière.

L'opposition intellectuel/affectif s'inscrit dans la visée binariste de l'école linguistique de Genève. Ainsi prend-elle place parmi les autres dichotomies directrices dans la syntaxe de de Boer (1947: 5): il faut «séparer le langage logique du langage illogique». *Illogique* est synonyme d'*affectif* (1947: 218, *passim*), mais prend en outre un sens discursif plus précis dans le paragraphe sur le présent: la *langue logique* «réduit les images [...], les repousse dans le monde du souvenir», alors que la *langue illogique* «leur rend leur intensité, crée pour le moment une *illusion*», bref s'inscrit dans *l'art de la parole* (1947: 195-196). Nul ne pourrait nier l'influence de la *syntaxe imaginative* de Sechehaye (voir Frýba-Reber 1994).

La *Grammaire* Larousse renvoie explicitement au *Traité de stylistique* de Bally dans la section consacrée à la *Stylistique* (1936: 429-435). L'opposition logique/intellectuel *vs* affectif/sentimental (= emplois stylistiques) revient partout dans le corps de l'ouvrage et s'applique à tous les niveaux de la description grammaticale (1936: 429-435). En syntaxe, elle devrait mener à une analyse non résiduelle:

> «la plupart des irrégularités de construction de la phrase, les prétendues exceptions aux règles ont leur *cause* très légitime dans un *désir* plus ou moins conscient de celui qui parle de faire passer dans son langage, avec toute sa force, un élan d'origine affective» (Larousse 1936: 429).

Il convient d'insister sur les mots *cause* et *désir* que nous avons soulignés. L'expression de l'affectivité peut en effet se rattacher soit à un modèle causal, soit à un modèle téléologique (besoins expressifs, conscients). Les deux modèles se trouvent mêlés chez Larousse. Strohmeyer, de son côté, chez qui la dichotomie est très forte, rattache l'expression affective (*affektsvolle Ausdrucksweise*) à la causalité (contraignante), alors que l'expression réfléchie (*reflektierte Ausdrucksweise*), consciente, répond à une finalité communicative:

---

[158] Clédat, Ulrix, Sonnenschein, Lanusse, Académie, Michaut, Bloch et Cayrou.

«Wenn der Sprechende seine Gedanken mitteilt, so tut er das entweder aus dem bewussten Bestreben, sich einem anderen *verständlich zu machen*, oder eine augenblickliche *Gefühlserregung* zwingt ihn zu einer Äusserung» (Strohmeyer 1921: 272).

La dichotomie se trouve aussi dans la grammaire de Bruneau, quoique sous un angle diachronique et sociolinguistique: *langue traditionnelle* (c'est-à-dire l'héritage collectif) vs *langue expressive* (l'apport des individus *créateurs*, dans toutes les conditions sociales)[159]. La *langue expressive*, dont le caractère affectif ne constitue qu'un aspect à côté d'autres, est l'objet propre de la *stylistique* (1937: 436-437).

Cette vision diachronique prend de l'ampleur chez D&P, qui replacent l'opposition a f f e c t i f / r a i s o n n é, qu'on reconnaît dans les plans *locutoire* et *délocutoire*[160], dans une vision phylogénétique du langage (se reflétant dans l'ontogenèse). L'origine du langage est tout *affective* (*le cri*; *éjaculation émotive*) (V1, 68; V3, 153). Plus tard, il s'y ajoute aussi une dimension *communicative représentative* (V1, 77). Dans le stade *délocutoire*, le stade actuel, «les événements sont racontés rationnellement» (V3, 153), mais dans certains secteurs du système (p. ex. la p h r a s e n o m i n a l e) affleure encore le strate *locutoire* (V1, 71).

Le Bidois et Dauzat opèrent eux aussi une bipartition fondamentale de la syntaxe, mais la mettent en rapport avec le génie de la langue française. Ainsi, dès les *prolégomènes*, les Le Bidois font état de deux tendances de la langue, qui correspondent à deux tendances de l'esprit (français): la *tendance purement rationnelle* et *analytique*, qui «domine, et de beaucoup» (T1, 4), et l'*affectivité*, qui relève du *sentiment*, du *cœur*, cœur étant pris dans le sens le plus large possible (*imagination, sensibilité, instinct, sentiment spontané, intuition, vue immédiate de l'esprit*). Cette dernière tendance s'oppose aux prudences, aux lenteurs et aux timidités de l'analyse (T1, 3)[161]. La dichotomie est exploitée tout au long de l'ouvrage, notamment dans le chapitre sur l'ordre des mots où Robert Le Bidois (T2, 2) distingue entre l'*ordre dit logique*, l'*ordre dit psychologique* ou *affectif*, et l'*ordre esthétique* ou *stylistique*. Une grande partie des structures a f f e c t i v e s sont reprises dans la section sur les *paragrammaticales*. De même, Dauzat, qui s'inspire de Bally (1947: 12), consacre son 11e chapitre à la *syntaxe affective* (*La forme grammaticale et l'expressivité*), ainsi qu'une part importante du chapitre 8 qui traite de toutes sortes de phrases a t y p i q u e s. L'importance qu'il accorde à la syntaxe affective cache une apologie du français qui résonne dans l'excipit de sa grammaire:

---

[159] Le chapitre consacré à l'ordre des mots (1937: 90-91) explore une autre terminologie: *ordre logique* vs *expressif* (qui comprend la *langue spontanée* (*parlée*) et la *langue littéraire*). Ailleurs, on trouve *phrase liée* vs *phrase brisée* (1937: 86; cf. aussi Dauzat 1947: 397), la dernière s'expliquant en termes de causalité («phrase désorganisée par le sentiment») (1937: 86).

[160] Notons qu'ils rappellent l'opposition de Beauzée: *le cœur* vs *l'esprit* (D&P V1, 71-72).

[161] P h y l o g é n é t i q u e m e n t parlant, ces *éjaculations verbales* furent à l'origine de la syntaxe (Le Bidois T1, 3).

[162] Voir entre autres (Wartburg 1947: 101, 64, 54, 149, 340, 254, 310, 247, etc.).

«Quoique épris de logique, le français dispose des procédés les plus variés et les plus souples pour exprimer les divers mouvements de l'âme» (1947: 454).

(2) Jusqu'ici l'opposition a f f e c t i f / i n t e l l e c t u e l était bien théorisée. D'autres grammairiens ont fréquemment recours à la dichotomie, sans l'approfondir pour autant. Tel est le cas chez Wartburg – Zumthor (opposition[162] *objectif/affectif*[163]) et Regula (*reflektierte Rede* ou *affektlose Rede/affektvolle* ou *affektbetonte Rede*[164]). Comme le montre l'expression «Affektgehalt», il s'agit d'une distinction graduelle (1931: 211). Bien que Haas rejette la séparation tranchée de Gröber[165] (voir son traité de 1912, cf. 1916: 25), il admet l'influence de l'affectivité sur l'intonation et l'ordre des mots[166], ainsi que l'existence de quelques phénomènes syntaxiques essentiellement «affectifs» (1916: 25), mais le plus souvent individuels et occasionnels.

(3) Restent quelques grammairiens[167] qui font seulement écho à la dichotomie. Gougenheim, qui s'inspire des oppositions de Bally, a réduit délibérément l'impact du «point de vue affectif» en faveur du «point de vue intellectuel» (1938: 8-9), ce qui lui a valu le reproche d'avoir procédé à la manière d'un logicien (cf. le c.r. de Dauzat 1939). Ce parti pris n'exclut pas tout à fait la sphère de l'affectivité[168], étant donné que les «variations stylistiques», le troisième type d'opposition, comportent des «nuances d'ordre social, affectif, etc.» (1938: 99).

Brunot, quant à lui, insère le *sentiment* — il renvoie au *Précis de Stylistique* de Bally (1922: 539, n. 1) — dans une théorie globale des *modalités*, qui sont au nombre de trois: le *jugement*, le *sentiment* et la *volonté*. Il met en garde contre une opposition trop tranchée (*ib.*), mais oppose cependant le *langage affectif* au *langage logique* (1922: 542). Le *sentiment* apparaît parfois comme un élément perturbateur (1922: 542-543, 617, 17), tout comme chez Galichet (1947: 11-12), pour qui les phénomènes *psychologiques* (*affectifs* ou *intellectuels*) contribuent à obscurcir les rapports entre le système des s i g n i f i é s et leurs s i g n i f i a n t s. Ils engendrent des «pseudo-valeurs de langue» et créent des «tours syntaxiques particuliers».

---

[163] Wartburg – Zumthor font remarquer que les procédés de mise en relief ne sont pas toujours à mettre sur le compte de l'affectivité; ils peuvent également avoir une origine *intellectuelle* (1947: 322).
[164] Voir entre autres Regula (1931: 12, 43-44, 45, 51, 78, 113, 186, 189, 218, 222 ...). L'entrée *Affektstellung* dans l'index fait 4 lignes. Regula (1951: 179) rappelle qu'il a lui-même publié une étude qui se rattache à la tradition Gröber – Bally.
[165] Ainsi que l'explication par l'action du sentiment des phrases nominales et non articulées (Haas 1916: 25).
[166] Attestations: Haas (1916: 25; 1909: 459, 116, 213, 203, 56-57, 471, 447).
[167] Radouant se sert d'une terminologie peu adéquate: *forme exclamative*. Celle-ci figure parmi les constructions inanalysables (1922: 58-59). Grevisse (1936: 593) et Engwer (1926: 52, 64, 46, 180) ont par endroits recours à l'affectivité, alors que chez Plattner ces passages se comptent sur les doigts de la main.
[168] Voir, par exemple, Gougenheim (1938: 107, 115, 198, 209).

2.2.2.3. Tableau synoptique et conclusions. L'influence de Bally

Parvenu au terme de notre analyse des stratégies de marginalisation, il convient d'en réunir les résultats dans un tableau: le grammairien a-t-il recours à des concepts empruntés à la stylistique (effets, etc.) et à quelle stylistique?; oppose-t-on grammaire et stylistique?; la présence de la stylistique/rhétorique/poétique se manifeste-t-elle au niveau du plan de la grammaire?; procède-t-on à une bipartition de la matière grammaticale en deux sphères, affective et logique?

	présence concepts stylistiques	nature de la stylistique[169]	délimitation stylistique/ grammaire	sections littéraires /stylistiques (plan)	logique vs affectif[170]
Clédat	–	–	–	–	–
Plattner	–	–	+	–	+
Ulrix	–	–	–	–	–
Haas	–	–	+	–	++
Sonnenschein	–	–	–	–	–
Lanusse	–	–	–	+	–
Strohmeyer	–	contrastive	+	–	+++
Radouant	+	litt.	–	–	+
Brunot	+	litt.	+	–	+
Engwer	–	–	+	–	+
D&P	+	(litt.)	–	–	(+++)
Regula	–	–	–	–	++
Académie	–	–	–	–	–
Michaut	–	–	–	+	–
Le Bidois	+	litt. + Bally	+	–	+++
Bloch	+	litt.	+	+	–
Larousse	+	Bally	+	+	+++
Grevisse	+	litt.	–	–	+
Bruneau	+	litt. + Bally	+	+	+++
Gougenheim	+	litt. + Bally	+	–	+
Galichet	+	litt. + Bally	(+)	+	+
Dauzat	+	litt.	–	–	+++
Wartburg	+	litt.	+	–	++
de Boer	+	litt. + Bally	+	–	+++
Cayrou	+	litt.	–	+	–

La première observation qu'il convient de faire est que le champ de la stylistique est entouré d'un flou. Nous avons vu interférer plusieurs axes dans la définition du

---

[169] Litt(éraire) = qui n'est pas conçue comme une stylistique affective (Bally). Défini de manière positive, il s'agit de la mise en relief, de l'harmonie, de l'euphonie, des effets de surprise, etc. La stylistique littéraire correspond à la stylistique/rhétorique traditionnelle.

[170] Le nombre de 'plus' (+, ++, +++) correspond aux trois groupes de grammaires que nous avons distingués sous 2.2.2.2.

fait de style: collectif *vs* individuel (~ l a n g u e *vs* p a r o l e); perfection grammaticale *vs* recherche de la perfection esthétique (+ littéraire); logique *vs* affectif; conformisme (tradition) *vs* expressivité (écart); grammaire *vs* étude comparative des styles d'auteurs ou de courants littéraires. C'est d'ailleurs essentiellement sous les apparences du *style* qu'a été conceptualisée la *parole* saussurienne. Si la grammaire française est passée à côté de la dichotomie saussurienne *langue/parole*, elle cultive plutôt une opposition plus ancienne, à savoir *langue/style*, opposition analogue, mais non identique, et cela pour plusieurs raisons. D'abord, le style n'est en quelque sorte qu'un registre de la parole qui, elle, correspond à la langue actualisée dans son ensemble. En plus, le style est jugé à l'aune de ses qualités esthétiques et l'axe virtuel/concret (actuel) n'est plus envisagé; seul l'élément *individuel* (par opposition au collectif et à la norme) entre en ligne de compte.

On ne saurait trop insister sur l'impact de la dichotomie intellectuel/affectif. Elle constitue l'une des caractéristiques les plus originales de la tradition grammaticale entre 1910 et 1950. S'il est vrai qu'elle avait déjà acquis ses titres de noblesse avant 1900, son succès est dû à l'influence de Bally, qui l'a ravivée. Cette influence est facile à démontrer: on aime citer le nom de Bally (Brunot, Larousse, Gougenheim, Dauzat, Le Bidois) et un grand nombre d'auteurs confondent affectif et stylistique (cf. la deuxième colonne du tableau ci-dessus). Certains grammairiens vont jusqu'à réunir tous les faits de langue affectifs dans un chapitre créé à cet effet: Strohmeyer (1921: 272-279), Larousse (1936: 429-435), Bruneau (1937: 433-445), Dauzat (1947: 397-410), et, *mutatis mutandis*, Le Bidois (*paragrammaticales*).

Le troisième constat a trait à la stylistique (littéraire). Vers le milieu des années 1930, la problématique de la délimitation grammaire/stylistique est au centre des débats. En dépit des tentatives de démarcation, les grammaires abondent en effets stylistiques (littéraires, mais aussi, affectifs, du moins dans les grammaires qui adoptent la terminologie de Bally). De manière plus générale, seules les grammaires les plus minces (notamment celles destinées à l'enseignement du français langue étrangère) s'en abstiennent. On trouve même, à la suite de Brunot (1922), des observations plus ou moins isolées sur l'histoire des styles littéraires (p. ex. Bruneau, Dauzat). Parallèlement, nombre de grammaires incluent des annexes sur la stylistique/rhétorique ou la versification et mettent la grammaire au service de l'explication littéraire (Galichet). L'attrait de l'enseignement de la littérature a dû être grand à cette époque. Cet engouement 'grammatical' pour la stylistique est encore stimulé par le succès de la stylistique de Bally qui a également la cote à partir de 1935, comme le montre le tableau ci-dessus.

2.2.2.4. Les échappatoires stylistique et affective: problèmes épistémologiques

L'intégration de ces concepts dans les grammaires pose au moins trois problèmes épistémologiques. D'abord, comme la dimension affective et les effets stylistiques tendent à se substituer à l'analyse proprement dite, ils peuvent être qualifiés d'échappatoires. Ainsi, certains emplois qui relèvent nettement de la *langue* ne reçoivent pas une analyse, mais une étiquette, une marque d'usage, comme dans les dictionnaires (*construction littéraire, emploi stylistique, par figure de style, langage affectif*, etc.). En voici quelques exemples: le détachement prédicatif de l'adjectif (Grevisse 1936: 192), certaines inversions nominales (*Reste la question essentielle* ...; Cayrou 1948: 341), l'emploi «par figure de style» de l'impératif «pour suggérer une hypothèse» (Wartburg 1947: 108), l'interrogation négative orientée positivement (Le Bidois T1, 90), etc. Or, en syntaxe, on s'attend à une *analyse* des structures observées (structure interne, fonctionnement, les rapports avec d'autres structures syntaxiquement apparentées, etc.). En ce sens, la syntaxe affective et la stylistique fonctionnent de la même manière que «l'échappatoire rhétorique» dans la grammaire du 18e siècle (Chevalier 1968: 706), qui a ralenti la remise en cause des modèles d'analyse établis.

Les deux autres problèmes concernent uniquement la syntaxe affective. Nous avons vu que les grammairiens oscillent constamment entre une interprétation causale et une interprétation téléologique du rapport état d'âme – expression linguistique. Dans l'interprétation causale, le sentiment perturbe le fonctionnement du langage logique («sous l'empire d'une émotion vive», Dauzat 1947: 397); sous un angle téléologique, la langue affective est un moyen de communication à des fins spécifiques. Dans le passage suivant, causalité et téléologie sont réunies: le sentiment «*bouleverse, pour l'expression* de l'émotion, l'agencement normal des phrases» (Dauzat 1947: 451; nous soulignons).

Enfin, les faits de syntaxe taxés d'affectifs se trouvent éloignés de la langue usuelle (cf. le plan des grammaires). Cette bipartition est artificielle, car dépourvue de fondement linguistique (cf. aussi la critique de Sechehaye 1908, *apud* Amacker 2000: 233).

Ce constat nous amène à un dernier problème, qui justifie l'expression 'stratégie de marginalisation'. Les structures analysées par cet outillage analytique 'ad hoc' s'en trouvent marginalisées. À ce problème épistémologique s'ajoute un autre, à savoir le paradoxe qui consiste à se servir d'un outillage dont on reconnaît soi-même l'altérité (cf. les essais de délimitation grammaire/stylistique) et, donc, le caractère 'extra-grammatical'. Ne s'agissant plus de faits *de grammaire*[171], ils n'ont pas, en toute logique, leur place en grammaire.

Tout ceci ne saurait nous faire oublier l'influence bienfaisante qu'a exercée la stylistique de Bally. Bally a fait de la langue parlée, dans ses manifestations les plus spontanées, un *objet* digne d'étude, et a mis l'accent sur l'existence de registres. Sur le plan de la *méthode*, il a élaboré une procédure d'identification (et de classification) reposant sur la comparaison en synchronie (cf. 1.2.1.1.).

---

[171] Cela vaut d'autant plus pour les phénomènes qui relèvent de la *parole*. Par exemple, la grammaire doit-elle vraiment s'occuper de l'effet d'accumulation provoqué par la répétition de la conjonction *et* (Cayrou 1948: 269) ou par la répétition du pronom sujet devant chacun des verbes d'une série de verbes coordonnés à sujet identique (Grevisse 1936: 262)?

2.3. *Les stratégies d'adaptation: les figures*

Sous 2.2.1.1. nous avons déjà brossé à grands traits l'histoire des figures, stratégies de *marginalisation* et d'*adaptation*, depuis la grammaire générale. Quatre figures, auxquelles on peut encore ajouter une cinquième, l'*anacoluthe*, qui se confond souvent avec les autres, ont joué un rôle de premier plan dans l'histoire de la grammaire: l'*inversion,* l'*ellipse,* la *syllepse* et le *pléonasme*[172]. Il reste à définir ces figures et à regarder de plus près ce qu'il en est dans les grammaires du corpus. Deux approches doivent être distinguées, selon que les figures apparaissent encore en 'ordre groupé' (2.3.1.) ou non (2.3.2 à 2.3.6).

2.3.1. Les figures 'en ordre groupé'

Si les grammaires du 19ᵉ siècle et bon nombre de grammaires scolaires du 20ᵉ réunissent encore les figures à un endroit particulier[173] de la grammaire, la nomenclature officielle de 1910 n'en tient plus compte. Les grammaires de notre corpus, qui appartiennent, rappelons-le, à la couche supérieure du marché grammatical de la première moitié du siècle, ont déjà abandonné pour la plupart le regroupement des figures (associées autrefois au chapitre consacré à la *construction* ou *ordre des mots*). On a là un indice de l'effritement de la composante rhétorique, c'est-à-dire du jeu des 4 (ou 5) figures de grammaire dotées de vertus rhétoriques. Certes, il y a encore des auteurs (Michaut, Bruneau, Larousse, Bloch) qui prévoient une annexe rhétorique/stylistique dans laquelle il est le plus souvent question de *figures* (Michaut, Bruneau, Bloch), mais non pas de *figures de grammaire* (*figures de pensée* ou *figures oratoires*)[174], comme nous l'avons vu (2.2.1.1.). Seul un nombre limité d'auteurs en viennent encore à mentionner sporadiquement deux (ou plus) figures de grammaire au même endroit: Lanusse (1921: 312), Dauzat (1947: 397-402) et Grevisse (1936: 121). Quoique la syntaxe des Le Bidois ne comporte pas de véritable annexe rhétorique/stylistique, les figures (notamment les *figures de grammaire*) occupent une place de choix dans les *prolégomènes* (T1, 4-18) et refont surface à la fin du tome II, dans la rubrique consacrée aux *paragrammaticales*.

Dans les autres grammaires, les figures apparaissent 'en ordre dispersé', c'est-à-dire elles n'interviennent qu'en temps utile, là où l'analyse l'exige. Désormais elles ne sont plus coiffées du terme générique de *figure*. C'est une catégorie qui tombe en déshérence.

---

[172] Nous ferons abstraction des *figures de mots* ou *tropes* (p. ex. *antonomase, catachrèse* ou *abus, métaphore, métonymie*, etc.) qui apparaissent encore dans les chapitres lexicologiques (p. ex. Larousse 1936: 427-428).

[173] Par exemple, Noël – Chapsal (1833: 175-180), Leclair (1930 [1881¹]: 213-216), Crouzet – Berthet – Galliot (1928: 207-211 [1909¹]), Croisad – Dubois (1935: 391-392) et Behen (1935²⁰: 114-115).

[174] Exception faite de Bloch – Georgin (1937: 254-259) qui donnent une liste alphabétique de 17 figures, «figures de grammaire» et «de style» étant délibérément confondues (1937: 254).

Dans les pages qui suivent, nous allons examiner le sort des quatre figures principales: la *syllepse* (2.3.2.), l'*inversion* (2.3.3.), l'*anacoluthe* (2.3.4.), le *pléonasme* (et les *mots explétifs*) (2.3.5.) et l'*ellipse* (2.3.6.). Comme les deux dernières figures, le *pléonasme* et l'*ellipse*, ont laissé les traces les plus durables dans le corpus, elles seront traitées plus en détail. Pour une vue d'ensemble sur les figures, on peut se reporter d'emblée au tableau synoptique sous 2.3.7. En guise de conclusion, nous formulerons quelques hypothèses sur les présupposés implicites qui sous-tendent la survie des figures en France (2.3.8.).

2.3.2. La syllepse[175]

La première figure, la *syllepse* (ou *synthèse*), est définie comme suit par Du Marsais:

> «c'est lorsque les mots sont *construits* selon le sens & la pensée, plus tôt [sic] que selon l'usage de la *Construction* ordinaire» (p. 485).

Plus loin, il précise: «selon la pensée & la chose, plus tôt, que selon la lettre & la forme grammaticale» (du Marsais 1782: 485). Le pronom relatif *quod* (neutre) devient *quae* (féminin) sous l'influence de la femme (Cléopatre) que l'auteur (Horace) «avait [...] dans l'esprit»: *Fatale monstrum quae* ... (*ib.*). Le deuxième exemple provient du français: *ce sont des hommes qui ont* ... Le verbe est au pluriel parce que «l'objet de la pensée» est *des hommes*. Autres exemples: *la plupart des hommes s'imaginent* ...; *la personne* ... *il*. Même le *ne* e x p l é t i f après les verbes de crainte est analysé comme une syllepse, ce qui élargit la sphère de la syllepse au-delà du phénomène d'accord (en nombre et en genre). Dans certains cas, la syllepse entre en concurrence avec l'ellipse (cf. du Marsais 1782: 485)[176].

Dans le corpus, le terme de *syllepse*, qui n'est pas attesté dans les grammaires d'expression allemande (à l'exception de celle de Plattner), se trouve encore dans une dizaine de grammaires (cf. tableau sous 2.3.7.). Souvent le terme ne figure qu'entre parenthèses ou entre guillemets (ou en note), ce qui donne à penser qu'il n'est plus qu'une réminescence ou qu'il est seulement mis dans la bouche d'autres grammairiens (Lanusse, Bruneau, Grevisse, Dauzat). Désormais la *syllepse* a une portée plus restreinte qu'à l'époque de la grammaire générale. Sa déchéance a plusieurs causes. D'abord, la langue-objet, le français moderne, s'y prête moins que le latin (p. ex. les relatifs *qui/que* ne portent plus la marque du genre, ni du nombre) et moins que les états de langue plus anciens. À ce propos, Ulrix (1909: 155) affirme que dans l'ancienne langue — et encore au 17ᵉ siècle (Brunot 1894³: 461) — on pouvait dire *la foule pensent* (cf. *turba ruunt*). Deuxièmement, la syllepse a été concurrencée et remplacée par d'autres analyses (p. ex. *ne* explétif, construction impersonnelle). La théorie des deux sujets, *apparent* (*il* ou *ce*) et *réel*, a permis de

---

[175] < *sullepsis*: «action de prendre ensemble».
[176] Sur les exemples de la grammaire de Port-Royal, voir 2.2.1.1.1.

résoudre, par exemple, le problème de l'accord dans *il est six heures* et *ce sont* + SN pluriel. Dans le premier cas, l'accord se fait avec le *sujet apparent* (cf. aussi dans *c'est* + SN pluriel); dans le second, le verbe se rapporte au *sujet réel* (p. ex. Académie 1932: 187)[177]. Un troisième facteur réside dans l'estompement de l'opposition entre le plan de la pensée et le plan des formes (*construction*, c'est-à-dire ordre des mots et accords). Désormais l'accord se fait au singulier ou au pluriel

> «suivant qu'on envisage comme auteur de l'action le nom collectif ou le complément de ce nom» (Académie 1932: 184; cf. aussi Ulrix 1909: 155),

ou encore, selon qu'on envisage le sujet comme un tout ou non (*Quatre ou cinq mille écus est ...*) (Gougenheim 1938: 235). En d'autres mots, l'accord implique dans les deux cas la forme *et* la pensée, plutôt qu'il impose le choix entre l'un ou l'autre plan, ce qui rend la syllepse, en tant que *deus ex machina*, moins nécessaire. Finalement, il faut signaler que ce qui reste de la syllepse, par exemple l'absence d'accord grammatical entre le pronom personnel et son antécédent, n'est pas toujours enregistré par les grammaires du corpus. Sans doute ces faits ont-ils été ressentis comme étant «contre nature», c'est-à-dire comme une faute ou un artifice de style[178]. Brunot, par exemple, exige qu'«il n'y ait aucun doute» quand on accorde les pronoms personnels «avec la pensée» (1922: 196). Le terme *syllepse* suggère en effet l'idée d'une *infraction* aux règles grammaticales. Littré la définit comme une

> «figure de grammaire qui règle l'accord des mots, non d'après les règles grammaticales, mais d'après les vues particulières de l'esprit»[179].

Chaque fois que la *syllepse* était appliquée à un phénomène généralisé, sa connotation par trop négative a dû être gênante. Cette hypothèse est corroborée par l'attitude des Le Bidois. Opposant un emploi «au sens propre» (accord en nombre) à un emploi «par abus» (accord en genre, p. ex. *personnes ... contents*), ils précisent que la syllepse au sens propre suppose:

> «un terme collectif au singulier qui se trouve suivi d'un pluriel; *infraction* donc à la règle d'accord, mais plus apparente que réelle. Car [...] ce singulier vaut un pluriel, étant un collectif. La disparate n'est donc que dans la forme; l'accord est juste, quant au sens» (T1, 12).

---

[177] Plus récemment, le problème de l'accord verbe-nom collectif sujet + complément a reçu une solution syntaxique. Si le verbe s'accorde avec le nombre du complément, le nom collectif fonctionne comme un quantifieur (p. ex. Riegel 1994 *et al.*: 346-347).

[178] Il serait intéressant de voir ce qu'il en est dans les théories modernes qui se sont développées autour des notions d'anaphoricité et de liage.

[179] Le mot a encore une autre acception. Littré, par exemple, définit la *syllepse* aussi comme un «procédé par lequel on prend le même mot à la fois au propre et au figuré». Exemple: *Le capitaine de gendarmerie tenait qu'on s'embarque tous les quatre, plus les toutous, dans la «quatre cent trois» qu'il vient de se payer. Une voiture nouvelle, ça vous transporte les premiers jours!* (J. Audiberti, nous soulignons; exemple trouvé sur internet dans un inventaire de figures de style: http://education.domaindlx.com/fralica/refer/theorie/annex/figstyl/dexplfig.htm).

Connoté trop négativement, le terme est abandonné dans la rubrique de l'accord[180] (= tome II), où l'accord selon l'esprit est même érigé en règle (T2, 118):

1° «un accord tout matériel et formel», «loi»
2° «les exigences de la pensée», «l'accord selon l'esprit».

La problématique semble donc avoir perdu sa connotation négative, mais l'opposition forme/sens reste intacte. Dans bon nombre de grammaires du corpus, le terme de *syllepse* a d'ailleurs cédé le pas devant la formule «accord selon le sens», formule qui sert parfois encore de dénominateur commun pour toute une série de phénomènes, comme chez Strohmeyer (1921: 242). Cette formule semble avoir endossé l'héritage de la figure.

2.3.3. L'inversion

La deuxième figure, appelée *hyperbate*, *renversement* ou «confusion, mélange de mots» (Arnauld – Lancelot 1660: 147; 1966: 160), ou, plus communément, *inversion*[181], consiste dans la violation de l'ordre des mots de la construction analytique. Comme le souligne justement du Marsais, elle était «naturelle au latin», une langue à cas. L'ordre des mots ayant acquis une valeur grammaticale en français, il faut veiller à ce que les inversions soient «aisées à ramener à l'ordre significatif de la *Construction* simple» (du Marsais 1782: 487).

À l'origine, toute dérogation à l'ordre analytique des mots était qualifiée d'*inversion*:

Inversions: *Que les fougueux aiquilons,/Sous la nef, ouvrent de l'onde/Les gouffres les plus profonds.*
Ordre normal: *Que les aquilons fougueux ouvrent sous la nef les gouffres les plus profonds de l'onde.*

De nos jours, en revanche, le concept d'*inversion* s'est restreint à la seule inversion du sujet (grammatical), phénomène qui s'observe dans certains contextes syntaxiques[182]. Par conséquent, l'inversion n'apparaît plus comme le pendant négatif d'un ordre logique idéal, mais comme un concept descriptif marquant la postposition du sujet au verbe prédicat. Cette conception plus restrictive (inversion du sujet) domine déjà dans les grammaires du corpus.

Cela n'empêche pas que certains auteurs fassent encore explicitement mention de la double conception de l'inversion: Plattner (*Inversion* vs *Fragestellung des Subjekts* ou *inversion proprement dite*; 1899: 247 + n. 1), Dauzat (*inversion* vs *inversion d'une façon plus générale*; 1947: 418, 428) et Le Bidois. L'inversion, terme *relatif*,

---

[180] On constate d'ailleurs un glissement entre le tome I et II: ce qu'ils appelaient encore *syllepse* dans le tome I (T1, 53) est désormais un accord «selon l'esprit» (T2, 119) (p. ex. la question des noms de bateaux). Autre exemple: les pluriels neutres latins: *le Boloeana* etc. (T1, 53).

[181] Du Marsais (1782: 487); Noël – Chapsal (1833: 179-180).

[182] L'importance de l'inversion du sujet pour les règles de l'accord sujet-verbe (cf. Chervel 1977: 109) a sans doute favorisé cette évolution.

«suppose, de nécessité, un arrangement typique, conforme à la logique ou tout au moins à l'usage le plus constant, que l'on détruit ou que l'on renverse» (Le Bidois T2, 5; cf. T2, 6).

Cet ordre étant sujet + verbe + objets,

«l'inversion consistera à déranger cet ordre, soit en plaçant le sujet après le verbe, soit en exprimant les objets ou compléments avant le verbe. Cependant, comme toute une série d'objets (les pronoms) se placent normalement avant le verbe, nous réserverons le terme d'inversion au déplacement le plus caractérisé, c'est-à-dire à la postposition du sujet par rapport au verbe» (Le Bidois T2, 6)[183].

L'attachement à l'ancienne[184] conception trahit encore une conception duale de l'ordre des mots, qui oppose un ordre régulier (et logique) à un ordre déviant, le second devant être ramené au premier. Les auteurs qui s'en détournent, en revanche, adoptent un point de vue plus nuancé et décrivent la place des constituants en fonction de contextes syntaxiques/pragmatiques particuliers. La survivance de l'ancienne conception de l'*inversion* n'est cependant qu'un indice très faible d'une stratégie de marginalisation et d'adaptation. Là où le terme maintient encore son sens originel, il s'agit souvent de l'inversion d'un *constituant particulier* (l'inversion de l'attribut et du COI, par exemple), inversion signifiant ici 'position inhabituelle' du constituant en question. Or, du point de vue méthodologique, il peut être utile de prendre comme point de départ de la description la position *usuelle* du constituant en question (sans que pour cela elle soit considérée comme 'logique' ou 'meilleure') et de considérer les autres positions comme des variantes, des inversions, comme c'est d'ailleurs le cas de l'inversion au sens strict du terme, c'est-à-dire de l'inversion du sujet, la position préverbale étant dans ce cas la position ordinaire.

2.3.4. L'anacoluthe

L'anacoluthe ne figure pas parmi les figures canoniques[185], même si quelques grammaires (Lanusse, Le Bidois, Larousse, Bloch, Dauzat, de Boer[186]) en font encore état. *L'anacoluthe* (litt. «absence de suite») est une rupture ou discontinuité dans la construction de la phrase, ou encore, d'après Littré, une

«tournure dans laquelle commençant par une construction, ou [*sic pro* on] finit par une autre»[187].

---

[183] Il n'empêche que le terme (ou une variante) s'applique encore occasionnellement à d'autres cas: *à lui donnée, par lui contée*, etc. (Le Bidois T2, 54: «construction intervertie»); *le sombre de la nuit* (il y a «inversion» «par rapport à l'ordre habituel *nom + adjectif*») (T2, 78).
[184] Plattner, Lanusse, Radouant, Brunot, Regula (*verkehrte* vs *gerade Wortfolge*), Michaut, Le Bidois, Bloch, Larousse, Grevisse, Dauzat, Wartburg et de Boer.
[185] Dans la grammaire de Crouzet – Berthet – Galliot (1909, 1928[16]: 210), l'*anacoluthe* constitue la cinquième figure.
[186] De Boer (1947: 134, 142-3, 168).
[187] Le terme est également utilisé dans le sens de 'ellipse de l'antécédent' (Littré): *Je vais (dans les lieux) où va toute chose.*

Cette définition se retrouve chez Bloch (p. ex. *Et, pleurés du vieillard, il grava sur leur marbre, ce que je viens de raconter*), qui associe à l'anacoluthe l'*asymétrie*, c'est-à-dire la coordination de deux c o m p l é m e n t s d ' o b j e t, l'un phrastique, l'autre non phrastique (1937: 255).

Les Le Bidois, de leur coté, la considèrent comme la *contamination* la plus connue et l'expliquent par un renvoi à sa p s y c h o g e n è s e. Pour eux, c'est un phénomène dûment attesté, quoi qu'en disent les grammairiens qui confondent souvent l'*anacoluthe* avec l'*ellipse* (T1, 13). L'*anacoluthe* se prête à un classement selon le degré d'irrégularité (T2, 733). Même la d i s l o c a t i o n serait en réalité une espèce d'*anacoluthe* (Le Bidois T2, 62), comme le pensent aussi Lanusse[188] et Larousse[189]. À y regarder de plus près, il s'agit de d i s l o c a t i o n s caractérisées par l'insertion supplémentaire de constituants entre l'élément d i s l o q u é et le pronom de reprise/d'anticipation. Cette confusion de la d i s l o c a t i o n avec l'*anacoluthe* est critiquée par Dauzat (1947: 398): les d i s l o c a t i o n s sont «des formations aussi régulières que celles de l'ordre logique»[190]. Il propose de réserver le terme d'*anacoluthe* aux véritables «constructions irrégulières»[191] dans lesquelles un membre de phrase (comme l'imitation de l'ablatif absolu *pleurés* …) n'est pas rattaché au corps de la phrase (*ib.*).

2.3.5. Le pléonasme et les mots explétifs

Restent le *pléonasme* et l'*ellipse* (cf. 2.4.). Quoique Noël – Chapsal (1833) reconnaissent seulement l'existence de *pléonasmes*, notre analyse portera à la fois sur le *pléonasme* et les *mots explétifs*[192]. Dans les deux cas, il s'agit de formes sémantiquement inutiles et, dès lors, ressenties comme étant superflues. Ils passent pour les pendants de l'*ellipse* qui sera examinée sous 3.

Les deux concepts, *pléonasme* et *explétif*, se distinguent cependant par le fait que le pléonasme implique toujours deux éléments (dont l'un est superflu), tandis que le terme *explétif* concerne toujours un mot pris individuellement, que celui-ci entre dans une configuration pléonastique (2 éléments) ou non. Un mot peut donc être explétif 'tout seul'. En outre, le terme de *pléonasme* porte encore souvent une connotation stylistique ou rhétorique, connotation étrangère à l'*explétif*. On constate en effet que les éléments qualifiés d'*explétifs* sont entrés dans l'usage (donc entérinés par la *langue*) et ne font plus guère l'objet des préoccupations des puristes.

---

[188] L'exemple donné concerne une d o u b l e d i s l o c a t i o n à g a u c h e (1921: 312 + note).

[189] L'*anacoluthe* est une d i s l o c a t i o n («la reprise et l'anticipation», sous-type de «dislocation de la phrase») à forte rupture (Larousse 1936: 82).

[190] Il n'empêche que Dauzat (1947: 426) entrevoit une *anacoluthe* dans *cet homme, je lui dirai*.

[191] Cf. aussi le titre «Phrases brisées; anacoluthe» (Dauzat 1947: 397).

[192] Marouzeau (1961) définit *explétif* comme «inutile à l'énoncé strict» et le traduit par *expletive, espletivo* et *überflüssig*. *Mot explétif* se traduit par *Flickwort* ou *Füllwort*.
L'adjectif *expletivus* se trouve déjà chez Charisius (224, 30) et Priscianus (17, 4). *Explere* signifie «remplir», plus particulièrement «boucher des fentes, remplir des vides» (Gaffiot). Le terme est attesté en français dès 1420 (Le Robert), voire dès le 14e siècle (*conionction explettive*) (*TLF*).

Dans un premier temps, nous allons passer en revue les phénomènes syntaxiques que la tradition grammaticale de la première moitié du 20ᵉ siècle analysait de manière récurrente comme étant pléonastiques ou explétifs (2.3.5.1.). Ensuite, nous procéderons à une mise en perspective (2.3.5.2.), avant de soumettre les deux concepts à une analyse épistémologique, qui en dévoilera l'hétérogénéité interne (2.3.5.3.).

2.3.5.1. Portée des concepts

(a) *La dislocation* (Pierre, je l'ai vu il y a 10 minutes)

La dislocation[193], construction typique de la langue parlée, a donné du fil à retordre aux grammairiens qui l'ont qualifiée de tour *pléonastique*. S'ils y attribuent un intérêt stylistique, c'est toujours la mise en relief du constituant disloqué qui justifie en quelque sorte la figure. Dans les grammaires du corpus, on trouve toutefois encore d'autres pistes syntaxiques, qui se combinent parfois:

- redoublement du sujet (etc.) ou sujet (etc.) repris par un pronom (éventuellement dans un but expressif ou pour éviter une ambiguïté)
  p. ex. Académie (1932: 45), Bloch (1937: 193)
- emploi absolu du nom (c'est-à-dire sans fonction syntaxique; le pronom indique la fonction dans le corps de la phrase)
  p. ex. Strohmeyer (1921: 245)
- nom apposé au pronom
  p. ex. Michaut (1934: 365, 397), Bruneau (1937: 87)

Peu de grammairiens envisagent la problématique dans son ensemble. Le *pléonasme* est invoqué le plus souvent à l'occasion d'une occurrence particulière de la dislocation, par exemple la dislocation du sujet. En outre, plusieurs angles d'attaque sont possibles (p. ex. sous l'emploi des pronoms ou dans l'analyse de la phrase en fonctions), ce qui explique pourquoi ces constructions disloquées ne sont pas traitées à un endroit fixe. Le concept peut même s'inscrire dans un réseau inédit comme chez Bloch, par exemple, qui opère un regroupement d'après le critère 'redoublement du sujet' (1937: 193-194): 1° «pour insister» (= dislocation); 2° interrogations (= inversion complexe); 3° «constructions impersonnelles contenant un pronom qu'on appelle *sujet apparent*». Nous avons d'ailleurs déjà relevé une certaine connivence entre les tours impersonnels et la dislocation, notamment en cas de reprise par le démonstratif *ce*, interprété comme impersonnel (cf. Ch. IV, 3.3.).

(b) *Le datif dit éthique* (Tu vas me les lui donner, ces gants)

N'entrevoyant pas la valeur réelle ou reléguant celle-ci dans les 'effets stylistiques', les grammairiens rangeaient souvent le pronom datif «éthique» parmi les éléments explétifs:

---

[193] Le terme provient de Bally. Il figure déjà dans son *Traité de Stylistique* (1909, 1921²).

«Les pronoms compléments de la première et de la deuxième personne s'emploient parfois d'une manière *explétive*, pour donner à la phrase une allure plus vivante ou plus familière, sans qu'ils soient nécessaires au sens» (Lanusse 1921: 137).

Quelquefois on trouve la dénomination *datif d'intérêt atténué*, qui rattache le datif éthique aux emplois plus canoniques du datif.

(c) Ne *explétif*[194]

L'emploi (facultatif) de *ne* en dehors de la négation proprement dite a été qualifié d'explétif (p. ex. *Je crains qu'il ne vienne trop tard*).

Toutefois, à l'instar de la d i s l o c a t i o n, cette analyse a été contestée[195]. Tobler (1886-1912: IV, 26), l'un des premiers syntacticiens 'universitaires' du français, appelle le *ne* explétif *ne modal*, en y attribuant la nuance modale que l'on connaît. Le terme fut repris par Brunot (1922: 522) et, plus tard, par Gougenheim (1938: 264, avec un renvoi à Brunot). C'est

«une sorte de particule modale adjointe au verbe, et dont le sens est si vague qu'elle peut manquer sans dommage dans bien des cas. Ce n'est plus qu'un embarras. Elle est souvent inutile et inattendue» (Brunot 1922: 525).

L'analyse de Tobler a eu du succès, et non seulement chez ses disciples (Strohmeyer, Engwer, Lerch). Ces deux derniers (Engwer – Lerch 1926: 176)[196] parlent d'une *Kontamination* (le désir du contraire s'insinue dans l'expression), ce qui correspond à ce que Strohmeyer (1921: 58-59) appelle une «Vermischung zweier Gedankenformen». Bruneau reprend l'analyse du mélange des deux pensées et forge le terme ««ne» *expressif*» (1937: 94). Gougenheim, de son côté, qui cherche à appliquer la théorie des oppositions phonologiques à la morphosyntaxe, range le choix entre *ne* modal et zéro parmi les *oppositions stylistiques* (= oppositions non significatives). Aux dires de D&P, c'est cet emploi de *ne* qui se trouve à la base de leur théorie du *ne* dit discordantiel (V1, 131). Chez Wartburg, il est question d'une «semi-négation» (1947: 151), mais le terme *explétif* n'est pas tout à fait abandonné (cf. index et *passim*).

---

[194] Il n'est pas sans importance de signaler que le terme *Füllwort*, donné par Marouzeau comme l'équivalent allemand de 'explétif' (cf. aussi Plattner 1899: 361, n. 3), est également utilisé dans le sens de 'deuxième membre de la négation', ce qui semble suggérer que cet élément était considéré comme un renforcement superflu par les grammairiens allemands (p. ex. Strohmeyer 1921: 54-55; Plattner 1899: 416, *passim*).

Le terme *Füllwort* (*Flickwort*), qui manque dans le répertoire de Kürschner (1997³, 1989¹), est utilisé dans le sens de 'cheville' (p. ex. *sozusagen*; *well* en anglais), qu'il faudrait supprimer pour faire bref, ou encore, dans le sens de 'mot sans contenu précis' (des mots en vogue qu'on utilise à tort et à travers comme *Internetfunktionalität, soziale Kompetenz*; mais aussi des mots comme *truc* (fr.)), comme le montre une rapide recherche sur la Toile.

[195] Parmi les auteurs qui y renoncent, certains en restent aux simples constats: la négation apparaît, «obwohl eine Negation nach dem Sachverhalt nicht gerechtfertigt ist» (Haas 1909: 425).

[196] Après *sans que, avant que* et *moins que, ne* est dit éclairer le sens: quelque chose qui n'est pas (encore) réel, qui n'est qu'imaginé (de Boer 1926: 180).

Il n'empêche que l'analyse comme mot *explétif* est très répandu. Elle n'est d'ailleurs pas toujours incompatible avec les solutions présentées ci-dessus[197].

(d) *La préposition*

Dans certaines constructions difficiles à analyser, les prépositions *de* et *à* ne semblent véhiculer aucune valeur sémantique. L'on comprendra qu'on ait qualifié ces emplois, qui sont parfois présentés comme l'aboutissement d'un processus d'usure, d'*explétifs*:

> «En particulier la préposition *de* s'est usée au point de devenir explétive, c'est-à-dire de ne plus jouer aucun rôle perceptible dans la proposition» (Radouant 1922: 53).

Le tableau en annexe (n° 10) montre que cette analyse ne s'observe que dans les grammaires où le concept d'*explétif* est encore appliqué ailleurs, c'est-à-dire au moins à la particule *ne* et au datif éthique. Il s'agit en gros des constructions suivantes (relevé basé sur Clédat, Bloch, Larousse, Ulrix et Radouant):

- à l'intérieur du syntagme nominal:
  - constructions prédicatives à l'intérieur du syntagme nominal[198]: *rien de nouveau, quoi de neuf*[199], *il y a ceci de grave, il y en a dix de nouveaux* (après un numéral), *il y a des fruits de perdus, j'en ai trouvé de beaux, ...*[200].
  - constructions épithétiques/appositives: *un fripon de valet, la ville de Rome*
- entre le verbe et son complément: *traiter de ...*; *parler en ami, agir en père*
- devant un infinitif complément d'objet, attribut (*l'objet est de ...*), séquence (*il est honteux de mentir*; *le mieux est d'attendre*), sujet précédant le verbe, ou devant un infinitif de narration
- Autres: *Si j'étais de vous*; *Qu'est-ce que c'est que de nous*?

On ne peut que constater que le besoin d'une véritable théorie syntaxique de la préposition, qui ne se réduise plus à une simple classification sémantique, fut criant. Les grammaires publiées vers la fin des années '40 font écho aux premières tentatives de ce genre. À la suite des travaux de de Boer (1947: 63-64; déjà de Boer 1926: 15-20), semble-t-il, certains grammairiens cherchent à intégrer de manière plus élégante les emplois explétifs des prépositions.

(e) *La conjonction* que

La conjonction *que* est dite *explétive* dans la construction clivée *que (de) + sujet (réel)*: *C'est une chose précieuse QUE de ...* (Ulrix 1909: 159; cf. aussi Radouant 1922: 40-41; etc.). On trouve une plus ample moisson d'emplois *explétifs* chez Lanusse (1921: 197):

---

[197] Bloch (1937: 176) et de Boer (1947: 22-23), par exemple, mentionnent à la fois l'expression *ne* «modal» et *ne* «explétif».
[198] Cf. Lagae (1998).
[199] Bloch (1937: 94): jusqu'au 17ᵉ siècle *de* ne fut pas obligatoire. *De* a perdu «son ancienne valeur partitive» (Larousse 1936: 227).
[200] Larousse (1936: 162) stigmatise les tours *il en a une belle de voiture*; *veux-tu la mienne de place?*; *J'en ai un de crayon*; *En veux-tu une de copie?* (1936: 265).

(que) si; *si j'étais (que) de vous*; *c'est un supplice (que) de l'entendre*; *l'ennemi serait dispersé, (que) l'on devrait ...* ; *cela ne laisse pas (que) d'être*.

Cette liste peut encore être complétée par les cas recensés par Cayrou (1948: 276, 379, 386) et Bloch (1937: 190): *peut-être (que) ...*; *Qu'avez-vous donc, que vous êtes tout pâle?*; *... pas encore guéri que ...*; *avant que de*; *que non*.

Une grande partie de ces emplois *explétifs* ont été intégrés dans des approches plus syntaxiques de la conjonction, calquées sur le classement des prépositions (p. ex. de Boer 1947: 154, 238).

(f) *L'inversion complexe (SN + V + clitique:* Pierre est-il venu?*)*

L'inversion complexe, qui engendre une certaine redondance — le sujet étant exprimé deux fois — est quelquefois considérée comme pléonastique: «on peut mettre à la fois, par pléonasme, le nom sujet avant le verbe et le pronom après» (Clédat 1896: 231). La même analyse se trouve encore, plus d'un demi-siècle plus tard, chez Cayrou, qui appelle le pronom postposé *sujet explétif*, le *sujet réel* se trouvant devant le verbe (1948: 334, 336). Ainsi, le *sujet explétif* de l'interrogation et de l'exclamation est opposé au *sujet apparent* des constructions impersonnelles (1948: 334, 339), le premier étant a n a p h o r i q u e («représente un être ou un objet désigné par le sujet réel»), le second non («un signe purement formel»).

Certains auteurs, comme Clédat et Ulrix, analysent *il/ce* impersonnel comme un *explétif*. Même Bruneau – Heulluy (1937: 71, 234), qui se refusent à accorder le statut de sujet à *il* impersonnel, sont près de le considérer comme un élément explétif (son histoire en témoigne), si ce n'était que cette notion avait mauvaise presse chez eux: «pronom «neutre» qui ne joue aucun rôle et qu'on ne peut pas analyser» (1937: 293). L'i n v e r s i o n c o m p l e x e a en commun avec la c o n s t r u c t i o n i m p e r s o n n e l l e (et avec certaines d i s l o c a t i o n s) le «redoublement» du sujet (cf. aussi Bloch 1937: 193). Plattner (1899: 247) parle d'ailleurs d'une *pronominale Inversion* à «doppeltem Subjekt».

2.3.5.2. Bilan: le sort du pléonasme et des mots explétifs dans les grammaires

À regarder le score obtenu (sur 6) par les grammaires du corpus (détails: voir *Annexe* 10),

5:	Ulrix, Bloch, Larousse, Grevisse, Cayrou
4:	Clédat, Lanusse, Michaut
3 et 3- (3--):	Radouant; Le Bidois; Plattner, Regula
2 et 2-:	de Boer, D&P, Académie
1:	Haas, Gougenheim, Galichet, Dauzat, Wartburg
0:	Sonnenschein, Strohmeyer, Brunot, Bruneau, Engwer

trois constats peuvent être faits.

D'abord, le *pléonasme* et l'*explétif* sont des concepts qu'on aime ou qu'on n'aime pas. La première attitude est typiquement française (et belge), la seconde se rencontre plutôt dans les grammaires d'outre-Rhin. Curieusement, et c'est le troisième constat, le *pléonasme* et l'*explétif* ont connu leur apogée entre 1934 et 1937. Si l'abandon de ces figures doit être considéré comme un progrès (ou une émancipation par rapport à la tradition grammaticale), il faut dire que la grammaire française a piétiné sur place. À partir de 1937, les auteurs du corpus, pour la majorité des linguistes de profession, désavouent le bagage rhétorique. Symptomatiquement, le trio Cayrou, Laurent et Lods, qui ne sont pas des linguistes de profession[201], ce qui vaut aussi en partie pour Galichet[202], s'attachent plus que jamais aux *mots explétifs*. On peut en effet établir une certaine corrélation entre l'abandon des deux concepts et le statut de linguiste professionnel (cf. aussi la position de Brunot). Seul le jeune Wagner (31 ans), coincé dans une équipe de non-linguistes, et Oscar Bloch, sans excuse, font exception.

Si les grammairiens allemands s'aventurent dans le domaine des pléonasmes et des mots explétifs, ils le font avec prudence. Ainsi, Plattner utilise souvent l'expression *scheinbar pleonastisch*. C'est qu'il se met dans la peau du Français (1899: 422, n. 1, 173, 211):

> «Dem Deutschen erscheint dieses *ne explétif* pleonastisch; dem Franzosen erscheint es nötig (ausser nach *craindre, douter, nier*» (1899, 422, n.1).

Cette prudence est parfois motivée par l'une ou l'autre nuance de sens, comme dans les emplois de *en* et *y* (1899: 173) et les emplois des verbes de *mouvement* (*vient chatouiller* pour *chatouille*) (1899: 182). Dans le cas du possessif éthique (*ethisches Possessiv*), «pleonastisch» ne veut pas dire «dass man es nach Belieben setzen oder auslassen kann», mais «dass das Possessiv die Rolle eines Füllwortes hat» (1899: 361, note 3). Plattner est non seulement prudent, il essaye aussi de dissocier les éléments pléonastiques (qu'on peut omettre) des mots explétifs (*Füllwort*, p. ex. le possessif ici), c'est-à-dire, vides ou sémantiquement superflus, mais indispensables.

En somme, le recours à des concepts comme *pléonasme* et *explétif* témoigne d'une attitude essentiellement négative (un élément jugé inutile, superflu)[203]. Dans la présentation qui précède, nous avons cependant relevé plusieurs analyses positives: la recherche d'une fonction sémantique, pragmatique ou stylistique (p. ex. *ne* «modal»,

---

[201] Le 'plus linguiste' des trois, Pierre Laurent, est décédé (longtemps) avant la publication de la grammaire (cf. Ch. II).

[202] Galichet, un normalien de Saint-Cloud, docteur ès lettres (doctorat d'université), fut directeur d'une École normale.

[203] Une autre attitude purement négative est celle qui consiste à déclarer la tournure inanalysable: dans *il est honteux de mentir*, *de* «ne peut s'analyser; elle ne se traduit pas dans une langue étrangère» (Bruneau 1937: 71).
Assez souvent, les grammairiens se bornent à un discours descriptif neutre, voire agnostique, des formes (p. ex. «introduit par *de*», «redoublé par le pronom», etc.), sans vraiment se prononcer sur le statut de la préposition et du pronom.

ne «discordantiel»), l'attribution d'une fonction purement syntaxique (presque euphonique; p. ex. les analyses de la préposition et de la conjonction), une solution lexicale (composition, figement; p. ex. l'analyse des verbes dits «essentiellement pronominaux»), une explication diachronique, ou encore, une motivation psychogénétique inconsciente (c'est-à-dire dans l'esprit de celui qui parle; p. ex. la contamination [*ne* explétif]). Les deux premières solutions se trouvent en réalité aux antipodes l'une de l'autre. La première consiste à refuser l'existence de formes sémantiquement vides[204], alors que la seconde les admet, sans que pour cela ces formes soient (toujours) facultatives ou dépourvues de fonction, leur fonction étant purement syntaxique. Pensons au «remplissage» d'un hiatus, opération qui correspond en fait au sens étymologique du terme d'*explétif*.

2.3.5.3. L'hétérogénéité interne des deux concepts (pléonasme et explétif)

Les deux concepts, *explétif* et *pléonasme*, posent non seulement problème par leur caractère 'marginal' et 'négatif' (on parle d'éléments redondants, dépourvus de fonction). Ils présentent, en outre, un manque de cohérence.

L'hétérogénéité interne du *pléonasme* (cf. les remarques judicieuses des Le Bidois T1, 9-10)[205] tient en partie à son origine rhétorique: si certains *pléonasmes* portent encore souvent la marque d'une justification stylistique ou rhétorique, il y en a qui sont devenus usuels[206] (cf. déjà du Marsais, article *construction*), qui sont donc passés à la *langue*. On constate, par exemple, que les d i s l o c a t i o n s, pourtant des tours consacrés par l'usage — mais pas toujours par les grammairiens! —, côtoient les pléonasmes stylistiques, motivés (p. ex. *je l'ai de mes yeux vu, ce qui s'appelle vu*) et vicieux (p. ex. *l'opium fait dormir parce qu'il a une vertu dormitive*). En fait, dans le *pléonasme* se reflète encore l'échelle de valeurs de la communauté, en l'occurrence, l'impératif d'économie, appliqué à l'usage de la parole: il ne sied pas de dire deux fois la même chose.

---

[204] Chez Dauzat, la 'peur du vide' se manifeste de deux manières. D'abord par une attitude normative: *mot interrogatif + est-ce que* («Il faut éviter ces redondances inutiles»; 1947: 431), *Pierre IL est venu* («vulgarisme condamnable: le français doit proscrire les particules superflues»; 1947: 265). D'autre part, si un tel élément est là, il faut qu'il ait une valeur. Ainsi en est-il du *ne* explétif: «*ne* a souvent été qualifié, à tort, d'explétif, cette particule apporte un élément affectif très net» (1947: 332; cf. 269 pour le d a t i f é t h i q u e).

[205] Ils distinguent plusieurs cas de figure (qui se rattachent en réalité à deux perspectives, l'une diachronique, l'autre synchronique) qui dévoilent toute l'ambiguïté du concept de *pléonasme*. Il y a d'abord les faux pléonasmes (p. ex. *ne pas, celui*) qui sont le résultat d'une «compensation nécessaire à l'usure sémantique, à l'affaiblissement de tel ou tel élément du langage» (T1, 9). «Ce n'est qu'avec le temps que cette apparente superfétation a révélé à tous sa valeur, et s'est imposée à l'usage» (T1, 10). Ces cas ne peuvent pas être confondus avec les cas où le *pléonasme* est «un utile renforcement de l'expression» (T1, 9), résultat d'une *intention réfléchie*. Les *pléonasmes* dus à l'*inadvertance de la pensée* ou à *quelque gaucherie de la plume*, par contre, ne peuvent pas compter sur la clémence des auteurs (T1, 10).

[206] Au point que remonter à leur origine pléonastique serait transgresser l'impératif de la synchronie, comme l'ont bien senti Clédat (*comment*; 1896: 341) et Larousse (*se suicider*; 1936: 437).

L'hétérogénéité des éléments qualifiés d'*explétifs* tient à l'absence d'une analyse vraiment syntaxique. L'élément *explétif* est en effet défini comme un élément dépourvu de fonction dans la proposition ou «non nécessaire[s] au sens» (Lanusse 1921: 137; cf. aussi 197; Michaut 1934: 537). De là à la possibilité d'omission, signalée entre autres par Lanusse (1921: 194), il n'y a qu'un pas. Or, le t e s t   d ' e f - f a c e m e n t montre que bon nombre de mots *explétifs* ne peuvent être omis. Si la suppression du pronom d a t i f   é t h i q u e ou de la particule explétive *ne* entraîne seulement la perte d'une nuance (liée à un registre de langue particulier), tout comme la suppression du *que* explétif, les prépositions (cf. les exemples cités sous 2.3.5.1.), en revanche, ne sont guère supprimables sous peine d'agrammaticalité (p. ex. *j'en ai trouvé de beaux*) ou d'un glissement sémantique (p. ex. *il y a des fruits de perdus*)[207]. De même, le *il* impersonnel, pas plus que le pronom *se* dans les verbes dits *essentiellement pronominaux,* ne peuvent pas être omis, alors qu'on peut — ou pouvait? — supprimer le pronom *en* dans *c'en est fait de lui.*

2.3.6. L'ellipse

Passons maintenant au pendant du *pléonasme*, l'*ellipse*. Avant de procéder à l'analyse proprement dite (2.3.6.2.), il est nécessaire de situer l'*ellipse* par rapport aux autres figures et résoudre quelques problèmes de méthode (2.3.6.1.). Dans la conclusion, nous confronterons l'*ellipse* au phénomène de la paraphrase, afin de pouvoir en établir le statut épistémologique (2.3.6.3.).

2.3.6.1. Nature de l'ellipse et problèmes de méthode

2.3.6.1.1. Nature de l'ellipse

L'ellipse, qui repose sur une stratégie de réduction qui ramène une forme abrégée à sa forme *pleine*, est sans doute la figure de grammaire la plus radicale. Si l'*inversion* ne restitue que l'ordre des mots canonique, si le couple *pléonasme/explétif* écarte seulement des éléments ressentis comme superflus, l'*ellipse* touche davantage à la sémantique de l'expression en ce qu'elle prétend restituer ce qui n'a pas été exprimé. Elle a partie liée avec la *syllepse*, qui, elle aussi, repère des grandeurs (pensées) non exprimées, quoique dans un domaine mieux circonscrit, à savoir l'accord (en nombre et en genre).

Toutefois, on ne saurait croire que l'*ellipse* soit un concept complètement superflu. À la vérité, elle reste une notion incontournable dans la grammaire moderne depuis qu'elle a été réhabilitée (Bonnard *GLLF*, s.v. *ellipse*). Seulement, le phénomène a été réduit à sa portion congrue, c'est-à-dire, son application a été limitée à certains contextes. Il n'empêche qu'un modèle à forte théorisation comme la GGT en a fait parfois un usage hardi[208], sous le couvert de la transformation *d'effacement*

---

[207] Les exemples sont tirés de la grammaire de Clédat (1896: 320).
[208] C'est ce que Chevalier (1991: 92) a appelé «une réécriture de métalangage».

(p. ex. effacement du sujet de l'impératif)[209]. La GGT nous permet d'attirer l'attention sur un problème épistémologique de taille: l'ellipse (ou l'élément zéro) n'est-elle pas la rançon du travail d'abstraction mené par la GGT, pour laquelle l'élégance (ou simplicité) semble être l'objectif suprême, au détriment du caractère réaliste de la description?

2.3.6.1.2. Stratégie d'analyse

Il n'entre nullement dans notre dessein de proposer ne fût-ce qu'une esquisse d'une typologie de l'ellipse. Dans l'article clôturant le numéro thématique d'*Histoire Épistémologie Langage* consacré à l'histoire de l'*ellipse*, Bartlett (1983) a posé quelques jalons pour l'histoire de ce concept, qui en dévoilent toute la complexité. Il fait remarquer à juste titre que l'ellipse n'est pas une notion isolée. Elle s'est constitué tout un champ conceptuel qui met en rapport des concepts apparentés, mais pas tout à fait identiques, comme *implicite* et *sous-entendu*, ou encore des noms d'action tels que *omission* ou *suppression*. Qu'on complète l'énoncé par le biais de mots ajoutés entre parenthèses ou par le biais d'une paraphrase, le principe reste le même. Certains auteurs, comme Sonnenschein et Regula (1931: 82, n. 1; 118; 123)[210], complètent les énoncés de manière indirecte, à travers une traduction en anglais ou en allemand. Ainsi, les traductions littérales de Sonnenschein non seulement facilitent l'analyse, elles lui offrent aussi la possibilité de compléter, en anglais, des structures françaises ressenties comme elliptiques:

il pleut «it is raining» = «*something (i.e. the sky or the rain)* is raining» (1912: 139)
il donnerait «he had to give, was bound to give» > «he is likely to give *under certain circumstances*» (1912: 118, 119).

Tous ces procédés ont en commun une stratégie descriptive qui consiste à 'normaliser', à adapter l'énoncé. Comme l'attitude qui préside à «l'ellipse» nous paraît plus importante que la terminologie, nous avons fait abstraction de la nomenclature.

Vu l'ampleur du phénomène et l'existence d'ellipses 'acceptables' (c'est-à-dire contextuelles), nous n'examinerons que les «excès» de l'ellipse, les symptômes d'*ellipsomanie* (Bonnard, *GLLF*), ou, en termes plus positifs, les ellipses les plus *opaques* (Bartlett 1983: 161). Pour cela, il faudra établir une liste de cas-types d'excès, à partir d'un ensemble de critères minimaux. Deux critères nous semblent essentiels: la restituabilité (1) et l'autonomie par rapport à la construction «pleine» (2).

---

[209] La problématique est d'actualité, comme le montre la publication récente d'un livre intitulé *Zéro(s)* (Lemaréchal 1997), qui déclare la guerre aux catégories vides.

[210] Le procédé peut être rapproché de la technique des traductions étymologiques («Etymologische Übersetzungen»; Regula 1931: V), c'est-à-dire la traduction littérale en allemand de l'étymon ou de l'interprétation d'une forme à un état de langue intermédiaire (p. ex. la décomposition de *aujourd'hui* et de *naguère*; 1931: 209, 174). Un autre exemple: *cependant = während dies in Schwebe war, indessen* (1931: 112).

(1) restituabilité

Les éléments manquants de l'énoncé doivent être aisément restituables et la construction pleine doit être attestée[211], voire utilisable dans le même contexte énonciatif. C'est ce que Riegel *et al.* (1994: 111) appellent la récupérabilité (syntaxique et sémantique) du syntagme «ellipsé» «à partir du contexte linguistique». En théorie, on peut prévoir les transgressions suivantes:

- la substitution par la partie ellipsée n'aboutit pas à la forme pleine ou on ne peut rien suppléer: p. ex. *faire des siennes*
- la partie ellipsée n'est pas restituable à un endroit particulier de l'énoncé (transgression de la condition syntagmatique)
- la partie ellipsée n'est pas récupérable de façon univoque (transgression de la condition paradigmatique).

(2) autonomie de la construction elliptique par rapport à la construction pleine

Il semble indiqué d'imposer encore une deuxième restriction à l'ellipse. Dans certains cas, la restitution de formes (soi-disant) sous-entendues paraît artificielle. Dans l'esprit des locuteurs (c'est-à-dire au niveau de la l a n g u e), ces tours sont autonomes par rapport à leurs équivalents complets, au point que ni le locuteur ni l'interlocuteur n'ont le sentiment d'un élément manquant. Exemples: *il ne mange (rien d'autre) que des frites*, *les (écrivains appelés) Corneille*. Il reste que le critère de l'autonomie est difficilement opérationnalisable[212], ce qui nous obligera à nous limiter aux cas les plus limpides. Les indices les plus probants de la non-autonomie semblent être les suivants:

- un glissement de sens (qui va plus loin qu'un simple effet de rapidité, par exemple) s'opère
  p. ex.   *Travaille* [= ordre] → *Tu travailles* [= affirmation];
  S'il était encore en vie! [= désir] → *Je serais soulagé, s'il ...* [= affirmation conditionnée]
- un changement de statut syntaxique (= recatégorisation) s'est opéré ou une analyse plus simple paraît préférable.

Par «analyse plus simple», il faut entendre une analyse moins compliquée (donc plus élégante), plus proche de la réalité observée et moins 'ad hoc', c'est-à-dire mettant en œuvre des concepts analytiques utilisés ailleurs dans la description du système. En voici quelques exemples:

   une préposition devenue adverbe (*il faut laisser la porte contre*[213]), un changement de la valence verbale, la juxtaposition (appositive) de deux noms (plutôt que nom + complément du nom: *la place Saint-Lambert*), un attribut accessoire (*je t'aimais inconstant, ...*), etc.

---

[211] Sur ce point nous sommes plus sévère que les auteurs de la *Grammaire méthodique du français* qui rangent sous la rubrique «ellipse du sujet» aussi le «sujet» coréférentiel d'un infinitif et les «actants du dialogue» impliqués dans la flexion verbale de l'impératif (Riegel *et al.* 1994: 132). Dans ces deux cas, la forme «pleine» n'est pas attestée (dans les mêmes circonstances et avec le même effet de sens).
[212] S'agit-il de la conscience 'spontanée' du locuteur ou après réflexion?
[213] Exemple emprunté à Melis (2001: 15). Attesté dans certaines variantes de français régional.

L'application de ces critères aboutit à un inventaire de cinq cas-types d'ellipses 'hardies':

1. Phrases en *que* + subjonctif exprimant un souhait ou un ordre[214]	*Qu'il vienne!*
2. Le sujet de la phrase impérative	*Viens!*
3. Phrases en *si* exprimant un souhait, un regret ou une suggestion	*S'il pouvait venir encore! Si j'avais su! Si Monsieur veut s'asseoir. Et si je te prenais au mot?*
4. Emploi du conditionnel (présent/ passé) dans la phrase i s o l é e (sans subordonnée conditionnelle)	*Hésiter serait une faiblesse* (= nuance déontique) *J'aurais voulu vous parler* (= atténuation de l'énonciation) *Il le ferait* (s'il le fallait). *J'aurais refusé* (si j'avais été à votre place)[215] (= éventuel)[216]
5. La restriction *ne ... que*	< *ne rien d'autre que ...* qui explique l'apparition du *que*

Cet inventaire sera complété par un sixième critère, à savoir la reconnaissance de la *proposition/phrase elliptique*, signe de la canonisation de 'l'incomplet'. La seule caractéristique qui unit les énoncés regroupés sous cette bannière est la 'réductibilité' à la phrase canonique complète.

2.3.6.2. Le traitement de l'ellipse dans les grammaires du corpus

L'application de l'outillage que nous venons de définir aboutit à un tableau synoptique qui permet d'identifier les ellipsomanes et les ellipsophobes[217] (d'après la terminologie de Bonnard, *GLLF*, s.v. *ellipse*) (2.3.6.2.1.). Il s'avère que certains grammairiens, notamment les ellipsophobes, ont entamé une réflexion sur l'ellipse qui mérite d'être signalée (2.3.6.2.2.).

2.3.6.2.1. Résultats de l'analyse

Pour les détails de l'analyse, on se reportera à l'*Annexe* 11. Il suffira ici de faire le point. Les scores obtenus pour les 6 paramètres permettent de distinguer les adeptes de l'ellipse des auteurs qui y sont plutôt hostiles:

---

[214] La construction *que* + subjonctif exprimant le refus ou l'indignation (*Moi, que je me soumette à de pareilles conditions!*) (Brunot 1922: 552-553) ou exprimant un ordre après un impératif (p. ex. *Descends, que je t'embrasse*) (Dauzat 1947: 382) n'a pas été prise en considération. De même, nous n'avons pas examiné le cas *Pourvu que ...* (souhait + hypothèse).

[215] Ulrix (1909: 185).

[216] Dans le dernier cas, la condition est si vague qu'on ne peut plus la restituer. La valeur du conditionnel est purement éventuelle (le contenu propositionnel est situé dans un monde possible). Quelques auteurs complètent encore ce genre d'énoncés par des formules telles que 'dans de telles circonstances'. Brunot (1922: 878) affirme d'ailleurs que l'éventuel s'est développé à partir de systèmes hypothétiques défectifs.

[217] Auparavant les expressions *ellipsomanie* et *ellipsophobie* avaient été utilisées par Robert Le Bidois (1954).

1° grammairiens «ellipsomanes» (> 3/6):	
	5 (5-): Ulrix, Grevisse
	4 (4-): Académie, Le Bidois
	3 (3-): Clédat, Brunot, Wartburg, Cayrou, Dauzat
2° attitude modérée (1 à 2/6)	
	2 (ou 2-): Bruneau, Radouant, Lanusse, Strohmeyer, Engwer, Michaut, Regula, Bloch
	1 (ou 1-): D&P, Larousse, de Boer, Sonnenschein
3° grammairiens «ellipsophobes» (0/6):	
	Plattner, Haas, Gougenheim[218], Galichet

Si l'on confronte ces résultats avec les dates de publication, on constate que la grammaire française piétine sur place. Autre constat remarquable: les grammaires d'expression allemande recourent moins souvent à l'ellipse que les grammaires françaises de France et de Belgique.

Une grande partie des grammaires, fidèles en cela à la 'première grammaire scolaire' (Chervel 1977), associent l'ellipse à un type de proposition qui se définit de façon négative par rapport à la phrase canonique complète:

• type de proposition particulier		
	(a) *phrase/proposition elliptique*: Lanusse, Radouant, Académie, Bloch, Larousse, de Boer, Wartburg, Cayrou	
	(b) *phrase/proposition elliptique* + autre terminologie (dominante):	
		(b1) *phrase incomplète*: Dauzat (≠ *phrase interrompue*[219]), Ulrix
		(b2) autres: Brunot (1° *phrase tronquée* ou *défective*; 2° *proposition à forme réduite*), Le Bidois (*proposition à forme réduite*), Michaut (*proposition anormale* ou *défective*)
	(c) autre terminologie: Bruneau (*phrase incomplète*), Regula (*Schrumpfsatz* ou *Kurzsatz*), D&P (*zeugme verbal*)	
• absence d'un type de proposition particulier: Clédat, Plattner, Haas, Sonnenschein, Strohmeyer, Engwer, Gougenheim, Galichet		

La terminologie fait apparaître trois conceptions légèrement différentes: soit on envisage ces phrases sous l'angle de la complétude (*elliptique, incomplète, défective*), conception dominante, soit on les considère comme le résultat d'une interruption de la chaîne linéaire (*tronquée, interrompue*) ou d'un abrègement (*à forme réduite, Schrumpfsatz* ou *Kurzsatz*). Une recette classique consiste à définir la proposition

---

[218] Chez Gougenheim on trouve assez souvent le terme *zéro* (p. ex. *préposition zéro*) (1938: 289) ou *absence de* [*pronom, préposition, article, etc.*]. Les éléments zéro sont des cases d'un réseau d'oppositions, significatives ou non, et non pas des ellipses, c'est-à-dire des représentants d'un élément sous-entendu.
[219] La phrase *interrompue* (*Quos ego …!*; *Si vous m'aviez écouté!*; *… que je fasse une si pauvre chère!*), qui peut devenir *exclamative*, est dissociée des *formations elliptiques* (*mots composés, locutions avec ellipse, ellipse du verbe, de la préposition, dans les réponses, …*). Les *phrases interrompues* et les *phrases exclamatives* sont réunies sous les *phrases incomplètes* (Dauzat 1947: 398-402).

elliptique et à en préciser ensuite les sous-types d'après les termes «essentiels» (cf. Ch. IV, 3.5.2.2.3.) qu'on peut omettre: ellipse du sujet, ellipse du verbe, ellipse du verbe et du sujet à la fois[220].

2.3.6.2.2. La théorisation autour de l'ellipse

Que l'ellipse soit un point chaud dans la réflexion grammaticale de la première moitié du 20e siècle, cela ressort du fait qu'un nombre considérable de grammairiens ont pris position dans le débat à l'intérieur même de leurs grammaires. La plupart ont réagi contre le recours abusif à l'ellipse, s'appuyant sur une panoplie d'arguments. Rares sont ceux qui ont fourni un apport plus constructif au débat (de Boer, D&P).

Le refus de l'ellipse a été motivé par des arguments diachroniques (Brunot, Larousse), psychologiques/communicatifs (conscience, choix du locuteur, modalités de l'intercompréhension) et méthodologiques (Galichet surtout).

Dès 1907-1908, Brunot réagit dans son cours de méthode contre l'ellipse qui ramenait toute construction à des «*formes-types* de langage» (1909: 144)[221], parfois non attestées. La réaction salutaire devait provenir de la grammaire historique, qui montre que de nombreuses ellipses sont, diachroniquement parlant, dépourvues de fondement (l'élément ellipsé n'a jamais été là). Dans *La Pensée et la Langue*, il axe la problématique davantage sur le sentiment linguistique (synchronique) des locuteurs[222]. Une ellipse est ellipse si elle est ressentie comme telle par le locuteur: «une ellipse que l'esprit supplée» (1922: 18); l'origine ne fait rien à l'affaire. L'argumentation de Brunot réunit nos deux critères (restituabilité et autonomie).

La réalité psychique de l'ellipse (sentiment du locuteur) est d'ailleurs de loin l'argument le plus fréquent. On le trouve entre autres dans la *Grammaire* Larousse (cf. aussi Haas 1916: 22-23):

> «Ce n'est que par artifice que nous rétablissons ici les termes supprimés par l'ellipse. En fait, quand nous parlons, nous n'avons pas conscience qu'il manque quoi que ce soit. La pensée est claire, la question exprime suffisamment l'idée ou le fait pour qu'il soit inutile de le répéter» (1936: 81).

On assiste ici à la dissociation de la démarche du grammairien et du sentiment linguistique des locuteurs. Mais pourquoi le grammairien compléterait-t-il encore les énoncés si ce n'est que *par artifice*? Et pourquoi encore parler d'*ellipse* si la réalité

---

[220] On trouve ce canevas chez Lanusse (1921: 200-201), Grevisse (1936: 122-124) et Radouant (1922: 58). D'autres classifications de propositions elliptiques se trouvent chez Brunot (1922: 17-19; 32-33; 552-553), Larousse (1936: 80-81), Bloch (1937: 216), Dauzat (1947: 398-402) et Le Bidois (T2, 222-223). Brunot distingue la proposition elliptique de la phrase elliptique. La première est appelée *proposition à forme réduite* (1922: 17, titre), la seconde *phrase tronquée* (ou *défective*, *elliptique*; 1922: 32, 552). Bien qu'associée à l'*ellipse* (1922: 18, 32), la première n'est pas qualifiée d'*elliptique*.

[221] Publié en 1909 par les soins de l'inspecteur Bony.

[222] L'importance du sentiment linguistique du locuteur concorde avec les mises en garde contre les interprétations diachronisantes de faits de langue en synchronie (Brunot 1922: XIII, 6).

psychologique en est nulle? Le grammairien voudrait-il seulement gloser les énoncés exemplifiés (qui ne sont pourtant pas opaques)? Même son de cloche chez Michaut – Schricke (1934: 16).

La critique d'ordre *méthodologique* prend des contours encore plus nets chez Galichet. Celui-ci voit dans l'ellipse une stratégie d'analyse de grammairiens en mal d'explication. Il s'élève contre les

> «prétendues «ellipses» grammaticales, auxquelles certains recourent *pour escamoter la difficulté*. Sans doute, il existe des constructions elliptiques, mais il ne faut pas considérer nécessairement comme elliptique toute phrase qui ne correspond pas à l'énonciation complète traditionnelle» (1947: 185; nous soulignons).

Du point de vue de la méthode, l'ellipse, qui est, certes, un phénomène linguistique (exemples 1947: 186, 153, 108) et un procédé stylistique (1947: 164) dûment attesté, ne peut être invoquée

> «qu'en dernier ressort, lorsqu'il faut absolument dégager un terme implicite pour rendre la phrase compréhensible ou faire apparaître la fonction de tel ou tel terme, et cela sans que la nature de la phrase soit changée» (1947: 186).

C'est que (= notre deuxième critère)

> «avant d'introduire des sous-entendus, cherchons si les composants de la phrase prétendue elliptique ne s'éclairent pas suffisamment les uns les autres» (1947: 185).

Il illustre ce point de vue à l'aide de trois exemples: *Grande la cour!*, le *complément de comparaison* et la phrase averbale dans les *présentations* ou *descriptions* (1947: 185).

L'ellipse étant un sujet controversé, elle a donné lieu à des polémiques, comme celle opposant les Le Bidois (T1, 5-9; T2 VIII) et un grammairien belge, Louis Michel[223] (1937). Pour les Le Bidois, l'ellipse s'inscrit dans une tendance de la langue qui s'oppose à la tendance analytique dominante (cf. 2.3.8.2). Due à «un invincible besoin d'abréger» (T1, 5), l'ellipse, dont on peut dresser une échelle (T1, 5-9), est «une condition (naturelle) du langage» (T1, 5-6). Malgré l'omniprésence du concept dans leur syntaxe, on ne saurait reprocher aux auteurs de ne pas avoir tenté de limiter le recours à l'ellipse («les grammairiens voient souvent des ellipses là où il n'y en a pas»; T1, 7)[224]. Il n'empêche que de nombreuses analyses exhalent une *norme logique a priori* (Michel 1937, cité dans T2, VIII), interprétation que les auteurs contestent au début du tome II. Pour eux, il ne s'agit que du *type d'expression habituel, ordinaire* (T2, VIII).

Jusqu'ici, les prises de position se réduisaient essentiellement à l'invocation d'arguments contre l'abus de l'ellipse. De Boer et D&P, en revanche, ont apporté des éléments de réponse plus positifs à la question.

De Boer, à l'instar de Galichet, demande de respecter la réalité observée:

---

[223] En 1941, ce grammairien et dialectologue (1906-1944), originaire de la province de Luxembourg, fut nommé à l'Université de Gand (Rijksuniversiteit te Gent 1952: 106). Il mourut en 1944.
[224] Voici quelques exemples de prétendues ellipses: *la ville était en cendres* (*réduite …); *Paul est pire que [n'est] Jean* (Le Bidois T1, 7-8).

«Il ne faut jamais sortir d'une phrase, quand on veut l'analyser syntaxiquement. C'est la syntaxe qui *choisit* telle forme de la pensée, et c'est cette *forme choisie*, à l'exclusion de toute autre forme possible, qu'il s'agit d'analyser» (de Boer 1947: 126).

Sa syntaxe offre dès lors plusieurs solutions de rechange qu'on peut ramener à trois stratégies: la *transposition* ou changement de catégorie[225] (de Boer 1947: 178), le sujet s i t u a t i o n n e l[226] (de Boer 1947: 16) et le *figement*, qui dispense le grammairien d'une analyse formelle interne (de Boer 1947: 119).

D&P apportent une critique constructive en ce qu'ils sont les seuls auteurs du corpus à s'intéresser vraiment aux mécanismes sémantiques et formels qui président au travail de restitution. Faisant peu de cas de l'*ellipse* (p. ex. V6, 23, 81), ils la réduisent à sa portion congrue: le *zeugme*[227]. Si la définition reste relativement vague,

«un membre de phrase où sont impliquées logiquement des idées explicitées dans un autre membre de phrase» (V4, 276),

il n'en est pas moins vrai que pour D&P le *zeugme* est une espèce d'ellipse supportée par des formes (explicites) présentes dans le contexte immédiat, bref, une espèce d ' a n a p h o r e z é r o, conception étonnamment moderne (V6, 10; cf. aussi V2, 414: «anaphoriquement»).

La *phrase zeugmatique* est le résultat d'une *transposition* d'une *phrase pleine non zeugmatique* (V4, 302). La description de cette transposition s'appuie sur trois notions: les *éléments explicites*, le *contenu implicite* (c'est-à-dire ce qui manque) et le *contexte du zeugme* (V4, 276-277):

- rapport entre l'élement explicite et l'élément sous-entendu
    (1) *zeugme concordant*: contexte = contenu implicite [ce qui manque est littéralement exprimé dans le contexte]
    (2) *zeugme divergent*: contexte ≠ contenu implicite [p. ex. un changement de personne: *ira* (forme exprimée dans le contexte) vs *iront* (contenu sous-entendu)]
- l'impact du *zeugme* sur les éléments environnants dans la phrase canonique correspondante
    (1) *zeugme indifférencié*: l'insertion de l'élément sous-entendu n'affecte pas les éléments environnants
    (2) *zeugme différencié*: l'insertion de l'élément provoque un rajustement des éléments environnants, p. ex. les formes a t o n e s de la construction complète sont remplacées par des formes t o n i q u e s dans l'expression zeugmatique (V4, 287)
- position du *zeugme*: *postérieur* vs *antérieur* au contexte
    Les uns, Wagner; les autres chérissaient Schumann (exemple d'un *zeugme antérieur*)

---

[225] Exemple: *aussitôt que* → *aussitôt leur arrivée* (1947: 178). Il cite Frei qui parle d'une «transposition en préposition à la suite d'une ellipse (mémorielle ou discursive)»: *elle a été opérée quand moi* [quand j'ai été opéré → en même temps que moi]; *quoique ça* = malgré ça (de Boer 1947: 178).
[226] Exemples (1947: 15): le guichet représente la circonstance-sujet (*Fermé*), ou encore, la personne à qui on s'adresse: *Misérable! Partez!*.
[227] Les Le Bidois préfèrent le terme *ellipse* à *zeugma* (T2, 289), ce qui implique une critique à l'adresse de D&P, qui ne sont pas nommés pour autant. Le *zeugme* concerne plutôt une liaison de mots inattendue.

Les attaches aux éléments contextuels explicites sont plus lâches dans le cas de l'*hémizeugme*: *bien qu'étranger, il mourut pour la France* (le verbe *être* n'est pas présent dans le contexte; glossaire V4, 299).

2.3.6.3. Conclusion: le rôle de l'ellipse dans les grammaires

La stratégie d'analyse que nous avons adoptée a permis de faire le départ entre les auteurs hostiles à l'ellipse et les ellipsomanes. Ces données concordent avec les prises de position théoriques des auteurs. Seul Brunot (score: 3) semble un peu plus indulgent[228] que ne le laissent supposer certaines de ses affirmations. L'examen montre que l'ellipse fut un «point chaud» dans la grammaire de la première moitié du 20e siècle, comme le montre aussi la polémique entre Michel et les Le Bidois. Elle a été combattue avec les arguments les plus divers, diachroniques, psychologiques (et communicatifs) et méthodologiques (respect de la réalité observée). Seuls de Boer et D&P se sont appliqués à chercher une réponse plus positive à la question.

Comme l'ellipse repose, implicitement ou explicitement, sur une *paraphrase* (ou une *transformation*, cf. Fuchs 1983: 103-111), plus particulièrement une paraphrase restituant des formes sous-entendues[229], elle se prête aux quatre «emplois» de la paraphrase que nous avons relevés sous 1.2.2. L'ellipse peut tout d'abord avoir une valeur heuristique **(1)**. Dans ce cas, elle correspond à un t e s t d ' e f f a c e m e n t (cf. 1.2.), qui n'est plus appelé *ellipse*. À la rigueur, elle pourrait aussi s'inscrire dans une approche onomasiologique **(2)** qui contraste des structures explicites et moins explicites (p. ex. certains passages de Brunot 1922). Or ces deux fonctions ne font pas le poids face aux deux autres emplois de l'ellipse qu'il faudra examiner plus en détail: l'ellipse comme glose (explicitation) **(3)** et l'ellipse comme concept analytique (théorique) **(4)**.

La paraphrase qui restitue une ellipse peut expliciter un tour opaque **(3)**, comme c'est le cas dans certaines grammaires FLE du corpus. L'explicitation de données situationnelles, stratégie descriptive qui est encore pratiquée de nos jours (p. ex. Riegel *et al.* 1994: 220), relève d'une démarche analogue. L'exemple suivant, dans lequel la paraphrase est censée expliciter la valeur du conditionnel, va plus loin: *J'aurais dû partir hier* «sous-entendu: je regrette de ne l'avoir pas fait» (Larousse 1936: 352). En cas de sous-détermination du discours grammatical, c'est-à-dire en l'absence d'indications explicites sur le statut épistémologique des structures 'complètes', il est très difficile de savoir s'il s'agit dans l'esprit du grammairien d'une ellipse à proprement parler ou d'une glose. Brunot s'est rendu compte de cette pente particulièrement glissante sur laquelle se meut tout grammairien: dans *Notre voisin doit rentrer ce soir. Son coupé l'attendait à la gare*, l'imparfait s'explique

> «par un rapport avec une idée implicitement contenue dans ces paroles, savoir: *quand j'y suis passé*, ou *tout à l'heure*. Mais il faudrait se garder de croire que ces mots soient vraiment sous-entendus; il n'y a rien de sous-entendu» (1922: 775-776).

---

[228] Cf. aussi le jugement de Robert Le Bidois (1954).
[229] Dans la mesure où elle respecte l'aspect formel (restituabilité aisée, sans adaptation des éléments environnants), l'ellipse peut être considérée comme une commutation entre un élément zéro et un élément réalisé.

Il s'avère donc particulièrement pénible de 'débusquer' les véritables ellipses, c'est-à-dire celles qui, dans l'esprit du grammairien, ont un statut analytique et théorique (**4**).

2.3.7. Tableau synoptique: les 5 figures de grammaire

Ayant fait le tour de la question, nous pouvons, enfin, dresser le tableau synoptique:

	inversion (au sens large)[230]		syllepse[231]		anacoluthe		pléon./ explétif	ellipse
Clédat	(−)[232]		+	150	−		4	3
Plattner	(+)[233]	247 n. 1, 369, 376	+	382	−		3−	0
Ulrix	−		−		−		5	5
Haas	−		−		−		1	0
Sonnenschein	−		−	102	−		0	1⁻
Lanusse	+	239, 241	+	177 n. 1	+	312	4	2⁻
Strohmeyer	−[234]		−[235]	242	−		0	2⁻
Radouant	+	57, 231	−	143	−		3[236]	2
Brunot	+	246	+[237]	261-2, 160, 87	−		0	3
Engwer	−		−		−		0	2⁻
D&P	−[238]		+	V2, 29	−		2−	1
Regula	±[239]	47	−[240]		−		3− −	2⁻
Académie	−[241]		−		−		2−	4
Michaut	+	275	+	260[242]	−		4	2⁻
Le Bidois	(+)	T2, 54, 78[243]	+	T1, 11, 53	+	T1, 13; T2, 62, 733	3	4⁻⁻
Bloch	+	257	+	259-260	+	255	5	2⁻
Larousse	+	82	−		+	82	5	1
Grevisse	+	96, 656, 106, 110, 609	+	455 n. 1, 456 n. 1, 473, 313[244]	−		5	5⁻
Bruneau	−		(+)	index	−		0	2
Gougenheim	−		−		−		1	0
Galichet	−[245]		−		−		1	0
Dauzat	+[246]	418, 426, 411	+	439	+	397-398, 426	1	3⁻
Wartburg	+[247]	305, 307, 322, 334, 336	−		−		1	3
de Boer	(+)[248]	239, 113	−	182	+	134, 142-143, 168	2	1
Cayrou	−		−		−		5	3

---

[230] Prise au sens large du terme. Le signe − indique que le terme *inversion* s'utilise seulement avec le sens de «inversion du sujet» ou qu'il n'est pas attesté dans la grammaire. Ce dernier cas de figure s'observe surtout dans les grammaires qui ne traitent pas de l'ordre des mots dans un chapitre particulier (Clédat, Académie).

Le premier constat qui s'impose est que les figures demeurent un principe explicatif important. De façon globale, elles témoignent d'une stabilité remarquable[249] entre le début du siècle et la période d'après 1945. On peut même dire que leur position se renforce encore[250], même si la syllepse n'est le plus souvent qu'une réminescence. Cela

---

[231] +: le *terme* de syllepse (et donc aussi le concept) a été utilisé au moins une fois.

[232] L'ordre des mots n'est pas traité dans cette grammaire. On trouve le terme «inversion» dans un passage obscur à propos du sujet dans la construction impersonnelle: l'ancien français, «grâce à une inversion, faisait du sujet logique le sujet grammatical» (Clédat 1896: 177).

[233] Il faut distinguer l'*inversion* de l'*inversion proprement dite* ou *Fragestellung des Subjekts* (1899: 247 + n. 1). Dans deux autres passages, le terme *Inversion* est appliqué au *logisches Subjekt* (1899: 369, 376), qui constitue un cas intermédiaire entre la conception stricte et la conception large de l'inversion: *Celui qui ..., c'est lui-même*; *c'est une belle chose que la musique!*

[234] Strohmeyer (1921: 247-250) parle seulement de la *Nachstellung* du sujet.

[235] *Vous êtes le premier homme qui ayez vu cela* (1921: 242): «Übereinstimmung [...] nach dem Sinne (statt nach den Regeln der Grammatik!)». Strohmeyer regroupe (mais seulement après coup) plusieurs accords selon le sens: *cette drôle d'idée, avoir l'air, on, ce sont* + a t t r i b u t a u p l u r i e l, etc.

[236] Radouant (1922: 128, 226) écarte à deux reprises l'analyse par *pléonasme*.

[237] Voici les attestations: la *syllepse* en général (traitée sous «accord avec un seul sujet»; 1922: 261-262), le d é t e r m i n a n t p o s s e s s i f (1922: 160), le nom d'un ballon (1922: 87). Le terme même est peu employé; d'autres expressions l'emportent: «l'accord se fait quelquefois avec la pensée» (1922: 196), «accord non grammatical» (Brunot 1922: 267-268).

[238] Les auteurs distinguent, à l'intérieur de la *rétrogression*, l'*inversion* (= i n v e r s i o n n o m i n a l e) de la *versation rétrograde* (= i n v e r s i o n c l i t i q u e e t c o m p l e x e) (V4, 582). Dans les deux cas, il s'agit de la conception stricte de l'i n v e r s i o n.

[239] Un calque allemand: *verkehrte* (↔ *gerade*) *Wortfolge* (Regula 1931: 47). Le terme de *Nachstellung/Inversion* est seulement appliqué au sujet.

[240] L'accord verbe-sujet est une question de focalisation: «Mehrheitsvorstellung betont» (Regula 1931: 172). L'accord avec *on* au féminin se fait selon le sens («nach dem Sinn») (1931: 172).

[241] L'Académie ne traite pas vraiment de l'ordre des mots. Sous la *syntaxe du nom*, les fonctions du nom sont rattachées à une «place logique» (1932: 34).

[242] On trouve aussi «attraction» du complément: *une foule de barbares* (Michaut 1934: 411).

[243] Malgré la décision des Le Bidois de limiter l'emploi du terme à l'inversion du sujet (T2, 6), le terme (ou une variante) s'applique encore occasionnellement à d'autres cas: *à lui donnée, par lui contée*, etc. (T2, 54: «construction intervertie»); *le sombre de la nuit* (T2, 78).

[244] Emploi assez hésitant (sous la forme de notes infrapaginales et de remarques). Il ne parle pas de *syllepse* dans le cas de l'accord verbe-sujet.

[245] On trouve bel et bien le terme *interversion* (Galichet 1947: 169).

[246] «inversion d'une façon plus générale» (1947: 418) versus *inversion* (1947: 428). Le passif est aussi une «inversion grammaticale» (1947: 202). Dauzat veut monter que l'inversion est encore fréquente en français en dehors de la langue vulgaire (1947: 411), notamment par le biais de l'e x t r a c t i o n et de la d i s l o c a t i o n. On trouve aussi *interversion* (1947:112).

[247] Les auteurs parlent aussi de «construction inversive» (Wartburg 1947: 165).

[248] Sous la rubrique *place du sujet du verbe*, de Boer, s'inspirant de Van Ginneken, traite longuement de l'inversion qu'il définit «la disposition intervertie des mots» (1947: 229). Quoiqu'il s'agisse de l'inversion du *sujet*, la conception large affleure encore à certains endroits.

[249] Il est difficile de calculer une mesure globale du traitement des figures, étant donné que les résultats pour l'ellipse et le pléonasme sont plus précis que les autres résultats du tableau.

[250] Mais cela tient en partie à la présence de nombreuses grammaires allemandes parmi les grammaires publiées au début de la période à l'étude.

vaut aussi pour chacune des figures prises isolément[251], sauf pour le *pléonasme/explétif*, concept abandonné après 1937 par les linguistes de profession.

Si les *figures* sont encore regroupées, il ne s'agit plus des *figures de grammaire*. Seuls Bloch et Le Bidois font exception, et, dans une bien moindre mesure, Lanusse, Dauzat et Grevisse. La composante rhétorique, c'est-à-dire le jeu des 4 (ou 5) figures de grammaire, dotées de vertus rhétoriques, s'effrite. Cette évolution contribue encore à la marginalisation des figures de grammaire, qui deviennent de plus en plus des concepts d'analyse purement grammaticaux.

Quant au traitement des figures par grammaire, on constate

- un emploi massif des figures chez Grevisse, Bloch, Le Bidois, Lanusse, Michaut, Clédat et Ulrix
- l'absence ou la quasi-absence des figures chez Haas, Sonnenschein, Gougenheim, Galichet, Strohmeyer et Engwer.

On aura noté aussi une nette différence entre la tradition d'expression française (y compris les deux Belges) et les grammaires publiées par des auteurs allophones. Cela tient sans doute aux contingences de l'histoire (l'influence respectivement de Noël – Chapsal et de Becker[252]), mais aussi[253], semble-t-il, à certains présupposés qui seront examinés dans le point suivant.

2.3.8. La doctrine linguistique sous-tendant les figures

La survie de l'*ellipse* et du *pléonasme/explétif* traduit une certaine conception du langage. D'une part, la langue-objet idéale est une réalité qui échappe à l'emprise du temps (2.3.8.1.). D'autre part, cette langue est un instrument qui 'analyse' la pensée à communiquer et qui l'exprime aussi clairement que possible. La langue, notamment la langue française, est dite *analytique* (2.3.8.2.).

2.3.8.1. Les figures (l'ellipse) et le changement du langage

Les cas de l'article partitif (présumé elliptique: 'une quantité de') et de la restriction en *ne ... que*, de même que les nombreuses «locutions elliptiques», témoignent des réticences éprouvées par les grammairiens devant la reconceptualisation ou recatégorisation des signes, notamment des constructions plus complexes. C'est

---

[251] Il suffit de comparer la somme des résultats pour les 13 premières grammaires à la somme obtenue pour les 13 dernières: inversion (5^{2-} vs 8^{2-}), syllepse (5 vs 6^-), anacoluthe (1 vs 5), pléonasme/explétif (27^{5-} vs 35^-), ellipse (27^{5-} vs 30^{6-}). Les + entre parenthèses ont été comptés pour un – suscrit.

[252] Alors que Noël – Chapsal (1833) regroupent les *figures* dans une section de leur grammaire, Becker y a seulement recours de façon sporadique. Celui-ci connaît l'inversion et l'ellipse (1839: 333, 215-216), mais ne parle pas de syllepse dans le cas de l'accord verbe-sujet. Il conçoit les noms collectifs (*tas, foule*, etc.) comme des n u m é r a u x   i n d é f i n i s (Becker 1839: 225). Le pléonasme et l'explétif (ou *Füllwort*) ne sont pas non plus attestés. La d i s l o c a t i o n est considérée comme un sujet ou un objet qui a pris la forme d'une phrase elliptique antéposée (1839: 210).

[253] On pourrait également se demander si la différence de traitement ne tient pas, en partie, à certaines propriétés de l'allemand (moins de prépositions ou de conjonctions vides?; absence de la négation explétive, etc.).

comme s'ils n'acceptaient pas que le sentiment linguistique des locuteurs soit sujet au changement. L'ellipse sauvegarde en quelque sorte les intérêts de l'histoire et empêche une véritable analyse syntaxique en synchronie.

Le rôle de la grammaire historique en la matière était en effet ambigu. Nous avons déjà vu que pour les historiens de la langue, comme un Brunot, par exemple, la grammaire historique passait pour une espèce d'antidote contre la grammaire logiciste, notamment contre «l'ellipsomanie». On en trouve un exemple chez Grevisse (1936: 421, n. 1), qui, s'appuyant sur Nyrop, réfute l'analyse par «ellipse» du «subjonctif impératif ou optatif». Nyrop affirme qu'il est difficile de prouver qu'il s'agisse «primitivement» d'une phrase subordonnée dépendant d'une principale elliptique; il y préfère une explication en termes d'analogie (avec le *que* exclamatif). L'apport de l'histoire est donc le bienvenu ici. Mais il doit être clair que l'origine du tour (et son histoire) ne détermine pas le fonctionnement de l'élément dans le système synchronique actuel et, par conséquent, son analyse. Il arrive que, le regard braqué sur le passé, le grammairien et historien de la langue projette sur la langue actuelle une ellipse, historiquement exacte (ou probable), mais qui n'est plus ressentie comme telle. Elle n'est plus ressentie comme telle si le lien entre la construction complète — si elle est encore attestée en synchronie — et la construction à analyser s'est distendu. En voici quelques exemples:

> (que cela) soit; il s'est battu, témoin ses blessures (Cayrou); des coq-à-l'âne (de Boer); c'est du meilleur Colette; elle est d'une bêtise; il a une voix! (Wartburg), etc.

Dans l'analyse en synchronie, le sentiment linguistique et les principes descriptifs doivent, en effet, prévaloir. Si l'on admet ces prémisses, la notion même de «locution elliptique», pourtant omniprésente dans le corpus, devient suspecte.

2.3.8.2. Les figures et la doctrine de l'analyticité de la langue française

Les interprétations anachroniques ont une importance moindre (seules une partie des ellipses sont concernées) que le deuxième élément de la doctrine sous-tendant la survie des figures: l'analyticité du français.

Dans la tradition grammaticale (française), la construction dite *logique, naturelle* ou *directe* a joué un rôle de premier plan (cf. 2.2.1.1. et 2.2.1.3.). Ce type de construction est censé refléter la marche de la pensée (sujet - verbe - complément). Voilà une première caractéristique, qui relève de l'ordre syntagmatique. La construction *directe* est aussi appelée *analytique*. Beauzée, par exemple, la qualifie de «construction analytique et grammaticale» (Sandmann 1973: 75). Du Marsais (1782: 480) s'en explique dans l'article *construction*: «chaque pensée est excitée en nous en un instant, sans division». Ce «sens total» est divisé ou analysé en vue de la communication[254].

---

[254] Les mêmes idées se trouvent, *mutatis mutandis*, dans les théories de Wundt. Pour lui, la phrase est le résultat d'un processus psychique de décomposition de la pensée: analyse d'une *Gesamtvorstellung* et articulation (*Gliederung*), c'est-à-dire mise en rapport, des membres ainsi dégagés (Wundt 1920: 244).

Ces deux caractéristiques, linéarité et décomposition de la pensée, se trouveraient réalisées au plus haut degré dans la langue française, langue analytique par excellence, au point qu'on pourrait y appliquer, avec les Le Bidois (T1, 3), la parole de Descartes (*Méthode*): la langue française permet de «décomposer la pensée «en autant de parcelles qu'il se peut»»[255]. Il s'ensuit que «dans une langue aussi analytique [...] toute nuance de pensée a son signe» (T1, 67)[256]. Voilà le second volet de la thèse de l'analyticité. Du point de vue des rapports pensée – langue, le second principe est plutôt de nature paradigmatique: il suppose que chaque élément de la pensée ait son correspondant dans la chaîne parlée et que la somme des idées rattachées aux éléments de la chaîne corresponde à l'idée globale. On peut, par conséquent, faire état d'un présupposé isomorphique sous-jacent, comportant un aspect paradigmatique (1 idée/1 forme, délimitable dans la chaîne parlée) et un aspect syntagmatique (ordre logique, qui suit la marche de la pensée).

L'idéal de l'isomorphie (peut-être renforcé par l'impact de la méthode cartésienne) explique pourquoi les grammairiens français restent si attachés aux figures, notamment aux ellipses (sous-entendus, omissions). L'*ellipse* repose sur l'idée que l'expression de la pensée n'est pas complète, que l'isomorphie paradigmatique entre la pensée et son expression langagière n'est pas réalisée: il manque des éléments pour aboutir à l'analyse exhaustive de la pensée. Le principe de l'isomorphisme paradigmatique est également violé dans le cas du *pléonasme/mot explétif* par le fait que le grammairien note une surabondance de formes par rapport aux idées exprimées[257].

C'est donc, en dernière analyse, le principe de l'isomorphisme pensée/expression incarné dans la thèse de l'analyticité du français, qui a garanti le succès et la survivance des figures, notamment de l'ellipse et du pléonasme/explétif. L'isomorphisme incarne l'idéal auquel toute structure déviante doit être ramenée. Comme nous l'avons déjà suggéré, les figures ne sont pas bien représentées dans les grammaires d'expression allemande. Ce constat s'explique sans doute par le fait que la tradition grammaticographique française y était plus sensible, d'une part parce que son objet (le français), langue à ordre «fixe», et donc analytique, était censé ne pas tolérer les dérogations au principe de linéarité; d'autre part, parce que la tradition intellectuelle

---

[255] Mais non pas pour «la mieux connaître», mais pour «la mieux *faire connaître*, [...] la mieux *communiquer*» (Le Bidois T1, 3).

[256] Il s'agit de l'article indéfini dont le français s'est enrichi. Dans cette définition, on peut déceler aussi une certaine influence de la tradition 'du mot juste' (la richesse du vocabulaire; tout concept a son signe), l'une des deux sources de la clarté française (Swiggers 1987: 9-10), mais transposée au plan des mots-outils et au plan de la décomposition de la pensée globale (la proposition). Le passage (T1, 3) dans la syntaxe des Le Bidois montre clairement que le concept d'analyticité est exploité dans le cadre de la proposition et non pas au niveau du stock lexical de la langue.

[257] L'*inversion*, quant à elle, est bloquée par la dimension syntagmatique de l'isomorphisme (p. ex. Le Bidois T1, 4; de Boer 1947: 229), tout comme l'*anacoluthe*, souvent confondue avec la dislocation. La *syllepse*, qui repère un donneur d'accord non exprimé — ce qui la rapproche de l'ellipse —, ne repose pas vraiment sur le principe isomorphique. Elle adapte l'énoncé non pas pour obtenir le rapport sens/forme idéal, mais en vertu d'une «logique» d'un autre ordre, à savoir une règle d'accord.

française (y compris la grammaire), fortement imprégnée de l'esprit cartésien, s'est plu à perpétuer le mythe[258] de la *clarté* française, essentiellement édifié autour de l'ordre naturel des mots (surtout au 18e siècle) et de la richesse du vocabulaire (Swiggers 1987: 9-10). Du fait de la *tendance analytique*, une «tendance à la clarté absolue» (Clédat 1896: 120, 183), le français est parfois jugé supérieur aux langues synthétiques, y compris le latin (Brunot 1922: 410).

Les Le Bidois ne sont d'ailleurs pas les seuls à attirer l'attention sur l'influence qu'a eue la méthode analytique de Descartes (*Discours de la Méthode*, 1637) sur le génie du français et sur la réflexion linguistique, ou, de façon plus générale, le discours autour du français. L'*ordre logique*, dit Dauzat (1947²: 231-232),

> «triomphe dans la langue classique, d'accord avec nos tendances d'esprit, en particulier avec la doctrine cartésienne dont la grammaire était imprégnée».

Les témoignages de cette doctrine d'après laquelle le français est la langue analytique par excellence sont légion dans le corpus[259]. La doctrine a encore été favorisée par l'interprétation typologique du concept «analytique», qui s'est superposée à la première acception du terme. Si la langue offre une analyse maximale de la pensée globale, c'est aussi grâce à la réduction de sa richesse morphologique en faveur d'un marquage analytique des rapports grammaticaux, c'est-à-dire, par le biais de m o r p h è m e s g r a m m a t i c a u x l i b r e s (prépositions, conjonctions, pronoms personnels sujet, l'article en tant que marqueur du genre et du nombre). La réduction de la morphologie a été compensée par un ordre de mots relativement fixe (= l'ordre dit logique ou analytique). Langue synthétique à l'origine, le latin a évolué vers une langue analytique, le français. Cette évolution formelle a reçu une réinterprétation cognitive et cela dès Beauzée[260]: les langues analytiques «semblent décomposer l'expression en fonction d'une analyse supposée de la pensée» (Marouzeau 1961: 19), contrairement aux langues synthétiques. En somme, appliqué au français, le terme *analytique* est venu à signifier:

- sur le plan formel: la présence de morphèmes grammaticaux libres (mots-outils)
- l'isomorphie syntagmatique: un ordre de mots (fixe) qui suit la marche de la pensée (= *logique, naturel*: sujet - verbe - complément et déterminé - déterminant)
- l'isomorphie paradigmatique: chaque idée de la pensée globale correspond à une forme identifiable dans la phrase et vice versa.

---

[258] Sur l'histoire du mythe et les tentatives de démythification, voir Swiggers (1987) et Meschonnic (1997).

[259] Notamment Le Bidois (T1, 4; T2, VIII) [langue «essentiellement analytique», «*explicitante*»], Clédat (cf. *supra*), Brunot (cf. *supra*), Lanusse (1921: 312, 314), Engwer (1926: 66), Galichet (1947: 167, 171) et Wartburg (1947: 236, 62), les deux derniers s'inspirant de l'École de Genève. Voir aussi de Boer (1947: 229, 226), Bloch (1937: 229), à propos des v e r b e s s u p p o r t, et Dauzat (1947: 9). Même les tours réunis dans la curieuse annexe de la *Syntaxe du français moderne* des Le Bidois, intitulée *Paragrammaticales*, peuvent être ramenés à l'analyticité paradigmatique.

[260] Les deux acceptions — historique et psychologique — du terme «analytique» sont déjà rapprochées par Beauzée (article *Langue*): les *langues analogues* (en gros les langues n o n f l e x i o n n e l l e s) — par opposition aux *langues transpositives* (i.e. f l e x i o n n e l l e s) — respectent l'ordre analytique de la pensée (Swiggers 1987: 11).

On ne saurait cependant croire que la thèse de l'isomorphie qui sous-tend la (prétendue) analyticité du français n'ait pas changé de statut depuis la grammaire générale. Si au 18ᵉ siècle les *figures* semblent avoir un statut ontologique 'réel' aux yeux du grammairien [attribution des mécanismes du penser correct (la logique) à la langue-objet à partir d'une théorie de la faculté du langage comme miroir de la structuration et du fonctionnement de la pensée], l'analyticité tend à devenir une logique plus triviale, à savoir la 'logique' du descripteur en quête d'une description élégante. L'isomorphie des plans du sens (pensée) et de la forme lui offre un principe — ou mieux, un présupposé — commode dans cette recherche, sans que pour autant il en endosse encore l'ancien substrat psychologique universaliste.

En marge de la thèse de l'analyticité, certains auteurs parlent aussi d'une tendance à la «synthèse», qui, plus encore que l'analyse, est un concept ambigu. Certains y voient la non-décomposition de la pensée à exprimer, corrélat psychique de la syntaxe affective (Strohmeyer 1921: 272). C'est la définition classique de la synthèse, telle que Bally (1932, 1944²: 143) nous la rappelle[261]. D'autres, comme Brunot et la *Grammaire* Larousse, ne la situent pas dans le domaine des processus psychiques. Se référant au sentiment linguistique des locuteurs, ils demandent de respecter les ««unités de pensée»» (Larousse, 1936: 430; renvoi à Bally), c'est-à-dire les groupes de mots (figés ou libres). Ce plaidoyer, qui remonte à Bally (1909, 1921²: 3), s'inscrit en faux contre l'atomisme de l'analyse scolaire dite *analyse grammaticale* qui décortique la phrase *mot* par *mot* (Cf. Ch. III). La langue est beaucoup plus *synthétique* qu'on ne le croit. Telle fut aussi la conviction de Brunot (1922: 4; cf. 1909: 149): «séparer les mots est parfois nécessaire pour les étudier, mais l'objet essentiel est d'observer *comment ils se réunissent*»[262]. Nous avons déjà signalé (cf. 3.1.1.3.) que Brunot (1922: 24) préconise l'analyse en groupes, puisqu'«*il importe de faire sa part à la synthèse*»: «les deux noms et leurs déterminations ne font qu'un»[263]. Signalons, enfin, Haas, qui utilise l'épithète *synthetisch* pour désigner le processus psychique de la conjonction de deux entités psychiques. La d i s l o c a t i o n, par exemple, est une «synthetische Ausdrucksweise» qui combine une *Gesamtvorstellung* et une *Vorstellung ajoutée avant ou après l'aperception de la Gesamtvorstellung* (1909:

---

[261] Celui-ci finit cependant par proposer une définition toute nouvelle des termes *analyse/synthèse*, en la modelant sur la dichotomie *langue/parole*:
- analytique: linéaire (parole) et monosémie (langue)
- synthétique: non linéaire (= dystaxie) et polysémie

Par *dystaxie*, il entend les signes discontinus, ambigus (*va*) ou redondants (nous *allons*) (1932: 112 pp., 1944²: 144 pp.).

[262] Cf. aussi: «groupes conçus comme des synthèses»: *des jeunes gens, des bons mots*, etc. (Brunot 1922: 58).

[263] Des idées analogues se trouvent chez de Boer (1947: 221; cf. aussi 58), qui y associe l'accentuation: l'antéposition de l'a d j e c t i f é p i t h è t e donne lieu à une unité psychique, une «union intime avec le substantif, avec un seul accent final» (soit l'*Einheitsdruck* de Jespersen), souvent remplaçable par un seul mot.

459). Ces constructions synthétiques peuvent devenir analytiques (c'est-à-dire monolithiques) par figement (1909: 50; 464-466).

2.4. *Conclusion: le centre et la marge*

Nous sommes parti du constat que les grammairiens du corpus se sont vus obligés de développer un outillage particulier pour rendre compte de faits linguistiques qui, apparemment, n'entraient pas vraiment dans leur dispositif théorique de base. C'est cette idée qui justifie l'insertion de ce paragraphe dans un chapitre consacré à la méthode.

Nous avons ensuite examiné en détail les stratégies 'de marginalisation' (stylistique/affectivité) et 'd'adaptation' (les figures). Ces démarches sont historiquement (figures ~ stylistique/rhétorique; stylistique ~ affectif; affectif ~ figures) et épistémologiquement liées. Elles se situent sur différents plans, mais fonctionnent de la même manière, sans qu'elles soient pour autant des concepts coextensifs[264]:

plan	centre	marge (déviation)
état d'âme du locuteur	intellectuel, tranquille, rationnel; contrôle des émotions	affectif
processus psychique accompagnant l'énonciation	analytique ÉVOLUTION: statut ontologique (langue-pensée) → présupposé théorique implicite (descripteur)	absence d'analyse (synthèse)
discipline	grammaire (*langue*: collectivité)	stylistique (*parole*: l'individu/ accessoire) + motivation stylistique (esthétique, recherche de l'écart, ...)
finalité communicative → procédé d'analyse	analyse par défaut	figures ÉVOLUTION: motivation stylistique (*parole*) → outil analytique (*langue*)

Quand on considère le développement de tous ces concepts sur le long terme, on constate que le cadre rhétorique des figures se désagrège. Les figures fonctionnent désormais 'en ordre dispersé' et perdent une grande partie de leur motivation discursive et ontologique originelle, ce qui entraîne un glissement de la *parole* à la *langue* et, parallèlement, de l'ontologie (le plan psycho-logique) à l'analyse purement grammaticale. La charge affective, qui n'était qu'une composante de la charge rhétorique (des figures), s'en est affranchie et fonctionne désormais de façon autonome (syntaxe affective). Seule la confusion terminologique due à la stylistique de Bally (mal-

---

[264] Certains auteurs affirment que même le style intellectuel utilise des figures (p. ex. Le Bidois). Rappelons aussi que certaines figures sont devenues usuelles (cf. déjà du Marsais).

gré la volonté de celui-ci d'en dissocier le style littéraire) la retient encore dans le domaine de la stylistique.

Le tableau du *centre* et de la *marge* n'est pas encore complet, cependant. Il faut y ajouter les autres stratégies (d'*exclusion*, de *résignation* et de *lexicalisation*; cf. 2.1.), qui, chacune à leur façon, impliquent une espèce de 'marginalisation' par rapport au noyau de l'outillage analytique.

De nos jours, ce panorama donne une impression de désuétude, même si certaines tendances comme 'le lexicalisme' (pensons au *Lexique-Grammaire* de Gross et à certaines évolutions récentes en GGT) sont plus que jamais d'actualité, montrant par là que le raffinement de la grammaire va au détriment de sa capacité de généralisation. Ce catalogue de stratégies nous montre aussi, par contraste, que, depuis, la grammaire a fait des progrès notables. Outre la disparition de certaines stratégies peu rentables (le langage affectif, l'usage, les gallicismes, etc.), on constate que la composante rhétorique a été éclipsée par 'la pragmatique', qui est de mieux en mieux intégrée au dispositif central de l'analyse, notamment chez les fonctionnalistes (Dik, Halliday). En plus, la linguistique a fait preuve d'une étonnante élasticité en se remodelant *de l'intérieur*: par l'établissement de *continuums* (et de prototypes), par le *découplage conceptuel* [p. ex. *sujet/thème/agent*; *head/functor/base* (Zwicky 1993)], par des approches *multifactorielles* basées sur l'interaction de plusieurs facteurs — éventuellement pondérés par des analyses quantifiées sur corpus[265] — ou sur le croisement de traits[266], en lieu et place du traditionnel branchement binaire progressif, qui implique nécessairement un cloisonnement dès la première marche de la taxinomie, par exemple entre essentiel et accessoire[267].

---

[265] «X est plus fréquent que Y dans le contexte A, alors que Y est plus fréquent que X dans le contexte B, ce qui veut dire que ...» au lieu de «X est exclu dans B et Y est exclu dans A».

[266] Par exemple, une taxinomie croisée des compléments à partir des traits *essentiel/accessoire, nominal/adverbial/prépositionnel* et *direct/indirect* (Melis, e.a. *apud* Melis – Desmet 2000: 63).

[267] Ce qui exclut, par exemple, la possibilité d'avoir des compléments a d v e r b i a u x e s s e n t i e l s ou de d a t i f s a c c e s s o i r e s (p. ex. *il va à l'école*; *je lui prépare un repas*).

CHAPITRE VII

ORIENTATION THÉORIQUE

Toute description grammaticale repose sur une conception particulière de la *grammaire*, comme, par exemple, taxinomie statique du matériel linguistique, ensemble de règles fini permettant de générer un nombre infini de phrases grammaticales, ou encore, comme technique pour dévoiler les mécanismes de la pensée. Cette conception de la grammaire est étroitement liée à une conception du *langage* (un système sémiotique abstrait et différentiel, la compétence d'un locuteur natif, etc.). Aussi articulerons-nous les deux aspects dans une seule analyse.

Dans un premier temps, il faudra séparer les grammaires qui se donnent pour seule tâche de *décrire* la langue, fût-ce dans un but normatif, de celles qui se proposent d'offrir une *explication* des faits décrits. Dans la composante 'explicative' de ces grammaires apparaissent plusieurs conceptions du langage, qui correspondent à quelques courants majeurs de la théorisation linguistique de l'époque. Le corpus périphérique (linguistique générale et théorique/théorie de la grammaire) jouera donc un rôle accru dans ce chapitre, mais ne sera invoqué qu'en fonction de l'analyse des grammaires du corpus.

Nous essaierons de classer les grammaires, tant bien que mal, selon la doctrine linguistique qu'elles véhiculent. Pour cela nous abandonnerons quelque peu la perspective transversale (histoire des concepts) qui a été la nôtre dans les chapitres précédents, pour une perspective verticale par auteur. La description n'en sera pas pour autant réduite à une simple juxtaposition de 'portraits', car ceux-ci seront rattachés à un cadre global et des comparaisons seront établies entre les différents auteurs. D'ailleurs, pour certains aspects, comme le poids de la dimension 'p r a g m a- t i q u e' (cf. 2.3.) et le sort de la dichotomie synchronie/diachronie (cf. 3.1.1.), nous adopterons encore l'approche transversale.

La classification globale des grammaires s'articulera sur une distinction classique: théories corrélatives *vs* théories autonomisantes. Si nous adoptons cette bipartition, c'est pour montrer que la pratique grammaticale (et linguistique) en fait peu de cas. Plusieurs auteurs doivent en effet être situés dans les deux camps, qu'ils allient l'explication psychologique à l'explication diachronique, ou qu'ils aboutissent à un compromis entre linguistique psychologisante et immanentisme. C'est l'une des caractéristiques les plus remarquables de la période 1907-1948. Certains auteurs devront donc être traités deux fois.

Le plan du chapitre se présente comme suit. Nous ferons d'abord le départ entre les grammaires descriptives (ou normatives) des grammaires qui affichent aussi des ambitions explicatives ou théoriques (1.). Seules ces dernières peuvent être classées selon la conception qu'elles se font du langage. Parmi les approches corrélatives, nous distinguerons trois orientations: une orientation psychologisante (2.1.), une orientation sémantique (Brunot) (2.2.) et une orientation (psycho-)pragmatique (2.3.). Suivront alors les approches autonomisantes. D'abord celles qui se bornent à l'explication par le biais de la grammaire historique (3.1.), puis celles qui se rattachent au saussurianisme ou à l'un des courants structuralistes (3.2.). Ce sera également l'occasion de relever quelques correspondances métathéoriques entre les explications proposées (4.).

1. Introduction: grammaires descriptives et grammaires explicatives

Dans le corpus on peut distinguer deux types de grammaires (et un type mixte) qui correspondent à deux *conceptions différentes de la* **grammaire**: les *grammaires purement descriptives* et les *grammaires explicatives/théoriques* (1.1.). Ces dernières ne se limitent pas à offrir une description; elles se proposent de donner aussi une explication des faits décrits. Dans ces explications transparaît une certaine *conception du* **langage**, qui est le plus souvent assez explicite. Selon qu'on considère le langage comme une entité en soi (ce qui suppose une certaine abstraction) qui s'explique par elle-même ou comme une entité dont l'analyse requiert des concepts relevant d'un domaine extérieur au langage qui en éclaire le fonctionnement et en révèle la véritable essence (la psychologie, la logique, la métaphysique ou la 'pragmatique'), on peut parler d'approches **autonomisantes** ou d'approches **corrélatives** de la matière grammaticale (1.2.). La classification que nous proposons ici est basée sur un certain nombre d'indices qu'il faudra d'abord identifier (1.0.).

1.0. La base empirique de ce chapitre

L'examen de l'orientation théorique des grammaires du corpus se fera à partir d'un certain nombre d'indices, qui, du point de vue du classement proposé au Ch. I, 2.1.2., sont de nature assez diverse.

Il faudra d'abord se référer à des *prises de position* explicites (focalisation de la description ou de l'explication?; quel type d'explication?; objectifs de la grammaire; inscription dans une tradition), telles qu'on en trouve dans les préfaces, les historiques de la discipline et les discussions. Si besoin en est, nous nous servirons d'autres ouvrages (plus théoriques) des auteurs, pour des prises de position plus nettes. On n'oubliera pas non plus les *sources* citées (et discutées, le cas échéant critiquées), que ce soit dans la préface, dans la bibliographie ou dans le corps de l'ouvrage. En outre, les comptes rendus des ouvrages contiennent parfois des informations intéressantes sur les fondements théoriques de la grammaire en question.

Cet examen 'qualitatif' sera affiné par des données quantitatives (et donc comparables), provenant de l'examen des critères mis en œuvre dans le classement de concepts (cf. Ch. VI, 1.). Ces données chiffrées permettront de mieux mesurer les différences relatives.

La classification des grammaires d'après leur orientation globale n'est pas une entreprise facile. Une telle classification repose en effet sur des *généralisations par abstraction* (cf. Ch. I, 2.1.2.)[1]. Même les grammaires les plus axées sur la forme donnent parfois des interprétations qui les rapprochent des grammaires psychologisantes. Témoin la description des c o n s t r u c t i o n s i m p e r s o n n e l l e s chez Clédat (1896: 295; 177): ce «qui se présente le premier à l'esprit»; «lorsque le sujet logique ne fait que préciser une idée qu'on avait dans l'esprit avant de commencer la phrase».

1.1. *Décrire vs expliquer*

Il suffit de regarder les objectifs que les auteurs se posent dans les préfaces pour se rendre compte de l'existence de deux conceptions différentes de la grammaire.

Certains auteurs mettent en évidence le côté empirique de l'entreprise. Le seul objectif qu'ils poursuivent est de donner une description ordonnée des faits grammaticaux. Quelle que soit la perspective qu'ils adoptent, descriptive (décrire ce qui se dit) ou normative (décrire ce qui devrait se dire et rien que cela), ou encore, normativo-descriptive (décrire ce qui se dit et en retenir ce qui devrait se dire, éventuellement dans telle ou telle circonstance), on a là, pour utiliser l'expression de Galichet, des *grammaires catalogues*[2], c'est-à-dire des g r a m m a i r e s à v i s é e p u r e m e n t d e s c r i p t i v e. Le terme *descriptif*, qui est plus neutre que *catalogue*, a le désavantage d'entrer dans une autre opposition, à savoir *descriptif* vs *normatif*. Mais, comme la problématique de la norme, qui relève de l'objet de la description, ne sera pas traitée dans ce travail, nous pouvons utiliser le terme *grammaire (à visée) descriptive* comme le pendant de *grammaire explicative ou théorisante*.

D'autres auteurs se proposent de dépasser le stade descriptif pour en dégager des généralisations plus performantes, voire des principes généraux qui sont censés éclairer les faits grammaticaux. Nous les qualifierons, avec Galichet, de *grammaires explicatives*. Le fait que nous empruntions notre terminologie à Galichet montre que cette opposition a été vécue comme telle par les auteurs du corpus (voir 2.1.1. pour d'autres attestations).

Le concept d'*explication* (au sens de «produit de l'action d'expliquer») doit être compris au sens large, c'est-à-dire dans le sens de «ce qui rend compte d'un fait»[3]

---

[1] Une autre solution, très laborieuse, aurait été de comparer «l'explication» d'un certain nombre de faits grammaticaux. Mais sur quelle base fallait-il effectuer la sélection des faits pertinents?

[2] Qui ne sont «que des Palsgrave «à la page», enrichis des dernières découvertes de la phonétique, de la sémantique, de l'histoire de la langue, de la stylistique ...» (Galichet 1947: VI). Il leur reproche de se limiter à une dissection littérale et à un étiquetage conventionnel de la matière. Celle-ci est présentée dans un cadre traditionnel, qui n'est pas fondé sur une vue synthétique ou organique des faits.

[3] Par exemple, l'explication d'un retard dans le courrier (Petit Robert) ou l'explication de la chute de la natalité.

(cause, motif, raison) (Petit Robert)[4]. Appliquée à la grammaire, l'*explication* consiste à déterminer les conditions (causales ou finales) d'un fait grammatical (p. ex. du *ne* explétif, de la phrase averbale, etc.). Ces explications s'inscrivent de préférence dans une théorie qui se tient[5] et qui explique un maximum de faits. Les conditions peuvent se trouver dans le système même (ou dans l'évolution de celui-ci), dans le substrat cognitif ou social du langage, ou encore, dans les lois abstraites de la logique.

Quand on prend les titres et les préfaces au pied de la lettre, les grammaires suivantes peuvent être considérées comme *explicatives*:

> Clédat, Haas, Ulrix, Sonnenschein* (cf. *infra*), Strohmeyer, Lanusse* (cf. *infra*), Radouant, Brunot, Engwer, D&P, Regula, Le Bidois, Larousse, Grevisse* (cf. *infra*), Bruneau* (cf. *infra*), Bloch* (cf. *infra*), Gougenheim, Dauzat, Galichet, de Boer, Wartburg* (cf. *infra*).

Peuvent passer pour des grammaires à visée *purement descriptive*:

> Plattner, Académie, Michaut, Cayrou[6].

Mais les deux perspectives ne s'excluent pas, bien entendu. Les deux aspects sont parfois conceptualisés dans les préfaces ou les titres:

> Ulrix, Dauzat, Strohmeyer, Haas, Brunot, Engwer, Le Bidois, D&P, Bloch, Larousse.

La composante empirique est même très importante dans les ouvrages de Le Bidois et de D&P. L'excipit du dernier volume de la grammaire de D&P en dit long:

> «En plus d'un quart de siècle d'efforts, nous avons essayé de faire l'inventaire le moins incomplet possible des ressources d'un idiome» (V7, 418).

On constate toutefois que le renforcement du soubassement explicatif (théorique) va parfois au détriment du 'catalogage' des faits. Certains auteurs, comme Gougenheim (1938: 7), de Boer (1947: 6) et Galichet n'ont pas de peine à avouer qu'ils n'aspirent pas à l'exhaustivité empirique: «Ce que nous avons voulu faire ici, c'est une méthodologie» (Galichet 1947: XII), d'où l'omission délibérée de certains éléments qu'on trouve traditionnellement dans les grammaires.

Revenons maintenant sur la liste des grammaires qu'une première approximation basée sur les préfaces avait classées parmi les *explicatives*. Certains auteurs

---

[4] On ne saurait confondre cette acception du mot *explication* avec une autre acception: «développement destiné à éclaircir le sens de qqch» (commentaire, éclaircissement) (Petit Robert). Comme la langue est censée exprimer un contenu, on peut 'expliquer' la langue en explicitant le sens véhiculé par les signes. C'est la deuxième acception du mot. Nous avons vu que la grammaire traditionnelle était très portée sur la paraphrase (Ch. VI, 1.2.2.). Elle abordait les faits de grammaire à la façon d'une explication littéraire ou d'une exégèse de l'Écriture. C'est dans ce sens qu'il faut comprendre le passage dans lequel Bloch – Georgin (1937: V) affirment que leur *grammaire de règles* veut dépasser les simples «recettes formelles» pour «définir la règle», pour «l'interpréter et [d']en faire comprendre le sens et la portée».
[5] L'explication atteint l'idéal quand elle acquiert une valeur prédictive.
[6] Cette grammaire est dépourvue de préface; le titre comporte «aujourd'hui» et «bon usage».

(Sonnenschein, Grevisse et Bruneau; peut-être aussi Bloch[7]) ont beau insister dans leurs préfaces sur l'utilité des explications historiques, la composante explicative reste nettement subordonnée à la visée descriptive. Nous les avons marqués d'un astérisque. Chez Lanusse et Wartburg[8], le rôle de l'explication historique se réduit même à l'identification de traces d'anciens usages.

Dans ce qui suit, nous allons examiner de plus près les *grammaires explicatives*. Cela ne veut pas dire que les *grammaires purement descriptives* existeraient en dehors de toute 'théorie'. L'idée que leurs auteurs se font de la grammaire pourrait être résumée comme suit:

> La grammaire est un inventaire organisé (description ou code) des faits (grammaticaux) d'une langue donnée[9].

En outre, dans les chapitres précédents, on a pu constater que les grammaires purement descriptives, tout comme les grammaires explicatives, véhiculent des *conceptions linguistiques* plus ou moins implicites, telles que la conviction selon laquelle toute forme est porteuse d'un contenu et que le contenu se distribue selon le principe de l'isomorphie (Ch. VI, 2.3.8.). Nous verrons d'ailleurs que certains auteurs se réfèrent occasionnellement à un paradigme psychologisant sans pour autant s'y inscrire complètement (cf. 2.1.2.1.).

1.2. *Explications corrélatives vs autonomisantes*

Pour la description des différentes conceptions du langage qui sous-tendent les grammaires explicatives, nous nous servirons d'une grille interprétative classique, à savoir celle qui oppose les *approches immanentes* ou *autonomisantes* aux *approches corrélatives*, pour la remettre aussitôt en question. Les premières s'appuient uniquement sur le fonctionnement et la structure internes de la langue, les autres se réfèrent à des notions extralinguistiques (la psychologie, la sociologie, la métaphysique et la logique).

Cette grille, qui cache mal l'opposition [+ structuraliste] *vs* [– structuraliste], pose quelques problèmes. Que faire en effet du structuralisme mentaliste américain (Sapir, Whorf) et genevois (Bally, Sechehaye) qui combinent la thèse de la structure immanente à une conception psychologisante de la langue?[10] Où situer Guillaume?

---

[7] Abstraction faite des explications historiques, cette grammaire est «une grammaire de règles», «pratique», visant la «connaissance des règles du bon usage» (Bloch 1937: V). Sur ce point elle ressemble fort à Grevisse et à Bruneau.

[8] «allégé de toute discussion théorique, de tout exposé historique» (Wartburg 1947: préface).

[9] Sur ce point, les grammaires à visée purement descriptive se rapprochent des taxinomies des distributionnalistes américains. Ceux-ci s'en distinguent toutefois par l'importance accordée à la méthode descriptive (qui essaie de bannir le sens des procédures d'analyse), qui se substitue en quelque sorte à la théorie.

[10] Le nœud du problème réside dans les rapports de force entre la structure formelle interne de la langue et l'outillage psychologique. Si l'analyse formelle précède l'interprétation psychologique, ou encore, si les catégories linguistiques ne cèdent pas sous la pression des catégories psychologiques (établies a priori), les deux approches, immanente et corrélative, ne sont pas irréconciliables. C'est d'ailleurs

Si nous adoptons ce cadre, c'est pour mettre en évidence l'une des caractéristiques de base du structuralisme dans la grammaire française de la première moitié du 20ᵉ siècle, à savoir son psychologisme.

Il est clair que les étiquettes *immanent* et *corrélatif* ne désignent que les extrémités du paysage linguistique et que les recoupements sont multiples. L'examen des grammaires *explicatives* du corpus aboutit à la classification suivante:

(1) explications corrélatives
    (a) psychologiques: la langue comme expression ou structuration de l'esprit + éventuellement épistémologique: structuration linguistique de la réalité perçue et pensée
    (b) sémantiques: la langue comme mécanisme destiné à l'expression du sens (plus particulièrement de champs sémantico-logiques)
    (c) '(psycho-)pragmatiques': la langue comme instrument de communication
(2) explications immanentes
    (a) les explications historiques
    (b) les structuralismes

Cette classification quelque peu 'scolaire' sera nuancée par la suite. Nous montrerons que certains auteurs s'inscrivent à la fois dans (1) et (2).

2. Approches corrélatives

Comme il a été dit, les approches corrélatives peuvent être classées en 3 groupes, avec des recoupements toutefois: les explications psychologiques (2.1.), sémantico-logiques (2.2.) et 'pragmatiques' (2.3.).

2.1. *La langue et l'esprit humain: la psychologie*

C'est chez les adeptes de la grammaire psychologisante que le désir d'*expliquer* les faits linguistiques est formulé de la manière la plus explicite (2.1.1.). Dès lors, les grammaires psychologisantes se laissent facilement identifier (2.1.2), d'autant plus que nous disposons de données quantitatives pour chacune des grammaires du corpus qui corroborent ces constats (cf. Ch. VI, 1.1.3.2.) (2.1.2.1.). Deux types peuvent être distingués, selon qu'on cherche à fonder les catégories grammaticales (qui constituent l'ossature de la description grammaticale) sur des catégories psychologiques ou non (2.1.2.2.). Les représentants de ces deux courants seront traités par la suite (respectivement sous 2.1.4. et 2.1.3.). À l'intérieur de ce cadre viendront se loger encore d'autres principes explicatifs, d'où une certaine hétérogénéité (2.1.5.).

---

plus ou moins l'objectif de D&P (cf. *des Mots à la Pensée*). Brunot, en revanche, pose un certain nombre de catégories sémantico-logiques (*la Pensée*) pour y rattacher ensuite les formes (*... et la Langue*) qui les incarnent. Même si l'agencement de la matière ne peut pas être confondu avec sa structuration, il faut dire que les catégories utilisées (p. ex. *objet, sujet*, etc.) ne correspondent pas toujours aux catégories linguistiques (cf. 2.2.).

2.1.1. Introduction: les *explications* psychologiques

Strohmeyer, Engwer et Regula (1931: III) montrent que l'opposition *description/explication* (cf. Galichet *supra*) fut au centre des préoccupations de l'époque:

> «Aufgabe [...] will es sein, nicht nur die Spracherscheinungen des Neufranzösischen zu registrieren, sondern sie zugleich vom psychologischen Standpunkt aus zu betrachten, und, wo est angängig ist, von diesem Standpunkt aus zu deuten» (Strohmeyer 1921: III).
>
> «Das Buch will französischen Sprachgebrauch feststellen und deuten lehren» (Engwer 1926: III).

Par «Deuten» les auteurs entendent «psychologische Grammatik treiben», c'est-à-dire confronter l'expression à la pensée (*Gedanke*) et tenter une explication de la façon dont les moyens grammaticaux (*Beziehungsmittel*) fonctionnent dans l'expression de la pensée, la véritable raison d'être du langage. En procédant de la sorte, ils visent à la fois la maîtrise pratique de la langue et la compréhension des règles (*Sprachbeherrschung* + *Sprachverständnis*) (Engwer 1926: IV). Regula (1931: VI) est sur la même longueur d'ondes — «historisch-psychologische[n] Schulgrammatik» —, mais qualifie sa méthode, produit de son expérience didactique, de *biogenetische Sprachbetrachtung* (1931: III), d'après le terme forgé par Wähmer (1914: 62, *passim*).

De même, D&P utilisent constamment des termes comme *expliquer, éclairer, comprendre* et *interpréter* (Joly 1982-1983: 47-48). Le principe de l'explication psychologique est également affirmé avec force par les Le Bidois (T1, XI) et Galichet (cf. 1.1.).

2.1.2. De quelles grammaires s'agit-il? Comment peut-on les classer?

Afin d'identifier les grammaires psychologisantes, nous partirons des données chiffrées signalées au début du chapitre VI. Elles seront commentées et rattachées à des indices d'ordre 'qualitatif' (prises de position, applications concrètes de principes psychologiques, etc.) (2.1.2.1.). Une fois les grammaires psychologisantes identifiées, il conviendra de chercher un principe de classification (2.1.2.2.).

2.1.2.1. Délimitation de la classe des grammaires psychologisantes

Nous avons vu au Ch. VI (1.1.3.2.) que la psychologie ne joue en général qu'un rôle limité *dans la définition des concepts*, à l'exception de quelques auteurs:

> Haas (68,97), Galichet (30,77), de Boer (28,57), Strohmeyer (22,22), Le Bidois (20,00), Engwer (13,33), Regula (12,5).

Les résultats de ces calculs concordent avec les indications tirées de l'examen 'qualitatif' des grammaires. Les critères psychologiques (cf. aussi les critères pragmatiques et référentiels) se substituent (en partie) aux critères purement sémantiques.

Loin derrière ce premier groupe, on repère quelques grammairiens dont le score se situe entre 2 et 4 %, ce qui correspond à une seule définition contenant un critère 'psychologique':

D&P, Académie, Grevisse, Bruneau, Dauzat.

Les résultats obtenus pour D&P surprennent (% des termes définis):

C1 (référence)	C2 (= sémantique, logique)	C3 (psychologique)	C4 (pragmatique)
6,2 %	83,3 %	2,1 %	14,6 %

Le pourcentage de C2, le plus élevé du corpus, tranche avec la sous-représentation des C3 (critères psychologiques). Ce constat contredit les affirmations des auteurs dont les ambitions psychologiques sont bien connues. Rappelons toutefois que ces chiffres ne représentent que la cinquantaine de termes retenus dans notre base de données. Il s'avère que pour la définition des termes relevant de ce que nous avons appelé 'l'ossature' de la grammaire, D&P ne se réfèrent ni aux représentations mentales, ni aux processus psychiques en général. En guise d'exemple, voici la définition du *substantif nominal*:

> «On appelle *substantif nominal* un terme représentant un concept sémiématique pur (ne servant ni à l'expression d'un taxième, ni à la formation d'un vocable syncatégorique)» (V1, 104).

Parmi les formules définitoires de D&P interprétées comme relevant de C2 (sémantique/logique), on trouve entre autres:

> *l'idée*; *concept*; X *représente une qualité, une modalité*, etc.; *substance*; *l'expression de ...*; *marque les modifications de la substance*.

Il s'y ajoute encore des renvois au domaine des *liages* ou rapports *logiques* (*support-apport, sufférence*, les *liages syndestiques ou dichodestiques*, etc). Le *système taxiématique*, du moins la partie sur laquelle sont basés nos calculs, s'avère être un système de nature sémantico-logique, plutôt qu'une grille de concepts psychologiques. Dans une note à propos de Kant (V1, 346, n. 2), ils opposent d'ailleurs la logique des logiciens à «la grammaire, logique vivante»[11]. Il faut en conclure que psychologie et logique vivante tendent à coïncider chez eux.

On remarquera aussi l'absence de Brunot parmi les grammaires psychologisantes, ce qui confirme la position que nous lui réservons dans la typologie (grammaire sémantique; cf. 2.2. *infra*).

Parmi les grammaires qui définissent un seul terme par référence à la psychologie (Académie, Grevisse, Bruneau, Dauzat), aucune ne se profile ouvertement comme grammaire psychologisante. S'il faut donc se garder d'accorder trop d'importance à

---

[11] Des termes comme *idée* et *concept* ont certes un substrat psychique, mais ces termes — qu'on retrouve aussi dans des grammaires plus classiques (p. ex. Ulrix) — sont tellement vagues et sous-déterminés qu'il a fallu les ranger dans la catégorie C2, qui sert de catégorie par défaut (cf. *Annexe* 9).

ces pourcentages très bas, on trouve toutefois quelques indices supplémentaires d'une certaine affinité avec les grammaires psychologisantes[12]. Cela vaut surtout pour la grammaire de Dauzat[13]. D'une part, cette grammaire ultra-morphologisante se veut une grammaire *raisonnée*. Pour cela, elle se fonde sur la science linguistique (historique) et écarte la logique (Dauzat 1947: 7). Or, d'autre part, dans sa conception de l'évolution de la langue, Dauzat réintroduit un certain degré de psychologisme, voire un certain logicisme (par le biais de la doctrine du génie du français, langue parlée par un *peuple raisonneur*). Si «l'analogie, l'association des idées, [...] des facteurs psycho-physiologiques» l'emportent sur la logique dans l'évolution de la langue, «le sens logique intervient pour rectifier[14], élaguer, régulariser», c'est-à-dire «pour affiner peu à peu cet outil de pensée» (Dauzat 1947: 7). Une grammaire doit expliquer les règles, en en dégageant les principes. Par principes, il entend sans doute le sens de l'évolution de la langue, les tendances, ou encore le génie de la langue (1947: 9, 27, 414, 412, 404, 239). Même la psychologie n'est pas tout à fait étrangère à ces principes (p. ex. Dauzat 1947: 245; 234-235), semble-t-il, comme le montre en premier lieu l'importance qu'il accorde à l'affectivité (Ch. VI, 2.2.2.2.). Il s'inspire d'ailleurs souvent d'auteurs appartenant au courant psychologisant[15].

Même Grevisse fait écho à la psychologie représentationniste[16], comme dans la définition du *mot composé* («éveill[e] à l'esprit une image unique, et non les images distinctes»; 1936: 128) et de la *proposition* (1936: 93), ou encore, dans l'interprétation de l'impératif *Sortez!*: idée de *sortir* + «la représentation mentale de quelque personnage qui doit faire l'action marquée par la verbe» (*ib.*).

Quoi qu'il en soit, ces ouvrages — à l'exception de D&P — ne renvoient qu'occasionnellement à la psychologie. Ils ne seront pas classés parmi les grammaires psychologisantes dont voici la liste[17]:

Haas, Strohmeyer, Engwer, D&P, Regula, Le Bidois, Galichet et de Boer.

---

[12] L'Académie (1932: 1-2), pour sa part, explique la stabilité des règles grammaticales (par rapport au lexique) par un renvoi aux *règles mêmes de l'esprit humain*.

[13] Karabétian, qui souligne à juste titre le «compromis entre divers courants parfois contradictoires» (grammaire historique, affective (ou psychologique), approche logique), va jusqu'à affirmer que Dauzat «part du rapport pensée/langue pour tenter de remonter des mots à la pensée» (1998: 267) et qu'il aurait influencé essentiellement «la «ligne» Galichet». Certes, Dauzat va de la forme au sens (la pensée?), ce qui n'est d'ailleurs aucunement révolutionnaire, mais le psychologisme que Karabétian lui attribue, au point d'en faire presque un second D&P (des mots à la pensée), nous semble excessif.

[14] Ce qui justifie l'intervention du grammairien (Dauzat 1947: 11).

[15] D&P [98, 211, 242 et 243, n. 1 (*notoriété*), 267, 329 (*discordance, forclusion*), 412, 343 (*épingle*)], Guillaume (196, n. 1, 219), Wagner (216), Bally (219, subjonctif comme outil de transposition; 397, *phrase désarticulée*), Sechehaye (454, à propos de la 'régression momentanée'), Le Bidois (318, 434, n. 1), Spitzer (262, n. 1), et, bien sûr, Brunot (129, 221, 263).

[16] Autres passages où il est question de l'*esprit* («qui est frappé par ...») ou de la *pensée* («qui s'arrête sur ...»): (1936: 452-453, 465, 467, 475, 471, 178, 290). Il n'est pas clair d'où vient ce psychologisme.

[17] On trouve aussi quelques renvois à la psychologie chez Wartburg (1947: 23-24, 47, 110) et même dans la Grammaire Larousse (peut-être sous l'influence de Wagner), comme le remarque aussi le recenseur anonyme de la *Revue des cours et conférences* (1936-1937). Il est par exemple question de la *subordination psychologique* marquée par le subjonctif (Larousse 1936: 336-337; 55).

Rappelons que *La Pensée et la Langue* figure parmi les grammaires 'sémantiques' (2.2.).

2.1.2.2. Deux groupes de grammaires psychologisantes

Parmi les grammaires psychologisantes que nous venons d'identifier, deux grands groupes se distinguent: celles qui se proposent d'établir un parallélisme entre les catégories de la langue et les catégories psychiques (Haas, Engwer, Regula, D&P et Galichet) (= groupe II) et les autres (Strohmeyer, Le Bidois, de Boer) (= groupe I). Nous commencerons par examiner les trois dernières (2.1.3.), étant donné que la plupart des concepts et techniques opératoires — lois psychiques et interprétations psychologiques locales — se retrouvent aussi dans les grammaires du premier groupe (2.1.4.). Cette opposition servira de cadre à la présentation détaillée des grammaires psychologisantes du corpus.

Nous avons déjà vu que l'existence de ces deux groupes est corroborée par les résultats chiffrés [poids des critères C(ontenu) dans les définitions; cf. Ch. VI, 1.1.4.]. Les auteurs du groupe II correspondent en effet à un ensemble d'auteurs qui focalisent le contenu au détriment de la forme (= groupe 4 du tableau sous Ch. VI, 1.1.4.), alors que les grammaires psychologisantes du groupe I s'en éloignent un peu. Elles appartiennent soit au groupe 3, soit au groupe 2 du tableau (sous Ch. VI, 1.1.4.). L'analyse quantitative concorde donc avec l'analyse qualitative.

2.1.3. Groupe I: lois psychiques et interprétations psychologisantes

Nous allons maintenant examiner de plus près les explications psychologiques chez Strohmeyer (2.1.3.2.), Le Bidois (2.1.3.3.) et de Boer (2.1.3.4.), représentants du premier groupe de grammaires psychologisantes.

Quant à Strohmeyer, nous nous servirons d'un article théorique et méthodologique publié en 1914 qui dévoile nettement sa pensée. La syntaxe des Le Bidois sera examinée de façon plus détaillée. L'exposé que nous en ferons se limitera toutefois à fournir quelques caractéristiques générales de la composante explicative de cette syntaxe monumentale. Il est clair qu'il ne pourra suppléer à l'absence d'une monographie historiographique sur cet ouvrage. Pour le côté structuraliste de de Boer, nous renvoyons le lecteur à 3.2.3.3.

Le tout sera précédé d'une brève présentation de Tobler, le père de la syntaxe (psychologisante) du français et maître de plus d'un des grammairiens du corpus (2.1.3.1.).

2.1.3.1. Tobler (1835-1910)[18], le maître des explications psychologiques et diachroniques locales

Ce linguiste suisse, ancien élève de Diez et professeur à Berlin, peut être considéré comme le père fondateur de la syntaxe (diachronique et synchronique) du

---

[18] Voir Drăganu (1970: 89-90) et de Boer (1946). Tobler fut aussi le maître de Kalepky (auteur e.a. d'un traité de théorie grammaticale, 1928), d'Ebeling et de Lommatzsch.

français. Il est loué pour ses analyses perspicaces de phénomènes syntaxiques marginaux (Drăganu 1970: 89-90), réunies dans les cinq volumes des *Vermischte Beiträge* (1886-1912), dont le premier volume fut traduit en français.

Si au début son approche psychologiste pouvait être taxée encore de logiciste[19] (cf. l'abus de l'ellipse), il fut amené à admettre, de plus en plus, le caractère parfois illogique des constructions, ce qui le poussa vers des concepts d'analyse plus souples, comme des croisements de constructions, l'*apo koinou* (= une forme qui fait partie de deux constructions à la fois) et l'anacoluthe (de Boer 1946).

Ses études se caractérisent aussi par des interprétations 'diachronisantes' de constructions syntaxiques:

> «le «vrai sens», la «vraie signification» d'une tournure syntaxique est «le sens le plus ancien». «Comprendre», «expliquer» une construction syntaxique, c'est «en trouver l'origine»» (Tobler, *apud* de Boer 1946: 22).

Placé devant une construction inanalysable en français moderne, période dont l'importance ne cesse de croître dans les études de Tobler[20], il monte en amont de l'histoire de la langue (ancien français) où il trouve l'interprétation (psychologique) et l'analyse 'exactes', ce qui l'amène à décomposer des unités comme *à moins que*. Fidèle à la tradition de la grammaire historique, il propose des explications atomistes; une théorie globale fait défaut.

Ce personnage est d'autant plus important qu'il fut le maître de plusieurs grammairiens de notre corpus (Strohmeyer, Engwer, Lerch) et qu'il est cité dans un tiers des grammaires du corpus.

2.1.3.2. Strohmeyer: une grammaire explicative à dominante psychologique

Les deux exposés réunis dans Strohmeyer (1914)[21] montrent que la désignation «grammaire psychologique» est décidément trop étroite, pour ne pas dire trompeuse. L'approfondissement psychologique (*psychologische Vertiefung*) auquel aspire l'auteur subsume en réalité des explications fort diverses.

Selon Strohmeyer, il fallait remplacer les *règles* par des lois ou principes (*Gesetze*) qui, contrairement aux règles, ne souffrent aucune exception (il y insiste). Les exceptions ne sont qu'apparentes et peuvent être expliquées par la concurrence des lois qui entrent en conflit et qui se neutralisent (1914: 4, 6, 10). En fait, Strohmeyer s'élève à la fois contre les adeptes de la grammaire logiciste et contre ceux qui considèrent la langue comme un produit du hasard. Sans référence à la *logique*, on ne saurait parvenir à une explication approfondie des faits de syntaxe. Quant aux illogismes, il faut les accepter et chercher à capter les 'lois' qui les expliquent (1914: 6).

---

[19] Cf. aussi la critique de son ancien disciple Lerch (1925: 11-13), reconverti depuis au néo-idéalisme vosslerien.

[20] De Boer (1946: 25) en fournit la preuve chiffrée, comparant les différents volumes entre eux.

[21] Présentés dans le cadre d'un cours de vacances organisé par l'association des philologues de Pommeren (le 14 octobre 1913).

Quand on essaye de dresser une typologie des *lois* présentées dans l'article, on peut discerner au moins 4 ensembles de facteurs: des principes psychologiques et communicatifs (1), des caractéristiques typologiques internes (2), des principes phoniques (3) et des principes diachroniques (4).

(1) Quant aux principes psychologiques et communicatifs, il faut d'abord signaler le principe très puissant — il expliquerait les inversions dans l'affirmative et l'interrogative, l'ordre des mots dans les réponses, etc. — de la loi de l'accentuation finale, combinée à la succession t h è m e /r h è m e (1914: 5; cf. *infra* 2.3.3.2.). Un autre principe psychologique clé est le caractère fermé de l'expression affective, laquelle ne permet pas l'analyse (de la pensée) (1914: 7) en une chaîne analytique (*analytische Kette*). Voilà de véritables principes psychologiques. Strohmeyer y associe pourtant aussi la description des emplois du subjonctif/indicatif à partir de leur sémantique (1914: 13), approche qu'il oppose à l'approche lexicaliste axée sur les verbes recteurs (qu'on trouve par exemple chez Plattner 1899).

(2) Un deuxième ensemble de principes concerne les caractéristiques typologiques 'internes' du français, qui proviennent parfois de la stylistique comparée, discipline dans laquelle Strohmeyer (1910) s'était déjà illustré: le français est une langue analytique, possède une forme interrogative du verbe (V + inversion clitique) (1914: 8) et ne met pas le verbe en tête, abstraction faite de quelques archaïsmes (1914: 10). Le français emploie fréquemment le réfléchi, qui, comparé à ses homologues dans d'autres langues, est un mot atone et plutôt vide de sens (1914: 14). Strohmeyer fait d'ailleurs allusion au regroupement 'stylistique' des faits en vertu de *caractéristiques* spécifiques au français dans la préface de sa grammaire:

> «die einzelnen Spracherscheinungen zu kleineren und grösseren Gruppen innerlicher Verwandschaft zu einen und damit ein charakteristisches Bild der französischen Sprache zu entwerfen» (Strohmeyer 1921: III).

(3) Le troisième groupe de facteurs concerne les processus ou tendances diachroniques. Strohmeyer énonce tout d'abord un certain nombre de principes *généraux* tels que l'analogie, la position fixe du sujet et du COD due à l'absence d'une marque casuelle (1914: 8, 11) et la loi du figement des formes archaïques (cf. aussi 1914: 7). Les cas résiduels ne peuvent être que des traces: *Quand est arrivé ton frère?*, reste d'un stade antérieur où le pronom clitique ne formait pas encore un tout avec le verbe (1914: 9); l'incise *dit-il* (1914: 12) et l'inversion après *aussi* (1914: 12). L'histoire de la langue est cependant subordonnée aux autres principes explicatifs. Elle fonctionne comme un pis-aller pour les faits irréductibles, notamment les archaïsmes figés. C'est le sentiment synchronique (*tatsächliche[s] Sprachempfinden*) (1914: 27) qui détermine l'analyse (1914: 17-29). Avec Bally (1909), il affirme que le sentiment linguistique actuel n'est nullement identique à celui des états de langue antérieurs (Strohmeyer 1914: 16)[22].

(4) Strohmeyer reconnaît aussi quelques principes phoniques ou prosodiques. Outre les lois d'accentuation signalées ci-dessus, il fait remarquer que le mot atone ne peut figurer «in freier Stellung» (il s'accroche au verbe).

D'autres 'lois' sont plus difficiles à classer. Strohmeyer réorganise par exemple les règles de l'accord du participe passé à partir d'une conception adjectivale du participe passé (ce qui implique l'accord). L'absence d'accord est alors expliquée par d'autres principes. L'auteur expose aussi le mécanisme derrière le développement historique des verbes pronominaux: la coréférence des deux actants aboutit à l'intransitivisation du verbe transitif; plus tard le mécanisme aurait été étendu aux verbes intransitifs (1914: 15).

2.1.3.3. Le Bidois

Tout comme Strohmeyer, les Le Bidois combinent psychologie et diachronie dans le (sous-)titre de leur syntaxe, qui se veut à la fois descriptive et explicative:

> «Nous avons proprement en vue la description de la syntaxe d'aujourd'hui, et naturellement aussi son explication» (Le Bidois T1, XI).

2.1.3.3.1. L'alliance de la psychologie et de l'histoire face à la logique

Au lieu de farcir l'esprit du lecteur de règles et de recettes, il faudrait lui faire *acquérir le sens* de la langue contemporaine (T1, XV; 2). La syntaxe

> «a pour objet d'enregistrer et de contrôler ces usages, d'en discuter au besoin la valeur, mais avant tout de les expliquer, ce qui ne veut pas dire nécessairement les justifier, mais s'efforcer de les faire comprendre en en montrant la raison d'être» (T1, 1).

C'est uniquement par leur «méthode d'explication des faits» (T1, XI) que les auteurs veulent innover. Dans les explications, c'est l'analyse psychologique qui est prépondérante (T2, VI). Tout comme chez Strohmeyer, l'histoire, qui ne saurait donner dans «l'explication par le «latinisme»», ni se limiter à établir l'ancienneté des faits de syntaxe (T1, XII), ne fonctionne que comme un pis-aller:

> «L'histoire n'est jamais alléguée par nous qu'à un titre un peu secondaire; seulement pour expliquer, quand cela paraît nécessaire, ce que la raison seule, disons mieux la psychologie, ne suffit pas à faire comprendre» (T2, VI).

Bref, la *psychologie,* l'*histoire* et l'*analogie* doivent renvoyer une fois pour toutes aux oubliettes les aspirations logicistes des syntacticiens modernes:

---

[22] Il faut par exemple s'abstenir de la recherche du sens étymologique (éloignement) de la préposition *de,* devenue simple *Kennzeichnungspartikel* de l'infinitif, dans *je crains de tomber* («ich fürchte vom Fallen her») (Strohmeyer 1914: 20).

> «Ils oublient qu'une langue, qu'une syntaxe, n'est pas une construction logique, qu'elle a ses raisons nécessaires et suffisantes dans tout autre chose que la raison raisonnante, nous voulons dire partie dans l'histoire, partie dans l'analogie[23], partie — ou plutôt d'une façon plénière et souveraine —, dans la psychologie de ceux qui parlent cette langue, qui usent de cette syntaxe» (T1, XII; cf. aussi T1, 41).

En voici quelques exemples:
- *je suis là* pour 'me voici, je suis présent': «impropriété apparente qui se justifie psychologiquement» (T2, 625) ('on est comme à la portée de l'autre').
- *ne dire pas non* «ces deux négations laissent dans l'esprit deux images négatives» et celles-ci ne peuvent «jamais se transformer exactement en une «image» pleinement positive» (T2, 662).

L'*usage*[24] ne respecte donc pas toujours les règles de la logique, en partie pour des raisons purement formelles, comme l'*haplologie* et l'*euphonie*[25].

2.1.3.3.2. En quoi consiste la composante psychologique de cette syntaxe?

Par psychologie, les Le Bidois entendent surtout les «démarches et attitudes du sujet parlant», «les moindres mouvements et nuances de sa pensée» (T1, XII). Ces deux aspects, l'un dynamique, l'autre statique, reviennent dans l'apologie de la flexibilité de la phrase française et du subjonctif (T2, X). La syntaxe, dans laquelle il n'y a aucune place pour le *dogmatisme, le parti-pris* et *la préférence de goût* («ce qui est l'affaire de la rhétorique ou de la stylistique»), tient compte «seulement de quelques faits essentiels»:

> «'génie de la langue'; puis de l'évolution historique du langage, dans un pays donné; et surtout les besoins de la pensée, du facteur psychologique» (T1, 1-2).

On trouve ici un quatrième principe explicatif qui s'ajoute aux trois principes mentionnés ci-dessus (la psychologie, l'histoire et l'analogie): le *génie*[26] de la langue, c'est-à-dire «l'ensemble de [s]es qualités» (T1, 2). L'aspect psychologique — qui, dans ce passage du moins, est dissocié du génie — prend la forme d'un fonctionnalisme intériorisé ou psychologisé (*besoins de la pensée*), dont on trouve une belle illustration dans la motivation de l'*ellipse*. Si l'ellipse semble gagner du terrain, malgré la tendance analytique[27] du français, c'est qu'elle est provoquée par une autre tendance qui entre en conflit (cf. aussi Strohmeyer et Brunot) avec elle, à

---

[23] L'*analogie* — pour un exemple, voir (T1, 418) — est en effet dissociée de la *psychologie*. L'*analogie* est traitée parmi les *figures de grammaire* (dans les *prolégomènes* et parmi les *paragrammaticales*) qui constituent un autre principe explicatif puissant. On y trouve également la *contamination* et l'*attraction* (pour lesquelles les auteurs sont très indulgents). Par contre, l'*analogie*, qui est mue «par la tendance analogique, ou plus précisément par la tendance de notre esprit à l'uniformité des tours syntaxiques» (T1, 15), attire (en général) les foudres des auteurs («solécismes dus à l'analogie»). Parmi les exemples cités, on relève *causer à* et *se rappeler de*.

[24] Avec ses caprices: *et quelques* se dit seulement pour les nombres supérieurs à 20 (T1, 231).

[25] Par exemple: «logiquement on devrait avoir»: *les (les) plus belles choses*, mais il y a *haplologie* (T2, 92). «Malgré les distinctions imaginées par nos grammaires [...], le choix entre *à* et *de* paraît tout à fait libre et dépend surtout de l'euphonie» (T2, 701). Vides de sens, ces prépositions sont des *tampons syntaxiques*.

[26] Sur l'origine de la notion de *génie*, voir Sandmann (1973b: 77). Voir aussi Siouffi (2000).

[27] «une langue aussi analytique que la nôtre, où toute nuance de pensée a son signe» (T1, 67).

savoir «un invincible besoin d'abréger» (T1, 5). Comme la notion de génie de la langue fait en réalité l'objet d'une interprétation ethnopsychologique (et diachronique), il faut faire état de deux types d'explications psychologiques: les caractéristiques psychiques liées à l'esprit des Français (= ethnopsychologie) (1) et les faits et mécanismes psychiques propres au langage en général (2).

(1) Le génie de la langue française et l'esprit des Français

Le concept de *génie de la langue* est des plus flous. Dans un contexte psychologisant, comme chez les Le Bidois, il se met facilement au service de l'ethnopsychologie (*Völkerpsychologie*):

> «production spontanée de la pensée d'un peuple, la langue de ce peuple reflète fidèlement la qualité de sa pensée» (T1, 2)[28].

Que les auteurs soient vaguement hantés par l'idée de la *psychologie des races* ressort par exemple de l'étude du passif, dont l'emploi est contrasté avec son emploi en anglais (T1, 407). Appliquée au français, la mise en rapport de la langue et l'esprit de ses locuteurs a de quoi alimenter le chauvinisme des auteurs, pour qui le *gallicisme* apparaît comme le summum de l'esprit national (T1, 9). Le fondement ethnopsychologique de la langue explique les «deux tendances[29] diamétralement contraires» auxquelles est livré le français contemporain (T1, 3)[30]: la *tendance analytique et raisonnée* et la *tendance affective* (cf. *supra*):

tel peuple	*... telle langue*
avide de clarté, d'analyse; aime l'ordre, la mesure, la raison; amour de la certitude, solidité (T1, 2)	«claire, ordonnée, mesurée, raisonnable, elle sera, en un mot, analytique et méthodique» (T1, 2); «la clarté et la précision» (ou «justesse») (T1, VIII)
↕	
«peuple, sociable et gai, ne néglige pas l'agrément» (T1, 2); «le caractère «social» ou la «sociabilité[31]» (T1, VIII, T2, 10), ou encore sa «puissance communicative» ou «affabilité» (T1, IX).	faisant «une large part à l'affectivité» (T1, 2)

---

[28] La langue, en tant qu'«expression directe et sincère» de la pensée est un baromètre plus sûr que la littérature nationale.

[29] La description comporte l'état actuel et «ses tendances» (Le Bidois T1, XV).

[30] Comme ils l'avouent, ils ont quelques thèses à défendre tout au long du tome II (T2, IX-X). L'ordre des mots n'est pas si rigide et 'intellectuel' (cf. aussi les vues de Dauzat 1947) qu'en français classique et le subjonctif ne se réduit pas à un mécanisme grammatical. Il s'ensuit que le français n'est pas seulement caractérisé par sa clarté, par son caractère social (von Wartburg), c'est-à-dire comme langue de communication (Bally), mais aussi par sa puissance expressive, qui le rapproche de l'allemand. Ce genre de stylistique comparée (Strohmeyer, Bally, Wartburg, école néo-idéaliste) est typique de la première moitié du 20ᵉ siècle et s'expose facilement à une espèce de chauvinisme linguistique sous couvert de science, comme c'est certainement le cas chez les Le Bidois.

[31] Selon les auteurs (T1, IX, n.1) — qui se réfèrent à Rivarol, à Wartburg (1934: 230-231) et à Bally (1932) — c'est la sociabilité qui réduit au maximum l'effort de l'interlocuteur.

Inversement, du moment que les grammairiens prennent conscience du génie de la *langue*, celui-ci passe de simple *conséquence* au rang de *cause* (T1, 2):

> «Une fois bien demêlé, il tend à devenir, non tyrannie, non règle absolue et brutale, mais idéal qui attire, [...] et le plus souvent se fait obéir».

Comparé au *bon usage* de Vaugelas, «norme vacillante et douteuse» (T1, 2), le *génie* est «un principe directeur autrement assuré et constant» (T1, 2). La connaissance du génie de la langue n'est cependant pas à la portée de tous. Il suffit au *profanum vulgus* «d'en acquérir le sens» (T1, 2) et d'affiner au maximum sa connaissance du français (T1, 3). En d'autres mots, la tâche — presque sacrée — du grammairien[32] consiste à déterminer le génie de la langue et à l'ériger en principe directeur dans l'établissement d'une norme intériorisée, une norme plus stable que le «bon usage», d'où aussi l'importance du *sentiment* ou de l'*instinct* (*justes*) (T1, 154, 207; T2, 120, 135, 140), qui tiennent parfois lieu d'explication. On aura remarqué qu'on glisse ici vers la problématique de la norme et du jugement de néologismes.

Il faut conclure que le génie du français, de par son fondement psychique, se confond avec les explications psychologiques, qui souvent s'avèrent être de simples besoins expressifs. En guise d'exemple: pourquoi l'article défini a-t-il étendu son domaine d'application? Réponse: par analogie, mais aussi et surtout sous l'effet du «génie de notre langue», c'est-à-dire la «nature» et les «exigences profondes de l'esprit français», qui est un «esprit, amoureux de clarté, curieux de signalisation précise, de détermination rigoureuse» (T1, 44). Voilà le présupposé de l'analyticité du français (cf. Ch. VI, 2.3.8.).

Assez souvent, la puissance explicative de ces thèses ethnopsychologiques est nulle, comme dans le passage suivant où il s'agit de l'introduction du passif pronominal sous l'influence des langues méridionales:

> «Il faut qu'il ait paru très naturel à l'esprit français, car il s'est définitivement établi dans la langue» (T1, 408).

De même, la répugnance du français à l'égard du passif: «l'instinct de l'esprit français est plutôt de penser le sujet du verbe d'action comme *agent*» (T1, 407), «c'est ainsi que l'image mentale prend forme dans notre esprit» (T1, 407). On assiste ici à une projection de traits linguistiques typiques du *français* (c'est-à-dire du génie du français) sur l'esprit des *Français*, qui, en retour, est censé 'expliquer psychologiquement' le fait syntaxique en question. Ce genre de raisonnement n'est pas exempt de circularité.

---

[32] Par exemple, l'idée de *personnalité* serait séparée par un fossé «infranchissable» de l'inanimé. Les tentatives des grammairiens de restreindre l'emploi des déterminants possessifs, pour subtiles qu'elles paraissent, semblent ainsi «correspondre, en général, à des exigences secrètes de l'esprit» (T1, 208).

(2) Mécanismes psychiques (généraux)

Les autres explications psychologiques ne sont pas rattachées (explicitement) à la pensée française. L'examen d'exemples concrets permet d'en tirer un certain nombre de caractéristiques générales.

D'abord, les auteurs ont tendance à calquer des processus de pensée sur les rapports/phénomènes grammaticaux (cf.). C'est ce que Knobloch (1988: 322) appelle le *redoublement psychologique* (*psychologische Verdopplung*). Ainsi la subordination est aussi «un procédé naturel et constant de la pensée, lorsque celle-ci se formule en langage» (T2, 225) et «dans le procès de la pensée normale» (T2, 224), les idées sont généralement unies par des rapports qu'on pourrait qualifier de c o o r d i n a t i f s . L'usure sémantique n'est pas vraiment une «tendance du mot», mais «une de notre esprit» (T2, 649).

L'on note aussi que dans quelques passages, *sens* et *pensée* sont synonymes:

«c'est le sens tout seul, c'est-à-dire la pensée, qui détermine le choix» (T2, 205).

Le subjonctif, qui est expliqué en termes purement sémantiques — il exprime des «dispositions psychologiques» (doute, souhait, etc.) — est dit *mode de l'énergie psychique*. Il ne s'agirait pas d'un mode de dépendance, comme certains le croient (en premier lieu Brunot et de Boer), mais du «mode indépendant, pleinement autonome, tout à fait spontané et libre, du sentiment et du vouloir» (T1, 501). En d'autres mots, le subjonctif a une *vis propia*, il ne «dépend que d'un état de la pensée». Les règles de la «concordance» des temps (y compris les discordances) perdent leur caractère mécanique, grâce à une interprétation psycho-sémantique: «la chronologie telle qu'elle est pensée par l'esprit» (T2, 206).

Ailleurs, la psychologie se réduit à la conceptualisation (particulière) d'une forme ou à une question de focalisation[33]: «son esprit est attentif avant tout à une excessive paucité» (T2, 156); le nom *gens* est suivi d'un adjectif au masculin, parce qu'il est pensé comme *tels hommes* «avec une telle plénitude de force» que le genre s'impose aux autres (T2, 142). Ou encore, il ne faut pas supposer «l'appui sous-jacent de *faire*» (= ellipse) dans les emplois transitifs de *monter, descendre*, etc. (T1, 391): c'est plutôt l'«instinct de l'esprit» qui pense l'action comme réellement transitive.

De la conceptualisation à la reconceptualisation en diachronie il n'y a qu'un pas. On en trouve un exemple dans l'explication de la règle de l'accord du participe passé avec *avoir* (T2, 178)[34].

Quelquefois on retombe dans un discours métaphorique explicitant la conceptualisation, mais n'ayant guère de force explicative:

---

[33] Par endroits, les auteurs mettent en œuvre toute une imagerie verbale autour des notions «lumière» et «éclairer» pour parler, justement, de la focalisation, de la mise en évidence de tel ou tel élément (Le Bidois T1, 138; T2, 191).

[34] Autres exemples: Le Bidois T1, T2, 239-246; T1, 415-416.

- *en effet*: «comme un tremplin où la pensée se pose un instant, et d'où elle s'élance pour fournir une preuve ou une explication développée» (T2, 243).
- *quelque chose plus honneste* --> *de plus honnête*: *de* «donne à la pensée un point d'appui, ou, si l'on préfère, un point de vue d'où elle aperçoit mieux un élément tout à fait essentiel de l'idée» (T1, 88).

La présence d'un plan psychologique abstrait est, finalement, utile dans l'explication de certains phénomènes elliptiques[35]. Ainsi, le verbe transitif en emploi absolu est toujours transitif, mais «virtuellement» (T1, 397): «L'esprit ne s'y trompe pas», «la curiosité de l'esprit tend invinciblement» à un COD. Il en est de même de l'accord avec un sujet en partie sous-entendu: *(une somme de) quatre ou cinq mille écus* ...: «Ce qu'il faut considérer ici, ce sont moins les chiffres que la façon dont ils sont pensés» (T2, 160).

En définitive, quoiqu'omniprésente, la psychologie, empiétant en partie sur le champ de l'ethnopsychologie, n'a qu'un impact local et ne donne pas lieu à une théorie psychologique globale, ce qui est critiqué par H.F. Muller (1936: 476). Les explications psychologiques sont souvent calquées sur des concepts syntaxiques ou sur la sémantique (le sens), prenant souvent la forme de conceptualisations ou focalisations particulières. La composante psychologique s'accompagne d'autres facteurs qui souvent se réduisent à elle: l'analogie, le génie de la langue, l'histoire (en partie expliquée psychologiquement), et, finalement, les *caprices de l'usage* (= quand l'usage résiste à toute explication).

2.1.3.3.3. Les Le Bidois et leurs contemporains

En recourant à la psychologie, les auteurs sont conscients de faire œuvre originale. Ils font d'ailleurs peu de cas de la syntaxe *descriptive* du français[36], y compris de la période 1915-1935 (T1, XI, XIII)[37]. Seules *La pensée et la langue* et la syntaxe de Sandfeld — dont ils attendent avec impatience le second tome — échappent à ce jugement dévastateur. C'est d'ailleurs à la publication de *La Pensée et la Langue* que Georges Le Bidois, le père, professeur de littérature dans l'enseignement supérieur libre à Paris, doit sa *vocation* tardive de syntacticien. Aux yeux de Georges Le Bidois, *La Pensée et la Langue* était

«quelque chose d'intermédiaire entre une psychologie du langage, et une méthode pour en pertinemment user. Mais certainement pas une syntaxe».

---

[35] Ce procédé leur a valu le reproche de tomber dans le piège du logicisme qu'ils critiquent justement (cf. compte rendu de Michel, cité dans la préface du second tome, T2, VIII).

[36] Il en est tout autrement de la grammaire historique, de la phonétique et de la morphologie.

[37] Dans la préface de la réimpression (1968: XIX), Robert Le Bidois ne cache pas sa méfiance envers la linguistique fonctionnelle et le structuralisme, jugés trop spéculatifs. À ce propos, il n'est pas inutile de faire remarquer que Robert Le Bidois enseigna à New York avant l'arrivée de Martinet et la fondation du Cercle linguistique de New York (Martinet, Jakobson). Il quitta la ville de New York en 1939.

Ce livre si riche, qui exerça «une profonde influence» sur lui (T1, XIV), est donc qualifié, malgré Brunot, de *psychologie* du langage. Il s'ensuit que Brunot a bonne presse chez les Le Bidois (T2, 164) et que les renvois à *La Pensée et la langue* et à l'*Histoire de la Langue française* se comptent par dizaines. Ils lui empruntent nombre de termes[38] et ont hérité de lui l'horreur des classifications (T2, 376). Wagner signale qu'ils s'inspirent même de «la méthode d'exposition» de Brunot (ils élaborent sa théorie de la concordance). Or, les éloges ne le mettent pas à l'abri de la critique (T2, 164, 202; T1, 393, 396).

L'absence de D&P, pourtant la grammaire descriptive la plus complète, tant dans la préface que dans les *prolégomènes* a de quoi surprendre le lecteur. Sans doute les auteurs font-ils allusion à cet ouvrage monumental — dont 4 tomes avaient déjà été publiés — dans la préface, en critiquant l'inaccessibilité de certaines terminologies (T1, X-XI). Dans le corps de l'ouvrage, on repère quelques rares renvois à l'*Essai* (qui figure dans la bibliographie), le plus souvent en note. Il n'empêche que les Le Bidois empruntent quelques termes à D&P[39], comme *échantil* (T1, 275, 339) et *épinglé*, et ils agréent le *désomptif* (T1, 88), la *progrédience* (T2, 307) et le *discordantiel* (T2, 286). Dans le cas de l'*épingle*, ils ne nomment jamais leur source (T1, 22-23, T2, 697, 704, etc.)[40].

Étant donné la parenté des deux ouvrages, on peut se demander s'il ne s'agit pas d'une stratégie d'occultation. Certaines affirmations à propos d'analyses de D&P montrent que celles-ci n'ont guère plu aux auteurs de la *Syntaxe du français moderne*. Ainsi, malgré le «caractère approfondi» et «l'ingéniosité» de l'analyse du *nœud verbal* chez D&P, les Le Bidois disent n'y avoir rien trouvé pour infirmer leur définition, très simple, du sujet (T1, 382, n. 1). De même, ils regrettent l'absence de la distinction *transitif direct/indirect* chez D&P (T1, 388, n. 3) et critiquent l'analyse de l'épithète (T2, 83, n. 1)[41].

L'*Essai de grammaire* n'est certainement pas une source privilégiée par rapport aux autres sources citées (surtout Clédat, Tobler, Bally, Sandfeld, de Boer, Vendryes, Michaut – Schricke et Wartburg (1934)). Les auteurs adoptent une attitude très éclectique et ont rassemblé un appareil bibliographique impressionnant, comportant des centaines, voire des milliers de références. Clédat, un «grammairien considérable» (T1, 388), passe pour l'«un de nos bons grammairiens d'hier» (T2, 189), même s'ils ont dû contester «plus d'une thèse» de lui (T2, 201), notamment ses vues en matière de la simplification de l'accord (T2, 189, 201). Vu l'approche atomiste et psychologisante des auteurs, il n'est pas étonnant que Tobler soit qualifié de «bon observateur»

---

[38] Par exemple *ligature* (T1, 4), *nominaux* (T1, 20), *mots-outils, servitude grammaticale, préflexion* (T1, 126) et *représentant*.
[39] Cf. aussi le c.r. de Wagner (1939c).
[40] Les Le Bidois dénoncent l'emploi du terme *zeugma* par «quelques grammairiens, aujourd'hui» (T2, 288). Ils auraient pu nommer D&P.
[41] Autres mentions: T1, 90 (pour apporter une correction), 397 n. 1; T2, 7, 8, 48, n. 1, 218, n. 1, 580, 587, 672, 699, 377, 510, 539.

(T2, 161). Bally — à qui ils empruntent le concept de *condensation* (T2, 54, 95) — est également une source respectée («éminent philologue»; T1, 493), même s'ils rejettent la dichotomie *modus/dictum* (T1, 493) et qu'ils trouvent sa thèse de l'ordre des mots linéaire trop rigide (T2, IX). S'ils empruntent le concept *hiatus syntaxique* (T2, 21) et l'opposition *syntaxe vivante/figée* (T2, 32, sans source) au syntacticien hollandais de Boer — qui est assez souvent cité —, ils rejettent sa théorie des cas (à l'exception du *directif*) (T2, 672-74) et sa conception du subjonctif (T1, X, T2, IX)[42], deux chevaux de bataille de de Boer, auteur manifestement peu prisé[43].

2.1.3.4. Le psychologisme de de Boer

De même que les auteurs que nous venons de présenter (Strohmeyer, Le Bidois), de Boer insiste sur la finalité explicative de sa syntaxe:

> «En un mot: elle ne vise aucun but *pratique*: j'ai tâché de *comprendre* et de *faire comprendre*» (1947: 6).

À cet effet, il emprunte des idées à de nombreux auteurs qui se situent dans le courant psychologisant (2.1.3.4.1.) et met l'accent sur certains mécanismes intervenant pendant l'énonciation (2.1.3.4.2.). Esprit polémique, il discute les vues de ses contemporains (2.1.3.4.3.).

2.1.3.4.1. Les sources de de Boer

De Boer se rattache à l'aile psychologisante du structuralisme (Genève), comme nous le verrons sous 3.2.3.3. À Sechehaye il emprunte les trois rapports logiques et la théorie des catégories imaginatives, qu'il transforme en catégories fonctionnelles (cf. le plan de sa syntaxe; les catégories PFT; cf. Ch. III, 3.2.1.1.). De Boer n'est cependant pas vraiment mû par le désir de fonder les catégories grammaticales sur des catégories psychologiques. Les *adverbiaux, nominaux* etc. sont plutôt des catégories basées sur l'identité de fonction et les f o n c t i o n s s y n t a x i q u e s sont conçues en termes de rapports logiques. De Wundt — «le maître à contester» de Sechehaye (Frýba-Reber 1994) — de Boer retient la théorie de la détermination interne/externe des cas, pour l'adapter à son tour et pour la croiser avec l'opposition e s s e n t i e l/n o n e s s e n t i e l (Cf. Ch. IV, 3.5.1.2.). La composante psychologique chez de Boer porte aussi l'empreinte de son compatriote Van Ginneken (ordre des mots, automatisme psychologique, subordination logique *vs* psychologique), l'auteur des célèbres *Principes de linguistique psychologique* (1907).

---

[42] Quant au subjonctif, ils confrontent toute une série de sources (T1, 527-528). Il est toutefois remarquable (cf. c.r. de Spitzer 1941-1942) qu'ils semblent ignorer la théorie de Regula, qui est pourtant assez proche de leur propre théorie.

[43] Si l'on se limite à la tradition psychologisante, on trouve encore les sources suivantes: Delacroix, Guillaume (T1, 527), Tobler (T1, 161, 322, 456, 383, n. 1, 474, 515; T2: 114, 161, 539, 582, 612, 636, 638, 493). Sur Ferdinand de Saussure, voir 3.2.2.

L'influence de la grammaire logique de Sechehaye (théorie de la proposition et de la complémentation) explique pourquoi la part de la logique (et la sémantique), opposée au non-logique (Bally) est si considérable chez de Boer. Somme toute, le nombre d'explications psychologiques est moins élevé que dans les autres grammaires psychologisantes[44], ce qui a valu aux Le Bidois le reproche de vouloir expliquer tout (de Boer 1947: 219). Ceux-ci ne distinguent pas vraiment la l a n g u e de la p a r o l e et cherchent en effet partout des explications psychologiques locales, alors que de Boer se limite à quelques concepts psychologiques généraux.

Une autre différence capitale par rapport à l'approche des Le Bidois réside dans la nature des principes psychologiques[45]. Les concepts *intervention*, *automatisme psychologique* et *différenciation* mettent l'accent sur des *procès* psychiques qui accompagnent l'*énonciation*[46], qu'il distingue nettement de la langue *virtuelle* (1947: 5). Regardons de plus près ces mécanismes.

2.1.3.4.2. Automatismes, interventions et dépendances

De Boer s'applique à dissocier *logique, psychologie* et *grammaire*. On retrouve ces distinctions appliquées aux *automatismes*, aux *interventions* et aux *dépendances*.

Quant aux *automatismes*, il insiste sur la distinction entre l'*automatisme grammatical* et l'*automatisme psychologique* (1947: 5). Pour expliquer le fonctionnement de la langue à un débit rapide, de Boer admet, avec Sechehaye[47] (qu'il cite), l'intervention d'un *automatisme grammatical*[48] qui permet un décrochage[49], une *dissociation* entre la pensée et la forme donnée à la pensée (1947: 151), donc entre la psychologie et la grammaire. L'automatisme grammatical — qui joue par exemple dans la place des pronominaux (1947: 241; cf. aussi 219; cf. Blinkenberg[50]) — naît donc du vacuum laissé par la suspension de la pensée consciente pendant l'énonciation.

L'*automatisme psychologique*, en revanche, concept que de Boer emprunte à son compatriote van Ginneken (1907: 246 pp.) qui l'avait lui-même trouvé dans les études de psychopathologie de Janet (Elffers 1996: 63-64), comprend en réalité plusieurs lois fondamentales (p. ex. la *différenciation automatique*, l'*inertie*). Il s'agit de

---

[44] Sous l'entrée *psychologique*, seulement dix renvois concernent la partie générale de l'ouvrage.
[45] La description statique est également «dynamisée» par les explications téléologiques de Frei, interprétées comme étant «psychologiques».
[46] Autres que ceux qui sont à l'œuvre dans la formation des représentations dans l'esprit.
[47] Il emprunte ce concept à Van Ginneken, par le biais de Sechehaye (1926a: 123-136), comme le montre de Boer (1933: 51).
[48] La *parole organisée* n'est pas en elle-même un acte automatique (volonté, conscience), mais les automatismes y interviennent souvent (Sechehaye 1926a: 123). Selon le cas, il y a *harmonie* ou *dissociation* (1926a: 125, 127) entre le plan grammatical et le plan psychologique (concernant surtout l'organisation en t h è m e / r h è m e).
[49] Un autre type de décrochage réside dans «l'indépendance psychologique» du verbe de la subordonnée, qui explique l'apparition de l'indicatif après les tours concessifs (p. ex. *quelque ... que*), en dépit de la *grammaire* (de Boer 1947: 171).
[50] Blinkenberg (*L'ordre des mots en français moderne* 1928-1933) voit dans la phrase la réalisation d'une pensée et le fonctionnement d'une mécanique (de Boer 1947: 219).

certains mécanismes de l'esprit qui reproduisent (*Bon capitaine, Bon soldat*) ou qui différencient (*espoir suprême* et *suprême pensée*)[51] les dispositions de l'esprit, ce qui se reflète dans l'expression linguistique. De Boer tend à limiter la portée de ces lois aux seules constructions à cohésion forte, en faveur d'autres facteurs qu'il estime plus pertinents (1947: 217-218).

En ce qui concerne la *logique*, de Boer défend l'idée classique que la langue ne respecte pas toujours la logique (= s é m a n t i q u e + l o g i q u e) et que, fidèle en cela au structuralisme genevois, il faut séparer le *langage logique* du *langage illogique*, qui correspond en gros au langage a f f e c t i f (cf. Ch. VI, 2.2.2.2.). Sont illogiques: certains emplois du gérondif, le *ne* e x p l é t i f, les subordonnées qui contiennent l'idée principale de la phrase, etc[52]. Dans son manuel de 1933, il distingue deux types d'emplois illogiques dans le langage logique: les conflits entre la pensée et l'expression de la pensée et l'expression incomplète de la pensée. Dans les deux cas, le problème est résolu par *la logique de la pensée* qui y attribue une valeur *par intervention de la* LOGIQUE DE LA PENSÉE, c'est-à-dire grâce au r ô l e d u c o n t e x t e (psychique, de l'énonciation).

Il faut, d'autre part, aussi tenir compte *des valeurs par intervention* DE LA GRAMMAIRE (cf. aussi de Boer 1926: 301-308), c'est-à-dire des «prescription[s] de la grammaire», sans «aucune espèce de logique[53]« (de Boer 1947: 99). Ainsi, l'apparition d'un *de* affecte le sujet du verbe *croire* et provoque une nuance sémantique (qui correspond au passage de l'affirmation à l'injonction):

je lui ai dit de *ne pas le croire*   sujet de croire ≠ sujet de dire
je lui ai dit ne pas le croire: sujet de croire = sujet de dire

Le respect de la réalité linguistique, qui doit être sauvegardé en tout état de cause (1947: 151)[54], n'empêche pas que de Boer se fasse encore éblouir par l'isomorphisme pensée/forme ici. Toute expression qui ne répond pas à cet idéal logique doit être respectée (on ne peut pas ajouter des mots ellipsés), certes, mais se voit néanmoins qualifiée d'*illogisme*, ce qui appelle une explication par un autre mécanisme. D'un autre point de vue, notamment du point de vue de la construction verbale (ou de la phrase), on pourrait dire que dans le cas cité la langue est parfaitement logique, car l'opposition [± *de*] est significative. Ceci montre que *l'intervention de la grammaire* ne peut pas être confondue avec la *servitude grammaticale* de Gougenheim (cf. 3.2.4.).

---

[51] La *loi de différenciation* est également à l'œuvre dans la subordination, considérée du point de vue «purement psychologique» (cf. *infra*). Son action entraîne une hiérarchisation entre deux éléments «à force psychique égale» (*Vent. Souffler* --> *Le vent souffle*) (1947: 46). De Boer (1947: 72) trouve des vues analogues chez Frei, notamment dans le *renforcement* d'éléments phoniquement faibles ou insuffisamment différenciés [*jeter de* (<-> *depuis*) *la fenêtre, divorcer de* (<-> *d'avec*), etc.].

[52] Exemples: de Boer (1947: 19, 25, 53, 151, 155, 178).

[53] Il faut sans doute se représenter le raisonnement de de Boer comme suit: comment ce *de*, qui lui-même n'a pas de sens injonctif, arrive-t-il à provoquer un tel effet de sens? Ce n'est pas «logique».

[54] Toutefois, de Boer (1947: 194) a du mal à accepter la règle d'accord dans *coûter 20 fr.*: «syntaxiquement» ce sont des «régimes directs intérieurs», mais «la «grammaire» française en juge autrement».

Quant aux rapports entre la *logique* et la *psychologie*, ils sont complexes, tout comme chez Sechehaye, d'ailleurs. L'opposition entre logique et psychologie se cristallise surtout autour de la problématique de la coordination et de la subordination, qui, selon le cas, sont qualifiées de *psychologiques* ou *logiques*. Dans *Le vent souffle*, il y a *subordination psychologique* du verbe (cf. l'accord) — et non pas *grammaticale* —, à la suite d'un processus de différenciation (*loi de différenciation*; cf. *supra*) affectant deux éléments «à force psychique égale»: *Vent. Souffler* (de Boer 1947: 46). L'élément *réel* et *significatif* devient ainsi *relatif* et *potentiel*, ce qui signifie un affaiblissement. Il en est de même des propositions: *Je voyais que Jean dormait/Jean dormir/Jean dormant/Jean qui dormait*.

Logiquement parlant, il y a coordination[55] «tant qu'il y a «unité de simple perception ou constatation», «un rapport extérieur de coëxistence» [*sic*], sans plus»[56], par exemple dans *Les enfants dorment* ou *Voilà Anna*. Sur le plan psychologique, en revanche, ces derniers cas sont à interpréter comme des cas de subordination, comme nous venons de le voir. La subordination logique suppose «quelque rapport logique» derrière le rapport extérieur de coexistence, qui de ce fait devient une *unité conceptuelle* (du type *principal-complément*) (1947: 46-47).

La notion de *(in)dépendance psychologique* intervient également dans l'emploi des modes verbaux. Le subjonctif possède une nuance volitive s'il est *psychologiquement indépendant*; dans les autres cas, son rôle ne consiste qu'à marquer la *dépendance psychologique* (1947: 214). La dépendance psychologique est à distinguer de la *dépendance* ou *subordination logique* qu'on trouve par exemple dans l'interrogation en latin (1947: 214, n. 69). C'est l'*indépendance psychologique* du verbe de la subordonnée qui explique l'apparition de l'indicatif après les tours concessifs (p. ex. *quelque ... que*), malgré la *grammaire* (1947: 171), alors que le subjonctif est la marque de la *dépendance psychologique* du verbe (1947: 214, 245).

2.1.3.4.3. De Boer et ses contemporains

Esprit assez polémique, de Boer ne ménage pas ses critiques à l'égard des grammairiens psychologisants contemporains. À travers les quelque cent renvois à la syntaxe des Le Bidois, on peut subodorer une certaine rivalité[57], qui est d'ailleurs

---

[55] Il rejette la conception «morphologique» de la coordination des Le Bidois (présence d'une conjonction de coordination), trop restrictive, tout comme la conception laxiste de Bally. Pour de Boer il faut que les éléments juxtaposés soient conçus comme *un tout, une seule pensée*, reliables par *et*, comme dans *Veni, vidi, vici*. Selon de Boer, *Non! Non! Non!* n'est pas une coordination (1947: 48).

[56] Il cite Van Ginneken.

[57] Outre les nombreux renvois très critiques (cf. 2.1.3.3.3. pour la réciproque chez les Le Bidois) — p. ex. de Boer (1947: 30, 69, 61 n. 18, 197, n.44; 119) — et les reproches de purisme, de Boer s'offusque du fait qu'ils qualifient Vendryes — dont ils n'auraient pas compris la *catégorie de la dépendance* (de Boer 1947: 65) — de *philologue* et non pas de *linguiste* (1947: 188, n. 22). Autre détail piquant: le titre de la syntaxe de de Boer est tout à fait identique à celui de la syntaxe des Le Bidois, ce que Robert Le Bidois déplore (préface de la réimpression de la syntaxe; 1968).

réciproque (cf. 2.1.3.3.). Dans un compte rendu très polémique (présenté sous la forme d'article), il critique âprement D&P. Ces deux auteurs étaient par ailleurs peu enclins à admettre dans le cercle des syntacticiens français un locuteur non natif. Pour ce qui est des rapports entre la langue et la pensée, de Boer rejette la démarche de Brunot (1922)[58]:

> «Cette méthode est aussi intéressante qu'utile, mais la syntaxe proprement dite s'y noie, puisque cette méthode *cache* justement les différences qui existent entre les tournures enregistrées» (1947: 159). [il s'agit des procédés de mise en relief de la cause]

Les regroupements de formes basés sur «la pensée» font disparaître les problèmes syntaxiques (1947: 31). Tout comme D&P, de Boer (1947: 8) caresse l'espoir d'aboutir un jour à une syntaxe comparée de type *synchronique* des langues modernes, mais seulement après avoir affiné et modernisé la syntaxe des langues particulières. Il est convaincu que les langues européennes modernes sont plus apparentées (cf. aussi Bally 1921²: 23) que ne le laissent supposer leurs filiations génétiques (morphologiques). C'est en quelque sorte le corollaire de son combat contre le latinisme en syntaxe.

Esprit éclectique, il confronte (1947: 91-92, 104-105, 117) et adapte ce qu'il trouve chez autrui. Esprit polémique aussi, pour ne pas dire acharné (cf. théorie des cas; 1947: 64), mais toujours honnête: il cite ses sources[59] et n'éprouve pas de gêne à avouer son incompétence en tant que locuteur non natif devant telle ou telle tournure. Parmi les sources les plus citées (qui figurent dans le registre des noms), on trouve, entre autres, dans l'ordre de fréquence décroissant: Le Bidois, Brunot (et Brunot – Bruneau), Sandfeld, Frei, Bloch – Georgin, Sechehaye, Bally, Gougenheim, Nyrop, Tobler (8 mentions)[60], Bruneau – Heulluy, Blinkenberg, Van Duyl et Van Ginneken, Parmi les autres auteurs cités de notre corpus, on relève Clédat (4), D&P (4), Lerch (4), Michaut – Schricke (2), Plattner (2), Regula (2), Wagner (1) et Yvon (1 mention). Notons encore que le nom de Ferdinand de Saussure[61] ne tombe qu'une seule fois[62].

2.1.4. Groupe II: la psychologie et les catégories grammaticales

Les grammaires psychologisantes que nous avons rangées dans le deuxième groupe (cf. 2.1.2.2.) se distinguent des grammaires du premier groupe en ce qu'elles cherchent

---

[58] Corollairement, il salue le sous-titre de l'ouvrage de D&P (*des mots à la pensée*) (de Boer 1935).

[59] Cf. aussi la bibliographie et le registre des noms.

[60] Rappelons que de Boer (1946) a fait un excellent exposé sur Tobler à l'Université de Zurich (le 28 mai 1946).

[61] Dans la préface de son manuel publié en 1933, il avait encore considéré Saussure et Sechehaye (contribution sur l'article, publiée en 1914) comme ses maîtres à penser.

[62] De Boer est critiqué par Reid (1956) («logical and psychological method of traditional grammar, in the form associated with the 'school of Geneva'») et applaudi par Dauzat (1955: 68) qui le loue pour la clarté d'exposition de l'ouvrage, «qui contraste heureusement avec l'obscurité de tant de syntaxistes (des structuralistes, en particulier, dont les doctrines pourtant, ne sont pas tellement éloignées de celle de M. de Boer)».

à mettre en rapport les — ou certaines — catégories de la langue (morphèmes, parties du discours, fonctions, phrases) avec les — ou certaines — catégories de la pensée.

Cette caractéristique commune ne servira que de cadre général à la présentation des théories psychologiques de Haas, de D&P, de Galichet et d'Engwer – Lerch et de Regula, qui, du reste, présentent bon nombre de différences. En gros, trois orientations peuvent être distinguées:

2.1.4.1. la psychologie représentationniste:	Haas
2.1.4.2. la psychologie fonctionnaliste:	Engwer et Regula
2.1.4.3. la psychologie et la *structure* de la langue:	Galichet et D&P
(a) la structure linguistique de la pensée:	Galichet
(b) la structure linguistique de la pensée française de France:	D&P

Comme ces orientations donnent facilement dans la problématique des rapports entre la langue-pensée et la réalité, une quatrième orientation s'impose:

2.1.4.4. langue et réalité: de la psychologie à la métaphysique:	Galichet et Regula

L'ordre dans lequel nous allons traiter ces auteurs respecte plus ou moins la chronologie.

2.1.4.1. Haas et la psychologie représentationniste

La syntaxe de Haas, qui se propose de donner «eine sprachpsychologische Betrachtung der modernen Sprachverhältnisse Frankreichs» (1909: V), se rattache à la psychologie représentationniste (*Vorstellungspsychologie*). Comme Haas a explicité ses vues dans un traité théorique publié en 1912 (et inséré dans sa syntaxe historique publiée en 1916), nous nous appuierons en partie sur cet ouvrage.

Auteur d'une thèse néogrammairienne[63] en phonétique historique (1889) — critiquée par Meyer-Lübke —, l'auteur s'est converti plus tard à la syntaxe psychologisante. De son propre aveu, cette conversion signifie en quelque sorte un retour à Steinthal (1916: IX), le principal représentant de la *Vorstellungspsychologie*[64], qui concevait l'esprit comme un ensemble de contenus mentaux.

Steinthal s'était attaqué à la grammaire logicisante de Becker et s'était tourné résolument vers le *processus psychique de la parole*. Il avait insisté en outre sur le fait que le langage n'est pas l'expression immédiate de la pensée, mais bien l'image et la représentation[65] de son fonctionnement. Voilà les deux piliers de l'approche psychologique du langage (Knobloch 1988: 328).

Hermann Paul, le grand théoricien des néogrammairiens et maître de Joseph Haas, se rattache lui aussi à la tradition de la psychologie représentationniste (Knobloch

---

[63] Comme Haas le dit lui-même, c'est l'enseignement de Paul, de Thurneysen et surtout de Neumann qui fit de lui un adepte de l'école néogrammairienne.
[64] Steinthal (1823-1899) fut également l'initiateur de la *Völkerpsychologie* (avec Lazarus).
[65] Il en est de même du jugement: la phrase est le résultat du processus psychique à travers lequel le jugement est fait (Knobloch 1988: 329).

1988). Comme le fait remarquer Knobloch (1988: 330), la différence entre *Bedeutung* (sens) et *Vorstellung* (représentation mentale) manque chez la plupart des linguistes 'psychologisants' de l'époque. Ainsi en est-il chez Paul (1909: 123-124), qui parle d'une *Verbindung von Vorstellungen* lorsqu'il s'agit en réalité de *Wortbedeutungen*. À la confusion sens/représentation s'ajoute encore une confusion entre les moyens grammaticaux et le plan des corrélats psychiques (*Vorstellungen*): les différents types de *Verbindung* (= niveau du sens ou de la représentation) ne s'avèrent être rien d'autre que la *Nebeneinanderstellung,* la *Reihenfolge,* la *Modulation,* la *Modifikation* et les *Verbindungswörter*. Il en est de même chez Wundt (1922⁴: 9, 15) et Haas (1909)[66].

Haas apporte cependant quelques corrections à cet héritage[67], basées en partie sur les études de psychopathologie. C'est ici qu'il faut reprendre le fil de son parcours scientifique.

Après sa soutenance de sa thèse, Haas entre dans l'enseignement secondaire, mais suit cependant les cours de Reckendorf (1892-1894) sur les langues sémitiques. Ils lui dévoilent l'insuffisance des explications traditionnelles (et historiques) en matière de syntaxe et lui suggèrent une nouvelle classification de la phrase (cf. Ch. V., 3.5.3.). Les «Vorlesungen über psychopathologie» de Störring[68] (1900) ont définitivement infléchi le parcours de Haas vers la syntaxe psychologisante. Il y apprend que l'acte de la parole est un mécanisme qui véhicule un contenu sémantique, mais pas toujours.

À des études ponctuelles de syntaxe (sur *de*, *que* et la place de l'adjectif) se succèdent deux ouvrages de synthèse (1909, 1916) et un traité théorique (1912)[69], qui le montrent très au fait de la littérature psychologique de l'époque (Störring, Goldstein, Liepmann, Heilbronner, Marbe). Toutefois, il aborde la syntaxe en linguiste pour en chercher les fondements dans la littérature psychologique (psychopathologie, acquisition du langage) et physiologique (la localisation de la faculté langagière). Pour n'en donner qu'un exemple, il clame haut et fort l'autonomie de la syntaxe par rapport aux autres sous-disciplines de la grammaire et défend l'existence de mots 'syntaxiques', dépourvus de sens 'sémantique' (= l e x i c a l). Il en trouve le fondement physiologique dans les «intrazentrale Sprechvorgänge» qui ont pour seule fonction la «syntaktische Verknüpfung» (Haas 1916: 6).

---

[66] Haas confond souvent représentation psychique, fonction syntaxique — notamment dans le cas des f o n c t i o n s s e c o n d a i r e s —, sens et forme.

[67] Il se réfère aussi plus d'une fois à Humboldt, notamment au concept d'*innere Sprachform* (Haas 1916: 15).

[68] Les études de Störring ont nourri au moins deux vues capitales chez Haas: l'idée de la séparation syntaxe/sens lexical (1916: VIII) et la conception selon laquelle les *Gegenstandsvorstellungen* et les *Merkmalsvorstellungen* sont les deux pierres angulaires, les entités primaires de toute analyse de la *Gesamtvorstellung* et en cela plus fondamentales que le sujet et le prédicat du jugement qui n'en sont qu'un dérivé (Haas 1916: 21).

[69] En 1912, Haas devint professeur de philologie romane à l'université de Tubingue (Tübingen).

Sa conception de la phrase remonte à Wundt (cf. Wundt 1922: 243-244) qui définit la phrase comme un processus psychique qui décompose des *Gesamtvorstellungen*[70]. Haas complète cependant l'élément expressif par la finalité communicative de la phrase:

> «So ist der Satz das sprachliche Korrelat für eine von einem Sprechenden apperzipierte Gesamtvorstellung, das der Sprechende für geeignet hält in dem Hörenden die gleiche Gesamtvorstellung zu erwecken» (Haas 1909: 1).

Une deuxième correction par rapport à la définition de Wundt est la thèse selon laquelle le résultat de l'analyse de la pensée globale n'est pas une chaîne de *Satzglieder*, mais un ensemble de *Vorstellungen*. Les fonctions sujet/prédicat (*Funktionen*) ne constituent pas le fondement primaire du processus de l'analyse de la représentation totale aperçue («primären Grundlagen des Vorstellungsprozesses»), mais plutôt un niveau plus élevé («eine höhere Stufe») (Haas 1916: 12, 21). La distinction primaire — basée sur des données psychopathologiques et des études sur l'acquisition du langage — est celle entre *Gegenstandsvorstellungen* et *Merkmalsvorstellungen*, c'est-à-dire entre représentations d'objets et représentations de propriétés. Ce sont ces représentations qui constituent la base de la syntaxe de Haas, même si elles se confondent parfois avec certaines fonctions secondaires. En fait, on assiste ici à la 'psychologisation' de l'analyse bidirectionnelle (cf. Ch. III): on passe de la phrase (*Gesamtvorstellung*) aux mots[71] (*Vorstellungen*), qui apparaissent en groupes. Comme ces groupes ne sont pas décrits, les mots s'insèrent directement dans la phrase (avec ses fonctions), ce qui correspond à une approche catégorielle, mais psychologisée.

Une autre nouveauté réside dans la typologie des *Vorstellungen*. La représentation correspondant au verbe est rattachée à la classe des propriétés (*Merkmal*) (cf. Störring 1916: 21), ce qui réunit les adjectifs et les verbes, corrélats formels de la même *Vorstellung* (*Merkmalsvorstellung, Gegenstandsvorstellung* et *Beziehungsvorstellung*).

Haas corrige aussi certains points de vue de Wundt (*dominierende Vorstellung* = r h è m e) et de Gabelentz (Haas 1916: 83-84) en matière de t h è m e / r h è m e.

2.1.4.2. Vers une psychologie fonctionnaliste: Engwer et Regula

Le psychologisme prend une dimension fonctionnaliste chez Engwer et Lerch (1926: III). Ils fondent l'explication psychologique sur deux notions capitales: les

---

[70] Cette conception s'oppose à celle de Paul qui considère la phrase comme un processus à travers lequel plusieurs *Vorstellungen* sont mises en rapport (cf. Steinthal). L'opposition de ces deux points de vue a donné lieu à de vives polémiques autour de 1900.
[71] En réalité, les parties du discours et leurs équivalents (= perspective fonctionnelle transversale) (cf. Ch. III, 3.2.).

conditions (*Bedingungen*) et les tendances (*Strebungen*). Les conditions de l'expression[72] sont les moyens grammaticaux (*Beziehungsmittel*)[73]:

> «die allgemeinen Mittel menschlicher Sprache, Laut, Stimmstärke (Akzent, Betonung), Stimmführung, und was der Mensch sonst zum Ausdruck seiner Gedanken herausgebildet hat, Stellung und Flexion».

Il s'agit de déterminer, à travers la comparaison avec la pensée à exprimer,

> «wie die Mittel für den Zweck verwandt werden und welche inneren Triebe sich dabei in der Form des Ausdrucks bemerkbar machen» (Engwer 1926: III).

Parmi les tendances ou forces[74] on trouve la clarté (*Klarheit*) et la beauté (*Gefälligkeit*) (1926: III), auxquelles s'ajoute encore la *Bequemlichkeit* (la commodité, l'économie) (1926: 183)[75]. Le but (*Zweck*) est toujours l'expression de la pensée (*Gedankenausdruck*). On a là un point de vue fonctionnaliste, ou comme l'affirme Ernst Otto, à qui ils empruntent ces idées, une perspective *téléologique*[76].

Le point de vue téléologique doit dominer la *Sprachkunde*, c'est-à-dire l'étude de la langue comme produit culturel et historique («entwicklungsgeschichtliches Kulturerzeugnis»[77]). La *Sprechkunde*, en revanche, qui a pour objet l'acte de la parole, la faculté langagière («Sprechtätigkeit als psychophysische Funktion») et les processus psychiques qui l'accompagnent, avance des explications d'ordre causal[78] (Otto 1919: 1-2). Il s'agit de décrire les «funktionalen Abhängigkeiten beim Ablauf der Sprechtätigkeit» (en morphologie, en *Semasiologie* et en syntaxe). Chacune de ces

---

[72] Sur ce point, les auteurs s'écartent des conditions dégagées par Otto: les contraintes du langage parlé (linéarité), de la réalité qui entoure les locuteurs et la condition psycho-physique humaine (Otto 1919: 8-9).

[73] Les moyens grammaticaux ont été présentés en détail dans le Ch. V, 2.3.

[74] Ces forces (*Triebe*) sont inconscientes. Cette thèse est toutefois nuancée dans une note infrapaginale qui fait justice à la thèse de Lerch, un membre de l'école de Vossler, selon laquelle ces forces ne sont pas tout à fait inconscientes (Engwer 1926: III).

[75] Cf. Otto (1919: 8-21). Si tous les facteurs étaient connus, «so würde daraus die Notwendigkeit der Entwicklung, d.h. ihr gesetzlicher Charakter ergeben» (Otto 1919: 69).

[76] Pour l'idée de but (*Zweck*) Otto renvoie à Eisler, *Der Zweck* (1914). La notion de *Triebkraft* est empruntée à Friedrich Müller, *Grundriss der Sprachwissenschaft* (1876-1887). Les deux concepts, condition et but, sont déjà mis en rapport dans la *konditional-teleologische Auffassung* de Rickert (*Die Grenzen der naturwissenschaftlichen Begriffsbildung*), autre auteur cité par Otto. Otto même met l'accent sur la finalité communicative du langage (plutôt sur que la finalité expressive de Wundt) (1919: 14). Il serait très intéressant de voir s'il y a un rapport entre ces théories et le fonctionnalisme pragois. On ne peut pas oublier qu'Otto semble avoir vécu à Prague (cf. son compte rendu très critique du *Neuaufbau der Grammatik* de Kalepky) et qu'il a accompagné Regula au 2ᵉ Congrès international des Linguistes (1931, Genève). Comme en 1919 il était encore directeur du *Realgymnasium* à Berlin-Reinickendorf, il doit avoir connu Engwer et Strohmeyer qui enseignaient également à Berlin. Quoi qu'il en soit, ni Otto, ni Regula (qui vivait à Brno jusqu'en 1945) ne figurent dans Vachek (1966).

[77] On aura constaté l'influence de l'école néo-idéaliste (cf. aussi les sources citées).

[78] Les deux points de vue mènent aussi à deux définitions de la phrase, ce qui met fin aux discussions sur le caractère analytique/synthétique de ce concept: analyse d'une représentation complexe (*Sprechkunde*) et ensemble de mots 'pleins', réunis par des moyens grammaticaux (*Sprachkunde*) (1919: 63 *vs* 144).

deux disciplines, *Sprechkunde* et *Sprachkunde*[79], est composée d'une composante descriptive et d'une composante explicative (qui cherche à dégager des règles et des lois) (Otto 1919: 5, 8).

Appliqué à la syntaxe, ce travail de délimitation se présente comme suit:

> *Bewusstseinsvorgänge bei der Satzgliederung* (collaboration entre philologues et psychologues/physiologues)   = Sprechkunde
> vs
> *Verwendung der syntaktischen Beziehungsmittel und ihren Wandel zu den verschiedenen Zeiten*   = Sprachkunde

Ce sont justement les principes de la *Sprachkunde* (*Bedingungen* + *Triebkräfte*) qu'on retrouve chez Engwer – Lerch (1926: 52, 104, 108)[80], ceux de la *Sprechkunde* (innervation et fonctionnement des muscles, causalité psychique) étant plutôt du ressort des sciences auxiliaires que sont la psychologie et la physiologie. Pour eux, «*psychologische Grammatik* treiben» consiste alors à montrer comment les moyens grammaticaux sont utilisés dans l'expression de la pensée et à indiquer comment les forces motrices de la communication humaine se reflètent dans les faits grammaticaux. La syntaxe se réduit donc à l'étude des moyens grammaticaux (*Lehre von den Beziehungsmitteln*), qui servent de cadre à l'exposé (cf. Ch. III, 2.1.2.2.). Ces moyens constituent donc à la fois des faits grammaticaux à décrire et des principes explicatifs.

On trouve un programme similaire chez Regula, qui s'inspire également, mais de façon moins directe, de l'ouvrage d'Ernst Otto. C'est qu'il ne cache pas sa dette envers Engwer – Lerch et Gall – Stehling – Vogel, deux grammaires qui suivent de très près le plan proposé par Otto. Il doit aussi beaucoup à Strohmeyer et à quelques manuels allemands de grammaire et de méthode grammaticale moins connus. La longue liste de linguistes et d'autres théoriciens qu'il fournit souligne les aspirations scientifiques de sa grammaire:

> Bally, Brunot, Cornu, Ebeling, Ettmayer, Gamillscheg, Gauchat, Kalepky, Lerch, Lorck, Meyer-Lübke, Nyrop, Schuchardt, Spitzer, Tobler, Vossler, Winkler, Zauner; ainsi que Kukula, Meringer, Sommer, Mally, Marty, Meinong, Sütterlin et Wundt.

---

[79] Otto (1919: 6-7) dénonce l'emploi abusif des termes *genèse/génétique* (Gröber, Marty) et du mot explication (*Erklärung*). On confond l'explication de l'évolution de la langue et la description de l'acte de la parole (Paul, Wundt) (1919: 2-4). Le terme *Biologie* (Meyer-Lübke, Wegener) est également ambigu sur ce point (1919: 1-2, n. 3). Cf. aussi la confusion de *historische Genese* et *Aktualgenese* (Knobloch 1988: 323).
Otto défend un point de vue qui est proche de celui de Saussure. Seulement, pour le maître genevois l'opposition *parole/langue* s'articule davantage autour de l'opposition individu/collectivité, alors qu'Otto envisage surtout la dissociation du *processus* psychophysique de l'énonciation (en *synchronie*) et la langue comme produit de l'*histoire* de la culture d'un peuple. Otto (1919: 67) examine d'ailleurs dans la *Sprachkunde* à la fois le langage de l'individu, la langue de la nation (et les dialectes) ainsi que la *generelle Sprache* (c'est-à-dire les caractéristiques fondamentales du langage humain dégagées par l'*allgemeinen Grammatik*).

[80] Mais exploités uniquement en synchronie.

Muni de ce bagage scientifique, Regula (1931: III-V) invite à substituer à l'ancienne *Drillgrammatik*, qui se limitait à enregistrer et à légiférer, la *Sprachseelenkunde* ou *biogenetische*[81] *Sprachwissenschaft*:

> «*Was in der Sprache denkt* und *warum es so denkt*, sind die Hauptfragen, mit denen sich die **biogenetische** *Sprachbetrachtung* beschäftigt» (Regula 1931: III).

On trouve une traduction approximative de ce passage énigmatique dans la préface de la refonte[82] publiée en 1936[83]:

> «la nature des différents faits de langage, c'est-à-dire la *pensée de la langue* («was in der Sprache denkt»)» (1936: I).

La langue est donc présentée comme un organisme vivant qui a sa propre pensée, qui possède une âme, dont il faut démonter la mécanique, percer le mystère, plus particulièrement les *forces motrices*[84] (*Triebkräfte des Sprachlebens*[85]), afin de permettre à l'élève d'«entrer» dans la logique de la langue à l'étude:

> «*den Sprachlichen Gebilden gleichsam ins Herz zu Schauen und so durch schöpferisches hineindenken und Nachschaffen der in der Sprachlichen Erscheinung enthaltenen Anschauung zu einem verinnerlichten Erleben der Sprache zur gelangen*» (Regula 1931: III).

Cette méthode repose donc sur une observation intime des structures linguistiques, une espèce d'empathie créative, et sur la reproduction mentale de l'*An-*

---

[81] Cette nomenclature originale insiste sur le fait que le langage (ou la langue) est une forme de vie suprême (*in höchster Form*), relevant du domaine spirituel (*das Geistige*) où le développement de la nature (*Naturentfaltung*, d'où aussi une dimension évolutive) atteint son degré maximal. Elle témoigne en outre de la volonté de modeler la grammaire sur les sciences naturelles, ce qui ressort aussi de la préface. Dans son compte rendu, Gamillscheg déplore l'emploi abusif de *biogenèse* qui désigne, en fait, l'*origine*, la *genèse* de la vie. C'est peut-être une des raisons pour lesquelles l'épithète de *biogénétique* (forgée sans doute par Wähmer 1914: 62) est tombée un peu en disgrâce, comme le suggèrent les titres des refontes de sa grammaire, même si le terme figure toujours dans la préface de l'édition de 1957: *auf biogenetischer Grundlage* (1931) -> *sur une base historique et psychologique* (1936) --> *explicative* (1957). L'on notera que le titre du *Précis* de 1936 est une traduction du titre de la grammaire de Strohmeyer (1921). Peut-être Regula avait-il voulu se positionner sur le marché en choisissant en 1931 un autre titre que celui de la grammaire de Strohmeyer, ouvrage qui lui a inspiré sans doute l'idée de faire une grammaire historique et psychologique. Ce n'est sans doute pas un hasard si Regula affirme dans la préface (1931) qu'il s'agit d'un projet qui a mûri pendant 10 ans (1921-1931). Le titre de la refonte de 1957 met l'accent (non sans raison) sur la diversité des explications (cf. «explications de toute sorte», préface). Sans doute les grammaires psychologisantes n'étaient-elles déjà plus en vogue (cf. aussi le c.r. de Klein 1960-1961).

[82] Par rapport à la version de 1931, il signale quelques retouches dues au progrès fait par la linguistique (1936: II).

[83] Dans la préface de la refonte de 1957, Regula continue à défendre sa méthode, mais la terminologie, tout comme le titre, ont changé quelque peu. La méthode biogénétique est censée aboutir à «l'éclaircissement de *la structure* et des phénomènes particuliers de la langue française» (1957, nous soulignons). On constate en outre un glissement vers la logique. S'il faut «allier la linguistique à la philosophie de la langue», c'est que la langue est la «matérialisation des constantes logiques» («catégories idéelles»), qu'elle remplit d'infinis contenus objectifs et subjectifs, d'où son double caractère «logique et psychologique». L'influence de Bally et de Sechehaye y est pour beaucoup.

[84] Traduction proposée par Regula même, dans la préface de son *Précis* (1936).

[85] Par exemple, le besoin de clarté (Regula 1931: 45, 43).

schauung qu'on a faite dans le phénomène linguistique. De cette manière Regula veut aboutir à une expérience intériorisée de la langue («höheren Auffassung der Sprachformen»; 1931: IV), une véritable *(Wesens)Erkenntnis* (1931: III, IV), qui devrait mener à une «wirkliche Sprachbeherrschung», acquise par la réflexion (*Verstandesdrill*)[86]. En plus, la «Konzentration[87] des Unterrichtes» devrait permettre d'assouvir «das philosophische Einheitsbedürfnis des denkende, nach Wahrheit ringenden Schülers» (1931: IV). Cette conception idéalisée de la grammaire souligne une caractéristique commune aux grammaires psychologisantes de Regula et d'Engwer – Lerch: elles tendent en effet à surestimer le public auquel elles s'adressent, comme il ressort aussi des comptes rendus qui en ont été faits.

Afin de faire entrer l'élève dans l'esprit de la langue, Regula avance des explications (psychologiques) de toute sorte, des traductions «étymologiques» et des renvois à des phénomènes analogues en latin et en allemand (1936: I), ce qui souligne l'hétérogénéité de la composante explicative[88]. Référence est faite à l'analogie (1931: 223, passim), qui passe pour une force créatrice (*sprachschöpferische Wirkung*) (1931: V). La contextualisation des exemples (1931: V) est censée en évoquer l'environnement psychologique (*psychologische Umgebung*)[89].

Regula, encore plus qu'Engwer – Lerch, met l'accent sur *la vie du langage*. Cela ressort non seulement de la terminologie (*biogenetisch*), mais aussi du fait que *Le langage et la vie* de Bally (1926) est le seul ouvrage à figurer dans la légende des signes utilisés (= «B.»). À cette conception organiciste du langage correspond aussi une méthode qui s'inspire de la méthode des sciences exactes et de l'enseignement de celles-ci (cf. préface).

En définitive, quand on prend un peu de hauteur, l'importance de l'inventaire des moyens grammaticaux rapproche Regula et Engwer – Lerch de D&P et de Galichet, à ceci près que cet inventaire (cf. Ch. V, 2.3.) n'est que le point de départ de la description chez Engwer – Lerch. En effet, c'est d'abord le *fonctionnement* des moyens grammaticaux dans l'expression et la communication de la pensée qui est visé, alors que l'inventaire, la grille, est le but même de la description de D&P et de Galichet, comme nous allons le voir maintenant.

---

[86] Compréhension (*Sprachverständnis*) et maîtrise de la langue (*Sprachbeherrschung*) vont également de pair chez Engwer – Lerch (1926: IV).
[87] Qui comprend aussi la mise en parallèle de l'enseignement de toutes les langues 'scolaires'.
[88] Que reflète très bien le titre *Grammaire explicative* (1957). Dans la préface de cette refonte, Regula signale en outre la confrontation de faits de langue appartenant à des secteurs différents afin de relever les «tendances générales d'une langue ou le style de la pensée» (p. ex. l'article partitif et l'imparfait expriment tous les deux l'indéterminé; la préposition *de* joue parfois un rôle prédicatif), ainsi que l'introduction de «nouveaux principes heuristiques» pour certains faits de syntaxe, comme le *sur-recouvrement* (fait biologique, exploité déjà en phonologie et en sémantique).
[89] Par moments, Regula fait allusion à l'ethnopsychologie. Ainsi, les cas analytiques constituent l'«Eigenheit der französischen Sprachseele» (1931: 71, n. 1; cf. aussi 43 à propos de l'intonation).

2.1.4.3. La psychologie et la structure de la langue: Galichet et D&P

La volonté de mettre en rapport les catégories de la pensée et les catégories de la langue est la plus nette chez D&P et Galichet. Ces auteurs se laissent inspirer par la notion (structuraliste) de *système* ou *structure*. Or, qu'on ne s'y méprenne pas, des différences considérables sont à noter entre les deux théories, notamment quant à la portée du système dégagé: pour D&P le résultat constitue la structure linguistique propre à *la langue française* (2.1.4.3.1.), alors que Galichet entend appliquer son système au *langage en général* (2.1.4.3.2.), tout en réservant une part d'originalité aux langues particulières.

2.1.4.3.1. La structure linguistique de la pensée française de France: D&P

Aux yeux de D&P, la langue donne accès à la pensée de la nation. La linguistique, doit, en effet, suivre un parcours inductif[90] qui va *des mots à la pensée*, comme l'indique le titre de leur grammaire:

> «Son véritable objet est de pénétrer, par l'étude du matériel linguistique et du fonctionnement des langues, dans la vie même de l'esprit humain» (V1, 9).

Ou encore:

> «Ce qui nous semble le plus important dans le problème linguistique, c'est qu'il n'y a pas une voie par laquelle on puisse pénétrer plus avant dans l'analyse de la pensée» (V1, 10).

Plus précisément,

> «le principal travail du grammairien est d'amener à la conscience les notions directrices d'après lesquelles une nation ordonne et règle inconsciemment sa pensée» (V1, 11).

L'étude de la langue permet de dégager les catégories qui structurent la pensée, c'est-à-dire «le système taxiématique propre ou grammaire propre de l[a] langue» (V1, 14). Les notions directrices d'une langue sont

> «le nombre et la nature de ses taxièmes et les connexions qu'ils auront entre eux» (V1, 12).

Le rapport avec le concept humboldtien de l'*innere Sprachform* est explicité par un renvoi à *L'origine degli Indo-Europei* d'E. de Michelis (1903) qui parle de «forme intérieure». Toute langue a un système taxiématique propre (forme intérieure) (V1, 14) qui «ordonne», «d'une façon surtout inconsciente» (V1, 13), les pensées des locuteurs; «Un idiome peut donc se définir: un mode de pensée spécifique» (V1, 15). Il s'ensuit aussi qu'on ne peut vraiment connaître que sa langue maternelle (V1, 14)[91].

---

[90] «un certain nombre de théories très générales, mais toutes sont étayées sur des faits concrets», d'où un «grand nombre d'exemples justificatifs» (V1, 9); «extraire du grand nombre de faits [...] l'essence de ces notions générales inconscientes» (= les *taxièmes*) (V1, 11).

[91] Deux corollaires: on ne peut étudier des langues étrangères qu'à un âge auquel l'esprit est déjà rompu aux c a t é g o r i e s de langue maternelle et il faut que le grammairien possède lui-même le système taxiématique (= inconscient), en d'autres mots, pour faire ce qu'ils entendent faire «il fallait être Français» (V1, 15).

La comparaison des formes internes des langues — effectuée par des locuteurs natifs — pourrait aboutir à une «grammaire comparée, non plus phonétique et morphologique, mais bel et bien sémantique» (V1, 15). Cette espèce de sémantique comparée se fonde de préférence sur des langues sans parenté génétique, car les «véritables analogies grammaticales» (c'est-à-dire les *systèmes taxiématiques*) ne sont pas toujours parallèles aux «analogies morphologiques» (V1, 15).

Ce travail comparatif ou plutôt typologique donne dans le domaine de l'ethnopsychologie[92] et nourrit aussi la réflexion idéologique et nationaliste des auteurs. Cet aspect de l'œuvre de D&P est connu à suffisance (voir p. ex. Joly 1982-1983).

Même si D&P citent Guillaume à trois reprises — mais pas toujours de leur plein gré[93] — pour manifester à chaque fois leur adhésion[94] (Wilmet 1972: 84-85), force est de constater que les mécanismes psychologiques mis en œuvre correspondent plutôt au *contenu mental* de l'esprit du locuteur, plutôt qu'à de véritables *opérations constructrices* (Joly 1982-1983: 43), en dépit de passages tel celui-ci: «mécanismes de pensée qui composent le système taxiématique de cet idiome» (V1, 14).

2.1.4.3.2. La structure linguistique de la pensée: Galichet

Tout comme D&P, Galichet met en rapport les catégories de la pensée et les catégories de la langue et s'inspire du concept structuraliste de *système/structure*, approfondi par une espèce de métaphysique du bon sens: *système, structure (profonde, interne)*[95], mais aussi *économie* de la langue (Galichet 1947: V, 17). Cette économie interne s'articule autour de «trois séries de valeurs» — *espèces, catégories* et *fonctions* (ou *rapports*) *grammaticales* (1947: 17) — qui s'emboîtent, d'où la cohésion interne du système, l'*unité* foncière de la langue (1947: XI).

Ainsi, le *système taxiématique* de D&P correspond plus ou moins au *système de valeurs* de Galichet, qui, lui aussi, confond s i g n i f i é (s e n s) [*système des valeurs*] et f a i t d e p e n s é e [*fait psychologique*]:

> «Les faits de langage sont essentiellement des faits psychologiques; aussi avons-nous pensé qu'il fallait se référer à la psychologie pour saisir l'unité de la langue, et le système des valeurs qui ordonnent le monde des signes» (1947: XII).

---

[92] Ils lancent entre autres les thèses suivantes: l'hérédité linguistique (V1, 17), l'existence d'un esprit commun issu d'un idiome disparu (V1, 22), la richesse de la langue (i.e. du *système taxiématique* et non pas tellement du lexique) correspond à la richesse de la pensée (V1, 13), tant au niveau du développement du génie national (V1, 13), qu'au niveau de la comparaison synchronique de la pensée des nations (V1, 22), ce qui débouche sur le concept de nation et de race (V1, 22, 26-27).

[93] Ils empruntent un terme à Guillaume, ne fût-ce que pour montrer qu'ils sont de bonne volonté (V6, 7).

[94] Inversement, Guillaume salue leur interprétation d'*un/el soldado español no se rinde facilmente*, même s'il préfère sa propre psycho-mécanique qui dépasse le niveau du *discours*.

[95] En voici un échantillon représentatif: «le système des valeurs qui ordonnent le monde des signes» (Galichet 1947: XII), «des systèmes de valeurs stables» (1947: XIII), «une étude structurale» (1947: X; cf. XI), «la structure profonde de notre langue» (1947: XI).

Outre une différence de couverture de la notion de *système*, qui est beaucoup plus développée chez D&P (à témoin les nombreux *répartitoires*), les deux théories divergent au moins sur quatre points essentiels: la nature taxonomique *vs* dynamique du *système* (1), l'incidence et la nature du principe 'formant' (2), le caractère universel *vs* particulier du système (3), le rôle de l'actualisation (4), et la portée métaphysique de la théorie (5).

(1) Plus que D&P, Galichet met l'accent sur les *processus* psychiques sous-tendant le système des signes et sur l'actualisation (cf. le point 4 ci-dessous):

> «c'est dans les mécanismes de la pensée qui s'exprime que nous découvrirons les tendances et les principes ordonnateurs de la langue qui gouvernent par le dedans le monde des signes. Ces mécanismes [...] correspondent aux démarches de l'esprit qui pense, et qui, pour l'exprimer, identifie les éléments de sa pensée, cherche à les faire entrer dans les cadres naturels de la connaissance» (Galichet 1947: XIII).

La visée dynamique apparaît aussi dans le passage suivant[96], qui fait très guillaumien:

> «déterminer constamment le point précis où la pensée s'insère dans les schèmes par lesquels elle devient langage» (Galichet 1947: XIII).

Cet élément dynamique s'ajoute à l'aspect 'catalogue', qu'on trouve aussi chez D&P:

> «des systèmes de valeurs stables qui constituent le fondement véritable de la langue et assurent sa permanence et son unité profonde. C'est donc de l'analyse des sources psychologiques du langage que nous partirons. C'est là, seulement, que nous trouverons les vrais principes d'explication» (Galichet 1947: XIII).

Ce *système de valeurs* ne suit pas nécessairement les lois de la logique:

> «La langue est un jeu de valeurs originales qui possède sa logique propre, sa «psychologique», laquelle se moque parfois des règles de la logique rationnelle» (Galichet 1947: 186-187).

La volonté d'entrer dans «les mécanismes de la pensée qui s'exprime» ressort nettement des premières pages de la grammaire de Galichet, où il est question de la *genèse psychologique des unités élémentaires de langue* (1947: 4), qui nécessite un commentaire plus détaillé.

Galichet (1947: 2) conçoit un passage de *la pensée globale* («le courant de la conscience») — le terme rappelle la *Gesamtvorstellung* de Wundt — à la *pensée analytique* dans l'esprit de celui qui veut communiquer sa pensée:

> «Il faut la [= la pensée] réduire, la décomposer, la simplifier, la styliser, la situer, dans les cadres sociaux de l'espace et du temps. Il faut en dégager les éléments caractéristiques qui permettront aux autres de la 'comprendre'».

---

[96] Ou encore dans l'explication de la tournure passive périphrastique (Galichet 1947: 144).

Le locuteur suggère le contenu à son interlocuteur — ou à lui-même («parole intérieure»; 1947: 1, n. 1) — en en faisant une représentation à l'aide de valeurs conventionnelles. Cette espèce de recréation du monde aboutit à des entités psychiques constituées de deux composantes, qui s'emboîtent l'une dans l'autre:

- la *valeur première*: «valeurs conceptuelles, nées des démarches premières de la connaissance», p. ex. l'être ou l'auteur d'un procès qui retentit sur un autre être (Galichet 1947: 4)
- des *notions accidentelles* (qui sont à la base du s e n s l e x i c a l p r é c i s).

Ces dernières ne sont qu'«une «image»», «une représentation plus ou moins floue, plus ou moins symbolique» (1947: 3) de l'*objet de la pensée*, qui est beaucoup plus riche. Mais ce sont les *valeurs premières*, c'est-à-dire la contrepartie psychique des c a t é g o r i e s g r a m m a t i c a l e s, qui constituent la pierre angulaire de la grammaire de Galichet. Celles-ci sont de trois ordres différents: les f l e x i o n s, les p a r t i e s d u d i s c o u r s (en fait: les PFT[97]), et les f o n c t i o n s s y n t a x i q u e s.

L'emboîtement des notions *premières* et *accidentelles* mène à des *images-concepts* (1947: 5). Ce sont les s i g n i f i é s. Ceux-ci ont donc subi une double m é d i a t i o n s é m i o t i q u e par rapport au fragment de pensée brut: un processus d'abstraction psychique (*notions accidentelles*) et une opération de classement (*valeurs premières*), qui, elle, est linguistique et psychologique à la fois.

Jusqu'ici seule la faculté du langage est intervenue. La langue entre seulement en jeu dans la troisième phase, au cours de laquelle l'esprit procède à la constitution de l'*image verbale*, c'est-à-dire le s i g n e saussurien. Dans l'*image verbale* se conjoignent l'*image-concept* et le (*image du*) *signe* (image auditive, visuelle, mais aussi graphique, motrice, ...), c'est-à-dire, en gros, le s i g n i f i é et le s i g n i f i a n t de Saussure. Schématiquement:

pensée globale[98]	pensée analytique		
	[– langage?][99]	[+ langage]	[+ langue]
objets de pensée	notions accidentelles (a)	attribution d'une valeur première (b) (a) + (b): image-concept	fusion *image-concept* et *image du signe* = image verbale

Concluons que Galichet admet la différence entre s u b s t a n c e s i g n i f i c a t i v e (= *l'objet de pensée*) et f o r m e s i g n i f i c a t i v e (*notion accidentelle*, puis *image-concept*). S'il est certain que dans l'esprit de Galichet la langue n'intervient pas encore dans cette opposition (comme principe structurant), il n'est pas clair si la

---

[97] Sur la perspective fonctionnelle transversale (PFT), voir Ch. III, 3.2.
[98] Selon Karabétian (2000: 178), Galichet aurait emprunté la distinction *pensée globale/pensée analytique* à *La Structure logique de la phrase* [*sic*] de Sechehaye. À notre connaissance, ces termes ne figurent pas dans Sechehaye (1926a).
[99] Comme il s'agit de l'analyse de la pensée *en vue de l'expression* (but communicatif), on peut supposer que cette phase est liée à la faculté du langage en général.

transformation préalable de l'*objet de pensée* en *notion accidentelle* est conçue comme indépendante par rapport au langage (en général). Cela ne semble pas être le cas, puisque la phase de décomposition (= la *pensée analytique*) suppose déjà une intention communicative. Mais le *langage* intervient surtout dans la phase suivante (la grille des *valeurs premières*), avant l'intervention de la *langue*, qui offre seulement le vêtement (s i g n i f i a n t) du s i g n i f i é déjà 'formé'.

Or, ni le signe s i g n i f i a n t[100], ni l'image représentative de l'objet de pensée — «variable selon les individus» (1947: 4) — ne sont stables. C'est pourquoi Galichet se voit obligé de se référer à la «valeur première» — ou *valeur fondamentale, valeur de langue* (1947: 9, n. 1, 1) —, qui est enracinée dans les données fondamentales de la connaissance (= c a t é g o r i e s é p i s t é m o l o g i q u e s), afin de pouvoir classer les s i g n e s et les s i g n i f i a n t s (1947: 4). Ainsi, la langue est constituée par

> «l'ensemble organisé de ces images verbales [= s i g n e s] en systèmes psycho-logiques (et non purement «logiques») qui permettent l'expression de la pensée complexe» (Galichet 1947: 4).

Comme nous l'avons déjà signalé, les *valeurs* premières s'articulent en trois niveaux: *catégorie grammaticale*, *espèce grammaticale* et *fonction grammaticale*. Par la notion d'*espèce grammaticale*, Galichet reprend les *catégories imaginatives* de Sechehaye qui constituent l'*esprit* des mots, les mots mêmes n'étant que le *corps*:

> «ce ne sont pas les mots qui gouvernent la langue. La langue est gouvernée par des valeurs psychologiques qui créent et recréent sans cesse la valeur fiduciaire des mots. Nous avons voulu montrer que c'est au delà des mots qu'il faut aller chercher la clé de leur signification grammaticale» (Galichet 1947: XV).

C'est l'un des mérites de Galichet d'avoir mis en évidence l'emboîtement des «trois ordres de valeurs». Au centre de son système se trouvent les *espèces*, qui impliquent, par leur nature même, un certain nombre de *catégories* (un *être*, par exemple, peut être classé, compté, etc.), qui *grammaticalisent* (cf. *infra*) l'*espèce* pour l'insérer dans le réseau des rapports fonctionnels, le troisième niveau. Les niveaux des *fonctions* et des *espèces* doivent être distingués, même s'il existe des rapports privilégiés. Toute combinaison de mots correspond à un «type de valeur de langue, à un schème psychologique fondamental» (1947: 108) qui correspond à une des fonctions syntaxiques de la tradition. En d'autres mots, les *fonctions* établissent «des hiérarchies psychologiques entre espèces ou groupes d'espèces» (1947: 108-109). Le sujet, par exemple marque une hiérarchie psychologique entre l'*espèce nominale* et l'*espèce verbale*. Cet *emboîtement*, qui donne corps à l'interface qui relie les p a r t i e s d u

---

[100] Galichet insiste sur l'*apparence trompeuse* et instable des s i g n e s (p. ex. 1947: 172), ou plus précisément, du s i g n i f i a n t. Les décalages qu'on observe souvent entre les plans des *images-concepts* (= s i g n i f i é s) et le plan de *signes* (= s i g n i f i a n t s) sont dus entre autres à l'arbitraire du signe (1947: 11). D'autres facteurs perturbateurs sont la linéarité (qui juxtapose ce qui est simultané), les interférences dues à la 'physique' (= la p h o n é t i q u e) et à l'affectivité/expressivité, les tendances de la langue parlée (analogie, condensation, moindre effort) et les résidus de l'évolution historique (Galichet 1947: 11-12).

discours et les fonctions, suppose un certain conditionnement mutuel: certaines valeurs sémantiques[101] conditionnent la fonction, et inversement, certaines fonctions conditionnent les valeurs sémantiques des éléments (mots) qui y entrent (1947: 109-110; cf. 14).

(2) Cette présentation un peu longue de la théorie du signe selon Galichet, nous amène à une deuxième différence, assez subtile. Les théories de Galichet et de D&P diffèrent en effet aussi quant à la façon dont la pensée-matière est «formée». Galichet distingue l'*objet de pensée*, c'est-à-dire la substance significative, des *notions accidentelles*, qui n'en sont qu'une image dérivée et simplifiée en vue de l'expression linguistique. Les *notions accidentelles* sont donc déjà «formées» (mais non par les langues particulières; plutôt par la faculté du langage). Chez D&P, en revanche, on a l'impression que les *sémièmes* constituent des fragments de pensée à l'état brut, qui ne sont pas encore 'formés' par la faculté du langage. En outre, ces auteurs ne défendent pas les mêmes idées concernant le rôle des langues particulières. S'ils admettent tous les deux que les idées grammaticales (*valeurs premières/ taxièmes*) ordonnent les idées lexicales (*objets de pensée/sémièmes*), pour D&P le principe classificateur dépend d'une langue particulière, en l'occurrence, le français, alors que pour Galichet, ce principe classificateur dépasse le seul français, pour ne pas dire qu'il est universel (la faculté du langage). La langue particulière n'intervient qu'au niveau de la fusion (arbitraire) du signifié et du signifiant.

(3) Galichet adhère en effet à la thèse de l'unité foncière des langues, thèse basée sur l'idée de l'universalité de l'esprit humain (1947: 10)[102]. D&P, en revanche, s'abstiennent de toute extrapolation à la linguistique générale[103]. Cette caractéristique de la grammaire de Galichet a partie liée avec le fait qu'il propose avant tout une «méthode», dont il entend montrer l'utilité «par son application suivie à une langue» (1947: XV-XVI), d'où l'absence, étrange à première vue, du mot *français* dans le titre. Cette méthode ouvre des horizons sur les «grandes lois de la linguistique générale» (1947: 11):

> «Mais (et nous le soulignerons à l'occasion) il va de soi que cette méthodologie a une portée plus générale. Quelle que soit la langue envisagée, les mécanismes généraux de

---

[101] Ici Galichet ne distingue pas vraiment le sens lexical du sens grammatical (i.e. catégoriel, lié à la partie du discours).
[102] Malgré les différences de mentalité sociale (Galichet 1947: XV).
[103] Dans une intervention à la *Société linguistique de Paris*, Pichon souligne que «pour trouver la logique vivante propre au langage» il faut partir des «faits de langue eux-mêmes» et non pas de «cadres à priori». Ainsi on pourrait dégager les «lois syntactiques» du parler qu'on étudie. Quant aux «lois générales de syntaxe comparée», la linguistique générale n'est pas encore à même de les formuler. Cette intervention nous apprend aussi que Pichon n'était pas prêt à attribuer une portée générale aux notions de *rection/supportement* et aux types de supportement (*syndèses, dichodèses, homodèses*), notions issues de l'étude des faits linguistiques français (*BSL* 1933: XXX).

l'expression demeurent les mêmes, sans nier les modalités structurales propres à chaque langue. C'est que, par delà les différences de mentalité sociale, l'homme reste *un* en son fond. Aussi est-il possible, en général, de retrouver, entre les diverses langues du monde, certains mécanismes psycho-linguistiques permanents, certaines valeurs communes. Nous verrons que c'est de ces mécanismes et de ces valeurs qu'il faut partir lorsqu'on veut pénétrer la vraie structure d'une langue» (Galichet 1947: XVI).

En d'autres mots, les langues du monde se ressemblent autant qu'elles diffèrent entre elles. Ce qui fait leur unité, ce sont les *valeurs fondamentales* qui sous-tendent partout les *valeurs utilisées* (1947: 10), c'est-à-dire les s i g n i f i é s. Afin d'identifier ces valeurs, il préconise une méthode *scientifique* en deux temps:

«il nous faut nous appuyer sur l'observation des faits de langue, remonter au delà des signes [...]. Puis, redescendant sur plan des signes, nous montrerons comment les valeurs de langue s'expriment» (Galichet 1947: 15).

Seulement, la démarche ascendante n'est pas décrite, ce qui fait naître le soupçon d'un certain apriorisme.

Les *valeurs fondamentales* correspondent aux éléments premiers de la connaissance humaine, qui sont stables (1947: 49-50): l'être, l'auteur d'un procès, l'être sur lequel retentit le procès, etc. (Galichet 1947: 4). Il nous semble que Galichet conçoit la spécificité des langues surtout sous l'angle des modalités spécifiques de la combinaison du s e n s l e x i c a l avec le s e n s c a t é g o r i e l (= les valeurs fondamentales), comme le montre la tendance à la nominalisation en français (une action est forcée dans une catégorie de l'être) (1947: 167). En outre, les langues diffèrent par le genre de rapports qu'elles permettent entre les valeurs fondamentales (1947: 49-50)[104].

Comme Galichet entend expliquer psychologiquement les différences qu'il est forcé d'admettre (1947: 10), il en arrive à mettre en rapport langue et ethnopsychologie, mais avec plus de prudence que D&P:

«Le génie de la langue reflète *un peu* le génie d'un peuple, ses attitudes mentales les plus profondes» (1947: 168; nous soulignons; cf. 166).

Il n'empêche qu'on «pourrait presque dire: «Telle langue, tel peuple (1)»» (1947: 166)[105].

L'orientation universaliste de Galichet pose deux problèmes majeurs. Sa démarche peut non seulement être taxée d'aprioriste, l'universalité des valeurs fondamentales semble surtout valoir pour les catégories sous-tendant les p a r t i e s d u

---

[104] Il n'est cependant pas clair s'il s'agit de passages diachroniques (prépositions trahissant encore leur ancienne nature verbale ou adjectivale) ou plutôt de variations au niveau de la conceptualisation des valeurs lexicales des prépositions en fonction des rapports avec les termes qu'elles unissent (*à pied* = *zu Fuss*; *à Berlin* = *nach Berlin*; *à la côté* = *an der Küste*) (1947: 49-50).

[105] À la suite de Wartburg (et de Bally), Galichet souligne le caractère nominal et, dès lors, de plus en plus statique, du français. Il lance prudemment l'hypothèse que cette tendance pourrait bien traduire une attitude contemplative et passive des Français à l'égard du monde. Le même raisonnement s'applique au caractère analytique du français (1947: 167-168).

discours. Dans le domaine des c a t é g o r i e s m o r p h o l o g i q u e s, l'auteur doit avouer que certaines catégories comme inanimé/animé ont pu disparaître[106], et que ces distinctions «ne sont pas toutes de même importance» (1947: 16).

En somme, le système des *valeurs premières* ne se veut pas immanent au français, comme c'est le cas du *système taxiématique* chez D&P. Il s'agit de catégories psychiques universelles enracinées dans la métaphysique. Il y a, certes, une part d'immanence dans la structure des *langues*, mais celle-ci ne regarde pas le système des *valeurs fondamentales*, qui relève de la faculté du *langage* en général. Dans cette optique, les langues ne sont que le reflet de la structuration cognitive universelle. Chez D&P, en revanche, la langue est une façon de penser spécifique qui façonne la pensée de ses locuteurs. C'est ici qu'on retrouve la thèse du rôle constructif de la langue dans le fonctionnement de la pensée des locuteurs d'une même communauté. C'est une version psychologisée du credo structuraliste de l'immanence, qui se rapproche de la thèse de Sapir – Whorf.

(4) En outre, le programme de Galichet se distingue nettement de celui de D&P quant à l'importance accordée à la distinction *langue/parole*, dans les deux sens du terme (individu/collectif; virtuel/actuel). Galichet place la dichotomie *langue/parole* au centre de sa grammaire. Saussure fut celui

> «qui établit, d'une façon définitive, les distinctions fondamentales [...] entre la langue «indépendante de l'individu, somme de notions intérieures et de virtualités, et la parole individuelle par où se manifeste la langue»» (1947: VIII-IX).

La parole, conçue à la fois comme individuelle et actuelle, est

> «l'acte d'expression qui comporte un choix des signes conditionné par les exigences naturelles de ces signes, l'attitude du sujet parlant, la tendance expressive, affective, etc., c'est-à-dire par l'ensemble de ces valeurs psycho-physiques contingentes et variables dont nous avons montré qu'elles respectent[107], en définitive, les valeurs fondamentales de la langue. Ainsi la Parole, malgré son indépendance apparente, respecte la Langue. La Langue domine la Parole; c'est aux valeurs essentielles de la langue qu'il faut se référer toujours lorsqu'on veut étudier les formes plus ou moins complexes de la phrase parlée ou écrite» (Galichet 1947: 13).

Galichet met l'accent sur le *processus* de la parole, sur la détermination des valeurs dans «les processus de la pensée qui s'exprime». Il parle, à la façon de Guillaume,

---

[106] Certes, d'autres catégories ont été maintenues sous une autre forme (marquage analytique) (Galichet 1947: 17).

[107] Les bouleversements d'ordre affectif, expressif, etc. prennent *une signification* qui, «dès qu'elle est accessible à une collectivité parlant la même langue, respecte [...] le système psycho-verbal fondamental de cette langue» (1947: 12). En d'autres mots ces retouches, pourvu qu'elles n'entravent pas l'intercompréhension, ne sont que superficielles. Il incombe à la stylistique de comparer la forme m a r q u é e avec la forme n e u t r e et d'identifier l'effet de sens (p. ex. mise en relief dans *votre panier percé de gendre, c'est ... que*). Mais pour la grammaire, ces formes sont identiques. S'inspirant manifestement de Bally, Galichet se rapproche ici d'une espèce de 'syntaxe transformationnelle' affective, basée sur la paraphrase, dont la composante 'transformationnelle' relève de la stylistique (1947: 12-13).

d'une descente du lexical au grammatical par le biais des *catégories grammaticales* (= la contrepartie sémantique des flexions):

> «les catégories font descendre les espèces du domaine lexical au domaine grammatical; elles les marquent pour un emploi déterminé et passager. Elles les amènent au point où ces espèces sont toutes prêtes à entrer dans le jeu de la phrase» (1947: 6).

Ainsi «les espèces passent du virtuel au réel» (*ib.*: 7). Cette actualisation se produit par le concours de différents éléments:

- les *catégories grammaticales* (exprimées par des flexions)
- les déterminants[108]
- le verbe (qui actualise les *fonctions inactualisées*).

Les «procédés transpositifs» de Bally sont, eux aussi, mis «au service de la parole» (Galichet 1947: 17).

Le passage de la langue à la parole se fait en deux temps. Après la *grammaticalisation* (= *actualisation* chez Bally), c'est-à-dire le «passage du domaine lexical au domaine grammatical» (1947: 56, n. 1), vient l'*actualisation*, au cours de laquelle

> «certaines fonctions [qui] apparaissent par insertion des rapports syntaxiques dans l'actuel du temps exprimé par le verbe» (*ib.*).

Le verbe est vraiment la clé de voûte de la phrase qui lui insuffle la vie (cf. Lauwers 2003a).

Ces deux opérations actualisatrices divisent le champ des fonctions syntaxiques en deux sphères, ce qui est inédit en grammaire française[109]: les *fonctions actualisées* et les *inactualisées* (Galichet 1947: 110-112):

- Fonctions inactualisées[110] [«rapports spécifiques» (1947: 110), «en puissance» (1947: 166)]
  - *caractérisation*: (a) *de l'être*: fonction épithète et fonction apposition; (b) *du procès* (espèce verbale): certaines fonctions adverbiales
  - *détermination*: (a) compléments du nom et compléments de l'adjectif; (b) du «groupe du verbe non actualisé»: compléments de certains verbes incomplètement actualisés (infinitif, participe) et compléments de l'adverbe

---

[108] L'*actualisation* est au fond une *caractérisation*, qu'on ne saurait confondre avec la *détermination* qui limite l'extension du nom, qui individualise. Cette analyse le conduit à isoler l'article par rapport aux déterminants, qui sont des *adjectifs* (Galichet 1947: 57).

[109] Cette bipartition nouvelle du domaine des fonctions a été mal accueillie par Imbs et Antoine.

[110] «celles qui naissent de rapports inactuels, *ex tempore*, entre espèces ou groupes d'espèces grammaticales. Ce sont des rapports nécessaires, impliqués en quelque sorte par la nature même de ces espèces» (p. ex. la qualité se rapporte à l'être, la caractérisation verbale au procès) (1947: 110). En fait, les mots réunis par ces rapports se réduisent «à une simple unité lexicale dont le nom composé ou la locution verbale représentent les «types-limites»» (1947: 155-6); on est encore «sur un plan voisin de l'espèce» (1947: 111).

- Fonctions actualisées[111] [«rapports *temporaires*»]
    (a) actualisation proprement verbale[112]; (b) actualisation copulative: par un «verbe 'd'état'».

Cette bipartition est répétée au niveau des s u b o r d o n n é e s : *proposition-terme* (absence de subordination, sauf par rapport au verbe; actualisée) vs *proposition subordonnée* (non actualisée) (1947: 159). La distinction entre «fonctions actualisées» et «inactualisées» est cependant un peu artificielle:

- la notion de *détermination* vaut aussi pour les compléments d'objet, d'agent et de circonstance, comme l'admet Galichet (1947: 125, n. 1), donc aussi pour les fonctions *actualisées*[113]
- les adverbes caractérisants (= foncton inactualisée) sont actualisés par le simple fait qu'ils s'appliquent au procès qui les actualise, comme l'affirme Galichet (1947: 122)[114]. On pourrait résoudre ce problème en distinguant mieux le v e r b e - p d d du v e r b e - p r é d i c a t.

Galichet ne se limite donc pas à une théorie psychogénétique du signe (cf. *supra*, point 1), mais aborde aussi la proposition sous un angle psychogénétique: la «genèse de la proposition *dans l'acte d'expression du sujet parlant*» (1947: 156). Tout comme le sujet parlant décompose la pensée en vue de l'expression de celle-ci (idée qu'il emprunte à la *Sociologie générale* de Cornejo)[115], «nous saisirons d'abord [...] les grands schèmes propositionnels, pour les décomposer ensuite» (1947: 156). Toutefois, cette problématique relève plutôt de la stylistique. Le syntacticien s'intéresse plutôt au côté virtuel du processus (donc à la l a n g u e), c'est-à-dire aux «schèmes propositionnels à deux ou à trois termes» qui

«préexistent à l'expression de notre pensée particulière. Et l'acte d'expression consiste à choisir» (1947: 156).

Si Galichet envisage le passage de la langue à la parole, c'est finalement la *langue*, qui est décrite, y compris tout son potentiel actualisateur, mais en fonction du passage (encore virtuel) de la langue à la parole.

Si par rapport à la théorie de Galichet, le *système taxiématique* de D&P est plutôt conçu comme un ensemble statique (cf. Joly 1982-1983: 43), il faut dire que cet inventaire statique semble fonctionner dans une théorie de la mise en discours de la

---

[111] Ces fonctions «naissent des rapports entre espèces ou groupes d'espèces dans l'actuel du temps, c'est-à-dire, syntaxiquement, par l'intermédiaire du verbe actualisé. Ce sont des rapports «accidentels», puisqu'ils se produisent à un moment donné et n'auraient pas lieu à un autre moment» (1947: 110-111).

[112] Il s'agit en fait d'une «caractérisation actualisée» mais comme, au niveau des fonctions actualisées, la détermination et la caractérisation sont secondaires par rapport à d'autres mécanismes, Galichet n'applique ces termes qu'aux fonctions inactualisées (1947: 112, n. 1).

[113] Ce problème aurait pu être évité si Galichet n'avait pas étendu à l'extrême la notion de *détermination* (cf. Ch. IV, 4.2.2.).

[114] On pourrait résoudre ce problème en distinguant mieux le v e r b e - p d d du v e r b e - p r é d i c a t.

[115] C'est la thèse de Wundt. On ne peut que constater que la bibliographie en fin de volume ne contient aucun ouvrage rédigé dans une autre langue que le français.

matière lexicale, c'est-à-dire des *sémièmes*, mais cette idée n'est pas exploitée comme chez Bally et Galichet: les *taxièmes* classent les *sémièmes* et servent «à leur mise en œuvre dans le discours[116]» (V1, 11). En d'autres mots, le l e x i c a l est actualisé grâce aux *taxièmes* (= m o r p h è m e s g r a m m a t i c a u x + f o n c t i o n s etc.), ce qui rapprocherait D&P de Guillaume. Dans le même sens, l'a t t r i b u t est mis en rapport syndestique avec le s u j e t ou le C O D «dans l'instant où [l]e phénomène est apporté dans le discours» (V2, 15). Les auteurs connaissent bien entendu la théorie de l'actualisation de Bally et établissent même une correspondance:

> «l'article [...] intervient pour définir le quantum de substance que va être appelé à jouer un rôle dans le fait phrastique: c'est ce que nous appelons asseoir le substantif dans sa substantivosité, c'est ce que M. Bally appelle l'actualiser» (V6, 420).

(5) La cinquième différence à relever concerne le poids de la métaphysique. C'est dans l'élaboration de la théorie des parties du discours de Sechehaye que la métaphysique fait son entrée chez Galichet (voir ci-dessous, 2.1.4.4.). Cette dimension reste au second plan dans l'entreprise de D&P, qui s'en tiennent en général à la structuration de l'esprit. Notons cependant qu'ils s'appuient sur Kant et Condillac pour la refonte du système des parties du discours[117] (voir aussi V1, 346).

2.1.4.4. Langue et réalité: de la psycholinguistique à la métaphysique

De la psychologie à la perception mentale de la réalité, il n'y a plus qu'un pas. En effet, l'étude des rapports entre la pensée (catégories, mécanismes) et la langue aboutit facilement à la problématique de la conceptualisation de la réalité (qu'il s'agisse d'objets tangibles ou purement abstraits). Chez deux auteurs du corpus, Regula et Galichet, la réflexion psychologique sur la langue débouche sur ce qu'on pourrait appeler une *psycholinguistique de la connaissance*.

Comme nous l'avons vu, Galichet en arrive à la structuration de la réalité par le langage à travers l'approfondissement des *catégories imaginatives* de Sechehaye, «qui, le premier[118], lut et encouragea [l]e travail» (Galichet 1950, 2ᵉ éd.):

> «Nous avons voulu saisir la cohésion interne de notre langue, chercher ce qui constitue son unité, en remontant à la source première, c'est-à-dire aux fondements de la connaissance spontanée» (1947: XI).

La structuration de la langue 'ordonne' donc la réalité perçue. Sechehaye s'était délibérément abstenu d'un tel programme. On ne trouve pas chez lui un plan qui reflète

> «tous nos principes de logique et de psychologie dans leur application aux choses de la grammaire. Mais cela nous aurait amené à creuser profondément nos assises et à descendre jusqu'aux fondements de la théorie de la connaissance» (Sechehaye 1926a: 7, cité par Galichet 1947: IX).

---

[116] Il faut d'ailleurs relever l'emploi fréquent du mot *discours*.
[117] Voir Ch. V, 1.4.
[118] La mise en évidence du mot *premier* pourrait suggérer que Sechehaye a lu le tapuscrit.

Ainsi la psychologie finit par aboutir à la *métaphysique*, mais une métaphysique «du simple bon sens», de «l'homme de la rue», qui ne vise aucunement à fournir une explication du monde et qui est dictée par «les faits eux-mêmes» (1947: XV).

Regula, de son côté, aboutit à la métaphysique par une autre voie. Cet auteur qui s'inspire, tout comme Engwer – Lerch, du traité richement documenté d'Otto (1919), intègre en outre certains concepts de la *théorie des objets* (*Gegenstandstheorie, Erfassungstheorie*) d'Alexius Meinong (1853-1920)[119], en guise de fondement de la syntaxe (Regula 1935: 270).

Meinong, élève de Brentano (Vienne) et depuis 1882[120] professeur de philosophie et de psychologie à Graz (où Regula a fait ses études), avait pris conscience, aux alentours de 1900, de l'intérêt d'une théorie des objets (*Gegenstandstheorie*). Il part d'une évidence:

> «Dass man nicht erkennen kann, ohne etwas zu erkennen, allgemeiner: dass man nicht urteilen kann, ohne über etwas zu urteilen, etwas vorzustellen» (Meinong 1988: 1, *apud* Philosophenlexicon)[121].

On se réjouit toujours à propos de quelque chose, l'attention porte toujours sur quelque chose («auf etwas Gerichtetsein»)[122]. Ce quelque chose auquel se rapportent nos représentations (*Vorstellungen*), il l'appelle objet (*Gegenstand*). C'est surtout l'analyse ontologique des modalités qui a retenu l'attention de Regula. Meinong distingue quatre classes d'expériences élémentaires (*Elementarerlebnisse*): *Vorstellen, Denken, Fühlen* et *Begehren* (Meinong 1923: 114). Ces 4 classes sont liées à 4 catégories d'objets: *Objekte*[123], *Objektive* (jugements), *Dignitative* (p. ex. *le beau, le vrai*) et *Desiderative* (le devoir et le but) (*ib.*).

Dans la grammaire de Regula (1931), l'héritage de Meinong est présenté dès le début de la partie syntaxique, qui s'ouvre sur la définition de la phrase[124]:

> «Der *Satz* ist die *Redeeinheit*, d.i. ein durch *sprachlich-gedankliche Stellungnahme* bestimmter (= «gesetzter») Sachverhalt» (1931: 40).

---

[119] Si Regula s'appuie volontiers sur l'œuvre de Meinong, il considère comme dépourvues d'intérêt pour la linguistique les *sprachkritische Untersuchungen* de Brentano et Marty. C'est surtout la distinction entre expressions *autosémantiques* et *synsémantiques* qu'il ressentit comme hautement problématique (Regula 1951: 7; contrairement à Regula 1928: 464).

[120] Il fut l'un des initiateurs (après Wundt) de la psychologie expérimentale. Autour de lui s'est formée l'École de Graz (von Ehrenfels, Höfler, Oelzelt-Newin) (Philosophenlexicon: http://www.philosophenlexikon.de/meinong.htm).

[121] Même Haas (1916: 21) — la chronologie n'exclut pas une influence de Meinong — fonde la base logique de la phrase (sujet - prédicat) sur les conditions de la connaissance (*Erkenntnis*): «kein Erkanntes ohne ein Erkennendes und keine Aussage ohne etwas, worüber ausgesagt würde».

[122] Cf. l'importance de l'intentionnalité chez son maître Brentano.

[123] Il convient d'insister sur le fait que ces objets ne doivent pas nécessairement être perceptibles, ni même exister (ils pourront exister un jour ou ne pas exister).

[124] Engwer (1926: 42) la définit seulement par référence à l'analyse de la *Gesamtvorstellung* en *Träger + Geschehen* (*Zustand, Vorgang*) ou *Seiendes + etwas an diesem Beobachtetes*.

Cette définition est suivie d'emblée de la typologie des *Satzarten* (1931: 40), classée d'après le type de *Setzungsform*, ce qui montre toute l'importance de la théorie des objets:

(1) Urteilungssatz (ou Aussagesatz); (2) Annahmesatz (= v a l e u r h y p o t h é t i q u e, f i c t i v e); (3) Begehrungssatz; (4) Fragesatz.

L'*Annahmesatz*, «in denen der Sprechende einen Sachverhalt als *bloss gedacht* «setzt»» (1931: 40), qui est un type nouveau, est tiré de l'*Annahme* de Meinong: *Soit a égal à β*. Les autres types de phrase se définissent de la même manière: la phrase est soit «entscheidend», soit als «Gegenstand seines Wollens», soit «als Gegenstand seiner Wissensbegehrung» *gesetzt* (1931: 40). Plus tard, Regula (1935: 262; 1951: 20-21) y ajoutera encore un cinquième type, jugé moins évident: les *Betrachtungssätze* (ou *Erwägungs/Themasätze*), qui traduisent une *Kontemplation*: *(Dass) er kommt!*

La prise de position par rapport à un état de choses — *setzen*, traduit par *fixer* (Regula 1936) — fournit la clé de la phrase[125]. La définition holistique de Wundt («die Glieder des zerlegten Bewustseinsinhaltes»; 1931: 45), qui explique l'existence de «Wortarten mit Satzwert» (1931: 41), y est subordonnée.

Dans un compte rendu de la grammaire d'Engwer – Lerch, Regula (1928) croit reconnaître dans leur méthode des traces de la théorie des objets, même si les auteurs ne se réfèrent pas explicitement à Meinong[126]. Il relève aussi des parallèles avec les conceptions de Marty (p. ex. *Auto/Synsemantika* dans la définition des substantifs), qui s'expliquent sans doute par la référence à Otto (1919). Toujours est-il que la relation avec le monde extérieur est beaucoup plus nette chez Regula (1931), comme le montre la confrontation des deux ouvrages. Outre la conception de la phrase, on peut signaler les différences suivantes:

- le nombre de critères définitoires basés sur un renvoi à la réalité (= C1): 33,3 % (Regula) contre 13,3 % (Engwer)
- l'implication d'éléments situationnels
  Regula incorpore des éléments situationnels (ainsi que les gestes)[127] dans la série de moyens grammaticaux (*Beziehungsmittel*) (1931: 42): *Un canot!* peut marquer, selon la situation (*Situation*), un *Wahrnehmungsurteil* ou une *Begehrung*. C'est d'ailleurs «durch Mitverwertung der Situation» que s'expliquent nombre de «formelhafte Schrumpfsätze»: p. ex. *Bonjour*.
- la notion de *sujet effectué* (cf. Ch. IV, 3.2.) qui est ancrée dans les données de la situation (1931: 40)[128].

---

[125] Il convient de signaler que Winkler (*Sprachtheoretische Studien*) et Stern conçurent eux aussi la phrase comme prise de position (Regula 1935: 257-258, 265, n. 13; Regula 1951: 22-23).

[126] Dans son compte rendu, Regula (1928: 464-465) oppose déjà sa propre conception 'objectaliste' à celle des auteurs.

[127] Voici un exemple du rôle des «erläuternde Gebärde»: *je me souciais de 20 canons comme de CELA!*

[128] Le rapport avec la situation de l'énonciation est très net dans la définition des n o m s c o n c r e t s / a b s t r a i t s : *Wesen (Seiende) mit selbständigem Dasein* vs *ohne selbst. Dasein* (Regula 1931: 24). Engwer (1926: 77, note), de son côté, signale que cette distinction n'a aucune pertinence linguistique.

En somme, l'importance du rapport entre langue et réalité met le processus de la p a r o l e à l'avant-plan, ce qui l'éloigne un peu de la division du travail entre *Sprachkunde* et *Sprechkunde* préconisée par Otto[129] (cf. 2.1.4.2.).

2.1.5. Conclusions

Parvenu au terme de l'analyse des grammaires psychologisantes[130], il est temps de rappeler les grandes lignes de l'exposé, à savoir l'hétérogénéité interne de la grammaire psychologisante et les alliances nouées avec d'autres principes explicatifs.

Les titres des paragraphes 2.1.3. et 2.1.4. dévoilent déjà en partie l'hétérogénéité des explications psychologiques. D'aucuns s'appliquent à fonder les *catégories grammaticales* sur des catégories psychologiques (Haas, Engwer, Regula, D&P, Galichet), que ce soit dans le cadre de la psychologie représentationniste (l'esprit comme un ensemble de contenus mentaux) ou dans le cadre de la recherche de la forme psychologique interne de la langue. D'autres (Strohmeyer, Le Bidois, de Boer) ne partagent pas cette ambition et s'en tiennent à des *interprétations psychologiques locales* ou à l'application de *lois* ou de *principes psychiques généraux*. Les interprétations 'locales' pèchent souvent contre ce qu'on pourrait appeler le calque psychologique ou *psychologische Verdopplung*[131] (Knobloch 1988) (Le Bidois, Haas) — ce qui leur ôte tout intérêt explicatif — et confondent souvent sens (ou logique)[132] et représentation mentale (au moment de la parole) (p. ex. Strohmeyer, Le Bidois, mais aussi D&P). Les principes psychologiques généraux sont plus intéressants (Strohmeyer, Engwer, Regula et de Boer, cf. *infra*), dans la mesure où ils ouvrent la voie à une théorisation globale.

---

[129] L'influence de cet auteur est donc beaucoup moins directe que chez Engwer – Lerch. Il semble d'ailleurs que Regula (1951) ait pris de plus en plus ses distances par rapport aux conceptions d'Otto, comme le montre aussi l'abandon de la partie du discours comme moyen grammatical (*Beziehungsmittel*) (comparer Regula 1931: 42 et Regula 1951: 69-71).

[130] L'importance de la psychologie en tant que cadre de référence pour la grammaire explicative tient aussi au fait que la psychologie occupe une place de choix au sein de la linguistique générale (en grande partie basée sur les résultats de la linguistique historico-comparative). Il n'est pas exagéré de dire que dans la deuxième moitié du 19ᵉ siècle (surtout dans le dernier quart), la linguistique générale (en Allemagne) fut une linguistique psychologisante (Elffers 1996: 53, n. 3; cf. Knobloch 1988; Noordegraaf 1982). Les principes de Hermann Paul, par exemple, sont très souvent de nature psychologique. Pour Gröber, ces principes font l'objet de l'*approche génétique* du langage. De même, Meillet (1906; relayé par Dauzat 1912; Vendryes) situe la psychologie parmi les sciences auxiliaires de la linguistique générale.

[131] Otto (1919: 6) dénonce la course à la «psychologischer Erklärung» dans les méthodes didactiques. Tout ce qui *approfondit* la description (*vertieft*) — peut-être une allusion à Strohmeyer (1914), grammairien qui enseigne également à Berlin — passe pour une «explication», alors qu'il s'agit plutôt d'une *description* de processus psychiques. Otto (1919) y oppose les explications en termes de conditions et de forces motrices et plaide pour la séparation de la *Sprechkunde* (parole en tant que processus) par rapport à la *Sprachkunde* (langue comme produit historique). Cf. *supra* 2.1.4.2.

[132] Sur les rapports entre la logique et la psychologie, voir Hjelmslev (1928) et Brøndal (1937, repris dans Brøndal 1943: 49-71). Pour ces deux auteurs, l'idée d'une logique descriptive, empirique, différente de la logique normative, se défend. Elle se confond avec l'étude psychologique de la pensée.

À ces distinctions se superposent encore des différences liées aux paradigmes en vigueur au sein de la psychologie: la psychologie individuelle des locuteurs (sous-tendue par des recherches en psychopathologie et en psychophysique) et l'ethnopsychologie (*Völkerpsychologie*), pomme de discorde entre Paul et le duo Steinthal (et Lazarus)/Wundt. Le courant ethnopsychologique semble avoir été renforcé par le courant néo-idéaliste et néohumboldtien (Vossler, Spitzer, Lerch) dans les années 1920, par la stylistique comparée (p. ex. Strohmeyer) et par les théories traditionnelles du génie de la langue (Le Bidois, Dauzat).

À l'hétérogénéité interne des explications psychologiques s'ajoute encore l'interférence de certains principes étrangers à la linguistique psychologisante à proprement parler. Ceux-ci viennent se ranger sous la bannière de l'approfondissement psychologique (Strohmeyer), qui s'allie de ce fait à l'explication diachronique (cf. 3.1.1.2.). Certains principes comme l'analogie sont ambigus (historique + psychique), d'autres concernent plutôt la structuration de l'information (t h è m e / r h è m e), mais sont encore traités dans un cadre psychologique (voir 2.3. ci-dessous). En somme, ce qui compte dans l'esprit des locuteurs, c'est l'*explication* en soi, qui l'emporte sur la *nature* de l'explication[133], comme le montre la valse des titres:

- Regula: ... *Grammatik auf biogenetischer Grundlage* (1931) --> *Précis de grammaire française sur une base historique et psychologique* (1936) --> *Grammaire française explicative* (1957)
- Galichet: *Essai de grammaire psychologique* --> *Grammaire française expliquée* (Galichet, 1962²).

2.2. La langue comme expression du sens

Nous avons déjà dû constater à plusieurs reprises que la distinction entre la sémantique et la psychologie était souvent inexistante dans les grammaires psychologisantes et qu'elles passaient allègrement de l'une à l'autre. Qu'on se rappelle les catégories dégagées par la psychologie représentationniste, les catégories taxiématiques de D&P, et certaines explications soi-disant psychologiques dans la syntaxe des Le Bidois. Même Galichet considère l'échelle des degrés d'inhérence[134], concept de nature sémantico-logique, à la fois comme une *distinction psychologique* et une *différence de valeurs de langue* (1947: 43). Cette confusion ressort aussi de l'apparition de termes comme *idée* ou *pensée* dans des grammaires qui ne se veulent pas nécessairement psychologisantes (p. ex. Ulrix).

Si l'on admet ces prémisses, on comprend qu'il est difficile de séparer les grammaires fondées sur des catégories psychologiques des grammaires basées sur des catégories sémantico-logiques. *La Pensée et la langue*, qui part justement du contenu (sens ou catégories psychiques?) illustre ce problème. Si nous en traitons ici, c'est

---

[133] Cf. aussi déjà la préface de (Regula 1936: I).
[134] Il s'agit de la caractérisation adjective qui est plus intrinsèque que la caractérisation adverbiale.

que la volonté de Brunot de se distancier de la psychologie est tellement nette qu'on ne saurait le ranger parmi les grammairiens psychologues:

> «Ce livre n'est pas une «Psychologie». J'ai même évité avec soin de consulter les psychologues et leurs œuvres, ne voulant point me laisser entraîner à des analyses dont la finesse et la complexité eussent dépassé de beaucoup les analyses sommaires et superficielles auxquelles je suis obligé, moi, de me borner» (Brunot 1922: VII).

Ce constat ressort aussi des sources de Brunot: tout renvoi à la littérature psychologique fait défaut[135]. L'objectif qu'il se pose est tout aussi clair:

> «un exposé méthodique des faits de pensée, considérés et classés par rapport au langage, et des moyens d'expression qui leur correspondent» (1922: VII, car. gras).

Paradoxalement, ce livre qui ne se réclame pas de la psychologie a pour objet les «faits de pensée». Ce catalogage de faits de pensée présente toutefois une dimension explicative, dépassant la simple description, démarche mimétique:

> «une méthode libérée de la routine suivie dans l'étude des langues mortes [...] élever cette méthode au-dessus d'un empirisme vulgaire, lequel, sous couleur de pratique, n'imite qu'extérieurement la nature, et ignore ou dédaigne *les lois profondes* qui enchaînent les faits linguistiques, permettent de les acquérir et en assurent la complète possession» (Brunot 1922: XXXIII; nous soulignons).

L'explication — qui justifie la place que Brunot (1922) occupe dans notre classification — réside dans les «lois profondes». Mais quelles sont ces *lois profondes*?[136] On peut supposer qu'il faut les chercher dans les «faits de pensée». Or, comme ceux-ci ne sont pas éclairés à la lumière de la psychologie[137] (catégories ou processus psychiques établis par la psychologie), il doit s'agir, sans doute, des liens onomasiologiques qui unissent les formes et les structures les plus diverses (cf. «lois profondes qui enchaînent les faits linguistiques»). Voilà que les catégories onomasiologiques sont dotées de pouvoir explicatif et d'un statut théorique (et non seulement d'une finalité didactique/pratique).

Si les catégories ne sont tirées ni de la psychologie, ni d'un examen rigoureusement syntaxique des faits linguistiques (cf. Melis 1994: 436-437), sur quoi se fondent-elles alors? Le caractère aprioriste des catégories sémantiques[138] auxquelles sont rattachées

---

[135] Dans sa critique de la grammaire de l'Académie, cependant, Brunot entend remplacer les explications basées sur la logique (ellipses) par l'histoire et la psychologie (1932: 126).

[136] La description doit respecter aussi «la nature» (Brunot 1922: 317) de la langue, c'est-à-dire le génie et le fonctionnement réel (avec ses imperfections, chevauchements, fluctuations), ainsi que le sentiment des locuteurs: «l'étude du langage peut systématiser et rendre conscient ce qui n'est qu'instinct» (1922: 215). Corollairement, il ne faut pas distinguer ce que la langue confond (1922: 317, 378, 379, 380).

[137] Cf. aussi l'absence de critères 'psychologiques' (C3) dans les définitions des concepts.

[138] Même si ces catégories peuvent être des procès, comme la caractérisation, par exemple, qui relève des «opérations de l'esprit» (Brunot 1922: 577).

les moyens d'expression, est un fait bien connu (Meillet 1922[139]; cf. aussi Melis 1994). Mais l'on pourrait se demander si la grille des catégories sémantiques ne répond pas d'abord à une finalité purement didactique. Elle permet d'agencer de façon élégante la matière, qui, dans la mesure où elle concerne la syntaxe, a déjà fait l'objet d'une analyse syntaxique préalable. Ce que Brunot a élaboré, c'est un immense livre-source qui sert à la mise en pratique de sa méthode didactique, une «méthode libératrice» (1922: XXIV), comme le suggère aussi le sous-titre: «méthode, principes et plan d'une théorie nouvelle du langage appliquée au français». Il n'empêche que les catégories sémantiques ont aussi un statut théorique, comme nous venons de le voir. Cette dernière interprétation découle aussi du fait que certaines fonctions syntaxiques (p. ex. objet, sujet) ont une portée plus large que d'ordinaire. La perspective sémantique a donc aussi un impact sur la catégorisation grammaticale même (cf. Ch. IV, 3.5.3.). Dans ce sens, l'ouvrage est foncièrement ambigu.

Chevalier (1991: 82; 104) souligne que *La Pensée et la langue* s'inscrit dans la tradition de la grammaire générale, malgré les nombreuses invectives portées contre celle-ci. Brunot (1922: XIX; 1920: 178) admet d'ailleurs que sa démarche implique un retour à «l'idéologie», mais une idéologie exempte de spéculations a priori et contrôlée par «la science positive des langues». Il n'est pas étonnant que Brunot se découvre des ressemblances avec Bally, grammairien-pédagogue comme lui-même, mais beaucoup plus linguiste que Brunot, ce qui explique le malentendu qu'il y a eu entre eux (Chevalier 1991: 84-88).

On ne saurait toutefois sous-estimer l'importance de *La Pensée et la langue*, qui fut responsable de plus d'une vocation (Le Bidois et peut-être aussi Michaut, cf. Ch. II, 1.1.) et qui suscita aussi de nombreuses réactions[140]. Cet ouvrage original se signale aussi par la richesse des données recueillies. Il contient en outre nombre d'analyses originales et de concepts nouveaux (*séquence, préflexion, servitudes grammaticales*, etc.) qui ont fait date (cf. Ch. IV et V). *La Pensée et la langue* a en effet corrigé sur de nombreux points la doctrine grammaticale classique, même si ce n'était pas son but principal:

> «J'ai fait la critique de plusieurs de ces règles, je n'en ai écarté aucune, me bornant à mettre mon lecteur à même de distinguer celles qui ont une autorité véritable. Mais mon but n'a pas été de donner une grammaire revue et corrigée» (Brunot 1922: VII).

2.3. *La langue comme instrument de communication (vers la 'pragmatique')*

Traiter de la *pragmatique* dans une étude sur les grammaires de la première moitié du 20ᵉ siècle (2.3.2.) appelle une importante mise en garde (2.3.1.). Comme les

---

[139] Cf. déjà Sechehaye (1916: 4) à propos de la méthode Brunot.
[140] Par exemple: D&P, Galichet, Wagner, Bloch, Dauzat (cf. *supra*); voir aussi les c.r. de Bally (1922), de Meillet (1922) et de Clédat (1923). Dans son *Introduction à la linguistique française*, Wagner qualifie la démarche de Brunot d'«illusoire» (1947: 48) et y préfère la voie inverse, des mots à la pensée (il est question de D&P et de Guillaume).

concepts t h è m e et r h è m e étaient les notions de 'pragmatique' les plus répandues à l'époque, nous allons en fournir une analyse exhaustive, c'est-à-dire en détaillant ce qu'il en est pour chacune des grammaires du corpus (2.3.3). Les autres concepts 'pragmatiques' seront présentés sous 2.3.4, mais non de façon exhaustive.

2.3.1. Mise en garde préliminaire

Avant d'entamer la description, il convient de mettre le lecteur en garde contre un éventuel malentendu. Nous utilisons l'étiquette 'pragmatique' seulement par commodité. Cette notion, qui même de nos jours ne couvre qu'imparfaitement l'ensemble des pratiques linguistiques auxquelles nous voudrions l'appliquer, n'implique nullement une visée rétrospective ou anachronique. Elle constitue un dénominateur commun commode pour un certain nombre de constats ou de perspectives innovatrices isolés, indépendamment de toute théorie et de toute systématique modernes. Si l'on tente une définition positive, on pourrait dire que la 'pragmatique' englobe tout ce qui a trait à l'acte concret de la *parole* (y compris les éléments de *langue* qui jouent un rôle dans la mise en discours, p. ex. les *embrayeurs*), la référence aux données de la situation (dont le locuteur et l'interlocuteur) et l'ouverture à l'au-delà de la phrase, c'est-à-dire au texte ou au discours. Le concept même de 'pragmatique' ne jouera d'ailleurs plus aucun rôle dans la suite de l'exposé, dans lequel nous replacerons les concepts qui s'y rattachent dans leur contexte historique et épistémologique propre, qui est un contexte psychologisant.

2.3.2. De quelles grammaires s'agit-il?

Cela étant dit, voici les grammaires qui tiennent compte de critères 'p r a g m a - t i q u e s' (= C4) dans la classification des unités:

> Regula (29,2), Strohmeyer (22,2), Bloch (15,6), D&P (14,6), Haas (13,8), de Boer (13,6), Engwer (13,3), Le Bidois (12)

> Dauzat (8,3), Grevisse (7,7), Larousse (6,25), Bruneau (5,8), Radouant (5,3), Wartburg (4,5), Académie (3,7), Lanusse (3,4).

Quand on compare ces chiffres avec ceux obtenus pour les critères psychologiques, on constate une forte corrélation: toutes les grammaires qui s'ouvrent à la 'pragmatique' (> 10 %) sont psychologisantes (> 10 %), à l'exception de Bloch[141]. Quant à D&P, on se reportera à 2.1.2.

Inversement, toutes les grammaires psychologisantes (C3 > 10 %) font écho à des aspects p r a g m a t i q u e s, à l'exception de Galichet (cf. *infra*):

---

[141] Chez Bloch, les critères p r a g m a t i q u e s proviennent de l'*apostrophe*, de l'i n c i s e — qui sont définies par un renvoi aux partenaires de l'énonciation — et des propositions i n j o n c t i v e et i n t e r - r o g a t i v e (qui s'inscrivent dans une perspective onomasiologique locale qui fait appel aux actes de langage: «on interroge», «on ordonne»). Dans le même sens, l'*apposition* est définie comme ayant une *valeur explicative*.

C3 (> 10%): Haas (69,0), Galichet (30,8), de Boer (27,3), Strohmeyer (22,2), Le Bidois (20,0), Engwer (13,3), Regula (12,5).

Quand on regarde maintenant les grammaires qui ont un indice C4 (pragmatique) supérieur à zéro et inférieur à 10, il faut, là encore, conclure à une certaine corrélation entre psychologie (C3) et pragmatique:

C3 (> 0 et < 10%): D&P, Académie, Grevisse, Bruneau, Dauzat.

Cette remarquable corrélation entre psychologie et pragmatique, qui sera corroborée par l'examen des notions thème/rhème, montre que la pragmatique s'est développée dans le cadre de la grammaire psychologisante. C'est d'ailleurs la voie par laquelle la linguistique psychologique a pu se libérer du carcan de la psychologie représentationniste, évolution dont Bühler marque l'aboutissement (Knobloch 1988).

2.3.3. Thème/rhème

Le concept pragmatique le plus répandu dans le corpus est sans aucun doute le principe de la structuration de l'information. Ce principe s'inscrivait à la fois dans le cadre psychologisant 'de la marche de la pensée', et, dans une moindre mesure, dans une perspective discursive (l'enchaînement discursif). Le couple thème/rhème, combiné à l'accentuation, permettait de mettre en rapport certains phénomènes — qu'on traitait en général séparément — et de les 'expliquer' à la lumière d'un principe théorique unificateur. Cette pratique est attestée dans la plupart des grammaires publiées en dehors de la France (2.3.3.2.) mais moins connue en France (2.3.3.3.). L'examen de ces deux ensembles de grammaires sera précédé d'un aperçu historique qui esquisse l'émergence des notions de thème/rhème (2.3.3.1.).

2.3.3.1. Historique

La distinction thème/rhème a acquis ses lettres de noblesse grâce à la 'perspective fonctionnelle de la phrase' telle qu'elle a été élaborée au sein de l'École structuraliste de Prague (*Thema* vs *Rhema*), essentiellement par l'angliciste Mathesius[142]. Ce qui est moins connu, cependant, c'est que Mathesius s'inscrit en réalité dans une tradition d'études sur l'ordre des mots, vieille de plus de 80 ans, dont il présente, d'ailleurs, un aperçu dans ses propres publications[143]. Il s'inspire entre autres de Weil, de Gabelentz, de Wegener et de Jespersen, auteurs qui ont tous reconnu ou discuté les concepts thème/rhème[144], quoique dans un cadre psychologiste. Le mérite de Mathesius

---

[142] Dès 1924, selon Vachek (1966: 88).
[143] Nécrologie par Trnka, dans Sebeok (éd. 1966: 477).
[144] Plus tard: Daneš, Firbas (plusieurs degrés de thématicité/rhématicité, *apud* Stati 1976: 25).

«lies in the fact that by replacing the psychologistic terms with those of functional linguistics, he made the whole conception really workable» (Vachek 1966: 89).

L'historiographie[145] de la syntaxe a approfondi la préhistoire du couple thème/rhème et l'a ramené à Henri Weil (voir Hültenschmidt 2000, Delesalle – Chevalier 1986: 70-73, 179-194). Plus tard, on trouve ces notions entre autres chez G. von der Gabelentz (1869), Paul (1880), Wegener (1885), Svedelius (1897), Wundt (1900) et Jespersen (1924). Jespersen (1924: 147-149) en donne un état de la question. Il relève plusieurs courants: (a) sequence in time (in the mind) (Gabelentz, Wegener); (b) novelty and importance (Paul); (c) stress (or tone) (Höffding).

La terminologie dans ce domaine était assez variable. Otto (1919), par exemple, rejette, dans le prolongement de Marty (1897), la terminologie classique, à savoir *psychologisches* (voire *logisches*) *Subjekt et Prädikat* (p. ex. Gabelentz, Tobler, Paul). D'autres termes ont été proposés:

- thème: *Exposition* (Wegener 1885), *Thema* (Amman)
- rhème: *eigentliche Mitteilung* (Otto), *dominierende Vorstellung* (Wundt), *the emotionally dominant element* (Bloomfield, *apud* Jespersen 1924).

Pour la tradition linguistique française, il n'est pas sans importance que la thèse de Weil ait été réimprimée dans une collection dirigée par Bréal et que Brunot y renvoie dans sa grammaire historique de 1886. Au demeurant, les notions thème/rhème ne semblent pas avoir eu un grand retentissement dans la linguistique d'expression française. On les retrouve chez Sechehaye (1926a) — par le biais de Wundt et la tradition allemande — et, *mutatis mutandis*, chez Bally (*thème/propos*).

Comme nous l'avons déjà fait remarquer, la distinction thème/rhème est née du problème de l'ordre des mots. La syntaxe du 18ᵉ siècle opérait avec un ordre profond (*syntaxe*: rapports hiérarchiques) et un ordre plus superficiel, linéaire (*construction*), qui ne respectait pas nécessairement l'ordre profond. L'ordre déviant s'expliquait par un recours à la rhétorique/stylistique (cf. Ch. VI, 2.2.1.1.2.). Weil va déplacer le problème en examinant désormais le *rapport* entre l'ordre des idées dans l'esprit (*notion initiale, point de départ, connu* vs *but, énonciation proprement dite, inconnu*), qui est universel, et la réalisation syntaxique dans chacune des langues (ou plutôt dans la parole de ces langues), langues à *construction libre* (qui *peuvent* suivre de plus près l'ordre des idées) ou à *construction fixe* (Chevalier – Delesalle 1986: 72-73; 183-184). Dans le cadre des langues à *construction fixe*, l'*inversion* (= dislocation, mise en relief, etc.) devient un procédé d'ajustement, qui adapte l'énoncé à l'ordre des idées (ordinaire ou pathétique, c'est-à-dire quand le *but* apparaît le premier à l'esprit) (Chevalier – Delesalle 1986: 186).

Or, l'ordre des mots n'est pas la seule extériorisation de la marche de la pensée. Plus tard, la linguistique en est venue à y rattacher aussi des *caractéristiques*

---

[145] Pour d'autres ouvrages que ceux qui sont cités dans le texte, on se reportera à Graffi (1991: 133-146) et à Knobloch (1988: 332-355).

prosodiques (cf. le type c chez Jespersen). En allemand, par exemple, l'accentuation permet de r h é m a t i s e r n'importe quel segment de la phrase. Le français, par contre, où l'accent repose sur la fin du groupe rythmique ou sur le segment final de la phrase, oblige le locuteur à avoir recours à des tours syntaxiques particuliers permettant de contourner les impératifs de l'accentuation (et de l'ordre 'fixe'), comme la d i s l o c a t i o n et l'e x t r a c t i o n . La thèse selon laquelle la position finale est devenue, grâce à l'accentuation finale, la position du r h è m e , a déjà été formulée par Schulze, Kuttner, Klöpper – Schmidt et Strohmeyer (1910: 56) aux alentours de 1900 (*apud* Otto 1919: 121, n.2).

2.3.3.2. Les grammaires publiées en dehors de la France

L'opposition t h è m e / r h è m e fut à l'origine une notion essentiellement psychologique, comme en témoigne la terminologie *sujet/prédicat psychologique*, née dans le cadre de la question de l'ordre des mots (1). C'est comme telle qu'elle apparaît dans les grammaires publiées en dehors de la France. Nous verrons ensuite qu'elle comporte aussi un aspect discursif (3) et qu'elle a été exploitée dans d'autres domaines encore (2).

(1) L'ordre des mots

Si chez Haas la portée de l'opposition *psychologisches Subjekt/Prädikat* est limitée à la construction impersonnelle qui r h é m a t i s e le sujet (logique), par contraste avec la construction canonique de la phrase:

> «Gewöhnlich liegt in der zweigliedrigen Aussage der Schwerpunkt in dem ausgesagten Merkmal, während das Subjekt in den meisten Fällen aus dem Redezusammenhang oder durch Hinweis allein ersichtlich, durchweg nicht der wesentliche Zweck der Aussage ist» (1909: 55),

Strohmeyer, Engwer, Regula, de Boer et Wartburg, en revanche, l'appliquent à plusieurs phénomènes syntaxiques.

Strohmeyer (1921: 245) est assez formel: l'ordre des mots est régi par deux lois ou principes (*Gesetze*):

I. Subjekt – Verb – Objekt
II. Gegenstand der Aussage (t h è m e) – Aussage (r h è m e).

Ces deux principes, auxquels il faut encore ajouter les exigences de l'euphonie (*Wohlklang*) (1921: 245), impliquent deux ordres de succession: l'ordre des f o n c - t i o n s et l'ordre respectif du t h è m e et du r h è m e . Les modalités du second principe diffèrent d'une langue à l'autre:

> «Im Französischen steht **der Gegenstand der Aussage am Anfang, die Aussage** selbst **am Ende des Satzes** oder **der Wortgruppe**, ganz gleich, von welchen Satzteilen sie gebildet werden.
> Im Deutschen ist die *Aussage* durch *stärkere Betonung* kenntlich. Im französischen Satze ist daher ein *Fortschreiten in der Tonstärke* wahrnehmbar» (1921: 244).

Ainsi s'explique l'inversion nominale (*Nachstellung des Subjekts*). Mais le caractère rhématique du sujet n'est pas le seul facteur en jeu (co-facteurs: présence d'un COD, le français n'aime pas le verbe en tête de phrase, respect de l'euphonie) et l'inversion nominale peut être déclenchée par d'autres configurations syntaxiques (1921: 247-249), comme la construction impersonnelle, l'antéposition de l'attribut du sujet ou d'un complément, ou encore, quand la proposition est introduite par une conjonction. Dans ce passage, les facteurs syntaxiques semblent l'emporter sur la structuration de l'information. L'opposition thème/rhème refait pourtant surface: si une telle inversion n'est pas possible, on peut encore avoir recours au passif ou à la formule *c'est* (1921: 249)[146].

Le même principe est appliqué à l'intérieur du syntagme nominal, plus particulièrement à l'ordre respectif du nom et de l'adjectif épithète (1921: 254-255). La phrase dans son ensemble est caractérisée par l'idée de la rhématicité croissante: «eine Steigerung vom Unbedeutenderen zum Bedeutenderen» (Strohmeyer 1921: 253-254).

La description de Strohmeyer montre que la tension entre I et II n'est pas la seule cause des dérogations à l'ordre I. Ce que Strohmeyer appelle la construction absolue du thème dans la dislocation à gauche et dans l'inversion complexe est en dernière analyse due à une espèce de mise en relief du thème (1921: 245-246). Inversement, la dislocation à droite (y compris des cas comme *c'est un grand souci que ...*), qui n'aurait rien à voir avec la dislocation à gauche, est le corrélat syntaxique d'un thème ajouté après coup (*Nachträglich ergänzter Gegenstand der Aussage*) (1921: 256). Sous l'accent, ce procédé a pour effet de rhématiser le pronom (*elle voudrait, elle, mais ...*).

Chez Strohmeyer, la dichotomie thème/rhème reste encore liée au schéma logique de la prédication (jugement) qu'il avait banni de l'étude des fonctions syntaxiques:

objet (= *Gegenstand*) de la prédication — contenu prédiqué (= *Aussage*).

Chez Engwer – Lerch, en revanche, la dimension communicative (la répartition de l'information) et la dimension psychologique (l'ordre d'apparition dans l'esprit; cf. aussi la terminologie: *psychologisches Subjekt* vs *Prädikat*), sont affirmées avec plus de force, au détriment du substrat logique. Qui plus est, ils rattachent ces deux dimensions respectivement à l'interlocuteur et au locuteur:

«das, was dem Sprechenden zuerst ins Bewusstsein tritt[147], oder das dem Hörer schon *Bekannte oder Naheliegende* als «*psychologisches Subjekt*» (Engwer – Lerch 1926: 50).

---

[146] La formule *c'est ... qui/que* sert à rhématiser («zum Schwerpunkt der Aussage [zu] machen») un élément (en premier lieu le sujet), mais en est venue, peu à peu, à fonctionner comme un moyen de mise en relief du thème (*stark hervorgehoben*), quand celui-ci s'enchaîne sur la phrase précédente («an das vorhergehende anknüpfend») (Strohmeyer 1921: 257).

[147] Ou encore, sous un angle à la fois psychologique et communicatif: «je nach dem Teil der Vorstellung, der zuerst ins Bewusstseins tritt, oder auf den zuerst die Aufmerksamkeit gerichtet werden soll» (1921: 50).

Schématiquement:

	Thème	Rhème
psychologie (locuteur)	Sinnsubjekt (préférable[148]) ou Psychologisches Subjekt ou «was dem Sprechenden zuerst ins Bewusstsein tritt» (50)	Sinnprädikat (préférable) et Psychologisches Prädikat «für den Redenden ist es die «dominierende» Vorstellung, die er besonders hervorhebt» (50)
répartition de l'information (interlocuteur)	«das Bekannte», (50) «das dem Hörer schon *Bekannte oder Naheliegende*» (50)	«das Neue (die eigentliche Mitteilung)» (50)

Ce tableau réunit des termes provenant de plusieurs sources: Wundt (*dominierende Vorstellung*), Otto (*eigentliche Mitteilung*) et la terminologie classique, *psychologisches Subjekt/Prädikat* (Gabelentz, Tobler, Paul, ...). Les deux perspectives correspondent d'ailleurs aux deux premières interprétations dans l'aperçu de Jespersen (1924: 147-149), la première étant attribuée à Gabelentz et à Wegener, la seconde (*novelty and importance*) à Paul. On les trouve aussi chez Regula (1931: 46), qui y superpose l'interprétation logique que nous avons déjà rencontrée chez Strohmeyer[149]:

> «Der natürlichen Gedankenfolge gemäss nimmt das *Bekannte* oder als *gegeben* Angenommene die *erste* Stelle des Satzes ein; [...].
> An *zweiter* Stelle erscheint dann das von diesem Bekannten (Gegebenen) *Ausgesagte*, der *Zielpunkt* oder *Kern der Mitteilung* [...] *die eigentliche Mitteilung* (das *Neue, Bedeutungsvolle*)».

Ces auteurs assimilent, tout comme Strohmeyer, la position finale (1926: 50, 56-60; 1931: 46, 43) — dans la phrase et dans le g r o u p e   r y t h m i q u e — à la position r h é m a t i q u e en français. Regula (1931: 55) et Engwer – Lerch (1926: 60) insistent, plus que Strohmeyer, sur le rôle des procédés de r h é m a t i s a t i o n en français en l'absence des latitudes accentuelles propres à l'allemand:

> «es muss in diesem Fall zu Mitteln greifen, die das Hervorzuhebende an das Ende, die Nachdruckstelle, bringen» (Engwer 1926: 50; cf. aussi 57)[150].

Quelques pages plus loin, on trouve une liste des moyens de la *Hervorhebung* (1926: 60): *mon opinion À MOI*; d i s l o c a t i o n   à   g a u c h e (*CELA, c'est impossible*); la construction impersonnelle; etc. Ces moyens ont pour résultat de mettre l'élément mis en relief (*hervorgehoben*) dans une position accentuée (le plus souvent *à l'intérieur*

---

[148] Engwer (1926: 50, note).
[149] *Grundgesetz: Gegenstand der Aussage (Sinnsubjekt) – eigentliche Aussage (Sinnprädikat)*; il parle aussi de *Thema/thematisch*.
[150] Regula (1931: 43) caractérise le t h è m e (*Sinnsubjekt*) par un renvoi à la prosodie (intonation montante).

d'un groupe rythmique). L'exemple *Cela, c'est impossible* met le doigt sur un danger qui guette toutes ces grammaires: la confusion de la mise en relief et la rhématisation. Comme *cela* ne peut pas être r h é m a t i q u e dans ce contexte (anaphorique), il doit s'agir de la mise en relief d'un élement t h é m a t i q u e. En d'autres mots, *hervorheben* reçoit une double interprétation: mise en relief (éventuellement d'éléments thématiques, cf. *supra*) et r h é m a t i s a t i o n.

De Boer et Wartburg réservent également une place de choix à l'opposition t h è m e / r h è m e, mais à la différence des auteurs allemands, ils n'y rattachent pas de caractéristiques prosodiques.

S'inspirant de Sechehaye (1926a), qu'il cite, de Boer (1947: 37) oppose nettement *deux orders* [sic] *d'idées différents* qui déterminent «la perspective réelle syntaxique»: la *perspective basée sur la marche de la pensée*, plus précisément, «le mouvement de la pensée», et la *perspective grammaticale*. La première perspective ne se sert que de *moyens de fortune* (même s'il note l'existence de signes prédicatifs comme *que, de, il y a* et la virgule, mais non pas le rôle de l'accentuation finale[151]), tandis que la seconde a *ses formes à elle*. Ces deux perspectives coïncident dans la *phrase normale*. La terminologie est assez malheureuse: *sujet de phrase* (= t h è m e) vs *prédicat de phrase* (= r h è m e). Elle trahit une confusion avec l'analyse en f o n c t i o n s   s y n t a x i q u e s (cf. Ch. IV, 3.2.). De Boer intègre la plupart des analyses mentionnées ci-dessus, y compris l'idée de la t h é m a t i s a t i o n, en vue du rattachement à la phrase qui précède (1947: 223, 239), et la r h é m a t i s a t i o n obtenue par la construction impersonnelle (1947: 1947: 183-184) ou par l'emploi de *il y a, c'est*, etc. (de Boer 1947: 33, 183).

Dans le même sens, Wartburg (1947: 337-340) distingue le *thème* de l'*énoncé* dans le chapitre sur l'ordre des mots. Tant l'e x t r a c t i o n (*la périphrase c'est ... qui/que*) que la d i s l o c a t i o n (appelée *segmentation*) «mettent en relief» le *thème*[152] en le détachant du corps de la phrase. La d i s l o c a t i o n   à   g a u c h e donne plus de clarté et de vigueur à l'expression et a dès lors «une valeur logique assez forte». La d i s l o c a t i o n   à   d r o i t e, en revanche, efface le *thème* «devant l'impression qu'il éveille», ce qui confère une *valeur affective* à l'expression[153]. Quand le c o m p l é m e n t   c i r c o n s t a n c i e l figure en tête de phrase, c'est qu'il constitue le «terme de rattachement à l'ensemble du discours, le point de départ de l'énoncé» (1947: 336; cf. aussi 334, 308). La même problématique (sans que les

---

[151] L'accentuation joue bel et bien un rôle dans la description de l'emploi du subjonctif dans les s u b o r d o n n é e s (de Boer 1947: 279-280), mais il n'y signale pas le couple t h è m e / r h è m e.

[152] Quant à la *périphrase*, les auteurs parlent d'abord de mise en relief tout court (1947: 337-8), puis de mise en relief *du thème* (1947: 340). La d i s l o c a t i o n permet de mettre en relief «n'importe quel rapport» et de «faire un thème de n'importe quelle partie de la phrase» (Wartburg – Zumthor 1947: 340).

[153] Ce qui suit à la page 340 se rattache cependant mal aux affirmations précédentes (Wartburg 1947: 340).

termes *thème* et *énoncé* ne soient cités) revient dans la distinction s u j e t / a t t r i b u t. Il y est question d'un «mode de présentation» (1947: 239). De même, on ne saurait ramener une construction impersonnelle à la construction personnelle correspondante, car l'analyse «bouleverse[r] l'ordre de la pensée» (Wartburg 1947: 21).

Pour conclure, on peut dire que chez Strohmeyer, Engwer et Regula, l'opposition t h è m e /r h è m e interagit avec des considérations prosodiques et distributionnelles (position). Chez de Boer et Wartburg, les rapports avec l'accentuation ne sont pas envisagés.

Partant de la correspondance s u j e t /t h è m e et p r é d i c a t /r h è m e (Engwer 1926: 50; Regula 1931: 46), l'incorporation de la nouvelle perspective permet de rendre compte de certains phénomènes syntaxiques (l'ordre respectif de deux compléments, du nom et de l'adjectif épithète), ressentis en partie comme déviants (inversion), ainsi que d'une série de schémas de phrase non canoniques (d i s l o c a t i o n, e x t r a c t i o n, c o n s t r u c t i o n i m p e r s o n n e l l e, etc.). Cette approche des faits de syntaxe ouvre en outre la voie à une perspective fonctionnelle dans laquelle ces schémas de phrase ne sont plus considérés comme des exceptions inanalysables, mais comme des procédés de r h é m a t i s a t i o n /t h é m a t i s a t i o n.

On regrette cependant une certaine confusion du r h è m e avec l ' é l é m e n t m i s e n r e l i e f. La terminologie utilisée trahit, d'ailleurs, au moins 4 perspectives différentes, qui ne coïncident pas toujours:

(1) élément moins important/plus important; (2) point de départ/d'arrivée de la pensée; (3) connu/inconnu ou nouveau; (4) objet du jugement/jugement ou prédication.

(2) Applications en dehors de 'l'ordre des mots'

Les notions de t h è m e /r h è m e (ou, du moins, des notions analogues) ont également été exploitées dans d'autres domaines de la description syntaxique.

Ainsi, Engwer (1926: 166) considère l'imparfait comme un temps qui détermine (*das* [...] *näher bestimmt*) un élément prédonné (*schon gegebenes*), exprimé par un passé simple.

Les applications les plus remarquables se trouvent dans la grammaire de Regula. Celui-ci applique ces notions à l'opposition modale entre le subjonctif et l'indicatif dans la subordonnée. Le choix indicatif/subjonctif correspond au principe de la bascule[154] (*Wägungsgesetz*) ou psycho-dynamique (*psychodynamisches Prinzip*) (Regula 1931: 198, IV; cf. aussi son article de 1925). Tout comme la phrase[155], la subordonnée est conçue comme un contenu par rapport auquel le locuteur prend position (= *setzen*, traduit par *fixer* dans le *Précis* de 1936). Selon qu'on a dans la phrase principale un jugement (p. ex. *croire*) ou une autre *Setzungsart* (p. ex. *vou-*

---

[154] Cette théorie a été reprise en partie par de Boer (1947: 253-256; 279-280).
[155] Voir Ch. VII, 2.1.4.4.

loir), on a affaire respectivement à un jugement du contenu propositionnel ou à un jugement[156] de l'*Erfassungsart* même. Dans le second cas, le 'moment pénétratif' (*penetratives Moment*) ne concerne plus l'*état de choses*, qui est présenté de façon non énergétique (*unenergetisch*), c'est-à-dire comme l'élément connu ou *Thema* (Regula 1935: 263-264). Schématiquement (Regula 1931: 192-193)[157]:

	subordonnées
à l'indicatif	au subjonctif
je crois qu'il obéit	*je veux qu'il m'obéisse*
entscheidende Stellungnahme, entscheidend gesetzt, geurteilt, festgestellt, neu mitgeteilt	*nur vorstellungsmässig* (avec des sous-types)
«*Kern*, das *Sinnprädikat* des *Gesamtsatzes*» [= rhème]	seulement *Beurteilungsgegenstand, Sinnsubjekt, Thema*; n'est pas vraiment ce sur quoi porte la communication <-> «das Verb des Hauptsatzes» = «die eigentliche Aussage»
«effizierten» Urteil [= non prédonné; élaboré par la pensée dans la phrase]	nicht «gesetzt», mais seulement «ergriffen» (affiziert)» [= prédonné]
le contenu de la subordonnée est plus indépendant, au point que la principale n'a souvent que la valeur d'un *Modalitätsadverb*	le contenu de la subordonnée est plus moins indépendant, porte un accent psychique plus faible le verbe recteur régit psychologiquement et grammaticalement (*Sinnprädikat*) (1931: 197)

L'opposition thème/rhème, malléable à merci, amène Regula à proposer un pendant à la notion d'objet effectué (*effiziertes Objekt*): le sujet effectué (*effiziertes Subjekt*) (cf. Ch. IV, 3.2.). Les notions *effiziert/affiziert* correspondent[158] à la conceptualisation du contenu propositionnel respectivement dans la subordonnée à l'indicatif et dans la subordonnée au subjonctif (1931: 193).

La théorie thème/rhème a même des répercussions sur la description de l'emploi des articles. Sous la négation, le partitif n'est pas remplacé par *de* quand le nom qu'il introduit est thème (*Sinnsubjekt*) (1931: 79), c'est-à-dire quand la négation n'annule pas la présence du référent. L'article indéfini, pour sa part, introduit dans le discours un élément encore inconnu (*vorläufig Unbekannte[s]*) (Regula 1931: 76).

(3) La dimension discursive/textuelle

La problématique thème/rhème dépasse aisément les frontières de la phrase. Nous avons vu apparaître l'idée de l'*enchaînement thématique* chez Strohmeyer, de

---

[156] Ou plutôt l'identification de l'*Erfassungsart* (Regula 1935: 264)
[157] Cette théorie aurait «remporté un succès [...] éclatant», selon Spitzer (c.r. de Le Bidois 1941-1942), alors que Gamillscheg (1932: 407; c.r.) signale qu'elle a donné matière à discussion.
[158] Cette analogie ne figure plus dans la refonte en français de 1936.

Boer et Wartburg. Plus particulièrement, l'opposition connu/prédonné ouvre l'horizon de la description grammaticale à la dimension discursive:

> «durch den Zusammenhang mit dem Vorausgehenden Bekannte oder wenigstens Angedeutete, Vorbereitete» (Regula 1931: 46; cf. aussi 47)[159].

De même, Engwer – Lerch (1926: 50) signalent que dans le «zusammenhang der Rede» le point de départ (*Ausgangspunkt*) consiste chaque fois dans l'image qui se présente la première à l'esprit. Ils illustrent cette thèse à l'aide d'un extrait de 11 lignes. La dimension discursive apparaît aussi dans la séquence question – réponse, qui permet d'identifier l'élément r h é m a t i q u e (Engwer 1926: 49-50, 53, 189, n. 1; Regula 1931: 108)[160].

2.3.3.3. Les grammaires de facture française

À la différence des grammaires publiées à l'étranger, la plupart des grammaires de facture française semblent ignorer l'opposition t h è m e /r h è m e . Quatre grammaires y font cependant écho: Le Bidois, D&P, Gougenheim et Bruneau.

Se référant à la grammaire historique de Brunot (1886)[161], Robert Le Bidois affirme que l'ordre usuel des mots en français (sujet - verbe - régime) est *logique* en ce qu'il correspond à un mouvement qui va du *connu* à l'*inconnu* (T2, 5-6). Celui qui parle doit trouver, d'après Brunot (1886: 637-638; *apud* Le Bidois T2, 5)[162]:

> «un point de départ, une notion initiale présente à l'esprit de celui qui l'écoute comme au sien propre ... et d'où il conduira l'interlocuteur vers l'inconnue qu'il veut lui apprendre».

Le Bidois parle d'une *loi de la liaison des idées*. Ce qui frappe, c'est l'absence de l'association devenue presque classique en Allemagne entre position accentuelle finale et r h è m e , malgré la longueur du chapitre sur l'ordre des mots (qui fait plus de 100 pages). En revanche, ce qu'on trouve à plusieurs reprises, c'est l'idée du rattachement du t h è m e à la phrase précédente, motivation «purement logique»[163], comme dans la d i s l o c a t i o n à g a u c h e (T2, 61) ou dans le cas de l'antéposition de n'importe quel c o n s t i t u a n t (... *une faillite. De la faillite*, ...) (T2, 56; 26, 28, 68-69). Le principe dominant de la description des *inversions*, est, comme ils l'affirment, «l'ordre affectif ou stylistique». Ce principe est même censé expliquer l'inversion dans l'interrogation (T2, 3, 7).

---

[159] Ce qui fait que, en dehors de tout contexte, les deux membres de la phrase *Vercingétorix fut le héros national de la résistance gauloise* sont nouveaux («neu»); le poids psychologique («psychologisch Gewicht») se répartit de façon égale sur les deux membres (Regula 1931: 46).

[160] Les questions constituent le c o n t e x t e , ou, en utilisant la terminologie psychologisante de Regula, le fondement psychologique (*psychologische Grundlage*).

[161] Brunot (1886) s'inspire de la thèse de Weil.

[162] L'ouvrage de Weil sur l'ordre des mots est cité à la page 87 du tome II.

[163] *Logique* (Le Bidois T2, 56, 61) est opposé ici à *stylistique*, terme générique regroupant toute une série de facteurs et expliquant nombre de violations de l'ordre logique de la marche de la pensée. Cette

Il faut conclure que le couple thème/rhème n'est pas vraiment opérationnel chez les Le Bidois. Ils empruntent ces notions à Brunot (qu'ils admirent), sans les élaborer pour autant, ce qui est dû, sans doute, à l'orientation stylistique des auteurs. C'est aussi pourquoi ils réservent un terme particulier, *prédicat*, aux attributs particulièrement appuyés (*Nombreux sont les ...*; *il y en a cent de tués*[164]) (T1, 374; T2, 76-77)[165].

D&P en font encore moins de cas. Il n'en est pas question dans leur *Esquisse de la structure générale du français* (V1, 67-156). Ce n'est que vers la fin du tome IV qu'on trouve une trace du couple thème/rhème. La *construction plane* y est opposée à trois constructions dérivées (V4, 556-557), à travers le couple connu/inconnu:

il y a Charles qui se marie	apprendre à l'allocutaire un fait + lui en apprendre le sujet [aucun des deux n'est *connu*, tout est *nouveau*]
Charles? il se marie. = «par dislocation»	poser un sujet + apprendre à l'allocutaire le phénomène qui repose sur ce sujet [Charles est *notoire*, presque *factiveux*]
C'est Charles qui se marie. = *tour attributif plein*	poser un fait + apprendre à l'allocutaire à quel sujet ce fait se rapporte [le phénomène est *connu*, mais doute sur l'attribution au sujet; la phrase réalise cette attribution]

Ces trois procédés de *mise en relief* «ne sont pas du tout équivalents au point de vue sémantique»; ils réalisent trois «possibités logiques». Force est de constater que l'aspect informatif (*connu/inconnu*) n'intervient que secondairement et que l'interprétation sémantique des fonctions syntaxique domine. Ceci apparaît encore de façon plus nette dans l'interprétation de l'*inversion* où ils se bornent à une paraphrase (V4, 611) de la contrepartie sémantique des fonctions, respectant l'ordre dans lequel celles-ci apparaissent.

Chez Gougenheim, on trouve également l'idée du rattachement discursif (1938: 113, 114). En outre, la description des oppositions de sens entre *parce que*, *puisque* et *comme* est fondée sur les notions de *connu* et *nouveau* (1938: 344-345).

Bruneau – Heulluy (1937: 294-295), de leur côté, mettent trois phrases en contraste désignant plus ou moins le même état de choses, mais commençant chaque fois par un autre élément. Tout indique qu'aux yeux des auteurs l'antéposition entraîne une focalisation particulière du référent, c'est-à-dire une espèce de rhématisation, ce qui dans le cas de la construction impersonnelle correspond à une mise en relief du verbe (au détriment du sujet (logique)). On ne peut que constater que cette nouvelle perspective est aux antipodes de la position rhématique

---

opposition est annulée dans le passage suivant, qui identifie un certain nombre de ces facteurs stylistiques: «En vue d'un effet spécial (emphase, surprise, besoin de rattacher l'objet à ce qui précède, rythme, etc.)» (T2, 53).

[164] Toutefois: «le point d'aboutissement de la phrase», le «prédicat» (T2, 77).

[165] Voir aussi leur interprétation de la construction impersonnelle (T1, 383-384; cf. Ch. IV, 3.3.3.2.).

finale des grammaires allemandes. Sans doute la raison en est-elle à chercher dans l'attachement des Français à la tradition stylistique des procédés de mise en relief[166]. Dans les autres grammaires, la distinction thème/rhème est absente[167].

2.3.3.4. Conclusions

Dans le corpus, l'opposition thème/rhème a été revêtue d'une terminologie variable:

	Thème	Rhème
Haas	aus dem Redezusammenhang, durch Hinweis	Schwerpunkt, wesentliche Zweck der Aussage
Strohmeyer	Gegenstand der Aussage	Aussage, Hauptaussage (Schwerpunkt der Aussage)
Engwer	cf. cadre ci-dessus sous 2.3.3.2.	cf. cadre ci-dessus sous 2.3.3.2.
Regula	Sinnsubjekt (46)/Gegenstand der Aussage (46) / Thema (55, 56, 232, *passim*), «thematischen Charakter» (56)/ Ausgangspunkt (42), Anknüpfungspunkt (42)	Sinnprädikat (46)/Eigentliche Aussage (46)/psychologisches Prädikat (42)
Wartburg	thème	énoncé
de Boer	sujet de phrase «terme admis comme base, prédonné ou présupposé» (Sechehaye; *apud* de Boer 1947: 33)	prédicat de phrase «terme d'aboutissement» (Sechehaye, *apud* de Boer, 1947: 33)
Le Bidois	un point de départ, une notion initiale (T2, V)	l'inconnu qu'il veut lui apprendre (T2, V)
D&P	connu	inconnu, nouveau
Gougenheim	[connu]	[nouveau]
Bruneau	–	–

Bon nombre des auteurs germanophones (et de Boer) érigent cette opposition en principe explicatif de l'ordre des mots; leurs homologues français, par contre, ne l'exploitent pas vraiment. Si ceux-ci intègrent cette nouvelle perspective, ce n'est

---

[166] Dans la description de l'ordre des mots, les auteurs sont assez près d'une analyse en thème/rhème, mais le passage en question devrait être clarifié. L'*ordre habituel* (sujet - verbe - compléments du verbe) en français est un *ordre logique*: ainsi se présentent les fonctions à l'esprit. Or d'autres fonctions peuvent se présenter les premières à l'esprit, ce qui fait que «l'ordre logique n'est pas toujours *l'ordre naturel*». C'est *l'ordre expressif*, dont l'ordre des mots dans la *langue parlée, spontanée*, constitue un sous-type. Dans ce cas, les mots se présentent «*non dans l'ordre logique*, mais suivant l'intérêt qu'ils présentent» (1937: 89-90): *Vous le voyez, hein, cet homme? Et bien, tout à l'heure, il était à la gare*. Bref, l'ordre (*naturel*, i.e. tel qu'il se présente effectivement) des mots correspond à l'ordre des idées, et celui-ci peut être logique ou non logique. Il n'y a pas vraiment un niveau intermédiaire (thème/rhème), même si la formule «suivant l'intérêt» suggère une telle perspective.

[167] L'interprétation psychologique de la phrase comme mouvement psychique de A à B semble rapprocher Galichet de la problématique de la structuration de l'information (l'importance ou l'intérêt des constituants). Or, le *point de départ* n'est pas le pendant de l'*idée principale*; les deux ne forment pas couple.

que de façon locale et superficielle. Symptomatiquement, Brunot, enfermé comme il est dans ses catégories sémantico-logiques[168], n'en traite pas dans sa *Pensée et la Langue*, alors que 36 ans plus tôt, il avait réservé une place de choix à la théorie de Weil (1886: 637-640), comme le rappelle Robert Le Bidois. Vu le rayonnement qu'a eu *La Pensée et la langue*, c'est une occasion manquée.

Comment expliquer cette différence remarquable entre les deux traditions grammaticales? L'explication principale en est que l'opposition thème/rhème a été développée dans le cadre de la grammaire psychologisante allemande, tradition qui n'a pas eu d'influence sur les grammairiens français d'avant 1930. Rappelons, à ce propos, la position ambiguë de Brunot à l'égard de la psychologie (cf. 2.2.). En outre, les grammaires françaises se sont peu intéressées à la question de la prosodie, qui, avec l'opposition thème/rhème, offre un principe explicatif puissant. Il semble en outre que la stylistique (effets, mise en relief, etc.) et les figures ont barré la route à l'opposition thème/rhème dans le domaine de l'ordre des mots (pensons à Le Bidois, par exemple). Nous avons d'ailleurs constaté une certaine confusion de la mise en relief et de la rhématisation (même dans les ouvrages allemands).

2.3.4. Autres aspects 'pragmatiques'

Les concepts de thème/rhème (et variantes) ne sont pas le seul indice d'une visée 'pragmatique'. D'autres aspects entrent en ligne de compte, mais à la différence de l'analyse des notions thème/rhème, nous ne pourrons pas en offrir une analyse exhaustive. De plus, il serait assez vain, vu le caractère pour ainsi dire inévitablement 'pragmatique' de certains domaines de la description grammaticale, de vouloir relever toutes les occurrences du terme locuteur, interlocuteur, contexte etc., dans l'ensemble des grammaires du corpus.

Nous nous limiterons ici à présenter un certain nombre de constats regroupés autour de trois rubriques: l'aspect discursif et textuel (2.3.4.1.), la situation et la référenciation (2.3.4.2.) et la présence du locuteur et de l'interlocuteur (2.3.4.3.).

2.3.4.1. L'aspect discursif et textuel (= l'au-delà de la phrase)

Si la grammaire traditionnelle est essentiellement une grammaire de la proposition, la perspective discursive ne lui est pas tout à fait étrangère. Nous avons déjà fait état de l'ancrage discursif de l'opposition thème/rhème. Or, l'idée de l'enchaînement discursif[169] se trouve parfois même en dehors de l'analyse en thème/rhème.

---

[168] L'absence d'un chapitre sur l'ordre des mots joue également un rôle, nous semble-t-il.

[169] Il convient d'attirer l'attention sur la grammaire scolaire de Crouzet – Berthet – Galliot (1909[1], 1928: 206) où cette idée est affirmée avec force. Les auteurs fournissent une triple justification à l'ordre des mots déviant: «suivre l'ordre chronologique des faits», «établir la liaison des idées entre deux phrases» et «présenter les idées dans l'ordre de leur importance relative» (1928: 205). Outre l'enchaî-

La perspective discursive apparaît aussi quelquefois dans les commentaires sur l'emploi des temps (Brunot 1922: 475-6; Larousse 1936: 326; Regula 1931: 184, 185) ou de l'article (Engwer 1926: 75-76; Regula 1931: 74), ou encore, dans la description du fonctionnement des conjonctions de coordination (Cayrou 1948: 267; Bloch 1937: 187-188).

D&P, de leur côté, attirent l'attention sur la cohérence discursive: «Mais le discours n'est en général pas formé d'une phrase seule» (V3, 445) et si «les phrases se succèdent sans rapport grammatical entre elles», il n'y a que «la nécessité de ne pas faire un discours incohérent et d'où tout sémantisme général soit absent» (V3, 445). Le terme *discours* figure souvent dans les grammaires de Michaut (1934: 16, *passim*) et de Grevisse (1936: 86, 87, 191); Bruneau – Heulluy (1937: 194), quant à eux, distinguent plusieurs types de discours (*télégramme, affiche, style télégraphique*).

Il n'empêche que la grammaire ne dépasse guère les limites de la phrase, si tant est qu'elle s'intéresse déjà à la phrase ...

2.3.4.2. La situation et la référence

Certains auteurs reconnaissent l'importance des données situationnelles dans le fonctionnement de la langue, sans pour autant aboutir à une 'dynamisation' de la syntaxe par l'intégration du concept d'*actualisation* (Galichet, de Boer). Regula (1931: 42) va même jusqu'à ranger la Situation et les gestes (*erläuternde Gebärde*) parmi les moyens grammaticaux (*Beziehungsmittel*)[170] où ils côtoient la flexion et l'ordre des mots, par exemple. L'idée d'un support situationnel (*sujet*) pour le *monorème* s'inscrit également dans une telle optique (de Boer 1947: 15, d'après Sechehaye[171]).

Même des grammairiens plus traditionnels comme Lanusse et Yvon sont conscients du rôle de la situation d'énonciation dans le fonctionnement de la langue:

> «*circonstances de l'entretien,* nos intonations, nos gestes, nos jeux de physionomie renseignent l'interlocuteur autant, et parfois plus, que les mots que nous employons» (1921: 311, nous soulignons).

Ce constat annonce déjà un deuxième aspect: la situation n'est pas seulement complémentaire au dire, elle fournit aussi les référents que la langue doit être capable d'identifier. Cette identification s'appelle *détermination*. La détermination peut être

---

nement discursif (motivation n° 2), cette grammaire reconnaît l'existence d'une échelle de rhématicité à l'intérieur de la phrase. Or, qu'on ne s'y méprenne, l'«importance relative» dépend de l'antéposition (mise en relief), ce qui va à l'encontre des grammaires allemandes où la position rhématique est associée à la position finale. On a là un conflit entre deux analyses de la notion de rhématicité, l'une liée à la tradition stylistique et rhétorique (mise en relief), l'autre rattachée à une analyse prosodique mettant en œuvre les notions connu/inconnu.

[170] Voir Ch. V, 2.3.

[171] Galichet, qui reprend également à Sechehaye le terme de *monorème*, n'envisage pas la possibilité d'un sujet situationnel (1947: 128).

décrite en termes essentiellement sémantiques[172]: «indique[r] que l'idée du nom est limitée à un seul ou à quelques individus d'une espèce» (Ulrix 1909: 128). Cependant, quelques auteurs insistent sur le fait que la détermination des concepts se joue finalement dans la situation de l'énonciation (cf. aussi Bruneau 1937: 186):

> «Il y a détermination sitôt qu'il y a accord entre celui qui parle et celui qui écoute ou qui lit, sur l'individualité des êtres, des actions, des espèces dont il est question au propos» (Brunot 1922: 136).

Par conséquent, «tout est déterminatif et rien ne l'est» (Brunot 1922: 136)[173]: *a priori* on ne sait pas si les moyens langagiers suffiront dans le d i s c o u r s. Il y a donc des êtres ou des choses «implicitement déterminés» (Brunot 1922: 142), c'est-à-dire par «les circonstances, le milieu [qui] suffisent pour qu'un nom général soit appliqué à une catégorie particulière» (1922: 142). Michaut – Schricke, quant à eux, opposent *extension* et *compréhension* (1934: 294), tout comme Brunot (1922: 135, note), d'ailleurs.

La problématique de la r é f é r e n c i a t i o n ouvre la voie à un traitement discursif ou textuel de la détermination. Ainsi, plusieurs auteurs[174] décrivent les articles à travers l'opposition référent *connu* vs *inconnu* dans le discours. Gougenheim (1938: 140) reprend à D&P le concept de *notoriété*, qui comporte en outre une dimension sociale:

> «la notoriété peut être commune à tous les sujets parlants par elle-même [...]; elle peut être spéciale à un groupe de sujets parlants qui savent de quoi il est question».

La situation est parfois conçue comme une ambiance psychologique: *psychologische Grundlage* (Regula 1931: 108), *logique de la pensée* (de Boer 1947: 132, n. 54, 53, passim). Le psychologisme est en effet une caractéristique essentielle des débuts de la 'p r a g m a t i q u e' dans le corpus (cf. *supra*).

2.3.4.3. Le locuteur, l'interlocuteur et la communication[175]

La référence à la situation implique aussi un intérêt particulier pour les participants de l'énonciation, bref pour la dimension communicative du langage. La définition des pronoms est particulièrement révélatrice de la présence d'un point de vue énonciatif. Regula (1931: 24), par exemple, considère les p r o n o m s p e r s o n n e l s comme des mots qui

> «die Seienden nach d. Verhältnis zum Redeakt bezeichnen, («Partnerwörter») und als

---

[172] En termes guillaumiens, cela revient à confondre *extension* et *extensité*.
[173] Nous avons déjà relevé l'acception très large du concept de *détermination* chez les Le Bidois (T1, 24). Cf. Ch. IV, 4.2.2. Ces auteurs soulignent l'aspect situationnel aussi par le terme *épidictique* (T1, 72, 95; T2, 120).
[174] Haas (1909: 225), Regula (1931: 76), Bloch (1937: 57, 64), Dauzat (1947: 245), Engwer (1926: 76), D&P (Vol. 6, Ch. 9) et Gougenheim (1938: 140-142).
[175] Nous n'avons pas étudié le problème des modes et de la modalité (comme expression du point de vue du locuteur à propos d'un contenu).

«variable», «mobile» Eigennamen sie in ihrer Gänze erfassen («Vollwörter», selbstbedeutende Substantive)».

Dans le même sens, les pronoms ne sont pas des substituts (*Stellvertreter*; *Ersatzbezeichnung*), mais des

«Bezeichnungen eigener Art, die das Seiende nicht nach seinem Wesen (wie das Substantiv, *créateur = qui crée*) bezeichnen, sondern nach äusseren Beziehungen zum Sprechenden oder allgemein im Raum» (Engwer 1926: 101).

D&P vont le plus loin dans cette direction (cf. Fuchs 1982-1983: 59-63) en forgeant le terme *nynégocentrique*, c'est-à-dire le «point de vue du *moi-ici-maintenant*» (glossaire), et en distinguant trois *plans*: les plans *locutoire*, *allocutoire* et *délocutoire*. Ces plans correspondent à des phases dans le développement phylogénétique (et ontogénétique), qui a suivi un parcours qui va du *locutoire* (qui intègre progressivement l'*allocutaire*) au *délocutoire*. Le *locutoire* est défini comme une «forme subjective de langage»:

«rien n'est jugé à l'endroit du monde extérieur. Le locuteur extériorise seulement un état psychologique qui influence l'allocutaire» (D&P V4, 370).

Jusqu'à ce stade le locuteur s'adresse aux choses comme il s'adresse à un allocutaire (V1, 70-71). La situation change dans la phase *délocutoire*. À partir de ce moment, «il y a aussi ce dont il parle, *le délocuté*» (V1, 74). Le langage peut prendre le monde comme objet, il devient *objectif*[176].

Tout comme chez Sechehaye, ces strates phylogénétiques dépassés affleurent encore à certains endroits du système actuel[177]. Ainsi, l'*impératif* et les interjections (*factifs nominaux*) relèvent du plan locutoire. Ces plans sont également présents dans la théorie de la complémentation: l'*exclamatif* est un complément ambiant *délocutif*, alors que le *vocatif* est un complément ambiant *allocutif*. De même, la suite interrogation-réponse n'est pas traitée dans le chapitre sur l'enchaînement de phrases, étant donné que la problématique demande «l'intervention d'un plan linguistique nouveau, le plan allocutoire» (V3, 465) (ce ne sont pas des propositions *délocutives*). En effet, la typologie des types de phrases est rattachée aux participants de l'énonciation (V4, 307-398), c'est-à-dire au répartitoire de *personnaison*:

(1) assertorique: délocutoire
(2) interrogative: allocutoire[178]
(3) factif nominal (= interjection), impératif: locutoire

Dans le même sens, Gougenheim (1938: 229) interprète la catégorie de la personne comme un «rapport de l'auteur de l'action avec le sujet parlant» et les pos-

---

[176] Au plan *délocutoire*, les personnes 1 et 2 ne constituent que des cas particuliers du *délocutif*: leurs référents sont assimilés aux objets de la réalité dont on parle (D&P V4, 372).
[177] «Il n'est pas de langue qui ait entièrement renoncé à sa structure locutoire ancienne. Les interjections, les vocatifs, les impératifs» (D&P V1, 71).
[178] Le plan *allocutoire*: «le locuteur évoque bien un phénomène, mais il laisse à l'allocutaire la faculté d'en compléter délocutoirement la description, ou de le modifier par une intervention locutoire active» (V4, 307). Il s'agit d'une sorte de *soumission à l'allocutaire* (D&P V4, 341).

sessifs comme des «relations de[s] groupes nominaux au sujet parlant». Brunot, de son côté, reconnaît que les rapports sociaux qui lient le locuteur et l'interlocuteur déterminent le choix des formes langagières (1922: 568; cf. aussi en partie Strohmeyer 1921: 168).

Chez Galichet, la présence de l'interlocuteur est conçue comme une condition préalable au langage (pour être communiquée, la pensée doit suivre une voie discursive)[179].

Finalement, il n'est pas sans importance pour l'histoire de la linguistique de signaler que certains auteurs du corpus sont près de reconnaître des actes de langage implicites ou détournés: Lanusse (1921: 261), Radouant (1922: 233), Brunot (1922: 487-488) et Engwer (1926: 51).

3. Explications immanentes à la langue

Une approche *corrélative* autorise plusieurs regards sur la langue-objet, selon qu'on exploite le rapport entre la langue et son substrat psychique, la relation avec les contenus (logiques) à exprimer, ou selon qu'on envisage la langue dans l'emploi qu'on en fait en situation. Une approche *immanente* (ou *autonomisante*), en revanche, fournit des explications qui reposent sur des caractéristiques propres à la langue, envisagée comme entité autonome, c'est-à-dire séparée du sujet parlant et pensant, et dissociée des conditions psychologiques et socio-historiques (p. ex. les migrations, la fascination pour tel ou tel pays, etc.) de son usage. Ces explications sont donc internes à l'objet.

Dans l'approche autonomisante, on peut cependant encore distinguer deux visées: une visée *diachronique* (l'histoire interne du français) (3.1.) et une visée *synchronique* (les propriétés du système actuel) (3.2.). Dans les deux cas, l'explication peut tirer profit de la perspective comparative et des acquis de la linguistique générale, qui fournit des principes qui valent sinon pour le langage en général, du moins pour un grand nombre de langues.

3.1. *Les explications diachroniques*

Avant de présenter plus en détail les grammaires qui ont recours à des explications historiques (3.1.2.), il convient de dire un mot sur la façon dont la dichotomie s y n - c h r o n i e / d i a c h r o n i e fut conceptualisée dans les grammaires du corpus (3.1.1.). Ce paragraphe anticipe sur 3.2. où il sera question du saussurianisme.

3.1.1. Synchronie *vs* diachronie

La nécessité d'une approche s y n c h r o n i q u e des faits grammaticaux a été formulée par de nombreux grammairiens, sans que pour cela ils s'inspirent directement

---

[179] Cf. 2.1.4.3.2.

du *Cours de Linguistique générale* (3.1.1.1). En réalité, la plupart de ces auteurs ont trouvé un compromis entre l'impératif de la synchronie et l'explication diachronique (3.1.1.2.).

3.1.1.1. L'impératif de la synchronie

On sait que Ferdinand de Saussure a affirmé avec force la dichotomie synchronie/diachronie. Dans le corpus, bon nombre de grammairiens insistent sur le fait que, en théorie, leur grammaire a pour objet l'état actuel de la langue[180] et se distancient de la perspective d i a c h r o n i q u e. Certains se réfèrent à la terminologie saussurienne (*statique, synchronique, système*, etc.) ou à Saussure même:

> Le Bidois (T2, VI)[181], Larousse (1936: 5, 7, 8, 9, 12), Gougenheim (1938: 7, 8), de Boer (1947: 5), Galichet (1947: VIII, 17)[182].

Mais le passage par Saussure ne s'impose pas, comme le montrent Haas (1909: 2), Strohmeyer, D&P[183], Dauzat (1947: 9), Wartburg (1947: 6) et même Brunot. C'est là un aspect de la *Pensée et la langue* qu'on passe trop souvent sous silence:

> «Le langage doit être considéré tel qu'il est dans le cerveau du sujet parlant à l'époque où il parle, sous peine des pires erreurs d'analyse» (Brunot 1922: 6, caractères gras).

Il s'ensuit que «la grammaire historique n'est pas celle qui peut fournir le cadre d'un exposé exact et réel de la langue d'aujourd'hui» (Brunot 1922: XIII).

> «C'est une étude de suivre les variations des langues; — je lui ai fait ici une large part — c'en est une autre, et assez différente, de les examiner telles qu'elles sont. Après l'erreur logique d'autrefois, ne tombons pas dans l'erreur étymologique» (Brunot 1922: XIII).

L'interprétation (et l'analyse) synchronique des faits est une démarche d'autant plus cruciale dans une grammaire onomasiologique, car la position qu'occupe le signe dans l'ensemble en dépend. Dans le même sens, D&P affirment que

> «La constatation des faits anciens, l'histoire des formes, servent grandement à étudier l'évolution de la logique, *mais c'est l'emploi actuel des formes, et non leur origine, qui peut instruire sur leur nature actuelle*» (V1, 84; nous soulignons)[184].

---

[180] En réalité, l'impératif de la synchronie présente une double dimension. C'est d'abord une approche de la matière linguistique (= une dimension chronologique) qui comporte en outre un aspect normatif, à savoir la détermination de l'usage (ou du bon usage) *actuel*, face aux archaïsmes et au français d'avant-garde. Cet aspect est explicité chez Plattner (1899: VI), Sonnenschein (1912: 6), Grevisse (1936: 9; préface de Desonay, p. 6-7), Académie (1932: 2) et Michaut (1934: VII).

[181] En note, les auteurs citent Brunot (1922) et Frei (1929); ils mentionnent aussi Bally et de Boer.

[182] La méthode de Galichet aboutit à la réunification de la linguistique synchronique et diachronique (1947: 15), ce qui contredit la dichotomie «fondamentale» posée dans la préface (1947: VIII).

[183] À partir du volume 4, la terminologie saussurienne fait son entrée: *synchronie/diachronie* (V4; V7, 406, 410).

[184] «Aussi n'alléguons-nous jamais les exemples antérieurs à notre époque qu'à titre de témoins d'une évolution *formelle* et non quant à leur *valeur* pour le sentiment linguistique du lecteur actuel» (D&P V3, 218).

En termes psychologiques, c'est le respect du sentiment linguistique actuel[185] qui doit être sauvegardé (Strohmeyer 1921: III-IV, nous soulignons):

> «Doch muss ganz entschieden darauf hingewiesen werden, dass eine Grammatik des Neufranzösischen keine historische Grammatik sein kann noch darf, sondern dass sie vor allem dem *modernen Sprachempfinden* nachfühlen muss, und dieses steht *sehr häufig mit der historischen Sprachentwicklung im Widerspruch* (man vgl. Ausdrücke wie parler bas, acheter cher, wo vom historischen Standpunkt bas und cher Akkusative des neutralen Adjectivs, nach *modernem Sprachempfinden* aber Adverbien sind».

Quelques auteurs théorisent l'instabilité du système en synchronie et par là aussi l'inscription du système dans le jeu des forces diachroniques (cf. 3.1.2.4.).

3.1.1.2. Un compromis entre l'impératif de la synchronie et l'explication diachronique

Comme le laissent déjà supposer les passages que nous venons de citer, nombre d'auteurs aboutissent à un compromis entre les exigences minimales de la description synchronique (interprétation et analyse des faits en synchronie, c'est-à-dire le refus d'interprétations et d'analyses 'anachroniques') et l'intégration de faits diachroniques, démarche réputée 'scientifique'. Ce compromis, qui en regard de la dichotomie saussurienne apparaît comme un impératif moins strict, leur autorise donc à faire de la diachronie dans le cadre de la grammaire descriptive:

Haas, Strohmeyer, Brunot, D&P, Le Bidois, Larousse, Gougenheim, Dauzat et Wartburg.

Ce compromis permet même l'alliance de deux perspectives à première vue diamétralement opposées: la perspective psychologique (qui met l'accent sur le sentiment linguistique et sur les catégories et processus psychiques à l'œuvre dans la langue actuelle) et la perspective diachronique[186]. La coexistence des deux perspectives est affirmée explicitement chez Haas, Strohmeyer, D&P, Regula, Le Bidois, soit dans 5 des 8 grammaires psychologisantes. De ce fait, l'impératif de la synchronie (pris au sens strict du terme) est non seulement contourné dans la pratique descriptive (comme chez de Boer), mais aussi au niveau de la théorie. Seuls Engwer[187], Galichet et de Boer n'explicitent pas la présence de digressions diachroniques[188].

---

[185] En dehors des prises de position théoriques (en premier lieu dans les préfaces et introductions), de nombreux auteurs, notamment ceux qui s'intéressent au substrat psychique de la langue (p. ex. Strohmeyer supra), mettent par endroits l'accent sur le sentiment linguistique des locuteurs en synchronie, comme Strohmeyer, par exemple (1921: 48, 53, 195, 212, 259, 165).

[186] Haas (1909: 50, 61) rappelle parfois les mécanismes psychiques qui ont été à la base («psychologische Grundlage der Entstehung») de tel ou tel élément.

[187] Dans le cas d'Engwer, ceci se justifie, étant donné que l'ancien et le moyen français n'interviennent pas. Seul le latin y figure, à titre comparatif (cf. l'idée de grammaires parallèles affirmée dans la préface).

[188] Six des huit grammaires psychologisantes (sauf Regula et Engwer) explicitent l'impératif de la description s y n c h r o n i q u e .

Aussi banale que puisse paraître l'exigence de l'interprétation 'synchronique' des formes, c'est-à-dire le respect du sentiment linguistique des locuteurs, elle ne le fut nullement aux alentours de 1900. Nous y reviendrons sous 3.1.2.2.

3.1.2. Les grammaires diachronisantes

La présence de renvois à la grammaire historique est explicitée dans la plupart des grammaires qui y ont recours:

> Clédat (1896: V-VI), Ulrix (1909: VII), Haas (1909: 2), Sonnenschein (1912: 6, n. 2)[189], Strohmeyer (1921: III), Lanusse (1921: IV), Radouant (1922: VI-VII), Brunot (1922: 6), D&P (V1, 43; 84), Regula (1931:VI), Le Bidois (T2, VI, VII, note; T1, XI, XII, XIV-XV), Larousse (1936: 5, 7, 8), Bloch (1937: V-VI), Grevisse (1936: 6, 10), Bruneau (1937: 5-6), Gougenheim (1938: 7), Dauzat (1947: 7-8) et Wartburg (1947: 6).

Les autres auteurs n'en parlent pas, ce qui ne manque pas d'étonner dans le cas de Michaut, car on y trouve des renvois à toutes les époques de la langue. De même, chez de Boer, on ne compte pas moins de 40 passages dans la rubrique *Historique (Grammaire ...)* de l'index, auxquels s'ajoutent encore les 25 passages où référence est faite au latin. Ces éléments historiques nous rappellent que la spécialisation initiale de de Boer fut l'ancien français. Plattner, Engwer et Cayrou établissent des comparaisons avec la grammaire latine, et dans une moindre mesure, avec l'ancien et le moyen français. Dans les quelques renvois qu'on trouve dans la grammaire de Galichet, l'auteur ne cherche aucunement à éviter les formes anciennes (en latin et en anc.fr.). Bref, la dimension historique est présente dans toutes les grammaires, à l'exception de celle de l'Académie. Il faudra donc une analyse plus fine pour les départager.

Outre les prises de position explicites que nous venons de signaler, notre analyse comportera trois aspects qui serviront de critères: la présence de formes anciennes (3.1.2.1.), le rôle de la composante diachronique (3.1.2.2.) et la reconnaissance de tendances évolutives (majeures) (3.1.2.3.).

3.1.2.1. Les formes anciennes

La mention de formes appartenant à des états de langue anciens, c'est-à-dire le latin (vulgaire), l'ancien français et le moyen français, témoigne d'une volonté réelle de faire de la grammaire historique dans le cadre d'une grammaire descriptive. Cette démarche va plus loin que les développements «théoriques» (sans mention de formes) ou les commentaires à propos d'archaïsmes encore en usage dans la langue moderne. Les résultats de cet examen sont reportés dans le tableau synoptique figurant sous 3.1.2.4[190].

---

[189] «Occasional reference is made to Old French where it throws light on modern usage» (1912: 6, note 2). Cette affirmation ne surprend pas, vu que l'auteur, un philologue classique, s'inspire des grammaires historiques de Clédat et de Darmesteter, et qu'il cite Clédat, Brunot et Haas (1909) comme autorités dans la préface (1912: 6-7).

[190] Les étymologies d'éléments lexicaux (prépositions, conjonctions, interjections, adverbes) n'ont pas été prises en considération.

3.1.2.2. Le rôle de la diachronie

Les renvois à l'histoire de la langue répondent à plusieurs finalités.

(1) L'identification de traces d'un ancien usage (= stratégie de marginalisation)

Un premier type d'exploitation de la grammaire historique consiste à 'expliquer' les faits irréductibles (et donc marginaux, exceptionnels) de l'analyse synchronique en les identifiant comme des *traces* d'un état de langue ancien où ils étaient parfaitement normaux, ou encore, en les expliquant par un processus historique (par exemple une loi phonique ou une analogie). En ce sens, l'histoire complète l'analyse grammaticale:

> «L'analyse grammaticale est un exercice scolaire qui [...] ne doit pas chercher à rendre compte de tous les mots de n'importe quelle phrase. Il y a en effet des locutions ou des groupes de mots dont l'analyse est difficile, parce qu'ils ne s'expliquent que par l'histoire de la langue et qu'on ne peut plus en dissocier les éléments, comme: *il y a, qu'est-ce que c'est que cela? à qui mieux mieux, si j'étais que de vous*, etc. (Bloch 1937: 192).

Chez Lanusse, Gougenheim et Wartburg, c'est la seule et unique fonction attribuée à l'histoire de la langue[191].

(2) L'éclairage des faits par une mise en perspective historique

On peut toutefois aller plus loin et appliquer ce raisonnement à des faits bien intégrés synchroniquement et donc dûment 'expliqués' par l'analyse. Cinq auteurs[192] explicitent ce point de vue, alors que huit autres[193] se limitent à signaler l'utilité des explications historiques en général.

Radouant commente les grandes évolutions qu'a connues le français au cours des siècles, ainsi que l'origine de phénomènes qui ne posent pas vraiment problème (p. ex. le futur simple, le conditionnel, les d é t e r m i n a n t s et les pronoms, la disparition des cas du nom, etc.). On a affaire ici à un approfondissement de l'explication par un renvoi à l'origine et/ou à l'évolution antérieure du fait en question. C'est ce que Wartburg – Zumthor appellent «donner du relief» (cf. Wartburg 1947: 6, note 1) à la description, objectif qu'ils n'entendent pas poursuivre dans leur syntaxe. À ce propos, les Le Bidois opposent *éclairer* (explications diachroniques de la synchronie) à *expliquer* (= fournir des causes). Avec Frei, ils affirment qu'une succession de faits diachroniques ne suffit pas; il reste à en fournir une explication.

---

[191] Cette fonction est explicitée dans les grammaires suivantes: Ulrix (1909: VII), Lanusse (1921: IV), Radouant (1922: VII), Wartburg (1947: 6), Gougenheim (1938: 7) («anomalies»), Bloch (1937: VI, 192), Le Bidois (T1, XIV-XV; T2, VI) et D&P (V1, 84).

[192] Radouant (VI-VII), Brunot (1922: 6), D&P (V1, 43), Le Bidois (T2, VI; T1, XIV-XV; T1, XI-XII) et Larousse (1936: 5, 8).

[193] Clédat (1896: V), Haas (1909: 2) (*Klarlegung*), Strohmeyer (1921: III), Regula (1931: VI), Grevisse (1936: 10), Bruneau (1937: 5), Dauzat (1947: 7-8) et Sonnenschein (1912: 6, n. 2)

Cette mise en perspective diachronique peut procéder «par analogie ou par contraste» (Radouant 1922: VI-VII): soit on montre l'ancienneté et la continuité[194] du tour — Le Bidois (T1, XI, XII; T2, VI) —, soit on attire l'attention sur un contraste (cf. Le Bidois T2, VI) entre l'état actuel et l'état antérieur. Il s'agit ici de comparaisons d'*états* linguistiques. Une troisième possibilité réside dans la perspective dia-chronique: il faut essayer de

> «dégager le sens des faits, de montrer l'esprit qui préside aux règles du langage, à leur évolution, aux apparentes anomalies qu'elles présentent» (Radouant 1922: VII).

La grammaire historique permet donc aussi de comprendre le sens de l'évolution, les principes généraux qui l'expliquent. Nous y reviendrons.

Les grammairiens psychologisants remontent parfois dans le temps pour reconstituer le contexte psychologique initial d'un élément donné, c'est-à-dire sa conceptualisation et son fonctionnement à un moment du passé (p. ex. Haas 1909; cf. aussi les traductions étymologisantes de Regula, 1931: 5). Même s'il ne s'agit que d'une mise en perspective par contraste, le danger de la projection de la conception ancienne sur les données synchroniques est réel.

(3) Procédé heuristique

Le renvoi à la diachronie a une fonction heuristique chez D&P:

> «Le témoignage du passé d'une langue est toutefois indispensable à qui veut étudier son système taxiématique. En effet, il sert bien souvent de *moyen de contrôle*, voire de *moyen de découverte, pour l'explication d'un taxième donné* (V1, 43).

On peut y associer tous les passages dans lesquels le grammairien tire argument de la diachronie pour étayer une analyse. L'aspect heuristique et 'démonstratif' de la diachronie n'est pas théorisé, mais néanmoins présent dans les grammaires. Pensons aux auteurs qui voient dans l'instabilité de la construction verbale un argument pour ranger les COD et les COI dans une seule classe d'*objets* (p. ex. Ulrix, Bloch 1937: 202).

(4) Autres fonctions

La diachronie s'inscrit souvent dans une espèce de programme d'éducation linguistique' qui doit sensibiliser l'élève au changement de l'usage et à la relativité des règles grammaticales (Ulrix 1909: VII; Brunot 1922: XII; Bloch 1937: V), ou encore, le rompre à l'idée d'une course vers le perfectionnement, vers la *clarté* (Bloch 1937: V).

Chez Clédat, il s'agit de «scruter les mystérieuses origines» des «dogmes», c'est-à-dire des «règles les plus délicates» (1896: V). L'éclairage historique («la vive

---

[194] On le sait, D&P placent le développement du français sous le signe de la continuité: «les textes des époques antérieures doivent être allégués à chaque instant, parce qu'étant la base même du parler d'aujourd'hui» (D&P V1, 43).

lumière de l'histoire de la langue») des règles a non seulement une vertu pédagogique (faire comprendre des règles dont on ne comprend pas le sens), mais aussi une raison idéologique. C'est un moyen pour combattre la grammaire normative et le fétichisme de l'orthographe, tous les deux contraires à l'usage parlé. De ce fait, les notions de grammaire historique sont censées motiver les élèves, abêtis par les analyses mécaniques et par la pure mémorisation (Grevisse 1936: 6, préface de Desonay; Dauzat 1947: 8; Radouant 1922: VII).

D&P, de leur côté, utilisent la diachronie pour ressusciter des ressources linguistiques oubliées (ce dont témoignent aussi leur style par endroits archaïsant et leur terminologie, p. ex. *mœuf, échantil*), comme s'ils voulaient augmenter par ce biais le potentiel expressif de la langue nationale:

> «il [= le témoignage du passé] apporte quelquefois des systèmes taxiématiques encore parfaitement compréhensibles, mais que presque tous les Français d'aujourd'hui ont perdus, et sur l'utilité desquels le grammairien peut légitimement attirer l'attention des littérateurs, philosophes ou savants pouvant avoir besoin de la nuance de pensée fournie par ces tours» (V1, 43).

Cette démarche n'est pas sans analogie avec l'idée du *français intégral* des Le Bidois (T1, XIV). Il faut d'ailleurs faire remarquer que des auteurs comme Gougenheim et Bruneau, par exemple, intègrent le français classique dans leur description, tout en indiquant les points sur lesquels l'usage a changé depuis. L'un des objectifs de la grammaire était en effet de faciliter l'accès aux auteurs classiques (p. ex. Grevisse 1936: 10).

(5) De l'explication diachronique à l'analyse anachronique[195]

Celui qui a recours à l'explication diachronique s'expose à un danger: croyant décrire le français actuel, il risque d'analyser un état de langue antérieur. Ce genre d'analyses étymologisantes, qui reposent sur une projection du fonctionnement antérieur de la langue sur son fonctionnement actuel, s'observent chez plus d'un auteur du corpus. Ces auteurs, parmi lesquels on trouve des syntacticiens aussi avisés que Clédat et Tobler (cf. de Boer 1946), pèchent contre l'exigence minimale formulée ci-dessus. Nombre d'auteurs du corpus s'y laissent encore prendre. Pensons à ceux qui parlent encore d'une conjugaison passive, de l'a r ticle indéfini conçu comme numéral, ou à ceux qui décomposent (dans tous les cas) l'article partitif. Nous avons déjà vu que certaines analyses par ellipse transgressaient le même principe (Ch. VI, 2.3.8.1.). D'autres exemples peuvent être avancés, comme *naguère* et *peut-être* qui seraient des «Satzförmige Gebilde» (Regula 1931: 209).

---

[195] Le terme *anachronisme* est en général utilisé pour désigner l'intrusion de l'ultérieur dans l'antérieur. Ici on a affaire à la situation inverse: l'intrusion de l'antérieur dans l'interprétation de l'ultérieur.

3.1.2.3. Les tendances générales de la langue

L'intégration de la diachronie aboutit à une synchronie dynamique, c'est-à-dire à une synchronie qui se trouve au croisement de plusieurs tendances. Ces tendances ou évolutions en voie de réalisation ont en général une portée locale[196], c'est-à-dire elles concernent l'émergence de tel élément ou la concurrence entre telle et telle construction, éventuellement dans un contexte normatif (p. ex. Grevisse indique toujours «la tendance néologique»; 1936: 10). Les auteurs parlent souvent de *tendances* (ou de 'la langue tend à [...]').

Si cet aspect de la description mérite d'être signalé, il faut dire que les tendances ne deviennent intéressantes que si elles sont suffisamment générales pour servir de principe explicatif. La petite grammaire de Radouant fournit quelques spécimens intéressants (titres):

> «*La langue tend à restreindre l'usage de l'inversion*» (1922: 231); «*L'interrogation est de plus en plus marquée par la formule* est-ce que» (1922: 232); «*L'emploi du subjonctif en général et de l'imparfait en particulier est en recul*» (1922: 274), etc.

C'est ce que l'auteur, qui se déclare redevable à Brunot, à Clédat (qui a relu le manuscrit de Radouant) et à la stylistique de Bally, appelle «le sens des faits, [...] l'esprit qui préside aux règles du langage, à leur évolution» (1922: VII). Il propose de fournir «l'explication de tout ce qui peut être expliqué» (1922: VIII). Radouant s'inscrit donc dans la lignée de Clédat, qui parle souvent de *tendances de la langue* (1896: 120, 122, 125, 164, 183, 236), c'est-à-dire ce «qui est dans l'esprit de la langue» (1896: 164). Parmi celles-ci on trouve aussi la «tendance analytique de la langue» (1896: 120) et la «tendance à la clarté absolue» (1896: 183), ce qui revient plus ou moins au même. C'est la «recherche scientifique des lois[197] naturelles[198] du langage» (1896: VI), qui doivent se substituer aux «règles empiriques». De même, Brunot met l'accent sur l'action des tendances, perturbatrices et constructrices:

---

[196] Exemples: Clédat (cf. *infra*), Plattner (1899: 348, 351), Ulrix (1909: 76, 188), Haas (1909: 334, 94, 242, 210), Radouant (1922: 142, 245, 231, 232, 274), Brunot (1922: 470, 224, 275, 199 n. 2, 320), D&P (V1, 14), Michaut (1934: 40, 197, 268, 300, 302, 308, 402, 415, 496); Le Bidois (T1, XV, 53, 65, 76, 116, 131; T2, X; T2, 22, 604, 661, 699); Larousse (1936: 111, 153, 282, 295, 296, 335, 355, 362, 379, 391, 397), Grevisse (1936: 6-7, 10, 557; 211, n. 3, 210, n. 1, 327, n. 1, 578, 577, n. 1, 270-271, 196), Bloch (1937: 38, 41, 103); Bruneau (1937: 52, 84, 191, 168, 275); Dauzat (1947: 27, 351, n. 1, 352, 404, 412); Galichet (1947: XIV, 167, 171, 63, 124); de Boer (1947: 75, 76, 132, 222, 240).

[197] Ces lois vont cependant plus loin que les seules explications diachroniques, étant donné que l'éditeur donne l'exemple de la «signification logique des temps et des modes» (1896: VI), qui mène à distinguer le gérondif du participe et le c o n d i t i o n n e l - t e m p s du c o n d i t i o n n e l - m o d e.

[198] Plattner parle lui aussi des *lois* naturelles de la langue. Or, celles-ci s'avèrent être de simples corrections apportées aux règles de la grammaire normative grâce à l'observation (scientifique) de l'usage: «Die Grammatik ist eine Wissenschaft von naturwissenschaftlicher Disziplin und Methode; sie hat in

«celui que se propose un enseignement un peu élevé, est de donner une idée de ce qu'est réellement le langage, avec ses nuances, ses inconséquences, mêlée perpétuelle d'éléments que des forces naturelles poussent vers la confusion, pendant que d'autres organisent et distinguent, enchevêtré, indécis, complexe comme la nature, et non réduit, simplifié, ordonné, aligné comme la fausse science» (1922: XII, passage en caractères gras).

Dans le même sens, D&P admettent l'existence de tendances évolutives[199], parfois contradictoires, qui, un jour, aboutiront à une synthèse qui marquera un nouveau palier dans l'histoire de la langue (V1, 43-45).

Or Brunot, Radouant et D&P ne sont pas les seuls à théoriser l'idée d'une synchronie dynamique régie par des tendances plus ou moins générales (dépassant les faits grammaticaux isolés). Ce sont surtout les auteurs qui se sont inspirés de Bally et de Frei qui y ont souvent recours: Le Bidois («l'état présent de la syntaxe, et aussi ses tendances») (T1, XV), Larousse («les tendances qui détermineront son avenir») (1936: 5, 8), Dauzat («un système d'équilibre entre les forces qui jouent en sens divers») (1947: 9)[200], de Boer (cf. ci-dessous), Galichet («tendances profondes, le génie de notre langue») (1947: 167). Galichet, de Boer et Le Bidois citent Frei dans leur grammaire. De Boer résume bien ce qu'il retient du linguiste genevois:

«ne pas négliger le langage «avancé», qui répare ou prévient souvent les «déficits» du langage normal, ce qui permet plus d'une fois de mieux distinguer les «besoins» réels de la langue que ne le permettrait l'étude exclusive de ce dernier langage» (1947: 5; cf. 8).

L'empreinte des *besoins* et *tendances*[201], qui concernent le plus souvent le français avancé, est par conséquent très nette[202]. On trouve entre autres la «tendance vers l'invariabilité (1947: 189), le «besoin d'expressivité» (1947: 224) et la tendance à la nominalisation (1947: 146)[203]. Chez les Le Bidois, plus que chez Galichet, les tendances se rattachent au génie de la langue française et du peuple français (cf. *supra*).

---

den Spracherscheinungen die Gesetze auszusuchen, welchen die Sprache folgt, darf aber nicht der Sprache Gesetze vorschreiben» (Plattner 1899: VII).

[199] Ils mentionnent trois tendances contraires (V1, 45): archaïsmes/néologismes, périodes interminables/phrases sèches et provincialismes/parisianismes.

[200] Dans un article sur le rôle de l'explication historique, Dauzat (1912: 92) parle d'explications basées sur des lois générales (applicables, en plus, aux autres langues vivantes ou mortes). C'est ce que Chiss (1995: 22) appelle des «enchaînements» d'explications.

[201] Ces tendances entrent parfois en conflit: la tendance de l'anticipation (= inversion) est combattue «par le caractère analytique de cette langue, qui demande l'ordre progressif» et par la loi de l'accentuation finale du r h è m e (1947: 229).

[202] P. ex. de Boer (1947: 18, 224, 229, 113, 118, 121, 139, 142).

[203] D'autres principes explicatifs sont tirés de la diachronie, comme la «loi morphologique de Meillet» (1947: 121, n. 39, *passim*), c'est-à-dire la réduction des distinctions morphologiques dans les langues modernes; ou encore, de la prosodie, comme par exemple le *rythme syntaxique* (1947: 30).

Dauzat veut manifestement inscrire sa *Grammaire raisonnée* («faire comprendre»; 1947: 7) dans la ligne Clédat:

> «expliquer les règles, les clarifier, les grouper autour des principes qui les dominent» (1947: 8).

Ces *principes* dominants (cf. aussi 1947: 18)[204] sont essentiellement diachroniques:

> «en replaçant les faits sur leurs bases scientifiques: le langage s'explique, avant tout, par l'histoire et non par la raison» (Dauzat 1947: 7).

Les «réactions des individus et du peuple sur la langue», c'est-à-dire sur un système tiraillé entre les forces de tradition et d'innovation, aboutissent néanmoins à des «tendances» constantes (1947: 9), comme le passage d'une langue synthétique à une langue analytique sous l'effet de «la tendance logique de la langue»[205]. Il ne faut pas seulement *expliquer* les *fautes* (serait-ce une allusion à Frei?), mais aussi la *règle*. La notion de structure (s y n c h r o n i e) n'est pas absente de l'univers conceptuel de Dauzat:

> «On montrera comment les règles répondent à la structure[206] de la langue, à quels principes elles se rattachent, comment elles se sont formées et quelle est leur sphère d'application» (1947: 11).

Seulement, la structure (synchronique) du français n'est que le résultat des grandes tendances évolutives qui ont dominé l'histoire du français et qui sont toujours à l'œuvre (synchronie instable).

En guise de conclusion, on peut dire que l'idée d'une synchronie dynamique qui s'inscrit dans les tendances évolutives de la langue (dépassant les débats des puristes) est issue de l'application de la grammaire historique à la description du français moderne. Elle a été renforcée par les travaux de Bally et de Frei. Ces linguistes ont voulu mettre à découvert les caractéristiques du français, y compris l'orientation de son évolution interne (surtout Frei).

3.1.2.4. Tableau synoptique

La description qui précède fournit quelques critères qui permettront de mieux départager les grammaires du corpus. Ils ont été reportés dans les 4 dernières colonnes:

---

[204] Inversement, il faut négliger les «distinguo [*sic*] immotivés et les chinoiseries» (1947: 11)

[205] Cette tendance n'a pourtant pas tout à fait abouti (1947: 9; 28), en partie sous l'influence de la syntaxe germanique (Dauzat 1947: 27).

[206] Dauzat parle aussi du *système grammatical* du français (1947: 27) dans le contexte du passage d'une langue flexionnelle à une langue analytique.

	théorie: synchronie	anc.fr/moyen fr.[207]	théorie: diachronie	tendances diachr. génér.	formes anc. fr; moyen fr.[208]	latin	TOT
Clédat	−	+	+	+	+	+	4
Plattner	−	+[209]	−	−	(+)[210]	+	2⁻
Ulrix	−	+[211]	+	−	−	−	1
Haas	+	+	+	−	(+)[212]	−	2⁻
Sonnenschein	−	(+)[213]	+	−	−	+	2
Strohmeyer	+	+	+	−	+	+	3
Lanusse	−	+	+ traces	−	+	−	2
Radouant	−	+	+	+	+	−	3
Brunot	+	+	+	+	+	−	3
Engwer	−	(+)[214]	−	−	−	+	1
D&P	+	+	+	+	+	+[215]	4
Regula	−	+	+	−	+	+	3
Académie	−	−	−	−	−	−	0
Michaut	−	+	−	−	+	−	1
Le Bidois	+	+	+	+	+	+	4
Bloch	−	+	+	−	+	−	2
Larousse	+	+	+	+	+	+	4
Grevisse	−	+	+	−	+	+	3
Bruneau	−	+	+	−	+	+[216]	3
Ggheim	+	+	+ traces	−	−	−	1
Galichet	+	+	−	+	+[217]	+[218]	3
Dauzat	+	+	+	+	+	+	4
Wartburg	+	−	+ traces	−	−	−	1
de Boer	+	+	−	+	+	+	3
Cayrou	0	+[219]	0	−	−	+	1

---

[207] C'est-à-dire, identifié comme tel (étiquette) ou identifiable par le biais de formes citées.

[208] +: le nombre de passages est égal ou supérieur à 4 (sauf indication contraire).

[209] Nous avons relevé 6 passages au total.

[210] Deux passages (1899: 122; 199).

[211] L'auteur renonce au latin, tout comme aux questions «pour lesquelles il aurait fallu remonter trop haut dans l'histoire du français» (1909: VII). N'empêche qu'on trouve quelques renvois à l'ancien français (1909: 65, 102, 113-114, 117, 125, 128, 131).

[212] Il s'agit toujours du moyen français (1909: 112, 59, 226-227), sauf dans le cas de *uns*.

[213] On trouve 3 mots en ancien français (1912: 80, 139, n. 1, 170, n. 2). Les renvois au latin (perspective comparative), qui sont beaucoup plus fréquents, impliquent souvent une évolution ultérieure qui a eu lieu en ancien français. Certains renvois vagues concernent, implicitement, l'ancien français.

[214] Il s'agit de 4 passages.

[215] On trouve des formes latines (p. ex. VI, 346, 348) mais leur présence est assez discrète par rapport aux nombreux exemples tirés de l'ancien français.

[216] Les renvois au latin sont moins nombreux que les renvois à l'ancien et au moyen français.

[217] Il s'agit de trois passages (1947: 61, 131, 169). Le volume ne dépasse guère les 200 pages.

[218] Cinq passages.

[219] Il s'agit toujours de l'*ancienne langue*, mais aucune forme n'est donnée.

Soit:

    4:         Clédat, D&P, Le Bidois, Larousse, Dauzat
    3:         Strohmeyer, Radouant, Brunot, Regula, Grevisse, Bruneau, Galichet, de Boer
    2:         Plattner, Haas, Sonnenschein, Lanusse, Bloch
    0 et 1:   Académie; Ulrix, Engwer, Michaut, Gougenheim, Wartburg, Cayrou.

3.2. *Les structuralismes dans la (morpho)syntaxe du français*

En choisissant l'année 1907 comme *terminus a quo* de cette analyse, nous avons accordé une place importante au premier *Cours de linguistique générale* de Saussure. Le moment est venu pour se tourner vers l'héritage des concepts saussuriens dans les grammaires du corpus. Cet examen comportera deux volets: un volet général (étude des sources) (3.2.2.) et une étude de détail de 4 auteurs pour qui Saussure a été une source d'inspiration importante: Gougenheim (3.2.4.), D&P, Galichet et de Boer. Les trois derniers (3.2.3.) sont aussi des représentants du courant 'corrélatif', plus particulièrement du courant psychologisant (Galichet, D&P, de Boer). Ces auteurs ont essayé de trouver un compromis (en partie par le biais des autres représentants de l'École de Genève) entre certains aspects de la doctrine de Saussure et la grammaire psychologisante. Pour mieux comprendre la démarche de ces auteurs, il est utile de s'interroger d'abord sur le rôle de la psychologie et le traitement de la syntaxe chez Saussure (3.2.1.).

3.2.1. Psychologie et syntaxe chez Saussure[220]

Avant d'aborder la question de l'influence de la linguistique structurale sur les grammaires du corpus, il convient de tirer un certain nombre de choses au clair. Tout d'abord, on peut se demander ce que la syntaxe avait à glaner dans le *CLG* et dans quelle mesure on peut parler d'une syntaxe structurale avant 1948 (3.2.1.2.). Pour comprendre le développement ultérieur du structuralisme à partir de l'héritage saussurien[221], qui a donné lieu à des linguistiques aussi différentes que la glossématique, le distributionnalisme américain et le structuralisme genevois, il est indispensable de regarder de plus près l'autonomie de la linguistique par rapport à la psychologie dans la version vulgate du *CLG* (3.2.1.1.).

3.2.1.1. Saussure et la psychologie

Avec l'avènement de la linguistique psychologisante (vers 1850)[222], l'acte de parole fut mis au premier plan. Celui-ci présente deux côtés: un côté matériel, tangible, et un

---

[220] Le 'vrai' Saussure ne nous intéresse pas ici. Pour l'histoire de la syntaxe avant 1948 seule la version vulgate est pertinente.

[221] Cet héritage n'est à vrai dire qu'un ensemble de principes généraux et n'explique pas à lui seul l'origine et l'identité des doctrines de chacune des écoles structuralistes. D'autres facteurs ont joué, comme le contexte intellectuel pragois et la tradition ethnographique américaine, par exemple.

[222] Sur l'histoire de la linguistique psychologisante et de la psychologie du langage, voir Knobloch (1988) et Graffi (1991, 2001). Le rôle de la psychologie et des autres sciences auxiliaires de la linguis-

côté psychique. Désormais, l'étude du langage ne pouvait plus se passer de la collaboration des sciences naturelles (anatomie, physiologie, acoustique, phonétique expérimentale etc.) et de la psychologie, y compris la psychologie expérimentale (depuis le milieu des années 1870) et les recherches en psychopathologie (p. ex. Van Ginneken[223] 1907, Haas 1912).

L'étude psychologique du langage entraîna certaines confusions, comme le mélange des plans sémantique et psychologique, ou encore, la confusion des catégories de la langue et celles de la pensée (cf. *supra* 2.1.5.). Les auteurs ne distinguaient pas non plus toujours entre l'*Aktualgenese* (le langage à travers la parole concrète) et les mécanismes de pensée qui avaient été à la base de telle ou telle forme dans le passé (Knobloch 1988). En outre, on décrivait la l a n g u e en fonction des processus psychiques à l'œuvre dans *l'acte de la parole*. C'est pourquoi Otto (1919) plaida en faveur de la séparation de la *Sprechkunde* et de la *Sprachkunde* (cf. 2.1.4.2.).

Ferdinand de Saussure, de son côté, va s'inscrire en faux contre ces évolutions (et les confusions qu'elles entraînaient) qui risquaient de ne laisser à la linguistique (scientifique) que peu de chose. Il mettra en évidence l'autonomie de la *langue* et de la linguistique. Le sujet parlant sera «excentré» chez Saussure, avant qu'il soit «dominé» par le structuralisme (Chiss – Puech 1995: 159, 156).

L'autonomie de la linguistique est affirmée à plusieurs reprises dans le *CLG*. La linguistique, dit Saussure, ne peut pas être confondue avec l'ethnographie, l'étude de la préhistoire, l'anthropologie, la physiologie et la philologie. Il est moins péremptoire en ce qui concerne la *sociologie* et la *psychologie sociale*; la discussion en est reportée (1921²: 21). Il oppose la linguistique proprement dite à la *linguistique externe* (1921²: 40-43), c'est-à-dire l'histoire d'une civilisation, de la politique et des institutions, l'extension géographique et le fractionnement dialectal. La linguistique s'occupe de «l'organisme linguistique interne» (1921²: 42), représenté par l'image de la grammaire du jeu d'échecs (la matière et la géographie ne sont pas pertinentes). La thèse de l'autonomie de la linguistique peut également être déduite de l'opposition entre d'une part *signifiant/signifié* et d'autre part matière phonique/psychique, ainsi que de la volonté de Saussure d'avancer la *langue* comme l'objet de la linguistique, au détriment de la *parole*: alors que le *langage* est «à cheval sur plusieurs domaines», «la langue seule paraît être susceptible d'une définition autonome». La langue est «un tout en soi et un principe de classification» (1921²: 25).

Seule la psychologie (et la sociologie) n'est pas complètement bannie de la linguistique[224]. La *langue* est enracinée dans la psychologie:

---

tique ressort aussi des aperçus synthétiques ou encyclopédiques de la linguistique de l'époque: Gröber (1884), Paul (1880), Meillet (1906), etc. Sur Wundt, voir Caussat (1989).

[223] Sur Van Ginneken, voir Foolen – Noordegraaf (éds 1996).

[224] En fait, le problème de la localisation de la langue en tant que «fait social» et celui de la délimitation par rapport au domaine psychique, ne fait que reprendre la discussion autour de l'objet de la sociologie durkheimienne. Doroszewski (1933), par exemple, fait remarquer que le recours à la notion de «conscience collective» compromet l'autonomie de la sociologie.

> «Au fond, tout est psychologique dans la langue, y compris ses manifestations matérielles et mécaniques, comme les changements de sons» (1921[2]: 21).

Dès lors, la *sémiologie* fait partie de «la psychologie sociale et par conséquent de la psychologie générale» (1921[2]: 33). D'autres passages préfigurent même le discours guillaumien:

> «opération, qui consiste à éliminer mentalement tout ce qui n'amène pas la différenciation voulue sur le point voulu» (1921[2]: 180).

En plus, certains concepts gardent encore un lien très visible avec l'acte de parole concret. L'impératif de la *synchronie* est dérivé du sentiment linguistique du sujet parlant (la réalité psychique) au moment de la prise de parole («la conscience des sujets parlants») (1921[2]: 117; 128; 136).

Même les rapports syntagmatiques et paradigmatiques sur lesquels Saussure entend fonder la description synchronique de la langue pour qu'elle soit «naturelle» ont encore un certain ancrage mental.

On constate que, d'une part, les rapports associatifs — *associations* de *signifiés* 'formés' par la langue — reflètent les associations (que ce soit comme processus ou comme produit) psychiques du sujet parlant, envisagées au moment de l'énonciation (le locuteur extrait du réseau d'associations ce qu'il lui faut). Le lecteur du *CLG* se demande si les associations de *signifiés* sont 'formées' (et donc précodées) ou non par la langue. En outre, le terme «mémoriel» évoque encore trop la mémoire (et donc le sujet parlant).

D'autre part, les rapports *syntagmatiques* (qui concerne la s y n t a x e , mais aussi le niveau i n f r a l e x i c a l) sont encore liés à l'ordre de succession (linéarité) de la chaîne parlée. Vu sous cet angle, l'expression *in praesentia* prend le sens de 'dans la réalité concrète de la parole'. L'attachement à la linéarité de l'énoncé correspond à un refus de l'abstraction qui explique pourquoi le syntagme risque de tomber en dehors du domaine de la *langue* et pourquoi Saussure ne reconnaît pas un niveau plus abstrait, détaché de l'ordre linéaire des mots, comme le font chacun à leur manière du Marsais, Tesnière et Chomsky:

> «on est porté à y voir des abstractions immatérielles planant au-dessus des termes de la phrase» (1921: 192).
> «Ce serait une erreur de croire qu'il y a une syntaxe incorporelle en dehors de ces unités matérielles» (1921: 191).
> «En dehors d'une somme de termes concrets on ne saurait raisonner sur un cas de syntaxe» (1921: 191).

Pour conclure, on constate que l'autonomie de la linguistique, en premier lieu l'autonomie par rapport au psychique, n'est pas encore tout à fait acquise dans la vulgate du *CLG*, ce qui a donné lieu à deux interprétations, une interprétation psychologiste et anti-psychologiste, qui coexistent d'ailleurs:

> «certaines tendances anti-psychologistes, actuellement assez fortes, sont parfois rattachées directement à Saussure» (Doroszewski 1933: 88),

mais

> «Il est manifeste que la linguistique conservait, dans l'idée de Saussure, d'étroits rapports avec la psychologie et que l'autonomie relative qu'il voulait assurer à la linguistique ne comportait pas un affranchissement de cette science à l'égard des méthodes «psychologiques»» (Doroszewski 1933: 89).

3.2.1.2. Saussure et la syntaxe 'structurale'

3.2.1.2.1. Saussure et la syntaxe

Rappelons que nous avons choisi le premier *Cours de linguistique générale* de Saussure comme *terminus a quo* de cette étude. Si la valeur de cette synthèse magistrale est inestimable, il faut avouer que le syntacticien reste un peu sur sa faim[225]. Le paradoxe de la phrase (et du *syntagme*) risquait même de balancer le gros de la syntaxe dans la *parole*, si ce n'était qu'un autre passage montrait que les types de phrases et les types de syntagmes ont encore un statut en langue (cf. aussi Melis – Desmet 2001). Le mélange du lexical et du grammatical dans la rubrique des rapports syntagmatiques n'était pas non plus favorable au développement d'une syntaxe autonome et les deux rapports, paradigmatiques et syntagmatiques, étaient tellement vagues qu'ils ont été mis à toutes les sauces (cf. Albrecht 1988: 43-48).

Bref, on le voit, il y avait là peu à glaner et beaucoup à deviner pour les grammairiens de la première moitié du 20e siècle. Ses anciens disciples et collègues Bally et Sechehaye, éditeurs du *Cours*, ont d'ailleurs développé chacun leur propre théorie syntaxique, en grande partie indépendamment de Saussure et en donnant aux concepts syntaxiques qu'ils ont pu trouver chez celui-ci un contenu personnel (paradigme/syntagme, langue/parole) (cf. Amacker 2000).

3.2.1.2.2. La syntaxe structurale: quelques remarques

La syntaxe de Sechehaye et de Bally nous amène à une question de taille: *Dans quelle mesure peut-on parler d'une syntaxe structurale avant 1948?* La réponse est importante, dans la mesure où elle détermine en grande partie l'image qu'on a des études de *syntaxe* menées en France *avant 1948*. Car, s'il est certain que vers 1960 la France accusait un retard dans la réception du structuralisme (en premier lieu distributionnaliste), ce constat ne saurait porter ombrage à la production française en *syntaxe avant 1948*. L'objectif de ce paragraphe est de fournir quelques éléments qui pourraient nourrir la réflexion à ce propos.

Le **structuralisme américain**, surtout à ses débuts, se concentra sur la morphologie et la phonologie et moins sur la syntaxe (Algeo 1991: 122). Bloomfield constitue

---

[225] Certains ont même deviné une certaine hostilité à l'égard de la syntaxe (p. ex. *Syntaxfeindlichkeit*, Albrecht 1988).

plutôt une exception[226]. Le manuel de Sapir, par contre, publié en 1921, ne s'intéresse guère à la syntaxe, qui demeure d'ailleurs très traditionnelle. Après la publication de Bloomfield (1933), anticipé par Bloomfield (1926)[227], il faut attendre les années 1940 pour voir s'éclore une véritable réflexion syntaxique:

> «Before 1940 American descriptive linguistics had very little to contribute to the analysis or statement of syntax» (Gleason 1965: 20)[228].

Lepschy est encore plus pessimiste quant à la syntaxe développée aux États-Unis. Il semble vouloir situer sa naissance à l'époque de Chomsky (1957)[229]:

> «Nous ne parlerons pas de la syntaxe, parce qu'elle a été en partie négligée et en partie réabsorbée par les processus de l'analyse morphologique [...] elle n'a refait surface de façon décisive que ces dernières années» (Lepschy 1967 [1976], trad. de l'éd. it. de 1966: 161).

Quoi qu'il en soit, ce n'est que dans les années '40[230] que le distributionnalisme américain se lance à la conquête de la syntaxe. Vu l'isolement de la linguistique américaine («American ignorance of European linguistics was profound[231]») (Gleason 1961: 213), une influence sur la linguistique européenne, en l'occurrence la grammaire française semble exclue, ce qui est corroboré par l'examen du corpus. Pour l'histoire de la syntaxe du français, il faut signaler le *Structural Sketch* (1948) de Hall qui expédie la syntaxe en 10 pages et demie (sur un total de 56)[232].

Tournons-nous maintenant vers les structuralismes du Vieux Continent. Avant la Deuxième Guerre mondiale, les structuralistes du **Cercle linguistique de Prague** (fondé en 1926) étaient avant tout des phonologues[233]. La syntaxe n'y était guère étudiée. Seuls Mathesius[234] (1882-1946) et Vachek faisaient exception. Les concepts qu'ils utilisent, notamment la «perspective fonctionnelle» (t h è m e / r h è m e) de la phrase, ne sont pas nouveaux et ont déjà derrière eux une longue tradition (cf.

---

[226] Le manuel suivant, celui de Bloch – Trager, *Outline of Linguistic Analysis* (1942), ne consacre qu'un neuvième du nombre total de pages à la syntaxe. La part de la syntaxe se réduit encore dans *An outline of English structure* (1951) de Trager – Smith (Algeo 1991).

[227] La méthode de Boas et ses successeurs fut assez fruste dans son application à la syntaxe: «techniques for handling syntax were still rudimentary and that section was often very sketchy» (Gleason 1965: 43).

[228] Gleason (1965: 20) donne l'exemple de l'*American English Grammar* (1940) de Fries, grammaire très innovatrice, mais encore dépourvue de syntaxe. Il faut attendre l'année 1952 pour la publication de la partie syntaxique: *The Structure of English. An Introduction to the Construction of English Sentences*.

[229] Et les transformations de Harris, bien sûr (Harris 1957).

[230] Voir Gleason (1965), Paillet – Dugas (1982), Matthews (1996) et Seuren (1997).

[231] Et vice versa ... Ce n'est qu'après la Deuxième Guerre mondiale que ces deux mondes linguistiques se sont rapprochés (Gleason 1965: 55-56). Il faut cependant faire remarquer la présence de Bloomfield et de Boas (Sapir était excusé) au 1er Congrès international des Linguistes à La Haye en 1928 (*apud* Chevalier 1995: 46).

[232] L'ouvrage fut critiqué par Martinet (1949) dans la revue *Word*.

[233] Sur la réception de la phonologie Martinet (1949) (pragoise) en France, voir Bergounioux (1998b: 92-93).

[234] Voir Mathesius (1929, 1936).

2.3.3.1.). Ce n'est que dans les années 1960 que la deuxième génération s'occupera de la syntaxe (Daneš[235], Dokulil, Hausenblas, Firbas, Beneš, Dubský, Novák)[236]. Cependant, dans l'entourage de l'École de Prague se trouvaient quelques linguistes qui se sont signalés plus tôt par d'importantes études en syntaxe. Pensons à un Tesnière (dont la syntaxe n'a pourtant que très peu de points en commun avec la syntaxe pragoise[237]) ou à un Gougenheim (1935, 1938)[238]. Martinet[239], qui était avant tout phonologue, ne s'intéressera à la syntaxe qu'aux alentours de 1960 (cf. sa bibliographie dans Walter – Walter 1988). La rédaction de la partie proprement syntaxique des *Éléments de linguistique générale* l'a

> «contraint de devancer l'aboutissement d'un effort collectif, encore que mal coordonné».

Dès lors, «ce qui est dit [...] de la syntaxe est neuf, trop neuf pour un manuel comme celui-ci» (Martinet 1960: 4).

L'École de Copenhague, fondée en 1931, s'est surtout illustrée par l'élaboration (à partir de 1935) d'une théorie sémiotique générale [Hjelmslev[240] (1899-1965) et Uldall (1907-1957)] dont on trouve les éléments dans les *Prolégomènes* (1943, trad. angl. 1953; trad. fr. 1968-1971)[241]. Pendant longtemps cet ouvrage n'était accessible au public français que par le biais du compte rendu très long et éclairant que Martinet en avait fait dans le *BSL*. Martinet craint d'ailleurs le pire pour la syntaxe:

> «la glossématique sonne le glas de la syntaxe qui, pour l'essentiel, s'intègre à l'étude des variétés (variantes conditionnées), et celui de la doctrine des parties du discours» (1940-1945: 32).

---

[235] Après la Deuxième Guerre mondiale, la discussion tourne autour de l'opposition énoncé/proposition et les trois couches de l'analyse (voir Stati 1976: 26).

[236] Sur l'histoire de l'École de Prague, voir Vachek (1966). Ces linguistes ont surtout élaboré la perspective fonctionnelle de la phrase de Mathesius. Ils ont également été influencés par Karcevski (le syntagme saussurien) (Vachek 1966: 93).

[237] Dans son c.r. des *Éléments*, Benveniste signale qu'on n'y trouve aucun renvoi aux travaux de l'École de Prague auxquels il avait pourtant participé (*apud* Corblin 1991: 229).

[238] Tant Tesnière que Gougenheim étaient professeurs à Strasbourg, tout comme Straka (voir Swiggers 2001).

[239] Martinet s'est lié tant avec les membres de l'École de Prague (Jakobson, cf. aussi sa période à New York) qu'avec Hjelmslev. À New York, il entretient également des contacts avec les disciples de Sapir (biographie par Jeanne Martinet dans Walter – Walter 1988). Il semble toutefois que la revue *Word* (° 1945), animée par Jakobson et Martinet, dont l'esprit était plus européen, doit être dissociée du structuralisme américain.

[240] En dehors de son projet glossématique, Hjelmslev s'est surtout occupé de phonologie (Badir 2000: 18).

[241] Même si Hjelmslev était au début de sa carrière surtout phonologue et comparatiste, il publia ses *Principes de grammaire générale* dès 1928 (en français). En 1935 suivrait *La catégorie des cas*. En 1936 il distribua un manifeste aux participants du Congrès linguistique de Copenhague (*An Outline of Glossematics*). Ses *Principes* présentent encore un caractère éclectique (influence de Saussure, de Jespersen, de Sapir et des formalistes russes; *apud* Albrecht 1988: 61). Son objectif était la création d'une «théorie du système morphologique du langage» (1928: 3), en réalité «la création possible d'une *grammaire scientifique*» (1928: 16). L'ouvrage est surtout axé sur la problématique des catégories grammaticales.

Brøndal (1887-1942), qui avait également le goût de l'abstraction, s'est intéressé davantage à des problèmes de syntaxe (descriptive et générale) et cela dès 1928 (cf. sa bibliographie dans Brøndal 1943). Or force est de constater que l'articulation de son système grammatical est plus classique que les modèles qu'il combat (Brøndal 1930, cf. Brøndal 1943: 1-7). Sa syntaxe est assez traditionnelle dans la mesure où elle est fondée sur des catégories logiques[242] (p. ex. son étude sur les parties du discours 1928, trad. 1943). Jespersen (1860-1943), quant à lui, s'est toujours tenu un peu à l'écart de la théorisation des glossématiciens. Pour la thèse (*Structure immanente de la langue française*) de Togeby (1918-1974), élève de Sandfeld, de Hjelmslev et de Brøndal, il faut attendre l'année 1951. Plus tard, cet auteur publiera une monumentale grammaire descriptive du français, analogue à celle de Sandfeld (1928, 1936, 1943), assez traditionnelle et très éloignée de l'abstraction de la glossématique.

Ces quelques repères[243] poseront sans doute plus de questions qu'ils n'en résolvent. Nous pourrons toutefois tenter une conclusion toute provisoire: avant 1948 et, *a fortiori*, avant la Deuxième Guerre mondiale, rares sont les théories syntaxiques d'obédience structuraliste (notamment formalistes) dont pouvaient s'inspirer[244] les grammaires du corpus. Voilà une importante mise en garde pour celui qui aborde l'histoire des études de morphosyntaxe française d'avant 1948.

Mal représentée dans le *CLG*, la syntaxe structurale — dans le sens de 'inspirée par les thèses de Saussure' — se cherche encore. Elle est développée d'abord au sein de ce qu'on appelait déjà *l'École de Genève* du temps de Saussure (surtout Sechehaye 1926 et Bally 1932). Mais les éditeurs du *CLG*, Bally et Sechehaye, n'ont eux-mêmes intégré que partiellement l'héritage saussurien. Ces linguistes ont leur propre personnalité et ne semblent pas avoir abandonné les conceptions linguistiques qu'ils avaient mûries avant[245] l'édition du *CLG* (cf. Amacker 2000). Ils se sont intéressés (notamment Bally) à la langue vivante et spontanée, ou de façon plus générale, à la présence du sujet parlant dans le discours (Chiss 1997[2]: 157), bref à la parole. En outre, leur intérêt pour le signifié les conduit à la psychologie[246], voire à la logique[247]. Ceci ne les empêche pas d'affirmer le principe de l'immanence au premier Congrès international des Linguistes (1928):

---

[242] Dans la préface à ses *Essais de linguistique générale*, il dévoile sans ambages le noyau de sa *doctrine*: «Elle consiste à retrouver dans le langage les concepts de la logique, tels qu'ils ont été élaborés par la philosophie depuis Aristote jusqu'aux logiciens modernes» (1943: préface, p. 2, non numérotée). Son ouvrage *La catégorie des cas* offre une analyse sémantique (théorie localiste des cas), avec une analyse de plusieurs langues caucasiennes (Fischer-Jørgensen 1996: 420).

[243] On pourrait encore examiner d'autres figures comme De Groot, par exemple.

[244] Pour un aperçu — assez schématique — de la réception des propositions structuralistes, voir Bergounioux (1998b: 92-93).

[245] Certaines conceptions linguistiques de Bally peuvent même être taxées de réactionnaires (cf. Sandmann 1973b).

[246] Cf. aussi Bally (1926: 12). Bally résume l'objectif de ce livre comme suit: «placer dans son cadre psychologique l'ordre de recherches auquel j'ai donné le nom de stylistique».

[247] Frei (1946-1947: 166), successeur (ordre de succession: Saussure/Bally/Sechehaye/Frei) dans la chaire de linguistique générale à Genève, se détournera du «psychologisme et du logicisme de Bally».

«Chaque langue est un prisme qui réfracte la pensée d'une façon particulière» (*apud* Chevalier 1995: 49).

Leurs publications, rédigées en français, étaient facilement accessibles pour les grammairiens français. Cette linguistique structurale d'expression française à laquelle s'ajoutent encore Guillaume et Gougenheim, a été étudiée par Chiss – Puech. Brossant à grands traits les apports de Bally, de Gougenheim et de Guillaume, auteurs qui s'inspirent ouvertement de Saussure, Chiss – Puech estiment le structuralisme *introuvable*, ou encore, *instable* (1997: 145) dans la période avant 1950. De façon symptomatique, le *Système grammatical* de Gougenheim, qui était, avec Tesnière, le grammairien français 'le plus structuraliste' [autonomie (point de vue agnostique) + immanence] de l'époque, fut tancé par Hjelmslev (1944; cf. 3.2.4.2.3.). Le glossématicien refusait d'ailleurs l'étiquette de structuraliste à l'École (fonctionnelle) de Prague (Albrecht 1988: 56).

L'une des caractéristiques les plus marquantes de ce structuralisme d'expression française (post-saussurien) est sa forte orientation psychologique, comme le montrent aussi Guillaume et Wagner, le premier ayant inspiré le second. Si on connaît en général l'histoire de Guillaume, on ne saurait oublier que Wagner (co-auteur de la grammaire Larousse) rompit dans l'introduction à sa thèse une lance pour l'étude de la *langue-pensée*[248], unité essentielle (1939: 63-78). Il s'inscrit volontiers dans la lignée de Guillaume et de D&P, qu'il qualifie de «néo-syntacticiens» (1939: 132).

Il sera encore amplement question de ce structuralisme psychologisant (ou ce psychologisme influencé par certaines idées structuralistes) dont on trouve trois représentants dans le corpus: D&P (3.2.3.), Galichet (3.2.3.2.), et surtout de Boer (3.2.3.3.).

3.2.2. Saussure et le saussurianisme dans le corpus

Vers 1930, les idées de Saussure et de l'École de Prague commencent à être diffusées en France[249]. Les données du corpus montrent que les conceptions linguistiques de Saussure ont eu peu d'écho avant les années 30[250].

Une seule exception[251], notable, toutefois: D&P (1927, publié en 1930). On pourrait même parler d'une entrée par la grande porte, car les auteurs citent Saussure dès

---

[248] Wagner rejette les explications mécanistes de l'histoire, tout comme les explications corrélatives des néo-idéalistes allemands (qui reposaient sur une dissociation de la langue et de la pensée, basée sur la conviction que l'acte volontaire des sujets parlants pouvait diriger le cours de la langue).

[249] En 1933, Doroszewski put affirmer que certaines thèses saussuriennes «sont aujourd'hui presque universellement admises par les linguistes» (1933: 87).

[250] Il est d'ailleurs remarquable que le programme du certificat d'aptitude pour le professorat des écoles normales et des écoles primaires supérieures fait écho au saussurianisme et à la phonologie pragoise dès 1930 (Chervel 1995: 40, 419). De ce fait, la pénétration des idées saussuriennes y aurait été plus forte que dans les Facultés de Lettres ou dans les épreuves de recrutement pour le secondaire (Chervel 1995: 40).

[251] L'absence de Saussure et de ses principes n'implique pas nécessairement que les auteurs ignorent l'héritage saussurien (p. ex. Lerch 1925: 11).

la première page de leur monumentale grammaire. Cependant, qu'on ne s'y méprenne, c'est pour s'en distancier aussitôt (cf. 3.2.3.1.).

On repère le nom de Saussure (*CLG*) aussi dans le tome II de la syntaxe des Le Bidois (1938; cf. bibliographie), quand il est question de la définition du signe[252] (T2, 662) et de l'absence des prépositions en indo-européen (*ib.*: 672)[253]. Le fait que le *CLG* soit cité d'après la 3ᵉ édition (celle de 1931), tout comme dans les autres grammaires où figure le nom de Saussure, souligne le peu d'influence directe qu'a eu de Saussure avant 1930: Gougenheim (1938, dans l'historique de l'avant-propos[254]), de Boer (1947: 44, n. 12) et Galichet (1947)[255].

Même de Boer, qui se range pourtant sous la bannière du structuralisme par une série de thèses énumérées sèchement dans l'introduction, ne cite Saussure qu'une seule fois dans le corps du texte, à propos de la définition du signe (1947: 44, n. 12). Ce n'est que chez Galichet que Saussure, «l'éminent linguiste» (1947: VIII), a vraiment voix au chapitre. Dans son introduction, Galichet retient de lui l'opposition *langue/parole*, l'interférence entre le s e n s   l e x i c a l et la f o n c t i o n   g r a m m a t i c a l e et le caractère incorporel de l'objet de la linguistique (1947: 13-14, 17). Dans le corps de l'ouvrage, Saussure n'est plus cité, mais son héritage est bien représenté (cf. 3.2.3.2.).

Les grammairiens peuvent d'ailleurs bien se passer d'un renvoi au maître genevois, tout en restant fidèle à (une partie de) l'héritage saussurien. De Boer, Gougenheim et Galichet, par exemple, se réfèrent plutôt aux autres représentants de l'École de Genève (Sechehaye, Bally et Frei), ou encore, à des linguistes qui se sont inspirés de Saussure, comme Guillaume (D&P, Larousse[256], Dauzat, Le Bidois, Galichet et Gougenheim) et Wartburg (D&P, Galichet, Wartburg, Le Bidois, Gougenheim). Meillet figure dans 9 grammaires (Brunot, D&P, Le Bidois, Larousse, Grevisse, Galichet, Dauzat, Wartburg, de Boer), Vendryes dans 6 (D&P, Le Bidois, Larousse, Gougenheim, Galichet et de Boer).

À titre informatif, le nom de Bally est cité dans 12 grammaires (corps et bibliographie confondus): Lanusse, Strohmeyer, Brunot, Radouant, D&P, Regula, Le Bidois, Larousse, Gougenheim, Galichet, Dauzat et de Boer. Celui de Sechehaye figure dans 6 ouvrages (Galichet, Larousse, Dauzat, De Boer, Le Bidois, Gougenheim); Frei dans 3 (Le Bidois, Galichet, de Boer). Si les linguistes genevois sont bien représentés, ils n'atteignent pas le score de *La Pensée et la Langue* de Brunot qui figure dans 18 grammaires.

---

[252] Réinterprétée psychologiquement (f o r m e   s i g n i f i c a t i v e = esprit).
[253] Ou en tant que fournisseur d'exemples (Le Bidois T2, 25, 28).
[254] Curieusement, c'est à l'enseignement de Saussure à l'É.P.H.É. que Gougenheim attribue la reconnaissance de la légitimité de la synchronie (1938: 8). Vers la fin de l'avant-propos, il le mentionne encore au sujet des *oppositions*.
[255] Symptomatiquement, la *Grammaire* Larousse mentionne dans sa bibliographie parmi les ouvrages généraux Th. de Saussure (*Étude sur la langue française*) (1885) et non pas l'auteur du *CLG*, ce qui est assez étonnant, vu qu'il est question de la linguistique statique dans l'introduction.
[256] La présence de Guillaume dans le corps du texte (bien qu'en note) est due à Wagner: *Le Problème de l'Article* (d'où les auteurs ont tiré 2 exemples) est qualifié d'«étude très suggestive» (1936: 262, n. 1). Cf. encore Larousse (1936: 264, n. 1; 236, n. 1 («pénétrante étude»)).

Les autres écoles structuralistes ne sont pas (ou très peu) représentées, ce qui ne devrait pas nous étonner vu la période examinée (cf. *supra* 3.2.1.2.2.). Ni Hjelmslev ni Mathesius ne sont mentionnés. Brøndal (1928; trad. 1943) est cité chez de Boer (1947: 102, n. 1) qui y voit la confirmation de l'existence de catégories (pdd). La syntaxe, très descriptive, de Sandfeld[257] est mieux connue (citée dans 5 grammaires), ce qui, vu le caractère athéorique de la linguistique française de cette époque (Chevalier), n'est guère étonnant. De même, Jespersen figure dans 4 grammaires (Engwer, Clédat, Larousse, Le Bidois)[258], mais seul Robert Le Bidois (T2, 3, n. 1), qui enseignait à New York, renvoie à la *Philosophy of Grammar* et à *Language. Its Nature, Development and Origin* (T2, 13 n. 1).

On constate que ce sont toujours les mêmes auteurs qui reviennent (D&P, Le Bidois, Larousse, Gougenheim, de Boer, Galichet et Dauzat). Ces ouvrages sont marqués par l'influence de la linguistique genevoise.

3.2.3. Grammaire psychologisante et structuralisme: D&P, Galichet, de Boer

Dans le cadre des approches psychologiques, nous avons déjà signalé les auteurs qui ont fondé leur grammaire sur les catégories fournies par la psychologie (représentationniste, éventuellement sous la forme d'une psycholinguistique de la connaissance). Il faudra revenir ici sur Galichet et D&P qui ont fait de la notion de *système* ou de *structure* un concept central de leur grammaire (cf. 2.1.4.3.). L'influence de Saussure justifie leur place dans un paragraphe consacré au saussurianisme. Ils s'opposent toutefois à Saussure en ce qu'ils refusent l'autonomisation de la linguistique. C'est que tant pour D&P que pour Galichet le système ou la structure d'une langue sont des entités purement psychiques qu'on ne saurait séparer du fonctionnement et des catégories de l'esprit humain. Le résultat est une espèce de symbiose entre psychologie et structure. Nous avons vu que ces ressemblances cachent toutefois de profondes divergences de vue quant à l'universalité des catégories de la structure (2.1.4.3.). Dans ce qui suit, nous allons regarder de plus près comment D&P (3.2.3.1.) et Galichet (3.2.3.2.) se rapportent à Saussure. Le syntacticien hollandais de Boer a également été traité parmi les représentants de la syntaxe psychologisante (2.1.3.4.). Cet auteur, qui, contrairement à Galichet et à D&P, ne cherche pas tellement à fonder les catégories descriptives (les parties du discours, les fonctions, les types de phrases) sur les catégories de la psychologie, se rapproche plus du pôle structuraliste (3.2.3.3.).

---

[257] Larousse, Bruneau [«admirables volumes», mais les auteurs déplorent les exemples, tirés pourtant d'écrivains modernes connus (préface)], de Boer (source importante), Le Bidois (Sandfeld figure dans la préface; dans le corps du texte les renvois se comptent par dizaines) et Gougenheim (dans la bibliographie).
[258] Engwer (pour la phonétique; préface), Clédat (objet d'une anecdote), Larousse (Jespersen figure, avec Brunot et Bally parmi les études de stylistique plus récentes).

3.2.3.1. D&P et Saussure

L'analyse des rapports entre D&P et le structuralisme s'articulera autour de trois aspects: la notion de système (1), la notion de forme significative (2) et la dichotomie synchronie/diachronie (3).

(1) Nous avons vu que pour D&P toute langue est «un mode de pensée spécifique», un *système de pensée* (Pichon 1937: 36), qui a son propre *système taxiématique* (cf. 2.1.4.3.1.). Loin de qualifier D&P de structuralistes, il faut dire que l'idée de *système* n'est pas étrangère à leurs conceptions linguistiques, même si ce système n'est pas vraiment conçu comme un réseau d'oppositions[259].

(2) En outre, l'idée de la langue comme *principe formant* n'est pas incompatible avec la pensée des auteurs. Seulement, s'ils acceptent la différence forme/substance au niveau de l'expression (phonétique *vs* phonologie), il n'y a plus de substance significative en dehors de la forme significative: toute la pensée est formée par les catégories de la langue (qui est de la pensée):

> «L'idée est née avec le mot dans l'opération mentale fondamentale ci-dessus décrite. Créés ensemble et par une même opération de l'esprit, ils ne sont que deux aspects indissociables d'une même chose» (V1, 78)[260].

En d'autres mots, en dehors des idées exprimées par les mots, il n'y a plus d'idées. Dans le passage suivant, ils admettent encore la possibilité d'un résidu de pensée amorphe[261]:

> «Le langage, s'il n'est pas toute la pensée, est du moins de la pensée et c'est comme tel que nous l'étudions» (V1).

En outre, il semble que les idées lexicales pour ainsi dire, les *sémièmes* («idées-matériaux»), doivent être considérés comme la substance[262] de la pensée, substance formée par les *taxièmes* («idées directrices servant au classement sommaire des idées-matériaux»). Il n'empêche que tant la forme que la substance relèvent, *toutes les deux*, de la pensée (V1, 11). Il n'est pas étonnant que le fait sémantique soit en même temps un fait psychologique (p. ex. V1, 111).

---

[259] Il n'est d'ailleurs pas étonnant que Togeby (1951, 1965: 14; *apud* Melis – Desmet 2000: 107) loue D&P et Guillaume pour avoir respecté «dans une mesure beaucoup plus large, les éléments immanents de la langue».

[260] Nés ensemble, son et sens évoluent aussi ensemble, inséparablement (V1,78).

[261] Il y a «un très grand domaine de pensée qui serait impossible sans le langage» (conçu comme «langage intérieur»), à savoir la formation de concepts génériques (*chien*) et abstraits (*désintéressement*), ce qui distingue l'homme de l'animal (ces concepts seraient toujours liés à une occurrence particulière chez les animaux). Sans les signes correspondants on ne pourrait pas posséder ces idées (V1, 10).

[262] Il n'est pas exclu que les sémièmes soient déjà «formés» par la langue et qu'ils relèvent donc d'un autre niveau de la forme significative. Or, la formulation (*matière*) et la mise en évidence de l'originalité du système taxiématique de la langue pointent plutôt dans la direction de la substance significative.

Dans cette optique, la linguistique peut aboutir à l'analyse de la pensée (ce qui est critiqué par de Boer 1935). C'est d'ailleurs la façon dont ils interprètent la démarche de Saussure (V1, 9)[263] au début du §2 de leur grammaire. Le *système taxiématique* est donc i m m a n e n t à la langue, mais, aussi à la pensée[264]. Le titre de l'ouvrage met l'accent sur l'immanence du système taxiématique par rapport à la langue: l'étude *des mots* mène à la connaissance de *la pensée*. Ce programme s'inscrit en faux contre l'objectif que Brunot s'était posé dans *La Pensée et la Langue* (Pichon 1937: 33)[265], comme l'a fait remarquer aussi de Boer dans son compte rendu (1935: 3).

Comme la langue n'est pas (conçue comme) autonome par rapport à la pensée (la langue est enracinée dans la pensée qu'elle structure), il leur est impossible d'accepter le caractère non motivé, arbitraire du signe saussurien (V1, 10; V1, 95-97[266]): le langage est trop important comme principe structurant de la pensée — issu aussi de l'évolution naturelle de la pensée — pour être abaissé à une branche de la sémiologie (V1, 10). Pour ce qui est du s i g n i f i a n t, il faut souligner que dès 1927 (publication: 1930) ils parlent d'*individus phonétiques* — par opposition aux *phonèmes* (= s o n s) —, en renvoyant à Saussure (V1, 166), qui, lui, les avait appelés *espèces phonétiques* (V1, 166). Plus tard, Pichon (1935-1936: 141) pourra affirmer que «ces idées ont rencontré celles de l'école de Prague». Gougenheim (1935: 6, 2) confirme ce constat, non sans signaler quelques exemples d'oppositions n o n p h o n o l o g i q u e s (*nuances* dit-il) qu'ils n'avaient pas reconnues comme telles.

(3) Quant à la dichotomie s y n c h r o n i e / d i a c h r o n i e, Pichon adhère, du moins en théorie, à la nécessité de la séparation des perspectives synchronique et diachronique (Pichon 1937: 32). Or, dans la pratique descriptive, c'est-à-dire dans leur grammaire, l'omniprésence de la diachronie donne l'impression d'une visée panchronique.

3.2.3.2. Galichet et la lecture psychologisante du *CLG*

Malgré les velléités universalistes du *système de valeurs* chez Galichet, l'empreinte de Saussure est nettement plus forte que chez D&P. Dès la préface, Galichet reconnaît sa dette. Le *CLG* fournit «la méthodologie de base pour qui veut aborder correctement l'étude grammaticale d'une langue», mais reste trop dans le «domaine des principes»: «il reste à trouver une méthodologie applicable à l'étude concrète d'une langue donnée» (1947: VIII-IX). Nous allons voir comment Galichet déve-

---

[263] Malgré la «clarté pénétrante, indéniablement toute française» (V1, 96) de l'esprit de Saussure, le linguiste genevois aurait eu le tort d'être bilingue. C'est son bilinguisme qui l'aurait conduit à affirmer le caractère arbitraire du signe.
[264] D'où aussi l'importance du «langage intérieur».
[265] Leur méthode est *ascendante*, alors que celle de Brunot est qualifiée de *descendante* (Pichon 1937: 33).
[266] Cf. aussi Pichon (1937: 25-31).

loppe la pensée de Saussure (3.2.3.2.1.) et comment il se rapporte aux autres grammairiens et linguistiques psychologisants (3.2.3.2.2.).

3.2.3.2.1. Galichet et Saussure

Galichet se plaît à utiliser des termes comme *système, structure (profonde, interne)*, mais aussi *économie* de la langue (1947: V, 17). Cette économie interne s'articule autour de «trois séries de valeurs»: les *espèces,* les *catégories* et les *fonctions* (ou *rapports) grammaticales* (1947: 17) qui s'emboîtent, d'où la cohésion interne, l'*unité* foncière de la langue (1947: XI).

Tout indique que Galichet a fait une lecture psychologisante du *CLG*. Il retient de Saussure que

> «l'économie de la langue était à chercher essentiellement dans le domaine psychologique» (1947: VIII).

Il lui reproche de s'être «un peu trop confiné dans la psychologie des mécanismes de l'expression» et de ne pas avoir exploré «le contenu conceptuel des valeurs de langue», car c'est justement «de ce contenu qu'il faudrait partir pour saisir l'économie interne d'une langue» (1947: IX). Il faut interpréter ce passage sans doute comme une critique de l'approche négative et différentielle du sens chez Saussure, ainsi que du manque de profondeur 'épistémologique' des valeurs qu'il dégage. Galichet, lui aussi, reconnaît le caractère différentiel des valeurs, mais non à la façon de Saussure: les «valeurs sémantiques», i.e. le sens lexical, sont des «valeurs relatives», qui s'établissent «par comparaison et par différence» (1947: 109). Or la valeur différentielle du sens lexical ne s'établit pas vraiment par opposition aux autres mots de la *langue*, mais par rapport au sémantisme des mots qui l'accompagnent dans la phrase [= *le contexte sémantique* (1947: 110)] et suivant la configuration fonctionnelle dans laquelle le mot est inséré [= le *contexte syntaxique*] au moment de l'énonciation. En d'autres mots, on glisse ici des rapports *in absentia* (Saussure) aux rapports *in praesentia* (Galichet). Ce rajustement sémantique du sens de chacun des mots «dans la pensée qui s'exprime» résulte d'une opération psychologique de comparaison («rapports psychologiques»). Le caractère différentiel et virtuel du signifié cède la place devant sa valeur contextuelle et actuelle[267].

L'interaction du sens lexical et la fonction syntaxique correspond à l'interaction des deux axes saussuriens, paradigmatique et syntagmatique:

> «Le sujet parlant tient simultanément deux fils d'une double chaîne: la chaîne des rapports sémantiques et la chaîne des rapports syntaxiques. Dans la pensée qui s'exprime, ces deux fils se recoupent constamment» (Galichet 1947: 109).

---

[267] Galichet se réfère à la troisième édition du *CLG* (1931: 186) pour étayer l'interdépendance du sens lexical et de la fonction syntagmatique. Nous n'avons pas vu la 3e édition. Dans la 2e édition on cherche en vain l'illustration qu'en donne Saussure.

De Saussure à Galichet il s'est opéré un rétrécissement: les rapports associatifs sont remplacés par les acceptions concurrentes du mot et l'axe syntagmatique est devenu un véritable axe syntaxique, lié aux rapports fonctionnels (fonctions syntaxiques). Par rapport au *CLG*, les rapports sont plus axés sur le contenu (sens lexical et fonction syntaxique) et sont placés résolument dans la parole.

Galichet emprunte à Saussure aussi l'idée du caractère *non effectif/perceptible* des entités en linguistique, observation qu'il relie, de manière étrange, à l'idée de Bally selon laquelle les transformations prouvent, par ricochet, l'existence des p d d (1947: 17). Ici on peut se rendre compte de la façon dont Galichet interprète Saussure. Il le cite pour appuyer la thèse que, en synchronie, on peut identifier les *distinctions de l'esprit sous le vêtement*[268] *du langage*. Ce qui est imperceptible pour Galichet, ce sont les idées (*valeurs*) derrière le vêtement du langage. Or, dans le passage cité de Saussure (1921[2]: 149), il ne s'agit pas du langage qui 'cache' la catégorisation réelle de la pensée, mais de l'unité signifiant/signifié (f o r m e   s i g n i f i c a t i v e), c'est-à-dire une alliance abstraite (non tangible), différentielle, de deux entités abstraites impliquant les plans du c o n t e n u et de l'e x p r e s s i o n (= f o r m e   s i g n i f i c a t i v e liée à la f o r m e e x p r e s s i v e), par opposition à la s u b s t a n c e audible et pensable.

On serait peut-être tenté de reconnaître la dissociation s u b s t a n c e   s i g n i f i c a t i v e / f o r m e   s i g n i f i c a t i v e dans le passage dans lequel Brunot est épinglé pour avoir brouillé la nomenclature des «valeurs de pensée, celle des valeurs de langue et celle des signes» (1947: VII; critique récurrente, cf. 1947: 110). Qu'on ne s'y méprenne pas, il s'agit de la confusion de la valeur sémantique (~ *valeur de pensée*) et de la valeur grammaticale (~ *valeur de langue*) — par exemple dans les étiquettes *verbes négatifs* et *verbes de production* — qu'il reproche à Brunot (1947: VII):

> «Dès que l'on classe du point de vue sémantique, l'expérience de Brunot dans *La Pensée et la Langue*, le prouve surabondamment, mille distinctions sont possibles. Mais ce ne sont plus des distinctions grammaticales» (1947: 58).

Galichet reprend aussi la thèse de l'arbitraire du signe (1947: 11). Comme le lien entre l'*image-concept* (i.e. le s i g n i f i é) et le *signe* (i.e. le s i g n i f i a n t) est arbitraire, c'est l'une des causes de l'apparence trompeuse et de l'instabilité des *signes*.

3.2.3.2.2. Galichet et le structuralisme psychologisant

Étant donné l'importance de la psychologie chez Galichet, on comprend que les aspirations autonomisantes de la linguistique structurale sont balayées: séparer radicalement la linguistique et la psychologie est une cause d'erreurs (1947: XII), car le problème grammatical — en écho à Guillaume? — est «en son fond, un problème psychologique» (1947: XII). Il n'est dès lors pas étonnant que Galichet se rattache plutôt à la ligne Bally — qui est pourtant trop stylisticien à son goût (1947: IX) — et, surtout, à la syntaxe de Sechehaye, à laquelle il veut fournir un approfondissement épistémologique.

---

[268] L'image est de Sechehaye (Frýba-Reber 1994: 103-104).

La *méthode* qu'il dégage des théories genevoises (Saussure[269], Bally et Sechehaye) avait déjà été appliquée, dit-il, par Guillaume — à quelques domaines particuliers — et par D&P. Très sûr de son originalité (contestée par plus d'un critique), Galichet affirme que D&P[270], les seuls à avoir appliqué la méthode à l'ensemble des faits de la langue, n'ont pas vraiment réussi dans leur tentative. Il leur reproche avant tout l'absence d'une *vue organique* et synthétique, ce qui ressort aussi du plan de leur grammaire (*nom, verbe, struments*). Le *découpage souvent artificiel, compliqué, arbitraire* et la *tyrannie du mot* peuvent être ramenés au même reproche, semble-t-il. D&P se seraient livrés à un *étiquetage* plutôt qu'à une *étude structurale* (1947: X)[271]. Quant à la syntaxe des Le Bidois, Galichet la range parmi les *catalogues* (1947: VI), comme si leur méthode n'avait rien de 'psychologique'.

Galichet veut se démarquer aussi de la démarche de Port-Royal et de celle de Brunot (1922), qui s'y rattache (1947: VII). Il applaudit leur attention pour «ce qui se passe dans l'esprit», mais regrette qu'ils aient réduit cette connaissance à de simples *règles de logique d'école*. En outre, en reclassant les faits linguistiques d'après les idées à exprimer, démarche d'un stylisticien, Brunot n'offre pas de «vue structurale» de la langue. Il a «laissé intact le véritable problème». Ainsi, il reproche à Brunot de ne pas avoir défini les catégories grammaticales (nom, attribut, etc.) — «À quoi correspondent-ils dans la pensée et dans le langage?»[272] —, et de ne pas s'intéresser à leurs combinaisons dans l'énonciation, ni à leur *source* (psychologie de la connaissance), ni à leur *unité* foncière. S'il y a des définitions, elles ne sont pas meilleures que celles qu'on trouve dans les grammaires traditionnelles ou elles élargissent «arbitrairement une notion grammaire par une confusion du plan de la pensée et du plan spécifiquement grammatical» (1947: XI, n. 1), p. ex. sujet d'un nom ou d'un adjectif (1947: VII). Cette affirmation (exacte!), réitérée à plusieurs reprises, surprend chez quelqu'un qui commet très souvent la même erreur. Si, aux yeux de Galichet, la démarche de Brunot marque certainement un progrès par rapport aux grammaires à visée purement descriptive, elle entraîne la confusion de la sémantique, de la syntaxe et de la stylistique[273] (1947: XI)[274]. Certes, l'approche de Galichet peut être qualifiée d'onomasiologique (Maillard 1998: 272) puisqu'il part des catégories sémantico-grammaticales mises en œuvre dans l'expression de la pensée («c'est de ce contenu qu'il faudrait partir pour saisir l'économie interne d'une langue»; 1947: IX). Or la perspective onomasiologique est coulée dans les cadres de la morphosyntaxe.

---

[269] Galichet utilise aussi l'image de l'échiquier (1947: 26).
[270] Pour une confrontation des vues de D&P et de Galichet, voir 2.1.4.3.2.
[271] Galichet s'élève aussi contre les motivations du genre grammatical avancées par Pichon (1947: 71, n. 1): «Nous sommes partisan de la méthode psychologique en grammaire, mais nous estimons que c'est en faire un singulier abus que de la pousser jusque-là».
[272] Cette question surprend. C'est comme s'il y avait trois niveaux en jeu: le nom, l'attribut, etc./la pensée/le langage.
[273] N'empêche que la grammaire structurale peut trouver une application dans la stylistique (Galichet 1947: 147).
[274] Autres critiques de Brunot (1947: 34, 43).

Dans le cas des *fonctions* et des *catégories grammaticales* (= c a t é g o r i e s m o r p h o - s é m a n t i q u e s), les deux perspectives, onomasiologique et sémasiologique, se confondent presque. Les catégories p s y c h o - s é m a n t i q u e suivent de très près les c a t é g o r i e s g r a m m a t i c a l e s (moins de décalages entre le plan des signes et le plan de la valeur grammaticale[275]), ce qui se reflète aussi dans la terminologie qui provient de la grammaire m o r p h o l o g i s a n t e (*fonction, catégorie grammaticale*) et dans les confusions ponctuelles entre le plan de la pensée et celui de la grammaire (cf. c.r. d'Antoine 1951). Ces confusions ponctuelles montrent que les s i g n i f i é s g r a m m a t i c a u x (la contrepartie sémantique générale des m o t s, f l e x i o n s e t f o n c t i o n s s y n t a x i q u e s) se confondent avec les s i g n i f i a n t s, qui de ce fait, ne sont pas identifiés de façon rigoureuse, mais définies sémantiquement (par la s é m a n t i q u e g r a m m a t i c a l e)[276] (p. ex. les moyens de l'expression du degré; 1947: 80). Le s i g n i f i a n t des fonctions, c'est-à-dire leurs *moyens d'expression*, se réduit souvent à l'énumération des parties du discours qui y entrent et à l'accord. Comme ces parties du discours figurent déjà à un niveau inférieur, à savoir celui des *espèces*[277], on a là une incohérence.

Dans les publications ultérieures de Galichet[278], la dimension structuraliste s'accroîtra encore. Il restera cependant fidèle à la grammaire psychologisante, même après la percée du structuralisme formaliste qu'il considère comme «une sorte de néo-morphologisme», foncièrement réducteur (*apud* Karabétian 2000: 178; cf. aussi Galichet 1972: 290).

3.2.3.2.3. Conclusions

On peut voir dans Galichet un représentant de la linguistique psychologique[279], tourné vers l'expression de la pensée et influencé par les principes saussuriens qu'il

---

[275] Ce constat montre que la théorie de Galichet est fondée sur une extrapolation de la problématique des p a r t i e s d u d i s c o u r s . Elle s'articule autour de la notion d'*espèce grammaticale* pour laquelle la dissociation s e n s l e x i c a l / s e n s g r a m m a t i c a l (cf. ch. III; Sechehaye) est pertinente. Or, appliquée aux *fonctions*, et surtout, aux *catégories grammaticales*, elle est moins évidente. Comment en effet distinguer entre réalisations typiques et moins typiques de telle ou telle *catégorie grammaticale* (genre, nombre, voix, etc.)? Y a-t-il des interférences comme sur le plan des espèces (p. ex. entre nom et verbe: infinitif)?

[276] Cf. aussi sa critique de la nomenclature de 1910, qui serait trop axée sur le contenu formel des termes (Galichet 1947: 138-139).

[277] Ceci se rattache à ce que nous avons dit sur l'interface parfois redondante entre *espèces* et *fonctions* (cf. Ch. III, 3.2.1.4.1.) et est dû au fait que les mots constituent (une grande partie de) le *signe* (= s i g n i f i a n t) de la *fonction*.

[278] G. Galichet, 1953 (1963²). *Méthodologie grammaticale. Étude psychologique des structures*; G. Galichet, 1960³. *Grammaire expliquée de la langue française* (avec commentaires à l'usage des futurs maîtres); G. Galichet – L. Chatelain – R. Galichet 1962². *Grammaire française expliquée. De la grammaire à l'art d'écrire*. 4ᵉ-3ᵉ. Classes de Lettres. [il existe aussi une version pour les classes de 6ᵉ et de 5ᵉ (1961⁴, 1964⁶)]; G. Galichet. 1970³. *Grammaire structurale du français*.
Quant au titre de son *Que sais-je*, il semble l'avoir emprunté à Sainte-Beuve: *physiologie du langage* (cité dans Galichet 1947: VII).

[279] Chiss – Puech (1997: 182, n. 22) voient dans Galichet l'aboutissement pédagogique de la grammaire psychologique. Il veut faire entrer dans un nombre limité de catégories psychologiques l'ensemble des faits linguistiques.

(ré)interprète psychologiquement (cf. Bally, Sechehaye; Guillaume). Il met grand soin au plan de son ouvrage, qui doit refléter le système psycho-sémantique sous-jacent et qui est censé *expliquer* le fonctionnement de la langue. L'approche est essentiellement onomasiologique, mais limitée à la matière morpho-syntaxique.

Étant donné la forte tendance à la généralisation et à l'approfondissement psychologique, il n'est pas étonnant que Guillaume (1951) s'intéresse à la méthode Galichet. Seulement, selon Guillaume, les faits de «grammaire générale» (qui proviennent de la philosophie) dégagés par Galichet ne sont pas encore les notions fondamentales du langage (les mécanismes de particularisation et de généralisation, p. ex.), mais des distinctions appartenant à la grammaire particulière du français. Si l'auteur avait développé le problème de l'article et la représentation du temps (et donc intégré les études de Guillaume ...), il s'en serait rendu compte.

L'accueil fait à l'ouvrage par les linguistes ne fut pas très chaleureux. Rudement critiqué par Antoine (1951) qui lui reproche entre autres apriorisme, simplification à l'extrême, mélange des plans grammatical et psychologique, l'ouvrage n'a pas non plus le suffrage de Gougenheim (1947), qui exige «une connaissance plus approfondie de la langue», mais la doctrine est *saine* ... Imbs (1950) témoigne encore d'une certaine sympathie à l'égard de cet ouvrage qui s'inscrit dans un nouvel essor de la *grammaire générale* (cf. aussi la terminologie de Guillaume dans son c.r. de 1951).

3.2.3.3. Le structuralisme de de Boer

Le cadre de la syntaxe de de Boer, qui cherche à «faire comprendre» (1947: 6), est résolument structuraliste, dirait-on:

> «La description d'un «état» syntaxique doit donner à chaque élément la place qu'il occupe dans l'ensemble du système» (1947: 5).

À cet effet, il faudrait tenir compte, plus que dans le passé, d'une liste de 9 «perspectives» (1947: 5).

L'héritage saussurien est représenté dans les dichotomies *synchronie*[280]/*diachronie* (c) et *langue* (*élément collectif*)/*parole* (*style, élément individuel*) (d). On reconnaîtra les théories syntaxiques de Bally et de Sechehaye dans l'opposition groupe *sujet-prédicat*/groupe *principal-complément* (g), dans la distinction *signe virtuel*/*signe actualisé* (h) et *langage logique*/*illogique* (i). On reconnaîtra la *Grammaire des fautes* de Frei dans l'appel à ne pas négliger «le langage «avancé», qui répare ou prévient souvent les «déficits» du langage normal, ce qui permet plus d'une fois de mieux distinguer les «besoins réels de la langue»» (f), et Van Ginneken et Sechehaye dans l'opposition

---

[280] En syntaxe moderne, l'applicabilité d'un système d'analyse à une phrase concrète est la seule *preuve* possible, «tandis qu'en fait de grammaire historique, on peut tout «prouver», même ce qui n'est pas exact» (1947: 40, n. 18). Cette conviction pourrait bien se tourner contre lui, étant donné le grand nombre de cas de transition (p. ex. dans la théorie des compléments, cf. Ch. IV, 3.5.1.2.).

automatisme grammatical/automatisme psychologique (e). Restent les idées du propre cru: la distinction entre *fonction primaire* et *fonction secondaire* (a) et entre syntaxe et lexicologie (b).

Seuls (a), (e) et (d et h) nécessitent un mot d'explication. D'abord les *fonctions primaire* et *secondaire* (on regrette l'ambiguïté de la terminologie): si «practiquement» [*sic*] la différence entre fonction primaire et secondaire n'a qu'une importance «bien relative»,

> «linguistiquement, ce serait une erreur *fondamentale* — mais combien répandue encore! — de ne pas distinguer entre la *faculté d'expression* d'un outil syntaxique et son *pouvoir de suggestion*» (1947: 43).

À priori il est exclu que «chaque nuance de communication» ait «un signe spécial, *exprimant* réellement cette nuance» (1947: 42, n. 7). Heureusement, il suffit de «suggérer» (1947: 42, n. 7) ces nuances, grâce au contexte[281]. Ce *pouvoir de suggestion*, qui est lié à l'idée de *parole*, bien entendu, est ancré dans le contexte, ou, en termes psychologiques, dans la *logique de la pensée* (voir l'index pour des passages)[282]. En d'autres mots, le contexte offre le complément sémantique nécessaire pour pallier l'insuffisance dénominative de la langue, c'est-à-dire l'imprécision de la grille sémantique précédée. Dans ce sens, de Boer est un véritable structuraliste. Or, son combat contre l'ascendant de la morphologie (et du latinisme) dans les études de syntaxe, il jette le bébé avec l'eau du bain[283]. Le mépris de la forme (morphologique) le pousse à confondre syntaxe et sémantique/logique (cf. Ch. IV, 6).

Avec (e) on se retrouve dans la dimension psychologique que nous avons traitée sous 2.1.3.4.

Parmi les 9 «perspectives», deux couples de notions ont trait à la *parole*:

1° «distinguer le style, l'élément individuel, la «parole», de la «grammaire», de l'élément collectif, de «la langue»« (1947: 5).
2° «faire la distinction entre un signe virtuel et un signe actualisé» (1947: 5).

La première dichotomie est appliquée effectivement (1947: 153, 51). Ces faits de parole ne changent rien à l'analyse grammaticale de la langue. Dans l'ordre des mots l'élément affectif/stylistique trouve un terrain d'action privilégié, mais son effet est limité, car «cet élément individuel doit obéir aux règles générales de l'ordre des mots» (1947: 218).

---

[281] Cf. déjà de Boer (1924).
[282] S'appuyant sur la théorie saussurienne du *signe* à double face, il affirme que signe et forme ne peuvent pas être confondus et que dès lors l'homonymie syntaxique (p. ex. *une garde* vs *garde!*) est possible (de Boer 1947: 43-44).
[283] Outre sa théorie sémantique du régime et des cas, libre de toute ingérence de la morphologie (cf. Ch. IV, 6), semble-t-il, il fait délibérément abstraction de l'argument de la préposition (*en*) dans la distinction entre participe et gérondif («purement pratique») (1947: 150), ainsi que de la conjonction de coordination (1947: 48) dans la définition de la coordination (contre Le Bidois). Il distingue, qui plus est, deux temps de l'infinitif qui coïncident formellement (présent et atemporel) (1947: 204). De même, il remplace la distinction comparatif/superlatif, preuve de la «superstition» de la grammaire latine, par une conception sémantique des degrés (de Boer 1947: 124).

Pour la seconde dichotomie, de Boer s'inspire de Bally et de Frei (1947: 57, n.9, 58). L'actualisation est située, tout comme chez Bally, dans plusieurs domaines de la description grammaticale: l'article défini (1947: 57), le pronom démonstratif et interrogatif (1947: 57, n. 9), la *préposition vide introductrice de* qui souligne l'*actualisation* de l'infinitif[284] (1947: 58, n. 12, 63, 98) (cf. Bally)[285], et finalement, l'*assertion* ou le *modus* (en général un verbe, implicite ou explicite):

> «On actualise une idée virtuelle en la localisant dans un sujet, qui devient 'le lieu du jugement'» (1947: 58).

3.2.4. La grammaire structurale et fonctionnelle: le *Système grammatical* (morpho[286]-sémantique) de Gougenheim

Dans le *Système grammatical*, Gougenheim prend ses distances par rapport au psychologisme de l'époque (cf. aussi Chiss – Puech 1997: 177). Il ne laisse planer aucun doute quant à sa position dans le paysage linguistique de son époque[287]. Il inscrit sa démarche dans le structuralisme praguois de Troubetzkoy, qui a développé la théorie des oppositions de Saussure et de Bally (1938: 9). Après avoir appliqué la méthode des oppositions fonctionnelles à la matière phonique[288] du français (*Éléments de phonologie française. Étude descriptive des sons du français au point de vue fonctionnel*, 1935)[289], il entend désormais la transporter dans le domaine de la morphosyntaxe, démarche originale s'il en est. Son ouverture d'esprit (cf. Pinchon 1991) le conduit à vouloir aller au-devant du structuralisme pragois, peu intéressé aux questions de syntaxe à cette époque-là (cf. 3.2.1.2.2.).

3.2.4.1. Système, fonction, autonomie

Tout comme D&P et Galichet, il veut dégager *le système* (cf. le titre de son ouvrage), «la structure de langue» (1938: 60), en l'occurrence du français. Or à la différence de ceux-ci, il ne le fait pas, conformément au structuralisme autonomisant, par référence à la psychologie, mais il prône une approche (structurale et) fonctionnelle:

> «Notre dessein a été de dégager et de définir les éléments proprement grammaticaux de la langue française et de montrer quel rôle ils jouent dans le fonctionnement du langage» (1938: 8).

---

[284] De même dans *un franc de perdu* (*franc* est *actualisé*), par opposition à *franc perdu* (*virtuel*) (de Boer 1947: 109).

[285] P. ex. *de dire cela, serait idiot*. L'infinitif peut lui aussi s'actualiser (p. ex. en fonction de sujet) sans ce *signe actualisateur*. Par ailleurs, en latin et en anc. fr. il y eut actualisation sans l'article (de Boer 1947: 57).

[286] Le *Système* de Gougenheim reste très lié à la morphologie.

[287] Rappelons que Gougenheim avait donné en 1934 un état de la question de la morphologie et de la syntaxe dans *Le français moderne*.

[288] Martinet jouera également un rôle important dans la réception de Troubetzkoy. En 1937 se crée une École phonologique française (Chiss – Puech 1997: 175).

[289] Il remercie ses collègues Hoepffner et Tesnière (1935: 4).

En outre, son projet a une portée plus restreinte que celui de D&P et de Galichet. Il s'agit en premier lieu du système morphologique (*morphème*, y compris l'ordre des mots, et, en théorie, la prosodie), alors que D&P (cf. les nombreux *répartitoires* des *taxièmes*) et Galichet y rattachent aussi les f o n c t i o n s et l'ensemble des p a r t i e s d u   d i s c o u r s.

Le petit historique dans l'avant-propos témoigne de l'ouverture d'esprit de Gougenheim. Toute description de la langue repose sur une *conception du langage*, même la grammaire scolaire. Le point de vue de D&P — Gougenheim leur emprunte un certain nombre de termes (1938: 51, 134, n. 1, 223, n. 1, 290, n. 1 et 2) —, qui ont décrit «la langue française en tant qu'expression du subconscient des individus parlant français» est «parfaitement légitime». Gougenheim, quant à lui, choisit une autre voie et adopte une attitude agnostique à l'égard de la psychologie. Dans le *Système grammatical*, la langue apparaît comme un inventaire de morphèmes — classés en types (nombre, ordre des mots, conjonction) — dont les emplois (i.e. leurs fonctions) s'inscrivent dans un réseau (qui est en réalité un réseau de réseaux) sémantique différentiel. Ce réseau propre au français articule le potentiel de sémantique grammaticale de manière originale.

Il s'ensuit aussi que *le point de vue social* l'emporte sur *le point de vue individuel* et *le point de vue intellectuel* sur *le point de vue affectif*. La langue est d'abord un instrument de communication:

> «Nous avons voulu considérer la langue française avant tout comme un instrument de la vie sociale, comme le moyen de communication des individus parlant français» (1938: 8).

Cependant, l'aspect communicatif reste un peu à l'arrière-plan et constitue plutôt une condition préalable (cf. Saussure) à la fonction langagière, découlant directement de la perspective sémiotique (système de signes), qui n'a pas vraiment des conséquences pour la description grammaticale même (p. ex. absence de stratégies communicatives).

Gougenheim prend ses distances par rapport à la démarche de D&P, en focalisant davantage *la langue* (comme instrument de communication), en premier lieu la langue neutre, 'objective', comme instrument intellectuel. Voilà une deuxième caractéristique essentielle de cet ouvrage. Il n'empêche que, chassée par la porte, l'affectivité revient par la fenêtre (cf. aussi Chiss – Puech 1997: 180). En effet, les oppositions stylistiques (cf. *infra*) concernent souvent des nuances affectives. Ce mélange implicite de langue et de parole est d'ailleurs dénoncé par Hjelmslev, alors que Dauzat regrette quelque peu le caractère *rigide* des classifications, qui sont l'œuvre d'un «logicien»[290]. Par ailleurs, les renvois à l'esprit humain et aux processus psychiques sont très rares et superficiels (p. ex. 1938: 115, 236, 310, 240).

---

[290] Wagner (1939b: 290), de son côté, a situé le *Système* à mi-chemin entre le courant psychologico-philologique (psychologie des auteurs) et l'orientation logico-philologique («logique froidement raisonnable»).

Cohen (1939: 76)[291] a relevé aussi l'influence de Brunot (1922), le maître de Gougenheim, qui avait d'ailleurs relu le manuscrit (1938: 9). Aux yeux de Gougenheim, Brunot (1922) a fait une «vaste description des faits de la langue française mis en rapport avec la pensée qu'ils avaient à exprimer» et a brisé avec les «anciennes divisions scolastiques de la grammaire normative» (1938: 8).

3.2.4.2. Les oppositions

Revenons maintenant sur ce qui constitue le noyau de l'approche de Gougenheim: les *oppositions*.

> «nous avons appliqué une méthode analogue [= celle des oppositions (Troubetzkoy)] à l'étude des éléments grammaticaux» (1938: 9).

Son approche, purement descriptive (1938: 7), c'est-à-dire s y n c h r o n i q u e, est *fonctionnelle* et *différentielle*. Parallèlement à la triade phonologique (1935: 14):

- variation extraphonologique combinatoire ~ allophonie
- variation extraphonologique stylistique[292] (*élver* vs *élever* dans la diction de vers classiques) ~ variantes libres
- oppositions phonologiques ~ phonèmes

Gougenheim distingue[293]:

- *servitudes grammaticales*:
  «contrainte extérieure au sujet parlant [qui] lui impose l'usage exclusif d'un morphème dans des conditions données» (1938: 99), «imposé[e] par la grammaire» (1938: 203)
- *variations stylistiques*: «différence stylistique» = «nuances d'ordre social, affectif, etc.»
- *oppositions de sens ou oppositions significatives*[294].

Gougenheim entend appliquer cette grille, qui «explique» le fonctionnement de la langue, dans tous les domaines de la description grammaticale, mais avoue avoir

---

[291] Il entend sans doute certains éléments descriptifs nouveaux, comme la description de la flexion nominale (avec intégration de l'oral) et non pas vraiment une systématisation de la perspective onomasiologique. Toutefois, Cohen fait remarquer qu'on pourrait voir dans l'entreprise de Gougenheim une systématisation de ce qui était «noyé» dans *La Pensée et la Langue*. Dans le corps de l'ouvrage, on trouve des renvois à Brunot (Gougenheim 1938: 79, 203, 264, 238-239).

[292] À vrai dire, Gougenheim distingue encore les *variations extraphonologiques individuelles* et les *variations extraphonologiques concomitantes* [p. ex. l'apparition du e muet devant *hêtre*, mais non pas devant *être*, est liée (= accompagne) à l'opposition phonologique qui caractérise l'initiale de ces deux mots].

[293] Il est intéressant de faire remarquer que cette tripartition est préfigurée par les remarques que Louis Michel (1937: 789) a faites à propos de la syntaxe des Le Bidois. Il faut distinguer, dit-il, «les emplois obligatoires» (*se rappeler* et non pas *se rappeler de*), «les choix libres mais non indifférents» (*croire que quelqu'un est/soit coupable*) et «les choix libres et indifférents» (*il aurait/eût été préférable*). Il y rattache trois syntaxes: *une syntaxe sociale au sens strict*, une *syntaxe socio-individuelle* et une *syntaxe individuelle* (la *stylistique* n'est pas en cause).

[294] Il en découle trois types d'erreurs: les fautes témoignant d'une «connaissance insuffisante de la langue française», marquant une «erreur de style» ou entravant la compréhension (1938: 99-100).

abandonné quelquefois ce canevas qui «ne convenait guère à l'exposition substantielle de tous les faits» (1938: 99).

Il signale quelquefois des «oppositions concomitantes» (1938: 214-215; 292, 301), comme en phonologie: l'opposition présent/passé du v e r b e i n t r o d u c t e u r d'un discours indirect accompagne l'opposition futur simple/conditionnel dans la subordonnée (1938: 214) et l'opposition *à*/«préposition zéro» est «concomitante à l'opposition pronom réfléchi à valeur de morphème»/absence de pronom réfléchi (*attendre qqn*/*s'attendre à*) (Gougenheim 1938: 289).

Il arrive que les mêmes formes donnent lieu à différents types d'oppositions: une servitude grammaticale et une variation stylistique (1938: 263), une servitude et une opposition significative (1938: 159) (*se* vs *le*/*lui*), ou encore, une servitude qui n'est pas générale et donc parfois s t y l i s t i q u e (*ne* e x p l é t i f après les *subordonnées comparatives*) (1938: 263-264).

Comme l'indique le titre de l'ouvrage, Gougenheim se propose d'étudier le *système grammatical* du français, c'est-à-dire l'ensemble des oppositions existant entre morphèmes en synchronie («le système actuel»). Ce système est en réalité un système de systèmes: «Les prépositions *en*, *dans* et *à* constituent un système» (1938: 292). En outre, le terme «système»[295] prend très souvent un sens purement morphologique, synonyme de paradigme morphologique (1938: 47, 48, 49), d'où l'expression «systèmes morphologiques» (1938: 48).

Le système des oppositions ouvre aussi l'horizon à des principes de la diachronie structuraliste: les lacunes ou imperfections du système attirent d'autres formes pour remplir la fonction non réalisée (1938: 174-175, 212; cf. Pinchon 1991: 272).

Les oppositions fonctionnelles n'excluent, bien sûr, pas la sémantique: «auteur de l'action» (1938: 229), «tout ce qui est intéressé à l'action» (1938: 229).

3.2.4.3. Limites et problèmes de l'approche

Son approche a toutefois des limites, il en convient:

> «Étant donné le nombre des temps d'un même mode, en particulier de l'indicatif, ce serait une tâche infinie, et d'ailleurs assez vaine, d'étudier le rapport de chaque temps avec chacun des autres: nous ne considérerons *que les oppositions qui forment système*» (1938: 207, nous soulignons).

Il en est de même des prépositions:

> «Naturellement, vu le nombre de prépositions, nous ne saurions étudier toutes les oppositions possibles; nous nous bornerons aux oppositions grammaticales et à celles des variations stylistiques et des oppositions de sens qui nous ont paru les plus intéressantes» (Gougenheim 1938: 277; application: 304, 307).

---

[295] Gougenheim emploie le terme *système* aussi comme synonyme de p h r a s e c o m p l e x e: «système conditionnel».

On se demande où est la frontière entre les oppositions qui font système et les autres. Par *système*, il faut sans doute entendre les paradigmes d'éléments (à distribution égale et donc concurrents potentiels) *sémantiquement apparentés*, ou du moins, dont la mise en contraste semble avoir une certaine *pertinence* aux yeux du descripteur. On comprend que l'identification des éléments qui entrent en opposition s'avère une tâche beaucoup plus ardue que l'identification des éléments phonétiques, les sons, où le nombre d'éléments susceptibles d'apparaître à un endroit quelconque de la chaîne parlée (= nombre de paires minimales) est en général plus limité (p. ex. *bar, car,* etc. *vs* les temps verbaux dans la phrase indépendante simple isolée).

Il n'est pas inutile de s'appesantir un peu sur les oppositions dites «stylistiques» qui témoignent de l'introduction de la «stylistique» dans la grammaire, mais une stylistique assez hétérogène, comportant[296]:

- les variations de registre sont des «variations stylistiques» (1938: 99) = «nuances d'ordre social, affectif, etc.»; p. ex. (1938: 300)
- faits relevant du langage affectif (p. ex. épithètes antéposées): «intention péjorative» (1938: 137), «affection», «le respect» (1938: 135)
- des nuances sémantiques et des effets stylistiques: plus ou moins de réserve (1938: 268), «mise en relief» (1938: 117, 118), «plus énergiques que» (1938: 271), «valeur emphatique; il sert à présenter de façon vive et expressive» (1938: 141)
- la stylistique littéraire [± commentaire d'emplois littéraires], «esthétique» (1938: 139) (*on/l'on*); «pour varier l'expression» (1938: 178)
- des stratégies pour éviter la confusion: «pour qu'il ne puisse pas y avoir d'erreur» (1938: 178)
- des variantes purement formelles: ... *fait (se) taire* = «qu'une valeur stylistique» (1938: 227).

Tout comme les oppositions stylistiques, les *servitudes grammaticales* ont pu être qualifiées de «fourre-tout» (Wagner). Gougenheim y mélange impératifs normatifs et caractéristiques du fonctionnement du français (p. ex. l'ordre des mots) (Chiss – Puech 1997: 180).

Les imperfections de l'ouvrage n'ont pas échappé à l'attention des critiques. Si Dauzat estime l'approche *féconde*, Wagner (1939b) la croit *prématurée*. Hjelmslev, de son côté, estime que l'ouvrage ne répond pas aux objectifs: les faits et le plan de l'ouvrage restent traditionnels, la morphologie relève de l'énumération plutôt que du système et on note un manque cruel de définitions, en premier lieu du *morphème* même (par rapport au *sémantème*), dont Gougenheim se fait une idée très large. Il regrette aussi le mélange langue/parole dans le traitement des oppositions stylistiques.

Le compte rendu de Wagner dans le *Journal de psychologie*, provenant d'un auteur convaincu de l'intérêt du point de vue psychologique, énumère un certain nombre de faiblesses qui méritent d'être reproduites ici. S'il apprécie la volonté de

---

[296] On peut supposer que les oppositions stylistiques reposent très souvent sur un emploi *stylistique* de l'un des éléments de l'opposition, qui entre alors en opposition avec l'emploi prototypique d'un autre élément. L'emploi futural du présent, par exemple, entraîne, en tant qu'emploi stylistique, l'opposition stylistique présent *vs* futur simple (Gougenheim 1938: 213; cf. aussi les personnes 229-230).

séparer le fait de style du fait de syntaxe (Wagner 1939b: 290-291), on sent qu'il regrette un peu l'absence de la psychologie dans cette «esquisse volontairement sèche et abstraite» (1939b: 291).

L'entreprise même d'une *phonologie syntaxique* est vouée à l'échec. Wagner part du constat que le sujet parlant n'est pas conscient de la réalité phonétique *an sich;* il ne perçoit que les oppositions phonologiques. Dans l'ordre des mots, par contre, un tel décalage ne se vérifie pas: une opposition non significative entre deux ordres de mots ne se réduit pas à *un* élément é m i q u e — si l'on veut bien nous permettre d'utiliser la terminologie de Pike — mais correspond à *deux* entités é m i q u e s, deux «schémas» psychiques (= conscients) différents. En outre, le terme *servitude* réunit deux choses tout à fait différentes: les véritables servitudes qui pèsent sur l'expression et que la langue cherche à détourner (p. ex. *si* + imparf.) et les tours obligatoires, indispensables à l'expression de la pensée, qu'on ne peut pas contourner (et qu'on ne cherche pas à contourner), comme, par exemple, la postposition du pronom tonique après l'impératif affirmatif (Wagner 1939b: 298-301).

Résumant ces deux critiques, on pourrait dire que le substrat *psychique* de la langue (le sentiment linguistique) s'avère être beaucoup plus riche que ne le laisse supposer le système *sémantique* — basé sur les différences de sens — de Gougenheim. On comprend pourquoi Gougenheim «n'atteint point son but qui était de découvrir ce système caché» (Wagner 1939b: 301). Wagner (1939b: 302) lui reproche, à son tour, un certain atomisme, qui va à l'encontre du sentiment linguistique des locuteurs. Les réseaux d'oppositions entre prépositions — matière lexicographique, de surcroît! — ne correspondent pas aux a s s o c i a t i o n s des locuteurs, détachées comme elles sont du verbe dont elles dépendent. C'est pourquoi il propose un plan tout à fait différent qui partirait des *types de phrases*, dans lesquels on pourrait étudier les morphèmes qui seraient alors des entités vivantes[297].

4. Conclusions

Dans ce long chapitre, il a été question de l'orientation théorique des grammaires du corpus. Les grammaires à visée purement descriptive se bornent à ce qu'on pourrait considérer comme leur fonction de base (cf. la définition de la notion de *gram-*

---

[297] La recension se termine par l'apologie d'une syntaxe basée sur la comparaison diachronique d'états de langue synchroniques pour découvrir les «rapports cachés», «qui en [= des faits] expliquent la nature». C'est ce qu'ont fait D&P, Guillaume et Gougenheim même (dans son étude sur les périphrases verbales) (1939b: 306). C'est que selon l'auteur «toute modification de la phrase est le symbole d'un changement dans l'ordre de la pensée» (1939b: 306). Les *accidents mécaniques* (généralisés) survenus au cours de l'histoire sont des signes trahissant des tendances plus profondes de l'évolution (qui s'entrecroisent) (1939b: 296-297). Wagner plaide pour une *histoire interne de la syntaxe* qui traiterait du «sens linguistique et psychologique (c'est tout un) de son évolution» (1939b: 308).

maire, Ch. I, 1.1.1.): offrir une description de la langue française actuelle, c'est-à-dire dresser un catalogue ordonné de l'usage. L'étiquette «descriptif» est sans doute un peu réducteur, étant donné que les catégories grammaticales (flexions, parties du discours, types de phrases, etc.) et leur combinatoire (ou emploi), tout comme les effets de sens que celle-ci engendre, sont le résultat d'une opération d'abstraction ou de généralisation, une abstraction plus poussée que celle qui sous-tend le travail lexicographique. On peut dire que plus une grammaire est lexicaliste (constructions verbales particulières, liste de prépositions, etc.), plus elle ressemble à un catalogue. Dix ouvrages ont un profil «purement descriptif»[298] (éventuellement normatif): Plattner, Sonnenschein, Lanusse, Académie, Michaut, Grevisse, Bruneau, Bloch, Wartburg et Cayrou.

Les grammaires *explicatives* vont plus loin. Pour les besoins de la rédaction, nous avons divisé les explications en explications *internes* (visée autonomisante) et en explications *corrélatives*. Cette démarche appelle plusieurs remarques:

- certaines grammaires *combinent* les deux perspectives, immanente et corrélative (p. ex. structuralisme psychologisant[299]; le génie de la langue[300]), ou combinent au sein de celles-ci, deux ou plusieurs cases de notre classification [p. ex. structuralisme synchronique et tendances diachroniques[301]; plusieurs approches corrélatives (cf. point suivant)]
- les approches *corrélatives* sont difficiles à départager: les catégories psychologiques se confondent avec les catégories logiques ou sémantiques[302] et débouchent parfois sur des considérations métaphysiques (épistémologiques); la dimension 'pragmatique' est toujours teintée de psychologisme
- les explications psychologiques sont très hétérogènes (cf. conclusions 2.1.5.)

Au cours de l'exposé, on aura remarqué que des ressemblances métathéoriques s'établissent au-delà des cases de la typologie. Deux oppositions peuvent être dégagées:

(1) explications locales	<-->	générales
(2) explications parallèles	<-->	explications transversales (générales)

(1) explications locales vs générales

Cette opposition se retrouve dans les trois domaines de l'explication: la synchronie, la diachronie et le champ des explications corrélatives:

---

[298] Ce qui ne veut pas dire qu'elles ne véhiculent aucun présupposé théorique implicite (p. ex. la thèse de l'analyticité, la bidirectionnalité de l'analyse, etc.). Seulement, elles ne se réfèrent pas à une doctrine linguistique, c'est-à-dire à une conception du langage, qui sert de cadre de référence.
[299] De Boer, Galichet et, dans une moindre mesure, D&P.
[300] Le Bidois.
[301] Cf. 3.1.1.2.
[302] Cf. Le Bidois, 2.1.3.3.2.

	langue: synchronie	locuteurs: psychologie (+ 'dimension pragmatique')	langue: diachronie
général	– caractéristiques (stylistique comparée) – génie de la langue – principes de structure interne (p. ex. oppositions)	– besoins des locuteurs (clarté, esthétique, etc.) – la 'qualité' ou la structure de l'esprit de la nation (ethnopsychologie) – les processus généraux de la pensée[303]: thème/rhème; automatismes	tendances évolutives générales
local	– règle – préférence 'locale' de la langue	explications psychologiques locales (parfois des calques)	– filiations diachroniques longitudinales (e.a. traces) – tendances locales en synchronie (+ norme)

Nous avons vu que certaines cases interfèrent. La théorie du génie de la langue se nourrit des tendances évolutives générales (synthétique --> analytique) et d'une certaine théorie ou idéologie ethnopsychologique (Le Bidois). Les tendances diachroniques générales reçoivent souvent une interprétation psychologique (p. ex. c.r. de Gougenheim 1938 par Wagner 1939b) ou s'expliquent par les besoins des locuteurs (Frei 1929), ou encore, interfèrent avec la structure synchronique de la langue (Cf. aussi Pichon 1935-1936: 157-158):

> «Décrire cette matière, en définir les éléments, en dégager les tendances, telles sont les tâches de la linguistique statique»; «matière en mouvement où se jouent des tendances variées», «équilibre» (Vendryes 1933: 184).

Vu la coexistence de deux ordres d'explications, générales et locales, on comprend mieux la critique de Guillaume à l'adresse de D&P. Dans un commentaire sur l'interprétation de l'opposition *le/un* génériques, Guillaume critique D&P pour ne pas avoir dépassé le niveau du constat de l'effet discursif (*apud* Joly 1982-83: 39). Il oppose au *voir de constatation* — auquel se borne la *grammaire traditionnelle* — le *voir de compréhension*. Selon Joly, D&P, à l'inverse de Guillaume, prétendent *expliquer* ou *éclairer* les faits, mais n'expliquent rien du tout. Ils ne font que dresser un inventaire de *faits de discours* pour le *commenter*. Joly étaye son argumentation sur la notion de *sentiment linguistique* qui tient souvent lieu d'explication[304]: le sentiment linguistique a besoin de ceci ou cela, renonce à ceci ou cela.

Au fond, la critique de Guillaume comprend deux aspects. Le premier aspect concerne le non-respect de la dichotomie *langue/discours*; le second l'axe général/local.

---

[303] C'est ici qu'il faut situer la psychomécanique de Guillaume.

[304] En dernière analyse, l'intuition linguistique des auteurs, comme le leur a reproché Meillet (*apud* Joly 1982-1983).

La non-articulation langue/discours vaut aussi pour la syntaxe des Le Bidois. Ainsi, Michel (1937: 790), un grammairien bien au fait des thèses saussuriennes et guillaumiennes, critique les Le Bidois pour avoir rassemblé «les divers usages linguistiques des individus (sujets parlants, écrivains)» sans toujours «les ordonner en fonction du quantum de conformisme social et de «sociabilité»». C'est dire qu'ils ne s'occupent pas assez de la l a n g u e . Quant à D&P, le jugement sévère de Joly, qui prend le contrepied de Wilmet (1972: 85, n. 1), doit être nuancé. Certes, ces auteurs relèvent souvent des effets de discours (Melis – Desmet 2000: 20), mais il y a plus. Rohrbach (1990: 229) a attiré l'attention sur la tension entre «la langue comme structure» et «la langue comme parole vivante» dans l'œuvre de D&P. D'une part, les auteurs construisent un système taxiématique rigoureux, comportant une bonne part de logique[305]. Meillet regrette même la théorisation chez D&P. D'autre part, dans les commentaires subtils d'exemples oraux, qui ne se plient pas toujours à leur système, ils font en réalité de la linguistique de la p a r o l e [306]. De ce fait, ils se rapprochent de la stylistique (littéraire) telle que les Le Bidois la pratiquent par moments[307].

Mais à travers la critique de la linguistique du discours apparaît aussi la nécessité d'une théorie. C'est dans ce sens que les explications locales, si elles ne sont pas intégrées dans un ensemble cohérent, c'est-à-dire une théorie, doivent être critiquées. Joly prend le cadre épistémologique de Guillaume comme point de référence. Pour Guillaume, la *langue* est le domaine de la construction d'une *théorie* du langage, qui explique les effets de discours et qui réduit la multiplicité à l'unité. Les grammaires explicatives, en revanche, ne fonctionnent pas toujours de cette façon. La démarche explicative consiste le plus souvent à fournir une explication locale, ponctuelle et parfois calquée sur les formes à analyser, qui ne s'insère pas dans une théorie systématique. Cette remarque vaut donc pour tous les grammairiens qui se limitent à des explications (psychologiques) locales. Dans le cas de D&P, le système taxiématique, qui ordonne les *sémièmes*, est justement l'explication, la «théorie», bref, l'objectif ultime. Le jugement de Joly semble donc trop sévère. Or, à la différence de Guillaume, les explications de D&P ne se font pas selon le mode transversal, mais plutôt selon le mode parallèle.

---

[305] On pourrait préciser en disant qu'il s'agit de la logique dans les deux sens du terme, c'est-à-dire la logique comme caractéristique intrinsèque de l'objet décrit (p. ex. les *essences*, appelées, justement, *logiques*; les *liages* ou *rapports logiques*) et comme idéal descriptif, qui pousse les descripteurs à établir un système géométrique, qui finit par servir d'heuristique (quelles structures pourraient correspondre aux cases restées vides?).

[306] Comme l'a très pertinemment remarqué Rohrbach (1990: 222), ils aboutissent à quelque chose qui «n'est plus une description, mais une pure imitation de la langue observée». Cette démarche mimétique, qui refuse l'abstraction, aboutit à des procès-verbaux d'actes énonciatifs concrets (Rohrbach 1990: 227-228), donnant une interprétation, faite par le descripteur-allocutaire — qui de ce fait ne saurait passer pour l'interprétation d'un locuteur français moyen —, et fournissant, en outre, des données situationnelles (e.a. phonétiques) et sociologiques sur l'énoncé et le locuteur.

[307] Wilmet (1982-1983: 18) parle d'*analyses «stylistiques» inégalées*.

(2) explications parallèles vs explications transversales (générales)

Il faut en effet introduire encore une seconde distinction. Les explications *parallèles* supposent la superposition d'un second plan au plan de la description grammaticale. Ce second plan permet d'expliquer les faits du premier plan à travers une espèce de projection. Ce plan peut être de nature psychologique (projection psychologique) ou historique (projections diachroniques locales: l'évolution diachronique ou le fonctionnement à un état de langue antérieur).

Les explications *transversales* (qui sont toujours générales) sont plus intéressantes dans la mesure où elles fournissent des principes explicatifs plus généraux, susceptibles d'expliquer les faits les plus divers. De ce fait, elles sont moins directes et moins visibles. Ces explications transversales, qui ne sont pas liées à une application 'locale', peuvent être psychologiques (automatismes, besoins expressifs généraux ou forces motrices comme la clarté, l'économie, etc.), diachroniques (tendances évolutives: synthétique/analytique, etc.) ou synchroniques (les oppositions de Gougenheim; les caractéristiques générales de la langue-objet, stylistiques ou typologiques).

C'est surtout dans la dimension explicative que 'la linguistique' (théorique et générale) a pu exercer une certaine influence sur la grammaire, notamment dans les explications basées sur des principes linguistiques ou corrélatifs généraux, parallèles ou transversaux.

Or, l'incorporation d'une dimension explicative a des conséquences pour la méthode, surtout en l'absence d'une méthode descriptive formalisée. Une fois qu'on a choisi la voie de l'explication, la psychologie, la pragmatique ou l'histoire risquent d'interférer dans la catégorisation. Pensons aux *Vorstellungen* de Haas, aux *espèces* de Galichet, à la définition sémantique de l'objet et du sujet chez Brunot et à la confusion du t h è m e et de la f o n c t i o n s u j e t chez de Boer (Ch. IV, 3.2.).

Les 'explications' présentent encore un autre désavantage. On constate que les descriptions de Galichet, de de Boer et de Gougenheim ne se veulent plus 'complètes' (cf. 1.1.2.). C'est sans doute la rançon de la théorisation.

CHAPITRE VIII

SYNTHÈSE

Arrivé au terme de sa lecture, le lecteur aura son siège fait. Il nous saura cependant gré de résumer les principaux résultats de notre recherche (1.) et de donner ainsi un contenu plus 'positif' à la notion de *grammaire traditionnelle*. Dans un deuxième temps, nous reviendrons sur un certain nombre de questions d'ordre général qui ont été effleurées dans l'introduction. Comme la notion de *tradition grammaticale* — qui figure dans notre titre — présente une double dimension, il semble utile de reconsidérer les résultats de notre étude sous deux angles de vue différents (2). Nous identifierons d'abord la part de la tradition (française) dans le corpus, par opposition à l'innovation ou la 'modernité' (2.1.). Puis, nous montrerons toute la pertinence de l'idée d'une tradition grammaticale *nationale* (2.2.). Enfin, nous essaierons de formuler quelques hypothèses sur les rapports entre l'histoire «externe» (cf. Ch. II) et l'histoire «interne» (3).

1. Aperçu des principaux résultats

Cette étude offre une analyse historiographique et épistémologique approfondie d'un corpus de 25 grammaires du français contemporain, qui constituent la couche supérieure de la production grammaticale entre 1907 et 1948. Elle replace en outre le corpus dans son contexte épistémologique et social.

La perspective adoptée est celle d'une histoire «interne», axée sur le contenu de la description grammaticale (morphosyntaxique), complétée par des données «externes» (Chapitre II) provenant de l'histoire sociale et institutionnelle de la grammaticographie française. Étant parti d'une base empirique très large (constituée en partie de données quantitatives), nous avons abouti à une analyse historiographique et épistémologique transversale de problèmes et de concepts. La perspective transversale, que nous avons préférée à l'approche verticale (p. ex. Niederländer 1981) parce que l'homogénéité de l'objet s'y prêtait, laisse l'individualité des grammaires et des grammairiens un peu dans l'ombre (cf. aussi Chervel 1977, Knobloch 1988). C'est un choix méthodologique dont il faut assumer les conséquences. Nous avons cependant récupéré en partie cette individualité, mais celle-ci est toujours subordonnée à l'étude de concepts particuliers[1].

---

[1] Il n'empêche que certains aspects de la description sont conçus dans une logique 'verticale': la fiche des grammaires (*Annexe* 3), l'analyse des grammaires à visée explicative (Ch. VII) et les 'indices approche ascendante' et 'approche descendante' (Ch. III), par exemple.

Plutôt que d'envisager une nouvelle étude à partir des mêmes données mais réorganisées cette fois-ci comme une série de «portraits», on pourrait essayer de compléter l'étude par une analyse statistique des paramètres utilisés (= les concepts étudiés). La statistique multivariée permettrait d'opérer des regroupements de grammaires à profil similaire et de dégager les paramètres distinctifs[2], afin d'aboutir à une espèce de cartographie du corpus. Une telle analyse a été appliquée pour la première fois en historiographie de la linguistique par Desmet (1996; 1998).

Pour le résumé des principaux résultats, nous suivrons en gros la tripartition de notre travail: les catégories de la description grammaticale (1.1.), la méthode (1.2.) et l'orientation théorique globale des grammaires (1.3.).

1.1. *Les catégories de la description grammaticale*

La thèse centrale de cette étude est que la syntaxe traditionnelle est foncièrement bidirectionnelle, dans ce sens qu'elle allie une approche *catégorielle ascendante* (= étude de l'emploi de parties du discours) à une approche *descendante* — à l'origine purement *logique* — qui divise la phrase en segments *sémantico-logiques*. Certaines caractéristiques de la description grammaticale témoignent de façon particulièrement nette de l'impact des deux perspectives (Ch. III, 2.1; 2.2.).

Pour être opérationnelle, cette syntaxe bidirectionnelle se devait de bien articuler ses composantes. Tel n'était pas le cas comme en témoignent certains 'conflits frontaliers' dans les zones où les deux analyses se touchent et entrent en concurrence. Même l'interface entre la syntaxe des mots et celle de la proposition est encore inexistante ou défectueuse dans 1 grammaire sur 5. C'est que la grammaire traditionnelle — au 19ᵉ siècle et encore au 20ᵉ — ne reconnaissait pas le s y n t a g m e, ni la r é c u r s i v i t é (au sens statique du terme) et insérait directement les mots dans la proposition (Ch. III, 2.3.).

Bon nombre d'auteurs tentent cependant de surmonter ce problème épistémologique, grâce notamment à l'introduction de la notion de s y n t a g m e (Ch. III, 3.1.) et au développement de ce que nous avons appelé une p e r s p e c t i v e f o n c t i o n n e l l e t r a n s v e r s a l e (PFT; Ch. III, 3.2.), éventuellement dans un cadre sémantique ou psychologique, comme le montrent, par exemple, les *Vorstellungen* de Haas et les *espèces* de Galichet (Ch. III, 3.2.1.1.). Ces deux solutions, qui sont élaborées de façon indépendante, prolongent (vers le haut) l'analyse ascendante et catégorielle,

---

[2] Les faits que nous avons recueillis posent cependant quelques problèmes à une telle analyse. D'abord, les paramètres n'ont pas tous la même importance, ce qui impose des arbitrages pénibles. L'hétérogénéité des paramètres constitue un deuxième problème pour le traitement quantitatif. Certains paramètres sont conçus comme des jugements 'qualitatifs' du type oui/non (donc 1/0), d'autres sont le résultat d'un traitement quantifié plus précis, qu'ils soient scalaires (p. ex. une échelle de 0 à 5; des pourcentages), relatifs (p. ex. les rangs de 1 à 25 dans le classement des grammaires en fonction de tel paramètre) ou absolus (p. ex. le nombre absolu de sources différentes). Une autre source d'hétérogénéité réside dans le caractère tantôt discret, tantôt global des faits recueillis (cf. Ch. I, 2.1.2.2.).

mais pas de la même manière. Le s y n t a g m e naît de la combinatoire des parties du discours (rapports selon le schéma des rapports de dépendance, mais souvent conçus en termes vaguement sémantiques: «compléter», «modifier», etc.), alors que la perspective fonctionnelle transversale est basée sur la fonction prototypique des principales parties du discours, qui est projetée sur des mots appartenant à d'autres parties du discours ou sur des structures formellement complexes mais équifonctionnelles. Dans le premier cas, c'est la constitution interne qui est envisagée; dans le second, la fonction globale.

Ces deux innovations, qui rapprochent les deux analyses, peuvent par ailleurs être considérées, dans une certaine mesure, comme les produits du «frottement» des deux perspectives antagonistes. D'une part, les s y n t a g m e s du type II sont nés de la tension entre la simplicité et la complexité formelle de ce qu'on a appelé plus tard en France les «groupes fonctionnels». D'autre part, la notion de catégorie fonctionnelle transversale (p. ex. les éléments *substantivaux, adjectivaux*, etc.), quoique liée d'abord aux parties du discours centrales (et au problème des t r a n s f e r t s i n t e r - c a t é g o r i e l s), est basée aussi sur le concept d'"équifonctionnalité' (par exemple: Quels sont les éléments qui remplissent les fonctions du nom [sujet, COD, etc]?), ce qui suppose une prise en considération de la configuration syntaxique globale.

Bref, les deux concepts, s y n t a g m e et c a t é g o r i e f o n c t i o n n e l l e t r a n s - v e r s a l e, semblent être le résultat 'spontané' des tâtonnements de grammairiens à la recherche d'une solution à un problème épistémologique sous-jacent, maintenu en vie, semble-t-il, par certains exercices d'analyse[3]. Cette évolution intervient à une époque où la délogicisation (ou 'grammaticalisation') de l'analyse descendante (schémas de phrase ternaires, etc.) se trouve déjà dans un stade avancé. Il s'ensuit que la tension entre les deux perspectives, descendante et ascendante, s'est estompée (Ch. IV, 7.1.2.).

La thèse de la bidirectionnalité conflictuelle constitue aussi le cadre interprétatif pour l'étude des fonctions syntaxiques (Ch. IV). Dans la synthèse à la fin du chapitre IV[4], nous avons insisté sur l'impact de la bidirectionnalité conflictuelle et sur le processus de 'grammaticalisation' de l'analyse de la proposition.

La bidirectionnalité de la syntaxe explique entre autres la coexistence de deux termes génériques pour la notion de fonction (*fonction* vs *terme de la proposition/ Satzglied*), de deux visées et de deux classements de la fonction *complément*, ainsi que de deux séries de fonctions au sein de la même grammaire. Elle rend compte de certaines incohérences dans l'étiquetage (*épithète/complément du nom*) et la délimitation des f o n c t i o n s s y n t a x i q u e s (*apposition*: N ou N + adjectif?). Nous avons montré que les rapports de force entre les deux perspectives diffèrent d'une tradition grammaticale à l'autre (Ch. III, 2.4.2.). L'emprise de l'approche ascendante et catégorielle sur les grammaires de facture française est confirmée par l'examen du

---

[3] C'est un aspect qui mériterait une étude plus approfondie, comme nous l'avons dit.
[4] Le lecteur s'y reportera pour plus de détails, notamment pour les noms d'auteurs.

domaine des fonctions secondaires, qui portent l'empreinte des parties du discours auxquelles elles sont indissociablement liées (Ch. IV, 4.).

La grammaticalisation (ou délogicisation) de la perspective descendante et sémantico-logique a entraîné la diversification des fonctions, l'apparition de schémas de phrase ternaires, et corollairement, la promotion du verbe et de ses compléments. Au niveau du verbe, les deux perspectives, descendante et ascendante, coïncident désormais dans la tradition française. Cette évolution met en évidence le rôle constructeur du verbe. Désormais les segments logiques sont remplacés par des segments sémantico-fonctionnels dont le découpage est tributaire du sens qu'ils véhiculent (celui qui fait l'action, l'objet, ...). L'analyse reste donc sémantique, comme nous l'avons encore rappelé au Ch. IV, 7.1.2.2. Du reste, si la 'grammaticalisation' de la perspective descendante contribue à réduire la distance entre la perspective descendante et l'optique ascendante (d'où le terme de 'grammaticalisation') par la reconnaissance de schémas de phrase plus variés, les fonctions syntaxiques (structurellement complexes) continuent à faire l'objet de l'analyse sélective qui caractérisait la perspective ascendante. Concrètement, dans *Les fenêtres de la salle à manger donnent sur le jardin*, on continue à appeler sujet tantôt *fenêtres*, tantôt *les fenêtres de la salle à manger*, malgré le schéma de phrase ternaire. De même, certaines grammaires continuent à rattacher l'étude des fonctions syntaxiques aux chapitres respectifs sur les parties du discours (p. ex. Académie), quitte à y ajouter éventuellement un chapitre intitulé 'la proposition' (ce qui entraînait des ambiguïtés).

L'analyse des catégories de la description grammaticale s'est poursuivie dans le chapitre V où il était question des parties du discours. Alors que le chapitre III traitait du statut théorique de la partie du discours dans l'architecture globale de la syntaxe, le chapitre V focalise le classement des parties du discours et les problèmes de délimitation qu'elles posent.

Le noyau de la typologie est constitué de 5 parties du discours (verbe, nom, adverbe, préposition et conjonction) qu'on trouve dans toutes les grammaires (à l'exception de D&P et de Gougenheim), auxquelles s'ajoutent encore l'adjectif et le pronom dont l'extension varie sensiblement d'une grammaire à l'autre. Ces 7 parties du discours centrales sont le plus souvent complétées par l'interjection et l'article. Si l'article manque dans 9 grammaires, c'est qu'il est absorbé soit par les adjectifs, soit par les pronoms, soit par les déterminants. L'interjection n'est plus traitée comme une partie du discours à part entière (dans 5 grammaires). Dans cinq grammaires elle passe soit au domaine des fonctions (hors phrase), soit au niveau de la phrase, si, du moins, elle ne se trouve pas exclue du domaine grammatical. Les mots-phrases et les phrases nominales ont d'ailleurs acquis voix au chapitre vers la fin de la période (Ch. V, 3.5.3.).

Que le système des parties du discours se maintienne ressort aussi de l'ordre dans lequel elles sont traitées (Ch. V, 1.2.). On n'abandonne l'ordre dominant nom (et satellites) — verbe — mots invariables que pour des raisons particulières, dont la principale est la mise en évidence du pouvoir constructeur du verbe (Plattner,

Strohmeyer, Wartburg). Certains mots invariables, notamment la conjonction, sont parfois traités au niveau de la syntaxe de la phrase (la 'syntaxe pure'). Deux ouvrages font vraiment bande à part: Gougenheim et D&P. Gougenheim s'en tient à une liste de morphèmes, qu'il traite du point de vue de la morphologie et de la syntaxe (= leur emploi). D&P maintiennent le mot comme unité de la description grammaticale mais classent les parties du discours dans une taxinomie croisée (3 *classes*, 4 *catégories*) qui aboutit à 12 *essences logiques*.

Vers le milieu des années '30, on assiste à l'émergence de systèmes bipolaires des parties du discours, basés sur leur combinatoire (Ch. V, 1.3.). Il en ressort deux classes centrales, le nom et le verbe (D&P, Larousse, Dauzat, Cayrou, Galichet), qui reflètent l'organisation de la syntaxe en s y n t a g m e   n o m i n a l et s y n t a g m e   v e r b a l (cf. Ch. III, 3.1.).

La syntaxe, plus particulièrement la combinatoire de mots dans la phrase, a encore exercé par un autre biais une pression sur le classement des parties du discours. L'axe lexical/grammatical qui traverse l'inventaire des parties du discours a conduit à l'identification de m o t s - o u t i l s , non seulement à l'intérieur des parties du discours traditionnelles (p. ex. deux types d'adverbes), mais aussi au-delà des cloisons qui les séparent. La classe des m o t s - o u t i l s , qui fait tache d'huile à mesure qu'on se rapproche de la fin de la période, est difficile à délimiter. C'est que plusieurs oppositions et interprétations sont en concurrence (au moins cinq), dont la plupart ont derrière elles une tradition séculaire. Ce clivage interne a encore été renforcé par un mouvement centrifuge venant de l'extérieur, mais basé sur la même opposition et impliquant aussi les mêmes mots: *morphème* vs *sémantème*. Cette dernière bipartition (D&P, Le Bidois, Gougenheim, de Boer; en partie aussi Galichet et Wartburg) a cependant été moins suivie (et moins intégrée) que la première (14 grammaires), sans doute parce qu'elle avait de quoi saper la syntaxe centrée sur le mot et qu'elle pouvait conduire à une syntaxe des moyens grammaticaux, s'ouvrant à l'ordre des mots et à la prosodie (Gougenheim, Galichet, Le Bidois). La même dichotomie (lexical/grammatical) avait donné lieu, dans le cadre de la linguistique générale (en Allemagne), à l'identification d'un ensemble de moyens grammaticaux, ou plus précisément, de moyens de 'mise en relation' (*Beziehungsmittel*). Chez Regula et Engwer, qui s'inspirent des vues de l'Allemand Ernst Otto, la syntaxe devient même synonyme d''étude des moyens de mise en relation'. On en trouve des échos chez Strohmeyer et même chez Brunot. Si la plupart des auteurs français s'en tiennent cependant aux m o t s - o u t i l s , qui sont le résultat d'une application plus timide du clivage lexical/grammatical, cela tient aussi au fait que la distinction entre m o t s p l e i n s et m o t s   o u t i l s correspondait à certaines habitudes de l'analyse dite *grammaticale* dans laquelle les prépositions, les conjonctions et les articles étaient en effet laissés pour compte. Ils n'avaient pas de f o n c t i o n   s y n t a x i q u e dans la phrase, contrairement aux noms, aux adjectifs et aux adverbes, mots sémantiquement pleins. Ce clivage implicite reçoit désormais une consécration importante au niveau du classement des parties du discours.

Sur le plan de la délimitation mutuelle des parties du discours, nous avons constaté qu'il demeurait plusieurs conflits frontaliers (p. ex. adjectif/pronom) et que quelquefois les tentatives d''épuration' ont donné lieu à la création de nouvelles parties du discours autonomes, telles que le *représentant*, le *nominal* et le pronom personnel. Parmi les conflits frontaliers, il convient de relever en premier lieu le problème des déterminants, qui sont attirés à la fois par les pronoms (système allemand) et par les adjectifs (système français) (Ch. V, 3.1.). Il s'y ajoute le statut incertain de l'article par rapport aux autres déterminants et le problème de sa sous-catégorisation (trois, deux ou un seul article?) (Ch. V, 3.2.). La problématique de la référenciation mène à l'identification d'une classe de *nominaux* chez Brunot (cf. Galichet; Radouant et Grevisse pour le concept; Cayrou y fait écho), par opposition aux *représentants*. Les *nominaux* recrutent avant tout dans la classe des *pronoms indéfinis* dont l'unité factice avait été critiquée entre autres par Yvon (Ch. V, 3.3.1.). À l'instar de l'article défini et du nom, les pronoms personnels (sujet) ont été ressentis, eux aussi, comme des marques du verbe, ce qui explique pourquoi Wartburg et Galichet les considèrent comme une partie du discours à part entière (Ch.V, 3.3.2). L'ancienne couverture de la classe des noms hante encore les esprits de Gougenheim, de D&P, et dans une mesure bien moindre, de Dauzat, des Le Bidois et de Bruneau (Ch. V, 3.4.).

1.2. *La méthode de la description grammaticale*

Plus fugace que les *catégories de la description grammaticale*, la *méthode de description* (Ch. VI) a été traitée sous deux angles de vue: d'un point de vue général (Ch. VI, 1.) et du point de vue des faits ressentis comme irréductibles (Ch. VI, 2.).

La méthode en général

Les grammaires du corpus, qui appartiennent au segment supérieur du marché, n'adoptent pas toutes la même attitude à l'égard des marques extérieures (préface, bibliographie, nombre de sources, exploitation des sources dans le texte, index, ambitions scientifiques avouées) de la démarche scientifique (Ch. VI, 1.5.3.). On peut y voir un reflet de l'ambiguïté du statut de la description grammaticale dans les grammaires, qui sont en effet tiraillées entre un certain idéal de scientificité et une mission vulgarisatrice (ouvrages de référence, grammaires à l'usage d'étudiants et de maîtres ou d'élèves avancés). Les résultats de l'analyse de l'appareil scientifique confirment ceux de l'étude du public-cible, à quelques exceptions près (Wartburg, Bloch, Académie et Cayrou).

Les grammairiens du corpus sont peu portés sur la formalisation, la visualisation et le traitement quantitatif des données (Ch. VI, 1.3.4.). S'ils se réfèrent à d'autres langues, c'est très souvent pour des raisons didactiques (en contexte FLE), même si les comparaisons impliquent aussi, en général, une troisième langue. Galichet, D&P,

Le Bidois, Dauzat et de Boer procèdent à des comparaisons régulières impliquant les langues les plus diverses en dehors de toute préoccupation didactique (Ch. VI, 1.4.3.).

Quant au souci d'exhaustivité dans la définition des catégories grammaticales (Ch. VI, 1.1.2.), il faut faire état de variations énormes d'une grammaire à l'autre. La grammaire de Plattner, qui s'en remet entièrement au parallélisme avec les catégories grammaticales allemandes, ne définit même aucun terme. D'autres auteurs comme Grevisse, Cayrou, Académie, Bloch, Larousse définissent 8 à 9 termes sur 10. La moyenne se situe autour de 56 % (65 % pourvus de critères) et monte d'environ 10 % dans la période 1932-1948.

S'il est vrai que la théorie des fonctions est dominée par des considérations sémantiques, il serait faux de croire que la notion de test syntaxique — ou de façon plus générale: de procédure définitoire indirecte — soit tout à fait inconnue des grammairiens. Dans les définitions de termes, elle n'intervient que dans 6 % des cas. Quelques auteurs sortent du lot, en premier lieu Radouant (26,3 %; 57 % pour les fonctions), mais aussi Sonnenschein (25 %) et Grevisse (15 % pour les fonctions). Seuls D&P et Galichet discutent vraiment le statut méthodologique des tests syntaxiques (Ch. VI, 1.2.).

Parmi ces tests, les questions-tests occupent une place de choix, notamment chez Radouant et Grevisse, et dans une moindre mesure, chez Galichet et Clédat. D'autres grammaires comme Le Bidois, Larousse et Michaut s'en détournent ou problématisent ce moyen heuristique issu de la tradition scolaire (Ch. VI, 1.2.1.3.). La tradition grammaticale se servait régulièrement aussi d'autres types de tests, tels que la substitution, l'effacement et l'addition. Seulement, ces tests se heurtent à ce qu'on pourrait appeler une tendance à la 'sémantisation', dont nous avons détecté les symptômes suivants: un certain mépris pour les recettes formelles détachées du sens, l'apparition 'locale' d'un point de vue onomasiologique et le goût de la paraphrase non contrôlée par la forme, qui est parfois difficile à distinguer de la glose ou traduction intralinguale. L'image des tests est en outre ternie par certaines applications didactiques intempestives en vue de l'apprentissage de l'orthographe, qui débouchent sur des constructions non attestées, ce qui va, bien entendu, à l'encontre de 'l'esprit' du concept de 'test' tel qu'on l'entend aujourd'hui.

La méthode face à la syntaxe 'irrégulière'

Comme l'étude 'exhaustive' de la méthode des grammairiens pose problème, en l'absence de prises de position nettes en la matière, nous nous sommes proposé d'examiner en détail le traitement des faits linguistiques ressentis comme irréguliers. Confronté à des faits rétifs à l'analyse, le grammairien peut suivre plusieurs stratégies (Ch. VI, 2.1.). Deux de ces stratégies ont connu un succès considérable dans la tradition grammaticale française: les stratégies de marginalisation (en gros le renvoi à la stylistique et la délimitation d'un secteur de la syntaxe réservée à l'expression du sentiment) et les stratégies d'adaptation (les *figures*). À travers ces stratégies s'est perpétuée une tradition grammaticale dont les différentes filiations remontent au moins au 18ᵉ siècle. Nous en avons esquissé le fonctionnement et le développement jusqu'au beau milieu du 20ᵉ siècle.

Nous avons distingué deux stratégies de marginalisation (Ch. VI, 2.2.), même si les limites étaient devenues floues depuis la stylistique de Bally: le recours aux *effets* stylistiques (quelle que soit la nature de l'effet: mise en relief, harmonie, euphonie, effets de surprise, etc.) et l'application de l'étiquette *affectif* (souvent par opposition à *logique*). Le statut épistémologique de l'effet stylistique, plus particulièrement la délimitation de la stylistique par rapport à la grammaire (syntaxe), était un sujet fort débattu à l'époque. On en trouve des échos dans les grammaires du corpus. C'est d'ailleurs essentiellement sous l'angle de l'opposition langue/style (stylistique) que la dichotomie *langue/parole* a été conceptualisée. Le problème de la délimitation des domaines fut d'autant plus aigu que vers 1935 parurent plusieurs grammaires de référence qui se caractérisaient par une forte empreinte stylistique et littéraire, qui, au fond, ne faisait que refléter le profil de leurs auteurs (Bruneau, Georgin, Michaut, G. Le Bidois, Gaiffe). Qui plus est, ces grammaires étaient imprégnées de la stylistique de Bally, qui s'était greffée sur la stylistique littéraire. Il s'en est suivi une confusion générale.

Si l'on ne considère que l'opposition affectif/non affectif (indépendamment de l'opposition grammaire/stylistique), on constate que 'l'effet Bally' a encore été plus important, même si le poids de la tradition grammaticale ne peut pas non plus être sous-estimé: deux tiers des grammaires y ont recours et la moitié la considère comme une dichotomie fondamentale. Dans 4 ou 5 ouvrages, on trouve même une section réservée à la syntaxe affective (Strohmeyer, Larousse, Bruneau, Dauzat, Le Bidois).

Si nous avons qualifié d'échappatoires la syntaxe affective et les effets stylistiques (Ch. VI, 2.2.2.4.), c'est qu'ils tendent à remplacer l'analyse par un simple étiquetage. La mise en œuvre de ces concepts aboutit, en outre, à l'extension du domaine de la *parole* par l'adjonction de structures relevant en réalité de la *langue*. Enfin, l'isolement de la syntaxe affective est dépourvu de fondement linguistique et se heurte au problème des rapports entre causalité et téléologie.

Les *figures de grammaire* (*inversion* au sens large, *ellipse*, *syllepse*, *pléonasme*, *anacoluthe*) constituent à la fois une stratégie de marginalisation et d'adaptation (Ch. VI, 2.3.). Désormais les *figures de grammaire* n'apparaissent plus guère en ordre groupé (exceptions: Bloch et Le Bidois, et, dans une bien moindre mesure, Lanusse, Dauzat et Grevisse), mais restent en place. Cela vaut aussi pour chacune des figures prises individuellement, à l'exception peut-être du *pléonasme/explétif*, qui, après 1937, se trouve dans le creux de la vague sous l'influence des linguistes de profession qui leur avaient trouvé une fonction purement syntaxique (ou un effet de sens). Bref, si la composante rhétorique tombe en déshérence après 1910 (comme en témoigne aussi l'absence des figures dans la terminologie officielle de 1910), les figures continuent de fonctionner de façon isolée, même si l'on note une variation considérable d'une grammaire à l'autre. Parmi les adeptes des figures, il faut citer Grevisse, Bloch, Le Bidois, Lanusse, Michaut, Clédat et Ulrix. Haas, Sonnenschein, Gougenheim, Galichet, Strohmeyer et Engwer, par contre, s'en passent. L'étonnante survie des figures s'explique en partie par le succès de la thèse de l'analyticité du français. Un autre facteur qui peut avoir joué un rôle est le refus de la recatégorisation des signes linguistiques, refus lié au non-respect de la dichotomie synchronie/diachronie (Ch. VI, 2.3.8.).

1.3. *L'orientation théorique globale des grammaires*

Du point de vue de l'orientation théorique globale (= Chapitre VII), les grammaires du corpus se laissent facilement diviser en *grammaires à visée purement descriptive* — qui se bornent à faire l'inventaire des catégories grammaticales et des règles — et *grammaires explicatives*, qui ne se limitent pas à décrire les faits grammaticaux, mais qui essayent en outre de les 'expliquer' à la lumière d'une conception psychologisante (parfois 'pragmatique'), sémantique, diachronisante ou structuraliste de la langue (Ch. VII, 1.).

Les grammaires du corpus avaient hérité de la grammaire du 19e siècle les explications diachroniques (Ch. VII, 3.1.2.), qui passaient pour une espèce d'antidote positiviste contre certains raisonnements logicistes. La quasi-totalité des grammaires du corpus soulignent encore l'intérêt de l'éclairage historique. Au moins 6 sur 10 citent des formes en ancien/moyen français. Il en est de même du latin, qui est très souvent invoqué à titre comparatif. Si les explications restent en général ponctuelles et liées aux 'exceptions', on constate cependant qu'un tiers des auteurs fait aussi état de tendances évolutives générales, qui impliquent une caractérisation générale du français, bref, un début de théorisation. Dans la pratique, tous ces auteurs aboutissent à un compromis entre l'explication diachronique et une conception minimaliste de la notion de synchronie (Ch. VII, 3.1.1.), à savoir la non-ingérence de la diachronie dans l'interprétation des formes (guidée par le sentiment linguistique du locuteur). Cinq auteurs insistent sur l'importance de la synchronie en se référant explicitement à Saussure ou en utilisant ses concepts (Le Bidois, Larousse, Gougenheim, de Boer, Galichet).

Saussure même est cité à partir de la troisième édition (1931) du *Cours de Linguistique générale* (Ch. VII, 3.2.2.) Son nom apparaît seulement dans les grammaires qui citent encore d'autres représentants de l'École de Genève (D&P, Gougenheim, de Boer, Galichet, Le Bidois)[5]. Quatre d'entre elles ont même pu être envisagées sous l'angle des rapports qu'elles entretiennent avec le structuralisme (Gougenheim, de Boer, Galichet, et dans une moindre mesure, D&P) (Ch. VII, 3.2.). Curieusement, ces trois dernières figurent aussi parmi les grammaires psychologisantes. La fusion entre

---

[5] La *Grammaire* Larousse (1936: 12-13) insiste sur l'importance de la *linguistique statique*, mais ne cite pas le nom de Saussure, même pas dans la longue bibliographie à la fin.

psychologie et structure est en effet, tout comme l'alliance entre psychologie et diachronie[6], l'une des caractéristiques les plus marquantes de la période. On la trouve chez Guillaume et à Genève, mais aussi chez Galichet et D&P. De Boer, de son côté, s'attache plutôt aux mécanismes psychiques. Le fait que le saussurianisme soit entré dans le corpus surtout par le biais de Sechehaye et Bally (et Frei) en explique le caractère mentaliste. La vulgate du *CLG* se prête d'ailleurs à une lecture psychologisante, comme le montre l'interprétation de Galichet. La linguistique pragoise, quant à elle, est représentée par Gougenheim (Ch. VII, 3.2.4.). Même s'il a été critiqué par Hjelmslev, on ne saurait sous-estimer l'originalité de son travail.

La Pensée et la Langue de Brunot (1922) n'a pas fait d'émules, bien au contraire. N'empêche que Brunot est de loin l'auteur le plus cité (Ch. VII, 2.2.). Son importance pour la grammaire française entre 1906 et 1938 est considérable. N'a-t-il pas, en effet, depuis sa chaire d'histoire de la langue française en Sorbonne, renouvelé les méthodes de l'enseignement de la grammaire (1909, 1905-1908), marqué de son empreinte la terminologie de 1910 (cf. Boutan 2001), publié un ouvrage monumental (mais ambigu) et combattu le dilettantisme de l'Académie? Dans le prolongement de son engagement pour une terminologie meilleure, il a forgé nombre de termes néologiques qui par le biais de *La Pensée et la langue* ont connu une certaine postérité (*séquence, objet second, représentant, nominal, servitude grammaticale, phrase tronquée*, etc.).

L'idée de la structure psychique immanente rejoint le courant néohumboldtien des années '20 (Cassirer, Ipsen, Porzig, Trier, Weisgerber, Glinz; cf. Frýba-Reber 1994: 38-43). Comme la notion de *innere Sprachform* se trouve aussi chez Steinthal et Wundt, il n'est pas étonnant que Haas y fasse écho (1916: 15). On en repère aussi des traces chez Galichet et D&P; ces derniers renvoient d'ailleurs à l'*innere Sprachform* (V1, 14)[7]. La quête de la structure psychique de la langue a en outre été favorisée par le courant ethnopsychologique, qui va de Steinthal à Wundt, et qui se retrouve aussi chez les idéalistes Vossler, Spitzer et Lerch. Ce courant, sur lequel s'est greffée aussi une certaine stylistique comparative (Strohmeyer 1910, Bally 1932), a rencontré sur la scène française certaines idéologies nationalistes, comme chez Le Bidois et D&P, par exemple. Le mythe de la clarté (et de l'analyticité) de la langue française, composante essentielle du *génie* de la langue (Le Bidois, en partie aussi chez Dauzat) lui offrait d'ailleurs un socle solide.

Les grammaires psychologisantes (Ch. VII, 2.1.) ont été divisées en deux groupes, selon qu'elles s'appliquent à trouver une assise psychologique aux catégories de la description grammaticale (D&P, Galichet, Haas, Engwer et Regula) ou non (Le Bidois, Strohmeyer, de Boer). Si Haas se rattache encore à la psychologie représentationniste — qu'il cherche cependant à amender par des vues empruntées à la psychopathologie (cf. aussi Van Ginneken à l'époque) —, Engwer et Regula se

---

[6] Pour une critique de cette alliance entre diachronie et (sur)interprétation psychologique, voir Marouzeau (1950).
[7] La citation montre qu'il s'agit bel et bien des «catégories morphologiques et syntactiques» (V1, 14).

rapprochent — à l'instar d'Ernst Otto, qu'ils prennent pour modèle — d'une grammaire psychologique à orientation fonctionnaliste, fondée sur l'interaction de conditions et de forces. On note aussi une dérive 'épistémologique' vers la théorie de la connaissance. Cette tendance est particulièrement nette chez Galichet (approfondissement métaphysique de la théorie de Sechehaye) et Regula (la théorie des objets de Meinong). Dans les grammaires psychologisantes d'expression allemande, le psychologisme prend facilement aussi une dimension pragmatique (cf. aussi Knobloch 1988). L'opposition (psychologisée) entre t h è m e et r h è m e, en combinaison avec la prosodie, constitue un principe explicatif puissant. Au carrefour de plusieurs tendances, les 'explications' psychologiques sont des plus hétérogènes (pensons aussi à la diachronie), au point que la grammaire psychologisante devient synonyme de grammaire 'explicative' (p. ex. Strohmeyer 1914).

De manière générale, les grammaires psychologisantes (notamment celles qui se focalisent sur les fondements psychiques des catégories descriptives) se situent parmi les grammaires les plus axées sur le contenu (Ch. VI, 1.1.3.). De l'autre côté du spectre, on trouve le *Système grammatical* de Gougenheim et quelques grammaires plus classiques de facture française (Cayrou, Michaut, Clédat et Radouant) qui se concentrent davantage sur les aspects formels de la description. En gros, le rapport entre le pourcentage de termes définis par référence à la forme et le pourcentage de termes définis sémantiquement (contenu) évolue vers le pôle formel: le rapport forme/contenu passe de 0,87 à 1,11. C'est que C(ontenu) stagne, alors que le poids de F(orme) monte (+ 15 %).

2. LA GRAMMAIRE TRADITIONNELLE ENTRE TRADITION ET MODERNITÉ

Les principaux résultats de notre recherche étant exposés, il convient de revenir sur le programme annoncé par le titre de cette étude: la description du français entre *tradition* et *modernité*. Il est clair que l'expression *tradition grammaticale* doit y être interprétée comme un «avant» dans l'histoire disciplinaire (la description du français) (2.1.). Or, au fur et à mesure que ce travail avançait, nous nous sommes rendu compte de la pertinence de cette autre dimension du concept de 'tradition', à savoir celle de tradition *nationale*. Il s'avère, en effet, que la tradition grammaticale française (de France) se distingue sur de nombreux points de la grammaticographie pratiquée dans les pays germanophones (2.2.).

2.1. *Tradition grammaticale* vs *innovation (modernité)*

2.1.0. Entre *tradition* et *modernité*

La 'bonne vieille grammaire', la réalisation prototypique de la 'grammaire traditionnelle', a un pied dans la *tradition grammaticale* et un autre dans la *modernité linguistique*, comme le suggère le titre de ce travail (cf. Ch. I, 0.).

Ces deux concepts, *tradition grammaticale* et *modernité linguistique*, se réfèrent tout d'abord à *deux ères* dans l'étude du français contemporain: une ère dans laquelle l'étude synchronique de la langue (ou le *genre* qui en est l'expression par excellence) était conçue comme un art (normatif) et, dès lors, comme relevant de la non-science[8], et une ère (à partir du *CLG*) dans laquelle ce secteur acquiert progressivement ses titres de noblesse, qui l'élèveront au rang de science. Les deux concepts du titre renvoient donc à une réalité *institutionnelle* et *épistémologique* ('prise de conscience du caractère scientifique d'une certaine praxis').

La *disciplinarisation* de l'étude linguistique du français contemporain ne constitue cependant que la toile de fond de notre étude. En effet, sur le plan des *contenus* de la description grammaticale, l'opposition *tradition grammaticale/modernité linguistique* prend un autre sens. Considérée sous cet angle de vue, la tradition grammaticale consiste dans l'héritage des conceptions grammaticales de la grammaire du 19e siècle, qui, en tant que tel, peut être confronté à la réflexion en linguistique générale et théorique, notamment dans le domaine de la syntaxe[9]. En élargissant la perspective, on pourrait essayer de séparer la part de la *tradition* (grammaticale) et la part de l'*innovation* dans les grammaires du corpus, que l'innovation soit inspirée par la réflexion 'linguistique' ou non. Dans un deuxième temps, on pourrait se demander si ces *innovations* sont le produit de l'évolution «spontanée» de la grammaire, consacrée, éventuellement, par une intervention officielle, ou, par contre, si elles n'ont pas été empruntées à la (*modernité*) *linguistique*.

Nous examinerons donc successivement la part de la *tradition* grammaticale (2.1.1.), les *innovations* intervenues au cours de la première moitié du 20e siècle[10] (2.1.2.) et l'influence de la réflexion théorique (linguistique) sur le corpus (2.1.3.). Pour terminer (2.1.4.), nous confronterons le concept d'*innovation* à la problématique de la *temporalité interne* et du choix du *terminus a quo* de notre étude.

2.1.1. La part de la tradition

Quelle est alors la part de la tradition grammaticale dans la grammaire traditionnelle de la première moitié du 20e siècle? En d'autres mots, en quoi consiste le legs de la grammaire (scolaire) du 19e siècle, ou, de façon plus générale, de la tradition

---

[8] Ce qui est dit ici à propos de l'opposition entre science et non-science ne vaut que pour le 19e siècle (et pour la France). Au 18e siècle, le terme de *grammaire* renvoyait à la fois à une activité 'scientifique' (la grammaire générale) et à la pratique des *grammatistes*. En Allemagne, la deuxième moitié du 19e siècle a vu s'éclore une linguistique (générale) psychologisante (essentiellement synchronique): Steinthal, Paul, Wundt, etc.

[9] Si le concept de *modernité (linguistique)* est une notion relative, on ne saurait l'interpréter ici comme la 'linguistique de l'an 2000'. Par *modernité linguistique* nous entendons donc (1) l'institutionnalisation (scientifique) et la prise de conscience disciplinaire de la description synchronique du français au cours du 20e siècle; (2) la production en linguistique générale/théorique (et dans le domaine de la théorie de la grammaire) entre 1907 et 1948, qu'on peut confronter aux grammaires du corpus.

[10] Du point de vue de la temporalité interne et externe (cf. Ch. I., 2.1.2.4.1.).

grammaticale (occidentale) antérieure?[11] Pour répondre à cette question, nous reprendrons les trois volets du plan de ce travail: les catégories de la description grammaticale (1), la méthode (2) et les aspects théoriques (3).

(1) *Catégories descriptives*

Pour éviter les redites, cet aperçu se limitera à une énumération des principales caractéristiques:

- conflits frontaliers dus à la bidirectionnalité de la syntaxe (Ch. III, 2.3.1.):
  deux conceptions du complément, deux classements du complément, deux séries parallèles de fonctions, deux désignations génériques (*terme de la proposition* vs *fonction*); certaines fonctions ne sont pas traitées dans le chapitre sur l'analyse de la proposition, mais sont rattachées à l'une ou l'autre partie du discours.
- solution de continuité entre l'analyse catégorielle (ascendante) des mots et le plan de l'analyse descendante de la proposition (Ch. III, 2.3.2.):
  le problème de l'interface mots – fonctions; l'absence du syntagme (et le non-couplage des fonctions et des syntagmes du type I); l'absence du concept de récursivité.
- excès de l'approche ascendante et catégorielle (Ch. III, 2.1.):
  analyse disséquante et sélective des f o n c t i o n s (= focalisation exclusive de la tête des syntagmes); plans dépourvus de 'syntaxe de la phrase' ('syntaxe pure', c'est-à-dire détachée des parties du discours), c'est-à-dire des plans purement morphosyntaxiques ou à morphologie redoublée; 'syntaxe du nom', etc.
- excès de l'approche descendante sémantico-logique (Ch. III, 2.2.):
  traces de la décomposition du contenu prédicatif verbal, de la bipartition logique de la phrase; maintien des termes *verbe substantif/attributif*; la théorie du double sujet auprès de la construction impersonnelle du verbe; les extensions de l'opposition *logique* (réel)/*grammatical* (apparent); la multiplicité du sujet, du COD, etc.; les définitions purement sémantiques des fonctions syntaxiques.
- l'approche sémantique des fonctions syntaxiques:
  la discordance C-0/F-0 dans la définition des fonctions (Ch. III, 2.2.6.); la quasi-absence de tests syntaxiques (Ch. VI, 1.2.1.); la définition et la délimitation purement sémantique des fonctions c o m p l é m e n t d ' o b j e t , c o m p l é m e n t c i r c o n s t a n c i e l , c o m p l é m e n t d ' a t t r i b u t i o n , a t t r i b u t (Ch. IV, 7.); la subordination des critères syntaxiques au sens (e s s e n t i e l / a c c e s s o i r e , *direct/indirect*); la confusion entre nécessité syntaxique et valeur sémantique, informative ou stylistique (Ch. IV, 3.5.2.2.3.), le caractère hétérogène de la classe des c o m p l é m e n t s c i r c o n s t a n c i e l s (Ch. IV, 3.9.), la projection des f o n c t i o n s p r i m a i r e s sur le niveau des f o n c t i o n s s e c o n d a i r e s (Ch. IV, 3.5.3.), etc.
- dans le domaine des parties du discours (Ch. V):
  – la conception lexicaliste des t r a n s f e r t s i n t e r c a t é g o r i e l s (Ch. III, 3.2.3.1.)
  – un noyau de 7 parties du discours (Ch. V, 1.1.): 5 (nom, verbe, adverbe, préposition, conjonction) + 2 parties du discours à extension variable (adjectif, pronom);

---

[11] Un certain nombre de caractéristiques n'apparaissent qu'à la lumière d'innovations qui se sont manifestées au cours de la période à l'étude (ou après). Ces caractéristiques seront seulement indiquées pour être approfondies dans le volet 'innovations' (2.1.2.).

auxquelles s'ajoutent l'interjection, l'article et le numéral, qui sont moins stables
- ordre de traitement (Ch. V, 1.2.): nom (+ satellites) + verbe + mots invariables
- le regroupement en variables et invariables (Ch. V, 2.4.1.)
- au niveau des parties du discours individuelles:
l'ancienne conception unitaire du nom (substantif + adjectif) (Ch. V, 3.4.); l'interjection comme partie du discours à part entière (Ch. V, 3.5.); la classe fourre-tout des pronoms et des adjectifs indéfinis (Ch. V, 3.3.1.); l'hétérogénéité de la classe des adverbes; la confusion adverbe/conjonction de coordination[12]

- la survie, en ordre dispersé, des figures de grammaire (Ch. VI, 2.3.)

(2) *Méthode* (Ch. VI, 1.1. – 1.5.)

Fidèle à son origine scolaire (19ᵉ siècle), la grammaire (ou la syntaxe globale) est un genre qui se passe de bibliographie, qui ne discute pas ses sources (ou qui le fait de façon anonyme) et qui se conçoit comme un *art* (l'art de parler et d'écrire correctement). Toute formalisation (et visualisation) lui est étrangère. La grammaire s'abstient de tout traitement quantitatif des données, ne fût-ce qu'en termes absolus. Il s'ensuit d'ailleurs une certaine rigueur dans les classifications, qui opèrent avec des classes discrètes. Très souvent les termes ne sont pas définis.

(3) *Aspects théoriques*

La grammaire traditionnelle de la première moitié du 20ᵉ siècle a hérité de la grammaire (scolaire) du 19ᵉ siècle (et de la tradition antérieure) une certaine *conception de la grammaire*. Une grammaire est d'abord un inventaire ordonné des faits grammaticaux d'une langue donnée, qu'on adhère à un point de vue normatif ou non. Quand elle n'est pas exploitée dans un contexte didactique, où elle est censée faciliter l'apprentissage de la langue, elle se trouve sur la table de travail de l'honnête homme, prête à tirer celui-ci d'embarras, chaque fois qu'il se trouve confronté à une 'difficulté' grammaticale. Ainsi conçue, la grammaire est avant tout un ouvrage descriptif.

Ce caractère essentiellement descriptif ne met pas la grammaire à l'abri de tout *présupposé théorique à propos du langage* en général et du français en particulier. Au fond, la grammaire, même descriptive, était hantée par le parallélisme de la forme et du sens (isomorphisme au niveau des unités prises individuellement, quel que soit leur niveau de complexité). Toute partie du discours, toute fonction syntaxique, tout type de phrase était censé exprimer un contenu particulier, dût-on se perdre dans des énumérations sans fin pour en rendre compte.

Dans le domaine de la proposition (Ch. VI, 2.3.8.2.), ce présupposé isomorphique prend une dimension à la fois paradigmatique et syntagmatique, dans ce sens qu'on suppose que chaque élément de la pensée ait son corrélat formel dans la chaîne par-

---

[12] Ces deux derniers aspects n'ont pas été examinés en détail.

lée (dimension paradigmatique) et cela parallèlement à la marche de la pensée (dimension syntagmatique). C'est la thèse de l'analyticité du français. Elle sous-tend le fonctionnement et la survie des *figures de grammaire* (pléonasme/mot explétif, l'ellipse, l'inversion au sens large et l'anacoluthe). Ces présupposés théoriques étaient d'autant plus tenaces en France que la tradition grammaticale (et littéraire) française ne cessait d'encenser le caractère analytique de la langue. La linguistique historico-comparative semble avoir confirmé le glorieux destin de langue française, en montrant que, issue d'une langue synthétique (le latin), elle était devenue (formellement) une langue analytique (article, prépositions).

Or, l'héritage à la fois le plus profond et le plus visible de la syntaxe traditionnelle réside dans sa bidirectionnalité. En France, un humble exercice scolaire, à savoir la double analyse (analyse grammaticale + analyse logique), la dévoile dans toute sa force. Cet exercice a beau s'être transformé au fil du temps[13], la problématique était restée plus vivante que jamais, même après la 'grammaticalisation' de l'analyse descendante. Le même problème s'est posé en Allemagne, mais pas de la même manière, le poids de la perspective descendante y étant nettement plus grand (cf. 2.2. *infra*).

L'étude des catégories grammaticales a en outre fait entrevoir trois particularités générales de la catégorisation grammaticale: le caractère local (1), discret (2) et statique (3) de l'approche traditionnelle.

(1) La discussion de la récursivité (Ch. III, 2.3.2.3.) montre que la tradition grammaticale française se bornait à une focalisation locale des rapports (de dépendance ou d'incidence sémantique), plus particulièrement à une juxtaposition de rapports isolés (entre mots compléments et mots complétés). Les rapports sont traités isolément [(y - x) et (x - z) et non pas (y-x-z)], sans que la hiérarchie supérieure ou inférieure ne soit envisagée. Cette focalisation *locale* des rapports, qui tient de l'ancienne analyse *grammaticale*, simple relevé linéaire des mots, bloque la récursivité (telle que nous l'avons définie) et fait perdre de vue la hiérarchie globale de la phrase.

(2) L'approche traditionnelle des faits de syntaxe était, en outre, *discrète*, caractéristique liée à la manie de l'étiquetage et à la recherche de la fausse élégance en vue de l'exploitation didactique. L'étiquette y remplace l'analyse. La question de la nomenclature devient ainsi un problème crucial. Cette caractéristique de la tradition grammaticale apparaît surtout dans les taxinomies des parties du discours et des fonctions. Celles-ci sont le plus souvent définies comme des «essences», à partir d'une certaine intension, et non pas comme des faisceaux de traits

---

[13] La survie de l'ancien découpage de l'analyse (relevé linéaire des mots <--> analyse des fonctions dans la proposition simple et des propositions à l'intérieur de la phrase complexe) devrait être examinée de plus près (cf. Ch. III, 1.1.3.). Mais même après la transformation de l'*analyse logique*, il semble que le problème subsiste jusqu'à l'introduction des «groupes fonctionnels», préconisés par Sudre dès 1906 (cf. aussi Brunot 1922) et officialisés dès 1938, sans trop de succès, cependant (cf. Ch. III, 3.1.3.1.).

- qui ne se vérifient pas nécessairement tous pour tous les éléments de la classe (cf. l'idée de prototypicité), ce qui rapproche certains éléments d'autres classes
- dont certains se trouvent aussi dans d'autres cases de la taxinomie, ce qui explique certaines ressemblances; ce procédé permet de définir les concepts à partir d'un jeu de critères appartenant à plusieurs axes: essentiel/non essentiel, nominal/adverbial, intra-prédicatif/extra-prédicatif, direct/indirect, prédicatif/épithétique, liée/détachée, variable/ invariable, etc[14].

(3) À la focalisation locale s'ajoute encore une visée essentiellement *statique*, qu'on peut interpréter au moins de trois manières: l'absence de la dimension algorithmique (qui est liée à la focalisation locale des rapports), la focalisation statique des classes (notamment les parties du discours) et des structures complexes, et le manque de relief 'ontologique' (confusion du plan de la langue et celui de la parole).

2.1.2. Les innovations

En dépit du poids écrasant de la tradition, il est néanmoins possible de relever aussi des innovations dans les trois domaines que nous venons de commenter.

(1) *Catégories descriptives*

Quant à la description dans son ensemble, on constate que la partie de la grammaire consacrée à ce que Dauzat appelle la *syntaxe 'pure'* (c'est-à-dire la partie de la syntaxe dont le plan n'est pas dicté par l'inventaire des parties du discours) s'étoffe, mais très lentement. La moyenne des pourcentages passe de 14,08 (1er quart) à 22,13 (2e quart du siècle) (Ch. III, 2.1.2.).

La perspective descendante se détache de plus en plus de la logique, mais la délimitation des fonctions reste largement tributaire de considérations sémantiques. Ce lent cheminement, qui avait démarré au 19e siècle, aboutit vers 1910 (Chervel 1977). Il entraîne quelques innovations importantes: les plans de phrase ternaires, la coïncidence verbe-mot/verbe-fonction et la mise en évidence du pouvoir constructeur du verbe (conception verbo-centrale au sens large du terme)[15]. Il s'ensuit aussi une diversification des fonctions, qui se poursuit pendant la première moitié du 20e siècle. On assiste à la création de nouvelles fonctions, notamment par la dissociation de fonctions relevant à l'origine de la même fonction unitaire: les deux attributs, le complément d'objet indirect, le complément d'attribution, le complément d'agent et la séquence (qui s'affranchit du sujet). Même les compléments et adverbes de phrase sont en passe d'être reconnus. Pour un aperçu global de toutes ces innovations, on se reportera à ce qui a été dit à la fin du chapitre IV (7.).

L'opposition thème/rhème, qui en combinaison avec la prosodie, fournit un principe explicatif puissant, entre dans les grammaires (allemandes) du corpus par le biais de la psychologie. Dans les grammaires françaises, en revanche, elle est plus ou moins absente (Ch. VII, 2.3.3.3.).

---

[14] Cf. aussi Melis – Desmet (2000: 136).
[15] Cf. Lauwers (2003a).

Dans le domaine des parties du discours, où le poids de la tradition est particulièrement lourd, plusieurs auteurs opèrent une bipartition des parties du discours en fonction de certaines propriétés hiérarchiques (autour du nom et du verbe). Gougenheim, et surtout D&P, aboutissent à une véritable refonte du système des parties du discours (Ch. V, 1.3. et 1.4.). On constate aussi, et c'est là une évolution plus importante, que l'ancienne bipartition en mots variables et invariables fait place à des clivages nouveaux fondés sur l'opposition lexical/grammatical: les mots-outils/[vs mots pleins] et l'opposition *morphème/sémantème* (et variantes terminologiques). Cette même opposition donne lieu à une nouvelle conception de la syntaxe, conçue comme l'étude des moyens grammaticaux (*Beziehungsmittel*) (Ch. V, 2.).

Sur le plan de la délimitation des parties du discours, quelques points chauds ont pu être relevés (Ch. V, 3.): le découpage adjectif/pronom/article, le statut précaire de l'interjection qui tend à perdre son statut de partie du discours, le statut du pronom personnel (interprété comme marque) et la sous-catégorisation de l'article. Cette remise en cause des catégories de la tradition aboutit à la création de quelques concepts nouveaux, comme le *représentant* et le *nominal*, ou à des découpages nouveaux (par exemple, le traitement séparé des déterminants et des pronoms personnels). Quant à l'ordre de traitement des parties du discours, il faut noter que le verbe est parfois traité avant les autres parties du discours dans les grammaires qui tendent vers une orientation verbo-centrale au sens large du terme (cf. Lauwers 2003a).

Dans le domaine des figures de grammaire, qui reste relativement stable, l'ellipse fait l'objet de polémiques dans lesquelles interviennent plusieurs arguments intéressants (la conscience du locuteur, l'intercompréhension, le respect de la réalité linguistique etc.), mais d'où il est ressorti très peu d'apports 'positifs' (de Boer et surtout D&P) (Ch. VI, 2.3.6.). Quant aux mots *explétifs*, on note l'apparition d'une série de concepts qui rendent compte, de manière plus positive, des éléments sémantiquement vides, notamment de certaines prépositions et conjonctions (Ch. VI, 2.3.5.).

(2) *Méthode*

Au point de vue de la méthode de la description, la période 1907-1948 est assez stérile. Les grammaires s'ouvrent aux autres langues, que ce soit en vue d'un enseignement parallèle de la grammaire (dans les grammaires FLE), ou pour des raisons intrinsèques (comparatives) (Ch. VI, 1.4.). On note d'ailleurs que Meillet et Vendryes sont cités dans respectivement 9 et 6 grammaires.

À partir du milieu des années '30, la bibliographie en fin de volume est devenue courante, ce qui est nouveau. En outre, le nombre de sources citées dans le texte même ne cesse d'augmenter, abstraction faite de quelques exceptions notables (Bloch, Wartburg et Cayrou) (Ch. VI, 1.5.3.).

Parallèlement à la conception sémantique des fonctions, les tests syntaxiques, quoique dûment attestés, n'ont pas la cote. Il faut dire que l'évolution va même au rebours de l'évolution ultérieure. C'est que le début de la période à l'étude a été marqué par une forte réaction contre l'application mécanique de 'règles' grammaticales et de recettes d'analyse fonctionnant 'à vide', en faveur d'exercices d'expression et de l'explication de textes (Ch. VI, 1.2.1.8.). Il s'y ajoute un certain défaitisme devant l'inanalysable ou l'inclassable (p. ex. Brunot, Radouant). La réaction n'a pas été moins forte en Allemagne. On en trouve une illustration éclatante dans les grammaires à fondement psychologique qui s'érigent contre l'ancienne *Drillgrammatik* (cf. Ch. VII, 2.1.1.). Ce climat n'était, bien entendu, pas propice à l'émergence d'une analyse syntaxique rigide.

(3) *Aspects théoriques*

Si la grammaire est par définition une *description* de la langue, on assiste au cours de la première moitié du 20e siècle à l'apparition de grammaires qui se veulent *explicatives*. Les grammaires descriptives à explications diachroniques ne sont, bien entendu, pas un genre nouveau. Elles remontent au dernier tiers du 19e siècle (Chevalier 1985, Bourquin 2004 à par.). L'innovation réside plutôt dans l'intégration d'un cadre évolutif général qui permet de caractériser le français à partir de tendances plus générales (Ch. VII, 3.1.2.4.).

Dans plusieurs grammaires, l'explication diachronique fait bon ménage avec l'approfondissement psychologique, qui l'emporte cependant. Le genre des grammaires psychologisantes est décidément l'innovation la plus marquante de l'époque (Ch. VII, 2.1.3.-2.1.5.). En elles se reflètent plusieurs courants de la linguistique psychologisante, voire même de la psychologie (ethnopsychologie, psychologie représentationniste, psychologie à orientation 'pragmatique', etc.). Ces grammaires psychologisantes débouchent très souvent sur des notions de pragmatique, mais psychologisées (en combinaison avec la prosodie), ainsi que sur des problèmes d'épistémologie (Galichet, Regula). La linguistique structurale naissante a fait irruption dans cette tradition psychologique et a donné lieu à une espèce de structuralisme mentaliste (de Boer, Guillaume, Bally, Sechehaye) et à une grammaire psychologique qui adopte certains concepts structuralistes (saussuriens) — structure/système, synchronie, langue/parole — mais repsychologisés (D&P, Galichet) (Ch. VII, 3.2.3.). Si Engwer et Regula aboutissent à une espèce de psychologisme fonctionnaliste (Ch. VII, 2.1.4.2.), Gougenheim cherche à bannir le psychologisme en appliquant le principe phonologique des oppositions à la grammaire (Ch. VII, 3.2.4.). Avec *La Pensée et la Langue* (1922) et l'*Essai* de D&P, le *Système grammatical* de Gougenheim est l'un des ouvrages les plus rafraîchissants de l'époque.

Au niveau de l'épistémologie de la description de la phrase, on constate que l'opposition des deux directionnalités dans l'analyse, descendante et ascendante, s'estompe quelque peu. D'une part, l'approche descendante et sémantico-logique des fonctions se délogicise et se rapproche de la réalité grammaticale ('grammaticalisation'; cf. Ch. III, 1.2.2.; IV, 7.1.2.), même si elle reste foncièrement sémantique. D'autre part, on assiste à l'émergence de concepts qui meublent l'espace séparant le mot et le niveau des fonctions conçues dans le cadre de la proposition: le s y n t a g m e et les c a t é g o r i e s   f o n c t i o n n e l l e s   t r a n s v e r s a l e s (Ch. III, 3.1.; 3.2.).

La façon dont sont appréhendées les catégories grammaticales ne change pas fondamentalement, même si on note quelques nouveautés. Certains auteurs dépassent la focalisation locale des rapports grammaticaux en admettant explicitement un certain degré de récursivité (telle que nous l'avons redéfinie) (Ch. III, 2.3.2.3.). Les taxinomies élaborées par D&P des parties du discours et, surtout, des fonctions, sont caractérisées par le croisement de traits (cf. aussi le croisement des traits *direct/indirect* et *intérieur/exterieur* chez de Boer, Ch. IV, 3.5.1.2.). D&P ont eu le mérite de remplacer la taxinomie traditionnelle des fonctions par une taxinomie basée sur le croisement de traits[16]. Comme ils identifient par un terme spécifique à la fois les traits combinés (A x B) et les catégories ainsi obtenues (C), on a l'impression d'une certaine redondance.

On observe, en outre, que la grammaire, traditionnellement 'statique', s'ouvre par moments à des concepts qui introduisent une certaine dynamicité dans la description. Sur ce point, l'École de Genève (Sechehaye, Bally, Frei) et Tesnière ont apporté du nouveau (*transposition, translation*). Nous avons vu ce qu'il en est dans le corpus (Ch. III, 3.2.3.2.). Dans ces théories, le 'passage' même acquiert un statut théorique. L'introduction de la notion d'*actualisation*, processus lié au passage de la langue à la parole (de Boer; Galichet), en est un autre exemple (cf. Ch. VII, 2.1.4.3.2.).

2.1.3. Le rôle de la linguistique générale

Si dans l'histoire de la grammaire française, on discerne une espèce de dynamique interne (bidirectionnalité et rapprochement, délogicisation/grammaticalisation de l'analyse descendante), ponctuée de l'intervention de quelques esprits originaux (Brunot, D&P, Gougenheim), il convient de s'interroger sur l'influence qu'a pu exercer la linguistique théorique de l'époque dans une branche où le taux de réinscription (Auroux 1980: 8) est très faible.

S'il y a une source à laquelle la tradition française a puisé, c'est bien le structuralisme genevois. On en trouve des échos dans quelques grammaires, qui se réfèrent à un, à deux, voire à plusieurs membres de l'École de Genève (de Boer, Galichet, Le Bidois, Gougenheim, D&P, Larousse, Dauzat). Voici ce qu'elles en ont retenu:

- le *syntagme*; la perspective fonctionnelle transversale (via la *transposition*) (Ch. III, 3.1.3.; 3.2.3.2.)
- inhérence/relation (Ch. IV, 3.5.1.1.)
- l'opposition affectif/logique de Bally et la confusion qui entoure la notion de «stylistique» (Ch. VI, 2.2.2.3.)
- les paraphrases équifonctionnelles (Ch. III, 3.2.3.2.)
- l'actualisation (p. ex. Galichet Ch. VII, 2.1.4.3.2.; de Boer 3.2.3.3.)
- Frei (et Bally): besoins, tendances de la langue (Ch. VII, 3.1.2.3.)
- synchronie/diachronie (Ch. VII, 3.1.1.)

---

[16] La création de classes transversales comme les *mots-outils* (et les *morphèmes*) va également dans ce sens. Dans les discussions précédant la publication de la nomenclature de 1910, le couple *direct/indirect*, opposition formelle [± préposition], était subordonné à la classification des fonctions: *objet* (direct, indirect), *complément circonstanciel* (direct/indirect), *attribut* (direct/indirect), voire *épithète* (directe/indirecte).

- la notion d'*opposition*: Gougenheim (Ch. VII, 3.2.4.), Galichet (qui les réinterprète; Ch. VII, 3.2.3.2.)
- système/structure (Ch. VII, 3.2.3.)
- principal/complément; déterminant/déterminé (e.a. Ch. III, 3.1.1.; IV, 4.2.2.)

De deux auteurs, de Boer et Galichet, on peut dire qu'ils se rattachent à la linguistique genevoise. Gougenheim, quant à lui, s'associe au structuralisme pragois.

Nous avons relevé aussi une certaine influence de la linguistique générale de Meillet et Vendryes (qui figurent respectivement dans 9 et 6 grammaires). Les grammairiens leur empruntent l'opposition *morphème/sémantème* (Ch. V, 2.2.), le cas 'syntaxique' général de la *dépendance* (de Boer; IV, 6.4.2.) et de nombreux exemples et catégories appartenant à d'autres langues que le français (chez Le Bidois, par exemple, Ch. VI, 1.4.2.).

De façon globale, il faut dire qu'en France ce sont toujours les mêmes ouvrages qui ont subi une certaine influence de la réflexion théorique en linguistique. Dans la plupart des cas (D&P, Le Bidois, Larousse, Dauzat), cette influence s'avère très superficielle. Seuls Galichet et Gougenheim font exception. Il est en outre frappant que bon nombre de grammairiens aient plutôt le regard fixé sur le passé, c'est-à-dire sur la tradition grammaticale de bien avant 1900 (Ch. VI, 1.2.5.)[17]. Le marché 'linguistique' français était d'ailleurs particulièrement anémique à cette époque pour ce qui est de la réflexion sur le langage en synchronie (cf. *infra* 2.2.), et l'offre disponible était malheureusement peu connue (p. ex. Guillaume, Tesnière). Ceci tient en partie au statut institutionnel précaire du grammairien en France (cf. *infra* 3.). Les auteurs allemands, en revanche, pouvaient puiser dans une tradition théorique plus riche (et plus récente), comme le montrent à suffisance les grammaires psychologisantes, dont la plupart s'ouvrent déjà à ce qu'on pourrait appeler une vision 'pragmatique' (Ch. VII).

2.1.4. Conclusion: innovation et temporalité interne

Si la part de la tradition grammaticale reste importante — elle a d'ailleurs parfois été réactivée —, on ne peut pas dire que la grammaire française n'évolue pas. Seulement, il est souvent difficile de détecter *au niveau de la temporalité interne* (1907-1948) les tendances innovatrices[18]. Il y a le plus souvent coexistence de concepts et d'analyses ou les tendances qu'on croyait reconnaître sont presque toujours contredites par l'une ou l'autre grammaire «en retard» sur l'évolution. C'est comme si la grammaire française avançait par tâtonnements. Les relevés quantitatifs illustrent la lenteur des évolutions.

Les tendances innovatrices (générales ou ponctuelles) deviennent plus visibles quand on les confronte avec la part de la *tradition* grammaticale de la fin du 19ᵉ

---

[17] Ceci vaut d'ailleurs aussi pour Bally (cf. Sandmann 1957).
[18] Ceci ne veut pas dire qu'il n'y en aurait pas: l'émergence des *mots outils* et l'extension progressive de la classe; l'incorporation de l'opposition affectif/logique; le déclin du sujet réel; etc.

siècle, c'est-à-dire quand on les envisage sous l'angle de la temporalité *externe*. Nombre d'innovations prolongent en effet des évolutions amorcées dans le dernier tiers du 19e siècle. Pensons à ce que nous avons appelé d'un terme malheureux la 'grammaticalisation' de l'analyse descendante (diversification des fonctions; plans de phrase ternaires; conception verbo-centrale, etc.), qui, ensuite, au cours du 20e siècle, s'est rapprochée de la perspective ascendante par la reconnaissance du s y n - t a g m e et de la p e r s p e c t i v e f o n c t i o n n e l l e t r a n s v e r s a l e qui ont contribué à combler les niveaux de structuration intermédiaires.

Si le *CLG* n'a pas eu d'impact avant 1930, il faut dire que les discussions autour de la nomenclature grammaticale (1906-1910) ont joué un rôle de catalyseur dans l'évolution de la grammaire (en France): elles ont banni les restes de la décomposition logique de la phrase, orienté de façon décisive l'histoire des compléments du verbe, effleuré le problème du s y n t a g m e (*groupe fonctionnel*) (Sudre 1906; Brunot 1922) et ont mené à la disparition de l'inventaire des 4 (ou 5) figures de grammaire. L'apport de Brunot a été souligné à plusieurs reprises. On pourrait dire ces innovations justifient a posteriori le choix du *terminus a quo* (Ch. I, 1.2.1.).

2.2. *Tradition grammaticale nationale*

Comme le corpus comporte aussi des grammaires rédigées par des étrangers, notamment par des Allemands, nous avons pu mettre le doigt sur certaines différences, tantôt superficielles (terminologie), tantôt profondes, entre ce qu'on pourrait appeler la tradition grammaticale française et la tradition grammaticale allemande. En retour, ce point de vue contrastif a permis de mieux cerner l'originalité de la tradition française.

Ces différences ont déjà été commentées en détail dans la présentation de l'articulation globale de la théorie syntaxique (Ch. III, 2.4.2.) et dans l'analyse de la théorie des f o n c t i o n s s y n t a x i q u e s (Ch. IV, 7.2.):

France	Allemagne
impact plus grand de l'approche ascendante et catégorielle; impact bien moindre de la perspective descendante (Ch. III, 2.4.2.) <ul><li>grammaticalisation plus avancée de l'analyse descendante des fonctions: schéma de phrase ternaire (ou binaire grammaticalisé)</li><li>au niveau des f o n c t i o n s s e c o n d a i r e s : épithète, complément (aussi du V), apposition</li><li>au niveau du s y n t a g m e v e r b a l : le V - m o t coïncide avec le V - p r é d i c a t</li></ul>	impact plus grand de l'approche descendante et sémantico-fonctionnelle; impact bien moindre de la perspective ascendante (Ch. III, 2.4.2.) <ul><li>schéma de phrase binaire</li><li>f o n c t i o n s s e c o n d a i r e s relèvent de l'optique descendante</li><li>s y n t a g m e v e r b a l : *Prädikat* (avec divers degrés de complexité formelle toutefois + confusions), selon le stade de grammaticalisation</li></ul>

À la liste des différences s'ajoute encore la perspective psycho-pragmatique, c'est-à-dire la reconnaissance et l'intégration de l'opposition thème/rhème (Ch. VII, 2.4.). Elle s'inscrit dans une optique descendante dans laquelle la logique cède le pas devant le fonctionnement de l'esprit dans le cadre du discours. Il s'agit d'un nouveau principe d'organisation qui affecte la description syntaxique (essentiellement l'ordre des constituants). Le fait que la tradition allemande emprunte les termes *sujet* et *prédicat* (ou *Gegenstand/Aussage*) pour y ajouter l'épithète *psychologisch*, témoigne de l'enracinement de ces concepts dans une logique de type descendant. Là encore, la tradition française ne suit pas ses homologues germanophones. Si elle emprunte des éléments de ce paradigme, c'est toujours pour en faire une application locale et superficielle. Comme ces concepts ne sont pas combinés à certaines caractéristiques prosodiques du français, ils ne sont pas vraiment opérationnels. Ils semblent surtout liés à l'idée de l'enchaînement discursif.

La prosodie ne semble d'ailleurs pas avoir le rôle en syntaxe que les auteurs germanophones y attribuent, comme le montre aussi l'examen de l'apposition et du syntagme (qui peut être interprété comme un groupe rythmique). Ce n'est là qu'une des différences mineures que nous avons relevées:

- la tradition allemande ne prévoit pas deux termes pour la proposition et la phrase
- les grammaires allemandes font peu de cas des *figures* grammaticales qui restent très vivantes en France
- l'application (superficielle) par les Allemands de la grille des cas au français (par analogie et pour des raisons essentiellement didactiques); dans le cas du datif cela mène cependant à une couverture différente de la classe
- le traitement des déterminants: la préférence des Allemands pour le système à dominante pronominale (au détriment du système à dominante adjectivale).

Comment s'expliquent, historiquement parlant, ces deux 'optiques' différentes à l'égard de la syntaxe? Pour l'instant nous pouvons apporter deux éléments de réponse[19]. D'abord, l'architecture de la description syntaxique dans les deux pays semble remonter à deux pères fondateurs — contemporains — de la grammaire scolaire qui ne se ressemblent pas: Becker et le duo Noël et Chapsal. À en juger d'après la littérature secondaire (Chervel 1977 et Forsgren 1992, etc.), ces pères fondateurs semblent avoir exercé une influence comparable sur le développement de la grammaire dans leurs pays respectifs. La théorie de Becker est avant tout une *Satzlehre* (cf. aussi Ries 1894)[20], c'est-à-dire une théorie sémantico-logique de l'analyse de la phrase en fonctions. Elle s'articule autour de trois rapports sémantico-logiques

---

[19] Un troisième élément de réponse doit être cherché dans les caractéristiques des langues-objet. Il faudrait réfléchir sur le rôle de la présence de cas dans la réflexion grammaticale allemande et sur l'impact de la focalisation des problèmes de l'accord (orthographe) en France (Chervel 1977).
[20] En outre, le système de Girard (1747), qui reconnaît 7 fonctions, semble avoir eu un certain écho dans les grammaires scolaires allemandes, notamment par le biais de Meiner (1781), qui a servi de relais (cf. Ehrhard-Macris 2003: 222).

(prédicatif, objectif et attributif), qui donnent lieu à 5 fonctions syntaxiques: *Subjekt, Prädikat, Attribut, Objekt I* et *II*. En France, la partie logique de l'analyse de la proposition de Noël et Chapsal est moins étoffée. Elle ne retient que trois fonctions: *sujet, attribut* et *complément*. Leur grammaire se présente comme une morphologie redoublée complétée par une brève section portant sur l'analyse logique de la phrase (Noël – Chapsal 1833: 84-100)[21], dont la moitié consiste en modèles d'analyse. La partie syntaxique de la grammaire scolaire de Becker (1839: 203-412), par contre, couvre presque la moitié du nombre total de pages.

Un deuxième élément de réponse réside dans l'absence de réflexion théorique à propos de l'analyse de la phrase en France. Comme l'a souligné Chervel (1977), la grammaire scolaire s'est développée en vase clos au 19e siècle. Si dans le dernier quart de siècle il y a eu influence de la grammaire historico-comparative, celle-ci n'affecte aucunement le noyau de la description syntaxique. En Allemagne, en revanche, la seconde moitié du 19e siècle a été marquée par une théorisation importante autour de la phrase. Une tradition psychologisante (qui remonte à Steinthal) y a pris la relève du courant philosophique et logicisant (p. ex. Becker) de la langue (voir Knobloch 1988, Graffi 1991, 2001)[22]. Cette tradition privilégie la phrase et a donné lieu à des débats intéressants autour de la nature psychique de celle-ci (p. ex. Wundt *vs* Paul). Par rapport à cette riche tradition (Steinthal, von der Gabelentz, Paul, Wundt, etc.), la réflexion linguistique conduite en France, notamment dans le domaine de la syntaxe synchronique[23], fait piètre figure. Ce contraste persiste encore au début du 20e siècle, comme le montre le relevé suivant (qui ne se veut pas exhaustif):

- la réflexion théorique d'expression allemande: Wundt (1900), Ries (1894, 1928, 1931), Wähmer (1914), Brugmann (1918), Otto (1919), Kalepky (1928), Vossler, Marty (1908), Von Ettmayer, Bühler, Winkler (1935), etc.
- en France: Meillet (1906, 1921), Vendryes (1921), Marouzeau (1921), Delacroix (1933), …

On trouve un reflet de ce contraste dans le corpus. Rappelons, d'ailleurs, que la plupart des auteurs étrangers du corpus ont publié un traité théorique de syntaxe: Haas (1912), Regula (1951), Lerch (p. ex. «Einleitendes» de Lerch 1925-1934) et Sonnenschein (1927). Strohmeyer a contribué à la réflexion théorique sur la didactique des langues (1914) — tout comme Engwer — et a publié un traité de stylistique comparative français/allemand (1910), qui suppose non seulement le don de l'observation, mais aussi et surtout un début de théorisation (les caractéristiques

---

[21] Les pages 175-180 portent sur les figures de syntaxe.
[22] De manière plus générale, on a l'impression que la grammaire scolaire même se montrait plus ouverte à la réflexion théorique ('universitaire') en Allemagne, au point qu'elle aurait été «un relais important de la recherche», s'intéressant à des domaines délaissés par celle-ci (Ehrhard-Macris 2003: 232).
[23] N'oublions pas que Henri Weil fut un Allemand.

générales du français). Plattner, en revanche, est d'abord un collectionneur de faits. Les auteurs français du corpus ont été nettement moins actifs dans le domaine de la théorisation. Mentionnons les quelques articles de Pichon et de Gougenheim (plus tard) et les livres de Galichet et de Dauzat (p. ex. Dauzat 1906). Rappelons aussi que nombre de grammairiens étrangers ont fait des thèses de doctorat consacrées à des problèmes de syntaxe synchronique et diachronique du français (Engwer, Lerch et Strohmeyer).

Certes, toutes les caractéristiques des deux traditions ne s'appliquent pas à tous leurs représentants[24]. Mais au-delà des contingences, il s'élève deux systèmes foncièrement différents: l'un correspond à la description du français en France, l'autre à la grammaire de l'allemand en Allemagne, transposée à la description du français (cf. Banner 1895; III, 2.4.2.). Il est cependant trop risqué de croire que la tradition allemande soit tout à fait homogène. Bien au contraire, il y a des indices qui pointent dans le sens d'une coexistence de modèles, coïncidant plus ou moins avec les langues décrites. Ainsi, au 19e siècle, la grammaire de l'allemand aurait suivi le modèle descendant, tandis que la grammaire du français (et du latin) aurait focalisé davantage le modèle ascendant (cf. les affirmations de Banner 1895). On ne peut pas non plus oublier que même les grammaires de l'allemand semblent avoir pâti du problème de la double directionnalité (cf. Forsgren 1992: 30; 113; cf. Ch. III, 2.4.3.). Voilà des questions qui mériteraient étude.

3. Les rapports entre l'histoire «interne» et «externe»: quelques hypothèses

Si nous avons nettement privilégié le point de vue de «l'histoire interne», nous avons tenu aussi à dresser un tableau, sans doute un peu schématique, du statut social et institutionnel du grammairien et de sa discipline dans la première moitié du 20e siècle. Il reste à voir, au-delà des destins personnels des grammairiens, si l'on peut établir des rapports entre la physionomie du marché grammatical et certaines caractéristiques «internes» de la production grammaticographique française. On peut résumer l'impact du contexte social et institutionnel français sur la grammaticographie française sous trois chefs:

(1) une émancipation imparfaite par rapport à la littérature (stylistique) et à la linguistique diachronique
(2) une grammaire fermée et inerte (à faible taux de réinscription)
(3) une grammaire athéorique axée sur la norme.

(1) Nous avons à plusieurs reprises insisté sur l'impact qu'a eu l'enseignement de la littérature — plus prestigieux que celui de la grammaire — sur la grammaticogra-

---

[24] Plattner, Strohmeyer et Wartburg, par exemple, se rapprochent d'une conception plutôt verbo-centrale. Haas se refuse à reconnaître des cas en français.

phie (Ch. II, 3.3.; 3.5.3.)[25]. Une bonne partie des grammairiens du corpus étaient d'ailleurs des littéraires (Ch. II, 2.2.2., 3.1.) et les thèses en grammaire synchronique étaient en partie consacrées à l'étude (stylistique) de la langue d'auteurs littéraires (Ch. II, 3.4.2.). Ainsi voit-on paraître dans les années 1930 quelques grammaires destinées au grand public qui comportent des annexes consacrées à la rhétorique/stylistique ou à la versification, des remarques sur les modes littéraires (Brunot, Bruneau, Galichet, etc.) et de nombreux renvois à des «effets» stylistiques (Ch. VI, 2.2.2.1.). Les explications psychologiques des Le Bidois s'apparentent d'ailleurs à des explications littéraires. En plus, la grammaire synchronique, dite «normative», n'était pas encore considérée comme une science, contrairement à la grammaire historique (Ch. II, 3.5.3.).

(2) Contrairement aux grammairiens allemands, les grammairiens français ne disposaient pas vraiment d'un forum spécialisé avant 1935 où pouvaient circuler les «découvertes» en grammaire (syntaxe) française. L'absence de canaux de diffusion spécifiques empêche la gestation, l'échange et l'évaluation de nouvelles conceptions grammaticales. Il suffit de comparer les bibliographies de Plattner, Haas, Engwer, Lerch, Regula et Strohmeyer, qui ont tous publié (avant 1935) des articles sur la syntaxe — parfois des dizaines — dans des périodiques allemands. Faute de revues spécialisées[26], les bibliographies des grammairiens français font plutôt piètre figure face à la production massive des Allemands. Et si les francisants nés avant 1900 (cf. Ch. II, 2.1.) ont publié en revue, il s'agit le plus souvent d'articles littéraires (p. ex. Radouant, Lanusse, Michaut, Hermant, Gaiffe; cf. plus tard Lods) ou d'articles qui ont trait à la norme (p. ex. Brunot; cf. aussi les chroniques dans les journaux) ou à l'enseignement de la grammaire (p. ex. Brunot). Seuls quelques auteurs font exception (Clédat, Yvon, Dauzat; plus tard D&P).

Vers 1935 la situation change, mais la revue qui accueille les contributions dans le domaine du français moderne (d'abord la *Revue de Philologie française*, puis *Le français moderne*) reste assez fermée à l'égard de la production grammaticale à l'étranger. Il n'empêche qu'on a là un forum où Dauzat et des grammairiens plus jeunes que lui (nés après 1900 et/ou publiant seulement à partir de 1930), comme un Gougenheim, un Wagner, et quelquefois aussi R. Le Bidois, s'expriment à propos de questions de grammaire (syntaxe) française.

Le marché grammatical allemand avait aussi l'avantage de voir paraître chaque année des dizaines de thèses de doctorat en linguistique, la publication de la thèse étant obligatoire. Il s'ensuit une prolifération d'études, qui sont, certes, moins étendues (cf. Clédat 1892: 156; cf. Ch. II, 3.5.3.) que les thèses d'État françaises, mais

---

[25] L'étude de la langue-objet des grammaires (la présence massive d'exemples tirés d'auteurs classiques, l'intégration de la langue du 17e siècle à travers une perspective contrastive, ...) n'aurait fait que renforcer cette impression.
[26] De Boer publie cependant dans la *Revue de linguistique romane*.

dont on ne saurait sous-estimer l'importance pour un 'marché jeune' tel que celui de la syntaxe.

Les auteurs allemands ont en outre l'avantage de maîtriser à la fois la langue de leur grammaire et l'allemand, ce qui n'est pas nécessairement le cas chez les Français.

La 'mobilité scientifique' limitée — beaucoup plus limitée que celle des professeurs de faculté — des agrégés a également dû contribuer au caractère fermé du marché grammatical français. Mais cela vaut également pour les directeurs de gymnase allemands. Ceux-ci n'ont cependant pas dû passer l'agrégation. Les agrégés, qui, vu la sous-représentation de la grammaire française à la faculté (licence, diplôme), étaient les seuls à s'être plus ou moins longuement occupés de la grammaire (en premier lieu celle des langues classiques), restaient prisonniers d'une institution nivellatrice centrée sur la reproduction du savoir grammatical en vue du renouvellement du personnel enseignant dans les lycées: «au point de vue scientifique, son intérêt est nul» (Bruneau 1945: 16). Chevalier (1998: 72), qui a vécu la période (1947-1953) dont il est question, abonde dans le même sens:

> «les programmes de licence et d'agrégation, qui ne prétendent qu'à former des professeurs de lycée: consacrés exclusivement à la philologie médiévale (la linguistique n'est enseignée qu'à Paris) et à l'étude des textes littéraires, massivement classiques, ils n'offrent aucun support à la recherche, aucune ouverture vers la logique, la psychologie ou la sociologie. Les très rares agrégés qui échapperont aux lycées collecteront des faits de leurs patois indigènes ou éditeront des textes. Ils ont besoin de manuels, non de revues».

Ceci explique le fait notable que les figures les plus originales de la linguistique française sont, institutionnellement parlant, marginalisées (Guillaume, Haudricourt, Damourette et Pichon).

Avec Huot (1993: 24-25), on peut conclure que le marché grammatical français, y compris les milieux universitaires, était caractérisé par le «repli sur soi». Il s'ensuit aussi une certaine inertie à l'égard de l'innovation (théorique) et une progression par tâtonnements (p. ex. l'émergence du syntagme). Pour le dire avec les mots d'Auroux (1980), l'impact de l'horizon de rétrospection, c'est-à-dire la continuité de la tradition grammaticale, est plus important que le taux de réinscription théorique. Il faut d'ailleurs noter que cet horizon de rétrospection est souvent réactivé de manière consciente en ce sens qu'on aime citer les grammairiens des siècles passés. L'attrait de la langue (littéraire) classique y est pour beaucoup, semble-t-il[27].

(3) Ce faible taux de réinscription est dû en partie à l'absence de réflexion théorique à propos de la grammaire. Chevalier (1998: 73), de même que Pottier (Chevalier – Encrevé 1984: 77), ont souligné à plusieurs reprises le dégoût (ou la peur) de la théorisation chez les linguistes français de la première moitié du siècle: les maîtres dénoncent sous le nom de «théoricisme» toute réflexion générale. Leurs

---

[27] Comme cette problématique relève de la langue-objet, nous ne l'avons pas traitée.

«œillères» les empêchent d'apprécier la valeur d'un linguiste comme Martinet qui s'exilera aux États-Unis; c'est une occasion manquée (Chevalier 1998: 71).

L'absence de théorisation se reflète aussi dans les grammaires du corpus où elle est encore renforcée par le fait que bon nombre des grammairiens sont des agrégés non universitaires. Il est d'ailleurs intéressant de faire remarquer que les grammairiens psychologisants français ne sont pas des agrégés: Galichet (un normalien de Saint-Cloud), Damourette et Pichon, Georges et Robert Le Bidois[28].

Autre fait remarquable: la plupart des auteurs allemands ont également publié un traité théorique de syntaxe (cf. *supra* 2.2.), ce qui tranche avec le profil athéorique des auteurs français et de la revue dans laquelle ils publient (*Le français moderne*, cf. Huot 1993: 24).

Le caractère athéorique de la grammaire est également lié à l'orientation orthographique et normative des grammaires à visée descriptive. Le grammairien français, à la différence de son homologue allemand, passait encore trop souvent pour un chroniqueur ou un juge, plutôt que pour un observateur désintéressé de la langue.

Ce sont surtout ces deux derniers éléments, l'inertie et la répugnance pour la théorisation, qui expliquent pourquoi le *genre* appelé grammaire évolue lentement suivant sa dynamique interne, en grande partie en vase clos (par rapport à la réflexion théorique) et par tâtonnements.

Mais le *genre* même y est pour quelque chose. Le *format descriptif* qu'est la grammaire demande en effet une certaine *exhaustivité* (*horizontale*, et même, *verticale*, en profondeur) et un fort ancrage empirique. Il pose un défi à la théorisation (globale). On ne peut que constater que de nos jours, les grammaires, en tant que descriptions «complètes» de la langue, supposent toujours une certaine dose d'éclectisme, ou mieux, de syncrétisme, intégrant à une base héritée de la tradition, non seulement des recherches ponctuelles, mais aussi des apports théoriques divers. Face à la spécialisation accrue et au morcellement du paysage linguistique, le grammairien-linguiste est en effet devenu, plus que jamais, un linguiste 'généraliste'.

---

[28] Cela vaut aussi pour Guillaume et Boillot.

ANNEXES

ANNEXE 1: NOMENCLATURE STANDARD (SÉLECTION)

Seuls les termes[1] susceptibles de prêter à confusion sont retenus ici.

Sous-disciplines de la grammaire
- phonologie: dans le sens (post-)pragois du terme
- morphologie
  - morphologie (grammaticale): étude de la flexion des parties du discours
  - morphologie lexicale: dérivation, composition, ...
  - morpho-sémantique: étude de la valeur des morphèmes grammaticaux (et de leurs oppositions)
- sémantique
  - sémantique lexicale
  - sémantique grammaticale[2]
  - lexicologie = morphologie lexicale + sémantique lexicale (éventuellement à coloration historique: emprunts, mots savants, ...)
- pragmatique: terme générique regroupant différents champs de recherche[3]

Unités	Classification des unités		
PHONÈME [4]			
MORPHÈME[5]	lexical	(a) radical	
		(b) affixes dérivationnels (= morphèmes dérivationnels)	
	grammatical	(a) morphème lié (affixes flexionnels; désinences[6])	
		+ catégorie morpho-sémantique[7]: genre, nombre, temps, etc.	
		(b) morphème libre (= mots-outils[8]): déterminants, auxiliaires, prépositions et conjonctions, adverbes clitiques, ...	

---

[1] Tout au long de l'analyse nous nous servons de *termes descriptifs et 'interprétatifs'* auxquels nous attribuons un contenu particulier, mais stable. Ces termes sont définis à leur première apparition. En voici quelques exemples: *analyse pilarisée, analyse descendante/ascendante, perspective fonctionnelle transversale (PFT), transferts intercatégoriels (TI), plan à morphologie redoublée, récursivité,* etc. Nous ferons cependant une exception pour le couple *structuration/agencement* de la matière grammaticale. Si la *structuration* reflète plutôt la façon dont le grammairien conçoit la structure de la langue telle qu'elle se reflète dans l'organisation de la description (quelles unités? quelles classifications de ces unités?), l'*agencement* est plus superficiel dans la mesure où il s'agit plutôt de la présentation concrète de la matière déjà structurée, comme par exemple la division en paragraphes, ou, au niveau macroscopique, le plan de l'ouvrage.

[2] L'étude de la valeur des unités grammaticales et des structures syntaxiques: rôles, actualisation, relations de portée, sémantisme des constructions verbales, ...

[3] Comprend entre autres les actes de langage (éventuellement implicites), les structures discursives/textuelles (thème/rhème, anaphoricité), l'énonciation (et la deixis), les théories de la communication et de l'interaction verbale, l'argumentation.

[4] Les classifications des unités en deçà du morphème n'ont pas été examinées. N'empêche que la syntaxe fait souvent appel à l'*accent*, à l'*intonation* et au *groupe rythmique*.

[5] À titre de comparaison, voici la terminologie de Martinet: *monèmes* = *lexèmes* (= morphèmes lexicaux) + *morphèmes* (= morphèmes grammaticaux).

[6] La désinence peut être composée de plusieurs affixes (Riegel *et al.* 1994: 538).

[7] Ce que Ramat (1999) appelle *features*, par opposition aux *categories* (= parties du discours) et aux *values* (c'est-à-dire les *physes*, d'après la terminologie de D&P).

[8] = *mots grammaticaux* ou *morphèmes libres*. Nous préférons le terme *mot-outil* pour sa brièveté, quitte à tolérer une incohérence terminologique («mot-outil» comme sous-catégorie de «morphème»).

Unités	Classification des unités	
Mot[9]	mots-outils	= préposition, conjonction, déterminant, auxiliaire, etc[10].
	les parties du discours = pdd	– déterminant (e.a. l'article) – verbe verbe fini, verbes attributifs (verbes essentiellement attributifs = copules[11]; verbes accessoirement attributifs) – adjectif: qualificatif (comprend aussi les relationnels[12], cf. la tradition) – pronom personnel: conjoint vs disjoint
Syntagme[13]		syntagme verbal (±)[14]
Fonction syntaxique[15]	Termes génériques	– essentiel vs accessoire: l'effacement n'est pas possible/est possible sans entraîner l'agrammaticalité de l'énoncé – fonction primaire vs secondaire[16] – détaché – extra-prédicatif/intra-prédicatif
	Fonctions primaires **Rem.**: essentiel vs accessoire[17]	– prédicat: verbe-prédicat (≠ verbe), prédicat global[18] – sujet: sujet (sujet grammatical du verbe; accord), séquence[19] (= constituant postverbal d'une construction impersonnelle; le «sujet logique» de la tradition) – complément circonstanciel ou cc (un complément exprimant 'les circonstances de l'action'; c'est l'acception traditionnelle, sémantique, du terme); cc de phrase – complément adverbial[20]

---

[9] Si besoin en est, on pourra encore en distinguer le *lexème*.

[10] L'extension de la classe est sujette à variation.

[11] Cf. Riegel *et al.* (1994: 237).

[12] Nous n'utilisons ce terme que si l'auteur le distingue des *qualificatifs* (éventuellement en tant que sous-catégorie). Si tel n'est pas le cas, *qualificatif* s'applique à tous les adjectifs non déterminatifs, y compris ce qu'on appelle de nos jours les adjectifs *relationnels* (ou en emploi relationnel).

[13] Au lieu de «groupe de mots», notion par trop décomposable.

[14] Nous préférons ce terme à *prédicat*, terme trop ambigu. Le terme *syntagme verbal* sera utilisé chaque fois qu'on reconnaît un groupe constitué autour du *verbe-prédicat*, que celui-ci comprenne ou non le *complément d'objet*. Pour préciser, nous nous servirons aussi du terme *syntagme verbal restreint*: V + clitiques (+ adverbes).

[15] Nous utiliserons ce terme polysémique dans le sens de 'fonction syntaxique'.

[16] Les fonctions qui se situent à l'intérieur des éléments qui constituent les *fonctions primaires* (Riegel *et al.* 1994: 107-108). Quoique subordonnés au syntagme verbal, le COD et le COI sont considérés comme des *fonctions primaires*.

[17] Les termes énumérés ci-dessus reflètent en grande partie les fonctions traditionnelles. Ils sont en partie neutres quant à l'aspect *essentiel/accessoire*, cette distinction n'étant pas connue ou exploitée dans la plupart des cas. Ainsi, le terme *attribut du sujet*, par exemple, s'applique indifféremment aux compléments accessoires et essentiels. Si besoin en est, nous précisons davantage le caractère essentiel ou accessoire (p. ex. pour les attributs ou les cc): attribut du sujet accessoire (*il est sorti content*), attribut du COD accessoire (*je l'ai connue toute jeune*), complément adverbial (donc essentiel) (cf. *Il habite dans une maison*).

[18] Le *prédicat global* comporte, outre le verbe-prédicat et l'attribut du sujet, au moins encore un COD.

[19] Constituant postverbal d'une construction impersonnelle, qu'il soit encore conçu comme sujet logique ou non. Le terme *séquence* ne révèle donc rien sur la nature de l'analyse.

[20] Respectant le contenu traditionnel du terme *circonstanciel*, nous avons admis tant les compléments essentiels que les compléments accessoires. S'il fallait vraiment mettre en évidence le caractère essentiel, nous avons utilisé le terme *complément adverbial*. Ce complément prend souvent une forme directe (effets sémantiques: maniere ou quantité): *Il va bien. Il pèse 120 kilos.*

Unités	Classification des unités	
		– CO [D/I]: comporte les datifs (ou compléments d'attribution) et les non datifs – complément d'attribution[21] (adj.: datif) (= CA): les COI datifs, y compris les datifs accessoires: datif d'intérêt[22], datif éthique, datif possessif[23] **Abréviations**: cc (complément circonstanciel), CO (complément d'objet), ce dernier comportant le COD, le COI et le CA (complément d'attribution)
	Fonctions secondaires	– apostrophe – apposition[24] – complément [de X]: complément du nom, de l'adjectif (qualificatif), de l'adverbe, du pronom, ... [toujours un élément nominal (nom/pronom/infinitif)] – modifieur: (a) du nom[25]; (b) du verbe, de l'adverbe et de l'adjectif – épithète
THÈME/ RHÈME		
PHRASE[26]/ PROPOSITION	intégration	– phrase/proposition indépendante[27] – phrase/proposition indépendante simple[28] – phrase/proposition (indépendante simple) isolée – phrase complexe, période – parataxe: coordination[29] et juxtaposition de propositions indépendantes (simples); propositions coordonnées et juxtaposées

---

[21] P. ex. *Je passe la balle à Pierre. Le tabac nuit à la santé.* Le complément d'attribution correspond aux *datifs* (c'est-à-dire aux constituants pronominalisables par *lui*).

[22] *Je lui tricote un pull.* Ce type relève du *complément d'attribution*.

[23] C'est par commodité que nous appellerons *datif possessif* le datif de la possession inaliénable ou partitif: *Je lui serre la main* (relation possession partie/tout).

[24] De nature substantivale ou adjectivale.

[25] À l'intérieur du syntagme nominal, nous reconnaissons les éléments suivants:
(1) des *déterminants* (articles, démonstratifs de nature adjectivale, etc.)
(2) des *modifieurs accessoires* au sein du *nom expansé*: *épithète*, *complément du nom* (= un Sprép, donc *complément du nom* au sens traditionnel du terme), *complément de l'adjectif* (= Sprép.). Le *modifieur* (de l'adjectif ou du nom), par contre, n'est pas lié à la catégorie nom. L'*épithète* est donc un *modifieur du nom*, mais non pas un *complément du nom*.

[26] Par *proposition*, il faut entendre les «phrases constituantes» (cf. Riegel et al. (1994: 472) de la *phrase complexe* (d'où *proposition subordonnée, coordonnée*, etc.), comme dans la tradition grammaticale française. Dans le domaine de la *phrase isolée* (qu'on appelle en général *phrase simple*), le terme de *proposition* tendait à se confondre avec le terme de *phrase*. Nous avons retenu (et dissocié) les deux termes dans notre base de données, afin de respecter les choix terminologiques des auteurs. Dans notre texte, en revanche, il y a peu d'endroits où la distinction *phrase/proposition* s'avère pertinente. Dès lors, les deux termes s'emploient en général l'un pour l'autre.

[27] Une phrase/proposition qui ne dépend pas d'une autre. Elle peut être *simple* (*juxtaposée* ou *coordonnée*), mais aussi *complexe* (ou, si on suit le raisonnement de la plupart des grammaires, *principale*).

[28] *Simple* porte sur la structure interne: un seul verbe-prédicat. Rien n'empêche que la *proposition indépendante simple* soit *coordonnée* ou *juxtaposée* à une autre. Pourvu qu'elle ne dépende pas d'une autre et qu'elle demeure simple.

[29] Toujours reliées par une *conjonction de coordination* (≠ *propositions juxtaposées*).

Unités	Classification des unités	
	nature	– hypotaxe: subordination, proposition principale (= sans la/les subordonnées), proposition intégrante (y compris les subordonnées), proposition subordonnée (relative, complétive, circonstancielle) – phrase/proposition incise, incidente[30] – mot-phrase[31] (terme générique)
	complétude	– phrase/proposition verbale (= comportant un verbe-prédicat[32]) *vs* nominale[33] (= dépourvue de verbe-prédicat) ≠ *phrase/proposition attributive* (sujet et attribut, avec ou sans copule) vs *non attributive* (sujet et verbe-prédicat, éventuellement avec des compléments)[34] – proposition/phrase complète *vs* elliptique[35]
	autres	– proposition/phrase averbale (= sans verbe) – exclamative – injonctive (= plan sémantique)[36] ≠ phrase impérative (= contenant un impératif) – optative (exprimant un souhait, ± tj. au subjonctif) – inversion clitique/inversion complexe/inversion nominale

Opérations grammaticales

- dislocation (à gauche, à droite)
- extraction[37] ------>   phrase clivée
                                       phrase pseudo-clivée[38]
- rhématisation/thématisation

Opérateurs logiques
Les 'lexèmes' de la nomenclature peuvent faire l'objet d'opérations logiques:
+   addition de l'intension/extension des termes
     Remarque: cet opérateur est également utilisé pour les structures formellement complexes,
         p. ex. l'unité c o p u l e + a t t r i b u t (*est grand*)
–   soustraction de l'intension/extension
         p. ex. d é t e r m i n a n t s – a r t i c l e s
=   équivalence
~ ou ±   rapprochement approximatif

---

[30] Si l'*incise* est un simple marqueur du discours indirect (, *dit-il*, …), l'*incidente* introduit un commentaire à l'intérieur du discours (, … *vous savez*, …).

[31] *Oui. Non. Soit.*

[32] Le plus souvent un verbe fini.

[33] Phrase sans verbe: *Fin de l'épisode. Les toilettes? Génial, ce film* (Riegel *et al.* 1994: 457).

[34] Ces deux paramètres peuvent être croisés: phrase nominale attributive (*géniale, cette blague*), phrase verbale attributive (*cette blague est géniale*) vs non attributive (*Jean travaille dur*).

[35] Terme général désignant toute phrase ressentie comme incomplète, elliptique.

[36] *Phrase injonctive*: *phrase impérative*, *phrase au subjon*ctif (cf. Riegel *et al.* 1994: 408) + éventuellement d'autres moyens. La *phrase impérative* est donc une *phrase injonctive* à l'impératif.

[37] *C'est … qui/que.*

[38] *Ce que je sais, c'est qu'il n'a rien fait de toute la journée. Si je veux quelque chose, c'est qu'elle travaille.*

ANNEXE 2: MODÈLE D'ANALYSE

Le modèle d'analyse comporte trois (ou quatre)[1] volets qui seront présentés par la suite:

(1) généralités
 = données bio-bibliographiques des auteurs + histoire «externe» de la grammaire
(2) objet de la grammaire: (2.1.) langue (2.2.) rapports langue – grammaire
(3) articulation globale de la description: (3.1.) ossature (3.2.) questions spécifiques
(4) autres remarques

1. GÉNÉRALITÉS

1.1. auteur	1.2. sources	1.3. récepteur visé	1.4. auto-perception, objectifs	1.5. langue de rédaction	1.6. réception
1.1.1. nom-auteur	1.2.1. bibliographie?	1.3.1. public	1.4.1. préface?	1.5.1. langue de rédaction	1.6.1. diffusion
1.1.2. dates-auteur	1.2.2. mention de sources	1.3.2. FLE ou FLM?	1.4.2. nombre (effectif) de pages de la préface	1.5.2. nationalité grammaire	1.6.2. approbation officielle?
1.1.3. nationalité auteur	1.2.3. exploitation des sources	1.3.3. langue public	1.4.3. index/tables?		1.6.3. influences exercées
1.1.4. langue maternelle auteur	1.2.4. influences enseignement?	1.3.4. mode d'emploi?	1.4.4. nombre de pages		1.6.4. interprétation des comptes rendus
1.1.5. formation	1.2.5. influences présumées (non signalées dans la préface ou le texte)		1.4.5. remarques sur le nombre de pages		1.6.4.1. nombre de comptes rendus
1.1.6. postes			1.4.6. objectifs		
1.1.7. autres publications: références/sujets/ domaines	1.2.6. dimension polémique?		1.4.7. typologie objectifs/qualités (résumé)		1.6.4.2. critiques récurrentes
1.1.8. bio/bibliographique		1.4.8.	remarques sur la réalisation concrète des objectifs		1.6.4.3. teneur globale
1.1.9. conceptions linguistiques					

---

[1] En réalité, nous avions prévu encore un quatrième volet comportant une analyse sélective de certains aspects qui nous avaient paru dignes d'intérêt (e.a. le statut de l'article partitif et l'analyse des verbes pronominaux). Ces données n'ont cependant pas pu être intégrées dans notre étude.

2. OBJET DE LA GRAMMAIRE (MATIÈRE)	
2.1. langue	**2.2. rapports langue – grammaire**
2.1.1. définition «langue» [+ champ commentaire «langue»]	2.2.1. définition de la discipline «grammaire» + remarques
2.1.2. langue/parole: oui/non + commentaire (p. ex. citation)	2.2.2. l'aspect didactique?
2.1.3. forme/substance: oui/non + commentaire (p. ex. citation)	2.2.3. grammaire *vs* dictionnaire
2.1.4. synchronie/diachronie: oui/non (érigée en principe) + commentaire (p. ex. citation)	2.2.3.1. contenu des disciplines
	2.2.3.2. couverture «verticale» de la grammaire
2.1.5. renvois à d'autres langues dans le texte	2.2.4. volonté d'autonomisation?
2.1.6. exemples tirés d'autres langues	2.2.5. description/explication: constater et expliquer
2.1.7. rôle des autres langues	2.2.6. microstructure et énoncé des «règles»
2.1.8. «synchronie»: extension chronologique réelle (en théorie; dans l'exemplification) + siècle dominant	2.2.6.1. microstructure
	2.2.6.2. style
2.1.9. diachronie	2.2.6.3. souci de la définition? (cf. comptage dans *Access*)
2.1.9.1. extension	2.2.7. fondement empirique: corpus/exemplification
(a) latin (vulgaire)? formes? [ou seulement étymologie?]	2.2.7.1. source: exemples littéraires/dictionnaires/Académie/exemples forgés
(b) latin + ancien/moyen français? formes?	2.2.7.2. statut: valeur illustrative/démonstrative
(c) français classique (éventuellement opposé au français moderne)	2.2.8. normativité
(d) renvois vagues (sans indication de l'époque): «autrefois», «à l'origine», «une forme ancienne», …	2.2.9. influences de grammaires d'autres langues (latin/langue maternelle) L'expérience acquise pendant l'encodage des premières grammaires a permis de préciser le questionnaire pour l'établissement d'un liste de points «chauds»:
2.1.9.2. intégration	(1) cas [cf. l'allemand]
(1) dans le texte; (2) en petit texte; (3) en note; (4) dans un chapitre séparé	(2) le neutre comme 3e genre: adjectifs substantivés (*le beau*), *quelque chose, personne, il impersonnel*
2.1.9.3. rôle	(3) participe futur: *devant chanter*
2.1.10. la variation linguistique	(4) temps composés (= *avoir* + attribut du COD
2.1.10.1. théorisation/typologie (préface, chap. séparée)	(5) l'article défini comme démonstratif
2.1.10.2. variation linguistique dans l'exemplification	(6) l'article indéfini comme numéral
2.1.10.3. exploitation dans le texte (choix/rapport théorie-pratique/étiquettes)	(7) «conjugaison passive»: le passif faisant partie de la conjugaison (cf. formes simples)
2.1.11. le côté affectif *vs* rationnel du langage	

3. Articulation globale de la description

3.1. «ossature»

3.1.1. Subdivisions

Access: terminologie/terme standardisé/définition de l'auteur/page 1 à X/nombre de pages/pourcentage par rapport au total/nombre total de pages/remarques

- 3.1.1.1. syntaxe/morphologie
- 3.1.1.2. syntaxe/sémantique
- 3.1.1.3. grammaire/stylistique (rhétorique/esthétique)
- 3.1.1.4. dimension «pragmatique»

3.1.2. Unités et 3.1.3. Classification unités

Par *unités*, il faut entendre les différents *niveaux* du système linguistique, c'est-à-dire les éléments constitutifs de la langue et de sa description. Le cadre maximal de ce système comporte les unités suivantes (terminologie standardisée): *son, phonème, lettre, morphème, mot, syntagme, fonction, proposition, phrase, texte/discours*.

Ces unités font l'objet d'une *classification* dans les grammaires. Ces *classifications* figurent dans une table reliée à la TABLE UNITÉS, à savoir la TABLE CLASSIFICATION UNITÉS:

TABLE UNITÉS	TABLE CLASSIFICATION UNITÉS
	nom
	adjectif
mot	article
	pronom
	verbe
fonction	sujet, …
syntagme	syntagme nominal, etc.
proposition (intégration)	
proposition (nature)	
…	

Dans les deux tables, les aspects suivants ont été encodés:

Access: terminologie/terme standardisé/définition explicite [Y/N]/définition de l'auteur/remarques/critériologie

+ [unités:] étiquette classification [p. ex. «partie du discours»]
+ [classifications]: sous-catégorisation

3.2. questions spécifiques

- 3.2.1. méthode descriptive: procédures d'identification et critères de classification
- 3.2.2. analyse de la phrase
- 3.2.3. sens/forme
  - 3.2.3.1. remarques générales
  - 3.2.3.2. théorie
  - 3.2.3.3. terminologie
  - 3.2.3.4. passages onomasiologiques?
- 3.2.4. interface parties du discours/termes de la proposition
  - 3.2.4.1. syntagme
  - 3.2.4.2. emboîtement
  - 3.2.4.3. changement de classe
- 3.2.5. traces de l'analyse chapsalienne

pendant l'encodage du corpus, nous avons pu préciser le questionnaire:

(1) verbe attributif (décomposition)?
(2) procédure: compléter/paraphrases/retoucher des phrases qui semblent «incomplètes» (ce qui donne lieu à des phrases agrammaticales)
(3) opposition point de vue logique *vs* grammatical
(4) coordination de plusieurs sujets/objets/prédicats

- 3.2.6. le problème de «l'ellipse»
- 3.2.7. modélisation globale [= agencement global]
  – table des matières (simplifiée)
  – plan descendant/ascendant

3.1.3.1. Mots:	– morphologie/syntaxe
remarques d'ordre général: tentative de restructurer la classific. en pdd?; mot/morphème, etc.	3.2.8. formalisation
3.1.3.2. MORPHÈMES: remarques d'ordre général	3.2.9. visualisation graphique
3.1.3.3. SYNTAGMES: remarques d'ordre général	3.2.10. fréquence/quantification
3.1.3.4. FONCTIONS	3.2.11. rôle de la prosodie.
3.1.3.4.1. essentielles *vs* non essentielles?	
3.1.3.4.2. primaires *vs* secondaires?	
3.1.3.4.3. questions plus spécifiques: complément d'agent?, complément d'attribution?, dislocation et extraction?	
3.1.3.5. PROPOSITIONS	
3.1.3.5.1. parallélisme fonctions phrase simple – phrase complexe	
3.1.3.5.2. les propositions à verbe non fini [participiales (ablatif absolu)/propositions infinitives]	
3.1.3.5.3. la liaison des propositions: coordination, subordination, …	
3.1.3.6. PHRASES: rem. d'ordre général	
3.1.3.7. DISCOURS: rem. d'ordre général	

4. AUTRES REMARQUES
4.1. Remarques d'ordre global
4.2. Glanures

ANNEXE 3: FICHES (BIO-)BIBLIOGRAPHIQUES[1]

> On trouvera ici les informations bibliographiques de base des grammaires, complétées par les rééditions (année, numérotation, pagination si possible) [= ÉD], les publications connexes [= PC] et la littérature secondaire[2] [= LS], ainsi que les dates et la nationalité[3] des grammairiens.

(1) CLÉDAT, Léon. 1896. *Grammaire classique de la langue française.* **Paris: Le Soudier.**
- **auteurs:** Clédat (1851-1930, F)
- **ÉD:** 1896[1] (6; 377), 1896[2], 1908[4]
  Version augmentée de la *Grammaire raisonnée de la langue française.* Avec préface de Gaston Paris. Paris: Le Soudier. [16, 240 p.; 1894[1], 1894[2], 1894[3] (236 p.), 1896[5], 1907[4]]
- **LS:**
  - Colombat – Lazcano (éds 1998: 228-229; J.-Cl. Chevalier)
  - STJH (1996: 193-194; J. Bourquin)
  - Roman d'Amat. 1959. «Clédat (Léon)». In: *Dictionnaire de Biographie française* 8. 1416-1417.
  - 1930. *Bulletin de la Société historique er archéologique du Périgord.* 275.
  - Yvon, H. 1930. «Nécrologie». *Revue de Philologie fr. et de litt.* 42. 1-4. [avec bibliographie sommaire]
  - Bourquin, J. 1991. «Léon Clédat (1850-1930) et la Revue de Philologie Française». In: Huot (1991 éd.: 25-72) [avec bibliographie]
  - Bourquin, J. 2002. «L'apport de Clédat en syntaxe». *Modèles linguistiques* 23. 57-69.
  - Adriaensen, R. 1986. *Les contributions à la grammaire du français moderne de Léon Clédat dans la Revue de Philologie française et de littérature, inventaire et analyse.* Mémoire de licence. KULeuven. Faculté de Lettres.

(2) PLATTNER, Philipp. 1899-1908. *Ausführliche Grammatik der französischen Sprache. Eine Darstellung der modernen französischen Sprachgebrauchs mit Berücksichtigung der Volkssprache.* **Karlsruhe: Bielefeld.**
  I. Teil. *Grammatik der französischen Sprache für den Unterricht.*
  II. Teil. Ergänzungen. 1. Heft. *Wörterbuch der Schwierigkeiten der französischen Aussprache und Rechtschreibung mit phonetischer Bezeichnung der Aussprache*/2. Heft. *Formenbildung und Formenwechsel des französischen Verbums*/3. Heft. *Das Verbum in syntaktischer Hinsicht. Satzbau und Inversion, Konkordanz, Tempus- und Modusgebrauch, Infinitiv, Partizipien, Akkusativ mit dem Infinitiv*
  III. Teil. Ergänzungen. 1. Heft: *Das Nomen und der Gebrauch des Artikels in der französischen Sprache* /. Heft 2: *Das Pronomen und die Zahlwörter.*

---

[1] Pour le nombre de pages de chacune des grammaires du corpus, voir Ch. II, 1.3.1.

[2] Nous utilisons les abréviations suivantes:
– Colombat – Lazcano: Colombat, B. – Lazcano, É. éds 1998. *Corpus représentatif des grammaires et des traditions linguistiques.* Tome I. Paris: SHESL.
– STJH: Stammerjohann, H. éd. 1996. *Lexicon grammaticorum: who's who in the history of world linguistics.* Tübingen: Niemeyer.
– Huot éd. 1991: HUOT, H. éd. 1991. *La grammaire française entre comparatisme et structuralisme. 1870-1960.* Paris: Armand Colin.

[3] F = française; B = belge; CH = suisse; D = allemande; AUT = autrichienne; NL = Pays-Bays; GB: Grande-Bretagne.

IV. Teil: Ergänzungen. *Präpositionen und Adverbien mit Einschluss der Negation, sowie der Syntax des Adjektivs.*
V. Teil: Registerband. *Grammatisches Lexikon der französischen Sprache.*
- **auteurs:** Plattner (1847-1918, D)
- **ÉD:**
  - 1re édition: 1899 (I.), 1900 (II.1; 147 p.), 1902 (II.2; 222 p.), 1905 (III.1; 231 p.), 1906 (II.3; 155 p.), 1907 (III.2; 210 p.), 1907 (IV; 286 p.), 1908 (V; 542 p.; Freiburg: Bielefeld)
  - 2e édition: 1907 (I.), 1917 (II. 1; 154p.), 1917 (V.; 591p.), 1925 (III. 1; 210 p.)
  - 3e édition: 1912 (I; 464 p.)
  - 4e édition: 1920 (I; 464 p.)
  - 6e édition: 1957 (224 [ou 216?] p.) [«völlig umgearbeitete und erweiterte Auflage von J.Weber und J. Longerich»]
- **LS:**
  Niederländer, H. 1981. *Französische Schulgrammatiken und schulgrammatisches Denken in Deutschland von 1850 bis 1950. Ein Beitrag zur Lehrwerkanalyse.* Frankfurt a.M./Bern/Cirencester: Lang. p. 100-110, 67-77.

(3) HAAS, Joseph. 1909. *Neufranzösische Syntax.* Halle: Niemeyer.
- **auteurs:** Haas (1863-1929, F + D? + CH?) [né à Moulins (Fr.), fils de parents germano-suisses; enseignement secondaire déjà en grande partie en Allemagne]
- **ÉD:** aucune réédition repérée; un abrégé: 1924. *Kurzgefasste neufranzösische Syntax.* Halle/Saale: Niemeyer. (111p.)
- **LS:**
  - Rohlfs, G. 1930. «Zum Tode von Josef Haas». (journal 16 juillet; le nom du journal n'est pas lisible) [repris dans Universität Tübingen 27. Reden bei der Rektoratsübergabe am 30. April 1930. 30-32.]
  - 1929. *Die Schwäbische Merkur* 327. 6.
  - Drăganu, N. 1970. //f166 147//Joseph Haas//f166 148//. *Storia della sintassi generale.* 129-130.
  - Ihme, H. 1988. *Südwestdeutsche Persönlichkeiten. Ein Wegweiser zu Bibliographien und biographischen Sammelwerken.* 1. Teil. [2 Teile]. Stuttgart: W. Kohlhammer Verlag.
  - archives: Personalakte des Akademischen Rektoramtes (UAT 126/233) de l'université de Tubingue (Tübingen)

(4) ULRIX, Eugène. 1909. *Grammaire classique de la langue française contemporaine.* Tongres: Fr. Vranken-Dommershausen.
- **auteurs:** Ulrix (1876-1936, B)
- **ÉD:** 1909[1] (8, 208 p.), 1913[2] (8, 247 p.) [révision et refonte partielle], 1923[3], 1932[4], 1937[5]
- **PC:**
  - 1910. *Exercices français en rapport avec la grammaire classique de la langue fr. contemporaine.* Tongres: Collée. (VIII, 184 p.)
  - 1911. *Grammaire élémentaire de la langue française contemporaine, à l'usage des écoles normales primaires, des écoles moyennes et des classes de 7e et 6e des athénées et des collèges.* Tongres: Collée. 1911. (1920[2])
- **LS:**
  - Blancquaert, E. 1936. «In Memoriam Prof. Dr. Eug. Ulrix». In: *Handelingen van de Koninklijke Commissie voor Toponymie & Dialectologie* 10. 26-35 (avec portrait)
  - De Poerck, G. «Eugeen Ulrix (1878-1936)» [sic]. 1960. In: *Liber Memorialis 1913-1960. Faculteit der Letteren en Wijsbegeerte I*, 316-319. Gent: Uitgave van het Rectoraat.

- Ulrix, L. 1974. «Ulrix, Pierre Renier Eugène, hoogleraar, filoloog». In: *Nationaal biografisch Woordenboek* 6. Brussel: Paleis der Academiën.
- «Alumnus, In Memoriam E. Ulrix, specialist in Romaanse taalkunde» In: *De Standaard*, 27 juni 1936. (avec portrait)
- Willemyns, R. «Bij de dood van een vooraanstaand Vlaams geleerde, Prof. Dr. E. Ulrix». In: *Nieuw Vlaanderen*, 1936. (13 juin; article annoncé le 23 mai 1936, n° 21)
- De Poerck, G. 1936. *Revue belge de Philologie d'Histoire* 15. 1296-1299.
- De Seyn, E. *Dictionnaire biographique des Sciences, des Lettres et des Arts en Belgique*. t. 2. Bruxelles: l'Avenir. (4 lignes + bibliographie)
- Swerts, L. *Limburgs Letterkundig Lexicon in topologische volgorde*. Herk-de-Stad: Mikron.

(5) SONNENSCHEIN, **Edward Adolf. 1912.** *A New French Grammar. Based on the Recommendations of the Joint Committee on Grammatical Terminology.* **Oxford: Clarendon Press.**
  − **auteurs:** Sonnenschein (1851-1929, GB)
  − **ÉD:** 1912[1] (211 p.), 1932[2] (189p.)
  − **PC:** fait partie d'une série de grammaires à visée et à terminologie uniformes (Sonnenschein a d'ailleurs écrit en même temps une grammaire latine basée sur les mêmes principes).
  − **LS:**
    - Walmsley, J. 1991. «E.A. Sonnenschein and grammatical terminology». In: G. Leitner éd., *English Traditional Grammars*. Amsterdam/Philadelphia: Benjamins.
    - Somerset, E.J. 1900. *The birth of a University: A passage in the life of E. A. Sonnenschein*. Oxford: Shakespeare Head Press [Somerset = le fils de Sonnenschein] [cf. encore Somerset, Edward Jamie. 1934. *The Birth of a University* [i.e. Birmingham University]. *A passage in the life of E. A. Sonnenschein. By his son*, etc. [With a portrait.], Oxford: Blackwell. (24 p.)
    - Walmsley, J.B. 1988. «The Sonnenschein v. Jespersen controversy». In Fries U., Heusser M. éds. *Meaning and Beyond: Ernst Leisi zum 70. Geburtstag*, 253-281. Tübingen: Narr.
    - Walmsley, J. 1991. «E.A. Sonnenschein's *A New English Grammar*». In: R. Tracy (éd). *Festschrift for David Reibel*.
    - Walmsley, J. 1994. «Sonnenschein, Edward Adolf (1851-1929)». In: Asher, R.E. – Simpson, J.M.Y. (éds), *The Encyclopedia of Language and Linguistics*, 4049-4050. Oxford: Pergamon Press.
    - *The Times*, 3 sept. 1929. (nécrologie)
    - Sedgwick, W.B. 1930. «Sonnenschein, Edward Adolf (1851-1929). In: Weaver, J.R.M. (éd), *Dictonary of National Biography 1922-1930*, 796-798. Oxford: Oxford University Press (D.N.B.).
    - Vincent, E.W. – Hinton, P. 1947. *The University of Birmingham. Its History and Significance. Birmingham*: Cornish Brothers Ltd. [p. 24: photo de Sonnenschein; p. 102-103 biographie]

(6) LANUSSE, **Maxime** – YVON, **Henri. 1921.** *Cours complet de Grammaire française. À l'usage de l'enseignement secondaire classique. Grammaires et exercices.* **Grammaire complète. Classes de grammaire et classes supérieures. Paris: Belin.**
  − **auteurs:** Lanusse (1853-?, F), Yvon (1873-1963, F)
  − **ÉD:**
    - 1re édition: 1914[1] (élém., 8, 261 p.), 1914[1] (prép., 168 p.), 1921[1] (gr.compl., 6, 336 p.), 1926[1] (6e, 213 p.);

- rééditions: 1925[3] (élém., 8, 264 p.); 1926[4] (compl., 6, 336 p.); 1934[11] (compl., 6, 336 p.); 1935[12] (compl., 6, 336 p.); v. 1943[13] (compl., 6, 336 p.); 1947[15] (compl. 336 p.)
- **PC**: Collection, divisée en niveaux: *Classes préparatoires/Grammaire. Classes élémentaires/Grammaire. Classe de Sixième.*
+ Exercices:
    - Lanusse, M. – Yvon, H. 1914. *Exercices. Classe de Huitième.* Paris: Belin. (96 p.)
    - Lanusse, M. – Yvon, H. 1915. *Exercices. Classe de Septième.* Paris: Belin. (156 p.)
    - Garinot, L.. 1922. *Exercices. Classes de sixième et de cinquième.* Paris: Belin. (192 p.)
    - Lanusse, M. – Yvon, H. 1923. *Exercices sur la grammaire française. Classes de quatrième et de troisième.* Paris: Belin. [235 p; 6e éd. en 1935; 8e éd. en 1947 (235 p.)]
- **LS**:
    - Colombat – Lazcano (éds 1998: 246-247; Julien)
    - Wagner, R.-L. 1964. «Henri Yvon 1873-1963». *FM* 31. 81-84.
    - Lecoy, F. 1964. *Romania* 85 (nécrologie de Yvon dans la chronique). 139.
    - Dupont-Ferrier. 1922. *Du collège de Clermont au Lycée Louis-le-Grand.* Paris: De Boccard. [e.a. sur Lanusse]

(7) **STROHMEYER, Fritz. 1921.** *Französische Grammatik auf sprachhistorisch-psychologischer Grundlage.* **Leipzig/Berlin: Teubner. [Teubners philologische Studienbücher]**
- **auteurs:** Strohmeyer (1869-1957, D)
- **ÉD:** 1921[1] (6, 298 p.), 1929[2] (6, 298 p.), 1949[3] (8, 292 p.)
- **PC:** exercices:
Strohmeyer, F. 1921. *Französisches Hilfsbuch für Studierenden. Aufgaben mit Lösungen zur französischen Grammatik auf sprachhistorisch-psychologischer Grundlage.* Berlin: Teubner (100 p.).
Remarque: Strohmeyer a publié de nombreuses grammaires scolaires (avec des refontes).
- **LS**:
    - Niederländer, H. 1981. *Französische Schulgrammatiken und schulgrammatisches Denken in Deutschland von 1850 bis 1950. Ein Beitrag zur Lehrwerkanalyse.* Frankfurt a.M./Bern/Cirencester: Lang. p. 100-110.
    - Manzke, P.-G. 1949. «Fritz Strohmeyer». *Neuphilologische Zeitschrift* 1. 77-78.
    - archives de la Humboldt-Universität de Berlin

(8) **BRUNOT, Ferdinand. 1922.** *La pensée et la langue. Méthode, principe et plan d'une théorie nouvelle du langage appliquée au français.* **Paris: Masson.**
- **auteurs:** Brunot (1860-1938, F)
- **ÉD:** 1922[1] (36, 955 p. (errata 1 p. n.n.)), 1926 ou 1927[2], 1936[3] (982 p. revue), 1953[3b] (36, 982 p., 2e tirage).
- **LS**:
(a) nécrologies, dictionnaires biographiques, etc.:
    - Colombat – Lazcano (éds 1998: 241; Julien)
    - Bonnerot, J. 1938. «Bibliographie de Ferdinand Brunot». In: *Annales de l'Université de Paris* 13. 113-123. [Huot s'en inspire, mais fait abstraction de certains rapports et discours]
    - STJH (1996; J.-Cl. Chevalier)
    - Louis, G. éd. 1990. *Les Vosgiens célèbres. Dictionnaire biographique illustré.* Vagney: G. Louis. 162-163.
    - *Dictionnaire de Biographie française*, tome 7, col. 564.
    - Choley, Cl. 1988. *Inventaire bibliographique et catalogue raisonné des ouvrages du seizième siècle du fonds Brunot.* Thèse de doctorat, Univ. de Tours.

- Antoine, G. 1986. «Ferdinand Brunot: L'homme et l'œuvre». *Bulletin de la Société philomatique vosgienne* 89. 33.
- Bruneau, Ch. 1938. «Ferdinand Brunot, 1860-1938». *Revue universitaire*.
- «Hommage à Ferdinand Brunot». *Annales de l'Université de Paris* [avec bibliographie].
- Charle, Chr. 1985. *Dictionnaire biographique des universitaires aux XIXe et XXe siècles*. Vol. 1. *La Faculté des Lettres de Paris (1809-1908)*. Institut National de Recherche Pédagogique: Editions du CNRS. 37-38.

(b) contributions de J.-Cl. Chevalier:
- 1990. «La place de la définition dans *La Pensée et la Langue* de F. Brunot (1922). Sept remarques». In: J. Chaurand – F. Mazière éds, *La définition*, 78-83. Paris: Larousse.
- 1990. «Syntaxe et sémantique en grammaire. Histoire d'une méprise: F. Brunot et Ch. Bally». In: R. Liver – I. Werlen – P. Wunderli éds, *Sprachtheorie und Theorie der Sprachwissenschaft. Geschichte und Perspektiven. Festschrift für Rudolf Engler zum 60. Geburtstag*, 95-107. Tübingen: Narr.
- 1990. «Ferdinand Brunot 1860-1938. La diffusion du français dans l'Histoire de la langue française 1905-1937. Étude de la méthode d'analyse». *Études de linguistique appliquée* 78. 109-116.
- 1991. «Ferdinand Brunot (1860-1937), La pensée et la Langue». In: H. Huot (éd. 1991: 73-114).
- 1992. «L'Histoire de la Langue française de F. Brunot». In: P. Nora éd., *Les lieux de Mémoire* vol. 3/2, 420-459. Paris: Gallimard.
- 1994. «F. Brunot (1860-1937). La fabrication d'une mémoire de la langue». *Langages* 114. 54-68.
- 1994. «F. Brunot et la norme». In: D. Baggioni – E. Grimaldi éds, *Genèse de la (des) norme(s) linguistique(s). Hommage à Guy Hazaël-Massieux*, 155-161. Aix-en-Provence: Publications de l'Univ. de Provence.

(c) autres
- Melis, L. – Swiggers, P. 1992. «Ferdinand Brunot contre la sclérose de la grammaire scolaire». *CFS* 46. 143-158.
- Melis, L. 1994. «La pensée et la langue en marge des grammaires». In: J. De Clercq – P. Desmet éds. *Florilegium historiographiae linguisticae. Études d'historiographie de la linguistique et de grammaire comparée à la mémoire de Maurice Leroy*, 431-445.
- Swiggers, P. 1992. «La grammaire des Académiciens prise d'assaut: un exemple de 'récurrence différentielle' dans l'histoire de la grammaire française». *Travaux de Linguistique et de Philologie* 30. 125-137.
- Lagane, R. 1972. «Science du langage et pédagogie dans l'œuvre de Ferdinand Brunot». *Langue française*. 99-116.
- Stéfanini, J. 1973. «Relecture de Brunot (1922)». *FM* 41. 419-423.
- Besse, H. 1995. «Ferdinand Brunot, méthodologue de l'enseignement de la grammaire du français». *HEL* 17. 41-74.

(9) RADOUANT, René. 1922. *Grammaire française*. Paris: Hachette
- **auteurs:** Radouant (1862-?, F)
- **ÉD:** 1922[1] (8, 295 p.), 1929[8] (8, 295 p.), 1945[s.n.], 1946[s.n.], 1951[s.n.] (8, 296 p.)
- **PC:** exercices

Radouant, R. 1924. *Exercices sur la grammaire française*. Paris: Hachette. (197p.) [Réédition en 1951(VIII-197 p.)].

Radouant, R. 1926. *Exercices sur la grammaire française. Classes de 4ᵉ et de 3ᵉ*. Corrigés. Paris: Hachette. (IX, 196 p.)
- **LS:** Colombat – Lazcano (éds 1998: 249-250; Karabétian)

(10) ENGWER, Theodor – LERCH, Eugen. 1926. *Französische Sprachlehre*. Bielefeld/Leipzig: Velhagen – Klasing.
- **auteurs:** Engwer (1861-1944, D), Lerch (1888-1952, D)
- **ÉD:** 1926[1] (8, 227 p.), 1927[2] (8, 210 p.) [Gekürzte Ausgabe, mit zwei Bildtafeln zur Lautlehre], 1930[4] (8, 210), 1935[5], 1942[6] (210 p.)
- **PC:** la dernière partie de Engwer – Jahnke – Lerch, *Französisches Unterrichtswerk*
- **LS:**
  - Niederländer, H. 1981. *Französische Schulgrammatiken und schulgrammatisches Denken in Deutschland von 1850 bis 1950. Ein Beitrag zur Lehrwerkanalyse*, 111-118. Frankfurt a.M./Bern/Cirencester: Lang.
  - Engwer, Th. 1951. «AVOIR und ÊTRE als Hilfsverben bei Intransitiven». *Romanische Forschungen* 63. 79 pp. [publication posthume d'un article; la note infrapaginale (p. 79) contient quelques données biographiques].
  - archives de la Humboldt-Universität de Berlin [sur Engwer]
- sur LERCH:
  - Elwert, W.T. «Lerch, Eugen». *Neue Deutsche Biographie*. 310-311.
  - STJH (1996; J. Albrecht)
  - Schon, P.M. 1952. *Antares* I.
  - Schramm, E. 1952. *Romanistisches Jahresbericht* 5. 56-58.
  - Bruneau, Ch. – Schon, P.M. 1955. *Studia Romanica. Gedenkschrift für E.L.* [avec nécrologie par E. Schramm, p. 5-21. + bibliographie complète.]
  - Hallig, R. 1953. *Bulletin Bibliographique de la Société Arthurienne* 5. 104.
  - Christmann, H.H. 1974. *Idealistische Philologie und Moderne Sprachwissenschaft*. 39-42.
  - Iordan, I. – Orr, J. 1970. *An introduction to Romance linguistics. Its schools and scholars*. [revue par R. Posner; surtout p. 128-132].

(11) DAMOURETTE, Jacques – PICHON, Edouard. 1927 [1930] - 1956. *Des Mots à la Pensée. Essai de Grammaire de la Langue Française*. Paris: d'Artrey. [= D&P]
Tomes:
  T1: -
  T2: *Adjectif nominal. Adverbe. Interjection. Phrase nominale*
  T3: *Morphologie du verbe. Structure de la phrase verbale. Infinitif*
  T4: *Participe, propositions subordonnées, impératif, interrogation, verbe unipersonnel*
  T5: *Verbe (fin). Auxiliaires. Temps. Modes. Voix*
  T6: *Factivité strumentale, discordance et forclusion, assiette, personne, quantité*
  T7: *Adjectifs et adverbes de quantité, mots de liaison, prépositions, conjonctions, pronoms relatifs ...*
  Glossaire des termes spéciaux ou de sens spécial employés dans la Grammaire
  Table analytique, liste des témoins oraux, liste des auteurs cités/Table des auteurs cités à titre d'exemples grammaticaux.
- **auteurs:** Damourette (1873-1943, F), Pichon (1890-1940, F)
- **ÉD:**
  - 1ʳᵉ édition: 1927 [1930; 674 p.], 1930 [1931; 537 p.], 1933 [1933; 715 p.], 1934 [1935; 626 p.], 1936 [1936; 861 p.], 1940 [1943; 743 p.], 1940 [1949; 418 p.], 1950 [16 p.], 1952 [77 p.], 1956 [tables, 47 p.]
  Au total: 8; 4714 p.

- Réimpression: 1968 (T1 à T2), 1969 (T3 à T4), 1970 (T5 et T6), 1971 (T7 et T8, comptant 139 p. et réunissant les tables et index)
- 2ᵉ réimpression: 1983 (tout)
- **LS:**
  - Colombat – Lazcano (éds 1998: 257-260; Huot)
  - Huot, H. 1991. «Jacques Damourette (1873-1943) et Édouard Pichon (1890-1940). Des mots à la pensée. Essai de grammaire de la langue française». In: Huot (éd. 1991: 155-200) [avec bibliographie]
- (a) études discutant l'un ou l'autre aspect de leurs conceptions linguistiques
  - Arrivé, M. 1967. *Langages* 7. 34-57.
  - 1982-1983. *Tradition grammaticale et linguistique: l'Essai de grammaire de la langue française de Jacques Damourette et Édouard Pichon. Travaux de linguistique* 9-10. [numéro thématique]
  - Portine, H. dir. 1996. *Actualité de Jacques Damourette et Édouard Pichon. Langages* 124. [numéro thématique]
  - R. Rohrbach a étudié la terminologie de D&P dans plusieurs études:
    - 1989. *Le défi de la description grammaticale, les propositions subordonnées dans l'Essai de grammaire de la langue française de Damourette et Pichon. Présentation critique d'une grammaire synchronique*. Univ. Bonn. Instit. für Sprachwissenschaft. Arbeitspapier 29.
    - 1989. «La terminologie de l'Essai de grammaire de la langue française de Damourette et Pichon». *Travaux neuchâtelois de linguistique*, 14. 45-58.
    - 1990. «Glossaire des termes spéciaux de Damourette et Pichon». *CFS* 44. 141-193.
  - Bechraoui, M.F. 1990. *Thèse de doctorat sur Damourette et Pichon, Tesnière et Guillaume. Thèse de doctorat de linguistique théorique et formelle*. Univ. Paris VII. [sous la direction de J.-Cl. Chevalier].
  - Bechraoui, M.F. 1994. «Théorie et système syntaxiques dans l'Essai de Grammaire de Damourette et Pichon: Analyse métathéorique». *Travaux de linguistique* 28. 5-38.
  - Sliwa, D. 1983. «L'ellipse dans quelques grammaires françaises du XXᵉ siècle». *Histoire Epistémologie Langage* 5. 95-102.
- (b) sur PICHON en particulier:
  - STJH (1996: 727-728; Arrivé)
  - «Colloque Édouard Pichon (1850-1940), pédo-psychiatre, psychanalyste et linguiste: grammaire et psychanalyse», Cery, 1991.
  - Bibliographie: deux brochures qui se trouvent à la BN [d'après Huot (1991: 192)]
  - Pichon, É. 1933. *Exposé des titres et travaux scientifiques*. Paris: Arnette. (111 p.)
  - Pichon, É. 1937. *Titres et travaux linguistiques*. Paris. [sans nom d'éditeur] (32 p.)
  - Arrivé, M. 1994. *Langage et psychanalyses, linguistique et inconscient: Freud, Saussure, Pichon, Lacan*. Paris: Presses universitaires de France. pp. 137-158.
  - Arrivé, M. 1989. «Pichon et Lacan: quelques lieux de rencontre». *HEL* 11, 2. 121-140.
- (c) sur DAMOURETTE:
  - STJH (1996: 219; Arrivé)
  - Dauzat, A. «Jacques Damourette». 1946. *FM*. 5-6.

(12) REGULA, Moritz. 1931. *Französische Sprachlehre auf biogenetischer Grundlage. Für Realgymnasien, Realschulen und verwandte Lehranstalten Oberstufe 5.-8. Klasse.* Reichenberg: Stiepel.
  - **auteurs:** Regula (1888-vers 1978, AUT)

- **ÉD:** pas de rééditon repérée: 12 + 20; 249 p.; refonte + traduction: 1936. *Précis de grammaire française sur une base historique et psychologique*. Reichenberg: Stiepel.
- **PC:** se rattache à l'*Unterrichtswerk* de Hermann Stanger et Hugo Stern (1931: III) dont proviennent en grande partie les exemples (1931: V). Mais grâce à la contextualisation des exemples, la grammaire peut être utilisée de façon autonome (1931: V).
- **LS:** archives de l'université de Graz

(13) An. [HERMANT, Abel?]. 1932. *Grammaire de l'Académie française*. Paris: Firmin-Didot
- **auteurs:** Hermant (1862-1950, F)
- **ÉD:** éditions: 1932^1 (10, 252 p.), 1933^2 (11, 264 p.), $1934^{2?}$ [sources: Bibliogr. anal. et Guide bibliogr.]
- **LS:**
  - Colombat – Lazcano (éds 1998: 250-251; Karabétian)
  - Swiggers, P. 1992. «La grammaire des Académiciens prise d'assaut: un exemple de 'récurrence différentielle' dans l'histoire de la grammaire française». *Travaux de Linguistique et de Philologie* 30. 125-137.
  - Rat, M. 1963. *Grammairiens et amateurs de beau langage*. 251-254.
  - Jaloux, E. 1928. «M. Abel Hermant à l'Académie française». *Revue de Paris* 35, 4 (15 février). 899.
  - Thérive, A. 1926. *Essai sur Abel Hermant*. Paris: Le livre.
  - Peltier, R. 1924. *Abel Hermant: son œuvre*. Paris: La Nouvelle revue critique.
  - Kuppens, G. 1972. *Le purisme d'Abel Hermant*. Leuven: KULeuven. Faculteit letteren en wijsbegeerte. [mémoire de licence]
  - Keirsebilck, D. 1970. *La description de l'œuvre d'Abel Hermant: les premiers romans, 1884-1888*. KULeuven. Faculteit letteren en wijsbegeerte. [mémoire de licence]

(14) MICHAUT, Gustave – SCHRICKE, Paul. 1934. *Grammaire française. Cours complet*. Paris: Hatier.
- **auteurs:** Michaut (1870-1946, F), Schricke (vers 1896-?, F)
- **ÉD:** 10; 596 p.; aucune réédition/réimpression repérée
- **PC:** même ouvrage, sous un autre titre:
  1934. *Description de la Langue française* [d'après Glatigny, *Travaux de Linguistique* 12-13, p. 144; cf. aussi catalogue BN; même nombre de pages]
  + 1935. *Grammaire française. Classes de 6e, 5e et 4e*. (220 p.).
  + 1935. *Exercices sur la grammaire française. Classe de 6e, 5e et 4e*. Paris: Hatier. (I-420 p.)
- **LS:**
  - Colombat – Lazcano (éds 1998: 253-254; Karabétian)
  - Charle, Chr. 1985. *Dictionnaire biographique des universitaires aux XIXe et XXe siècles. Vol. 1. La Faculté des Lettres de Paris (1809-1908)*, 158-159. Institut National de Recherche Pédagogique: Éditions du CNRS. [sur Michaut]
  - Guige, A. 1935. *La Faculté des Lettres de l'Université de Paris. Depuis sa fondation (17 mars 1808) jusqu'au 1er janvier 1935*, 316-318. Paris: Alcan.
  - Charle, Chr. 1994. *La république des universitaires. 1870-1914*. Paris: Seuil. [pp. 205-206, 210: à propos de la nomination de Michaut à Paris]

(15) LE BIDOIS, Georges – LE BIDOIS, Robert. 1935-1938. *Syntaxe du français moderne. Ses fondements historiques et psychologiques*. Paris: Picard. [2 vols].

T.1: *Prolégomènes, les articles, les pronoms, théorie générale du verbe, les temps, les modes.*
T.2: *L'ordre des mots dans la phrase. L'accord. Syntaxe des propositions. Les propositions subordonnées. Les mots-outils. Paragrammaticales.*
- **auteurs:** G. Le Bidois (1863-vers 1945/1950, F), R. Le Bidois (1897-1971, F)
- **ÉD:**
    - 1re édition: 1935 (I, 16, 546 p.), 1938 (II, 11, 778 p.)
    - 2e édition: 1968 (I; 1967 cop.; 10, 794 p., revue et complétée), 1968 (II; 1967 cop.; 20, 560 p. revue et complétée)
- **LS**
    - Colombat – Lazcano (éds 1998: 260-261; Karabétian)
    - Gougenheim, G. 1972. «Robert Le Bidois». *FM* 40. 176.

(16) GAIFFE, Félix – MAILLE, Ernest – BREUIL, Ernest – JAHAN, Simone – WAGNER, Léon – MARIJON, Madeleine. 1936. *Grammaire Larousse du XXe siècle. Traité complet de la langue française.* **Paris: Larousse.**
- **auteurs:** Gaiffe [pseudonyme de Félix A. Guillaume, 1874-1934, F), Maille (vers 1890-?, F), Jahan (vers 1907-?, F), Wagner (1905-1982, F), Marijon (1904-?, F)
- **ÉD:** 1936[1] (0, 467 p.), 1936 [après 1939] (0, 468 p.; réimpression], 1950 (468 p.)
- **LS:**
    - Colombat – Lazcano (éds 1998: 254-256; Karabétian)
    - sur GAIFFE:
    Charle, Chr. 1985. *Dictionnaire biographique des universitaires aux XIXe et XXe siècles. Vol. 1. La Faculté des Lettres de Paris (1809-1908)*, 95-96. Institut National de Recherche Pédagogique: Éditions du CNRS.
    - sur WAGNER
    Antoine, G. 1982. «Robert-Léon Wagner 1905-1982». *FM* 50. 189-190.
    Swiggers, P. 1982 [1984]. «Robert-Léon Wagner». *Onoma* 26. 384-386.

(17) GREVISSE, Maurice. **1936.** *Le Bon Usage. Cours de grammaire française et de langage français.* **Gembloux: Duculot.**
- **auteurs:** Grevisse (1895-1980, B)
- **ÉD:** 1936[1] (704 p.), 1939[2] (778 p.), 1946[3] (880 p.) [aussi Paris: Geuthner], 1949[4] (952 p.), 1953[5] (1022 p.), 1955[6] (1047 p.) [+ nouveau sous-titre: *Grammaire française avec des remarques sur la langue française d'aujourd'hui*], 1959[7] (1156 p.), 1964[8] (1192 p.) [Geutner --> Hatier], 1969[9] (1228 p.), 1975[10] (1322 p.) [Hatier disparaît], 1980[11] (1519 p.), 1986[12] (1768 p. revue par Goosse), 1993[13].
- **PC:**
    - 1939. *Précis de grammaire française. À l'usage des écoles moyennes et des classes inférieures des humanités et des écoles normales.* [de nombreuses rééditions]
    - une série de manuels qui se rattachent plutôt au *Précis* (1939)
- **LS:**
    - 1966. *Mélanges de grammaire française offerts à M. Maurice Grevisse pour le 20e anniversaire du Bon Usage.* Duculot: Gembloux. [introduction biographique et bibliographie (6 pages) par F. Desonay]
    - 1967. *Manifestation d'hommage à M. Maurice Grevisse. Namur, le 22 octobre 1966.* Gembloux: Duculot.
    - Lieber, M. 1986. *Maurice Grevisse und die französische Grammatik. Zur Geschichte eines Phänomens.* Bonn: Romanistischer Verlag.

- «Grevisse Maurice». Texte extrait de l'ouvrage *Cent Wallons du siècle*. Institut Jules Destrée, Charleroi (1995). [voir http://www.wallonie-en-ligne.net/1995_Cent_ Wallons/Grevisse_Maurice.htm]
- http://www.habay.be [rubrique histoire/personnalités]
- Hesse, B. 1979. «Sprachliche Normen im Spiegel verschiedener Auflagen des 'Bon Usages' von M. Grevisse». In: R. Kloepfer *et al.* éd., *Bildung und Ausbildung in der Romania* 2, 279-291.
- 1985-1986. *Tradition grammaticale et linguistique: Le Bon Usage de M. Grevisse*. (Actes d'un colloque). *Travaux de linguistique* 12-13.
- De Bruyn, R. 1983. *Structure et évolution du «Bon usage» de Maurice Grevisse* [mémoire dactylographié, VUB; dir. M. Wilmet, qui en parle dans la présentation du numéro spécial de *Travaux de linguistique* 1985-1986].

(18) BRUNEAU, Charles – HEULLUY, Marcel. 1937. *Grammaire pratique de la langue française à l'usage des honnêtes gens*. **Paris: Delagrave.**
- **auteurs:** Bruneau (1883-1969, F), Heulluy (< 1892-?, F)
- **ÉD:**
  - 1re édition: 1935 (6a + 6b, 288 (287) p. [titre: *Nouveau cours de grammaire*], 1936 (5a + 5b; 416 p.) [titre: *Grammaire française et exercices*], 1937, 506 p.; titre: *Grammaire pratique* [= l'ouvrage analysé], 1937 (4a + 4b + lettres, 506 p.),
  - 01$^+$ édition: 1938 (*Gramm. pratique* ...), 1943 (1939, 506 p., *Gramm. pratique* ...), 1947 (4e+3^e+lett.+EPS 2e+3^e; 0, 506 p.; titre: *Grammaire française. 4e, 3e et cl. de Lettres*), 1950 (4e + 3^e + lettres, 30e mille), 1950 (5e, 416 p., *Nouveau cours de grammaire. Grammaire française*), 1955 (6e édition?)
- **PC:** même ouvrage, sous un autre titre:
1937. *Nouveau cours de grammaire. Grammaire française. Classe de quatrième A et B et classes de lettres*. (506 p.)
Devient en 1947: *Grammaire française. 4e, 3e et classes de lettres; 2e et 3e annnée des écoles primaires supérieures* (506 p.)
Fait partie d'une collection de manuels:
Bruneau – Heulluy. *Nouveau cours de grammaire* [d'après les programmes du 7 mai 1931]
  - 1935. *Grammaire française et exercices*. Classe de 6e A et B. (1 vol)
  - 1936. *Grammaire française et exercices*. Classe de 5e A et B (1 vol)
  - 1936. *Grammaire française, classes de 4e A et B et classes de lettres* (1 vol) (416 p.)
+ exercices publiés séparément: 1938. *Exercices de grammaire française. Nouveau cours de grammaire. Classe de quatrième A et B et classes de lettres. Lycées et collèges de garçons et de jeunes filles* (270 p.) [réimpr. en 1950]
- **LS:**
  - Colombat – Lazcano (éds 1998: 265-266; Karabétian)
  - sur BRUNEAU:
    - Charle, Ch. 1985. *Dictionnaire biographique des universitaires aux XIXe et XXe siècles. Vol. 1. La Faculté des Lettres de Paris (1809-1908)*. Institut National de Recherche Pédagogique: Éditions du CNRS. p. 42-44.
    - Guige, A. 1935. *La Faculté des Lettres de l'Université de Paris. Depuis sa fondation (17 mars 1808) jusqu'au 1er janvier 1935*. Paris: Alcan. p. 325-327.
    - *Who's Who* (1960).
    - Vaillant, Ph. 1969. «Charles Bruneau». *Revue historique ardennaise*. 96-99.
    - *Le Monde*, 6 et 7 août 1969. 11, 7.

- 1954. *Mélanges de linguistique française offerts à Charles Bruneau.* Genève: Droz. [avec bibliographie]
- Parent, M. 1969. «Chronique. Nécrologies.» [sur Ch. Bruneau]. *Revue de linguistique romane* 33. 463-464.

(19) BLOCH, Oscar – GEORGIN, René. 1937. *Grammaire française*. Paris: Hachette.
- **auteurs:** Bloch (1877-1937, F), Georgin (1888-1978, F)
- **ÉD:**
    - 1re édition: 1936 (6e + 5e, 176 p.), 1937 (Gr. franç., 6, 290 p.), 1937 (4e + sup., 6, 290 p.)
    - 1+ édition: 1945 (4e + sup., 6, 290 p.), 1951 (6e + 5e, 188 p.), 1952, 1955 (6e + 5e; réimpr., 188 p., le cop. est de 1936), 1960 (4e + sup., 6, 290 p.),
    - 1950[8] (4e + sup., 6, 290 p.), 1951[9] (4e + sup., 6, 290 p.)
- **PC:**
Même ouvrage sous un autre titre: 1937. *Grammaire française. Classes de 4e et classes supérieures.*
Fait partie d'une collection, divisée en niveaux (mêmes auteurs)
    - Grammaires
    1936. *Grammaire française. Classes de 6e et de 5e.*
    1937. *Grammaire française. Classes de 4e et classes supérieures.* [même ouvrage sous un autre titre]
    - *Exercices sur la grammaire française.* [+ chaque fois un livret de corrigés]
    1936. *Classe de sixième.* [9e éd. en 1950]
    1936. *Classe de cinquième.* [encore rééd. en 1950]
    1938. *Classes de 4e et de 3e.* [encore rééd. en 1950]
- **LS:**
    - Colombat – Lazcano (éds 1998: 262-263; Karabétian)
    – sur BLOCH
    - Guige, A. 1935. *La Faculté des Lettres de l'Université de Paris. Depuis sa fondation (17 mars 1808) jusqu'au 1er janvier 1935.* Paris: Alcan. 331-332.
    - A.D. [A. Dauzat]. «Oscar Bloch». *FM* 1937. 206.
    - *Romania* 1937. 556-557.
    - *Dictionnaire de Biographie française*, Tome 6, col. 683.
    - Louis, G. 1990 éd. *Les Vosgiens célèbres. Dictionnaire biographique illustré.* Vagney: G. Louis.
    – sur GEORGIN
    - *Le Monde*, 16 mars 1978, p. 28 (nécrologie)
    - *Le Figaro*, 15 mars 1978 (nécrologie)

(20) GOUGENHEIM, Georges. 1938. *Système grammatical de la langue française. Manuel de morphologie et de syntaxe descriptives*. Paris: d'Artrey.
- **auteurs:** Gougenheim (1900-1972, F)
- **ÉD:** 1938[1] (373 p.), 1939[1] + (373 p.), 1962[1b] [nouveau tirage, identique, sauf p. 369-374], 1969[1c] (nouveau tirage)
- **LS:**
    - Pinchon, J. 1991. «Georges Gougenheim (1900-1972). Traditionalisme et Modernité». In: Huot (éd. 1991: 257-311).
    - Gougenheim, G. «Préface» [par le comité de publication]. 1970. In: G. Gougenheim, *Études de grammaire et de vocabulaire français*. XIII-XVI.
    - Chiss, J.L. 1982. «Le «structuralisme» de Georges Gougenheim: la linguistique française entre la philologie et le modèle phonologique». *LINX* 6. [repris dans Chiss

- Puech, 1997², *Fondations de la linguistique*, 169-183. Louvain-la-Neuve: Duculot.]
- STJH (1996; M. Arrivé)
- Arrivé, M. – Chevalier, J.-C. 1970. *La grammaire*. Paris. 171-182 (1975²)
- Dahan, G. 1985. *Dictionnaire de Biographie française*. t. 16. 706-707.
- Schuhl, P.M. 1973. *Revue philosophique* 163. 507-508.
- Malkiel, Y. 1973-74. *Romance Philology* 27. 58-61.
- Régnier, Cl. 1973. *Romania* 94. 140-141.
- Michéa, R. 1972. *Cahiers de Lexicologie* 21. 3-7.
- Rivenc, P. 1974. *Le Français dans le Monde* 103. 7-10. [avec photo]
- Dubois, J. 1971. *Journal de Psychologie*. 213.

(21) GALICHET, Georges. 1947. *Essai de Grammaire psychologique*. Paris: P.U.F.
 – **auteurs:** Galichet (1904-1992, F)
 – **ÉD:** 1947¹ (16, 224 p.), 1950² (16, 228).
 – **LS:** Colombat – Lazcano (éds 1998: 271-272; Maillard)

(22) DAUZAT, Albert. 1947. *Grammaire raisonnée de la langue française*. Lyon: IAC.
 – **auteurs:** Dauzat (1877-1955, F)
 – **ÉD:** 1947¹ (465 p.), 1947² (481 p., revue et augmentée d'un index), 1948² (482 p.), 1952³ (482 p., corrigée et remise à jour), 1956⁴ (482 p.), 1958⁵.
 – **LS:**
  - [1951]. *Mélanges offerts à Albert Dauzat*. Paris: d'Artrey. [avec «Notice biographique», photo et bibliographie (sélective)]
  - *Actes [du] Colloque Albert Dauzat et le patrimoine linguistique auvergnat*, 5-6-7 novembre 1998, Thiers. 2000. Thiers: Parc naturel régional Livradois-Forez. [Voir les contributions de Mazaleyrat, de Bergounioux et surtout celle de Chanet pour des informations biographiques.].
  - Swiggers, P. 2001. *Albert Dauzat et la linguistique (romane et générale) de son temps. Revue de linguistique romane* 65. 33-74.
  - STJH. (1996; Chambon).
  - Roques, M. 1955. *Romania* 76. 545-546.
  - *FM*. 1955.
  - Rostaing, C. 1971. «A.D.». *L'Auvergne litt., artistique et hist.* 211. 45-7.
  - «Albert Dauzat». In: M. Rat, *Grammairiens et amateurs du beau langage*. 276-279.

(23) DE BOER, Cornelis. 1947. *Syntaxe du français moderne*. Leyde: Universitaire Pers Leiden.
 – **auteurs:** de Boer (1880-1957, NL)
 – **ÉD:** 1947¹ (352 p.; de 243 à 327: subj.), 1954² (282 p.; 2ᵉ édition entièrement revue, révisée et modifiée).
 – **LS:**
  - Colombat – Lazcano (éds 1998: 267-268; Karabétian)
  - Kukenheim, L. E. 1957. *Jaarboek Rijksuniversiteit Leiden* (édition 1957). 128-129. [avec photo]
  - 1975. «Boer, Cornelis de». In: *Album scholasticum academiae lugduno-batavae MCMXL-MCMLXXIV*. Leiden: Leidsch Universiteitsfonds. 10-11.
  - Brugmans, H. – Scholte, J.H. – Kleintjes, Ph. 1932. *Gedenkboek van het Atheneum & de Universiteit van Amsterdam*, 1632-1932, 552-553. Amsterdam: Stadsdrukkerij.

(24) VON WARTBURG, Walther – ZUMTHOR, Paul. 1947 *Précis de syntaxe du français contemporain.* Bern: Francke.
- **auteurs:** von Wartburg (1888-1971, CH allemande), Zumthor (1915-1995, CH romande)
- **ÉD:** 1947[1] (8, 356 p.), 1958[2] (400 p., entièrement refaite), 1973[3], 1989[4] (400 p.)
- **LS:**
- sur ZUMTHOR
  - Varga, S.A. 1996. *Levensberichten en herdenkingen.* Amsterdam: Koninklijke Nederlandse Akademie van Wetenschappen. Amsterdam: Koninklijke Nederlandse Akademie van Wetenschappen. [avec photo]
  - sur ses maîtres et le début de ses recherches: Zumthor, P. 1980. *Parler du moyen âge.*
  - *Le Nombre du Temps: Mélanges en hommage à Paul Zumthor.* Nouvelle Bibliothèque du Moyen Âge 12. Paris: Champion, 1988. [photo; «Paul Zumthor: (auto)-biographie», pp. 1-2; «Bibliographie chronologique de 1943 à 1987», pp. 3-14][4]
  - http://www.mce.gouv.qc.ca/g/html/onq/ordre3.htm [Les nominations à l' Ordre national du Québec, 1992] [avec photo]
- sur WARTBURG
  - STJH (1996; Müller) [avec bibliographie]
  - Baldinger, K. éd.1971. *Walther von Wartburg (1881-1971): Beiträge zu Leben und Werk, nebst einem vollstandigen Schriftenverzeichnis.* Tübingen: Niemeyer. (106 p.) [Zeitschrift fur romanische Philologie, Sonderheft 87] [avec bibliographie]
  - 1958. *Etymologica. Walther von Wartburg zum siebzigsten Geburtstag.* Tübingen.
  - *Festschrift Walther von Wartburg zum 80. Geburtstag 18. Mai 1968.*
  - Zumthor, P. 1971. «In memoriam Walther von Wartburg». In: *Jaarboek der Koninklijke Nederlandse Akademie van Wetenschappen.* 124-128.
  - Chambon, J.-P. – Lüdi, G. éds 1991. *Discours étymologiques. Actes du colloque international organisé à l'occasion du centenaire de la naissance de Walther von Wartburg.* Tübingen, Niemeyer. [Contient e.a. Baldinger, K. «Walther v. Wartburg und die Sprachwissenschaft des 20. Jahrhunderts». 7-28.]
  - 1952. *Who's who in Switzerland.* 533.
  - Heger, Kl. 1994. «Basel - Eine Hochburg der Romanistik nach dem zweiten Weltkrieg. Erinnerungen an meine Basler Studiensemester». In: *Lingua et traditio. Festschrift Christmann,* 617-620. Tübingen: Narr.

(25) CAYROU, Gaston – LAURENT, Pierre – LODS, Jeanne. 1948. *Le français d'aujourd'hui. Grammaire du bon usage.* Paris: Colin.
- **auteurs:** Cayrou (1880-1966, F), Laurent (1882-vers 1945, F), Lods (vers 1909- encore en vie en 1978; F)
- **ÉD:** 1948[1] (455 p.) [+ 1948 (455 p., 4e --> 1re, *Gramm. franç. à l'usage des classes de 4e,*...)]; 1949[2] (455 p.); 1951[3] (4e --> 1re; 455 p.); 1952[4] (4e --> 1re; 455 p.); 1953[5] (4e --> 1re; 455 p.); 1962[14] (4e --> 1re; *Grammaire française à l'usage des classes de 4e,* ...); n° édition?: [1959] (455 p., *Le français d'aujourd'hui*)

---

[4] Autres mélanges et colloques:
Cerquiglini-Toulet, Jacqueline – Lucken, Christopher – Zumthor, Paul. 1998. *Paul Zumthor ou L'invention permanente: critique, histoire, poésie.* Droz: Genève.
Colloque Zumthor (1997): Oralités en Temps & Space (du 13 au 16/08/97, Brésil)
Colloque «Paul Zumthor: L'Unité d'une œuvre». Fondation Hugot, le 13 décembre 1996 du Collège de France, Paris.

- **PC:** le même ouvrage avait été publié sous un autre titre (qui affleure encore à certains endroits comme titre courant en bas de page): 1948. *Grammaire française à l'usage des classes de 4ᵉ, 3ᵉ, 2ᵉ et 1ʳᵉ, suivie des éléments de versification.* (1953^5; 1962^{14}).

Fait partie d'une collection divisée en niveaux: *Méthode moderne d'humanités françaises* (mêmes auteurs), comportant aussi:
  - 1949. *Grammaire française à l'usage des classes de 6ᵉ et de 5ᵉ.* (1953^5) (292 p.)
  - 1949. *Grammaire française, suivie des éléments de versification, à l'usage des cours complémentaires.* (1953^5; 322 p.)
  - 1953 (5ᵉ). *Grammaire française à l'usage des classes de grammaire.* (322 p.)

- **LS:**
  - Colombat – Lazcano (éds 1998: 268-270; Karabétian)
  - Delesalle, S. 1989. «De l'adjectif: lecture d'une grammaire». *DRLAV* 41. 169-189. [sur la grammaire]
  - Caplat, G. 1997. *L'Inspection générale de l'Instruction publique au XXᵉ siècle. Dictionnaire biographique des inspecteurs généraux et des inspecteurs de l'Académie de Paris*, 1914-1939. Paris, INRP et Économica, 1997. pp. 197-201. [sur Cayrou]
  - *Mélanges de littérature du moyen âge au XXᵉ siècle offerts à Mademoiselle Jeanne Lods*, t. 1, Paris: École normale supérieure de jeunes filles, 1978. [préface (avec biographie et photo) par Marie-Jeanne Durry, IX-XI; bibliographie (XIII-XV)]

ANNEXE 4: SYNTAGME: TERMINOLOGIE[1]

	~ SN	~ SV	autres syntagmes	terme générique pour tête?	terme générique pour les adjoints?	terme générique
Ulrix	+ T– un des 4 types de *noyaux* (99): substantif, adverbe, pronom, adjectif qualificatif (99-103)	–	+ T– types de *noyaux* (99): substantif, adverbe, pronom, adjectif qualificatif (99-103)	*noyau d'un groupe de mots* (99)	*complément déterminatif*	*groupe de mots*
[Haas]	+ T– *Gruppe* (470): dét + N + (adjoints) Avec adjoints: (471, 203); (47-48)	(+) T– V + Adv.[2]	–	–	–	*Apperzeptionsgruppe* (471) *Vorstellungsgruppe* (473) *Wortgruppe* (470)[3]
Lanusse	(+) T– plusieurs rapports de dépendance binaires[4] (237-239)	(+) T– parmi ces rapports: V + Adv.; Adv. + Adj./Adv.	(+) T– voir sous SN et SV	+ un *mot complété* un *déterminé* (237), un *terme déterminé* (238)	+ *mot complément*, un *déterminant* (237)	*groupe de mots* (237-240)
[Strohmeyer]	(+) début chapitre sur les «*Verbindung der Worte zu Wortgruppen*» (205)	(+) *Wortgruppe* (53, 54) [= SV restreint]	–	–	–	(*Wortgruppe*)
Brunot	+ T– (*le groupe qu'il forme avec* [...]) = dét/article + N + adj./relative (11)	+ T– SV restreint: V + auxiliaires (11)	–	–	*mots qui se rapportent* au nom (11), *ses auxiliaires* (11)	«*le groupe qu'il forme avec* [...]» (11)

Légende: +, –: présent *vs* absent; (+): douteux, l'équivalence n'est pas parfaite; T–: absence d'un terme spécifique.

[1] «solche Merkmalsvorstellungen können auch mit der Prädikatsvorstellung apperzipiert werden» (Haas 1909: 48).
[2] Correspondant sur le plan de la prosodie au *Satztakt* (1909: 470). *Gruppen von Vorstellungen* (1916: 15) qui ont comme corrélats des *Gruppen von Wörtern*.
[3] «Noms et adjectifs» (adjectifs: démonstratifs, articles, adjectif possessif, numéraux et qualificatifs) + ordre relatif des adjectifs; «noms compléments de noms, de pronoms, d'adjectifs, d'adverbes»; «nom en apposition».

Regula	+ Nominalgruppe (61) Regula 2 (Subjektsgruppe) Regula 1	+ Verbalgruppe V + CO/attribut + modif. adverbial (203-209) (Prädikatsgruppe)	+	Kernwort, Leitwort niveau inférieur: Nebenkernwort, abhängiges Kernwort	Bestimmungsglieder niveau inférieur: Bestimmungen zu den Nebengliedern	Gruppe Bestimmungsgruppe
[Michaut]	+ T– «groupe formé par le nom, [...]» (527, 133, 323, 339, 381)	–	+ T– «groupe formé par l'adverbe et le mot ou les mots qu'il modifie» (527)	–[5]	–	«groupe formé par»
Le Bidois	+ T–	–	+ T– syntagme prépositionnel (T2, 673-676)	–	–	syntagme groupe (de mots)
Larousse	+ T–	+ T– au moins SV retreint	+ T–	mot essentiel (33) ou fondamental (127) (nom ou verbe)	mots satellites mots outils (33, 127)	groupes de mots, groupe grammatical (~ mot phonétique)
Gougenheim	groupe nominal [= SN moderne, y compris adverbe de degré] (101)[6]	groupe verbal V + pronoms atones (e.a. sujets), clitiques de la négation, adverbes modifieurs (101)[7]	–	centre constitué autour d'un verbe (101)		[groupe]

---

[5] Hiérarchie pas explicitée par un terme spécifique. Autre point de vue pour le syntagme adverbial.
[6] Adverbes: *une très belle maison*; aussi autour d'un pronom tonique. On note une tentative de réduire tout au *groupe nominal*: *ce livre est BEAU* (= *groupe nominal*); *il se lève tôt* (adverbe se comporte comme un *groupe nominal*) (Gougenheim 1938: 101).
[7] Aussi infinitif et participe comme têtes du syntagme verbal (1938: 101).

Galichet	+ *groupe du nom* (71, 72), *groupes syntaxiques dont le nom est l'axe* (71-72), *groupes syntaxiques nominaux* (73), *groupe nominal* (104), *groupe de l'espèce nominale* (111)	+ *le groupe du verbe non actualisé* (111): [compl. de l'inf., du partic.] (112) *groupe nominal et verbal* (67)	+ (a) autre point de vue[8] (b) S prép.: terme auquel la prép. se joint	*axe* (72)		*groupes syntaxiques* (76, 105, 111 …), *groupes fonctionnels* (passim). *groupes de mots* (passim)
Dauzat	+ *groupe nominal*	+ *groupe verbal* (442, 445) [sens restreint: aux + inf.; locution verbale]	–	–	–	*groupe*
de Boer	(+) T– – ∈ *principal + complément* – admet le *groupe nominal* de Gougenheim (78-79)	(+) T– mais admet *groupe verbal* de Gougenheim (78-79) [V + V, V + N, V + Adv. ∈ *principal + complément*]	+ le *groupe*: *principal + complément*[9] *vs* le *groupe*: *sujet-prédicat* (5; cf. aussi 33, 34).	principal	complément	*groupe*
Cayrou	*groupe du nom, groupe-nom*[10]	*groupe du verbe, groupe-verbe* = V + (son *déterminant*: adv.)	–	*élément essentiel* (288); *centre* (288)	*déterminant*	*groupe*

---

[8] «groupe sujet» (Galichet 1947: 178), «groupe complément du verbe» (178), «Groupe complément du nom, épithète, apposition» (178); «Le sujet, avec tout son groupe» (129).
[9] Variantes: *terme régissant + terme régi* (de Boer 1947: 34, 15 n. 3), *déterminé + déterminant* (14 n. 3).
[10] N + (déterminants du nom) (Cayrou 1948: 319): (a) *introduisent* le nom: article, adjectifs pronominaux, adj. numéraux; (2) *complètent* le nom: épithète, apposition, complément du nom [+ complément de l'adjectif].

ANNEXE 5: PERSPECTIVE FONCTIONNELLE TRANSVERSALE

auteur	domaine	terminologie				
D&P	pdd translatées	*équivalents*				
	subordonnées	*convalents* *chaînon conjonctif*				
	groupes de mots = *convalents*[1]	*clausule* (SN et Sprép) – *centre* = le nom – *régent*: N ou prép., selon le cas + *régime*	*chaînon prépositif* (= Sprép): *attache* + *noyau* (V6, 12) La prép. est *régent* (V7, 248)	*maillon* (= groupes de mots non introduits par une prép./conj.)	(*groupe*)	*nœud verbal* (= SV, y compris le sujet)
Haas	pdd translatées	+				
	subordonnées	pas systématiquement + observations dispersées: – «*gleich substantiven*» (sub *Gegenstandsvorstellungen*): *substantivischer Relativsatz* (169, 175) – *adjektivischer Relativsatz* (169, 175): Korrelat einer Merkmalsvorstellung (255) – *adverbialer Nebensatz* (100)				
	groupes de mots	– transition graduelle à la composition; voir exemples au Ch. III, 3.2.1.2.2.				
Sonnen-schein	pdd translatées	non [mais on peut supposer que ce cas de figure relève du domaine des «équivalents»]				
	subordonnées	*equivalents*: (1) noun clause (= complétive); (2) adjective clause (= relative); (3) adverb clause (= cc)				
	groupes de mots	Terme générique: *phrase* (a) equivalent to an adjective or an adverb: (1) adjective phrase: *à thé* (dans une *tasse à thé*); (2) adverb phrase: *à haute voix*; noun phrase: «not needed in French» (b) *case phrase*: genitive phrase, dative phrase + «speech-group» (198): V + clitiques CO				

---

[1] Absence d'un terme générique, sauf peut-être *groupe* (*grammatical*), *syntagme*.

Galichet	espèce nominale ou expression de l'être	espèce verbale ou expression du procès	espèce adjointe du nom : espèce adjective (33)	espèce adjointe du verbe : espèce adverbiale (33)
pdd translatées[2]	– admet plusieurs sémantismes (car «un point de vue sur les choses» et non pas la chose même (22)) : e.a. noms d'actions, noms de qualités, noms abstraits, etc. – par transfert intercatégoriel : Toute sorte de mot peut entrer dans l'espèce nominale, soit passagèrement (*un SI, un MAIS*), soit d'une façon permanente (*le dîner, la ponte, le dirigeable, les qu'en dira-t-on?* (23) ; «il n'y a pas des noms, mais des mots employés comme noms» (23). Classification selon le degré de plénitude dans l'expression de l'être (24-25) : 1° les *noms* (l'espèce-type répond à toutes les caractéristiques) ; 2° les *représentants* (Brunot) ; 3° les *nominaux spécifiques* (pronoms indéfinis et interr.)	«d'après le «degré» d'actualisation du procès qu'elles expriment» (29) : 1° formes verbales pleines 2° formes verbales imparfaites[3] 3° formes verbales régénérées[4] 4° formes verbales épuisées (ou verbales-nominales)[5] (30) ; ici les espèces verbale et *nominale* se rejoignent (31)	– «variétés d'espèces adjectives» («selon leur pouvoir de caractérisation ou de détermination») : (35-) 1° espèces adjectives «pures» 3° espèces adjectivées[6] – participe passé et adjectif verbal ; *des gens* BIEN – détermination : articles à valeur démonstrative ou possessive : *se ... à la main ; voyez, la langue !*	– variétés : 1° adverbes purs ; 3° «formes adverbiales atténuées»[7] – «échanges avec les autres espèces» (42-44) : (a) adv. et espèces intermédiaires[8] (b) adv. et adj. – adv --> adj : *des gens bien* – adj --> adv : *chanter faux*
subordonnées	4° les *nominaux fonctionnels*[9] p.ex. complétives : «subordonnées substantives» ~ paraphrase avec SN	2° espèces adjectives occasionnelles fonctionnellement équivalentes : certaines propositions relatives équivalant à un adjectif		
groupes de mots		2° espèces adjectives occasionnelles fonctionnellement équivalentes : «compléments dits «déterminatifs»»	2° adverbes fonctionnels (40-41) : – surtout c c (moins abstrait que l'adverbe, moins directement rattaché au procès) --> locutions adverbiales – adj. devenant adv. par emploi p. ex. *croire de léger* (= à la légère = légèrement)	

---

[2] Il s'y ajoute encore la *marque d'espèce* [ou *indice grammatical*] et l'*espèce de relation*. Le français possède 2 sortes d'espèces de relation (45) : 1° l'*espèce prépositive* [origine diverse des prép., ce qui mène parfois à des «valeurs mixtes» : *suivant une pente droite et ...* (49)] ; 2° l'*espèce conjonctive* [échanges avec d'autres catégories (53-54), e.a. *représentant relatif* --> «espèce hybride» : *alors que*, etc.]

[3] Inf. à valeur verbale (*je lui ai commandé de partir*) ou partic. passé à valeur verbale (*Frappé en plein cœur, le soldat s'abattit*).

[4] Aux. de temps et de mode qui alimentent leurs inf./participes [= *subductivité* de Guillaume (Galichet 1947 : 30, n. 2)].

[5] Certains emplois de l'inf., p. ex. inf. sujet ; participes devenus presque des adjectifs.

[6] «de par leur origine, n'appartiennent pas à l'espèce adjective, mais qui acquièrent, à un degré plus ou moins prononcé, du fait de leur emploi, la propriété de caractériser ou de déterminer» (Galichet 1947 : 36).

[7] On est proche d'autres espèces : *même*, tout quand on hésite sur le point d'application de la caractérisation (V ou N?) ; des *espèces-mixtes* : *Où* (adverbe + valeur conj.) ; *devant* dans *Glissez-vous dans la foule et mettez-vous devant* (prép + adv.).

[8] Adv. --> prép. *derrière* --> *derrière la voiture*, prép --> adv : *il buta contre* ; adv. usés --> conj de coord : *ou, et* ; conj. --> adv : *or, donc, enfin*.

[9] «Certains groupes de mots, dont l'unité est purement fonctionnelle» ; «Ici, l'espèce est engendrée par la fonction» (Galichet 1947 : 25).

		substantivaux	adjectivaux	adverbiaux
de Boer	pdd translatées	A. le substantif + article, comme «indice du substantif» (+ actualisateur) + préposition et déclinaison B. pronoms substantivaux ou substantivés D. numéral substantival/substantivé E. infinitif[10] F. [sans titre]: «toute construction précédée soit de l'article ou d'un pronom, soit d'une préposition» (101) [= article/pronom/prép. + X = substantival]	A. adjectif et adverbe adjectivé[11] B. adjectif verbal, participe passé, participe présent non adverbial (112-118) C. numéral adjectival (118-119) D. pronoms adjectivaux (= déterminants – article) E. comparatif/superlatif Exemples (102) e.a.: *Paul est (très) artiste; Cicéron orateur; une garniture aurore; une dame très bien* + Trois cas limite [adj.ou adv.?] (103-108) (a) le type *parler haut, coûter cher, frapper fort* (b) le type *court-vêtu* vs grandes-ouvertes (c) le type *tout est bien, ce moment est déjà loin de moi*	A adv. et loc.adv. B gérondif, part.pr. «adverbial» (149) Dans les «préliminaires», de Boer signale encore plusieurs cas qui ne sont pas traités en détail (145)[12]
	subordonnées	C. la subordonnée substantivale complétive substantives avec QUE, interrogation indirecte, acc. avec inf.	F. subordonnée adjectivale (125-144): relative	C. propositions subordonnées adverbiales (ou circonstancielles) (151-178) – reproduit l'analyse de Sandfeld [critères: fonction + sens combinés (151)] – *Il dit que non*: «proposition substantive- 'adverbe-phrase'» (149) – phrases simples (148): «adverbe-phrase» (*oui! que si! si fait! Non!*), *Certes!* («une sorte d'incidente adverbiale») **Rem**: «conjonction-phrase» (*Parce que!*)
	groupes de mots		*avec* + substantif (146) expressions figées avec *à* (146)	

[10] Une forme nominale du verbe est «substantival par définition»; précédé d'un article, il devient substantif et cesse d'être un infinitif (de Boer 1947: 96).
[11] En parlant de l'ordre des mots, de Boer (1947: 222) affirme que les adverbes ou circonstanciels accompagnant un substantif sont des «adjectivaux»: *une promenade dans le bois, les jours déjà loin*, etc.
[12] «des adverbiaux, qui, par leur forme font penser à des adjectifs» [*parler haut, court-vêtu*], «tout infinitif prépositionnel qui ne représente pas un sujet ou un régime direct, est un adverbial», comparatifs et superlatifs adverbes (cf. aussi *beaucoup, bien, peu*, etc.) peuvent être des *substantivaux* (indéfinis).

ANNEXE 6: SUJET *APPARENT* ET SUJET *RÉEL*: TERMINOLOGIE

		logique/grammatical	apparent/réel	autres termes
Clédat	+	sujet grammatical (e.a. 177) sujet logique [= véritable sujet (295)]		*sujet effectif* (= infinitif sujet ordinaire) (296) *sujet réel* le *sujet logique* devient *sujet réel* dans une construction personnelle (178)
Plattner	+	grammaticalisch logisch grammatisches unpersönliches Subjekt (367, n.1) logisches Subjekt (243; 367, n.1)	eigentliches Subjekt	
Ulrix	+	Sujet logique (145, 180) Sujet grammatical (145)	sujet apparent (145, 180) sujet réel (145)	
Haas	+	–[1] logisches Subjekt		sujet grammatical: «pronominales Subjekt», «beziehungslos als Neutrum erscheint» (52)
Sonnenschein	+		provisional subject the subject proper (170)	
Lanusse	+		sujet apparent sujet réel (131) véritable sujet	sujet *réel* est appelé aussi *sujet* (tout court)
Strohmeyer	+			Sinnsubjekt (avec bedeutungsloses neutrales *il*) (62-64, 174 et passim) ursprüngliches Subjekt (63), Subjekt (63): sujet réel
Radouant	+	sujet grammatical (40-41) sujet logique (205)	sujet apparent (40-41) le vrai sujet (40-41) sujet réel (205) au lieu de *sujet réel* il emploie le terme *sujet* (53, 241)	
Engwer	+	grammatisches Subjekt logisches Subjekt		nachgestelltes, logisches Subjekt (186)
Regula	+	grammatisches Subjekt (nachstehendes) logisches Subjekt (154) logisches oder nachgestelltes Subjekt (174)	eigentliches (logisches) Subjekt (47)	nachstehendes, nachgestelltes: cf. 1re colonne
Académie	+		sujet apparent sujet réel ou sujet (tout court) (28, 33)	sujet *réel* est appelé aussi *sujet* (tout court)

---

[1] Dans son traité de 1912 (repris dans Haas 1916: 81), il avait pourtant distingué *logisches Subjekt* et *grammatisches Subjekt*, appliquant ce dernier terme aussi à *il*.

		logique/grammatical	apparent/réel	autres termes
Bloch	+	sujet grammatical (67) [terme qu'ils préfèrent]	sujet apparent (194): «sorte de sujet provisoire, nécessité par la grammaire, qui annonce le sujet *réel* rejeté plus loin» (228) sujet réel ou parfois *sujet*	un des cas où le sujet est «redoublé» (193-194)
Grevisse	+	sujet logique (332, 282)	sujet apparent sujet réel (96, 122)	- Les verbes impersonnels (phénomènes de la nature) n'ont pas de sujet réel (96): IL ne désigne aucun agent (96); «pseudo-sujet» (331, plus. fois), «faux sujet» (331, 332) - CE *sujet réel* (282); sujets grammatical et logique coïncident alors
de Boer	+	sujet logique de l'impersonnel (37) sujet logique prédicatif (32)	Scheinsubjekt (184)	sujet *formel* des impersonnels ou *morphologique* (37, 184) = un cas particulier du *sujet du verbe*
Cayrou	+	(sujet grammatical) (sujet logique) (333)	sujet apparent sujet réel (333)	

ANNEXE 7: L'ORDRE DES PARTIES DU DISCOURS

auteur	1	2	3	4	5	6	7	8	9	10	11	12	passim
Clédat	article	nom	adj. (dit qualif.)	nom de nombre	-ifs/els	verbe	prép.	adv.	conj.	interj.			
Plattner[1]	Verb	Art.	Subst.	Adj.	Adv.	Zahlw.	Pronomen	Präp.	Konj.	Interj.			
Ulrix	nom	pronom	adj.	verbe	adv.	prép.	conj.	interj.					
Haas[2]	(Art.)	(Subst.)	(Pronomen)	(Adj.)	(Adv.)	(Zahlw.)	(Partizip)	(Präp.)	(Konj.)	(Verbum)			Interj. (30, 440)
Sonnensch.	adj.	noun	pronoun	verb	adv.	prep.	konj.	interj.					
Lanusse	nom	adj.	pronom	verbe	adv.	Zahlw.	Pronomen	interj.					
Strohm.	Verb	Subst. + Art.		Adj. + Adv.				Präp.	Konj.				Interjekt. (16,n1.) interj.
Radouant	prép. EX	conj. EX	mot exclamatif (59-60)	nom	pronom	adj.	verbe	adv.					
Brunot	présen-tatif	(nom)	(nominal)	(article)	(verbe)	(prép.) (409-410)	(adv.) (411-412)	(adj.)	(conj.)				
Engwer	Subst. + Art.		Adj.	Numerale	Pronomen	Verbum	Präp.	Adv.	Konj.	Interj.			
D&P	nom subst. nominal	adj. nominal	affonctif nominal	factif nominal	verbe (factif verbal)	infinitif	participe	affonctif verbal	strument factif strumental	adj. strumental + subst. strumental		affonctif strumental	
Regula	Hauptw. + Artikel		Eigenschafsw.	Zahlw.	Fürw.	Zeitw.	Umstandsw.	Bindew.	Verhältnisw. (Vorw.)				
Académie	nom	art.	pronom	adj.	verbe	adv.	interj.	prép.	conj.				
Michaut	nom	(adj.) non-qualif. (e.a. article)	adj. (qualif.)	pronom	verbe	adv.	prép.	conj.	interj.				
Le Bidois	article	-ifs/els	verbe	conj.	adv.	prép.							
Bloch	nom	adj. qual.	art.	pronom + adj. pronominal	adj. pronominal	adj. num.	verbe	adv.	prép.	conj.	interj.		nom; adj.
Larousse	nom	pronom	adj.	art.	verbe	adv.	prép.	conj.	interj.				
Grevisse	nom	art.	adj.	pronom	verbe	adv.	prép.	conj.	interj.				
Bruneau	nom + adj.		mots-outils	numéral	verbe	adv.	prép.	conj.					
Gougenh[3].	ordre mots	flexion nominale	déterminatif	pronom	flexion verbale (= V)	verbe auxiliaire	morphème du degré	morphème négatif	morphème interrogatif	prép.	conj.		adv.
Galichet[4]	nom	représen-tant	nominal spécifique	verbe	adj.	adv.	prép.	conj.	art.	personnel de conjugaison			
Dauzat	subst.	adj. qualif.	verbe	article et adj.-pronom	substantif	adj.	article	interj.	prép.				
Warburg	verbe	conj.	adv.	nominal (numéral)	adj. numéral	adj.	adv.	-els/ifs	prép.				interj.
de Boer	Substantif + article + prép.			pronom + adj. pron.		verbe		verbe	conj.				conj[5].; interj.
Cayrou	nom	adj. qualif.	art.			verbe	adv.	prép.		interj.			

[1] L'ordre des pdd dans la syntaxe est légèrement différent: Verb, Artikel/Subst., Pronomen, Adjektiv, Adverb et Präposition.
[2] Certaines pdd se cachent sous la *Vorstellung* dont elles sont le corrélat formel, d'où les parenthèses.
[3] On y reconnaît l'ordre classique N, V et mots invariables. Le *ton* (conçu comme un morphème) est seulement signalé en note.
[4] Certaines de ces classes sont réunies sous la même espèce grammaticale: *noms, nominaux spécifiques et représentants* ∈ *espèce nominale*. L'ordre des espèces est comme suit: *espèces principales* (espèce nominale; espèce verbale), *espèces adjointes* (espèce adjective, espèce adverbiale), *espèces de relation* (espèce prépositive, espèce conjonctive) et *marques d'espèce*.
[5] Coordination et subordination (1947: 46-53); quelques remarques générales sur les conjonctions (1947: 176-178).

ANNEXE 8: DÉTAIL CALCULS TOUTES UNITÉS CONFONDUES[1]

titre	n termes	n déf. explicite	% déf	n critères déf.	% crit	C global	%	F global	%	F/C	fonction	%	test	%	autres	%	sous-dét	%
Clédat	27	8	29,6	11	40,7	6	54,5	9	81,8	1,50	2	18,2	0	0,0	0	0	0	0,0
Plattner	30	0	0,0	0	0,0	0	-	0	-	-	0	-	0	-	0	-	0	###
Ulrix	30	20	66,7	26	86,7	22	84,6	13	50,0	0,59	4	15,4	1	3,8	0	0	0	0,0
Haas	42	19	45,2	29	69,0	22	75,9	12	41,4	0,55	8	27,6	1	3,4	0	0	1	3,4
Sonnenschein	30	14	46,7	16	53,3	7	43,8	11	68,8	1,57	4	25,0	4	25,0	0	0	1	6,3
Lanusse	36	25	69,4	29	80,6	16	55,2	19	65,5	1,19	5	17,2	2	6,9	0	0	1	3,4
Strohmeyer	29	7	24,1	9	31,0	6	66,7	5	55,6	0,83	3	33,3	1	11,1	0	0	2	22,2
Radouant	30	16	53,3	19	63,3	10	52,6	14	73,7	1,40	4	21,1	5	26,3	0	0	1	5,3
Brunot	58	22	37,9	29	50,0	21	72,4	11	37,9	0,52	3	10,3	2	6,9	0	0	3	10,3
Engwer	39	29	74,4	30	76,9	25	83,3	10	33,3	0,40	4	13,3	0	0,0	0	0	2	6,7
D&P	65	46	70,8	48	73,8	44	91,7	32	66,7	0,73	4	8,3	2	4,2	0	0	3	6,3
Regula	38	17	44,7	24	63,2	20	83,3	5	20,8	0,25	5	20,8	0	0,0	0	0	0	0,0
Académie	31	26	83,9	27	87,1	19	70,4	17	63,0	0,89	5	18,5	0	0,0	0	0	1	3,7
Michaut	37	26	70,3	26	70,3	14	53,8	22	84,6	1,57	4	15,4	0	0,0	0	0	1	3,8
Le Bidois	54	18	33,3	25	46,3	15	60,0	18	72,0	1,20	8	32,0	3	12,0	0	0	1	4,0
Larousse	36	29	80,6	32	88,9	25	78,1	13	40,6	0,52	13	40,6	2	6,3	0	0	2	6,3
Bloch	35	29	82,9	32	91,4	26	81,3	21	65,6	0,81	7	21,9	1	3,1	0	0	2	6,3
Grevisse	42	37	88,1	39	92,9	32	82,1	26	66,7	0,81	5	12,8	5	12,8	0	0	0	0,0
Bruneau	40	28	70,0	34	85,0	23	67,6	16	47,1	0,70	6	17,6	2	5,9	0	0	4	11,8
Gougenheim	39	12	30,8	13	33,3	4	30,8	10	76,9	2,50	2	15,4	1	7,7	0	0	1	7,7
Galichet	49	31	63,3	39	79,6	33	84,6	15	38,5	0,45	9	23,1	3	7,7	0	0	1	2,6
Dauzat	34	24	70,6	24	70,6	17	70,8	18	75,0	1,06	6	25,0	2	8,3	0	0	0	0,0
de Boer	47	18	38,3	22	46,8	15	68,2	12	54,5	0,80	3	13,6	0	0,0	0	0	2	9,1
Wartburg	46	18	39,1	22	47,8	13	59,1	16	72,7	1,23	4	18,2	1	4,5	0	0	1	4,5
Cayrou	38	32	84,2	35	92,1	17	48,6	31	88,6	1,82	5	14,3	1	2,9	0	0	4	11,4
moyennes	39,28		55,9		64,8		64,8		57,7	1,00		19,2		6,4				5,4
déviation standard			22,5		23,0					0,52								
1er quart	37,3		49,8		59,7		64,2		50,6	0,9		17,6		6,7				5,2
2e quart	40,6		64,2		71,7		65,8		65,1	1,1		20,6		5,5				5,5

[1] Cette table se rattache au Ch. VI, 1.1.

titre	C1	%	C2	%	C3	%	C4	%	C'tot	F1	%	F2	%	F3	%	F4	%	F5	%	F6	%	F7	%	F'tot	F'/C'	différence F/C vs F'/C'	p
Clédat	1	9,1	5	45,5	0	0	0	0	6	1	9,1	0	0,0	4	36,4	0	0,0	5	45,5	2	18,2	3	27,3	15	2,50	-1,00	11
Plattner	0	-	0	-	0	-	0	-	0	0	-	0	-	0	-	0	-	0	-	0	-	0	-	0	-	-	0
Ulrix	4	15,4	19	73,1	0	0	0	0	23	0	0,0	0	0,0	9	34,6	2	7,7	5	19,2	0	0,0	1	3,8	17	0,74	-0,15	26
Haas	0	0	3	10,3	20	69,0	4	13,8	27	2	6,9	0	0,0	5	17,2	3	10,3	3	10,3	2	6,9	0	0,0	15	0,56	-0,01	29
Sonnenschein	2	12,5	5	31,2	0	0	0	0	7	0	0,0	0	0,0	4	25,0	2	12,5	1	6,3	3	18,8	4	25,0	14	2,00	-0,43	16
Lanusse	5	17,2	11	37,9	0	0	1	3,4	17	0	0,0	0	0,0	8	27,6	4	13,8	5	17,2	3	10,3	2	6,9	22	1,29	-0,11	29
Strohmeyer	0	0	4	44,4	2	22,2	2	22,2	8	0	0,0	0	0,0	2	22,2	3	33,3	1	11,1	0	0,0	1	11,1	7	0,88	-0,04	9
Radouant	2	10,5	9	47,4	0	0	1	5,3	12	0	0,0	0	0,0	6	31,6	3	15,8	4	21,1	3	15,8	2	10,5	18	1,50	-0,10	19
Brunot	0	0	21	72,4	0	0	0	0	21	0	0,0	1	3,4	2	6,9	1	3,4	4	13,8	0	0,0	4	13,8	12	0,57	-0,05	29
Engwer	4	13,3	15	50	4	13,3	4	13,3	27	2	6,7	1	3,3	6	20,0	2	6,7	1	3,3	0	0,0	0	0,0	12	0,44	-0,04	30
D&P	3	6,2	40	83,3	1	2,1	7	14,6	51	3	6,3	0	0,0	6	12,5	8	16,7	4	8,3	15	31,3	7	14,6	43	0,84	-0,12	48
Regula	8	33,3	14	29,2	3	12,5	7	29,2	25	0	0,0	1	4,2	0	0,0	1	4,2	2	8,3	1	3,1	3	11,1	8	0,32	-0,07	24
Académie	4	14,8	14	51,9	1	3,7	1	3,7	20	0	0,0	0	0,0	2	7,4	1	3,7	9	33,3	4	14,8	3	11,1	19	0,95	-0,06	27
Michaut	3	11,5	11	42,3	0	0	0	0	14	0	0,0	3	11,5	3	11,5	4	15,4	10	38,5	4	15,4	5	19,2	29	2,07	-0,50	26
Le Bidois	0	0	10	40	5	20	3	12	18	3	12,0	0	0,0	7	28,0	1	4,0	4	16,0	11	44,0	3	12,0	29	1,61	-0,41	25
Larousse	5	15,6	19	59,4	0	0	2	6,2	26	0	0,0	2	6,3	6	18,8	1	3,1	8	25,0	1	3,1	3	9,4	21	0,81	-0,29	32
Bloch	5	15,6	19	59,4	0	0	5	15,6	29	1	3,1	2	6,3	8	25,0	3	9,4	8	25,0	3	9,4	7	21,9	32	1,10	-0,30	32
Grevisse	5	12,8	25	64,1	1	2,6	3	7,7	34	2	5,1	2	5,1	12	30,8	6	15,4	7	17,9	5	12,8	5	12,8	39	1,15	-0,33	39
Bruneau	1	2,9	21	61,8	1	2,9	2	5,9	25	2	5,9	0	0,0	7	20,6	2	5,9	8	23,5	0	0,0	1	2,9	20	0,80	-0,10	34
Gougenheim	0	0	4	30,8	0	0	0	0	4	1	7,7	0	0,0	3	23,1	1	7,7	4	30,8	0	0,0	1	7,7	10	2,50	0,00	13
Galichet	9	23,1	23	59,0	12	30,8	0	0	44	0	0,0	0	0,0	5	12,8	0	0,0	4	10,3	6	15,4	2	5,1	17	0,39	0,07	39
Dauzat	2	8,3	15	62,5	1	4,2	2	8,3	20	2	8,3	2	8,3	5	20,8	2	8,3	5	20,8	6	25,0	4	16,7	26	1,30	-0,24	24
de Boer	2	9,1	7	31,8	6	27,3	3	13,7	18	4	18,2	3	13,6	5	20,8	2	9,1	2	9,1	3	13,6	4	18,2	18	1,17	-0,37	22
Warburg	3	13,6	9	40,9	0	0	1	4,5	13	0	0,0	1	4,5	4	18,2	1	4,5	5	22,7	5	22,7	4	18,2	20	1,54	-0,31	22
Cayrou	7	20	10	28,6	0	0	0	0	17	0	0,0	0	0,0	20	57,1	5	14,3	12	34,3	7	20,0	3	8,6	47	2,76	-0,94	35
moyennes		10,6		46,3		8,4		7,2	20,2		3,6		2,7		21,1		9,0		18,9		12,2		11,2	20,5	1,24	-0,25	
déviation standard		8,1		16,8		15,7		7,7			4,8		3,9		11,4		7,0		10,7		10,9		7,0		0,68		
1er quart		10,2		44,4		9,4		8,1			2,2		0,8		18,6		9,9		15,2		9,6		10,2		1,0	-0,2	
2e quart		11,3		48,6		7,0		6,0			4,6		4,3		22,5		7,8		23,6		15,1		12,2		1,4	-0,3	

ANNEXE 9: GRILLE INTERPRÉTATIVE DES DÉFINITIONS: CRITÉRIOLOGIE

Pour l'interprétation des définitions, une grille a été élaborée. Cette grille est censée s'appliquer à tous[1] les niveaux du système linguistique (mot, syntagme, fonction, proposition/phrase, discours/texte). Des motivations de deux ordres ont déterminé ce choix[2]:

(1) motivations théoriques/méthodologiques
En gardant le même canevas pour tous les niveaux, nous ne voulions pas exclure a priori la possibilité d'établir des comparaisons entre les différents niveaux d'une même grammaire. Ce procédé nous offre aussi une base plus sûre pour les jugements sur la nature de la grammaire en question, le nombre d'éléments analysés à l'aide de la même grille étant plus élevé (une quarantaine en moyenne).

(2) motivation pratique
En optant pour une grille relativement grossière, nous avons évité de devoir élargir continuellement la liste de critères particuliers (propres à chacun des niveaux).

Dans ce qui suit, nous expliciterons le contenu précis des différentes catégories de critères, ainsi que les frontières entre elles. La typologie des critères comporte deux niveaux: les *types principaux* et l'élaboration détaillée des deux premiers types majeurs, *forme* (F) et *contenu* (C). Ces deux derniers subsument les sous-types F et C. Ce double traitement, global (F vs C) et particulier (F1, F2, F3,... vs C1, C2, etc.) des F et des C, ne fait pas double emploi:

- la somme des critères   F et C: F' = F1 + F2 + F3 ...
                                               C' = C1 + C2 + C3 ...
- l'indice global F et C: «y a-t-il au moins un critère F/critère C?» (oui/non)

Ce double calcul permet de pallier un déséquilibre entre les critères F et C qui risquait de fausser nos résultats. Il faut en effet signaler une inégalité numérique: F contient 7 sous-types, là où C n'en a que 4. On note en outre une inégalité de nature: il semble plus difficile de combiner des C que des F. Ceci tient au fait que pour combiner des C il faut épouser plusieurs cadres théoriques.

(A) types principaux

	nom type	quelques exemples
C	contenu	
F	forme	
I	procédure définitoire indirecte	possibilité de commutation, d'un type de pronominalisation particulier, d'extraction, d'effacement (--> non-effacement), de passivation, de répondre à une question (p. ex. *Jean travaille où?*) ...
FS	fonction syntaxique	sujet, attribut, ...; y compris les 'fonctions' syntaxiques des mots-outils (p. ex. la préposition relie 2 éléments, l'article marque le genre, etc.)
–	critère sous-déterminé	«X se met devant un autre élément» (prép.)
	Autres	

---

[1] Pour rappel, nous excluons les unités phonétiques/phonologiques et graphiques de notre examen.

[2] L'examen des critères pose un problème dont l'encodage ne rend pas compte. Les définitions s'appuient souvent sur des éléments qui ont déjà été définis à un autre niveau. Ce constat anodin est gênant dans la mesure où l'attribution de tel ou tel *definiens* à un critère ne tient pas compte de la définition même du *definiens*, laquelle se situe à un autre niveau. Concrètement, il se peut qu'un *definiens formel*, auquel nous attribuons la catégorie F3 ou F4 (constitution interne ou représentateur), ait lui-même été défini sémantiquement. Le F3/F4 s'avérerait donc un C2! Un parti pris s'impose. Pour l'interprétation des traits définitoires, nous nous sommes interdit de changer de niveau d'analyse. Dans l'exemple précité, cela revient à faire abstraction de C2, puisque C2 résulte de la définition de l'élément à un autre niveau. Le problème se pose surtout pour les critères *constitution interne* et *fonction*.

(B) sous-types de C (contenu) et de F (forme)

C1: (ontologique)/référentiel	renvoi explicite à la référenciation: désigne un être réel (N), identifie un être réel (article); «un mot qui sert à nommer un être réel ou abstrait» (Ulrix 1909: 18); denoter, bezeichnen
C2: sémantico-logique = C par défaut[3]	- mot qui signifie, indique - mot qui exprime/drückt aus, marque - concept, Begriff, sens, valeur, idée, rapport - rôles: agent, action, source, ... - termes provenant de la logique: idée (complète); jugement; pensée (complète)/Gedanke; objet du jugement, dont on prédique qqch; prédicat (dans le sens logique de «ce qu'on prédique de qqch»); pdd qui sert à concevoir (on pourrait même s'imaginer des pdd qui servent à «raisonner») - déterminer, qualifier, Bestimmen, zur Bestimmung[4] eines Satzteils
C3: psychologique	opérations et entités psychologiques (qui renvoient à l'activité de l'esprit humain): représentation globale, Gesamtbild/Vorstellung, aperception, l'opposition idée/sentiment
C4: pragmatico-fonctionnel	thème-rhème et variantes (structure de l'information, de l'interaction communicative)[5]

F1: phonétique/phonologique	
F2: graphique	
F3: structuration interne, constitution formelle	présence d'un mot introducteur, flexion, autour d'un N ou pronom disjoint (Gougenheim 1938: 101); phrase contenant deux ou plusieurs parties coordonnées (Sonnenschein 1912: 100)
F4: catégorie morpho-syntaxique[6]	N, Adj, ..., infinitif, ..., SN, ..., complétive, ...
F5: syntaxe: distribution	critères strictement positionnels (*X se met à côté de*/*se trouve devant*) et indications de distribution plus vague, moins linéaire («avec des verbes transitifs» ou «avec des verbes comme *être, sembler*», «adjectif, nom, etc. qui peuvent avoir un complément», voire des renvois vagues comme *ajouter* ou *joindre*[7]
F6: syntaxe: rapports hiérarchiques	impose l'accord à, régit, s'accorde avec
F7: syntaxe: rapports intégratifs	fait partie de; est relié par/verbunden mit; joint par; construit avec/sans préposition

---

[3] On peut y discerner deux pôles: un pôle sémantique (les rôles sémantiques; les expressions *signifier, sens, qualifier* etc.) et un pôle logique (*objet du jugement*, dont on *prédique* quelque chose; *prédicat* dans le sens logique de «ce qu'on prédique de quelque chose»; pdd qui sert à *concevoir*).

[4] À ne pas confondre avec le nom de la fonction: *Bestimmung* = fonction syntaxique.

[5] La catégorie C4 réunit un ensemble disparate de critères qui s'appuient entre autres sur la structure informative (*thème/rhème*), sur l'énonciation et l'interaction communicative dans le discours, etc.

[6] Le terme de «catégorie» doit être pris dans le sens suivant: déf. catégorielle = déf. par un élément «représentateur», qui constitue la face formelle, extérieure, la façade de l'élément à définir. La notion de *représentateur* permet d'élargir la notion de «catégorie» à l'infinitif, à la subordonnée, voire à la phrase.

[7] Nous faisons par contre abstraction de l'explicitation de l'impact de relations sémantico-logiques exprimées par des termes comme *qualifier, déterminer* ou *affecter un nom, un verbe*, etc., et a fortiori, des formes comme «compléter L'IDÉE du nom, du verbe, etc.». Tous ces éléments sont à ranger sous C2.

La délimitation mutuelle des différents types de critères a été affinée davantage à travers un certain nombre de conventions qui garantissent la stabilité de l'encodage. La concurrence entre les critères découle le plus souvent de l'aspécificité de la grille. En effet, le refus de multiplier le nombre de grilles (cf. *supra*) implique inévitablement des «collisions». Tel critère (p. ex. F3, constitution interne) qui s'applique à un niveau donné (p. ex. mot) se trouve opposé à un concurrent (p. ex. fonction) lorsqu'on se trouve à un autre niveau (p. ex. la proposition). La fonction fait en quelque sorte partie de la proposition (constitution interne + fonction). C'est pourquoi nous avons dû établir quelques règles de priorité[8]. Le principe qui nous a guidé était toujours le degré de spécificité de la catégorie interprétative.

---

[8] En voici quelques exemples:
Niveau *MOT*: F1 *vs* F3 dans la définition des mots à partir des sons/syllabes (F1) constitutifs (F3) → F1.
Niveau *PROPOSITION/PHRASE*: F5 *vs* F3 (ordre des mots dans la définition de la proposition affirmative) → F5; fonction *vs* F7 dans la définition des subordonnées à partir de la fonction qu'elles remplissent dans la phrase → fonction; fonction *vs* F3 dans la définition de la phrase en fonction des constituants qui en font partie → fonction.

ANNEXE 10: LE PLÉONASME + LES MOTS EXPLÉTIFS

	to-tal	prép	dis-loc.	da-tif	ne	que	IC	Autres cas
Clédat	4	+	+[1] 177	0	+ 355-8	−	+ 231 pl.	pléonasmes: *c'EN est fait de moi* (325); *comment* (341)[2]; *qu'est-ce que c'est?* (179); *il s'est lavé SON linge* (185, n. 1); *Il est beau de s'oublier …* (177)
Plattner[3]	3.-	[+]	211[4]	+[5] 352	+ 422-5	−	−	pléonasmes: *sous toutes ses formes … dont l'une D'ELLES* (384 n. 2.), *en … pour cela* (257), *Allez-y. C'EST QUE je n'ai pas le temps*; ethisches Possessiv, p. ex. *sent son collège*, etc. (361); *vient chatouiller, Antioche […] voyait diminuer le nombre de ses défenseurs*[6] (182)
Ulrix	5	+[7]	+[8] 111, 99	+ 111	+ 204-5	+ 159	−	- explétifs: V pronom. (144), sujet apparent (115) - sans fonction (111): apostrophe, interjections
Haas	1	−	+[9] 225	−	−	−	−	−
Sonnen-schein	0	−	−	0	0	−	−	−
Lanusse	4	−	+ 137, 131 pl.	+ 137 expl.	+ 194	+ 197 expl.	−	−
Stroh-meyer	0	−	−	−	−	−	−	−
Radouant	3	+	53, 41 (devant le sujet)	−	+ 226-7	+ que (de) sujet	+ 41	- explétif: *CE dit-on* (95) - «*sans pléonasme»: … ma maison, que j'ai acheté* (128); pléonasme: *ne … pas … rien; ne point que* (226)
Brunot	0	−	−[10]	−	−	−	−	pléonasmes: pronom interrogatif + est-ce que (192), *ou soit* (712, n. 2), *aussi/ainsi comme* (731), *ou sinon* (882); reprise d'un sujet éloigné de son verbe (281)

[1] La dislocation ne concerne que les constructions avec *ce* dit 'impersonnel'. Ce tour est associé aux tours impersonnels sans dislocation.
[2] À l'origine pléonastique: < *quo modo mente* (Clédat 1896: 341).
[3] Aussi «scheinbar pleonastisch»: *ne* explétif (Plattner 1899: 422, n. 1).
[4] «Eine uns überflüssig erscheinende Präposition»: *à deux pas de la maison, à trois lieues de la ville*, etc. (Plattner 1899: 211).
[5] Aussi *ethisches Possessiv* (Plattner 1899: 361). Dans ce cas (361, n. 3), «pleonastisch» veut dire non pas «dass man es nach Belieben setzen oder auslassen kann», mais «dass das Possessiv die Rolle eines Füllwortes hat».
[6] Les verbes de mouvement et le verbe *voir* semblent parfois pléonastiques (*anscheinend pleonastisch*). Dans le premier cas on note toutefois une nuance sémantique.
[7] *J'obéis à mon père, la ville de Bruxelles, il est honteux de mentir, rien de bon, J'apprends à lire* (Ulrix 1909: 111). *Ce coquin de Pierre* (1909:99).
[8] Le terme *pléonasme* (ou *explétif*) même n'est pas utilisé dans ce cas. Les pronoms personnels figurent parmi les «mots qui ne remplissent aucune fonction grammaticale» (Ulrix 1909: 110-111).
[9] Il s'agit de la dislocation à droite. Le SN est pléonastique.
[10] Voir cependant la rubrique «autres»: reprise pléonastique d'un sujet éloigné.

730 P. LAUWERS

	to-tal	prép	dis-loc.	da-tif	ne	que	Autres cas
Engwer	0	-			-[11]	-	-
D&P	2.-	-	[+]	V4, 321[12]	-[14]	-	pléonasmes: *dont … en* (V4, 226sq); «pseudo-pléonastique»: *dont … son* (V4, 122); *un greffon qui a «une valeur pléonastique et presque rhétorique»*, «fait de style» (V3, 13): *sa face … ne pallira point DESTEINTE*: l'index renvoie sous pléonasme à (V3, 351)[15]
Regula	3.-	[+][16]			+	218[17]	-
Aca-démie	2.-	-	-	[+][19]	+	198, 221-2 (expl.)	V essentiellement pronominaux (98): *s'en aller, s'écrier*
Michaut	4	-	+	365	+ 365 (expl.)	517	*ne que seulement* (520) [peut être voulu], *onques jamais* (526) [incorrect], *Personne n'est pas venu* (521)
Le Bidois	3	-	+	T2, 60-1; T1, 11[21]	+	T1, 141-2	T2, 738[22]	T2, T1, 225 (pl. + expl.)[23]	- pléonasmes: *jamais de la vie* (T2, 647); *plus pire* (T2, 277); *Est-ce que P. n'est-IL pas venu* («grossier pléonasme») (T1, 524) - explétifs: *se rire* (T2, 198)[24] - Autres: *on m'a coupé ma jambe*, etc. «pas à imiter», «superfétation» (T1, 206); *DONT … EN* «superfétation est patente» (T1, 171); *CE dans ce que*: «luxe inutile», «ne sert à rien» (T1, 115)

[11] Ils expliquent le *ne* après une expression de crainte comme étant une «Kontamination» (sans doute sous l'influence de Tobler): «mischt sich der Wunsch des Gegenteils ein» (1926: 176); mais cet emploi n'est pas général (si *craindre* est nié ou mis en question: *NE* est exclu). De même: *ne après avant que/sans que/à moins que*: «erklärt der Sinn» (Engwer 1926: 180).

[12] Il s'agit seulement des cas dépourvus de pause: *La reine elle viendra* («pléonasme inutile»)? *Quand la reine viendra-t-elle*? «sans pléonasme à valeur réelle d'expression» (V4, 321).

[13] «l'emploi explétif ou mieux *éthique*» (D&P V3, 289).

[14] Cet emploi de *ne* se trouve à la base de la théorie du *ne discordantiel* (D&P V1, 131).

[15] Le terme même n'y figure pas: «complément coalescent n'ajoute exactement rien au sémième du verbe, et est aussi inutile que populacier» (D&P V3, 351).

[16] De est également «verblasst» dans *Mieux vaut s'accommoder que DE plaider* (Regula 1931: 218); «ein bedeutungsloses «parasitisches» *ne*, das sich durch Einmischung einer zweiten Gedankenform erklärt».

[17] «Überflüssiges *ne* (Ne explétif)» (Regula 1931: 218); «ein bedeutungsloses «parasitisches» *ne*, das sich durch Einmischung einer zweiten Gedankenform erklärt».

[18] *Bedeutungslos* (le terme *explétif* n'apparaît pas): *C'est une jolie chose de savoir* … comprenant un «in seiner urspr. Geltung nicht mehr empfundenes *ne* zur Einführung des logischen Subj.» (1931: 232) = *das ist was Schönes, was vom Wissen … stammt. …* Idem (1931: 55): «das bedeutungslose» *que*. On notera que le *il* impersonnel est également appelé «bedeutungslos» (Regula 1931: 47).

[19] *Il vous a toujours des raisons de ce genre*: «l'emploi d'un pronom personnel sans fonction déterminée» (Académie 1932: 44).

[20] Contredit par la paraphrase *que de* = «à savoir» (Michaut 1934: 397).

[21] Quoique la dislocation, par anticipation ou par reprise, soit qualifiée à plusieurs reprises de *pléonastique* (T2, 60-61), les auteurs s'appliquent à en dégager les valeurs stylistiques (*affectives*) et *logiques* précises. De même (Le Bidois T1, 11, 171).

	to-tal	prép	dis-loc.	da-tif	ne	que	Autres cas	IC
Larousse	5	+ 381!, 62, 398, 227, 72, 162, 265	+ 180	+	+ 179	+ 377, 108	+ 396	*fait dormir ... dormitive*: pléon. vicieux (83); *se suicider* à l'origine incorrect (437); *ou sinon* (397); *à vous à qui* (191); *il y a*: y explétif (372); *que m'a fait, à moi, ..., vu ..., vu de mes yeux* (83)	–
Grevisse	5	+ 121; 542-4, 428, 287, 426, 112, 600	+ 657	+	+ 121	+ 518	+ 619-620	en général (124-5); *c'en est fait de* (275), *tout chacun* (312); *de, à, quant à, pour, en* (527), cf. aussi 109 (devant attribut); verbe pronominal (328-9); *venez UN PEU* (500)	–
Bloch	5	+ 178, 180, 182	+ 75	+	+ 73		+ 190[25]	–	–
Bruneau	0	–	–	–	–	–	–	–
Gougen-heim	1	–	–	+	– 104, n1	–	–	–
Galichet	1	–	0	0	0	+	+ 53	– *Il impersonnel* longtemps considéré comme explétif (132) – [«certains mots n'ont parfois aucune valeur grammaticale» (16): *l'important est DE; avant QUE de partir; j'aime À faire ...*]	–
Dauzat	1	–	+ 426[26]	– refus	+ 269	refus (332)	395-6[27]	*il impersonnel* n'est pas explétif (258); condamne Q + *est-ce-que* («redondances inutiles», 431)	–
Wartburg	1	– 292, 293	–	–	+ index, 48, 59, 71,	mot-outil, etc.	*l'un l'autre* etc. (279); *à mes demandes et à mes conseils*: presque pléonasme (161); *pour si* + adj. + *que* (76); *se rire de*: explétif (29)	–
de Boer	2	–	–	+	+ 78	+ 22, 89	conj. vide introd. 165	pléonasme: *en/dont* (136)	–
Cayrou	5	+ 323, 324, 252!, 254, 256 *en, pour, etc*: 257, 261, 362	–	+	+ 374	+ 247-9, 382, 386	+ 276, 243, 379, 386, 381		+ 336

---

[22] Les Le Bidois se servent parfois de l'étiquette *explétif* («ne dits «explétifs»»; T2, 738), mais entre guillemets (cf. T2 — après *avant que* (T2, 423-425), après les verbes de crainte (T2, 347-349), après les comparatifs (T2, 283-284), après *sans que* (T2, 664), etc. — et refusent d'y voir un emploi explétif. Parmi les *paragrammaticales*, ils citent quelques emplois «abusifs» de *ne*: *après peu s'en faut que, il ne tient pas à moi que ...*, etc. (Le Bidois T2, 736-738).

[23] Dans l'index du tome II, on trouve aussi le terme *que copule*.

[24] «pronoms complémentaires» ou «intérieurs», c'est-à-dire «incorporés dans le pronominal», qui ne sont pas COD : n'ont «qu'une valeur emphatique ou affective» «à peu près purement explétif» (Le Bidois T2, 198).

[25] *Que si, que non, avant que de* (Bloch 1937: 190). En outre, *que* a tant de casquettes différentes qu' «il y a des cas assez fréquents où il est difficile de reconnaître sa [= de QUE] véritable nature» (1937: 190): *c'est une folie que de dire cela, un autre que lui, le même que moi, qu'est-ce que c'est que cela?* L'exemple *Qu'est-ce que c'est que cela?* figure d'ailleurs parmi les locutions ou groupes de mots qu'il ne faut plus analyser dans l'analyse grammaticale (1937: 192).

[26] Seulement un sous-type: *à cet homme je lui dirai*. Ailleurs, il parle de redondances/éléments superflus qu'il faut éviter (Dauzat 1947: 265, 431).

[27] Ligature non grammaticale; hiatus.

ANNEXE 11: L'ELLIPSE[1]

	tot	type de phrase	que	si	ne que	impératif	conditionnel
Clédat	3	–	+ 366	+ 370	+ 353	–	–[2]
Plattner	0	–	–	–	–	–	–
Ulrix	5	+ 110-112	+ 181	+ 181, 185-6	–	+ 110-2	+ 185
Haas	0	–	–	–	–	–	–
Sonnenschein	1–	–	–	–	–	–[3]	118-9 trad.
Strohmeyer	2–	–	–	(+)[5]	(+)[5] 55 trad.	+	(+)[4]
Lanusse	2–	+ 200	–	–	(+)[6] 307	–[9]	–
Radouant	2	+ 58, 235, 253	–[7] 204	+[8] 237, 262	–	+ 206, 62	–
Brunot	3	+[10] 17-8, 32-33, 552, 555	–	–[11] 552-3, 545, 555, 567	–	–	+[12]
Engwer	2–	–	–	–	(+)[13] 210 trad.	–	+ 169 (trad.)

Légende: – absent (ou pas traité); +: attesté; ( ): cas-limite ou stratégie de restitution moins nette.

[1] À vrai dire, l'emploi du conditionnel dans la phrase indépendante isolée n'est pas signalé (Clédat 1896: 228-9).
[2] Le sujet est incorporé dans la flexion verbale (Sonnenschein 1912: 97).
[3] Par le biais de la traduction (Sonnenschein 1912: 118-9): *Hésiter serait une faiblesse* (= under the circumstances which I have in mind). La partie que l'auteur sous-entend n'est jamais une phrase en *si*.
[4] L'auteur en fournit une traduction littérale: «Wörtlich: *Je n'ai que deux amis* = «Ich habe nicht (nämlich etwas anderes) als zwei Freunde» (Strohmeyer 1921: 55).
[5] Des paraphrases (dans le cadre de l'équivalence avec *seulement*) plutôt que des ellipses: «ce sont des paroles seulement, et rien autre chose» etc. (Lanusse 1921: 307).
[6] *Que* + subjonctif n'est pas une subordonnée régie par une principale elliptique (Radouant 1922: 204); l'auteur y insiste. Cependant, *pourvu que* est dit s'employer aussi avec ellipse de la principale (1922: 237): *Pourvu qu'il arrive à temps!* (cf. note sous *si*).
[7] Le mot «ellipse» figure seulement dans le titre (Radouant 1922: 237). Dans le texte même, Radouant oppose deux types: 1° la pensée «ne s'achève pas; l'expression reste suspendue», mais le contexte désambiguïse: *Ah! si j'osais! …* (cf. 1922: 262: la principale n'est «pas nécessaire»); 2° «rien ne manque à l'expression de la pensée, mais la forme exclamative la paraît d'une façon raccourcie»: *Dire que l'avais averti! Quand je pense qu'un mot de lui aurait suffi!/Et moi qui vous accusais d'indifférence!/Et si je vous prenais au mot!/Mais puisqu'on vous dit que c'est trop tard!* En d'autres mots: dans 1° c'est la pensée qui est incomplète, dans 2° la présentation, la forme. Les deux cas de figure relèvent de l'ellipse.
[8] Radouant part d'une structure canonique dans laquelle il peut «manquer» des termes, p.ex. le sujet «manque toujours devant l'impératif». Si le terme «ellipse» ne tombe pas dans ce passage, on trouve sous l'entrée *proposition elliptique* de l'*index* un renvoi à ce passage (Radouant 1922: 58).
[9] Brunot distingue en fait la proposition elliptique de la phrase elliptique. La première est appelée *proposition à forme réduite* (1922: 17, titre), la seconde *phrase tronquée* (ou *défective*, *elliptique*; 1922: 32, 552). Bien qu'associée à l'ellipse (1922: 18, 32), la première n'est pas qualifiée d'elliptique.
[10] Le passage (Brunot 1922: 552-553) sur l'expression du *refus* fournit quelques *phrases elliptiques* qui y sont apparentées: *Ah! bah! s'il fallait embrasser tous ceux qui …!* Sous *espoir*: «un fragment hypothétique» (*Si cela pouvait arriver!*) (1922: 545); sous *conseil*: «présenter ce conseil dans une hypothétique», avec un ton de question» (1922: 567); sous *regret*: «phrases tronquées» (*Si seulement j'avais su!*) (1922: 555).
[11] Le passage cité sous *si* contient entre autres les exemples suivants: *Et je me chargerais de le défendre? Je voudrais bien voir ça! Il ne manquerait plus que cela!* Il s'agit de formes exprimant l'*éventuel*. Brunot (1922: 878) signale les «formes défectives d'hypothèses» dans lesquelles «l'idée conditionnée se présente de façon incomplète» (ou encore: «la donnée manque»). Cette idée est présente dans le contexte immédiat et «du moment qu'elle est impliquée dans ce qui précède, l'esprit rétablit l'ensemble». Ces formes défectives ont été à la base du développement de la valeur éventuelle du conditionnel employé seul (*ib.*).
[12] Traduction littérale: «Sie haben nichts als ihre Arme = *nur ihre Arme*» (Engwer 1926: 210).

TRADITION GRAMMATICALE ET MODERNITÉ LINGUISTIQUE

	tot	type de phrase	que	si	ne que	impératif	conditionnel
D&P	1	+[14] V2, 414	–	–[15]	–	–	–
Regula	2–	+ 42[16], 45, 214, index	–	–	(+)	–	–
Académie	4	+ 212	–	+[17]	–	+[18]	+ 175-6
Michaut	2–	+ 16, 493, 535	537	–	–	200	(+)[19] 446, 454
Le Bidois	4––	+ T2, 222-223; 235; 656	T1, 501-3	(+)[20] T1, 7-8, 526	+ T2, 654	(–)[21]	(+)[22] T2, 743
Larousse	1	+ 80-81	–	–	–	–	–[23]
Grevisse	5–	+ 121, 537	–[24]	+[25] 590	+ 517, 574	+ 122	(+)[26] 417

[14] Le *zeugme grammatical* (*verbal* ou *nominal*) est nettement défini comme un type de phrase: «La phrase ainsi constituée s'appelle zeugme verbal» (D&P V2, 414).

[15] Ils complètent l'énoncé par un «fait conditionnel fort vague» pour conclure que «en réalité, la comme partout ailleurs, la notion de sous-entendu est inutile» (D&P V6, 81).

[16] *Schrumpfsatz* (Regula 1931: 42). Ce passage est lié à Regula (1931: 116), où il est question d'une «elliptische Ausdrucksweise».

[17] Il arrive même que la proposition principale soit entièrement sous-entendue dans la langue courante quand ce qu'elle devrait énoncer *résulte si évidemment de la proposition subordonnée que l'exprimer en toutes lettres devient inutile*: *Hélas! si j'avais pu savoir!* Cf. aussi: *Dire que nous sommes donné tant de mal! Moi qui croyais avoir fini!* (Académie 1932: 212).

[18] «attribut d'un sujet non exprimé» (Académie 1932: 90): *Sois indulgent* (verbe à l'impératif); *Il fallait être plus docile* (verbe à l'infinitif).

[19] «condition implicite ou explicite» (Michaut 1934: 446): *je m'en vais, parce qu'il me mettrait en colère* (si je restais). La condition peut aussi être exprimée «implicitement par le contexte (*dans ce cas seulement, il réussirait*) ou même non exprimée: *J'aurais plaisir à vous rendre ce service* (mais je ne sais si cela sera possible); *Que je l'aurais aimé* (si je l'avais connu)!» (1934: 454). Ensuite, les auteurs signalent toute une liste de valeurs du conditionnel où ils ne complètent plus les énoncés (1934: 454). La manipulation de l'énoncé relève plutôt d'une stratégie qui consiste à éclairer le sens de la construction plutôt que de la volonté de dériver la phrase observée d'un modèle théorique complet.

[20] On a ici des *principales déguisées*; «rien à sous-entendre». La conclusion du paragraphe surprend, pour ne pas dire qu'elle est contradictoire (à moins que seul le deuxième type dont il est question soit elliptique) (T1, 7-8). Cf. aussi *S'il allait me parler à l'oreille!*, structure à «caractère sémantique» (cf. aussi le titre «ellipses de propositions») (T1, 7-8). Cf. aussi *S'il allait me parler à l'oreille!*, structure à «caractère sémantique» (cf. aussi le titre «ellipses de propositions») (T1, 7-8). Cf. aussi *S'il allait me parler à l'oreille!*, structure à «caractère sémantique» (Le Bidois T1, 526).

[21] Quoiqu'ils soient convaincus (Le Bidois T1, 495) que l'impératif «ne se construi[t] jamais avec un sujet», ils parlent de l'«omission du personnel-sujet»: «Devant l'impératif, il s'omet régulièrement» (T1, 128). Cette formulation pour le moins malheureuse trahit encore la volonté d'y voir une ellipse, même si dans le second passage ils parlent d'une *indication personnelle inhérente* à l'impératif (un regard, un geste suffit à désigner la personne).

[22] Dans la description des valeurs du conditionnel mode, les auteurs distinguent l'*éventuel* (*je vous conseillerais, etc.*) du véritable *conditionnel* (Le Bidois T1, 497-498). L'éventuel n'est pas complété, mais ils explicitent quand même la «possibilité conditionnelle» (*dans ces circonstances, je voudrais …*), qui est à la base de l'éventuel. Dans les *paragrammaticales*, en revanche, l'exemple *J'aurais voulu assister à la bataille d'Austerlitz* (T2, 743), qui figure dans le titre, est bel et bien elliptique (et dès lors complété).

[23] Toutefois: les emplois du conditionnel sont rangés sous le titre *Action soumise à une condition* (Larousse 1936: 333). En réalité, seuls quelques sous-types semblent répondre à cette valeur. Ailleurs, on lit: «la phrase n'est pas complète», la conséquence est exprimée par une exclamation, ponctuant un geste: *après tout, quand il se fâcherait, tant pis!* (1936: 121).

[24] Grevisse (1936: 576). Mais en note, il mentionne une autre analyse, avec ellipse: verbe principal «sous-entendu» + subordonnée en *que*. Ailleurs, Grevisse (1936: 421, n.1) réfute cette analyse par «ellipse» en s'appuyant sur Nyrop. Dans le même sens, *Pourvu que Dieu ….* (1936: 589) est une *indépendante*.

[25] Ce phénomène est aussi attesté dans les propositions introduites par *puisque, quand, quand même, si, comme si, à peine si, pourvu que, etc.*, de même que après *sans, sans que, qui*, en réalité, «unissent deux propositions indépendantes» (Grevisse 1936: 590-591): *Quand je vous le disais* [j'avais raison]; *Si nous partions?*; *À peine si les branches des cimes étaient remuées. Si je pouvais remplir …*!: «ellipse d'une proposition principale» (1936: 581).

[26] Dans certains emplois du conditionnel proprement dit (dans le sens de 'fait conditionnel par un autre'), «la condition est sous-entendue» (Grevisse 1936: 417). *J'ai payé de ma personne, moi: l'auriez-vous fait?*; *Ne forçons point notre talent: Nous ne ferions rien avec grâce*. Dans les autres emplois du mode, il n'en est pas question (1936: 418-419).

	tot	type de phrase	que	si	ne que	impératif	conditionnel
Bloch	2-	+	216	-	-	-	-	(+)[27] 150
Bruneau	2	+	116, 74, index	-	-	-	+[28] 72	-
Gougenheim	0	-					
Galichet	0	-					
Dauzat	3-	+	398, 454	-[29] 399	+[30]	(+)[31] 329	-	-
Wartburg	3	+	65, 153, 162, 274	-	+ 129	-	-	+[32] 106
de Boer	1	+[33]	16, 25, n18 index	-[35]	-	-	-[34]	-
Cayrou	3	+	282, 240, 138-9	-[35]	+[36]	-[37]	-	+ 352, 355

---

[27] Le premier emploi du *conditionnel* mode «dépend d'une condition, exprimée ou sous-entendue»: *On ne se serait pas dérangé pour éviter un boulet de canon* (1937: 150). En dehors de cet emploi, illustré à l'aide d'un exemple hors contexte (et donc difficile à juger), il n'est pas question de l'ellipse (autres emplois: désir, atténuation et indignation).

[28] Le pronom sujet du verbe «n'est pas exprimé», «n'a pas de sujet exprimé» (Bruneau 1937: 72).

[29] Mais: *Moi, héron, que je fasse …* (sous-entendu: il n'est pas admissible, je ne veux pas croire) (Dauzat 1947: 399). En outre, *que + subj*: *Descends, que je t'embrasse* (1947: 382) etc. «par ellipse ou par tradition» (1947: 382).

[30] Sous *phrase interrompue/exclamative*: la principale est «éliminée» (Dauzat 1947: 398) ou «sous-entendue» (1947: 399), l'hypothétique avec *SI* devenant interrogative et exclamative, sous-entendu: *vous n'auriez pas éprouvé cet ennui*. Cf. aussi: *si on nous voyait! si j'avais prévu!* «avec ellipse» (1947: 395).

[31] *Ne … que*: ellipse de l'ancien *ne mais que* (Dauzat 1947: 329).

[32] *J'aurais/j'eusse voulu être là pour te voir*: «La pensée sous-entend: ç'aurait été possible, il ne tenait qu'à moi …» (Wartburg 1947: 106).

[33] À première vue, de Boer veut remplacer les «phrases elliptiques» qu'on trouve dans les «manuels» par les *monorèmes* et *dirèmes* accompagnés de sujet extralinguistique (de Boer 1947: 16). Or, le terme figure dans l'index et est utilisé (1947: 25, n. 18).

[34] En tant que forme verbale, l'impératif n'a pas de sujet (*du verbe*); en tant que phrase, il a un sujet situationnel (thème), qui est explicité par un *vocatif* (de Boer 1947: 215-216).

[35] P. ex. *Pourvu que …*: «pas toujours de proposition principale exprimée» (Cayrou 1948: 388), la proposition de condition est alors «de forme exclamative».

[36] *Si seulement/Si encore/Ah si/Si*: «pas toujours de proposition principale exprimée» (Cayrou 1948: 386) (+ exemples).

[37] On trouve bel et bien une paraphrase (cf. aussi *ne guère, ne plus,* etc.) qui ne correspond pas à la restitution d'une ellipse: «c.-à-d. *ne … pas, si ce n'est*» (Cayrou 1948: 246).

RÉFÉRENCES BIBLIOGRAPHIQUES[1]

1. Sources primaires

ANTOINE, G. 1951. c.r. de G. GALICHET, *Essai de grammaire psychologique*, 1947. FM 19. 60-66.
ARNAULD, A. – LANCELOT, Cl. 1660. *Grammaire generale et raisonnee. Contenant: Les fondemens de l'art de parler; expliquez d'une maniere claire & naturelle; Les raisons de ce qui est commun à toutes les langues, & des principales differences qui s'y rencontrent; Et plusieurs remarques nouvelles sur la Langue Françoise.* Paris: Pierre le Petit.
ARRIVÉ, M. – CHEVALIER, J.-Cl. – BLANCHE-BENVENISTE, Cl. – PEYTARD, J. 1964. *Grammaire Larousse du français contemporain*. Paris: Larousse. [+ nombreuses rééditions]
AYER, C. 1851. *Grammaire française*. Lausanne: Georg.
—. 1885[4] [1876[1]]. *Grammaire comparée de la langue française*. Genève: Georg.
BALLY, Ch. 1905. *Précis de stylistique. Esquisse d'une méthode fondée sur l'étude du français moderne*. Genève: A. Eggimann.
—. 1907-1908 [1911]. «La stylistique française de 1905 à la fin de 1909». *Kritischer Jahresbericht über die Fortschritte der romanischen Philologie*. 189-196.
—. 1909 [1921[2]]. *Traité de stylistique française*. Heidelberg: Winter. [2 vols; 1921[2]: chez Klincksieck (Paris) et Winter (Heidelberg)].
—. 1913. *Ferdinand de Saussure et l'état actuel des études linguistiques* (Leçon d'ouverture du cours de linguistique générale, lue le 27 octobre 1913, à l'Aula de l'université). Genève: Atar.
—. 1922. c.r. de F. BRUNOT, *La Pensée et la Langue*, 1922. BSL 23. 117-137.
—. 1932 [1944[2]]. *Linguistique générale et linguistique française*. Berne: Francke.
BANNER, M. 1895. *Französische Satzlehre*. Bielefeld - Leipzig: Velhagen & Klasing. [le *Begleitwort zu der französischen Satzlehre* a été publié séparément]
BAUCHE, H. 1920. *Le langage populaire: Grammaire, syntaxe et dictionnaire du français tel qu'on le parle dans le peuple de Paris avec tous les termes d'argot usuel*. Paris: Payot.
BEAUZÉE, N. 1767 [1974]. *Grammaire générale ou exposition raisonnée des éléments nécessaires du langage, pour servir de fondement à l'étude de toutes les langues*. Stuttgart - Bad Cannstatt: Frommann Holzboog.
—. 1782-1786. Articles dans l'*Encylopédie méthodique: Grammaire et littérature*. Paris - Liège: Panckoucke et Plomteux. (3 vols)
BECKER, K.-F. 1827. [1841[2]]. *Organismus der Sprache*. Frankfurt am Main: Kettembeil.
—. 1829. *Deutsche Grammatik*. Frankfurt am Main: Kettembeil.
—. 1839[4] [1834[3]]. *Schulgrammatik der deutschen Sprache*. Frankfurt am Main: Kettembeil.
BEHAGHEL, O. 1897 [1966]. *Die Syntax des Heliand*. Wiesbaden: Sändig. [reprint]
—. 1928. *Deutsche Syntax. Eine geschichtliche Darstellung*. Bd III. *Die Satzgebilde*. Heidelberg: Winter.

---

[1] Seuls les ouvrages cités dans le texte ont été repris dans la bibliographie. Les grammaires du corpus ont été présentées en annexe (n° 3). On y trouve aussi la littérature secondaire sur les auteurs du corpus. Dans la bibliographie qui suit, nous avons utilisé des abréviations pour les revues: *FM* (*Le français moderne*), *ZFSL* (*Zeitschrift für französische Sprache und Literatur*), *ZRP* (*Zeitschrift für romanische Philologie*), *BSL* (*Bulletin de la Société de Linguistique de Paris*), *ASNS* (*Archiv für das Studium der neueren Sprachen und Literaturen*), *CFS* (*Cahiers Ferdinand de Saussure*) et *HEL* (*Histoire Épistémologie Langage*).

BEHEN, J. 1932. *Grammaire française à l'usage de l'enseignement moyen*. Bruxelles: Office de publicité.
BEHRENS, D. 1908. c.r. de HORLUC – MARINET (1908). *ZFSL* 33. 145-146.
BENVENISTE, É. 1935. *Origines de la formation des noms en indo-européen*. Paris: Adrien-Maisonneuve.
—. 1966 [1964]. «Les niveaux de l'analyse linguistique». In: *Problèmes de linguistique générale*, 119-131. Paris: Gallimard.
BERGMANN, Dr. 1908. *Die Ellipse im Neufranzösischen*. Freiburg (Baden): Bielefelds Verlag.
BLINKENBERG, A. 1928-1933. *L'ordre des mots en français moderne*. Copenhague: Levin & Munksgaard. (2 vols)
BLOCH, B. – TRAGER, G.L. 1942. *Outline of linguistic analysis*. Baltimore: Linguistic Society of America.
BLOOMFIELD, L. 1926. «A set of postulates for the science of language». *Language* 2. 153-164.
—. 1931. c.r. de J. RIES, *Was ist ein Satz?*, 1931. *Language* 7. 204-209.
—. 1933. *Language*. New York: Holt.
—. 1983. [1914]. *An Introduction to the study of language*. Amsterdam - Philadelphia: Benjamins. [nouvelle édition, avec une introduction de Joseph F. Kess]
BLÜMEL, R. 1914. *Einleitung in die Syntax*. Heidelberg: Winter.
BOILLOT, F. 1930. *Psychologie de la construction dans la phrase française moderne*. Paris: P.U.F.
BONNARD, H. 1950. *Grammaire française des lycées et collèges*. Paris: SUDEL. [citée d'après l'édition de 1973]
BOTTEQUIN, A. 1937. *Le français contemporain: incorrections, difficultés, illogismes, bizarreries ou le bon usage du français d'aujourd'hui*. Bruxelles: Office de publicité.
BOURCIEZ, É. 1899. «L'agrégation d'espagnol et d'italien». *Bulletin hispanique* 1. 22-23.
BOURQUIN, A. – SALVERDA DE GRAVE, J.-J. 1901. *Grammaire française, à l'usage des Néerlandais*. Leyde: Kapteijn.
BRACHET, A. 1874. *Nouvelle grammaire française fondée sur l'histoire de la langue*. Paris: Hachette.
BRÉAL, M. 1897. *Essai de Sémantique. Science des significations*. Paris: Hachette.
—. 1903. «La grammaire française au XXe siècle». *Revue bleue*. 801-804.
BREKLE, H.E. éd. 1966 *Grammaire générale et raisonnée ou La Grammaire de Port-Royal. Nouvelle impression en facsimilé de la troisième édition de 1676*. Stuttgart - Bad Cannstatt: Frommann Holzboog.
BRØNDAL, V. 1930. «Le système de la grammaire». In: *A grammatical miscellany offered to Otto Jespersen on his seventieth birthday*, 291-297. Copenhague: Levin & Munksgaard. [repris dans Brøndal (1943: 1-7)]
—. 1937. «Langage et logique». In: *La Grande Encyclopédie française*, juillet 1937. [repris dans Brøndal (1943: 49-71)].
—. 1943. *Essais de linguistique générale. Publiés avec une bibliographie des œuvres de l'auteur*. Copenhague: Munksgaard.
—. 1948 [1928, version danoise]. *Les parties du discours, partes orationis. Étude sur les catégories linguistiques*. Copenhague: Munksgaard.
BRUGMANN, K. 1904. *Kurze vergleichende Grammatik der indogermanischen Sprachen*. Strassburg: Trübner.
—. 1918. «Verschiedenheiten der Satzgestaltung nach Massgabe der seelischen Grundfunktionen in der indogermanischen Sprachen». *Berichte der sächsischen Gesellschaft der Wissenschaften. Philol.-Hist. Klasse* 70. 1-93.
BRUNEAU, Ch. 1945. «La langue française en Sorbonne». *FM* 13. 1-18.
—. 1946. «La crise de la culture française». *FM* 14. 1-4.

—. 1947. «La licence moderne et la culture française». *FM* 15. 81-87.
BRUNOT, F. 1886. *Précis de grammaire historique de la langue française.* Paris: Masson.
—. 1911. «La 'crise du français'». *La Revue hebdomadaire.* 160-176; 304-326.
—. 1920. «Le renouvellement nécessaire des méthodes grammaticales». *Revue universitaire* 29. 161-178.
—. 1932. *Observations sur la Grammaire de l'Académie française.* Paris: Droz.
BRUNOT, F. – BONY, N. 1909. *L'enseignement de la langue française: ce qu'il est, ce qu'il devrait être dans l'enseignement primaire.* Paris: Colin.
—. 1905-1908. *Méthode de langue française.* Paris: Colin.
BRUNOT, F. – MAQUET, Ch. 1909. «Simplification et unification des nomenclatures grammaticales». *Revue universitaire* 8. 340-354. [publié aussi dans *Le Volume, Journal des instituteurs et institutrices,* 24, le 13 mars 1909]
BUFFIN, J.-M. 1925. *Remarques sur les moyens d'expression de la durée et du temps en français.* Paris: P.U.F.
Bulletin administratif du Ministère de l'Instruction Publique. 1894 (854-858), 1904 (802-804; 807-811), 1907 (43-49).
BYRNE, L.S.R. – CHURCHILL, E.L. 1950. *A comprehensive French grammar.* Oxford: Blackwell.
CAMPROUX, Ch. 1952. «L'enseignement du français et le baccalauréat». *FM* 20. 17-20.
CERCLE LINGUISTIQUE DE PRAGUE. 1931. «Projet de terminologie phonologique standardisée». *Travaux du Cercle linguistique de Prague.* 309-326.
CHASSANG, A. 1882 [1878[1]]. *Nouvelle grammaire française. Cours supérieur avec des notions sur l'histoire de la langue et en particulier sur les variations de la syntaxe du XVIe au XIXe siècle.* Paris: Garnier.
CHOMSKY, N. 1957. *Syntactic structures.* The Hague - Paris: Mouton.
—. 1965. *Aspects of the theory of syntax.* Cambridge (Mass.): MIT Press.
CLÉDAT, L. 1892. c.r. de F. LOT, *L'enseignement supérieur en France, ce qu'il est, ce qu'il devrait être,* 1892. *Revue de philologie française et de littérature* 6. 156.
—. 1894. *Grammaire raisonnée de la langue française.* Paris: Le Soudier.
—. 1923. c.r. de F. BRUNOT, *La pensée et la langue,* 1922. *Revue de Philologie française* 35. 31-64.
—. 1928. «La grammaire de l'Académie. Anticipations». *Revue de philologie française* 40. 201-212.
COHEN, M. 1939. c.r. de G. GOUGENHEIM, *Système grammatical de la langue française,* 1938. *BSL* 40. 76-78.
—. 1948. *Grammaire française en quelques pages.* Paris: SEDES.
COUTURAT, L. 1911. «Des rapports de la logique et de la linguistique dans le problème de la langue internationale». *Revue de métaphysique et de morale.* 509-516.
CROISAD – DUBOIS [sans prénoms]. 1935[20]. *Cours de langue française. Langue française – Histoire et Littérature. Théorie et Exercices.* Paris: Hatier.
CROUZET, P. – BERTHET, G. – GALLIOT, M. 1909. *Grammaire française simple et complète.* Paris: Privat Didier. [citée d'après 1928[16]]
DAUZAT, A. 1906. *Essai de méthodologie linguistique dans le domaine des langues et des patois romans.* Paris: Champion.
—. 1934. «Suppression de chaires» [Chronique]. *FM* 2. 383
— éd. 1935. *Où en sont les études de français? Manuel général de linguistique française moderne.* Paris: D'Artrey. [+ *Supplément* 1935-1948 [1949], avec le concours de Ch. Bruneau, Paris: D'Artrey.]
—. 1939. c.r. de G. GOUGENHEIM, *Le système grammatical du français,* 1938. *FM* 7. 172-175.
—. 1944. «Pour la culture française. Il faut une agrégation de français». *FM* 12. 241-242.
—. 1945. «À propos d'une agrégation de français». *FM* 13. 230. (réponse à quelques objections)

—. 1946. «La question du latin: français d'abord!». *FM* 14. 1-7.
—. 1954. *Le guide du bon usage. Le mot, les formes grammaticales, la syntaxe.* Paris: Delagrave.
DE BOER, C. 1924. «Een weinig syntaxis». *Feestbundel van de Drie talen.*
—. 1926. *Essai sur la syntaxe moderne de la préposition en français et en italien.* Paris: Champion.
—. 1928. «L'idée de 'cas' ou de 'rapports casuels' dans les langues comme le latin et le français». *Revue de linguistique romane* 4. 290-310.
—. 1946. «Un grand syntacticien suisse: Adolf Tobler». *Vox Romanica* 9. 1-28.
DE FÉLICE, Th. 1950. *Éléments de grammaire morphologique.* Paris: Didier.
DELBŒUF, J. 1889. *De la nature des compléments.* Gand.
DELBRÜCK, B. 1888. *Altindische Syntax.* Halle a.S.: Niemeyer. [1976: réimpression anastatique par la Wissenschafliche Buchgesellschaft, Darmstadt.]
DESONAY, F. 1966. [introduction biographique et bibliographie]. In: *Mélanges de grammaire française offerts à M. Maurice Grevisse pour le 20e anniversaire du Bon Usage.* Duculot: Gembloux.
DOROSZEWSKI, W. 1933. «Quelques remarques sur les rapports de la sociologie et de la linguistique: Durkheim et F. de Saussure». *Journal de psychologie normale et pathologique.* 82-91.
DUBISLAV, G. – BOEK, P. et al. 1918. *Methodischer Lehrgang der französischen Sprache.* Berlin: Weidmann.
DU MARSAIS, C.C. 1782. «Construction». In: *Encyclopédie méthodique*, T. 1. 479-504. Paris - Liège: Panckoucke & Plomteux.
DURAND, R. 1930. «Rapport sur le concours de l'agrégation de grammaire (Session de 1930)». *Revue universitaire* 40. 1-19.
EDGREN, R. 1952. «Chroniques: II. La linguistique romane en Suède pendant la guerre (1939-1945)». *Revue de linguistique romane* 17. 93-120.
EWERT, A. 1933. *The French Language.* London: Faber & Faber.
FOULET, L. 1919. *Petite syntaxe de l'ancien français.* Paris: Champion.
FRANKE, E. 1886. *Französische Stilistik.* Oppeln: Franck.
—. 1898². *Ein Hilfsbuch für den französischen Unterricht.* Berlin: Gornar.
FREI, H. 1929. *La grammaire des fautes. Introduction à la linguistique fonctionnelle.* Paris - Genève: Geuthner - Kundig. [Édition reproduite par Slatkine en 1971]
—. c.r. de BALLY (1944²). *Vox Romanica* 9. 156-166.
—. 1948. «Note sur l'analyse des syntagmes». *Word* 4. 65-70.
—. 1999. *Vingt-quatre écrits sur la syntaxe, suivis d'une introduction à la linguistique saussurienne.* Genève: Droz.
FUNKE, O. 1925-1926. «Jespersens Lehre von den 'Three ranks'». *Englische Studien.* 140-157.
GALICHET, G. 1972. «Fonctions de la langue et finalités de l'enseignement grammatical. Au-delà des structuralismes». *FM* 39. 289-299.
—. 1951. *Pour un meilleur français.* Paris: Bonne.
—. 1952. *Difficultés et finesses de notre langue.* Paris: Bonne.
GAMILLSCHEG, E. 1932. c.r. de M. REGULA, *Französische Sprachlehre auf biogenetischer Grundlage*, 1931. *ZFSL* 56. 385-415.
GARDINER, A.H. 1932. *The Theory of Speech and Language.* Oxford: Clarendon.
GEORGIN, R. 1951. *Pour un meilleur français.* Paris: A. Bonne.
GERSTENBERG, E. 1927. «Die Behandlung der Grammatik im Unterricht im Rahmen der Richtlinien von 1925». *Zeitschrift für französischen und englischen Unterricht* 26. 356-365.

GLÄSSER, E. 1931. «Grundlegendes zum Satzproblem». *ZRP* 51. 527-541.
GLEASON, H.A. 1961. *An Introduction to Descriptive Linguistics*. New York: Holt, Rinehart and Winston. [1955[1]]
—. 1965. *Linguistics and English Grammar*. New York: Holt, Rinehart and Winston.
GLINZ, H. 1968[5]. *Die Innere Form des Deutschen. Eine neue Deutsche Grammatik*. Bern: Francke.
GOEMANS, L. 1932. «À propos de la *Grammaire de l'Académie française*». *Leuvensche Bijdragen* 24. 51-57.
GOUGENHEIM, G. 1935a. *Éléments de phonologie française*. Paris: Les Belles-Lettres.
—. 1935b. c.r. de TESNIÈRE (1934). *FM* 2. 275.
GRÖBER, G. éd.1904-1906[2] [1884]. *Grundriss der romanischen Philologie*, T 1. Strassburg: Trübner.
GROSS, M. 1975. *Méthodes en syntaxe*. Paris: Hermann.
GUIGE, A. 1935. *La Faculté des Lettres de l'Université de Paris*. Paris: Alcan.
GUILLAUME, G. 1919. *Le problème de l'article et sa solution dans la langue française*. Paris: Hachette.
—. 1945-1949. *Leçons de linguistique de Gustave Guillaume. Grammaire particulière du français et grammaire générale* (série C, 4 vols). Québec: Presses de l'Université Laval; Lille: Presses universitaires de Lille. [publication posthume (1973-1989) par R. VALIN, W. HIRTLE ET A. JOLY; Québec: Presses de l'Université Laval; Paris: Klincksieck, pour le t. III, publié en 1973 par R. VALIN].
HAAS, J. 1912. *Grundlagen der französischen Syntax*. Halle: Niemeyer.
HALL, R.-A. 1948. *French*. Baltimore: Linguistic Society of America. [Structural Sketches 1, Language Monograph 24]
HANSE, J. 1949. *Dictionnaire des difficultés grammaticales et lexicologiques*. Paris - Bruxelles: Baude.
HARRIS, Z. 1952. «Discourse analysis». *Language* 28. 1-30.
—. 1957. «Co-occurrence and transformation in linguistic structure». *Language* 33. 283-340.
HERZOG, E. 1906. c.r. de Cl. KLÖPPER – H. SCHMIDT (1905). *ZFSL* 29. 280-287.
—. 1913. *Historische Sprachlehre des Neufranzösischen. I. Teil. Einleitung, Lautlehre*. Heidelberg: Winter. (2 vols)
HJELMSLEV, L. 1928. *Principes de grammaire générale*. København: Det. Kgl. Danske Videnskabernes Selskab - Historisk-filologiske Meddelelser.
—. 1935-1937. *La catégorie des cas. Étude de grammaire générale*. Copenhagen: Munksgaard. (2 vols)
—. 1936. *An outline of glossematics*. [distribué aux participants au Congrès de linguistique de Copenhague en 1936]
—. 1944. c.r. de GOUGENHEIM (1938). *Acta Linguistica* 4. 141-143.
—. 1968-1971 [1943, version danoise]. *Prolégomènes à une théorie du langage*. Paris: Minuit.
HOLTHAUSEN, F. 1895. *Altisländisches Elementarburch*. Weimar: E. Felber.
HORLUC, P. – MARINET, G. 1908. *Bibliographie de la syntaxe du français. 1840-1905*. Lyon: Rey. [Annales de l'Université de Lyon, nouvelle série, II, Droit, Lettres, fasc. 20.]
IMBS, P. 1950. c.r. de G. GALICHET, *Essai de grammaire psychologique. Bulletin de la Faculté des Lettres de Strasbourg*. 234-237.
JESPERSEN, O. 1909-1949. *A Modern English Grammar*. Heidelberg - London: Winter - Allen & Unwin. (7 vols)
—. 1913. *Sprogets Logik*. København: Gyldendal.
—. 1924. *The Philosophy of Grammar*. London. Allen & Unwin. [cité d'après la réimpression de 1955]
—. 1925-1926. «Die grammatischen Rangstufen». *Englische Studien* 60. 300-309.

—. 1933. *The System of Grammar*. London: Allen & Unwin.
KALEPKY, Th. 1928. *Neuaufbau der Grammatik. Als Grundlegung zu einem wissenschaftlichen System der Sprachbeschreibung*. Leipzig - Berlin: Teubner.
KARCEVSKY, S. 1937. «Phrase et proposition». In: *Mélanges de linguistique et de philologie offerts à J. van Ginneken*, 59-66. Paris: Klincksieck.
KERN, F. 1888. *Die Deutsche Satzlehre*. Berlin: Stricker.
KLEIN, H.-W. 1960-1961. c.r. de M. REGULA, *Grammaire française explicative*, 1957. *ASNS* 197. 88.
KLÖPPER, Cl. - SCHMIDT, H. 1905. *Französische Stilistik für Deutsche*. Dresden - Leipzig: Koch.
KRUISINGA, E. 1932[5] [1911[1]]. *A Handbook of Present-Day English*. Part II, *English Accidence and Syntax*, vol. 3. Groningen: Noordhoff.
KURYŁOWICZ, J. 1936. «Dérivation lexicale et dérivation syntaxique». *BSL* 37. 79-92.
—. 1948. «Les structures fondamentales de la langue: groupe et proposition». In: *Commentatorium Societatis Philosophicae Polonorum Studia Philosophica* III. 203-209
LANDAIS, N. 1834. *Grammaire Générale des Grammaires françaises*. Paris: Didier.
LANUSSE, M. - YVON, H. 1923. *Exercices sur la grammaire française. Classes de quatrième et de troisième*. Paris: Belin.
—. 1929. *La nomenclature grammaticale de 1910*. Paris: Belin.
LAPAILLE, R. 1896. *La réforme de l'orthographe française et l'enseignement primaire. À l'occasion de la Grammaire raisonnée de la langue française par Léon Clédat, professeur à la Faculté des lettres de Lyon*. Liège: Demarteau.
LARIVE - FLEURY [sans prénoms; pseudonymes]. 1913[62]. *La troisième année de grammaire*. Paris: Colin.
LE BIDOIS, R. 1954. «'Ellipsomanie' et 'ellipsophobie'» dans l'explication des faits de syntaxe». In: *Mélanges de linguistique française offerts à M. Charles Bruneau*, 19-28. Genève: Droz.
LECLAIR, L. 1930[56] [1857[1]]. *Grammaire de la langue française ramenée aux principes les plus simples. Grammaire complète*. Paris: Belin.
LENZ, R. 1925[2] [1920]. *La oración y sus partes: estudios de gramática general y castellana*. Madrid.
LERCH, E. 1915-1919. «Der Aufbau der Syntax». *Germanisch-romanische Monatsschrift* 7. 97-109.
—. 1922. «Die Aufgaben der romanischen Syntax». In: *Hauptfragen der Romanistik. Festschrift Ph. A. Becker*. Heidelberg: Winter. [repris dans E. Lerch, *Hauptproblemen der französischen Sprache*, I, 1930, 7-35.]
—. 1923. c.r. de F. STROHMEYER, *Französische Grammatik auf sprachhistorisch-psychologischer Grundlage*, 1921. *ZFSL* 46. 449-453.
—. 1938. «Was ist ein Satz?». *Sprachkunde* 2. 1-3.
—. 1939. «Ehrenrettung der Grammatik». *Sprachkunde* 3. 1-4.
LE ROUX, J.J. 1923. *Oor die Afrikaanse Sintaksis*. Amsterdam: Swets & Zeitlinger.
LHOMOND, Ch.-Fr. 1780. *Elemens de la grammaire françoise*. Paris: Colas.
LIÉGEOIS, C. 1908. «La réforme de la grammaire française 'classique'». *Revue des Humanités en Belgique*. 34-77; 115-130.
LOMBARD, A. 1929. «Les membres de la proposition française. Essai d'un classement nouveau». *Moderna Språk* 23. 202-253.
—. 1930. *Les constructions nominales dans le français moderne. Étude syntaxique et stylistique*. Uppsala - Stockholm: Almqvist & Wiksell.
LONGACRE, R.E. 1964. *Grammar discovery procedures. A field manual*. The Hague: Mouton. [1968[2]]

LOT, F. 1892. *L'enseignement supérieur en France, ce qu'il est, ce qu'il devrait être.* Paris: Welter.
LÜCKING, G. 1883. *Französische Grammatik für den Schulgebrauch.* Berlin: Weidmann.
MACKEL, E. 1906. c.r. de Cl. KLÖPPER – H. SCHMIDT (1905). *ASNS* 16-17. 214-220.
MAQUET, Ch. 1907. *Rapport présenté au conseil supérieur de l'instruction publique au nom de la Commission chargée d'étudier la simplification des nomenclatures grammaticales.* Paris: Belin.
MAQUET, Ch. – FLOT, L. – ROY, L. 1913. *Cours de langue française.* Paris: Hachette.
MARIN, M. 1946. «La préparation en Sorbonne des professeurs de français hors de France». *FM* 14. 8-10.
MAROUZEAU, J. 1921. *La linguistique ou science du langage.* Paris: Geuthner.
—. 1950. «Analyse syntaxique et analyse psychologique». In: VENDRYES *et al.* (1950: 32-34).
—. 1961³. *Lexique de la terminologie linguistique.* Paris: Geuthner.
MARTINET, A. 1940-1945. «Au sujet des fondements de la théorie linguistique de Louis Hjelmslev». *BSL* 41-42. 19-42.
—. 1949. «About structural sketches». *Word* 5. 13-35. [= c.r. de HALL (1948)].
—. 1960. *Éléments de linguistique générale.* Paris: Colin.
MARTY, A. 1908. *Untersuchungen zur Grundlegung der allgemeinen Grammatik und Sprachwissenschaft.* Halle: Niemeyer.
—. [1923]. «Über die Scheidung von grammatischem, logischem und psychologischem Subjekt resp. Prädikat». *Archiv für systematische Philosophie* 3. 174-190; 294-333. [repris dans J. EISENMEIER – A. KASTIL – O. KRAUS, 1923, *Anton Marty: Gesammelte Schriften*, Halle: Niemeyer, T. 2, 1923, 309-364]
MASOIN, F. 1926. *Grammaire française. Cours complet.* Bruxelles: Dewit.
MATHESIUS, V. 1929. «Zur Satzperspektive im modernen Englisch». *ASNS* 155. 202-210.
—. 1936. «On some problems of the systematic analysis of grammar». *Travaux du Cercle linguistique de Prague.*
MÄTZNER, E. 1856 (1877²). *Französische Grammatik mit besonderer Rücksicht des Lateinischen.* Berlin: Weidmann.
MEILLET, A. 1906. «L'état actuel des études de linguistique générale» (Leçon d'ouverture du cours de Grammaire comparée au Collège de France; le 13 février 1906). [Repris dans MEILLET (1926²: 1-18)]
—. 1908. «Linguistique historique et linguistique générale». *Scientia* 4. [Repris dans MEILLET (1926²: 44-60)]
—. 1922. c.r. de BRUNOT, *La pensée et la langue*, 1922. *BSL* 23. 12-18.
—. 1926² [1921¹]. *Linguistique historique et linguistique générale.* Paris: Champion.
MEINONG, A. 1923² · [1921¹]. «Über Gegenstandstheorie. Selbstdarstellung». In: R. SCHMIDT, *Die Deutsche Philosophie der Gegenwart in Selbstdarstellungen*, 101-160. Leipzig: Meiner. [repris dans A. MEINONG – J. WERLE (éd.). 1988. *Über Gegenstandstheorie. Selbstdarstellung*, 53-121. Hamburg: Meiner.]
MEYER, R. M. 1913. *Der Aufbau der Syntax.* Heidelberg: Winter.
MEYER-LÜBKE, W. 1899. *Grammatik der Romanischen Sprachen.* Band III. *Syntax.* Leipzig: Reisland.
—.1900. *Grammaire des langues romanes.* T. III. *Syntaxe.* Paris: Welter. [traduction par A. DOUTREPONT et G. DOUTREPONT]
MIKUŠ, F. 1947. «Le syntagme est-il binaire?». *Word* 3. 32-38.
—. 1952. *À propos de la syntagmatique du professeur A. Belić.* Ljubljana Sazu (= Académie slovène des Sciences et des Beaux-Arts).
—. 1952-1953. «Quelle est en fin de compte la structure-type du langage? *Lingua* 3. 430-470.
—. 1958. *Principi sintagmatike.* [Thèse de doctorat, Zagreb, en croate]

—. 1972. *Principes de syntagmatique*. Bruxelles: AIMAV.
Minerva. [Lüdtke, G. – Beugel, J. et al.]. 1911-. *Handbuch der gelehrten Welt*. Strassburg: Trübner.
MÜLLER, F. 1876-1887. *Grundriss der Sprachwissenschaft*. Wien. (3 vols)
NOËL, F.-J. – CHAPSAL, Ch.-P. 1833 [1823[1]]. *Nouvelle Grammaire française. Sur un plan très méthodique, avec de nombreux exercices d'orthographe, de syntaxe et de ponctuation, tirés de nos meilleurs auteurs, et distribués dans l'ordre des règles*. Paris: Maire-Nyon - Roret.
—. 1841. *Leçons d'analyse grammaticale, contenant 1°: des préceptes sur l'art d'analyser, 2°: des exercices et des sujets d'analyse grammaticale gradués et calqués sur les préceptes, suivis d'un programme de questions sur la première partie de la nouvelle grammaire française*. Bruxelles: Société nationale.
—. 1842. *Leçon d'analyse logique contenant 1°: des préceptes sur l'art d'analyser 2°: des exercices et des sujets d'analyse logique gradués et calqués sur les préceptes, suivis d'un programme de questions sur la seconde partie de la nouvelle grammaire française*. Bruxelles: Société nationale.
NOËL, F.-J. – CHAPSAL, Ch.-P. – LENIENT, M.A. 1932 [1823[1]]. *Nouvelle grammaire française. Cours supérieur*. Paris: Delagrave. [Nouvelle édition mise en rapport avec les nouveaux programmes de l'enseignement dans les écoles primaires, les collèges et les lycées].
NOREEN, A. – POLLAK, H.W. (trad.). 1923. *Einführung in die wissenschaftliche Betrachtung der Sprache: Beiträge zur Methode und Terminologie der Grammatik*. Halle a.S.: Niemeyer. [traduction partielle de *Vårt språk*, 1904-1923; Réimpression: 1975. *Die wissenschaftliche Betrachtung der Sprache*. Hildesheim: Olms.]
OTTO, E. 1919. *Zur Grundlegung der Sprachwissenschaft*. Bielefeld - Leipzig: Velhagen & Klasing.
PARIS, G. 1868. «Grammaire historique de la langue française». [Leçon inaugurale, reprise dans G. Paris. 1905-1909. *Mélanges linguistiques*, 153-173. Paris: Champion.]
—. 1888. «Les parlers de France (Lecture faite à la réunion des Sociétés savantes, le 26 mai 1888)». *Revue des patois gallo-romans* 2. 161-175. [Réimprimé dans le *Bulletin de la Société des parlers de France* 1. 1-19]
—. 1894. «Préface». In: L. CLÉDAT, *Grammaire raisonnée de la langue française*. Paris: Le Soudier.
PAUL, H. 1880. [1909[4]]. *Prinzipien der Sprachgeschichte*. Halle: Niemeyer.
PESTALOZZI, R. 1909. *Syntaktische Beiträge I: Systematik der Syntax seit Ries*. Züricher Habilitationsschrift. Greifswald: Julius Abel. [*Teutonia*, Heft 12]
PICHON, E. 1935-1936. «Structure générale du français d'aujourd'hui». *Revue des cours et conférences* 37. 140-158.
—. 1937. «La linguistique en France. Problèmes et méthodes». *Journal de psychologie normale et pathologique*. 25-48.
PIKE, K L. 1943. «Taxemes and immediate constituents». *Language* 19. 65-82.
PLATTNER, P. 1891-1894 [1896-1897]. «Französische Schulgrammatiken und zugehörige Übungsbücher». *Kritischer Jahresbericht über die Fortschritte der romanischen Philologie* 2. 369-394.
Rapports de jurys de concours 1997, *concours externe*. Paris: CNDP.
RAT, M. 1946. *Grammaire française pour tous*. Paris: Garnier.
REGULA, M. 1935. «Der Satz und seine Arten im Lichte der Gegenstands- und Erfassungstheorie». *ZFSL* 59. 257-270.
—. 1942. «Über die Grundlagen einer Satzdefinition». *ZFSL* 64. 119-123.
—. 1951. *Grundlegung und Grundprobleme der Syntax*. Heidelberg: Winter.
—. 1957. *Grammaire française explicative*. Heidelberg: Winter.

REID, T.B.W. 1956. c.r. de C. DE BOER, *Syntaxe du français moderne*, 1947. *Modern Language Review* 51. 110-111.
[Report]. On the terminology of grammar. Being the Report of the Joint Committee on Grammatical Terminology. 1911 [1923[8]]. London: John Murray.
RIES, J. 1894. *Was is Syntax? Ein kritischer Versuch*. Marburg: Elwert.
—. 1928. *Zur Wortgruppenlehre, mit Proben aus einer ausführlichen Wortgruppenlehre der deutschen Sprache der Gegenwart. [= Beiträge zur Grundlegung der Syntax, 2]*. Prag: Taussig & Taussig.
—. 1931. *Was ist ein Satz?* Prag: Taussig & Taussig.
ROBERT, C.-M. 1909[4]. *Grammaire française*. Groningue: Wolters.
ROHLFS, G. 1935. c.r. de GRUND – ROTHWEILER – MUSER, *Französische Schulgrammatik*, 1933. *ASNS* 166. 116-119.
SANDFELD[-JENSEN], Kr. 1915. *Die Sprachwissenschaft*. Leipzig - Berlin: Teubner. [abrégé de *Sprogvidenskaben* (1913)]
—. 1928-1936-1943. *Syntaxe du français contemporain*. Paris - Genève: Champion - Droz. (3 vols)
SANDMANN, M. 1957. «Ballys Theorie synthetischer und analytischer Sprachformen». *Romanistisches Jahrbuch* 8. 15-29.
SAPIR, E. 1921. *Language. An introduction to the study of speech*. New York: Harcourt, Brace & Company.
SAURO, A. 1950. *Syntaxe du français moderne*. Turin: Sei.
SAUSSURE, F. DE. 1921[2] [1916[1]]. *Cours de Linguistique Générale*. Paris: Payot. [publié par Ch. Bally, A. Sechehaye, avec la collaboration de A. Riedlinger]
SCHOEN, H. 1909. «Der Internationale Kongress der neueren Sprachen zu Paris». *ZFSL* 34. 233-241.
SCHUCHARDT, H. 1928 [1922]. *Schuchardt-Brevier. Ein Vademecum der Allgemeinen Sprachwissenschaft*. Halle a.S.: Niemeyer.
SECHEHAYE, A. 1908. *Programme et méthodes de la linguistique théorique. Psychologie du langage*. Paris: Champion.
—. 1916. «La méthode constructive en syntaxe». *Revue des langues romanes* 59. 44-76.
—. 1926a. *Essai sur la structure logique de la phrase*. Paris: Champion.
—. 1926b. *Abrégé de grammaire française sur un plan constructif suivi d'un tableau systématique des conjugaisons*. Zürich: Sekundarlehrerkonferenz des Kantons Zürich.
SERRUS, Ch. 1933. *Le parallélisme logico-grammatical*. Paris: Alcan.
—. 1941. *La langue, le sens, la pensée*. Paris: P.U.F.
SOULICE, Th. – SARDOU, A.-L. [vers 1900]. *Petit Dictionnaire raisonné des difficultés et exceptions de la langue française*. Paris: Hachette.
SPITZER, L. 1941-1942. c.r. de G. LE BIDOIS – R. LE BIDOIS, *Syntaxe du français moderne*, 1935-1938. *Vox romanica* 6. 276-297.
STIER, A. 1896. *Französische Syntax. Mit Berücksichtigung der älteren Sprache*. Wolfenbüttel: Zwissler.
STROHMEYER, F. 1910. *Der Stil der französischen Sprache*. Berlin: Weidmann.
—. 1914. *Zur psychologischen Vertiefung des grammatischen Unterrichts im Französischen. Zeitschrift für französischen und englischen Unterricht* 13. 1-29.
SUDRE, L. 1906. «Des nomenclatures grammaticales». In: *Conférences au Musée pédagogique. L'enseignement de la grammaire*, 101-128. Paris: Imprimerie nationale.
—. 1931[13] [1907[1]] *Grammaire française. Cours supérieur*. Paris: Delagrave.
SÜTTERLIN, L. 1900. *Die Deutsche Sprache der Gegenwart*. Leipzig: Voigtländer.
SVEDELIUS, C. 1897. *L'analyse du langage appliquée à la langue française*. Uppsala: Almqvist & Wiksell.

SWEET, H. 1891-1898. *A New English Grammar. Logical and Historical.* Part I. *Introduction, Phonology, and Accidence;* Part II. *Syntax.* Oxford: Clarendon.
TESNIÈRE, L. 1934. «Comment construire une syntaxe». *Bulletin de la Faculté des Lettres de Strasbourg* 7. 219-229.
—. 1953. *Esquisse d'une syntaxe structurale.* Paris: Klincksieck.
—. 1959 [1969[2]]. *Éléments de syntaxe structurale.* Paris: Klincksieck.
THURAU, G. 1907-1908 [1911]. «Historische französische Syntax. 1896-1910». *Kritischer Jahresbericht über die Fortschritte der romanischen Philologie* 11. 343-406.
TOBLER, A. 1886-1912. *Vermischte Beiträge zur französischen Grammatik.* Leipzig: Hirzel. (5 vols)
—. 1905. *Mélanges de grammaire française.* Paris: Picard. [trad. franç. par Max Kuttner, en collaboration avec Léopold Sudre; 1 volume paru]
TOGEBY, K. 1951. *Structure immanente de la langue française.* Paris: Larousse.
—. 1952. «Chroniques: I. La linguistique romane au Danemark (1939-1945)». *Revue de linguistique romane* 17. 80-92.
TRUBETZKOY, N.S. 1939. «Les rapports entre le déterminé, le déterminant et le défini». In: *Mélanges de linguistique offerts à Charles Bally,* 75-86. Genève: Georg & Cie.
VAN DUYL, C.-F. – BITTER, J. – HOVINGH, M. 1924[3] [1905[1] par VAN DUYL]. *Grammaire française.* Groningue: Wolters.
VAN GINNEKEN, J. 1907. *Principes de linguistique psychologique.* [paru d'abord en revue: 1905. «Grondbeginselen der Psychologische Taalwetenschap. Eene synthetische proeve». *Leuvensche Bijdragen* 6 et 7. 1-239; 1-320.]
VON ETTMAYER, K. 1910. «Benötigen wir eine wissenschaftlich deskriptive Grammatik?» In: *Prinzipien und Fragen der romanischen Sprachwissenschaft.* Teil 1, 1-16. Halle a.S.: Niemeyer.
—. 1930 et 1936. *Analytische Syntax der französischen Sprache mit besonderer Berücksichtigung des Altfranzösischen.* Halle a.S.: Niemeyer. (2 vols)
—. 1932. «Zu den Grundlinien der Entwicklungsgeschichte der Syntax». *Germanisch-romanische Monatsschrift* 20. 208-217.
VAN HOLLEBEKE, B. – MERTEN, O. 1923. *Grammaire française à l'usage des Athénées, des Collèges et des Écoles moyennes.* Namur: Wesmael. [révisée par J. Fleuriaux; 1870[1]].
VAN WIJK, N. 1931[6] [1906[1]]. *De Nederlandsche Taal, Handboek voor Gymnasia en Hoogere Burgerscholen.* Zwolle: W.E.J. Tjeenk Willink [revu par W. Van Schothorst]
VENDRYES, J. 1921. *Le langage. Introduction linguistique à l'histoire.* Paris: La Renaissance du livre.
—.1933. «Sur les tâches de la linguistique statique». *Journal de psychologie normale et pathologique.* 172-184.
VENDRYES, J. et al. 1950. *Grammaire et Psychologie.* Paris: P.U.F. [numéro spécial du *Journal de psychologie normale et pathologique*]
VERGOTE, J. 1951. *Onderzoek naar de grondslagen van de algemene grammatica. De rededelen* (avec résumé en français: «Enquête sur les fondements de la théorie grammaticale»). Brussel: Paleis der Academiën.
—. 1960. «Un manuel de syntaxe structurale». *Orbis* 9. 477-494.
VON DER GABELENTZ, G. 1869. «Ideen zu einer vergleichenden Syntax». *Zeitschrift für Völkerpsychologie und Sprachwissenschaft* 6. 376-384.
VON WARTBURG, W. 1934. *Évolution et structure de la langue française.* Bern: Francke.
—. 1946. *Problèmes et méthodes de la linguistique.* Paris: P.U.F. [trad. par P. Maillard]
VOSSLER, K. 1910-11. «Grammatik und Sprachgeschichte oder das Verhältnis von «richtig» und «wahr» in der Sprachwissenschaft». *Logos* 1. 83-94.
—. 1913. «Das System der Grammatik». *Logos* 4. 203-223.

WAGNER, R.-L. 1939a. *Les phrases hypothétiques commençant par* si *dans la langue française, des origines à la fin du XVIe siècle*. Genève: Droz.
—. 1939b. c.r. de G. GOUGENHEIM, *Le Système grammatical du français. Journal de psychologie* 36. 286-308.
—. 1939c. c.r. de G. LE BIDOIS – R. LE BIDOIS, *Syntaxe du français moderne*, 1935-1938. *FM* 7. 175-179.
—. 1947. *Introduction à la linguistique française*. Lille - Genève: Giard - Droz.
—. 1955. *Supplément bibliographique à l'introduction à la linguistique française. 1947-1953*. Lille - Genève: Giard - Droz.
WEGENER, Ph. 1885. *Untersuchungen über die Grundfragen des Sprachlebens*. Halle: Niemeyer.
WELLS, R. 1947. «Immediate constituents». *Language* 23. 81-117.
WÄHMER, R. 1914. *Spracherlernung und Sprachwissenschaft*.
WINKLER, E. 1935. «Sprachtheorie und Sprachforschung». *Zeitschrift für französischen und englischen Unterricht* 34. 149-160.
WHORF, B.L. 1945. «Grammatical categories». *Language* 21. 1-11.
WUNDT, W. 1900. *Völkerpsychologie. I. Die Sprache*. Leipzig: Engelmann. [éd. consultée: 1920]
YVON, H. 1905. «La grammaire française au XXe siècle». *Revue de philologie française et de littérature* 19. 284-299.

2. Sources secondaires

Actes du Colloque Albert Dauzat et le patrimoine linguistique auvergnat, Thiers, 5-7 novembre 1998. 2000. Parc naturel régional Livradois-Forez.
ADAMCZEWSKI, H. 1982. *Grammaire linguistique de l'anglais*. Paris: Colin.
ALGEO, J. 1991. «American English grammars in the twentieth century». In: LEITNER éd. 1991. 113-138.
AMACKER, R. 1969. «La sintagmatica saussuriana di Henri Frei». In: *La Sintassi*, 45-111. Roma: Bulzoni.
—. 1975. *Linguistique saussurienne*. Genève: Droz.
—. 1991. «Charles Bally (1865-1947) et la 'Stylistique'». In: HUOT éd 1991. 115-154.
—. 1992. «Le combat de Bally». *CFS* 46. 57-71.
—. 2000. «Le développement des idées saussuriennes chez Bally et Sechehaye». *Historiographia linguistica* 27. 205-264.
ANDERSON, J.M. 1994. «Case grammar». In: ASHER – SIMPSON éds 1994. 453-464.
ANTOINE, G. 1986. «Ferdinand Brunot: l'homme et l'œuvre». *Bulletin de la Société philomatique vosgienne* 89. 33-44.
—. 1991. «Remember! Souviens-toi, prodigue! Esto memor!». In: GAUGER – PÖCKL éds 1991. 19-22.
ANTOINE, G. – CERQUIGLINI, B. éds 2000. *Histoire de la langue française. 1945-2000*. Paris: Éditions CNRS.
ANTOINE, G. – MARTIN, R. éds 1995. *Histoire de la langue française. 1914-1945*. Paris: Éditions CNRS.
ARNOLD, R. 1960-1962. *L'université en Allemagne de l'Ouest. Histoire, structure et caractères*. Paris: P.U.F.
ARCHAIMBAULT, S. 2001. «L'aspect: fortune d'un terme, avatars d'un concept». In: COLOMBAT – SAVELLI éds 2001. 83-89.
ARENS, H. 1987. «Gedanken zur Historiographie der Linguistik». In: SCHMITTER éd. 1987. 3-19.
ARRIVÉ, M. 1999. «Parole saussurienne, énonciation benvenistienne». *Mémoires de la Société de linguistique de Paris*. Tome VI. 99-109.
ARRIVÉ, M. – CHEVALIER, J.-Cl. 1970. *La grammaire: lectures*. Paris: Klincksieck.

ASHER, R.E. – SIMPSON, J.M.Y. éds 1994. *The encyclopedia of language and linguistics*. Oxford: Pergamon Press. (10 vols)
ASHER, R.E. – KOERNER, K. 1995. *Concise history of the language sciences: From the Sumerians to the cognitivists*. Oxford: Elsevier.
AUROUX, S. 1980. «L'histoire de la linguistique». *Langue française* 48. 7-15.
—. 1983. «La première Société de Linguistique - Paris 1837?». *Historiographia Linguistica* 10. 241-265.
—. éd. 2000. *Histoire des idées linguistiques. 3: L'hégémonie du comparatisme*. Sprimont: Mardaga.
AUROUX, S. – KOERNER, E.F.K. – NIEDEREHE, H.-J. – VERSTEEGH, K. éds 2000-. *History of the Language Sciences/Geschichte der Sprachwissenschaften/Histoire des sciences du langage - An International Handbook on the Evolution of the Study of Language from the Beginnings to the Present/Ein internationales Handbuch zur Entwicklung der Sprachforschung von den Anfängen bis zur Gegenwart*. Berlin - New York: de Gruyter [= Handbücher zur Sprach- und Kommunikationswissenschaft / Handbooks of Linguistics and Communication Science, vol. 18] [2 des 3 tomes parus]
BADIR, S. 2000. *Hjelmslev*. Paris: Les Belles Lettres.
BALDINGER, K. 1994. «Adolf Tobler/Gustav Körting. Harte Urteile und intime Feindschaften in der Romanistik». In: BAUM – BÖCKLE *et al*. éds 1994. 489-500.
BARTLETT, B. 1983. «Un paradigme de problèmes pour une étude historique de l'ellipse». *HEL* 5. 159-165.
BAUM, R. 1976. *«Dependenzgrammatik». Tesnières Modell der Sprachbeschreibung in wissenschaftsgeschichtlicher und kritischer Sicht*. Tübingen: Niemeyer.
BAUM, R. – BÖCKLE, K. *et al*. éds 1994. *Lingua et traditio. Geschichte der Sprachwissenschaft und der neueren Philologien*. Tübingen: Narr.
BECHRAOUI, M. F. 1990. *La syntaxe chez Damourette et Pichon, Tesnière et Guillaume: étude sur l'équivalence des modèles*. [Thèse de doctorat, Paris VII, Département de Recherches linguistiques]
—. 1992. «La syntaxe de Tesnière: analyse métathéorique». *Linguisticae Investigationes* 16. 1-20.
—. 1994. «Théorie et système syntaxiques dans *l'Essai de Grammaire* de Damourette et Pichon: Analyse métathéorique». *Travaux de linguistique* 28. 5-38.
BENEDINI, P. 1988. *L'individuazione del soggetto: un contributo alla teoria della sintassi*. Padova: Unipress.
BERGOUNIOUX, G. 1984. «La Science du langage en France de 1870 à 1885. Du marché civil au marché étatique». *Langue française* 63. 7-41.
—. 1990. *L'enseignement de la linguistique et de la philologie en France au XIXe siècle (1845-1897)*. [Archives et documents de la S.H.E.S.L. 2e série]
—. 1991. «L'introduction de l'ancien français dans l'Université française (1870-1900)». *Romania* 112. 243-258.
—. 1997. «L'École de linguistique française avant le comparatisme: Linguistique et philologie universitaires en France de 1850 à 1870». In: G. HASSLER – J. STOROST éds, *Studien zur Geschichte der romanischen Sprachforschung vom 17. zum 19. Jahrhundert. Festschrift für Werner Bahner zum 70. Geburtstag*. Münster: Nodus.
—. éd. 1998a. *La linguistique en France de 1945 à 1968: institutions et savoirs*. *Modèles linguistiques* 19.
—. 1998b. «L'Université, de la Libération à la crise (1945-1968)». *Modèles linguistiques* 19 [= Bergounioux (éd. 1998a)]. 87-105.
—. 1998c. «La linguistique en France de 1945 à 1968: institutions et savoirs». *Modèles linguistiques* 19 [= Bergounioux (éd. 1998a)]. 7-9.

—. 1998d. «Science et institution: la linguistique et l'Université en France (1865-1945)». *Langue française* 117. 22-35.
—. 2000. «Dans l'enseignement supérieur et hors de l'Université: Albert Dauzat». *Actes du Colloque Albert Dauzat*. 31-46.
BERRÉ, M. 2003. *Contribution à l'histoire de l'enseignement des langues: le français dans les écoles primaires en Flandre, au XIXe siècle. Étude des discours didactiques et pédagogiques.* [Thèse soutenue à la Vrije Universiteit Brussel, Faculteit Letteren en Wijsbegeerte, Vakgroep Romaanse Talen]
BLANCHE-BENVENISTE, Cl. 1990 [1997²]. *Le français parlé, études grammaticales.* Paris: Éditions CNRS.
BLANCHE-BENVENISTE, Cl. – CHERVEL, A. – GROSS, M. éds 1988. *Grammaire et histoire de la grammaire: hommage à la memoire de Jean Stéfanini.* Aix-en-Provence: Université de Provence.
BLANCHE-BENVENISTE, Cl. – DELOFEU, J. – STEFANINI, J. – VAN DEN EYNDE, K. 1984. *Pronom et syntaxe: l'approche pronominale et son application au français.* Paris: SELAF.
BLUMENTHAL, P. 1993. «Les études de linguistique en Allemagne». In: *Les études de linguistique en Europe. Actes du Colloque international de Cluny 9 – 10 septembre 1993. Autour du français moderne,* 49-63. Conseil international de la langue française.
BOONE, A. 1985-1986. «Réflexions sur le traitement des subordonnées dans le *Bon Usage* de M. Grevisse». *Travaux de Linguistique* 12-13. 95-109.
BOONE, A. – BERRÉ, M. 2000. «De l'influence des 'Principes de grammaire générale' de Pierre Burggraff (1803-1881) sur les grammaires scolaires de langue française publiées en Belgique entre 1863 et 1880». In: DESMET – JOOKEN – SCHMITTER –SWIGGERS éds 2000. 303-328.
BOONE, A. – JOLY, A. 1996. *Dictionnaire terminologique de la systématique du langage.* Paris: L'Harmattan.
BONNARD, H. 1964. «Syntagme et pensée». *Journal de psychologie normale et pathologique* 61. 51-74.
—. 1971-1978. Articles de «Grammaire et linguistique». In: *Grand Larousse de la Langue française.*
BOURQUIN, J. 1977. *La dérivation suffixale (théorisation et enseignement) au XIXe siècle.* Université de Besançon [Thèse dactylographiée; publiée en 1980: *La dérivation suffixale. Théorisation et enseignement au 19ᵉ siecle.* Lille: Atelier national de reproduction des thèses. (2 vols)]
—. 1991. «Léon Clédat (1850-1930) et la *Revue de Philologie Française*». In: HUOT éd. 1991. 25-72.
—. 2002. «L'apport de Clédat en syntaxe». In: ROUSSEAU éd. 2002. 57-69.
—. 2004 (à par.). «Les grammairiens et l'enseignement (1870-1910)». In: DESMET – SWIGGERS – VERLEYEN éds 2004 (à par.).
BOUTAN, P. 1995. «Michel Bréal «ami des patois»: linguistique, pédagogie, politique». *Langages* 120. 33-51.
—. 1996. *«La langue des Messieurs». Histoire de l'enseignement du français à l'école primaire.* Paris: Colin.
—. 1997. «La première tentative d'uniformisation officielle de la nomenclature grammaticale en France (1910)». *Linx* 36. 93-103.
—. 1998. *De l'enseignement des langues: Michel Bréal linguiste et pédagogue.* Paris: Hatier.
—. 2000. «Langues maternelles et langue nationale à l'école primaire française de la IIIᵉ République: retour sur un conflit». In: DESMET – JOOKEN – SCHMITTER – SWIGGERS éds 2000. 247-264.

—. 2001. «Ferdinand Brunot et la nomenclature grammaticale officielle de 1910». In: COLOMBAT – SAVELLI éds 2001. 643-654.
BRONCKART, J.-P. 1977. *Théories du langage: une introduction critique*. Bruxelles: Mardaga.
BULST, N. 1996. «Objet et méthode de la prosopographie». In: J.-PH. GENEST – G. LOTTES éds, *L'État moderne et les élites, XIIIe-XVIIIe siècles. Apports et limites de la méthode prosopographique. Actes du colloque international CNRS-Paris I, 16-19 octobre 1991*, 467-483. Paris: Publications de la Sorbonne.
CAPLAT, G. 1997. *L'Inspection générale de l'Instruction publique au XXe siècle. Dictionnaire biographique des inspecteurs généraux et des inspecteurs de l'Académie de Paris, 1914-1939*. Paris: INRP et Économica.
—. 1999. «L'inspection générale de l'enseignement: regard sur un passé». *Administration et Éducation* 2. 9-34.
CAPUT, J.-P. 1975. *La langue française. Histoire d'une institution*. Tome II, *1715-1974*. Paris: Larousse.
CASSIMON, G. 1986. *Le français moderne (1933-1945): inventaire et index*. [KULeuven: Faculteit letteren en wijsbegeerte (mémoire de licence)]
CAUSSAT, P. 1989. «Une autorité verrouillante: Wilhelm Wundt (1832-1920)». *HEL* 11. 67-90. [Numéro thématique: *Extension et limites des théories du langage (1880-1980)*]
CHANET, J.-F. 2000. «Linguistique, psychologie sociale et culture politique: autour de l'œuvre d'Albert Dauzat (1877-1955)». In: *Actes du Colloque Albert Dauzat*. 9-29.
CHARAUDEAU, P. 1992. *Grammaire du sens et de l'expression*. Paris: Hachette.
CHARLE, Chr. 1985. *Les professeurs de la Faculté des lettres de Paris. Dictionnaire biographique*. 1: *1809-1908*. Paris: INRP.
—. 1986. *Les professeurs de la Faculte des lettres de Paris. Dictionnaire biographique*. 2: *1909-1939*. Paris: INRP.
—. 1994a. *La république des universitaires. 1870-1914*. Paris: Seuil.
—. éd. 1994b. *Les universités germaniques. XIXe-XXe siècles*. Paris: INRP.
—. 1994b. «PARIS/BERLIN. Essai de comparaison des professeurs de deux universités centrales». In: CHARLE éd. 1994b. 75-109.
CHARLE, Chr. – FERRÉ, R. éds 1985. *Le personnel de l'enseignement supérieur en France aux XIXe et XXe siècles*. Paris: Éditions CNRS.
CHARLE, Chr.– TELKÈS, E. 1988. *Les professeurs du Collège de France. Dictionnaire biographique (1901-1939)*. Paris: Éditions CNRS.
CHARPIN, F. 1980. «L'héritage de l'Antiquité dans la terminologie grammaticale moderne». *Langue française* 47 [numéro thématique: *La terminologie grammaticale*]. 25-32.
CHERUBIM, D. 1976. *Grammatische Kategorien. Das Verhältnis von «traditioneller» und «moderner» Sprachwissenschaft*. Tübingen: Niemeyer.
—. 1996. »Ries, John». In: STAMMERJOHANN éd. 1996. 793-794.
CHERVEL, A. 1977. *Et il fallut apprendre à écrire à tous les petits Français: histoire de la grammaire scolaire*. Paris: Payot. [1982²]
—. 1979. «Rhétorique et Grammaire: petite histoire du circonstanciel»; *Langue française* 41. 5-19.
—. 1981 [2000²]. *Les grammaires françaises: répertoire chronologique, 1800-1914*. Paris: INRP.
—. 1987. c.r. de LIEBER (1986). *Histoire de l'éducation*. 96-98.
—. 1992-1995. *L'enseignement du français à l'école primaire. Textes officiels concernant l'enseignement primaire de la Révolution à nos jours*. T 1: *1791-1879*; T 2: *1880-1939*; T 3: *1940-1995*. Paris: INRP Economica.
—. 1993a. *Histoire de l'agrégation: contribution à l'histoire de la culture scolaire*. Paris: Kime.

—. 1993b. *Les lauréats des concours d'agrégation de l'enseignement secondaire. 1821-1950.* Paris: Kime.
CHEVALIER, J.-Cl. 1968. *Histoire de la syntaxe. Naissance de la notion de complément dans la grammaire française (1530-1750).* Genève: Droz.
—. 1979. «Analyse grammaticale et analyse logique. Examen d'un dispositif scolaire». *Pratiques* 22-23. 147-159.
—. 1985a. «Les grammaires françaises et l'histoire de la langue». In: ANTOINE – MARTIN éds 1985. 577-600.
—. 1985b. «Qu'entendre par 'grammaire traditionnelle'?». *Revue québécoise de linguistique* 15. 289-295.
—. 1988. «Création d'une revue provinciale éphémère et fonctionnement d'un champ scientifique, celui de l'étude de la langue française dans les années 1870-1880». In: BLANCHE-BENVENISTE – CHERVEL – GROSS (1988).
—. 1991a. «Ferdinand Brunot (1860-1937), *La Pensée et la Langue*». In: HUOT éd. 1991. 73-114.
—. 1991b. «Le charme de l'âge». In: GAUGER – PÖCKL éds 1991. 52-57.
—. 1994. *Histoire de la grammaire française.* [*Que sais-je?* n° 2904]. Paris: P.U.F.
—. 1995. «La France devant les Congrès internationaux de linguistique: 1914-1931». In: SWIGGERS éd. 1995. 33-57.
—. 1998a. «Place des revues dans la constitution d'une discipline: la linguistique française (1945-1997)». *Langue française* 117. 68-81.
—. 1998b. «Linguistique et philologie dans les débuts du CNRS (1936-1949)». *Modèles linguistiques* 19. 11-29.
—. 2000. «Que et quelles sont les grammaires scientifiques du français au XXe siècle?». *Modèles linguistiques* 21. 5-13.
—. 2001. «La terminologie linguistique dans les premiers congrès internationaux des linguistes». In: COLOMBAT – SAVELLI éds 2001. 513-526.
CHEVALIER, J.-Cl. – ENCREVÉ, P. 1984. «La création de revues dans les années 60. Matériaux pour l'histoire récente de la linguistique en France». *Langue française* 63. 57-102.
CHISS, J.-L. 1986. «Charles Bally: qu'est-ce qu'une «théorie de l'énonciation»?». *HEL* 8. 165-176.
—. 1995. «À partir de Bally et Brunot: la langue française, les savants et les pédagogues». *HEL* 17. 19-40.
CHISS, J.-L. – PUECH, Ch. 1997[2]. *Fondations de la linguistique. Études d'histoire et d'épistémologie.* Paris - Bruxelles: Duculot.
—. éds 1998. *La linguistique comme discipline en France (fin XIXe-XXe).* [= *Langue française* 117]
—. 1998. «Présentation». *Langue française* 117. 3-5.
—. 1999. *Le langage et ses disciplines. XIXe - XXe siècles.* Paris - Bruxelles: Duculot.
CHOPPIN, A. 1986. «Le Livre scolaire». In: R. CHARTIER – H.-J. MARTIN éds, *Histoire de l'édition française,* tome IV: *Le livre concurrencé (1900-1950),* 281-306. Paris: Promodis.
—. 1997. «L'Histoire de l'édition scolaire en France au XIXe et XXe siècle: bilan et perspectives». *Annali di storia dell'educazione e delle istituzioni scolastiche* 4. 9-32.
—. 1998. «L'édition scolaire et universitaire». In: P. FOUCHÉ éd. *L'Édition française depuis 1945,* 313-339; 739-800. Paris: Éditions du Cercle de la Librairie.
CHRIST, H. – COSTE, D. 1993. *Pour et contre la méthode directe. Historique du mouvement de réforme de l'enseignement des langues de 1880 à 1914. Études de linguistique appliquée* 90.

CHRISTY, T.-C. 2000. «Bréal and the semantics of etymological development: On the need to forget in order to re-member». In: DESMET – JOOKEN – SCHMITTER – SWIGGERS éds 2000. 519-527.
CLAVÈRES, M.-H. 1995. «Bréal et l'enseignement des langues vivantes ou dans quel état on devient une référence». *HEL* 17, 1. 75-93.
COLOMBAT, B. – LAZCANO, É. éds 1998. *Corpus représentatif des grammaires et des traditions linguistiques.* Tome I. Paris: SHESL.
COLOMBAT, B. – SAVELLI, M. éds 2001. *Métalangage et terminologie linguistique. Actes du colloque de Grenoble (Université Stendhal – Grenoble III, 14-16 mai 1998).* Leuven - Paris: Peeters.
CORBLIN, F. 1991. «Lucien Tesnière (1893-1954). *Éléments de syntaxe structurale*». In: HUOT éd. 1991. 227-311.
—. 1995. «Catégories et translations en syntaxe structurale». In: MADRAY-LESIGNE – RICHARD-ZAPPELLA éds 1995. 229-238.
COTTE, P. 1997. *Grammaire linguistique.* Paris: Didier-Érudition.
CREISSELS, D. 1995. *Éléments de syntaxe générale.* Paris: P.U.F.
DAL, G. 1994-1995. *Cours de morphologie (licence).* Université de Valenciennes et du Hainaut cambrésis.
DE CLERCQ, J. – LIOCE, N. – SWIGGERS, P. éds 2001. *Grammaire et enseignement du français 1500-1700.* Leuven - Paris: Peeters.
DELESALLE, S. – CHEVALIER, J.-Cl. 1986. *La linguistique, la grammaire et l'école. 1750-1914.* Paris: Colin.
DE PATER, W. – SWIGGERS, P. 2000. *Taal en teken. Een historisch-systematisch inleiding in de taalfilosofie.* Leuven - Assen: Universitaire Pers - Van Gorcum.
DESMET, P. 1996. *La linguistique naturaliste en France (1867-1922). Nature, origine et évolution du langage.* Leuven - Paris: Peeters.
—. 1998. «'Historiometry' or the use of statistics in linguistic historiography». *Beiträge zur Geschichte der Sprachwissenschaft* 8. 245-274.
DESMET, P. – JOOKEN, L. – SCHMITTER, P. – SWIGGERS, P. éds 2000. *The History of Linguistic and Grammatical Praxis. Proceedings of the XIth International Colloquium of the Studienkreis «Geschichte der Sprachwissenschaft» (Leuven, 2nd – 4th July 1998).* Leuven - Paris: Peeters.
DESMET, P. – LAUWERS, P. – SWIGGERS, P. 1999. «Dialectology, Philology and Linguistics in the Romance Field. Methodological Developments and Interactions». *Belgian Journal of Linguistics* 13. 177-203.
—. 2000. «Le transfert du 'modèle allemand' et les débuts de la dialectologie française» (Table ronde 'La linguistique romane et son passé'). In: A. ENGLEBERT – M. PIERRARD – L. ROSIER – D. VAN RAEMDONCK éds, *Actes du XXIIe Congrès International de Linguistique et de Philologie Romanes (Bruxelles, 1998), vol. I*, 191-196. Tübingen: Niemeyer.
—. 2002. «Le développement de la dialectologie française avant et après Gilliéron». In: LAUWERS – SIMONI-AUREMBOU – SWIGGERS éds 2002. 17-64.
DESMET, P. – MELIS, L. – SWIGGERS, P. 1996. «Histoire de la linguistique (française) aux temps modernes» [Chronique de linguistique générale et française (VIII)]. *Travaux de linguistique* 33. 133-178.
DESMET, P. – SWIGGERS, P. 1992. «Auguste Brachet et la grammaire (historique) du français: de la vulgarisation scientifique à l'innovation pédagogique». *CFS* 46. 91-108.
—. 1995. *De la grammaire comparée à la sémantique. Textes de Michel Bréal publiés entre 1864 et 1898. Introduction, commentaires et bibliographie.* Leuven - Paris: Peeters.
DESMET, P. – SWIGGERS, P. – VERLEYEN, S. 2004 (à par). *La linguistique française au 19e siècle.* Leuven - Paris: Peeters.

Dictionnaire historique de la langue française. 1992. Paris: Le Robert.
DOWNEY, Ch. 1991. «Trends that shaped the development of 19th century American grammar writing». In: LEITNER éd. 1991. 27-38.
DRĂGANU, N. 1970. *Storia della sintassi generale*. Bologna: Pàtron. [traduction italienne de la version roumaine].
DURRER, S. 1998. *Introduction à la linguistique de Charles Bally*. Lausanne - Paris: Delachaux & Niestlé.
EHRHARD-MACRIS, A.-F. 2002. «John Ries (1857-1933): Un apport méconnu à la pensée syntaxique». *Modèles linguistiques* 23/2. 5-19.
—. 2003. «Le rôle «relais» de la grammaire scolaire en Allemagne au XIXe siècle». In: S. AUROUX et al. éds, *History of Linguistics 1999: Selected Papers from the Eight International Conference on the History of the Language Sciences, 14-19 september 1999, Fontenay/Saint-Cloud*, 215-236. Amsterdam - Philadelphia: Benjamins.
EISENBERG, P. 19892. *Grundriss der deutschen Grammatik*. Stuttgart: Metzler.
ELFFERS, E. 1996. «Van Ginneken als psycho-syntheticus». In: A. FOOLEN – J. NOORDEGRAAF éds 1996. 51-80.
ELMENTHALER, M. 1996. *Logisch-semantische Studien in der Grammatik des frühen 19. Jahrhunderts. Untersuchungen zur Kategorienlehre von Simon Heinrich Adolf Herling*. Tübingen: Niemeyer.
ENGLER, R. 1980. «Linguistique 1908: un débat-clef de linguistique géographique et une question de sources saussuriennes». In: K. KOERNER éd., *Progress in Linguistic Historiography*, 257-270. Amsterdam: Benjamins.
ERLINGER, H.-D. 1969. *Sprachwissenschaft und Schulgrammatik. Strukturen und Ergebnisse von 1900 bis zur Gegenwart*. Düsseldorf: Schwann.
FAITA, D. 1977. «Le fonctionnalisme parmi quelques théories syntaxiques». In: D. FRANÇOIS éd., *Fonctionnalisme et syntaxe du français*. [*Langue française* 35] 26-46.
FAVRE-RICHARD, H. 1992. «Charles Bally et l'apprentissage linguistique». *CFS* 46. 109-113.
FILLMORE, Ch. 1968. «The case for case», In: E. BACH – R.T. HARMS éds, *Universals in Linguistic Theory*, 1-88. New York: Holt, Rinehart and Winston.
FLAUX, N. 1993. *La grammaire*. Paris: P.U.F.
FOOLEN, A. – NOORDEGRAAF, J. éds 1996. *De taal is kennis van de ziel. Opstellen over Jac. van Ginneken (1877-1945)*. Münster: Nodus.
FORSGREN, K.-A. 1985. *Die deutsche Satzgliedlehre 1780-1830: zur Entwicklung der traditionellen Syntax im Spiegel einiger allgemeiner und deutscher Grammatiken*. Göteborg: Acta universitatis Gothoburgensis.
—. 1992. *Satz, Satzarten, Satzglieder: zur Gestaltung der deutschen traditionellen Grammatik von Karl Ferdinand Becker bis Konrad Duden (1830-1880)*. Münster: Nodus.
—. 1998. «On 'Valency theory' in 19th-Century German grammar». *Beiträge zur Geschichte der Sprachwissenschaft* 8. 55-68.
FOUGHT, J. G. 1999. «Leonard Bloomfield's linguistic legacy: Later uses of some technical features». *Historiographia linguistica* 26. 313-332.
FRANÇOIS, D. éd. 1977. *Fonctionnalisme et syntaxe du français*. [= *Langue française* 35]
FRÝBA-REBER, A.-M. 1994. *Albert Sechehaye et la syntaxe imaginative. Contribution à l'histoire de la linguistique saussurienne*. Genève: Droz.
—. 1998. «Philologie et linguistique à l'aube du XXe siècle: l'apport de la Suisse». *Cahiers Ferdinand de Saussure* 51. 133-149.
FUCHS, C. 1983. «Une version transformationnelle de l'ellipse: l'effacement chez Harris». *HEL* 5. 103-111.
—. éd. 1983. *L'ellipse grammaticale. Études épistémologiques et historiques*. [= *HEL* 5]

—. 2001. «La paraphrase: un exemple de stabilité terminologique et de ruptures conceptuelles». In: COLOMBAT – SAVELLI éds 2001. 131-146.
FUCHS, C. – LE GOFFIC, P. 1985. *Initiation aux problèmes des linguistiques contemporaines*. Paris: Hachette.
GAATONE, D. 2004 (sous presse). «L'exception comme empreinte de l'histoire dans la langue». *Faits de Langues* 24.
GAUGER, H.-M. – PÖCKL, W. éds 1991. *Wege in der Sprachwissenschaft. Vierundvierzig autobiographische Berichte* [Festschrift Mario Wandruszka]. Tübingen: Narr.
GAULMYN, M.M. 1991. «Grandeur et décadence de l'attribut dans les grammaires scolaires du français». In: M.M. DE GAULMYN – S. RÉMI-GIRAUD éds, *À la recherche de l'attribut*, 13-46. Lyon: Presses universitaires.
GLATIGNY, M. 1985-1986. «L'adjectif et le pronom chez Girault-Duvivier et chez Grevisse». *Travaux de linguistique* 12-13. 129-148.
GODEL, R. 1957. *Les sources manuscrites du CLG de F. de Saussure*. Genève: Droz.
GOES, J. 1999. *L'adjectif: entre nom et verbe*. Duculot: Bruxelles.
—. 2001. «Attribut(s): différences et harmonisation». In: COLOMBAT – SAVELLI éds 2001. 689-703.
GOETHALS, P. 2002. *Las conjunciones causales explicativas españolas. Un estudio semióticolingüístico*. Leuven – Paris - Dudley: Peeters.
GOOSSE, A. 1985-1986. «Le 'Bon Usage' de 1936 à 1986». *Travaux de linguistique* 12-13. 13-19.
GRAFFI, G. 1990. «L'analisi in costituenti immediati prima di Bloomfield». *Lingua e stile* 25. 457-469.
—. 1991. *La Sintassi tra Ottocento e Novecento*. Bologna: il Mulino.
—. 2001. *200 Years of Syntax. A critical Survey*. Amsterdam: Benjamins.
GRECIANO, G. – SCHUMACHER, H. éds 1996. *Lucien Tesnière: Syntaxe structurale et opérations mentales. Akten des deutsch-französischen Kolloquiums anlässlich der 100. Wiederkehr seines Geburtstages*, Strasbourg 1993. Tübingen: Niemeyer.
GREENBAUM, S. 1969. *Studies in English adverbial usage*. London: Longman.
GUIGE, A. 1935. *La Faculté des Lettres de l'Université de Paris. Depuis sa fondation (17 mars 1808) jusqu'au 1er janvier 1935*. Paris: Alcan.
HALLYN, F. 1972. *Toelatingsvoorwaarden in het Franse hoger onderwijs*. Gent: RUG, Centrum voor de vergelijkende studie van het hoger onderwijs.
HEGER, K. 1994. «Basel - Eine Hochburg der Romanistik nach dem zweiten Weltkrieg. Erinnerungen an meine Basler Studiensemester». In: BAUM – BÖCKLE et al. éds 1994. 617-620.
HEILMANN, L. 1985. «A proposito di teoria della grammatica». In: R. AMBROSINI éd., *Tra linguistica storica e linguistica generale. Scritti in onore di Tristano Bolelli*, 117-136. Pisa: Pacini.
HELBIG, G. 1971. *Geschichte der neueren Sprachwissenschaft unter dem besonderen Aspekt der Grammatik-Theorie*. München: Max Hueber.
HELLMANN, W. 1988a. *Charles Bally. Frühwerk - Rezeption - Bibliographie*. Bonn: Romanistischer Verlag.
—. éd. 1988b. *Charles Bally. Unveröffentlichte Schriften. Comptes rendus et essais inédits*. Bonn: Romanistischer Verlag.
HERINGER, H.-J. 1970. *Theorie der deutschen Syntax*. München: Max Hueber.
HILLEN, W. 1973. *Sainéans und Gilliérons Methode und die Romanische Etymologie*. Bonn: Romanisches Seminar der Universität.
HÜLTENSCHMIDT, E. 2000. «Un Allemand à Paris. Henri Weil, grammairien de l'acte subjectif». In: DESMET – JOOKEN – SCHMITTER – SWIGGERS éds 2000. 223-246.
HUMMEL, P. 1995. *Humanités normaliennes. L'enseignement classique et l'érudition philologique dans l'École normale supérieure du XIXe siècle*. Paris: Les Belles Lettres.

—. 2003. *Philologus auctor: Le philologue et son œuvre*. Berne: P. Lang.
HUOT, H. 1989. *Dans la jungle des manuels scolaires*. Paris: Seuil.
—. éd. 1991. *La grammaire française entre comparatisme et structuralisme. 1870-1960*. Paris: Colin.
—. 1993. «Le Français Moderne 1933-1993. Bilan et analyse d'un demi-siècle d'activités». In: *Les études de linguistique en Europe. Actes du Colloque international de Cluny 9 – 10 septembre 1993. Autour du français moderne*, 17-32. Conseil international de la langue française.
IORDAN, Iorgu – BAHNER, Werner. 1962. *Einführung in die Geschichte und Methoden der romanischen Sprachwissenschaft*. Berlin: Akademie Verlag. [version corrigée et traduite de IORDAN (1932) par W. BAHNER, en collaboration avec l'auteur]
JACOB, A. 1970. *Les exigences théoriques de la linguistique selon Gustave Guillaume*. Paris: Klincksieck.
JELLINEK, M. H. 1913-1914. *Geschichte der neuhochdeutschen Grammatik von den Anfängen bis auf Adelung*. Heidelberg: Winter.
JOLY, A. 1982-83. «Damourette et Pichon linguistes de langue ou linguistes de discours?». *Travaux de Linguistique* 9-10. 35-52.
JOLLY, Cl. – NEVEU, B. éds 1993. *Éléments pour une histoire de la thèse*. Paris: Amateurs de livres.
JULIEN, J. 1992. «L'extension de la classe adjectivale en grammaire française». *HEL* 14. 199-209.
JUUL, A. – NIELSEN, H. F. éds 1989. *Otto Jespersen: Facets of his life and work*. Amsterdam - Philadelphia: Benjamins.
KABANO, A. 2000. «Le destin de la théorie syntaxique de Lucien Tesnière (1893-1954)»; *Historiographia linguistica* 27.103-126.
KALTZ, B. 2000. «L'étude de l'allemand en France. De ses débuts 'pratiques' à l'établissement de la germanistique à l'université». *Historiographia linguistica* 27. 1-20.
KARABÉTIAN, E. S. 1998a. «La persistance des modèles anciens dans la grammaire scolaire entre 1850 et 1948.» *HEL* 19. 143-165.
—. 1998b. [notices dans COLOMBAT – LAZCANO éds 1998].
—. 1998c. «Cayrou, Gaston». In: COLOMBAT – LAZCANO éds 1998. 268-270.
—. 2000. *Histoire des stylistiques*. Paris: Colin.
—. 2001. «Le développement de la composante psychologique dans les grammaires, ses incidences sur la terminologie et le métalangage (1866-1926). Le point de vue de Charles Albert Sechehaye». In: COLOMBAT – SAVELLI éds 2001. 469-481.
KARADY, V. 1972. *Stratégie de carrière et hiérarchie des études chez les universitaires littéraires sous la Troisième République*. [dactylographié]
—. 1976. «Recherches sur la morphologie du corps universitaire littéraire sous la Troisième République». *Le Mouvement social* 96. 47-79.
—. 1986. «Les universités de la Troisième République». In: VERGER éd. 1986. 323-365.
KISS, S. – SKUTTA, F. 1987. *Analyse grammaticale. Analyse narrative*. Debrecen: Kossuth Lajos Tudományegyetem.
KNOBLOCH, Cl. 1988. *Geschichte der psychologischen Sprachauffassung in Deutschland von 1850 bis 1920*. Tübingen: Niemeyer.
—. 1990. «Wortarten und Satzglieder». *Beiträge zur Geschichte der deutschen Sprache und Literatur* 112. 173-199.
KOCH, P. – KREFELD, T. éds 1991. *Connexiones romanicae. Dependenz und Valenz in romanischen Sprachen*. Tübingen: Niemeyer.
—. 1995. «La translation: illusions perdues». In: MADRAY-LESIGNE – RICHARD-ZAPPELLA éds 1995. 239-248.

KOERNER, K. 1973-1974. «Purpose and scope of *Historiographia linguistica*». *Historiographia linguistica* 1. 1-10.
—. 1978. *Towards a historiography of linguistics. Selected essays*. Amsterdam - Philadelphia: Benjamins.
—. 1995. *Professing linguistic historiography*. Amsterdam - Philadelphia: Benjamins.
—. 1999. «What is the History of Linguistics good for?». *Beiträge zur Geschichte der Sprachwissenschaft* 9. 209-230.
KÖSSLER, F. 1971. *Katalog der Dissertationen und Habilitationen der Universität Giessen (1801-1884)*. Giessen: Universitätsbibliothek.
KUKENHEIM, L. 1962. *Esquisse historique de la linguistique française et de ses rapports avec la linguistique générale*. Leiden: Universitaire Pers.
KÜRSCHNER, W. 1997³ [1989]. *Grammatisches Kompendium. Systematisches Verzeichnis grammatischer Grundbegriffe*. Tübingen - Basel: Francke.
KUURE, O. 1990. «The Analysis of Language According to Carl Svedelius». *Nordic Journal of Linguistics* 13. 49-66.
LAGAE, V. 1998. *Les Constructions en 'de' + adjectif: typologie et analyse*. Leuven: Universitaire Pers.
LAMBERTZ, T. 1991. «Kritische Anmerkungen zu Tesnières Translationstheorie». In: KOCH – KREFELD éds 1991. 53-79.
—. 1995. «Translation et dépendance». In: MADRAY-LESIGNE – RICHARD-ZAPPELLA éds 1995. 221-228.
LAUWERS, P. 1996. *Contrainte et liberté dans le langage: la doctrine linguistique de Jules Gilliéron (1854-1926)*. [Mémoire de licence, Katholieke Universiteit Leuven, Faculteit Letteren.]
—. 1998. «Jules Gilliéron: contrainte et liberté dans le changement linguistique». *Orbis* 40. 63-95. [publié aussi dans LAUWERS – SIMONI-AUREMBOU – SWIGGERS éds 2002. 79-112.]
—. 2001a. «Le complément pris entre deux syntaxes». In: E. AÏM – K. GERDES – H.-Y. YOO éds, *Actes des sixièmes rencontres des doctorants en linguistique de Paris*, 83-88. Paris: Université de Paris VII.
—. 2001b. *La description du français entre la tradition grammaticale et la modernité linguistique. Une étude historiographique et épistémologique de la grammaire française entre 1907 et 1948*. K.U. Leuven, Fac. Letteren, Dept. Linguïstiek: thèse de doctorat. (3 tomes)
—. 2002a. «Forces centripète et centrifuge. Autour du complément circonstanciel dans la grammaire 'traditionnelle' de la première moitié du 20ᵉ siècle». *Travaux de Linguistique* 44. 117-145.
—. 2002b. «Délimitation et 'perspectivation' dans l'historiographie de la théorie stylistique». *Historiographia linguistica* 29. 381-392.
—. 2003a. «Peut-on parler d'une conception 'verbo-centrale' dans la grammaire française 'traditionnelle'?». *Zeitschrift für französische Sprache und Literatur* 113. 113-130.
—. 2003b. «La description du français entre la tradition grammaticale et la modernité linguistique. Une étude historiographique et épistémologique de la grammaire française entre 1907 et 1948». *L'Information grammaticale* 98. 52-55. [Présentation de thèse]
—. 2004a (sous presse). «L'outillage conceptuel de l'analyse de la phrase dans les grammaires traditionnelles du français publiées en France et en Allemagne (1907-1948)». In: P. LAUWERS – P. SWIGGERS éds, *Linguistic Currents and Concepts*, Leuven - Paris: Peeters.
—. 2004b (sous presse). «John Ries et la Wortgruppenlehre. Une tradition allemande de renouveau syntaxique». *Beiträge zur Geschichte der Sprachwissenschaft* 13,2. 1-48.

—. 2004c (sous presse). «De la transposition à la translation. Une analyse historiographique et métathéorique d'un 'passage' crucial dans l'histoire de la syntaxe structuraliste en Europe». *Cahiers Ferdinand de Saussure* 56. 257-287.
—. 2004d (à par.). «De la grammaire historique à la grammaire descriptive. Le rôle de l'explication historique chez Clédat». In: LAUWERS – SWIGGERS éds 2004 (à par.).
—. (à par. *a*). «Les stratégies d'analyse de phénomènes marginaux dans la grammaire française 'traditionnelle'». *Faits de Langues* 24.
—. (à par. *b*). «La description syntaxique du français à travers le prisme des traditions grammaticales. Le cas des traditions française et allemande». In: J.-L. CHISS *et al.*, *Cultures éducatives et métalinguistiques*. Actes du Colloque 'La didactique des langues face aux cultures linguistiques et éducatives', décembre 2002.
—. (à par. *c*). «Syntagmatics in Europe. A metatheoretical study of the European counterpart of US constituent analysis (first half of the 20th century)». *Orbis*.
LAUWERS, P. – LIOCE, N. 1998. «L'histoire de la praxis linguistique et grammaticale». *Beiträge zur Geschichte der Sprachwissenschaft* 8. 289-298.
LAUWERS, P. – SWIGGERS, P. 2002a. «Jules Gilliéron et les lois phoniques: la problématique du changement linguistique». In: LAUWERS – SIMONI-AUREMBOU – SWIGGERS éds 2002. 113-148.
—. 2002b. «Jules Gilliéron: essai de bibliographie». In: LAUWERS – SIMONI-AUREMBOU – SWIGGERS éds 2002. 189-212.
—. 2004 (sous presse). «Silvestre de Sacy et la structure de la proposition». *Annales Littéraires de l'Université de Franche-Comté. Actes du colloque «Les prolongements de la grammaire générale en France et dans les pays francophones aux XIXe siècle (1802-1870)»*, Besançon, septembre 2002.
—. éds 2004 (à par.). *Actes du colloque «Léon Clédat»*, Leuven, 6-7 décembre 2002. Leuven – Paris - Dudley: Peeters.
LAUWERS, P. – SIMONI-AUREMBOU, M.-R. – SWIGGERS, P. éds 2002. *Géographie linguistique et biologie du langage. Autour de Jules Gilliéron*. Louvain - Paris: Peeters.
—. 2002. «Géographie linguistique et biologie du langage: l'apport de Jules Gilliéron». In: LAUWERS – SIMONI-AUREMBOU – SWIGGERS éds 2002. 1-15.
LE GOFFIC, P. 1993. *Grammaire de la phrase française*. Paris: Hachette.
LEITNER, G. éd. 1991. *English traditional grammars. An international perspective*. Amsterdam - Philadelphia: Benjamins.
LEMM, W. *et al.* 1987. *Schulgeschichte in Berlin*. Berlin: Volk und Wissen.
LEMARÉCHAL, A. 1997. *Zéro(s)*. Paris: P.U.F.
LEPSCHY, G. C. 1967 [1976]. *La linguistique structurale*. Paris: Payot. [traduction par L.-J. Calvet].
LIEBER, M. 1986. *Maurice Grevisse und die französische Grammatik. Zur Geschichte eines Phänomens*. Bonn: Romanistischer Verlag.
Linguistica 34, 1. 1994. *Actes du colloque international «Lucien Tesnière, linguiste européen et slovène (1893-1993)»*. Ljubljana: Università.
LUC, A. – BARBÉ, A. 1982. *Des normaliens. Histoire de l'École Normale Supérieure de Saint-Cloud*. Paris: PFNSP.
LYONS, J. 1966. «Towards a 'notional' theory of the 'parts of speech'». *Journal of Linguistics* 2. 209-236.
—. éd. 1970. *New Horizons in Linguistics*. Harmondsworth: Penguin Books.
MAAS, U. 1988. «Die Entwicklung der deutschsprachigen Sprachwissenschaft von 1900 bis 1950 zwischen Professionalisierung und Politisierung». *Zeitschrift für germanistische Linguistik* 16. 253-290.
MACKERT, M. 1993. «Interpretation, authorial intention, and representation: Reflections on the historiography of linguistics». *Language Sciences* 15. 39-52.

MADRAY-LESIGNE, F. – RICHARD-ZAPPELLA, J. éds 1995. *Lucien Tesnière aujourd'hui. Actes du Colloque International C.N.R.S.-URA 1164 - Université de Rouen 16-17-18 Novembre 1992*. Leuven - Paris: Peeters.
MAILLARD, M. 1998. «Galichet, Georges». In: COLOMBAT – LAZCANO éds 1998. 271-272.
MALMBERG, B. 1991. *Histoire de la linguistique de Sumer à Saussure*. Paris: P.U.F.
MARCHELLO-NIZIA, Chr. 1979. «La notion de «phrase» dans la grammaire». *Langue française* 41. 35-48.
MAREUIL, A. 1969. «Les programmes français dans l'enseignement du second degré depuis un siècle (1872-1967)». *Revue française de pédagogie* 7. 31-43.
MARTIN, R. 1980a. «Syntaxe.» In: POTTIER éd. 1980. 473-533.
—. 1980b. «Théories linguistiques». In: POTTIER éd. 1980. 535-575.
MARTINET, A. 1993. *Mémoires d'un linguiste. Vivre les langues. Entretiens avec Georges Kassai et avec la collaboration de Jeanne Martinet*. Paris: Quai Voltaire.
MATTHEWS, P.H. 1996 [réimpr. de 1993]. *Grammatical theory in the United States from Bloomfield to Chomsky*. Cambridge: University Press.
MAYEUR, F. 1977. *L'enseignement secondaire des Jeunes Filles sous la Troisième République*. Presses de la fondation nationale des sciences politiques.
—. 1985. «L'évolution des corps universitaires (1877-1968). In: CHARLE – FERRÉ éds 1985. 11-28.
MCCAWLEY, J. D. 1999. «Syntactic concepts and terminology in mid-20th century American linguistics». *Historiographia linguistica* 26. 407-420.
Mélanges de littérature du moyen âge au XXe siècle offerts à Mademoiselle Jeanne Lods, t. 1. 1978. Paris: École normale supérieure de jeunes filles.
MELIS, L. 1983. *Les circonstants et la phrase. Étude sur la classification et la systématique des compléments circonstanciels en français moderne*. Leuven: Universitaire Pers.
—. 1987. «Formulation, groupe de formulations et dispositifs». *Travaux de linguistique* 14. 263-272.
—. 1990. *La voie pronominale*. Gembloux: Duculot.
—. 1994. «La pensée et la langue en marge des grammaires». In: J. DE CLERCQ – P. DESMET éds, *Florilegium Historiographiae Linguisticae. Études d'historiographie de la linguistique et de grammaire comparée à la mémoire de Maurice Leroy*, 431-445. Leuven: Peeters.
—. 1998. «From form to interpretation: building up the 'dative-roles'». In: VAN LANGENDONCK – VAN BELLE. éds 1998. 261-291.
MELIS, L. – DESMET, P. 2000. «La phrase et son analyse». *Modèles linguistiques* 21. 79-145.
MELIS, L. – SWIGGERS, P. – DESMET, P. 1997. «Vers de nouvelles synthèses en linguistique française? Chronique de linguistique générale et française IX». *Travaux de linguistique* 34. 151-189.
MESCHONNIC, H. 1997. *De la langue française. Essai sur une clarté obscure*. Paris: Hachette.
MICHAEL, I. 1991. «More than enough English grammars ». In: LEITNER éd. 1991. 11-25.
MORIN, Cl. Notes de cours publiées sur internet (dépt. d'histoire de l'Université de Montréal): [http://www.fas.umontreal.ca/HST/hst7000/intro.htm]
MORPURGO-DAVIES, A. 1998. *Nineteenth-Century Linguistics*. Londen: Longman.
MOUNIN, G. 1972. *La linguistique du XXe siècle*. Paris: P.U.F.
NAUMANN, B. 1986. *Grammatik der deutschen Sprache zwischen 1781 und 1856*. Berlin: Schmidt.
NERLICH, B. – CLARKE, D. D. 1998. «La pragmatique avant Austin: fait ou fantasme?». *HEL* 20.107-125.
NEVEU, F. 1998. *Études sur l'apposition. Aspects du détachement nominal et adjectival en français contemporain, dans un corpus de textes de J.-P. Sartre*. Paris: Champion.

NIEDERLÄNDER, H. 1981. *Französische Schulgrammatiken und schulgrammatisches Denken in Deutschland von 1850 bis 1950*. Frankfurt: P. Lang.
NIQUE, C. 1983. «L'appareil syntaxique issu du comparatisme (1836-1882)». *FM* 51. 224-243.
PAILLET, J.-P. – DUGAS, A. – MC A'NULTY, J. *et al.* 1982. *Approaches to syntax*. Amsterdam: Benjamins.
PELLAT, J.-Chr. 2001. «Nomenclature/terminologie grammaticale: 1975/1997». In: COLOMBAT – SAVELLI éds 2001. 665-671.
PERCIVAL, W.-K. 1976. «On the historical source of Immediate Constituent analysis». In: J.D. MCCAWLEY éd., *Syntax and Semantics 7*, 229-242. New York: Academic Press.
Philosophenlexicon. http://www.philosophenlexikon.de
PINCHON, J. «Georges Gougenheim (1900-1972). Traditionalisme et modernité». In: HUOT éd. 1991. 257-311.
POSNER, R. 1994. «Romance linguistics in Oxford 1840-1940». In: BAUM – BÖCKLE *et al.* éds 1994. 375-383.
POTTIER, B. éd.1980. *Les sciences du langage en France au XXe siècle*. Paris: Selaf. (2 vols) [1992[2]]
PROST, A. 1968. *Histoire de l'enseignement en France, 1900-1967*. Paris: Colin.
RAMAT, P. 1999. «Linguistic categories and linguists' categorizations». *Linguistics* 37. 157-180.
RIEGEL, M. 2000. «Le syntagme nominal dans la grammaire française; quelques aperçus». *Modèles linguistiques* 21. 53-78.
RIEGEL, M. – PELLAT, Ch. – RIOUL, R. 1994. *Grammaire méthodique du français*. Paris: P.U.F.
RIJKSUNIVERSITEIT TE GENT. FACULTEIT VAN DE WIJSBEGEERTE EN LETTEREN. 1952. *Zestig jaren onderwijs en wetenschap aan de Faculteit van de wijsbegeerte en letteren der Rijksuniversiteit te Gent*. Brugge: De Tempel.
ROBINS, H. 1974. «Theory-orientation versus data-orientation. A recurrent theme in linguistics». *Historiographia linguistica* 1. 11-26.
ROHRBACH, R. 1989. *Le défi de la description grammaticale, les propositions subordonnées dans l'Essai de grammaire de la langue française de Damourette et Pichon. Présentation critique d'une grammaire synchronique*. Univ. Bonn. Instit. für Sprachwissenschaft.
—. 1989. «La terminologie de l'Essai de grammaire de la langue française de Damourette et Pichon». *Travaux neuchâtelois de linguistique* 14. 45-58.
—. 1990. «Glossaire des termes spéciaux de Damourette et Pichon». *CFS* 44. 141-193.
ROQUES, G. 2000. «La *Revue de linguistique romane* de 1925 à 1983». In: A. ENGLEBERT – M. PIERRARD – L. ROSIER – D. VAN RAEMDONCK éds, *Actes du XXIIe Congrès International de Linguistique et de Philologie Romanes (Bruxelles, 1998)*, vol. I, 199-205. Tübingen: Niemeyer.
ROUSSEAU, A. éd. 2002. *Histoire de la syntaxe, 1870-1940*. [= *Modèles linguistiques*, 23/1+2 (vol. 45 + 46)].
RUWET, N. 1967. *Introduction à la grammaire générative*. Paris: Plon.
RYDIN, S. 1998. «Funktionalistisk analys av språket enligt Carl Svedelius» [http://www.ling.su.se/staff/sara/svedelius.htm]
ŠABRŠULA, J. 1968. «Transformations - translations - classes potentielles syntaxico-sémantiques». *Travaux de linguistique de Prague* 3. 53-63.
SANDERS, C. 2000. «Linguistic historiography: a survey with particular reference to French linguistics at the turn of the century». *Journal of French Language Studies* 10. 273-292.
SANDMANN, M. 1973a. «Remarques critiques sur la théorie de l'énonciation chez Bally». In: *Expériences et critiques*, 49-61. Paris: Klincksieck.

—. 1973b. «Correspondances: Charles Bally et la Grammaire générale et raisonnée». In: *Expériences et critiques*, 63-80. Paris: Klincksieck.
SAVATOVSKY, D. 1998. «Les exercices de grammaire à l'agrégation: éléments d'une mémoire disciplinaire, 1857-1886. *Langue française* 117. 36-50.
SAVOIE, Ph. 2000. *Les Enseignants du secondaire. XIXe-XXe siècles. Le corps, le métier, les carrières. Textes officiels.* Tome 1: *1802-1914.* Paris: INRP. [T. 2 à paraître]
SCHMITTER, P. éd. 1987. *Zur Theorie und Methode der Geschichtsschreibung der Linguistik: Analysen und Reflexionen.* Tübingen: Narr.
—. 1999. «Positivismus, Interpretation und Objektivität in der Wissenschaftsgeschichtsschreibung der Linguistik». *Beiträge zur Geschichte der Sprachwissenschaft* 9. 193-208.
—. 2003. *Historiographie und Narration. Metahistoriographische Aspekte der Wissenschaftsgeschichtsschreibung der Linguistik.* Seoul: Sowadalmedia; Tübingen: Narr.
SEBEOK, T. A. éd. 1966. *Portraits of Linguists: a bibliographical source book for the history of Western linguistics, 1746-1963.* Bloomington: Indiana University Press. (2 vols)
SEGRE, C. 1992. «Apogée et éclipse de la stylistique». *CFS* 46. 3-13.
SEUREN, P.A.M. 1998. *Western Linguistics. An historical introduction.* Oxford: Blackwell.
SIOUFFI, G. 2000. «Albert Dauzat et le «génie de la langue française». In: *Actes du Colloque Albert Dauzat.* 73-93.
SIRINELLI, J.-F. 1994 (1988[1]). *Génération intellectuelle: Khâgneux et Normaliens dans l'entre-deux-guerres.* Paris: P.U.F.
SKYTTE, G. 1994. *Kr. Sandfeld. Vie et œuvre.* Copenhague: Museum Tusculanum Press.
SOUTET, O. 1998. «Introduire à la linguistique: le point de vue de Narcisse». *Langue française* 117. 99-111.
STAMMERJOHANN, H. et al. éds 1996. *Lexicon grammaticorum: Who's who in the history of world linguistics.* Tübingen: Niemeyer.
STATI, S. 1972 [1967[1]]. *Teoria e metodo nella sintassi.* Bologna: il Mulino. [édition originale en roumain, 1967]
—. 1976. *La sintassi.* Bologna: Zanichelli.
STÉFANINI, J. 1984. «La notion grammaticale de sujet au XIXe siècle». *HEL* 6. 77-90.
STONE, L. 1971. «Prosopography». *Daedalus* 100. 46-79.
STOROST, J. 2001. *300 Jahre romanische Sprachen und Literaturen an der Berliner Akademie der Wissenschaften.* Frankfurt: P. Lang. (2 vol.)
SWIGGERS, P. 1979. «Note épistémologique sur le statut de l'historiographie de la linguistique». *HEL* 1. 61-63.
—. 1982. «Un modèle pour l'historiographie de la linguistique. Note de discussion». *Bulletin d'Information de la Société d'Histoire et d'Épistémologie des Sciences du Langage* 8. 26-29.
—. 1983. «La méthodologie de l'historiographie de la linguistique». *Folia linguistica historica* 4. 55-79.
—. 1984. *Les conceptions linguistiques des Encyclopédistes. Étude sur la constitution d'une théorie de la grammaire au siècle des Lumières.* Heidelberg: J. Groos; Leuven: University Press.
—. 1985. «La grammaire à l'âge classique et les sources de l'analyse en constituants immédiats». *Cahiers de l'Institut de Linguistique de Louvain* 11. 287-300.
—. 1985-1986. «Catégories et principes d'une grammaire descriptive. *Le Bon Usage*». *Travaux de Linguistique* 12-13. 63-74.
—. 1986. *Grammaire et théorie du langage au 18e siècle. «Mot», «Temps» & «Mode» dans l'Encyclopédie méthodique.* Lille: Presses Universitaires.
—. 1987. «À l'ombre de la clarté française». *Langue française* 75. 5- 20.

—. 1989. «Structure propositionnelle et complémentation dans l'histoire de la grammaire: la théorie de Beauzée (1767)». *Lingua e Stile* 24. 391-407.
—. 1990a. «Französisch: Grammatikographie». In: G. HOLTUS – M. METZELTIN – CH. SCHMITT éds, *Lexikon der Romanistischen Linguistik,* Band V/1: *Französisch,* 843-869. Tübingen: Niemeyer.
—. 1990b. «Reflections on (Models for) Linguistic Historiography». In: W. HULLEN éd. *Understanding the Historiography of Linguistics. Problems and Projects,* 21-34. Münster: Nodus.
—. 1995. *Jean-Claude Chevalier: notice biographique et bibliographique suivie de l'exposé «La France devant les congrès internationaux de linguistique 1914-1931».* Leuven: Centre international de dialectologie générale.
—. 1997. *Histoire de la pensée linguistique. Analyse du langage et réflexion linguistique dans la culture occidentale de l'Antiquité au XIX*^{e} *siècle.* Paris: P.U.F.
—. 1998. «La terminologie linguistique». In: *Mémoires de la Société de linguistique de Paris. Nouvelle série. Tome VI,* 11-49. Leuven - Paris: Peeters.
—. 2000. «Le champ de la morphologie française: Bilan des études et perspectives de recherche». *Modèles linguistiques* 21. 14-32.
—. 2001a. «L'histoire des grammaires et des manuels de langues romanes dans la Romania (et dans les pays en partie romanophones)». Article 17a in: G. Holtus *et al.* éds, *Lexikon der romanistischen Linguistik.* Tübingen: Niemeyer.
—. 2001b. «L'histoire des grammaires et des manuels de langues romanes en dehors de la Romania, à l'exception des pays scandinaves». Article 17b in: G. HOLTUS *et al.* éds, *Lexikon der romanistischen Linguistik.* Tübingen: Niemeyer.
—. 2001c. «L'histoire des grammaires et des manuels de langues romanes: Bilan et perspectives». Article 17d in: G. HOLTUS *et al.* éds, *Lexikon der romanistischen Linguistik.* Tübingen: Niemeyer.
—. 2002. c.r. de CHEVALIER (1994). *Revue de Linguistique romane* 66. 574-579.
—. 2004a (à par.). «Aux origines de la *Revue de Linguistique romane». Revue de Linguistique romane.*
—. 2004b (à par.). «Modelos, métodos y problemas en la historiografía de la lingüística». In: *Actas del IV Congreso Internacional de la Sociedad Española de Historiografía Lingüística, La Laguna (Tenerife), octubre 2003.*
SWIGGERS, P. – LAROCHETTE, J. 1992. *Joe Larochette: notice biographique et bibliographique suivi de l'exposé «Vers une sémantique du texte».* Leuven: Centre international de dialectologie générale.
SZEMERÉNYI, O. 1971. *Richtungen der modernen Sprachwissenschaft.* Part 1: *Von Saussure bis Bloomfield, 1916-1950.* Heidelberg: Winter.
THÜMMEL, W. 1993. «II. Geschichte der Syntaxforschung. 4. Westliche Entwicklungen». In: J. JACOBS – A. VON STECHOW – W. STERNEVELD – T. VENNEMANN éds, *Syntax. Ein internationales Handbuch zeitgenössischer Forschung,* Vol. 1, 130-199. Berlin - New York: de Gruyter.
TOLLIS, F. 1991. *La parole et le sens. Le Guillaumisme et l'approche contemporaine du langage.* Paris: Colin.
TOURATIER, Chr. 1998. «Chronique. Les grammaires universitaires du français de ces dix dernières années». *FM* 66. 73-102.
Tradition grammaticale et linguistique: l'Essai de grammaire de la langue française de Jacques Damourette et Édouard Pichon. 1982-1983. *Travaux de linguistique* 9-10. [numéro thématique]
Tradition grammaticale et linguistique: Le Bon Usage de M. Grevisse. 1985-1986. *Travaux de linguistique* 12-13. [numéro thématique]

TUAILLON, G. 1976. *Comportement de recherche en dialectologie française*. Paris: CNRS.
VACHEK, J. 1966. *The linguistic school of Prague: an introduction to its theory and practice*. Bloomington: Indiana University Press.
VALIN, R. 1985. «Centenaire d'une naissance: Gustave Guillaume (1883-1960)». *Historiographia linguistica* 12. 85-104.
VAN BELLE, W. – VAN LANGENDONCK, W. éds 1996. *The Dative*. Vol. 1. *Descriptive Studies*. Amsterdam - Philadelphia: John Benjamins.
—. éds 1998. *The Dative. Vol. 2. Theoretical and Contrastive Studies*. Amsterdam - Philadelphia: John Benjamins.
VAN DEN EYNDE, K. – BLANCHE-BENVENISTE, Cl. 1978. «Syntaxe et mécanismes descriptifs: présentation de l'approche pronominale». *Cahiers de lexicologie* 32. 3-27.
VAN GORP, H. et al. 1991. *Lexicon van literaire termen*. Leuven: Wolters.
VERGER, J. éd.1986. *Histoire des universités en France*. Toulouse: Privat.
VERGNAUD, J. 1980. «La genèse de la nomenclature de 1910 et ses enseignements». *Langue française* 47. 48-75.
VESPER, W. 1980. *Deutsche Schulgrammatik im 19. Jahrhundert: zur Begrundung einer historisch-kritischen Sprachdidaktik*. Tübingen: Niemeyer.
WALMSLEY, J. 1988. «The Sonnenschein v. Jespersen controversy». In: U. FRIES – M. HEUSSER éds, *Meaning and Beyond: Ernst Leisi zum 70. Geburtstag*, 253-281. Tübingen: Narr.
—. 1991. «E.A. Sonnenschein and Grammatical Terminology». In: LEITNER éd. 1991. 57-80.
—. 2001. «The 'entente cordiale grammaticale', 1885-1915». In: COLOMBAT – SAVELLI éds 2001. 499-512.
WALTER, H. – WALTER, G. 1988. *Bibliographie d'André Martinet et comptes rendus de ses œuvres*. Leuven - Paris: Peeters.
WERNER, E. 1991. *Translationstheorie und Dependenzmodell*. Düsseldorf, Thèse d'État. [publiée: E. WERNER, 1993. *Translationstheorie und Dependenzmodell: Kritik und Reinterpretation des Ansatzes von Lucien Tesnière*. Tübingen: Francke.]
WILMET, M 1972. [1978[2]]. *Gustave Guillaume et son école linguistique*. Paris - Bruxelles: Nathan - Labor.
—. 1995. «Théorie grammaticale et description du français». In: ANTOINE – MARTIN éds 1995. 965-992.
—. 2000. «Théorie grammaticale et description du français». In: ANTOINE – CERQUIGLINI éds 2000. 883-905.
—. 2001. «La ronde des compléments». In: COLOMBAT – SAVELLI éds 2001. 629-641.
—. 2003[3]. [1997[1]]. *Grammaire critique du français*. Louvain-la-Neuve: Duculot.
WUNDERLI, P. 1974. «Zur Saussure-Rezeption bei Gustave Guillaume und seiner Nachfolge». *Historiographia linguistica* 1. 27-66.
—. 1985-1986. «Maurice Grevisse et le subjonctif». *Travaux de linguistique* 12-13. 75-93.
ZAWADOWSKI, L. 1980. «The definition of 'sentence' and John Ries' theory». In: K. KOERNER éd., *Progress in linguistic historiography*, 271-295. Amsterdam: Benjamins.

INDEX*

I. INDEX DES AUTEURS CITÉS[1]

ACADÉMIE (1932) → Hermant, A. (auteur présumé)
ADELUNG, J.C.: 170
AMMAN, H.: 611
ANTOINE, G.: 80, 524, 600, 651-652
ARISTOTE: 238, 421, 426, 437, 462
ARNAULD, A. (& LANCELOT, Cl.) → Port-Royal
ARRIVÉ, M.: 60
ARVEILLER, R.: 86, 92
AYER, C.: 225, 305

BALDENSPERGER, F.: 89
BALLY, Ch.: 3, 6-7, 9, 13-14, 19, 26, 55, 141-142, 153, 197-200, 204, 210, 223, 231-246, 249-256, 319, 321, 338, 361-362, 373, 378, 380, 404, 408, 422, 483, 488, 490, 492, 495, 502, 511-512, 516-518, 522-530, 537, 558-559, 565, 569, 572, 575, 579-584, 589-591, 598-602, 608, 611, 626, 632-634, 639, 642-646, 649-654, 672, 674, 682-683
BANNER, M.: 14, 168, 688
BASTIN, J.: 89-90, 505
BAUCHE, H.: 3, 14, 54
BAUDOUIN DE COURTENAY, J.: 197
BAUER, H.: 137, 304
BAYOT, A.: 69
BEAUJEU, L.: 86
BEAUMARCHEY, L.: 120

BEAUZÉE, N.: 110-116, 160, 204, 223-226, 300, 325, 526, 555, 557
BECKER, K.-F.: 160, 168-170, 206, 304, 364-365, 421, 426, 554, 585, 686-687
BÉDIER, J.: 88
BEHAGHEL, O.: 131, 195, 432
BEHEN, J.: 117, 531
BEHRENS, D.: 22, 93
BENEŠ, E.: 641
BENVENISTE, É.: 3, 231, 641
BERTHET, G.: 311, 334, 531, 535
BITTER, J.: 225
BLANCHE-BENVENISTE, Cl.: 60
BLINKENBERG, A.: 581, 584
BLOCH, B.: 3, 640
BLOCH, O.: 22, 55, 74-76, 83-84, 87-88, 92
BLOOMFIELD, L.: 3, 9-10, 170, 197, 206, 234, 262, 272, 432, 436, 611, 639-640
BLÜMEL, R.: 3, 194-196
BOAS, F.: 640
BOEK, P.: 81
BOILLOT, F.: 26
BONIFACE, A.: 120
BONNARD, H.: 27, 59, 92, 118, 203
BONY, N.: 19, 28, 74, 82, 107, 411, 548
BOTTEQUIN, A.: 14
BOURCIEZ, É.: 104
BOURQUIN, A.: 182, 204, 225
BRACHET, A.: 4, 6, 21, 137

---

[1] Nous tenons à signaler à l'utilisateur de cet index que:
– l'index ne couvre pas la bibliographie des *sources secondaires*;
– comme nous avons adopté une perspective transversale, chaque aspect étudié est examiné pour l'ensemble des grammaires du corpus. Aussi avons-nous procédé de manière sélective. Seuls ont été retenus les passages suivants:
  (a) les développements *plus élaborés* à propos des analyses et des concepts figurant dans les grammaires;
  (b) les passages dans lesquels les auteurs du corpus (= noms soulignés dans l'index) interviennent dans des *contextes autres que leur grammaire* (p. ex. en tant qu'auteurs de traités théoriques, de comptes rendus, ou encore, en tant que source citée chez un autre auteur du corpus, ...).
Les noms suivants, introduits par la particule nobiliaire *de* ou *von*, ont été classés sous la première majuscule du nom (respectivement C, E, G, H, L, S, V et W): (Bonnot) de Condillac, von Ettmayer, von der Gabelentz, von Humboldt, de La Grasserie, de Saussure, (Favre) de Vaugelas, von Wartburg.

BRÉAL, M.: 6, 89-90, 99, 107-108, 392-393, 492
BRENTANO, F.: 422, 427, 603
BREUIL, E.: 75-76, 84
BRØNDAL, V.: 3, 415, 605, 642, 645
BRUGMANN, K.: 3, 194, 687
BRUNEAU, Ch.: 22, 55, 74, 77, 83-84, 88, 92, 98-99, 107
BRUNOT, F.: 3, 7, 13, 19-20, 28, 55, 57, 74, 86, 88, 90, 97-98, 100, 107-108, 131-132, 203, 213, 298-299, 316-317, 341, 349, 406, 411, 448-449, 492, 577-579, 584, 589, 606-608, 611, 618, 626, 628, 632, 644-651, 656
BUFFIER, Cl.: 224
BÜHLER, K.: 421, 610, 687
BYRNE, L.S.R.: 26, 54

CAMPROUX, Ch.: 92
CARNAP, R.: 18
CASSIRER, E.: 674
CAYROU, G.: 76-78, 83, 131
CHAPSAL, Ch.-P.: 110-119, 123, 126, 141, 150, 160, 169, 207, 224, 300-301, 365, 492, 514, 531, 534, 536, 554
CHARAUDEAU, P.: 28
CHARISIUS: 536
CHASSANG, A.: 4, 57, 117, 137, 381, 384
CHATELAIN, L.: 651
CHEVALIER, J.-Cl.: 7, 60
CHOMSKY, N.: 21, 262-263, 638, 640
CHURCHILL, E.L.: 26, 54
CLÉDAT, L.: 4, 7, 14, 19, 21, 25, 28, 55, 74-75, 89-91, 103, 107-108, 231, 247, 253, 292, 334, 346, 483, 579, 584, 608, 628, 632
COHEN, M.: 14, 27, 54, 362, 656
COLLARD, F.: 117
CONDILLAC, É. BONNOT DE –: 420, 518, 602
CORNEJO, M.H.: 601
CORNU, J.: 589
COUTURAT, L.: 3
CROISAD: 57, 117, 121-125, 381, 531
CROUZET, P.: 311, 334, 531, 535
CURME, G.O.: 359

DAMOURETTE, J.: 3, 7, 30-31, 55, 79, 83-84, 108, 139-141, 211-212, 217-219, 260-262, 302-303, 305-306, 315-316, 319-320, 353-356, 419-421, 550-551, 579, 584, 592-602, 608, 643, 646-647, 650, 655, 660-661, 690
DANEŠ, F.: 610, 641
DARMESTETER, A.: 628
DAUZAT, A.: 3, 7, 20, 22-24, 26-27, 55, 57, 74-75, 87-88, 90-92, 98, 102-103, 105-106, 204, 605, 655, 658, 684, 687
DE BOER, C.: 28, 30, 82, 93, 132, 212, 291, 323-324, 394, 399-401, 538-539, 577, 579-584, 626, 647, 652-654, 682
DE FÉLICE, Th.: 14, 26,
DE GROOT, A.W.: 642
DE MICHELIS, E.: 592
DELACROIX, E.: 3, 580, 687
DELBŒUF, J.: 120, 305
DELBRÜCK, B.: 190
DENYS LE THRACE: 168
DESCARTES, R.: 556-557
DESONAY, F.: 57, 82, 505, 626, 631
DESSIAUX, J.: 365
DEUTSCHBEIN, M.: 322, 396
DEYDIER, J.: 340
DIEZ, F.: 570
DIK, S.: 560
DILTHEY, W.: 37
DOKULIL, M.: 641
DOMERGUE, F.-U.: 112, 114
DOROSZEWSKI, W.: 638-639, 643
DOUMIC, R.: 55
DOUTREPONT, A.: 204
DOUTREPONT, G.: 204
DU MARSAIS, C.C.: 110-116, 120, 206, 223, 300, 318, 325, 513-515, 532, 534, 555, 559, 638
DUBISLAV, G.: 81
DUBOIS: 57, 117, 121-125, 381, 531
DUBOIS, J.: 60
DUBSKÝ, J.: 641
DUDEN, K.: 314
DURAND, M.: 100, 103
DURKHEIM, É.: 522
DUSSOUCHET, J.: 21, 86

EBELING, W.: 570, 589
EDGREN, R.: 8
EGGER, E.: 97
EISENBERG, P.: 290, 314
EISLER, R.: 588
ENGWER, Th.: 82, 84, 131-132, 433, 571, 587-591, 688

ESNAULT, G.: 22, 75, 86, 90, 92
ESTIENNE, H.: 511
ETTMAYER, K. VON –: 3, 14, 26-27, 428, 519, 589, 687
EWERT, A.: 27

FILLMORE, Ch.: 402
FIRBAS, J.: 610, 641
FLANDIN, H.: 340
FLEURIAUX, (J.?): 60
FLEURY [pseudonyme]: 117, 137, 311
FLOT, L.: 57, 186, 340
FOUCHÉ, P.: 22, 75, 92, 103, 446
FOULET, L.: 14
FRANÇOIS, A.: 90, 102, 514, 518
FRANKE, E.: 516
FRANZ, A.: 61
FREI, H.: 3, 6, 26, 55, 189, 197-200, 231-245, 249-256, 319, 550, 581-582, 584, 626, 629, 633-634, 643-644, 652-654, 674, 683
FREY, M.: 55, 82
FRIES, C.: 640

GABELENTZ, G. VON DER –: 172, 514, 587, 610-611, 614, 687
GAIFFE, F.: 56, 72, 74, 76, 83-84, 87
GALICHET, G.: 28, 72, 77, 79-80, 103, 132, 209-210, 216-217, 320-321, 592-603, 647-652, 687
GALL: 589
GALLIOT, M.: 311, 334, 531, 535
GAMILLSCHEG, E.: 589-590, 617
GARDINER, A.H.: 3, 170, 223
GAUCHAT, L.: 589
GEORGIN, R.: 14, 26, 76-79, 83-84, 108
GILLIÉRON, J.: 20, 74, 80, 90, 104
GIRARD, G.: 454, 484
GIRAULT-DUVIVIER, Ch.-P.: 226
GIROT, A.: 86
GLÄSSER, E.: 3, 83
GLAUSER, C.: 406
GLEASON, H.A.: 1, 497
GLINZ, H.: 421, 674
GOELZER, H.: 86
GOEMANS, L.: 141
GOLDSTEIN, K.: 586
GOOSSE, A.: 60, 215
GOUGENHEIM, G.: 4, 7, 9, 14, 22, 28, 55, 74-75, 80, 92, 231, 584, 641, 643, 652, 654-661, 687
GRAMMONT, M.: 92

GREENBAUM, S.: 352, 359
GREVISSE, M.: 17, 81, 117
GRILLET, C.: 103
GRÖBER, G.: 22, 518, 527
GROSS, M.: 482-483, 560
GRUBER, H.: 81
GRUND: 69
GUERLIN DE GUER, Ch.: 22, 75, 92
GUILLAUME, G.: 3, 6-7, 9, 16, 23, 80, 171, 231, 262, 446-447, 509, 565, 569, 580, 593-594, 599, 602, 608, 638, 643-646, 649-650, 652, 660-662, 674, 682, 684, 690

HAAS, J.: 3, 27, 43, 82, 132, 210-211, 221-222, 281-282, 521, 527, 548, 585-587, 628, 637, 687
HALL, R.-A.: 20, 54, 640
HALLIDAY, M.A.K.: 560
HANSE, J.: 14, 26, 54
HARRIS, Z.: 256, 640
HAUDRICOURT, A.-G.: 80, 690
HAUSENBLAS, K.: 641
HEILBRONNER, K.: 586
HERLING, S.H.A.: 194
HERMANT, A.: 55, 72-73, 79-80, 108
HERZOG, E.: 14, 516
HEULLUY, M.: 75, 83-84
HJELMSLEV, L.: 3, 6, 322, 605, 641-645, 655, 658, 674
HOEPFFNER, E.: 655
HØFFDING, H.: 611
HOLTHAUSEN, F.: 194-195
HORLUC, P.: 7, 25, 90
HOVINGH, M.: 225
HØYBYE, P.: 93
HUDSON, R.: 352
HUMBOLDT, W. VON –: 233, 241, 586
HUSSERL, E.: 427

IMBS, P.: 80, 600, 652
IPSEN, G.: 674

JAHAN, S.: 78, 84
JAHNCKE, E.: 59, 83
JAKOBSON, R.: 421, 641, 578
JANET, P.: 581
JELLINEK, M.H.: 43
JESPERSEN, O.: 1, 3, 6, 200-201, 225, 232, 236, 249, 255, 260, 262, 317, 322, 357, 395-396, 402, 558, 610-612, 614, 641-646
JURET, A.C.: 231

KALEPKY, Th.: 3, 94, 570, 588-589, 687
KAMPMANN, G.: 225
KANT, I.: 420, 602
KARCEVSKY, S.: 3, 641
KLEIN, H.W.: 61, 590
KLEINEIDAM, H.: 61
KLÖPPER, Cl.: 516, 612
KÖRTING, G.: 22, 93, 95
KOSCHWITZ, E.: 22, 95
KRUISINGA, E.: 1, 195-196, 352
KUKULA, (R.C.?): 589
KURYŁOWICZ, J.: 3, 197-199, 231
KUTTNER, M.: 612

LAGANE, R.: 60
LA GRASSERIE, R. DE –: 318
LANCELOT, Cl. (& A. ARNAULD) → Port-Royal
LANDAIS, N.: 514-515
LANSON, R.: 79
LANUSSE, M.: 76, 78, 86, 131, 203, 406, 492
LAPAILLE, R.: 58
LARIVE [pseudonyme]: 117, 137, 311
LAROCHETTE, J.: 7
LAROUSSE (1936) → Breuil, Gaiffe, Jahan, Maille, Marijon, Wagner
LAURENT, P.: 76-78, 83
LAZARUS, M.: 585, 606
LE BIDOIS, G.: 30-31, 56, 74, 84, 104, 106, 573-584, 650, 661
LE BIDOIS, R.: 30-31, 56, 79, 84, 108, 546, 551, 573-584, 650, 661
LE ROUX, J.J.: 195
LECLAIR, L.: 531
LEFRANC, A.: 88
LEISI, E.: 233
LEJEUNE, M.: 82
LENZ, R.: 3
LERCH, E.: 3, 82, 84, 90, 93, 131-132, 205, 433, 517, 571, 584, 587-591, 606, 687-688
LEŠKA, O.: 1
LHOMOND, C.F.: 114
LIEPMANN, H.: 586
LITTRÉ, É.: 4, 533, 535
LODS, J.: 74, 77, 83
LOMBARD, A.: 3, 226, 229, 308, 334
LOMMATZSCH, E.: 570
LONGACRE, R.E.: 482

LONGERICH, J.: 61
LORCK, E.: 589
LOT, F.: 103
LÜCKING, G.: 21, 127, 168, 508

MACKEL, E.: 516
MAILLE, E.: 76, 78, 84
MALLY, E.: 589
MAQUET, Ch.: 3, 19, 57, 86, 120, 131, 203, 225, 340, 341, 349, 406, 492
MARBE, K.: 586
MARIJON, A.: 79
MARIJON, J.: 79
MARIJON, M.: 79-80, 84
MARINET, G.: 7, 25
MAROUZEAU, J.: 3, 54, 179, 204, 423-424, 427, 511, 513, 516, 536, 538, 557, 687
MARTINET, A.: 3, 7, 80, 93, 429, 578, 640-641, 654, 690
MARTINON, Ph.: 90
MARTY, A.: 427, 589, 603-604, 611, 687
MASOIN, F.: 225, 305
MASON, C.P.: 169
MATHESIUS, V.: 3, 610, 640-641, 645
MÄTZNER, E.: 225, 508
MEDER, F.: 3
MEILLET, A.: 3, 56, 83, 90-91, 107, 108, 272, 460, 502, 605, 607-608, 634, 637, 644, 662, 681, 684, 687
MEINONG, A.: 427, 589, 603-604, 675
MERINGER, R.: 589
MERTEN, O.: 60
METZGER, J.: 61
MEYER, R. M.: 3, 94
MEYER-LÜBKE, W.: 182, 194-195, 205, 585, 589
MICHAUT, G.: 56, 74, 78, 83-84, 104, 106, 579, 584
MICHEL, L.: 549, 551, 578, 656, 662
MIGLIORINI, B.: 93
MIKUŠ, F.: 189, 197-200
MILLARDET, G.: 88
MISTELI, F.: 233
MORELL, J.D.: 169
MÜLLER, F.: 234, 588
MULLER, H.F.: 578
MURRAY, L.: 169
MUSER: 69

NEUMANN, F.: 585

Noël, F.-J.: 110-119, 123, 126, 141, 150, 160, 169, 207, 224, 300-301, 365, 492, 514, 531, 534, 536, 554, 686-687
Noreen, A.: 3, 318
Novák, P.: 641
Novalis [pseud. de G.F. Friedrich von Hardenberg]: 516
Nyrop, K.: 78, 555, 584, 589

Orr, J.: 93
Otto, E.: 3, 54, 81, 131, 205, 233-234, 245, 247, 250, 317, 421, 423, 432-433, 436, 588-589, 603-605, 611-612, 614, 637, 669, 687

Palmer, H.E.: 359
Paris, G.: 5, 90, 99, 107
Pascal, B.: 518
Paul, H.: 3, 131, 223, 402, 432-433, 585-587, 589, 605-606, 611, 614, 637, 687
Peine, L.: 117, 120, 325
Pelen, F.: 90
Pestalozzi, R.: 189
Peytard, J.: 60
Pichon, É.: 3, 7, 30-31, 79, 83-84, 91-92, 108, 139-141, 211-212, 217-219, 260-262, 302-303, 305-306, 315-316, 319-320, 353-356, 419-421, 550-551, 579, 584, 592-602, 608, 643, 646-650, 655, 660-661, 687, 690
Pignon, J.: 92
Pike, K.L.: 3, 659
Pinchon, J.: 363
Plattner, Ph.: 8, 30, 81, 584
Pohl, J.: 92
Poirot, J.: 103
Port-Royal: 223-224, 318, 513-514, 532, 534, 650
Porzig, W.: 674
Pottier, B.: 7, 16, 92, 103
Poutsma, H.: 1, 352, 359
Prévot, A.: 57
Prévot, S.: 57
Priscien: 427, 536

Radouant, R.: 76-78, 632
Ranke, L. von –: 34
Rat, M.: 54, 57
Reckendorf, H.: 586
Regnier, C.A.: 224

Regula, M.: 3, 26, 82, 93, 205, 433, 580, 584, 587-591, 603-605, 687
Reid, T.B.W.: 584
Reinhardt, K.: 81
Restaut, P.: 224
Rickert, H.: 588
Ries, J.: 3, 14, 169-170, 189-197, 204-205, 258-260, 432, 516, 686
Rivarol, A. de –: 575
Robert, C.-M.: 225
Rohlfs, G.: 43, 69
Roques, M.: 88, 91, 105
Rosset, T.: 103
Rothweiler: 69
Röttgers, B.: 81
Rousset, J.H.: 340
Roy, L.: 57, 340
Russell, B.: 427
Ruwet, N.: 160, 230, 238-239

Sainéan, L.: 20, 90
Sainte-Beuve, C.A.: 518, 651
Salverda de Grave, J.-J.: 182, 204, 225
Sandfeld, Kr.: 3, 6, 14, 26, 105, 214, 232, 237, 522, 578-579, 584, 642, 645
Sapir, E.: 3, 54, 432, 565, 599, 640-642
Sardou, A.-L.: 14, 26
Saulnier, V.-L.: 92
Sauro, A.: 26, 54, 141
Saussure, F. de –: 3, 5, 7, 18-19, 170, 197-198, 210, 219, 243, 509, 517-518, 580, 584, 589, 595, 599, 626, 636-637, 642-645, 647-651, 654-655, 662, 673-674, 676, 682
Saussure, Th. de –: 644
Schmidt, H.: 516, 612
Schoen, H.: 107
Schöne, M.: 86, 92
Schricke, P.: 56, 76, 79, 83-84, 579, 584
Schuchardt, H.: 233, 589
Schulze, O.: 612
Sechehaye, A.: 3, 6, 14, 83, 153, 197-199, 204, 209-214, 230-245, 253-256, 275, 288, 565, 569, 580-584, 589, 595-596, 602, 608, 611, 615, 639, 642-644, 649-652, 674-675, 682-683
Serrus, Ch.: 3, 301, 314, 318-321, 517, 525, 530
Sicard, R.A.: 144
Silvestre de Sacy, A.I.: 112

SOMMER, F.: 589
SONNENSCHEIN, E. A.: 3, 27, 82, 132, 213, 220-221, 352, 394-398, 687
SOULICE, Th.: 14, 26
SPITZER, L.: 92-94, 517, 569, 580, 589, 606, 617
STANGER, H.: 59
STEHLING: 589
STEINTHAL, H.: 233, 585, 587, 606, 674, 687
STERN, H.: 59, 604
STIER, A.: 168
STÖRRING, G.W.: 586-587
STRAKA, G.: 641
STROHMEYER, F.: 14, 26, 81, 205, 516-517, 571-573, 588-590, 605-606, 612, 687-688
SUDRE, L.: 3, 14, 19, 21, 57, 78, 86, 137-138, 202-203, 213, 225, 304, 311, 358, 685
SÜTTERLIN, L.: 131, 193, 195, 421, 432, 589
SVEDELIUS, C.: 3, 611
SWEET, H.: 190, 359, 402, 432

TANASE, E.: 103
TERRACHER, A.: 93
TESNIÈRE, L.: 3, 6-7, 55-56, 137, 171, 177, 190, 192-193, 200-202, 204, 230-232, 236-245, 253, 255, 260-263, 284, 325, 358, 419, 421, 437, 488, 490, 495, 638, 641, 643, 655, 683-684
THOMAS, A.: 20, 90
THURAU, G.: 7, 25
THURNEYSEN, R.: 585
TOBLER, A.: 6, 84, 300, 508, 516-517, 538, 570-571, 579-580, 584, 589, 611, 614, 631
TOGEBY, K.: 3, 8, 20, 642, 646
TRAGER, G.L.: 3, 640
TRIBOUILLOIS, E.: 340
TRIER, J.: 674
TRUBETZKOY, N.S.: 199, 654

ULDALL, H.J.: 641

ULLMANN, S.: 93
ULRIX, E.: 82, 132, 161

VAN DUYL, C.-F.: 225
VAN GINNEKEN, J.: 6, 366, 459, 553, 580-584, 637, 652, 674
VAN HOLLEBEKE, B.: 60
VAN WIJK, N.: 194
VAUGELAS, Cl. FAVRE DE –: 506, 576
VENDRYES, J.: 3, 54, 393, 400, 427, 429-431, 436, 502, 579, 583, 605, 644, 661, 681, 684, 687
VERGOTE, J.: 3, 230
VOGEL, J.: 589
VOSSLER, K.: 3, 517, 589, 606, 687

WAGNER, R.-L.: 7, 20, 22-24, 27-28, 74, 84, 91, 93, 363, 517, 519, 521, 579, 584, 608, 643, 645, 656-661
WÄHMER, R.: 565-567, 590, 687
WARTBURG, W. VON –: 3, 14, 82, 84, 575, 579, 598, 644
WEBER, J.: 61
WEGENER, Ph.: 589, 610-611, 614
WEIL, H.: 514, 610-611, 618
WEISGERBER, L.: 674
WELLS, R.: 189, 199
WERTHEIMER, J.: 19
WHORF, B.L.: 3, 483, 585, 599
WINKLER, E.: 3, 589, 604, 687
WUNDT, W.: 3, 189, 194, 207-208, 272, 317-318, 322-325, 396, 401-402, 408, 423, 497, 555, 580, 586-589, 594, 601, 603-604, 606, 611, 614, 637, 674, 687

YVON, H.: 56-57, 76-78, 83, 89-92, 99, 131, 219, 406, 492, 584

ZAUNER, A.: 589
ZUMTHOR, P.: 82, 84
ZWICKY, A.: 560

II. Index des concepts et des termes analysés[1]

A
abrégé: 60
accent(uation): 428, 432-433, 558, 572, 612-616, 618, 621
accessoire (fonction) → essentiel
accord: 318-319, 322, 579
— du participe passé: 489, 492, 573, 577
— du verbe/sujet: 290-291, 294, 515, 533-534, 578
accusatif (double —): 324, 307-308, 313-315; v. aussi *cas*
actes de langage implicites: 625
actualisation: 238-239, 321, 343, 447, 599-602, 622-623, 652-654
adaptation (stratégie d' —): 512, 531-559
addition (test) → test
adjectif: 326, 369-370, 438-442, 453-455, 494, 587
adjoints du nom: 194, 365-368, 370-374
adverbe: 157, 178, 224-226, 351-352, 356-358 (adverbial), 362, 425-428, 461
— d'affirmation (*oui*)/négation: 211, 358-361, 414, 420, 459
— de phrase: 360-363; v. aussi *complément de phrase*
affectif: 382, 455-461, 490, 512, 515, 518, 522-530, 558-560, 569, 572, 575, 581, 599, 652, 655, 658
agencement de la matière: 12
agrégation: 74, 86, 96-100, 107
— de français: 74, 98, 100
— de grammaire: 97-98, 100, 105-107
— de lettres modernes: 98, 100, 105

allemande: 314, 364, 484, 605; v. aussi *tradition grammaticale nationale*
Alphabet phonétique international (*API*): 496-497, 499
anachronique (analyse): 554-555, 628, 631
anacoluthe: 535-536, 552-553, 571
analogie: 514, 572-574, 576, 578, 591, 606
analytique/analyticité: 40, 390-391, 393, 426, 436, 514-515, 554-559, 572, 576, 594-596, 632-634
anaphore/cataphore: 218, 295, 448-451, 540, 550
Antiquité (grammaire de l'—): 171, 416, 453
apo koinou: 571
apostrophe: 326, 378, 381-384, 386, 624
appareil scientifique: 503-509
apposition: 120, 151, 299, 301-302, 374-381, 365-370
apprentissage de la grammaire → enseignement (grammaire); → didactique
arbitraire du signe: 647, 649
art (*vs* science) → science
article: 438-448, 593, 622, 652, 661
— défini: 385-388, 392, 443-448, 488
— indéfini: 443-448, 617, 631
— partitif: 443-448, 554, 617, 631
attribut: 120, 138, 228, 278-282, 287-290, 299, 304-308, 322, 328-329, 333, 355, 361, 376-378, 460
— du COD: 146, 277, 288, 311-317, 341, 378, 490
— du sujet: 261, 277, 288, 308-312, 613, 619

---

[1] En guise de mode d'emploi:
— Nous avons préféré la *terminologie standardisée* (cf. Annexe 1) à la terminologie des auteurs, afin de faciliter l'accès au lecteur, qui n'est pas forcément au courant des propositions terminologiques anciennes. La terminologie standard offre en outre l'avantage de réduire la multiplicité des termes à un nombre 'gérable'. La terminologie néologique de D&P, par exemple, aurait en elle-même nécessité un index séparé. Les termes des auteurs se trouvent en italiques; la terminologie standard en caractères romains.
— Pour ne pas encombrer l'index, nous n'avons pas repris en détail les concepts figurant dans le chapitre synthétique (Ch. VIII). Il en est de même pour la fin du Ch. IV (pp. 402-412). Le lecteur se reportera d'emblée aux passages concernés.
— Les renvois internes sont marqués d'une flèche (→).

ascendante et catégorielle (approche): 90, 109-119, 121-136, 149-171, 176, 185-188, 193, 202, 205, 214, 226, 256-262, 363-376, 379-380, 403, 408-410, 437, 462
automatismes: 580-583, 653
autonomie de la linguistique: 637, 645, 649
autonomie (ellipse): 545, 548
autonomisante, immanentiste (approche): 482-483, 561-566, 599, 625-663
autonymique: 453
autosémantique (*vs* synsémantique): 427, 452, 603-604
auxiliaire: 424-433

B
Bibliographie linguistique: 22-24
Begriffsgeschichte (histoire des concepts): 44
besoins (économie, clarté, etc.)/forces: 231, 243, 574, 576, 588-591, 632-634, 652, 661
bibliographie (dans les grammaires): 505-506, 508-509; v. aussi *sources*
bibliographies (délimitation corpus): 20-26
bibliographiques (données – du corpus) → grammairiens (corpus)
bidirectionnalité: 39-40, 109-171, 185-188, 256-259, 403, 408-410, 587
binaire: 194-195, 198-199, 206, 262, 273-277, 282-284, 518
bon usage: 576; v. aussi *norme, normativité*

C
caractérisation: 238, 240, 321, 372-374, 380, 441, 600-601
cas/casuel: 213, 220-221, 307-308, 313-315, 322-324, 342-344, 385-402, 445-446, 580
catégorématique: 426-427, 437; v. aussi *autosémantique*
catégorielle (approche) → ascendante
catégories
  – de la description grammaticale: 109-412, 653, 666-670, 677-678, 680-681
  – de la langue: 395-402, 462, 570, 580, 584-606, 637, 642, 645, 651, 663, 565-566
  – fonctionnelles transversales (adjectivales, adverbiales, etc.): 200, 207-227, 415, 580; v. aussi *perspective fonctionelle transversale*
  – morphologiques: 596, 598-600, 655-657

– psychiques: 241, 475, 570, 580, 584-606, 637, 645, 651; v. aussi *psychologisant*
causal (épistémologie): 525, 530, 576
Cercle linguistique de New York: 578
clarté (– française): 557, 575, 588, 630, 632
CNRS: 105
cohérence discursive: 622
Collège de France: 88, 91
commerce (éditeurs): 58
commutation → substitution
comparaison de langues: 394-402, 432, 500-503, 517, 572, 575, 584, 593, 606
comparatisme/ historico-comparative (perspective –): 3-4, 394-402, 436, 630; v. aussi *grammaire historico-comparative* (discipline)
complément: 39, 113, 115, 124, 149-155, 160, 162, 165, 298-302, 321-322, 325, 352, 356, 371, 442, 613
  – de l'adjectif, de l'adverbe: 354, 361
  – de phrase: 352-353, 355, 358-363, 384; cf. aussi *adverbe de phrase*
  – du nom: 151-152, 155, 301, 305, 365-367, 371-374
  – du verbe: 120-121, 278-282, 291, 303, 309-311, 313-317, 324, 327-333
complément adverbial (essentiel): 329-330, 560
complément circonstanciel (= cc): 47, 119, 140, 151, 157, 224-226, 321, 323-325, 327-336, 339, 341, 343-344, 347, 349-363, 379, 396-397
complément d'agent: 120, 228, 292-293, 301, 340, 349-351, 363
complément d'attribution (= datif): 40, 120, 292-293, 335, 339-349, 351, 363, 560
complément d'objet (CO): 321, 323, 327-333, 335-339, 349, 396-397, 608, 630
  – direct (COD): 299, 334, 336-338
  – indirect (COI): 119, 140, 338-349, 487
complexe (vs *incomplexe*): 112, 116, 124
composé (vs *simple*): 113, 181
condensation: 243-244, 252, 580
conditionnel: 546, 551
conjonction: 423, 461, 613
  – de coordination: 461, 622
  – de subordination: 217-218, 539-540
composition: 221, 224, 237-239, 488, 542
congrès internationaux: 20, 55, 362, 394, 399, 588, 642

constituance: 163, 192-194, 198
constituants immédiats: 109, 171, 173, 189, 197-199, 206-207, 229, 262-263
constitution interne (critériologie): 479
construction (– analytique, figurée, ...): 513-515, 534-536, 555, 611
constructivisme: 33-42
contenu [*vs* forme (critériologie)]: 38, 271-272, 470-478, 491-493, 563, 570, 592, 651
contexte: 582, 648
– intellectuel: 2-3
continuum: 560
contrastive (approche –): 394, 500-503, 517, 520; v. aussi *comparaison*
coordination: 192, 198, 201, 268-270, 366, 489, 583; v. aussi *conjonction*; v. aussi *syntagme coordinatif*
corrélative (approche –): 561-625, 659-663
corpus: 3, 11-12, 24-28, 48
Cours de linguistique générale: 5, 18-19, 636-639, 642, 685
crise de la langue: 74, 92, 98-99, 108
critériologie (définitions): 726-728

D

datif: 342-343; v. aussi *complément d'attribution*; v. aussi *cas*
– éthique: 308, 537-538
décomposition (prédicat): 114, 125, 137-142, 148, 289, 408, 492
découplage conceptuel: 560
décrire/descriptif: 108, 561-565, 567, 573, 659-660
définition (– de catégories grammaticales): 146, 271-272, 464-481, 483-484, 567, 650, 658, 724-725
délimitation
– du corpus → corpus
– chronologique: 18-21
délogicisation (= grammaticalisation): 40, 119-121, 136, 142, 148-149, 164, 167, 171, 182, 185, 206, 257-258, 273-284, 303, 403-410, 515
–/logicisation: 380
dépendance (critériologie): 148, 479-480
dépendance/dépendanciel: 124-125, 160-163, 192-196, 198, 200-202, 206, 212, 260-262, 382, 400, 419, 583
(in)dépendance psychologique/logique: 583

syntaxe dépendancielle: 109, 171, 200, 260-262
descendante et sémantico-logique (approche –): 136-171, 180, 185-188, 191, 202, 206, 214, 256-260, 262-263, 273-284, 363-376, 379-380, 403-410
détachement: 375-382
déterminant: 47, 155, 218, 259-260, 319, 365-368, 372-374, 380, 424-245, 428, 438-448, 462, 600
déterminant (vs *déterminé*) [= *complément* vs *principal*; *thème* vs *propos*; *subordonné* vs *régissant*]: 179, 185, 198, 200, 204, 238-241, 244-245, 275, 288, 318-319, 372-374, 380, 583, 652
détermination (vs *caractérisation*): 320-321, 372-374, 380, 438-448, 600-601, 622-623
détermination intérieure/extérieure: 322-325, 580
détermination (vs *identité*) → identité (*vs* détermination)
dialectologie: 5, 102, 502
dichodese: 139, 261, 319-320, 568, 597
didactique (aspects pédagogiques, didactisation): 3, 13, 19, 83, 119, 137, 298, 394, 402, 491-492, 495, 498, 500-501, 507, 511, 524, 567, 590-591, 607-608, 630-631
différentiel: 648, 655-659
discours indirect: 657
dislocation: 120, 295, 301-302, 320, 378, 383, 515, 522, 536-537, 540, 542, 554, 556, 558, 611-616, 618
distribution (critériologie): 479
distributionnalisme: 262-263, 272, 482, 639
doctorat → thèse de doctorat
données: 35-37, 42, 48
double analyse (exercice): 41, 109-119, 121-127, 143, 160, 166, 169-170, 256, 365
analyse logique: 109-119, 121-127, 160, 202, 365
analyse grammaticale: 109-119, 121-127, 160, 193, 202, 262, 365, 558

E

écoles normales régionales: 77
École nationale supérieure (ENS)
– de Fontenay (filles): 77-78
– de Jeunes filles à Sèvres: 77-78
– de Saint-Cloud (garçons): 77, 79-80
éditeurs: 57

effacement (test) → tests
ellipse: 36, 39, 119, 224, 358, 377, 490, 495, 513, 536, 543-558, 571, 574, 631, 732-734
elliptique (proposition/phrase): 458, 546
emploi absolu (du verbe transitif): 327-330, 332, 578
enchaînement thématique: 617-618, 621-622
énonciation: 241, 261, 581-582, 599-602, 622-625, 638, 653
enseignement de la grammaire (dans le primaire/secondaire): 4, 15, 19-20, 52, 57, 74, 83, 97, 106-107, 203, 213, 507
ÉPHÉ: 74, 78, 644
épingle: 321-322, 354, 411, 579
épistémologie de la démarche de l'historien: 32-42
épistémologique (dimension –): 596, 598, 602-605, 648
épithète: 113, 120, 152, 155, 162-163, 177, 259-260, 322, 331, 354-355, 364-370, 375-380, 490, 613
équipes (– de grammairiens): 82-85
essentiel *vs* accessoire (fonctions): 120, 270, 305-306, 309-312, 323-333, 339, 348, 358, 362-363, 580
état de la question: 6-11, 24-25, 52-53
ethnopsychologie (*Völkerpsychologie*): 575-576, 578, 591-593, 598, 606, 661
euphonie: 574, 612-613
exception: 510-511, 571
exclamation: 381-384, 457, 527
explétif: 341, 383-384, 532, 536-543, 552-554, 729-731
explication/expliquer: 561-565, 606-607, 659-663
– en historiographie: 37-42
– locale *vs* générale: 570-571, 605, 660-663
– parallèle *vs* transversale (générale): 663
extension/compréhension: 623
extraction (*c'est ... qui*): 144, 490, 612, 616
extra-grammatical: 458, 462, 530

F
faculté langagière: 586, 599
facultés de lettres: 87, 96-100
   étudiants: 57
   professeurs: 73-75, 77-82, 86-88, 104
   postes: 57, 72-82, 86-88, 104-105

faits: 35-37, 42, 48
faute → normatif
figement: 213, 224, 226, 229, 240, 247, 353, 486, 488, 511-512, 542, 550, 572, 580, 629
figures
– de grammaire: 39-40, 115, 120, 137, 513-516, 518, 531-560; v. aussi *anacoluthe, ellipse, explétif, inversion, pléonasme, syllepse*
autres –: 218, 391, 513, 531
fonctionnalisme: 560, 574, 588, 610, 640-641, 654-659; v. aussi *structuralisme (Prague)*; v. aussi *psychologie fonctionnaliste*
fonctions (syntaxiques): 47, 119-121, 127, 146, 150, 153-156, 165, 168, 192, 205-208, 239, 259-262, 265-412, 457, 466-473, 477-478, 484, 587, 596-597, 600-601, 608, 615, 644; cf. aussi *sujet, complément d'objet*, etc.
– primaires: 121, 273-363, 332, 333-335; cf. aussi fonctions particulières: *sujet, complément d'objet*, etc.
– secondaires: 155, 191, 205-206, 281, 292, 326, 332, 333-335, 363-381, 409-410; cf. aussi *épithète, complément du nom*, etc.
forces → besoins
formalisation: 197, 496-499
forme [*vs* contenu (critériologie)]: 244, 271-272, 470-478, 481; v. aussi *contenu*
forme/substance (expression) → substance/forme (expression)
forme/substance significatives → substance/forme significatives
français
ancien –, moyen –: 628, 635
– classique: 95, 99, 631
– contemporain: 95, 102-108
– *intégral*: 631
français moderne → *Le français moderne* (revue)
FLE (français langue étrangère): 39, 56, 70, 496, 500-501
francs-tireurs: 79-80, 86

G
gallicisme: 383, 511-512, 560, 575
Gegenstandstheorie (théorie des objets): 603-604

génie (– de la langue): 526, 557, 569, 574-576, 578, 606, 633, 660-661
génitif: 39, 445-446; v. aussi *cas*
germanique *vs* française (tradition) → tradition grammaticale nationale
glose: 493-495, 551
grammaire (définition): 12-15, 25-28
– (*vs* linguistique): 1-3, 5, 13, 16-18
grammaire (discipline): 12, 15-18, 561-562
– historico-comparative (discipline): 4, 10, 16, 93, 97, 99, 107-108
– historique (discipline): 5, 16, 74, 97-103, 107-108, 555, 688-689; v. aussi *historique, diachronique (explication)*
grammaire (format descriptif): 4, 12-18, 105, 691
grammaire (types de –)
– générale: 16, 110-114, 512-514, 608, 652
– générative transformationnelle (GGT): 1, 16, 482, 490, 495, 543-544, 560
– traditionnelle (définition): 1-2
grammaires
ampleur: 30, 63-64
inventaire: 54-57
plan: 12, 64-67, 127, 129-136, 170, 369-370, 372, 376, 383, 388-390, 415-418, 519, 531, 652
publications connexes: 59-60
refontes → refontes
réimpressions/rééditions → réimpressions/rééditions
titre: 58, 564
types → grammaire (types de –)
grammairiens (du corpus): 71-85
âge: 71-72
carrière (position institutionnelle): 72-85
fiches bibliographiques: 701-714
grammatical (syntaxique) *vs* lexical: 232-256, 421-437, 597, 639, 653; v. aussi *sens lexical (vs grammatical)*
grammatical (vs *logique*): 142-146; v. aussi *double analyse*; v. aussi *analyse grammaticale/logique*.
grammaticale (analyse –) → double analyse
grammaticalisation → délogicisation
– d'éléments situationnels: 239
groupe rythmique: 175, 177, 184-185, 219, 376-381, 613-616
gymnases (directeurs de –): 80-82

H
haplologie: 574
hiatus syntaxique: 378, 580
histoire
– externe (= *context-oriented history*): 51-108
– interne (= *content-oriented history*) *vs* externe: 3, 37, 41, 43-44, 108, 688-691
– sociale et institutionnelle → histoire externe
historico-comparatif → grammaire historico-comparative
historique, diachronique (explication): 4, 390-402, 426, 438, 440, 548, 555, 565-566, 570-574, 578, 606, 625-636
homodèse (prisance): 320, 353-354, 597
horizon de rétrospection: 39, 121, 690
hypostase: 233, 237-238, 241

I
identité (vs *détermination*) [= *inhérence/relation*; *intrinsèque/extrinsèque*]: 141-142, 153, 236, 318-322, 324-325, 408; v. aussi *syndèse, dichodèse*
idéologie: 1, 108, 555-559, 593, 631
illogismes/illogique: 525-528, 571, 573-574, 581-583, 652; v. aussi *affectif*
immanentiste (approche –) → autonomisante
imparfait: 616
impératif: 545-546, 624, 659
impersonnel: 144, 148, 292-304, 346, 489-490, 532, 537, 540, 563, 612-616, 619
infinitif: 143-145, 285, 420, 489, 582
infra-lexical: 198, 253, 256; voir aussi *morphème*
inhérence (vs *relation*) → *identité*
innere Sprachform: 429, 589, 592, 605
innovation: 410-412, 675, 680-685
institutionnalisation: 4-6, 104-108, 517
intégration (critériologie): 479-480
interface fonctions (& ...): 257, 259
parties du discours: 156-159, 165
syntagmes: 182, 187-188
catégories fonctionnelles transversales: 226, 229, 261, 596
interjection: 141, 381-385, 424-429, 455-461, 624
interlocuteur: 272, 384, 613-614
intonation: 431-433

inversion : 144-145, 296, 299, 304, 513, 515, 534-535, 537, 540, 552-553, 572, 613-616, 618-619
invisibilité académique: 41, 85-108
isomorphie: 39, 555-559, 582

J
juxtaposition: 267, 270-271, 432-433, 489

K
khâgne: 76

L
langage (conception du –): 561-663
langue (vs *parole*): 17, 197, 235, 515, 521-522, 529, 542, 559, 581, 588-589, 599-602, 605, 637, 639, 642, 644, 648, 652-655, 659, 661-662
langue-objet de la grammaire: 11
langues
  – autres que le français: 70, 499-503
  – classiques: 87, 96-102, 105
  – vivantes: 95-97, 101-102, 107
latin: 98, 628, 635; voir aussi *langues classiques*
lecteurs (remerciements de –): 82-83
Le français moderne (revue): 22, 55, 75, 86, 90-93, 104-105, 108, 168
lexical (vs grammatical) → grammatical
lexicalisation → figement
'lexicalisation' (stratégie descriptive): 511-512, 542, 560
lexicaliste: 236, 242, 245-249, 560, 660
lexicologie: 65-67, 233-236, 245-250, 255-256, 531
lexique-grammaire: 483, 560
licence (– de lettres): 96-100
  – moderne: 20, 98, 100, 105
linguistique (*vs* grammaire) → grammaire (*vs* linguistique)
  – générale: 16, 189-207, 230-256, 259-263, 317-325, 394-401, 421-437, 482-483, 501-502, 518, 566-663 (*passim*), 683-684 *et passim*
  – structurale → structuralisme
littéraires (professeurs de faculté): 74, 86, 106
littérature (enseignement; influences): 41, 87, 96-102, 106-107, 519-524, 529, 658, 688-689

locale (approche –): 125, 159-160, 163, 195, 262
localiste (théorie – des cas): 322-325
locuteur: 559, 613-614, 623-625, 642
locutions → figement
  – elliptiques: 554-555
locutoire, délocutoire, allocutoire: 261, 384, 526, 624
logicisme/logique: 273-276, 511, 555-559, 565, 569, 571, 573-574, 578, 581-583, 590, 594, 605, 618-619, 655; v. aussi *sémantique, sémantico-logique (critériologie)*
logique (analyse) → double analyse
lois (psychiques): 570-578, 581-583, 597-598, 605, 607, 632
lycées: 106
  – parisiens: 75-79
  – provinciaux: 75-79
professeurs de –: 73, 75-82, 84, 92

M
marginalisation (stratégie de –): 512-530, 559
mécanismes psychiques: 572, 577-578, 581-583, 586, 593-597
métahistoriographie: 31-49
  v. aussi *Begriffsgeschichte* (histoire des concepts), constructivisme, données, explication, *horizon de rétrospection*, faits, métalangage, modèle (grille) d'analyse, objectivisme, *Perspektivierung*, *Problemgeschichte* (histoire de problèmes), quantification, rapports, temporalité (– interne/externe), transversale (historiographie –),
métalangage (historiographie): 46-47, 693-696
métaphysique: 565, 585, 599, 602-605, 660
méthode
  – descriptive: 463-560, 663, 670-673, 678, 681-682
  – pédagogique → didactique
mise en relief: 295-304, 611, 613-616, 618-622
modèle (grille) d'analyse (historiographie): 3, 47-49, 697-700
modernité: 1-6, 675-676, 680-685
modi significandi: 233
modifieur (intraprédicatif) du verbe (cc de manière, …): 326, 352-356

modus/dictum: 362, 580, 654
monorème/dirème: 291, 459, 622
morphème
– dérivationnel; dérivation: 235, 237-240, 244-245, 254, 256, 423
– grammatical: 415-416, 419, 421-437, 462, 655-659
– grammatical libre → mots-outils
– grammatical lié (flexion): 234, 237, 239-240, 431-433, 448, 451-452, 454
– lexical (lexème): 208, 230, 245, 429-432
morphologie
– grammaticale: 63-67, 99, 388-389, 653, 655
– lexicale: 66, 235, 239-240, 244-250
morpho-syntaxe (délimitation): 12, 29-30
mot: 236, 413-462, 429, 431, 436
classification des mots → parties du discours
– *invariable*: 415-417, 426, 434
mot-outil: 38, 249, 415-437, 440, 443, 446, 448, 462, 557
mot-phrase: 361, 381-385, 419-420, 457-459
mot plein *vs* vide: 421-431
moyens grammaticaux (*Beziehungsmittel*): 131, 234, 421, 432-437, 567, 586, 588-589, 605
multifactorielle (approche –): 560

N

ne (– explétif): 532, 538-539, 541-543, 582, 657
négation: 538
néo-idéalisme: 517-518, 575, 588, 606, 643
ne ... que: 137, 546, 554
nexus: 232, 317
niveau de la grammaire: 13-15, 26, 68-70
niveaux (– d'une grammaire): 59
nom: 262, 356-358, 362, 385-390, 415-420, 448-455, 459-462, 604
nomenclature grammaticale
– anglaise de 1911: 27, 86, 108, 213, 215, 225, 254, 304, 352, 365
– belge (1936, 1949): 203, 225, 443
– de 1910: 3, 19, 86, 108, 131, 203, 213, 215, 225, 352, 365, 375, 404, 406, 441, 454, 492, 531, 685
nominalisation: 489, 598, 633
nominaux: 448-452, 462

norme/normativité: 11, 17, 51, 108, 510-511, 533, 563, 576, 626, 630-633, 634, 658, 691
numéraux: 414, 441-442, 444, 462

O

objectivisme (réalisme): 33-42, 48
objet effectué: 293, 338, 617
onomasiologique: 28, 56, 235-326, 242, 246, 415, 486, 494, 551, 584, 607, 609, 626, 650-652
oppositions: 538, 582, 646, 655-659
– phonologiques: 647, 654
ordre des mots: 283, 323, 431, 436, 556, 572, 575, 580, 610-621
– analytique (*vs* figuré, ...): 534-536, 555-558, 610-621; v. aussi *inversion*; v. aussi *construction*
organisme: 588-591
orthographe: 65, 67, 358, 491-492, 495, 515
réforme de l'–: 19, 74, 108, 491, 579

P

paradigmatique (axe –): 197, 555-559, 638-639, 648-649
paraphrase: 142, 235-237, 240-242, 245, 324, 361, 492-496, 551, 599
parole → langue
participe: 138, 145, 285, 316, 420; v. aussi *accord du participe passé*
particule: 423-424
parties du discours: 28, 47, 66, 126, (127-136), 153-154, 171, 176-180, 194, 205-206, 211, 234, 258, 413-462, 466-473, 477-478, 515, 596-599, 605, 641-642, 651; cf. aussi *article, adjectif, adverbe*, etc.
inventaire des –: 413-415, 462, 723
ordre des –: 415-417, 462, 723
sous-catégorisation des –: 461-462
passif: 349-351, 576, 613, 631
passivation (test) → tests
pédagogie grammaticale → didactique
pensée: 235, 555-559, 566-608, 643, 645-652; v. aussi *psychologisant*
perspective fonctionnelle transversale (= PFT): 132, 171, 175, 184, 207-256, 258, 260-264, 366-367, 380, 415, 486, 580, 587, 718-720; v. aussi *catégories fonctionnelles transversales*

Perspektivierung: 35, 48
phenotypes/cryptotypes: 482-483
philosophie (enseignement): 107
phonème: 646-647, 656
phonétique: 5, 65, 67, 99, 103, 496-497, 499, 573, 646
phrase/proposition: 90, 171, 466-473, 477-478, 587, 603, 639
– atypique (= averbale): 121, 414, 424, 457-461, 462, 526, 549; v. aussi *phrase nominale*
– canonique (schéma): 142, 148, 272-284, 332
– complexe: 111-112, 116-118, 266-271, 657
– elliptiques → *elliptiques (propositions)*
– indépendante: 267
– intégrante: 269-270
– nominale: 121, 459-461, 526
– nominale attributive: 460-461
– principale: 269-270
– simple isolée: 266-269
– subordonnées → subordonnées
analyse de la –: 109-264, 265-284
définition holistique *vs* analytique de la –: 271-272
éléments hors –: 381-385, 457-459
mot-phrase → mot-phrase
types de – → types de phrase
phylogenèse/ontogenèse: 238, 323, 526, 624
physiologie: 586, 588-589
pilarisée (analyse –): 153, 165, 180, 185-186, 206, 273-284, 332
plan (de la grammaire) → grammaires (plan)
pléonasme: 36, 295, 513, 536-543, 552-554, 729-731
pragmatique: 560, 566, 609
approche –: 194, 295-297, 304, 331, 572, 608-625, 660
pragmatiques (critériologie): 478-479, 609-610
praticiens: 83, 86
prédicat → verbe-prédicat
– complexe [= copule + attribut]: 287-289, 309-311
– global: 111-115, 122, 124-125, 142, 174, 273-276, 281-284, 286-290, 307, 309-311, 409, 616
prédicatif (rapport –): 244, 285-290, 304-318, 360, 376-378, 380, 460, 615; v. aussi *attribut*

prédication implicite: 288-289, 360, 376-378, 459-461
préfaces: 64, 504-505, 508-509, 562-564
préposition: 217-219, 236, 320, 324, 327, 334, 347-349, 357, 389-402, 423, 443-447, 461, 539, 543, 598, 657
de: 348, 350, 443-447, 539, 543, 582; v. aussi *cas*; *génitif*
à → complément d'attribution; cas
présentatif: 414, 420, 424-425
Problemgeschichte: 40, 43-44, 109
procédurale (approche –): 199, 262, 530
pronom: 179, 438-442, 448-453, 462, 659
– indéfini: 448-451
– personnel: 185, 385-386, 392, 424-428, 450-453, 623-624
pronominal(e) (verbe –; construction –): 542-543, 572-573, 576
pronominale (approche –): 485
pronominalisation (test) → tests
proposition → phrase
prosodie: 376-378, 380-381, 428, 431-433, 436, 573, 612-616, 618, 621-622
prosopographie: 51, 71
province (*vs* Paris): 75-79, 88
psychogenèse: 589, 594-597, 601
psychologie
– fonctionnaliste: 585, 587-591
– représentationniste: 569, 585-587, 605, 610
psychologique (critériologie): 478-479, 567-570, 607, 609-610
psychologique (redoublement –): 577-578, 605
psychologisant(e)/psycho-sémantique (grammaire/approche –): 5, 27, 41, 209-212, 227, 272, 391-394, 475-477, 481, 506, 536, 538, 542, 563, 565, 606-607, 611-612, 623, 627, 636-639, 642-643, 645-652, 660; voir aussi *lois (psychiques)*
psychopathologie: 27, 581, 586, 606, 637
public-cible: 15, 68-70, 509

Q
quantification
– dans les grammaires: 498-499, 560
– en historiographie: 35-36, 42, 724
questions-tests → tests
que + subjonctif optatif (*Qu'il vienne*): 546
que explétif: 539-540, 543

R

ranks *(theory of 3 –)*: 200, 221, 225, 232
rapports (historiographie): 37-42
reactance of a category: 483
récursivité: 113, 159-163, 165, 182, 189, 195-197, 199, 201, 206
référence: 239, 622-623
référentiels (critériologie): 478-479, 604
réfléchi → pronominal
refontes (– de grammaires): 60-61
réforme
 – de 1902 → orthographe
 – de 1910 → nomenclature grammaticale de 1910
registres: 11, 530, 658
réimpressions/rééditions (– de grammaires): 30, 58, 60-63
relation (vs *inhérence*) → *identité*
relationnelle (conception – des fonctions): 148
représentateur (critériologie): 479-480
représentation (– mentale), *Vorstellung*: 178, 210-211, 214, 221-222, 569, 585-587
restituabilité (– de l'ellipse): 545,548
Revue de linguistique romane: 93, 96
Revue de philologie française (et de littérature): 21, 89-91, 104
Revue des langues romanes: 96
revues: 74-75, 88-96, 104-105
rhème/thème → thème/rhème
rhétorique: 512-516, 530-531, 542, 560; v. aussi *stylistique*
rôle thématique: 258
Romania: 96

S

Satzlehre: 155, 191, 259
science (*vs* art); scientificité: 1-2, 4-6, 10, 16-17, 25, 68-69, 107-108, 589-590, 627, 637
scolaire (grammaire –): 4-5, 10, 59-61, 69-70, 202
 première –: 19, 114-116, 118-119, 492
 deuxième –: 116-121, 404, 515-516
sélective (analyse –): 127-128, 156, 159, 186, 195, 201-202, 206, 357, 437
sémantico-logique (approche –) → descendante et sémantico-logique (approche)
sémantique/sémantico-logique (critériologie): 146, 271-276, 290-293, 309-311, 331, 333-339, 401-402, 405-408, 478, 566-570, 606-608, 613, 642
 – grammaticale: 655
 – lexicale: 66, 233-236, 244-250
sémantisation: 491-492, 495
semi-clivée: 144
sémièmes: 355, 419-420, 429, 597, 602, 646
sémiologie/sémiotique: 638, 641, 647, 655
sens (– et représentation mentale): 577, 586, 593, 605-608, 637
sens lexical (*vs* sens grammatical): 233-235, 256, 426-429, 597-598, 651
sentiment linguistique: 545, 548, 555, 558, 572-573, 607, 626-628, 638, 659, 661
séquence: 293-304, 350, 378, 608, 721-722
servitude grammaticale: 582, 608, 656-659
signe (théorie du –): 594-597, 637, 644, 646-647, 649, 651
si optatif: 546
situation (– d'énonciation): 194, 239, 433, 459, 550, 604, 622-625
Sorbonne : 19, 74-75, 77-78, 87-88, 91, 98
sources: 505-506, 508-509, 562, 578-581, 583-584, 589, 643-645
sous-disciplines/subdivisions (grammaire): 63-67, 94
statique (vs dynamique): 160, 163, 241, 256, 264
stoïciens: 171
structuralisme: 1, 3-4, 95, 171, 173, 565-566, 584, 636-659
 – américain: 21, 189, 639-640; voir aussi *constituants immédiats (analyse)*
 – de Copenhague: 641-642, 645
 – de Genève: 45, 197-200, 232-255, 318-322, 518, 522, 528, 580-583, 642-644, 683-684
 – de Prague: 588, 640-641, 643, 645, 647, 654-659
structure/système: 565, 585, 590, 592-602, 645-646, 648, 652, 654-657
style (– d'auteurs littéraires): 498, 517-518, 529, 572, 574, 619-621
stylistique: 36, 39, 99, 102-103, 252, 483, 490-491, 512, 516-524, 528-530, 542, 557, 559-560, 599, 601, 618-619, 653, 655-658, 662
subjonctif: 213, 338, 555, 572, 577, 580, 583, 616-617
subordination (*vs* coordination): 192, 194, 198, 270-271, 366, 489, 581-583

subordonnée: 30, 161, 215-225, 228, 236-237, 266, 268-270, 359, 582, 601, 616-617
– circonstancielle: 225
– complétive: 145, 225, 338
– relative: 225, 228, 316, 326, 488
substance/forme (expression): 646, 649
substance/forme significative(s): 435, 595-597, 646, 649
substitution (test) → tests
sujet: 111- 115, 122, 124-125, 146, 273-284, 290-293, 334, 350-351, 451-452, 534, 545, 550, 608, 616
– *effectué (effiziertes Subjekt)*: 293, 604, 617
– *logique* vs *grammatical*: 38, 120, 142, 290-291, 293-304, 532-533, 537, 540, 543, 721-722; v. aussi *impersonnel*; v. aussi *séquence*
sujet parlant → locuteur
syllepse: 513, 532-534, 543, 552-553
syncatégorématique → catégorématique
synchronie (*vs* diachronie): 102, 240, 246-251, 253, 548, 554-555, 571-573, 584, 625-628, 631-632, 635, 638, 647, 652, 657
syndèse: 139, 261, 315-316, 319-320, 568, 597
synonymie (grammaticale): 235-242, 494
synsémantique → autosémantique
syntagmatique (axe): 197, 299, 555-558, 638-639, 648-649
syntagme: 159, 161-162, 165, 171-207, 227, 256-258, 263-264, 418, 638, 715-717
– I: 176-180, 185-188, 202, 205-206
– II: 180-183, 185-188, 202, 206-207
– PFT: 184, 208-209, 216-224, 229-230, 358, 718-720
– adjectival: 175, 181-182, 189
– adverbial: 175, 181-182, 189
– coordinatif: 191, 196, 205
– nominal: 174, 177-178, 180-181, 189, 220, 227, 229, 259, 357, 409-410, 715-717
– prépositionnel: 175, 177, 217-220, 356, 357, 386-402
– pronominal: 182
– subordinatif: 191, 194, 196
– verbal: 174, 177, 180-181, 189, 191-192, 259, 286-290, 409, 430, 715-717

tête du –: 113, 116, 124, 154, 156, 162, 175, 179, 192, 195, 206, 437, 560, 715-717
la *syntagmatique*: 197-200
syntaxe (sous-discipline): 10, 18, 127, 236-246, 586, 639-643
– 'pure' (indice): 129-136, 156, 417
synthétique (aspect, langue –): 223, 421, 426, 436, 557-559, 572, 634
système → structure

T

taux de réinscription: 683, 689-691
taxiématique (*système*): 392, 419-420, 429, 435, 568, 592-594, 599, 601-602, 630, 646-647, 655, 662
téléologique: 515, 530, 581, 588
temporalité (– interne/externe): 38-39, 45, 684-685
temps: 31, 622
tendances (– diachroniques): 526, 569, 572, 575, 588, 598, 632-635, 660-661
termes de la proposition → cf. fonctions primaires
terminologie: 56, 70, 579, 693-696; v. aussi *nomenclature grammaticale*
– standardisée: 46-47, 693-696
terminus a quo: 18-20, 28, 636, 685
terminus ad quem: 18-21
tests syntaxiques: 402, 428, 477, 481-496
addition: 216, 488-489
effacement: 325, 330-332, 359, 362, 488, 543, 551
passivation: 483-484, 489
pronominalisation: 342-344, 348-349, 354, 388, 398, 485, 490
question-test: 113, 115, 119, 339, 358, 484-485
substitution: 216, 358, 485-488
textuelle/discursive (dimension –): 617-622
thème/rhème: 289, 291, 293, 295-297, 303-305, 331, 333, 338, 360, 378, 572, 587, 606, 610-622, 640
théorie/théorisation: 17, 46, 108, 239, 510, 544, 559-560, 563-564, 571, 605, 610, 642, 650, 660-663, 688-691
théorique (orientation – globale): 36-37, 561-663, 673-675, 678-680, 682-683
thèses de doctorat: 73, 78, 80-81, 100-105
tradition: 1-6, 675-680

– grammaticale nationale: 2, 10, 45, 51, 75, 80-82, 103-107, 137, 155, 168-171, 284, 287, 304, 358, 364-365, 379-380, 408-410, 438-442, 454, 541, 547, 554, 556, 620-622, 685-688
traduction: 493-494, 500, 544, 591
transfert intercatégoriel: 207-208, 213, 216-224, 226, 230-245, 365, 368, 380, 486
transformation: 241-244, 252, 490, 495, 543-544, 551
translatif/transpositeur: 237, 240-241, 358, 437
translation: 200-201, 207, 230-232, 237-242, 244-245, 253-255, 358, 490, 495
transposition: 207, 216-217, 230-245, 249-256, 264, 319, 415, 495, 524, 550
transvaluation: 237, 249, 251-253, 256, 415
transversale (historiographie –): 2, 6, 43-44
types de phrase: 119, 121, 603-604, 624, 639, 659

U

unidirectionnalité: 259-265
universalité: 597-599
universités → facultés de lettres
usage: 511, 560, 578

V

valence (D&P): 212, 217-219, 228, 260-261
verbe(-mot): 262, 285-286, 415-419, 587
– attributif (y compris: copules): 138
– copule: 137-142, 287-289, 309-311, 460
– *substantif*: 119, 137-142
verbe-prédicat: 120, 232, 276-284, 285-290, 307, 320, 600-601
verbo-central: 120, 168, 262, 271-272, 284, 416
visualisation: 497-499
vulgarisation: 88, 91

W

Wortgruppenlehre(n): 190-197, 204-206

Z

Zeitschrift für (neu)französische Sprache und Literatur (ZFSL): 22-24, 93-95
Zeitschrift für romanische Philologie (ZRP): 21-24, 96
zéro: 238, 544, 547, 550
zeugme: 550, 579